이 책과 함께 미래를 디자인하는 나를 위해 응원의 한마디를 적어 보세요.

# NEW올리드
## 윤리와 사상

### CONCEPT
개념 이해부터 내신 대비까지 완벽하게 끝내는
필수 개념서

### BOOK GRADE
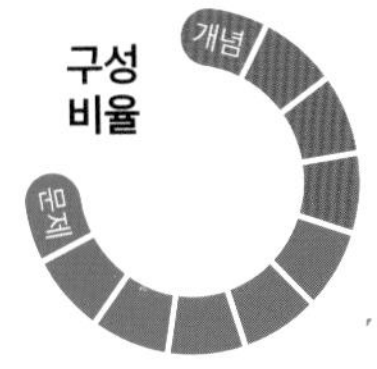

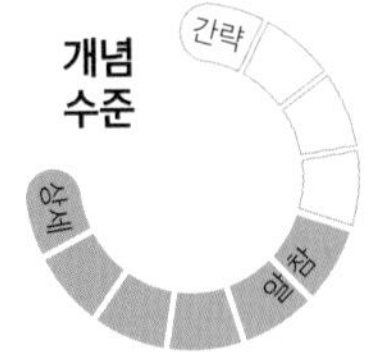

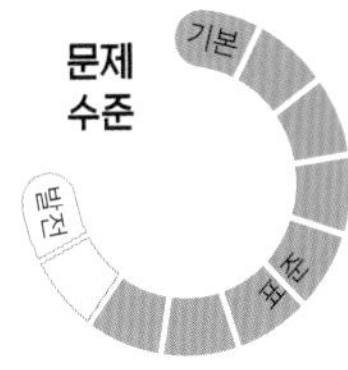

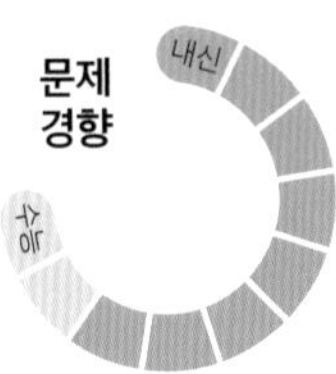



### WRITERS
**김윤정** 동광고 교사 | 서울대 윤리교육과
**문일호** 과천여고 교사 | 서울대 교육대학원 윤리교육과
**박용수** 구일고 교사 | 서울대 교육학과
**이수빈** 고양국제고 교사 | 서울대 윤리교육과
**정선우** 인천대인고 교사 | 공주대 윤리교육과
**최동훈** 충의중 교사 | 전북대 윤리교육과



### COPYRIGHT
**인쇄일** 2024년 11월 25일(1판11쇄)
**발행일** 2018년 11월 1일

**펴낸이** 신광수
**펴낸곳** ㈜미래엔
**등록번호** 제16-67호

**교육개발2실장** 김용균
**개발책임** 김문희
**개발** 정은주, 박경화, 김하나, 공햇살

**디자인실장** 손현지
**디자인책임** 김기욱
**디자인** 진선영

**CS본부장** 강윤구
**CS지원책임** 강승훈

ISBN 979-11-6233-564-2

머리말

# Introduction

지금 여러분이 가는 길이 맞는지 하루에도 몇 번씩 생각할 거예요.
내가 하는 공부가 어떤 도움이 될지 의심도 생기고,
이 공부가 끝나기는 할까 막막하기도 할 거예요.
여러분이 하는 모든 고민을

## NEW 올리드는 함께하고 있어요.

여러분은 지금 뭐든지 할 수 있는 중요한 시기에 있어요.
여러분의 이 중요한 시간을 올리드가 함께할 수 있어 참 다행이에요.
앞으로 어떤 분야에서 어떤 꿈을 펼치든
올리드와 함께 배우고 익히는 모든 것이
여러분의 삶을 더욱 빛나게 할 거예요.

## NEW 올리드가 믿음을 줄게요.

오늘도 올리드와 함께 하루를 알차게 만들고
꿈을 향한 여행이 더 즐거울 수 있도록 노력해요.

구성과 특징

# Structure

## 01 핵심 개념과 필수 자료로 개념 완성하기

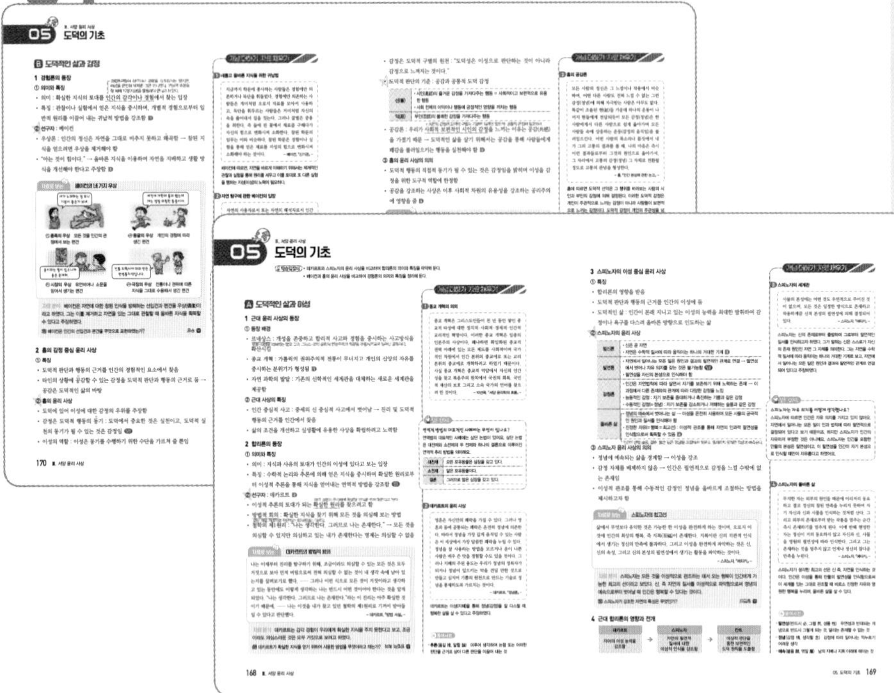

**핵심 개념 정리&필수 자료 분석**

꼭 알아야 할 핵심 개념을 일목요연하게 정리하고, 꼭 챙겨야 할 필수 자료를 엄선하여 분석하였습니다.

**개념 더하기 자료 채우기**

내용 이해를 돕는 보충 개념과 시험에 잘 나오는 알짜 자료만 모아 수록하였습니다.

**질문 있어요**

개념을 익히면서 생기는 질문에 친절히 답하여 보충 설명하였습니다.

**용어사전**

어려운 용어를 설명하여 내용 이해를 돕도록 구성하였습니다.

## 02 다양한 단계별 문제로 유형 파악하기

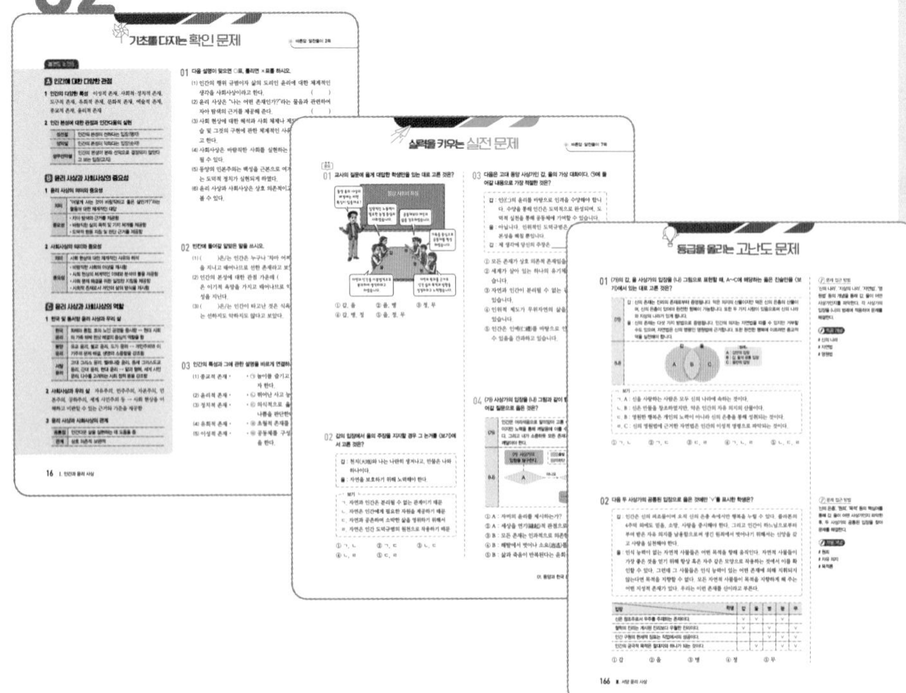

**기초를 다지는 확인 문제**

개념을 이해하고 있는지 확인할 수 있는 문제로 구성하여 빠르게 기초를 다질 수 있습니다.

**실력을 키우는 실전 문제**

실제 학교 시험과 유사한 형태의 문제로 구성하여 탄탄하게 실력을 키울 수 있습니다.

**등급을 올리는 고난도 문제**

까다로운 고난도 문제와 새로운 유형의 문제로 구성하여 완벽하게 1등급을 공략할 수 있습니다.

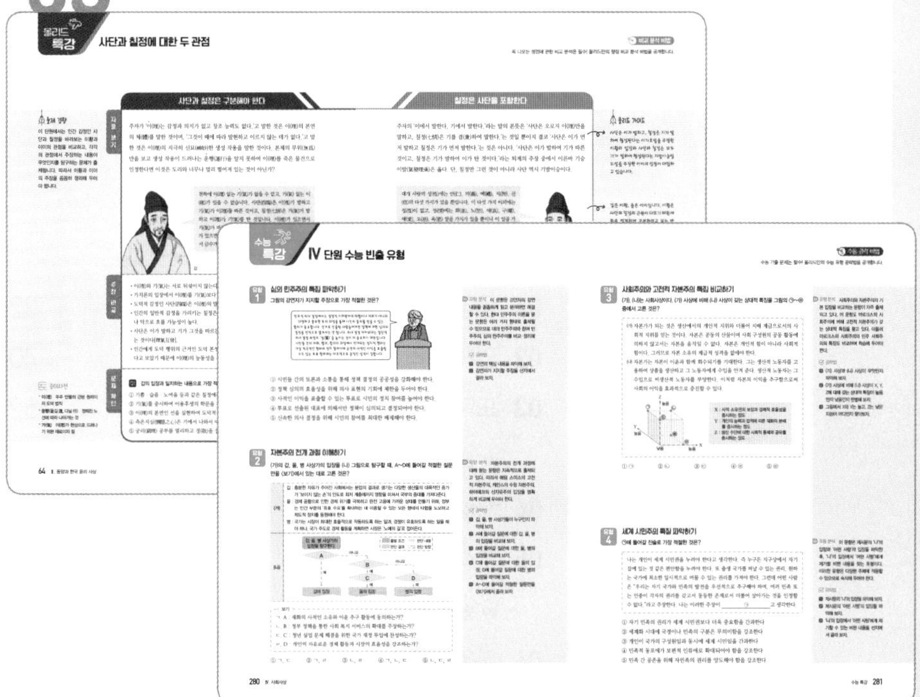

**올리드 특강**

윤리와 사상에서는 쟁점을 비교 분석하는 것이 필수입니다. 시험에 자주 나오는 제시문과 대표 사상가, 그리고 연습 문제를 수록하여 쟁점을 비교 분석하는 비법을 공개하였습니다.

**수능 특강**

단원별 수능 빈출 유형 문제를 제시하고 유형 분석과 함께 올리드만의 수능 공략법을 공개하였습니다.

## 04 구조화된 개념 정리와 실전 문제로 마무리하기

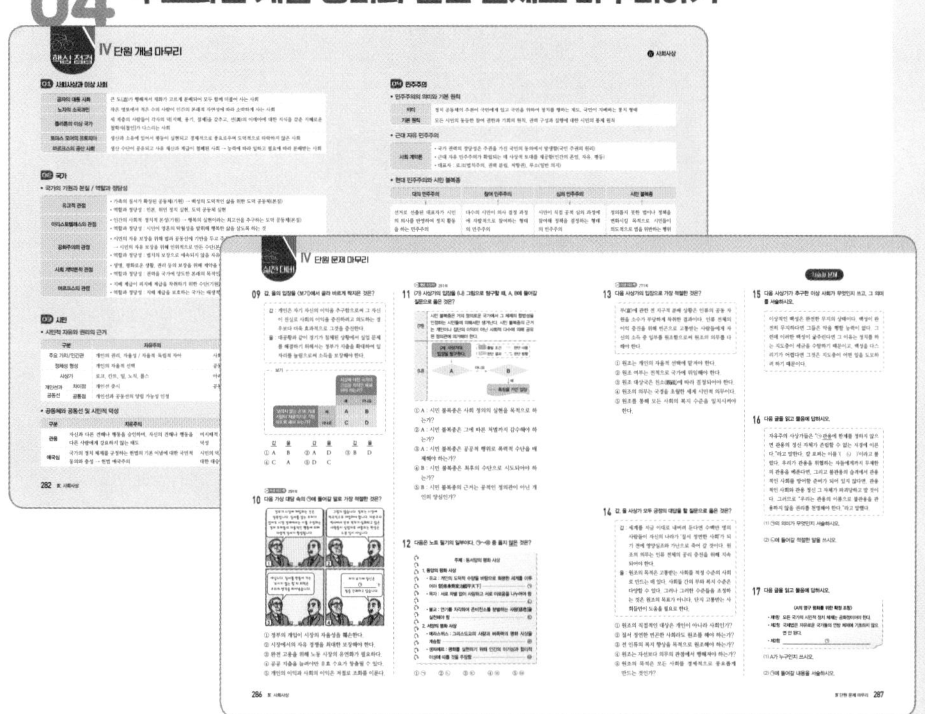

**핵심 점검 단원 개념 마무리**

단원의 핵심 개념을 구조화하여 한눈에 파악할 수 있도록 구성하였습니다.

**실전 대비 단원 문제 마무리**

단원의 핵심 개념을 실전 문제로 최종 점검할 수 있도록 구성하였습니다.

# Contents

차례

## I 인간과 윤리 사상

## II 동양과 한국 윤리 사상

올리드 윤리와 사상은
대단원 네 개로
구성되어 있어요.

# 서양 윤리 사상

# 사회사상



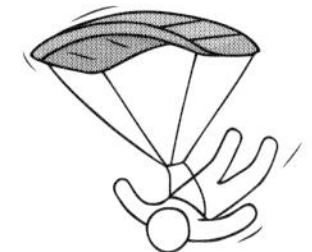

단원 찾기

# Search

내 교과서와 올리드 차례를 비교해 보아요!

**교과서 단원 찾는 방법**

❶ 내가 가지고 있는 교과서의 출판사명과 공부할 단원을 확인한 후, 올리드에서 해당 쪽수를 찾아 공부한다.

❷ 예 미래엔 윤리와 사상 교과서의 'Ⅱ. 동양과 한국 윤리 사상' 단원에서 '3. 도덕적 심성' 부분 49~58쪽은 올리드 52~63쪽을 공부하면 된다.

| 미래엔 | 비상 | 천재 | 씨마스 | 교학사 |
|---|---|---|---|---|
| 10~25 | 10~23 | 10~21 | 14~31 | 10~25 |
| 30~37 | 28~33 | 26~33 | 36~43 | 28~35 |
| 38~48 | 34~43 | 34~43 | 44~51 | 36~45 |
| 49~58 | 44~51 | 44~51 | 52~59 | 46~55 |
| 59~68 | 54~63 | 52~61 | 60~67 | 56~65 |
| 69~75 | 64~71 | 62~69 | 68~75 | 66~73 |
| 76~84 | 72~81 | 70~79 | 76~83 | 74~83 |
| 85~93 | 82~88 | 80~87 | 84~93 | 84~91 |
| 98~105 | 94~101 | 94~101 | 98~107 | 94~103 |
| 106~115 | 102~110 | 102~111 | 108~115 | 104~113 |
| 116~123 | 112~119 | 112~119 | 116~123 | 114~123 |
| 124~132 | 120~126 | 120~127 | 124~131 | 124~133 |
| 133~141 | 128~135 | 128~135 | 132~141 | 134~143 |
| 142~151 | 136~147 | 136~145 | 142~153 | 144~153 |
| 152~159 | 150~157 | 146~153 | 154~163 | 154~163 |
| 164~170 | 162~167 | 160~167 | 168~175 | 166~173 |
| 171~180 | 168~175 | 168~175 | 176~183 | 174~183 |
| 181~189 | 176~185 | 176~185 | 184~191 | 184~193 |
| 190~197 | 186~193 | 186~195 | 192~199 | 194~203 |
| 198~205 | 196~203 | 196~203 | 200~207 | 204~213 |
| 206~215 | 204~209 | 204~211 | 208~217 | 214~221 |

# 윤리와 사상에서는 무엇을 배울까요?

윤리와 사상은 한국 및 동서양의 주요 윤리 사상과 사회사상을 체계적으로 탐구하여 윤리적 인식 능력과 성찰 능력을 기르고 바람직한 윤리관을 세우도록 도와주는 과목입니다. 윤리와 사상을 공부하면서 자신의 삶과 우리 사회를 윤리적 관점에서 성찰해 보고, 현대 사회의 다양한 윤리 문제를 창의적으로 해결하고자 하는 의지를 다져 봅니다.

## I. 인간과 윤리 사상

윤리적 존재로서의 인간에 대해 탐구하고, 이를 바탕으로 우리 삶에서 윤리 사상과 사회사상이 가지는 중요성과 특징을 이해한다.

인간 특성에 대한 규정들, 인간 본성에 대한 고금의 다양한 관점, 윤리 사상과 사회사상의 필요성

## II. 동양과 한국 윤리 사상

동양과 한국의 핵심 윤리 사상을 탐구하고 이해한다. 또한 유교, 불교, 도가에서 제시하는 이상적인 인간상이 오늘날 우리의 삶에 어떻게 기여할 수 있을지 성찰한다.

선진 유교, 성리학과 양명학, 이황과 이이의 심성론·수양론, 대승 불교, 교종과 선종, 한국 불교, 노장 사상

## III. 서양 윤리 사상

서양의 다양한 윤리 사상에 대해 특정 주제를 중심으로 비교·대조하여 탐구하고, 고대부터 현대에 이르는 서양 윤리 사상이 현대 한국인의 삶과 어떻게 연결될 수 있을지 성찰한다.

상대주의와 보편주의, 덕과 행복의 관계, 쾌락 추구와 금욕의 특징과 한계, 그리스도교 윤리 사상과 자연법 윤리, 이성과 감정의 역할, 실존주의, 실용주의

## IV. 사회사상

국가, 시민, 민주주의, 자본주의, 평화 등 주요 개념을 중심으로 사회사상의 의미와 중요성을 이해한다. 동서양의 다양한 이상 사회론을 탐구하고 윤리적 삶을 위한 바람직한 이념적 시각을 성찰한다.

동서양 이상 사회론, 다양한 국가관, 개인선과 공동선의 조화, 바람직한 민주 시민의 자세, 자본주의의 규범적 특징, 동서양 평화 사상과 세계 시민주의

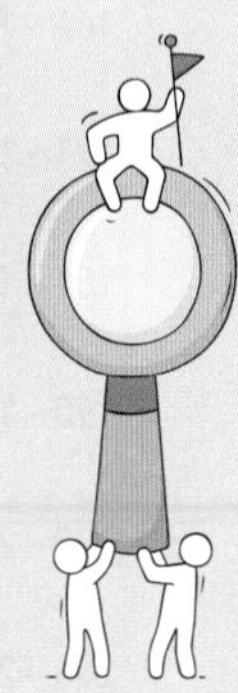

# I 인간과 윤리 사상

I. 인간과 윤리 사상

# 01 윤리 사상과 사회사상

학습길잡이 • 인간의 특성과 본성에 대한 다양한 관점을 정리해 둔다.
• 우리 삶에서 윤리 사상과 사회사상이 필요한 이유와 그 역할을 파악해 둔다.

## A 인간에 대한 다양한 관점

### 1 인간의 다양한 특성 1 질문

① 이성적 존재 ― 일반적으로 감성이나 감정과 구별되는 인간의 인식 및 판단 능력을 뜻한다.
- 합리적으로 사유하고 논리적으로 추론하는 존재
- 이성을 통해 자신의 삶과 환경을 개선할 수 있음

② 사회적·정치적 존재
- 여러 사람과 사회를 이루고 살아가는 존재
- 사회적 삶을 통해 삶의 양식을 공유하고 다양한 가치를 추구함
- 국가를 이루고 개인과 공동체의 문제에 대한 정치 활동을 함
- 아리스토텔레스 : "인간은 본성적으로 국가 공동체를 구성하며, 공동체 구성원으로서 살아갈 때 자아를 실현할 수 있다."
- 매킨타이어 : "자신이 무엇을 해야 하는지 답하려면 자신이 어떤 이야기의 일부인가를 답할 수 있어야 한다."

**자료로 보는 정치적 존재로서의 인간**

인간이 벌을 포함한 다른 군집* 생명체보다 고차적인 '정치적 동물'이라는 점은 자명한 사실이다. …… 동물들 가운데 오직 인간만이 언어 능력을 갖추고 있다. 언어는 무엇이 유익하고 무엇이 유해한지, 그리고 무엇이 옳고 무엇이 그른지 밝히는 데 쓰인다. 인간과 다른 동물들의 차이점은 인간만이 좋음과 나쁨, 옳고 그름 등을 인식할 수 있다는 것이다. 그리고 이러한 인식의 공유에서 가정과 국가가 생성되는 것이다. – 아리스토텔레스, 『정치학』 –

자료 분석 아리스토텔레스는 인간만이 언어를 통해 좋음과 나쁨, 옳고 그름 등을 인식할 수 있다고 보았다. 또한 그는 인간이 이러한 인식의 공유를 기초로 공동체와 국가를 생성하고 운영하는 정치적 존재라고 보았다.

Q 자료를 통해 알 수 있는 인간의 특성은 무엇인가? A 사회적·정치적 존재

③ **도구적 존재** : 필요에 따라 다양한 유형·무형의 도구를 만들어 사용하는 존재

④ **유희적 존재** : 삶의 재미와 즐거움을 추구하는 존재

⑤ **문화적 존재** : 인간 고유의 문화를 창조하고 계승해 나가는 존재 2 (예 언어, 제도, 기술, 지식, 예술 등)

⑥ **예술적 존재** : 다양한 예술 활동을 통해 아름다움을 추구하는 존재

⑦ **종교적 존재** : 초월적이고 무한한 것을 추구하는 존재

⑧ **윤리적 존재** ― 인간의 본질적인 특성이다.
- 옳고 그름을 판단해 도덕 법칙을 만들고 실천할 수 있는 도덕적 자율성을 지닌 존재
- 윤리적 관점에서 자신과 삶을 둘러싼 세계의 모습을 반성하고 성찰할 수 있으며 더 나은 방향으로 변화할 수 있음

**개념 더하기 자료 채우기**

**1 인간을 지칭하는 여러 용어**

나는 호모 파베르 옆에 그리고 호모 사피엔스와 같은 수준으로, 호모 루덴스(Homo ludens)를 인간을 지칭하는 용어들의 목록에 등재시키고자 한다. 나는 지난 여러 해 동안 문명이 놀이 속에서, 그리고 놀이로서 생겨나고 발전해 왔다는 확신을 굳혔다. 진정한 문명은 놀이 요소가 없는 곳에서는 존재할 수 없다. – 하위징아, 『호모 루덴스』 –

호모 파베르(Homo faber)는 '도구적 인간', 호모 사피엔스(Homo sapiens)는 '이성적(생각하는) 인간', 호모 루덴스는 '유희적(놀이하는) 인간'을 가리킨다. 이 밖에도 인간을 지칭하는 용어들은 호모 로퀜스(Homo loquens, 언어적 인간), 호모 폴리티쿠스(Homo politicus, 정치적 인간), 호모 에티쿠스(Homo ethicus, 윤리적 인간) 등 다양하다.

**질문 있어요**

동물과 다른 인간 고유의 특성은 무엇인가요?

인간은 다른 동물과 마찬가지로 식욕, 성욕, 수면욕 등의 욕구를 가져요. 하지만 인간만의 고유한 특성도 있어요. 예를 들어 인간은 직립 보행을 하고, 정교한 언어를 사용하며, 고도로 뇌가 발달해 있습니다. 또한 도구를 만들고, 사회 속에서 모여 살며, 문화를 창조하고 계승해요. 하지만 가장 중요한 것은 인간이 정신적·윤리적 존재라는 것이에요. 오직 인간만이 정신적 삶의 가치에 대해 생각할 수 있어요.

**2 문화의 특성**

같은 문화권의 사람들은 비슷한 행동을 하는데, 이것은 인간이 문화 조건을 따르기 때문이다. 문화는 인간이 시간과 장소에 따라 자유롭게 자기 형성을 한 결과로서, 개성과 다양성을 가진다. 또한 문화는 상당 부분 다른 사람들로부터 전수받고 배운 것이기 때문에, 사회성과 역사성을 지닌다.

용어사전

* **군집**(무리 群, 모을 集) 사람이나 생물, 건물 따위가 한 곳에 모여 유기적 관계를 가지고 생활하는 것

## 자료로 보는 윤리적 존재로서의 인간

- 그에 대해서 자주 그리고 계속 숙고하면 할수록, 점점 더 새롭고 점점 더 큰 경탄과 외경*으로 마음을 채우는 두 가지가 있다. 그것은 내 위의 별이 빛나는 하늘과 내 안의 도덕 법칙이다. – 칸트 –
- 하루에 세 번 자신의 행동을 반성[一日三省]하라. – 증자 –
- 반성하지 않는 삶은 의미가 없다. – 소크라테스 –
- 인간에게는 마땅한 도리가 있으니, 배불리 먹고 따뜻한 옷을 입고 편안하게 살아도 그 도리를 배우지 않는다면 짐승과 같다. – 맹자 –

**자료 분석** 위 자료를 통해 칸트는 도덕 법칙을, 증자와 소크라테스는 반성하는 삶의 중요성을 강조했음을 알 수 있다. 또 맹자는 인간에게 짐승과 다른 도리가 있다고 보았다. 이처럼 동서양의 여러 사상가들은 인간이 윤리적 존재임을 주장하였다.

**Q** 자료를 통해 알 수 있는 인간의 특성은 무엇인가? **A** 윤리적 존재

## 2 인간 본성에 대한 관점과 인간다움의 실현

### ① 인간 본성에 대한 관점 3

| | |
|---|---|
| 성선설(性善說) | • 인간의 본성이 선하다는 입장<br>• 인간에게는 천부적으로 선한 도덕심이 갖추어져 있음 → 선한 도덕심을 잘 유지하고 확충하기 위해 노력해야 함<br>• 대표 사상가 : 맹자 질문 |
| 성악설(性惡說) | • 인간의 본성이 악하다는 입장<br>• 인간은 본래 이익을 좋아하고 남을 질투하며 미워하는 존재임 → 교육과 제도로 인간의 욕망을 적절히 제어하고 교화*해야 함<br>• 대표 사상가 : 순자 4 |
| 성무선악설(性無善惡說) | • 인간의 본성이 본래 선악으로 결정되지 않았다고 보는 입장<br>• 주변 환경과 교육 등 후천적 요인의 중요성을 강조함<br>• 대표 사상가 : 고자 5 |

## 자료로 보는 인간 본성에 대한 고자와 맹자의 논쟁

본성은 소용돌이치는 물과 같아서 동쪽으로 트면 동쪽으로 흐르고, 서쪽으로 트면 서쪽으로 흐른다. 사람의 본성에 선(善)과 불선(不善)의 구분이 없는 것은 마치 물의 흐름에 동서(東西)가 없는 것과 같다.

물의 흐름에는 동서의 구분이 없지만, 위아래의 구분도 없겠는가? 사람의 본성이 선한 것은 물이 아래쪽으로 흐르는 것과 같다. 사람은 선하지 않음이 없고, 물은 아래로 흐르지 않음이 없다.

**자료 분석** 고자는 물의 흐름이 동서로 정해져 있지 않듯이, 인간의 본성도 선악이 미리 정해지지 않았다고 주장하였다. 반면 맹자는 물이 위에서 아래로 흐르듯, 인간의 본성이 선한 것은 자연스러운 일이라고 하였다.

**Q** 인성이 선악으로 결정되지 않았다는 고자의 관점은 무엇이라고 하는가? **A** 성무선악설

## 개념 더하기 자료 채우기

### 3 인간 본성에 대한 서양 사상가들의 입장

| | |
|---|---|
| 루소 | 인간의 본성은 본래 선한데 문명과 제도의 영향을 받아 악하게 변하였다. |
| 홉스 | 인간의 본성은 남을 해치더라도 이득을 추구하고, 안전을 지키며, 좋은 평판을 얻고자 한다. |
| 로크 | 인간의 마음은 본래 아무것도 그려 있지 않은 흰 종이와 같다. |

### 질문 있어요

**맹자가 성선설을 주장한 근거는 무엇인가요?**

맹자는 인간이 누구나 '차마 어찌하지 못하는 마음'을 지니고 태어난다고 보았어요. 이는 어린아이가 우물에 빠지려고 한다면 누구든 그냥 지나치지 못하는 마음을 말하지요. 또한 맹자는 인간에게 선천적으로 네 가지 선한 마음인 사단이 있다고 주장하였어요. 구체적으로 사단은 남을 불쌍히 여기는 마음인 측은지심, 불의를 보면 부끄러워하는 마음인 수오지심, 겸손하며 양보하는 마음인 사양지심, 옳고 그른 것을 가리고자 하는 마음인 시비지심이에요. 맹자는 인간이라면 누구나 이 사단을 가지고 있기에 그 본성이 선하다고 보았어요.

### 4 순자의 성악설

인간의 본성이 악함은 분명하다. 그 착함은 인위의 결과이다. 그러므로 굽은 나무는 반드시 도지개에 대거나 찜 쪄서 교정함을 기다린 연후에 반듯하게 되고 잘 들지 않는 칼은 반드시 숫돌에 간 연후에야 예리하게 되는데, 이제 인간의 본성은 악하니 반드시 스승의 규범을 받은 후에 올바르게 되고, 예의를 얻은 후에 잘 다스려진다.

– 순자, 「순자」 –

순자는 악한 본성이 교화되지 않으면 아름다워질 수 없다고 주장하면서 인위적이고 후천적인 노력을 중시하였다.

### 5 고자의 성무선악설

고자는 맹자와 같은 시대 사람으로, 인성(人性)에 관한 맹자와의 논쟁으로 유명하다. 고자는 "타고난 그대로가 본성이다.", "식욕과 성욕이 인간 본성의 전부이다."라고 주장하였다. 즉 인간은 본래 생존과 생식이라는 두 가지 욕망만을 가지고 있을 뿐이라는 것이다. 그렇기에 고자는 인간의 본성이 선한 것도 선하지 않은 것도 아니라고 보았다.

### 용어사전

* **외경**(두려워할 畏, 공경 敬) 공경하고 두려워하는 것
* **교화**(가르칠 敎, 될 化) 가르치고 이끌어서 좋은 방향으로 나아가게 하는 것

# 윤리 사상과 사회사상

② 인간다움의 실현을 위한 노력

- 윤리성이 인간 본질의 핵심이라는 점을 인식해야 함
- 자신이 마땅히 해야 할 도리를 깨달아 실천해야 함
- 자신의 모습을 끊임없이 성찰하고 인간다운 삶을 지향해야 함 1

## B 윤리 사상과 사회사상의 중요성

### 1 사상의 의미와 역할

① 사상의 의미

- 명확하고 체계화된 이론이나 학설*
- 인간의 삶과 세계를 이해하는 종합적인 이성의 작용을 통해 형성된 것
- 인간의 활동, 사회적 실천, 다양한 사회적 관계 등을 바탕으로 형성되는 사회적 산물

② **사상의 역할 :** 한 사람의 삶 혹은 사회와 세계에 대한 인식과 태도를 바꿀 수 있음

③ **사상을 공부할 때 주의할 점 :** 시대적·사회적 등장 배경을 고려하여 자신의 인생과 오늘날의 현실에서 사상이 어떤 의미를 지니는지 탐구해야 함

### 2 윤리 사상의 의미와 중요성

① 윤리 사상의 의미

- 인간의 행위 규범이자 삶의 도리인 윤리에 관한 체계적인 사유
- "어떻게 사는 것이 바람직하고 좋은 삶인가?"라는 물음에 대한 체계적인 대답 → 윤리 사상은 바람직하고 좋은 삶에 대한 방향을 제시함

② **윤리 사상의 예 :** 동양의 유교·불교·도가 사상, 서양의 의무론, 공리주의 등

의무론: 도덕 법칙이 행위의 옳고 그름을 판단하는 기준이 된다는 윤리 이론으로, 결과보다 동기를 중시한다. 대표 사상가로는 칸트가 있다.

③ 윤리 사상의 중요성

| 물음 | 내용 | 구체적 사례 |
|---|---|---|
| 나는 어떤 존재인가 | 자아 탐색의 근거를 제공함 질문 | 인간 본성에 대한 논의를 전개한 윤리 사상 → 자신의 현재 모습을 성찰할 수 있음 |
| 무엇을 위해 살아야 하는가 | 바람직한 삶의 목적 및 가치 체계를 제공함 | 공자가 강조한 '인간다움[仁]의 실현', 아리스토텔레스가 강조한 '행복' → 삶의 목적과 가치를 설정할 수 있음 2 |
| 무엇을, 어떻게 해야 하는가 | 도덕적 행동 지침 및 판단 근거를 제공함 | 생명 윤리, 환경 윤리, 정보 윤리 등 → 다양한 윤리적 문제에 대처할 수 있음 |

### 3 사회사상의 의미와 중요성

① 사회사상의 의미

- 사회 현상에 대한 체계적인 사유와 해석
- 인간의 삶과 사회의 관계 등을 이론적으로 체계화한 사상
- 사회 체제나 제도의 바람직한 모습과 구현 방법에 관해 체계적으로 다룬 생각

② **사회사상의 예 :** 자유주의, 민주주의, 자본주의, 사회주의, 공화주의, 민족주의, 세계 시민주의, 민본주의 등

공화주의: 공화국을 이루려는 정치적 생각이나 이념을 뜻한다.

---

**개념 더하기 자료 채우기**

**1 성찰의 의미와 역할**

성찰이란 자신의 경험, 자아 정체성, 세계관, 삶의 목적과 이상 등에 대해 스스로 평가하고 반성하는 것이다. 즉 자신의 마음가짐, 행동 또는 그 속에 담긴 자신의 가치관과 정체성에 대하여 윤리적 관점에서 깊이 반성하고 살피는 태도를 의미한다. 성찰은 도덕적인 앎과 실천 간의 간격을 좁히고, 인격을 함양하는 데 도움을 준다. 인간은 성찰을 통해 자신의 삶을 반성적으로 돌아보고, 윤리적 실천력을 높이며 나아가 자신의 도덕적인 변화 혹은 성장을 도모할 수 있다.

**질문 있어요**

**우리의 삶에서 자아 탐색이 필요한 이유는 무엇인가요?**

자아를 아는 것은 단순히 자기 자신의 존재를 아는 것만을 의미하지 않아요. 자아를 진정으로 아는 것은 자신이 처한 환경과 주변 상황, 인간관계, 그리고 국가와 시대적 상황 등 나를 둘러싸고 있는 모든 것을 이해하는 것이라고 할 수 있지요. 또한 자아를 실현하는 과정은 우리가 지닌 가능성을 키우고 이상을 실현하여 궁극적으로 행복을 찾아가는 과정이라고 할 수 있기 때문에 우리는 자아를 탐색해야 해요.

**2 공자의 인(仁)**

> • 사람을 사랑하는 것이 인이다.
> • 인이 멀리 있는 것이겠는가? 내가 인을 바라면 인이 바로 나에게 온다. 인을 실천하는 일은 나에게서 시작하는 것이지 남에게서 말미암는 것이겠는가?
> • 인한 사람은 자기가 하고 싶으면 남이 먼저 하게 하고, 자기가 이루고자 하면 남을 먼저 이루어 준다.
> – 공자, 「논어」 –

공자의 '인'은 어진 마음, 곧 남을 사랑하는 마음이다. 이는 타인에 대한 사랑의 실천을 끊임없이 요구하는 것으로 다른 사람에게 기대하기 전에 내가 먼저 실천해야 할 덕목이며, 예(禮)의 바탕이 되는 최고의 가치이다.

**용어사전**

* **학설**(배울 學, 말씀 說) 학술적 문제에 대하여 주장하는 이론 체계

**자료로 보는 대표적인 사회사상과 특징**

| 사회사상 | 특징 |
|---|---|
| 자유주의 | 개인의 자유를 위협하거나 잠재 가능성의 실현을 방해하는 체계에 반대하며, 인격의 자유로운 표현을 중시함 |
| 민주주의 | 정치권력이 국민으로부터 나오며, 통치권은 피지배자의 동의에 의해서만 합법적일 수 있다고 봄 |
| 자본주의 | 자유로운 경쟁과 생산 수단의 사적 소유를 기반으로 하는 시장 경제 체제로, 경제 활동의 자유와 개인의 이익 추구를 적극적으로 보장할 것을 강조함 |
| 사회주의 | 생산 수단의 공유와 계획 경제로 경제적으로 평등한 사회를 실현하고자 함 |

자료 분석 사회사상은 바람직한 사회에 대해 탐구하고 인간답게 살아갈 수 있는 방안을 제시한다. 대표적으로는 자유주의, 민주주의, 자본주의, 사회주의가 있다.

Q 생산 수단을 공유하여 평등한 사회를 건설하고자 한 사회사상은 무엇인가? A 사회주의

③ 사회사상의 중요성 3

- 바람직한 사회의 이상*을 제시함 → 이상 사회의 모습을 설계하고 이를 실현하는 방안을 모색할 수 있음
  └ 사람들이 공동으로 추구하는 목표와 이상이 실현된 완전한 사회를 의미한다.
- 사회 현상에 대한 체계적인 이해와 분석의 기준을 제공함 → 현 사회를 진단하고 평가할 수 있음
- 사회 문제의 해결을 위한 일정한 지침을 제공함 → 공적 삶의 영역에서 발생하는 윤리 문제와 딜레마*를 해결할 수 있음
- 사회적 존재로서 개인의 삶의 방식을 제시함 → 사회 속에서 어떻게 행동하며 살아가야 하는지 알 수 있음

## C 윤리 사상과 사회사상의 역할

### 1 한국 및 동서양 윤리 사상과 우리 삶

① 한국 윤리 사상 질문

- 화해와 통합을 강조함(예 건국 신화, 풍류도, 한국 불교 사상) : 동양 윤리 사상과 함께 다양한 윤리적 문제를 해결하는 데 기여함 4
  (풍류도: 유·불·도의 가르침을 포함한 우리의 고유 사상이다.)
- 효(孝)와 노인 공경, 공동체의 유대를 중시함 : 현대 사회의 가족 해체 현상을 해결하는 데 중심적 역할을 함

**자료로 보는 통합을 추구하는 한국 불교 사상**

- 쪽빛과 남색이 하나이고 물과 얼음이 근본적으로 같듯이, 서로 다른 것처럼 보이는 주장들도 모두 석가모니의 말씀을 해석한 것이기 때문에 틀리지 않다.
- 모든 종파와 사상을 분리시켜 고집하지 말고, 더 높은 차원에서 하나로 통합해야 한다.

– 원효 –

자료 분석 한국 불교를 대표하는 신라 시대의 승려인 원효는 화쟁*의 논리를 통해 석가모니의 가르침에 관한 여러 주장과 논쟁을 하나로 조화시키고자 하였다.

Q 화쟁을 강조한 한국 불교 사상가는 누구인가? A 원효

**개념 더하기 자료 채우기**

**3 사회사상의 중요성**

민주 사회에서의 삶은 옳고 그름, 정의와 부정의에 관해 서로 다른 의견으로 가득하다. 어떤 사람은 낙태 권리를 옹호하지만, 다른 사람은 낙태를 살인으로 간주한다. 어떤 사람은 부자에게 세금을 거두어 가난한 사람을 돕는 것이 공정하다고 생각하지만, 다른 사람은 노력으로 번 돈을 세금으로 빼앗는 행위는 공정하지 않다고 생각한다.

– 샌델, 『정의란 무엇인가』 –

어떠한 사회사상을 가지고 있느냐에 따라 사회 문제에 대한 생각이 달라질 수 있다.

**질문 있어요**

한국과 동양 윤리 사상에서는 세계를 어떻게 이해하나요?

한국과 동양 윤리 사상은 세계를 개체의 단순한 집합이 아니라, 유기적 관계로 맺어진 통합된 전체로 이해해요. 그래서 세계에는 독립된 존재가 있을 수 없고, 모든 존재는 다른 존재와의 관계 속에서만 존재할 수 있지요. 이러한 사고방식은 인간과 자연, 인간과 인간 사이의 구별과 차이보다 상호 연관성과 조화를 중시해요.

**4 화해와 통합을 강조한 한국 윤리 사상**

| | |
|---|---|
| 단군 신화 | 하늘과 땅, 신과 인간, 동식물의 조화가 드러남 |
| 풍류도 | 삼교(유교, 불교, 도가)가 전래되기 이전부터 조상들의 생활 지침이었으며, 삼교의 가르침을 포함하고 있음 |
| 화쟁 사상 | 신라의 승려 원효는 화쟁의 논리로 여러 주장을 하나로 조화시키고자 함 |

**용어사전**

* **이상**(다스릴 理, 생각할 想) 생각할 수 있는 범위 안에서 가장 완전하다고 여겨지는 상태
* **딜레마**(dilemma) 선택 가능한 것 중 어느 쪽을 선택해도 이상적인 결과를 얻을 수 없는 상황
* **화쟁**(화할 和, 다툴 諍) 어떤 종파나 학설에 구애됨이 없이 다툼을 조화시키는 것

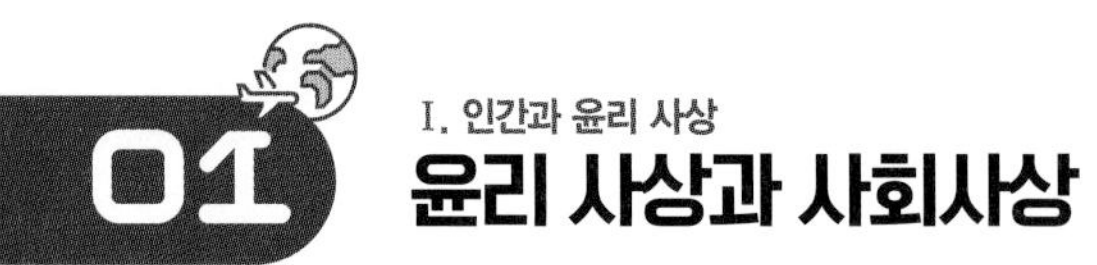



# 윤리 사상과 사회사상

### ② 동양 윤리 사상

| | |
|---|---|
| 유교 윤리 1 | • 도덕적 인격 수양을 바탕으로 공동체를 강조함 → 과도한 개인주의와 이기주의로 인한 윤리 문제 해결에 도움을 줌<br>• 의로움과 청렴*을 강조함 → 우리 사회의 부패를 예방하는 데 기여함 |
| 불교 윤리 | 만물의 상호 의존적 관계를 인식하여 모든 존재에게 자비를 베풀 것을 강조함 → 인간을 포함한 모든 생명의 소중함을 인식하고 존중하는 데 기여함 |
| 도가 윤리 | • 자연의 순리에 따르는 삶을 강조함 → 인간성을 훼손하고 억압하는 사회 구조나 제도, 물질에 관한 현대인의 과도한 집착을 비판하는 기준을 제공함<br>• 자기중심적 사고와 편견에서 벗어날 것을 강조함 → 공정한 판단과 의사 결정을 할 수 있는 사상적 바탕을 제공함 |

### ③ 서양 윤리 사상

- 인간이 구현해야 하는 보편적 가치를 추구함
- 인간의 이성과 이성에 바탕을 둔 윤리적 탐구를 중시함
- 인간을 자연에서 분리하여, 인간을 중심으로 자연을 대상화함 질문

| | |
|---|---|
| 고대 그리스 윤리 | 행복을 삶의 궁극적 목적으로 보고, 그 실현 방안으로 덕 있는 삶을 제시함 → 앎과 행복의 관계를 강조함으로써 현대인에게 중요한 윤리적 가르침을 줌 2 |
| 헬레니즘 시대의 윤리 | • 정신적 쾌락이나 금욕이 개인의 행복에서 중요함을 강조함<br>• 세계 시민으로 나아가기 위한 바탕을 제시함 → 세계화* 시대에 필요한 윤리적 태도를 성찰하는 데 기여함 |
| 중세 그리스도교 윤리 | 사랑과 배려를 확장해야 한다는 가르침을 제시함<br>└ 나와 관계 있는 가까운 공동체뿐 아니라 익명의 이웃에까지 확장할 것을 강조한다. |
| 근대 윤리 | • 도덕적 판단과 행동의 원천인 이성과 감정을 탐구함 → 합리적인 판단과 공감의 역할 및 중요성을 일깨워 줌<br>• 인간으로서 마땅히 지켜야 할 보편적 도덕 법칙이 있음을 강조함<br>• 최선의 결과를 가져오는 행위가 도덕적으로 옳다는 관점에서 다수의 행복을 중시하기도 함 → 다수를 고려하는 사회 정책이나 제도의 기준을 제시함 |
| 현대 윤리 | • 스스로 결단하고 선택하는 주체적인 삶을 강조함 → 인간 소외 현상을 해결하는 데 도움을 줌<br>• 삶을 실질적으로 개선하기 위한 문제 해결의 유용성을 강조하기도 함 |

## 2 사회사상과 우리 삶

① **자유주의 :** 개인의 자유를 중시함 → 부당한 간섭으로부터 개인의 자유와 권리를 보장하는 사상적 근거를 제공함

**자료로 보는 자유주의와 미국 독립 선언서**

모든 사람은 평등하게 태어났고, 창조주는 몇 개의 양도할 수 없는 권리를 부여했으며, 이러한 권리에는 생명, 자유, 그리고 행복 추구가 있다. 이 권리를 확보하기 위하여 인류는 정부를 조직했으며, 이 정부의 정당한 권력은 국민의 동의로부터 유래하고 있다.

– 「미국 독립 선언서」 –

**자료 분석** 미국 독립 선언서는 자유주의가 강조하는 자유와 평등의 가치를 잘 보여 준다. 자유주의는 근대 이전까지 당연시하였던 신분제의 문제점을 비판하고, 신분제에 따른 차별을 인류 역사에서 철폐하는 데 큰 영향을 미쳤다.

Q 개인의 자유를 중시하며 보편적 가치로 인식하는 사회사상은 무엇인가? A 자유주의

**개념 더하기 자료 채우기**

**1 공자의 사상과 우리 삶**

홍콩 A 기업의 회장인 리○○의 좌우명이자 경영 철학은 『논어』의 한 구절인 "의롭지 못하게 모은 재물은 뜬구름과 같다."이다. 이러한 경영 철학은 그의 기업이 사람들로부터 존경받고 신뢰받게 하였으며 이는 기업 성장의 원동력이 되었다. 실제로 그는 언제나 공자의 사상을 끊임없이 되새기고 탐구한다.

– KBS 인사이트 아시아 유교 제작 팀, 『유교 아시아의 힘』 –

윤리 사상은 우리가 바람직한 가치관을 세우고 일상을 성찰하면서, 삶을 좀 더 나은 방향으로 바꾸어 나가도록 돕는다.

**질문 있어요**

**동양과 서양의 자연에 대한 관점은 어떻게 다른가요?**

동양화와 서양화를 비교해 보면 동서양의 자연관을 파악할 수 있어요. 동양화는 자연을 종합적이고 자연스럽게 그리고자 하는 데 비해 서양화는 자연을 관찰하여 사실적으로 표현하고 분석하려고 하였지요. 이를 통해 동양은 자연과 인간을 상호 의존적으로 조화를 이루는 관계로 보지만, 서양은 자연과 인간을 분리하여 분석적으로 보는 경향이 있음을 알 수 있어요.

**2 아리스토텔레스와 행복**

신중하게 행해진 인간의 모든 행위는 그 특성상 어떤 '목적'을 추구하는 행위이다. 이 목적은 상호 연계되어 있다. 즉 우리가 어떤 행위를 통해서 추구하는 몇몇 '목적'들은 그 이상의 다른 어떤 목적을 얻기 위해서 필요한 '수단'이기도 하다. …… 인간이 추구하는 여러 가지 목적 중에서 가장 궁극적인 목적은 행복이다.

– 아리스토텔레스, 『니코마코스 윤리학』 –

아리스토텔레스는 인간의 모든 행위는 궁극적으로 행복을 목적으로 하고 있으며, 동시에 행복은 다른 어떤 것을 얻기 위한 수단이 될 수 없는 '궁극적인 목적' 자체라고 보았다.

**용어사전**

* **청렴**(맑을 淸, 청렴할 廉) 성품과 행실이 올바르고 탐욕이 없는 상태로, 바람직하고 깨끗한 공직자가 갖추어야 할 덕목
* **세계화**(인간 世, 지경 界, 될 化) 정치, 경제, 사회, 문화 등의 여러 분야에서 국가 간 상호 의존성이 높아지는 현상

② **민주주의 :** 국가의 권력이 모든 국민에게서 나온다는 사실을 강조함 → 국민이 국가의 주인으로서 정치에 적극적으로 참여해야 함을 일깨워 줌 3

③ **자본주의 :** 사유 재산과 자유로운 시장 경제를 강조함 → 개인의 노력에 따른 소득을 정당화하며, 시장에서의 자유로운 경쟁으로 생산의 증대와 풍요로운 삶에 기여함 4

④ **민본주의 :** 백성을 근본으로 여기고 민심을 존중하는 도덕적 정치를 중시함 → 오늘날 국가의 근본은 시민이라는 믿음으로 이어짐

⑤ **공화주의 :** 공적인 삶과 공공성*을 중시함 → 시민이 공적인 일에 관심을 가지고, 공익을 실현하기 위해 정치에 참여해야 함을 강조함

⑥ **세계 시민주의 :** 전 인류가 국적 등에 관계없이 보편적 가치와 권리를 지닌 시민임을 강조함 → 지역적·문화적 차이에 따른 다양한 도덕적 갈등과 지구적 차원의 윤리 문제를 해결하는 원칙과 기준을 제시함 질문

예 환경 파괴, 국제 분쟁, 빈곤 문제 등이 있다.

## 3 윤리 사상과 사회사상의 관계

| 윤리 사상 | 사회사상 |
| --- | --- |
| • 인간의 바람직한 삶의 모습을 탐구함<br>• 개인의 삶에 초점을 맞춤 | • 바람직한 사회의 모습을 탐구함<br>• 공동체가 갖추어야 할 집단의 윤리, 규범, 가치 등에 초점을 맞춤 |

| | |
| --- | --- |
| 공통점 | • 인간다운 삶을 실현하는 데 도움을 줌<br>• 궁극적으로 인간다움과 행복을 실현하고자 함 |
| 관계 | 도덕적인 인간은 바람직한 사회 속에서 구현될 수 있으며, 바람직한 사회를 실현하려면 구성원 개인의 노력이 필요함 → 상호 의존적·보완적 관계, 떼려야 뗄 수 없는 관계 |

### 자료로 보는 윤리 사상과 사회사상의 관계

• 정치를 하는 것은 백성을 바르게 하는 것이다. – 공자, 『논어』 –

• 국가가 훌륭해지는 것은 행운의 소관이 아니라, 지혜와 윤리적 결단의 산물이다. 훌륭한 국가가 되려면 국정에 참여하는 시민들이 훌륭해야 한다. 그런데 우리의 시민들은 모두 국정에 참여한다. 따라서 우리는 어떻게 해야 사람이 훌륭해질 수 있는지 고찰해 보아야 한다. – 아리스토텔레스, 『정치학』 –

• 국가의 수호자들은 전적으로 필요한 것이 아닌 한 어떤 사유 재산도 가져서는 아니 되네. …… 이들로 하여금 가능한 한에 있어서 가장 훌륭한 수호자이기를 그만두게 하거나, 다른 시민들에게 해코지를 하는 것이 안 되게끔 해야 하네. 이렇게 함으로써 이들은 자신도 구하며 나라도 구원할 것일세. – 플라톤, 『국가』 –

**자료 분석** 공자와 아리스토텔레스, 플라톤은 모두 윤리 사상과 사회사상이 밀접하게 연관되어 있다고 생각하였다. 이들은 공통적으로 바람직한 사회를 만들기 위해서는 윤리 사상과 사회사상 모두에 관심을 가져야 한다고 보았다.

Q 자료를 통해 알 수 있는 윤리 사상과 사회사상의 관계는 무엇인가?

A 상호 의존적·보완적 관계

## 개념 더하기 자료 채우기

**3 민주주의의 의미**

민주주의(democracy)는 그리스어인 '국민(demos)'과 '지배(kratos)'의 합성어로, 국민이 국가를 지배하는 정치적 지배 원리를 말한다. 이는 국민이 국가의 의사를 최종적으로 결정할 수 있는 권력인 주권을 지니고 그 권력을 스스로 행사함을 뜻한다. 민주주의는 지배받는 사람과 지배하는 사람이 같은 국민 주권 원리에 기초하여, 모든 국민에게 정치적 결정에 참여할 수 있는 동등한 권한과 기회가 주어져야 한다는 원칙과 권력을 구성하고 이를 집행하는 것을 국민이 통제할 수 있어야 한다는 원칙을 지닌다.

**4 자본주의와 사회주의**

자본주의를 바탕으로 우리 사회의 물질적 부(富)가 증대되고 삶이 풍요로워졌다. 그러나 물질적 부가 편중됨에 따라 경제적 불평등 문제가 발생하기도 하였다. 이에 사회주의는 초기 자본주의 체제에서 나타난 빈익빈 부익부 현상을 비판하며 경제적 평등을 지향하였다. 이러한 사회주의의 노력은 경제적 불평등 해소를 위한 다양한 제도에 영향을 미쳤으나, 개인의 생산 동기를 약화시켜 생산성 저하로 이어지는 문제를 낳기도 하였다.

**질문 있어요**

**사회사상은 우리 삶에 긍정적인 역할만 하나요?**

사회사상은 인류에게 긍정적인 역할뿐만 아니라 부정적인 역할도 할 수 있어요. 예를 들어 독일의 나치즘*과 같은 극단적인 민족주의는 많은 사람을 죽음으로 몰아넣었지요. 그러므로 우리는 사회사상을 탐구할 때, 인간다움과 행복의 실현에 기여할지 아니면 인류에게 비극을 초래할지를 비판적으로 평가할 수 있어야 해요. 그리고 인간의 행복에 이바지할 수 있는 사회사상을 토대로 바람직한 사회를 구현하고자 노력해야 해요.

**용어사전**

* **공공성**(공 公, 함께 共 성질 性) 한 개인이나 단체가 아닌 일반 사회 구성원 전체에 두루 관련되는 성질
* **나치즘**(Nazism) 나치스(히틀러를 당수로 한 독일의 파시스트당)가 주장한 정치사상 및 지배 체제

# 기초를 다지는 확인 문제

바른답·알찬풀이 2쪽

올리드 포인트

## A 인간에 대한 다양한 관점

**1 인간의 다양한 특성** 이성적 존재, 사회적·정치적 존재, 도구적 존재, 유희적 존재, 문화적 존재, 예술적 존재, 종교적 존재, 윤리적 존재

**2 인간 본성에 대한 관점과 인간다움의 실현**

| | |
|---|---|
| 성선설 | 인간의 본성이 선하다는 입장(맹자) |
| 성악설 | 인간의 본성이 악하다는 입장(순자) |
| 성무선악설 | 인간의 본성이 본래 선악으로 결정되지 않았다고 보는 입장(고자) |

## B 윤리 사상과 사회사상의 중요성

**1 윤리 사상의 의미와 중요성**

| | |
|---|---|
| 의미 | "어떻게 사는 것이 바람직하고 좋은 삶인가?"라는 물음에 대한 체계적인 대답 |
| 중요성 | • 자아 탐색의 근거를 제공함<br>• 바람직한 삶의 목적 및 가치 체계를 제공함<br>• 도덕적 행동 지침 및 판단 근거를 제공함 |

**2 사회사상의 의미와 중요성**

| | |
|---|---|
| 의미 | 사회 현상에 대한 체계적인 사유와 해석 |
| 중요성 | • 바람직한 사회의 이상을 제시함<br>• 사회 현상의 체계적인 이해와 분석의 틀을 제공함<br>• 사회 문제 해결을 위한 일정한 지침을 제공함<br>• 사회적 존재로서 개인의 삶의 방식을 제시함 |

## C 윤리 사상과 사회사상의 역할

**1 한국 및 동서양 윤리 사상과 우리 삶**

| | |
|---|---|
| 한국 윤리 | 화해와 통합, 효와 노인 공경을 중시함 → 현대 사회의 가족 해체 현상 해결의 중심적 역할을 함 |
| 동양 윤리 | 유교 윤리, 불교 윤리, 도가 윤리 → 개인주의와 이기주의 문제 해결, 생명의 소중함을 강조함 |
| 서양 윤리 | 고대 그리스 윤리, 헬레니즘 윤리, 중세 그리스도교 윤리, 근대 윤리, 현대 윤리 → 앎과 행복, 세계 시민 윤리, 다수를 고려하는 사회 정책 등을 강조함 |

**2 사회사상과 우리 삶** 자유주의, 민주주의, 자본주의, 민본주의, 공화주의, 세계 시민주의 등 → 사회 현상을 이해하고 비판할 수 있는 근거와 기준을 제공함

**3 윤리 사상과 사회사상의 관계**

| | |
|---|---|
| 공통점 | 인간다운 삶을 실현하는 데 도움을 줌 |
| 관계 | 상호 의존적·보완적 |

**01** 다음 설명이 맞으면 ○표, 틀리면 ×표를 하시오.

(1) 인간의 행위 규범이자 삶의 도리인 윤리에 대한 체계적인 생각을 사회사상이라고 한다. ( )

(2) 윤리 사상은 "나는 어떤 존재인가?"라는 물음과 관련하여 자아 탐색의 근거를 제공해 준다. ( )

(3) 사회 현상에 대한 해석과 사회 체제나 제도의 바람직한 모습 및 그것의 구현에 관한 체계적인 사유를 윤리 사상이라고 한다. ( )

(4) 사회사상은 바람직한 사회를 실현하는 데 중요한 준거가 될 수 있다. ( )

(5) 동양의 민본주의는 백성을 근본으로 여기고 민심을 존중하는 도덕적 정치가 실현되게 하였다. ( )

(6) 윤리 사상과 사회사상은 상호 의존적이고 보완적인 관계로 볼 수 있다. ( )

**02** 빈칸에 들어갈 알맞은 말을 쓰시오.

(1) ( )은/는 인간은 누구나 '차마 어찌하지 못하는 마음'을 지니고 태어나므로 선한 존재라고 보았다.

(2) 인간의 본성에 대한 관점 가운데 ( )에 따르면 인간은 이기적 욕망을 가지고 태어나므로 악한 충동이나 공격성을 지닌다.

(3) ( )은/는 인간이 타고난 것은 식욕과 성욕뿐이며, 이는 선하지도 악하지도 않다고 보았다.

**03** 인간의 특성과 그에 관한 설명을 바르게 연결하시오.

(1) 종교적 존재 • • ㉠ 놀이를 즐기고 삶의 재미를 찾고자 한다.

(2) 윤리적 존재 • • ㉡ 뛰어난 사고 능력을 갖추고 있다.

(3) 정치적 존재 • • ㉢ 의식적으로 옳고 그름이나 좋고 나쁨을 판단한다.

(4) 유희적 존재 • • ㉣ 초월적 존재를 믿으며 살아간다.

(5) 이성적 존재 • • ㉤ 공동체를 구성하여 정치적 활동을 한다.

## 실력을 키우는 실전 문제

바른답·알찬풀이 2쪽

중요

**01** 다음 글에 나타난 인간의 특성으로 가장 적절한 것은?

> 인간은 동물과 달리 스스로 옳고 그름을 판단해 도덕 법칙을 수립하고 실천할 수 있는 도덕적 자율성을 지니고, 어떤 삶이 가치 있는지를 고민하며, 인간답게 살려면 어떻게 해야 하는가를 스스로 묻고 선택할 수 있다. 오직 인간만이 자신의 삶과 자신을 둘러싼 세계의 모습을 살펴볼 수 있으며 더 나은 방향으로 변화시킬 수 있다.

① 필요한 도구를 만들어 사용하는 존재이다.
② 삶의 재미를 적극적으로 찾고자 하는 존재이다.
③ 공동체를 구성하여 정치적인 활동을 하는 존재이다.
④ 반성적 성찰을 통해 삶의 가치를 추구하는 존재이다.
⑤ 구원을 얻기 위해 초월적 절대자에 귀의하는 존재이다.

**02** 그림의 강연자가 긍정의 대답을 할 질문만을 〈보기〉에서 있는 대로 고른 것은?

동물과 달리 인간은 자연조건으로부터 보호받을 수 있는 털이 없으며 자연적 공격 기관을 가지고 있지도 않습니다. 인간은 결핍된 존재입니다. 그래서 인간은 자신에게 결핍된 수단 자체를 스스로 구해 나가야 합니다. 이를 위해 인간은 자연을 개조해야만 했고, 개조한 자연의 총체가 바로 문화입니다. 무기와 불이 없는 인간 사회, 음식을 비축하고 식품을 조리할 줄 모르는 인간 사회, 협동의 체계가 없는 인간 사회는 없습니다.

보기

ㄱ. 인간의 자연적 공격 기관은 동물보다 우월한가?
ㄴ. 인간은 필요에 따라 도구를 만들어 사용하는가?
ㄷ. 인간은 고유의 문화를 창조할 수 있는 존재인가?
ㄹ. 인간은 본능의 결핍을 극복하기 위해 자연을 개조하는가?

① ㄱ, ㄴ　② ㄱ, ㄷ　③ ㄷ, ㄹ
④ ㄱ, ㄴ, ㄹ　⑤ ㄴ, ㄷ, ㄹ

**03** ㉠, ㉡에서 강조하는 인간의 특성을 바르게 짝지은 것은?

> 갑 : 인간은 어떤 존재일까요?
> 을 : 인간은 다양한 특성을 지닌 존재입니다. 파스칼은 ㉠ "인간은 자연에서 가장 연약한 것, 갈대에 불과하다. 하지만 그는 생각하는 갈대이다."라고 하였고, 하위징아는 ㉡ "인간이나 동물 모두에게 다 같이 적용되는 것이기는 하지만, 인간에게 중요한 기능이 있는데 그것은 '놀이하는 것'이다."라고 하였습니다.

| | ㉠ | ㉡ |
|---|---|---|
| ① | 이성적 존재 | 유희적 존재 |
| ② | 이성적 존재 | 종교적 존재 |
| ③ | 도구적 존재 | 유희적 존재 |
| ④ | 도구적 존재 | 종교적 존재 |
| ⑤ | 유희적 존재 | 윤리적 존재 |

**04** 다음 글에 나타난 인간의 특성으로 가장 적절한 것은?

> • "사람이면 다 사람이냐, 사람다워야 사람이지."라는 말은 사람이라고 해서 다 사람다운 것은 아니라는 의미를 지닌다.
> • 현대 심리학에서는 인간을 '마음 읽기 능력'을 가진 존재라고 보기도 하는데, 마음 읽기 능력은 우리가 자신만을 위한 삶에서 벗어나 다른 사람을 고려하는 존재라는 점을 알려 준다.
> • '덜된 놈', '못된 녀석' 등의 표현들은 우리나라 사람들이 사람을 '되어 가는 존재'로 생각했음을 알 수 있게 한다.

① 의식적으로 행위하며 스스로 가치를 추구한다.
② 새로운 문화를 창조하고 미래 세대에 전승한다.
③ 다양한 도구들을 만들어 신체적 결점을 보완한다.
④ 생활상의 이해관계를 떠나 삶의 재미를 추구한다.
⑤ 사회적 삶을 통해 삶의 양식과 다양한 가치를 공유한다.

중요

**05** **(가)의 갑, 을 사상가의 입장을 (나) 그림으로 표현할 때, A~C에 들어갈 옳은 내용을 〈보기〉에서 고른 것은?**

| | |
|---|---|
| (가) | 갑 : 인간의 본성은 악하니 반드시 스승의 규범을 받은 후에 올바르게 되고, 예의를 얻은 후에 잘 다스려진다.<br>을 : 인간의 본성이 선함은 물이 아래로 흐르는 것과 같다. 사람은 선하지 않음이 없고, 물은 아래로 흐르지 않음이 없다. |
| (나) | 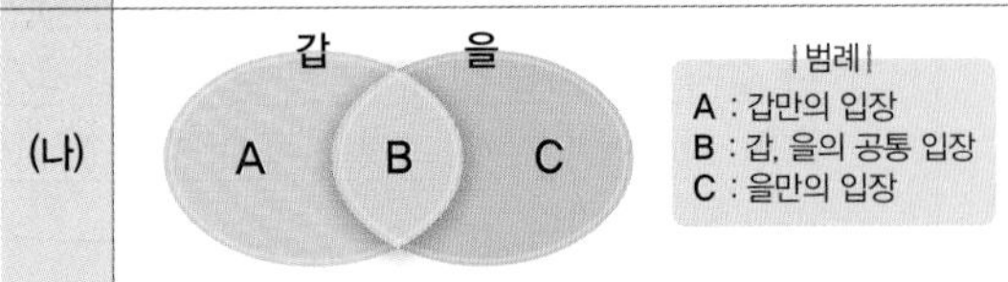 |



보기

ㄱ. A : 인간의 악한 본성이 선하게 되는 것은 인위의 결과이다.
ㄴ. B : 이상적 인간이 되기 위해서는 후천적 노력이 필요하다.
ㄷ. B : 인간은 누구나 차마 어찌하지 못하는 마음을 가지고 태어난다.
ㄹ. C : 성현의 가르침에 따른 수양으로 본성을 변화시켜야 한다.

① ㄱ, ㄴ ② ㄱ, ㄷ ③ ㄴ, ㄷ ④ ㄴ, ㄹ ⑤ ㄷ, ㄹ

**06** **(가) 사상가의 입장을 (나) 그림으로 탐구할 때, A, B에 들어갈 질문으로 옳은 것은?**

| | |
|---|---|
| (가) | 인의(仁義)란 후천적인 교육이나 학습을 통해서 만들어지는 것이지, 본래부터 고유하게 가지고 나오는 것이 아니다. 이는 장인이 버드나무로 바구니를 만드는 것과도 같은데, 버드나무 속에 바구니가 들어 있지 않은 것이나 마찬가지이다. |
| (나) | 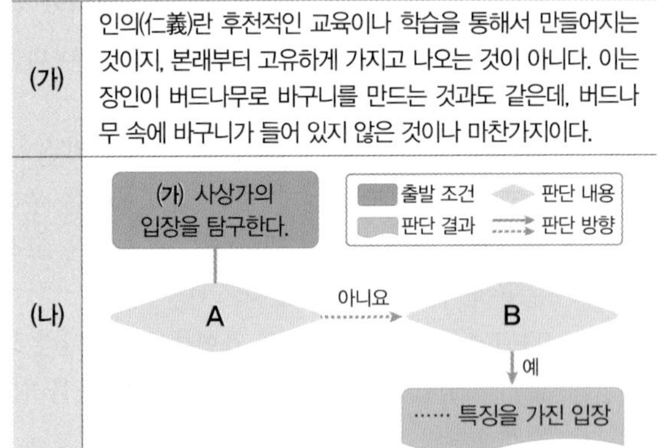 |



① A : 식욕과 성욕이 인간 본성의 전부인가?
② A : 인간의 본성은 후천적 요인에 의해 정해지는가?
③ B : 타고난 선한 본성을 확충해 나가야 하는가?
④ B : 인간은 이기적이고 악한 본성을 타고나는가?
⑤ B : 인간의 본성에 선(善)과 불선(不善)의 구분은 없는가?

**07** **다음 수업 장면에서 학생들 모두가 옳은 대답을 했을 때, A에 관한 옳은 설명을 〈보기〉에서 고른 것은?**

우리 삶에는 ( A )와/과 사회사상이 필요합니다. ( A )이/가 필요한 이유는 무엇일까요?
자아 탐색의 근거를 제공해 주기 때문입니다.
삶의 목적과 가치 체계를 제공해 주기 때문입니다.
도덕적 행동 지침 및 판단 근거를 제공해 주기 때문입니다.

보기

ㄱ. 삶의 도리인 윤리에 관한 체계적인 생각이다.
ㄴ. 주로 사회 현상을 분석하고 평가하려고 한다.
ㄷ. 개인의 바람직한 삶의 모습을 탐구하려고 한다.
ㄹ. 이상 사회의 모습과 실현 방안을 설계하려고 한다.

① ㄱ, ㄴ ② ㄱ, ㄷ ③ ㄴ, ㄷ ④ ㄴ, ㄹ ⑤ ㄷ, ㄹ

**08** **(가)의 갑, 을 사상가의 입장을 (나) 그림으로 탐구할 때, A~C에 들어갈 질문으로 옳은 것은?**

| | |
|---|---|
| (가) | 갑 : 도(道)의 차원에서 보면 만물은 평등하다. …… 오리의 다리가 짧다고 늘리지 말고, 학의 다리가 길다고 자르지 말라.<br>을 : 성인은 본성을 교화하여 인위[僞]를 일으키고, 예의(禮義)와 법도(法度)를 만들었다. 인간의 본성을 그대로 두면 사회는 혼란해진다. |
| (나) | 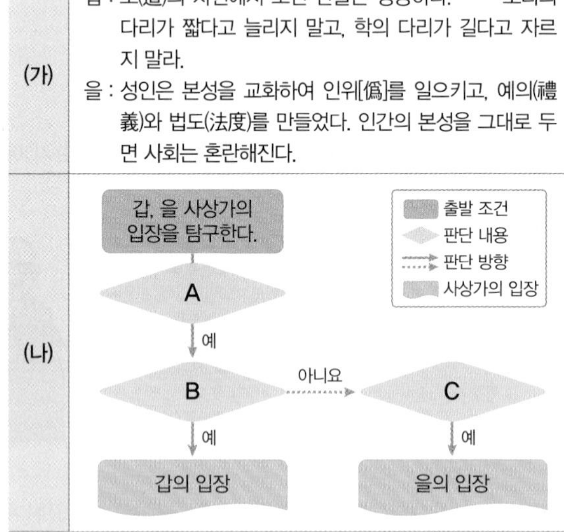 |



① A : 절대적 진리를 기준으로 만물의 우열을 가려야 하는가?
② B : 지속적인 수양으로 본성을 교화해야 하는가?
③ B : 마음을 깨끗이 하여 분별적 지혜를 얻어야 하는가?
④ C : 예법을 통해 선천적 도덕성을 확충해야 하는가?
⑤ C : 선한 삶을 살기 위해서는 후천적 노력이 중요한가?

중요

## 09 ㉠~㉢에 관한 옳은 설명을 〈보기〉에서 고른 것은?

윤리 사상은 삶의 목적을 설정해 나가는 데 도움을 줄 수 있다. 예를 들어 ㉠ 공자가 강조한 '인(仁)'이라든가, ㉡ 아리스토텔레스가 강조한 '행복' 등은 삶의 목적이 무엇이어야 하는지 등에 대한 주요한 시사점을 제공한다. 또한 윤리 사상은 도덕적 행동의 지침 및 판단 근거를 제공한다. 예를 들어 우리는 윤리 문제에 직면하였을 때, ㉢ 칸트의 윤리 사상을 행동의 지침과 판단 근거로 삼을 수 있다.

보기
ㄱ. ㉠은 남을 사랑하는 어진 마음을 의미한다.
ㄴ. ㉡은 다른 어떤 것을 얻기 위한 수단이 된다.
ㄷ. ㉢에 따르면 최선의 결과를 가져오는 행위가 도덕적으로 옳다.
ㄹ. ㉢은 사람의 인격을 단순히 수단으로만 대하지 말 것을 요구한다.

① ㄱ, ㄴ ② ㄱ, ㄹ ③ ㄴ, ㄷ
④ ㄴ, ㄹ ⑤ ㄷ, ㄹ

## 10 다음은 노트 필기의 일부이다. ㉠~㉤ 중 옳지 않은 것은?

〈대표적인 사회사상과 특징〉

1. 자유주의
 • 부당한 간섭으로부터 개인의 자유를 보장할 것을 강조함 ··· ㉠
2. 민주주의
 • 국가의 권력이 국민에게서 나온다는 사실을 강조함 ········· ㉡
3. 자본주의
 • 자유로운 경쟁과 생산 수단의 사적 소유를 강조함 ·········· ㉢
4. 사회주의
 • 경제 활동의 자유와 개인의 이익 추구를 적극적으로 보장할 것을 강조함 ········· ㉣
5. 민본주의
 • 백성을 근본으로 여기고 민심을 존중하는 도덕적 정치를 강조함 ········· ㉤

① ㉠ ② ㉡ ③ ㉢ ④ ㉣ ⑤ ㉤

[11~12] 다음 글을 읽고 물음에 답하시오.

한국 윤리 사상은 우리의 건국 신화, 토속 신앙, ㉠ 풍류도 등의 고유한 정신적 바탕 위에 오래전부터 유입된 ㉡ 유교, ㉢ 불교, ㉣ 도가 사상이 조화를 이루고 있다.

## 11 ㉠에 관한 옳은 설명만을 〈보기〉에서 있는 대로 고른 것은?

보기
ㄱ. 진리에 대한 개방적인 태도를 보여 준다.
ㄴ. 삼교(三敎)가 전래된 이후에 만들어졌다.
ㄷ. 삼교의 가르침과 통할 수 있는 내용이 담겨 있다.
ㄹ. 삼교의 가르침을 융합하는 포용의 특징을 지닌다.

① ㄱ, ㄴ ② ㄱ, ㄷ ③ ㄴ, ㄹ
④ ㄱ, ㄷ, ㄹ ⑤ ㄴ, ㄷ, ㄹ

## 12 ㉡~㉣에 관한 설명으로 옳은 것은?

① ㉡ : 괴로움의 원인을 제거하여 해탈할 것을 강조한다.
② ㉡ : 모든 존재에게 자비(慈悲)를 베풀 것을 강조한다.
③ ㉢ : 자연의 순리에 따르는 무위자연의 삶을 강조한다.
④ ㉣ : 인의(仁義)를 통한 도덕적 인격 수양을 강조한다.
⑤ ㉣ : 자기중심적 사고와 편견에서 벗어난 제물을 강조한다.

## 13 ㉠에 들어갈 제목으로 가장 적절한 것은?

OO신문 OOOO년 OO월 O일

제목 : ㉠

사회사상은 인류에게 긍정적인 역할뿐만 아니라 부정적인 역할을 할 수도 있다. 예를 들어 독일의 나치즘과 같은 극단적인 민족주의는 많은 사람을 희생시켰다. 그래서 사회사상을 공부할 때는 비판적 사고가 필요하며, 그 사상이 인간다움과 행복의 실현에 기여할지, 인류의 비극을 초래할지를 평가할 수 있어야 한다. 또한 어떠한 사상을 검토하든지 열린 자세를 바탕으로 다양한 비판에 귀를 기울여야 한다.

① 윤리 사상과 사회사상의 관계를 파악해야
② 다양한 사회사상을 있는 그대로 수용해야
③ 어떤 사상이든 진위를 따져 보는 자세를 가져야
④ 자신의 주장에 오류 가능성이 없음을 관철시켜야
⑤ 사회사상과 인간 행복의 실현은 무관함을 깨달아야

**14** 다음 가상 편지에서 강조하는 내용으로 가장 적절한 것은?

> ○○에게
> 요즘 과학 기술에 대해서는 우리 삶에 긍정적인 역할을 한다고 보면서, 윤리 사상은 우리 삶에 어떤 역할도 할 수 없다고 생각하는 사람들이 있다네. 이때 A 기업의 회장인 리○○의 경영 철학이 큰 교훈을 준다네. 그의 경영 철학은 "의롭지 못하게 모은 재물은 나에게 뜬구름과 같다."라는 『논어』의 한 구절이네. 이러한 그의 경영 철학은 그가 경영하는 기업이 사람들로부터 존경과 신뢰를 받도록 하고, 결과적으로 기업 성장의 원동력이 되었지. 실제로 그는 공자의 사상을 끊임없이 되새기는 데 열중하였으며, 이를 바탕으로 기업을 경영한 것이 성공 비결이라고 말했다네.

① 윤리 사상은 우리의 삶과 동떨어져 있다.
② 윤리 사상의 역할은 과학 기술로 대체할 수 있다.
③ 윤리 사상을 통해 바람직한 가치관을 세울 수 있다.
④ 윤리 사상은 기업의 성장과 효율적 운용을 방해한다.
⑤ 윤리 사상보다 과학 기술의 영향력을 중시해야 한다.

**16** A 국가에 비해 B 국가가 갖는 상대적인 특징을 그림의 ㉠~㉤ 중에서 고른 것은?

> A 국가에서는 큰 가뭄으로 100만 명 가량이 식량난으로 사망하였다. 그런데 같은 가뭄을 경험한 B 국가에서는 식량난으로 사망한 사람이 없었다. 이들의 차이에 대해 연구한 사상가 아마르티아 센은 A 국가는 군부 독재 국가였던 반면, B 국가는 민주주의 국가였다는 점을 발견했다. 그에 따르면 민주주의 국가에서는 문제가 발생했을 때 대안으로서의 사회적 장치를 마련했지만, 독재 국가에서는 문제 해결을 위한 대안을 마련하지 못했다.

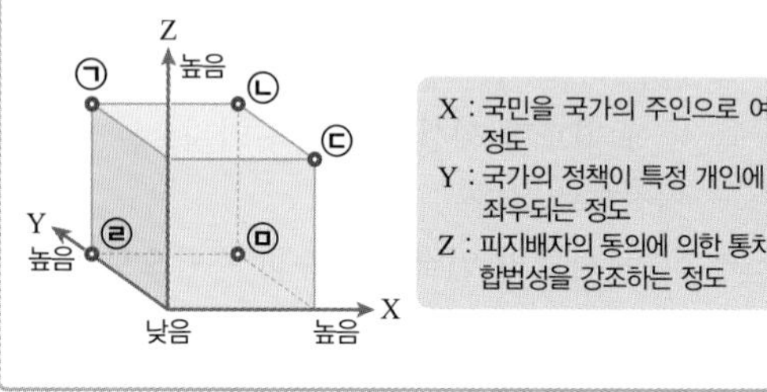


① ㉠  ② ㉡  ③ ㉢  ④ ㉣  ⑤ ㉤

중요

**15** 그림의 수업 장면에서 교사의 질문에 옳게 대답한 학생만을 있는 대로 고른 것은?

① 갑, 을  ② 갑, 무  ③ 병, 무
④ 갑, 을, 정  ⑤ 을, 병, 정

**17** ㉠에 관한 설명으로 옳지 않은 것은?

> 사람들은 특정한 ㉠ 을/를 바탕으로 사회 현상을 이해하고 비판하며 자신이 속한 사회를 더 나은 모습으로 발전시키고자 노력해 왔다. 예를 들어 근대 자유주의는 개인들이 봉건 사회의 불평등으로부터 벗어나 자유와 권리를 누릴 수 있는 바탕이 되었고, 사회주의는 빈부 격차로부터 벗어나 경제적으로 평등한 사회를 만들어 가려는 사람들의 노력을 뒷받침하였다. 또한 동양의 민본주의는 백성을 근본으로 여기고 민심을 존중하는 도덕적 정치가 실현되게 하였다.

① 현재 운용하는 사회 체제를 평가하는 역할을 한다.
② 더 나은 사회를 설계하고 기획하는 데 도움을 준다.
③ 인간이 추구해야 할 이상 사회의 모습을 보여 준다.
④ 인간의 사회적 삶에 대한 일관되고 체계적인 틀을 제공한다.
⑤ 바람직한 사회의 모습보다 개인의 도덕적 삶에 초점을 둔다.

**중요**

**18** (가) 사상가의 입장에서 (나)의 ㉠, ㉡에 관해 설명한 내용으로 가장 적절한 것은?

| | |
|---|---|
| (가) | 국가가 훌륭해지는 것은 행운의 소관이 아니라, 지혜와 윤리적 결단의 산물이다. 훌륭한 국가가 되려면 국정에 참여하는 시민들이 훌륭해야 한다. 그런데 우리의 시민들은 모두 국정에 참여한다. 따라서 우리는 어떻게 해야 사람이 훌륭해질 수 있는지 고찰해 봐야 한다. |
| (나) | ㉠ 윤리 사상은 '좋은 사람'이란 어떤 사람이며, 어떤 행위가 옳은가를 탐구한다. 한편 ㉡ 사회사상은 '좋은 공동체'가 어떤 공동체이며, 바람직한 공동체를 이룰 수 있는 방법은 무엇인지를 탐구한다. |

① ㉠과 ㉡은 상호 의존적 관계이다.
② ㉠과 ㉡은 고유한 독립된 영역이 없다.
③ ㉠과 달리 ㉡은 개인의 인격적 탁월함을 강조한다.
④ ㉡과 달리 ㉠은 국정에 참여하는 시민을 요구한다.
⑤ ㉡의 목표는 ㉠의 목표가 달성되면 자동으로 실현된다.

**19** ㉠에 들어갈 내용으로 적절하지 않은 것은?

윤리 사상은 바람직한 인간의 삶을 탐구하고, 사회사상은 바람직한 사회와 국가에 대해 탐구하므로 각각은 독립적인 영역이라고 할 수 있어.

윤리 사상과 사회사상은 독립적인 영역도 있지만 기본적으로 상호 의존적인 관계라고 할 수 있어. 왜냐하면 ㉠


① 사회와 분리된 개인의 삶을 생각할 수 없기 때문이야.
② 사회 구성원의 도덕성과 사회의 도덕성은 항상 일치하기 때문이야.
③ 사회 구성원이 비도덕적이면 바람직한 사회가 되기 어렵기 때문이야.
④ 개인이 도덕성이 높아도 사회가 부정의하면 도덕적 삶을 살 수 없기 때문이야.
⑤ 개인의 권익이 보장되지 않는 사회에서는 인간다움이 실현될 수 없기 때문이야.

## 서술형 문제

**20** 다음 글을 읽고 물음에 답하시오.

> (가) 나는 지난 여러 해 동안 문명이 놀이 속에서, 그리고 놀이로서 생겨나고 발전해 왔다는 확신을 굳혔다. 진정한 문명은 놀이 요소가 없는 곳에서는 존재할 수 없다.
> (나) 인간에게는 마땅한 도리가 있으니, 배불리 먹고 따뜻한 옷을 입고 편안하게 살아도 그 도리를 배우지 않는다면 짐승과 같다.

(1) (가), (나)에 나타난 인간의 특성을 쓰시오.

(2) (나)에 나타난 인간의 특성이 지닌 특징을 서술하시오.

**21** 다음 글을 읽고 물음에 답하시오.

> 동양 사상가 A는 다음과 같이 주장하였다. "옹기장이가 진흙을 쳐서 질그릇을 만드는데, 질그릇은 옹기장이의 작위(作爲)에서 생겨나는 것이지, 옹기장이의 본성으로부터 생겨나는 것이 아니다. 또 목수가 나무를 깎아 그릇을 만드는데, 그릇은 목수의 작위에 의해 생겨나는 것이지, 그의 본성으로부터 생겨나는 것이 아니다. 마찬가지로 사람이 예의와 법도를 갖추게 된 것은 인위적인 노력으로 본성을 변화시켰기 때문이다."

(1) 동양 사상가 A가 누구인지 쓰시오.

(2) 인간 본성에 관한 A의 관점을 서술하시오.

**22** 다음 글을 읽고 물음에 답하시오.

> ( ㉠ )은/는 옳고 그름의 판단 원리가 되는 윤리와 관련된 다양한 논의를 논리적으로 체계화한 것이다. 대표적인 사례로 동양의 유교·불교·도가 사상, 서양의 의무론과 공리주의 등이 있다.

(1) ㉠에 들어갈 말을 쓰시오.

(2) ㉠이 중요하고 필요한 이유를 두 가지 서술하시오.

# 등급을 올리는 고난도 문제

**01** 다음 글에 나타난 인간의 특성에만 모두 ‘∨’를 표시한 학생은?

> 물과 불은 생명이 없고, 초목은 생명이 있어도 지각(知覺)이 없으며, 짐승은 지각이 있어도 도의(道義)가 없다. 소는 인간보다 힘이 세고, 말은 인간보다 달리기를 잘하는데, 소나 말이 도리어 사람에게 쓰이는 것은 무슨 까닭인가? 그것들은 능히 모여 살 수 없기 때문이다. 왜 능히 모여 살지 못하는 것인가? 그것들은 분별하지 못하기 때문이다. 왜 분별하지 못하는 것인가? 그것들은 도의가 없기 때문이다.

| 인간의 특성 \ 학생 | 갑 | 을 | 병 | 정 | 무 |
|---|---|---|---|---|---|
| 유한성을 극복하기 위해 초월자에게 귀의하는 존재이다. | ∨ | | | ∨ | ∨ |
| 타인과 더불어 공동체를 형성해 삶을 영위하는 존재이다. | ∨ | ∨ | | ∨ | |
| 의식적인 행위를 통해 윤리적 질서를 구현하는 존재이다. | | ∨ | ∨ | | ∨ |
| 스스로 창조한 놀이를 통해 삶의 재미를 추구하는 존재이다. | | | ∨ | ∨ | ∨ |

① 갑 ② 을 ③ 병 ④ 정 ⑤ 무

**문제 접근 방법**

제시문에서는 동물과 구별되는 인간의 특성으로 ‘모여서 산다.’는 점과 ‘도의가 있어 분별할 수 있다.’는 점을 들고 있다. 인간의 다양한 특성 중 이와 관련된 인간의 특성을 맞게 표시한 학생을 확인하여 문제를 해결한다.

**적용 개념**

# 인간의 특성

**02** (가)의 갑, 을 사상가의 입장을 (나) 그림으로 표현할 때, A~C에 해당하는 옳은 진술만을 <보기>에서 있는 대로 고른 것은?

(가)
갑 : 본성은 소용돌이치는 물과 같아서 동쪽으로 트면 동쪽으로 흐르고, 서쪽으로 트면 서쪽으로 흐른다. 사람의 본성에 선함과 선하지 않음의 구분이 없는 것은 마치 물의 흐름에 동쪽과 서쪽의 구분이 없는 것과 같다.
을 : 사람의 본성이 선한 것은 물이 아래쪽으로 흐르는 것과 같다. 사람은 선하지 않음이 없고 물은 아래로 흐르지 않음이 없다. 이제 물을 쳐서 튀어 오르게 하면 이마보다 높이 넘어가게 할 수도 있고, 물을 역류시키면 산 위로도 올라가게 할 수 있지만, 이것이 어찌 물의 본성이겠는가?

(나)

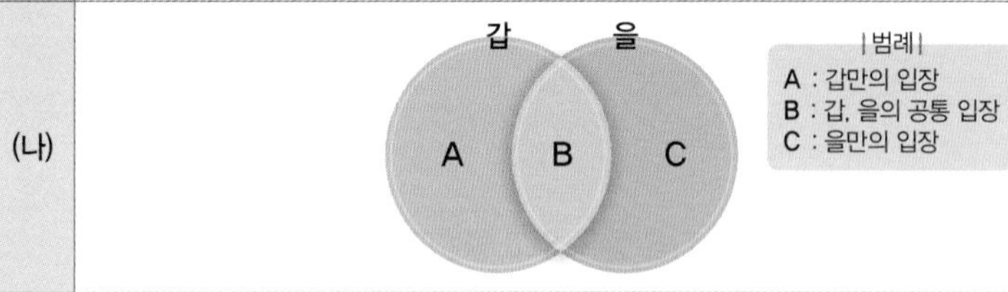


보기
ㄱ. A : 인간이 타고나는 것은 생존과 생식의 두 가지 욕망뿐이다.
ㄴ. B : 선한 삶을 살기 위해서는 후천적인 노력이 중요하다.
ㄷ. B : 선악은 인간의 본성이 아니라 환경에 의해 정해지는 것이다.
ㄹ. C : 도덕적으로 선한 행위를 반복하여 측은지심을 형성해야 한다.

① ㄱ, ㄴ ② ㄱ, ㄷ ③ ㄷ, ㄹ
④ ㄱ, ㄴ, ㄹ ⑤ ㄴ, ㄷ, ㄹ

**문제 접근 방법**

인간의 본성을 물의 흐름에 비유한 내용을 통해 갑, 을 사상가가 누구인지 먼저 파악한다. 인간의 본성에 대한 갑, 을 사상가의 입장을 정확히 이해한 후, (나)의 범례에 적용하여 문제를 해결한다.

**적용 개념**

# 본성론

## 03 고대 동양 사상가 갑, 을의 입장에 관한 설명으로 옳은 것은?

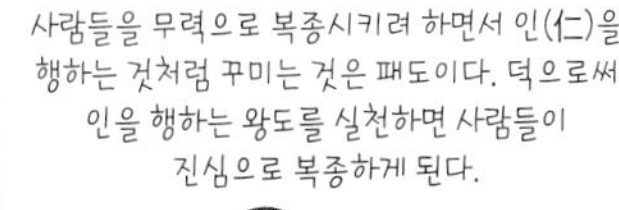

① 갑은 예(禮)를 기준으로 삼아 욕망을 충족시켜야 한다고 본다.
② 갑은 인간의 본성이 선이나 악으로 고정된 것이 아니라고 본다.
③ 을은 인간이 어떠한 경우에도 악한 행위를 저지르지 않는다고 본다.
④ 을은 인의(仁義)가 외적 환경과 인위적 노력에 의해 형성된다고 본다.
⑤ 갑, 을은 예나 법에 의한 정치를 모두 부정해야 한다고 본다.

**문제 접근 방법**

'스승과 법도에 따른 교화', '덕으로써 인을 행하는 왕도'와 같은 핵심어를 통해 두 사상가가 누구인지 먼저 파악한다. 갑, 을 사상가가 인간의 본성과 인의, 그리고 예에 대해 어떤 입장을 가지는지를 이해하고 문제를 해결한다.

**적용 개념**

# 본성론
# 예(禮)

## 04 A에 들어갈 적절한 진술만을 〈보기〉에서 있는 대로 고른 것은?

| | |
|---|---|
| (가) | 동양인은 신을 신봉하지만 서양인과 같이 절대적·초월적 존재로 보아 사람과 이분(二分)하지는 않는다. 그 근원에서는 주객을 나누지 않고 한데 섞어 보는 경지를 중시한다. 지적·법칙적 이해보다 체험적·전일적 파악을 더 좋아한다. 따라서 자연과 인간의 관계에서도 상호 보완적 의존 관계를 중시한다. 즉 만물일체관이 동양적 사고의 특징인데, 이는 분석보다는 종합을, 이론보다는 직관을 중시하는 사유 방식에서 유래한다. |
| (나) |   |

보기
ㄱ. 세계를 유기적 관계로 맺어진 통합된 전체로 이해합니다.
ㄴ. 인간과 자연 사이의 구별과 차이보다는 조화를 중시합니다.
ㄷ. 인간과 자연을 분리하여 인간을 중심으로 자연을 대상화합니다.
ㄹ. 인간은 다른 존재와의 연관성 속에서 삶을 영위할 수 있다고 봅니다.

① ㄱ, ㄴ ② ㄱ, ㄷ ③ ㄷ, ㄹ
④ ㄱ, ㄴ, ㄹ ⑤ ㄴ, ㄷ, ㄹ

**문제 접근 방법**

'이분하지 않는다', '주객을 나누지 않는다', '전일적 파악을 좋아한다', '상호 보완적 의존 관계를 중시한다' 등의 내용을 통해 서양 윤리 사상과 다른 동양 윤리 사상의 특징을 파악한다. 이를 바탕으로 A에 들어갈 적절한 진술을 추론하여 문제를 해결한다.

**적용 개념**

# 동양 윤리 사상의 특징
# 자연과 인간의 관계

올리드 특강

# 인간 본성에 대한 두 가지 관점

출제 경향

이 단원에서는 인간 본성에 대한 관점을 비교하는 문제가 자주 출제됩니다. 맹자의 성선설, 순자의 성악설, 고자의 성무선악설을 비교하여 꼼꼼히 정리해 두어야 합니다.

## 인간의 본성은 선하다

**자료 보기**

사람은 모두 불인인지심(不忍人之心), 즉 남에게 차마 어찌하지 못하는 마음을 가지고 있다. 고대의 이상적인 지도자들은 이런 마음을 가지고 사람들에게 차마 어찌하지 못하는 정치를 하였다. 사람들이 모두 이런 마음을 가지고 있다는 것을 다음으로 알 수 있다. 예컨대 어떤 사람이 문득 어린아이가 우물 쪽으로 기어가서 빠지려고 하는 장면을 본다면 깜짝 놀라서 가엽고 불쌍한 마음이 든다. 이런 마음은 아이의 부모와 친분을 맺기 위해서도, 사람들에게 칭찬받으려 해서도, 나쁘다는 소리를 듣지 않기 위해서도 아니다.

측은한 마음이 없으면 사람이 아니며, 부끄러워하고 미워하는 마음이 없으면 사람이 아니며, 사양하는 마음이 없으면 사람이 아니며, 시비를 가리는 마음이 없으면 사람이 아닙니다. 측은해 하는 마음은 인(仁)의 단서이고, 부끄러워하고 미워하는 마음은 의(義)의 단서이고, 사양하는 마음은 예(禮)의 단서이고, 시비를 가리는 마음은 지(智)의 단서입니다.

갑

**주장 비교**

- 인간은 선천적으로 순선한 존재이다.
- 인간의 본성은 인(仁)과 의(義)로 요약될 수 있다.
- 인간은 누구나 사덕*(四德)의 단서인 사단(四端)을 가지고 태어난다.
- 인간은 선한 도덕심을 잘 유지하고 확충하기 위해 노력해야 한다.
- 인간은 본래부터 착한 본성을 지니지만 이기적인 욕심과 환경에 의해 악행을 자행할 수 있다.
- 인간은 남에게 차마 어찌하지 못하는 마음[不忍人之心]을 가지고 태어난다.

**문제 확인**

**Q1** 갑의 관점에서 을의 주장을 비판하는 내용으로 가장 적절한 것은?

① 덕치(德治)의 실현이 불가능함을 간과하고 있다.
② 인간의 본성이 교화될 수 있다는 점을 모르고 있다.
③ 예(禮)가 지니고 있는 사회적 효용을 과소평가하고 있다.
④ 인간의 타고난 덕성이 올바른 정치의 기반임을 모르고 있다.
⑤ 예가 고대의 성왕(聖王)에 의해 제정된 규범임을 간과하고 있다.

용어사전

- * **사덕**(넉 四, 덕 德) 인의예지(仁義禮智)라는 네 가지 덕
- * **교도**(가르칠 敎, 인도할 導) 가르쳐서 이끄는 것
- * **성왕**(성인 聖, 왕 王) 어질고 덕이 뛰어난 임금

꼭 나오는 쟁점에 관한 비교 분석은 필수! 올리드만의 쟁점 비교 분석 비법을 공개합니다.

## 인간의 본성은 악하다

사람은 나면서부터 그 무엇을 하려는 욕망을 가지고 있다. 원하는 욕망이 충족되지 않는다 하여 추구하지 않을 수는 없다. 그런데 추구하되 일정한 한계가 뚜렷하지 않으면 다투지 않을 수 없고, 다투면 혼란해지고, 혼란해지면 자연히 곤궁에 빠져들게 된다. 선왕은 이 혼란을 싫어하였기 때문에 예의를 제정하여 한계를 분명히 하였고, 이에 따라 사람의 욕망을 정도에 맞게 길러 주시고 또 사람의 욕구를 만족하게 하셨다.

사람의 타고난 성정을 따른다면 반드시 다투고 뺏는 일이 생기며 분수를 어기고 이치를 어지럽히게 되어, 난폭함으로 귀결될 것입니다. 그러므로 반드시 스승과 법도에 의한 교화[化]와 예의를 통한 교도(敎導)*가 있은 후에라야 서로 사양하는 마음으로 나아가고 규범에 맞게 되어, 다스림이 가능해질 것입니다.

을

- 인간의 본성[性]은 악하고, 선한 측면은 인위[僞]의 결과이다.
- 타고난 악한 본성을 고치기 위한 끊임없는 수양이 필요하다.
- 교육과 제도를 통해 인간의 욕망을 적절히 제어하고 교화해야 한다.
- 예(禮)를 배움으로써 악한 본성을 변화시켜야 한다[化性起僞].
- 인간은 태어날 때부터 이익을 좋아하고, 본능적인 욕구를 따르는 존재이다.
- 인간은 자신의 욕구 충족만을 추구하는 바람직하지 못한 성품을 지니고 태어난다.
- 예(禮)는 고대의 성왕(聖王)*이 사람들의 성정(性情)을 교화하기 위해 만든 규범이다.

**Q2** 을의 입장과 일치하는 내용으로 옳지 않은 것은?

① 인간의 선함은 인위(人爲)에 의해 가능하다.
② 인간은 태어날 때부터 이익을 좋아하는 존재이다.
③ 인간의 본성은 예(禮)를 통한 교화로써 변화될 수 있다.
④ 인간은 자신의 악한 본성을 변화시켜 선하게 만들어야 한다.
⑤ 인간은 타고난 사단(四端)을 확충하여 인간성을 실현해야 한다.

### 올리드 가이드

인간은 선천적으로 선한 도덕심을 갖추고 있다는 입장과 인간은 본래 이익을 좋아하고 본능적인 욕구를 지니고 있다는 입장이 서로 대립하고 있습니다.

갑은 맹자, 을은 순자입니다. 맹자는 인간의 본성이 선하다고 보는 반면, 순자는 인간의 본성이 악하다고 보고 있습니다.

두 입장은 다음 주제에 관해 상반된 주장을 하고 있습니다.
- 인간 본성의 확충
- 인간 본성의 변화
- 인간 본성에 관한 관점

다음과 같이 물을 수도 있어요.
- 을의 입장에 관한 설명으로 가장 적절한 것은?
- 을의 관점에서 갑의 주장을 비판하는 내용으로 가장 적절한 것은?

Q1 ④ Q2 ⑤

# 단원 개념 마무리

## 01 윤리 사상과 사회사상

### • 인간의 다양한 특성

| | |
|---|---|
| 이성적 존재 | 합리적으로 사유하고 논리적으로 추론하는 존재 |
| 도구적 존재 | 삶에 필요한 유·무형의 도구를 만들어 사용하는 존재 |
| 문화적 존재 | 인간 고유의 문화를 창조하고 계승해 나가는 존재 |
| 종교적 존재 | 유한한 세계를 넘어 초월적이고 무한한 것을 추구하는 존재 |
| 사회적·정치적 존재 | 여러 사람들과 사회를 이루고 살아가며, 정치 활동을 하는 존재 |
| 유희적 존재 | 놀이를 즐길 줄 알고 삶의 재미를 추구하는 존재 |
| 윤리적 존재 | 자신의 삶과 세계의 모습을 반성하고 성찰하며, 더 나은 방향으로 변화시킬 수 있는 존재 |

### • 인간 본성에 대한 관점

**성선설(性善說)**
- 인간은 순수하게 선한 성품을 지니고 태어남
- 맹자 : 모든 인간에게는 선한 네 가지 마음인 사단(四端)이 있음

**성악설(性惡說)**
- 인간은 이기적 욕망을 가지고 태어나므로 악한 충동이나 공격성을 지님
- 순자 : 생리적 욕구를 가진 인간에게는 이기심이 내재해 있음

**성무선악설(性無善惡說)**
- 선악은 인간의 본성이 아니라 인간 자신의 선택이나 판단, 환경에 달려 있음
- 고자 : 인간의 본성은 선하지도 악하지도 않음

### • 윤리 사상과 사회사상의 의미와 중요성

| | 윤리 사상 | 사회사상 |
|---|---|---|
| 의미 | 인간의 행위 규범이자 삶의 도리인 윤리에 관한 체계적인 생각, 윤리와 관련된 다양한 논의를 논리적으로 체계화한 것 | 인간의 사회적 삶에서 나타나는 현상을 설명하고 해석하여 바람직한 사회를 구현하고 운영하는 방법을 체계적으로 다룬 생각 |
| 중요성 | • 자아 탐색의 근거를 제공함<br>• 삶의 목적 및 가치 체계를 제공함<br>• 도덕적 행동 지침 및 판단 근거를 제공함 | • 이상 사회의 모습 설계와 실현 방안 모색에 도움을 줌<br>• 현 사회를 진단하고 평가하는 데 도움을 줌<br>• 윤리 문제와 딜레마를 해결하는 데 도움을 줌 |
| 예 | • 동양의 유교·불교·도가 사상<br>• 서양의 의무론과 공리주의 등 | 자유주의, 민주주의, 자본주의, 사회주의, 민본주의, 공화주의, 세계 시민주의 등 |

### • 윤리 사상과 사회사상의 역할

| | |
|---|---|
| 윤리 사상과 우리 삶 | • 자신의 삶을 도덕적으로 성찰하게 함으로써 생각의 전환을 일으킴<br>• 각자가 도덕적 실천을 하면서 더 나은 삶을 살아가도록 도움을 줌<br>• 자신의 가치관과 삶의 목적에 대해 숙고하도록 함 |
| 사회사상과 우리 삶 | • 사회 문제와 갈등을 해결하는 근본 지침과 개선된 사회의 모습을 제시함<br>• 사회 문제의 원인을 진단하고 대안을 제시함으로써 더 나은 사회로 나아가도록 도와줌<br>• 현실 사회의 잘못과 모순을 진단하고 인간의 삶을 개선하기 위한 방안을 제시함 |

### • 윤리 사상과 사회사상의 관계

**윤리 사상**
- 인간의 바람직한 삶의 모습을 탐구함
- 개인의 삶에 초점을 둠

**상호 의존적·보완적 관계**

**사회사상**
- 바람직한 사회의 모습을 탐구함
- 공동체가 갖추어야 할 집단의 윤리, 규범, 가치 등에 초점을 둠

실전 대비

# 단원 문제 마무리

바른답·알찬풀이 5쪽

**01** (가)~(다)에 나타난 인간의 특성을 바르게 짝지은 것은?

> (가) 인간은 생활상의 이해관계를 떠나서 삶의 기쁨을 표현하고 적극적으로 추구하는 존재이다.
> (나) 인간은 그때그때마다 자기반성을 통해서 자신의 행위를 조절하는 존재이다.
> (다) 인간은 언어, 지식, 사상, 기술, 예술 등 인간의 총체적인 생활 양식을 계승하고 창조하는 존재이다.

| | (가) | (나) | (다) |
|---|---|---|---|
| ① | 유희적 존재 | 윤리적 존재 | 문화적 존재 |
| ② | 유희적 존재 | 도구적 존재 | 윤리적 존재 |
| ③ | 문화적 존재 | 유희적 존재 | 사회적 존재 |
| ④ | 문화적 존재 | 도구적 존재 | 윤리적 존재 |
| ⑤ | 사회적 존재 | 윤리적 존재 | 문화적 존재 |

**02** 갑, 을의 입장을 〈보기〉에서 골라 바르게 짝지은 것은?

> 갑 : 군자의 본성은 비록 그의 뜻이 크게 행해진다 하더라도 더 늘어나지 않고, 비록 궁하게 지낸다 하더라도 줄어들지 않는다. 군자의 본성에 속하는 인의예지(仁義禮智)는 그의 마음에 뿌리를 두고 있다.
> 을 : 사람의 본성은 반드시 스승과 법도에 의한 교화가 있은 뒤에야 바르게 된다[化性起僞]. 사람들에게 스승과 법도가 없다면 한쪽으로 치우쳐 바르지 않을 것이며, 예의가 없다면 이치에 어긋나는 어지러운 짓을 해서 다스려지지 않을 것이다.

보기

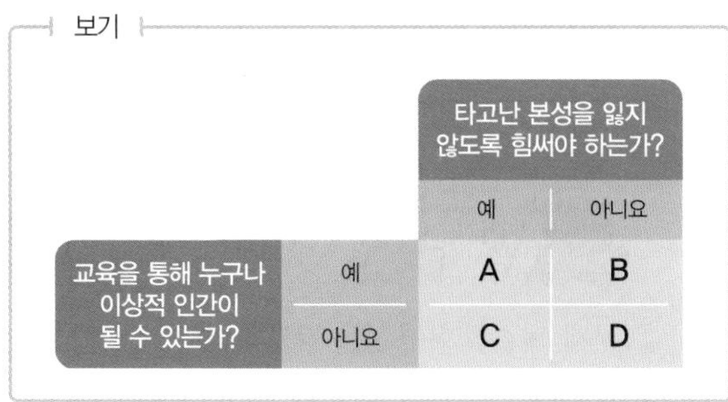
타고난 본성을 잃지 않도록 힘써야 하는가?
예
아니요
교육을 통해 누구나 이상적 인간이 될 수 있는가?
예
아니요
A
B
C
D

| | 갑 | 을 | | 갑 | 을 | | 갑 | 을 |
|---|---|---|---|---|---|---|---|---|
| ① | A | B | ② | A | D | ③ | B | D |
| ④ | C | B | ⑤ | D | A | | | |

**03** 고대 동양 사상가 갑과 근대 서양 사상가 을의 입장에 관한 설명으로 옳은 것은?

> 갑 : 사람은 나면서부터 이익을 추구하기 마련이다. 그대로 내버려 두면 서로 싸우고 빼앗아 양보란 없을 것이다. …… 예(禮)는 성인(聖人)이 제정한 것이다. 성인은 본성을 변화시켜 인위[僞]를 낳고, 인위를 일으켜 예의를 낳고, 예의를 일으켜 제도를 만들었다.
> 을 : 인간의 본성은 남을 해치더라도 이득을 추구하고 안전을 지키며, 좋은 평판을 얻고자 한다. …… 모두를 두렵게 하는 공통의 권력이 없는 자연 상태에서 인간은 '만인에 대한 만인의 투쟁' 상태 즉 전쟁 상태에 있게 된다.

① 갑 : 인간의 본성에는 선함도 없고 악함도 없다.
② 갑 : 인간의 타고난 본성은 교화될 가능성이 없다.
③ 을 : 인간은 자기 보존을 추구하는 이기적 존재이다.
④ 을 : 인간은 선한 본성을 바탕으로 공동체를 구성한다.
⑤ 갑, 을 : 인간은 생득적으로 순선한 성품을 지니고 태어난다.

개념 피드백 10쪽

**04** 그림의 강연자가 강조하고 있는 인간의 특성으로 가장 적절한 것은?

모든 인간에게 있어 의식의 본질적인 부분에 이미 사회라는 것이 내면화되어 있습니다. 그리고 인간은 사회의 일부분이며, 사회는 관련 영역으로서 그 인간의 본질적인 부분입니다. 내가 우리의 일부일 뿐만 아니라 우리가 나의 필연적인 구성 요소인 것입니다.

① 인간은 자신의 필요에 따라 사회를 구성할 수 있다.
② 인간은 사회 속에서 타인과 온전히 대치될 수 있다.
③ 인간은 사회적 삶을 통해 인간다운 인간이 될 수 있다.
④ 인간은 사회를 떠나서 독자적으로 삶을 영위할 수 있다.
⑤ 인간은 개체로서 존재할 때 진정한 자아를 실현할 수 있다.

실전 대비

# 단원 문제 마무리

개념 피드백 13쪽

**05** ㉠에 관한 옳은 설명만을 〈보기〉에서 있는 대로 고른 것은?

( ㉠ )은/는 현실 사회의 잘못과 모순을 진단하고 인간의 삶을 개선하기 위한 방안을 제시함으로써 인류 사회의 발전에 큰 기여를 하였다. 대표적인 예로는 자유주의, 공화주의, 민주주의, 자본주의, 세계 시민주의 등이 있다.

보기
ㄱ. 윤리 사상과 상호 대립적인 관계에 있다.
ㄴ. 현 사회에 대한 반성적 성찰의 기회를 제공한다.
ㄷ. 복잡한 사회 현상을 분명하게 이해하도록 돕는다.
ㄹ. 인간의 사회적 삶에 대한 일관된 이해를 제공한다.

① ㄱ, ㄴ ② ㄱ, ㄷ ③ ㄴ, ㄹ
④ ㄱ, ㄷ, ㄹ ⑤ ㄴ, ㄷ, ㄹ

**06** ㉠~㉣에 대한 옳은 설명을 〈보기〉에서 고른 것은?

우리는 ㉠ 인간의 본성에 대한 여러 가지 상반되는 논의를 전개한 ㉡ 윤리 사상들을 통해, 현재 자신의 모습을 성찰할 수 있다. 또한 우리는 윤리 사상을 바탕으로 진정으로 가치 있는 것은 무엇인지 고민하고, 이를 통해 ㉢ 자신의 삶의 목적과 방향을 설정할 수 있다. 나아가 우리는 윤리적 문제에 직면하였을 때, 자신과 다른 모든 사람의 인격을 단순히 수단으로만 대하지 말라고 주장하였던 ㉣ 칸트의 윤리 사상을 근거로 어떻게 행동해야 할지를 결정할 수 있다.

보기
ㄱ. ㉠에 대해 순자는 선한 것도 선하지 않은 것도 없다고 본다.
ㄴ. ㉡은 인간의 바람직한 삶의 모습을 탐구하고자 한다.
ㄷ. ㉢에 대해 반성적으로 검토하는 인간은 윤리적 존재이다.
ㄹ. ㉣에 따르면 행위의 동기보다 결과를 중시해야 한다.

① ㄱ, ㄴ ② ㄱ, ㄷ ③ ㄴ, ㄷ
④ ㄴ, ㄹ ⑤ ㄷ, ㄹ

**07** 다음 한국 윤리 사상이 우리 삶에 주는 교훈으로 적절하지 않은 것은?

- 쪽빛과 남색이 하나이고 물과 얼음이 근본적으로 같듯이, 서로 다른 것처럼 보이는 주장들도 모두 석가모니의 말씀을 해석한 것이기 때문에 틀리지 않다.
- 모든 종파와 사상을 분리시켜 고집하지 말고, 더 높은 차원에서 하나로 통합해야 한다.

① 서로 다른 주장들 간에도 화해를 모색할 수 있다.
② 모든 주장의 특수성을 부정하고 통합을 강조해야 한다.
③ 대립하는 주장을 조화하는 화쟁의 논리를 계승해야 한다.
④ 자신과 다른 주장을 이해하기 위해 꾸준히 소통해야 한다.
⑤ 모든 주장에 대해 우열을 가리려는 태도를 지양해야 한다.

**08** 그림의 A에 들어갈 학생의 답변으로 가장 적절한 것은?

서양 윤리 사상은 우리의 도덕적 삶에 중요한 역할을 하고 있다. 먼저 ㉠ 고대 그리스 사상가인 아리스토텔레스는 덕 있는 삶을 제시함으로써 현대인에게 중요한 윤리적 가르침을 주었다. 그리고 중세 그리스도교 윤리는 단순히 종교를 넘어, 우리의 윤리적 삶에 큰 영향을 미치고 있다.

① 문제 해결의 유용성을 강조하였다.
② 행복을 삶의 궁극적 목적으로 보았다.
③ 종교적 교리를 실천해야 함을 주장하였다.
④ 최대 다수의 최대 행복의 실현을 강조하였다.
⑤ 스스로 결단하고 선택하는 주체적인 삶을 강조하였다.

개념 피드백 14쪽

**09** 다음은 노트 필기의 일부이다. ㉠~㉤ 중 옳지 않은 것은?

주제 : 사회사상과 우리 삶

1. 사회사상의 의미
   - 사회 현상을 설명하고 해석하는 체계적인 사유 ············ ㉠
   - 사회 체제나 제도의 바람직한 모습 및 그것의 구현에 관한 체계적인 사유 ············ ㉡
2. 사회사상이 미친 영향
   - 자유주의의 영향으로 인권 및 자유권이 신장됨 ············ ㉢
   - 민주주의의 영향으로 정치 참여의 기회가 확대됨 ········· ㉣
   - 자본주의의 영향으로 물질적 부(富)의 편중 문제가 해소됨 ············ ㉤

① ㉠ ② ㉡ ③ ㉢ ④ ㉣ ⑤ ㉤

**10** 그림은 서술형 평가 문제와 학생 답안이다. 학생 답안의 ㉠~㉤ 중 옳지 않은 것은?

⊙ 문제 : (가), (나)에 대해 서술하시오.

인간의 행위 규범이자 삶의 도리인 윤리에 대한 체계적인 생각을 (가) (이)라고 하는데, 사례로는 동양의 유교·불교·도가 사상, 서양의 의무론과 공리주의 등이 있다. 또한 사회 현상을 설명하고 해석하는 체계적인 사유를 (나) (이)라고 하는데, 사례로는 자유주의, 민주주의, 자본주의 등이 있다.

⊙ 학생 답안

(가)는 ㉠ 인간의 도덕적 삶과 행위에 관한 생각을 이론적으로 체계화한 것으로, ㉡ '바람직한 삶은 무엇인가?'와 같은 물음에 답하고자 한다. (나)는 ㉢ 사회 현상에 관한 해석이나, 인간의 삶과 사회의 관계 등을 이론적으로 체계화한 것으로, ㉣ '바람직한 사회의 모습은 어떤 것인가?'와 같은 물음에 답하고자 한다. 한편 (가)와 (나)는 ㉤ 서로 다른 영역을 탐구함으로써 대립적 관계를 이루고 있다.

① ㉠ ② ㉡ ③ ㉢ ④ ㉣ ⑤ ㉤

## 서술형 문제

**11** 다음 글을 읽고 물음에 답하시오.

- 인간의 기능을 이성에 따른 영혼의 활동 혹은 이성이 없지 않은 영혼의 활동이라고 상정할 수 있을 것이다.
- 인간과 다른 동물들의 차이점은 인간만이 좋음과 나쁨, 옳고 그름 등을 인식할 수 있다는 것이다. 그리고 이런 인식의 공유에서 가정과 국가가 생성되는 것이다.

(1) 위와 같이 주장한 고대 서양 사상가 A가 누구인지 쓰시오.

(2) 윗글을 통해 알 수 있는 인간의 특성을 세 가지 서술하시오.

**12** 다음 대화를 읽고 물음에 답하시오.

갑 : 인간 본성에 대한 논의에는 어떤 것이 있나요?
을 : 먼저 순자는 인간의 본성이 악하다고 주장하였습니다. 왜냐하면 ____㉠____. 그래서 순자는 예의(禮義)는 본성에서 비롯되는 것이 아니라, 인위[僞]에서 생기는 것이라고 보았지요. 하지만 맹자는 인간의 본성이 선하다고 주장하였습니다. 왜냐하면 ____㉡____.

(1) ㉠에 들어갈 내용을 서술하시오.

(2) ㉡에 들어갈 내용을 서술하시오.

**13** 다음 글을 읽고 한국 윤리 사상이 우리 삶에 미친 영향을 서술하시오.

윤이는 외국에서 태어나 고등학교 때 한국으로 돌아왔다. 윤이는 한국에서 대중교통을 이용하다가, 학생들이 어른과 노약자에게 자연스럽게 자리를 양보하는 모습을 보고 한국인으로서 자부심을 느꼈다. 또 극심한 교통 체증에도 아랑곳하지 않고 명절에 가족과 친척들이 한자리에 모이는 한국의 문화가 마음에 들었다.

찰칵찰칵
포토툰

# 어떤 금이 되고 싶으세요?

금으로 만든 제품에서 14K, 18K, 24K는
'금 순도'를 나타내는 단위이자,
불에 담금질을 하는 횟수이기도 합니다.

금은 불에 담금질하는 연금 과정을 거쳐 순금이 되는데,
뜨거운 불에 많이 들어갈수록 금의 순도가 높습니다.

뜨거운 불 속에서 순도를 높이는 금처럼
어려운 문제를 피하지 말고, 이겨 내 보세요.
그 순간 우리는 황금처럼 반짝반짝 빛이 날 것입니다.

# II 동양과 한국 윤리 사상

자~! 힘을 내서 차근차근 시작해요.

# 01 동양과 한국 윤리 사상의 연원

학습길잡이 • 동양 윤리 사상의 근원과 특징을 정리해 둔다.
• 한국 윤리 사상의 배경과 특징을 동양 사상과 비교해 둔다.

## A 동양 윤리 사상의 연원

### 1 동양의 연원적 윤리 사상 1

① 유교(인의 윤리)

- 인(仁)과 예(禮)를 바탕으로 인격 수양과 도덕적 실천을 강조함
  (인: 인간이 지니는 본질적인 사랑, 인간다움 / 예: 넓은 의미에서 사회질서를 유지하기 위한 규범)
- 인간관 : 위로는 자연이 만물을 생성하는 마음을 이어받고, 아래로는 하늘이 부여한 이치를 실현해야 하는 중간자적 존재
- 수양을 통한 개인의 도덕적 완성과 도덕적 실천을 통한 공동체의 기여를 중시함
- 대표 사상가 : 공자, 맹자, 순자

② 불교(자비의 윤리)

- 수행을 통해 현실의 고통에서 벗어나 참모습을 깨닫는 자비의 윤리를 강조함
- 인간관 : 고통 속에서 살아가지만, 노력을 통해 깨달음에 이를 수 있는 존재
- 연기(緣起)에 따른 만물의 상호 의존성을 주장함
- 대표 사상가 : 석가모니

③ 도가(무위자연의 윤리)

- 우주의 근원을 도(道)로 규정하고, 우주와 자연의 질서에 순응하는 무위자연의 삶을 제시함
  (무위자연: 인위적으로 무엇을 하려 하지 않고, 스스로 그러한 대로 사는 것이다.)
- 인간관 : 소박한 본성을 지닌 존재 → 인위적 가치와 제도는 인간의 본성을 그르친다고 봄 질문
- 자연에 따라 사는 소박한 삶을 강조함 2
- 대표 사상가 : 노자, 장자

### 2 동양 윤리 사상의 특징

① **유기체적 세계관** : 모든 존재를 상호 의존적인 하나의 유기체*로 봄

② **공존과 공생의 사회관** : 인간을 타인, 만물과 더불어 살아가는 존재로 봄

**자료로 보는 유교, 불교, 도가의 세계관**

- 하늘을 아버지라 하고 땅을 어머니라 한다. 나의 이 작은 몸은 그 사이에 어울려 있다. 천지 안에 가득찬 기를 내 몸으로 여기고, 천지를 이끄는 원리를 나의 본성으로 여긴다. – 장재, 『서명』 –
- 천지와 나는 같은 뿌리를 지니고 있고, 만물은 나와 한 몸이다. – 승조, 『조론』 –
- 천지는 나와 나란히 생겨나고, 만물은 나와 하나이다. – 장자, 『장자』 –

**자료 분석** 장재는 신유학의 기초를 세운 사상가이며, 승조는 대승 불교를 주장한 승려, 장자는 도가의 대표 사상가이다. 세 사상가 모두 인간과 천지 즉 우주 만물이 따로 떨어져 있지 않으며, 서로 의존하여 존재함을 강조하고 있다.

Q 자료를 통해 알 수 있는 동양 윤리 사상의 특징은 무엇인가? A 유기체적 세계관

---

**개념 더하기 자료 채우기**

**1 동양 윤리 사상의 비교**

| 구분 | 유교 | 불교 | 도가 |
|---|---|---|---|
| 대표 사상가 | 공자, 맹자, 순자 | 석가모니 | 노자, 장자 |
| 삶의 태도 | 도덕적 삶 | 자비의 실천 | 소박한 삶 |
| 인간관 | 중간자적 존재 | 깨달음에 이를 수 있는 존재 | 소박한 본성을 지닌 존재 |
| 공통점 | • 모든 존재의 상호 연관성을 중시함<br>• 공존과 공생의 사회관 | | |

**질문 있어요**

사회 질서를 바라보는 도가와 유교의 차이점은 무엇인가요?

도가는 인간 사회의 인위적인 규범과 제도가 인간의 본성을 해친다고 보면서, 자연의 질서에 따르는 삶을 강조하였지요. 이와 달리 유교는 개인의 도덕성을 회복하여 사회 질서를 바로잡고, 사회의 윤리적 규범을 확립해야 한다고 보았어요. 이러한 차이점 때문에 도가보다는 유교가 국가 체제를 정비하는 정치 이념으로 더욱 적합하였어요.

**2 도가의 소국과민(小國寡民)**

> 나라는 작고 백성은 적다. 많은 도구가 있더라도 쓸 일이 없고, 백성이 죽음을 중히 여겨 멀리 이사가는 일이 없다. …… 이웃 나라와 서로 바라다 보이고 닭 우는 소리와 개 짖는 소리가 들려도 백성들은 늙어 죽을 때까지 서로 왕래하지 않는다.
> – 노자, 『도덕경』 –

도가의 이상 사회인 소국과민은 작은 영토에 적은 수의 사람으로 구성되어, 자연의 질서에 따라 인간의 소박한 본성을 회복하여 살아가는 사회이다. 소국과민 사회의 모습에서 도가는 무위자연의 삶을 강조함을 알 수 있다.

**용어사전**

* **유기체**(있을 有, 틀 機, 몸 體) 많은 부분이 일정한 목적 아래 통일·조직되어 각 부분과 전체가 필연적 관계를 가지는 조직체

## B 한국 윤리 사상의 연원

### 1 한국 윤리 사상의 배경

① 단군 신화

- 고조선의 건국 신화 질문
- 경천사상, 천인합일 사상, 홍익인간(弘益人間) 이념이 담겨 있음
  자연과 하나가 되고자 하는 의식 / 널리 인간을 이롭게 한다는 고조선의 건국 이념

**자료로 보는 고조선의 건국 신화**

환인의 아들 환웅이 인간 세상을 탐내어 구하였다. 환인이 환웅의 뜻을 알고서 내려다보니 '인간을 널리 이롭게[弘益人間]' 할만 하여, 천부인을 주며 내려가서 다스리도록 하였다. …… 곰과 범은 늘 인간이 되기를 기원하였다. 이를 들은 환웅은 쑥과 마늘을 주며 100일 동안 햇빛을 보지 않으면 인간이 될 수 있다고 하였다. 곰은 이를 지켜 여자가 되었으나 범은 참지 못하여 인간이 되지 못하였다. 웅녀는 늘 신단수 아래에서 잉태하기를 빌었고, 이에 환웅이 잠시 인간으로 변하여 웅녀와 혼인하였다. 그 후, 웅녀가 아들을 낳으니 그 이름을 단군왕검이라 하였다.

– 일연, 『삼국유사』 –

**자료 분석** 땅의 웅녀가 하늘의 환웅에게 기도하는 부분에서 경천사상을, 웅녀와 환웅 사이에 인간인 단군이 태어났다는 부분에서는 천인합일 사상을 엿볼 수 있다.

Q 자료를 통해 알 수 있는 한국 윤리 사상은 무엇인가? A 경천사상, 천인합일 사상

② 무속 신앙 : 하늘과 인간을 매개하는 무당의 힘을 통해 복을 기원하고 나쁜 기운을 물리치려는 믿음 → 집단 굿을 통해 공동체 의식을 형성함

### 2 한국 윤리 사상의 특징

| 특징 | 근거 | 계승과 전개 |
|---|---|---|
| 인본주의 정신 3 | • 단군 신화 : 인간을 다스리려는 환웅, 인간이 되고 싶은 동물들<br>• 무속 신앙 : 개인의 안녕과 세상의 행복을 추구함 | • 인간을 존중하고 존엄히 여기는 사상으로 계승<br>• 성리학, 한국 유교의 민본주의, 동학의 인간 존중 사상으로 이어짐 |
| 현세* 지향적 가치관 | • 단군 신화 : 홍익인간 정신<br>• 무속 신앙 : 집단 굿 | 민간 신앙, 한국 유교 사상 |
| 화합과 조화의 정신 | • 단군 신화 : 환웅과 웅녀의 결합<br>• 무속 신앙 : 천인합일을 염원함 | 풍류도, 원효의 화쟁 사상, 한국 근대 신흥 종교들 4 |

└ 이 밖에 자연 친화, 생명 존중, 평화 애호, 공동체 중시 등의 특징도 있다.

**자료로 보는 공동체의 안녕을 기원한 솟대**

솟대는 마을의 수호신이었다. 아직도 일부 마을에서는 마을의 안녕과 풍년을 기원하기 위해 마을 입구에 솟대를 세우기도 한다. 솟대의 긴 장대는 성스러운 구역, 즉 성역(聖域)을 표시하는 구실을 하였다. 장대 위의 새는 대체로 오리를 형상화한 것으로 보는데, …… 이는 오리의 다산성에 주목하여 농경 사회에서 풍요를 상징하는 신앙 대상물로 추측해 볼 수 있다.

– 이덕일, 『유물로 읽는 우리 역사』 –

**자료 분석** 우리 조상은 마을 입구에 솟대를 세우고, 마을의 안녕과 풍요를 빌었다. 솟대와 같은 문화유산을 통해 우리 조상은 공동체 의식을 중시했음을 알 수 있다.

Q 자료를 통해 알 수 있는 한국 윤리 사상의 특징은 무엇인가? A 공동체 의식

**개념 더하기 자료 채우기**

**질문 있어요**

**건국 신화를 윤리에서 조명하는 이유는 무엇인가요?**

건국 신화에는 그 시대 사람들이 생각했던 세계관, 자연관, 인간관 등이 녹아 있기 때문이에요. 단군 신화 외에도 고구려의 주몽 신화, 신라의 혁거세 신화를 통해 당시 사회가 제정일치 사회였으며, 사람들은 경천사상과 토테미즘을 믿었음을 알 수 있어요. 이처럼 건국 신화는 우리 고유 윤리 사상의 원형을 탐색하는 자료가 되지요.

**3 박혁거세 신화에 담긴 인본주의**

진한의 우두머리들이 나라를 세우고 도읍을 정하고자 높은 곳에 올라 갔다. 남쪽 양산 아래 우물가에 이상한 기운의 번개 빛이 하늘에서 땅으로 비치고 있었다. 그곳을 찾아가 보니 붉은 알이 있어 그것을 깨니 어린 남자아이가 나왔다. 그러자 새와 짐승이 춤을 추었으며, 천지가 진동하고 해와 달이 빛났다. 이에 아이에게 혁거세라는 이름을 붙였다. 혁거세는 '불구내'라고도 하는데 이는 '세상을 밝게 다스리는 왕'이라는 말이다.

박혁거세는 신라의 건국 시조이다. 하늘에서 빛이 비추었다는 점에서 경천사상을, 불구내라는 이름 뜻에서 인본주의 사상을 찾을 수 있다.

**4 화랑도의 조화 정신**

우리나라에는 현묘한 도[玄妙之道(현묘지도)]가 있으니, 이를 풍류라고 한다. 실로 유·불·도 삼교를 포함한 것으로 많은 사람과 접하여 교화하였다. 예를 들어 집에 들어와서는 효도하고 나가서는 나라에 충성을 다하니 이는 공자의 가르침이며, 무위로 말 없는 가르침을 행하는 것은 노자의 뜻이며, 여러 악을 짓지 않고 여러 선을 봉행하는 것은 석가모니의 교화이다.

– 최치원, 「난랑비서문」 –

화랑도는 신라 시대 화랑들의 생활 규범으로, 풍류 사상을 바탕으로 하여 '풍류도'라고도 한다. 풍류는 어느 하나의 사상을 택하기보다 사상의 조화를 추구한다.

**용어사전**

* **현세**(나타날 現, 세상 世) 지금 살아 있는 이 세상
cf. 내세(來世), 전세(前世)

# 기초를 다지는 확인! 문제

바른답·알찬풀이 7쪽

올리드 포인트

## A 동양 윤리 사상의 연원

### 1 동양의 연원적 윤리 사상

| | |
|---|---|
| 유교 | • 인과 예를 통한 인격 수양과 도덕적 실천을 강조함<br>• 인간관 : 자연과 하늘의 중간자적 존재<br>• 도덕적 완성과 공동체의 기여를 중시함<br>• 대표 사상가 : 공자, 맹자, 순자 |
| 불교 | • 현실의 고통에서 벗어나 깨달음에 이르는 길을 탐색함<br>• 인간관 : 깨달음에 이를 수 있는 존재<br>• 연기(緣起)를 통한 만물의 상호 의존성을 중시함<br>• 대표 사상가 : 석가모니 |
| 도가 | • 우주의 근원을 도로 보고 무위자연의 삶을 추구함<br>• 인간관 : 소박한 본성을 지닌 존재<br>• 자연에 따르는 소박한 삶을 강조함<br>• 대표 사상가 : 노자, 장자 |

### 2 동양 윤리 사상의 특징

① 유기체적 세계관

② 공존과 공생의 사회관

## B 한국 윤리 사상의 연원

### 1 한국 윤리 사상의 배경

| | |
|---|---|
| 단군 신화 | • 고조선의 건국 신화<br>• 경천(敬天) 및 천인합일(天人合一) 사상<br>• 인본주의 및 홍익인간의 정신 |
| 무속 신앙 | • 복을 기원하고 나쁜 기운을 물리치려는 믿음<br>• 굿을 통해 마을의 안녕을 빌며 공동체 의식 형성 |

### 2 한국 윤리 사상의 특징

| | |
|---|---|
| 인본주의 정신 | • 단군 신화 : 인간 세상을 다스리려고 하며, 인간이 되고자 함<br>• 무속 신앙 : 개인의 안녕과 세상의 행복을 추구함<br>• 성리학, 한국 유교의 민본주의, 동학의 인간 존중 사상에 영향을 줌 |
| 현세 지향적 가치관 | • 단군 신화 : 홍익인간 정신<br>• 무속 신앙 : 집단 굿<br>• 민간 신앙, 한국 유교 사상에 영향을 줌 |
| 화합과 조화의 정신 | • 단군 신화 : 환웅과 웅녀의 결합<br>• 무속 신앙 : 천인합일을 염원함<br>• 풍류도, 원효의 화쟁 사상, 한국 근대 신흥 종교들에 영향을 줌 |

**01** 다음 설명이 맞으면 ○표, 틀리면 ×표를 하시오.

(1) 동양의 자연관에 따르면, 자연은 인간의 목적을 달성하기 위한 수단이다. ( )

(2) 유교는 공자가 창시하였으며 인(仁)과 예(禮)를 바탕으로 인격 수양과 도덕적 실천을 강조한다. ( )

(3) 불교는 무위자연(無爲自然)에 따른 만물의 상호 의존성을 주장한다. ( )

(4) 도가에서는 인간을 소박한 본성을 지닌 존재로 보며, 자연의 질서에 따라 소박한 삶을 살아갈 것을 강조한다. ( )

(5) 단군 신화에는 하늘을 공경하고 숭배하는 경천(敬天)사상이 담겨 있다. ( )

**02** 빈칸에 들어갈 알맞은 말을 쓰시오.

(1) 유교에서는 인간을 위로는 자연이 만물을 생성하는 마음을 이어받고, 아래로는 하늘이 부여한 이치를 실현해야 하는 ( ) 존재로 이해하였다.

(2) 도가에서는 자연의 질서에 따라 살아가는 ( )의 삶을 강조하였다.

(3) 단군 신화 속 이상적 공동체의 이념인 ( )은/는 널리 인간 세상을 이롭게 하고자 한다는 의미이다.

**03** 다음 사상에서 지향하는 삶의 모습을 바르게 연결하시오.

(1) 도가 • • ㉠ 인(仁)의 윤리를 바탕으로 하는 도덕적 삶

(2) 불교 • • ㉡ 자비의 윤리에 따라 자비를 실천하는 삶

(3) 유교 • • ㉢ 무위자연의 윤리를 통한 소박한 삶

# 실력을 키우는 실전 문제

바른답·알찬풀이 7쪽

중요

**01** 교사의 질문에 옳게 대답한 학생만을 있는 대로 고른 것은?

동양 사회의 특징
동양 윤리 사상의 배경에는 어떤 특징이 있을까요?
집단적인 노동력이 필요한 농경 중심의 사회였습니다.
공동체보다 개인의 삶을 강조하였습니다.
가족을 중심으로 공동체를 형성하였습니다.
갑
무
을
정
병
자연과 인간을 이분법적으로 분리하여 생각하려고 하였습니다.
자연의 원리를 근거로 인간 삶의 목적과 방향을 설정하려고 노력했습니다.

① 갑, 을 ② 을, 병 ③ 정, 무
④ 갑, 병, 정 ⑤ 을, 정, 무

**02** 갑의 입장에서 을의 주장을 지지할 경우 그 논거를 〈보기〉에서 고른 것은?

> 갑 : 천지(天地)와 나는 나란히 생겨나고, 만물은 나와 하나이다.
> 을 : 자연을 보호하기 위해 노력해야 한다.

보기

ㄱ. 자연과 인간은 분리될 수 없는 관계이기 때문
ㄴ. 자연은 인간에게 필요한 자원을 제공하기 때문
ㄷ. 자연과 공존하며 소박한 삶을 영위하기 위해서
ㄹ. 자연은 인간 도덕규범의 원천으로 작용하기 때문

① ㄱ, ㄴ ② ㄱ, ㄷ ③ ㄴ, ㄷ
④ ㄴ, ㄹ ⑤ ㄷ, ㄹ

**03** 다음은 고대 동양 사상가인 갑, 을의 가상 대화이다. ㉠에 들어갈 내용으로 가장 적절한 것은?

> 갑 : 인(仁)의 윤리를 바탕으로 인격을 수양해야 합니다. 수양을 통해 인간은 도덕적으로 완성되며, 도덕적 실천을 통해 공동체에 기여할 수 있습니다.
> 을 : 아닙니다. 인위적인 도덕규범은 인간의 소박한 본성을 해칠 뿐입니다.
> 갑 : 제 생각에 당신의 주장은 ______㉠______

① 모든 존재가 상호 의존적 존재임을 모르고 있습니다.
② 세계가 살아 있는 하나의 유기체임을 간과하고 있습니다.
③ 자연과 인간이 분리될 수 없는 관계임을 간과하고 있습니다.
④ 인위적 제도가 무위자연의 삶을 그르침을 모르고 있습니다.
⑤ 인간은 인예(仁禮)를 바탕으로 인간다운 인간이 될 수 있음을 간과하고 있습니다.

**04** (가) 사상가의 입장을 (나) 그림과 같이 탐구할 때, A, B에 들어갈 질문으로 옳은 것은?

(가) 인간은 어리석음으로 말미암아 고통 속에서 살아가는 존재이지만 노력을 통해 깨달음에 이를 수 있는 존재이기도 하다. 그리고 내가 소중하듯 모든 존재가 소중하다는 진리를 깨달아야 한다.

(나)

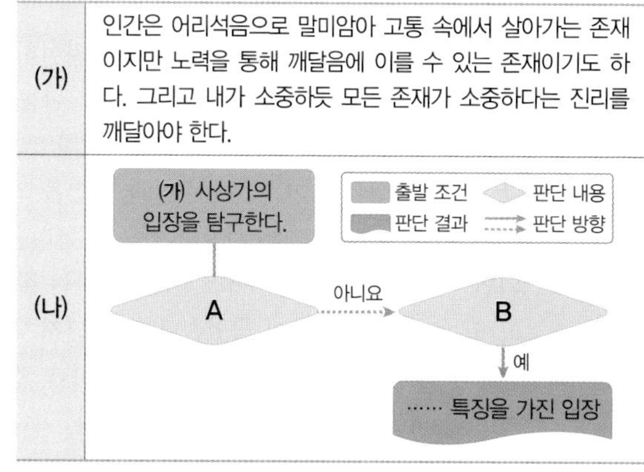


① A : 자비의 윤리를 제시하는가?
② A : 세상을 연기(緣起)적 관점으로 보는가?
③ B : 모든 존재는 인과적으로 의존한다고 보는가?
④ B : 해탈에서 벗어나 소요(逍遙)를 추구하는가?
⑤ B : 삶과 죽음이 반복된다는 윤회설을 부정하는가?

**05** 다음 글을 통해 추론할 수 있는 동양 윤리 사상의 특징에만 모두 'V'를 표시한 학생은?

> 동양 고전인 『주역』에서는 대대(對待)라는 말이 나온다. 대대란 다른 성질을 가진 것들이 대립하면서도, 동시에 서로 의존하는 관계를 뜻한다. 예를 들어 낮과 밤은 대립하면서도 서로를 필요로 하고, 둘이 합쳐져야만 하루가 된다.

| 특징 \ 학생 | 갑 | 을 | 병 | 정 | 무 |
|---|---|---|---|---|---|
| 이분법적 자연관을 바탕으로 한다. | | V | | V | V |
| 인간을 자연보다 우월한 존재로 본다. | | | V | V | V |
| 세상을 하나의 유기적 전체로 이해한다. | V | V | | | V |
| 세상 만물은 상호 의존적 관계를 맺고 있다고 파악한다. | V | V | V | V | |

① 갑 ② 을 ③ 병 ④ 정 ⑤ 무

중요

**06** (가) 사상의 입장에서 (나)의 주인공에게 제시할 조언으로 가장 적절한 것은?

> (가) '내가', '무엇을', '누구에게 베풀었다'라는 마음조차 없이, 온전한 자비심을 베푸는 사람이 되어야 한다. 보살은 스스로 깨달음을 얻어 지혜로운 사람이 되는 데서 한 걸음 더 나아가 모든 중생을 깨닫게 하는 자비로운 사람이다.
> (나) 나는 높은 지위와 많은 부를 쌓기 위해 열심히 살아왔습니다. 모두가 휴식을 즐길 때에도 나는 오직 성공해야 한다는 생각에 쉬지 않고 일하였습니다. 종종 경쟁에서 이기고자 수단과 방법을 가리지 않았고, 때로는 다른 사람의 아픔과 어려움을 외면하였습니다. 그런데 어느 날 문득 '나는 잘 살고 있는가?'라는 생각이 들었습니다. 어쩐지 나는 질문에 쉽사리 그렇다고 답할 수 없었습니다. 갑자기 지난 시간 나의 모습이 부끄러웠습니다.

① 탐욕에서 벗어나 소요(逍遙)를 실천하며 살아야 해.
② 인위에서 벗어나 자연에 순응하는 삶을 살아야 해.
③ 대립과 구별을 넘어서 절대적 자유를 추구해야 해.
④ 인(仁)을 바탕으로 모든 사람과 더불어 살아야 해.
⑤ 내가 소중하듯 모든 존재가 소중함을 깨달아야 해.

**07** 갑, 을의 입장에 관한 옳은 설명을 〈보기〉에서 고른 것은?

> 갑 : 인위에서 벗어나 자연에 순응하는 삶을 살아야 합니다. 자연의 관점에서는 만물에 차이가 있을 뿐이지 우열을 따질 수 없습니다.
> 을 : 인(仁)은 사회적으로 완성된 인격체의 인간다움으로 사람을 사랑하는 것, 나아가 자신의 사욕을 극복하고 예를 회복하는 것입니다.

보기

ㄱ. 갑은 무위자연(無爲自然)을 강조한 유교의 창시자인 공자이다.
ㄴ. 갑은 소박한 삶을 강조하며, 그 실현을 위해 소국과민(小國寡民)을 제시하였다.
ㄷ. 을은 자비의 윤리를 강조한 불교의 창시자 석가모니이다.
ㄹ. 을은 수기안인(修己安人)을 강조하며, 군자를 이상적 인간으로 제시하였다.

① ㄱ, ㄴ ② ㄱ, ㄹ ③ ㄴ, ㄷ ④ ㄴ, ㄹ ⑤ ㄷ, ㄹ

**08** (가), (나)를 통해 알 수 있는 한국 윤리 사상의 특징으로 가장 적절한 것은?

> (가) 옛날, 하느님인 환인의 아들 환웅이 인간 세상을 다스리기를 원하였다. 그러자 환인은 환웅의 뜻을 알고서 인간 세상을 내려다보니 삼위태백이 널리 인간 세상을 이롭게 하기에 적합한 곳으로 여겨지므로, 환웅에게 천부인 세 개를 주며 인간 세상에 내려가서 다스리게 하였다.
> (나) 진한의 우두머리가 왕을 모시려고 높은 곳에 올라갔는데 우물가의 알에서 빛나는 몸을 지닌 사내아이가 나왔다. 그러자 새와 짐승이 춤을 추었으며, 천지가 진동하고 해와 달이 빛나서 혁거세라는 이름을 붙였다. 혁거세는 '불구내'라고도 하는데 '세상을 밝게 다스리는 왕'이라는 말이다.

① 하늘에 대한 공경 의식을 강조한다.
② 천인합일(天人合一) 정신을 부정한다.
③ 굿을 통해 내세에서의 안녕을 기원한다.
④ 복지 향상을 위한 자연 정복을 장려한다.
⑤ 세속적 규범보다 개인의 자유를 추구한다.

09 (가)의 관점에서 (나)에 나타난 문제점을 해결하기 위해 제시할 방안으로 가장 적절한 것은?

(가) 하늘, 땅, 인간의 삼재(三才)는 고대 한국인의 정신을 이해하는 세 기둥이다. 하늘이 없는 땅은 있을 수 없고, 땅의 협력이 없이 하늘의 능력이 발휘될 수 없으며, 하늘과 땅이 조화를 이루지 못하면 인간은 존재할 수 없다. 이러한 맥락에서 단군 신화에는 신과 동물, 하늘과 땅이 조화를 이루는 내용이 두드러진다.
(나) 지구촌 시대를 살아가는 오늘날, 각 사회의 교류와 소통은 필수 조건이 되었다. 그런데 이는 상호 발전을 가져오기도 하지만, 반목과 대결로 이어져 심각한 갈등을 불러일으키기도 한다. 왜냐하면 각 사회가 오랫동안 서로 다른 문화적·윤리적 배경에서 살아왔기 때문이다.

① 자신의 이익만을 위해 열심히 노력해야 한다.
② 서로 다른 문화에 대한 편견을 지켜 나가야 한다.
③ 사회 교류를 활발히 하기 위해 자연을 활용해야 한다.
④ 갈등을 해결하기 위해 공존과 조화를 실천해야 한다.
⑤ 대결을 해소하기 위해 분열의 논리를 강조해야 한다.

★★ 중요

10 그림은 서술형 평가 문제와 학생 답안이다. 학생 답안의 ㉠~㉤ 중 옳지 않은 것은?

⊙ 문제 : 한국 윤리 사상의 연원의 특징과 계승에 관해 서술하시오.
⊙ 학생 답안
첫째, ㉠ 인간을 중시하는 인본주의 정신을 들 수 있다. 고조선의 건국 신화에서 환웅은 인간 세상에 내려와 살기를, 곰과 호랑이는 인간이 되기를 원하였다. 이러한 ㉡ 인본주의 정신은 이후 한국 유교의 민본주의, 동학의 인간 존중 사상 등에 잘 나타나 있다. 둘째, ㉢ 내세 지향적인 가치관을 지니고 있다. 단군 신화의 홍익인간의 정신, 공동체의 안녕을 기원한 무속 신앙 등은 이러한 가치관을 보여 준다. 이러한 가치관은 행복한 삶을 살기를 추구했던 민간 신앙으로 계승되었다. 셋째, ㉣ 화합과 조화의 정신을 지니고 있다. 단군 신화의 환웅과 웅녀의 결합, 하늘과 인간의 합일을 염원하는 무속 신앙은 이러한 화합과 조화의 정신의 측면에서 이해할 수 있다. ㉤ 이러한 정신은 원효의 화쟁 사상, 교종과 선종의 화해를 주도한 의천과 지눌의 사상으로 계승되었다.

① ㉠ ② ㉡ ③ ㉢ ④ ㉣ ⑤ ㉤

## 서술형 문제

11 다음은 동양 사상에 관한 글이다. 물음에 답하시오.

(가) 석가모니는 세계의 모든 존재가 서로 인과적으로 의존하고 있다는 ( ㉠ )을/를 깨달아 고통에서 벗어남으로써 해탈에 이를 수 있다고 설파하였다.
(나) 노자는 인위적 가치와 제도는 인간 본래의 본성을 그르친다고 보면서 자연에 따라 살아가는 무위자연의 삶을 살아야 한다고 주장하였다.

(1) ㉠에 들어갈 개념을 쓰시오.

(2) (가), (나)의 공통점을 서술하시오.

12 다음 글을 읽고 물음에 답하시오.

유교는 개인의 도덕적 완성과 이상적인 사회 실현을 위해 인간이 지닌 도덕성에 주목하며, 인간과 사회의 도덕적 완성에 관심을 기울였다. ( ㉠ )은/는 유교에서 강조하는 최고의 덕목으로 사회적으로 완성된 인격체의 인간다움, 사람을 사랑하는 것, 나아가 극기복례(克己復禮)를 의미한다.

(1) ㉠에 들어갈 개념을 쓰시오.

(2) 밑줄 친 사상의 인간관을 서술하시오.

13 다음 글을 읽고 물음에 답하시오.

널리 인간 세상을 이롭게 하고자 하는 ( ㉠ )의 정신은 우리 민족이 지향하는 이상적 공동체의 이념으로, 힘이나 법이 아니라 교화로 다스리는 재세이화(在世理化)로 실현된다. 이는 도로써 세상을 다스린다는 고구려의 이도여치(以道與治), 세상을 밝게 다스린다는 신라의 광명이세(光明理世)와 맥을 같이한다.

(1) ㉠에 들어갈 개념을 쓰시오.

(2) 윗글에 드러난 한국 윤리 사상의 특징을 서술하시오.

# 등급을 올리는 고난도 문제

**01** (가)의 갑, 을 사상의 입장을 (나) 그림으로 표현할 때, A~C에 해당하는 적절한 진술만을 <보기>에서 있는 대로 고른 것은?

| | |
|---|---|
| (가) | 갑 : 사람이면서 사람답지 못하면 예(禮)는 어찌하겠으며, 사람으로서 사람답지 않으면 악(惡)을 어찌하겠느냐?<br>을 : 성인(聖人)은 백성들로 하여금 총명하게 하지 않고 어리석게 하였다. 백성들을 다스리기 어려운 것은 지혜가 많기 때문이다. 그러므로 지혜로 나라를 다스리는 것은 나라에 화(禍)가 된다. |
| (나) | 갑 을 / A B C<br>\| 범례 \|<br>A : 갑만의 입장<br>B : 갑, 을의 공통 입장<br>C : 을만의 입장 |

보기

ㄱ. A : 현세의 문제보다는 내세의 문제를 먼저 해결해야 한다.
ㄴ. B : 모든 존재는 상호 의존적으로 살아가는 유기체로 파악해야 한다.
ㄷ. C : 인위적이고 세속적인 가치에서 벗어나 자연에 따라 살아가야 한다.
ㄹ. C : 인간 사이의 도리를 지키며 사회적 관계 속에서 도덕적 삶을 살아야 한다.

① ㄱ, ㄴ ② ㄴ, ㄷ ③ ㄷ, ㄹ ④ ㄱ, ㄴ, ㄹ ⑤ ㄱ, ㄷ, ㄹ

문제 접근 방법

'사람다움', '예(禮)', '지혜로 나라를 다스리는 것은 나라에 화(禍)' 등의 핵심어를 통해 갑, 을이 어떤 사상가인지를 파악한다. 각 사상가의 입장에 대한 정확한 이해를 통해 (나)의 범례에 적용하여 문제를 해결한다.

적용 개념

# 동양 윤리 사상의 특징

**02** (가), (나) 사상의 공통 입장에만 모두 'V'를 표시한 학생은?

(가) 휘어지는 나무는 꺾이지 않기 때문에 안전할 수 있다. 몸을 구부리는 자벌레는 장차 곧게 펴기 위함이다. 땅은 우묵하게 파인 곳이 있어야 물이 채워지고, 옷이 해어져야 새 옷을 입게 된다. 그런 까닭에 성인은 오직 하나, 즉 도(道)만 굳게 지키고 있어 천하의 모범이 된다. 성인은 스스로 존재를 나타내려고 하지 않는다. 그런 까닭에 그 존재는 밝게 나타난다.

(나) 모든 중생들이 병을 앓기에 제가 병이 난 것입니다. 모든 중생들이 병고에서 벗어난다면 제 병도 나을 것입니다. 왜냐하면 보살은 중생을 위해서 생사(生死)에 들었기에, 생사가 있으면 병도 있지만, 만약 중생이 병고에서 벗어난다면 보살도 다시는 아프지 않을 것입니다.

| 입장 \ 학생 | 갑 | 을 | 병 | 정 | 무 |
|---|---|---|---|---|---|
| 공존과 공생을 강조한다. | V | | | V | V |
| 모든 존재는 하나의 유기체라고 본다. | V | V | | V | |
| 상호 연관성을 중시하며 절대자에게 의존한다. | | V | V | | V |
| 인위적인 가치에서 벗어나 자연에 따라 살아가고자 한다. | | | V | V | V |

① 갑 ② 을 ③ 병 ④ 정 ⑤ 무

문제 접근 방법

'도(道)', '성인(聖人)', '중생', '보살' 등의 핵심어를 통해 (가), (나)가 어떤 사상인지 파악한다. 해당 사상의 공통된 관점과 선택지의 학생들의 관점을 비교하며 문제를 해결한다.

적용 개념

# 동양 윤리 사상의 이상적 인간상
# 동양 윤리 사상의 특징

## 03 (가) 사상가의 관점에서 (나)의 세로 낱말 (A)를 설명한 내용으로 옳은 것은?

| | |
|---|---|
| (가) | • 이것이 있기 때문에 저것이 있고, 이것이 생기기 때문에 저것이 생긴다. 이것이 없기 때문에 저것이 없고, 이것이 사라지기 때문에 저것이 사라진다.<br>• 연기(緣起)를 보는 자는 곧 진리[法]를 보며, 진리[法]를 보는 자는 곧 연기(緣起)를 본다. |
| (나) | (A), (B) 낱말 퍼즐<br>[가로 열쇠]<br>(A) : 인위를 가하지 않고 스스로 그러하다는 의미로 노자가 추구한 삶의 경지 예 ○○자연<br>(B) : 외부 사물과 나 자신을 가리키는 말 예 장자의 '□□일체' 사상<br>[세로 열쇠]<br>(A) : …… 개념 |

① 독립적인 실체로 간주될 만한 '나'가 존재한다는 말이다.
② 변화하는 현상계 속에는 어떠한 '나'도 존재할 수 없다는 말이다.
③ 그릇된 인식을 바로잡아 '나'에 대한 집착을 끊어 버리라는 말이다.
④ 모든 존재가 인연의 화합으로 이루어져 독자적인 '나'가 있다는 말이다.
⑤ 사라지지 않는 '나'가 존재한다는 주장에 긍정하기 위해 제기된 말이다.

**문제 접근 방법**
'연기(緣起)', '진리[法]'와 같은 핵심어를 통해 (가)를 주장한 고대 동양 사상가가 누구인지 먼저 파악한다. 또한 '○○자연', '□□일체', '노자', '장자' 등을 토대로 하여 세로 낱말 (A)를 파악하여 문제를 해결한다.

**적용 개념**
# 동양 윤리 사상

## 04 (가) 사상의 관점에서 (나)의 입장에 대해 제시할 수 있는 견해로 가장 적절한 것은?

> (가) 큰 도(道)가 행해진 세상에서는 천하가 모두의 것이 된다. 현명하고 유능한 사람을 뽑아 나라를 다스리게 하여 신의가 존중되고 화목이 두터워진다. 그러므로 사람들은 자기 부모만 부모로 여기지 않고 자기 자식만 자식으로 여기지 않는다. …… 재화가 헛되이 땅에 버려지는 것을 싫어하지만 그렇다고 그것을 결코 자기 것으로 숨겨 두지 않으며, 스스로 일하는 것을 싫어하지 않지만 또한 자기 자신만을 위해서 일하지 않는다. 음모를 꾸미는 일이 생기지 않고 훔치거나 해치는 일도 일어나지 않는다. 그러므로 집집마다 문이 있어도 잠그지 않는다.
>
> (나) 인간은 자연의 사용자 및 해석자로서 자연의 질서에 관해 실제로 관찰하고, 고찰한 것만큼 무엇인가를 할 수 있다. 그 이상의 것은 알 수도 없고, 할 수도 없다. 인간의 지식이 곧 인간의 힘이다.

① 자연은 인간의 복지를 위한 수단임을 알아야 한다.
② 자연은 인간과 이분법적 관계임을 명심해야 한다.
③ 자연의 원리가 도덕규범의 원천임을 깨달아야 한다.
④ 자연은 인간과 분리해서 바라봐야 함을 잊지 말아야 한다.
⑤ 정복 지향적 자연관을 바탕으로 자연을 관찰하고 탐구해야 한다.

**문제 접근 방법**
'큰 도(道)', '천하가 모두의 것', '자기 자신만을 위해 일하지 않음', '자연의 사용자', '지식이 곧 인간의 힘' 등의 핵심어를 통해 (가), (나)가 어떤 사상인지 먼저 파악한다. (가)의 관점에서 (나)의 견해에 대한 평가한다는 것은 (가)의 입장과 일치해야 함을 유념하며 문제를 해결한다.

**적용 개념**
# 동양의 자연관
# 서양의 자연관

# 인의 윤리

학습길잡이
- 공자, 맹자, 순자의 사상을 통해 유교에서 본 도덕의 성립 근거를 정리해 둔다.
- 도덕 법칙의 탐구 방법에 관한 주희와 왕수인의 사상을 비교해 둔다.

## A 도덕의 성립 근거

### 1 공자의 사상

(사상: 춘추 전국 시대의 혼란을 해결하고자 등장한 다양한 사상가와 학파 중 하나이다. 대표적으로 유가, 도가, 묵가, 법가 등이 있다.)

① **유교 사상의 확립 :** 유교 사상을 시대적 요구에 맞게 체계화함

② **사회 혼란의 원인 :** 인간의 도덕적 타락

③ **인(仁)과 예(禮)를 강조** 1

- 인(仁) : 인간됨의 본질을 이루는 사랑의 정신이자, 사회적 존재로서 완성된 인격체의 인간다움 → 내면적 도덕성
  (인(仁): 맹목적이고, 무조건인 사랑이 아니라 분별적이고 단계적인 사랑을 의미한다.)

| | |
|---|---|
| 효제(孝悌) | • 인(仁)을 실천하기 위한 기본적인 덕목<br>• 효(孝) : 부모를 잘 섬기는 것<br>• 제(悌) : 형제간의 우애 |
| 충서(忠恕) | • 인(仁)을 실천하는 구체적 방법<br>• 충(忠) : 조금의 속임이나 허식없이 자신의 마음을 성실하게 하는 것<br>• 서(恕) : 자신을 미루어 다른 사람의 마음을 헤아리는 것[推己及人] |

(서(恕)의 자세는 "자신이 원하지 않는 일은 남에게 시키지 말아야 한다.(己所不欲勿施於人)"이다.)

- 예(禮) : 외면적 사회 규범 → 인(仁)을 실현하기 위해 사욕을 이기고 예를 회복[克己復禮]할 것을 강조함
- 군자(君子) : 인과 예를 바탕으로 덕을 갖춘 도덕적 인간

**자료로 보는 공자의 극기복례**

> 자신의 이기심을 극복하고 예(禮)로 돌아가는 것이 인(仁)이다. 하루만이라도 자신의 이기심을 극복하고 예로 돌아가면, 천하가 인에 귀의할 것이다. 인을 실천하는 것이 자신에게 달린 것이지 다른 사람에게 달린 것이겠느냐? - 『논어』 -

**자료 분석** 공자는 인을 실천하여 예를 회복할 것을 주장하였다. 그는 극기복례를 통해 형식화된 예절보다 개인의 주체적 실천이 중요함을 강조하였다.

Q 자료를 통해 알 수 있는 인의 실천 방법은 무엇인가?

A 극기복례

④ **정치 및 사회사상**
("임금은 임금답고, 신하는 신하답고, 부모는 부모답고, 자식은 자식다워야 한다."는 내용이다.)

- 정명(正名) 사상 : 자신의 신분과 직책에 맞는 덕을 갖추고 행동해야 함
- 덕치(德治) : 도덕과 예의로 백성을 다스려야 함 → 통치자가 먼저 군자다운 인격을 닦은 후 백성을 다스릴 것을 강조함[修己治人]
- 대동 사회(大同社會) : 모든 사람이 더불어 잘 사는 유교의 이상 사회 질문

### 2 맹자의 사상

① **사회 혼란의 원인 :** 선한 본성을 가리는 사적인 이익 추구와 같은 도덕적 타락

② **인(仁)과 의(義)를 강조**

- 인(仁) : 따뜻하고 포용적인 사랑
- 의(義) : 옳고 그름을 분명하게 구분하는 도덕적 정당성
- 대장부, 대인 : 집의(集義)*를 통해 호연지기(浩然之氣)를 습득한 인간 2
  (호연지기: 지극히 크고 올곧은 기개를 말한다.)

**개념 더하기 자료 채우기**

**1 묵가와 법가**

> • 하늘은 사람들이 서로 사랑하며 서로 이롭게 하기를 바라지, 서로 미워하며 서로 해칠 것을 바라지 않는다. - 묵자 -
>
> • 눈물을 흘리며 형(刑)을 집행하지 못하는 것은 인(仁)이고, 형을 집행하지 않을 수 없는 것은 법(法)이다. 선왕이 법을 우선하고 눈물에 따르지 않는 것은 인(仁)만으로는 백성을 다스릴 수 없기 때문이다. - 한비자 -

묵가는 묵자의 사상을 기초로 성립하였으며, 대표 사상은 겸애이다. 겸애는 너와 나의 구별 없이 모든 사람을 차별 없이 사랑하는 것으로, 유가의 가까운 사람을 먼저 사랑하라는 친친(親親)과 대비된다. 한편, 법가를 대표하는 한비자는 인간을 이기적 존재로 보고, 나라를 다스림에 있어 법(法)을 강조했다. 그에 따르면 공표된 법은 모든 백성이 지켜야 하고 군주는 신상필벌(信賞必罰)의 원칙에 따라 나라를 통치해야 한다.

**질문 있어요**

대동 사회를 실현하기 위해 통치자가 해야 할 일은 무엇인가요?

공자에 따르면 수기치인, 덕치, 정명 외에도 통치자는 분배의 형평성을 확보해야 합니다. 공자는 나라를 다스리는 사람은 재화가 적은 것보다 분배가 고르지 못함을 걱정해야 한다고 말하며, 분배를 고르게 할 때 대동 사회를 이룩할 수 있다고 보았어요.

**2 맹자의 이상적 인간상**

> 천하의 넓은 집[仁]에 거하고, 천하의 바른 자리[禮]에 서며, 천하의 큰 길[義]을 간다. …… 빈천에 처해도 평소의 지조를 바꾸지 않으며, 권력과 무력에도 굴복하지 않는 사람을 대장부라고 한다. - 맹자, 『맹자』 -

맹자는 이상적 인간을 대장부로 보았다. 대장부는 빈천, 권력, 무력 등 어려운 상황에서도 도덕을 실천할 수 있는 사람이다.

**용어사전**

* **집의**(모을 集, 의로울 義) 의로운 일을 꾸준히 실천하여 쌓는 것

③ **성선설(性善說)**

- 불인인지심(不忍人之心) : 인간은 다른 사람의 고통을 차마 그대로 보아 넘기지 못하는 선한 마음, 즉 선한 본성을 타고남 3
- 사단(四端) 4
  └ 사단을 확충하여 인의예지의 사덕에 이를 수 있다고 보았다.

| | |
|---|---|
| 측은지심(惻隱之心) | 남을 불쌍히 여기는 마음 |
| 수오지심(羞惡之心) | 잘못을 부끄러워하고 불의(不義)를 미워하는 마음 |
| 사양지심(辭讓之心) | 겸손해 하며 양보하는 마음 |
| 시비지심(是非之心) | 옳고 그름을 분별할 줄 아는 마음 |

④ **정치 및 사회사상**

- 왕도(王道) 정치 : 군주가 백성을 아끼고 사랑하며 덕으로 다스림
- 민본주의(民本主義) : 백성을 나라의 근본으로 생각하는 정치
- 항산(恒産)과 항심(恒心) : 백성은 일정한 생업[恒産]이 있어야 선한 마음[恒心]을 유지할 수 있다고 봄 → 경제적 안정을 강조함 질문

**자료로 보는 민본주의와 역성혁명**

백성이 귀하고 사직은 그 다음이고 군주는 하찮다. 그러므로 백성의 마음을 얻으면 천자가 되고, 천자의 마음을 얻으면 제후가 되고, 제후의 마음을 얻으면 대부가 된다. 제후가 사직을 위태롭게 하면 제후를 바꾼다. 이미 살진 희생을 마련하고 제물로 바친 곡식이 정결하며 때에 맞게 제사를 지냈는데도, 가뭄이 들거나 물난리가 나면 사직의 신을 바꾼다. －『맹자』－

자료 분석 맹자는 군주가 군주답지 못할 경우 백성이 군주를 바꿀 수 있다고 보았다. 이는 민본주의 사상에 근거한 것이며 공자의 정명 사상을 계승한 부분이다.

Q 맹자의 역성혁명에 담긴 사상은 무엇인가? A 민본주의

## 3 순자의 사상

┌ 순자는 공자나 맹자와 달리 하늘을 도덕의 근원이 아닌 자연 현상으로 파악하였다.

① **천인분이(天人分二)** : 하늘(자연)과 사람을 구분할 것을 주장함 → 인간의 능동적 측면을 강조함

② **사회 혼란의 원인** : 인간의 악한 본성

③ **예(禮)** : 인간의 본성을 교화하고 규제하는 외면적 도덕규범

④ **성악설(性惡說)** 5

- 인간은 본래 이익을 좋아하고 남을 질투하며 미워하는 존재
- 화성기위(化性起僞) : 성인(聖人)이 제정한 예(禮)를 바탕으로 후천적인 노력을 통해 악한 본성을 인위적으로 교화하여 선하게 하는 것

⑤ **정치 및 사회사상**

- 예치(禮治) : 예를 도덕규범의 근거이자 통치의 표준으로 삼아 국가를 다스려야 함
- 귀천*(貴賤)과 상하(上下)를 명확히 구분해야 함
- 덕의 유무에 따라 사회적 지위를 정하고, 능력에 따라 관직을 맡겨야 함
- 예를 통해 분수에 맞게 재화를 분배할 것을 강조함
  └ 타고난 신분보다 덕과 능력을 갖춘 사람이 높은 관직과 사회적 지위를 차지해야 한다는 뜻이다.

**개념 더하기 자료 채우기**

**3 인간 본성에 대한 맹자와 고자의 논쟁**

맹자와 달리, 고자는 인간의 본성이 선 또는 악으로 정해진 것이 아니라는 성무선악설을 주장하며, 선악은 후천적인 환경과 자신의 선택에 따른 결과라고 보았다.

**4 사단(四端)의 확충을 위한 수양 방법**

맹자는 사단을 그 자체로 완성된 것이 아닌 가능성으로 보았다. 그러므로 도덕적인 삶을 살아가기 위해서는 선천적 도덕 자각 능력인 양지(良知)와 선천적 도덕 실천 능력인 양능(良能)을 바탕으로 사단을 확충하기 위해 수양해야 한다. 구체적인 수양법으로는 잃어버린 본심을 되찾는 구방심(求放心)과 욕심을 적게 갖는 과욕(寡慾)이 있다.

**질문 있어요**

모든 사람은 항산이 없으면 항심이 없나요?

항산이 있어야 항심이 있는 것은 백성에게 해당해요. 맹자는 지도층에게는 백성보다 엄격한 도덕성을 요구하였어요. 백성을 돌보는 것이 왕의 도리이자 정치의 중요한 목적이라고 보았기 때문이지요. 그래서 대장부나 대인은 항산이 없어도 항심을 유지할 수 있는 사람이라고 보았어요.

**5 순자의 성악설**

사람의 본성은 태어나면서부터 이익을 좋아하며, 이를 좇으므로 쟁탈이 생겨서 사양(辭讓)함이 사라진다. …… 따라서 사람의 성(性)과 정(情)을 좇으면 반드시 쟁탈이 일어나 구분을 무너뜨리고 이치를 어지럽혀 폭동으로 귀결된다. …… 이렇게 본다면 사람의 본성은 악함이 분명하며, 그것이 선해짐은 인위(人僞) 때문이다. －『순자』－

순자에 따르면, 인간의 본성은 악하기 때문에 본성을 그대로 방치하면 사회적 혼란을 피할 수 없다. 이러한 혼란을 예방하려면 성인의 가르침에 따라 예를 익히고, 악한 본성을 교화해야 한다. 즉, 인간은 선천적으로 선한 존재가 아니라 후천적으로 선하게 행동할 수 있는 존재이다.

**용어사전**

* **귀천**(귀할 貴, 천할 賤) 귀함과 천함을 아울러 이르는 말

# 인의 윤리

## B 도덕 법칙의 탐구 방법

### 1 진·한나라의 유학

| | |
|---|---|
| 진(秦)나라 | • 법가를 바탕으로 강력한 중앙 집권 체제를 구축함<br>• 분서갱유(焚書坑儒) 사건 이후 유학이 위축됨 1 |
| 한(漢)나라 | • 유학을 국가의 이념으로 채택함<br>• 분서갱유로 사라진 경전을 복원함<br>• 경전을 체계화하는 경학(經學)이 주류를 이루고 경전을 해석하는 훈고학(訓詁學)이 발달함 |

### 2 사물의 이치 규명을 강조한 주희의 사상(성리학)

① 성즉리(性卽理) : 인간의 본성이 곧 이치라는 의미

② 이기론(理氣論)
(우주 만물의 구조를 설명하는 이론)

- 이(里) : 우주 만물의 근본 원리이자 도덕 법칙
- 기(氣) : 이(理)가 현상으로 드러나기 위한 재료이자 힘
- 모든 존재와 현상은 이(里)와 기(氣)가 결합하여 나타남
- 이와 기는 서로 떨어질 수 없으며[理氣不相離], 동시에 서로 뒤섞일 수 없음[理氣不相雜].

**자료로 보는 이일분수(理一分殊)**

본래 하나의 태극만이 있는데 이것이 만물의 각각에 품수(稟受)되었다. 또 각 만물은 다 하나의 태극을 구비하고 있다. 그것은 마치 하늘에 있는 달과 같다. 달은 하나뿐이지만 강과 호수에서 반사되어 가는 곳마다 보인다. 그러나 달이 나뉘었다고 말할 수 없는 것과 같다. -「주자어류」-

**자료 분석** 이일분수란 이치[理]는 하나지만 현상은 나뉘어 다르다는 뜻이다. 하늘의 달은 바라보는 사람이나 장소에 따라 다르게 보일 수 있으나 달 그 자체는 변하지 않는다. 주희는 이와 마찬가지로 이(理) 역시 사물을 생성하는 근본이므로 하나이지만, 나타나는 기는 각기 다를 수 있다고 보았다.

Q 윗글에서 알 수 있는 이의 특성은 무엇인가? 수곰탕ㅣo A

(이기론을 통해 인간의 마음과 본성을 심층적으로 분석한 이론)
③ 심성론(心性論) 2

- 본연지성(本然之性) : 하늘로부터 받은 순수하고 선한 본성
- 기질지성(氣質之性) : 인간의 타고난 기질의 영향을 받은 현실적 본성 (주희는 올바른 사람이 되려면 기질을 맑게 변화시켜야 한다고 보았다.)
- 심통성정(心統性情) : 마음이 성(性)과 정(情)을 주*재하고 포괄함 → 성(性)(인의예지(仁義禮智)의 사덕(四德))을 마음의 본체로, 정(情)(순선한 사단(四端)과 선악의 가능성을 지닌 칠정(七情))을 마음의 작용으로 파악함 3

④ 수양론

| | |
|---|---|
| 존천리거인욕(存天理去人欲) | 하늘이 부여한 본연지성을 잘 보존하고, 인간으로서 지닌 욕심을 멀리하고 제거함 |
| 존양성찰(存養省察) | 양심을 보존하여 본성을 함양하고 나쁜 마음이 스며들지 않도록 잘 살핌 |
| 거경궁리(居敬窮理) | • 거경 : 몸가짐을 바르게, 마음을 경건하게 함<br>• 궁리 : 인간의 본성과 사물의 원리를 올바르게 인식함 |
| 격물치지(格物致知) | 도덕 법칙이 내재된 사물의 이치를 탐구하고 앎을 이루어 나감 4 |

**개념 더하기 자료 채우기**

**1 분서갱유(焚書坑儒)**

진(秦)나라의 시황제가 학자들의 정치적 비판을 막고, 사상을 통제하기 위해 유학에 관한 많은 서적을 불태우고 수많은 유생을 구덩이에 묻어 죽인 일을 말한다. 분서갱유 이후 진나라 이전의 문화가 많이 소실되었으며, 그 결과 유학은 위축되었다.

**2 본연지성과 기질지성**

주희는 인간의 본성을 본연지성과 기질지성으로 나누어 보고, 본연지성은 누구나 같지만 기질지성은 사람마다 다르다고 설명한다.

| 본연지성 | 기질지성 |
|---|---|
| • 하늘의 이치(理)가 부여된 성(性)<br>• 본성의 본질적 측면<br>• 순선한 상태 | • 하늘의 이치(理)가 기질에 부여된 성(性)<br>• 본성의 현실적 측면<br>• 선악이 혼재함 |

**3 마음에 대한 주희의 구분**

주희는 마음을 인심(人心)과 도심(道心)으로 구분하였다. 인심(人心)은 개인의 욕구를 충족하고자 하는 마음이고, 도심(道心)은 도덕 법칙을 따르고자 하는 마음이다. 이 두 마음은 인간 속에서 서로 갈등한다. 따라서 주희는 이 두 마음을 잘 분별하여 도심(道心)이 인심(人心)을 잘 통제하고 인심(人心)은 도심(道心)의 명령을 잘 듣도록 해야 한다고 주장한다.

**4 지행(知行)을 바라보는 주희의 관점**

지(知)와 행(行)은 항상 서로 의존한다. 마치 눈이 있어도 발이 없으면 다닐 수 없고, 발이 있어도 눈이 없으면 볼 수 없는 것과 같다. 선후(先後)를 논하면 지(知)가 우선이고, 경중(輕重)을 논하면 행(行)이 더 중요하다. - 주희, 「주자어류」 -

주희는 도덕적 지식을 먼저 알아야 도덕적 행동을 할 수 있다[先知後行]고 보았으나, 눈과 발이 서로 의존해야 앞으로 나아갈 수 있듯, 도덕적 지식의 탐구와 실천이 함께 나아가야 한다[知行竝進]고 하였다.

**용어사전**

* **주재**(주인 主, 재상 宰) 어떤 일을 중심이 되어 맡아 처리하는 것

⑤ **경세론(經世論)** — 세상을 다스리는 것에 관한 이론

- 수기이안인(修己而安人)의 유교 전통을 계승함 → 민본(民本), 위민(爲民)의 이념 아래 덕치(德治)와 예치(禮治)를 구현해야 함을 주장함
- 개인의 도덕적 실천을 바탕으로 도덕적 이상 사회를 만들어야 한다고 봄
- 부패한 현실을 개혁하고, 통치자의 도덕성과 바른 마음을 근본으로 올바른 정치를 해야 함을 강조함

## 3 주체의 도덕성 회복을 강조한 왕수인의 사상(양명학)

① **심즉리(心卽理)** : 마음이 곧 이치라는 의미 → 도덕적 이치는 도덕적 마음 속에 존재함 5

**자료로 보는 왕수인의 심즉리**

왕수인에게 친구가 낭떠러지에 있는 꽃나무를 가리키며 물었다. "이 세상에는 마음 밖에 어떠한 사물도 없다고 했는데 이 꽃나무는 저절로 꽃이 피었다가 저절로 떨어지곤 하니 나의 마음과는 무슨 상관이 있는가?" 그러자 왕수인이 말하였다. "자네가 이 꽃을 보지 않았을 때는 이 꽃과 자네의 마음은 다 고요했었네. 그런데 자네가 와서 이 꽃을 보았을 때는 이 꽃의 빛깔이 일시에 뚜렷해졌네. 이것으로 이 꽃이 자네의 마음 밖에 있지 않다는 사실을 알 것이네."

– 풍우란, 『중국 철학사』 –

**자료 분석** 꽃을 보기 전에는 꽃에 대해 생각하지 않았지만, 꽃을 본 순간 꽃에 대한 생각이 마음에 가득 찬다. 이처럼 왕수인은 모든 이치와 사물은 마음속에 존재한다고 주장하였으며, 마음 속 양지의 자각과 그 실천을 강조하였다.

Q 자료를 통해 알 수 있는 왕수인의 사상은 무엇인가?

A 심즉리

② **치양지(致良知)** — 왕수인은 우리 마음에 이미 도덕 법칙이 내재하며, 이는 곧 도덕 판단과 실천의 근거임을 강조하면서 치양지를 주장하였다.

- 마음에 있는 양지*를 자각하고 그대로 따르는 것
- 누구나 본래부터 갖춘 양지를 행동으로 옮기면 도덕적 실천이 가능함
- 사사로운 욕망은 양지의 실현을 방해함 → 사욕을 극복하여 순선한 마음을 유지[存天理去人欲]하면 누구나 지선*(至善)에 도달할 수 있음

③ **지행합일(知行合一)** : 앎으로서의 지(知)와 실천으로서의 행(行)은 하나 → 안다고 하면서도 행하지 않는 것은 사사로운 욕심 때문에 앎과 실천이 분리된 것으로, 이는 아직 알지 못하는 것과 같음 6

④ **격물치지(格物致知)**

- 격물(格物) : 사욕(私欲)을 제거하여 마음의 바르지 못함을 없앰으로써 마음을 바로잡는다는 뜻 질문
- 치지(致知) : '치양지', 즉 마음의 양지를 실현하라는 뜻

## 4 인(仁)의 윤리의 현대적 의의

① **공동체 정신을 회복하는 데 도움** : 과도한 경쟁과 지나친 사익 추구로 인한 공동체 정신의 약화 → 인간관계 회복에 필요한 도덕적 덕목을 제시함

② **개인의 도덕성을 높이는 데 도움** : 훌륭한 인격을 형성하기 위한 실천을 강조함

**개념 더하기 자료 채우기**

**5 양명학에서 마음과 이치의 관계**

마음(心)이 곧 이(理)이다. 천하에 마음 밖의 일이 있고, 마음 밖의 이치가 있겠는가? …… 부모에게서 효도(孝)의 이치를 구할 수 없고, 임금에게서 충성(忠)의 이치를 구할 수는 없다. …… 모두 마음에 있을 뿐이니, 마음이 곧 이(理)이다.

– 『전습록』 –

왕수인은 효도나 충성의 이치가 그 대상이 아니라, 그것을 실천하는 주체의 마음에 있다고 하였다. 즉, 부모에게 효도하고 임금에게 충성하려는 마음이 있다면 그 이치가 있고, 그렇지 않다면 효도나 충성의 이치도 없다는 것이다.

**6 지행(知行)을 바라보는 왕수인의 관점**

알면서 행하지 않는 사람은 없다. 알면서 행하지 않는 것은 아직 참으로 알지 못한 것이다.

– 왕수인 –

왕수인은 지(知)와 행(行)을 분리해서 생각하는 사람들은 마음속에 선하지 않은 생각이 일어나도 아직 행하지는 않았다고 여겨 그 생각을 억누르지 않는다고 본다. 그러나 왕수인에 따르면 선하지 않은 생각이 일어나는 것 자체가 나쁜 행동의 시작이므로 그러한 생각조차 그쳐야 한다.

**+ 지행에 관한 성리학과 양명학 비교**

주희는 선지후행을, 왕수인은 지행합일을 강조했다는 차이가 있지만, 공통적으로 도덕적 실천을 강조한다.

| 성리학 | 양명학 |
|---|---|
| • 선지후행(先知後行)<br>• 지행병진(知行竝進) | 지행합일(知行合一) |

**질문 있어요**

**주희와 왕수인은 왜 격물(格物)을 다르게 해석하나요?**

먼저 주희는 격물을 사물의 이치를 깊이 파고들어 따진다는 의미로 보았어요. 반면, 왕수인은 '격'을 '바로잡는다[正]'라는 뜻으로, '물'을 '뜻[意]이 있는 곳'으로 해석하였어요. 성리학은 사물의 이치를 구명하는 데 주력한 데 비해 양명학은 주체의 도덕성 회복을 강조하였기 때문이에요.

**용어사전**

* **지선**(이를 至, 착할 善) 더할 나위 없이 착한 경지
* **양지** 시비선악을 즉각 가려내고 이에 따라 행할 수 있는 능력

# 기초를 다지는 확인 문제

바른답·알찬풀이 9쪽

올리드 포인트

## A 도덕의 성립 근거

### 1 공자의 사상

| | |
|---|---|
| 인(仁) | 내면적 도덕성 → 효제와 충서를 강조함 |
| 예(禮) | 외면적 규범 → 극기복례를 강조함 |
| 정치 및 사회사상 | • 정명 사상 : 자신의 직책에 맞는 덕을 갖추어야 함<br>• 덕치 : 도덕과 예의로 백성을 다스려야 함<br>• 대동 : 모든 사람이 더불어 잘 사는 사회를 추구함 |

### 2 맹자의 사상

| | |
|---|---|
| 의(義) | 옳고 그름을 분명히 구분하는 도덕적 정당성을 강조 |
| 성선설 | 인간은 다른 사람의 고통을 차마 그대로 보아 넘기지 못하는 선한 마음을 지닌 존재 |
| 정치 및 사회사상 | • 왕도 정치 : 백성을 아끼고 덕으로 다스림<br>• 민본주의 : 백성을 나라의 근본으로 생각함<br>• 항산과 항심 : 백성의 경제적 안정을 강조함 |

### 3 순자의 사상

| | |
|---|---|
| 천인분이 | 하늘을 도덕의 근원이 아닌 자연 현상으로 파악함 |
| 성악설 | 인간은 이익을 좋아하고 남을 미워하는 존재 |
| 예치 | 예를 도덕규범의 근거이자 통치의 표준으로 삼음 |

## B 도덕 법칙의 탐구 방법

### 1 성리학

| | |
|---|---|
| 성즉리 | 인간의 본성이 곧 이치 |
| 이기론 | • 이 : 우주 만물의 근본 원리이자 도덕 법칙<br>• 기 : '이'가 현상으로 드러나기 위한 재료이자 힘<br>• 모든 존재와 현상은 이와 기가 결합하여 나타남 |
| 심성론 | • 본연지성 : 하늘로부터 받은 순선한 본성<br>• 기질지성 : 기질의 영향을 받은 현실적 본성<br>• 심통성정 : 마음이 성과 정을 주재하고 포괄함 |
| 수양론 | • 존천리거인욕 : 천리를 보존하고 인욕을 제거함<br>• 존양성찰 : 양심을 보존하여 본성을 함양함<br>• 거경 : 항상 마음을 경건하게 하는 것<br>• 격물치지 : 사물의 이치를 탐구하고 앎을 이루어 나감 |

### 2 양명학

| | |
|---|---|
| 심즉리 | 마음이 곧 이치 |
| 치양지 | • 마음에 있는 양지를 자각하고 그대로 따르는 것<br>• 이론 공부보다 마음의 사욕을 극복하는 것을 강조함 |
| 지행합일 | 지(知)와 행(行)은 하나라고 주장함 |
| 격물치지 | 마음을 바로잡아 자기 마음의 양지를 실현함으로 해석함 |

**01** 다음 설명이 맞으면 ○표, 틀리면 ×표를 하시오.

(1) 공자는 자신의 마음을 미루어 보아 다른 사람의 마음을 헤아림으로써 인을 실천해야 한다고 하였다. ( )

(2) 맹자에 따르면 인간은 선천적으로 이익을 좋아하고 남을 시기하고 질투하는 존재이다. ( )

(3) 순자는 하늘을 도덕의 근원이 아닌 자연 현상으로 파악하였으며, 하늘과 사람의 일을 구분하여 인간의 능동성을 강조하였다. ( )

(4) 주희는 심즉리(心卽理)를 통해 인간의 선한 본성이 곧 우주 만물의 보편적 법칙인 '이(理)'라고 하였다. ( )

(5) 왕수인은 도덕적 마음을 떠나 도덕적 이치가 외부에 별도로 존재하지 않는다고 보았다. ( )

**02** 빈칸에 들어갈 알맞은 말을 쓰시오.

(1) 공자는 임금은 임금답고, 신하는 신하답고, 부모는 부모답고, 자식은 자식다워야 한다는 ( ) 사상을 주장하였다.

(2) 맹자는 백성이 나라의 근본이라는 ( )을/를 주장하였다.

(3) 순자는 성인의 가르침에 따라 인간 본성을 인위적으로 교화해야 한다는 ( )을/를 주장하였다.

**03** 다음 개념과 그에 관한 설명을 바르게 연결하시오.

(1) 치양지 •     • ㉠ 양심을 보존하여 본성을 함양하고 나쁜 마음이 스며들지 않도록 살핌

(2) 존양성찰 •     • ㉡ 성(性)을 마음의 본체로, 정(情)을 마음의 작용으로 파악

(3) 심통성정 •     • ㉢ 마음에 있는 양지를 자각하고 그대로 따르는 것

**01** 동양 사상가 갑, 을에 관한 설명으로 가장 적절한 것은?

> 갑 : 하늘은 사람들이 서로 사랑하며 서로 이롭게 하기를 바라지, 서로 미워하며 서로 해칠 것을 바라지 않는다.
> 을 : 눈물을 흘리며 형(刑)을 집행하지 못한 것은 인(仁)이고, 형을 집행하지 않을 수 없는 것은 법(法)이다. 선왕이 법을 우선하고 눈물에 따르지 않는 것은 인(仁)만으로는 백성을 다스릴 수 없기 때문이다.

① 갑은 법가를 대표하는 사상가인 한비자이다.
② 갑은 너와 나의 구별 없는 겸애(兼愛)를 제시한다.
③ 을은 묵가를 대표하는 사상가인 묵자이다.
④ 을은 통치에 있어서 신상필벌(信賞必罰)을 반대한다.
⑤ 갑, 을 모두 진(秦)·한(漢)나라 시기에 등장한 사상가들이다.

**02** 다음 동양 사상가가 제시할 '인(仁)'에 관한 견해에만 모두 'V'를 표시한 학생은?

> 그 사람됨이 효(孝)와 제(悌)를 실천하면서도 윗사람에게 덤비는 경우는 드물다. 윗사람에게 덤비는 것을 좋아하지 않으면서 작란(作亂)을 좋아하는 자는 있지 않았다. 군자는 근본에 힘쓰니, 근본이 세워짐에 도(道)가 생겨난다. 효제(孝悌)는 <u>인(仁)</u>을 실천하는 근본이다. 부모에게 간쟁(諫爭)하는 자식이 있으면, 그 몸이 불의(不義)에 빠지지 않는다. 그러므로 불의를 당해서는 자식이 부모에게 간쟁하지 않을 수 없으며, 신하가 간쟁하지 않을 수 없다. 그러므로 불의를 당해서는 간쟁하는 것이니, 부모의 명령을 따르는 것이 또한 어찌 효가 되겠는가.

| 견해 \ 학생 | 갑 | 을 | 병 | 정 | 무 |
|---|---|---|---|---|---|
| 외면적 규범으로서 형식화를 경계한다. | V | | | V | V |
| 분별적이고 단계적인 사랑을 의미한다. | | V | V | V | |
| 충서(忠恕)를 통해 구체적으로 실천한다. | | V | | V | V |
| 인위적 가치로서 소박한 본성을 방해한다. | V | | | V | V |

① 갑　② 을　③ 병　④ 정　⑤ 무

★★ 중요

**03** ㉠에 들어갈 내용으로 가장 적절한 것은?

> 갑 : 덕(德)으로 정치를 하는 것은 비유컨대 북극성이 제자리에 있으면 뭇별들이 그를 향하는 것과 같습니다.
> 을 : 아닙니다. 정치를 할 때 형(刑)으로 질서를 잡아야 합니다. 그래서 백성들이 잘못된 행동을 했을 때 엄격한 형벌로 다스려야 합니다.
> 갑 : 제 생각에 당신의 주장은 ______㉠______

① 사람들이 본래 악한 존재임을 간과하고 있습니다.
② 통치는 형벌에만 의지해야 함을 모르고 있습니다.
③ 정치에 있어 강제적 법률의 효과를 모르고 있습니다.
④ 도덕과 예의로 백성을 교화해야 함을 간과하고 있습니다.
⑤ 진정한 예를 실현하기 위해 극기복례가 불필요함을 간과하고 있습니다.

**04** (가) 사상가의 입장을 (나) 그림으로 탐구할 때, A, B에 들어갈 질문으로 적절하지 <u>않은</u> 것은?

(가) 명(名)이 바르지 않으면 말에 순서가 없게 되고, 말에 순서가 없어지면 일이 이루어지지 않는다. 일이 이루어지지 않으면 예악(禮樂)이 세워지지 않으며, 예악이 세워지지 않으면 형벌의 집행이 공정하게 되지 않는다. 형벌의 집행이 공정하게 되지 않으면 백성들은 손발을 둘 곳이 없게 된다.

(나)

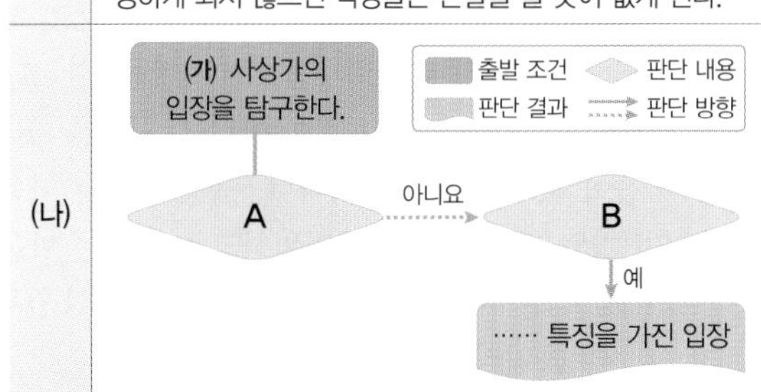


① A : 수기안인(修己安人)의 자세를 간과하는가?
② A : 친친(親親)보다 겸애(兼愛)를 중시하는가?
③ B : 외면적 사회 규범으로서 법(法)을 강조하는가?
④ B : 직책에 걸맞은 덕을 갖추어야 한다고 보는가?
⑤ B : 모든 사람이 더불어 잘 사는 사회를 지향하는가?

**05** 동양 사상가 갑, 을에 관한 설명으로 가장 적절한 것은?

> 갑 : 사람의 본성은 여울물과 같아서 동쪽을 터 주면 동쪽으로 흐르고 서쪽을 터 주면 서쪽으로 흐릅니다. 사람의 본성을 선이나 악으로 구분 지을 수 없음은 여울물에 동서의 구분이 없는 것과 같습니다.
>
> 을 : 물에 진실로 동서의 구분이 없지만 위아래의 구분도 없다는 뜻입니까? 사람의 본성이 날 때부터 착한 것은 물이 항상 아래로 흐르는 것과 같으니, 사람이란 날 때부터 악한 사람이 없으며 물 또한 아래로 내려가지 않는 법이 없습니다.

① 갑은 성무선악설을 주장한 고자이다.
② 갑은 선악을 선천적으로 타고난다고 보았다.
③ 을은 성악설을 주장한 맹자이다.
④ 을은 악한 행동은 본성에 따른 결과라고 보았다.
⑤ 갑, 을 모두 성선설을 주장하였다.

**06** 다음 사상가가 부정의 대답을 할 질문으로 가장 적절한 것은?

> 어린아이가 갑자기 우물에 빠지는 상황을 본다면 사람들은 모두 깜짝 놀라고 측은해 하는 마음이 일어나 아이를 구하려고 한다. 그것은 어린아이의 부모와 교제하려는 것도 아니고, 친구들에게 칭찬을 바라거나, 비난의 소리가 싫어서도 아니다. 이러한 상황을 본다면, 측은해 하는 마음이 없으면 사람이 아니고, 부끄러워하고 미워하는 마음이 없으면 사람이 아니고, 사양하는 마음이 없으면 사람이 아니고, 시비를 가리는 마음이 없으면 사람이 아니다. 측은해 하는 마음은 인(仁)의 단서이고, 부끄러워하고 미워하는 마음은 의(義)의 단서이고, 사양하는 마음은 예(禮)의 단서이고, 시비를 가리는 마음은 지(知)의 단서이다.

① 모든 사람의 마음속에는 사단이 있는가?
② 사단을 근거로 하여 성선설을 지지하는가?
③ 본성을 변화시켜 사단을 확충해야 하는가?
④ 구방심을 통해 잃어버린 본심을 찾아야 하는가?
⑤ 인간에게 선천적으로 선한 도덕심이 갖춰져 있는가?

★★ 중요

**07** (가)의 갑, 을 사상가의 입장을 (나) 그림으로 표현할 때, A~C에 해당하는 적절한 진술만을 〈보기〉에서 있는 대로 고른 것은?

| | |
|---|---|
| (가) | 갑 : 사람에게 사단(四端)이 있는 것은 사람에게 팔다리가 있는 것과 같으니, 사단이 있음에도 스스로 인의(仁義)를 행할 수 없다고 말하는 사람은 자기 스스로를 해치는 사람이다.<br>을 : 사람의 본성은 태어나면서부터 이익을 좋아하며, 이를 좇으므로 쟁탈이 생겨서 사양(辭讓)함이 사라진다. 나면서부터 질투하고 미워함이 있으며, 이를 좇으므로 서로를 해쳐서 진실과 믿음이 사라진다. |
| (나) | 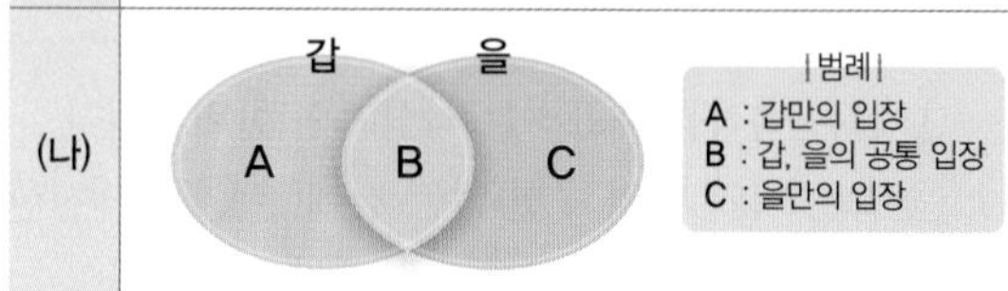<br> |

보기
ㄱ. A : 양지와 양능은 후천적으로 타고난다.
ㄴ. A : 집의(集義)를 통해 호연지기를 길러야 한다.
ㄷ. B : 모든 인간은 불인인지심(不忍人之心)을 지니고 있다.
ㄹ. C : 인간의 타고난 본성을 변화시켜 선하게 만들어야 한다.

① ㄱ, ㄴ ② ㄱ, ㄷ ③ ㄴ, ㄹ
④ ㄱ, ㄷ, ㄹ ⑤ ㄴ, ㄷ, ㄹ

**08** 동양 사상가 갑에 관한 설명으로 적절하지 않은 것은?

탕(湯)이 걸(桀)을 내쫓고 무(武)는 주(紂)를 정벌하였다고 하는데, 신하가 그 군주를 죽여도 되는 것입니까?

인(仁)을 해치는 자를 적(賊)이라 하고, 의(義)를 해치는 자를 잔(殘)이라고 하며 잔적(殘賊)한 자를 일개 사내라 하니, 일개 사내에 불과한 주(紂)를 베었다는 말은 들었어도 신하가 군주를 죽였다는 말은 듣지 못하였습니다.

갑

① 백성을 나라의 근본으로 보았다.
② 정명 사상을 비판하며 역성혁명을 주장하였다.
③ 힘으로 인(仁)을 가장한 패도 정치를 비판하였다.
④ 백성을 덕으로 다스린다는 왕도 정치를 주장하였다.
⑤ 도덕적 마음을 위한 토대로서 경제적 안정을 주장하였다.

09 다음 동양 사상가가 제시할 자연관으로 가장 적절한 것은?

> 천지가 합해져야 만물이 생겨나고, 음양이 접촉해야 변화가 일어나며, 본성과 인위가 결합해야 천하가 다스려진다고 말한다. 하늘은 만물을 낳을 수 있으나 만물을 다스릴 수는 없다. 땅은 인간을 싣고 있으나 인간을 다스릴 수는 없다. 인류를 포함한 우주 만물은 성인을 기다린 후에 분별된다.

① 하늘과 사람의 일을 구분한다.
② 도덕의 근원을 하늘과 결부하여 파악한다.
③ 악한 행동을 하면 하늘로부터 벌을 받는다.
④ 사람은 하늘로부터 선한 본성을 부여받았다.
⑤ 하늘의 운행은 사람의 선악에 영향을 받는다.

10 (가)의 갑, 을 사상가의 입장을 (나) 그림으로 표현할 때, A~C에 해당하는 진술로 적절하지 않은 것은?

(가)
갑 : 군주가 예를 높이고 현자(賢者)를 존중하면 왕자(王者)가 되고, 법을 중시하고 백성을 사랑하면 패자(霸者)가 된다. 그리고 이익을 좋아하고 거짓을 일삼으면 위태로워지고, 권모술수를 쓰고 남을 무너뜨리며 음흉한 일을 저지르면 망하게 된다.
을 : 자신의 이기심을 극복하고 예(禮)로 돌아가는 것이 인(仁)이다. 하루만이라도 자신의 이기심을 극복하고 예로 돌아가면, 천하가 인에 귀의할 것이다. 인을 실천하는 것이 자신에게 달린 것이지 다른 사람에게 달린 것이겠느냐?

(나)
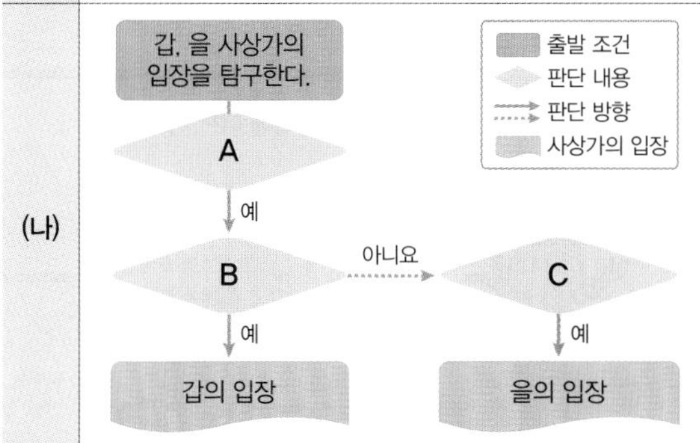


① A : 예(禮)를 외면적 도덕규범으로 보는가?
② B : 인간의 악한 본성을 변화시키려 하는가?
③ B : 타고난 내면의 도덕성을 확충하려 하는가?
④ C : 재화에 대한 분배의 형평성을 강조하는가?
⑤ C : 형벌보다 도덕과 예의로써 통치해야 한다고 보는가?

중요

11 다음을 주장한 동양 사상가의 입장에 관한 적절한 설명만을 〈보기〉에서 있는 대로 고른 것은?

> 본래 하나의 태극만이 있는데 이것이 만물의 각각에 품수(稟受)되었다. 또 각 만물은 다 하나의 태극을 구비하고 있다. 그것은 마치 하늘에 있는 달과 같다. 달은 하나뿐이지만 강과 호수에서 반사되어 가는 곳마다 보인다. 그러나 달이 나뉘었다고 말할 수 없는 것과 같다.

보기
ㄱ. 이(理)와 기(氣)는 서로 떨어질 수 없는 관계이다.
ㄴ. 모든 존재와 현상은 이(理)와 기(氣)가 결합하여 나타난다.
ㄷ. 이(理)는 기(氣)가 현상으로 드러나기 위한 재료이자 힘이다.
ㄹ. 원리로서의 이(理)와 재료로서의 기(氣)는 서로 뒤섞일 수 없는 관계이다.

① ㄱ, ㄴ ② ㄱ, ㄷ ③ ㄷ, ㄹ
④ ㄱ, ㄴ, ㄹ ⑤ ㄴ, ㄷ, ㄹ

12 그림은 서술형 평가 문제와 학생 답안이다. 학생 답안의 ㉠~㉤ 중 옳지 않은 것은?

⊙ 문제 : 성리학의 심성론에 관해 구체적으로 서술하시오.
⊙ 학생 답안
㉠ 본연지성은 하늘의 이치가 부여한 성(性)이다. 즉, 본연지성은 기(氣)를 배제하고 순수하게 이(理)만을 조명한 것으로, 본성의 본질적 측면을 강조한 개념이다. 반면, ㉡ 기질지성은 하늘의 이치가 기질에 부여된 성(性)이다. 즉, 기질지성은 기(氣) 속에 이(理)가 부여된 상태의 본성을 지칭하는 것으로, 본성의 현실적 측면에 초점을 맞춘 개념이다. 이를 통해 ㉢ 본연지성과 기질지성은 우리 성(性)의 다른 두 측면일 뿐 서로 분리되는 것은 아님을 알 수 있다. 또한 ㉣ 본연지성은 누구나 같지만, 기질지성은 사람의 타고난 기질의 맑고 탁함에 따라 차이가 있으며 선과 악이 뒤섞여 있다. 그래서 ㉤ 주희는 도덕적으로 행동하려면 이치를 통해 드러나는 감정과 욕구를 바로잡아야 한다고 주장한다.

① ㉠ ② ㉡ ③ ㉢ ④ ㉣ ⑤ ㉤

**13** 교사의 질문에 대한 적절한 답변만을 〈보기〉에서 있는 대로 고른 것은?

인의예지(仁義禮智)는 성(性)이다. 성(性)은 만질 수 있는 모습이나 그림자가 없고 오직 그 이(理)가 있을 뿐이다. 오직 정(情)만 직접 발견할 수 있는데, 측은(惻隱), 수오(羞惡), 사양(辭讓), 시비(是非)가 바로 그 정(情)이다.
이 사상이 제시하는 수양론에는 어떤 것이 있을까요?


보기

ㄱ. 몸가짐을 바르게 하고, 항상 마음을 경건하게 해야 합니다.
ㄴ. 성인에 의해 제정된 인위 즉, 예를 바탕으로 후천적 노력을 기울여야 합니다.
ㄷ. 우주 자연으로부터 부여받은 도덕 본성을 잘 보존하고 인욕을 제거해야 합니다.
ㄹ. 양심을 보존하여 본성을 함양하고 나쁜 마음이 스며들지 않도록 잘 살펴야 합니다.

① ㄱ, ㄴ ② ㄱ, ㄷ ③ ㄴ, ㄹ
④ ㄱ, ㄷ, ㄹ ⑤ ㄴ, ㄷ, ㄹ

중요

**14** 다음 사상의 입장에서 부정의 대답을 할 질문으로 가장 적절한 것은?

천지간(天地間)에는 이(理)도 있고 기(氣)도 있다. 이(理)는 형이상의 도(道)이고, 사물을 생성하는 근본이다. 기(氣)는 형이하의 기(器)이고, 사물을 생성하는 도구이다. 그러므로 사람과 사물이 생성될 때는 반드시 이(理)를 부여받은 뒤에 성(性)이 생기고, 기(氣)를 부여받은 뒤에 형체가 생긴다.

① 도심(道心)이 인심(人心)을 잘 통제해야 하는가?
② 성(性)이 심(心)과 정(情)을 주재하고 포괄하는가?
③ 민본(民本)의 이념 아래 덕치를 구현해야 하는가?
④ 올바른 지식을 갖추어야 참된 실천을 할 수 있는가?
⑤ 인간의 선한 본성이 곧 우주 만물의 보편적 법칙인가?

**15** 다음 동양 사상의 입장으로 가장 적절한 것은?

마음으로 자연히 알 수 있다. 아버지를 보면 자연히 효도를 알게 되고, 형을 보면 자연히 공경을 알게 되며, 어린아이가 우물에 들어가는 것을 보면 자연히 측은함을 알게 된다. 이것이 바로 양지(良知)이므로 쓸데없이 밖에서 구할 필요가 없다.

① 수양을 통해서만 얻는 양지를 실천해야 한다.
② 마음 밖에 있는 양지를 자각하고 따라야 한다.
③ 성인만이 가진 양지를 위해 공부를 해야 한다.
④ 후천적으로 얻은 양지를 행동으로 옮겨야 한다.
⑤ 마음의 사욕을 제거하여 양지를 실천해야 한다.

**16** 그림의 수업 장면에서 교사의 질문에 옳게 대답한 학생만을 있는 대로 고른 것은?

① 갑, 을 ② 을, 병 ③ 병, 무
④ 갑, 병, 정 ⑤ 을, 정, 무

## 17 ㉠에 관한 옳은 설명만을 〈보기〉에서 있는 대로 고른 것은?

앎은 행함의 시작이고 행함은 앎의 완성이다. 예컨대, 사람은 반드시 음식을 먹고 싶은 마음이 생긴 뒤에라야 음식을 먹을 줄 안다. 음식을 먹고 싶은 마음이 의(意)이며 곧 행위의 시작이다. 또 음식 맛이 좋다 나쁘다 하는 것은 반드시 입안에 넣어 본 뒤에야 알 수 있다. 음식을 먹는 것이 행이고 곧 앎의 완성이다. 그러므로 우리가 다만 하나의 앎을 말해도 이미 행함이 저절로 포함되어 있다. 이를 ( ㉠ )(이)라고 한다.

보기

ㄱ. 지식의 탐구와 실천이 함께 나아가야 한다.
ㄴ. 지(知)와 행(行)은 별개가 아니라 하나이다.
ㄷ. 지식을 먼저 알아야 도덕적 행동을 할 수 있다.
ㄹ. 알면서 행하지 않음은 아직 알지 못하는 것과 같다.

① ㄱ, ㄷ ② ㄴ, ㄹ ③ ㄷ, ㄹ
④ ㄱ, ㄴ, ㄹ ⑤ ㄱ, ㄷ, ㄹ

★★ 중요

## 18 갑은 부정의 대답을, 을은 긍정의 대답을 할 질문으로 가장 적절한 것은?

갑 : 인간이 배와 차를 만들기 이전에도 이미 배와 차의 이(理)는 존재했다. 우리는 배와 차를 발명한 것이 아니라, 실은 배와 차의 이를 발견하여 그에 따라 사물들을 만든 것이다.
을 : 부모를 섬기는 경우 부모에게서 효도의 이치를 구할 수 없고, 임금을 섬기는 경우 임금에게서 충성의 이치를 구할 수 없다. 모두가 다만 이 마음에 있을 뿐이니, 마음이 곧 이(理)이다.

① 지행병진(知行竝進)을 인정하는가?
② 인간의 본성은 하늘이 부여한 이치인가?
③ 선지후행(先知後行)의 자세를 강조하는가?
④ 모든 이치와 사물은 마음속에 존재하는가?
⑤ 욕구를 바로잡아 순선한 본성을 회복해야 하는가?

# 서술형 문제

## 19 다음 글을 읽고 물음에 답하시오.

백성이 귀하고 사직은 그 다음이고 군주는 하찮다. 그러므로 백성의 마음을 얻으면 천자가 되고, 천자의 마음을 얻으면 제후가 되고, 제후의 마음을 얻으면 대부가 된다. 제후가 사직을 위태롭게 하면 제후를 바꾼다. 이미 살진 희생을 마련하고 제물로 바친 곡식이 정결하며 때에 맞게 제사를 지냈는데도, 가뭄이 들거나 물난리가 나면 사직의 신을 바꾼다.

(1) 위와 같이 주장한 사상가의 이름을 쓰시오.

(2) 윗글에서 주장하는 정치사상의 구체적 의미를 서술하시오.

## 20 다음 글을 읽고 물음에 답하시오.

갑 : 성(性)이 곧 이(理)이다. 마음[心]에서는 성이라고 하고 일[事]에서는 이라고 한다. 성에는 인의예지가 다 갖추어져 있다.
을 : 이(理)가 부모에게 발현되면 효(孝)가 되고, 임금에게 발현되면 충(忠)이 되며, 친구에게 발현되면 신(信)이 된다. 끊임없이 변하더라도 나의 마음에서 발현되지 않는 것이 없다.

(1) 갑, 을은 어떤 사상가인지 각각 쓰시오.

(2) 격물치지(格物致知)의 해석에 대한 갑과 을의 차이점을 서술하시오.

## 21 다음 사상의 현대적 의의에 관해 서술하시오.

자신의 이기심을 극복하고 예(禮)로 돌아가는 것이 인(仁)이다. 하루만이라도 자신의 이기심을 극복하고 예로 돌아가면, 천하가 인에 귀의할 것이다.

# 등급을 올리는 고난도 문제

**01** **고대 동양 사상가 갑, 을의 입장으로 옳은 내용만을 〈보기〉에서 있는 대로 고른 것은?**

갑 : 새나 짐승과는 함께 모여 살 수 없으니 내가 세상 사람들과 더불어 살지 않으면 누구와 더불어 살겠는가? 인(仁)은 나에게서 말미암은 것이니, 덕(德)으로 인도하고 예(禮)로 다스려야 사람들이 염치를 알게 된다.

을 : 세력과 지위가 균일하고 좋아하고 싫어하는 것이 같으면서 재물이 풍족하지 못하면 반드시 다툰다. 다투면 어지러워지고 어지러워지면 막힌다. 선왕이 어지러움을 싫어하여 예의를 제정하여 나누고, 빈부와 귀천의 등급이 있게 하여 서로 임하기에 충분하게 하였으니 이것이 천하를 기르는 근본이다.

보기

ㄱ. 갑 : 통치자는 도덕적 모범을 보임으로써 백성들을 교화해야 한다.
ㄴ. 갑 : 통치자는 재화의 고른 분배를 통해 사회적 화합을 꾀해야 한다.
ㄷ. 을 : 자유롭고 평등한 삶을 위해 문명에 비판적 태도를 취해야 한다.
ㄹ. 을 : 모든 도덕적 행위의 기준이 되는 예(禮)를 통해 사회를 다스려야 한다.

① ㄱ, ㄴ ② ㄴ, ㄷ ③ ㄷ, ㄹ ④ ㄱ, ㄴ, ㄹ ⑤ ㄱ, ㄷ, ㄹ

**문제 접근 방법**

'세상 사람들과 더불어 살지 않으면', '인(仁)', '덕으로 인도', '재물이 풍족하지 못하면 반드시 다툰다', '예의를 제정' 등의 핵심어를 통해 갑, 을이 어떤 사상가인지를 파악한 후 문제를 해결한다.

**적용 개념**

# 동양의 정치 사상
# 동양의 이상 사회

**02** **(가)의 갑, 을, 병 사상가들의 입장을 (나) 그림으로 표현할 때, A~D에 해당하는 적절한 질문만을 〈보기〉에서 있는 대로 고른 것은?**

(가)

갑 : 사람의 성(性)과 정(情)을 좇으면 반드시 쟁탈이 일어나 구분을 무너뜨리고 이치를 어지럽혀 폭동으로 귀결된다.
을 : 사람에게 사단(四端)이 있는 것은 사람에게 팔다리가 있는 것과 같으니, 사단이 있음에도 스스로 인의를 행할 수 없다고 말하는 사람은 자기 스스로를 해치는 사람이다.
병 : 물은 물길을 동쪽으로 터놓으면 동쪽으로 흐르고, 서쪽으로 터놓으면 서쪽으로 흐른다. 물의 흐름에 동서가 정해져 있지 않은 것처럼 인간의 본성도 이와 마찬가지이다.

(나)

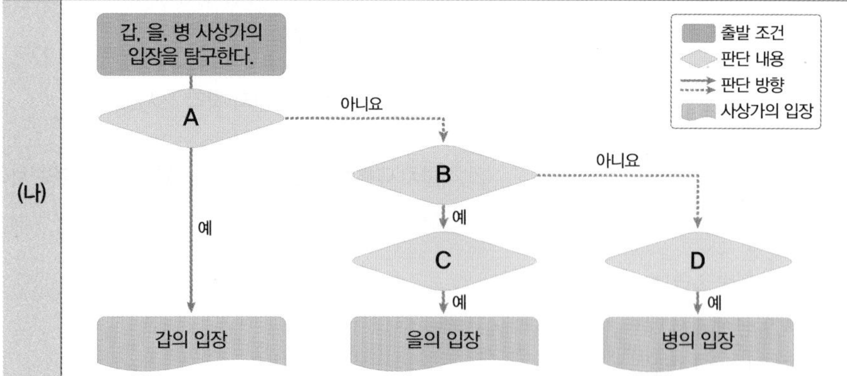


보기

ㄱ. A : 예(禮)를 통해 인간의 본성을 변화시켜야 한다고 보는가?
ㄴ. B : 집의(集義)를 통해 호연지기(浩然之氣)를 추구하려고 노력하는가?
ㄷ. C : 선한 행동을 가능하게 하는 인의예지를 교육의 산물이라고 보는가?
ㄹ. D : 선악(善惡)은 선천적으로 부여받은 본성에 따른 결과라고 보는가?

① ㄱ, ㄴ ② ㄱ, ㄹ ③ ㄷ, ㄹ ④ ㄱ, ㄴ, ㄷ ⑤ ㄴ, ㄷ, ㄹ

**문제 접근 방법**

'쟁탈', '사단', '물의 흐름이 동서로 정해져 있지 않음' 등의 핵심어를 통해 갑, 을, 병이 어떤 사상가인지 파악한다. 각 사상가의 입장에서 〈보기〉의 질문에 긍정의 대답을 할지, 부정의 대답을 할지 판단하여 문제를 해결한다.

**적용 개념**

# 유교의 인성론
# 유교의 선과 악

**03** (가) 사상에 비해 (나) 사상이 갖는 상대적 특징을 그림의 ㉠~㉤ 중에서 고른 것은?

(가) 내 마음의 양지인 천리(天理)를 각각의 사물에 실현하면 각각의 사물이 모두 그 이치를 얻게 된다. 내 마음의 양지(良知)를 실현하는 것이 치지(致知)이고, 각각의 사물이 모두 그 이치를 얻는 것이 격물(格物)이다.

(나) 사람의 양지(良知)는 본래부터 지니고 있는 것이지만 궁리(窮理)하지 않으면 알지 못하고 통달하지 못한 것을 궁구할 수 없다. 궁리란 아는 바로써 모르는 것에 이르며 통달한 바로써 통달하지 못한 것에 이르는 것이다.

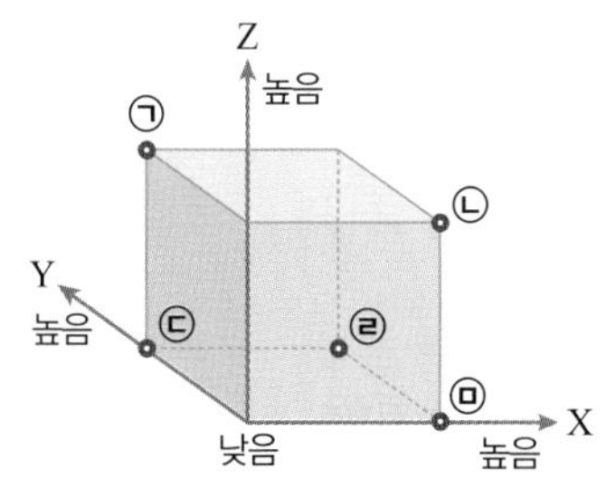


X : 본성이 이치임을 강조하는 정도
Y : 마음을 떠나서 이치가 따로 없음을 강조하는 정도
Z : 논리적 차원에서 지식이 실천보다 우선함을 강조하는 정도

① ㉠ ② ㉡ ③ ㉢ ④ ㉣ ⑤ ㉤

**문제 접근 방법**

'마음의 양지인 천리', '궁리'와 같은 핵심어와 '격물치지'에 대한 해석의 차이를 통해 갑, 을 사상가가 누구인지 먼저 파악한다. 각 사상가의 입장에 대한 정확한 이해를 통해 문제를 해결한다.

**적용 개념**

# 격물치지
# 양지

**04** 갑, 을 사상가의 입장을 아래의 표로 정리할 때, ㉠~㉣에 들어갈 내용으로 가장 적절한 것은?

갑 : 지(知)와 행(行)은 항상 서로 의존한다. 마치 눈이 있어도 발이 없으면 다닐 수 없고, 발이 있어도 눈이 없으면 볼 수 없는 것과 같다.

을 : 지(知)는 행(行)의 시작이고, 행은 지의 완성이다. 알면서 행하지 않는 사람은 없다. 알면서 행하지 않는 것은 아직 참으로 알지 못한 것이다.

| | 갑 사상가의 입장 | 을 사상가의 입장 |
|---|---|---|
| 만물의 근본 원리인 이(理)는 어디에 있는가? | ㉠ | ㉡ |
| 도덕적 삶을 위해 어떤 노력을 해야 하는가? | ㉢ | ㉣ |

① ㉠ : 만물의 근본 원리는 마음 안에만 존재한다.
② ㉡ : 이(理)는 사람과 사물에 객관적으로 존재한다.
③ ㉢ : 도덕적 본성을 잘 보존하고 인욕을 제거한다.
④ ㉣ : 도덕적 지식을 탐구한 후 도덕적 실천으로 나아간다.
⑤ ㉣ : 도덕적 지식의 탐구와 도덕적 행동의 실천은 항상 서로 의존한다.

**문제 접근 방법**

'지와 행은 서로 의존', '지는 행의 시작이고, 행은 지의 완성' 등의 핵심어를 통해 (가)의 갑, 을이 어떤 사상가인지 먼저 파악한다. 갑, 을의 입장에서 (나)의 질문에 답할 내용을 추론하여 문제를 해결한다.

**적용 개념**

# 이(理)
# 지(知)와 행(行)의 관계

Ⅱ. 동양과 한국 윤리 사상

# 03 도덕적 심성

학습길잡이
• 도덕 감정에 대한 이황, 이이의 사상을 비교하여 정리해 둔다.
• 조선 성리학의 한계와 실학 사상의 의의를 정약용의 심성론과 수양론을 통해 파악해 둔다.

## A 도덕 감정

### 1 유교 윤리의 수용

① **삼국 시대 :** 유교를 주체적으로 수용하여 유교의 도덕규범과 정치 이념을 바탕으로 국가 체제를 정비함

② **고려 시대 :** 원(元)나라를 통해 성리학을 수용하여 자연과 인간을 탐구하고 정치적·사회적 개혁을 진행함

③ **조선 시대 :** 성리학을 건국 이념으로 채택하여 개인의 도덕적 완성과 도덕적 이상 사회를 구현하는 실천적 방법을 제시함

### 2 이황의 사상 – 순수한 도덕 본성의 발현

① **이기론** 이황은 주희와 마찬가지로 이 세상의 모든 존재가 이(理)와 기(氣)로 구성되어 있다고 보며, 이를 바탕으로 사단과 칠정의 관계를 설명한다.

- 이기불상리(理氣不相離) 계승 : 이와 기는 서로 떨어지지 않음
- 이기불상잡(理氣不相雜) 강조 : 이와 기는 서로 뒤섞이지 않음
- 이귀기천(理貴氣賤) : 이(理)가 귀하고, 기(氣)가 천하다고 주장함

② **사단 칠정론** 1

- 사단(四端)은 이의 발현이며 순선무악(純善無惡)함
- 칠정(七情)은 기의 발현이며 가선가악(可善可惡)함
- 이기호발(理氣互發) : 이와 기는 모두 발할 수 있다는 입장 → "사단은 이가 발하고 기가 그것을 따르는 것이고[理發理氣隨之], 칠정은 기가 발하고 이가 그것을 타는 것이다[氣發而理乘之]." 2
- 사단은 본연지성이 발한 것이고, 칠정은 기질지성이 발한 것이라고 봄 → 사단과 칠정을 엄격히 구분함 질문

**자료로 보는 '이'와 '기'에 관한 이황의 입장**

• 칠정이 이(理)와 기(氣)를 겸하였다는 것은 두말할 나위 없이 분명합니다. 칠정을 사단과 비교하여 말하자면, 기와 칠정의 관계는 이와 사단의 관계와 같습니다. 따라서 발현하는 것에 각각 혈맥이 있고, 그 이름에는 모두 가리키는 것이 있기 때문에 위주가 되는 것에 따라 나누어 이와 기로 귀속할 수 있습니다.
• 천하에 이(理) 없는 기(氣)는 없고 기(氣) 없는 이(理)는 없습니다. 사단은 이가 발하여 기가 따르고, 칠정은 기가 발하여 이가 타는 것입니다. 기가 따르지 않는 이는 나올 수가 없고, 이가 타지 않는 기는 곧 *이욕(利慾)에 빠져서 *금수(禽獸)가 되는 것이니, 이것은 바뀔 수 없는 확고한 이치입니다. – 이황, 『퇴계집』 –

자료 분석 이황은 사단과 칠정이 발하는 원천을 각각 이와 기로 구분하였다. 사단은 이가 발한 순수한 선이지만, 기가 발한 칠정은 '이'의 주재 능력에 따라 선할 수도 악할 수도 있다고 주장하며, '이'의 역할을 더욱 강조하였다.

Q 이와 기가 모두 발한다고 본 이황의 사상을 일컫는 말은 무엇인가?

A 이기호발

**개념 더하기 자료 채우기**

**1 사단과 칠정**

사단과 칠정은 대상 세계에 반응하여 드러나는 인간의 감정으로, 사단은 도덕 감정이며, 칠정은 일반 감정이다. 사단은 인의예지[四德]의 단서로 측은지심, 수오지심, 사양지심, 시비지심이다. 칠정은 기쁨[喜], 노여움[怒], 슬픔[哀], 두려움[懼], 사랑[愛], 미워함[惡], 욕망[欲]을 말한다.

**2 이황의 사단 칠정론**

사단은 이가 발하여 기가 이를 따른 것이요, 칠정은 기가 발하여 이가 탄 것입니다. 이가 발하여 기가 따른다는 것은 이를 위주로 말한 것일 뿐, 기 밖에서 이를 말하는 것이 아니니 사단이 이것입니다. 기가 발하여 이가 탄다는 것은 기를 위주로 말한 것일 뿐, 이 밖에서 기를 말하는 것이 아니니 칠정이 이것입니다. – 이황, 『퇴계전서』 –

이황은 이기불상리보다 이기불상잡을 좀 더 강조하면서, 사단과 칠정을 철저히 구분하였다. 이를 통해 인간이 도덕적으로 선한 존재라는 사실을 부각시키고자 한다.

**질문 있어요**

이황이 이기호발설을 주장한 까닭은 무엇인가요?

말을 타고 움직이는 사람을 상상해 보세요. 사단은 말을 탄 사람[理]이 자신의 의지대로 말[氣]을 몰고 가는 것, 칠정은 말[氣]이 사람[理]을 태우고 자기 마음대로 가는 경우에 비유할 수 있어요. 또 이황은 싹이 자라 꽃을 피우고 열매를 맺듯, 선한 도덕 본성인 '이'의 발현은 자연스럽고 당연하다고 보았어요. 인간에게 도덕 행위의 근거인 도덕 본성이 이미 갖추어져 있으므로 그 발현도 당연하다고 본 것이에요. 이러한 비유를 통해 이황은 이(理)의 주체성과 능동성을 강조하고 있어요. 도덕 본성을 능동적으로 실현하여 주체적이고 도덕적인 인간상을 확립하고, 사회 질서를 수립하고자 한 것이에요.

**용어사전**

* **이욕**(이로울 利, 욕심 慾) 사사로운 이익을 탐하는 마음
* **금수**(새 禽, 짐승 獸) 날짐승과 길짐승

### ③ 이황의 수양론

- 인간의 마음이 이와 하나가 되는[心與理一] 경지를 추구함
- 경(敬)을 강조함
  └ 도덕 본성을 실현하기 위한 수양의 태도로, 일종의 도덕적 긴장 상태를 가리킨다.

| 경의 구체적 실천 방법 | 의미 |
|---|---|
| 주일무적(主一無適) | 의식을 집중시켜 마음이 흐트러지지 않음 |
| 정제엄숙(整齊嚴肅) | 몸가짐을 단정히 하고 엄숙한 태도를 유지함 |
| 상성성(常惺惺) | 항시 또렷이 깨어 있는 마음을 가짐 |

## 3 이이의 사상 – 일반 감정의 조절과 기질의 변화

### ① 이기론

- 이통기국(理通氣局) : 이는 만물에 통하고 기는 형체에 *국한됨
- 이기지묘(理氣之妙) : 이(理)와 기(氣)는 하나이면서 둘이고 둘이면서 하나인 *묘합의 관계 → "발(發)하는 것은 기(氣)요, 발하는 까닭은 이(理)이다. 기(氣)가 아니면 발할 수 없고, 이(理)가 아니면 발할 까닭이 없다."
- 이황과 달리 이기불상리의 입장을 상대적으로 강조함
  └ 이황이 이(理)의 능동적 운동성을 강조한 반면, 이이는 기(氣)는 형체와 운동성이 있지만, 이(理)는 형체도 운동성도 없다는 점을 강조한다.

### ② 사단 칠정론 3

- 칠정포사단(七情包四端) : 칠정이 사단을 포함함 → 사단과 칠정은 모두 기질지성이 발한 감정이며, 사단은 칠정의 선한 측면임 질문
- 기발이승일도(氣發理乘一途) : 사단과 칠정을 막론하고 모든 감정은 기(氣)가 발하고 이(理)가 기에 타면서 드러나는 것 → 사단과 칠정은 발하는 근원에 따라 다른 것이 아니라, 발한 결과에서 차이가 나는 것이라고 봄 4

**자료로 보는 '이'와 '기'에 관한 이이의 입장**

이(理)는 모든 사물의 원리이고 기(氣)는 그 원리를 담는 그릇이다. 비유한다면 이는 이상이고 기는 이상을 담은 현실이라고 할 수 있다. 물론 이는 달라지지 않는다. 이것은 어떠한 사람이 가장 사람다운 사람이냐고 할 때 이상적인 사람이라는 기준이 달라지지 않는 것과 같다. 그래서 이이는 둥근 그릇에 물을 담으면 물 모양이 둥글고 모난 그릇에 물을 담으면 물 모양이 모나지만, 그 속에 담긴 것이 물이라는 점에서는 같다고 했다. 또 큰 병이나 작은 병이나 그 속에 담긴 공기는 같다고도 했다. …… 그런데 현실은 항상 변한다. 조금 전까지 따뜻했던 물이 시간이 지나면 차가워지는 것처럼 변하지 않는 것은 아무것도 없다. 이상이란 그 속에서 실현되어야 한다. 그러니까 현실과 이상이 다르다면 이상을 바꾸는 것이 아니라 현실을 고쳐야 한다는 것이 이이의 생각이었다. 이러한 생각을 바탕으로 해서 현실을 바꾸려는 이이의 실천 의식이 나오는 것이다.

– 한국철학사상연구회, 『한국 철학 스케치 1』 –

**자료 분석** 이이는 이와 기의 관계를 물이 담긴 그릇에 비유한다. 물이 담긴 그릇은 물과 그릇 둘로 볼 수도, 물이 담긴 그릇 하나로 볼 수도 있기 때문이다. 또한 이이는 이(理)를 어디에나 보편적으로 실재[理通]한다고 보았으며, 기(氣)는 시공간의 제약을 받아 국한된다[氣局]고 보았다.

Q 자료에서 물과 그릇의 비유로 이이가 강조하는 이와 기의 관계는 무엇인가? A 이기지묘

**개념 더하기 자료 채우기**

**3 이이의 사단 칠정론**

주자의 '이에서 발한다. 기에서 발한다.'라는 말의 본뜻은 '사단은 오로지 이만을 말하고 칠정은 기를 겸(兼)하여 말한다.'는 것일 뿐이지 결코 '사단은 이가 먼저 발한다.'는 것은 아니다. '사단은 이가 발하여 기가 따른 것이고, 칠정은 기가 발하여 이가 탄 것이다.'라는 퇴계의 주장 중에서 이른바 기발이승(氣發理乘)은 옳다. 단, 칠정만 그런 것이 아니라 사단 역시 기발이승이다.

– 이이, 『율곡전서』 –

이이에 따르면, 사단과 칠정 모두 기가 발하고 이가 탄 것이다. 사단과 칠정의 차이는 근원이 아니라 기가 맑고 흐린 것에 있다. 즉 사단은 이가 맑은 기를 타서 천리(天理)가 그대로 드러난 선한 감정이지만, 그 또한 칠정의 한 부분이다.

**질문 있어요**

*이황과 이이는 성(性), 즉 주희가 말한 '본연지성'과 '기질지성'의 관계에 대해 어떤 입장인가요?*

이황은 본연지성과 기질지성이 구분된다는 입장이에요. 반면 이이는 본연지성과 기질지성이 별개의 것이 아니며, 기질지성 안에 본연지성이 있다고 보았어요.

**4 이이의 기발이승일도설**

말[氣]이 움직일 때, 사람[理]은 움직이지 않는다. 하지만 말이 가도록 한 것은 사람이 주재한 것이다. 사람이 직접적으로 움직이지는 않지만 사람이 주재하여 말이 움직인다. 이처럼 말과 사람은 일체를 이루어 미묘한 관계를 유지하여 간다.

**+ 이황과 이이의 사상 비교**

| 이황 | 이이 |
|---|---|
| 이기호발설 | 기발이승일도설 |
| 이귀기천 | 이통기국 |
| 칠정대사단(七情對四端) | 칠정포사단(七情包四端) |
| 경(敬) 공부 강조 | 경(敬)·성(誠) 공부 강조 |

**용어사전**

- *국한(판 局, 한할 限) 어떤 사물이나 일, 현상 등의 범위를 일정한 부분이나 측면으로 제한하거나 한정함
- *묘합(묘할 妙, 합할 合) 교묘하게 여럿을 한데 모음

# 도덕적 심성

③ 이이의 수양론

- 교기질(矯氣質) : 도덕 본성으로서의 '이(理)'를 실현하기 위해 기질을 바로 잡는 것
  이이는 불선(不善)의 원인을 기질의 흐림과 치우침으로 본다.
- 극기(克己) : 사사로운 욕망을 극복하여 기(氣)를 맑고 깨끗하게 만들고 '이(理)'의 본래 모습을 드러나게 하는 것
- 경(敬)의 실천 → 경을 통해 성(誠)에 이를 것을 제시함 질문

④ 사회 제도의 개혁

- 무실(務實) : 실질적인 것에 힘쓴다는 의미로, 도덕적 차원의 성실성뿐만 아니라 사회·경제적 차원의 실천성을 강조함
- 경장(更張) : 정치적·사회적으로 묵은 제도를 개혁하여 새롭게 함
- 사회 전반에 걸친 점진적인 개혁을 도모함 → 실학의 형성에 영향을 줌

개념 더하기 자료 채우기

질문 있어요

이이가 말하는 성(誠)은 무엇인가요?

성은 진실함 혹은 성실함을 뜻해요. 성은 하늘이 가는 길이면서 사람이 가야 하는 길이며, 천인합일을 가능하게 하는 근거이기도 해요. 또한 이이는 천지자연의 이치로 만물을 기르는 것, 사람이 하늘이나 사람, 사물과 통하는 것도 모두 성으로 말미암아 가능하다고 보았어요.

## B 도덕 본성

### 1 성리학에 대한 반성과 실학의 등장

① **시대 상황 :** 임진왜란과 병자호란 등의 전란* → 이론적 논쟁에만 치중된 성리학의 한계를 반성하고 대안을 모색함 1

② 성리학과 실학의 차이

- 성리학은 대체로 개인의 도덕적 수양에 집중함
- 실학은 현실적인 사회 문제 해결을 중시함 → 민생의 구제와 국부*의 증대를 목표로 사회 개혁론에 주목하며, 지배 계급의 윤리성을 회복하는 것에 중점을 둠

1 성리학에 대한 정약용의 비판

실학을 집대성한 정약용은 성리학자들을 강하게 비판하였다. 성리학자들이 이기론이나 심성론에 관한 논쟁에만 매달리면서 정작 현실 참여에는 소극적이고 실무 능력도 갖추지 못했다고 본 것이다. 이러한 입장에서 정약용은 유교의 근본정신으로 돌아가 실천적인 이론을 제시함으로써 당시 성리학의 한계를 극복하고자 하였다.

### 2 정약용의 사상 – 이법적 실체에 대한 비판과 마음의 기호

① 인간관

- 인간은 생명, 지각 능력, 도의지성(道義之性)을 겸비한 존재라고 정의함 2
  정약용은 도의지성을 인간만이 지닌 특성이라고 본다.
- 인간은 자주지권(自主之權)을 부여받은 자율적 존재이고, 도덕적 실천에 힘쓰며 자신의 선택과 행위에 책임을 짐

2 정약용이 구분한 네 가지 존재

| | |
|---|---|
| 인간 | 기(氣), 생명, 지각 능력, 도의지성 |
| 동물 | 기(氣), 생명, 지각 능력 |
| 식물 | 기(氣), 생명 |
| 무생물 | 기(氣) |

정약용은 인간만이 유일하게 생명과 지각 능력에 더하여 도의지성까지 겸비한 존재라고 보았다. 즉, 인간은 선을 좋아하고 악을 미워하는 경향성을 지닌다는 점에서 여타의 동식물과 구분된다.

**자료로 보는** 정약용의 도덕 행위에 대한 책임

하늘은 인간에게 자주지권(自主之權)을 주어, 선(善)을 하고자 하면 선을 할 수 있고, 악(惡)을 하고자 하면 악을 할 수 있게 하였다. (인간의 마음은) 이리저리 움직여서 고정되어 있지 않으니, 자주지권은 자기에게 있다. 이것은 동물에게 정해진 마음이 있는 것과 같지 않다. 그러므로 선을 행하면 자기의 공이 되고 악을 행하면 자기의 죄가 되는 것이니, 이것은 마음의 자주지권이며, 이른바 본성이 아니다.

– 정약용, 『맹자요의』 –

**자료 분석** 정약용은 자주지권을 바탕으로 도덕 행위에 대한 책임은 인간 자신에게 있음을 강조하였다. 그는 성리학과 달리 덕을 인간의 선천적 본성으로 보지 않고, 일상적 실천을 통해 형성되어 가는 것으로 보았다.

Q 정약용이 인간의 자유 의지를 일컫는 말은 무엇인가?

A 자주지권

용어사전

* **전란**(싸움 戰, 어지러울 亂) 전쟁으로 말미암은 난리
* **국부**(나라 國, 부유할 富) 국민과 국가가 가지고 있는 재화의 총량을 화폐의 단위로 환산한 총액

② 욕구에 대한 관점

- 성리학의 엄격한 금욕주의적 수양론에서 벗어나 인간의 욕구를 긍정함
- 인간의 욕구는 생존을 위해 필요할 뿐만 아니라 도덕적 삶을 위해 필요한 삶의 추*동력이라고 봄

③ 성기호(性嗜好) 3

- 본성이란 그저 어떤 것을 지향하는 기호(嗜好), 즉 마음의 경향성일 뿐이라고 봄
- 형구(形軀)의 기호(육구 차원에서 생겨나는 기호) : 육체적이고 감각적인 것을 좋아하는 것 → 인간과 동물이 모두 지닌 생리적 기호
- 영지(靈知)의 기호(인간이 존귀한 이유가 된다.) : 선을 좋아하고 악을 미워하는 것 → 인간만이 지닌 도덕적 기호

④ 덕(德)

- 인간은 선(善)을 기호하기 때문에 사단과 같은 도덕적 마음을 가짐 → 사단을 실천함으로써 후천적으로 인의예지라는 사덕(四德)을 갖춤

**자료로 보는** 덕의 형성에 대한 정약용의 입장

> 인의예지라는 이름은 일을 행한 뒤에 이루어진다. 그러므로 사람을 사랑한 뒤에 인이라고 하지 사람을 사랑하기 전에 인이라 하지 않고, 자신을 선하게 한 뒤에 의라고 하지 자신을 선하게 하기 전에 의라고 하지 않는다. 손님과 주인이 절하고 읍한 뒤에 예라 하고, 사물을 분명히 분간한 뒤에 지라고 말할 수 있다. 어찌 인의예지 네 알맹이가 복숭아씨나 살구씨처럼 사람의 마음 가운데 주렁주렁 매달려 있는 것이겠는가?
>
> – 정약용, 『맹자요의』 –

**자료 분석** 정약용은 인의예지(仁義禮智)와 같은 사덕을 인간의 선천적 본성으로 규정하는 성리학적 관점을 비판하면서, 사덕은 후천적으로 형성되는 덕목이라고 주장하였다. 그에 따르면 인의예지는 사람의 마음에 처음부터 주어져 있는 것이 아니라 덕이 있는 행동을 실천함으로써 형성되는 것이다.

Q 정약용의 관점에서 사덕은 선천적인 것인가, 후천적인 것인가? A 후천적인 것

⑤ 정약용의 수양론 4

- 신독(愼獨) : 매 순간 양심의 소리에 귀를 기울이는 것
- 사천(事天) : 하늘의 뜻에 부합하려는 자세를 지니는 것
- 서(恕) : 자신의 마음을 미루어 상대방을 이해하고 배려하는 것
- 구인(求仁) : 모든 관계에서 요구되는 도리를 실천하는 자세를 지니는 것
- 자기 수양과 관계 윤리에 힘씀

## 3 한국 유교 윤리 사상의 현대적 의의

① **도덕적 주체로서의 자각을 강조함 :** 개인과 사회의 도덕적 역량을 키우는 데 다양한 지침을 제공함

② **개인과 공동체의 도덕성 회복을 강조함 :** 선비 정신, 예의와 염치, 효도와 공경 등의 문화를 강조함 → 개인과 공동체를 조화시키고, 도덕적 공동체를 만드는 데 사상적 기반이 됨

### 개념 더하기 자료 채우기

**3 정약용의 성기호설**

> 한 가지 선을 행하면 그 마음이 한가득 즐겁고, 한 가지 악을 행하면 그 마음이 침울하고 답답하다. 내가 선을 행한 적이 없는데 사람들이 선하다고 하면 기쁘고, 내가 악한 적이 없는데 사람들이 나를 악하다고 비방하면 화가 난다. 이런 것을 보면 선이 기뻐할 만하고 악이 부끄러워할 만한 것임을 알 수 있다. 타인의 선을 보면 따라가 선하다고 하고, 타인의 악을 보면 따라가 악하다고 한다. 이러한 것을 보면 선은 사모할 만하고 악은 미워할 만한 것임을 알겠다. 이러한 것이 모두 성의 기호(嗜好)를 눈앞에서 보여 주는 예이다.
>
> – 정약용, 『심경밀험』 –

정약용은 선을 좋아하고 악을 부끄러워하는 마음의 경향성을 인간의 본성으로 보았다. 다시 말하면 인간은 태어날 때부터 도덕적인 행동을 지향하는 마음을 지니고 있다는 것이다.

**4 정약용의 천명과 신독**

> 도심(道心)과 천명(天命)을 둘로 나누어 보아서는 안 된다. 하늘은 우레나 바람을 통해서가 아니라 은밀히 내 마음속에서 간절하게 알려 주어 경계한다. …… 모름지기 이 말이 곧 천명이라는 것을 알아야 한다.
>
> – 정약용, 『중용자잠』 –

정약용은 상제(上帝), 즉 하늘이 사람에게 자주지권을 주었다고 본다. 그에 따르면, 상제가 명령한 것이 천명(天命)이고, 그것이 사람에게는 도심(道心)이 된다. 그래서 정약용은 하늘을 두려워하고 몸과 마음을 함부로 하지 않는 공부인 신독(愼獨)을 강조한다. 신독은 상제가 집안의 가장 깊숙한 곳까지 임하여 비추어 보는 듯 내 마음도 들여다보고 있으므로 자신만이 홀로 아는 일에도 삼가기를 다하는 것이다.

**용어사전**

* **추동**(밀 推, 움직일 動) 물체에 힘을 가하여 앞으로 나아가게 하거나 흔드는 것

# 기초를 다지는 확인 문제

바른답·알찬풀이 13쪽

올리드 포인트

## A 도덕 감정

### 1 이황의 사상

| | |
|---|---|
| 이기론 | • 이기불상잡(이와 기는 동시에 뒤섞이지 않음) 강조<br>• 이귀기천 : 이(理)는 귀하고, 기(氣)는 천하다고 봄 |
| 사단 칠정론 | • 사단 : 도덕적 감정, 이(理)의 발현, 순선무악<br>• 칠정 : 일반적 감정, 기(氣)의 발현, 가선가악<br>• 이기호발 : 사단은 이(理)가, 칠정은 기가 각각 발한 것이라는 입장 → 이발이기수지, 기발이이승지 |
| 수양론 | • 주일무적 : 의식을 집중시켜 마음이 흐트러지지 않음<br>• 정제엄숙 : 몸가짐을 단정히 하고 엄숙한 태도를 유지함<br>• 상성성 : 항시 또렷이 깨어 있는 마음을 가짐 |

### 2 이이의 사상

| | |
|---|---|
| 이기론 | • 이기불상리(이와 기는 서로 떨어지지 않음) 강조<br>• 이기지묘 : 이(理)와 기(氣)는 하나이면서 둘이고 둘이면서 하나인 묘합의 관계<br>• 이통기국 : 이는 만물에 통하고 기는 형체에 국한됨 |
| 사단 칠정론 | • 기발이승일도설 : 사단과 칠정 모두 기(氣)가 발하고 이(理)가 기(氣)에 타는 것이라고 봄<br>• 칠포사 : 칠정이 사단을 포함함 → 사단과 칠정은 모두 기질지성이 발한 감정 |
| 수양론 | • 교기질 : 기질을 바로잡는 것<br>• 극기(克己) : 사사로운 욕망을 극복하는 것<br>• 경(敬)의 실천 → 경을 통해 성(誠)에 이를 것 |

## B 도덕 본성

### 1 정약용의 사상

| | |
|---|---|
| 인간관 | • 자신의 선택과 행위에 책임져야 하는 도덕적 존재<br>• 자주지권(自主之權)을 부여받은 자율적 존재 |
| 욕구 | 도덕적 삶을 위해 필요한 삶의 추동력 |
| 성기호 | • 인간의 본성은 어떤 것을 지향하는 기호(嗜好), 즉 마음의 경향성이라는 입장<br>• 형구(形軀)의 기호 : 인간과 동물이 모두 지닌 생리적 기호, 육체적이고 감각적인 것을 좋아함<br>• 영지(靈知)의 기호 : 인간만이 지닌 도덕적 기호, 선을 좋아하고 악을 미워함 |
| 덕 | 사덕(四德)은 도덕적인 행동을 실천함으로써 후천적으로 형성되는 것이라고 봄 |
| 수양론 | • 신독 : 매 순간 양심의 소리에 귀를 기울임<br>• 사천 : 하늘의 뜻에 부합하려 함<br>• 서 : 자신의 마음을 미루어 상대방을 이해하고 배려함<br>• 구인 : 모든 관계에서 요구되는 도리를 실천함 |

**2 현대적 의의** 도덕적 주체로서의 자각을 강조함, 개인과 공동체의 도덕성 회복을 강조함

**01** 다음 설명이 맞으면 ○표, 틀리면 ×표를 하시오.

(1) 이황은 인간이 도덕적으로 선한 존재라는 사실을 부각시키고자 이와 기가 서로 섞일 수 없음을 강조하였다. (　　)

(2) 이황은 이와 기는 '하나이면서 둘이고 둘이면서 하나'인 묘합의 관계라는 이기지묘를 제시하였다. (　　)

(3) 이이는 사단과 칠정을 막론하고 모든 감정은 기가 발하고 이가 기에 타면서 드러난다는 기발이승일도설을 주장하였다. (　　)

(4) 이이는 '이는 귀하고 기는 천하다'라는 주장을 바탕으로 사단은 본연지성이 발한 것이라고 보았다. (　　)

(5) 정약용은 인간의 욕구를 생존과 더불어 도덕적 삶을 위해 필요한 삶의 추동력으로 보았다. (　　)

**02** 빈칸에 들어갈 알맞은 말을 쓰시오.

(1) 이황은 사단은 이(理)가, 칠정은 기(氣)가 각각 발한 것이라는 (　　　) 사상을 주장하였다.

(2) 이이는 이(理)는 만물에 통하고 기(氣)는 형체에 국한된다는 (　　　)을/를 주장하였다.

(3) 정약용은 인간의 본성은 어떤 것을 지향하는 마음의 경향성이라는 (　　　)을/를 주장하였다.

**03** 다음 개념과 그에 관한 설명을 바르게 연결하시오.

(1) 신독 • 　　• ㉠ 기질을 바로잡음으로써 도덕 본성으로서의 이를 실현하는 것

(2) 교기질 • 　　• ㉡ 의식을 집중시켜 마음이 흐트러지지 않는 것

(3) 주일무적 • 　　• ㉢ 매 순간 양심의 소리에 귀를 기울이는 것

바른답·알찬풀이 13쪽

**01** ㉠에 들어갈 사상과 이것이 조선 시대에 미친 영향을 바르게 짝지은 것은?

> • 삼국 시대에 ( ㉠ )을/를 주체적으로 수용하여 이를 바탕으로 국가 체제를 정비하였다.
> • 고려 말에 이르러서는 원(元)나라를 통해 ( ㉠ )의 분파인 성리학을 수용하여 자연과 인간을 탐구하고 정치적·사회적 개혁을 진행하였다.

| ㉠ | 영향 |
|---|---|
| ① 불교 | 자연에 따라 살아가는 소박한 삶을 강조 |
| ② 불교 | 대중을 구제하기 위한 자비의 윤리를 제시 |
| ③ 유교 | 자연의 질서에 순응하는 무위자연의 삶 강조 |
| ④ 유교 | 도덕적 이상 사회 구현을 위해 자기 수양 강조 |
| ⑤ 도가 | 개인의 도덕적 완성을 위한 실천 방법 제시 |

**02** 다음 동양 사상가의 이기론과 일치하는 내용에만 모두 'V'를 표시한 학생은?

> 칠정(七情)이 이(理)와 기(氣)를 겸하였다는 것은 두 말할 나위 없이 분명합니다. 칠정(七情)을 사단(四端)과 비교하여 말하자면, 기(氣)와 칠정(七情)의 관계는 이(理)와 사단(四端)의 관계와 같습니다. 따라서 발현하는 것에 각각 혈맥이 있고, 그 이름에는 모두 가리키는 것이 있기 때문에 위주가 되는 것에 따라 나누어 이(理)와 기(氣)로 귀속할 수 있습니다.

| 내용 \ 학생 | 갑 | 을 | 병 | 정 | 무 |
|---|---|---|---|---|---|
| 모든 존재가 이와 기로 구성된다. | V | | V | V | |
| 기에 대한 이의 주재성을 강조한다. | | V | V | V | |
| 가치론의 입장에서 이보다 기를 강조한다. | V | V | | | V |
| 이기불상리(理氣不相離)를 좀 더 강조한다. | V | | V | | V |

① 갑 ② 을 ③ 병 ④ 정 ⑤ 무

**03** ㉠에 들어갈 내용으로 가장 적절한 것은?

> 갑 : 이(理)가 발하고 기(氣)가 따른다는 것은 이(理)를 주로 하려 말하였을 뿐이지, 이가 기를 벗어난 것을 말함이 아니니 그것이 사단(四端)입니다.
> 을 : 아닙니다. 사단(四端)도 칠정(七情)과 똑같은 감정에 속하며, 기(氣)가 발하고 이(理)가 기에 탄 것에 불과합니다.
> 갑 : 제 생각에 당신의 주장은 ______㉠______

① 칠정이 인간의 감정임을 모르고 있습니다.
② 칠정이 이(理)에 근원함을 간과하고 있습니다.
③ 사단은 악(惡)으로 흐를 가능성이 있음을 간과하고 있습니다.
④ 사단이 기(氣)의 발현으로 순선(純善)함을 간과하고 있습니다.
⑤ 사단과 칠정의 관계에 있어서 이(理)의 능동성을 간과하고 있습니다.

중요

**04** (가) 사상가의 입장을 (나) 그림으로 탐구할 때, A, B에 들어갈 질문으로 적절하지 않은 것은?

(가) 천하에 이(理) 없는 기(氣)는 없고 기(氣) 없는 이(理)는 없습니다. 사단은 이가 발하여 기가 따르고, 칠정은 기가 발하여 이가 타는 것입니다. 기가 따르지 않는 이는 나올 수가 없고, 이가 타지 않는 기는 곧 이욕(利慾)에 빠져서 금수(禽獸)가 되는 것이니, 이것은 바뀔 수 없는 확고한 이치입니다.

(나)

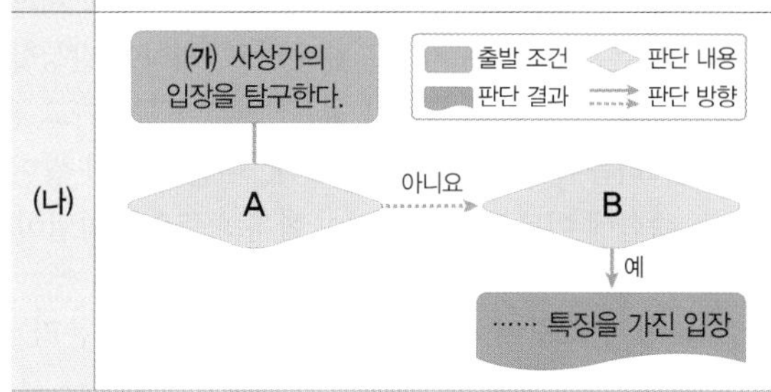


① A : 기(氣)만 발한다고 보는가?
② A : 이는 귀하고 기는 천하다고 보는가?
③ B : 칠정은 사단을 포함하지 않는다고 보는가?
④ B : 기발이이승지(氣發而理乘之)를 주장하는가?
⑤ B : 이발이기수지(理發而氣隨之)를 주장하는가?

## 05 다음 동양 사상가의 입장에 관한 설명으로 옳은 것은?

> 주자가 '이(理)는 감정과 의지가 없고 창조 능력도 없다.'고 말한 것은 이의 본연의 체(體)를 말한 것이며, '그것[理]이 때에 따라 발현하고 이르지 않는 데가 없다.'고 말한 것은 이의 지극히 신묘한 생성 작용을 말한 것이다. 본체의 무위(無爲)만을 보고 생성 작용이 드러나는 운행을 알지 못하여 이를 죽은 물건으로 인정한다면 이것은 도리와 너무나 멀리 떨어져 있는 것이 아닌가?

① 이기불상리와 이기불상잡 모두를 부정한다.
② 이기불상리를 부정하고 이기불상잡을 긍정한다.
③ 이기불상잡을 부정하고 이기불상리를 긍정한다.
④ 이기불상잡보다 이기불상리를 상대적으로 강조한다.
⑤ 이기불상리보다 이기불상잡을 상대적으로 강조한다.

## 06 다음 사상가의 입장에서 부정의 대답을 할 질문으로 가장 적절한 것은?

> 사람이 학문을 하는 데는 일이 있을 때나 없을 때, 의식이 있을 때나 없을 때를 막론하고 오직 마땅히 경(敬)으로써 위주로 삼아 동정(動靜) 간에 바름을 잃지 않으면, 의식이 싹트기 전에는 마음의 본체가 텅 비고 밝아 본령(本領)이 깊고도 순수하고, 의식이 발생할 때는 의리가 환히 드러나 물욕(物慾)이 물러가고 혼란스러움이 점차 줄어들게 된다. 이런 능력이 쌓여 성숙함에 이르게 되니 이것이 학문의 중요한 방법이다.

① 항시 또렷이 깨어 있는 마음을 가져야 하는가?
② 의식을 집중시켜 마음이 흐트러지지 않아야 하는가?
③ 몸가짐을 단정히 하고 엄숙한 태도를 지녀야 하는가?
④ 삶의 원리와 우주 자연의 원리가 하나가 되어야 하는가?
⑤ 사단과 칠정을 엄격히 구분하지 않고 조화시켜야 하는가?

★★ 중요

## 07 (가)의 갑, 을 사상가의 입장을 (나) 그림으로 표현할 때, A~C에 해당하는 옳은 진술만을 <보기>에서 있는 대로 고른 것은?

| | |
|---|---|
| (가) | 갑 : 사람의 몸은 이(理)와 기(氣)가 합하여 생겨난 까닭에 두 가지가 서로 발하여[互發] 작용하고, 발할 적에 서로 소용되는 것이다.<br>을 : 물이 담겨 있는 그릇에 물이 그릇을 떠날 수 없는 것과 마찬가지로 이(理)와 기(氣)는 개개 사물에서 오묘하게 어우러져 있다. |
| (나) | 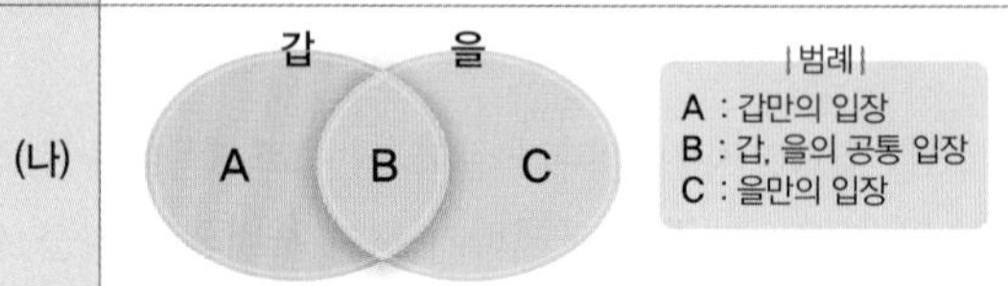 |



보기
ㄱ. A : 사단은 본연지성이 발한 것이다.
ㄴ. B : 칠정은 기질지성이 발한 것이다.
ㄷ. B : 사단은 기질지성이 발한 것이다.
ㄹ. C : 칠정은 본연지성이 발한 것이다.

① ㄱ, ㄴ ② ㄱ, ㄷ ③ ㄴ, ㄹ
④ ㄱ, ㄷ, ㄹ ⑤ ㄴ, ㄷ, ㄹ

## 08 동양 사상가 갑, 을에 관한 설명으로 적절하지 않은 것은?

사단은 이가 발하여 기가 이를 따른 것이요, 칠정은 기가 발하여 이가 탄 것입니다.
이와 기는 하나이면서 둘이고 둘이면서 하나인 묘합의 관계에 있습니다.
갑
을


① 갑은 사단과 칠정의 원천을 구분한 이황이다.
② 갑은 주일무적, 정제엄숙, 상성성이라는 경(敬)의 수양법을 제시하였다.
③ 을은 이기지묘와 이귀기천을 주장한 이이이다.
④ 을은 발하는 것은 기(氣)이고, 발하는 까닭은 이(理)라고 주장한다.
⑤ 갑, 을 모두 사단과 칠정이 감정에 속한다고 주장한다.

★★ 중요

**09** ㉠에 들어갈 조선 시대 사상가의 견해로 가장 적절한 것은?

> 이(理)는 모든 사물의 원리이고 기(氣)는 그 원리를 담는 그릇이다. 비유한다면 이는 이상이고 기는 이상을 담은 현실이라고 할 수 있다. 물론 이는 달라지지 않는다. 이것은 어떠한 사람이 가장 사람다운 사람이냐고 할 때 이상적인 사람이라는 기준이 달라지지 않는 것과 같다. 그래서 ( ㉠ )은/는 둥근 그릇에 물을 담으면 물 모양이 둥글고 모난 그릇에 물을 담으면 물 모양이 모나지만, 그 속에 담긴 것이 물이라는 점에서는 같다고 했다.

① 이(理)가 아니면 발할 수 없고, 기(氣)가 아니면 발할 까닭이 없다.
② 기(氣)는 보편적으로 실재하나, 이(理)는 시공간의 제약을 받는다.
③ 이(理)는 형체와 운동성이 있지만, 기(氣)는 형체도 운동성도 없다.
④ 기(氣)의 특수성으로 말미암아 인간에게 선함과 악함 등의 차이가 나타난다.
⑤ 기(氣)는 도덕 본성의 근거이며, 이(理)는 현실 세계에서 구체적으로 운동한다.

**10** 다음은 노트 필기의 일부이다. ㉠~㉤ 중 옳지 않은 것은?

주제 : 이이의 수양론과 사회 제도의 개혁

1. 이이의 수양론
   - 성(誠)을 통해 천리의 본연을 보존함 ……… ㉠
   - 이(理)를 바로잡아 도덕 본성을 실현함 ……… ㉡
   - 불선(不善)의 원인인 기질을 변화시킴
   - 경(敬)을 통해 몸을 주재하는 마음을 단속함 ……… ㉢
2. 사회 제도의 개혁
   - 민본과 위민의 이상의 실현
   - 무실(務實)을 통해 실천을 강조함 ……… ㉣
   - 경장(更張)을 통한 시의적절한 개혁 ……… ㉤

① ㉠ ② ㉡ ③ ㉢ ④ ㉣ ⑤ ㉤

**11** 다음 사상가의 주장만을 <보기>에서 있는 대로 고른 것은?

> 이는 형이상의 것이요, 기는 형이하의 것입니다. 이 둘은 서로 떨어질 수 없으며, 이미 서로 떨어질 수 없으면 그 발함도 하나이니, 서로 각각 발함이 있다고 할 수 없습니다. 만약 '서로 발함이 있다.'고 한다면, 이것은 이가 발할 때에 기가 혹 미치지 못하는 경우도 있고, 기가 발할 때에 이가 혹 미치지 못하는 경우도 있을 것이니, 이렇다면 이와 기에 떨어짐과 합침이 있고 앞과 뒤가 있는 것이니 그 오류가 적지 않을 것입니다.

보기

ㄱ. 사단과 칠정은 모두 기질지성이 발한 감정이다.
ㄴ. 칠정은 이(理)가 발하고 그것에 기(氣)가 탄 것이다.
ㄷ. 본연지성은 기(氣)를 배제하고 순수하게 이(理)만을 조명한 것이다.
ㄹ. 본연지성은 이론적으로만 가능할 뿐 현실적으로는 기질지성만이 존재한다.

① ㄱ, ㄴ ② ㄱ, ㄷ ③ ㄴ, ㄹ
④ ㄱ, ㄷ, ㄹ ⑤ ㄴ, ㄷ, ㄹ

**12** ㉠에 들어갈 적절한 내용을 <보기>에서 고른 것은?

> 갑 : 기질이 치우치고 막혀 있는 사물은 더욱 변화시킬 방법이 없습니다. 오직 사람은 맑고 흐리며, 순수하고 뒤섞인 기질적 차이가 있다고 하더라도 마음이 텅 비고 밝기 때문에 변화시킬 수 있습니다.
> 을 : 그럼 어떤 수양이 필요하겠습니까?
> 갑 : ____㉠____ 이/가 필요합니다.

보기

ㄱ. 기질을 바로잡는 교기질(矯氣質)
ㄴ. 사사로운 욕망을 극복하는 극기(克己)
ㄷ. 자신의 본성을 직관하는 견성(見性)
ㄹ. 마음에서 인위의 것을 비우는 허정(虛靜)

① ㄱ, ㄴ ② ㄱ, ㄷ ③ ㄴ, ㄷ
④ ㄴ, ㄹ ⑤ ㄷ, ㄹ

**13** 교사의 질문에 옳게 대답한 학생만을 있는 대로 고른 것은?

실학이 대두하게 된 이유에 대해 설명해 볼까요?
실학의 등장 배경
유교의 근본정신으로 돌아가 실천적 이론이 필요함을 깨달았기 때문입니다.
조선 초기와 달리 성리학이 사변적으로 변질되었기 때문입니다.
당시의 성리학이 실천보다 명분만을 중시하였기 때문입니다.
갑
무
정
을
병
청나라의 고증 학풍을 탈피해야 한다는 풍토가 확산되었기 때문입니다.
성리학의 이기론과 심성론에 대한 이론적 논쟁이 더욱 필요하다고 보았기 때문입니다.

① 갑, 을 ② 을, 병 ③ 병, 무
④ 갑, 정, 무 ⑤ 을, 병, 정

중요

**14** 다음 사상가의 입장에서 제시할 내용으로 옳은 것은?

> 한 가지 선을 행하면 그 마음이 한가득 즐겁고, 한 가지 악을 행하면 그 마음이 침울하고 답답하다. 내가 선을 행한 적이 없는데 사람들이 선하다고 하면 기쁘고, 내가 악한 적이 없는데 사람들이 나를 악한다고 비방하면 화가 난다. 이런 것을 보면 선이 기뻐할 만하고 악이 부끄러워할 만한 것임을 알 수 있다. 타인의 선을 보면 따라가 선하다고 하고 타인의 악을 보면 따라가 악하다고 한다. 이러한 것을 보면 선은 사모할 만하고 악은 미워할 만한 것임을 알겠다. 이러한 것들이 모두 성의 기호(嗜好)를 눈앞에서 보여 주는 예들이다.

① 형구의 기호는 인간만이 지닌 도덕적 기호이다.
② 인간의 본성은 만물의 근본 원리인 이(理)이다.
③ 본성은 그저 어떤 것을 지향하는 마음의 경향성이다.
④ 영지의 기호는 인간과 동물이 모두 지닌 생리적 기호이다.
⑤ 인간은 후천적으로 도덕적 행동을 지향하는 마음을 획득한다.

**15** 교사의 질문에 대한 옳은 답변만을 〈보기〉에서 있는 대로 고른 것은?

요임금과 순임금이 그 맑고 밝은 것을 받아 성현이 된 것이 아니고, 걸왕과 주왕이 그 탁하고 더러운 것을 받아 악인이 된 것이 아니다. 기질의 편차는 본성의 선악과는 아무런 관계가 없다. 성리학자들은 늘 기질의 청탁이 선악의 뿌리라고 여겼으니 틀리고 어그러짐이 없을 수 없다.
이 사상가는 인간을 어떻게 바라볼까요?

보기

ㄱ. 자주지권을 부여받은 존재이다.
ㄴ. 사덕(四德)을 선천적으로 지닌 존재이다.
ㄷ. 언제나 도덕적으로 선한 행동을 선택하는 존재이다.
ㄹ. 자신의 선택과 행위에 대해 책임져야 하는 존재이다.

① ㄱ, ㄴ ② ㄱ, ㄹ ③ ㄴ, ㄷ
④ ㄱ, ㄷ, ㄹ ⑤ ㄴ, ㄷ, ㄹ

**16** 다음 사상가의 입장에서 부정의 대답을 할 질문으로 가장 적절한 것은?

> 우리의 영체(靈體) 안에는 본래 원하고 욕구하는 단(端)이 있다. 만일 이 욕구의 마음이 없다면 천하의 만사를 실행할 수 없을 것이다. 이익에 밝은 사람이어야 욕구하는 마음이 이익이나 재물을 따라가며, 의리에 밝은 사람이어야 욕구하는 마음이 도의(道義)를 따라간다. 욕구가 극단의 경지에 가면 두 가지 모두 몸이 죽어도 후회가 없다. 이른바 "탐욕이 있는 사람은 재물을 위해 몸을 바치고 열사는 명예를 위해 몸을 바친다."라는 것이다.

① 도덕성은 인간만이 지니고 있는가?
② 사람은 자율적 존재라고 볼 수 있는가?
③ 식물은 생명은 있지만 지각 능력이 없는가?
④ 욕구에서 벗어나야 도덕적 행위가 가능한가?
⑤ 지각 능력은 인간뿐만 아니라 동물에게도 있는가?

**17** 다음 사상가의 견해를 〈보기〉에서 있는 대로 고른 것은?

> 도심(道心)과 천명(天命)을 둘로 나누어 보아서는 안 된다. 하늘은 우레나 바람을 통해서가 아니라 은밀히 내 마음속에서 간절하게 알려 주어 경계한다. …… 모름지기 이 말이 곧 천명(天命)이라는 것을 알아야 한다.

보기

ㄱ. 하늘이 사람에게 자주지권을 주었다.
ㄴ. 천명과 도심은 엄격히 구분되는 것이다.
ㄷ. 하늘은 도심을 통해 우리의 잘못을 경고한다.
ㄹ. 하늘은 선을 좋아하는 성(性)을 부여해 주었다.

① ㄱ, ㄷ ② ㄴ, ㄹ ③ ㄷ, ㄹ
④ ㄱ, ㄴ, ㄹ ⑤ ㄱ, ㄷ, ㄹ

★★ 중요

**18** 갑은 부정, 을은 긍정의 대답을 할 질문으로 옳은 것은?

> 갑 : 인의예지(仁義禮智)는 모두 본성에 갖추어져 있으나 그 형체가 혼연하여 볼 수가 없습니다. 사물에 감촉하여 움직인 뒤에야 측은·수오·사양·시비의 작용을 볼 수 있습니다. 인의예지의 단서도 그때 형상을 드러내니 이를 정이라 합니다.
> 을 : 사단은 심(心)이라고는 할 수 있으나 성(性)이라고 할 수 없고, 심이라고는 할 수 있으나 이(理)라고는 할 수 없고, 심이라고 할 수 있으나 덕(德)이라고 할 수 없으니, 명칭을 바로잡지 않을 수 없다. …… 이 측은지심에 나아가면 바로 인(仁)을 얻을 수 있고, 이 수오지심에 나아가면 바로 의(義)를 얻을 수 있다.

① 인간의 본성이 곧 이치[理]인가?
② 인간의 마음이 곧 이치[理]인가?
③ 사덕(四德)은 인간의 선천적 본성인가?
④ 사덕(四德)은 실천을 통해 형성되는 덕목인가?
⑤ 인욕을 제거하고 도덕 본성을 보존해야 하는가?

## 서술형 문제

**19** 다음 글을 읽고 물음에 답하시오.

> 이황은 ( ㉠ )은/는 이가 발하여 기가 이를 따른 것이요, ( ㉡ )은/는 기가 발하여 이가 탄 것이라는 내용의 ( ㉢ )을/를 정립하였다.

(1) ㉠, ㉡, ㉢에 들어갈 알맞은 개념을 쓰시오.

(2) 이황의 입장에서 성(性)과 ㉠, ㉡의 관계를 서술하시오.

**20** 다음 글을 읽고 물음에 답하시오.

> 발하는 것은 기(氣)요, 발하는 까닭은 이(理)이다. 기가 아니면 발할 수 없고, 이가 아니면 발할 까닭이 없다.

(1) 위와 같이 주장한 사상가를 쓰시오.

(2) 위 사상의 관점에서 본연지성과 기질지성의 관계에 대해 서술하시오.

**21** 다음 글을 읽고 물음에 답하시오.

> 사람의 성(性)이 선을 행하기를 좋아함은 마치 물의 성(性)이 아래로 흘러가기를 좋아하고 불의 성(性)이 위로 올라가기를 좋아하는 것과 같다.

(1) 위와 같이 주장한 사상가를 쓰시오.

(2) 위 사상의 관점에서 사단과 사덕의 관계에 대해 서술하시오.

# 등급을 올리는 고난도 문제

**[01~02] 갑, 을은 한국 유교 사상가이다. 물음에 답하시오.**

> 갑 : 만약 혼합하여 말한다면 칠정이 이와 기를 겸(兼)하는 것은 더 말할 나위 없이 명확하다. 그러나 칠정을 사단과 대립시켜 구분되는 것으로 말한다면, 칠정과 기의 관계는 사단과 이의 관계와 같다. 그 이름이 모두 가리키는 바가 있으므로 주(主)가 되는 바에 따라 나누어 귀속시킬 수 있는 것이다.
> 을 : 만약 칠정과 사단을 꼭 두 변으로 나누려고 한다면 인성(人性)의 본연과 기질도 나뉘어 두 성이 될 것이니, 어찌 이러한 이치가 있겠는가? 천리(天理)는 무위(無爲)인 것으로서 반드시 기(氣)의 기틀을 타야 움직이는 것이니, 기가 움직이지 않고서 이(理)가 움직인다는 것은 있을 수 없다.

**문제 접근 방법**
사단과 칠정의 관계를 어떻게 바라보는지 비교하여 어떤 사상가인지 파악하는 문제이다. 을은 사단과 칠정을 엄격히 구분하지 않음을 파악한 후 문제를 해결한다.

**적용 개념**
# 사단 칠정론
# 이기론

## 01 갑의 입장에서 을의 주장에 대해 제기할 수 있는 반론을 〈보기〉에서 고른 것은?

보기
ㄱ. 칠정의 연원과 사단의 연원이 다름을 모르고 있다.
ㄴ. 이는 발하는 까닭일 뿐 발하는 것이 아님을 모르고 있다.
ㄷ. 칠정은 기가 발하고 이가 타서 드러난 것임을 모르고 있다.
ㄹ. 기처럼 이도 자발적으로 동정(動靜)하는 것임을 모르고 있다.

① ㄱ, ㄴ ② ㄱ, ㄹ ③ ㄴ, ㄷ ④ ㄴ, ㄹ ⑤ ㄷ, ㄹ

## 02 갑, 을은 부정, 다음의 한국 사상가는 긍정의 대답을 할 질문으로 옳은 것은?

> 사심(四心)이 바로 사단이며, 사덕(四德)은 사단을 확충한 것이다. 측은(惻隱)을 확충하여 자상함의 극치에 이르면 인(仁)이 천하를 뒤덮게 된다. 그러나 확충하지 못하면 인(仁)이라는 명칭은 끝내 성립할 수 없다.

① 사덕은 천리가 아니며 사단을 실천해야 이루어지는 것인가?
② 사덕은 사단을 통해서 그 존재를 알 수 있는 선천적인 것인가?
③ 사덕은 하늘로부터 부여받은 본성[性]에 내재하는 선한 것인가?
④ 사단은 사람에게 있는 본성[性]이고 사덕의 마지막이 되는 것인가?
⑤ 사단은 선을 좋아하는 기호(嗜好)에 따라 행동하여 형성되는 것인가?

**문제 접근 방법**
'확충'이라는 핵심어를 통해 제시문이 어떤 사상가의 주장인지 파악하여 문제를 해결한다.

**적용 개념**
# 사덕
# 사단

**03** (가) 사상가의 입장을 (나) 그림으로 탐구할 때, A, B에 들어갈 질문으로 적절하지 않은 것은?

| | |
|---|---|
| (가) | 마음의 이치는 매우 방대하여 본떠서 잡을 수 없으며, 매우 넓어서 끝을 볼 수 없으니, 만약 경(敬)을 첫째로 삼지 않으면, 어찌 능히 그 성(性)을 보존하고 그 본체를 세우겠는가. 이 마음의 발하는 것이 미묘하여 가는 털끝을 살피기보다 어렵고, 위태하여 구덩이를 밟기보다 어려울 것이니, 진실로 경(敬)을 첫째로 삼지 않으면 또 어찌 그 기미를 바르게 하고, 그 쓰임에 통달할 수 있겠는가. |
| (나) | 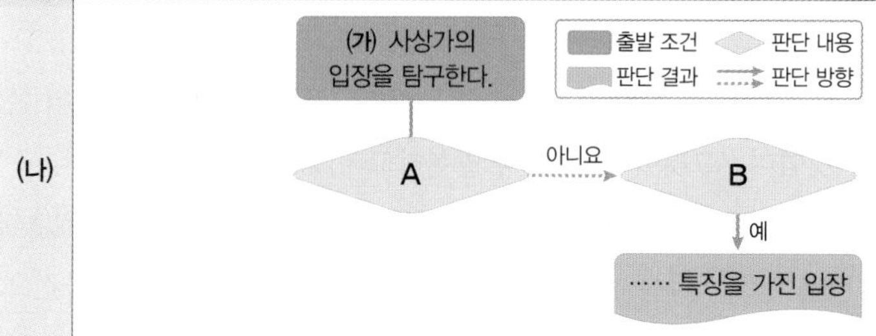 |

① A : 사단은 기질지성이 발한 것인가?
② A : 칠정은 본연지성이 발한 것인가?
③ A : 기질지성 안에 본연지성이 있는가?
④ B : 본연지성과 기질지성을 엄격히 구분하는가?
⑤ B : 사단과 칠정 모두 기질지성이 발한 것인가?

**문제 접근 방법**
'경(敬)' 등의 핵심어를 통해 (가) 사상가가 누구인지 파악한다. 그리고 그 사상가의 입장에서 각 선택지에 어떻게 대답할 것인지를 추론하여 문제를 해결한다.

**적용 개념**
# 이기론
# 사단 칠정론

**04** 한국 유교 사상가 갑, 을, 병이 서로에게 제기할 수 있는 반론으로 가장 적절한 것은?

갑 : 사단은 단지 '이(理)'만을 말한 것이고, 칠정은 이와 기를 합하여 말한 것이니, 두 갈래의 정(情)이 있는 것이 아니다. 따라서 정을 두 갈래로 보는 설은 주의하여 살펴보지 않을 수 없다.
을 : 사단(四端)은 이(理)가 발하여 기(氣)가 그것을 따르는 것이니, 순선하여 악이 없다. 칠정(七情)은 기가 발하여 이가 그것을 타는 것이니 선할 수도 있고 악할 수도 있다.
병 : 사단의 '단(端)'은 '시작'을 뜻한다. 백성을 자애롭게 대한 후에 인(仁)이라고 하고, 자신을 올곧게 한 후에 의(義)라 하며, 손님을 맞아 인사한 후에 예(禮)라 하고, 사물을 분별한 후에 지(智)라 한다.

| | ~이 | ~에게 | 반론 내용 |
|---|---|---|---|
| ① | 갑 | 을 | 이와 기가 개념적으로 구분될 수 있음을 모르고 있다. |
| ② | 을 | 갑 | 기쁨·노여움 등의 감정이 악으로 흐를 수 있음을 부정하고 있다. |
| ③ | 을 | 병 | 기질을 바로잡으면 본연지성이 순선하게 변화됨을 모르고 있다. |
| ④ | 병 | 을 | 사단은 기호를 일상에서 실천으로 옮겨야 형성됨을 모르고 있다. |
| ⑤ | 병 | 갑 | 측은을 확충하기 전에는 인(仁)이 존재할 수 없음을 모르고 있다. |

**문제 접근 방법**
사단과 칠정, 사덕의 관계를 보고 갑, 을, 병이 어떤 사상가인지 파악한다. 각 사상가가 서로에 대해 어떤 입장을 취할지 추론하여 문제를 해결한다.

**적용 개념**
# 사단 칠정론
# 사덕

올리드 특강

# 사단과 칠정에 대한 두 관점

## 사단과 칠정은 구분해야 한다

**출제 경향**

이 단원에서는 인간 감정인 사단과 칠정을 바라보는 이황과 이이의 관점을 비교하고, 각각의 관점에서 주장하는 내용이 무엇인지를 탐구하는 문제가 출제됩니다. 따라서 이황과 이이의 주장을 꼼꼼히 정리해 두어야 합니다.

**자료 보기**

주자가 '이(理)*는 감정과 의지가 없고 창조 능력도 없다.'고 말한 것은 이(理)의 본연의 체(體)를 말한 것이며, '그것이 때에 따라 발현하고 이르지 않는 데가 없다.'고 말한 것은 이(理)의 지극히 신묘(神妙)한 생성 작용을 말한 것이다. 본체의 무위(無爲)만을 보고 생성 작용이 드러나는 운행(運行)*을 알지 못하여 이(理)를 죽은 물건으로 인정한다면 이것은 도리와 너무나 멀리 떨어져 있는 것이 아닌가?

천하에 이(理) 없는 기(氣)*가 없을 수 없고, 기(氣) 없는 이(理)가 있을 수 없습니다. 사단(四端)은 이(理)가 발하고 기(氣)가 이(理)를 따른 것이고, 칠정(七情)은 기(氣)가 발하고 이(理)가 기(氣)를 탄 것입니다. 이(理)가 있으면서 기(氣)가 따르지 않는다면 형성되어 나올 수 없고, 기(氣)가 있으면서 이(理)가 타고 있지 않으면 이욕(利慾)에 빠져서 금수가 되는 것입니다.

갑

**주장 비교**

- 이(理)와 기(氣)는 서로 뒤섞이지 않는다[理氣不相雜].
- 가치론의 입장에서 이(理)를 기(氣)보다 우위에 두어야 한다[理貴氣賤].
- 도덕적 감정인 사단(四端)은 이(理)의 발현으로서 순선무악하다.
- 인간의 일반적 감정을 가리키는 칠정은 기(氣)의 발현으로서 선악이 정해지지 않았으나 악으로 흐를 가능성이 높다.
- 사단은 이가 발하고 기가 그것을 따르는 것이고, 칠정은 기가 발하고 이가 그것을 타는 것이다[理氣互發].
- 인간에게 도덕 행위의 근거인 도덕 본성이 이미 갖추어져 있으므로 그 발현도 당연하다고 보았기 때문에 이(理)의 능동성을 강조하였다.

**문제 확인**

**Q1** 갑의 입장과 일치하는 내용으로 가장 적절한 것은?

① 기쁨 · 슬픔 · 노여움 등과 같은 칠정에는 선(善)이 존재할 수 없다.
② 기(氣)를 중시하여 이용후생의 학문을 지향해야 한다.
③ 이(理)의 본연인 선을 실현하여 도덕적 인격 완성을 추구해야 한다.
④ 측은지심(惻隱之心)은 기에서 나와서 이가 드러난 도덕 감정이다.
⑤ 궁리(窮理) 공부를 멀리하고 경(敬)을 실천하여 본심을 함양해야 한다.

**용어사전**

* **이(理)** 우주 만물의 근본 원리이자 도덕 법칙
* **운행**(옮길 運, 다닐 行) 정해진 노선에 따라 나아가는 것
* **기(氣)** 이(理)가 현상으로 드러나기 위한 재료이자 힘

## 칠정은 사단을 포함한다

주자의 '이에서 발한다, 기에서 발한다.'라는 말의 본뜻은 '사단은 오로지 이(理)만을 말하고, 칠정(七情)은 기를 겸(兼)하여 말한다.'는 것일 뿐이지 결코 '사단은 이가 먼저 발하고 칠정은 기가 먼저 발한다.'는 것은 아니다. '사단은 이가 발하여 기가 따른 것이고, 칠정은 기가 발하여 이가 탄 것이다.'라는 퇴계의 주장 중에서 이른바 기승이발(氣發理乘)은 옳다. 단, 칠정만 그런 것이 아니라 사단 역시 기발이승이다.

대개 사람의 성(性)에는 인(仁), 의(義), 예(禮), 지(智), 신(信)의 다섯 가지가 있을 뿐입니다. 이 다섯 가지 이외에는 성(性)이 없고, 정(情)에는 희(喜), 노(怒), 애(哀), 구(懼), 애(愛), 오(惡), 욕(欲) 일곱 가지가 있을 뿐이니 이 일곱 가지 이외에는 정(情)이 없습니다. 사단이란 선한 정(情)의 별칭에 불과하니 칠정을 말하면 사단은 그 가운데 들어 있는 것이요, 인심(人心)과 도심(道心)과 같이 상대적으로 이름 지은 것이 아닙니다.

을

- 이와 기는 떨어질 수 없는 관계이다[理氣不相離].
- 이와 기는 하나이면서 둘이고 둘이면서 하나인 묘합의 관계이다[理氣之妙].
- 이는 모든 사물의 원리이자 도덕 본성의 근거로서 어디에서 보편적으로 실재하는 반면, 기는 시간과 공간의 제약을 받아 국한된다[理通氣局].
- 사단과 칠정은 부분과 전체의 관계[七情包四端]이고, 사단은 칠정 가운데 선한 부분을 가리킨다.
- 사단을 포함한 칠정은 기가 발하고 이가 탄 것이다.
- 발하는 것은 기요, 발하는 까닭은 이이다. 기가 아니면 발할 수 없고, 이가 아니면 발할 까닭이 없다.

**Q2** 을이 갑에게 제기할 수 있는 비판으로 가장 적절한 것은?

① 기가 발하면 이가 기에 탈 수 있음을 간과한다.
② 사단은 이가 발한 것으로 본래 선한 것임을 간과한다.
③ 칠정은 기가 발한 것으로 악이 될 수 있음을 간과한다.
④ 사단과 칠정이 발생하는 연원이 다르지 않음을 간과한다.
⑤ 순선한 이는 귀(貴)하고 선악이 혼재한 기는 천(賤)하다는 것을 간과한다.

### 올리드 가이드

사단은 이가 발하고, 칠정은 기가 발하여 형성된다는 이기호발을 주장한 이황의 입장과 사단과 칠정은 모두 기가 발하여 형성된다는 기발이승일도설을 주장한 이이의 입장이 대립하고 있습니다.

갑은 이황, 을은 이이입니다. 이황은 사단과 칠정의 근원이 다르기 때문에 둘을 엄격하게 구분하려고 보는 반면, 이이는 사단과 칠정의 근원이 같다고 보기 때문에 칠정은 사단을 포함한다고 봅니다.

두 입장은 다음 주제에 관해 상반된 주장을 하고 있습니다.

- 이와 기의 관계
- 사단과 칠정의 근원
- 사단과 칠정의 관계

다음과 같이 물을 수도 있어요.

- 갑, 을의 입장에 관한 설명으로 옳은 것은?
- 갑, 을 중 적어도 한 사람이 긍정의 대답을 할 질문을 <보기>에서 고른 것은?

Ⅱ. 동양과 한국 윤리 사상

# 자비의 윤리

학습길잡이
- 불교의 핵심 사상인 연기설, 사성제, 삼법인의 주요 내용을 파악해 둔다.
- 부파 불교(소승 불교)와 대승 불교, 교종과 선종의 입장을 비교하여 정리해 둔다.

## A 깨달음 : 불교의 연원과 전개

### 1 불교의 연원

#### ① 불교의 성립

- 기원전 6세기 경 브라만교*의 권위가 무너지고 육사외도*가 유행하는 가운데, 석가모니가 인도의 전통 사상을 비판적으로 계승하면서 창시함
- 석가모니는 체계적인 수행을 위해 계(戒), 정(定), 혜(慧) 삼학(三學)을 제시하고, 자비의 윤리를 실천함 1

#### ② 초기 불교의 핵심 사상

어느 한쪽으로 치우치지 않는 것으로, 지나치게 쾌락에 빠지거나 지나치게 계율이나 고행에 빠지지 않는 것을 의미한다.

| 구분 | 내용 |
|---|---|
| 연기설 | • 의미 : 모든 존재와 현상은 원인[因]과 조건[緣]의 상호 관계에 의해 생겨난다는 것<br>• 불교 사상의 핵심이며 어떤 존재와 현상도 독립적일 수 없음을 강조함 |
| 사성제 | • 의미 : 석가모니가 깨달은 네 가지 성스러운 진리 → 연기설에 기초한다.<br>• 고성제(苦聖諦) : 인생은 고통이라는 현실 판단 → 생로병사<br>• 집성제(集聖諦) : 고통이 생기는 원인 → 무명(無明)과 애욕(愛欲) 2<br>• 멸성제(滅聖諦) : 괴로움이 소멸한 상태 → 열반*(涅槃)의 경지<br>• 도성제(道聖諦) : 열반에 도달하기 위한 중도(中道)의 수행 → 팔정도(八正道) 3 |
| 삼법인<br>(사법인) | • 의미 : 세 가지의 진실한 가르침 → 세상의 모든 현상과 존재의 참다운 모습에 대한 석가모니의 깨달음<br>• 제행무상(諸行無常) : 모든 것은 고정됨이 없이 끊임없이 항상 생멸·변화함<br>• 제법무아(諸法無我) : 고정불변하는 실체는 존재하지 않음 → 자아[我]도 존재하지 않음 질문<br>• 열반적정(涅槃寂靜) : 열반에 이르면 모든 고통과 번뇌에서 벗어나 고요하고 청정한 마음 상태에 이르게 됨<br>• 일체개고(一切皆苦) : 일체의 모든 것이 고통 → 인간은 자기 자신과 현실 세계가 영원히 존속한다고 믿으며 집착함으로써 탐욕[貪], 분노[瞋], 어리석음[癡]의 삼독(三毒)에 빠져 고통받음<br>• 제행무상, 제법무아, 열반적정(또는 일체개고)의 세 가지를 삼법인이라고 하며, 열반적정과 일체개고를 모두 포함하여 사법인이라고도 함 |

**자료로 보는 연기의 가르침**

- 이것이 있기 때문에 저것이 있고, 이것이 생기기 때문에 저것이 생긴다. 이것이 없기 때문에 저것이 없고, 이것이 사라지기 때문에 저것이 사라진다.
- 비유하면 세 개의 갈대가 아무것도 없는 땅 위에 서려고 할 때 서로 의지해야 설 수 있는 것과 같다. 만일 그 가운데 한 개를 제거해 버리면 두 개의 갈대는 서지 못하고, 그 가운데 두 개의 갈대를 제거해 버리면 나머지 한 개도 역시 서지 못한다. 그 세 개의 갈대는 서로 의지해야 설 수 있는 것이다.

– 『잡아함경』 –

**자료 분석** 연기설은 불교의 근간을 이루는 이론으로 인간과 우주 만물의 상호 의존성을 강조한다. 불교에서는 연기에 대한 자각을 통해 만물의 소중함을 깨닫고 자비의 윤리를 실천할 것을 강조한다.

Q 자료를 통해 알 수 있는 불교의 핵심 사상은 무엇인가?

A 연기설

**개념 더하기 자료 채우기**

**1 삼학**

계율을 지키는 계학(戒學), 선정 수행을 실천하여 집중하는 정학(定學), 부처의 깨달음과 같은 지혜를 얻는 혜학(慧學)을 의미한다. 팔정도를 삼학(三學)으로 구분할 때 정견, 정사는 혜(慧)에 해당하고, 정어, 정업, 정명은 계(戒)에 해당하며, 정념, 정정, 정정진은 정(定)에 해당한다.

**2 무명과 애욕**

불교에서 무명은 인간을 끝없는 윤회로 이끄는 어리석음 때문에 깨닫지 못한 상태를 말한다. 한편 애욕은 즐거움을 갈망하고, 괴로움을 벗어나 평온함을 누리려는 마음이다. 무명과 애욕은 집착으로 이어지기 때문에 인간의 삶이 고통에 빠지는 원인이 된다.

**3 팔정도**

사성제 중 도성제에 해당하는 것으로, 정견(正見, 바른 견해), 정사(正思, 바른 생각), 정어(正語, 바른 언어), 정업(正業, 바른 행위), 정명(正命, 바른 직업), 정정진(正精進, 바른 노력), 정념(正念, 바른 마음 챙김), 정정(正定, 바른 선정)의 여덟 가지를 말한다.

**질문 있어요**

불교에서 자아[我]가 존재하지 않는다고 말하는 이유는 무엇인가요?

우리는 보통 '나'는 물론 '나'를 둘러싼 많은 현상과 사물이 존재한다고 믿습니다. 그러나 불교에서는 인간을 포함한 만물이 연기의 법칙에 따라 일시적으로 존재했다 사라지며 매 순간 끊임없이 변화하기 때문에 만물의 독자적인 실체나 속성(자성)은 존재하지 않는다고 봅니다. 예를 들어 새싹은 씨앗이라는 '원인', 흙, 공기, 물, 햇볕과 같은 '조건'이 만나 존재할 수 있으며 끊임없이 성장하고 변화하기 때문에 고정된 실체는 존재하지 않는다는 것이죠. 그러나 인간은 이러한 진리를 모른 채 '나'가 존재한다고 믿기 때문에 집착하고 고통에 빠집니다. 불교에서는 이러한 집착과 고통에서 벗어나려면 무아(無我)를 인식하고, 자비를 실천하며 살아가야 한다고 강조해요.

**용어사전**

* **브라만교** 고대 인도에서 『베다』를 근본 경전으로 하여 발달한 종교
* **육사외도** 육사(六師)란 '여섯 명의 사상가'를, 외도(外道)'란 '불교 이외의 가르침'을 의미함
* **열반**(개흙 涅, 쟁반 槃) 불교에서 수행에 의해 진리를 깨달아 집착을 끊고 일체의 속박에서 해탈한 최고의 경지

## 2 불교의 전개

### ① 부파 불교(소승 불교)

- 성립 배경 : 석가모니의 입멸 후 계율과 교리에 대한 해석을 둘러싸고 교파의 분열이 발생함
- 특징 : 개인의 해탈을 중시하며, 사회와 분리된 엄격한 종교성을 강조함
- 이상적 인간상 : 아라한(阿羅漢) ┌ 본래 부처를 이르는 말이었으나 가장 높은 경지에 오른 수행자를 의미하게 되었다.
- 의의 : 경전을 연구하여 불교 이론을 체계화함
- 한계 : 문헌의 해석에 치우쳐 출가 수행자가 아니면 성취하기 어려움
  속세의 인연을 모두 끊고 수행하는 사람을 말한다.

### ② 대승 불교 4

- 성립 배경 : 대중과 멀어진 부파 불교를 비판하며 이를 개혁하고자 함
- 특징 : 중생과 함께하는 대중적인 측면을 강조
- 이상적 인간상 : 보살(菩薩) → 위로는 깨달음을 구하고 아래로는 중생을 구제하는 사람
- 육바라밀(六波羅蜜)의 실천을 강조함 5
- 핵심 사상 : 공(空) 사상 → 공에 대한 이론적 측면을 논한 중관(中觀) 사상과 수행론적인 측면을 보완한 유식(唯識) 사상으로 체계를 갖춤 6 질문

| | |
|---|---|
| 중관 사상 | • 모든 존재는 실체가 없는 공(空) → 모든 것은 연기에 의해 존재하므로 사물의 독자적인 실체나 속성, 즉 자성(自性)은 존재하지 않음<br>• 공은 고정불변하는 유(有)나 아무것도 없는 무(無)와 같이 극단이 아니므로 중도(中道)를 잘 관찰하는 중관(中觀)을 강조함<br>• 중도에 따라 양극단에 빠지지 않고 올바른 길을 찾아 실천할 때 깨달음을 얻을 수 있음을 강조함<br>• 대표자 : 용수 ┌ 연기설을 바탕으로 대승 불교의 기본 경전인 『반야경』의 공(空)을 논증하였으며, 대승 불교의 발전에 큰 영향을 주었다. |
| 유식 사상 | • 중관 사상이 지나치게 허무주의로 치우쳤다고 비판하여 등장함<br>• 사물의 실체, 즉 자성(自性)을 부정하지만 마음의 작용인 식(識)은 존재한다고 봄<br>• 사물은 오직[唯] 마음[識]의 작용으로만 존재함[唯識] → 모든 것은 우리의 마음이 만들어 낸 것 └ 일체유심조(一切唯心造)<br>• 마음을 청정하게 하여 맑은 의식을 가지면 지혜와 깨달음을 얻을 수 있음 → 마음을 비우는 수행법으로 요가를 강조함<br>• 대표자 : 세친 ┌ 무착의 유식 사상을 계승하여 완성시켰으며 여러 대승 경전을 연구하여 대승의 개척자로 불린다. |

**자료로 보는 중관 사상과 유식 사상**

- 소멸하는 것도 아니고 생기는 것도 아니며, 단멸하는 것도 아니고 상주하는 것도 아니며, 동일한 것도 아니고 다른 것도 아니며, 오는 것도 아니고 가는 것도 아니다. – 용수, 『중론』 –
- 이것들은 다만 식일 뿐[唯識]이다. 존재하지도 않는 대상이 나타난 것이기 때문이다. 예를 들면 눈병에 걸린 사람에게 존재하지도 않는 머리카락이나 달 등이 보이는 것과 같다. – 세친, 『유식이십론』 –

**자료 분석** 중관 사상의 대표자인 용수는 모든 사물이 연기에 의해 존재하기 때문에 자성(自性)은 존재하지 않는다고 본다. 반면 유식 사상의 대표자인 세친은 자성이 존재하지 않는다는 점은 인정하면서도 마음의 작용인 식(識)은 존재한다고 보았다.

Q 자료를 통해 알 수 있는 중관 사상과 유식 사상의 공통점은 무엇인가? ꟻΗY 운 ∀

**개념 더하기 자료 채우기**

**4 대승(大乘)과 소승(小乘)**

대승은 큰 수레, 소승은 작은 수레를 의미한다. 대승 불교에서는 부파 불교를 소승 불교라고 부르며, 중생의 구제는 염두에 두지 않고, 수행자의 깨달음과 해탈만을 추구하는 작은 불교라고 비판하였다.

**5 보살과 육바라밀**

> 모든 중생이 병을 앓기에 제가 병이 난 것입니다. 모든 중생이 병고에서 벗어난다면 제 병도 나을 것입니다. 왜냐하면 보살은 중생을 위해서 생사(生死)에 들었기에, 생사가 있으면 병도 있지만, 만약 중생이 병고에서 벗어난다면 보살도 다시는 아프지 않을 것입니다. 마치 어떤 사람이 외아들을 두었는데, 그 아들이 병을 얻으면 그 부모도 병이 나고, 아들의 병이 나으면 그 부모의 병도 낫는 것과 마찬가지입니다. –『유마경』–

보살은 중생을 구제하기 위해 육바라밀을 실천한다. 육바라밀은 여섯 가지 덕목을 말하는데, 널리 베푼다는 의미의 보시(布施), 계율 준수를 의미하는 지계(持戒), 관용을 의미하는 인욕(忍辱), 노력을 의미하는 정진(精進), 흔들림 없는 평상심을 의미하는 선정(禪定), 지혜를 의미하는 반야(般若)를 말한다.

**6 공 사상**

공 사상이란 모든 것은 다른 것과의 관계 속에서 생성하고 소멸하는 연기적 존재이기 때문에 '고정불변의 독자적인 실체가 없다[空]'는 사상이다. 불교에서는 이러한 공을 깨달아 집착과 고통에서 벗어나 자유로운 것을 강조한다.

**질문 있어요**

**중관 사상과 유식 사상의 공통점과 차이점은 무엇인가요?**

중관 사상과 유식 사상은 모두 공 사상에 뿌리를 두고 있기 때문에 모든 것은 연기에 따라 생멸하며, 자성(自性)이 없다고 보는 공통점이 있어요. 하지만 중관 사상이 모든 것의 실체, 즉 자성을 부정하는 반면, 유식 사상은 구체적인 실체를 부정하지만 감각하고 지각하고 사고하는 마음의 작용인 식(識)은 존재한다고 주장해요.

**용어사전**

- * **부파 불교**(떼 部, 갈래 派, 부처 佛, 가르칠 敎) 원시 불교가 분열을 거듭하여 20여 개의 교단으로 갈라진 시대의 불교
- * **입멸**(들 入, 꺼질 滅) 번뇌와 육신이 함께 소멸된 평온한 상태로 들어간다는 뜻으로, 석가나 승려의 죽음을 뜻함
- * **해탈**(풀 解, 벗을 脫) 불교에서 인간이 속세의 모든 속박과 번뇌, 괴로움으로부터 벗어나 자유롭게 되는 상태

# 04 자비의 윤리

## B 깨달음의 길 : 교종과 선종

### 1 교종(敎宗)

① **의미 :** 경전의 교리를 통해 진리를 깨닫고 실천하는 것을 중시하는 종파

② **형성 과정 :** 인도의 대승 불교가 중국에 전파된 초기에는 격의 불교(格義佛敎)의 방식으로 불교를 이해함 1 → 이후 다양한 불경 번역과 연구를 통해 여러 종파가 형성됨

③ **특징**

- 교(敎)를 중시함 : 부처의 가르침을 올바르게 이해하고 깨달음을 얻기 위해서는 경전의 교리에 충실해야 함
- 점진적인 깨달음을 강조함 : 경전에 근거하여 자세한 수행 단계를 설정한 뒤, 그에 따른 점진적인 수행을 통해 깨달음으로 나아감
- 경전의 교리 연구를 중시하는 교종은 실천적 수행을 강조하는 선종에 비하여 상대적으로 이론적인 경향을 보임

④ **교종의 대표 종파**

| | 천태종(天台宗) | 화엄종(華嚴宗) |
|---|---|---|
| 주요 경전 | 법화경 | 화엄경 |
| 주요 입장 | 교관이문(敎觀二門) : 깨달음을 얻기 위해서는 이론에 해당하는 교(敎)와 실천에 해당하는 관(觀)이 모두 어우러져야 함을 강조함 | 무진연기(無盡緣起) : 우주 만물은 서로의 원인이 되며 대립을 초월하여 하나로 융합되는 것임을 주장함 |
| 의의 | 경전과 부처의 가르침에 대한 체계적인 이해를 심화하였음 | |

⑤ **교종의 한계**

- 난해하고 방대한 이론으로 대중의 기반을 확보하지 못함
- 정토종의 득세 : 염불*하기만 하면 극락정토(極樂淨土)에서 다시 태어날 수 있음을 강조함 → 대중의 폭넓은 지지를 받음 질문 2
  (극락정토: 부처와 부처가 될 보살이 거주한다는 대승 불교의 이상향)

#### 자료로 보는 천태종과 화엄종

- 불교의 중국적 성격 형성은 수나라 때 천태 대사 지의가 나와서 천태종을 완성한 데서 시작된다. 천태종은 남북조 시대에 여러 파로 갈라진 불교를 종합한 일종의 종합 불교로, 불교 경전 가운데 『법화경』을 최고로 여기면서 그 밖의 경전은 모두 『법화경』의 보조 경전으로 취급하여 불교를 통합하였다. 천태종이 남방에서 발전한 데 반해 북방에서는 화엄종이 널리 유포되었다.
- 화엄종은 수나라 때 중국에 들어온 사순(법정)이 시조가 되어 당의 지엄을 거쳐 측천무후 때 법장, 현종 때의 징관에 의하여 완성되었다. 화엄종은 『화엄경』을 최고 경전으로 받들었으며, 불교계에 국한하지 않고 사회·문화 전반에 걸쳐 많은 사료를 제공하여 당시의 사회·문화 현상을 연구하는 데 도움을 주고 있다.

– 신채식, 『동양사 개론』 –

**자료 분석** 천태종과 화엄종은 교종의 대표적인 양대 종파이다. 교종은 경전의 가르침을 중시하며, 각 종파는 자신들이 신봉하는 경전을 중심으로 깨달음을 도모하였기 때문에 이론 중심적이라는 특징이 있다.

#### 개념 더하기 자료 채우기

**1 격의 불교**

중국의 위·진(魏晉) 시대에 노장사상(老莊思想)이 성행하여, 불교의 '공(空)'을 노장의 '무(無)'로써 설명하고 해석하는 방법이 성행하였다. 이처럼 도가 사상의 개념을 빌려서 불교를 해석하고 설명하려는 것을 '격의 불교'라고 한다. 이는 불교가 자연스럽게 중국에 뿌리내리는 데 기여하였다.

**질문 있어요**

**천태종, 화엄종과 달리 정토종이 대중의 지지를 받은 까닭은 무엇인가요?**

천태종과 화엄종은 스스로의 힘으로 단계적인 수행을 통해 깨달음을 추구해요. 이때 가장 중요한 것은 천태종은 『법화경』의, 화엄종은 『화엄경』의 이론과 가르침에 충실해야 한다는 것이죠. 이 때문에 천태종과 화엄종은 대중적 기반을 확보하지 못하였어요. 반면에 정토종은 '나무아미타불'이라는 염불만 열심히 한다면 극락에 갈 수 있다고 주장했기 때문에 대중에게 인기가 높았어요.

**2 정토종과 아미타불(阿彌陀佛)**

정토종은 부처의 힘에 의지하여 해탈을 추구한다는 특징이 있다. 이때 정토종에서 의지하는 부처가 바로 아미타불이다. 아미타불은 정토에 머물면서 "불국토(佛國土)에 태어나려는 자는 지극한 마음으로 내 이름을 염(念)하면 왕생(往生)하게 될 것"이라고 하여, 중생들에게 염불(念佛)을 통한 극락왕생의 길을 제시해 주는 부처이다.

**용어사전**

* **염불**(생각 念, 부처 佛) 부처를 한 순간도 잊지 않기 위해 부처의 이름을 생각하거나 부르는 것

## 2 선종(禪宗) B

① **의미 :** 불성*(佛性)이 모든 사람의 마음속에 있다고 보고, 스스로의 수행을 통해 주체적인 자아의 완성과 해탈을 중시하는 종파

② **형성 과정 :** 선종은 인도에서 기원하였으나 달마에 의해 중국에 전해지면서 새로운 발전의 계기를 마련하였으며, 당나라 혜능에 의해 크게 발전함

③ **특징** 4

- 깨달음에 이르기 위한 방법으로 선(禪)을 중시함 → 자신의 마음과 본성에 대한 직관을 강조하며, 좌선과 화두를 수행 방법으로 사용함 질문
  - 선(禪): 마음을 가다듬고 정신을 통일하여 깨달음의 경지에 도달하는 수행을 말한다.
- 누구나 자신의 본성을 깨우치면 즉각적으로 깨달음에 이를 수 있다는 돈오(頓悟)를 강조함

④ **혜능의 돈오(頓悟) 사상 :** 단박에 자신의 본성이 부처임을 깨우치는 것 → 깨우친 후에도 수행할 것이 남아 있다면 진정으로 깨우친 것이 아님을 강조함

⑤ **의의 :** 누구나 자신의 불성을 깨달으면 부처가 된다고 가르침 → 난해한 경전 공부를 깨달음의 길로 강조한 교종에 비해 대중에게 널리 전파됨

### 자료로 보는 혜능의 사상

- 부처는 자신의 본성 속에서 이루어지니 자신 밖에서 부처를 찾지 말라. 자신의 본성이 미혹되면 중생이고, 자신의 본성을 깨달으면 부처이다. 자신의 본성을 깨닫는다는 것은 단박에 깨치고[돈오, 頓悟] 단박에 닦는 것이니[돈수, 頓修], 점진적 단계[점수, 漸修]라는 것은 없다.
- 깨닫지 못하면 바로 부처와 중생(衆生)이 있고, 깨달으면 중생이 곧 부처이다. 어리석으면 부처와 중생이 있고, 지혜(智慧)가 있으면 중생이 곧 부처이다. 마음에 번뇌(煩惱)가 있으면 부처와 중생이 있고, 마음이 평등하면 중생이 곧 부처이다. 만약 마음에 번뇌가 생(生)한다면 부처는 중생 속에 있고, 한 생각에 평등해지면 중생은 스스로 부처가 된다. 만약 스스로에 부처가 없다면 어디에서 부처를 구할 것인가.

– 혜능, 『육조단경』 –

**자료 분석** 첫 번째 자료는 혜능의 돈오돈수 사상을 보여 준다. 그는 자신의 본성이 곧 부처라는 사실을 단박에 깨우치면[돈오] 그 자체로 수행이 완성되는 것[돈수]으로 보았다. 두 번째 자료는 자신의 불성(佛性)을 깨우치면 누구나 부처가 될 수 있다는 선종의 입장을 잘 보여 준다.

Q 첫 번째 자료를 통해 알 수 있는 혜능의 사상은 무엇인가?

A 돈오돈수

## 3 불교 윤리의 특징과 현대적 의의

① **삶과 죽음에 대한 인식 전환 :** 현세 중심의 사고에서 빚어지는 도덕적 타락을 경계하는 데 기여함
  - 불교에서는 현세의 업이 내세의 삶과 관련 있다는 주장을 통해 도덕적인 삶을 위한 사상적 기반을 제공하였다.

② **인간의 주체성을 강조함 :** 자기완성을 향한 주도적이고 능동적인 삶을 장려하며, 참된 행복은 정신적 가치에 있음을 강조함

③ **자비의 윤리를 강조함 :** 자신의 행복뿐만 아니라 대중의 구제까지 고려하여 사회 전체의 발전을 도모함

④ **만물의 존엄성과 상호 의존성을 강조함 :** 인간과 자연을 상호 의존적인 관계로 파악하여 현대의 환경 문제를 해결하는 데 시사점을 제공함

### 개념 더하기 자료 채우기

**3 깨달음의 길에 대한 교종과 선종의 입장**

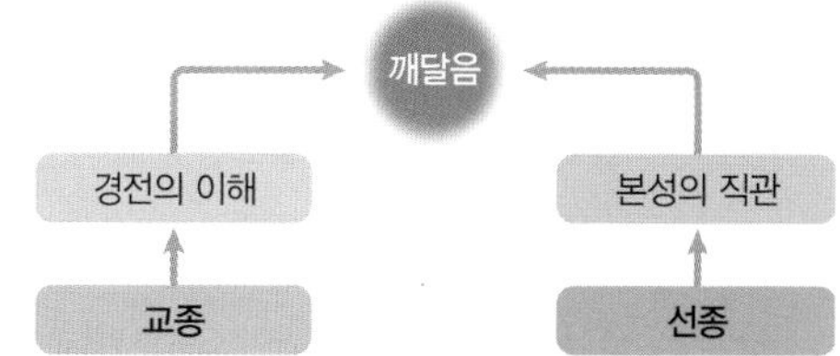


교종은 주로 경전의 이해를 통해 깨달음을 얻고자 하였으나, 선종은 주로 자신의 본성이 부처임을 직관할 때 깨달음을 얻을 수 있다고 보았다. 이처럼 교종과 선종은 깨달음에 이르는 방법을 서로 다르게 제시하지만, 깨달음을 통해 자비의 윤리를 실천하고자 하였다는 공통점이 있다.

**질문 있어요**

선종에서 좌선과 화두를 깨우침의 방법으로 제시하는 이유는 무엇인가요?

선종에서 좌선과 화두를 통한 깨우침을 강조하는 이유는 깨달음의 길이 경전의 교리에 있지 않고 실천적인 수행을 통해 본성을 자각하는 데 있다고 보기 때문이에요. 좌선은 참선(參禪)이라고도 하는데, 이는 두 다리를 포개는 가부좌를 하고 정신을 집중하여 무념무상의 경지에 들어가 깨우침을 구하는 수행법이에요. 한편 선종에서는 스승이 제자에게 질문을 던지고 제자는 정신을 집중하여 답을 구하는 과정에서도 깨달음을 얻을 수 있다고 보아요. 이때 스승이 제자에게 던진 질문을 화두라고 해요.

**4 선종의 주요 가르침**

| | |
|---|---|
| 이심전심(以心傳心) | 불교의 진리, 곧 법(法)이란 마음으로 마음에 전하는 것 |
| 불립문자(不立文字) | 참된 진리는 문자를 세워 말하지 않는 데 있음 |
| 교외별전(敎外別傳) | 경전 바깥에서 전해지는 가르침, 즉 부처의 마음이 있으니 복잡한 교리를 떠나 마음을 닦아야 함 |
| 직지인심(直指人心) | 자신의 마음을 직접 보는 것으로 복잡한 교리를 떠나 마음을 도야해야 함 |
| 견성성불(見性成佛) | 자신의 마음속의 불성(佛性)을 깨달으면 누구나 부처가 될 수 있음 |

**용어사전**

* **불성**(부처 佛, 성품 性) 부처가 될 수 있는 성질 또는 부처의 본성

## 기초를 다지는 확인 문제

바른답·알찬풀이 17쪽

올리드 포인트

### A 깨달음 : 불교의 연원과 전개

**1 초기 불교의 사상**

| | |
|---|---|
| 연기설 | 우주의 모든 존재와 현상은 원인과 조건의 상호 관계 속에서 생겨남 → 만물의 상호 의존성을 강조 |
| 사성제 | • 고성제(苦聖諦) : 인생 자체가 고통(생로병사)<br>• 집성제(集聖諦) : 고통의 원인(무명과 애욕)<br>• 멸성제(滅聖諦) : 괴로움이 소멸한 상태(열반)<br>• 도성제(道聖諦) : 열반에 도달하기 위한 중도(中道)의 수행(팔정도) |
| 삼법인<br>(사법인) | • 제행무상 : 모든 것은 끊임없이 변화함<br>• 제법무아 : 고정된 실체는 존재하지 않음<br>• 열반적정 : 열반에 이르면 모든 고통과 번뇌에서 벗어나 고요하고 청정한 마음 상태에 이름<br>• 일체개고 : 인간이 삶 자체가 고통 |

**2 불교의 전개**

| | |
|---|---|
| 소승 불교 | • 개인의 해탈을 중시하며, 사회와 분리된 엄격한 종교성을 추구<br>• 이상적 인간상 : 아라한 |
| 대승 불교 | • 수행자 자신의 깨달음뿐만 아니라 타인의 깨달음도 중시함<br>• 이상적 인간상 : 보살<br>• 핵심 사상 : 공(空) 사상 |
| 중관 사상 | • 모든 존재는 실체가 없는 공(空) → 모든 사물의 자성(自性)은 존재하지 않음<br>• 중도(中道)를 잘 관찰하는 중관(中觀)을 실천할 때 깨달음을 얻을 수 있음을 강조함<br>• 대표자 : 용수 |
| 유식 사상 | • 공 사상을 바탕으로 자성(自性)을 부정하지만, 마음의 작용인 식(識)의 존재는 인정함<br>• 사물은 오직[唯] 마음[識]의 작용으로만 존재한다고 봄<br>• 모든 것은 마음이 만들어 낸 것(일체유심조)<br>• 대표자 : 세친 |

### B 깨달음의 길 : 교종과 선종

| | |
|---|---|
| 교종 | • 깨달음에 이르기 위한 방법으로 경전의 교리를 강조함 → 이론적<br>• 종파 : 천태종, 화엄종 |
| 선종 | • 불성(佛性)이 모든 사람의 마음속에 있다고 보고 깨달음에 이르기 위한 방법으로 선(禪)을 중시함<br>• 혜능 : 돈오돈수(頓悟頓修) 사상 → 단박에 자신의 본성이 부처임을 깨우치는 것<br>• 선종에서는 누구나 자신의 불성(佛性)을 깨달으면 부처가 된다고 가르쳐 난해한 경전 공부를 깨달음의 길로 강조한 교종에 비해 대중에게 널리 전파됨 |

**01** 다음 설명이 맞으면 ○표, 틀리면 ×표를 하시오.

(1) 불교에서는 인간의 삶 자체를 고통이라고 본다. (　　)

(2) 사성제 중 인생 자체가 고통이라는 진리는 멸성제이다. (　　)

(3) 불교에 따르면 모든 인간은 주체적인 자아[我]를 확립할 때 깨달음의 경지에 이르게 된다. (　　)

(4) 불교의 연기설에 따르면 모든 존재와 현상은 원인과 조건의 상호 관계 속에서 상호 의존적으로 존재한다. (　　)

**02** 빈칸에 들어갈 알맞은 말을 쓰시오.

(1) (　　　) 불교는 개인의 해탈을 중시하고 사회와 분리된 엄격한 종교성을 강조한다.

(2) (　　　) 불교는 자신과 더불어 중생의 깨달음을 함께 도모하며, 중생의 구제를 위해 노력한다.

(3) 소승 불교에서 제시하는 이상적 인간상은 (　　　)이다. 이는 본래 부처를 이르는 말이었으나 후에 불자들이 도달하는 최고의 계위를 이르는 말로 바뀌어 쓰였다.

(4) 대승 불교에서 제시하는 이상적 인간상은 (　　　)이다. 이는 위로는 깨달음을 구하고 아래로는 중생을 구제하는 사람을 말한다.

**03** 다음 개념과 그에 관한 설명을 바르게 연결하시오.

(1) 교종 •　　• ㉠ 경전의 교리를 강조하는 종파를 일컫는 말

(2) 선종 •　　• ㉡ 중도(中道)를 잘 관찰할 때 깨달음을 얻을 수 있다는 사상

(3) 중관 사상 •　　• ㉢ 모든 사람에게 불성이 있다고 보며, 이를 자각하는 선(禪) 수행을 강조하는 종파

(4) 유식 사상 •　　• ㉣ 모든 것이 공(空)임을 인정하지만, 마음의 작용인 식(識)의 존재는 인정하는 사상

# 실력을 키우는 실전 문제

바른답·알찬풀이 17쪽

★★ 중요

**01** 다음 사상의 입장으로 가장 적절한 것은?

> 세 개의 갈대가 땅 위에 서려고 할 때 서로 의지해야 설 수 있다. 만일 그 가운데 한 개를 제거해 버리면 두 개의 갈대는 서지 못하고, 두 개의 갈대를 제거해 버리면 나머지 한 개도 역시 서지 못한다. 그 세 개의 갈대는 서로 의지해야 설 수 있다. 이처럼 모든 것은 서로가 서로를 의지하고 관계를 가짐으로써 존재할 수 있고, 그 관계가 깨어질 때 존재도 사라지게 된다.

① 모든 현상은 독립적으로 존재할 수 없음을 알아라.
② 예법을 통해 본성을 교화하여 도덕적인 행동을 실천하라.
③ 선한 본성을 바탕으로 효제충신(孝悌忠信)의 덕을 실천하라.
④ 어떠한 상황에도 변함없고 흔들림 없는 참된 자아[我]를 찾아라.
⑤ 눈앞의 모든 존재와 현상은 영원불변하는 것이라는 믿음을 가져라.

**02** 다음 사상에 관한 설명으로 가장 적절한 것은?

> 삿된 견해, 삿된 뜻, 삿된 말, 삿된 행위, 삿된 생활, 삿된 노력, 삿된 생각, 삿된 선정(禪定)은 저 언덕[彼岸]에 이르는 길이 아니다. 바른 견해, 바른 뜻, 바른 말, 바른 행위, 바른 생활, 바른 노력, 바른 생각, 바른 선정이 곧 저 언덕에 이르는 길이다.

① 하늘의 도(道)를 본받고자 경(敬)을 실천하려는 노력이다.
② 지인(至人)이 되기 위한 수행으로 팔정도(八正道)를 강조하고 있다.
③ 불변의 자아를 찾아 부처가 되기 위한 수행 방법을 제시하고 있다.
④ 중생을 구제하고 윤회를 추구하는 보살이라면 수행해야 할 덕목이다.
⑤ 무명과 애욕을 없애기 위한 중도(中道) 수행의 구체적인 내용을 말한다.

**03** ㉠에 들어갈 내용으로 가장 적절한 것은?

> 이것이 있으므로 저것이 있고, 이것이 생기므로 저것이 생긴다. 예컨대, 한 알의 콩이 있다고 할 때, 콩은 하나의 인(因), 즉 제일 원인이다. 그러나 콩이라는 종자만으로 싹이 터서 자라 열매를 맺을 수는 없고, 거기에 반드시 흙, 수분, 온도 등의 연(緣), 즉 보조 원인이 필요하다. 예를 들어 목재라는 하나의 인이 목공의 연을 만나면 책상이 되지만, 불의 연을 만나면 불에 타서 재가 된다. 따라서 모든 존재는 ______㉠______

① 불변하는 자아를 지닌 소중한 존재이다.
② 초월적인 신(神)의 의지가 반영된 신성한 존재이다.
③ 무명(無明)과 무지(無知)의 상태를 지향하는 존재이다.
④ 인과 연의 상호 관계 속에서 끊임없이 변화하는 존재이다.
⑤ 변화하지 않는 고정적 실체와 속성을 지닌 고귀한 존재이다.

★★ 중요

**04** (가) 사상의 입장을 (나) 그림과 같이 탐구할 때, A, B에 들어갈 질문으로 옳은 것은?

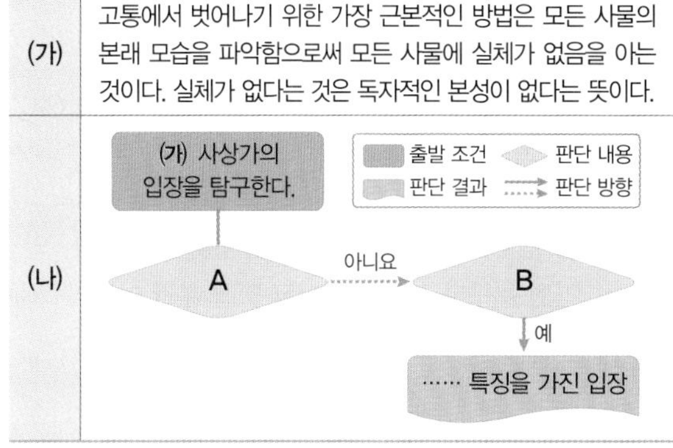

(가)
고통에서 벗어나기 위한 가장 근본적인 방법은 모든 사물의 본래 모습을 파악함으로써 모든 사물에 실체가 없음을 아는 것이다. 실체가 없다는 것은 독자적인 본성이 없다는 뜻이다.
(나)
(가) 사상가의 입장을 탐구한다.
출발 조건
판단 내용
판단 결과
판단 방향
A
아니요
B
예
…… 특징을 가진 입장


① A : 모든 사물은 불변하는 속성을 가지는가?
② A : 모든 현상은 인과 연에 따른 일시적인 것인가?
③ B : 무명(無明)을 통해 고통에서 벗어날 수 있는가?
④ B : 중생의 구제보다는 개인의 해탈을 추구해야 하는가?
⑤ B : 사회와 분리된 엄격한 종교성을 지켜나가야 하는가?

중요

**05** 다음 사상의 관점과 일치하는 진술에만 모두 'V'를 표시한 학생은?

- 모든 존재는 여러 가지 원인[因]과 조건[緣]에 의해서 생겨나고, 그 원인과 조건이 소멸되면 존재도 사라진다.
- 인드라망의 그물은 끝없이 연결되어 있으며, 그 이음새마다 보석처럼 투명하게 빛나는 구슬이 자리 잡고 있다. 그물로 연결된 구슬은 서로가 서로를 비추어 주며 서로에게 영향을 주고받을 수밖에 없는 관계를 형성하고 있다.

| 관점 \ 학생 | 갑 | 을 | 병 | 정 | 무 |
|---|---|---|---|---|---|
| 만물의 상호 의존성을 깨닫고 자비를 실천해야 한다. | V | | | V | V |
| 하늘로부터 부여받은 도덕적 본성을 실현해야 한다. | | V | V | V | |
| 수행을 통해 무명(無明)에 도달하여 해탈의 경지로 나아가야 한다. | | V | | V | V |
| 연기의 법칙을 깨달아 자신에 대한 집착을 버려야 한다. | V | | V | | V |

① 갑 ② 을 ③ 병 ④ 정 ⑤ 무

**06** 다음 사상의 입장에서 긍정의 대답을 할 질문을 〈보기〉에서 고른 것은?

불성(佛性)은 부처가 될 가능성을 의미한다. 인간이라면 누구나 불성을 가지고 있을 뿐만 아니라 모든 생명체가 불성을 지니고 있다.

보기
ㄱ. 인간은 다른 사물과 비교하여 우월한 존재인가?
ㄴ. 살아 있는 모든 것의 존엄성을 존중해야 하는가?
ㄷ. 모든 존재는 귀천의 구분이 없는 평등한 존재인가?
ㄹ. 모든 생명체는 개별적인 속성을 가진 독립적 존재인가?

① ㄱ, ㄴ ② ㄱ, ㄹ ③ ㄴ, ㄷ
④ ㄴ, ㄹ ⑤ ㄷ, ㄹ

**07** 다음 사상의 입장에서 긍정의 대답을 할 질문을 〈보기〉에서 고른 것은?

모든 존재는 고정된 것이 아니며 항상 변화한다. 따라서 세상의 참모습은 끊임없이 생성하고 소멸하는 변화를 거듭하게 된다. 또한 이 세상의 모든 존재에 실체적인 자아(自我)가 없다. 이러한 세상의 참모습을 바르게 알게 되면 탐욕, 성냄, 어리석음의 삼독(三毒)이 사라진다.

보기
ㄱ. 모든 것은 인연생기[緣起]에 의한 일시적인 현상인가?
ㄴ. 바른 수행으로 애욕(愛慾)을 실천하면 해탈에 이르는가?
ㄷ. 현생의 업(業)이 원인이 되어 그 결과로 다음 생이 이어지는가?
ㄹ. 다섯 가지 요소로 구성된 인간의 자아는 무상(無常)한 것이 아닌가?

① ㄱ, ㄴ ② ㄱ, ㄷ ③ ㄴ, ㄷ
④ ㄴ, ㄹ ⑤ ㄷ, ㄹ

**08** 다음 사상이 강조하는 삶의 자세로 가장 적절한 것은?

출가자가 가까이하지 않아야 할 두 가지 극단이 있다. 두 가지 극단은 무엇인가? 그것은 저열하고 촌스럽고 범속하고 성스럽지 못하고 이익을 주지 못하는 쾌락을 탐닉하는 것과 괴롭고 성스럽지 못하고 이익을 주지 못하는 자기 학대에 몰두하는 것이다. 이러한 두 가지 극단에 의지하지 않고 부처는 중도를 완전하게 깨달았나니, 이 중도는 안목을 만들고 지혜를 만들며 고요함과 최상의 지혜와 바른 깨달음과 열반으로 인도한다.

① 참선을 통해 무명(無明)의 상태를 유지해야 한다.
② 극한의 고행을 통해 해탈의 경지를 지향해야 한다.
③ 삼독(三毒)을 추구하여 인생의 진리를 파악해야 한다.
④ 감각적 욕망을 충족하여 깨달음을 얻을 수 있도록 해야 한다.
⑤ 쾌락과 고행의 양극단을 넘어 심신의 조화를 이룰 수 있도록 노력해야 한다.

★★ 중요

**09** ㉠~㉣에 관한 설명으로 적절하지 않은 것은?

| 진리 | 내용 |
|---|---|
| 고성제(苦聖諦) | ㉠ |
| ㉡ | 고통이 생기는 원인 |
| ㉢ | 괴로움이 소멸한 상태 |
| 도성제(道聖諦) | ㉣ |

① ㉠은 인간의 삶은 생로병사의 고통으로 이어진다는 것이다.
② ㉡은 집성제(集聖諦)이며 불변하는 자아를 망각하는 것을 말한다.
③ ㉢은 멸성제(滅聖諦)이며 열반의 경지를 말한다.
④ ㉣은 팔정도에 따라 중도의 수행을 하는 것이다.
⑤ ㉡이 인간의 현실과 관련된 진리라면, ㉣은 인간이 나아가야 할 방향을 제시한다.

**10** 다음 사상의 입장을 〈보기〉에서 고른 것은?

> 나[我]라는 의식을 벗어 버린 인간은 일체의 물질 경계에 얻을 바가 없음을 알기 때문에 마음이 흔들리지 않는다. 그는 얻음의 경계조차 말끔히 쓸어 낸 '빈 마음'으로 청정한 본성을 드러내어 참된 생각과 굳은 의지를 창출한다.

보기
ㄱ. 인간은 고유한 가치를 지닌 불변하는 실체이다.
ㄴ. 단계적이고 차별적인 사랑인 자비를 실천해야 한다.
ㄷ. 고통의 원인을 제거하여 열반의 경지에 도달해야 한다.
ㄹ. 나와 남을 하나로 인식하고 타인을 나처럼 사랑해야 한다.

① ㄱ, ㄴ ② ㄱ, ㄹ ③ ㄴ, ㄷ
④ ㄴ, ㄹ ⑤ ㄷ, ㄹ

**11** 다음 사상의 입장만을 〈보기〉에서 있는 대로 고른 것은?

> 모든 존재는 인연의 화합으로 이루어진 상대적이고 임시적인 것이어서 실체적 존재가 아니다. 따라서 '나' 라는 존재도 실체로서 존재하지 않으며, 그 밖의 어떤 것도 실체라고 이해해서는 안 된다.

보기
ㄱ. 모든 욕심과 집착에서 벗어나야 한다.
ㄴ. 이 세상에는 고정된 실체가 없음을 자각해야 한다.
ㄷ. 삶과 존재의 본질인 허무함을 깊이 깨달아야 한다.
ㄹ. 나를 포함한 모든 것의 불변성과 영원성을 부정해야 한다.

① ㄱ, ㄷ ② ㄴ, ㄷ ③ ㄴ, ㄹ
④ ㄱ, ㄴ, ㄹ ⑤ ㄱ, ㄷ, ㄹ

**12** ㉠에 들어갈 내용으로 가장 적절한 것은?

> 석가모니의 열반 후 그의 가르침은 제자들에 의해 구두로 전승되었다. 이후 경전을 편찬하여 석가모니의 가르침을 체계화하기 시작하였는데, 그 과정에서 계율과 교리에 대한 해석을 둘러싸고 교파의 분열이 나타났다. 이 시기의 불교는 ______㉠______

① 보살을 이상적 인간상으로 제시하였다.
② 중생의 구제를 궁극적 목표로 지향하였다.
③ 중관 사상과 유식 사상으로 체계를 갖추게 되었다.
④ 반야경의 출현과 용수의 공(空) 사상을 배경으로 성립되었다.
⑤ 개인의 해탈을 중시하고 사회와 분리된 엄격한 종교성을 강조하였다.

중요

**13** (가)의 갑, 을 사상가의 입장을 (나) 그림으로 표현할 때, A~C에 해당하는 옳은 진술만을 〈보기〉에서 있는 대로 고른 것은?

(가)
갑 : 소멸하는 것도 아니고 생기는 것도 아니며, 단멸하는 것도 아니고 상주하는 것도 아니며, 동일한 것도 아니고 다른 것도 아니며, 오는 것도 아니고 가는 것도 아니다.
을 : 이것들은 다만 식일 뿐[唯識]이다. 존재하지도 않는 대상이 나타난 것이기 때문이다. 예를 들면 눈병에 걸린 사람에게 존재하지도 않는 머리카락이나 달 등이 보이는 것과 같다.

(나)
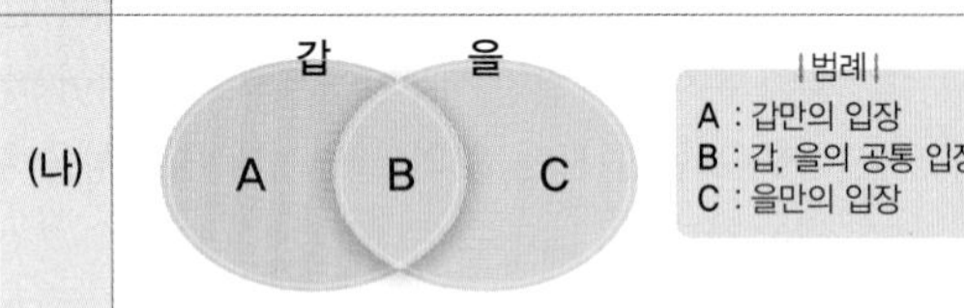


보기
ㄱ. A : 모든 존재는 연기(緣起)에 따라 존재한다.
ㄴ. B : 자아[我]는 오온(五蘊)의 일시적인 결합에 불과하다.
ㄷ. B : 모든 사물의 독자적인 실체[自性]는 존재하지 않는다.
ㄹ. C : 사물은 실재하지 않지만 사물을 인식하는 마음[識]은 실재한다.

① ㄱ, ㄴ ② ㄱ, ㄷ ③ ㄷ, ㄹ
④ ㄱ, ㄴ, ㄹ ⑤ ㄴ, ㄷ, ㄹ

**14** 다음 사상의 입장으로 옳지 않은 것은?

욕계(慾界)·색계(色界)·무색계(無色界), 즉 삼계(三界)가 모두 공(空)이다. '나타난 것'은 존재하지 않는 것이다. 선도 악도 생각하지 말고, 경전이 있고 없음에 대해서도 생각하지 말고, 성현이 있고 없음에 대해서도 생각하지 마라. 네 의도를 비우고, 원하는 바를 끊어라.

① 중생의 구제를 위해 노력해야 한다.
② 무명(無明)을 깨달아 인생의 고통에서 벗어나야 한다.
③ 무아(無我)를 깨달아 중도와 바라밀을 실천해야 한다.
④ 윤회에서 벗어나기 위해 삼독(三毒)의 제거해야 한다.
⑤ 세상의 모든 것은 고정되어 있지 않고 생멸(生滅) 변화함을 알아야 한다.

**15** 다음 사상의 입장을 〈보기〉에서 고른 것은?

보살의 길로 들어선 자는 일체 중생을 아무것도 남지 않는 열반의 세계로 인도하여 완전한 멸도(滅道)에 들게 하리라는 다짐을 해야 한다. 그리고 마땅히 색(色)에 머무르지 않는 보시를 해야 한다.

보기
ㄱ. 만물의 실상이 공(空)임을 깨달아야 한다.
ㄴ. 보살은 베푼 후에도 베풀었다는 것을 잊어야 한다.
ㄷ. 진정한 깨달음을 얻기 위해 속세를 떠나 수행해야 한다.
ㄹ. 팔정도(八正道)를 실천하여 불변의 자아를 탐색해야 한다.

① ㄱ, ㄴ ② ㄱ, ㄹ ③ ㄴ, ㄷ
④ ㄴ, ㄹ ⑤ ㄷ, ㄹ

**16** ㉠, ㉡에 관한 설명으로 옳지 않은 것은?

• ( ㉠ )은/는 남북조 시대에 여러 파로 갈라진 불교를 종합한 일종의 종합 불교로, 불교 경전 가운데 『법화경』을 최고로 여기면서 그 밖의 경전은 모두 보조 경전으로 취급하여 불교를 통합하였다.
• ( ㉡ )은/는 『화엄경』을 최고 경전으로 여기며, 불교계에 국한하지 않고 사회·문화 전반에 걸쳐 많은 사료를 정리하여 당시의 사회·문화 현상을 연구하는 데 도움을 주고 있다.

① ㉠은 교관이문(敎觀二門)을 주장한다.
② ㉠은 경전과 부처의 가르침을 중시한다.
③ ㉡은 무진연기(無盡緣起) 사상을 주장한다.
④ ㉡은 경전의 교리보다 돈오(頓悟)를 중시한다.
⑤ ㉠, ㉡은 자신이 신봉하는 경전 중심으로 발전하였다.

**17** 다음은 중국의 불교 사상가 갑, 을의 가상 대화이다. ㉠에 들어갈 내용으로 가장 적절한 것은?

> 갑 : 몸은 깨달음의 나무이고, 마음은 밝게 비추는 거울입니다. 때때로 부지런히 털고 닦아서 티끌이 끼지 않도록 해야 합니다.
> 을 : 저는 그렇게 생각하지 않습니다. 깨달음에는 본래 나무가 없고, 밝게 비추는 거울에는 받침대가 없습니다. 불성은 늘 맑고 고요하니 그 어디에 티끌이 끼겠습니까? 그러므로 ㉠

① 본성을 직관하여 단박에 깨우쳐야 합니다.
② 깨달은 후에도 반복하여 수행해야 합니다.
③ 깨달음조차 잊고 점진적으로 수행해야 합니다.
④ 점진적 수행을 통해 깨달음에 도달해야 합니다.
⑤ 깨달음을 얻기 위해 경전의 공부에 힘써야 합니다.

★★ 중요

**18** 다음 사상가의 입장만을 〈보기〉에서 있는 대로 고른 것은?

> 부처는 자신의 본성 속에서 이루어지니 자신 밖에서 부처를 찾지 말라. 자신의 본성이 미혹되면 중생이고, 자신의 본성을 깨달으면 부처이다. 자신의 본성을 깨닫는다는 것은 단박에 깨치고 단박에 닦는 것이니 점진적 단계라는 것은 없다.

보기

ㄱ. 법(法)은 마음에서 마음으로 전해야 한다.
ㄴ. 깨달음을 통해 자비의 윤리를 실천해야 한다.
ㄷ. 글[文字]은 진리를 가리키는 수단으로 간주해야 한다.
ㄹ. 지속적 수행을 통해 깨우침을 완성시켜 나가야 한다.

① ㄱ, ㄴ ② ㄴ, ㄹ ③ ㄷ, ㄹ
④ ㄱ, ㄴ, ㄷ ⑤ ㄱ, ㄷ, ㄹ

## 서술형 문제

**19** 다음 글을 읽고 물음에 답하시오.

> ( ㉠ )은/는 모든 것은 다른 것과의 관계 속에서 생성하고 소멸하는 연기적 존재라고 보면서, 사물의 실체는 ㉡ 라고 보는 사상이다. 불교에서는 이러한 가르침을 바탕으로 사물의 실체를 바르게 파악하여 깨달음을 얻을 것을 강조한다. ( ㉠ )의 이론을 체계화한 것으로 중관 사상과 유식 사상이 있다.

(1) ㉠에 공통으로 들어갈 말을 쓰시오.

(2) ㉡에 들어갈 구체적인 내용을 서술하시오.

**20** 다음 글을 읽고 물음에 답하시오.

> ㉠ 이것이 있을 때 저것이 있다. 이것이 일어날 때 저것이 일어난다. 이것이 없을 때 저것이 없다. 이것이 소멸할 때 저것이 소멸한다. 비유하면 세 개의 갈대가 아무것도 없는 땅 위에 서려고 할 때 서로 의지해야 설 수 있는 것과 같다.

(1) ㉠을 의미하는 불교의 개념을 쓰시오.

(2) ㉠을 깨달은 사람이 지니는 삶의 자세를 서술하시오.

**21** 다음 글을 읽고 물음에 답하시오.

> 개인의 해탈을 중시하는 소승 불교를 비판하면서 등장한 대승 불교는 공 사상을 중심으로 용수의 ( ㉠ )와/과 세친의 ( ㉡ )(으)로 체계를 갖추어 발전하였다.

(1) ㉠, ㉡에 들어갈 말을 각각 쓰시오.

(2) ㉠과 ㉡의 차이점을 공 사상과 관련하여 서술하시오.

# 등급을 올리는 고난도 문제

**01** (가)를 주장한 고대 동양 사상가의 관점에서 (나)의 세로 낱말 (A)를 설명한 내용으로 옳지 않은 것은?

| | |
|---|---|
| (가) | • 자기 자신을 등불로 삼고 자기 자신에 의지하라. 진리[法]에 의지하고 진리를 스승으로 삼아라.<br>• 연기(緣起)를 보는 자는 곧 진리를 보며, 진리를 보는 자는 곧 연기를 본다. |
| (나) | (A) / (B) 낱말 퍼즐<br>[가로 열쇠]<br>(A) : 인위적이거나 강제적 작위가 없음을 나타내는 말 ㉮ 노자의 '○○자연' 사상<br>(B) : 외부 사물과 나 자신을 가리키는 말 ㉮ 장자의 '□□ 일체'사상<br>[세로 열쇠]<br>(A) : …… 개념 |

① '나'의 불변하는 자성(自性)은 존재하지 않는다는 말이다.
② '나'를 포함한 모든 존재가 연기법(緣起法)에 의지한다는 말이다.
③ 변화하는 현상계 속에는 어떠한 '나'도 존재할 수 없다는 말이다.
④ 불멸하는 '나'가 존재한다는 주장에 반대하기 위해 제기된 말이다.
⑤ 그릇된 인식을 바로잡아 '나'에 대한 집착을 끊어 버리라는 말이다.

**문제 접근 방법**
먼저 질문의 내용과 제시문에서 단서를 찾아본다. 질문에 '고대 동양 사상가'라는 단서가 있으므로, 유교, 불교, 도가 사상가를 염두에 두자. 다음으로 제시문의 내용에 '연기'라는 키워드로 사상가를 찾은 후 문제를 해결한다.

**적용 개념**
# 불교의 세계관
# 도가의 자연관

**02** 밑줄 친 '그'의 관점에서 긍정의 대답을 할 질문에만 모두 'V'를 표시한 학생은?

> 색(色)이 곧 공(空)이고 공이 곧 색이다. 수상행식(受想行識) 또한 이와 같다. 공 안에서는 무명(無明)도 없고 얻을 것도 없으므로 그는 반야바라밀에 의지하여 마음의 장애를 없앤다. 장애가 없으므로 두려움을 이기고 몽상에서 벗어나 완벽한 열반에 이를 수 있게 된다.

| 질문 \ 학생 | 갑 | 을 | 병 | 정 | 무 |
|---|---|---|---|---|---|
| 상(相)에 머무르지 않고 베푸는 것이 참다운 보시인가? | V | | | V | V |
| 사회와 분리되어 종교적으로 엄격한 계율을 지켜야 하는가? | V | V | | V | |
| 인간은 누구나 오온(五蘊)의 일시적인 결합체일 뿐인가? | | V | V | | V |
| 세속에서 바라밀(波羅蜜)을 실천하면 해탈할 수 있는가? | | | V | V | V |

① 갑 ② 을 ③ 병 ④ 정 ⑤ 무

**문제 접근 방법**
'색', '공', '열반' 등의 핵심어를 통해 어떤 사상가인지 파악한다. 그리고 그 사상가의 입장에서 각 선택지에 어떻게 대답할 것인지를 추론하여 올바른 관점을 찾아본다.

**적용 개념**
# 대승 불교와 소승 불교
# 불교의 이상적 인간상

바른답·알찬풀이 19쪽

## 03 다음 사상에서 긍정의 대답을 할 질문을 〈보기〉에서 고른 것은?

보시(布施)하는 사람은 탐욕[貪]을 끊게 되고, 인욕(忍辱)하는 사람은 분노[瞋]를 떠나며, 선행을 쌓는 사람은 어리석음[癡]을 벗어나게 된다. 이 세 가지를 갖추어 실천하면 열반에 이르게 될 것이다. 가난하여 보시할 수 없더라도 다른 사람이 보시하는 것을 보고 기뻐하면 그 복은 보시하는 사람과 다를 것이 없다.

보기

ㄱ. 팔정도의 수행을 통해 해탈에 이를 수 있는가?
ㄴ. 집착과 탐욕을 버려야 무명을 얻을 수 있는가?
ㄷ. 연기의 깨달음을 바탕으로 자비를 실천해야 하는가?
ㄹ. 불변의 자아를 깨달아야 고통[苦]에서 벗어날 수 있는가?

① ㄱ, ㄴ ② ㄱ, ㄷ ③ ㄴ, ㄷ ④ ㄴ, ㄹ ⑤ ㄷ, ㄹ

**문제 접근 방법**

탐욕, 분노, 어리석음 등의 핵심어를 통해 어떤 사상인지 파악한다. 긍정의 대답을 할 질문을 찾는 것이므로 사상의 입장과 일치하지 않는 선택지를 찾아 문제를 해결한다.

**적용 개념**

# 불교 윤리의 수양법
# 불교 윤리의 세계관

## 04 다음 사상과 일치하는 주장으로 가장 적절한 것은?

모든 법이 모두 자기의 마음에 있음을 알 수 있는데, 어찌 제 마음 가운데 있는 진여(眞如)의 본성을 알지 못하는가? 『보살계경』에서 "나의 본래 근원인 자성(自性)이 맑고 깨끗하니, 만약 제 마음을 알아서 견성(見性)하면 모두 불도를 이루리라."라고 하였다.

① 자신이 본래 완성된 부처임을 직관해야 한다.
② 마음 밖의 부처를 찾기 위해 현실에서 벗어나야 한다.
③ 내가 부처임을 깨닫기 위해서는 경전 공부를 해야 한다.
④ 내가 곧 부처임을 깨닫기 위한 점수(漸修)에 힘써야 한다.
⑤ 이론과 지식에 근거하여 전체적인 깨달음에 이르러야 한다.

**문제 접근 방법**

제시문의 '마음에 있는 진여', '견성' 등을 통해 어떤 사상일지 파악한다. 다음으로 해당 사상의 입장에서 각 선택지를 비교하며 문제를 해결한다.

**적용 개념**

# 불교의 수양 방법

# 분쟁과 화합

학습길잡이 • 원효, 의천, 지눌의 사상에 담겨 있는 조화 정신의 구체적인 사례들을 정리해 둔다.
• 한국 사상가인 지눌과 중국 사상가인 혜능의 차이점을 파악해 둔다.

## A 한국 불교의 전통

### 1 불교의 수용

① **배경** : 삼국 시대에 왕권 강화 및 중앙 집권화, 체제 정비와 민심 안정을 위해 국가적 차원에서 불교를 본격적으로 수용함 1

② **불교의 전래 과정**

- 고구려 : 가장 먼저 대승 불교를 받아들인 뒤 신라에 전함
- 백제 : 남중국 동진으로부터 불교를 수용한 뒤 일본에 전파함
- 신라 : 교종이 전파된 뒤 통일 신라 말기에 선종이 수용되어 지방 호족들의 지지를 받으면서 교종과 함께 양대 세력이 됨
- 고려 : 교종과 선종 간의 조화와 균형을 이루기 위한 노력이 전개됨

### 2 원효의 사상

(원효: 617~686년까지 살았던 신라의 승려로, 15세에 출가하여 한국 불교를 대표하는 사상가가 되었다.)

① **일심(一心) 사상** : 모든 존재, 모든 종파, 모든 이론의 근원이자 부처의 마음인 하나의 마음[一心]으로 돌아갈 것을 강조하는 사상 → 일심으로 돌아가 인간과 모든 생명체에게 이로움을 주는 삶의 자세를 강조함 2

② **화쟁(和諍) 사상** : 모든 종파와 사상을 분리시켜 고집하지 말고, 좀 더 높은 차원에서 하나로 종합해야 한다는 사상 → 원융회통(圓融會通)의 정신

(원융회통: 서로 융합하여 하나로 통합되는 것이다.)

③ **의의**

- 불교의 대중화에 기여 : 무애행(無碍行)을 통하여 누구나 염불하면 극락*에 갈 수 있다는 사상으로 왕실 중심의 불교를 대중에게 널리 퍼질 수 있게 함

(무애행: 정해진 틀이나 형식에서 벗어나 수행하는 것이다.)

- 조화를 중시하는 독창적인 한국 불교의 전통을 수립함 질문

**자료로 보는 원효의 일심 사상과 조화의 정신**

- 비유하자면, 그 형상으로 보아서는 청색과 남색이 다르지만 그 바탕으로 보아서는 같은 것이며, 얼음과 물은 그 형태로 보아 다른 것이지만 그 근원은 동일한 것이다. – 원효, 『십문화쟁론』 –
- 모든 경계가 무한하지만 다 일심(一心) 안에 들어가는 것이다. 부처님의 지혜는 모양을 떠나 마음의 원천으로 돌아가고, 지혜와 일심은 완전히 같아서 둘이 없는 것이다. – 원효, 『무량수경종요』 –
- 바람 때문에 고요한 바다에 파도가 일어나지만 파도와 고요한 바다는 둘이 아니다. 우리의 일심(一心)에도 깨달음의 경지인 진여(眞如)와 무명(無明)이 동시에 있을 수 있으나 이 역시 둘이 아닌 하나이다. – 원효, 『대승기신론소』 –

**자료 분석** 원효 사상의 가장 큰 특징은 '조화'의 정신이다. 중국 불교의 경우 각 종파가 신봉하는 경전에 따라 종파 간의 이론적인 갈등이 있었다. 그러나 원효는 일심 사상에 바탕을 둔 화쟁의 논리로 모든 종파와 이론을 하나로 종합하는 한국 불교만의 독자적인 전통을 수립하였다.

Q 자료를 통해 알 수 있는 원효의 사상적 특징은 무엇인가? A 조화

**개념 더하기 자료 채우기**

**1 불교 수용의 의미와 영향**

우리나라는 삼국 시대에 이르러 대승 불교 중심의 다양한 종파를 국가적 차원에서 본격적으로 수용하였다. 이러한 불교의 도입은 한국 사상이 더욱 풍성해지는 계기가 되었다. 또한 사람들의 현세 중심적인 가치관에 큰 변화를 이끌어 냈다. 불교에서 주장하는 인과응보, 내세(來世), 깨달음, 해탈 등에 대한 관념은 우리 민족의 생사관 및 윤리관에 큰 영향을 주었다.

**2 원효의 오도송*(悟道頌)과 일심 사상**

> 어젯밤 잠자리는 흙구덩이라 생각하여 또한 편안하였는데, 오늘밤 잠자리는 무덤 속에 의탁하니 매우 뒤숭숭하구나. 알겠도다! 마음이 생겨나므로 갖가지 현상이 생겨나고, 마음이 사라지므로 흙구덩이와 무덤이 둘이 아님을. 또 삼계는 오직 마음뿐이요, 만 가지 현상도 오직 인식일 뿐이니, 마음 밖에 아무것도 없는데 어디서 따로 구하겠는가? – 찬녕, 『송고승전』 –

원효는 의상과 함께 당나라 유학길을 가던 중 흙구덩이에서 잠을 자게 되었다. 다음날 일어나 보니 그곳은 무덤이었다. 이에 원효는 마음 밖에서는 깨달을 수 없으며 모든 것은 마음이 지어내는 것임을 깊이 깨닫게 되었다. 이러한 깨달음 속에는 원효의 일심 사상이 잘 담겨 있다.

**질문 있어요**

**중국 불교와 한국 불교의 차이점은 무엇인가요?**

우리나라는 중국으로부터 불교를 수용하였어요. 중국 불교의 경우 특정한 경전을 중심으로 다른 경전과 사상을 해석하려고 하기 때문에 이론적인 분열이나 갈등의 가능성이 항상 존재해요. 그러나 원효는 다양한 경전이나 불교 이론 역시 부처의 가르침을 담고 있기 때문에 이를 통합적으로 이해해야 한다고 보았어요. 이처럼 조화를 중시하는 독창적인 사상 체계는 고려 시대의 의천과 지눌에게 계승되었으며, 한국 불교만의 전통으로 자리 잡았어요.

**용어사전**

* **오도송**(깨달을 悟, 길 道, 칭송할 頌) 고승들이 부처의 도를 깨닫고 지은 시가

* **극락**(극진할 極, 즐길 樂) 깨달음을 성취하여 고통이 사라지고 즐거움만 있는 불교의 이상향

## 3 의천의 사상

### ① 배경

- 통일 신라 말기에 중국에서 선종이 유입되어 기존의 교종과 함께 발전했으나, 고려 초에 이르러 선종과 교종의 대립이 심화됨 **3** 질문
- 의천은 원효의 원융회통 정신을 계승하여 교종과 선종의 대립을 해결하고 조화를 이루고자 함

### ② 내외겸전(內外兼全) 사상 : 내적인 공부와 외적인 공부를 모두 갖추어야 한다는 사상

(외적인 공부: 경전의 교리를 익히는 교종의 수양법이다.)
(내적인 공부: 마음을 수양하는 선종의 수양법이다.)

**자료로 보는 내외겸전 사상**

세상에는 완전한 재능을 갖춘 이가 드물고 교*(敎)와 선*(禪)의 아름다움을 모두 갖추기 어렵기 때문에 교를 배우는 자는 대다수 내적인 것을 버리고 외적인 것을 구하며, 선을 익히는 자는 외적 경계를 잊고 내적인 것을 밝히기를 좋아한다. 그렇지만 이는 한쪽에 치우친 태도로, 양자의 대립은 마치 토끼 뿔이 긴가 짧은가, 신기루로 나타난 꽃의 빛깔이 진한가 옅은가를 놓고서 싸우는 것과 같다.

– 의천, 『대각국사 문집』 –

**자료 분석** 의천은 교종과 선종의 수행법은 한쪽으로 치우친 것이라고 비판하였다. 그는 내외겸전 사상을 통해 외적인 공부(교종)와 내적인 공부(선종)를 같이 해야 한다고 주장하였다.

Q 자료를 통해 알 수 있는 의천의 사상은 무엇인가?

A 내외겸전

### ③ 교관겸수(敎觀兼修) 사상 : 경전 읽기와 참선을 함께 수행하여 진리를 깨우쳐야 한다는 사상

**자료로 보는 교관겸수 사상**

명상 속에서 진리를 통찰하는 수행을 배우지 않고 경전만을 공부한다면, 비록 윤회와 해탈의 원인과 결과에 대한 가르침을 듣더라도 진리를 통찰하는 명상법은 잘 알지 못할 것이다. 또한 경전은 공부하지 않고 오직 진리를 통찰하는 명상법만을 배운다면, 설령 진리를 통찰하는 명상법을 알게 되더라도 윤회와 해탈의 원인과 결과에 대한 가르침은 제대로 이해할 수 없을 것이다.

– 의천, 『대각국사 문집』 –

**자료 분석** 의천은 경전을 읽는 교학 수행과 참선 수행을 함께해야 한다는 교관겸수 사상을 통해 교종과 선종의 수행법을 겸비할 것을 강조하였다.

Q 자료를 통해 알 수 있는 의천의 사상은 무엇인가?

A 교관겸수

### ④ 의의

- 고려의 교종인 천태종을 창시함
- 원효에서 시작된 조화의 전통을 계승함 **4**
- 교종과 선종의 갈등을 화해시키려고 노력함
- 교종을 중심으로 선종과의 조화를 추구함 : 의천은 내외겸전, 교관겸수를 설파하며 선종을 포함한 다른 종파와의 통합을 추구함

**개념 더하기 자료 채우기**

**3 우리나라의 불교 수용과 전개**

| | |
|---|---|
| 삼국 시대 | • 교종의 수용<br>• 원효 : 화쟁 사상 → 조화의 전통 수립 |
| 통일 신라 | 선종의 수용 → 교종과 선종이 체계를 갖추게 됨 |
| 고려 시대 | • 교종과 선종의 갈등이 발생함<br>• 의천 : 교종을 중심으로 선종과의 조화를 추구함<br>• 지눌 : 선종을 중심으로 교종과의 통합을 추구함 |

**질문 있어요**

**고려 시대에 교종과 선종의 갈등이 심각해진 이유는 무엇인가요?**

고려 시대는 전반적으로 불교가 융성했던 시기예요. 시기적으로 나누어 보면 호족 지배기에는 전반적으로 종파에 구애받지 않고 불교가 융성했지만, 문벌 귀족기에는 귀족 중심의 교종이 유행했고, 무신 집권기에는 선종이 유행했습니다. 교종과 선종은 깨달음을 위해 강조하는 수양 방법이 서로 달라서 갈등의 요소가 있는데, 고려 시대에는 정치적 상황과 결부되어 그 갈등이 더욱 증폭되었어요. 지눌과 의천이 통합 사상을 주장하며 불교계의 폐단을 잠재우려 했음에도 권문세족기가 되자 불교는 부패의 온상이 되었어요. 훗날 조선에서는 이러한 폐단을 해결하고자 유학을 숭상하고 불교를 억제하는 숭유억불 정책을 실시하기도 하였어요.

| | |
|---|---|
| 교종 | • 교(敎) : 부처의 말씀<br>• 경전의 교리를 중시함 |
| 선종 | • 선(禪) : 부처의 마음<br>• 참선, 명상을 중시함 |

**4 원효에 대한 의천의 평가**

의천은 원효의 원융회통의 정신을 높이 평가하였다. 이에 그는 "스승은 자신이 종파에 익숙한 것만을 북돋우려하고, 제자는 또한 보고 들은 것에 집착한다. 오직 원효만이 여러 사상가의 극단적 다툼을 화합시키고, 한 시대의 지극히 공정한 논의를 세웠다."라고 하여 원효를 높이 평가하고 그의 원융회통의 정신을 바탕으로 고려 불교의 대립과 갈등을 해결하고자 하였다.

**용어사전**

* **교**(가르칠 敎) 경전 속 부처의 가르침을 지적으로 이해하는 수행 방법
* **선**(선 禪) 명상이나 참선을 통해 깨달음을 얻는 수행 방법

# 분쟁과 화합

## 4 지눌의 사상

### ① 돈오점수(頓悟漸修) 사상

- 단박에 진리를 깨친 뒤 번뇌*(煩惱)를 차차 소멸시켜 가는 수행법
- 돈오 : 단박에 깨달음 → '내가 곧 부처'라는 사실을 한 순간에 깨닫는 것
- 점수 : 점진적으로 닦아나가는 수행 → 돈오 후에도 그릇된 인식과 경험에서 비롯된 나쁜 습기*(習氣)는 바로 제거되지 않기에 지속적인 수행이 필요함 (지눌은 점수의 구체적인 방법으로 정혜쌍수를 제시하였다.)
- 돈오 이후에 점수를 행하는 것이 부처가 되는 올바른 길임을 강조함 질문

**자료로 보는 돈오점수 사상**

- 돈오(頓悟)란 자신이 부처인 줄 모른 채 마음 밖에서 부처를 찾아 여기저기 헤매다가, 홀연히 자기의 본래 성품을 보면 이 성품에는 원래 번뇌가 없고 완전한 지혜의 성품이 본래부터 스스로 갖추어져 있어서 모든 부처와 다르지 않음을 아는 것이다.
- 점수[漸修]란 무엇인가? 돈오(頓悟)를 하여 비록 본성(本性)이 부처와 다를 것이 없음을 깨달았으나, 시작 없는 과거부터 익혀 온 나쁜 습관[習氣]을 단박에 제거할 수 없기 때문에 깨달음[頓悟]에 의지해 닦으면서 점진적으로 변화하여 공부를 이룩하는 것이다. 이렇게 성인(聖人)의 태아를 잘 기르고 배양함이 오래된 뒤에야 진정한 성인이 될 수 있다. – 지눌, 『수심결』 –

**자료 분석** 지눌은 돈오하였더라도 그릇된 습기(習氣)는 남아 있기 때문에 지속적인 수행인 점수(漸修)가 필요하다고 보았다.

Q 자료를 통해 알 수 있는 지눌의 사상은 무엇인가? A 돈오점수

### ② 정혜쌍수(定慧雙修) 사상 1

(점수의 방법이다.)

- 정(定)과 혜(慧)를 함께 닦아야 함 → 정은 선정(禪定)으로 마음의 고요한 본체를 뜻하며, 혜는 지혜(智慧)로 마음의 지성적 작용을 의미함
- 선정과 지혜를 병행하여 수행할 것을 강조함 → 마음의 본체와 마음의 작용이 따로 있을 수 없으므로 함께 수행해야 한다고 봄

**자료로 보는 정혜쌍수 사상**

마음이 어지럽지 않음이 성(性)의 정(定)이며, 마음이 어리석지 않음이 그 성의 혜(慧)이다. 이와 같음을 깨달아서 고요함과 앎에 자재하여 정과 혜가 둘이 아니게 되면 그것이 정혜를 겸해 닦는 것이 된다. – 지눌, 『수심결』 –

**자료 분석** 지눌은 마음의 본체와 작용이 따로 있을 수 없다고 보았다. 그렇기 때문에 마음을 고요한 경지에 이르도록 하는 선정과 이러한 마음을 바탕으로 사물의 실상을 파악하는 지혜를 함께 닦는 정혜쌍수를 주장하였다.

Q 자료를 통해 알 수 있는 지눌의 사상은 무엇인가? A 정혜쌍수

### ③ 의의

- 선종을 중심으로 교종과의 통합을 추구함 2
- 원효에서 시작된 조화의 전통을 계승함
- 한국 불교의 회통적 성격을 드러냄

**개념 더하기 자료 채우기**

**질문 있어요**

**혜능의 돈오돈수와 지눌의 돈오점수는 어떻게 다른가요?**

중국 사상가 혜능은 내가 곧 부처임을 완전히 깨달은 돈오 이후에는 수행이 더 이상 필요하지 않다고 보았습니다. 수행이 필요하다는 것은 깨달음이 완전하지 않다는 뜻이기 때문이지요. 그러나 지눌은 깨우친 이후에도 지속적인 수행이 필요하다고 보았어요. 예를 들어 어려운 수학 문제의 해법을 깨달아 문제를 푼 뒤에도 지속적으로 연습 문제를 풀어 봄으로써 오개념을 바로잡고 더 깊이 이해하는 것이 필요한 것처럼, 지눌은 돈오 이후에도 그릇된 습기 즉, 나쁜 습관을 제거하고 완전한 깨달음의 경지에 머무르기 위해 점수가 필요하다고 본 것이지요.

**1 지눌의 돈오점수와 정혜쌍수의 관계**

돈오(깨달음) → 점수(지속적 수행)
↓ 구체적 내용
정(定, 선정)의 수행
혜(慧, 지혜)의 수행

고려의 선종인 조계종의 창시자인 지눌은 중국에서 유래한 선종의 돈오 사상에 점수를 추가하여 돈오점수 사상을 완성하였다. 그리고 점수의 구체적인 내용으로 정과 혜를 함께 닦는 정혜쌍수를 제시하였다.

**2 의천과 지눌의 사상 비교**

의천과 지눌은 공통적으로 원효의 조화의 정신을 계승하고 있다. 그러나 의천은 교종을 중심으로 선종과의 조화를 추구한 반면, 지눌은 선종을 중심으로 교종과의 통합을 추구하였다. 이에 따라 사상적 차이도 나타난다. 의천은 내외겸전을, 지눌은 정혜쌍수를 주장한다.

**용어사전**

* **번뇌**(번거로울 煩, 번뇌할 惱) 마음이나 몸을 괴롭히는 모든 욕망·노여움·어리석음
* **습기**(습관 習, 기운 氣) 오랫동안 반복되어 몸에 배어 있는 기운이나 습성

## B 한국 불교의 윤리적 특징

### 1 한국 불교의 특징

① 조화의 정신

- 대립과 분열보다는 조화와 포*용의 태도를 강조함
- 다른 종교나 사상과 융합함 예 산신각(山神閣), 칠성각(七星閣)

**자료로 보는 한국 불교의 조화 정신이 드러난 문화재**

ⓢ 산신각 산신도

ⓢ 칠성각

산신각은 산신을 모시는 신전으로 본래 도교에서 유래한 것이다. 칠성각은 인간의 수명을 관장하는 칠성신(북두칠성)을 모시는 전각으로 역시 도교 신앙과 깊은 관련을 맺고 있다.

**자료 분석** 산신각과 칠성각의 사례는 한국 불교가 다양한 종교나 사상을 포용하고 조화를 도모하면서 발전했음을 보여 주는 사례이다.

Q 자료를 통해 알 수 있는 한국 불교의 특징은 무엇인가? A 조화의 정신

② **자비의 실천** : 대승 불교의 전통을 수용하여 자신의 해탈뿐만 아니라 사회 전체의 도덕성 제고를 위해 노력함

③ **연기적 세계관** : 만물의 상*의성(相依性)을 강조함 3

④ **호국 불교** : 불교 신앙을 통해 국가를 보전하고 발전시키려는 전통을 수립함

### 2 한국 불교의 현대적 의의

① 현대 사회의 다양한 대립과 갈등을 해결하는 데 필요한 교훈을 제공함 질문

② 불평등 및 빈곤 문제를 해결에 시사점을 제공함 4

③ 환경 문제 해결을 위한 사상적 기반을 제공함 — 인간과 모든 만물이 서로 연결되어 있다고 여기는 불교의 연기적 세계관은 인간과 자연의 조화로운 공존을 위한 사상적 기반을 제공한다.

**자료로 보는 발우공양**

한 방울의 물에도 천지의 은혜가 깃들어 있고, 한 톨의 쌀에도 만인의 노고가 스며 있으며, 한 올의 실타래 속에도 베 짜는 이의 피땀이 서려 있다. 이 물을 마시고 이 음식을 먹고 이 옷을 입고 부지런히 수행 정진하여 괴로움이 없는 사람, 자유로운 사람이 되어 일체중생의 은혜에 보답하겠습니다.

– 법륜, 『생명의 강은 흐른다』 –

**자료 분석** 불교에서는 승려의 밥그릇을 '발우', 밥 먹는 것을 '공양'이라고 한다. 발우공양은 단순히 밥을 먹는 행위가 아니라 한 그릇의 음식에 담긴 노고와 만물의 인연을 생각하는 것으로 불교의 연기적 세계관을 실천하는 의식이다. 한편 발우공양은 환경을 오염시키지 않는 친환경적인 식사법이다. 자신이 먹을 만큼의 음식을 받고, 그것을 남김없이 먹기 때문에 음식물 쓰레기가 전혀 나오지 않는다.

Q 발우공양에 담긴 불교의 세계관은 무엇인가? A 연기적 세계관

**개념 더하기 자료 채우기**

**3 인드라 망과 연기적 세계관**

인드라 망이란 제석천이 사는 궁전에 있는 무수한 구슬로 만들어진 그물을 말한다. 그 그물은 한 없이 넓고 그물의 이음새마다 구슬이 있는데, 그 구슬은 서로를 비추고 비추어 주는 관계로 이루어져 있다. 이러한 인드라 망은 고립되어 존재하는 것은 없으며, 모든 것은 서로서로 관계 속에서 연결되어 있다는 연기적 세계관을 잘 보여 준다.

**질문 있어요**

**한국 불교 사상은 우리 사회가 겪고 있는 대립과 갈등을 해결하는 데 어떤 시사점을 제공하나요?**

심각한 사회 갈등은 사회적 혼란을 가중시키고 결국 사회 발전을 저해합니다. 사회 갈등은 대부분 각자의 입장을 고집하고 상대의 입장을 배려하지 않는 데서 출발합니다. 이러한 상황에서 통합과 조화를 추구하는 한국 불교의 가르침은 너와 내가 의지하고 있음을 깨닫고 서로의 의견을 조화시켜 통합과 화합의 사회로 나아가는 데 기여할 수 있습니다. 아래의 원효의 주장을 음미해 보세요.

자기가 조금 들은 바 좁은 견해만을 내세워, 그 견해에 동조하면 좋다고 하고, 그 견해에 반대하면 잘못이라고 하는 사람이 있다. 그런 사람은 마치 갈대 구멍으로 하늘을 보는 것과 같아서, 갈대 구멍으로 하늘을 보면 좋다고 하고, 그렇지 않은 사람은 하늘을 보지 못하는 자라고 한다. 이런 것을 일컬어 '식견이 작은데도 많다고 믿어서 식견이 많은 자를 도리어 헐뜯는 어리석음'이라고 한다.

– 원효, 『보살계본지범요기』 –

**4 한국 불교의 자비 정신과 복지**

대승 불교를 수용한 한국 불교는 중생의 구제를 위해 자비를 베풀며 살아갈 것을 강조한다. 오늘날 한국 불교는 자비의 정신을 바탕으로 무료 급식소 운영, 난치병 어린이 돕기 등 다양한 보살행을 실천하며 경제적 빈곤과 어려움에 빠진 이웃을 위해 많은 노력을 기울이고 있다.

**용어사전**

* **포용**(쌀 包, 얼굴 容) 남을 너그럽게 감싸거나 받아들이는 것

* **상의성**(서로 相, 의존 依, 성질 性) 서로 의존하는 것

# 기초를 다지는 확인 문제

바른답·알찬풀이 20쪽

올리드 포인트

## A 한국 불교의 전통

### 1 불교의 수용

| | |
|---|---|
| 삼국 시대 | • 교종의 수용<br>• 대표 사상가 : 원효 |
| 통일 신라 | 선종의 수용 |
| 고려 시대 | • 교종과 선종의 갈등 → 조화 방법 모색<br>• 대표 사상가 : 의천, 지눌 |

### 2 원효의 사상

| | |
|---|---|
| 일심 사상 | • 모든 종파, 모든 이론의 근원인 부처의 마음 즉, 일심(一心)으로 돌아가야 한다는 사상<br>• 모든 생명체에게 이로움을 주는 삶의 자세를 강조함 |
| 화쟁 사상 | • 모든 종파와 사상을 분리시켜 고집하지 말고, 보다 높은 차원에서 하나로 종합해야 한다는 사상<br>• 서로 다른 불교 이론의 조화를 강조함 |
| 의의 | • 원융회통(圓融會通)의 전통을 수립함<br>• 불교의 대중화에 기여함 |

### 3 의천의 사상

| | |
|---|---|
| 내외겸전 | 교종의 수양 방법과 선종의 수양 방법을 모두 갖추어야 한다는 사상 → 어느 한쪽으로 치우치는 것은 옳지 않다고 봄 |
| 교관겸수 | 경전 읽기와 참선을 함께 수행하여 진리를 깨우쳐야 한다는 사상 |
| 의의 | • 교종을 중심으로 선종과의 조화를 추구함<br>• 원효의 조화 사상을 계승함 |

### 4 지눌의 사상

| | |
|---|---|
| 돈오점수 | 단박에 진리를 깨친 뒤에도, 지속적인 수행을 통해 번뇌(煩惱)를 차차 소멸시켜 가는 것 |
| 정혜쌍수 | • 정(定)과 혜(慧)를 함께 닦음<br>• 마음의 본체와 마음의 작용이 따로 있을 수 없으므로 함께 수행해야 함 |
| 의의 | • 선종을 중심으로 교종과의 통합을 추구함<br>• 원효의 조화 사상을 계승함 |

## B 한국 불교의 윤리적 특징

| 특징 | 현대적 의의 |
|---|---|
| 조화의 정신 | 사회 갈등 해결을 위한 교훈을 제공함 |
| 자비의 실천 | 불평등 및 빈곤 문제 해결에 시사점을 제공함 |
| 연기적 세계관 | 환경 문제 해결에 사상적 기반을 제공함 |

**01** 다음 설명이 맞으면 ○표, 틀리면 ×표를 하시오.

(1) 원효의 일심 사상은 모든 종파와 이론의 근원인 하나의 마음으로 돌아갈 것을 강조하는 사상이다. ( )

(2) 원효는 화쟁 사상을 통해 다양한 종파와 이론의 조화를 강조하였다. ( )

(3) 원효는 왕실 중심의 불교가 민중 불교로 전환하는 데 기여하였다. ( )

(4) 의천은 경전의 교리를 익혀야 한다는 선종의 수양법과 참선으로 마음을 닦아야 한다는 교종의 수양법을 모두 강조하였다. ( )

(5) 의천은 선종을 중심으로, 지눌은 교종을 중심으로 선종과 교종의 조화를 추구하였다. ( )

**02** 빈칸에 들어갈 알맞은 말을 쓰시오.

(1) ( )은/는 돈오돈수를 주장한 중국의 혜능과 달리 돈오점수를 주장하였다.

(2) 지눌은 깨우친 이후에도 그릇된 습기(習氣)가 제거될 때까지 ( )(이)가 필요하다고 보았다.

(3) ( )(이)란 마음을 고요한 경지에 이르도록 하는 선정과 이러한 마음을 바탕으로 사물의 실상을 파악하는 지혜를 함께 닦는 것이다.

**03** 다음 개념과 그에 관한 설명을 바르게 연결하시오.

(1) 교관겸수 • • ㉠ 단박에 진리를 깨친 뒤에도 지속적인 수행을 통해 번뇌(煩惱)를 차차 소멸시켜 가는 것

(2) 돈오점수 • • ㉡ 마음의 본체와 마음의 작용이 따로 있을 수 없으므로 함께 수행해야 함

(3) 정혜쌍수 • • ㉢ 경전 읽기와 참선을 함께 수행하여 진리를 깨우쳐야 함

# 실력을 키우는 실전 문제

바른답·알찬풀이 20쪽

**01** 다음 사상가에 관한 설명으로 적절하지 않은 것은?

> 깨끗함과 더러움은 그 성품이 둘이 아니고, 참과 거짓 또한 서로 다르지 않다. 그러므로 하나[一]라고 한다. 그러나 이 둘이 없는 자리에 모든 법의 진실다움이 허공과는 달라 스스로 신령스럽게 아는 성품이니, 이를 마음(心)이라고 한다. …… 이 같은 마음의 도리는 말을 여의고 생각을 초월했으니 무엇이라고 지목할 바를 몰라 억지로 이름하여 '하나인 마음[一心]'이라고 한다.

① 깨우친 이후에도 점수(漸修)가 필요하다고 보았다.
② 한국 불교의 원융회통(圓融會通)의 전통을 수립하였다.
③ 모든 종파와 사상을 분리시켜 고집하지 말고 조화시킬 것을 강조하였다.
④ 누구나 염불을 외우면 부처가 될 수 있다고 하여 불교의 대중화에 기여하였다.
⑤ 일심(一心) 사상을 통해 모든 생명체에게 이로움을 주는 삶의 자세를 강조하였다.

★★ 중요

**02** (가) 사상가의 입장을 (나) 그림과 같이 탐구할 때, A, B에 들어갈 질문으로 가장 적절한 것은?

| | |
|---|---|
| (가) | 일심(一心)의 입장에서 보면 참다운 모습이나 생성과 소멸의 모습은 모두 같으면서 다른 것에 불과하다. 절대적인 관점에서 보면 마음이 곧 부처로서 변화하지 않는 진여(眞如)의 특징을 보이지만, 현실에서는 연기에 의해 끊임없이 생멸(生滅)하는 특징을 보인다. |
| (나) | 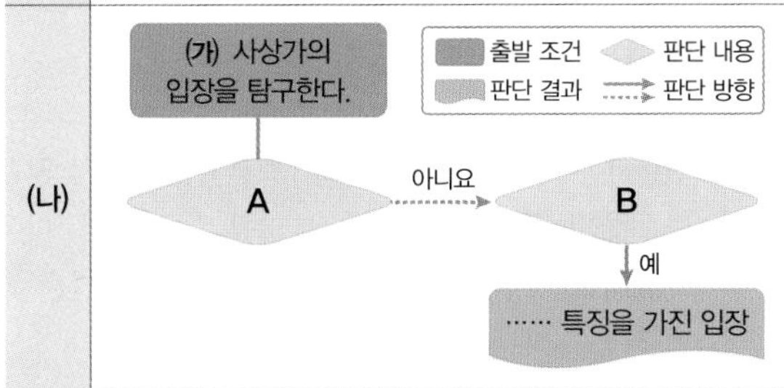 |



① A : 다양한 이론을 조화시켜야 하는가?
② A : 상이한 교리를 높은 차원에서 분별해야 하는가?
③ B : 귀족 중심의 불교가 바람직한가?
④ B : 수행을 통해 무명(無明)을 지향해야 하는가?
⑤ B : 만물의 고정불변함을 인식할 때 해탈에 이르는가?

**03** 밑줄 친 '그'에 관한 옳은 설명을 〈보기〉에서 고른 것은?

> <u>그</u>는 불교를 어렵게 느끼던 대중에게 염불만 외우면 누구나 극락왕생할 수 있다고 설파하여, 당시 귀족 중심의 불교를 민중 불교로 전환시키고 불교를 대중화하는 데 기여하였다. <u>그</u>가 스스로 파계하고 대중 속으로 들어가 무애행(無碍行)을 실천한 것도 불교의 대중화와 중생 구제에 중점을 둔 것이다.

보기
ㄱ. 돈오점수(頓悟漸修)를 주장하였다.
ㄴ. 도가 사상의 개념을 바탕으로 불교를 해석하였다.
ㄷ. 조화를 중시하는 한국 불교의 전통을 수립하였다.
ㄹ. 일심(一心)으로 돌아가 모든 생명을 이롭게 할 것을 강조하였다.

① ㄱ, ㄴ　② ㄱ, ㄷ　③ ㄴ, ㄷ
④ ㄴ, ㄹ　⑤ ㄷ, ㄹ

**04** 갑, 을 사상가에 관한 옳은 설명을 〈보기〉에서 고른 것은?

> 갑 : 교(敎)를 공부하는 사람은 외적인 것을 구하고자 하는 경향이 있고, 선(禪)을 익힌 사람은 내적으로 깨치고자 하는 경향이 있다. 이러한 양극단에서 벗어나 양자를 고루 갖추어야 한다.
> 을 : 깨침은 아는 것이며, 닦음은 실천이다. 우리의 본래 성품이 부처와 다름이 없음을 분명히 깨치는 것이 돈오(頓悟)이다. 그러나 깨우친 이후에도 그릇된 습기(習氣)가 모두 사라질 때까지 지속적인 수행이 필요하다.

보기
ㄱ. 갑은 정혜쌍수(定慧雙修)의 수행을 강조하였다.
ㄴ. 갑은 교종을 중심으로 선종과의 조화를 추구하였다.
ㄷ. 을은 소승 불교의 전통을 계승하였다.
ㄹ. 갑, 을은 원융회통의 정신을 바탕으로 사상을 전개하였다.

① ㄱ, ㄴ　② ㄱ, ㄷ　③ ㄴ, ㄷ
④ ㄴ, ㄹ　⑤ ㄷ, ㄹ

**05** 다음 사상가의 입장과 일치하는 관점에만 모두 'V'를 표시한 학생은?

> • 바람 때문에 고요한 바다에 파도가 일어나나 파도와 바다는 둘이 아니다. 우리에게 깨달음의 경지인 진여(眞如)와 무명(無明)이 동시에 있을 수 있으나 이 역시 둘이 아닌 하나이다.
> • 대승의 법은 오직 일심(一心)이 있을 뿐이며 일심 이외에 다른 법은 없다. 모든 존재의 참 모습은 생멸(生滅)의 구분이 없으며, 일체의 인위적 구별이 해체된 상태이다.

| 관점 \ 학생 | 갑 | 을 | 병 | 정 | 무 |
|---|---|---|---|---|---|
| 무아(無我)를 인식하고 은둔의 삶을 살아야 한다. | V | | | V | V |
| 열린 마음으로 서로 다른 견해를 조화시켜야 한다. | | V | V | V | |
| 세속에서 벗어나 절대자와의 합일을 추구해야 한다. | | V | | V | V |
| 자아에 대한 집착에서 비롯된 차별 의식을 버려야 한다. | V | | V | | V |

① 갑 ② 을 ③ 병 ④ 정 ⑤ 무

**06** 다음 사상가에 관한 옳은 설명을 〈보기〉에서 고른 것은?

> 교(敎)를 배우는 자가 내(內)는 버리고 외(外)만을 구하며, 선(禪)을 익히는 사람이 인연 이론은 잊어버리고 내(內)만 좋아하니 이는 모두가 한쪽으로 치우친 생각이다.

보기
ㄱ. 교종을 중심으로 선종을 통합하려 하였다.
ㄴ. 교리 공부와 참선을 병행할 것을 강조하였다.
ㄷ. 아라한이 되기 위한 수행에 힘쓸 것을 강조하였다.
ㄹ. 속세를 벗어난 수행을 통한 개인의 해탈을 강조하였다.

① ㄱ, ㄴ ② ㄱ, ㄷ ③ ㄴ, ㄷ
④ ㄴ, ㄹ ⑤ ㄷ, ㄹ

중요

**07** 갑, 을 사상가의 입장에 관한 옳은 설명만을 〈보기〉에서 있는 대로 고른 것은?

> 갑 : 교종(敎宗)을 공부하는 사람은 내적인 것을 버리고 외적인 것만을 구하려는 경향이 강하고, 반면에 선종(禪宗)을 공부하는 사람은 외부의 대상을 잊고 내적으로만 깨달으려는 경향이 있다. 이는 모두 양극단에 치우친 것으로, 양자가 골고루 안팎으로 조화를 이루어야 한다.
> 을 : 단박에 깨치고 단박에 닦는 사람도 이미 여러 생(生)에 걸쳐 깨달음에 의지해 점진적으로 닦아 오다가, 이번 생에 이르러 듣는 즉시 깨달아 한 번에 모두 마친 것일 뿐이다. 요컨대, 돈오와 점수(漸修) 두 가지 문이 있을 뿐이다.

보기
ㄱ. 갑은 교종을 중심으로 선종과의 조화를 추구하였다.
ㄴ. 을은 깨우침 이후에도 지속적인 수행에 힘쓸 것을 강조하였다.
ㄷ. 갑은 을에게 조화의 정신을 간과하였음을 비판하였다.
ㄹ. 갑, 을은 원효의 원융회통(圓融會通)의 전통을 계승하였다.

① ㄱ, ㄴ ② ㄱ, ㄷ ③ ㄷ, ㄹ
④ ㄱ, ㄴ, ㄹ ⑤ ㄴ, ㄷ, ㄹ

**08** 다음 사상가의 입장으로 옳지 않은 것은?

> 선(禪)은 부처의 마음이요, 교(敎)는 부처의 말씀이다. 깨침[悟]과 닦음[修]은 분리될 수 없으며, 마음이 고요하고 자취도 없는 본체인 정(定)이나 깊은 지성의 작용인 혜(慧)도 또한 닦아야 한다.

① 선종과 교종은 본래 하나이다.
② 교종을 중심으로 선종을 통합해야 한다.
③ 수행 과정에서 교학을 배제할 필요는 없다.
④ 선정(禪定)과 지혜(知慧)를 병행하여 닦아야 한다.
⑤ 단번에 진리를 깨친 뒤 지속적으로 수행해야 한다.

**09** 다음 사상가에 관한 옳은 설명을 〈보기〉에서 고른 것은?

> 마음 밖에서 부처를 찾아 헤매다가 갑자기 제 본성을 보면, 번뇌 없는 지혜의 성품이 본래부터 스스로 갖추어져 있어 모든 부처님과 털끝만큼도 다르지 않음을 알게 된다. 그러나 비록 본성이 부처와 다름이 없음을 홀연히 깨달았다 하더라도 오랫동안 익혀 온 습관이 한순간에 없어지는 것은 아니므로 어리석음의 습성을 없애기 위해서는 계속적인 수행이 필요하다.

보기

ㄱ. 교종을 통합하여 천태종을 창시하였다.
ㄴ. 돈오(頓悟) 후에도 점수(漸修)할 것을 강조하였다.
ㄷ. 선정(禪定)과 지혜(知慧)를 함께 닦아야 한다고 보았다.
ㄹ. 교리 공부와 참선을 겸해야 한다는 교관겸수(教觀兼修)를 주장하였다.

① ㄱ, ㄴ　② ㄱ, ㄹ　③ ㄴ, ㄷ
④ ㄴ, ㄹ　⑤ ㄷ, ㄹ

★★ 중요

**10** 다음은 노트 필기의 일부이다. ㉠~㉤ 중 옳지 않은 것은?

주제 : 한국의 불교 사상

1. 원효의 사상
   - 화쟁 사상을 통해 서로 다른 불교 이론의 조화를 강조함 ……… ㉠
   - 한국 불교의 원융회통의 전통을 수립함 ……… ㉡
2. 의천의 사상
   - 교종을 중심으로 선종을 조화시키고자 함
   - 교관겸수 사상을 통해 조화의 정신을 계승함 ……… ㉢
3. 지눌의 사상
   - 선(禪) 수행과 더불어 경전 공부를 강조함 ……… ㉣
   - 깨우침은 곧 수행의 완성[頓悟頓修]임을 강조함 ……… ㉤

① ㉠　② ㉡　③ ㉢　④ ㉣　⑤ ㉤

서술형 문제

**11** 다음 글을 읽고 물음에 답하시오.

> - 장님들이 설명하는 코끼리가 비록 코끼리의 참모습은 아니지만 코끼리를 말하지 않는 것은 아니다. 불성(佛性)을 말하는 것도 이와 같다. 여러 주장이 불성 그 자체는 아니지만 그렇다고 불성을 말하지 않는 것도 아니다.
> - 일심(一心)을 바탕으로 모든 생명에게 이로움을 주는 삶을 실천해야 한다.

(1) 위와 같이 주장한 사상가를 쓰시오.

(2) 위와 같은 사상이 현대 사회의 다양한 갈등 문제에 제공하는 시사점을 서술하시오.

**12** 다음 글을 읽고 물음에 답하시오.

> 갑 : 어느 한쪽으로 치우치는 것은 옳지 않으므로 교종의 수양 방법과 선종의 수양 방법을 모두 갖추어야 한다. 즉 외적인 수양 방법인 경전 읽기와 내적인 수양 방법인 참선을 병행하여 진리를 깨우쳐야 한다.
> 을 : 선종과 교종에서 말하는 궁극의 진리가 전혀 다르지 않다. 교종의 가르침 또한 선 수행에 유용한 측면이 있다. 따라서 ㉠ <u>함께 병행할 때 깨우침</u>에 도달할 수 있으며 내가 곧 부처임을 깨우친 이후에도 지속적인 수행이 필요하다.

(1) 갑, 을이 누구인지 각각 쓰시오.

(2) 을 사상가가 제시한 ㉠의 방법을 네 글자로 쓰시오.

(3) 갑, 을의 주장의 공통점을 서술하시오.

# 등급을 올리는 고난도 문제

**01** (가)의 중국 사상가 갑, 한국 사상가 을의 입장을 (나) 그림으로 표현할 때 A~C에 해당하는 적절한 진술만을 <보기>에서 있는 대로 고른 것은?

| | |
|---|---|
| (가) | 갑 : 자성(自性)에는 잘못됨도 없고 어리석음도 없고 어지러움도 없다. 생각마다 반야로써 비추어 보아 법의 모습[法相]에서 벗어나면 자유자재하게 되니 세울 것이 무엇이 있겠는가? 자성을 스스로 깨달음은 단박에 깨닫고 단박에 닦는 것이다.<br>을 : 자성이 부처와 다르지 않다는 것을 깨달았더라도 습기(習氣)를 단번에 제거하기는 어렵다. 따라서 깨달음에 의지하여 닦아 나가 점차로 익힘으로써 공덕을 이루어야 한다. 이것을 일러 점차로 닦는 것[漸修]이라 한다. |
| (나) | 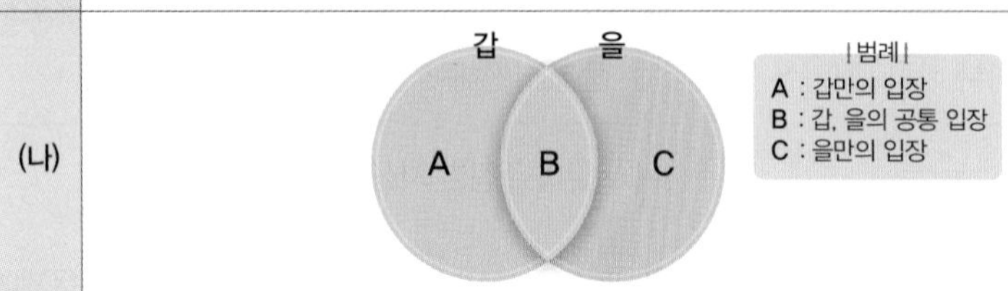 |

보기

ㄱ. A : 모든 존재와 현상은 원인과 조건에 따라 일어난다.
ㄴ. B : 참선(參禪) 수행으로 본성을 자각하면 보살행이 필요 없다.
ㄷ. B : 자신의 마음을 직관하여 단박에 깨달아야[頓悟] 한다.
ㄹ. C : 점진적 수행은 단박에 깨달은 다음에 이루어져야 한다.

① ㄱ, ㄴ ② ㄴ, ㄷ ③ ㄷ, ㄹ ④ ㄱ, ㄴ, ㄹ ⑤ ㄱ, ㄷ, ㄹ

**문제 접근 방법**

먼저 질문에 '중국 사상가', '한국 사상가'라는 단서에 유의하면서 갑, 을 사상가를 파악한다. 갑의 경우 '단박에 깨닫고 단박에 닦는다'는 내용을 통해, 을의 경우 '깨우침 이후에도 점차 닦아 나간다'는 내용을 통해 어떤 사상가인지 알 수 있다. 이후 갑과 을의 공통점과 차이점을 고려하면서 문제를 해결한다.

**적용 개념**

# 돈오

**02** 다음 사상가의 입장으로 가장 적절한 것은?

"땅에서 넘어진 자 땅을 딛고 일어나라."라고 하였다. 일심(一心)이 미혹되어 끝없는 번뇌를 일으키는 자는 중생이며, 일심을 깨달아 끝없이 오묘한 작용을 일으키는 자는 부처이다. 그러므로 선정[定]과 지혜[慧]를 함께 닦는 결사(結社)를 통해 수행에 정진해야 한다.

① 점수가 필요한 깨우침은 참된 깨우침이 아니다.
② 만물의 불변함을 깊이 인식할 때 깨우침이 완성된다.
③ 참마음의 본체는 지혜이고, 참마음의 작용은 선정이다.
④ 화두를 활용한 선(禪) 수행을 통해 깨달음에 이를 수 있다.
⑤ 경전의 교리에 대한 깊은 이해만이 깨우침을 향한 참된 길이다.

**문제 접근 방법**

'선정과 지혜를 함께 닦는다'는 주장을 통해 어떤 사상가일지 파악하고 문제를 해결한다.

**적용 개념**

# 불교의 수행 방법

**03** 한국 불교 사상가 갑, 을의 입장으로 옳지 않은 것은?

갑 : 중생이 삶과 죽음의 바다에 빠져서 열반의 언덕에 이르지 못하는 것은 다만 의혹과 잘못된 집착 때문입니다. 모든 경계가 다 무한하지만 다 일심(一心) 안에 들어가는 것입니다. 부처님의 지혜는 모양을 떠나 마음의 원천으로 돌아가고, 지혜와 일심은 완전히 같아서 둘이 아닙니다.
을 : 중생이 부처의 청정하고 맑은 마음을 깨닫고 지킬 수 있다면 앉아서 움직이지 않아도 해탈에 이를 수 있습니다. 무릇 도(道)에 들어가는 문은 많지만 돈오(頓悟)와 점수(漸修)의 두 가지 문[兩門]을 벗어날 수 없습니다.

① 갑 : 진여와 생멸의 두 가지 문은 결국 일심으로 귀결될 수 있다.
② 갑 : 일체의 쟁론(爭論)도 일심으로 보면 근본적으로 차이가 없다.
③ 을 : 깨달음의 수행에는 언제나 정(定)과 혜(慧)가 함께 있어야 한다.
④ 을 : 돈오 이후에 점수를 통해 모든 습기(習氣)를 단박에 제거해야 한다.
⑤ 갑, 을 : 무아(無我)를 철저히 깨달아야 중생의 구제가 가능하다.

문제 접근 방법

질문의 '한국 사상가'라는 힌트를 고려하면서 갑, 을 사상가를 찾아보자. '일심', '돈오', '점수'라는 단어를 통해 사상가를 파악한다. 각 사상가의 주요 주장을 떠올리면서 문제를 해결한다.

적용 개념

# 일심
# 돈오점수

**04** 그림은 서술형 평가 문제와 학생 답안이다. 학생 답안의 ㉠~㉤ 중 옳지 않은 것은?

⊙ 문제 : 고려 시대 불교 사상가 갑, 을의 입장을 비교하여 서술하시오.

갑 : 교(敎)를 공부하는 사람은 내적인 것을 버리고 외적인 것만을 구하고, 선(禪)을 익히는 사람이 인연(因緣)을 잊고 내적인 것만을 밝히는 것은 모두 이변(二邊)에 구속되는 것이다.
을 : 선정(禪定)은 마음의 본체요, 지혜(智惠)는 그 마음의 영지(靈知)한 작용이다. 마음의 본체와 작용이 분리될 수 없는 것과 마찬가지로 선정과 지혜도 함께 해야 한다.

⊙ 학생 답안

갑과 을을 비교하면, ㉠ 갑은 경전 공부를 중심으로 교선의 조화를, ㉡ 을은 참선 수행을 중심으로 선교의 조화를 추구하였다. 구체적인 수행 방법으로 ㉢ 갑은 교리 연구와 선(禪)의 수행을 함께 할 것을 강조했으며, ㉣ 을은 진리를 단박에 깨친 뒤에도 점진적으로 수행할 것을 강조하였다. 한편 ㉤ 갑과 을은 모두 속세를 벗어나 오로지 개인의 해탈을 추구한다는 공통점이 있다.

① ㉠ ② ㉡ ③ ㉢ ④ ㉣ ⑤ ㉤

문제 접근 방법

사상가를 확정하는 데 서술형 평가 질문에 제시된 '고려 시대'는 중요한 단서가 된다. 현재 교과서에 등장하는 고려 시대 사상가로는 의천과 지눌 이외에는 없기 때문이다. 이처럼 윤리와 사상을 공부할 때는 그 사상가의 시대를 기억해 두면 유용한 경우가 많이 있다. 갑과 을에 해당하는 사상가를 찾고 그들의 주요 입장을 상기하여 문제를 해결한다.

적용 개념

# 불교의 수행 방법

올리드 특강

# 돈오 이후의 수행에 관한 두 가지 관점

## 돈오 이후의 수행은 필요하지 않다

### 출제 경향

이 단원에서는 혜능과 지눌의 사상을 비교하는 문제가 자주 출제됩니다. 불교 단원에는 등장하는 사상가가 많지 않기 때문에 두 사상가의 입장을 비교하는 문제는 앞으로도 많이 출제될 것으로 예상됩니다. 따라서 두 사상가의 입장이 어떠한 공통점과 차이점이 있는지 꼼꼼하게 정리해야 합니다.

### 자료 보기

- 부처는 자신의 본성 속에서 이루어지니 자신 밖에서 부처를 찾지 말라. 자신의 본성이 미혹*되면 중생이고, 자신의 본성을 깨달으면 부처이다. 자신의 본성을 깨닫는다는 것은 단박에 깨치고 단박에 닦는 것이니 점진적 단계라는 것은 없다.
- 진정 올바른 반야를 일으켜 관조할 경우 찰나 간에 망념*은 모조리 없어지며, 자성(自性)을 인식하여 한 번 깨달으면 곧장 부처의 경지에 이른다.

자신이 곧 부처임을 모르면 고통 속에 살아가는 중생이며, 자신이 곧 부처라는 것을 깨닫는다면 부처입니다. 이러한 깨우침은 경전의 교리에서 얻어지는 것이 아니라 자신의 본성을 직관*하여 단박에 깨우치는 것입니다. 그리고 깨우침은 그 자체가 수행의 완성이므로 깨우친 이후에는 점진적인 수행, 즉 점수(漸修)는 필요하지 않습니다. 만일 깨우친 이후에도 수행이 필요하다면 이는 진정한 깨달음이 아닙니다.

갑

### 주장 비교

- 참된 나를 단박에 깨달아야 한다.
- 자신이 곧 부처임을 깨닫는다면 누구나 부처가 될 수 있다.
- 본성을 직관하는 참선 수행만으로도 깨달음을 얻을 수 있다.
- 경전이나 교리에 의존하지 않고 마음으로 가르침을 주고받아야 한다.
- 불성(佛性)을 단박에 깨우친 이후에 더 이상의 수행은 필요하지 않다.
- 깨달음을 얻기 위한 수행의 과정에서 경전의 교리에 집착하지 말아야 한다.

### 용어사전

- * **미혹**(미혹할 迷, 미혹할 惑) 정신이 헷갈리어 갈팡질팡 헤매는 것
- * **망념**(망령될 妄, 생각 念) 이치에 어긋나는 헛된 생각을 이르는 말
- * **직관**(곧을 直, 볼 觀) 감각, 경험, 연상, 판단, 추리 따위의 사유 작용을 거치지 아니하고 대상을 직접적으로 파악하는 작용

### 문제 확인

**Q1** 갑의 입장으로 적절하지 <u>않은</u> 것은?

① 내 마음이 곧 부처임을 직관해야 한다.
② 중생을 구제하기 위해 바라밀을 실천해야 한다.
③ 단박에 깨우친 이후에도 점진적인 수행이 필요하다.
④ 분별적 사고에서 벗어나 해탈의 경지를 추구해야 한다.
⑤ 깨달음을 얻기 위해서는 경전 공부보다 참선 공부가 중요하다.

## 돈오 이후의 수행은 꼭 필요하다

점수(漸修)란 비록 본래의 성품이 부처와 다름이 없음을 깨달았으나 오랫동안 묵은 습기(習氣)는 갑자기 버리기 어려우므로 깨달음에 의하여 닦아 차츰 공이 이루어져서 성인의 태를 길러 오랫동안을 지나 성인이 되기 때문에 점수라 한다. 비유하면 어린아이가 처음 태어났을 때에 모든 기관이 갖추어 있음은 어른과 다르지 않지만, 그 힘이 충실하지 못하므로 상당히 시간이 지나야 어른이 되는 것과 같다.

점진적인 수행이 필요한 이유는 내가 곧 부처라는 것을 깨달았더라도 잘못된 습관이 남아 있을 수 있기 때문입니다. 깨달음 이후에도 점진적이고 지속적으로 수행하여 깨달음을 완성해야 합니다. 이는 마치 어린아이가 점차 자라나면서 어른이 되는 것과 마찬가지입니다. 또한 태양이 뜨고 봄이 왔더라도 겨울 내내 쌓였던 눈이 한 번에 녹지 않는 것 역시 같은 이치입니다.

을

- 내가 부처라는 것을 단박에 깨달아야 한다.
- 참선 공부와 경전의 교리 공부가 조화를 이루어야 한다.
- 깨달음에 이르는 선 수행의 한 부분으로 교학을 수용해야 한다.
- 깨우침[頓悟] 이후에 지속적인 수행[漸修]이 필요하다.
- 불성(佛性)을 깨달았다 하더라도 그릇된 습성[習氣]이 남아 있을 수 있다.

**Q2** 갑은 부정, 을은 긍정의 대답을 할 질문으로 가장 적절한 것은 것은?

① 경전을 통해서만 불성을 깨우칠 수 있는가?
② 깨우친 이후에도 지속적인 수행이 필요한가?
③ 사회와 분리된 개인의 해탈만을 추구해야 하는가?
④ 바라밀을 실천하여 불성(佛性)을 형성해야 하는가?
⑤ 자신의 불성(佛性)을 깨우치면 누구나 부처가 될 수 있는가?

### 올리드 가이드

혜능과 지눌은 모두 선종 사상가로 자신이 곧 부처임을 단박에 깨닫는 돈오를 강조합니다. 그러나 깨우친 이후에도 지속적인 수행이 필요한지 여부에 대해 혜능과 지눌이 서로 상반된 주장을 하고 있습니다.

갑은 중국 불교 사상가 혜능, 을은 한국 불교 사상가 지눌입니다. 혜능은 단박에 깨우친 이후에 더 이상의 수행은 필요하지 않다고 봅니다. 그러나 지눌의 경우 깨우친 이후에도 잘못된 습관이 남아 있을 수 있기 때문에 지속적인 수행이 필요하다고 주장합니다.

두 사상가는 다음 쟁점에 대해 상반된 주장을 하고 있습니다.

- 돈오 이후의 수행 방법
- 점수의 필요성

다음과 같이 물을 수도 있어요.

- 갑의 관점에서 을의 주장을 비판하는 내용으로 가장 적절한 것은?
- 갑, 을의 입장에 관한 설명으로 옳은 것은?

Q1 ③ Q2 ②

Ⅱ. 동양과 한국 윤리 사상

# 무위자연의 윤리

학습길잡이 • 노자와 장자의 주요 주장을 꼼꼼하게 살펴보면서 유학 사상과의 차이점을 비교해 둔다.
• 중국의 도가·도교 사상이 한국 고유 사상과 어떻게 융합되었는지 파악해 둔다.

## A 도가 사상의 전개

### 1 노자의 사상

#### ① 사회 혼란의 원인과 해결 방안

- 원인 : 인간의 그릇된 인식과 가치관, 인위*적인 사회 제도
- 해결 방안 : 도(道)를 따르는 삶의 자세 → 소박하고 순수한 인간의 덕에 따라 무위자연(無爲自然)을 실현하고 무위(無爲)의 정치를 추구해야 함 1

#### ② 도(道)

| 의미 | 우주 만물의 근원이자 변화 법칙, 만물의 생성과 존재의 원리 |
|---|---|
| 특징 | • 인간의 경험과 상식을 넘어서는 것 → 인간의 언어로 표현할 수 없음<br>• 도의 관점에서 보면 천지 만물은 상대적인 가치만을 지님 |

노자에 따르면 만물은 도에서 나왔기 때문에 아름다움과 추함, 선과 악 등을 구분하는 것은 어리석은 일이며 모두 상대적인 가치를 지닌다.

#### ③ 이상적인 삶

| 이상적 경지 | • 무위자연 : 사람의 힘이 더해지지 않고, 자연 그대로의 질서를 따르는 삶 → 허정*(虛靜)의 수양 강조<br>• 상선약수(上善若水) : 최상의 선(善)은 물과 같음 2<br>• 이상적 인간상 : 성인(聖人) → 물과 같은 삶을 살며 스스로를 드러내지 않는 사람 3 |
|---|---|
| 이상적인 정치 | • 무위(無爲)의 정치 : 인위적인 다스림이 없는 다스림 → 통치자의 간섭과 조작이 없으면 백성들은 스스로 자신의 소박한 본성대로 살아갈 것임을 강조함<br>• 백성의 무지(無知)와 무욕(無欲)을 지향하는 정치 질문 |
| 이상 사회 | 소국과민(小國寡民) : 작은 영토에 적은 백성이 모여 살아가는 것 → 거대한 통일 제국에 반대하고 백성의 평화로운 삶을 중시함 |

왜? 나라가 크고 사람이 많을수록 인위적인 제도와 규범이 생겨나 백성이 무위자연의 삶을 살아가기 어렵기 때문이다.

### 자료로 보는 노자의 사상

- 대도(大道)가 없어지면 인의(仁義)가 강조되고, 지혜가 발달하면 크나큰 거짓이 판을 치며, 육친(肉親)이 화목하지 못하면 효도와 사랑이 생겨나고, 나라가 혼란해지면 충신(忠臣)이 나오게 된다.
- 영토는 작고 백성의 수가 적다. 비록 다양한 도구나 기구가 있다고 하더라도 쓰지 않는다. 백성들로 하여금 저마다 삶을 아끼고 떠돌아다니지 않게 한다. 비록 배나 수레가 있어도 타고 다닐 필요가 없고, 갑옷과 무기가 있어도 쓸 필요가 없게 한다. 사람들로 하여금 다시 끈을 묶고 매듭을 지어 쓰게 한다. 이웃하는 나라들이 서로 바라다보이며 닭 우는 소리와 개 짖는 소리가 서로 들려도 백성들이 늙어 죽을 때까지 서로 왕래하지 않는다.

– 노자, 『도덕경』 –

**자료 분석** 노자는 유교에서 강조하는 인의나 효의 윤리는 사회와 가정이 혼란하여 생겨난 인위적 규범에 불과하다고 보며, 이러한 인위적 규범에서 벗어난 무위자연의 삶을 강조하였다. 노자가 제시한 이상 사회인 소국과민은 인위적인 문명이 사라지고 자연의 순리에 따르는 소박한 삶이 실현된 사회이다.

Q 노자가 제시한 이상 사회는 무엇인가?

A 소국과민

## 개념 더하기 자료 채우기

**1 무위자연**

무위란 아무것도 하지 않는다는 것이 아니라 인위적인 일을 하지 않는다는 의미이다. 따라서 무위자연이란 인위적인 도덕이나 문명을 따르는 것이 아니라 자연의 순리에 순응하는 삶의 자세를 말한다.

**2 상선약수**

노자는 "최상의 선이란 물과 같은 것이다. 물의 선함은 만물을 이롭게 하지만 다투지 아니하며(부쟁), 여러 사람이 싫어하는 낮은 위치에 처한다(겸허)."라고 하여 부드럽고 스스로를 낮추는 물의 덕을 본받을 것을 강조하였다.

**3 성인(聖人) 개념으로 본 유교와 도가의 차이점**

유교에서는 인의예지와 같은 도덕적 덕을 완전하게 구현하고, 자신의 인격을 철저히 닦으며 사회에 대한 책무도 함께 실천하는 존재를 말한다. 반면 도가에서는 무위에 근거하여 다른 사람에게 어떤 행동을 강요하지 않으며, 자신을 전혀 내세우지 않고도 모든 일이 이루어지게 하는 존재이다.

| 유교 | 인의예지의 도덕을 따르는 이상적 인간 |
|---|---|
| 도가 | 무위자연을 따르는 이상적 인간 |

**질문 있어요**

백성의 무지와 무욕을 지향하는 것이 왜 이상적인 정치인가요?

군주의 욕심은 곧 백성의 고통으로 이어지기 쉽습니다. 그래서 노자는 "내가 아무 일을 벌이지 않아도 백성은 스스로 풍족해지고, 내가 욕심을 내지 않으니 백성은 스스로 순박해진다."라고 하면서 이상적인 정치는 무위의 정치임을 강조해요. 노자는 무위의 정치가 궁극적으로 백성들의 무지와 무욕을 지향해야 한다고 보았는데, 이는 백성을 바보로 만들라는 의미가 아니에요. 이때 무지는 인위적인 규범이나 가치를 초월한 상태를 말하며, 무욕 역시 세속의 인위적인 가치를 추구하는 욕심을 버린 상태를 말해요. 즉 노자는 무지와 무욕을 추구하여 백성이 무위자연의 평화로운 삶을 살아갈 수 있다고 본 것입니다.

**용어사전**

* **인위**(사람 人, 할 爲) 사람의 힘으로 이루어지는 일
* **허정**(빌 虛, 고요할 靜) 마음에 내재한 일체의 인위적인 것을 비워 낸 본래의 마음 상태

## 2 장자의 사상

### ① 사회 혼란의 원인과 해결 방안

- 원인 : 차별과 편견, 자기중심적인 관점 ← 감각을 통한 사물 인식 때문에 생겨남

  장자에 따르면 오감(五感)을 통한 사물 인식은 결국 차별과 편견의 근거가 되어 세상을 혼란하게 할 뿐이다.

- 해결 방안 : 도(道)의 관점에서 만물의 상대적 가치와 평등함을 인식 → 외*물(外物)의 속박에서 벗어나 정신적 자유를 얻을 수 있음

### ② 도(道)

| 의미 | 모든 존재와 현상의 근원 (장자는 도에서 비롯된 만물은 모두 하나라는 만물일체론(萬物一體論)을 주장하고 이를 바탕으로 만물의 평등함을 강조한다.) |
|---|---|
| 특징 | • 편재성(遍在性) : 어느 곳에나 보편적으로 존재함<br>• 도(道)의 관점에서 사물을 바라보면 만물은 모두 평등함을 강조함 4 |

### ③ 이상적 경지

- *제물(齊物) : 자아의 정신세계로부터 나와 너의 대립을 해소하고, 모든 사건이나 사물을 차별하지 않는 상태 → 도(道)의 관점에서 모든 것을 평등하게 인식하는 것

  장자는 만물이 모두 평등하다는 만물제동(萬物齊同)을 주장한다.

- 소요(逍遙) : 도(道)를 깨달아 인위적인 기준이나 외적 제약에 의존하지 않는 정신적 자유의 경지 5
- 이상적 인간상 : 진인(眞人), 지인(至人), 천인(天人), 신인(神人) → 자연과 내가 하나가 된 물아일체(物我一體)의 삶을 살아감 질문

### ④ 수양 방법 6

- 좌망(坐忘) : 조용히 앉아서 모든 것을 잊고 무아의 경지에 들어가는 것

  예 자신을 구속하는 모든 욕망과 분별적인 지식

- 심재(心齋) : 잡념을 없애고 마음을 비워 깨끗이 하는 것

**자료로 보는 장자의 사상**

- 모장과 여희는 사람들이 미인이라 하지만 물고기는 그들을 보면 물속 깊이 들어가고, 새는 그들을 보면 높이 날아가고, 고라니와 사슴은 그들을 보면 후다닥 달아난다. 이들 중 누가 천하의 올바른 아름다움을 알고 있는 것인가? 내가 보건대 사람들이 주장하는 어짊과 의로움의 기준이나 옳고 그른 방향이 어지러이 뒤섞여 있다. 어찌 그 분별을 알 수 있겠는가? – 장자, 『장자』 –
- 도(道)는 왜 가리어져 참과 거짓이 발생하게 되고, 참된 말은 어디에 가리어져 시비(是非)다툼이 생기는 것일까? 도(道)는 어디 가서 오지 않고 참된 말은 어디에 있기에 시비 논란이 있는 것일까? 도(道)는 자그마한 분별적 지식에 가려지고 참된 말은 허황된 말에 가려진다. 상대가 틀리다고 하는 것을 옳다고 하고, 한쪽이 옳다고 하는 것을 틀리다고 하는 것은 도(道)에 밝지 못한 것이다. – 장자, 『장자』 –

**자료 분석** 첫 번째 자료에서 장자는 선악, 미추, 진위, 시비 등에 관한 인위적인 분별은 모두 불필요한 것이며, 세상을 혼란하게 만든다는 점을 지적한다. 두 번째 자료에서 장자는 감각적 사물 인식의 결과로 생겨난 차별과 편견, 자기중심적 관점 등이 혼란의 원인임을 지적하고, 도의 관점에서 사물의 상대적 가치와 평등함을 인식할 것을 강조한다.

**Q** 장자가 주장한 사회 혼란의 원인은 무엇인가?

**A** 차별과 편견, 자기중심적 관점

**개념 더하기 자료 채우기**

**4 장자의 상대주의적·평등적 세계관**

장자는 아름다운 것과 추한 것, 옳고 그름, 선한 것과 악한 것 등을 구분하는 차별과 편견은 자기중심적 관점에서 비롯한다고 비판하며, 이러한 관점에서 벗어나 만물을 도(道)의 관점에서 평등하게 인식할 것을 강조하였다.

**5 소요(逍遙)**

소요란 '자유롭게 이리저리 슬슬 거닐며 돌아다님'이란 뜻이다. 장자가 강조하는 소요의 경지는 인간을 구속하는 일체의 인위에서 벗어난 상태이며, 선악에 대한 구분과 도덕에 대한 집착을 넘어선 경지를 말한다.

**질문 있어요**

**장자는 왜 이상적 인간을 여러 이름으로 부르나요?**

지인(至人)은 자신에 집착하지 않고, 신인(神人)은 공적에 얽매이지 않으며, 성인(聖人)은 명예를 탐내지 않는다. – 장자, 『장자』 –

장자는 여러 외물에 얽매이지 않는 사람을 각각 다른 이름으로 부르고 있어요. 궁극적으로 자연 만물과 하나된 경지, 즉 물아일체에 도달한 사람을 '진인'이라고 해요.

**6 좌망과 심재**

- 자기의 신체나 손발의 존재를 잊어버리고, 눈이나 귀의 움직임을 멈추고, 형체가 있는 육체를 떠나 분별 작용[知]을 버린다면 도(道)와 한 몸을 이루어 두루 통하게 된다. 이것을 좌망(坐忘)이라고 한다.
- 너의 뜻을 하나로 통일하여 귀로만 듣지 말고 마음으로 들어라. 마음으로만 듣지 말고 기(氣)로 들어라. 귀는 듣는 것에서 그치고, 마음은 바깥 사물과 부합하는 데서 그치지만, 기라는 것은 텅 비움으로써 바깥 사물을 있는 그대로 맞아들인다. 도(道)는 오로지 텅 비우는 곳에 모이는 법이다. 이처럼 텅 비우는 경지에 이르는 것을 심재(心齋)라고 한다. – 장자, 『장자』 –

좌망과 심재는 모두 제물과 소요의 경지에 도달하기 위한 수양 방법이다. 장자는 이러한 수양을 통해 도에 일치하는 삶을 살게 된다고 보았다.

**용어사전**

* **외물**(바깥 外, 물건 物) 사람의 신체와 생명 이외의 모든 부차적인 것

Ⅱ. 동양과 한국 윤리 사상

# 06 무위자연의 윤리

## B 도가 사상의 영향

### 1 도교의 성립과 전개

**① 도교의 성립**

- 도가 : 인간의 그릇된 인식과 가치관을 지양하고, 세속적 가치를 초월하는 삶의 자세를 강조한 철학적 사상
- 도교 : 도가 사상과 중국의 민간 신앙을 접목하여 교단과 교리 체계를 갖춘 종교 → 신선술과 불로장생을 믿음 1
  (도교 : 도가 — 도(道)와 자연의 흐름에 따르는 삶을 추구한다는 공통점이 있다.)

**② 도교의 전개 과정**

황로학파라는 말은 황제(황)와 노자(노)를 함께 숭상한 데서 유래한 명칭이다.

| 사상 | 특징 |
|---|---|
| 황로학파<br>(한나라 초) | • 전설상의 제왕인 황제와 노자를 숭상함<br>• 도가의 무위(無爲) 사상을 바탕으로 유가, 묵가, 법가 등의 사상 수용<br>• 무위(無爲)로서 백성을 다스리는 제왕의 통치술 제시 |
| 태평도<br>(한나라 말) | • 황로학파와 민간 신앙을 결합하여 성립함<br>• 천하태평의 이상 사회를 현실에 실현하려는 현실 참여적 성격을 보임<br>• 자신의 잘못을 뉘우치는 기도를 통해 복을 구하고, 부적과 맑은 물로써 병을 치료할 수 있다는 믿음을 전파함 → 교단을 갖춘 종교로 급속히 발전함<br>• 황건적의 난의 실패 후 교단이 몰락함 |
| 오두미교<br>(한나라 말) | • 노자를 교조*(敎祖)로 받들고, 『도덕경』을 경전으로 삼음<br>• 교리를 믿고 도덕적 선행을 하면 질병이 낫고 신선이 될 수 있다는 종교적 구원을 약속하여 교세*가 확장됨 질문 |
| 현학<br>(위진 시대) | • 도가 사상을 철학적으로 계승함<br>• 대표자 : 죽림칠현 → 정치적 혼란기에 은둔 생활을 하며 청담*을 즐겼고, 철학적이고 예술적인 사유와 가치를 중시함 2<br>• 세속적 주제와 거리를 두고, 노장 사상을 바탕으로 형이상학적이고 예술적인 담론을 전개하며 정신적 자유를 추구함 |

**③ 도교의 특징**

- 현세적인 길(吉)과 복(福)을 추구함
- 공덕[功]과 과오[過]의 기준을 제시하여 선행을 권장하며 민간의 도덕적 삶에 많은 영향을 줌 3

**자료로 보는 공과격**

『역경(易經)』에서 말하기를, 선을 쌓은 집안은 반드시 기쁜 일이 있으며, 악을 쌓은 집안은 자손에게까지 재앙이 미친다고 한다. 『도과(道科)』에서 말하기를 선을 쌓으면 좋은 징조가 보이고, 악을 쌓으면 재앙을 초래한다고 한다. 그래서 유교와 도교의 가르침은 다른 점이 하나도 없다. 옛날 성인군자와 도가 높은 사람은 모두 계율을 만들어 안으로 마음을 가다듬고 수양했을 뿐만 아니라, 밖으로는 다른 사람들을 훈계하고 타일러 공덕을 쌓았다. 나는 꿈속에서 태미선군을 찾아 뵙고 『공과격』을 받아 신심이 돈독한 자에게 전하라는 명을 받았다.

– 『태미선군공과격』 –

**자료 분석** 『태미선군공과격』은 현존하는 가장 오래된 공과격이다. 도교의 권선서(勸善書)인 공과격은 스스로 자신이 행한 선행과 악행을 기록하여 이를 수치화할 수 있게 한 책으로 민중들의 도덕적 삶에 큰 영향을 주었다.

Q 도교에서 선행과 악행의 기준을 제시하여 도덕적 삶을 장려한 책은 무엇인가? 『ᄅᄂᄃ운』 A

## 개념 더하기 자료 채우기

**1 신선술과 불로장생**

도교의 신선술은 영원히 죽지 않는 신선이 되는 것을 목표로 삼는다. 이를 위해 영원히 죽지 않는 약에 매우 관심이 많았으며, 호흡법 수련 등 다양한 방법을 통해 개인의 건강과 불로장생(不老長生)을 도모하였다.

**질문 있어요**

오두미교는 어떻게 교세를 확장하였나요?

오두미교는 장릉이 창시한 도교로, 오두미교라는 명칭은 쌀 다섯 말을 내고 가입한 데서 유래하였어요. 오두미교는 이렇게 모은 쌀로 빈민을 구제하였고, 이에 사람들은 크게 호응하였어요. 오두미교는 도덕적 선행을 꾸준히 실천하면 병이 치유되고 신선이 된다고 주장하였는데요. 이는 정치적 혼란기에 불안했던 사람들에게 큰 위로가 되었어요. 황건적의 난 이후 몰락한 태평도와 달리 오두미교는 오늘날까지 명맥이 이어지고 있으며 장릉의 후손인 오두미교의 교주가 최근까지 대만에 살았습니다.

**2 죽림칠현**

죽림칠현은 어지러운 정치와 세속의 가치에 등을 돌리고 자연에 묻혀 예술과 철학에 심취한 대화를 나누었다고 전해지는 일곱 명의 현인을 말한다.

**3 도덕적 삶을 권장한 도교**

『공과격(功過格)』은 금전 출납부처럼 선행과 악행을 적고 반성하는 책을 말한다. 선행을 공(功), 악행을 과(過)로 분류하고 각 행위에 점수를 매긴다. 일공(一功)이면 1을 더하고 일과(一過)는 1점을 뺀다. 매일 취침 전에 그날의 행위를 채점하고 월말에 소계하며 연말에 총 계산을 하는데 그 결과에 상응해서 재앙이나 복이 주어진다고 본다.

| | |
|---|---|
| 공(功) | • 사람의 목숨을 구함 : 100공<br>• 잘못을 저지른 사람을 교화함 : 30공<br>• 사람의 병을 치료함 : 10공 |
| 과(過) | • 사람의 목숨을 빼앗음 : 100과<br>• 타인에게 죄를 짓도록 하는 것 : 50과<br>• 유언비어를 터뜨리는 것 : 5과 |

**용어사전**

* **교조**(가르칠 敎, 조상 祖) 어떤 종교나 종파를 처음 세운 사람
* **교세**(가르칠 敎, 형세 勢) 종교의 형세나 그 세력
* **청담**(맑을 淸, 말씀 談) 속세와 관련 없는 맑고 고상한 이야기

## 2 도가·도교 사상과 한국 전통 사상의 융합

### ① 도가·도교 사상의 시대별 흐름

| | | |
|---|---|---|
| 고대 | | 한국 전통 사상 속에 도가·도교적 요소가 존재함 → 중국에서 전래된 도가·도교 사상이 전통 사상과 자연스럽게 융합됨<br>예 고대 고분 벽화, 단군 신화(단군이 나라를 다스린 후 신선이 된다는 내용) |
| 삼국 시대 | 고구려 | 도교를 국가적으로 수용 ← 『도덕경』을 강론했다는 기록이 있음 |
| | 백제 | 금동대향로, 산수문전 → 도교 사상의 표현 |
| | 신라 | 최치원의 「난랑비서문」에 담긴 풍류 사상 → 도교의 가르침을 포함함 |
| 고려 | | • 국가적 차원에서 도교가 크게 성행하여 종교적 면모를 갖춤<br>• 국가의 안녕과 민생의 안정을 도모함<br>예 팔관회, 도관* 건립, 재초(과의 도교) 4 |
| 조선 | | • 유학을 통치 이념으로 삼고 불교와 도교를 배척한 결과 → 국가적 차원의 도교는 쇠퇴하고 민간 신앙으로 명맥을 유지함<br>• 임진왜란 이전 : 소격서를 통해 왕실과 국가의 안위를 기원하는 재초를 거행<br>• 임진왜란 이후 : 소격서 폐지, 기복 신앙*으로서의 명맥 유지<br>• 조선 후기 : 사회 질서 붕괴로 인해 도교적 예언의 유행 → 동학과 증산교 등 근대 신흥 종교 성립에 영향을 줌 질문 |

**자료로 보는 최치원의 「난랑비서문」과 풍류 사상**

우리나라에 현묘한 도(道)가 있음에 이를 풍류(風流)라고 한다. 그 가르침의 근원에 대해서는 『선사』에 자세하게 기록되어 있는데, 삼교(三敎)를 포함하고 백성들을 접하여 교화한다. 집에서는 효를 행하고 나가서는 나라에 충성하는 것은 공자의 가르침과 같고, 무위(無爲)로 일을 처리하고 말 없는 가르침을 행하는 것은 노자의 뜻과 같으며, 악을 짓지 말고 모든 선을 받들어 행하는 것은 석가모니의 가르침과 같다.

– 최치원, 「난랑비서문」 –

자료 분석 최치원은 풍류 사상이 유·불·도가 전래되기 이전부터 우리 조상이 생활 지침으로 삼았던 사상임을 언급하면서 풍류 사상 안에는 이미 유교(충효), 불교(자비), 도가(무위자연)의 주요 가르침이 모두 포함되어 있다고 주장한다. 이처럼 우리의 고유 사상 속에는 이미 도가·도교적 요소가 자리 잡고 있었기 때문에 도가·도교 사상은 우리의 전통 사상과 자연스럽게 융화될 수 있었다.

Q 최치원이 삼교를 포함하고 있다고 본 우리의 고유 사상은 무엇인가? 

A 풍류

### ② 도가·도교 사상과 우리의 전통 사상과의 융합

- 우리 고유 민간 신앙과 융합하여 장수와 복을 기원하고 선행을 장려함
  예 성황신, 칠성신, 조왕신, 풍수지리 5
- 도교의 양생술*을 수용하여 수련법 및 전통 의학이 발전함
  예 『동의보감』, 『의방유취』

### ③ 도가·도교 사상의 한계와 의의

충효와 같이 현실의 인간관계를 규정하는 다양한 도덕을 강조하는 유학과 달리 세속을 벗어난 자유를 중시하는 도가·도교 사상은 국가적인 통치 이념이 되거나 학문적 체계를 이루기 어려운 측면이 있다.

| | |
|---|---|
| 한계 | 국가의 통치 이념이나 학문으로서 독자적 영역을 확보하지는 못함 |
| 의의 | • 한국 고유 사상과 융합하여 우리의 전통 문화에 많은 영향을 미침<br>• 근대 신흥 종교의 사상적 밑바탕이 됨<br>• 도덕적 삶의 중요성을 인식시킴 예 윤리 문자도 6<br>• 공동체 의식 형성에 기여함 |

**개념 더하기 자료 채우기**

**4 재초(齋醮)와 과의(科儀) 도교**

재초는 도사가 도관 및 전국의 명산 등에서 하늘을 비롯한 여러 신에게 재앙을 물리치고 복을 내리도록 기원하는 국가적 차원의 도교 제례를 말한다. 재초는 삼국 시대에 시작되어 고려 시대에 성행하였으며, 조선 시대 초까지 명맥이 이어졌다. 한편 재초와 같은 의식 행사 중심으로 시행된 도교를 '과의(科儀) 도교'라고 한다.

**질문 있어요**

도가·도교 사상이 근대 신흥 종교 성립에 준 영향은 구체적으로 어떤 것인가요?

동학은 경천사상의 바탕 위에 유교, 불교, 도가의 가르침을 종합하여 탄생했으며, 증산교 역시 무속의 바탕 위에 유교, 불교, 도가의 가르침이 융합되어 있어요. 이처럼 도가·도교 사상은 근대 신흥 종교 성립에 큰 영향을 주었어요.

**5 우리 고유의 민간 신앙**

우리 고유의 민간 신앙에는 삼신(三神)이 등장한다. 먼저, 성황신은 마을의 수호신으로 마을 입구의 신당에서 숭배되고 있다. 칠성신은 아이를 얻거나 아이의 건강을 지켜 주는 신이다. 그리고 조왕신은 부뚜막 위에서 부녀자들의 소원을 들어주는 신으로 가족의 건강과 안녕을 지켜준다. 반면 이러한 삼신 이외에도 대표적 민간 신앙인 풍수지리는 배산임수와 같은 자연적 요건이 인간의 길흉화복과 관련된다는 사상이다.

**6 윤리 문자도**

ⓐ 효(孝)

도교에서는 장생불사하면서 이상적인 세계에 사는 것을 궁극 목표로 삼는다. 장생불사하려면 신선의 경지에 이르러야 하는데, 신선이 되기 위해서는 윤리적 선행을 실천해야 함을 강조하였고, 그러한 생각이 반영된 것이 도교의 윤리 문자도이다. 윤리 문자도는 서예와는 달리 글씨에 회화성을 더했고, 서민 스스로 인간의 도리를 깨우치고 수행을 통해 이상적 경지로 가고자 했던 염원이 담긴 교화적 그림이다.

**용어사전**

- * **도관**(길 道, 볼 觀) 도교의 사원
- * **기복 신앙**(빌 祈, 복 福, 믿을 信, 우러를 仰) 복을 기원하기 위한 민간 신앙
- * **양생술**(기를 養, 날 生, 재주 術) 인간의 생명과 건강을 지키고 유지하기 위한 기술 또는 방법

# 기초를 다지는 확인 문제

바른답·알찬풀이 23쪽

올리드 포인트

## A 도가 사상의 전개

### 1 노자의 사상

| | |
|---|---|
| 혼란의 원인 | • 인간의 그릇된 인식과 가치관<br>• 인위적인 사회 제도 |
| 도(道) | • 우주 만물의 근원이자 만물의 변화 법칙<br>• 만물의 생성과 존재의 원리 |
| 무위자연 | 자연의 순리를 따르는 것 |
| 상선약수 | • 최고의 선은 물과 같음<br>• 겸허(謙虛)와 부쟁(不爭)의 덕을 강조 |
| 무위(無爲) 정치 | • 인위적 다스림이 없는 다스림<br>• 백성의 무지와 무욕을 지향 |
| 이상 사회 | 소국과민 : 작은 영토, 적은 백성 |

### 2 장자의 사상

| | |
|---|---|
| 혼란의 원인 | 차별과 편견 등의 분별적 지식 |
| 도(道) | 모든 존재와 현상의 근원 → 도(道)의 관점에서 보면 만물은 모두 평등함을 강조 |
| 이상적 경지 | • 제물(齊物) : 모든 사건이나 사물을 차별하지 않고 평등하게 인식하는 경지<br>• 소요(逍遙) : 선악, 시비, 미추의 구분과 인위적인 도덕에서 벗어난 정신적 자유의 경지 |
| 수양법 | • 좌망(坐忘) : 고요히 앉아 모든 것을 잊는 것<br>• 심재(心齋) : 마음을 깨끗이 하는 것 |
| 이상적 인간상 | 지인(至人), 천인(天人), 신인(神人), 진인(眞人) → 물아일체(物我一體)의 경지 추구 |

## B 도가 사상의 영향

### 1 도교의 전개

| | |
|---|---|
| 황로학파 | • 황제와 노자를 숭상함<br>• 무위(無爲)로서 백성을 다스리는 제왕의 통치술을 제시함 |
| 태평도 | 천하태평의 사회 지향 → 황건적의 난 이후 몰락 |
| 오두미교 | 선행을 실천하면 신선이 된다는 종교적 구원을 약속함 |
| 현학 | • 도가 사상을 철학적으로 계승함<br>• 죽림칠현 : 은둔 생활을 영위하며 청담을 즐김 |

### 2 도가·도교 사상과 전통 사상의 융합

| | |
|---|---|
| 시대별 흐름 | • 고대 : 고유 사상 속에 도교적 요소 존재<br>• 삼국 시대 : 도교의 수용과 발전<br>• 고려 시대 : 국가적 지원 속에 도교의 융성<br>• 조선 시대 : 도교가 쇠퇴하며 민간 신앙으로 유지 |
| 특징 | • 장수와 복을 기원하고 선행을 장려함<br>• 전통 의학 및 수련법 발전에 기여함 |

**01** 다음 설명이 맞으면 ○표, 틀리면 ×표를 하시오.

(1) 노자는 사회 혼란의 원인으로 인간의 그릇된 인식과 가치관, 인위적인 사회 제도를 꼽았다. ( )

(2) 노자가 말하는 도(道)는 인간의 감각적 경험으로 파악할 수 있다. ( )

(3) 무위자연이란 자연의 순리를 따르는 것을 말한다. ( )

(4) 상선약수는 겸허와 부쟁의 덕을 실천하는 삶의 자세를 강조한다. ( )

(5) 노자가 지향하는 이상 사회는 사회 제도가 잘 갖추어진 거대한 통일 제국이다. ( )

**02** 빈칸에 들어갈 알맞은 말을 쓰시오.

(1) 장자는 ( )의 관점에서 바라보면 만물은 모두 평등하다고 보았다.

(2) ( )은/는 모든 사건이나 사물을 차별하지 않고 평등하게 인식하는 경지를 말한다.

(3) 좌망은 고요히 앉아 모든 것을 잊는 수양법이며, ( )은/는 마음을 비워 깨끗이 하는 수양법이다.

**03** 다음 개념과 그에 관한 설명을 바르게 연결하시오.

(1) 현학 •

(2) 오두미교 •

(3) 황로학파 •

• ㉠ 도가 사상을 철학적으로 계승하였으며 청담을 즐김

• ㉡ 황제와 노자를 숭상하고 무위(無爲)로서 백성을 다스리는 제왕의 통치술을 제시함

• ㉢ 다섯 말의 쌀을 내고 가입하며, 선행을 실천하면 신선이 될 수 있다는 종교적 구원을 약속함

# 실력을 키우는 실전 문제

중요

**01** 다음 사상가의 입장을 〈보기〉에서 고른 것은?

> 사람은 땅을 법칙 삼아 어긋나지 않고, 땅은 하늘을 법칙 삼아 어긋나지 않으며, 하늘은 도(道)를 법칙 삼아 어긋나지 않고 도는 자연을 법칙 삼아 어긋나지 않는다.

보기

ㄱ. 무위자연(無爲自然)의 삶을 살아야 한다.
ㄴ. 통치자는 덕성과 예의에 따라 정치를 해야 한다.
ㄷ. 물과 같은 겸허(謙虛)와 부쟁(不爭)의 덕을 갖춰야 한다.
ㄹ. 극기복례(克己復禮)를 실천하여 인(仁)을 실현해야 한다.

① ㄱ, ㄴ ② ㄱ, ㄷ ③ ㄴ, ㄷ
④ ㄴ, ㄹ ⑤ ㄷ, ㄹ

**02** 다음 사상가가 부정의 대답을 할 질문으로 가장 적절한 것은?

> 영토는 작고 백성의 수가 적다. 비록 다양한 도구나 기구가 있다고 하더라도 쓰지 않는다. 백성들로 하여금 저마다 삶을 아끼고 떠돌아다니지 않게 한다. 비록 배나 수레가 있어도 타고 다닐 필요가 없고, 갑옷과 무기가 있어도 쓸 필요가 없게 한다. 사람들로 하여금 다시 끈을 묶고 매듭을 지어 쓰게 한다. 이웃하는 나라들이 서로 바라다보이며 닭 우는 소리와 개 짖는 소리가 서로 들려도 백성들이 늙어 죽을 때까지 서로 왕래하지 않는다.

① 통치자보다는 백성의 평화로운 삶이 더 중요한가?
② 자연 그대로의 질서를 따르는 삶이 바람직한 삶인가?
③ 인위적인 문명이나 제도에서 벗어난 삶을 추구해야 하는가?
④ 거대한 통일 제국을 실현하여 백성의 복지를 향상시켜야 하는가?
⑤ 통치자는 백성을 무지(無知)와 무욕(無慾)으로 인도해야 하는가?

**03** (가)의 사상가의 입장에서 (나)의 ㉠에 제시할 내용으로 가장 적절한 것은?

| | |
|---|---|
| (가) | 최상의 선(善)이란 물과 같다[上善若水]. 물의 선함은 만물을 이롭게 하지만 다투지 아니하며, 여러 사람이 싫어하는 낮은 위치에 처한다. 그러므로 도에 가깝다. |
| (나) | 가장 이상적인 삶이란 ______㉠______ |

① 자연의 순리에 따르는 삶이다.
② 악한 본성을 교화하여 선하게 만드는 삶이다.
③ 자신의 신분과 지위에 맞는 책임을 다하는 삶이다.
④ 시비(是非)와 선악(善惡)을 철저하게 구분하는 삶이다.
⑤ 인(仁)과 예(禮)를 바탕에 둔 인격을 실현하는 삶이다.

**04** 다음 사상가의 주장만을 〈보기〉에서 있는 대로 고른 것은?

> 성인(聖人)은 말한다. 나는 힘이 없어도 백성들은 스스로 교화되고, 내가 고요함을 좋아하니 백성들은 스스로 바르게 되고, 내가 아무 일도 벌이지 않아도 백성들은 스스로 풍족해지고, 내가 욕심을 내지 않으니 백성들은 스스로 순박해진다.

보기

ㄱ. 인위적인 다스림이 없는 다스림을 해야 한다.
ㄴ. 부국강병(富國強兵)을 위해 상과 벌로 다스려야 한다.
ㄷ. 작은 영토에 적은 백성이 모여 살아가는 사회를 만들어야 한다.
ㄹ. 거대한 통일 제국보다는 백성들의 평화로운 삶을 중시해야 한다.

① ㄱ, ㄷ ② ㄴ, ㄷ ③ ㄴ, ㄹ
④ ㄱ, ㄴ, ㄹ ⑤ ㄱ, ㄷ, ㄹ

중요

**05** 다음 사상가의 관점에만 모두 '∨'를 표시한 학생은?

> • 물보다 부드럽고 약한 것이 없지만 굳세고 강한 것을 공략하는 데는 그보다 더 나은 것이 없다. 부드러움이 굳셈을 이기고 약함이 강함을 이기는 것은 천하가 다 알지만 능히 행하지는 못한다.
> • 가장 좋은 군주는 백성들이 다스리는 자가 있다는 것만 알 뿐이다. 그 다음은 백성들이 친근감을 가지고 그를 찬양하는 군주이다. 그 다음은 그를 업신여기는 군주이다.

| 관점 \ 학생 | 갑 | 을 | 병 | 정 | 무 |
|---|---|---|---|---|---|
| 형벌로 사회 질서를 확립해야 한다. | ∨ | | | ∨ | ∨ |
| 훌륭한 군주는 다스리지 않음으로 다스려야 한다. | | ∨ | ∨ | ∨ | |
| 통치자는 백성의 무지(無知)와 무욕(無慾)을 지향해야 한다. | | ∨ | | ∨ | ∨ |
| 간사하고 이기적인 인간을 다스리도록 강력한 왕권을 수립해야 한다. | ∨ | | ∨ | | ∨ |

① 갑 ② 을 ③ 병 ④ 정 ⑤ 무

**06** 다음 사상가의 입장을 〈보기〉에서 고른 것은?

> 대도(大道)가 없어지면 인의(仁義)가 강조되고, 지혜가 발달하면 크나큰 거짓이 판을 치며, 육친(肉親)이 화목하지 못하면 효도와 사랑이 생겨나고, 나라가 혼란하면 충신이 나오게 된다.

보기

ㄱ. 무위(無爲)의 덕에 따르는 삶을 살아야 한다.
ㄴ. 옳고 그름을 구분하여 사회적 정의를 실현해야 한다.
ㄷ. 허정(虛靜)의 수양을 통해 인간의 본래 모습을 되찾아야 한다.
ㄹ. 악한 본성을 가진 인간은 외면적인 사회 규범을 통해 다스려야 한다.

① ㄱ, ㄴ ② ㄱ, ㄷ ③ ㄴ, ㄷ
④ ㄴ, ㄹ ⑤ ㄷ, ㄹ

**07** 다음 사상가가 제시한 이상적 인간상에 관한 설명으로 가장 적절한 것은?

> 성인(聖人)의 정치는 항상 백성들로 하여금 앎이 없고[無知] 욕심이 없게 하여[無欲], 저 아는 자로 하여금 감히 손댈 수 없게 하는 것이다. 이와 같은 무위(無爲)를 행하기만 하면, 다스려지지 않는 경우가 없게 된다.

① 물과 같이 스스로를 드러내지 않으며 살아간다.
② 차별적인 사랑에 반대하고 겸애(兼愛)를 실천하기 위해 노력한다.
③ 양지(良知)를 보존하여 타고난 도덕성을 함양하기 위해 노력한다.
④ 사욕(私慾)을 극복하고 진정한 예(禮)를 실현하기 위해 노력한다.
⑤ 위로는 진리를 구하고 아래로는 중생을 가르쳐 구제하는 삶을 살아간다.

**08** 다음 사상가의 입장으로 옳은 것은?

> 모장과 여희는 사람들이 미인이라 하지만 물고기는 그를 보면 물속 깊이 들어가고, 새는 그를 보면 높이 날아가고, 고라니와 사슴은 그를 보면 후다닥 달아난다. 이 네 가지 것들 중 누가 천하의 올바른 아름다움을 알고 있는 것인가? 내가 보건대 어짊과 의로움의 기준이나 옳고 그른 방향이 어지러이 뒤섞여 있다. 내 어찌 그 분별을 알 수 있겠는가?

① 인의예지의 덕을 함양하기 위해 노력해야 한다.
② 팔정도(八正道)의 실천을 통해 해탈의 경지로 나아가야 한다.
③ 겸애(兼愛)의 실천을 통해 서로 이익[利]을 주기 위해 노력해야 한다.
④ 좌망(坐忘)과 심재(心齋)의 수양을 통해 정신적 자유의 경지로 가야 한다.
⑤ 모든 것이 공(空)임을 깨닫고 보시(普施)를 실천하기 위해 노력해야 한다.

**09** 다음 사상가의 입장으로 옳은 것은?

> • 도(道)는 땅강아지나 개미한테도 있고, 기와나 벽돌에도 있으며, 똥이나 오줌에도 있다.
> • 오리 다리가 비록 짧지만 길게 이어주면 걱정거리가 되고, 학의 다리가 비록 길지만 끊으면 슬픈 일이다. 그러므로 본성이 긴 것은 잘라서는 안 되고, 본성이 짧은 것은 이어서는 안 된다.

① 예악(禮樂) 문화를 되살려 사회 혼란을 극복해야 한다.
② 시비(是非)와 선악(善惡)을 엄밀하게 분별해야 한다.
③ 자연의 유용성을 깊이 인식하는 삶의 자세를 가져야 한다.
④ 분별적 지식에서 벗어나 도(道)의 관점에서 사물을 바라보아야 한다.
⑤ 상대주의적 세계관에서 벗어나 성인(聖人)의 예의 법도를 기준으로 판단해야 한다.

★★ 중요

**10** 다음 이야기를 통해 고대 동양 사상가가 강조하는 삶의 자세로 가장 적절한 것은?

> 한 젊은이가 길을 가다가 우물에서 항아리로 물을 퍼내어 밭에 어렵게 물을 대는 노인을 보았다. 애를 쓰긴 하는데 효과는 아주 적었다. 젊은이는 물을 퍼내는 기계를 사용하면 힘들지 않게 물을 댈 수 있다고 일러 주었다. 그러나 노인은 기계를 사용하면 기계로 인한 일이 생겨나고 그러면 마음이 기계에 사로잡히게 된다고 응대하였다.

① 자신의 이름에 맞는 책임을 실천해야 한다.
② 옳고 그름을 구별하는 분별지를 함양해야 한다.
③ 욕망의 절제를 통해 선한 본성을 실현해야 한다.
④ 집의(集義)를 통해 자연적 순박함을 유지해야 한다.
⑤ 외물(外物)의 속박에서 벗어나 소요의 경지로 나아가야 한다.

**11** 다음 사상가의 입장으로 옳지 않은 것은?

> 전에 나는 꿈에 나비가 된 적이 있었다. 그때는 분명히 훨훨 나는 나비로서 스스로 만족하고 있음을 알고 있었고, 내가 나인 줄을 알지 못했다. 그러나 갑자기 꿈을 깬 뒤에 보니 엄연히 장자였다. 나는 꿈에 나비가 되었던 것인가? 아니면 나비의 꿈에 현재의 내가 되어 있는 것인가? 나비와 나는 차이가 있을 터이지만 알 수가 없다.

① 도(道)의 관점에서 보면 사물에는 귀천이 없다.
② 도(道)는 만물을 생성·변화하게 하는 근본 원리이다.
③ 만물은 각자 고유한 특성을 지니므로 모두 평등하다.
④ 세상 만물은 모두 하나로 같기 때문에 차별하는 것은 옳지 않다.
⑤ 인간은 하늘이 부여한 도덕적 본성을 지니므로 이러한 본성을 확충하면 성인이 될 수 있다.

**12** 다음 사상가의 입장으로 옳은 것은?

> 도(道)는 왜 가리어져 참과 거짓이 발생하게 되고, 참된 말은 어디에 가리어져 시비(是非) 다툼이 생기는 것일까? 도(道)는 어디 가서 오지 않고 참된 말은 어디에 있기에 시비 논란이 있는 것일까? 도(道)는 자그마한 분별적 지식에 가려지고 참된 말은 허황된 말에 가려진다. 상대가 틀리다고 하는 것을 옳다고 하고, 한쪽이 옳다고 하는 것을 틀리다고 하는 것은 도(道)에 밝지 못한 것이다.

① 연기(緣起)를 자각하여 만물의 상호 의존성을 깨달아야 한다.
② 옳고 그름, 선과 악을 구분하는 도덕적 기준을 명확히 인식해야 한다.
③ 중도(中道)의 자각을 통해 현실과 진리가 별개가 아님을 인식해야 한다.
④ 오감(五感)을 통해 사물을 인식하여 자연의 흐름에 순응하는 태도를 길러야 한다.
⑤ 좌망(坐忘)과 심재(心齋)의 수양을 통해 도(道)의 관점에서 사물을 인식해야 한다.

**13** 다음 사상가의 입장을 〈보기〉에서 고른 것은?

> 사람들은 소, 양, 돼지를 잡아먹고, 고라니와 사슴은 풀을 먹고, 지네는 뱀을 먹고, 솔개와 까마귀는 쥐를 좋아한다. 이들 중에서 어느 동물의 입맛이 과연 올바른 것인가? 고라니는 사슴과 교미를 하며, 미꾸라지는 물고기와 어울려 논다. 내가 보건대 세상 사람들이 인의(仁義)와 시비(是非)를 어지럽게 주장하지만 어찌 그것을 구분할 수 있겠는가?

보기

ㄱ. 소요(逍遙)와 제물(齊物)의 경지를 추구한다.
ㄴ. 아름다움과 추함을 가르는 명확한 사회적 기준을 마련한다.
ㄷ. 차별과 편견에서 벗어나 만물은 평등하다는 관점에서 인식한다.
ㄹ. 선악(善惡)과 시비(是非)를 구분할 수 있는 지혜를 장려한다.

① ㄱ, ㄴ ② ㄱ, ㄷ ③ ㄴ, ㄷ
④ ㄴ, ㄹ ⑤ ㄷ, ㄹ

**14** 다음을 주장한 사상가의 입장으로 옳은 것은?

> • 자기의 신체나 손발의 존재를 잊어버리고, 눈이나 귀의 움직임을 멈추고, 형체가 있는 육체를 떠나 분별 작용[知]을 버린다면 도(道)와 한 몸을 이루어 두루 통하게 된다. 이것을 좌망(坐忘)이라고 한다.
> • 기는 텅 비움으로써 바깥 사물을 있는 그대로 맞아들인다. 도(道)는 오로지 텅 비우는 곳에 모이는 법이다. 이처럼 텅 비우는 경지에 이르는 것을 심재(心齋)라고 한다.

① 도덕적 선과 악을 명확히 구분해야 한다.
② 훌륭한 군주는 먼저 군자다운 인격을 닦아야 한다.
③ 지나치거나 모자라지 않는 중용(中庸)을 실천해야 한다.
④ 옳고 그름을 구별하는 분별지(分別智)를 함양해야 한다.
⑤ 외물(外物)의 속박에서 벗어나 소요(逍遙)를 추구해야 한다.

중요

**15** ㉠에 관한 설명으로 옳은 것은?

> 노자를 교조로 받들고 『도덕경』을 경전으로 삼는 ㉠ 이 종교는, 다섯 말의 쌀을 내고 가입한 데서 명칭이 유래하였다. 이들은 이렇게 모은 쌀로 빈민을 구제하여 백성의 호응을 얻었다.

① 세속적 주제와 거리를 두고 청담(淸談)을 즐겼다.
② 전설상의 제왕인 황제와 노자를 함께 숭상하였다.
③ 무위로서 백성을 다스리는 제왕의 통치술을 제시하였다.
④ 교리를 믿고 도덕적 선행을 하면 신선이 된다고 주장하였다.
⑤ 노자와 장자의 사상을 철학적으로 계승하여 정신적 자유를 추구하였다.

**16** 다음 사상에 관한 옳은 설명을 〈보기〉에서 고른 것은?

> 일곱 명의 선비가 대나무 숲 속에 모여 거문고와 술을 즐기며 청담(淸談)으로 세월을 보냈다. 그들은 청담을 통해 인간의 고정 관념을 초월한 무(無)의 세계를 진실한 세계로 보면서 정신적 자유를 추구하였다.

보기

ㄱ. 노자를 신(神)으로 받들고 종교적 구원을 약속하였다.
ㄴ. 영원히 죽지 않는 신선이 되기 위해 선행의 실천을 강조하였다.
ㄷ. 부패한 현실에 등을 돌리고 우주론적 최고의 원리와 경지에 대해 토론하였다.
ㄹ. 도가 사상을 철학적으로 계승하여 형이상학적이고 예술적인 논의를 중시하였다.

① ㄱ, ㄴ ② ㄱ, ㄷ ③ ㄴ, ㄷ
④ ㄴ, ㄹ ⑤ ㄷ, ㄹ

**17** 다음 기록을 통해 추론할 수 있는 내용으로 적절하지 않은 것은?

> 우리나라에 현묘한 도(道)가 있음에 이를 풍류(風流)라고 한다. 그 가르침의 근원에 대해서는 『선사』에 자세하게 기록되어 있는데, 삼교(三敎)를 포함하고 백성들을 접하여 교화한다. 집에서는 효를 행하고 나가서는 나라에 충성하는 것은 공자의 가르침과 같고, 무위(無爲)로 일을 처리하고 말 없는 가르침을 행하는 것은 노자의 뜻과 같으며, 악을 짓지 말고 모든 선을 받들어 행하는 것은 석가모니의 가르침과 같다.

① 우리나라는 외래 사상에 대해 배타적이다.
② 풍류 사상 속에는 유교의 충효의 가르침이 포함되어 있다.
③ 풍류 사상 속에는 불교의 자비의 가르침이 포함되어 있다.
④ 풍류 사상 속에는 도가의 무위자연의 가르침이 포함되어 있다.
⑤ 풍류 사상은 우리나라에 유교, 불교, 도교가 전래되기 이전부터 존재했다.

★★ 중요

**18** 다음 자료와 관련 깊은 사상에 관한 설명으로 옳은 것은?

> • 우리나라 고대 고분 벽화에는 학을 탄 신선이나 약 그릇을 든 신선의 모습이 등장한다.
> • 신라에서는 최고의 화랑 네 명을 사선(四仙)이라고 부르며 신선처럼 대우하였다.
> • 고려 시대의 재초는 도관(道觀)에서 거행하였다.
> • 조선 후기에는 도참설(圖讖說)이 널리 유행하였다.

① 왕실을 중심으로 영향력을 행사하였다.
② 주로 국가의 통치 이념의 역할을 담당하였다.
③ 자비를 실천하는 삶의 중요성을 일깨워 주었다.
④ 국가와 민간에 수용되어 한국 전통 사상과 융합하면서 많은 영향을 주었다.
⑤ 사회 제도와 규범에 대한 관심을 바탕으로 국가 체제가 갖추어지는 데 기여하였다.

## 서술형 문제

**19** 다음 글을 읽고 물음에 답하시오.

> • 최상의 선은 물과 같다. 물의 선함은 만물을 이롭게 하지만 다투지 아니하며, 여러 사람이 싫어하는 낮은 위치에 처한다. 그러므로 도에 가깝다.
> • 국토는 작고 백성의 수가 적다. 비록 다양한 이기가 있다 하더라도 쓰지 않는다. 백성들로 하여금 저마다 삶을 아끼고 떠돌아다니지 않게 한다. 비록 배나 수레가 있어도 타고 다닐 필요가 없고, 갑옷과 무기가 있어도 쓸 필요가 없도록 한다.

(1) 위와 같이 주장한 사상가를 쓰시오.

(2) 위 사상가가 주장한 이상 사회를 쓰시오.

(3) 위 사상가가 제시하는 사회 혼란의 원인을 서술하시오.

**20** 다음 글을 읽고 물음에 답하시오.

> (가) 선악(善惡), 미추(美醜)를 구분하는 세속적인 차별과 편견 의식에서 벗어나 도(道)의 경지에서 모든 것을 인식하는 제물(齊物)의 경지를 추구해야 한다.
>
> 〈문제 상황〉
>
> 외모 지상주의가 우리 사회에 널리 확산됨에 따라 성형 열풍이 불고 있다. 외모가 사람을 평가하는 중요한 기준이 되어 버린 상황에서 성형 수술의 부작용과 많은 비용을 감수하고라도 연예인처럼 외모를 고치려는 사람들이 늘고 있는 것이다.

(1) (가)를 주장한 사상가를 쓰시오.

(2) (가)의 입장에서 제시할 〈문제 상황〉의 해결 방안을 서술하시오.

# 등급을 올리는 고난도 문제

**01** 가상 대화의 스승이 강조한 삶의 태도로 가장 적절한 것은?

① 도의 관점에서 만물을 바라보고 분별적인 지식을 쌓아 나간다.
② 나와 남의 상호 연계성을 자각하고 남의 해탈을 위해 헌신한다.
③ 타고난 자연의 덕성이 실현될 수 있도록 예(禮)에 따라 행동한다.
④ 만물에 이로움을 줄 수 있도록 타고난 인의(仁義)의 덕을 함양한다.
⑤ 허정(虛靜)의 수양을 바탕으로 자연의 순리에 따라 소박하게 생활한다.

**문제 접근 방법**
'도', '물' 등의 핵심어를 통해 해당 사상가를 파악한다. 사상가의 입장을 상기하고 선택지를 꼼꼼히 분석하여 문제를 해결한다.

**적용 개념**
# 상선약수

**02** 갑의 입장에 비해 을의 입장이 갖는 상대적 특징을 그림의 ㉠~㉤ 중에서 고른 것은?

갑 : 본성과 인위가 결합해야 천하가 다스려진다. 하늘은 만물을 낳을 수 있으나 만물을 다스릴 수는 없다. 땅은 인간을 싣고 있으나 인간을 다스릴 수는 없다. 인간을 포함한 우주 만물은 성인을 기다린 후에 분별된다.
을 : 도(道)의 입장에서 본다면 물건에는 귀하고 천한 것이 없다. 세속적인 입장에서 본다면 귀하고 천한 것은 자기에게 달려 있는 것이 아니라 남이 정해 주는 것이다. 그래서 지인(至人)은 분별을 잊고 자연의 덕에 따라 살아간다.

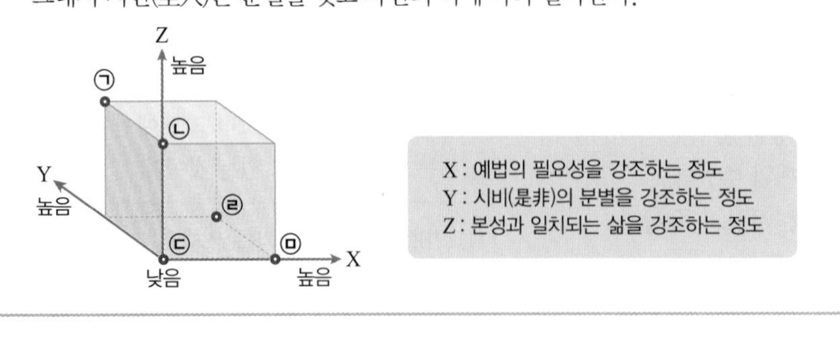


① ㉠ ② ㉡ ③ ㉢ ④ ㉣ ⑤ ㉤

**문제 접근 방법**
'본성과 인위가 결합해야 다스려진다', '도의 입장에서 본다' 등의 핵심 문구를 통해 갑, 을 사상가를 파악한다. 두 사상가의 입장을 비교하면서 문제를 해결한다.

**적용 개념**
# 화성기위
# 만물제동

**03** 고대 동양 사상가 갑, 을 모두가 긍정의 대답을 할 질문을 〈보기〉에서 고른 것은?

> 갑 : 성인(聖人)은 백성들이 간교한 지혜와 욕심을 품지 않게 하고, 무위(無爲)로 다스리기 때문에 다스려지지 않는 경우가 없다. 현자를 높이지 않아야 백성들이 다투지 않는다.
>
> 을 : 지인(至人)은 만물을 각자의 본성에 맡겨 두고 자유로운 세계에서 무궁하게 노닐며, 어떤 것에 의해서도 걸림이 없다. 소요(逍遙)의 경지는 지인의 마음을 밝혀 놓은 것이다.

보기

ㄱ. 성인의 가르침을 배워 분별적인 지혜를 쌓아야 하는가?
ㄴ. 인의의 덕을 수양하여 마음을 깨끗이 비워야[心齋] 하는가?
ㄷ. 자연의 이치를 거스르지 않고 순응하는 삶을 살아야 하는가?
ㄹ. 도(道)의 관점에서 사물을 인식할 때 영원한 자유와 평등이 실현되는가?

① ㄱ, ㄴ ② ㄱ, ㄷ ③ ㄴ, ㄷ
④ ㄴ, ㄹ ⑤ ㄷ, ㄹ

**문제 접근 방법**

'무위의 다스림', '지인', '소요' 등을 통해 갑과 을이 누구인지 파악한다. 두 사상가의 입장을 염두에 두면서 보기를 분석하여 문제를 해결한다.

**적용 개념**

# 무위지치(無爲之治)
# 소요(逍遙)

**04** 고대 동양 사상가 갑, 을의 입장으로 옳은 것은?

> 갑 : 천하의 바른 곳에 거처하고 큰 도를 행하며, 부귀와 빈천에 마음이 동요하지 않으며, 위세와 무력에도 굴복하지 않으니 이런 사람을 '대장부(大丈夫)'라 한다.
>
> 을 : 작은 일에도 거스르지 않고, 성공을 뽐내지 않으며, 일을 꾀하지 않는다. 잘못이 있어도 후회하지 않으며, 잘 되어도 만족하지 않으니 이런 사람을 '진인(眞人)'이라 한다.

① 갑 : 자타불이(自他不二)를 인식하고 자비를 실천해야 한다.
② 갑 : 일체의 구속하는 것들을 잊는 좌망(坐忘)을 추구해야 한다.
③ 을 : 의(義)를 실천하여 호연지기(浩然之氣)를 확충해야 한다.
④ 을 : 인위적인 규범을 제거하여 순선한 본성을 회복해야 한다.
⑤ 갑, 을 : 타고난 본성을 실현할 수 있는 삶을 추구해야 한다.

**문제 접근 방법**

'대장부', '진인'이라는 핵심어를 통해 갑과 을이 누구인지 파악한다. 두 사상가의 주요 개념을 상기하면서 선택지를 분석하여 문제를 해결한다.

**적용 개념**

# 동양 윤리의 이상적 인간상
# 대장부
# 진인

# 07 한국과 동양 윤리 사상의 의의

학습길잡이
- 한국의 근대 격변기에 나타난 정제두의 강화학파와 실학의 특징을 파악해 둔다.
- 위정척사, 개화사상, 근대 신흥 종교의 공통점과 차이점을 비교하여 정리해 둔다.

## A 한국 전통 윤리 사상의 근대적 지향성

### 1 실학

① **등장 배경 :** 임진왜란, 병자호란 이후 민생 파탄과 사회적 혼란 → 성리학을 공리공론*으로 비판하고 사회 문제를 해결하고자 하는 실학 등장 질문

② **학문적 경향 :** 경세치용, 이용후생, 실사구시 → 민본주의적·근대 지향적 주장으로 이어짐 1

③ **영향 :** 개화사상의 형성에 영향을 줌

**자료로 보는 홍대용의 직업관과 개혁 정신**

양반들은 아무리 심한 곤란과 굶주림을 겪더라도 팔짱 끼고 편하게 앉아 농사를 짓지 않으니 백성이 가난을 면할 수 없다. 따라서 사농공상에 관계없이 놀고먹는 자에 대해서는 관(官)에서 벌칙을 마련하여 세상에 용납할 수 없도록 하여야 한다. 재능과 학식이 있다면 비록 농부나 상인의 자식이 관직에 들어가 앉더라도 분수에 넘칠 것이 없고, 재능과 학식이 없다면 비록 관리의 자식이 하인으로 돌아간다 할지라도 한탄할 것이 없다. – 홍대용, 『담헌서』 –

자료 분석 실학자 홍대용은 타고난 신분에 따른 직업 배분에 반대하고 개인의 재능에 따라 직업을 가져야 한다고 보면서, 당시 현실을 비판하고 개혁하고자 하였다.

Q 자료에서 알 수 있는 사상은 무엇인가? A 실학

### 2 강화학파 2

① **성립 배경 :** 양명학을 재해석한 정제두의 사상을 이어받아 형성됨

② **주요 사상**
- 인식 주체로서의 '나'가 도덕 문제의 판단 기준이며, 도덕적 삶의 근거는 자신의 내면인 양지(良知)라고 봄
- 인간이 도덕적 주체임을 깨닫고 사욕을 극복하여 양지를 실천할 것을 강조함

③ **의의 :** 성리학의 권위에서 벗어나고자 함 (강화학파는 양명학은 물론 불교와 도교까지 수용하는 개방적 학문 태도를 취하였다.)

④ **영향 :** 개화사상, 일제 강점기 국학* 운동, 애국 계몽 운동* 등으로 이어짐

**자료로 보는 양명학을 비판적으로 수용한 정제두**

사람의 마음에서 생생하게 활동하는 이치[生理]는 능히 밝게 깨달을 수 있으며 만사에 두루 통하여 어둡지 않다. 그렇기 때문에 측은(惻隱)·수오(羞惡)·사양(辭讓)·시비(是非) 어느 것이나 능히 못하는 것이 없게 된다. 이것이 그 고유한 덕(德)으로서 이른바 양지(良知)란 것이고 또 인(仁)이란 것이다. – 정제두, 『하곡집』 –

자료 분석 정제두는 모든 사람에게 양지가 내재되어 있으므로 '나'가 도덕 판단의 기준이라고 보며, 사욕을 극복하고 양지를 실천할 때 도덕적 삶이 가능하다고 주장하였다.

Q 자료에서 정제두가 모든 인간에게 내재되어 있다고 주장한 것은 무엇인가? A 양지

**개념 더하기 자료 채우기**

**질문 있어요**

**실학과 성리학의 다른 점은 무엇인가요?**

성리학자들과 마찬가지로 실학자들도 도덕 실천의 문제에 관심이 많았어요. 그런데 인간의 욕구를 부정적으로 본 성리학자들과 달리 실학자들은 인간의 욕구를 긍정적으로 여겼습니다. 또한 성리학자들은 절대적인 도덕규범인 천리(天理)를 강조하였지만 실학자들은 도덕규범이 인간의 필요에 따라서 새롭게 만들어질 수 있다고 보았어요. 한편 당시에는 중국을 세계의 중심으로 여기는 화이관을 가진 사람들이 많았는데, 일부 실학자들은 서양 과학의 영향을 받아 지구는 둥글다는 사실에 근거하여 자주적인 세계관을 형성하기도 하였어요.

**1 실학의 민본주의 정신과 개혁 사상**

실학의 정신은 경세치용, 이용후생, 실사구시로 구체화되어 근대 지향적인 개혁을 도모하였다. 실학자들은 토지 개혁, 상공업 진흥, 신분제 개혁 등을 주장하며 국가 경제를 발전시키고, 가난과 굶주림으로 고통받는 백성의 삶을 개선하고자 하였다.

| | |
|---|---|
| 경세치용(經世致用) | 세상을 다스리는 일과 백성들의 실제 생활에 도움이 되는 학문을 추구해야 함 |
| 이용후생(利用厚生) | 생활에 이롭게 쓰이고 삶을 풍요롭게 하는 학문을 추구해야 함 |
| 실사구시(實事求是) | 사실에 근거하여 과학적이고 객관적인 학문을 해야 함 |

**2 강화학파**

조선 후기 정제두를 비롯한 양명학자들이 강화도를 중심으로 형성한 학파이다. 정제두가 강화도로 물러나 은거하기 시작한 이래 그의 친인척과 몇몇 학자들이 모여 학문을 익히거나 혈연관계를 맺어 200여 년 동안 학맥을 이어나갔다.

**용어사전**

* **공리공론**(빌 空, 다스릴 理, 빌 空, 논할 論) 실천이 따르지 아니하는 헛된 이론이나 논의
* **국학**(나라 國, 학문 學) 나라의 고유한 역사, 풍속, 신앙, 제도, 예술 등을 연구하는 학문
* **애국 계몽 운동** 구한말 지식인들이 국권 회복을 위한 방법으로 국가 전반의 실력 양성을 추진한 운동

### 3 위정척사

① **의미 :** 성리학에 바탕을 둔 유교적 질서를 지키고 서양의 종교와 문물을 배척하였던 사상

위정척사 사상가들은 주로 이황의 사상의 영향을 받았다. 이들은 인간의 도덕성을 강조하는 성리학적 질서는 결코 포기할 수 없다고 주장하였다.

② **대표 학자 :** 이항로, 기정진, 최익현 **3**

③ **의의 :** 주체성을 지키려는 의식과 절의*(節義)를 강조하는 선비 정신의 표출

④ **영향 :** 일본 제국주의에 맞서 싸운 의병 운동으로 이어짐

**자료로 보는 위정척사 사상가들의 상소문**

• 오랑캐의 해로움은 홍수나 맹수의 해로움보다도 더 심각합니다. 서양과 화친*할 수 없다는 것은 내 나라 사람의 주장이고, 서양과 화친하자는 것은 적국 쪽 사람의 주장입니다. 전자를 따르면 옛 문물과 제도를 보전할 수 있지만 후자를 따르면 금수(禽獸)의 나라가 될 것입니다. – 이항로, 『화서집』 –

• 그들이 가진 끝없는 탐욕은 우리의 백성을 금수(禽獸)와 같이 만들 것입니다. 만약 통상의 길이 한번 열리면 2, 3년 안에 서양화되지 않는 이가 없을 것입니다. 전하는 장차 누구와 임금 노릇을 하시려 하십니까? – 기정진, 『노사집』 –

**자료 분석** 위정척사 사상가들은 서양이 부모와 자식, 임금과 신하 간의 윤리나 우주의 근본 원리에 대해 무시하며, 단지 물질적 풍요만을 중시한다고 비판하였다.

**Q** 이항로와 기정진의 상소문을 통해 알 수 있는 사상은 무엇인가? **A** 위정척사

### 4 개화사상

개화사상가들은 주로 이이의 사상과 실학사상의 영향을 받아 현실 개혁을 위해서는 서양 문물이 필요하다고 보았다.

① **의미 :** 서양의 근대화된 문물을 수용하여 민족의 어려움을 극복하고 부국강병을 이루고자 하였던 사상 **질문**

② **개화사상의 두 갈래**

| | |
|---|---|
| 동도서기론 (온건 개화론) | 유교적 질서[東道]는 유지하고 서양의 근대화된 문물[西器]을 수용하자는 입장 |
| 급진 개화론 | 유교적 질서를 폐지하고 서양의 근대화된 문물을 수용하자는 입장 **4** |

③ **의의 및 영향 :** 서구 문명을 능동적으로 수용하여 부국강병과 사회 개혁을 시도하려는 근대 지향적 사상으로 구한말 애국 계몽 운동으로 이어짐

**자료로 보는 곽기락의 상소문**

신이 보건대 요즘에 유생들이 상소문을 올리는 것이 유행이 되어서 마치 큰 변고나 위급한 화가 당장 이를 것처럼 하고 있습니다. 그 상소의 내용은 '정학을 옹호하고 사교를 배척해야 한다.'라는 내용으로, 이웃 나라와 사귀고 수교하는 것을 문제로 삼고 있습니다. 우리는 예의 바른 풍습을 지켜 오고 있으니, 기계(器械)에 관한 기술과 농업 및 수예*(樹藝)에 대한 책과 같은 것이 만약 이익이 될 수 있다면 선택하여 행할 것이지 굳이 외국의 것이라고 해서 좋은 것까지 배척할 필요는 없습니다. – 『일성록』 –

**자료 분석** 곽기락은 동양의 정신을 근간으로 한 현 체제를 유지하면서도, 서양의 좋은 것을 수용하는 것은 잘못된 것이 아니라면서 동도서기론을 주장하고 있다.

**Q** 곽기락은 개화에 대해 어떤 입장이었는가? **A** 동도서기론

**개념 더하기 자료 채우기**

**3 최익현의 위정척사 상소문**

강화(講和, 싸움을 끝내고 조약을 맺어 평화를 얻음)가 한번 이루어지면 사학(邪學, 천주교)의 서적과 천주(天主)의 초상화가 교역 과정에서 들어올 것입니다. 그렇게 되면 얼마 안 가서 사학이 온 나라 안에 퍼질 것입니다. 이를 그냥 그대로 내버려 두고 죄를 묻지 않는다면 예의는 시궁창에 빠지고 인간들은 변하여 금수(禽獸)가 될 것입니다. – 최익현, 『면암집』 –

위정척사 사상가인 최익현은 상소문을 통해 올바른 것, 즉 유교적 가치는 지키고 거짓된 것, 즉 천주교와 서양 문물은 배척해야 한다고 주장하였다.

**질문 있어요**

위정척사와 개화사상이 등장하게 된 시대적 배경은 무엇인가요?

위정척사와 개화사상이 등장한 19세기 조선은 커다란 변화와 위기를 겪고 있었어요. 내부적으로는 정치적 혼란과 민란이 끊이지 않았으며, 외부적으로는 서양 문물의 유입과 서양의 통상 요구가 본격화되고 있었죠. 이러한 위기 속에서 전통 사회의 기반이 흔들리고 백성들의 삶은 도탄에 빠지게 되었습니다. 이때 위정척사 사상가들은 조선의 유교적 질서를 지키면서 주체성을 바탕으로 혼란을 극복하고자 했고, 개화사상가들은 서양의 근대화된 문물을 수용하여 민족의 어려움을 극복하고자 했어요.

**4 급진 개화론의 개혁 사상**

급진 개화론은 전제 군주제와 신분 질서로 대표되는 조선의 유교적 질서를 근본적으로 변혁하고자 하는 주장이다. 급진 개화론자들은 모든 사람은 태어나면서부터 누구도 빼앗을 수 없는 도리를 부여받았다고 보고, 그것은 생명을 보전하며 자유를 추구하고 행복을 추구하는 것임을 강조하였다. 이들은 이러한 논리를 바탕으로 백성의 권리를 보장하고 군주의 권한을 축소해야 한다고 주장하였다.

**용어사전**

* **절의**(마디 節, 옳을 義) 절개와 의리
* **화친**(화할 和, 친할 親) 나라와 나라 사이에 다툼 없이 가까이 지냄
* **수예**(나무 樹, 재주 藝) 곡식이나 나무 따위를 심어 가꾸는 일

# 한국과 동양 윤리 사상의 의의

## 5 동학

① **등장 배경 :** 최제우가 서학(西學)(천주교)에 대항하고, 보국안민(輔國安民)(나라를 돕고 백성을 편안하게 한다.)하기 위해 경천사상과 유·불·도 사상을 융합하여 성립함

② **주요 사상**

| | |
|---|---|
| 내용 | • 시천주(侍天主) : 내 마음 속의 한울님을 모시라.<br>• 오심즉여심(吾心卽汝心) : 나의 마음이 곧 너의 마음이다.<br>• 사인여천(事人如天) : 사람을 하늘처럼 섬기라.<br>• 인내천(人乃天) : 사람이 곧 하늘이다. |
| 특징 | • 인간 존중 및 인간 평등의 정신<br>• 조화의 정신 : 경천사상 + 유교, 불교, 도교<br>• 후천 개벽 사상 : 신분 차별이 사라진 자유롭고 평등한 이상 사회가 현세에서 도래할 것이라는 희망을 백성들에게 심어 줌 1 질문 |
| 의의 | *신문화 운동과 3·1 운동에 영향을 줌 |

## 6 증산교

① 강일순이 고유 사상의 바탕 위에 무속과 도가 사상을 재해석하여 창시함

② **해원상생(解冤相生) :** 맺힌 원한을 풀고 서로를 살리며 더불어 살아감 2

③ **후천 개벽 사상 :** 현세에서 궁핍과 차별이 사라진 이상 사회가 도래함

## 7 원불교

원불교는 산속의 사찰에서 속세와 인연을 끊은 채 불상을 숭배하는 기존 불교를 비판하고 생활 속의 수행과 적극적인 사회 참여를 강조하는 생활 불교를 표방하였다.

① 박중빈이 기존의 불교 사상을 개혁하여 한국형 생활 종교를 창시함 → 일상생활 속에서의 수행을 강조함

② **일원상(一圓相) :** 우주 만물의 근원이자 모든 중생의 청정한 마음 3

③ **후천 개벽 사상 :** 일체의 차별이 극복된 평화로운 이상 사회를 제시함

### 자료로 보는 근대 신흥 종교의 개혁 정신

• 동학 : 서학(西學)은 말에 논리가 없고 글에 옳고 그름이 없다. 사심 없이 한울님을 섬긴다고 할 만한 단서가 전혀 없고, 오직 자신을 위해 기도할 뿐이다. 나는 우리나라에서 태어나 우리나라에서 깨달음을 얻었다. 땅이 동서로 나뉘어 있는데 서를 어찌 동이라 하고 동을 어찌 서라 하겠는가? -「동경대전」-

• 증산교 : 천지도수(天地度數)를 뜯어고치며 신도(神道)를 바로잡아 만고의 원한을 풀고 상생(相生)의 도로써 선경(仙境)을 열고 조화정부(造化政府)를 세워 하염없는 다스림과 말 없는 가르침으로 백성을 화(化)하여 세상을 고치리라. (해원상생) -「대순전경」-

• 원불교 : 우리는 일원상의 진리와 정신수양(精神修養), 사리연구(事理研究), 작업취사(作業取捨)의 삼학(三學)으로써 의식주를 얻고 의식주와 삼학으로써 그 진리를 얻어 영육쌍전(靈肉雙全)하여 개인, 가정, 사회, 국가에 도움이 되게 하자는 것이니라. -「정전」-

**자료 분석** 동학은 서학과 신분에 따른 차별에 저항하면서 평등한 이상 사회의 도래를 약속하였다. 증산교 역시 백성들의 원한이 해소되는 새로운 이상 사회를 주장하였다. 원불교는 물질의 발달에 정신의 발달이 미치지 못하여 혼란이 생겼다고 보고 정신문명과 물질문명이 함께 발전해야 이상 세계가 실현된다고 보았다.

Q 근대 신흥 종교가 공통으로 주장하는 사상은 무엇인가? A 후천 개벽 사상

### 개념 더하기 자료 채우기

**1 후천 개벽(後天開闢)**

> 선천(先天)에는 상극지리(相剋之理)가 인간사물(人間事物)을 맡았으므로 모든 인사(人事)가 도의에 어그러져서 원한이 맺히고 쌓여 삼계에 넘치매, 마침내 살기(殺氣)가 터져 나와 세상에 모든 참혹한 재앙을 일으킨다. -「대순전경」-

선천(先天) 이란 불평등, 부조리로 가득한 낡고 어두운 세계이다. 이와 대비하여 선천이 끝나고 평등과 정의가 구현되어 살기 좋은 세상을 후천(後天) 세계라고 한다. 이처럼 어지러운 세상이 뒤집혀 다시 평화로워지는 것을 개벽이라고 한다.

**질문 있어요**

근대 신흥 종교는 왜 모두 후천 개벽을 제시하나요?

최제우가 창시한 동학, 강일순이 창시한 증산교, 박중빈이 창시한 원불교는 모두 19세기 이후 생겨난 종교이지요. 이 시기는 국내외적으로 많이 혼란스럽고, 백성의 고통이 극심했던 시기였기 때문이에요. 후천 개벽 사상은 고통 속에 살아가던 백성들의 삶에 큰 위안이 되었고, 근대 신흥 종교의 세력이 확장되는 계기가 되었어요.

**2 해원상생**

증산교는 갈등, 재앙, 고통의 원인은 사람들의 원한이 맺히고 쌓여 온 결과라고 보았다. 이러한 원한을 풀고 서로 돕고 더불어 살아가는 해원상생을 통해 이상 사회로 나아갈 수 있음을 강조하였다.

**3 일원상**

원불교 창시자 박중빈은 20여 년간 수행한 뒤 얻은 깨달음이 언어나 문자를 초월한다는 의미에서 하나의 원으로 표시하였다. 일원(一圓)은 곧 우주 만물의 근본 원리이며 부처의 깨달음이고 중생의 깨끗한 본성이라는 것이다. 박중빈은 일원상을 신앙의 대상이자 수행의 표본으로 삼았으며, 각자 생업에 종사하며 대중과 호흡하는 가운데 이웃의 교화와 진리를 추구할 것을 강조하였다.

**용어사전**

* **신문화 운동** 3·1 운동 이후 1920년대에 일제의 문화 정치에 대응하여 천도교에서 벌였던 신교육 운동, 언론·출판 운동, 청년 운동, 농민 운동, 노동 운동, 여성 운동 등의 다양한 계몽 운동

## B 동양의 이상적 인간상과 시민

### 1 현대 사회의 윤리적 상황과 동양의 이상적 인간상

① 황금만능주의*, 지나친 이기주의, 사회 갈등, 인간의 존엄성 훼손 및 생명 경시 풍조 등 다양한 윤리 문제의 등장 → 시민 모두가 인격 완성과 도덕적 사회 구현을 위해 노력해야 함

② 동양의 이상적 인간상은 인격 완성과 도덕적 사회 구현에 필요한 다양한 규범과 가치를 제공함 4

### 2 동양의 이상적 인간상의 특징과 현대인에게 주는 시사점

| 동양의 이상적 인간상의 특징 | 시사점 |
|---|---|
| 초월적 존재의 도움 없이 인간 스스로의 노력과 수양을 통해 도달하는 경지 질문 | 자기 수양과 성찰을 통해 바람직한 삶을 지향해야 함 |
| 정신적·윤리적 가치를 추구함<br>• 군자 : 도덕적 삶을 살아감<br>• 보살 : 자비를 실천함 5<br>• 지인·진인 : 외물(外物)의 속박에서 벗어난 자유로운 삶을 살아감 돈, 명예, 권력 등에 대한 집착을 말한다. | 정신적·윤리적 가치의 중요성을 인식하여 황금만능주의와 이기주의 등을 극복해야 함 |
| 조화의 정신을 실현함<br>• 군자 : 화이부동(和而不同)을 실천함 6<br>• 보살 : 중도(中道)의 깨달음 추구함<br>• 지인·진인 : 자연과 조화를 이루어 살아감 | 조화의 정신을 계승하여 사회 갈등을 극복하고 구성원의 조화로운 삶이 실현된 사회를 만들어 가야 함 |
| 인간을 포함한 모든 생명을 존중함<br>• 군자 : 차마 어찌하지 못하는 마음으로 만물을 대함<br>• 보살 : 자비심을 바탕으로 생명을 존중함<br>• 지인·진인 : 만물제동을 실천함 7 | 생명 존중의 정신을 계승하여 인권과 생명의 가치가 실현된 사회를 만들어야 함 |

**자료로 보는 동양의 이상적 인간상**

• 군자 : 자로가 군자에 관해서 여쭈어 보았다. 선생께서 "경건한 마음[敬]으로 자기 수양을 해야 하느니라."라고 말씀하셨다. "그러할 따름입니까?"라고 묻자, "자기 수양을 해서 그 힘으로 남을 편안하게 하여 주느니라." 다시 "그러할 따름입니까?"라고 묻자, "자기 수양을 해서 그 힘으로 백성을 편안하게 해 주어야 한다."라고 말씀하셨다. －『논어』－

• 보살 : 나의 병은 중생들의 미혹에 대한 안타까움 때문에 생겼습니다. 일체중생이 병들었기 때문에 나의 병이 생겼습니다. 그러므로 일체중생이 병이 없게 되면 나의 병도 없어질 것입니다. －『유마경』－

• 지인·진인 : 지인(至人)은 자기를 내세우지 않고, 신인(神人)은 공(功)을 내세우지 않으며, 성인(聖人)은 이름을 내세우지 않는다. 진인(眞人)은 모자란다고 억지 부리지 않고, 이루어도 우쭐거리지 않으며, 무엇을 하려고 꾀하지도 않는다. －『장자』－

**자료 분석** 유교의 군자는 개인의 도덕적 완성을 바탕으로 타인은 물론 국가를 편안하게 하는 이타적이고 도덕적인 삶을 살아간다. 또한 불교의 보살은 자신의 깨달음만을 추구하는 것이 아니라 고통받는 중생의 구제를 위해 노력한다. 도가의 지인·진인은 인위적인 가치나 규범에 얽매이지 않고 조용히 자연의 순리에 따라 살아가는 존재이다. 이처럼 유·불·도의 이상적 인간은 모두 높은 이상을 추구하며, 자아의 완성을 위해 부단히 수양하여 더 나은 공동체를 만드는 데 이바지하는 존재이다.

**개념 더하기 자료 채우기**

**4 전통 사상을 바라보는 바람직한 시각**

동양의 전통 사상은 오늘날 우리의 문화와 제도, 규범을 형성하는 바탕이 되었으며 현대 사회의 문제를 해결하는 데 필요한 지혜를 담고 있다. 그러나 전통 사상 속에는 허례허식과 같이 버려야 할 요소가 존재하는 것도 사실이다. 따라서 전통 사상을 무조건 옹호하거나 배척하는 태도는 바람직하지 않으며, 열린 자세를 바탕으로 비판적으로 계승하는 노력이 필요하다.

**질문 있어요**

**초월적 존재의 도움이 없다는 게 무슨 뜻인가요?**

서양에서는 신(神)의 도움이나 구원을 통해 이상향과 궁극적 행복을 얻고자 해요. 반면에 동양의 이상적 인간은 스스로의 힘으로 이상적인 경지에 도달하고자 노력하지요. 이를 통해 인간의 주체성과 능동성을 강조했음을 엿볼 수 있어요.

**5 보살과 자비**

자비는 자(慈)와 비(悲) 두 낱말의 합성어이다. 자는 사랑하는 마음을 가지고 중생에게 낙(樂)을 주는 것이며, 비는 불쌍히 여기는 마음을 가지고 중생의 고통을 없애 주는 사랑이다. 이처럼 자비는 사랑과 연민의 뜻을 함께 포함한 것으로, 이기적인 탐욕을 벗어나고 넓은 마음으로 질투심과 분노의 마음을 극복할 때에만 발휘될 수 있다.

**6 군자와 화이부동**

화이부동이란 남과 조화롭게 지내지만 자기의 중심과 원칙을 잃지 않는 것을 말한다. 공자는 "군자는 화이부동(和而不同)하고 소인은 동이불화(同而不和)한다."라고 하며 자신의 중심과 원칙을 지키는 가운데 다른 이들과 조화롭게 지내는 군자를, 겉으로는 타인과 함께하는 것처럼 보이지만 실제로는 조화로운 삶을 살아가지 못하는 소인과 대비시켰다.

**7 만물제동(萬物齊同)**

만물제동이란 도(道)의 관점에서 보면 만물은 모두 같다는 뜻이다. 이는 도(道)의 관점에서 보면 만물은 모두 평등하다는 뜻과 통한다. 이처럼 도가에서는 자연의 모든 구성원이 저마다 소중한 가치를 지닌 존엄하고 평등한 존재라고 본다.

**용어사전**

* **황금만능주의** 돈만 있으면 무엇이든지 마음대로 해도 된다는 사고방식이나 태도

# 기초를 다지는 확인 문제

바른답·알찬풀이 26쪽

올리드 포인트

## A 한국 전통 윤리 사상의 근대적 지향성

### 1 실학

| 등장 배경 | 민생 파탄과 사회 혼란 → 성리학을 공리공론이라고 비판하며 당면한 사회 문제를 해결하고자 함 |
|---|---|
| 경향 | 경세치용(經世致用), 이용후생(利用厚生), 실사구시(實事求是) → 민본주의적·근대 지향적 성향 |

### 2 강화학파

| 등장 배경 | 양명학을 독자적으로 재해석한 정제두의 학풍을 이어받아 형성됨 |
|---|---|
| 특징 | • 인식 주체인 '나'를 도덕 판단의 기준으로 삼음<br>• 사욕을 극복하여 양지를 실천할 것을 강조함 |

### 3 위정척사

| 의미 | 성리학에 바탕을 둔 유교적 질서를 지키고 서양의 종교와 문물을 배척해야 함을 주장 |
|---|---|
| 특징 | 주체성 및 선비 정신의 표출 |

### 4 개화사상

| 급진 개화 | 유교적 질서를 폐지하고 서양의 근대화된 문물을 수용하자고 주장함 |
|---|---|
| 동도 서기 | 유교적 질서를 유지하되 서양의 근대화된 문물을 수용하자고 주장함 |

### 5 근대 신흥 종교

| 동학 | • 경천사상과 유·불·도를 융합함<br>• 시천주(侍天主), 오심즉여심(吾心卽汝心), 사인여천(事人如天), 인내천(人乃天)을 강조함 |
|---|---|
| 증산교 | • 고유 사상의 바탕 위에 무속과 도가 사상 재해석<br>• 해원상생(解冤相生) : 맺힌 원한을 풀고 서로를 살리며 더불어 살아감 |
| 원불교 | • 한국형 생활 종교 표방, 일상생활에서 수행 강조<br>• 일원상(一圓相) : 우주 만물의 근원이자 모든 중생의 청정한 마음, 원불교의 신앙 대상 |
| 공통점 | 후천 개벽 사상을 통해 고통받던 민심을 위로함 |

## B 동양의 이상적 인간상과 시민

| 동양의 이상적 인간상의 특징 | 시사점 |
|---|---|
| 스스로의 노력으로 도달함 | 꾸준한 자기 수양과 성찰 |
| 정신적·윤리적 가치를 추구함 | 황금만능주의, 이기주의 극복 |
| 조화의 정신을 강조함 | 사회 갈등을 극복해야 함 |
| 인간과 모든 생명을 존중함 | 인권, 생명의 가치를 존중해야 함 |

**01** 다음 설명이 맞으면 ○표, 틀리면 ×표를 하시오.

(1) 실학은 성리학을 공리공론이라고 비판하며, 당면한 사회 문제를 해결하고자 하였다. ( )

(2) 실학은 사실에 근거하여 과학적이고 객관적인 학문을 해야 한다는 경세치용(經世致用)을 강조하였다. ( )

(3) 강화학파는 정제두와 그의 제자들에 의해 성립되어 독창적인 성리학 사상을 계승하였다. ( )

(4) 강화학파는 인간이 도덕적 주체임을 깨닫고 사욕을 극복하여 양지를 실천할 것을 강조하였다. ( )

(5) 위정척사는 서양 문물을 적극적으로 수용하여 부국강병을 이루어야 한다고 주장하는 입장이다. ( )

**02** 빈칸에 들어갈 알맞은 말을 쓰시오.

(1) 온건 개화론은 동도서기를 주장하는 반면, ( )은/는 ( )적 질서를 폐지하고 서양의 근대화된 문물을 수용하자는 입장이다.

(2) 온건 개화론이 주장한 ( )은/는 동양의 정신을 바탕으로 서양의 근대화된 문물을 수용하자는 의미이다.

(3) 최제우는 서학에 대항하고 ( )을/를 목표로 동학을 창시하였다.

**03** 다음 개념과 그에 관한 설명을 바르게 연결하시오.

(1) 인내천 • • ㉠ 맺힌 원한을 풀고 서로를 살리며 더불어 살아감

(2) 일원상 • • ㉡ 우주 만물의 근원이자 모든 중생의 청정한 마음

(3) 해원상생 • • ㉢ 사람이 곧 하늘이라는 뜻

# 실력을 키우는 실전 문제

바른답·알찬풀이 26쪽

중요

**01** ㉠에 관한 설명으로 옳지 않은 것은?

> 임진왜란과 병자호란 이후 조선 사회는 농촌 경제의 파탄과 국가 재정의 위기, 신분제의 동요 등으로 사회적 혼란이 가중되었다. 그러나 당시 지배적인 사상이었던 성리학은 사회의 문제들을 해결하는 데 한계를 드러내었다. 이에 따라 성리학을 비판하면서 사회의 여러 문제를 해결하여 실생활에 보탬이 되고자 하는 학문인 ( ㉠ )이/가 등장하였다.

① 개화사상의 형성에 영향을 주었다.
② 근대 지향적이고 개혁적인 면모를 보였다.
③ 민생 안정을 도모하는 민본주의적 경향을 보였다.
④ 화이관(華夷觀)을 바탕으로 우리의 역사와 지리, 문화를 연구하였다.
⑤ 사실에 근거하여 과학적이고 객관적인 학문을 탐구하려는 경향을 보였다.

**02** 다음 사상가의 입장에서 긍정의 대답을 할 질문을 〈보기〉에서 고른 것은?

> 양반들은 아무리 심한 곤란과 굶주림을 겪더라도 팔짱 끼고 편하게 앉아 농사를 짓지 않으니 백성이 가난을 면할 수 없다. 따라서 사농공상에 관계없이 놀고 먹는 자에 대해서는 관(官)에서 벌칙을 마련하여 세상에 용납할 수 없도록 하여야 한다. 재능과 학식이 있다면 비록 농부나 상인의 자식이 관직에 들어가 앉더라도 분수에 넘칠 것이 없고, 재능과 학식이 없다면 비록 관리의 자식이 하인으로 돌아간다 할지라도 한탄할 것이 없다.

보기

ㄱ. 신분은 직업을 배분하는 기준인가?
ㄴ. 모든 사람은 노동에 종사해야 하는가?
ㄷ. 직업의 우열과 귀천의 구분은 바람직한가?
ㄹ. 직업은 각자의 능력에 따라 주어져야 하는가?

① ㄱ, ㄴ ② ㄱ, ㄷ ③ ㄴ, ㄷ
④ ㄴ, ㄹ ⑤ ㄷ, ㄹ

**03** 다음 사상가의 입장을 〈보기〉에서 고른 것은?

> 사람의 마음에서 생생하게 활동하는 이치[生理]는 능히 밝게 깨달을 수 있으며 만사에 두루 통하여 어둡지 않다. 그렇기 때문에 측은·수오·사양·시비 어느 것이나 능히 못하는 것이 없게 된다. 이것이 그 고유한 덕(德)으로서 이른바 양지(良知)란 것이고 또 인(仁)이란 것이다.

보기

ㄱ. 도덕적 삶을 위한 이치를 사물에서 찾는다.
ㄴ. 인간은 선을 좋아하는 기호(嗜好)를 타고난다.
ㄷ. 진리는 마음이 상황에 맞게 드러내는 이치이다.
ㄹ. 인간이 도덕적 주체임을 깨닫고 사욕을 극복하여 양지를 실천해야 한다.

① ㄱ, ㄴ ② ㄱ, ㄷ ③ ㄴ, ㄷ
④ ㄴ, ㄹ ⑤ ㄷ, ㄹ

**04** 갑, 을 사상가 모두 긍정의 대답을 할 질문으로 옳은 것은?

> 갑 : 오랑캐의 해로움은 홍수나 맹수의 해로움보다도 더 심각합니다. 서양과 화친할 수 없다는 것은 내 나라 사람의 주장이고, 서양과 화친하자는 것은 적국 쪽 사람의 주장입니다. 전자를 따르면 옛 문물과 제도를 보전할 수 있지만 후자를 따르면 금수(禽獸)의 나라가 될 것입니다.
> 을 : 그들이 가진 끝없는 탐욕은 우리의 백성을 금수(禽獸)와 같이 만들 것입니다. 만약 통상의 길이 한번 열리면 2, 3년 안에 서양화되지 않는 이가 없을 것입니다. 전하는 장차 누구와 임금 노릇을 하시려 하십니까?

① 유교적 가치와 질서를 지켜야 하는가?
② 만민 평등을 실현하기 위해 노력해야 하는가?
③ 성리학에 기초한 봉건적 질서를 극복해야 하는가?
④ 외래 사상에 대해서 개방적 자세를 취해야 하는가?
⑤ 고유 사상과 외래 사상의 조화를 추구해야 하는가?

## 05 다음 사상가의 관점에만 모두 'V'를 표시한 학생은?

> 신이 보건대 요즘에 유생들이 상소문을 올리는 것이 유행이 되어서 마치 큰 변고나 위급한 화가 당장 이를 것처럼 하고 있습니다. 그 상소의 내용은 '정학을 옹호하고 사교를 배척해야 한다.'라는 내용으로, 이웃 나라와 사귀고 수교하는 것을 문제로 삼고 있습니다. 우리는 예의 바른 풍습을 지켜 오고 있으니, 기계(器械)에 관한 기술과 농업 및 수예(樹藝)에 대한 책과 같은 것이 만약 이익이 될 수 있다면 선택하여 행할 것이지 굳이 외국의 것이라고 해서 좋은 것까지 배척할 필요는 없습니다.

| 관점 \ 학생 | 갑 | 을 | 병 | 정 | 무 |
|---|---|---|---|---|---|
| 유교적 가치와 질서를 유지해야 한다. | V | | | V | V |
| 전제 군주제와 신분 질서를 개혁해야 한다. | | V | V | V | |
| 서양의 과학 기술은 우리 사회 발전에 도움이 된다. | V | | V | | V |
| 서양의 문물을 배척하고 우리의 문화를 지켜야 한다. | | V | | V | V |

① 갑 ② 을 ③ 병 ④ 정 ⑤ 무

## 06 다음을 주장한 사상의 입장으로 옳은 것은?

> • 사람이 곧 하늘이다. 한울님을 모시면 한울님의 조화를 반드시 얻게 되고, 한울님을 길이 잊지 않으면 만사(萬事)를 깨닫게 된다.
> • 오도(吾道)는 원래 유(儒)도 아니고 불(佛)도 아니고 선(仙)도 아니다. 오도는 유·불·선 합일이니라.

① 성리학적 이념으로 외세를 극복해야 한다.
② 서학(西學)을 수용하여 사회 발전을 도모해야 한다.
③ 인본주의를 기반으로 평등한 사회를 구현해야 한다.
④ 실용적인 학문을 탐구하여 민생 안정을 도모해야 한다.
⑤ 유교적 질서를 지키는 가운데 서구 문물을 수용해야 한다.

중요

## 07 갑, 을 사상가 모두 긍정의 대답을 할 질문으로 가장 적절한 것은?

> 갑 : 도(道)는 바뀔 수 없는 것이지만 기(器)는 수시로 바뀌어 고정적일 수 없는 것이다. 우리의 도를 행하는 것은 정덕(正德)을 위한 것이요, 저들의 기를 본받는 것은 이용후생(利用厚生)을 위한 것이다.
> 을 : 강화가 한번 이루어지면 사학(邪學)의 서적과 천주(天主)의 초상화가 교역 과정에서 들어오고 사학이 온 나라 안에 퍼질 것입니다. 이를 방치하고 죄를 묻지 않는다면 예의는 시궁창에 빠지고 인간들은 변하여 금수(禽獸)가 될 것입니다.

① 모든 서양 문물을 거부하는 것이 바람직한가?
② 유교적 가치 체계와 인륜 도덕을 보존해야 하는가?
③ 서양의 과학 기술과 군사 제도를 적극 수용해야 하는가?
④ 서양 문물을 수용하여 전통적 가치관을 변화시켜야 하는가?
⑤ 고유 사상을 기반으로 유교 사상을 새롭게 체계화해야 하는가?

## 08 다음 근대 신흥 종교에 관한 옳은 설명을 〈보기〉에서 고른 것은?

> 천지의 운행 법칙을 정리하고 신명을 조화하여 만고의 원한을 풀고 상생의 도로써 후천(後天)의 선경(仙境)을 세워서 세계의 민생을 보호해야 한다. 무릇 크고 작은 일을 가리지 않고 신도들의 원(怨)을 풀어 주어야 한다. 먼저 천지의 운행 법칙과 조화를 이루면 인간의 모든 일이 저절로 이루어질 것이다.

보기

ㄱ. 기존 불교를 개혁하고 한국형 불교를 표방하였다.
ㄴ. 궁핍과 가난이 사라진 이상 사회를 제시하여 백성들의 호응을 얻게 되었다.
ㄷ. 최제우가 서학(西學)에 대항하고 나라와 백성을 구하겠다는 목표를 제시하며 창시하였다.
ㄹ. 강일순이 고유 사상을 바탕으로 유교, 불교, 도교, 무속 등을 독자적으로 재해석하여 창시하였다.

① ㄱ, ㄴ ② ㄱ, ㄷ ③ ㄴ, ㄷ ④ ㄴ, ㄹ ⑤ ㄷ, ㄹ

중요

09 (가)~(다)는 근대 신흥 종교 사상들이다. 이에 관한 적절한 설명만을 〈보기〉에서 있는 대로 고른 것은?

| | |
|---|---|
| (가) | 한울님을 모시면 조화가 저절로 얻어지고 한울님을 깊이 잊지 않으면 모든 것이 저절로 깨달아진다. |
| (나) | 우주의 근본 원리인 일원상(一圓相)의 진리를 신앙의 대상과 수행의 표본으로 삼아야 한다. |
| (다) | 선천 시대에는 원한으로 인해 상극(相剋)이 지배하지만, 후천 시대에는 원한이 풀리고 모든 존재가 상생(相生)한다. |

보기

ㄱ. (가)는 한국형 불교의 이상적이고 윤리적인 모습을 제시하였다.
ㄴ. (나)는 정신적 가치와 물질적 가치가 조화를 이루는 생활을 강조하였다.
ㄷ. (다)는 한국 고유 사상을 바탕으로 무속과 도가 사상을 재해석하여 성립하였다.
ㄹ. (가), (나), (다)는 모두 신분 차별이 없는 평등한 세상을 지향하였다.

① ㄱ, ㄴ ② ㄱ, ㄷ ③ ㄴ, ㄷ
④ ㄱ, ㄴ, ㄷ ⑤ ㄴ, ㄷ, ㄹ

10 그림의 수업 장면에서 교사의 질문에 옳게 대답한 학생만을 있는 대로 고른 것은?

① 갑, 을 ② 을, 병 ③ 정, 무
④ 갑, 병, 정 ⑤ 을, 정, 무

## 서술형 문제

11 다음 글을 읽고 물음에 답하시오.

(가) 요즘 일부 사람들이 다투어서 서양의 물건을 사거나, 서양 옷 입기를 즐겨 하는 일은 서양이 내습할 징조입니다. 전하께서는 시장에 쌓인 서양 물건을 모두 거두어 불태우십시오. 아울러, 서양 물건을 거래하는 자는 엄하게 다스리십시오.

(나) 기계(器械)에 관한 기술과 농업에 대한 책도 만약 이익이 될 수 있다면 또한 선택하여 행할 것이지 굳이 그들의 것이라고 해서 좋은 법까지 아울러 배척할 필요는 없습니다.

(1) (가), (나) 사상이 무엇인지 각각 쓰시오.

(2) (가), (나) 사상의 공통점과 차이점을 서술하시오.

12 다음 글을 읽고 물음에 답하시오.

(가) 최제우가 민족 고유 사상인 경천사상을 기본으로 하면서 유교, 불교, 도교 사상을 융합하여 만든 것으로, 인내천(人乃天) 사상을 통해 인간 존중과 평등을 강조하였다.

(나) 강일순이 고유 사상의 바탕 위에 무속과 도가를 재해석하여 창시한 종교로, 맺힌 원한을 풀고 서로 더불어 살아갈 것을 강조하였다.

(다) 박중빈은 일원상의 진리를 바탕으로 한국형 불교를 창시하여 생활 속에서 수행할 수 있는 여러 방법을 제시하였다.

(1) (가)~(다) 사상이 무엇인지 각각 쓰시오.

(2) (가)~(다)가 제시한 이상 사회의 공통점을 서술하시오.

# 등급을 올리는 고난도 문제

**01** 고대 동양 사상가 갑, 한국 사상가 을의 입장에 관한 옳은 설명을 〈보기〉에서 고른 것은?

갑 : 본래 사람은 모두 불인인지심(不忍人之心)을 지니고 있다. 예컨대 어린아이가 우물에 빠질지도 모르는 장면을 본다면 사람은 모두 깜짝 놀라서 가엾고 불쌍한 마음이 든다. 이런 사실을 미루어 볼 때 사람에게 측은지심, 수오지심, 사양지심, 시비지심이 없으면 사람이라고 할 수 없다.

을 : 본래 사람의 생리(生理)속에는 밝게 깨닫는 능력이 있기 때문에 스스로가 두루 잘 통해서 어둡지 않게 된다. 따라서 불쌍히 여길 줄 알고 부끄러워하거나 미워할 줄 알며 사양할 줄 알고 옳고 그름을 가릴 줄 아는 것 가운데 어느 한 가지도 못하는 것이 없다. 이것을 이른바 양지(良知)라고 하고 또한 인(仁)이라고 한다.

보기

ㄱ. 갑은 악한 본성을 변화시키기 위한 인위적인 노력이 필요하다고 본다.
ㄴ. 을은 인간이 도덕적 주체임을 자각하고 양지를 실천해야 한다고 본다.
ㄷ. 을은 마음 밖에 존재하는 이치가 인간의 도덕적 행위의 기준이라고 본다.
ㄹ. 갑, 을은 인간에게 선천적인 도덕 판단 능력이 구비되어 있다고 본다.

① ㄱ, ㄴ　② ㄱ, ㄷ　③ ㄴ, ㄷ
④ ㄴ, ㄹ　⑤ ㄷ, ㄹ

**문제 접근 방법**

'불인인지심', '생리', '양지' 등의 핵심어를 통해 갑, 을 사상가를 추론한다. 그 다음 인간 본성과 도덕적 행위에 대한 갑, 을 사상가의 입장을 고려하면서 문제를 해결한다.

**적용 개념**

# 유교
# 강화학파

**02** 근대 한국 사상가 갑, 을의 입장에 관한 옳은 설명만을 〈보기〉에서 있는 대로 고른 것은?

갑 : 양이(洋夷)들이 사학(邪學)을 널리 전파하는 것은 우리를 약탈하고자 하는 것이다. 국가에 재앙을 끼치는 것이 양적(洋賊)보다 심한 것이 없으니 정학(正學)을 밝히고 이단(異端)을 배척해야 한다.

을 : 내 마음이 곧 네 마음[吾心卽汝心]이다. 그 마음을 지키고[守心] 그 기운을 바르게 하며[正氣], 그 본성을 따르고 그 가르침을 받아라. 서양의 학(學)에는 한울님의 가르침이 없고, 서양의 도(道)는 허무에 가깝다.

보기

ㄱ. 갑은 서양의 종교와 유교적 가치를 조화시킬 것을 주장한다.
ㄴ. 갑은 백성의 도덕성 회복을 위해 서양 종교의 수용을 주장한다.
ㄷ. 을은 사람이 귀하게 대우받는 평등한 세상의 실현을 주장한다.
ㄹ. 갑, 을은 효제(孝悌) 정신의 계승과 국난의 극복을 주장한다.

① ㄱ, ㄴ　② ㄱ, ㄹ　③ ㄷ, ㄹ
④ ㄱ, ㄴ, ㄷ　⑤ ㄴ, ㄷ, ㄹ

**문제 접근 방법**

'정학을 밝히고 이단을 배척하자', '내 음이 곧 네 마음', '한울님' 등의 핵심어를 통해 갑, 을 사상가를 파악한다. 두 사상가의 입장에 담긴 공통점과 차이점을 고려하면서 문제를 해결한다.

**적용 개념**

# 사학과 정학
# 오심즉여심

## 03 근대 한국 사상가 갑, 을의 입장에 관한 옳은 설명을 〈보기〉에서 고른 것은?

> 갑 : 선천에서는 상극의 이치가 세상을 지배하여 원(冤)과 한(恨)이 쌓여서 참혹한 재앙을 일으키므로, 내가 천지도수를 뜯어 고쳐서 상생의 도로써 선경(仙境)을 열고 조화 정부를 세우겠다.
>
> 을 : 우주 만유의 본원이요, 모든 부처님과 성인의 심인(心印)인 법신불 일원상(一圓相)을 신앙의 대상과 수행의 표본으로 모시고, 영육쌍전(靈肉雙全)을 통해 개인·가정·사회·국가에 도움이 되게 하고자 한다.

보기

ㄱ. 갑은 무속과 도가를 배척하고 해원(解冤)을 강조한다.
ㄴ. 을은 생활 속에서의 보은·평등·불공의 실천을 강조한다.
ㄷ. 을은 시대 변화에 맞춰 정신보다 물질의 개벽(開闢)을 강조한다.
ㄹ. 갑, 을은 신분과 남녀의 차별을 떠난 평등사상을 강조한다.

① ㄱ, ㄴ ② ㄱ, ㄷ ③ ㄴ, ㄷ
④ ㄴ, ㄹ ⑤ ㄷ, ㄹ

**문제 접근 방법**

'선천', '상생', '일원상', '영육쌍전' 등의 핵심어를 통해 갑, 을 사상가를 확인하고, 갑, 을 사상가의 주장에 담긴 공통점과 차이점을 고려하면서 문제를 해결한다.

**적용 개념**

# 해원상생
# 일원상

## 04 그림은 서술형 평가 문제와 학생 답안이다. 학생 답안의 ㉠~㉤ 중 옳지 않은 것은?

⊙ 문제 : 동양의 이상적 인간상을 서술하시오.

⊙ 학생 답안

유교의 이상적 인간상인 ㉠ 군자는 개인의 도덕적 완성을 바탕으로 이타적이고 도덕적인 삶을 살아간다. 또한 불교의 이상적 인간상인 ㉡ 보살은 고통받는 중생의 구제를 위해 노력한다. 그리고 도가의 ㉢ 지인·진인은 조용히 자연의 순리에 따라 살아가는 존재이다. 이러한 동양의 이상적 인간상은 공통적으로 ㉣ 조화의 가치를 추구하며 살아가는 존재이며, ㉤ 자연의 도구적 가치를 인식하여 인간을 포함한 모든 생명을 존중하는 삶을 살아간다.

① ㉠ ② ㉡ ③ ㉢ ④ ㉣ ⑤ ㉤

**문제 접근 방법**

유교, 불교, 도가의 이상적 인간상의 특징과 현대적 의의를 고려하면서 학생 답안을 검토하여 문제를 해결한다.

**적용 개념**

# 동양의 이상적 인간상

# Ⅱ 단원 수능 빈출 유형

바른답·알찬풀이 28쪽

## 주희와 왕수인의 사상 비교하기

동양 사상가 갑, 을의 입장으로 적절하지 않은 것은?

갑 : "치지(致知)는 격물(格物)에 달려 있다."라고 한 것은 나의 앎을 다하고자 함이 사물에 나아가 그 이치를 궁구함에 있음을 뜻한다. 그러므로 배우는 사람은 천하의 사물에 나아가 이미 알고 있는 그 이치에 따라 더욱 궁구하여 그 지극함에 이르러야 한다.

을 : 만약 '격물'을 '천하 만물 모두를 연구하는 것'으로 해석한다면, 천하의 만물을 어떻게 다 연구한다는 말인가? 지금 초목에 대하여 연구했다고 해도 어떻게 나 자신을 진실하게 만들 수 있겠는가? 그래서 나는 '격'은 '바로 잡는다[正]'의 뜻으로, '물'은 '일[事]'이라는 의미로 해석한다.

① 갑 : 마음을 항상 경건하게 하여 사물의 이치를 탐구해야 한다.
② 갑 : 도덕적 수양을 통해 탁하고 치우친 기질을 변화시켜야 한다.
③ 을 : 마음을 벗어나서는 이치도 없을 뿐만 아니라 사물[事]도 없다.
④ 을 : 경전에 대한 학습을 통하여 양지(良知)를 획득할 수 있다.
⑤ 갑, 을 : 천리를 보존하고 이기적 욕망을 제거해야 이상적 인간이 된다.

» 유형 분석 주희와 왕수인의 사상적 차이를 구분하여 그 특징을 비교하는 문제이다. 특히 격물치지에 대한 주희와 왕수인의 해석의 차이를 묻는 유형이 자주 출제된다. 문제의 형식이 달라지더라도 개념을 분명히 알고 있으면 충분히 해결할 수 있으므로 개념을 정확히 파악해 두어야 한다.

☑ 공략법

1. 격물치지에 대한 해석의 차이를 통해 갑, 을이 누구인지 파악해 보자.
2. 갑, 을의 입장과 선지를 비교하며 답을 골라 보자.

## 정약용의 윤리 사상 파악하기

다음 한국 사상가의 입장만을 〈보기〉에서 있는 대로 고른 것은?

- 불효자도 효자라고 칭찬하면 기뻐한다. 사람은 본래 선을 좋아하고 악을 부끄러워하기 때문에 불효자도 실제로는 잘못인 줄 알면서도 기뻐하는 것이다.
- 사람들이 선하고자 한다면 선을 행할 수 있고, 악하고자 한다면 악을 행할 수 있는 것은 하늘이 모든 사람들에게 자주지권을 부여했기 때문이다.

보기

ㄱ. 인간의 본성은 하늘의 이치[天理]이자 마음의 경향성이다.
ㄴ. 인간은 자유로운 선택을 통해 선행이나 악행을 할 수 있다.
ㄷ. 선한 행위는 본성에 내재된 사덕(四德)을 실천하는 것이다.
ㄹ. 형구(形軀)의 기호는 인간과 동물 모두에게 부여된 성이다.

① ㄱ, ㄴ ② ㄱ, ㄷ ③ ㄴ, ㄹ
④ ㄱ, ㄷ, ㄹ ⑤ ㄴ, ㄷ, ㄹ

» 유형 분석 정약용의 사상은 기존의 성리학, 양명학의 입장과 나란히 제시되는 유형으로 자주 출제된다. 따라서 각 사상의 내용을 정확하게 비교하여 파악해 두어야 한다.

☑ 공략법

1. 제시문의 '본래 선을 좋아하고 악을 부끄러워', '자주지권'의 핵심어를 통해 어떤 사상가일지 추론해 보자.
2. 사상가의 인간관과 본성론을 상기하며 옳은 선지를 〈보기〉에서 골라 보자.

## 유형 3 근대 신흥 종교의 입장 비교하기

근대 한국 사상가 갑, 을, 병의 입장에 대한 설명으로 옳지 않은 것은?

> 갑 : 무릇 천도(天道)는 형상이 없는 것 같으나 자취가 있고, 지리는 넓은 것 같으나 방위가 있다. 한울의 음과 양이 조화를 이루어 천지만물이 나오지만 오직 사람이 가장 신령한 것이다.
> 을 : 일원(一圓)은 우주 만유의 본원이며, 일체 중생의 본성이며, 대소유무(大小有無)의 분별이 없는 자리이며, 선악의 업보가 끊어진 자리이며, 공(空)한 자리이다.
> 병 : 해원(解冤)시대에는 양반이나 상놈의 구별, 남녀의 차별, 직업의 귀천을 가리지 않아야 하고 만고에 쌓인 원한을 풀고 상생(相生)의 도를 세워야 한다.

① 갑은 고유 사상을 바탕으로 유·불·도 사상을 수용하였다.
② 을은 종교적인 수행과 사회적 실천의 통일을 강조하였다.
③ 병은 무속과 도가를 독자적으로 해석하여 사상을 발전시켰다.
④ 을, 병은 갑과 달리 신분 차별이 없는 평등 사회를 지향하였다.
⑤ 갑, 을, 병은 모두 후천 개벽(後天開闢)의 실현을 주장하였다.

» 유형 분석 근대 신흥 종교의 입장을 비교하는 문제는 지속적으로 출제가 예상되는 유형이다. 각 종교의 핵심어 및 공통점과 차이점을 비교하여 정리해 두어야 한다.

공략법
1. 갑, 을, 병의 주장에 담긴 핵심어를 통해 각 사상가가 누구인지 파악하자.
2. 갑, 을, 병의 사상가의 공통점과 차이점을 상기하며 정답을 골라 보자.

## 유형 4 위정척사와 동학사상의 관점 비교하기

(가), (나)는 근대 한국 사상이다. (가) 사상에 비해 (나) 사상이 갖는 상대적 특징을 그림의 ㉠~㉤ 중에서 고른 것은?

> (가) 서학을 막고 서양 물건을 뿌리 뽑기 위해서는 우리의 도(道)를 밝혀 백성을 교화시키고, 인애(仁愛)의 정신을 넓혀야 한다. 정학(正學)이 성(盛)하면 이단(異端)은 사라질 것이다.
> (나) 서학은 천도(天道)와 비슷하나 다른 점이 있다. 서학은 한울님을 위하는 듯하나 진실이 없다. 한울님이 주신 사명과 한울님을 신앙하는 도리는 같으나 실제적인 이치는 다르다.

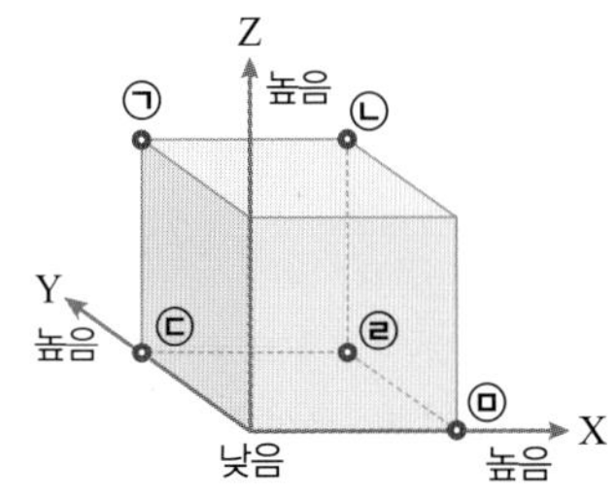


X : 성리학적 사회 질서의 유지를 강조하는 정도
Y : 새로운 시대의 도래[後天開闢]를 주장하는 정도
Z : 유교·불교·도교의 사상적 조화를 수용하는 정도

① ㉠ ② ㉡ ③ ㉢ ④ ㉣ ⑤ ㉤

» 유형 분석 근대 한국 윤리 사상의 상대적 특징을 묻는 유형이다. 위정척사, 개화사상, 동학사상, 증산교, 원불교의 공통점과 차이점 등을 묻는 유형은 앞으로도 지속적으로 출제될 전망이므로 각 사상의 입장을 정확하게 파악해 두어야 한다.

공략법
1. 질문에 제시된 '근대 한국 사상'이라는 단서를 생각하면서 제시문의 핵심어를 파악하여 (가)와 (나) 사상을 추론해 보자.
2. X, Y, Z에 제시된 내용을 기준으로 (가), (나) 사상의 차이점을 비교해 보자.
3. X, Y, Z의 특징을 모두 표현하는 정답을 골라 보자.

# Ⅱ 단원 개념 마무리

## 01 동양과 한국 윤리 사상의 연원

### • 동양 윤리 사상의 연원

| 유교 | 불교 | 도가 |
|---|---|---|
| • 공자가 창시 : 인(仁), 예(禮)를 통한 인격 수양을 강조함<br>• 도덕적 삶을 추구함<br>• 이상향 : 군자, 대동 사회 | • 석가모니가 창시 : 연기에 따른 상호 의존성과 자비의 실천을 강조함<br>• 해탈을 추구함<br>• 이상향 : 보살, 불국정토 | • 노자는 무위자연을, 장자는 제물을 실천하여 소요에 이를 것을 강조함<br>• 소박한 삶을 추구함<br>• 이상향 : 진인, 소국과민 |

### • 한국 윤리 사상의 연원

| | |
|---|---|
| 배경 | 단군 신화와 무속 신앙 : 경천애인, 인본주의, 생명·평화 존중, 개인과 공동체의 조화 강조 |
| 특징 | • 조화, 자연 친화, 평화 애호 예 풍류(風流)<br>• 조화 정신을 강조함 예 원효의 화쟁, 지눌의 돈오점수, 근대 신흥 종교<br>• 인본주의를 계승함 예 조선 성리학의 민본주의, 동학의 인내천 사상 |

## 02 인의 윤리 : 선진 유교 및 성리학과 양명학

### • 도덕의 성립 근거

| 공자 | 맹자 | 순자 |
|---|---|---|
| • 인(내면적 도덕성) → 효제·충서 강조<br>• 예(외면적 규범) → 극기복례 강조<br>• 군자 : 인을 바탕으로 덕을 갖춘 인간<br>• 정명, 덕치, 대동 사회 | • 인(포용적 사랑), 의(옳고 그름의 구분)<br>• 대장부(집의를 통한 호연지기 실천)<br>• 성선설 : 불인인지심, 사단, 양지·양능<br>• 왕도 정치, 민본주의, 항산과 항심 | • 천인지분 : 하늘과 사람을 구분함<br>• 성악설 : 인간은 이익을 좋아함<br>• 화성기위 : 예를 통한 악한 본성의 변화<br>• 예치 : 덕과 능력에 따른 분배를 강조함 |

### • 도덕 법칙의 탐구 방법

| 성리학 | 양명학 |
|---|---|
| • 성즉리(인간의 본성이 곧 이치)<br>• 모든 존재는 이와 기의 결합으로 이루어짐<br>• 본연지성(순선), 기질지성(선악)<br>• 심통성정(마음이 성과 정을 포괄함)<br>• 존양성찰, 거경궁리<br>• 격물치지 → 선지후행, 지행병진 | • 심즉리(마음이 곧 이치)<br>• 이(理)는 마음 밖에 있지 않음<br>• 존천리거인욕(사욕 극복)<br>• 치양지(양지를 자각하고 따름)<br>• 격물치지 → 지행합일 |

## 03 도덕적 심성 : 조선 성리학과 실학

| 이황 | 이이 | 정약용 |
|---|---|---|
| • 이기불상잡 강조 → 이귀기천 주장<br>• 이기호발 : 사단은 이발, 칠정은 기발<br>• 경의 실천 방법<br>– 주일무적 – 정제엄숙 – 상성성 | • 이기불상리 강조 → 이통기국 주장<br>• 기발이승일도설<br>• 칠정포사단 : 칠정이 사단을 포함함<br>• 수양론 : 경과 성의 실천, 교기질, 극기 | • 사람은 자율적 존재 → 자주지권<br>• 성기호 : 본성은 기호, 즉 마음의 경향성<br>• 사덕 : 덕을 실천하여 후천적으로 형성<br>• 수양론 : 신독, 사천, 서(恕), 구인 |

## 04 자비의 윤리

• 초기 불교 사상

| 구분 | | 내용 |
|---|---|---|
| 연기설 | | 모든 현상이 인과에 따라 생성하고 소멸한다는 사상 |
| 삼법인(사법인) | 제행무상 | 모든 것은 끊임없이 생멸·변화함 |
| | 제법무아 | 고정된 실체란 존재하지 않음 |
| | 열반적정 | 열반의 경지에 이른 평온한 상태 |
| | 일체개고 | 인간의 삶 자체가 모두 고통 |
| 사성제 | 고제 | 현실 세계의 결과 → 고통(생로병사) |
| | 집제 | 현실 세계의 원인 → 애욕과 무명 |
| | 멸제 | 이상 세계의 결과 → 해탈과 열반 |
| | 도제 | 이상 세계의 원인 → 팔정도(八正道) |

• 불교의 전개

| 구분 | 내용 |
|---|---|
| 소승 불교 | • 개인의 해탈 추구 → 이상적 인간상 : 아라한 |
| 대승 불교 | • 중생의 구제 추구 → 이상적 인간상 : 보살<br>• 핵심 사상 : 공(空) 사상 |
| 중관 사상 | 모든 존재가 공(空)이며 자성(自性)이 없음 |
| 유식 사상 | • 자성(自性)은 부정, 식(識)은 인정<br>• 사물은 오직[唯] 마음[識]의 작용으로만 존재함 |
| 교종 | 경전의 교리를 강조 → 이론적이고 난해하여 쇠퇴함 |
| 선종 | • 깨달음에 이르기 위한 방법으로 선(禪)을 중시함<br>• 혜능 : 돈오돈수 사상 |

## 05 분쟁과 화합 : 한국 불교의 전통과 의의

| 인물 | 내용 |
|---|---|
| 원효 | • 일심 : 하나의 마음으로 돌아갈 것 강조<br>• 화쟁 : 서로 다른 불교 이론의 조화 강조 |
| 의천 | • 내외겸전 : 내적 수양과 외적 수양을 병행해야 함<br>• 교관겸수 : 경전 읽기와 참선의 병행을 강조함<br>• 교종을 중심으로 선종과의 조화를 추구함 |
| 지눌 | • 돈오점수 : 깨달은 이후에도 지속적으로 수양해야 함<br>• 정혜쌍수 : 선정과 지혜를 함께 닦아야 함<br>• 선종을 중심으로 교종과의 조화를 추구함 |

**한국 불교의 특징과 현대적 의의**

• 조화의 정신 → 사회 갈등 해결을 위한 교훈 제공
• 자비의 실천 강조 → 불평등 및 빈곤 문제 해결의 시사점 제공
• 연기적 세계관 → 환경 문제 해결의 사상적 기반 제공

## 06 무위자연의 윤리

• 노자와 장자의 사상

| 인물 | 내용 |
|---|---|
| 노자 | • 사회 혼란의 원인 : 그릇된 인식과 가치관, 사회 제도<br>• 무위자연 : 자연의 순리에 따르는 것<br>• 상선약수 : 최고의 선은 물과 같은 것(겸허와 부쟁)<br>• 소국과민 : 작은 영토에 적은 백성의 이상 사회 |
| 장자 | • 사회 혼란의 원인 : 차별, 편견 등의 분별적 지식<br>• 수양법 : 좌망과 심재<br>• 이상향 : 물아일체, 소요, 진인, 지인, 신인, 천인 |

• 도교의 전개

| 구분 | 내용 |
|---|---|
| 황로학파 | 도가의 무위 사상 + 유가, 묵가, 법가 |
| 오두미교 | 선행을 하면 불로장생하는 신선이 된다고 주장함 |
| 현학 | 형이상학적, 예술적인 논변을 즐긴 죽림칠현 |

## 07 한국과 동양 윤리 사상의 의의

• 한국 전통 윤리 사상의 근대적 지향성

| 구분 | | 내용 |
|---|---|---|
| 실학 | | • 경세치용, 이용후생, 실사구시<br>• 민본주의적이며 근대 지향적인 개혁 사상 |
| 강화학파 | | 인간이 도덕적 주체임을 깨닫고 사욕을 극복하여 양지를 실천할 것을 강조함 |
| 위정척사 | | 성리학에 바탕을 둔 유교적 질서를 지키고 서양의 종교와 문물을 배척해야 함을 주장함 |
| 개화사상 | | • 급진 개화 : 유교적 질서 폐지 + 서양 문물 수용<br>• 동도서기 : 유교적 질서 유지 + 서양 문물 수용 |
| 근대 신흥 종교 | 동학 | • 보국안민, 인간 존중, 인간 평등<br>• 경천사상 + 유교, 불교, 도교 |
| | 증산교 | • 해원상생 |
| | 원불교 | • 일원상 제시<br>• 평등한 이상 사회를 추구함 |

• 동양의 이상적 인간상과 시민

**동양의 이상적 인간상의 특징**

• 스스로의 노력을 통해 도달함
• 정신적·윤리적 가치를 추구함
• 조화의 정신을 강조함
• 인간과 모든 생명을 존중함

**바람직한 시민의 삶**

• 꾸준한 자기 수양과 성찰
• 물질 만능주의, 이기주의 극복
• 사회 갈등을 극복함
• 인권, 생명, 자연의 가치를 존중함

실전 대비

# II 단원 문제 마무리

**01** (가), (나)의 입장에서 〈보기〉의 질문에 답한 내용을 바르게 짝지은 것은?

> (가) 자연이란 본디부터 있는 것이며 어떠한 지시나 구속을 받지 않는 스스로 그러한 것입니다. 글자 그대로 자연(自然)이며 그런 점에서 최고의 질서입니다.
> (나) 인간은 자연의 사용자이자 해석자로서 자연의 질서에 관해 실제로 관찰하고, 고찰한 것만큼 무엇인가를 할 수 있다.

보기

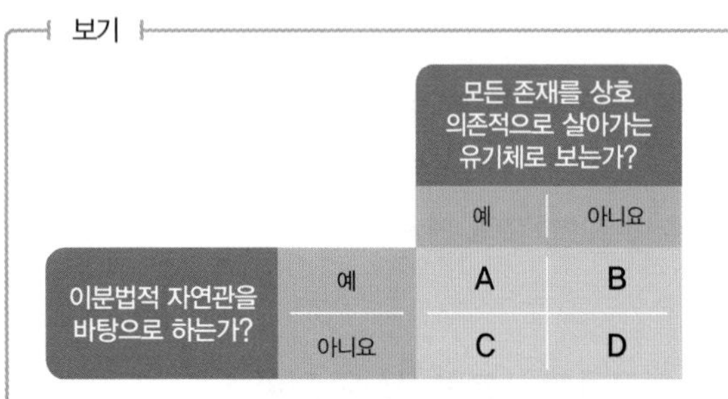

모든 존재를 상호 의존적으로 살아가는 유기체로 보는가?
예
아니요
이분법적 자연관을 바탕으로 하는가?
예
아니요
A
B
C
D

| | (가) | (나) |
|---|---|---|
| ① | A | D |
| ② | B | C |
| ③ | B | D |
| ④ | C | B |
| ⑤ | C | A |

**02** ㉠에 들어갈 제목으로 가장 적절한 것은?

> OO신문 OOOO년 OO월 O일
>
> 제목 : ㉠
>
> 단군 신화에는 하늘과 땅, 신과 인간은 물론 동물과 식물에 이르기까지 모든 것이 조화를 이루고 상생하는 모습이 나타난다. 여기에는 승자와 패자를 나누는 분열의 논리가 없다. 그보다는 모두 함께 함으로써 더 나은 상황으로 나아가야 한다는 화합의 정신이 담겨 있다.

① 단군 신화에 담긴 인본주의적 정신
② 단군 신화에 담긴 민족 문화적 혜택
③ 단군 신화에 담긴 화합과 조화의 정신
④ 단군 신화를 통한 인문학적 상상력 중요성
⑤ 단군 신화를 통한 평화와 인류애의 실현 방안 모색

개념 피드백 40쪽

**03** 다음 사상가의 관점에서 부정의 대답을 할 질문을 〈보기〉에서 고른 것은?

> 그 사람됨이 효(孝)와 제(悌)를 실천하면서도 윗사람에게 덤비는 경우는 드물다. 윗사람에게 덤비는 것을 좋아하지 않으면서 작란(作亂)을 좋아하는 자는 있지 않았다. 군자는 근본에 힘쓰니, 근본이 세워짐에 도(道)가 생겨난다. 효제(孝悌)는 인(仁)을 실천하는 근본이다.

보기
ㄱ. 충서(忠恕)보다 극기복례(克己復禮)를 우선시하는가?
ㄴ. 모든 사람을 차별 없이 사랑하는 겸애(兼愛)를 실천해야 하는가?
ㄷ. 통치자는 공정한 분배를 바탕으로 백성들의 경제적 안정을 도모해야 하는가?
ㄹ. 형벌에만 의지하지 않고 도덕과 예의로 백성을 교화하는 덕치(德治)를 강조하는가?

① ㄱ, ㄴ　② ㄱ, ㄷ　③ ㄴ, ㄷ
④ ㄴ, ㄹ　⑤ ㄷ, ㄹ

**04** 동양 사상가인 갑의 입장에서 을에게 제시할 수 있는 비판으로 가장 적절한 것은?

> 갑 : 사람에게 사단이 있는 것은 사람에게 팔다리가 있는 것과 같으니, 사단이 있음에도 스스로 인의(仁義)를 행할 수 없다고 말하는 사람은 자기 스스로를 해치는 사람이다.
> 을 : 사람의 본성은 여울물과 같아서 동쪽을 터 주면 동쪽으로 흐르고 서쪽을 터 주면 서쪽으로 흐른다. 사람의 본성을 선이나 악으로 구분 지을 수 없음은 여울물에 동서의 구분이 없는 것과 같다.

① 선악은 후천적인 환경에 의해 결정된다.
② 인간은 선천적으로 악한 본성을 타고난다.
③ 인간은 태어날 때부터 불인인지심을 지닌다.
④ 자신의 선택에 따라 선한 또는 악한 행동을 한다.
⑤ 덕 있는 행동을 한 후에 사덕이 후천적으로 형성된다.

**05** (가)의 갑, 을 사상가들의 입장을 (나) 그림으로 표현할 때, A~C에 해당하는 옳은 진술만을 〈보기〉에서 있는 대로 고른 것은?

(가)
갑 : 하늘은 만물을 낳을 수 있으나 만물을 다스릴 수는 없다. 땅은 인간을 싣고 있으나 인간을 다스릴 수는 없다.
을 : 측은해 하는 마음은 인의 단서이고, 잘못을 부끄러워하고 악을 미워하는 마음은 의의 단서이고, 사양하는 마음은 예의 단서이고 시비를 가리는 마음은 지의 단서이다.

(나)
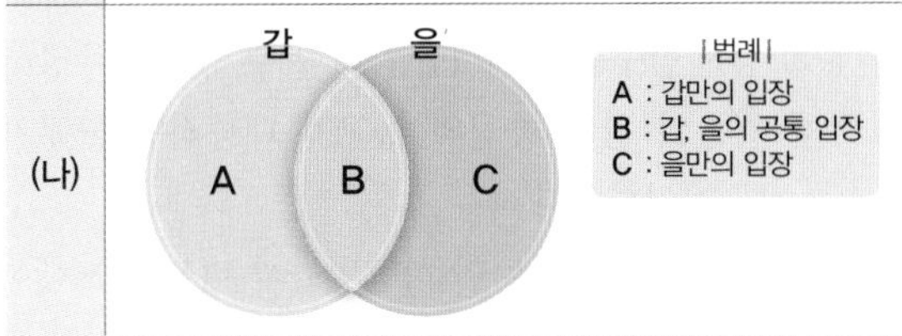


보기
ㄱ. A : 인간의 본성을 변화시켜야 한다.
ㄴ. A : 자연과 인간의 일은 구분해야 한다.
ㄷ. B : 선천적으로 타고난 사단을 확충해야 한다.
ㄹ. C : 도덕의 근원은 하늘과 결부하여 파악해야 한다.

① ㄱ, ㄴ ② ㄱ, ㄷ ③ ㄴ, ㄹ
④ ㄱ, ㄴ, ㄹ ⑤ ㄴ, ㄷ, ㄹ

개념 피드백 43쪽

**06** 동양 사상가 갑, 을에 관한 설명으로 옳은 것은?

갑 : 인간이 배와 수레를 만들기 이전에도 이미 배와 수레의 이(理)는 존재했다. 우리는 배와 수레를 발명했다고 말하지만, 실은 배와 수레의 '이'를 발견하여 그에 따라 사물들을 만든 것일 뿐이다.
을 : 이(理)란 마음의 조리(條理)이다. 이가 부모에게 발현되면 효가 되고, 임금에게 발현되면 충이 되며, 친구에게 발현되면 신이 된다. 끊임없이 변하더라도 나의 한 마음에서 발현되지 않는 것이 없다.

① 갑은 덕치와 예치의 구현을 경계하였다.
② 갑은 왕수인으로서 성즉리를 주장하였다.
③ 을은 주희로서 심즉리를 주장하였다.
④ 을은 마음 밖에는 이치가 없다고 보았다.
⑤ 갑, 을 모두 선지후행의 자세를 강조하였다.

개념 피드백 53쪽

**07** (가)의 갑, 을의 입장을 (나) 그림으로 탐구하고자 할 때, A~C에 들어갈 옳은 질문을 〈보기〉에서 고른 것은?

(가)
갑 : 천하에 이(理) 없는 기(氣)는 없고, 기(氣) 없는 이(理)는 없습니다. 사단은 이가 발하여 기가 따르고, 칠정은 기가 발하여 이가 타는 것입니다.
을 : 발하는 것은 기(氣)요, 발하는 까닭은 이(理)입니다. 기가 아니면 발할 수 없고, 이가 아니면 발할 까닭이 없습니다.

(나)
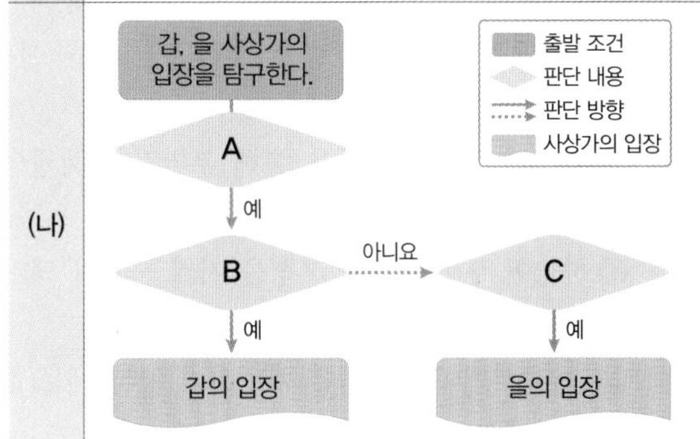


① A : 사단과 칠정은 모두 기질지성이 발한 것인가?
② B : 모든 존재는 이와 기로 구성되는가?
③ B : 이는 통(通)하고, 기는 국한[局]되는가?
④ C : 칠정은 사단을 포함하는가?
⑤ C : 이는 귀하고, 기는 천(賤)한가?

**08** 다음 사상가가 부정의 대답을 할 질문으로 가장 적절한 것은?

어린아이가 우물로 기어 들어가는 것을 보고 측은해 하면서도 가서 구하지 않는다면, 그 마음만으로 인(仁)이라 할 수 없을 것이다. 누군가 욕을 하거나 발로 차면서 밥을 줄 때 이를 수치스러워하면서도 버리고 가지 않는다면, 그 마음만으로 의(義)라고 할 수 없을 것이다. 귀한 손님이 대문 앞에 왔을 때 공경하면서도 마중을 나가지 않는다면, 그 마음만으로 예(禮)라 할 수 없을 것이다. 착한 사람이 억울한 일을 당한 것을 보고 부당하다고 여기면서도 옳고 그름에 대한 태도가 뚜렷하지 못하다면, 그 마음만으로 지(智)라 할 수 없을 것이다.

① 사덕은 후천적으로 형성되는 것인가?
② 욕구는 도덕적 삶을 위해 필요한가?
③ 사람은 형구의 기호를 지니고 있는가?
④ 인간은 자주지권을 부여받은 존재인가?
⑤ 천명과 도심은 엄격히 구분해야 하는가?

**09** 다음 사상이 강조하는 삶의 태도로 가장 적절한 것은?

> 모든 현상은 무수한 원인과 조건에 의해 서로 관련되어 생겨나며, 원인과 조건이 없으면 결과도 없다. 이러한 이치를 깨닫지 못하고 현상에 집착하면 모든 것은 괴로움으로 나타난다.

① 인간은 자연의 지배자임을 자각해야 한다.
② 만물의 상호 의존성을 인식하고 자비를 실천해야 한다.
③ 좌망과 심재의 수행을 통해 분별적 지혜에서 벗어나야 한다.
④ 하늘이 부여한 선한 본성을 지켜 군자가 되기 위해 노력해야 한다.
⑤ 모든 사건이나 사물을 차별하지 않는 제물(齊物)의 경지에서 만물을 인식해야 한다.

개념 피드백 67쪽

**10** ㉠에 관한 설명으로 옳지 않은 것은?

> 소승 불교는 불교 이론의 체계화와 경전 체제 확립에 기여하였다. 하지만 문헌의 해석에 치우쳐 출가 수행자가 아니고서는 성취하기 어려운 교리를 강조하였다는 점에서 비판을 받게 되었는데, 이로 인해 등장한 것이 ( ㉠ )이다.

① 보살을 이상적 인간상으로 제시한다.
② 사회와 분리된 엄격한 종교성을 강조한다.
③ 중생과 함께하는 대중 불교의 면모를 갖추었다.
④ 수행자의 깨달음뿐 아니라 타인의 깨달음도 중시한다.
⑤ 반야경과 용수의 공(空) 사상, 중도(中道)사상의 영향을 받았다.

**11** 다음을 주장한 사상가에 관한 설명으로 옳지 않은 것은?

> 모든 종파, 모든 사상을 분리시켜 고집하지 말고, 보다 높은 차원에서 하나로 종합해야 한다. 이들은 모두 일(一)이면서 다(多)이고, 다(多)이면서 일(一)의 관계를 취하고 있다.

① 모든 것은 마음이 지어낼 뿐이라고 보았다.
② 경전 탐구를 통해서만 해탈할 수 있다고 주장하였다.
③ 기존의 왕실 중심의 불교가 대중적인 불교가 되는 데 기여하였다.
④ 전국을 돌아다니며 하층민들과 더불어 노래하고 춤추는 삶을 살았다.
⑤ 모든 이론은 일심(一心)의 펼침이며, 이것을 모으면 일심을 떠나지 않는다고 하였다.

개념 피드백 80쪽

**12** 갑, 을 사상가의 입장으로 옳은 것은?

> 갑 : 부처는 자성(自性) 속에서 이루어지니 자신 밖에서 부처를 찾지 말라. 자성이 미혹되면 중생이고, 자성을 깨달으면 부처다. 자성을 깨닫는다는 것은 단박에 깨치고[頓悟] 단박에 닦는 것이니[頓修], 점진적 단계는 없다.
> 을 : 단박에 깨치고 단박에 닦는 사람도 이미 여러 생(生)에 걸쳐 깨달음에 의지해 점진적으로 닦아 오다가, 이번 생에 이르러 듣는 즉시 깨달아 한 번에 모두 마친 것일 뿐이다. 요컨대, 돈오와 점수(漸修) 두 가지 문이 있을 뿐이다.

① 갑 : 깨달음 이후에도 점진적인 수행이 필요하다.
② 갑 : 경전의 교리가 깨달음에 이르는 유일한 방법이다.
③ 을 : 모든 수행자는 자신의 해탈만을 추구해야 한다.
④ 을 : 지속적으로 정(定)과 혜(慧)를 함께 닦는 수행이 필요하다.
⑤ 갑, 을 : 깨달음 이후에도 그릇된 습기(習氣)가 남아 있을 수 있다.

개념 피드백 90쪽

**13** 표는 어느 사상가를 상대로 한 가상 설문 조사 결과이다. 이 사상가가 긍정의 대답을 할 질문으로 가장 적절한 것은?

| 번호 | 질문 | 응답 | |
|---|---|---|---|
| | | 예 | 아니요 |
| (1) | 사회 혼란을 바로잡기 위해서는 인의(仁義)의 도덕을 실현해야 하는가? | | V |
| (2) | 인간은 물이 가진 덕을 본받아야 하는가? | V | |
| (3) | 나라의 영토는 작고 백성의 수는 적어야 하는가? | V | |

① 부국강병이 정치의 목적인가?
② 인(仁)과 예(禮)를 통해 인간이 완성되는가?
③ 친소(親疎)에 따른 사랑을 실천해야 하는가?
④ 만물을 도(道)의 관점에서 인식할 때 행복이 실현되는가?
⑤ 통치자는 백성을 다스리기에 앞서 군자다운 인격을 닦아야 하는가?

개념 피드백 104쪽

**14** 갑, 을, 병 사상가들에 관한 설명으로 옳은 것은?

> 갑 : 사람은 한울님을 몸과 마음에 모시고 있다. 사람이 곧 한울님이니 사람 섬기기를 한울님과 같이 해야 한다.
> 을 : 일원상(一圓象)은 우주 만물의 근원이고 부처님이 깨우치신 마음이며 일체 중생의 본래 마음이다. 이것을 신앙의 대상이자 수행의 표본으로 삼아야 한다.
> 병 : 해원상생(解冤相生)의 도를 통하여 선경(仙境)을 열며, 말 없는 가르침으로 백성을 변화시키고 세상을 고쳐야 한다.

① 갑은 영육쌍전(靈肉雙全)의 실천을 강조하였다.
② 을은 속세에서 벗어나 깨달음을 위해 수행할 것을 강조하였다.
③ 병은 성리학적 신분 질서를 옹호하였다.
④ 갑은 을, 병과 달리 서학(西學)을 수용할 것을 주장하였다.
⑤ 갑, 을, 병은 평등한 이상 사회의 도래를 주장하였다.

## 서술형 문제

**15** 다음 글을 읽고 물음에 답하시오.

> • 도로써 사물을 보면 사물들 사이의 귀천이 없으나, 사물의 관점에서 사물을 보면 자기를 귀하다고 하고 상대편을 천하다고 한다. …… 만물은 한결같이 평등한 것이니, 어느 것이 못하고 어느 것이 더 나은가?
> • 도(道)는 오로지 빈[虛] 곳에만 모이는 것이니 이렇게 마음을 비움이 심재(心齋)이다. 성인의 다스림은 밖을 다스리는 것이 아니라 자기를 바르게 한 후에 행동하는 것에 그친다.

(1) 위와 같이 주장한 사상가를 쓰시오.

(2) 위의 사상가의 입장에서 만물을 인식하는 바람직한 관점에 대해 서술하시오.

**16** 다음 글을 읽고 물음에 답하시오.

> • 선(禪)은 부처의 마음이요, 교(敎)는 부처의 말씀이다.
> • 본래 자신에게 불성이 있다는 것을 홀연히 깨닫더라도[頓悟] ㉠ 지속적인 수행을 실천하지 않으면 부처가 되기 어렵다. 이는 갓난아이가 어른처럼 모든 기관[諸根]을 갖추고 있다 하더라도 근력을 충실하게 키워 내지 못하면 어른과 같은 힘을 발휘하기 어려운 것과 같다.

(1) 위와 같이 주장한 사상가를 쓰시오.

(2) ㉠의 구체적인 내용을 쓰시오.

**여운이 있는**
카툰

# 천천히 가도 괜찮아

# III 서양 윤리 사상

자~! 힘을 내서
차근차근 시작해요.

Ⅲ. 서양 윤리 사상

# 서양 윤리 사상의 연원

학습길잡이 • 서양 윤리 사상의 연원으로서 고대 그리스 사상과 헤브라이즘의 특징을 정리해 둔다.
• 소피스트와 소크라테스의 윤리 사상을 중심으로 윤리적 상대주의와 윤리적 보편주의의 특징을 정리해 둔다.

## A 고대 그리스 사상과 헤브라이즘

### 1 고대 그리스 사상의 특징과 영향

① 배경

- 아테네의 민주주의 발달 : 아테네 시민은 누구나 민회(民會)에 참여할 수 있었고, 바람직한 삶에 관심을 갖고 토론하며, 자신의 생각을 논리적으로 전달하는 일에 관심을 둠
  (민회: 고대 그리스·로마의 도시 국가에 있었던 정기적인 시민 총회. 민회는 아테네에서 직접 민주 정치가 실현되는 밑받침이 되었다. 민회에서는 시민권을 가진 성인 남자들이 국가의 중요한 정책들을 다수결 원리로 투표를 통해 결정하였다.)
- 자연 철학자들의 등장 : 자연의 변화를 이성적이고 논리적인 방식으로 설명하는 것과 본질적이고 보편적인 것에 관심을 가짐 1 질문
  (예 세계의 기원, 만물의 근원 등)

② 특징 : 이성적이고 합리적인* 사고와 논변을 중시하고 사물과 인간의 본질에 큰 관심을 보임

③ 영향

- 옳은 것은 무엇이며 어떻게 알 수 있는지, 우리 삶에서 추구해야 할 좋은 것은 무엇인지 등에 관해 탐구하게 됨
  (예 행복 등)
- 윤리의 보편성 및 다양성을 둘러싼 논쟁이 시작됨
- 인간과 사회에 관한 다양한 철학적 관점을 제시함

### 2 헤브라이즘의 특징과 영향

① 특징

- 유일무이*(唯一無二)한 절대자로서의 신(神)에 대한 믿음
- 살인과 절도 금지, 부모 공경 등 보편적인 윤리적 행동 지침이 신의 명령이자 인간 삶의 규율로서 제시됨

② 영향

- 인간 삶의 본질과 원리 등에 관한 탐구를 주요한 과제로 다루게 됨
- 인간 존재의 존엄성과 그 근거, 인간이라면 누구나 따라야 할 절대적인 규칙 등에 관한 깊이 있는 탐구가 이루어짐

## B 규범의 다양성과 보편 도덕

### 1 소피스트와 윤리적 상대주의

① **소피스트** : 도덕규범의 다양성을 강조하면서 보편타당한 도덕 법칙은 존재하지 않는다는 윤리적 상대주의를 제시함 2

② **윤리적 상대주의** (행위의 도덕적 옳고 그름이 사회에 따라 다양하며, 모든 시대의 모든 사람에게 구속력 있는 보편적인 도덕 기준은 존재하지 않는다는 입장이다.)

- 프로타고라스 : "인간은 만물의 척도이다."→ 각 개인의 지각(경험)만이 진리 판단 및 도덕 판단의 기준이 될 수 있다고 봄
- 세상 모든 것에 관한 판단은 각 개인의 기준에 따를 뿐이며, 따라서 누구에게나 보편타당한 절대적인 진리와 도덕규범은 존재하지 않는다고 봄

---

**개념 더하기 자료 채우기**

**1 자연 철학자들이 제시한 만물의 근원**

- 탈레스 : 물(水)
- 헤라클레이토스 : 불(火), '만물은 유전(流轉)한다'
- 엠페도클레스 : 흙(土)·물(水)·불(火)·공기(氣)
- 데모크리토스 : 원자(原子, atom)

자연 철학자들은 변화무쌍한 세계에서 변하지 않는 본질을 탐구하고자 하였으며, 제 각기 만물의 근원을 물, 불, 흙, 공기, 원자 등으로 제시하였다.

**질문 있어요**

고대 그리스의 자연 철학이 갖는 의의는 무엇인가요?

자연 철학은 신화적·종교적 우주관에서 벗어나 우주 자연의 생성·변화·소멸 현상을 일정한 원리나 법칙(logos)에 의해서 합리적으로 설명하고자 했어요. 즉 자연 철학은 신화적 세계관을 비판하고 합리적 세계관을 제창함으로써 서양 철학의 출발점을 형성하고, 자연 과학의 선구적 역할을 했다고 볼 수 있어요.

**2 대표적인 소피스트**

- 어떠한 진리도 존재하지 않는다. 비록 진리가 있다고 하더라도 우리는 알 수 없다. 비록 진리를 알 수 있다고 하더라도 다른 사람에게 전달할 수 없다. – 고르기아스 –
- 법률은 만인의 폭군이다. 왜냐하면 인간으로 하여금 자연에 어긋나는 것을 시키기 때문이다. – 히피아스 –

소피스트(Sophist)란 지혜를 뜻하는 그리스말인 소피아(sophia) 또는 그것의 형용사형인 소포스(sophos)에서 유래한 말로, '지혜를 가진 사람'을 뜻한다. 이들은 그리스 사회에서 처음으로 돈을 받고 학생들을 가르쳤던 사람들로 잘 알려져 있다. 이들이 말하는 지혜와 지식이란 주로 인간의 구체적인 삶에 관한 지식과 지혜에 해당한다.

**용어사전**

* **합리적 사고** 주어진 사실에 근거하여 객관적이고 보편적인 기준에 따라 정확하고 공정한 판단을 내리고, 논리적으로 일관성 있게 추론하는 것
* **유일무이**(오직 唯, 한 一, 없을 無, 두 二) 둘이 아니고 오직 하나뿐임

**자료로 보는** **소피스트 사상가 트라시마코스**

각각의 정체(政體)는 자기의 이익을 위해 법을 제정한다. 법을 제정하고 나면 그들은 자기들에게 이익이 되는 것이 피치자에게 '정의롭다'고 선언하고, 법을 어긴 자를 처벌한다. 그러니 수립된 정체의 이익이 곧 정의이다. 그런데 확실히 정체는 통치 권력을 행사하므로 올바르게 추론하는 자라면 '정의는 모든 곳에서 똑같고 그것은 더 강한 자의 이익'이라는 결론을 얻게 된다. - 트라시마코스 -

**자료 분석** 소피스트 사상가인 트라시마코스는 통치자와 같은 강자들은 오직 자신의 이익을 추구하기 위하여 법률과 같은 것들을 제정한다고 보고, 정의는 강자의 이익을 위한 것에 불과하다고 주장하였다.

③ **소피스트의 세속적 성공관 :** 현실 삶에서의 세속적 성공을 추구하며, 수사학을 강조함 질문

## 2 소크라테스와 윤리적 보편주의

① 윤리적 상대주의를 비판하면서, 윤리적 보편주의(절대적으로 옳고 보편타당한 윤리가 존재한다는 입장이다.)를 주장함

② 세속적 성공보다는 선하고 도덕적인 삶을 추구할 것을 강조함

③ 참된 앎(=지식)을 모든 덕*(德)과 행복의 원천으로 보는 주지주의(主知主義) 입장을 취함 3

④ **무지(無知)의 자각 :** 비도덕적인 행동의 원인을 무지라고 보며, 무지의 자각*을 통해 참된 앎을 추구할 것을 강조함

**자료로 보는** **소크라테스의 윤리 사상**

자신이 모르면서도 알고 있다고 믿는 것이 인간이 가진 무지 중에서 가장 큰 무지입니다. 내가 대다수 사람과 다른 점이 있다면, 그것은 바로 나는 내가 무지함을 알고 있다는 점입니다. …… 나는 아테네 시민들을 찾아다니면서 신체나 재산이 아니라 자신의 영혼을 최상의 상태로 가꾸라고 설득할 것입니다.

- 소크라테스 -

**자료 분석** 소크라테스는 인간이 추구해야 할 최고의 과업은 진리를 탐구하는 일에 헌신하는 것이며, 진리를 탐구하기 위해서는 무엇보다 먼저 자신의 무지를 자각해야 한다고 보았다.

⑤ **지덕복 합일설(知德福合一說) :** 참된 앎을 지닌 사람은 덕 있는 사람이 되고, 덕이 있는 사람은 행복한 삶을 살게 된다고 주장함

⑥ 참된 앎을 추구하는 방법으로 문답법(=산파술)을 강조함 4

⑦ 이성을 바탕으로 성찰*하며 살아가는 삶을 강조함

## 3 윤리적 상대주의와 윤리적 보편주의의 특징 비교

| 구분 | 윤리적 상대주의 | 윤리적 보편주의 |
|---|---|---|
| 장점 | 다양한 개인과 사회의 상이한 도덕규범을 이해하고 관용하는 데 도움을 줌 | 다원화된 사회에서 발생할 수 있는 가치관의 혼란을 극복하는 데 도움을 줌 |
| 단점 | 가치관의 혼란을 가져올 수 있고, 윤리적 회의주의에 빠질 위험이 있음 5 | 개인의 자유를 침해하고 사회를 획일화할 수 있음 |

**개념 더하기 자료 채우기**

**질문 있어요**

**수사학이 무엇인가요?**

수사학(修辭學)은 독자들에게 감동을 주기 위해 문장·사상·감정을 효과적으로 표현할 수 있는 언어 수단을 선택하고 그것을 이용하는 수법을 연구하는 학문입니다. 서구에서 '수사(rhetoric)'는 본래 청중을 앞에 둔 사람의 웅변술을 뜻하는 것으로, 어떤 생각을 특별한 방식으로 전달하는 기술을 의미해요. 이는 표현과 설득에 필요한 능란하고도 다양한 방식에 숙달한 것을 뜻합니다. 수사학은 기원전 4~5세기경부터 아테네를 중심으로 발전하였고 소피스트들의 궤변술이라고 멸시되다가 아리스토텔레스에 이르러 학문적으로 체계화되었어요.

**3 소크라테스의 주지주의**

소크라테스의 주지주의는 논리적이고도 이성적인 사유를 참된 지식과 참된 삶을 가능하게 하는 유일한 방법으로 상정한다. 소크라테스는 이것을 윤리적 문제에도 그대로 적용하여 지식과 덕 사이의 일치를 주장하였다. 즉 누구도 알고서는 의도적으로 악을 행하지 않는다는 것이다. 더불어 그는 옳은 행위를 인간의 행복을 증진시키는 행위로 이해한다.

**4 소크라테스의 문답법 : 산파술**

소크라테스는 당시 아테네에서 살던 그 누구보다도 말을 잘했지만, 소피스트들처럼 자기의 주장을 떠벌리거나 말 잘하는 기술을 가르치려 하지 않았다. 단지 질문과 응답을 주고받는 과정에서 상대방이 스스로 참된 지식에 도달하도록 도와주었는데, 바로 이것이 그가 철학하는 방법이었다. 소크라테스는 산파인 그의 어머니가 그랬던 것처럼 지식을 전수하는 것이 아니라 대화하는 가운데 그것이 스스로 태어나도록 도와주었다.

**5 윤리적 회의주의**

윤리적 회의주의는 객관적이고 보편적인 도덕 원칙이나 가치 규범을 부정하면서, 도덕적 가치의 근거를 탐구하는 윤리학이 하나의 학문으로 성립할 수 없다는 입장이다. 윤리적 회의주의는 도덕 원리나 가치 규범들을 근본적으로 부정하고, 그것의 당위성을 의심함으로써 규범 윤리학의 근거와 토대를 허물어뜨릴 수 있다.

**용어사전**

* **덕** 그리스어 'arete'에서 나온 말로, 탁월한 것, 뛰어난 소질 혹은 자기가 해야 할 일을 효과적으로 수행할 수 있는 능력을 의미함
* **자각** 현실을 판단하여 자기의 입장이나 능력 따위를 스스로 깨달음
* **성찰** 자신이 한 일을 깊이 되돌아보는 일

# 기초를 다지는 확인 문제

바른답·알찬풀이 31쪽

올리드 포인트

## A 고대 그리스 사상과 헤브라이즘

### 1 고대 그리스 사상의 특징과 영향

| | |
|---|---|
| 특징 | • 이성적이고 합리적인 사고와 논변 중시<br>• 사물과 인간의 본질에 큰 관심을 가짐 |
| 영향 | • 옳은 것은 무엇이며 어떻게 알 수 있는지, 우리 삶에서 추구해야 할 좋은 것은 무엇인지 탐구함<br>• 윤리의 보편성 및 다양성에 관한 논쟁을 펼침 |

### 2 헤브라이즘의 특징과 영향

| | |
|---|---|
| 특징 | • 절대자로서의 유일신에 대한 믿음이 있음<br>• 보편적인 윤리적 행동 지침이 신의 명령이자 인간 삶의 규율로서 제시됨 |
| 영향 | • 인간과 세계의 근원으로서의 신, 신과 인간의 관계, 이를 바탕으로 인간 삶의 본질과 원리 등을 주요 탐구 과제로 제시함<br>• 인간의 존엄성과 그 근거, 누구나 따라야 할 절대적 규칙 등에 관한 깊이 있는 탐구가 이루어짐 |

## B 규범의 다양성과 보편 도덕

### 1 소피스트와 윤리적 상대주의

| | |
|---|---|
| 윤리적 상대주의 | • 프로타고라스 : 각 개인의 지각(경험)만이 진리 판단 및 도덕 판단의 기준임<br>• 누구에게나 보편타당한 절대적인 진리와 도덕규범은 존재하지 않음 |
| 세속적 성공관 | • 현실 삶에서의 성공, 특히 정치적 성공을 중시함<br>• 소피스트들은 수사학을 중시함 |

### 2 소크라테스와 윤리적 보편주의

| | |
|---|---|
| 주지주의 | 참된 앎(= 지식)을 모든 덕(德)과 행복의 원천으로 여김 |
| 무지의 자각 | 비도덕적인 행동의 원인을 무지라고 보며, 무지의 자각을 통해 참된 앎을 추구할 것을 강조함 |
| 지덕복 합일설 | 참된 앎을 지닌 사람은 덕 있는 사람이 되고, 덕이 있는 사람은 행복한 삶을 살게 된다고 봄 |

### 3 윤리적 상대주의와 윤리적 보편주의의 특징 비교

| 구분 | 윤리적 상대주의 | 윤리적 보편주의 |
|---|---|---|
| 장점 | 서로 다른 개인과 사회의 상이한 도덕규범을 이해하고 관용하는 데 도움을 줌 | 다원화된 사회에서 발생할 수 있는 가치관의 혼란을 극복하는 데 도움을 줌 |
| 단점 | 가치관의 혼란을 가져올 수 있고, 윤리적 회의주의에 빠질 수 있음 | 개인의 자유를 침해하고 사회를 획일화할 수 있음 |

**01** 다음 설명이 맞으면 ○표, 틀리면 ×표를 하시오.

(1) 고대 그리스의 아테네 시민은 누구나 평생에 적어도 한 번은 관직을 수행해야 할 의무를 지니고 있었다. 이러한 배경을 바탕으로 고대 그리스에서는 민주주의가 발달하였다. ( )

(2) 헤브라이즘의 가장 중요한 특징은 초월적인 능력을 지닌 다양한 신(神)에 대한 믿음이다. ( )

(3) 소피스트들은 보편타당한 도덕 법칙이 존재하지 않는다는 윤리적 상대주의를 제시하였다. ( )

(4) 소크라테스는 인간이 감각적 경험을 통해 보편적인 윤리를 파악할 수 있다고 보았다. ( )

(5) 소크라테스는 이성을 바탕으로 성찰하며 살아가는 삶을 강조하였다. ( )

**02** 빈칸에 들어갈 알맞은 말을 쓰시오.

(1) 소피스트의 대표적 사상가인 (　　　)은/는 “인간은 모든 것의 척도이다.”라고 하였다.

(2) 소피스트는 상대주의적 윤리관을 바탕으로 현실 삶에서의 (　　　) 성공을 추구하였다.

(3) 소크라테스는 비도덕적인 행동의 원인을 (　　　)에서 찾았다.

**03** 다음 개념과 그에 관한 설명을 바르게 연결하시오.

(1) 지덕복 합일설 •　　• ㉠ 지혜를 가진 사람이라는 뜻으로 고대 그리스에서 교양이나 학예를 가르치는 일을 직업으로 삼던 사람

(2) 문답법 •　　• ㉡ 참된 앎을 지닌 사람은 덕이 있는 사람이 되고, 덕이 있는 사람은 행복한 삶을 살게 된다는 입장

(3) 소피스트 •　　• ㉢ 상대가 제시하는 의견에 논리적이고 이성적인 물음을 계속 제기하는 것

# 실력을 키우는 실전 문제

바른답·알찬풀이 31쪽

**01** 다음은 노트 필기의 일부이다. ㉠~㉤ 중 옳지 않은 것은?

주제 : 고대 그리스 윤리 사상의 특징과 영향

1. 특징
   - 이성적이고 합리적인 사고와 논변 중시 ……… ㉠
   - 인간보다는 사물의 본질에 관심을 가짐 ……… ㉡
2. 영향
   - 인간 이성에 대한 깊은 관심 ……… ㉢
   - 삶에서 추구해야 할 좋은 것 등을 탐구함 ……… ㉣
   - 옳은 것은 무엇이며 어떻게 알 수 있는지를 탐구함 ……… ㉤

① ㉠ ② ㉡ ③ ㉢ ④ ㉣ ⑤ ㉤

**02** 그림은 서술형 평가 문제와 학생 답안이다. 학생 답안의 ㉠~㉤ 중 옳지 않은 것은?

⊙ 문제 : 헤브라이즘의 특징과 서양 윤리 사상에 미친 영향에 대해 서술하시오.

⊙ 학생 답안

헤브라이즘의 가장 중요한 특징은 ㉠ 유일무이한 절대자로서의 신(神)에 대한 믿음이다. 또 ㉡ 살인과 절도에 대한 금지, 부모에 대한 공경 등 보편적인 윤리적 행동 지침이 인간 삶의 규율로서 제시되었다. 이러한 헤브라이즘의 특징은 서양 윤리 사상의 형성과 발전에 많은 영향을 끼쳤다. 예를 들어 ㉢ 인간과 세계의 근원으로서의 신, 신과 인간의 관계에 대한 탐구를 주요 과제로 다루었으며 ㉣ 인간 삶의 본질과 원리 등에 대한 탐구도 서양 윤리 사상에서 주요한 과제로 다루어지게 되었다. 그리고 ㉤ 인간이라면 누구나 따라야 할 상대적인 규칙 등에 대한 깊이 있는 탐구가 이루어지는 데에도 큰 영향을 주었다.

① ㉠ ② ㉡ ③ ㉢ ④ ㉣ ⑤ ㉤

**03** 다음과 같이 주장한 사상가에 관한 옳은 설명을 〈보기〉에서 고른 것은?

> 법률의 제정에 있어 각 정권은 자기 이익을 목적으로 합니다. 법 제정을 마친 다음에는 권력자들에게 이익이 될 뿐인 법을 통치받는 사람들에게 정의로운 것인 듯 공표합니다. …… 정의란 실은 더 강한 자와 통치자의 이익이고, 복종하고 섬겨야 하는 사람들의 입장에서는 해로운 것입니다.

보기

ㄱ. 도덕 판단의 기준은 이성이라고 본다.
ㄴ. 개인의 지각과 경험이 지식의 근원이라고 본다.
ㄷ. 정의는 강자의 이익을 위한 것에 불과하다고 본다.
ㄹ. 이성을 일체 만물을 관통하는 우주의 목적이자 신의 섭리로 본다.

① ㄱ, ㄴ ② ㄱ, ㄷ ③ ㄴ, ㄷ
④ ㄴ, ㄹ ⑤ ㄷ, ㄹ

★★ 중요

**04** (가) 사상가의 입장을 (나) 그림과 같이 탐구할 때, A, B에 들어갈 질문으로 옳은 것은?

(가) 어떤 것들이 나에게 나타나는 대로 그것들은 나에게는 그렇게 존재하며, 어떤 것들이 당신에게 나타나는 대로 그것들은 당신에게는 그렇게 존재한다.

(나)

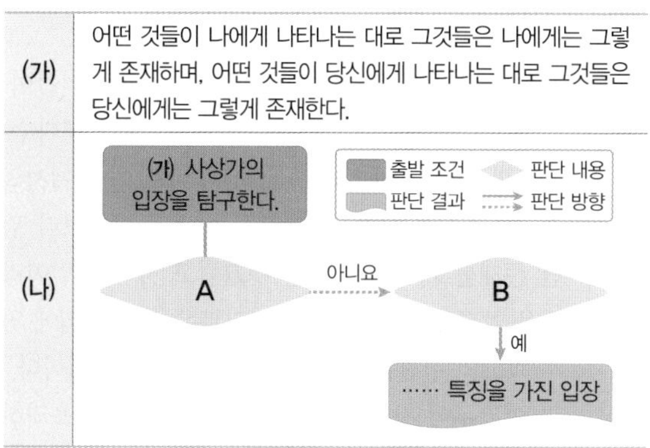


① A : 구체적인 인간 삶의 문제에 관심을 가지는가?
② A : 세상 모든 것에 대해 판단하는 것은 개인인가?
③ B : 공동체의 도덕규범을 실용적 차원에서 부정하는가?
④ B : 윤리적 판단에는 상대적인 도덕 판단만이 존재하는가?
⑤ B : 모두가 동의할 수 있는 보편적인 선악의 판단은 있는가?

# 실력을 키우는 실전 문제

**05** 다음을 주장한 고대 서양 사상가의 관점에만 모두 'V'를 표시한 학생은?

> 사람들은 그러한 것에 관해서는 그러하다는 것의, 그렇지 않다는 것에 관해서는 그렇지 않다는 것의 기준이다. 달리 말해, 사물들이 나에게는 나에게 보이는 대로이고, 너에게는 너에게 보이는 대로이다. 예를 들어 바람은 그것을 차게 느끼는 사람에게는 차고, 차지 않게 느끼는 사람에게는 차지 않다.

| 관점 \ 학생 | 갑 | 을 | 병 | 정 | 무 |
|---|---|---|---|---|---|
| 인간은 만물의 척도이다. | V | | V | | V |
| 학문의 주요 대상은 자연이다. | | V | V | V | |
| 개인의 감각과 경험이 지식의 근원이다. | V | | | V | V |
| 학문의 궁극적인 목적은 무지의 자각이다. | | V | V | | V |

① 갑 ② 을 ③ 병 ④ 정 ⑤ 무

**06** 다음 사상가의 입장에서 부정의 대답을 할 질문으로 가장 적절한 것은?

> 자신이 모르면서도 알고 있다고 믿는 것이 인간이 가진 무지 중에서 가장 큰 무지입니다. 내가 대다수 사람들과 다른 점이 있다면, 그것은 바로 이 점에서입니다. …… 나는 악한 일을 행하는 것과 자신보다 뛰어난 존재를 거역하는 일은 부끄럽고 사악한 일이라는 것을 알고 있습니다. …… 여러분은 지혜와 힘에 있어서 최고의 평판을 듣고 있는 아테네의 시민입니다. 그런 여러분이 자신의 영혼을 돌보는 일을 게을리하면서 더 많은 부와 명성을 쌓는 일에만 몰두한다면, 그것이야말로 부끄러워해야 할 일이 아니겠습니까?

① 악행은 무지(無知)에서 나오는가?
② 지식은 모든 덕과 행복의 원천인가?
③ 선과 악은 유용성의 가치에 따라 결정되는가?
④ 이성을 통해 보편적인 윤리를 파악할 수 있는가?
⑤ 세속적 가치보다 자신의 영혼을 돌보는 삶을 살아야 하는가?

★★ 중요

**07** (가)의 갑, 을 사상가의 입장을 (나) 그림으로 표현할 때, A~C에 들어갈 적절한 진술만을 〈보기〉에서 있는 대로 고른 것은?

(가)
갑 : 아무것도 존재하지 않는다. 무엇인가가 존재한다고 해도 파악할 수 없을 것이다. 파악할 수 있다고 해도 말로 표현하거나 전달할 수 없을 것이다.
을 : 아무도 자발적으로 악한 행위를 하지 않는다. 아름다운 것과 좋은 것을 아는 사람은 결코 그 반대의 것을 택하지 않을 것이다. 그리고 아름다운 것과 좋은 것에 대하여 무지하면 그것을 행할 수 없는 것이며, 설사 그것을 추구한다 하더라도 실패하게 될 것이다.

(나)
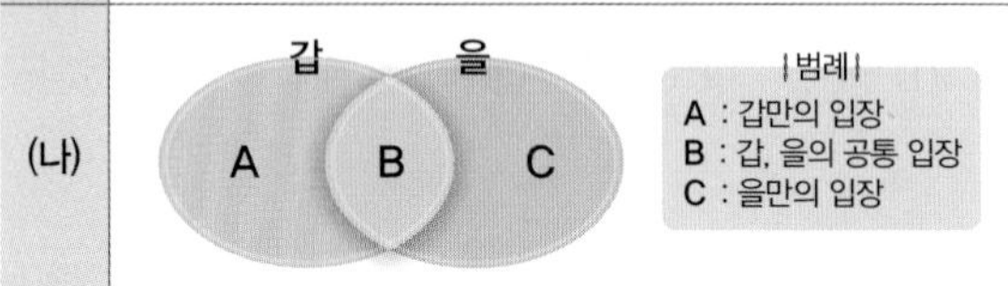


보기
ㄱ. A : 사회적 출세를 삶의 목적으로 보아야 한다.
ㄴ. A : 진리란 객관적으로 인식될 수 있는 것이다.
ㄷ. B : '좋은 삶은 어떤 삶인가?'에 대한 해답을 찾아야 한다.
ㄹ. C : 올바른 삶을 살려면 지속적으로 이성적 성찰을 해야 한다.

① ㄱ, ㄴ ② ㄴ, ㄷ ③ ㄷ, ㄹ
④ ㄱ, ㄴ, ㄹ ⑤ ㄱ, ㄷ, ㄹ

**08** 밑줄 친 '이 사상'으로 옳은 것은?

> <u>이 사상</u>은 바람직한 삶의 태도와 방식에 관해서는 사람마다 의견이 다르며, 공동체의 법과 관습, 윤리적 원칙도 사회나 시대마다 다르므로 모두 상대적일 뿐이라고 본다.

① 의무론 ② 이성주의
③ 금욕주의 ④ 윤리적 상대주의
⑤ 윤리적 보편주의

서술형 문제

09 다음 사상가의 입장으로 가장 적절한 것은?

> 지혜롭다는 사람을 만나 대화를 나누면서 이런 생각이 들었습니다. '이 사람보다는 내가 더 지혜롭군. 왜냐하면 우리 둘 다 아름답고 훌륭한 것을 전혀 알지 못하는 것 같은데, 이 사람은 자기가 알지 못하면서도 안다고 생각하는 반면, 나는 내가 알지 못하는 것을 알지 못한다고 생각하기 때문이지. 나는 적어도 이 사람보다는 바로 이 점에서 조금은 더 지혜로운 것 같아.'

① 올바름을 판단하는 기준은 각 개인이다.
② 인간의 감각 및 경험이 도덕의 근거이다.
③ 도덕규범은 시대와 장소에 따라 상대적이다.
④ 도덕적 행위는 인간의 이익을 증진하는 것이다.
⑤ 덕에 대한 지식을 갖춘 사람은 덕 있는 사람이 된다.

★★ 중요

10 다음 입장에서 지지할 주장으로 가장 적절한 것은?

> • 인간이 행복해지려면 자기의 욕망을 억제할 것이 아니라 최대한 허용하고, 욕망이 원하는 것이면 무엇이든지 충족시킬 수 있어야 한다.
> • 인간은 만물의 척도이다. "있는 것에 대해서는 있다."라고 하는 것에 대한 척도이고, "있지 않은 것에 대해서는 있지 않다."라고 하는 것에 대한 척도임을 알아야 한다.

① 각 개인의 주관적인 도덕 판단을 존중해야 한다.
② 진리 판단의 근거를 이성적 사고에서 찾아야 한다.
③ 참된 행복을 위해 덕에 관한 지식을 갖추어야 한다.
④ 선(善)의 기준이 보편적으로 존재하고 있음을 알아야 한다.
⑤ 정의의 기준은 현실이 아니라 이상 세계에 있음을 알아야 한다.

11 다음 글을 읽고 물음에 답하시오.

> ( ㉠ )은/는 소크라테스의 가르침에서 잘 드러난다. 소크라테스는 '덕이란 무엇인가?', '정의란 무엇인가?'와 같은 물음을 던지며, 이성을 통해 덕과 정의에 관한 보편적인 정의(定義)를 탐구하였다. 나아가 진리와 도덕의 보편적 기준을 제시하고자 하였다.

(1) ㉠에 들어갈 개념을 쓰시오.

(2) ㉠의 의미를 서술하시오.

12 다음 글을 읽고 물음에 답하시오.

> 잘 아는 목수가 좋은 목수인 것처럼, 기능이 좋은 목수가 되기 위해서는 많이 알아야 한다. 이와 같이 잘함과 좋음이라는 두 가지의 의미를 동시에 가지고 있는 말이 덕이다. 따라서 인간에게 덕의 본질을 가르치고 또 스스로 배우는 일만큼 중요한 것이 없다.

(1) 윗글과 같이 주장한 사상가를 쓰시오.

(2) 윗글의 사상가가 참된 앎을 추구하기 위해 제시한 방법을 서술하시오.

13 밑줄 친 '이 사상'의 단점을 서술하시오.

> 소피스트들은 그리스의 여러 도시 국가를 여행하면서 지역마다 서로 다른 고유한 관습이 있다는 것을 관찰하였다. 그들은 이를 바탕으로 도덕규범의 다양성을 강조하면서 보편타당한 도덕 법칙은 존재하지 않는다는 <u>이 사상</u>을 제시하였다.

# 등급을 올리는 고난도 문제

**01** (가)의 갑, 을 사상가의 입장을 (나) 그림으로 표현할 때, A~C에 들어갈 적절한 진술만을 <보기>에서 있는 대로 고른 것은?

| | |
|---|---|
| (가) | 갑 : 사람에게는 지식 이외의 다른 어떤 것도 가르쳐 줄 수 없다. 덕이 일종의 지식이라면 그것은 가르쳐 줄 수 있다는 것이 명백하다. 덕은 지식이며 행복이다.<br>을 : 아무것도 존재하지 않는다. 만일 어떤 것이 존재한다고 할지라도 우리는 그것을 알 수 없다. 설령 어떤 것을 알 수 있다고 할지라도 그것을 다른 사람에게 전달할 수 없다. |
| (나) | 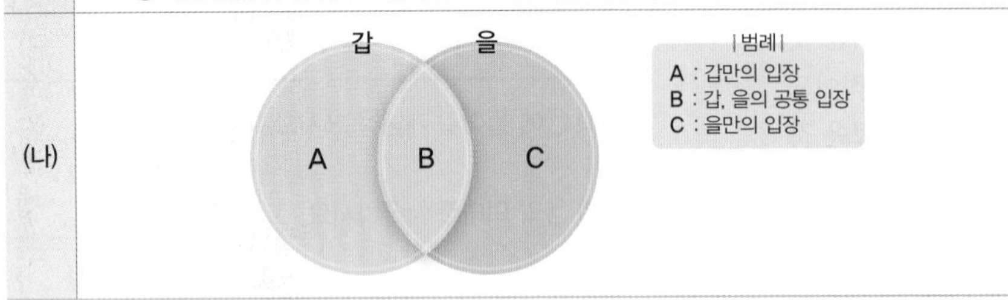 |

보기

ㄱ. A : 자신의 무지를 깨닫고 성실하게 진리를 탐구해야 한다.
ㄴ. A : 덕에 관한 지혜를 갖춘 사람이 항상 덕 있는 사람은 아니다.
ㄷ. B : 인간 삶의 구체적인 문제에 깊이 있는 관심을 기울여야 한다.
ㄹ. C : 선에 대한 기준은 인식할 수 없지만 궁극적인 선은 존재한다.

① ㄱ, ㄷ ② ㄴ, ㄷ ③ ㄴ, ㄹ
④ ㄱ, ㄴ, ㄹ ⑤ ㄱ, ㄷ, ㄹ

**문제 접근 방법**

(가)를 통해 윤리와 진리에 대한 보편주의 입장과 상대주의 입장을 파악하고, 이를 (나)의 범례에 적용하여 문제를 해결한다.

**적용 개념**

# 윤리적 회의주의
# 윤리적 보편주의
# 윤리적 상대주의

**02** 고대 서양 사상가 갑, 을의 입장으로 옳은 것은?

갑 : 정의라는 것은 강한 자와 통치자의 이익이며, 복종하고 섬기는 자들에게는 해가 되는 것이다. 불의라는 것은 이와 반대로 참으로 순진하고 올바른 사람들을 조종하기 위한 것이다.
을 : 자신이 모르면서도 알고 있다고 믿는 것이 인간이 가진 무지 중에서 가장 큰 무지이다. 내가 대다수 사람들과 다른 점이 있다면, 그것은 바로 나는 내가 무지하다는 것을 알고 있다는 것이다.

① 갑 : 학문의 주 대상은 인간과 사회가 아니라 자연이다.
② 갑 : 진리 여부를 판단할 때 보편적 입장을 중시해야 한다.
③ 을 : 진리의 보편적 기준은 현실에서의 실용성에 두어야 한다.
④ 을 : 선에 대한 지식과 그것의 실천을 별개로 보아서는 안 된다.
⑤ 갑, 을 : 진리를 탐구할 때 감각적 경험보다 이성적 사유를 중시해야 한다.

**문제 접근 방법**

'정의'에 관한 입장과 '무지의 자각'을 통해 갑, 을이 어떤 사상가인지 파악한 후, 갑, 을의 사상적 차이점과 공통점을 정확하게 이해하고 문제를 해결한다.

**적용 개념**

# 지덕복 합일설
# 이성적 사유
# 보편적 입장

바른답·알찬풀이 32쪽

**03** (가)의 사상가 갑, 을의 입장을 (나) 그림으로 탐구할 때, A~C에 해당하는 적절한 질문만을 〈보기〉에서 있는 대로 고른 것은?

(가)
갑 : 참되게 살려는 자는 욕구를 억제해서는 안 된다. 용기와 지혜로써 이를 최대한 충족시켜야 한다. 사람들은 그럴 능력이 없기 때문에 무절제를 부끄러운 것이라고 주장하며 절제와 정의를 칭송한다. 사치, 무절제, 자유가 덕이자 행복이다.
을 : 참되게 살려는 자는 덕이 참된 지혜에서 나온다는 것을 알아야 한다. 영혼의 모든 성질들은 지혜를 동반하느냐 무지를 동반하느냐에 따라 유익하게도 해롭게도 되기 때문이다. 덕은 유익한 것이기 때문에 지혜의 일종이어야 한다.

(나)
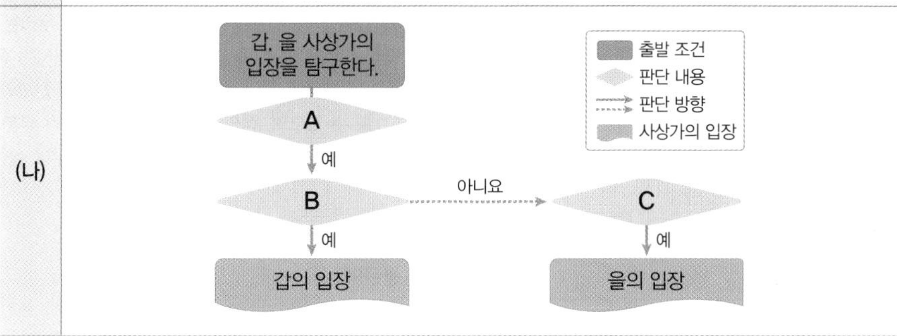


보기
ㄱ. A : 지속적인 진리 탐구를 통해 객관적 존재의 본질을 파악할 수 있는가?
ㄴ. B : 용기나 지혜와 같은 덕을 욕구 충족의 도구로 보는가?
ㄷ. B : 진리의 상대성을 인정하고 사회적 성공을 추구하는가?
ㄹ. C : 선(善)은 객관적이며, 정의될 수 있는 것인가?

① ㄱ, ㄴ ② ㄱ, ㄹ ③ ㄷ, ㄹ
④ ㄱ, ㄴ, ㄷ ⑤ ㄴ, ㄷ, ㄹ

**문제 접근 방법**
덕에 대한 진술을 통해 갑, 을이 어떤 사상가인지 파악한 후, 〈보기〉의 질문에 대한 대답을 추론하여 문제를 해결한다.

**적용 개념**
# 세속적 가치
# 정신적 가치
# 지덕복 합일설

**04** 그림은 서술형 평가 문제와 학생 답안이다. 학생 답안의 ㉠~㉤ 중 옳은 것은?

⊙ 문제 : 다음 고대 서양 사상가가 강조하는 삶의 태도에 관해 서술하시오.

여러분! 더 이상 지혜를 사랑하지 않는다는 조건으로 저를 무죄 방면한다 할지라도, 제가 살아가는 동안, 그리고 할 수 있는 한, 지혜를 사랑하는 것도 여러분의 무지를 자각시키는 일도 결코 그만두지 않을 것입니다. 이 점을 고려하여 저의 무죄 방면 여부를 결정하십시오.

⊙ 학생 답안 : 위 사상가는, ㉠ 가치의 상대성을 바탕으로 개인의 판단을 존중해야 하며, ㉡ 인간의 감각적 경험을 지식과 도덕의 근원이라고 보고 학문을 연구해야 한다고 보았다. 또한 ㉢ 대다수가 동의한 의견을 절대적 기준으로 수용해야 하며, ㉣ 공동체에서 통용되는 관습을 도덕 판단의 원리로 삼아야 한다고 보았다. 그리고 ㉤ 보편적인 가치를 바탕으로 현실의 모습을 수용하거나 비판하는 삶의 자세를 지녀야 한다고 보았다.

① ㉠ ② ㉡ ③ ㉢ ④ ㉣ ⑤ ㉤

**문제 접근 방법**
제시문을 통해 고대 서양 사상가가 누구인지 파악한 후, 이 사상가의 주장을 정확하게 이해하고 문제를 해결한다.

**적용 개념**
# 윤리적 보편주의
# 성찰하는 삶

Ⅲ. 서양 윤리 사상

# 덕 있는 삶과 행복

학습길잡이 • 플라톤과 아리스토텔레스의 윤리 사상의 특징을 정리해 둔다.
• 플라톤과 아리스토텔레스의 윤리 사상을 비교하여 덕과 행복의 관계에 대해 정리해 둔다.

## A 영혼의 정의와 행복

### 1 플라톤의 세계관

#### ① 소크라테스의 사상 계승

- 소크라테스의 '영혼을 돌보라.'라는 가르침을 계승하여 인간의 영혼에 있어 정의(正義)의 덕을 실현하는 방안을 탐구함 1
- 국가적 차원에서 정의의 덕을 실현하는 방안을 탐구하여 개인과 국가 모두 행복에 이르는 길을 밝히고자 함

#### ② 이데아론 : 세계를 현실 세계와 이데아 세계로 구분함

(이데아: 그리스어로 '보이는 것'을 뜻하는 말이었으나 플라톤은 이성으로 파악되는 사물의 원형을 가리키는 말로 사용하였다.)

| 이데아 세계 | 현실 세계 |
|---|---|
| • 사물의 불변하는 본질이자 참된 실재*<br>• 이성을 통해 탐구되고 파악되는 것 → 가지계(可知界)<br>예 모든 것 것들을 아름답게 만드는 것 또는 아름다움의 본질, 삼각형을 삼각형으로 만드는 삼각형의 본질 등 | • 끊임없이 변화하는 불완전한 세계<br>• 감각 경험을 통해 파악되는 것 → 가시계(可視界)<br>예 우리가 현실에서 보는 아름다운 사람, 아름다운 노을 또는 수많은 삼각형 등 |

**자료로 보는 플라톤의 이데아론**

태양은 보이는 것들에 '보임'의 힘을 제공해 줄 뿐만 아니라, 또한 그것들에 생성과 성장 그리고 영향을 제공해 준다고 자네가 말할 것으로 생각하네. 그것 자체는 생성되는 것이 아니면서 말일세. …… 그러므로 인식되는 것들의 '인식됨'이 가능하게 되는 것도 '좋음'으로 인해서일 뿐만 아니라, 그것들이 '존재하게' 되고 그 '본질'을 갖게 되는 것도 그것에 의해서요, '좋음'은 단순한 존재가 아니라, 지위와 힘에 있어서 존재를 초월하여 있는 것이라고 말하게나. – 플라톤, 『국가』 –

자료 분석 이데아란 모든 존재와 인식의 근거가 되는 영원하며 초월적인 실재를 의미한다. 그러므로 이데아는 어떤 개별적인 사물이 없어지더라도 계속해서 존재하는 그 사물의 원형이자, 개별자*에 의해 실현되어야 할 이상이다.

Q 개별 사물의 원형이자 초월적인 실재를 일컫는 말은 무엇인가? 이데아 A

#### ③ 동굴의 비유 2

- 태양(빛)은 이데아, 벽면의 그림자는 현실 세계를 의미함
- 그림자는 이데아를 어느 정도 반영하기는 하지만 이데아 그 자체는 아님
- 동굴에 갇힌 이들은 오로지 그림자만 보기 때문에 이를 실제 사물로 착각함 → 그림자의 세계에서 벗어나 이데아의 세계로 나아가야 함
- 철학자의 사명 : 동굴 밖의 태양이 비추는 세상을 본 사람이 철학자임 → 철학자는 동굴로 돌아와 허상만을 보는 사람을 바른 길로 인도해야 함
- 이데아에 대한 지식은 오직 이성을 통해서만 얻을 수 있음
- 선(善)의 이데아 : 각각의 이데아를 이데아이게 하는 최고의 이데아 질문

**개념 더하기 자료 채우기**

**1 정의의 덕**

플라톤에 따르면 정의는 여러 계층의 시민들과 이러한 시민들의 활동 사이에 조화와 균형을 이루는 문제이다. 각자가 자신의 몫을 행하고 더 나아가 잘 행할 때 우리는 조화와 균형을 얻게 된다. 또한 이러한 경우에 우리는 각자가 자신의 몫을 받는, 즉 적절한 분배가 이루어지는 정의로운 국가에 이르게 된다. 그렇다면 정의란 국가 전체의 덕이라고 할 수 있으며, 정의는 국가를 구성하는 각 부분이 자신들의 특별한 역할에 알맞은 덕을 드러낼 경우에 실현된다.

**2 동굴의 비유**

우리는 평생 동안 계속 동굴 안에 묶여 있는 죄수와 같아서 오직 우리 앞에 놓여 있는 동굴의 벽면만을 쳐다볼 수 있다. 그리고 죄수들 뒤에 있는 담 위로 사람들과 여러 동물의 상이 지나가게 되어 벽면에는 그들의 그림자만 비치며 담의 뒤쪽에는 빛의 근원이 되는 불이 타오르고 있다. 벽면의 그림자 외의 다른 어떤 것도 보지 못하고 그림자가 비치게 되는 체계를 전혀 알지 못하는 죄수들은 그림자가 진정한 사람과 동물이라고 굳게 믿을 것이다. – 플라톤, 『국가』 –

동굴의 벽면에 비친 그림자는 이데아를 어느 정도 반영하기는 하지만 이데아 그 자체는 아니다. 그런데 동굴에 갇힌 이들은 오로지 그림자의 모습만을 보기 때문에 그림자를 사물의 본질인 이데아로 착각한다. 플라톤은 그림자의 세계에서 벗어나 참된 실재인 이데아의 세계로 나아가야 한다고 주장한다.

**질문 있어요**

*선의 이데아는 무엇인가요?*

이데아 중 최고의 이데아를 '선의 이데아'라고 해요. 즉 선의 이데아는 세계에 대한 우리의 인식과 그러한 세계의 실재 모두에 대한 궁극적인 원인이라고 할 수 있어요. 플라톤에 따르면 선의 이데아는 마치 태양과 같은 것으로 사물들을 보이게끔 만들어 주며, 그것의 능력과 그것이 제공하는 바가 사물들이 현존할 수 있도록 해 줘요.

**용어사전**

* **실재**(바탕 實, 있다 在) 실제로 존재함 또는 사물의 본질적 존재
* **개별자** 구체적이고 실체적이며, 시공간적 특성을 띤 독립체

## 2 정의와 행복에 관한 플라톤의 사상

### ① 이상적인 인간 3

- 플라톤은 인간의 영혼을 욕구, 기개*, 이성으로 구분함
- 영혼의 각 부분이 자기의 맡은 일을 잘 수행해야 함 → 욕구는 절제, 기개는 용기, 이성은 지혜의 덕을 갖추어야 함
- 이성적인 부분이 욕구와 기개를 잘 다스려야 하고, 욕구와 기개는 이성을 잘 따라야 함
- 지혜, 용기, 절제의 덕이 서로 조화를 이룰 때 인간 영혼에서 정의(正義)의 덕을 실현하고 행복한 삶을 살 수 있음

**자료로 보는 플라톤의 이상적 인간**

우리 인간의 영혼은 마차에 비유할 수 있습니다. 마차를 끄는 두 마리의 말이 있는데, 한 마리는 말을 잘 듣는 좋은 말이고 다른 말은 채찍을 들어야 말을 듣는 좋지 않은 말입니다. 실제로 마차를 끄는 것은 이 두 마리의 말이죠. …… 그러나 말이 마음대로 날뛰면 마차는 위험에 빠지기 때문에 마차가 가야 할 방향은 마부가 결정해야 합니다.

– 플라톤, 『파이드로스』 –

**자료 분석** 자료에서 비교적 선한 말은 인간 영혼의 기개로, 날뛰는 말은 욕구로, 마부는 이성으로 볼 수 있다. 마차가 잘 가려면 무엇보다 마부가 말을 잘 이끌어야 하고, 말들은 마부의 말을 잘 듣고 마차를 끌어야 한다. 이처럼 인간의 영혼 역시 이성의 다스림 아래 기개와 욕망이 서로 조화를 이루어야 이상적인 상태가 된다.

Q 지혜, 용기, 절제의 덕이 조화를 이루는 상태를 무엇이라고 하는가? A 정의

### ② 이상적인 국가

- 각 개인이 타고난 바에 따라 자신에게 적합한 한 가지 일을 담당하고 이들이 조화를 이룰 때 이상적인 국가를 이룰 수 있다고 봄
- 국가의 구성원을 세 가지 계층*으로 구분 : 생산자는 절제, 수호자는 용기, 통치자는 지혜의 덕을 갖추어야 함
  (수호자: 장차 군인이나 통치자가 될 사람들을 아울러서 표현한 말로, 수호자는 엄격한 선발 과정을 거쳐 통치자가 될 수 있다.)
- 철인 국가 : 오랜 교육과 엄격한 훈련을 통해 '선(善)의 이데아'라고 하는 도덕적 선에 관한 절대적 지식을 성취한 철학자가 다스리는 사회 4 질문
- 정의로운 국가 : 세 계급의 사람들이 그들의 덕목(지혜, 용기, 절제)을 잘 갖추고 조화롭게 국가를 이룰 때 정의의 덕을 실현할 수 있음 5
  (각 계급의 사람들이 다른 계급의 일에 간섭하지 않고 조화를 이룰 때 정의로운 국가가 실현된다.)

**자료로 보는 철인에 의한 통치**

저마다 타고난 성향에 따라 각각 한 가지 일에 대해 그것에 해당하는 개인을 배치해야 한다는 것은 명확하다. 이렇게 함으로써 나라 전체는 여럿이 아닌 '하나의 나라'가 된다. …… 철학자들이 나라를 통치하지 않는 한, 또는 현재의 최고 권력자들이 진실로 그리고 충분히 철학을 하지 않는 한, 그리하여 철학과 정치권력이 하나로 결합하지 않는 한 나쁜 것들은 끝나지 않는다.

– 플라톤, 『국가』 –

**자료 분석** 플라톤은 선의 이데아를 인식하고 실현할 수 있는 지혜를 갖춘 철인이 통치할 때 비로소 이상적인 국가가 이루어진다고 주장하였다.

**개념 더하기 자료 채우기**

**3 이상적인 인간과 국가**

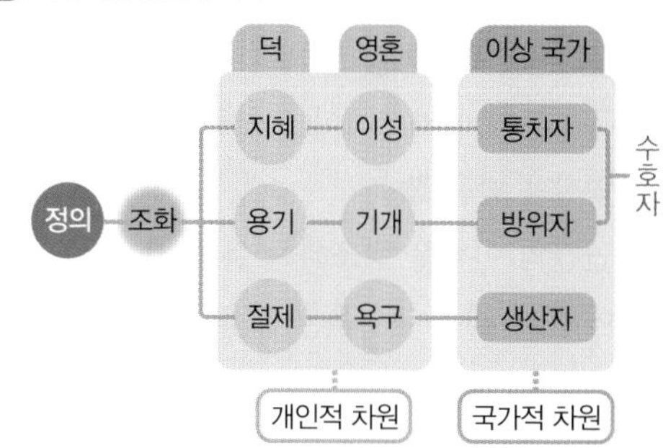


플라톤은 개인에 있어서는 인간 영혼의 각 부분이 자기의 할 일을 하면서 조화를 이룰 때, 국가에 있어서는 구성원들이 각자 맡은 일에 최선을 다하고 조화를 이룰 때, 정의의 덕을 실현할 수 있다고 보았다.

**4 철인(哲人)**

철학자인 최고 통치자를 일컫는 말이다. 플라톤에 의하면 이상 국가는 생산·국방·지배의 세 계층으로 이루어지는데, 지배 계층은 이데아의 철학을 교육받은 철학자들로 구성된다. 결국 플라톤은 철학자들이 국가를 통치해야 한다는 신념을 가지고 있었다.

**질문 있어요**

철인이 되기 위해서는 어떤 교육 과정을 거치나요?

철인이 되기 위해서는 아주 긴 교육 과정을 거쳐야 합니다. 적어도 18세가 될 때까지는 문학, 음악, 기초 수학을 배우고, 그 후 몇 년은 육체를 단련시키고 군사 훈련을 받게 되지요. 20세에는 고등 수학을 배우기 시작합니다. 30세가 되는 해에는 변증법과 도덕 철학을 시작하여 35세가 되면 실제적인 정치 경험을 쌓기 시작합니다. 50세가 되어야 선의 이데아에 이르는 경지에 도달하며, 비로소 국가를 통치할 자격을 갖출 수 있게 됩니다.

**5 4주덕**

지혜, 용기, 절제, 정의라는 4개의 주된 덕. 인간의 영혼은 욕망과 기개 및 이성적인 부분으로 구성되며, 각 부분에 적합한 절제와 용기 및 지혜가 조화를 이룰 때 정의의 덕이 실현되고 행복한 삶을 살 수 있다.

**용어사전**

- * **기개** 씩씩한 기상과 굳은 절개
- * **계층** 재산·지위·신분 등 객관적 조건이 동일한 사람들의 집단

# 02 덕 있는 삶과 행복

## B 이론과 실천의 탁월성과 행복

### 1 아리스토텔레스의 세계관

**① 플라톤의 사상 계승**

- 플라톤의 아카데메이아에서 오랜 기간 공부하면서 플라톤의 사상에 많은 영향을 받음 1
- 인간의 이성을 강조하는 윤리 사상을 전개하였으며, 인간과 사회의 본질* 에 대해 깊은 관심을 가졌음

**② 현실주의적 세계관**

- 플라톤에 비해 현실을 중시하는 태도를 취함 → 이데아의 세계와 현실의 세계를 구분하는 플라톤 사상을 비판함
- 세계는 개별적인 실체로 이루어진 하나의 세계이며, 선(善, 좋음, good)은 이데아의 세계가 아닌 현실 세계에 존재함 2
- 변화하는 상황과 삶의 관점에 따라 좋음이 다양하게 해석될 수 있음

**③ 목적론***

- 세상의 모든 것에는 목적이 있으며, 인간의 모든 행위에도 목적이 있음
- 인간의 모든 행위는 어떤 '선'을 목적으로 함 → 각각의 선은 또 다른 상위의 선을 목적으로 함
  예 악기를 만드는 기술은 좋은 소리를 내는 악기를 만들기 위한 것이고, 좋은 소리를 내는 악기는 더 좋은 연주를 하기 위한 것이다.
- 모든 인간은 행복 그 자체를 목적으로 추구함 → 인간의 궁극적인 목적이자 최고선*은 행복임 질문

**자료로 보는 아리스토텔레스의 목적론**

모든 기술과 탐구, 또 모든 행동은 어떤 선(善)을 목표로 한다고 생각된다. 그러므로 선이란 모든 것이 목표로 삼는 것이라고 한 주장은 옳은 것이라 할 수 있다. …… 그런데 행동, 기술, 학문에는 여러 가지가 있기 때문에, 목적 또한 여러 가지로 많다. 가령 의술의 목적은 건강이요, 조선의 목적은 배요, 병법의 목적은 승리요, 경제학의 목적은 부(富)이다. …… 목적은 다양하고, 이 목적들 가운데 어떤 것은 다른 어떤 것 때문에 선택되기 때문에, 모든 목적이 다 같이 궁극적인 목적이 아님은 분명하다. 따라서 만일 오직 하나의 궁극적인 목적이 있다고 하면 이것이야말로 우리가 구하고 있는 것이다. – 아리스토텔레스, 『니코마코스 윤리학』 –

**자료 분석** 아리스토텔레스는 인간의 모든 행위는 어떤 목적을 추구하는데, 목적에 해당하는 것이 '선(善, 좋음)'이라고 보았다. 또한 각각의 선이 추구하는 상위의 목적으로 점점 올라가다 보면 더 이상 올라갈 수 없는 최종적인 목적에 도달하게 되는데 이를 최고선이라고 하였다.

### 2 행복과 탁월성에 관한 아리스토텔레스의 사상

아리스토텔레스는 덕을 '인간의 고유한 기능인 이성이 탁월하게 발휘되는 상태'라고 보았다.

① **진정한 행복** : 진정한 행복은 탁월성으로서의 덕(德)을 갖춘 삶을 통해 얻을 수 있음 → 행복은 덕에 따른 영혼의 활동임 3

② **덕의 구분** : 인간의 영혼에 이성적인 부분과 비이성적인 부분이 있듯이 덕에도 지적인 덕과 품성*적인 덕의 구분이 있음

**개념 더하기 자료 채우기**

**1 아카데메이아**

플라톤이 아테네 서쪽 교외에 개설한 교육 기관이다. 그 입구에는 '기하학을 모르는 자는 이 문을 들어올 수 없다.'라는 글귀가 적혀 있었다고 전한다. 이를 통해 이성적 사고를 중시한 플라톤의 사상적 경향을 엿볼 수 있다.

**2 이데아론에 대한 아리스토텔레스의 비판**

아리스토텔레스는 선(좋음)의 이데아가 존재한다는 것에 의문을 제기하고, 선은 이데아의 세계가 아닌 현실 세계에 존재한다고 반론하였다. 아리스토텔레스는 이러한 세계관을 바탕으로 인간이 성취하고 소유할 수 있는 선이 무엇인가를 탐구하였다.

**질문 있어요**

**아리스토텔레스가 말하는 행복이란 무엇인가요?**

아리스토텔레스는 행복을 인간의 고유한 기능인 이성을 탁월하게 발휘하는 것이라고 보았어요. 이는 행복이 단순한 쾌락이나 향락으로부터 오는 것이 아니라 인간이 가진 고유한 덕에 따를 때 온다는 것을 의미해요. 아리스토텔레스는 이러한 인간의 덕을 품성적인 덕과 지적인 덕으로 보았고, 두 가지 덕이 이성에 따라 조화롭게 발휘될 때, 참된 행복에 이를 수 있다고 보았어요.

**3 인간의 영혼 분류**

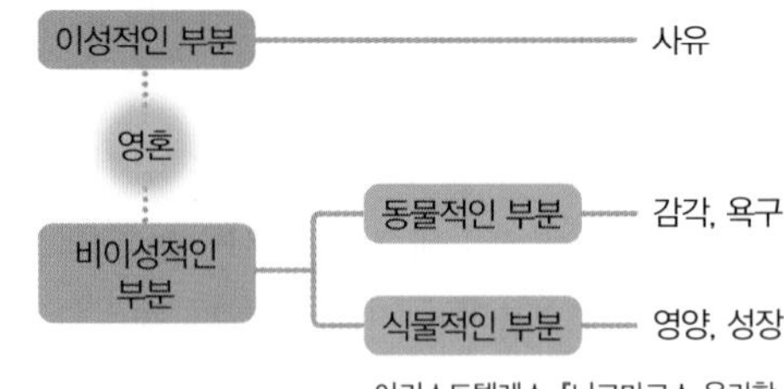

–아리스토텔레스, 『니코마코스 윤리학』

**용어사전**

- * **본질** 본래부터 가지고 있는 사물 자체의 성질이나 모습
- * **목적론** 모든 사물은 목적이 있고 목적을 실현하기 위해 존재한다는 이론
- * **최고선** 인간 행위의 최고 목적과 이상이 되며 행위의 근본 기준이 되는 선
- * **품성** 한 개인이 지속적으로 유지하고 있는 자질(character) 중에서 도덕과 관련된 부분이나 혹은 도덕적 자질에 대한 평가를 의미하는 것

③ 품성적인 덕

- 영혼의 감각과 욕구의 기능이 이성에 귀를 기울이고 이성의 명령을 따를 때 얻을 수 있는 덕 예 용기, 절제, 친절 등
- 과도함과 부족함 사이의 적절한 상태, 즉 중용을 특징으로 함 4
- 의지의 중요성 강조 : 무엇이 중용의 상태인지 알더라도 의지가 나약하여 실천하지 못하는 경우가 있음 질문

자제력이 없거나 의지가 부족하여 도덕적으로 옳다고 판단한 것을 실천하지 못함을 뜻한다.

- 품성적인 덕을 쌓는 방법으로 지속적인 실천을 제시함 → 도덕적 행동을 꾸준히 실천하여 습관화할 것을 강조함

④ 지적인 덕

- 영혼의 이성적인 기능이 탁월하게 작용할 때 얻을 수 있는 덕 예 철학적 지혜, 실천적 지혜, 논리적 추론* 등
- 실천적 지혜는 각 상황에서 어떤 행동이 중용의 상태인지를 알려 줌 5
- 주로 교육을 통해 길러지며, 품성적인 덕의 형성에 영향을 끼침

**자료로 보는 아리스토텔레스의 덕론**

지적인 덕은 대체로 교육에 의해 생기고 발전하며, 많은 경험과 시간을 필요로 한다. 반면에 품성적인 덕은 습관의 결과로 생긴다. 품성적인 덕은 본성에 의해 저절로 생기지 않는다. 만약 본성에 따라 생기는 것이라면, 그것과 반대되는 습관은 아예 생기지 않을 것이기 때문이다. …… 그러나 품성적인 덕은 본성적으로 생기는 것도 아니고, 본성과 반대로 생기는 것도 아니다. 오히려 우리가 본성적으로 그것을 받아들이고 습관을 통해 완전하게 얻는 것이다.

**자료 분석** 아리스토텔레스는 인간의 덕을 지적인 덕과 품성적인 덕으로 구분하고, 품성적인 덕은 습관을 통해 길러진다고 보았다.

⑤ 덕의 실현과 행복

- 품성의 덕을 통한 행복과 함께 지성의 덕을 발휘하는 지적인 관조*를 통해 행복을 얻을 수 있음
- 덕의 실현에 있어서 사회적 측면을 강조 → 공동체 구성원으로서 사회적 책무에 충실해야 함

⑥ **현대 덕 윤리로의 계승** : 도덕적 실천과 도덕적인 품성을 강조한 아리스토텔레스의 사상이 현대 덕 윤리학으로 계승됨 → '행위' 중심의 윤리가 아닌 '행위자' 중심의 윤리를 전개함 6

행위 중심의 윤리는 행위의 옳고 그름은 유덕한 사람인지 아닌지에 따라 판단되는 것이 아니라, 그 행위가 도덕 규칙이나 원리에 부합하는지에 따라 판단되는 것이다.

## 3 플라톤과 아리스토텔레스의 윤리 사상 비교

| 구분 | 플라톤 | 아리스토텔레스 |
|---|---|---|
| 공통점 | • 덕 있는 삶을 살 때 행복한 삶을 살 수 있다고 봄<br>• 이성이 욕망을 적절히 통제해야 덕 있는 인간이 될 수 있다고 봄<br>• 그리스도교 사상가들에게 수용 | |
| 차이점 | 참된 진리는 이데아에 있음 | 현실 세계에 진리가 존재함 |
| 영향 | 데카르트, 칸트 등 이성을 중시한 사상가들에게 영향 | 근대의 경험주의와 현대 덕 윤리에 많은 영향 |

**개념 더하기 자료 채우기**

**4 중용**

| 부족함 | 중용 | 과도함 |
|---|---|---|
| 무감각 | 절제 | 방종 |
| 비굴 | 긍지 | 오만 |
| 무기력 | 온화 | 성급함 |
| 거짓 겸손 | 진실 | 허풍 |
| 무뚝뚝함 | 재치 | 익살 |
| 심술궂음 | 친절 | 아첨 |

중용은 이성에 의해 충동과 감정을 조절함으로써 극단에 치우치지 않으려는 의지를 습관화한 덕을 말한다. 중용은 양극단 사이의 산술적 중간이 아니라 과도함과 부족함 사이의 중간을 의미한다. 따라서 중용은 사람이나 때와 장소, 목적 등에 따라 다를 수 있다.

**질문 있어요**

아리스토텔레스는 의지의 중요성을 왜 강조했나요?

아리스토텔레스는 품성적인 덕을 쌓는 방법으로 지속적인 도덕적 실천을 강조했어요. 도덕적 행동을 지속적으로 실천한다는 것은 도덕적 행동이 습관화되었다는 것이지요. 이처럼 도덕적 행동을 지속하려면 강한 의지가 바탕이 되어야 하기 때문에 아리스토텔레스는 품성적인 덕을 쌓는 데 있어서 의지의 중요성을 강조했어요.

**5 실천적 지혜의 특성**

자신에게 좋고 유익한 것을 잘 숙고하여, 일상의 각 생활에서 중용을 판별하는 데 도움을 주는 도덕 판단 능력을 뜻한다. 실천적 지혜는 품성적인 덕의 형성에 직접적인 영향을 미쳐 인간의 감정과 행위를 변화시킬 수 있다는 특성이 있다.

**6 현대 덕 윤리**

현대 덕 윤리 사상가들은 특정한 도덕 원리나 규칙만을 제시하는 '행위' 중심의 윤리로는 다양한 도덕 문제를 해결할 수 없다고 주장한다. 그들은 "무엇을 해야 하는가?"라는 질문보다는 "한 개인이 어떤 종류의 사람인가?"라는 질문에 더 관심을 가지고 '행위자' 중심의 윤리를 전개한다. 따라서 현대 덕 윤리학자들은 아리스토텔레스와 마찬가지로 좋은 품성의 중요성을 강조한다.

**용어사전**

* **추론** 이미 알려진 정보를 근거로 삼아 다른 판단을 이끌어 내는 것
* **관조**(볼 觀, 비출 照) 고요한 마음으로 사물이나 현상을 관찰하거나 비추어 봄

# 기초를 다지는 확인 문제

바른답·알찬풀이 33쪽

올리드 포인트

## A 영혼의 정의와 행복

### 1 플라톤의 세계관

| | |
|---|---|
| 이데아론 | • 이데아는 사물의 불변하는 본질이자 참된 실재<br>• 현실에 존재하는 것은 이데아의 모방 → 이데아에 대한 지식은 오직 이성을 통해서만 획득 |
| 동굴의 비유 | • 태양(빛)은 이데아 세계, 벽면의 그림자는 현실 세계를 의미함<br>• 그림자의 세계에서 벗어나 이데아의 세계로 나아가야 함 |

### 2 정의와 행복에 관한 플라톤의 사상

| | |
|---|---|
| 이상적인 인간 | 지혜, 용기, 절제의 덕이 조화를 이룰 때 정의의 덕을 실현하고 행복한 삶을 살 수 있음 |
| 이상적인 국가 | 세 계급의 사람들이 그들의 덕목을 잘 갖추고 조화롭게 국가를 이룰 때, 국가도 정의의 덕을 실현할 수 있음 |

## B 이론과 실천의 탁월성과 행복

### 1 아리스토텔레스의 세계관

| | |
|---|---|
| 현실주의 | 선은 이데아의 세계가 아닌 현실 세계에 존재함 |
| 목적론 | • 세상의 모든 것에는 목적이 있음<br>• 인간의 궁극적인 목적이자 최고선은 행복임 |

### 2 행복과 탁월성에 관한 아리스토텔레스의 사상

① **진정한 행복** : 덕에 따른 영혼의 활동

② **덕론** : 인간의 영혼과 같이 덕에도 구분이 있음

| | |
|---|---|
| 품성적인 덕 | • 영혼의 감각과 욕구의 기능이 이성에 귀를 기울이고 이성의 명령을 따를 때 얻을 수 있는 덕<br>• 과도함과 부족함 사이의 적절한 상태(= 중용)<br>• 의지의 중요성과 도덕적 행동의 습관화를 강조 |
| 지적인 덕 | • 영혼의 이성적 기능이 탁월하게 작용할 때 얻을 수 있는 덕<br>• 교육을 통해 습득 → 품성적인 덕에 영향을 미침 |

③ **현대 덕 윤리학** : 아리스토텔레스의 사상을 바탕으로 '행위자' 중심의 윤리를 전개함

### 3 플라톤과 아리스토텔레스의 윤리 사상 비교

| 구분 | 플라톤 | 아리스토텔레스 |
|---|---|---|
| 공통점 | • 덕 있는 삶을 살 때 행복한 삶을 살 수 있다고 봄<br>• 이성이 욕망을 적절히 통제해야 한다고 주장함 | |
| 차이점 | 이상주의적 입장에서 참된 진리는 이데아에 있음 | 현실 세계에 진리가 존재한다고 봄 |
| 영향 | 데카르트, 칸트 등 | 근대의 경험주의와 현대 덕 윤리학자 |

**01** 다음 설명이 맞으면 ○표, 틀리면 ×표를 하시오.

(1) 플라톤은 세계를 현실 세계와 이데아 세계로 구분하였다. ( )

(2) 플라톤은 현실 세계에 관한 지식과 이데아에 관한 지식 모두 감각에 의해 얻을 수 있다고 보았다. ( )

(3) 플라톤은 각 개인이 타고난 바에 따라 자신에게 적합한 한 가지 일을 담당하고 이들이 조화를 이룰 때 이상적인 국가를 이룰 수 있다고 보았다. ( )

(4) 아리스토텔레스는 인간에게만 목적이 존재한다고 보았다. ( )

(5) 아리스토텔레스는 인간의 궁극적 목적이자 최고선을 행복이라고 보았다. ( )

**02** 빈칸에 들어갈 알맞은 말을 쓰시오.

(1) 플라톤은 ( )을/를 통해 이데아와 현실의 관계를 구체적으로 설명하였다.

(2) 플라톤은 인간의 영혼을 ( ), ( ), ( )의 세 부분으로 구분하였다.

(3) 아리스토텔레스는 세계는 개별적인 실체들로 이루어진 하나의 세계이며, ( )은/는 이데아의 세계가 아닌 현실 세계에 존재한다고 주장하였다.

(4) 아리스토텔레스는 진정한 행복은 ( )(으)로서의 덕을 갖춘 삶을 통해 얻을 수 있다고 주장하였다.

**03** 다음 개념과 그에 관한 설명을 바르게 연결하시오.

(1) 이데아 •     • ㉠ 각 상황에서 어떤 행동이 중용의 상태인지를 알려주는 것

(2) 중용 •     • ㉡ 사물의 불변하는 본질이자 참된 실재로서 완전한 것

(3) 실천적 지혜 •     • ㉢ 과도함과 부족함 사이의 적절한 상태

**01** (가) 사상가의 입장을 (나) 그림과 같이 탐구할 때, A, B에 들어갈 질문으로 옳은 것은?

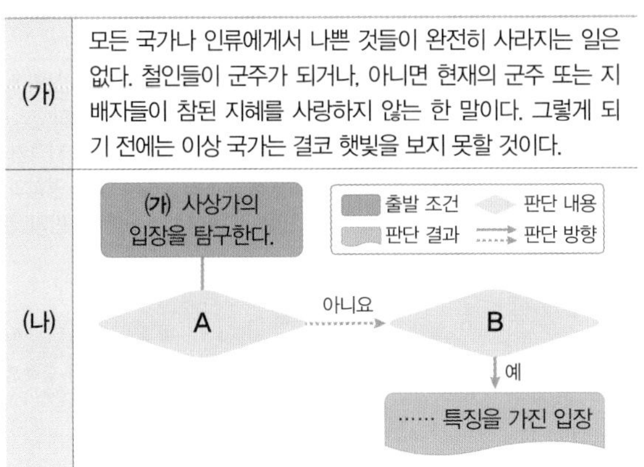
(가) 모든 국가나 인류에게서 나쁜 것들이 완전히 사라지는 일은 없다. 철인들이 군주가 되거나, 아니면 현재의 군주 또는 지배자들이 참된 지혜를 사랑하지 않는 한 말이다. 그렇게 되기 전에는 이상 국가는 결코 햇빛을 보지 못할 것이다.



① A : 참된 앎을 알면 그대로 행하는가?
② A : 도덕적 판단의 기준은 개인의 가치관인가?
③ B : 이데아는 인간의 경험을 통해 인식되는가?
④ B : 이데아의 세계는 진리를 모방한 세계인가?
⑤ B : 본질적이고 참된 실재가 현실에 존재하는가?

**02** 다음 고대 서양 사상가의 입장으로 옳은 것은?

> 본성적으로 존재하는 것치고 그 본성에 반대되는 습관을 형성할 수 있는 것이란 하나도 없다. 가령 돌은 본성적으로 아래로 움직이도록 되어 있기 때문에, 아무리 천 번, 만 번 위로 던져 위로 움직이게끔 훈련시켜 그것이 습관이 되게 하려 해도 그렇게 도저히 할 수 없다. 또 불을 아래로 움직여 가게끔 습관화시킬 수도 없고, 이 밖의 어떤 것도 그 본성에 어긋나게 움직이도록 훈련시킬 수 없다. 그러고 보면 품성적인 덕들은 본성적으로 우리 속에 생기는 것도 아니요, 본성에 반하여 우리 속에 생기는 것도 아니다. 오히려 우리가 본성적으로 그것들을 받아들이도록 되어 있으며, 또 그것들은 습관에 의하여 완전하게 되는 것이다.

① 덕을 알면서 고의로 악을 행하는 사람은 없다.
② 이데아 세계에만 변화하지 않는 참된 존재가 있다.
③ 현실 세계보다는 이상 세계에서 진리를 찾아야 한다.
④ 감정과 욕구를 제거한 이성적 삶이 정의로운 삶이다.
⑤ 시민들의 동의와 관계없는 객관적인 도덕 기준이 존재한다.

**03** 다음 고대 서양 사상가의 입장으로 옳지 <u>않은</u> 것은?

> 정의는 각자가 자기의 성향에 가장 맞는 국가와 관련된 일 한 가지에 종사하며 타인에게 참견하지 않는 것이다. 이렇게 해야 지혜, 용기, 절세가 국가 안에 생기고 이것들이 잘 보전될 수 있기 때문이다. 정의는 곧 제 것을 소유하고 제 일을 하는 것이다. 만약 성향상 장인이거나 상인이 전사 계층으로 옮기려 하거나 전사들 가운데 어떤 사람이 자격도 없으면서 통치자 계층으로 옮기려 해서 사람들이 서로 도구나 직분을 교환하거나 한 사람이 모든 일을 동시에 하려고 하는 것은 국가에 최대의 해악이며 가장 나쁜 것으로 국가는 파멸될 것이다.

① 악행은 무지로부터 비롯된다.
② 민주주의는 어리석은 대중의 정치이다.
③ 이상적인 선은 현실 속에서 실현될 수 없다.
④ 이상적인 사회는 제한적으로 공유제가 실현되는 사회이다.
⑤ 옳은 행위는 강한 의지를 바탕으로 한 지속적인 실천을 통해 형성된다.

★★ 중요

**04** 다음 서양 사상가의 입장만을 〈보기〉에서 있는 대로 고른 것은?

> 한 국가가 정의롭게 되는 것은 성향이 다른 세 계급의 사람들(통치자, 군인, 생산자) 모두가 자기 일을 충실히 수행했을 때이며, 지혜와 용기와 절제가 조화를 이루었을 때이다.

보기
ㄱ. 이데아의 세계와 현실 세계를 구분해야 한다.
ㄴ. 인간의 본성을 이성과 사유로 파악해야 한다.
ㄷ. 현실에 존재하는 것은 이데아의 모방에 불과하다.
ㄹ. 인간의 덕은 지적인 덕과 품성적인 덕으로 구분된다.

① ㄱ, ㄴ ② ㄱ, ㄹ ③ ㄷ, ㄹ
④ ㄱ, ㄴ, ㄷ ⑤ ㄴ, ㄷ, ㄹ

**05** 다음 고대 서양 사상가의 입장에만 '∨'를 표시한 학생은?

> 진정한 선은 이상적인 것이다. 그리고 현실 세계는 순수하고 시간을 초월한 형상의 단순한 모조품에 불과하다. "선은 그 본성에 있어서 부단히 추구되는 것이나 달성될 수는 없는 것이다. …… 모든 존재 가운데 다른 모든 이데아를 넘어선 궁극적인 이데아가 존재의 원리를 규정한다." 선은 지식이나 진리보다 더 소중한 것이며, "선의 이데아는 다른 이데아보다 더 숭고한 것이다." 이상적인 실재와 이상적인 선의 실현 상태인 가장 고상하고 진실한 생활은 인간의 이성적인 지혜를 통해서만 달성된다.

| 입장 \ 학생 | 갑 | 을 | 병 | 정 | 무 |
|---|---|---|---|---|---|
| 인간의 본성은 이성에 의한 사유 활동이다. | ∨ | | | ∨ | ∨ |
| 선악을 알면서도 부도덕한 행위를 하는 사람은 없다. | | ∨ | ∨ | ∨ | |
| 가장 지혜롭고 현명한 철학자가 나라를 다스려야 한다. | | ∨ | | ∨ | ∨ |
| 개인의 상대적 욕구가 도덕 판단의 기준이 되어야 한다. | ∨ | | ∨ | | ∨ |

① 갑 ② 을 ③ 병 ④ 정 ⑤ 무

중요

**06** 밑줄 친 '그림자'에 관한 설명으로 옳은 것은?

> 동굴 밖에는 실제 사람들과 동물 등이 살고 있고, 그들이 지금까지 보고 들은 것은 그것들을 본떠 만든 인형의 그림자에 불과하다는 것을 알게 된다. 그들이 동굴 밖의 세계에 점차 익숙해진다면 모든 것의 원인이 태양이라는 사실도 알게 된다. 이러한 비유에서 동굴 안에 사는 사람들은 바로 우리 자신이다. 우리는 선의 이데아에 의해서 참된 세계가 존재한다는 것과 진리가 무엇인지 알 수 있게 된다. 따라서 '인간은 어떻게 살아야 하는가?'라는 물음에 대한 답도 선의 이데아에 대한 앎을 통해서만 구할 수 있다.

① 참된 실재의 세계를 의미한다.
② 사물의 불변하는 본질을 의미한다.
③ 이데아를 모방한 현실 세계를 의미한다.
④ 오직 이성을 통해서 인식하는 세계를 의미한다.
⑤ 불변하고 완전한 진리를 담고 있는 세계를 의미한다.

**07** (가)의 갑, 을 사상가의 입장을 (나) 그림으로 표현할 때, A~C에 해당하는 옳은 진술만을 〈보기〉에서 있는 대로 고른 것은?

| | |
|---|---|
| (가) | 갑 : 최고의 이데아는 선의 이데아이다. 우리는 선의 이데아를 모방함으로써 최고의 선을 실현할 수 있다.<br>을 : 덕이란 지적인 덕과 품성적인 덕이 있다. 지적인 덕은 대체로 교육에 의해 생기고 발전하며 많은 경험과 시간을 필요로 한다. 반면에 품성적인 덕은 습관의 결과로 생긴다. |
| (나) | 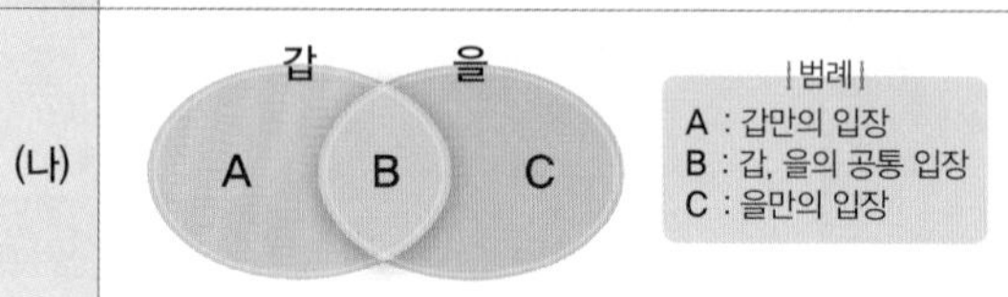 |

보기
ㄱ. A : 순수한 이성적 사유를 통해 선의 이데아를 인식할 수 있다.
ㄴ. B : 참된 진리를 얻기 위해서는 이성이 중요하다.
ㄷ. B : 이상적인 가치보다 구체적인 현실 문제를 더 중시해야 한다.
ㄹ. C : 앎을 실제로 행하기 위해서는 의지가 동반되어야 한다.

① ㄱ, ㄴ ② ㄱ, ㄷ ③ ㄷ, ㄹ
④ ㄱ, ㄴ, ㄹ ⑤ ㄴ, ㄷ, ㄹ

**08** 다음 사상가가 긍정의 대답을 할 질문으로 가장 적절한 것은?

> 철학자들이 모든 나라의 왕이 되거나, 아니면 현재의 왕이나 최고 권력자들이 진정으로 철학을 하게 되지 않는 한, 그리하여 정치권력과 철학이 하나로 합쳐지지 않는 한, 모든 나라에 있어서, 아니 인류 전체에게 있어서 악은 종식되지 않을 것이다.

① 유용성을 참된 지식의 기준으로 보는가?
② 각자가 지각(知覺)한 것이 지식의 척도인가?
③ 이성을 통하여 참된 진리를 깨달아야 하는가?
④ 모든 계급이 재산의 공유를 실시해야 하는가?
⑤ 이상적인 사회는 무계급의 사회를 통해 실현되는가?

**09** 다음 고대 서양 사상가의 주장에 관한 설명으로 옳은 것은?

> 행복은 모든 것 가운데 가장 바람직한 것이요, 여러 선들 중에서 최고의 선이다. 따라서 행복은 궁극적이고 자족적이며, 모든 행동의 목적이라고 할 수 있다. 무엇이 행복인지를 알려면 인간의 기능에 대해서 생각해 보아야 한다.

① 모든 악은 무지로부터 나오는 것으로 본다.
② 이상적인 선은 현실 속에서 실현될 수 없다고 본다.
③ 옳고 그름은 객관적으로 판단할 수 없는 것이라고 본다.
④ 진리 판단의 근거는 감각적 경험에서 찾을 수 있다고 본다.
⑤ 덕은 지적인 덕과 품성적인 덕으로 구분할 수 있다고 본다.

★★ 중요

**10** (가)의 갑, 을 사상가의 입장을 (나) 그림으로 탐구할 때, A~C에 들어갈 질문으로 옳지 <u>않은</u> 것은?

| | |
|---|---|
| (가) | 갑 : 덕은 탁월성으로 정의될 수 있으며, 영혼의 세 부분에 대응하는 각각의 덕은 그 부분들이 자신의 기능을 완전히 실현할 때 이루어진다.<br>을 : 도덕적인 덕은 중간을 목표로 한다. 이 목표는 지나치지도 않고 모자라지도 않는 것을 의미하며 지속적인 습관화를 통해 달성된다. |
| (나) | 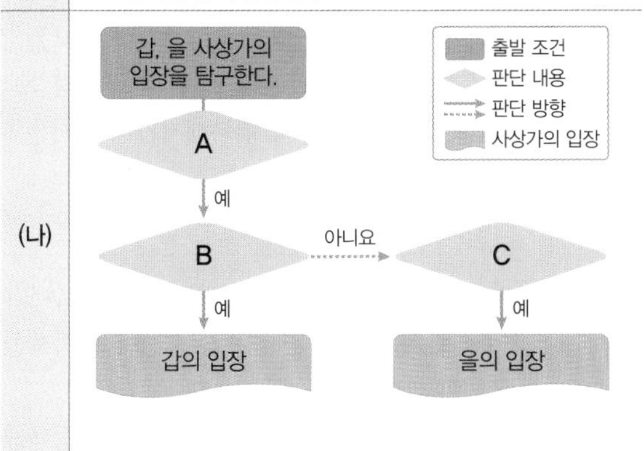 |



① A : 보편타당한 진리가 있다고 보는가?
② B : 참된 선(善)은 이상 세계에 존재하는가?
③ B : 부정의한 행위는 무지에서 비롯된 것인가?
④ C : 품성적인 덕은 선천적으로 타고나는 것인가?
⑤ C : 진리는 상대적인 것이 아니라 보편적인 것인가?

**11** 다음은 노트 필기의 일부이다. ㉠~㉤ 중 옳지 <u>않은</u> 것은?

> 주제 : 아리스토텔레스의 덕론
>
> 1. 품성적인 덕
>    - 중용의 반복적 실천을 통해 형성됨 ···················· ㉠
>    - 영혼의 감정이나 욕구 부분과 관련된 덕임 ·············· ㉡
>    - 구체적인 예로 실천적 지혜 등이 있음 ··················· ㉢
> 2. 지적인 덕
>    - 영혼의 이성적인 부분과 관련된 덕임 ···················· ㉣
>    - 주로 교육을 통해 얻어지고 길러짐 ······················ ㉤

① ㉠　② ㉡　③ ㉢　④ ㉣　⑤ ㉤

**12** 다음 고대 서양 사상가의 입장으로 옳은 설명을 〈보기〉에서 고른 것은?

> 덕에는 두 종류가 있다. 하나는 지적인 덕이고, 다른 하나는 품성적인 덕이다. 지적인 덕은 대체로 교육에 의해서 생겨나며, 따라서 경험과 시간을 필요로 한다. 품성적인 덕은 습관의 결과로 생겨난다.

보기
ㄱ. 중용을 유지하기 위해 정념을 제거해야 한다.
ㄴ. 공동체의 구성원으로서 사회적 책무에 충실해야 한다.
ㄷ. 유용성의 가치 추구를 통해 세속적 삶을 지향해야 한다.
ㄹ. 올바른 행위의 반복을 통한 유덕한 성품의 함양을 중시해야 한다.

① ㄱ, ㄴ　② ㄱ, ㄹ　③ ㄴ, ㄷ
④ ㄴ, ㄹ　⑤ ㄷ, ㄹ

중요

**13** (가)를 주장한 고대 서양 사상가의 입장에서 대답할 때, (나)의 A에 들어갈 내용으로 가장 적절한 것은?

| | |
|---|---|
| (가) | 분노와 관련해서 너무 화를 내거나 화를 전혀 내지 않는 것은 모두 잘못 처신하는 것으로, 이것은 성품이 좋지 못한 것이다. 그러나 적절하게 화를 내면 잘 처신한 것으로, 이것이 좋은 성품이다. 그런데 정념은 덕도 악덕도 아니다. |
| (나) |  |



① 음주의 해로움에 대한 이론적 탐구가 부족하기 때문이야.
② 음주가 해롭다는 생각은 사람마다 다를 수밖에 없는 거야.
③ 다수의 사람이 음주를 통해 더 많은 쾌락을 얻고 있기 때문이야.
④ 지나친 음주로 고통받는 사람들에 대한 배려가 부족하기 때문이야.
⑤ 음주가 해로운 줄 알면서 끊지 못하는 것은 의지가 부족하기 때문이야.

**14** 밑줄 친 '그'의 주장으로 옳은 설명을 〈보기〉에서 고른 것은?

> 행복이 최고선이 되기 위해서는 행복은 반드시 활동을 포함하여야만 한다고 그는 주장한다. 왜냐하면 활동으로서의 삶이 단지 능력을 지니고 있는 것으로서의 삶보다 더욱 완전한 것이기 때문이다.

보기
ㄱ. 쾌락을 동반할 경우에만 선을 행할 수 있다.
ㄴ. 악은 의지의 나약함에 의해서도 생겨날 수 있다.
ㄷ. 덕은 지적인 덕과 품성적인 덕으로 구분될 수 있다.
ㄹ. 한 번의 도덕적 행위로도 유덕한 인간이 될 수 있다.

① ㄱ, ㄴ ② ㄱ, ㄷ ③ ㄴ, ㄷ
④ ㄴ, ㄹ ⑤ ㄷ, ㄹ

**15** 그림의 수업 장면에서 교사의 질문에 옳게 답변한 학생만을 있는 대로 고른 것은?

① 갑, 을 ② 을, 병 ③ 정, 무
④ 갑, 병, 정 ⑤ 을, 정, 무

중요

**16** 다음 고대 서양 사상가의 입장으로 옳은 설명을 〈보기〉에서 고른 것은?

> 참다운 존재는 감각의 세계를 초월한 세계가 아니라 현실 속에서 찾아야 한다. …… 존재하는 모든 것은 어떤 목적을 가지고 있는데, 인간의 궁극적 목적은 행복이다. 그리고 인간이 행복해지기 위해서는 덕을 쌓아야 한다.

보기
ㄱ. 자신의 무지를 자각만하면 진리를 얻을 수 있다.
ㄴ. 어느 한쪽으로 치우치지 않는 중용의 자세를 추구해야 한다.
ㄷ. 어떤 상황에서도 흔들리지 않는 정신 상태를 추구해야 한다.
ㄹ. 선악을 알면서도 일시적인 충동에 의해 부도덕한 행위를 할 수 있음을 알아야 한다.

① ㄱ, ㄴ ② ㄱ, ㄹ ③ ㄴ, ㄷ
④ ㄴ, ㄹ ⑤ ㄷ, ㄹ

**17** 그림은 어떤 개념을 검색한 화면이다. 검색어 A에 관한 옳은 설명만을 〈보기〉에서 있는 대로 고른 것은?

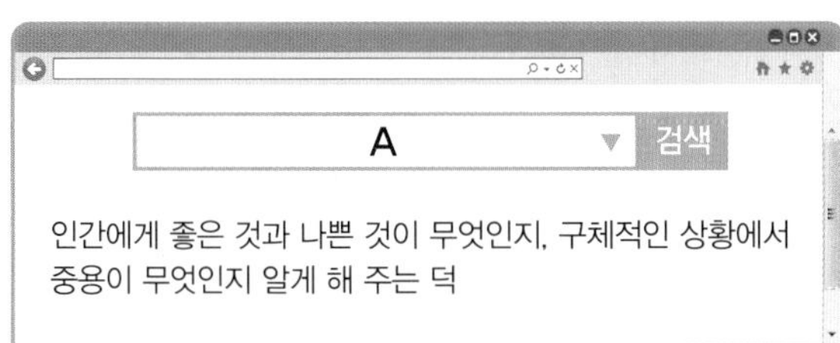
A
검색
인간에게 좋은 것과 나쁜 것이 무엇인지, 구체적인 상황에서 중용이 무엇인지 알게 해 주는 덕

보기

ㄱ. 지적인 덕의 구체적인 예이다.
ㄴ. 선을 실현하기 위해 필요한 덕이다.
ㄷ. 품성적인 덕을 갖추기 위해 필요한 덕이다.
ㄹ. 일상생활에서 올바른 행위로 반드시 연결되는 덕이다.

① ㄱ, ㄴ ② ㄴ, ㄹ ③ ㄷ, ㄹ
④ ㄱ, ㄴ, ㄷ ⑤ ㄱ, ㄷ, ㄹ

★★ 중요

**18** 다음 사상가의 입장으로 가장 적절한 것은?

돌은 본성적으로 아래로 움직이도록 되어 있기 때문에, 아무리 천 번, 만 번 위로 던져 위로 움직이게끔 훈련시켜 그것이 습관이 되게 하려 해도 그렇게 도저히 할 수 없다. 또 불을 아래로 움직여 가게끔 습관화시킬 수도 없고, 이 밖의 어떤 것이나 그 본성에 어긋나게 움직이도록 훈련시킬 수 없다. 그러고 보면 품성적인 덕들은 본성적으로 우리 속에 생기는 것도 아니요, 본성에 반하여 우리 속에 생기는 것도 아니다. 오히려 우리가 본성적으로 그것들을 받아들이도록 되어 있으며, 또 그것들은 습관에 의하여 완전하게 되는 것이다.

① 무지는 악행의 유일한 원인이다.
② 민주주의는 어리석은 대중들의 정치이다.
③ 이상적인 선은 현실 속에서 실현될 수 없다.
④ 이상적인 사회는 공유제가 실현되는 사회이다.
⑤ 도덕적 품성을 바탕으로 한 자발적인 도덕적 실천이 중요하다.

## 서술형 문제

**19** 다음 글을 읽고 물음에 답하시오.

( ㉠ )은/는 인간의 영혼을 욕구와 기개 및 이성적인 부분으로 나누고, 각 부분에 대응하는 세 가지 덕인 절제와 용기 및 지혜가 서로 조화를 이룰 때 정의의 덕을 이룰 수 있으며 이상적인 인간이 된다고 주장하였다. 그는 특히, 지혜의 덕을 통해 욕구와 기개를 잘 다스릴 때 행복한 삶을 누릴 수 있다는 점을 강조하였다.

(1) ㉠에 들어갈 고대 서양 사상가를 쓰시오.

(2) ㉠의 고대 서양 사상가가 주장하는 이상적인 국가를 이루는 방법에 관해 서술하시오.

**20** 다음 글을 읽고 물음에 답하시오.

옳은 행동, 즉 ( ㉠ )은/는 양편에 악덕을 두고 있다. 품성적인 덕이란 악덕인 두 극단 사이의 중도적인 것을 의미한다. 두 극단이란 한쪽에는 너무 '부족한' 악덕이 있고, 다른 한쪽에는 너무 '지나친' 악덕이 있음을 말한다.

(1) ㉠에 들어갈 개념을 쓰시오.

(2) ㉠의 의미를 서술하시오.

**21** 다음 글을 읽고 물음에 답하시오.

( ㉠ ) 세계는 참된 실재가 존재하는 관념의 세계이고, 감각 경험이 아닌 이성을 통해 탐구되고 파악된다.

(1) ㉠에 들어갈 개념을 쓰시오.

(2) ㉠의 구체적인 의미를 서술하시오.

# 등급을 올리는 고난도 문제

**01** (가)의 고대 서양 사상가 갑, 을의 입장을 (나) 그림으로 표현할 때, A~C에 들어갈 적절한 진술만을 <보기>에서 있는 대로 고른 것은?

| | |
|---|---|
| (가) | 갑 : 용기 있는 사람은 두려워해야 할 것과 두려워하지 말아야 할 것에 대한 이성의 지시를 언제나 간직한다. 이성이 기개를 지배하고, 기개는 이성에 복종하며 협력해야 한다.<br>을 : 용기 있는 사람은 비겁한 사람에 비해 무모하고, 무모한 사람에 비해 비겁해 보인다. 양극단의 두 성향은 대립적이며, 중간의 성향은 양극단의 두 성향과 대립적이다. |
| (나) | 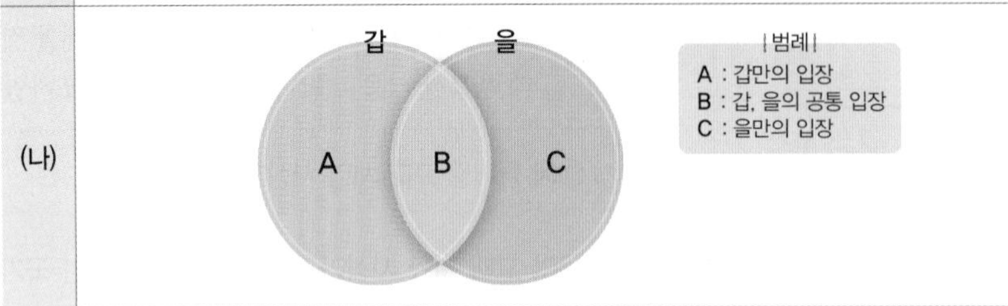 |



보기

ㄱ. A : 선이 무엇인지 알고도 선을 행하지 않는 것은 불가능하다.
ㄴ. B : 타고난 도덕적 덕의 지속적 실천을 강조해야 한다.
ㄷ. B : 덕의 실천을 위해 반드시 이성의 역할이 필요하다.
ㄹ. C : 부정의한 행동을 자발적으로 행할 가능성이 있다.

① ㄱ, ㄴ　② ㄴ, ㄷ　③ ㄷ, ㄹ
④ ㄱ, ㄴ, ㄹ　⑤ ㄱ, ㄷ, ㄹ

**문제 접근 방법**

덕에 대한 견해를 통해 갑, 을이 어떤 사상가인지를 파악한 후, 각 사상가의 입장을 (나)의 범례에 적용하여 문제를 해결한다.

**적용 개념**

\# 주지주의
\# 주의주의
\# 중용

**02** 갑, 을은 서양 사상가이다. 갑은 긍정, 을은 부정의 대답을 할 질문으로 가장 적절한 것은?

갑 : 꽃의 모습은 다양하지만, 우리가 꽃이라고 말할 수 있기 위해서는 영원히 변하지 않는 꽃의 실재를 전제해야만 하는 것과 마찬가지로, 시시각각으로 변하는 감각 세계와는 근본적으로 다른 본질적 세계가 존재한다.

을 : 인간적인 좋음은 탁월성에 따른 영혼의 활동일 것이다. 또 만약 탁월성이 여럿이라면 그중 최상이며 가장 완전한 탁월성에 따르는 영혼의 활동이 인간적인 좋음일 것이다. 더 나아가 그 좋음은 완전한 삶 안에 있을 것이다. …… 한 마리의 제비가 봄을 만드는 것도 아니며 하루가 봄을 만드는 것도 아니니까.

① 행복한 삶에는 덕이 필수적인가?
② 도덕적 실천은 도덕적 앎이 없어도 가능한가?
③ 사물의 본질은 실재하는 그 사물 안에 있는가?
④ 선에 관한 지식은 유덕한 행위로 반드시 이어지는가?
⑤ 품성적인 덕은 지속적인 실천과 습관화를 통해 형성되는가?

**문제 접근 방법**

대화에 나타난 이데아의 개념과 탁월성의 개념을 통해 갑, 을이 어떤 사상가인지 파악한 후, 선택지의 질문에 대한 대답을 추론하여 문제를 해결한다.

**적용 개념**

\# 이데아론
\# 의지의 나약함

**03** 다음 고대 서양 사상가의 입장으로 옳은 것에만 모두 '∨'를 표시한 학생은?

> 참주(僭主)는 남을 다스리려고 하지만 아첨과 굴종을 하며 산다는 점에서 진짜 노예이며, 자신의 무한한 욕망을 충족시키지 못한다는 점에서 진실로 가난한 자다. 그의 영혼은 두려움으로 가득 차 있고 병들어 있다. 철인왕은 그와 반대되는 유형의 사람이다. 그래서 철인왕이 통치하는 나라를 최선의 이상 국가로 볼 수 있다.

| 입장 \ 학생 | 갑 | 을 | 병 | 정 | 무 |
|---|---|---|---|---|---|
| 지혜의 덕은 국가의 통치를 위해 반드시 필요한 덕이다. | ∨ | | | ∨ | ∨ |
| 이상 국가에서는 모든 계급이 직접 정치에 참여해야 한다. | ∨ | ∨ | | ∨ | |
| 이상 국가에서 세 계층은 모두 절제의 덕을 갖추고 있다. | | | ∨ | ∨ | ∨ |
| 철인왕은 이성을 바탕으로 이데아계의 참된 진리를 파악할 수 있다. | | ∨ | ∨ | | ∨ |

① 갑 ② 을 ③ 병 ④ 정 ⑤ 무

**문제 접근 방법**

'철인왕'과 같은 핵심어를 통해 제시된 고대 사상가가 누구인지 먼저 파악한 후, 사상가의 입장에 맞는 내용을 찾아 문제를 해결한다.

**적용 개념**

# 철인왕
# 이상 국가

**04** (가)의 서양 사상가 갑, 을의 입장을 (나) 그림으로 탐구할 때, A~C에 들어갈 질문으로 옳은 것은?

(가)
갑 : 선은 인간이 성취할 수 있는 것이어야만 한다. 인간의 모든 행위는 어떤 선을 성취하기 위해 존재한다. 최고의 선은 행복이며, 행복의 필수 요소는 중용의 덕이다.
을 : 각자는 저마다 타고난 성향에 따라 한 가지 일에 배치되어야만 한다. 이는 각자가 자신의 일에 종사함으로써 자연스럽게 나라 전체가 조화로운 '한 나라'로 되도록 하기 위해서이다.

(나)
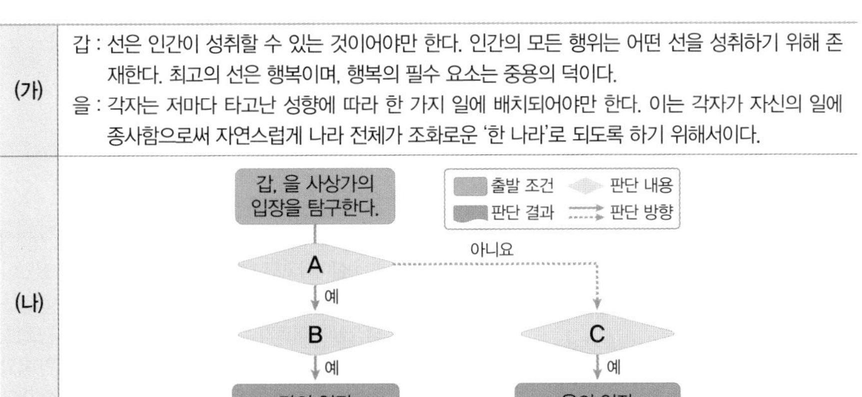


① A : 도덕적 행위를 위해 올바른 지식이 필요한가?
② B : 무엇이 옳은지 알면 반드시 실천할 수 있는가?
③ B : 품성적인 덕을 갖추기 위해 실천적 지혜가 필요한가?
④ C : 의지의 부족함으로 인해 악한 행동을 할 수 있는가?
⑤ C : 순간적이고 감각적인 쾌락이 가치 판단의 근거가 될 수 있는가?

**문제 접근 방법**

'중용', '각자가 자신의 일' 등의 개념을 통해 갑, 을 사상가가 누구인지 먼저 파악한 후, (나)의 범례에 따라 사상가의 입장에 맞는 질문을 찾아 문제를 해결한다.

**적용 개념**

# 중용
# 실천적 지혜
# 이상 국가

# 행복 추구의 방법

학습길잡이 • 에피쿠로스학파가 제시한 쾌락과 평정심의 의미, 평정심에 이르는 방법을 정리해 둔다.
• 스토아학파가 제시한 금욕과 부동심의 의미, 부동심에 이르는 방법을 정리해 둔다.

## A 쾌락의 추구와 평정심

### 1 헬레니즘 시대의 특징 1

공동체의 일원이라는 소속감이 약해지면서 개인주의가 등장하였고, 다른 한편에서는 거대한 제국의 신민이라는 동질성을 강조하는 세계 시민주의가 등장하였다.

| 변화 배경 | • 알렉산드로스 대왕의 대제국 건설로 도시 국가(polis)가 해체됨<br>• 도시 국가의 시민들은 제국의 신민*(臣民)으로 전락한 이후 정치적 무력감에 빠지게 되고 연대감마저 상실함<br>• 알렉산드로스 대왕이 죽은 후 전쟁과 정치적 불안이 지속됨 |
|---|---|
| 주요 관심 | 더 나은 국가의 실현보다 어떻게 해야 개인의 평온한 삶을 유지할 수 있는지에 관심을 가짐 |
| 대표 사상 | 에피쿠로스학파, 스토아학파 |

### 2 쾌락의 의미와 평정심

① 에피쿠로스학파의 쾌락주의 2

- 쾌락은 유일한 선이며 고통은 유일한 악이라고 전제하며, 쾌락은 행복한 삶의 시작이자 끝이라는 쾌락주의 입장을 제시함
- 감각적 쾌락은 순간적 만족을 줄 수 있지만, 지속적이지 않기 때문에 우리가 추구해야 할 쾌락으로 적절하지 않음
- 감각적이고 순간적인 쾌락을 추구하는 삶은 우리를 쾌락의 역설*에 빠지게 할 수 있음 질문
- 적극적인 욕망의 충족에 따른 쾌락이 아니라 고통을 제거함으로써 주어지는 쾌락을 추구함 → 소극적 쾌락주의
  (자연적이고 필수적인 최소한의 욕구만을 충족하면서 몸의 건강과 마음의 평온함을 유지하는 것을 말한다.)
- 진정한 쾌락을 추구하기 위해서는 이성과 이성의 덕인 지혜가 필요함 → 이성이나 지혜가 비록 쾌락은 아니지만 진정한 쾌락을 위한 수단이 됨

② **평정심(平靜心)의 추구** : 몸의 고통과 마음의 불안이 모두 소멸된 상태가 지속됨으로써 주어지는 정신적 쾌락(아타락시아) 3

**자료로 보는 에피쿠로스의 쾌락주의**

우리가 쾌락의 부재로 고통을 느낄 때에는 쾌락이 필요하지만, 고통을 느끼지 않는다면 더 이상 쾌락은 필요하지 않다. 이런 이유 때문에 우리는 쾌락이 행복한 인생의 시작이자 끝이라고 말한다. 왜냐하면 우리는 쾌락을 우리에게 타고난 첫 번째 선이라고 인식하며, 선택하고 기피하는 모든 행동을 쾌락으로부터 시작하기 때문이다. …… 우리가 "쾌락이 목적이다."라고 할 때의 쾌락은 방탕한 자들의 쾌락이나 육체적인 쾌락이 아니다. 내가 말하는 쾌락은 몸의 고통이나 마음의 혼란으로부터의 자유이다.

– 에피쿠로스, 『메노이케우스에게 보내는 편지』 –

**자료 분석** 에피쿠로스가 주장한 쾌락은 가능한 한 많은 욕구를 충족하거나, 사치스러운 향락을 누림으로써 얻어지는 것이 아니다. 그는 육체에 고통이 없고 마음에 불안이 없는 평온함을 우리가 추구해야 할 진정한 쾌락이라고 보았다.

Q 에피쿠로스가 말하는 진정한 쾌락의 상태를 무엇이라고 하는가? A 평정심(아타락시아)

---

**개념 더하기 자료 채우기**

**1 헬레니즘(Hellenism) 시대의 변화**

유럽, 아시아, 아프리카에 이르는 대제국을 건설한 알렉산드로스 대왕이 죽은 기원전 323년 이후부터 기원전 30년 로마가 이집트를 지배하기 전까지의 약 300여 년간의 시기를 말한다. 이 시기에 그리스인의 삶의 방식에 큰 변화가 일어났다. 삶의 안정적 토대였던 도시 국가의 공동체적 질서가 무너지고, 동방 문화의 유입으로 정체성의 혼란을 겪었다.

**2 쾌락주의**

쾌락을 인간 행위의 궁극적 목적이자 도덕의 기준으로 삼는 윤리학이다. 쾌락주의의 전형은 고대 그리스의 키레네학파와 에피쿠로스학파에서 찾아볼 수 있다. 키레네학파는 지금 당장의 감각적·육체적 쾌락을 강조하였는데, 이러한 입장은 '쾌락의 역설'에 빠질 위험이 있다. 이와 달리 에피쿠로스학파는 순간적·감각적 쾌락보다 지속적·정신적 쾌락을 추구하였다.

**질문 있어요**

쾌락의 역설이 무엇인가요?

쾌락 그 자체만을 위하여 행하는 행위는 오히려 원래의 목표였던 쾌락마저 놓치는 결과를 초래한다는 뜻이에요. 즉 쾌락을 목적으로 하여 의식적으로 그것을 추구하다 보면 쾌락을 얻기보다 오히려 권태와 고통을 맛보기 쉽다는 말이지요.

**3 아타락시아(ataraxia)**

고통도 불안도 없는 영혼의 절대적 평온함을 가리키는 말로 평정심이라고도 한다. 구체적으로는 고통과 불안이 지속적으로 부재(不在)한 상태를 일컫는다. 에피쿠로스는 이러한 평정심에 이르기 위해서는 욕망을 절제하고 검소한 삶을 살아야 한다고 강조하였다. 자연적이고 필수적인 욕망을 충족하는 소박한 삶을 살아야 고통에서 벗어날 수 있다고 보았던 것이다.

**용어사전**

* **신민**(신하 臣, 백성 民) 군주가 다스리는 국가에서 살아가는 관리나 백성을 이르는 말로, 군주에 종속된 존재를 의미함
* **역설**(거스르다 逆, 말씀 說) 어떤 주의나 주장에 반대되는 이론이나 말

### 3 평정심에 이르는 길

① 욕망의 절제와 검소한 삶 4

- 검소한 삶을 살아야 건강을 유지하고, 고통을 가져오는 욕망도 거부할 수 있다고 봄
- 자연적이고 필수적인 욕망을 충족하는 소박한 삶을 살아야 고통에서 벗어날 수 있다고 봄
  └호화로운 식사가 아닌 검소한 식사를 통해 건강을 유지하고, 헛된 명예욕이나 편안함이 아닌 절제하는 소박한 삶을 추구하였다.

**자료로 보는 에피쿠로스의 욕망의 구분**

욕망들 중 어떤 것은 자연적인 동시에 필수적이며(고통을 제거하려는 욕망, 가령 목이 마를 경우 물을 마시려는 욕망), 다른 것은 자연적이기는 하지만 필수적이지는 않고(쾌락의 형태만을 바꿀 뿐 고통을 없애 주지는 못하는 욕망, 가령 사치스러운 음식에 대한 욕망), 또 다른 것은 자연적이지도 않고 필수적이지도 않으며, 다만 헛된 생각에 의해 생겨난다(가령 동상을 세우려는 욕망). 자연적이기는 하지만, 그것이 충족되지 않더라도 고통을 가져오지 않는 욕망을 충족하기 위해 애를 쓰는 경우를 생각해 보자. 이런 쾌락은 헛된 생각으로부터 생겨나며, 이런 쾌락을 몰아낼 수 없는 까닭은 그 쾌락의 본성 때문이 아니라 사람들의 헛된 생각 때문이다.

– 에피쿠로스, 『쾌락』 –

자료 분석 에피쿠로스는 인간의 욕망을 자연적이고 필수적인 욕망, 자연적이지만 필수적이지 않은 욕망, 자연적이지도 않고 필수적이지도 않은 욕망으로 구분하였다. 에피쿠로스는 그중에서 필수적이지 않은 욕망들은 충족하지 않아도 고통이 발생하지 않으며, 오히려 충족할수록 고통을 낳는다고 주장하였다.

② 죽음, 운명, 신에 대한 잘못된 믿음의 제거 : 잘못된 믿음이 제거되면 마음의 불안이 없어지고 평온함에 이를 수 있음 질문

**자료로 보는 에피쿠로스의 죽음관**

죽음은 우리에게 아무것도 아니다. 우리가 존재하는 한 죽음은 존재하지 않으며, 죽음이 존재하면 우리는 더 이상 존재하지 않는다. 따라서 죽음은 산 자에게도 죽은 자에게도 아무 상관이 없다. 산 자에게는 죽음이 없으며, 죽은 자는 더 이상 존재하지 않기 때문이다.

– 에피쿠로스, 『쾌락』 –

자료 분석 에피쿠로스는 죽음이 산 자와도 무관하고 죽은 자와도 무관하다는 것을 알면, 죽음을 두려워할 이유가 없다고 보았다.

③ 공적*인 삶에서 벗어난 은둔* 생활
  ┌공적인 삶을 벗어난 은둔 생활을 강조한다는 점에서 지나치게 개인주의적이라는 한계가 있다.

- 공적으로 맺은 인간관계가 고통과 불안을 일으킬 수 있으므로 멀리해야 함
- 공적인 삶을 멀리하는 대신 사적인 공간에서 친구들과 우정을 나누고 지적으로 교류하면서 정의롭게 살아갈 때 행복에 이를 수 있다고 봄 5

### 4 에피쿠로스학파가 서양 윤리 사상에 끼친 영향

① 감각적 경험을 중시했던 점은 근대의 경험론에 영향을 줌

② 쾌락을 최고선으로 보고 옳고 그름의 판단 기준으로 삼았던 점은 벤담과 밀의 공리주의로 계승됨

**개념 더하기 자료 채우기**

**4 에피쿠로스가 검소한 삶을 강조하는 이유**

"소박한 식사와 물만으로 만족하며 호사스런 삶의 쾌락을 멀리할 때 나의 몸은 상쾌하기 그지없다네. 내가 무절제하고 향락적인 삶을 멀리하는 이유는 그러한 삶 그 자체가 나쁘기 때문이라기보다는 그러한 삶 뒤에 찾아오는 해악 때문이라네."

– 에피쿠로스, 『쾌락』 –

에피쿠로스에 따르면 육체적 쾌락은 횟수를 거듭할수록 높은 강도의 쾌락이 필요한데 이는 결과적으로 순간적이고 감각적인 쾌락에 집착하게 하여 고통과 근심을 불러온다. 따라서 에피쿠로스는 진정한 쾌락을 얻기 위해 검소한 삶을 살 것을 강조하였다.

**질문 있어요**

에피쿠로스는 죽음, 운명, 신에 대해서 어떤 견해를 가지고 있나요?

에피쿠로스는 죽음은 모든 감각의 상실을 의미하는 것이므로 우리에게 아무것도 아니라고 주장했어요. 따라서 미리 죽음을 두려워해 고통을 느낄 필요는 없다고 주장하지요. 그리고 운명은 존재하지 않으므로 운명 때문에 불안해하는 것은 어리석은 일이라고 보았어요. 마지막으로 신은 정념과 편애가 없는 완전한 존재이기 때문에 인간사에 간섭하지 않는다고 주장했어요. 그렇기 때문에 신의 저주를 받을까 두려워하지 않아도 된다고 보았어요.

**5 에피쿠로스가 은둔 생활을 추구한 이유**

"자연의 정의는 사람들이 서로를 해치지 않고 해침을 당하지 않도록 지켜 주려는 상호 이득을 위한 협정이다. 서로 해치지 않고 해침을 당하지 않는 계약을 맺을 수 없다면 정의와 불의의 구별은 존재하지 않는다."

– 에피쿠로스, 『쾌락』 –

에피쿠로스에 따르면 인간은 사회의 부정의나 인간관계에서의 불화 때문에 고통받을 수 있다. 이러한 고통을 피하고 쾌락을 추구하려면 번잡한 세속을 떠나 작은 공동체에서 살아야 한다.

**용어사전**

* **공적**(공변될 公, 과녁 的) 국가나 사회에 관계되는 것
* **은둔**(숨길 隱, 달아날 遁) 세상일을 피하여 숨음

# 행복 추구의 방법

## B 금욕과 부동심

### 1 금욕의 추구와 부동심

**① 스토아학파의 금욕주의 1**

- 삶의 목적은 행복에 있으며 행복한 삶은 이성에 따르는 덕 있는 삶, 자연을 따르는 삶임
- 행복을 위해 평온한 삶을 추구하였으며, 평온한 삶을 위해 온갖 정념으로부터 벗어나야 한다고 주장함

정념: 외부의 자극으로 일어나는 마음의 모든 격렬한 움직임을 뜻하는 것으로 평온한 삶을 깨뜨리는 원인이다.

**② 부동심(不動心)의 추구 :** 어떤 상황에서도 동요하지 않는 상태, 즉 정념으로부터 해방된 상태를 의미함 → 아파테이아 질문 2

- 욕망, 공포, 쾌감, 슬픔 등과 같은 비자연적인 정념은 우리의 판단을 흐리게 하고 우리를 잘못된 행위로 이끎
- 자신의 건강을 돌보려는 마음, 부모를 사랑하는 마음 등 자연적인 정념은 인정함 → 모든 정념의 제거가 아니라 정념에 초연한 태도를 중시함

**자료로 보는 에픽테토스의 부동심**

에픽테토스(Epictetos, 55?~135?)가 노예였던 시절 하루는 주인이 몹시 화가 나서 그의 팔을 비틀기 시작하였다. 주인은 오랫동안 계속해서 그의 팔을 비틀었지만 그는 아무런 반응도 보이지 않다가 마침내 평온하게 "주인님 그렇게 계속하신다면 저의 팔이 부러질 것입니다."라고 말하였다. 그러나 이 말은 주인의 화를 더욱 돋우게 되었고, 결국 주인은 실제로 에픽테토스의 팔을 부러뜨려 버렸다. 그 순간에도 그는 평온함을 잃지 않고 "제가 그렇게 될 것이라고 말씀드리지 않았습니까?"라고 말하였다.

– 에링턴, 『서양 윤리학사』 –

**자료 분석** 에픽테토스의 일화를 통해 스토아학파가 외부에서 가해진 나쁜 조건, 심지어 육체적인 고통에도 태연하게 대응할 수 있는 마음의 평화와 자족성을 강조하였음을 알 수 있다.

**Q** 어떤 상황에서도 동요하지 않는 정신 상태를 무엇이라고 하는가? **A** 부동심(=아파테이아)

### 2 부동심에 이르는 길

**① 이성에 따르는 삶 3**

- 이성은 만물의 본질이자 만물의 생성과 변화를 이끌어 가는 힘 → 신, 자연 등으로 표현됨
- 이성에 따르는 삶이란 자연의 필연적 질서와 법칙에 순응하는 삶이자 신의 섭리와 예정에 따르는 삶을 의미함 4
- 자연 안에서 일어나는 모든 일은 이미 신에 의해 운명지어짐 → 우리의 의지대로 바꿀 수 있는 것이 아님

**② 자연법에 순응하는 삶 5**

- 자연법이란 우주를 지배하는 이성의 명령이자 자연법칙을 의미함
- 스토아학파는 인간에게 행위의 결과와 무관하게 해야만 하는 행위가 있다고 보았으며, 그것을 '의무'라고 함

---

**개념 더하기 자료 채우기**

**1 스토아학파**

기원전 3세기 초 제논이 창시한 학파로, 제논이 채색된 기둥이 늘어선 긴 복도인 채색 주랑(stoa poikite)에서 강의하였다는 데서 이 학파의 이름이 유래되었다. 스토아학파는 에픽테토스와 같은 노예 출신부터 아우렐리우스와 같은 로마 제국의 황제에 이르기까지 다양한 배경을 가진 사상가들에 의해 형성되고 발전하였다.

**질문 있어요**

아파테이아(apatheia)란 무엇인가요?

아파테이아는 '없다' 혹은 '아니다'와 같은 부정을 뜻하는 'a'와, '겪음' 혹은 '감정'을 뜻하는 '파토스(pathos)'가 합쳐져서 된 단어로 우리말로 흔히 무정념 혹은 부동심이라고 해요.

**2 아타락시아와 아파테이아의 차이점**

아타락시아(평정심)는 육체적·정신적 고통이 제거됨으로써 얻는 평온함이지만, 아파테이아(부동심)는 정념에서 해방됨으로써 얻는 평온함이다.

**3 이성(logos)**

고대 그리스 철학의 핵심 개념으로, 사물의 존재를 한정하는 보편적인 법칙, 행위가 따라야 할 준칙을 의미하며, 동시에 이 법칙과 준칙을 인식하고 따르는 분별력을 뜻한다.

**4 필연적 질서와 법칙**

스토아학파에 따르면 외적인 사건은 인과 법칙에 따라 필연적으로 일어나므로 우리가 변화시킬 수 없다. 외적으로 일어나는 모든 것은 이미 결정되어져 있다. 그러나 외부의 사건에 대한 우리의 감정만 바꿀 수 있으므로 선, 덕, 행복의 기초는 우리의 내면에서 찾아야 한다.

**5 자연법**

인간 본성에 기초하여 우주·자연이나 인간·사회를 지배하는 보편적이고 영구적인 정의(正義)의 법을 말한다. 실정법이나 역사적 제도를 비판하는 원리 혹은 기준이 되는 경우가 많지만, 그 정당성을 제공하는 역할을 하기도 한다.

**용어사전**

* **금욕** 욕구나 욕망을 억제하고 금함
* **초연**(뛰어넘을 超 그러한 然) 어떤 현실 속에서 벗어나 그 현실에 아랑곳하지 않는 의젓함
* **섭리** 자연계를 지배하고 있는 원리와 법칙

**자료로 보는** 스토아학파의 이성과 자연

"전 대지와 온 하늘이 신의 존재이다. 신은 구정물 속에도, 회충 속에도, 범죄자 속에도 있다. 자연은 이렇게 살아 있는 전체이며 모든 것을 포괄하는 이성을 갖춘 생명체이다. 이성이 자연의 모든 부분을 속속들이 파고 들어가 있기에 자연 자체가 이성적이고 영혼적이며 이해 가능한 것이다. 즉 자연은 그 자체가 신적인 것이다." – 에픽테토스, 『담화록』 –

**자료 분석** 스토아학파는 신적인 이성이 모든 것 즉 신과 자연, 인간을 관통하여 연결된다고 보았다. 이렇게 그들은 자연을 지배하고, 자연에 내재하며, 자연 그 자체와 다름없는 것을 이성으로 보았다.

**③ 세계 시민주의에 기초한 공동체적 삶**

- 자연법의 구체적인 내용으로 가족, 친구, 동료 시민, 나아가 인류 전체에 대한 사랑을 제시함
- 이성을 가진 모든 사람은 누구나 평등하다는 만민 평등주의를 바탕으로 세계 시민주의를 주장함 질문 6
- 인류의 공동선*을 실현하기 위한 의무를 다해야 한다고 강조함

## 3 스토아학파가 서양 윤리 사상에 끼친 영향

① 정념으로부터의 자유를 추구하는 것은 스피노자의 사상에 영향을 줌
② 이성에 부합하는 삶과 의무에 대한 강조는 칸트의 사상에 영향을 줌
③ 세계 시민주의의 인류애*에 대한 강조는 로마의 만민법으로 계승되었음 7
④ 자연법 사상은 중세의 아퀴나스와 근대의 자연법 사상가들에게 이어짐

## 4 에피쿠로스학파와 스토아학파의 현대적 의의

| 구분 | 에피쿠로스학파 | 스토아학파 |
|---|---|---|
| 공통점 | 욕망의 절제를 통한 평온한 삶을 주장함 | |
| 차이점 | 쾌락을 추구하고 공적인 삶을 멀리함 | 금욕적인 생활과 공동선의 실현을 중시함 |
| 한계 | 사적인 생활만을 중시함으로써 이타적인 공공생활을 경시함 | 도덕적 행위에 있어 인간의 의지와 정서*의 역할을 간과함 |
| 의의 | 진정한 행복의 의미와 중요성을 성찰하게 함 8 | |

**자료로 보는** 개인의 사회적 역할에 관한 견해

에피쿠로스는 사회로부터 벗어나 서로 마음이 통하는 사람들끼리 소규모 집단을 이루어 살아갈 것을 권하면서 정치적인 삶을 감옥에 비유하였다. 그러나 스토아학파는 "어떤 현명한 사람도 결코 고독하게 혼자 살지 않는다. 왜냐하면 인간은 본성상 사회를 만들고 그 안에서 행위하도록 되어 있기 때문이다."라고 주장한다. 이처럼 스토아학파에서는 인간을 사회적인 존재로 보면서, 누구나 인류의 구성원이라는 점을 강조하였다. – 애링턴, 『서양 윤리학사』 –

**자료 분석** 에피쿠로스학파는 다른 사람과의 사회적 관계에서 오는 고통과 불안을 제거하기 위해 대중과 속세에서 벗어나 친구와 우정을 나누면서 정의롭게 살 것을 강조하였다. 반면 스토아학파에 따르면 자연법은 자기애를 넘어 가족, 친구, 동료, 시민, 나아가 인류 전체를 포용하고 사랑하라고 명령한다.

**개념 더하기 자료 채우기**

**질문 있어요**

**스토아학파는 어떤 점에서 만민 평등주의를 주장하나요?**
스토아학파는 인간이 사사로운 욕망과 감정을 극복하고 오로지 이성적으로 판단하고 행동할 때 진정으로 자유로울 수 있다고 보았어요. 그리고 신성한 의지가 지배하는 이 세계는 인간과 신들 모두를 구성원으로 하는 하나의 도시로서, 인간 이성은 보편적이고 신적인 이성에 기초하고 있기 때문에, 모든 인간은 평등하다는 것이지요.

**6 세계 시민주의**
사해동포주의, 세계 만민주의, 세계 시민주의 등으로 번역된다. 인종이나 민족, 국민이나 국가에 관계없이, 전 인류를 그 본성이나 신의 아래에서 공평하다고 보는 입장이나 태도이다. 이것은 알렉산드로스 대왕이 그리스의 폴리스를 붕괴시키면서 세계 통일을 추진해 가고 있었던 무렵, 키닉 학파의 일파가 국가나 폴리스에 소속되는 것을 부정하고 자신들을 '세계의 시민'이라고 선언한 것에서 비롯되었으며, 로마의 스토아학파 등의 세계 이성설에 기초하면서 한층 확실히 나타났다.

**7 로마의 만민법**
도시 국가 로마가 세계적인 대제국으로 발전하는 과정에서, 특히 여러 도시, 여러 민족과의 교섭·거래에서 신의·성실을 중시하는 입장을 유지하기 위하여 생겨난 법질서이다. 관습을 기초로 하며, 여러 도시와 여러 민족에게 공통되는 자유롭고 비형식적인 것으로, 로마 시민에게나 외래인에게나 똑같이 적용된다. 212년 로마 제국 내의 모든 자유민에게 로마 시민권이 부여되어 시민법과 만민법을 구별할 필요가 없어짐에 따라 자연법 개념 속에 포함되었다.

**8 진정한 행복에 관한 성찰**
에피쿠로스학파와 스토아학파는 부와 명예 등의 외적인 조건의 성취가 아니라 욕망의 절제를 통한 행복을 추구하였다. 이와 같은 태도는 물질과 명예를 지나치게 중시하는 현대인의 삶에 큰 교훈을 준다. 또한 평정심과 부동심의 추구는 급변하는 상황에서 방황하고 불안해하는 현대인에게 내적 평온의 중요성을 일깨워 준다.

**용어사전**
* **공동선** 개인을 위한 것이 아닌 국가나 사회, 또는 온 인류를 위한 선
* **인류애** 인류 전체에 대한 사랑

# 기초를 다지는 확인 문제

바른답·알찬풀이 37쪽

올리드 포인트

## A 쾌락의 추구와 평정심

### 1 쾌락의 의미와 평정심

| | |
|---|---|
| 에피쿠로스의 쾌락주의 | • 쾌락은 유일한 선이며 고통은 유일한 악<br>• 쾌락은 행복한 삶의 시작이자 끝이라는 입장<br>• 감각적이고 순간적인 쾌락을 추구하면 쾌락의 역설에 빠질 수 있음<br>• 욕망의 충족에 따른 쾌락이 아닌 고통을 제거함으로써 주어지는 소극적 쾌락 추구 |
| 평정심 (아타락시아) | 몸의 고통과 마음의 불안이 모두 소멸된 상태 |

### 2 평정심에 이르는 길

① 욕망을 절제하고 검소한 삶을 살아야 함
② 우주, 신, 죽음에 관한 잘못된 생각에서 벗어나야 함
③ 공적인 삶을 멀리해야 함

### 3 영향

① 감각적 경험을 중시했던 점은 근대의 경험론에 영향
② 쾌락을 최고선으로 보고 옳고 그름의 판단 기준으로 삼았던 점은 벤담과 밀의 공리주의로 계승

## B 금욕과 부동심

### 1 금욕의 추구와 부동심

| | |
|---|---|
| 스토아학파의 금욕주의 | 행복을 위해 평온한 삶을 추구해야 하며, 평온한 삶을 위해 온갖 정념으로부터 벗어나야 함 |
| 부동심 (아파테이아) | 어떤 상황에서도 동요하지 않는 상태, 즉 정념으로부터 해방된 상태 |

### 2 부동심에 이르는 길

① 이성과 필연적 질서와 법칙에 순응하는 삶 추구
② 세계 시민주의에 기초한 공동체적 삶 추구

### 3 자연법 사상과 세계 시민주의

| | |
|---|---|
| 자연법 사상 | • 자연법이란 우주를 지배하는 이성의 명령이자 자연법칙을 의미함<br>• 자연을 지배하는 이성의 법칙에 따라 자연의 모든 일은 필연적으로 일어남 |
| 세계 시민주의 | 이성을 가진 모든 이들은 누구나 평등하다는 만민 평등주의를 바탕으로 세계 시민주의를 주장함 |

### 4 영향

① 스피노자와 칸트의 사상에 영향
② 로마의 만민법으로 계승
③ 중세의 아퀴나스와 근대의 자연법 사상가들에게 영향

**01** 다음 설명이 맞으면 ○표, 틀리면 ×표를 하시오.

(1) 에피쿠로스는 쾌락은 유일한 선이며 고통은 유일한 악이라고 보았다. (　　)
(2) 에피쿠로스는 죽음에 대한 고통과 두려움을 가짐으로써 평온한 상태에 이를 수 있다고 보았다. (　　)
(3) 스토아학파에서는 비자연적인 정념은 우리의 판단을 흐리게 하고 우리를 잘못된 행위로 이끈다고 보았다. (　　)
(4) 스토아학파에 따르면 자연 안에서 일어나는 모든 일은 인간의 의지에 의해 극복할 수 있다고 보았다. (　　)
(5) 스토아학파는 자연법의 구체적인 내용으로 가족, 친구, 동료 시민, 나아가 인류 전체에 대한 사랑을 제시하였다. (　　)

**02** 빈칸에 들어갈 알맞은 말을 쓰시오.

(1) 에피쿠로스는 감각적이고 순간적인 쾌락을 추구하는 삶은 우리를 이른바 (　　　)에 빠지게 하여 오히려 더 많은 고통을 안겨 준다고 보았다.
(2) 스토아학파가 주장하는 (　　　)은/는 만물의 본질이자 만물의 생성과 변화를 이끌어 가는 힘으로 신, 자연 등으로 표현되기도 한다.
(3) 스토아학파에서 말하는 (　　　)은/는 우주를 지배하는 이성의 명령이자 자연법칙을 의미한다.
(4) 스토아학파는 이성을 가진 모든 이들은 누구나 평등하다는 (　　　) 사상을 강조하였다.

**03** 다음 개념과 그에 관한 설명을 바르게 연결하시오.

(1) 쾌락주의 •　　• ㉠ 쾌락은 행복한 삶의 시작이자 끝이라는 입장
(2) 아타락시아 •　　• ㉡ 어떤 상황에서도 동요하지 않는 정신 상태
(3) 아파테이아 •　　• ㉢ 몸의 고통과 마음의 불안이 모두 소멸한 상태

## 실력을 키우는 실전 문제

바른답·알찬풀이 37쪽

**01** 다음은 노트 필기의 일부이다. ㉠~㉤ 중 옳지 않은 것은?

> 주제 : 헬레니즘 시대의 특징
>
> 1. 변화 배경
>    - 도시 국가의 해체 및 제국의 출현으로 시민이 아닌 신민으로 전락 ······ ㉠
>    - 알렉산드로스 대왕이 죽은 후 전쟁과 정치적 불안이 지속됨 ······ ㉡
> 2. 공통된 주요 관심
>    - 개인의 평온한 삶을 유지하는 데 관심 ······ ㉢
>    - 세계 시민으로서의 삶에 관심 ······ ㉣
> 3. 대표 사상
>    - 에피쿠로스학파와 스토아학파 ······ ㉤

① ㉠ ② ㉡ ③ ㉢ ④ ㉣ ⑤ ㉤

**02** 다음 고대 서양 사상가가 강조하는 삶의 태도를 〈보기〉에서 고른 것은?

> 만약 우리가 격렬하게 분노하는 성격을 갖지 않으려면 그런 습관을 기르지 않아야 한다. 분노를 증가시키는 어떤 것도 하지 않아야 하며, 무엇보다 먼저 마음을 가라앉히고 화내지 않는 날을 헤아리도록 해야 한다. 나도 매일같이 화를 내곤 했지만, 차츰 하루 건너 한 번씩, 사흘 건너 한 번씩, 그리고 나흘 건너 한 번씩 화를 내다가 …… 드디어는 화내는 습관을 완전히 버리게 되었다.

보기

ㄱ. 공적인 삶에서 벗어나 은둔자적인 삶을 살아야 한다.
ㄴ. 우주의 목적과 신의 섭리를 따르는 삶을 살아야 한다.
ㄷ. 이성을 발휘하며 욕망과 감정에 초연한 삶을 살아야 한다.
ㄹ. 행복에 도달하기 위하여 자유 의지를 충실히 따르는 삶을 살아야 한다.

① ㄱ, ㄴ ② ㄱ, ㄹ ③ ㄴ, ㄷ
④ ㄴ, ㄹ ⑤ ㄷ, ㄹ

중요

**03** 다음 고대 서양 사상가의 입장을 〈보기〉에서 고른 것은?

> 죽음이 우리에게 아무 것도 아니라는 점을 제대로 이해하기만 하면 우리는 우리의 삶에 무제한적인 시간을 부여함으로써가 아니라 오히려 불멸성에 대한 열망을 제거함으로써, 우리의 유한한 삶을 충분히 즐길 수 있다.

보기

ㄱ. 고통을 피하고 쾌락을 추구해야 한다.
ㄴ. 정신적이고 지속적인 쾌락을 추구해야 한다.
ㄷ. 정신적 동요나 혼란이 없는 아파테이아의 경지를 추구해야 한다.
ㄹ. 세상사에 적극적인 관심을 가지고 진정한 쾌락을 추구해야 한다.

① ㄱ, ㄴ ② ㄱ, ㄷ ③ ㄴ, ㄷ
④ ㄴ, ㄹ ⑤ ㄷ, ㄹ

**04** (가) 사상가의 입장을 (나) 그림과 같이 탐구할 때, A, B에 들어갈 질문으로 옳지 않은 것은?

(가) 죽음은 우리에게 아무 것도 아니라고 믿는 데 익숙해져야 한다. 왜냐하면 선과 악은 감각의 능력을 전제하는데 죽음은 바로 모든 감각 능력의 상실을 의미하기 때문이다.

(나)

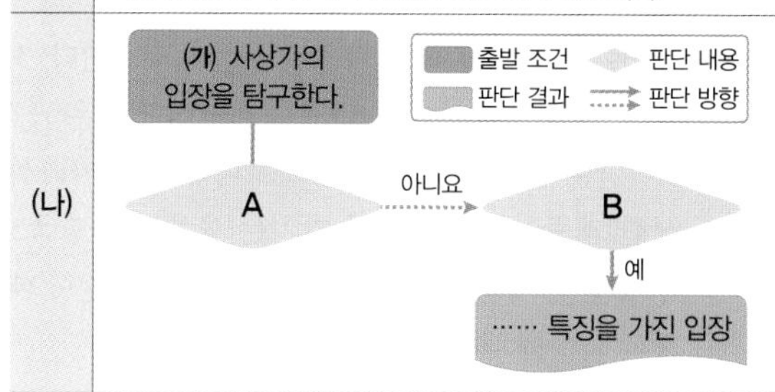


① A : 모든 본능과 욕망에서 벗어나야 하는가?
② A : 세상의 사물에 대한 감정이나 욕망을 끊어야 하는가?
③ B : 참된 실존을 깨닫기 위해 죽음을 두려워해야 하는가?
④ B : 마음에 불안이 없고 몸에 고통이 없는 상태를 지향해야 하는가?
⑤ B : 순간적인 육체적 쾌락보다 영속적인 정신적 쾌락을 중시해야 하는가?

**05** 다음을 주장한 서양 사상가의 입장에만 모두 'V'를 표시를 한 학생은?

> 우주여, 그대의 목적에 맞는 것은 모두가 나에게도 맞는다. 자연이여, 그대의 계절이 가져오는 것은 모두가 한결같이 나에게 무르익은 과실이다. 우연이라고 보이는 것도 섭리의 정의의 태두리 안에 있는 것이다. 춥든 덥든, 피곤하든 휴식을 취하든, 욕을 먹든 칭찬을 받든 너의 의무를 다하여라.

| 입장 \ 학생 | 갑 | 을 | 병 | 정 | 무 |
|---|---|---|---|---|---|
| 검약과 절제 있는 삶을 살아야 한다. | V | | | V | V |
| 쾌락을 추구하는 삶이 바람직한 삶이다. | | V | V | V | |
| 주어진 삶에 순응하기보다는 개척하고 이겨내야 한다. | | V | | V | V |
| 어떠한 정념에 대해서도 초연한 자세를 지녀야 한다. | V | | V | | V |

① 갑 ② 을 ③ 병 ④ 정 ⑤ 무

**06** 다음 고대 서양 사상가의 주장을 〈보기〉에서 고른 것은?

> "신과 같이 자유롭기 위해서"는 행복이 우리의 의식 내면에 자리해야 하고 덕으로 구현되어야 한다. 덕은 우선 '평정'으로 나타나며, 보다 바람직한 덕은 쾌적하고, 단순하며, 온화한 모습으로 나타난다. 따라서 고상한 쾌락이나 정신적인 가치는 육체적인 만족보다 우월한 것이다. 우리는 정신적인 쾌락에 의존할 때 현재의 불행을 극복할 수 있다.

보기

ㄱ. 쾌락의 유무를 통해 선악의 판단을 내려야 한다.
ㄴ. 참된 쾌락을 얻기 위해 보편적 이성을 따라야 한다.
ㄷ. 쾌락과의 완전한 단절을 통해 삶의 궁극적 목적을 얻어야 한다.
ㄹ. 공동체에 대한 헌신보다 자신의 내적인 세계의 고요함을 추구해야 한다.

① ㄱ, ㄴ ② ㄱ, ㄹ ③ ㄴ, ㄷ
④ ㄴ, ㄹ ⑤ ㄷ, ㄹ

**07** (가)의 갑, 을 사상가의 입장을 (나) 그림으로 표현할 때, A~C에 해당하는 옳은 진술만을 〈보기〉에서 있는 대로 고른 것은?

(가)
갑 : 인간은 사사로운 욕망과 감정을 극복하고 오로지 이성적으로 판단하고 행동할 때 진정으로 자유롭게 된다. 이럴 경우 어떠한 상황 앞에서도 동요하지 않는 정신 상태를 갖게 된다.
을 : 쾌락은 유일 최고의 선(善)이며, 고통은 유일한 악(惡)이다. 참다운 쾌락이란 허황된 욕심을 갖지 않음으로써 마음에 불안이 없고 몸에 고통이 없는 평온한 상태를 의미한다.

(나)
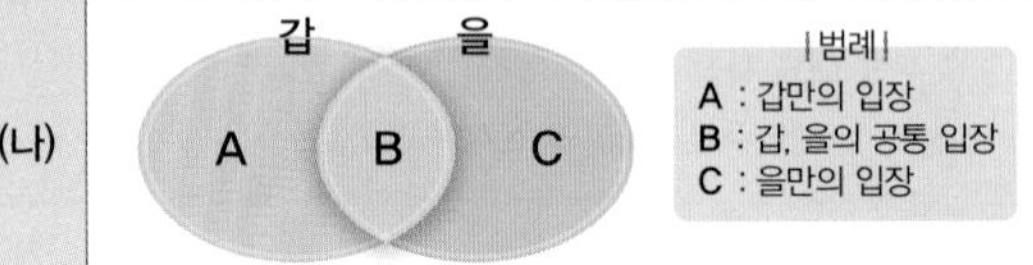


보기

ㄱ. A : 인간은 누구나 이성을 가졌다는 점에서 평등한 존재이다.
ㄴ. A : 자연의 순리가 아닌 도덕 법칙을 적극적으로 따라야 한다.
ㄷ. B : 욕구의 절제를 통해 마음의 평온함을 추구해야 한다.
ㄹ. C : 감각적이고 순간적인 쾌락보다 정신적이고 지속적인 쾌락을 추구해야 한다.

① ㄱ, ㄴ ② ㄱ, ㄷ ③ ㄴ, ㄹ
④ ㄱ, ㄷ, ㄹ ⑤ ㄴ, ㄷ, ㄹ

중요

**08** 다음 사상가의 입장에서 부정의 대답을 할 질문으로 가장 적절한 것은?

> • 우리는 옷을 필요로 하지만 그렇다고 화려한 옷을 구하려 하지 말라. 우리의 옷이 검소하다고 해서 어떤 고통이 발생하는 것은 아니다.
> • 너 자신의 삶을 간소하게 함으로써 삶을 위협하는 많은 공적인, 사적인 일들에서 벗어나야 한다.

① 감각적 경험보다 이성을 중시하는가?
② 친구와 우정을 나누는 삶을 중시하는가?
③ 정신적이고 지속적인 쾌락을 추구하는가?
④ 이성은 진정한 쾌락에 이르기 위한 수단인가?
⑤ 죽음은 산 자와 죽은 자 모두에게 무관한 것인가?

바른답·알찬풀이 37쪽

**09** 다음 사상가의 주장을 〈보기〉에서 고른 것은?

> 쾌락에는 고통을 수반하는 것이 많고 고통에도 쾌락을 가져오는 것도 있다. …… 정신적 쾌락이 고통을 수반하는 육체적 쾌락보다 더 가치가 있다. 따라서 진정한 쾌락은 순간적인 쾌락이 아니라 지속적인 쾌락이요, 육체적 쾌락이 아니라 정신적 쾌락이다.

보기
ㄱ. 지속적인 쾌락을 얻으려면 절제하며 살아야 한다.
ㄴ. 무엇이 선인지 악인지 알기 위해 철학적 지혜를 길러야 한다.
ㄷ. 모든 욕구의 완전한 충족을 통해서 자기만족을 추구해야 한다.
ㄹ. 육체적 고통과 마음의 불안이 없는 정신적인 쾌락을 추구해야 한다.

① ㄱ, ㄴ　② ㄱ, ㄹ　③ ㄴ, ㄷ
④ ㄴ, ㄹ　⑤ ㄷ, ㄹ

★★ 중요

**10** (가)의 갑, 을 사상가의 입장을 (나) 그림으로 탐구하고자 할 때, A~C에 들어갈 질문으로 옳지 않은 것은?

(가)
갑 : 참된 즐거움은 몸에 고통이 없고 마음에 불안이 없는 상태이며, 모든 고통과 불안이 부재할 때 즐거움은 정점에 도달한다.
을 : 자연에 따르는 삶이란 이성에 따르는 삶을 의미한다. 우주의 법칙을 깨닫는다면 어떤 상황에도 동요하지 않는 정신 상태에 도달하게 된다.

(나)
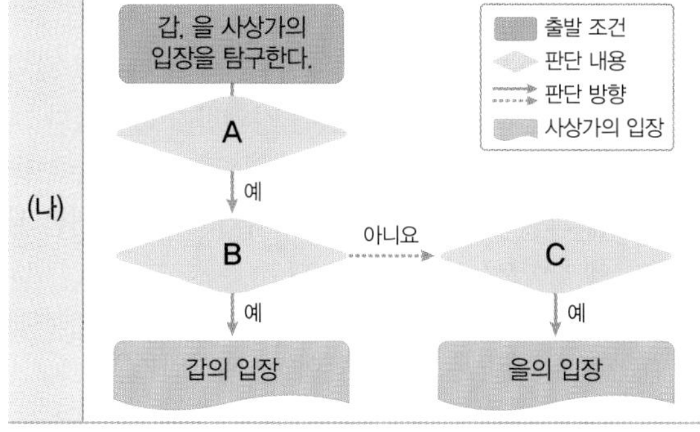


① A : 평온한 삶으로서의 행복을 추구하는가?
② B : 모든 욕망과 정념으로부터 벗어나야 하는가?
③ B : 참된 쾌락을 분별하기 위한 지혜를 강조하는가?
④ C : 자연의 필연적 질서와 법칙에 따라야 하는가?
⑤ C : 인간에게 행위의 결과와 무관한 행위가 있는가?

**11** 갑, 을에 관한 옳은 설명을 〈보기〉에서 고른 것은?

> 갑 : 우리가 쾌락이 목적이라고 할 때, 이 말은 방탕한 자들의 쾌락이나 육체적인 쾌락을 의미하는 것이 아니다. 내가 말하는 쾌락은 몸의 고통이나 마음의 혼란으로부터의 자유이다.
> 을 : 세상에서 일어나는 일들이 네가 바라는 대로 일어나기를 요구하지 말고, 오히려 일어나는 일들이 실제로 일어나는 대로 일어나기를 원해라.

보기
ㄱ. 갑은 공동선의 실현을 위해 사회적 의무를 다해야 한다고 본다.
ㄴ. 갑은 우주, 신, 죽음에 대한 잘못된 생각에서 벗어나야 한다고 본다.
ㄷ. 을은 자연의 질서와 법칙에 따르는 삶을 행복한 삶이라고 본다.
ㄹ. 을은 필연성에서 벗어나 개인이 자율적으로 판단해야 한다고 본다.

① ㄱ, ㄴ　② ㄱ, ㄹ　③ ㄴ, ㄷ
④ ㄴ, ㄹ　⑤ ㄷ, ㄹ

**12** ㉠에 관한 설명으로 가장 적절한 것은?

> 에피쿠로스학파는 쾌락을 추구하고 고통을 제거하면 행복하게 살 수 있다고 본다. 그런데 이들이 추구하는 쾌락은 무분별한 욕구 충족에서 오는 쾌락이 아니고, 사치스러운 향락에서 오는 쾌락도 아니다. 이와 같은 쾌락에 탐닉하는 것은 결과적으로 ㉠ 쾌락의 역설을 초래하기 때문이다.

① 쾌락을 추구할수록 오히려 더 많은 고통을 겪는 것이다.
② 어떤 쾌락도 행복하고 바람직한 삶의 조건이 될 수 있다는 것이다.
③ 인간은 누구나 쾌락을 추구하고 충족하여 행복해지려 한다는 것이다.
④ 쾌락의 추구를 통해 결과적으로는 행복한 삶을 얻게 된다는 것이다.
⑤ 정신적 쾌락의 추구가 결과적으로 참된 쾌락을 가져다준다는 것이다.

**13** 그림의 강연자가 지지할 입장만을 <보기>에서 있는 대로 고른 것은?

자연은 살아 있는 전체이며 모든 것을 포괄하는 이성을 갖춘 생명체이다. 이성이 자연의 모든 부분을 속속들이 파고 들어가 있기에 자연 자체가 이성적이고 영혼적이며 이해 가능한 것이다. 즉 자연은 그 자체가 신적인 것이다.

보기
ㄱ. 인간은 자연의 일부이다.
ㄴ. 이성은 자연 그 자체이다.
ㄷ. 인간은 인류 전체를 사랑해야 한다.
ㄹ. 외적인 것도 의지에 따라 변화시킬 수 있다.

① ㄱ, ㄴ ② ㄱ, ㄹ ③ ㄷ, ㄹ
④ ㄱ, ㄴ, ㄷ ⑤ ㄴ, ㄷ, ㄹ

**14** 다음 고대 서양 사상가가 강조하는 삶의 태도로 옳은 것은?

거짓으로부터 타락이 생겨나고 이 타락이 마음에까지 퍼져 나간다. 그리고 이러한 타락으로부터 정념과 감정들이 생겨나는데 이들은 동요의 원인이 된다. 그는 정념 또는 감정을 비이성적이고 부자연스러운 영혼 안의 움직임이라고 정의하였으며 과도한 충동이라고 생각하였다. 가장 중요한 보편적인 감정은 …… 네 가지로 분류되는데 이들은 슬픔, 공포, 욕구 또는 열망 그리고 쾌락이다. 타락한 상태에서의 정념들은 비이성적이다. 또한 이들은 동요의 원인이 되기 때문에 정신의 방해물이기도 하다. 과도한 충동은 비이성적이고 부자연스러운 것으로서 이성에 의하여 인도되는 느낌들이 아니다. 어떤 경우든 정념들은 우리에게 주어진 사실들과 사실들을 지배하는 법칙에 비추어 볼 때 부적절한 느낌이다.

① 바람직한 삶을 위해 자연의 본성을 파악해야 한다.
② 이성적인 관조를 통해 자연법칙에서 벗어나야 한다.
③ 영혼의 수련을 통해 스스로 운명을 개척해야 한다.
④ 실천적 지혜로 자신의 주변 상황을 통제해야 한다.
⑤ 육체적 쾌락을 억제하고 정신적 쾌락을 추구해야 한다.

**15** 그림의 수업 장면에서 교사의 질문에 옳게 대답한 학생만을 있는 대로 고른 것은?

① 갑, 을 ② 을, 정 ③ 병, 정
④ 갑, 을, 무 ⑤ 갑, 병, 무

중요

**16** 다음 고대 서양 사상가가 부정의 대답을 할 질문으로 가장 적절한 것은?

소박한 식사와 물만으로 만족하며 호사스런 삶의 쾌락을 멀리할 때 나의 몸은 상쾌하기 그지없다. 내가 무절제하고 향락적인 삶을 멀리하는 이유는 그러한 삶 그 자체가 나쁘기 때문이라기보다는 그러한 삶 뒤에 찾아오는 해악 때문이다.

① 모든 쾌락은 추구되어야 할 대상인가?
② 친구와의 교류는 행복의 중요한 요소인가?
③ 진정한 쾌락은 고통이 완전히 소멸한 상태인가?
④ 비자연적이고 필수적이지 않은 욕구를 멀리해야 하는가?
⑤ 쾌락의 적극적인 추구보다는 고통과 근심의 제거를 추구해야 하는가?

**17** 그림은 어떤 개념을 검색한 화면이다. 검색어 A에 관한 에피쿠로스학파의 설명만을 〈보기〉에서 있는 대로 고른 것은?

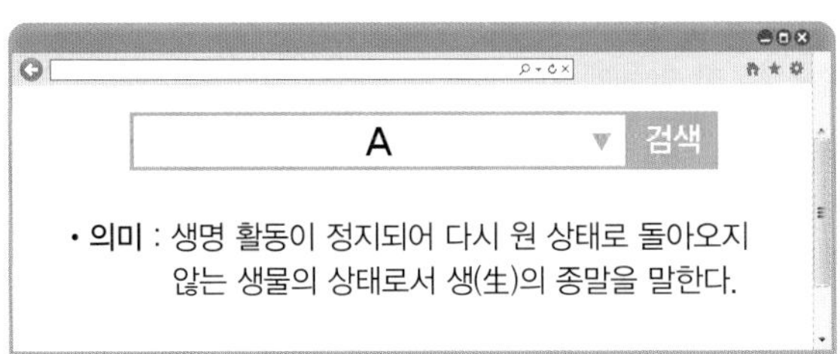

A
검색
• 의미 : 생명 활동이 정지되어 다시 원 상태로 돌아오지 않는 생물의 상태로서 생(生)의 종말을 말한다.


보기

ㄱ. 신을 믿으면 일어나지 않는 것이다.
ㄴ. 인간이 두려워할 필요가 없는 것이다.
ㄷ. 인간이 겪게 되는 고통 중 가장 큰 것이다.
ㄹ. 인간이 살아 있을 때 경험할 수 없는 것이다.

① ㄱ, ㄴ ② ㄴ, ㄹ ③ ㄷ, ㄹ
④ ㄱ, ㄴ, ㄷ ⑤ ㄱ, ㄷ, ㄹ

중요

**18** 다음 고대 서양 사상가의 입장을 〈보기〉에서 고른 것은?

죽음은 우리에게 아무 것도 아니라고 믿는데 익숙해져야 한다. 왜냐하면 선과 악은 감각의 능력을 전제하는데 죽음은 바로 모든 감각 능력의 상실을 의미하기 때문이다. 따라서 죽음이 우리에게 아무 것도 아니라는 점을 제대로 이해하기만 하면 우리는 우리의 삶에 무제한적인 시간을 부여함으로써가 아니라 오히려 불멸성에 대한 열망을 제거함으로써, 우리의 유한한 삶을 충분히 즐길 수 있다. 삶이 멈추고 나면 아무런 두려움도 느끼지 못한다는 사실을 완벽하게 파악한 사람은 살면서 두려움을 느끼지 않을 것이다.

보기

ㄱ. 사회적 쾌락이 도덕의 기준이 되어야 한다.
ㄴ. 쾌락을 얻기 위해 도덕적인 덕을 추구해야 한다.
ㄷ. 자연적이고 필수적인 욕구는 최소한으로 충족해야 한다.
ㄹ. 이성을 통해 자연의 질서를 이해하고 세계 시민주의의 자세를 지녀야 한다.

① ㄱ, ㄴ ② ㄱ, ㄷ ③ ㄴ, ㄷ
④ ㄴ, ㄹ ⑤ ㄷ, ㄹ

## 서술형 문제

**19** 다음 글을 읽고 물음에 답하시오.

스토아학파는 이성을 일체 만물에 관통하는 우주의 목적이자, 신의 섭리라고 보았다. 스토아학파에 따르면, 신적인 이성이 모든 것 즉 신과 자연, 인간을 관통하여 연결한다. 스토아학파는 이성에 따르는 삶, 즉 ( ㉠ )를 이상적인 상태로 제시하였다.

(1) ㉠에 들어갈 개념을 쓰시오.

(2) ㉠의 구체적인 의미를 서술하시오.

**20** 다음 글을 읽고 물음에 답하시오.

이 학파는 어떤 쾌락을 적극적으로 추구하기보다는 고통과 근심을 제거하여 평온한 상태에 이르는 것을 지향하였다. 또한 이 학파는 세상으로부터 완전히 떠난 은둔자적인 삶만을 추종한 것은 아니었다. 우정과 같은 작은 공동체 내에서의 교류를 통해 얻어지는 것도 행복의 중요한 요소라고 주장했기 때문이다.

(1) 밑줄 친 '이 학파'를 쓰시오.

(2) 밑줄 친 '이 학파'가 제시한 참된 쾌락에 이르는 방법을 서술하시오.

**21** 다음 고대 서양 사상가가 제시한 운명을 대하는 바람직한 태도를 서술하시오.

기억하라. 너는 작가가 원하는 대로 정해진 연극의 배우이다. 그가 짧기를 원하면 연극은 짧고 그가 긴 것을 원하면 연극은 길다. 네가 거지의 배역을 맡을 것을 작가가 원한다면, 이 역시 성실히 수행하라. 오직 주어지는 배역을 훌륭하게 수행하는 것만이 너의 임무이다. 그러나 배역을 선택하는 것은 다른 이의 일이다.

# 등급을 올리는 고난도 문제

**01** 다음 두 사상가의 공통 입장으로 옳은 것에만 '∨'를 표시한 학생은?

> 갑 : 욕망에 대한 태도는 우리의 뜻대로 조절할 수 있다. 우리는 신과 자연 그리고 인간을 하나로 연결해 주는 이성의 힘으로 욕망에 휩쓸리지 않는 평온한 마음에 이르러야 한다.
> 을 : 욕망이 충족되지 않을 수 있지만 그것이 우리를 고통으로 이끌지 않는다면 필수적인 것은 아니다. 우리는 이 욕망이 헛된 생각에서 생긴 것임을 알고, 고통 없는 상태를 추구해야 한다.

| 입장 \ 학생 | 갑 | 을 | 병 | 정 | 무 |
|---|---|---|---|---|---|
| 덕이 있는 행위는 자연법과 일치한다. | ∨ | ∨ | | ∨ | |
| 덕은 쾌락을 제공하지 못하면 가치가 없다. | ∨ | | | ∨ | ∨ |
| 행복한 삶을 위해 검소하고 절제하는 삶을 살아야 한다. | | ∨ | ∨ | | ∨ |
| 도덕적 행위를 실천하기 위해서는 이성의 역할이 필요하다. | | | ∨ | ∨ | ∨ |

① 갑 ② 을 ③ 병 ④ 정 ⑤ 무

**문제 접근 방법**

'이성'과 '욕망' 그리고 '고통'이라는 개념을 통해 갑, 을이 어떤 사상가인지를 파악한다. 각 사상가의 입장에 관한 정확한 이해를 통해, 갑, 을의 공통된 입장을 찾아 문제를 해결한다.

**적용 개념**

# 이성
# 자연법
# 쾌락주의

**02** 갑, 을의 입장에서 질문에 대답한 내용을 모두 바르게 짝지은 것은?

> 갑 : 자연과 더불어 사는 생활은 이성과 일치한다. 왜냐하면 덕은 이성, 즉 자연의 법칙에 복종하는 것을 의미하기 때문이다. 정신적으로 균형을 잃고, 영혼이 병든 비합리적인 생활은 악인 것이다. 감정을 이성적으로 억제할 줄 아는 덕만이 우리에게 진정한 행복을 가져다준다.
> 을 : 빵과 물은 배고프고 갈증을 느끼는 사람에게 가장 큰 쾌락을 제공한다. 그러므로 사치스럽지 않고 단순한 음식에 길들여지는 것은 우리에게 완전한 건강을 주며, 우리가 생활하면서 꼭 필요한 것들에 주저하지 않게 해 준다. 또한 나중에 우리가 사치스러운 것들과 마주쳤을 때 우리를 강하게 만든다.

| | 질문 | 대답 | |
|---|---|---|---|
| | | 갑 | 을 |
| ① | 이성에 따르는 삶을 살기 위해 모든 정념을 제거해야 하는가? | 예 | 아니요 |
| ② | 인간은 자연의 질서에서 벗어날 수 있는 자유 의지를 가지는가? | 예 | 아니요 |
| ③ | 인격신에 대한 이성적 인식을 통해 마음의 평화를 얻을 수 있는가? | 예 | 예 |
| ④ | 고통을 피하기 위해 공적인 삶을 멀리하고 은둔 생활을 해야 하는가? | 아니요 | 예 |
| ⑤ | 쾌락은 유일한 선이며, 인간이 추구해야 할 행복한 삶의 시작이자 끝인가? | 아니요 | 아니요 |

**문제 접근 방법**

'자연의 법칙'과 '쾌락' 등의 핵심어를 통해 갑, 을이 어떤 사상가인지 파악한 후, 각 사상가의 입장에서 질문에 대한 답변을 추론하여 문제를 해결한다.

**적용 개념**

# 이성
# 쾌락
# 자연법칙

**03** 그림은 수행 평가이다. 학생의 답이 옳게 표시된 것만을 ㉠~㉣ 중에서 있는 대로 고른 것은?

⊙문제 : 갑, 을이 공통적으로 지지할 입장으로 옳으면 '예', 옳지 않으면 '아니요'에 ∨표를 하시오.

> 갑 : 우리는 자연과 일치하지 않는 일은 결코 내게 일어나지 않는다는 것과, 나에게는 신과 나의 영혼이 어긋나는 일을 하지 않을 수 있는 능력이 있다는 것을 명심해야 한다.
>
> 을 : 우리는 자연적 본성을 거역해서는 안 된다. 우리에게 해를 끼치지 않는 육체적인 욕망은 충족시키지만, 우리에게 해를 끼치는 육체적인 욕망은 완강하게 거부함으로써 자연에 복종해야 한다.

⊙학생 답안 :

○입장1 : 헛된 욕심을 버리고 절제 있는 삶을 살아야 한다.
예 [∨] 아니요 [ ] ………… ㉠

○입장2 : 우주의 만물을 관통하는 보편적 질서를 따라야 한다.
예 [ ] 아니요 [∨] ………… ㉡

○입장3 : 신의 법칙인 자연의 필연적 질서에 따라야 한다.
예 [∨] 아니요 [ ] ………… ㉢

○입장4 : 일체의 정념을 초월한 정신적 평온함을 추구해야 한다.
예 [ ] 아니요 [∨] ………… ㉣

① ㉠, ㉣ ② ㉡, ㉢ ③ ㉢, ㉣ ④ ㉠, ㉡, ㉢ ⑤ ㉠, ㉡, ㉣

**문제 접근 방법**

'자연과 일치', '육체적인 욕망'과 같은 표현을 통해 갑, 을 사상가가 누구인지 먼저 파악한다. 갑, 을 사상가의 공통된 입장인지 아닌지를 파악하여 문제를 해결한다.

**적용 개념**

# 보편적 질서
# 자연의 필연적 질서
# 정신적 평온함

**04** 그림은 서술형 평가 문제와 학생 답안이다. 학생 답안의 ㉠~㉤ 중 옳지 않은 것은?

⊙문제 : 고대 서양 사상가 갑, 을의 입장을 비교하여 설명하시오.

> 갑 : 어떠한 감정에도 흔들리지 않는 이성적인 삶을 산다면 그것이 행복한 삶인 것이다.
>
> 을 : 헛된 욕망을 버리고 영혼의 쾌락을 추구함으로써 저절로 행복해질 것이다.

⊙학생 답안 : 갑, 을의 사상적 입장을 비교하면, 갑은 ㉠ 자연의 필연적 질서를 극복하기 위해 인간의 의지를 중시하였고, ㉡ 바람직한 삶은 이성의 명령을 따르는 삶이라고 보았다. 을은 ㉢ 순간적인 쾌락이 아닌 정신적이고 지속적인 쾌락을 추구하였으며, ㉣ 바람직한 삶은 자연적이고 필수적인 욕구를 최소한으로 충족하는 삶이라고 보았다. 한편 갑, 을은 모두 ㉤ 혼란에서 벗어나 마음의 평온을 얻는 일을 중시하였다.

① ㉠ ② ㉡ ③ ㉢ ④ ㉣ ⑤ ㉤

**문제 접근 방법**

'흔들리지 않는', '헛된 욕망' 등의 표현을 통해 갑, 을이 어떤 사상가인지를 먼저 파악한 후, 학생 답안과 비교하여 문제를 해결한다.

**적용 개념**

# 아파테이아
# 아타락시아

# 행복을 추구하는 방법에 관한 두 관점

## 쾌락을 추구해야 한다

**출제 경향**

이 단원에서는 에피쿠로스학파와 스토아학파의 특징을 묻는 문제가 자주 출제됩니다. 두 학파의 공통점은 물론 쾌락주의와 금욕주의, 은둔 생활과 공적인 삶 등 차이점도 꼼꼼하게 정리해 두어야 합니다.

**자료 보기**

우리에게 쾌락이란 신체 영역에 어떤 고통도 느끼지 않는 동시에 정신적 영역에서 어떤 불안도 느끼지 않는 것을 의미한다. 왜냐하면 넘칠 만큼의 음식이나 아름다운 남녀와의 즐김, 또는 맛있는 생선 요리와 같이 풍성하게 차려진 식탁 위에 있는 것들이 쾌락적인 삶을 만들어 주는 것은 아니기 때문이다. 오히려 모든 욕구와 회피의 근거를 파악하고 영혼을 회오리바람처럼 뒤흔드는 광기를 몰아내는 명료한 사고만이 쾌락적인 삶을 만들어 주기 때문이다.

쾌락은 행복의 시작이자 끝이지만, 쾌락 때문에 더 큰 불쾌가 초래될 경우 우리는 그 쾌락을 포기해야 합니다. 마찬가지로 고통의 시간 뒤에 더 큰 쾌락이 따를 경우, 우리는 그 고통을 쾌락보다 낫다고 보아야 합니다.

**주장 비교**

- 정신적이고 지속적인 쾌락을 추구해야 한다.
- 쾌락을 추구하고 고통을 피하기 위해 은둔 생활을 해야 한다.
- 정신적·육체적 고통이 제거된 상태가 곧 쾌락임을 알아야 한다.
- 자기 보존을 위해 자연적이며 필수적인 욕구를 충족시켜야 한다.
- 육체적 고통이 없고 마음에 불안이 없는 평온한 삶을 추구해야 한다.
- 고통과 근심을 제거하고 평온한 상태에 이르기 위해 소극적 쾌락을 추구해야 한다.
- 우정과 같이 작은 공동체 내에서 이루어지는 교류를 행복의 중요한 요소로 보아야 한다.

**문제 확인**

**Q1** 갑의 입장으로 옳지 않은 것은?

① 진정한 쾌락을 얻기 위해 헛된 욕구를 버려야 한다.
② 공적인 삶을 멀리하고 마음의 평정을 추구해야 한다.
③ 적극적인 쾌락의 충족을 통해 진정한 행복을 얻어야 한다.
④ 자연적이고 필수적인 욕구를 충족하는 소박한 삶을 살아야 한다.
⑤ 정신적이고 지속적인 쾌락을 위해 검소와 절제 있는 삶을 살아야 한다.

**용어사전**

- **관통** 처음부터 끝까지 일관함
- **필연적** 사물의 관련이나 일의 결과가 반드시 그렇게 될 수밖에 없는, 또는 그런 것

## 이성의 명령에 따라야 한다

다음의 두 가지를 항상 염두에 두라. 첫째, 우리의 왕이며 입법자인 이성이 인류의 이익을 위해 제안하는 것만을 행하라. 둘째, 어떤 사람이 당신의 잘못을 지적하거나 당신의 판단의 오류를 깨닫게 해 줄 때는 그 결정을 다시 생각해 보라. 그러나 그러한 변화는 정의와 공공의 이익을 위한 것이라는 확신으로부터 나온 것이어야 한다. 그리고 당신이 선택한 것은 자연의 본질에 부합하는 것이어야 하며, 그 결과로 얻어지는 쾌락과 명성을 생각하며 선택해서는 안 된다.

우리는 자연과 일치하지 않는 일은 결코 나에게 일어나지 않는다는 것과, 나에게는 신과 나의 영혼에 어긋나는 일을 하지 않을 수 있는 능력이 있다는 것을 명심해야 합니다.

- 우주의 만물을 관통*하는 보편적인 질서가 있다.
- 사회적 참여를 통한 공적인 삶을 중시해야 한다.
- 신과 자연에 대한 이성적 앎을 통해 행복을 얻을 수 있다.
- 감정과 욕망의 속박에서 벗어나 자연의 질서를 따라야 한다.
- 외부적 상황의 변화에도 동요하지 않는 의연함을 지녀야 한다.
- 자연의 필연적* 법칙에 순응하고 자신의 역할에 충실해야 한다.
- 신과 자연과 인간의 본성인 이성의 명령을 충실히 이행해야 한다.

**Q2** 을의 관점에서 갑의 주장을 비판하는 내용으로 가장 적절한 것은?

① 인간이 추구하는 궁극적 목적이 쾌락임을 모르고 있다.
② 인류의 공동선의 실현에 관심을 가져야 함을 모르고 있다.
③ 정신적 쾌락이 육체적 쾌락보다 바람직하다는 점을 모르고 있다.
④ 불필요한 욕구나 사치스러운 욕구에서 벗어나야 함을 모르고 있다.
⑤ 실제 생활 태도는 검소와 절제 있는 삶을 살아야 함을 모르고 있다.

### 올리드 가이드

행복을 추구하는 방법으로 쾌락을 강조하는 입장이 있는 반면, 금욕을 강조하는 입장도 있습니다.

갑은 에피쿠로스, 을은 아우렐리우스입니다. 에피쿠로스는 행복을 얻기 위해 쾌락주의를 주장하는 반면, 스토아 사상가인 에픽테투스는 금욕주의를 강조하지요.

두 입장은 다음 주제에 관해 상반된 주장을 하고 있습니다.

- 쾌락의 추구
- 공적인 삶에 관한 태도

다음과 같이 물을 수도 있어요.

- 갑, 을의 입장에 관한 설명으로 옳은 것은?
- 갑, 을의 공통 주장으로 가장 적절한 것은?

Q1 ③ Q2 ②

Ⅲ. 서양 윤리 사상

# 신앙과 윤리

학습길잡이 • 그리스도교의 기원과 그리스도교 윤리 사상의 특징을 정리해 둔다.
• 아우구스티누스와 아퀴나스의 윤리 사상의 특징을 비교해 둔다.

## A 그리스도교와 사랑의 윤리

### 1 그리스도교의 기원과 전개

① 기원 ─ '머리에 기름 부음을 받은', '거룩한자'라는 뜻으로 그리스어로는 크리스토스, 히브리어로는 메시아이다. 그리스도교는 예수를 메시아로 믿는 종교이다.

- 그리스도교는 예수의 가르침을 기초로 성립된 종교로서 유대교에 뿌리를 두고 있음 1
- 1세기경 팔레스타인* 지역에서 활동한 예수는 자신이 메시아임을 밝히며 사람들에게 자신의 죄에서 벗어나 구원을 받아야 한다고 주장하였음 2
- 유대교의 신앙이 형식적인 율법*의 준수에만 얽매여 인간에 대한 사랑을 소홀히 하고 있다고 비판함
- 율법의 참된 정신은 온 마음을 다해 신을 사랑하고, 이웃을 자신의 몸처럼 사랑하는 것이라고 강조함

② 예수의 가르침 ─ 예수의 가르침은 산상 수훈에서 잘 들어난다. 산상 수훈은 예수가 작은 산 위에서 행한 설교로 신의 나라 및 참된 행복, 이웃 관계, 재물 등에 대한 신앙인의 올바른 태도가 담겨져 있다.

- 신과 이웃에 대한 사랑 : 인류가 무조건적이고 절대적인 신의 사랑(─ '아가페'라고도 한다.)을 받았으므로 이웃에 대한 차별 없는 사랑을 실천해야 함 3
- 보편 윤리로서의 황금률 제시 : 이웃을 사랑함에 있어 율법적 의무보다는 도덕적 의무를 우선시해야 하며, 마음뿐만 아니라 반드시 실천이 따라야 함을 강조함 질문

**자료로 보는 도덕의 기준으로서의 사랑**

> 예수에 있어서 사랑이란 도덕의 기준일 뿐만 아니라 인간의 도덕적 지위에 대한 기준이다. 다시 말하면 사랑이란 인간이 지닌 도덕적 가치의 척도이다. 우리에게 사랑을 주는 사람에게만 사랑을 베푸는 것과 같은 일상적인 사랑의 사례는 그다지 칭찬할 만한 것이 못되며, 형법상의 행위 규범보다 더 높은 윤리적 수준에 있는 도덕적 기준은 인간에게 그들의 적마저도 사랑할 것을 요구한다.
>
> – 사하키안, 『윤리학의 이론과 역사』 –

**자료 분석** 예수가 제시한 사랑은 우리 자신의 국적이나 종교 집단의 사람들에게만 해당되는 것이 아니라 우리의 적들도 포함하는 모든 인류에게 적용된다.

Q 예수가 도덕의 기준으로 제시하는 덕목은 무엇인가? A 사랑

③ 전개 : 초창기 그리스도교는 통일된 교리를 갖추지 못하였음 → 중세 사상가들이 고대 그리스 사상을 수용하여 교리를 체계화함

### 2 아우구스티누스의 사랑의 윤리

① 교부 철학 ─ 교부란 '교회의 아버지'라는 뜻으로 신앙이나 교회 생활에 중대한 영향을 미친 사람들을 가리킨다.

- 의미 : 중세 초기 그리스도교의 교리를 체계화하는 데 공헌한 교부들의 사상 및 철학
- 대표 철학자 : 아우구스티누스

**개념 더하기 자료 채우기**

**1 유대교**

천지만물의 창조자인 유일신(야훼)을 신봉하면서, 스스로 신의 선민(選民)임을 자처하며 메시아(구세주)의 도래 및 그의 지상 천국 건설을 믿는 유대인의 종교이다. 유대교의 경전은 뒤에 그리스도교의 경전(구약성서)이 되었기 때문에, 정통적 유대교에서는 그 이후의 구전(口傳) 율법과 고대 말기에 그 해석을 집대성한 『탈무드』를 경전에 추가하여, 거기에서 유대교의 특색을 찾는 경향이 있다.

**2 메시아**

보통 구세주라고 번역된다. 메시아란 원래 헤브라이어로 성유(聖油)를 받은 사람이라는 의미로서, 특히 왕을 가리키는 말로 사용되었다. 이스라엘인은 이상 속에서 나타날 왕을 구했는데, 그로부터 예언자에 의한 메시아 사상이 생겨났다. 그리스어를 사용한 기독교도는 이것을 크리스토스(christos)라고 번역했다. 기독교도는 나자렛의 예수를 메시아라고 생각했다. 예수 자신이 메시아의 자각을 했었다고 생각된다. 유대교도는 예수가 메시아임을 인정하지 않았기 때문에, 그를 참칭자(僭稱者 : 거짓을 말하는 자)로서 처형했다.

**3 절대적인 신의 사랑 : 아가페**

그리스도가 말한 사랑은 신의 인류에 대한 무조건·일방적인 절대적인 사랑을 가리키는 말이다. 같은 그리스어인 '에로스'가 대상의 가치를 추구하는 이른바 자기 본위의 사랑을 의미하는 데 비하여, 대상 그 자체를 사랑하는 타인 본위의 그리스도교적 사랑을 나타내는 말이다.

**질문 있어요**

**그리스도교에서 말하는 황금률은 무엇인가요?**

예수의 황금률(golden rule)에 해당해요. 원래 산상 수훈 속에 있는 것으로 그리스도교 윤리의 근본 원리 "남에게 대접을 받고자 하는 대로 너희도 남을 대접하라."라는 예수의 가르침을 말해요. 이러한 예수의 황금률은 그 근본정신과 형식에 있어서 동서양의 여러 가르침과 상통하는 보편적인 도덕규범이지요.

**용어사전**

- * **팔레스타인** 이스라엘을 포함한 지중해의 동남부 지역을 가리킴
- * **율법** '던지다', '(물을) 뿌리다'는 뜻의 '야라'에서 유래한 말로, 지시, 교훈, 법령, 계명, 법, 관습이라는 의미를 지님. 또한 신이 규정한 법을 말하기도 함

### ② 아우구스티누스의 윤리 사상

- 플라톤의 이데아론을 받아들여 그리스도교의 교리를 체계화하는 데 크게 기여함 4
- 영원한 천상의 나라와 유한한 지상의 나라를 구분하고, 영원하고 완전한 존재인 신을 사랑해야 한다고 주장함

**자료로 보는 아우구스티누스의 이데아론**

플라톤주의자들의 명성과 영예는 다른 철학자들보다 더 찬양받아 마땅하다. 그들은 어떠한 형체도 신(神)이 될 수 없음을 알고 있었으므로 신을 추구할 때 모든 물질적인 대상 너머로 눈길을 돌렸다. 그들은 가변적인 것은 무엇이든지 최고신이 아님을 알고 있었으므로, 최고신을 추구할 때 모든 가변적인 영혼 너머로 눈길을 돌렸다. …… 그 자신은 창조되지 않았으나 만물을 창조한 신 안에 만물의 근원[Idea]이 있다고 믿었던 그들의 생각은 옳았다. – 아우구스티누스, 『신국론』 –

**자료 분석** 아우구스티누스는 플라톤의 이데아론에 맞추어 세계를 완전한 신이 다스리는 천상의 나라와 불완전한 인간이 사는 지상의 나라로 구분하였다.

Q 아우구스티누스가 그리스도교의 교리를 체계화하기 위해 받아들인 사상은 무엇인가?

A 플라톤의 사상

- 신은 최고선이며, 신을 사랑하는 사람은 악에 빠지지 않고 선을 실현하며 참된 행복에 이를 수 있다고 봄 (아우구스티누스는 자연적인 악은 선의 결핍으로부터 생겨나며, 도덕적인 악은 인간이 자유 의지를 남용한 결과라고 보았다.)
- 믿음, 소망, 사랑이라는 종교적 덕 중 사랑을 최고의 덕으로 보았으며, 플라톤이 강조한 4주덕(절제, 용기, 정의, 지혜)도 모두 신에 대한 사랑의 다른 표현이라고 해석함 5 질문

**자료로 보는 아우구스티누스에게 있어서 '신에 대한 사랑'의 의미**

사랑에는 여러 가지 종류가 있다. 영원한 것을 사랑하는 것은 항상 우리를 만족시켜 주는 것을 사랑하는 것인 반면, 변화하고 사라지는 것을 사랑하는 것은 실망과 슬픔만을 가져올 뿐이다. 따라서 다른 사람의 육체보다는 그의 영혼을 사랑하는 것이 이성적이며, 다른 사람보다는 '신을 사랑하는 것'이 훨씬 더 이성적이다. 신을 사랑하는 것은 사라질지도 모르는 물리적인 대상이나 육체를 사랑하는 것보다도 훨씬 더 차원이 높기 때문이다. – 아우구스티누스, 『고백록』 –

**자료 분석** 아우구스티누스는 인간은 양심을 통해서 도덕 법칙들을 인식하지만, 인간의 노력만으로는 그것을 완전히 알 수 없다고 보았다. 따라서 유한한 피조물*인 인간이 무한한 진리를 파악하는 것은 오직 신의 은총을 통해서만 가능하다고 주장하였다.

Q 인간이 무한한 진리를 파악하기 위해 필요한 것은 무엇인가?

A 신의 은총

- 원죄로부터의 구원은 신의 은총에 의해서만 가능함 6 7 (자유 의지를 지닌 인간은 신의 무한한 사랑과 은총을 기꺼이 받아들일 수 있도록 부단히 신을 추구해야 구원을 얻을 수 있다.)
- 신은 이성적 인식의 대상이 아니라 실존적으로 만나야 할 인격적 존재이므로 오직 신앙을 통해 신에게 귀의*해야 한다고 주장함
- 참된 행복 : 신을 온전히 사랑하고 이웃을 진정으로 사랑할 수 있는 길은 오직 신앙을 통해 신과 하나가 되는 것임

**개념 더하기 자료 채우기**

**4 플라톤의 영향을 받은 아우구스티누스의 사상**

아우구스티누스는 플라톤의 사상을 바탕으로 그리스도교를 설명하면서도 인간의 이성이나 의지 등에 한계를 밝히고 신과 사랑을 중심으로 한 윤리 사상을 정립하였다. 아우구스티누스의 윤리 사상은 고대 그리스 사상을 그리스도교에 융합시켰을 뿐만 아니라 그리스도교 사상이 유럽으로 확산되는 데 크게 기여하였다.

**5 플라톤의 4주덕**

플라톤은 윤리학 또는 덕론으로 지혜·용기·절제·정의의 4주덕을 제시했다. 정욕과 관련된 덕은 절제이고, 기개적 부분의 덕은 용기이고, 이성적 부분의 덕은 지혜이며, 이 세 부분이 각자의 덕을 발휘할 때 전체로서 정의의 덕을 가지게 된다.

**질문 있어요**

아우구스티누스는 플라톤의 4주덕을 왜 신에 대한 사랑의 다른 표현이라고 할까요?

아우구스티누스는 '절제'란 자신을 완전히 신에게 바치는 사랑, '용기'란 신 그 자체를 위하여 기꺼이 모든 것을 감당하는 사랑, '정의'란 신에게만 헌신하는 사랑, '지혜'란 신을 지향하는 데 필요한 것이 무엇인가를 분별할 줄 아는 사랑으로 해석하고 4주덕을 신에 대한 사랑의 다른 표현이라고 주장했어요.

**6 원죄**

원죄 개념은 성서 창세기에 등장하는 최초의 인간 아담과 이브의 이야기에서 등장한다. 신이 천지를 창조하면서 흙으로 아담을 만들었으며 그의 아내인 이브와 함께 축복받은 땅인 에덴동산에 살았다. 하지만 뱀의 유혹에 빠진 이브의 권유를 받고 선과 악을 구별하는 능력이 생기는 나무열매를 먹게 된다. 선악과(열매)는 신이 먹지 못하게 금지한 것이었는데 이것을 먹음으로써 신에게 죄를 짓게된 것이다. 이것이 최초의 죄이며 그로 인해 모든 인간은 태어날 때부터 원죄를 지니게 된다.

**7 은총**

신이 인간에게 무상으로 베푸는 선물. 은총은 인간에 대한 신의 자비로운 태도나 호의, 곧 창조 사업에서 영생에 이르기까지 신이 인간을 위해 한 모든 일들을 뜻한다.

**용어사전**

* **피조물** 조물주가 만든 모든 사물과 현상

* **귀의** 종교적 절대자나 종교적 진리를 깊이 믿고 의지하는 일

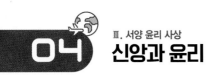

# 신앙과 윤리

## B 그리스도교와 자연법 윤리

### 1 아퀴나스의 자연법 윤리

**① 스콜라 철학 1**

- 의미 : 그리스도교의 교리를 철학적으로 논증*하고 합리적으로 설명하려고 한 중세 후기의 사상 및 철학
- 대표 철학자 : 아퀴나스

**② 아퀴나스의 덕론 :** 자연적 덕과 종교적 덕

- 아리스토텔레스의 사상에 기초하여 그리스도교의 교리를 철학적으로 논증하려고 함
- 아리스토텔레스와 마찬가지로 인간 행위의 궁극적인 목적을 행복으로 봄 → 이성을 탁월하게 발휘함으로써 행복한 삶을 살 수 있음
- 아리스토텔레스가 추구한 행복은 완전한 행복으로 가기 위한 예비적인 단계에 불과함
- 자연적 덕(지적인 덕과 품성적인 덕)은 인간이 현세에서 올바른 삶을 살도록 하며, 종교적 덕(= 신학적 덕 : 믿음, 소망, 사랑)은 인간을 신에게 안내함으로써 내세*의 진정한 행복에 이르도록 함 2 질문
- 궁극적 행복은 신의 은총을 통해 내세에 신과 하나가 되고, 신의 무한한 선을 향유할 때 도달할 수 있음

**자료로 보는 아퀴나스의 행복론**

> 인간은 자연적 존재 이상의 것이다. 그는 또한 불멸의 영혼이다. 모든 자연적 덕을 성취한다고 해서 인간의 궁극적 목표, 즉 영원한 행복[至福(지복)]에 도달하는 것은 아니다. 설령 인간이 아담의 타락 이전의 순정 무구한 상태를 회복한다고 할지라도 인간 자신의 힘으로 영원한 행복을 얻을 수는 없다. 영원한 행복을 얻으려면 세 가지의 신학적 덕, 즉 초자연적 덕이 있어야 한다. 인간의 영원한 행복은 오직 내세에 신과 하나가 되고 그의 무한한 선을 향유할 때만 가능하다.
>
> – 아퀴나스, 「신학대전」 –

**자료 분석** 아퀴나스에 따르면 아리스토텔레스가 강조한 덕은 인간에게 현세적 행복만을 가져다줄 수 있다. 아퀴나스는 우리가 현세적 행복에 만족하지 말고 종교적 덕을 실천함으로써 신과 하나가 되는 영원한 행복을 얻어야 한다고 주장하였다.

Q 영원한 행복을 얻기 위해 아퀴나스가 강조하는 덕은 무엇인가요? A 종교적 덕

**③ 자연법 윤리**

- 세계는 신에 의해 창조되었고 신의 영원한 법칙인 영원법(신의 섭리로서, 신의 예지와 의지로 창조 및 정립된 영원불변하는 존재의 질서에 관한 법이다.)에 의해 다스려진다고 봄
- 영원법은 인간의 자연적 성향에 반영되어 있으며, 인간은 이성을 통해 자연적 성향을 인식하고 따름으로써 영원법에 참여할 수 있음
- 자연법이란 이성에 의해 인식된 영원법이며, 이성을 지닌 인간이라면 누구나 동의할 수밖에 없고 언제 어디서나 지켜야 하는 도덕 법칙임
- 자연법은 신이 창조한 영원불변한 존재의 질서인 영원법에 기초함 3
  결국 모든 법은 신의 명령인 영원법에 근원을 두므로 모든 도덕 원리와 법은 신에게서 나온다고 할 수 있다.

**개념 더하기 자료 채우기**

**1 스콜라 철학**

중세 유럽, 수도원의 부속 학교에서 성직자들을 대상으로 일종의 교과 학습이 성행했는데, 여기에서 '스콜라'라는 이름이 유래하였다. 스콜라 철학은 중세의 수도원에 소속된 학교에서 이성을 통해 그리스도교 교리를 정당화하고자 했던 일련의 철학 체계를 말한다.

**2 아퀴나스의 덕 구분**

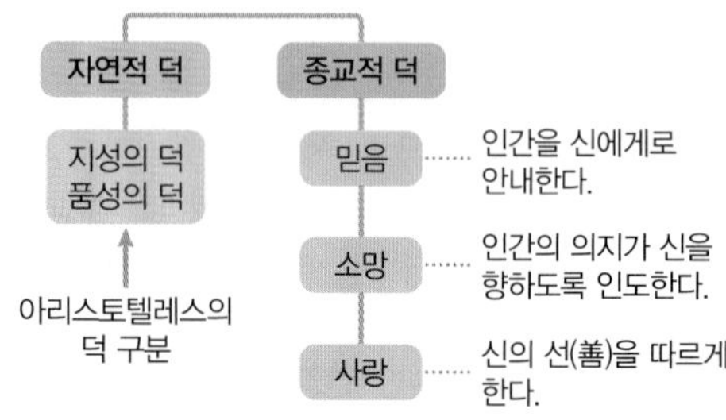


**질문 있어요**

**아퀴나스가 말하는 종교적 덕은 어떤 의미인가요?**

아퀴나스는 믿음, 소망, 사랑이라는 세 가지의 종교적인 덕을 제시했어요. 종교적인 덕은 자연적 덕(=지적인 덕과 품성적인 덕)과는 달리 수단으로 이뤄지는 것이 아니라 우리가 신성에 이를 수 있도록 힘을 주는 본질적인 것입니다. 종교적인 덕은 신의 도움을 받아 인간으로 하여금 초자연적인 행복에 이르도록 인도하지요. 말하자면 우리를 신에게 인도하는 덕인 것입니다.

**3 자연법과 자연적 성향의 관계**

> 인간이 자연적 성향을 갖는 것은 자연법에 귀속된다. 이 중에서 인간이 이성에 따라 행위하려는 성향을 갖는 것은 올바르다. 선은 행해야 하고 증진해야 하며, 악은 피해야 한다는 것이 이 법의 첫 번째 계율로서, 이는 자연법의 다른 모든 계율들의 기초가 된다. …… 그러므로 우리의 자연적 성향으로부터 우리의 도덕적 의무가 도출된다.
>
> – 아퀴나스, 「신학대전」 –

자연법의 제1원리는 "선을 행하고 악을 피하라."이며, 이것은 인간의 자연적 성향, 즉 자기 생명을 보존하려는 성향, 종족을 보존하려는 성향, 신에 관하여 알고자 하는 성향, 사회적 삶을 영위하고자 하는 성향에 의해 구체화되고 정당화된다고 보았다.

**용어사전**

* **논증** 옳고 그름을 이유를 들어 밝힘 또는 그 근거나 이유
* **내세** 죽은 뒤에 다시 태어나 산다는 미래의 세상

**자료로 보는** 아퀴나스의 영원법과 자연법

> 법이란 이성적 질서 혹은 처방이다. 법은 공공의 이익을 위해 공표된다. …… 합리적인 피조물은 영원한 이성을 공유한다. 이것에 의해 합리적인 피조물은 적절한 행동과 목적에 대한 자연적 경향성을 지닌다. 그리고 합리적인 피조물 안에서 영원법의 참여를 자연법이라고 부른다. – 아퀴나스, 『신학대전』 –

**자료 분석** 영원법은 모든 질서의 원천으로서 세계를 지배하는 신의 이성 그 자체이자 세계 계획이다. 인간은 그것을 신으로부터의 계시에 의해 인식하고 신앙에 의해 수용할 수밖에 없다. 그러나 자연법은 신의 영원법이 피조물인 인간에게 반영된 것으로, 인간은 그것을 스스로의 이성을 통해 인식하고 이해할 수 있다.

- 이성에 의해 인식된 자연적 성향을 성찰하고 실현함으로써 신이 무엇을 원하는지를 깨달을 수 있으며 행복한 삶을 살 수 있음
- 인간이 제정한 실정법(사람이 현실적으로 제정하거나 경험적 사실에 의거하여 형성된 법이다.)은 자연법에 기초해야 한다고 강조함 → 실정법이 자연법을 위반할 경우, 그 실정법은 정당성을 상실함

**④ 이성적 논증을 통한 신 존재 증명**

- 아퀴나스는 신앙의 권위와 신학의 영역을 강조하면서도 이성과 철학이 수행하는 진리 탐구의 영역도 인정함 → 신앙과 이성은 상호 보완적임
- 신앙과 이성은 모두 신으로부터 주어진 것으로, 결국 하나의 진리인 신에게로 귀결*된다고 보았음

**자료로 보는** 아퀴나스의 '신 존재 증명'

> 움직여지는 모든 것은 다른 것에 의해 움직여진다. 또한 그것은 다른 것에 의해 움직여져야 하며 움직이게 하는 저것은 또 다른 것에 의해 움직여져야 한다. 그런데 이렇게 무한히 소급해 갈 수는 없다. …… 그러므로 우리는 다른 어떠한 것에도 움직여지지 않는 제1동자에 필연적으로 도달하게 된다. 그리고 모든 이는 이런 존재를 신으로 이해한다. – 아퀴나스, 『신학대전』 –

**자료 분석** 아퀴나스는 움직이는 것은 다른 어떤 것에 의해 움직이고, 그 다른 것은 또 다시 다른 어떤 것에 의해 움직인다는 식으로 무한히 거슬러 올라갈 수 없다고 보았다. 그리하여 운동의 최초의 원인이 있다면 그것이 바로 신이라고 주장하였다. 이러한 아퀴나스의 논증은 신앙과 이성이 서로 모순되지 않으며 상호 보완적임을 보여 준다.

## 2 그리스도교 윘리와 현대인의 삶

(그리스도교 윤리: 루터, 칼뱅 등이 주도한 16세기 종교 개혁의 중심 사상 또는 여기에서 성립된 여러 교회의 신조를 기초로 하는 교리를 말한다.)

**① 종교 개혁*과 프로테스탄티즘의 등장** 질문

- 루터 : 참된 진리는 교회나 교황이 아니라 성서에 있으며, 누구나 신과 직접 대화할 수 있다고 봄 (루터의 주장은 '오직 믿음, 오직 은총, 오직 성서'라는 말로 압축할 수 있다.)
- 칼뱅 : 예정설과 직업 소명설을 주장함 4 5

**② 현대인의 삶에 끼친 영향**

- 사랑의 윤리는 사회적 약자에 대한 관심을 이끌어 냄
- 영원한 행복의 추구는 정신적 가치를 추구하게 함
- 자연법 사상은 인권을 향상시키는 데 기여함

**개념 더하기 자료 채우기**

**질문 있어요**

**종교 개혁이 왜 일어나게 되었나요?**

종교 개혁은 독일의 신학자인 루터에 의해서 시작되었어요. 종교 개혁의 발단은 가톨릭 교회가 성 베드로 성당의 증축 비용을 마련하기 위해 대사부(=면죄부)를 판매한 일이에요. 루터는 대사부 판매의 부당성을 지적하는 '95개조의 반박문'을 발표하면서 교황과 사제 등 권력을 쥔 성직자들의 부패를 비판했어요.

**4 칼뱅의 예정설**

> 모든 사람이 같은 상태로 창조된 것이 아니다. 어떤 사람에게는 영원한 삶이, 또 어떤 사람에게는 영원한 벌이 예정되어 있다. 그러므로 성서가 명백히 밝힌 바에 따라, 우리는 신이 누구를 구제하려 하고 누구를 멸명시키려고 하는가를 그 영원 불변의 섭리 속에 미리 정해 놓았다고 말하는 것이다. – 칼뱅, 『그리스도교 강요(綱要)』 –

칼뱅은 구원받을 사람과 그렇지 못한 사람이 있다는 예정설을 제시하였다.

**5 칼뱅의 직업 소명설**

> 신을 기쁘게 하는 유일한 수단은 수도사적인 금욕을 통해 세속적인 도덕을 초월하는 것이 아니다. 오직 세속적인 의무를 성실하게 이행하는 데 있는 것이다. 이러한 세속적 의무는 세상 속에서 차지하고 있는 그 개인의 위치에서 나오는 것이며, 그것이 그의 소명이 된다. …… 직업(소명)이란 신의 섭리에 따라 내려진 것이며, 인간은 이에 순응해야 한다. – 베버, 『프로테스탄티즘의 윤리와 자본주의 정신』 –

칼뱅은 소명을 통해 신의 뜻이 현실에서 실현되어야 한다고 강조했다. 소명은 신이 인간에게 요청하는 것으로 인간은 일상 속에서 소명에 대한 믿음을 갖고 그것을 실현하기 위해 자신의 직업에 성실히 종사해야 한다. 이와 같은 칼뱅의 주장은 직업에 대한 책임과 성실의 의무로 이어졌으며, 당시 많은 노동력이 필요했던 근대 산업 사회의 윤리적 근거를 제공하였다.

**용어사전**

* **귀결** 어떤 결말이나 결과에 이름. 또는 그 결말이나 결과
* **종교 개혁** 16~17세기 유럽에서 로마 가톨릭 교회의 쇄신을 요구하며 등장했던 개혁 운동

# 기초를 다지는 확인 문제

바른답·알찬풀이 41쪽

올리드 포인트

## A 그리스도교와 사랑의 윤리

### 1 그리스도교의 기원과 전개

| | |
|---|---|
| 기원 | • 예수의 가르침을 기초로 성립된 종교로서 유대교에 뿌리를 두고 있음<br>• 예수는 자신이 메시아임을 밝히며 사람들에게 자신의 죄에서 벗어나 구원을 받아야 한다고 주장함<br>• 유대교의 신앙이 형식적인 율법의 준수에만 얽매여 인간에 대한 사랑을 소홀히 하고 있다고 비판함 |
| 예수의 가르침 | 무조건적이고 절대적인 신의 사랑을 이웃에게 실천할 것을 강조함 |

### 2 아우구스티누스의 사랑의 윤리

| | |
|---|---|
| 플라톤의 사상 수용 | 영원한 천상의 나라와 유한한 지상의 나라를 구분하고, 영원하고 완전한 존재인 신을 사랑해야 한다고 주장함 |
| 사랑의 강조 | 믿음, 소망, 사랑이라는 종교적 덕 중 사랑을 최고의 덕으로 봄 |
| 신의 은총과 구원 | 원죄로부터의 구원은 신의 은총에 의해서만 가능함 |

## B 그리스도교와 자연법 윤리

### 1 아퀴나스의 자연법 윤리

| | |
|---|---|
| 덕론 | • 아리스토텔레스의 사상에 기초하여 그리스도교의 교리를 철학적으로 논증하려고 함<br>• 인간 행위의 궁극적인 목적은 행복 → 완전한 행복은 내세에 신에게 도달하는 것<br>• 지적인 덕과 품성적인 덕을 형성하는 것뿐만 아니라 신의 은총 아래 믿음, 소망, 사랑이라는 종교적 덕을 실천하여 신과 하나가 되어야 한다고 봄 |
| 자연법 윤리 | • 자연법이란 이성에 의해 인식된 영원법이며, 언제 어디서나 지켜야 하는 도덕법칙임<br>• 자연법은 신이 창조한 영원불변한 존재의 질서인 영원법에 기초함 |
| 신 존재 증명 | • 신앙의 영역과 이성의 영역을 구분하면서 신앙과 이성은 상호 보완한다고 봄<br>• 신앙과 이성 모두 신으로부터 주어진 것이며, 결국 하나의 진리인 신에게로 귀결됨<br>• 이성적인 논증을 통해 신의 존재를 증명하려고함 |

### 2 그리스도교 윤리와 현대인의 삶

| | |
|---|---|
| 프로테스탄티즘 | • 루터 : 참된 진리는 교회나 교황이 아니라 성서에 있으며, 누구나 신과 직접 대화할 수 있다고 보았음<br>• 칼뱅 : 예정설과 직업 소명설을 주장함 |
| 현대인의 삶에 영향 | • 사회적 약자에 대한 관심을 이끌어 냄<br>• 정신적 가치를 추구함<br>• 인권을 향상시키는 데 기여함 |

**01** 다음 설명이 맞으면 ○표, 틀리면 ×표를 하시오.

(1) 유대교의 신앙은 유대인만이 신으로부터 특별한 선택을 받았다고 보았다. ( )

(2) 아우구스티누스는 영원한 천상의 나라와 유한한 지상의 나라를 구분하고, 영원하고 완전한 존재인 인간을 사랑해야 한다고 주장하였다. ( )

(3) 아우구스티누스는 인간만의 노력으로는 신을 온전히 사랑할 수 없다고 보았다. ( )

(4) 아퀴나스는 완전한 행복이란 현세에 신에게 도달함으로써 주어진다고 보았다. ( )

(5) 스콜라 철학은 신앙 중심이었던 교부 철학에 비해 이성에 대한 더 많은 관심을 가지고 이를 신앙과 조화시키고자 노력하였다. ( )

**02** 빈칸에 들어갈 알맞은 말을 쓰시오.

(1) 유대교 신앙은 신으로부터 받은 율법을 엄격하게 지키려는 ( )에 뿌리를 두고 있었다.

(2) 아우구스티누스는 믿음, 소망, 사랑이라는 종교적 덕 중 ( )을/를 최고의 덕으로 보았다.

(3) 아퀴나스는 ( )은/는 이성을 지닌 인간이라면 누구나 동의할 수밖에 없고 언제 어디서나 지켜야 하는 도덕법칙이라고 보았다.

(4) 아퀴나스는 영원법이 자연법의 기초가 되듯 인간이 제정한 ( )은/는 자연법에 기초해야 한다고 강조하였다.

**03** 다음 개념과 그에 관한 설명을 바르게 연결하시오.

(1) 원죄 •     • ㉠ 신의 영원한 법칙

(2) 아가페 •     • ㉡ 인류에 대한 무조건적이고 절대적인 신의 사랑

(3) 영원법 •     • ㉢ 최초의 인간 아담이 자신에게 부여된 자유 의지를 남용함으로써 갖게 된 것

# 실력을 키우는 실전 문제

바른답·알찬풀이 41쪽

**01** 다음은 노트 필기의 일부이다. ㉠~㉤ 중 옳지 않은 것은?

주제 : 그리스도교의 기원과 전개

1. 기원
   - 예수의 가르침을 기초로 성립된 종교 ··········· ㉠
   - 유대교에 뿌리를 둠 ··········· ㉡
2. 특징
   - 예수는 자신이 메시아라고 밝힘 ··········· ㉢
   - 예수는 사람들에게 자신의 죄에서 벗어나 구원 받아야 한다고 주장함 ··········· ㉣
   - 예수는 기존의 유대교가 형식적인 율법의 준수보다 사랑의 실천을 지나치게 강조하였다고 봄 ··········· ㉤

① ㉠ ② ㉡ ③ ㉢ ④ ㉣ ⑤ ㉤

**02** 밑줄 친 '그'의 가르침과 일치하는 내용을 〈보기〉에서 고른 것은?

그는 모든 인간은 신이 창조한 동등한 존재라고 주장하였다. 그는 유대교의 전통 율법을 준수하면서도 형식적으로 규율을 준수하는 것은 옳지 않다고 비판하였다. 그는 인간이 본성을 회복하고 신에게 가까이 가려면 율법보다는 사랑과 믿음이 더 중요하다고 강조하였다.

보기

ㄱ. 유대인만이 신으로부터 특별한 선택을 받았음을 인식해야 한다.
ㄴ. 이웃을 사랑함에 있어 마음이 실천보다 더 중요함을 알아야 한다.
ㄷ. 무엇이든지 남에게 대접받고자 하는 대로 너희도 남을 대접해야 한다.
ㄹ. 너희는 원수를 사랑하며, 너희를 박해하는 자를 위하여 기도해야 한다.

① ㄱ, ㄴ ② ㄱ, ㄷ ③ ㄴ, ㄷ
④ ㄴ, ㄹ ⑤ ㄷ, ㄹ

중요

**03** 다음 중세 서양 사상가의 입장으로 옳은 설명을 〈보기〉에서 고른 것은?

육체의 평화는 각 부분들이 적절한 비율에 맞게 배열됨으로써 이루어진다. 비이성적인 영혼의 평화는 욕구들이 조화롭게 평정을 이룸으로써 얻어지고 이성적인 영혼의 평화는 지식과 행위의 조화를 통해서 이루어진다. 육체의 영혼과 평화는 살아있는 존재인 인간의 잘 질서 잡힌, 조화로운 삶과 건강이다. 신과 인간 사이의 평화는 잘 질서 잡힌 신앙을 가지고 영원한 법칙에 따르는 것이다.

보기

ㄱ. 영원하고 완전한 존재를 현실에서 찾아야 한다.
ㄴ. 신의 은총을 통해 인간은 영원한 안식을 얻을 수 있다.
ㄷ. 이상 국가를 이루기 위해 철학자가 나라를 다스려야 한다.
ㄹ. 그리스도교 교리의 체계화를 위해 고대 그리스 철학을 활용해야 한다.

① ㄱ, ㄴ ② ㄱ, ㄷ ③ ㄴ, ㄷ ④ ㄴ, ㄹ ⑤ ㄷ, ㄹ

**04** 다음을 주장한 중세 서양 사상가의 입장에만 모두 'V'를 표시한 학생은?

지상의 나라는 잔인하고 오만하며 방탕하지만 신의 나라는 믿음과 희망과 자비로 가득 차 있다. 지상의 나라 사람들은 부를 쌓고 안정된 정치 제도만 갖춰지면 삶이 충만하고 완성되리라 믿는다. 그러나 …… 진정한 행복은 신의 나라에서 이루어진다.

| 입장 \ 학생 | 갑 | 을 | 병 | 정 | 무 |
|---|---|---|---|---|---|
| 인간은 원죄를 가지고 태어난다. | V | | | V | V |
| 신앙와 이성은 대립적인 관계이다. | | V | V | | V |
| 천상의 나라와 지상의 나라를 구분해야 한다. | V | V | | V | |
| 진리를 인식하기 위해 우리의 영혼에 신의 조명이 비춰져야 한다. | | | V | V | V |

① 갑 ② 을 ③ 병 ④ 정 ⑤ 무

중요

**05** (가) 중세 서양 사상가의 입장을 (나) 그림과 같이 탐구할 때, A, B에 들어갈 질문으로 옳은 것은?

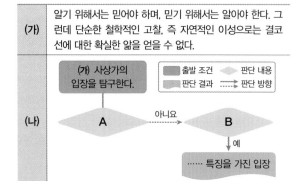

| | |
|---|---|
| (가) | 알기 위해서는 믿어야 하며, 믿기 위해서는 알아야 한다. 그런데 단순한 철학적인 고찰, 즉 자연적인 이성으로는 결코 선에 대한 확실한 앎을 얻을 수 없다. |
| (나) | 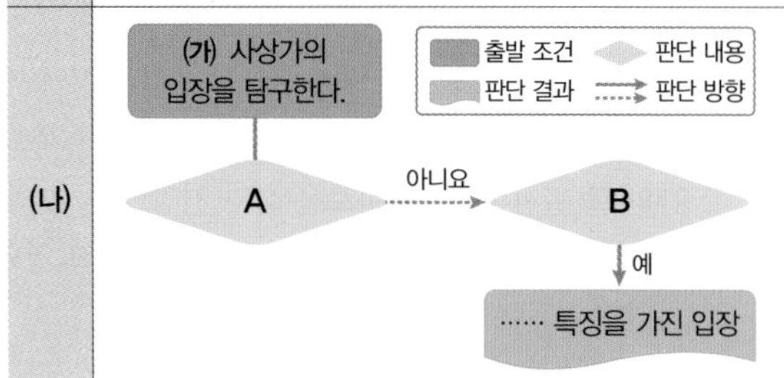 |

① A : 신은 초월적이고 완전한 존재인가?
② A : 플라톤의 사상에 참된 진리가 있는가?
③ B : 신보다 인간이 더 중요한가?
④ B : 구원은 인간의 힘만으로 얻어지는가?
⑤ B : 이성은 영원한 진리를 온전히 인식할 수 있는가?

**06** 갑의 입장에 대한 을의 평가로 옳지 않은 것은?

> 갑 : 절제란 자신을 완전히 신에게 바치는 사랑이고, 용기란 신을 위해 모든 고통을 참아내는 사랑이며, 지혜란 신을 지향하는 데 필요한 것이 무엇인지를 분별할 줄 아는 사랑이고, 정의란 오직 신만을 섬기며 인간이 지배할 수 있는 것들을 잘 통치하는 사랑이다.
> 을 : 신의 존재는 이성적 논증을 통해서 알 수 있다. 예를 들어 현실 세계에 존재하는 대상은 그것이 무엇이든지 원인을 갖고 있는데, 우리는 지성을 통해 인과 관계를 밝힘으로써 그 최초의 원인이 신이라는 것을 논증할 수 있다.

① 신의 은총에 의해 구원이 가능함을 강조하고 있다.
② 신의 존재는 논리적 증명을 통해 알 수 있음을 강조하고 있다.
③ 인간은 이성을 통해 지복(至福)에 이를 수 있음을 강조하고 있다.
④ 인간의 궁극 목적은 인격신과 하나가 되는 것임을 강조하고 있다.
⑤ 이성으로 발견한 진리보다 신앙의 진리가 더 중요함을 강조하고 있다.

**07** (가)의 갑, 을 사상가의 입장을 (나) 그림으로 표현할 때, A~C에 해당하는 옳은 진술만을 〈보기〉에서 있는 대로 고른 것은?

| | |
|---|---|
| (가) | 갑 : 인간의 정신은 감각적인 '외부 세계'에서 '내부 세계'로, 그리고 거기서 '마음의 가장 내적인 것'이라고 할 수 있는 '진리의 근원으로서의 신'에게로 다가간다.<br>을 : 신학은 철학으로부터 어떤 도움을 받을 수 있다. 그러나 그것은 필연적으로 철학을 필요로 하기 때문이 아니라, 신학이 전달하는 것들을 보다 명백하게 드러내기 위해서이다. |
| (나) | 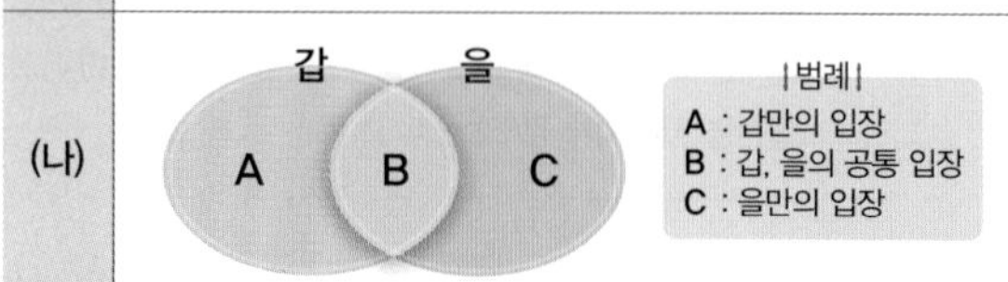 |

보기
ㄱ. A : 신의 존재는 오직 신앙에 의해서만 증명될 수 있다.
ㄴ. B : 신앙은 이성에 대해 우위를 차지한다.
ㄷ. B : 신의 은총이 있어야 최고선에 이를 수 있다.
ㄹ. C : 신학적 진리와 철학적 진리는 구분되지 않는다.

① ㄱ, ㄴ ② ㄱ, ㄹ ③ ㄴ, ㄷ
④ ㄱ, ㄷ, ㄹ ⑤ ㄴ, ㄷ, ㄹ

**08** 다음 중세 서양 사상가가 부정의 대답을 할 질문으로 가장 적절한 것은?

> 플라톤주의자들의 명성과 영예는 다른 철학자들보다 더 찬양받아 마땅하다. 그들은 어떠한 형체도 신(神)이 될 수 없음을 알고 있었으므로 신을 추구할 때 모든 물질적인 대상 너머로 눈길을 돌렸다. 그들은 가변적인 것은 무엇이든지 최고신이 아님을 알고 있었으므로, 최고신을 추구할 때 모든 가변적인 영혼 너머로 눈길을 돌렸다.

① 인간에게는 자유 의지가 없는가?
② 신앙은 언제나 이성보다 우선하는가?
③ 신은 실존적으로 만나야 할 인격적 존재인가?
④ 완전한 선인 신에게서 멀어지는 만큼 선이 결핍되는가?
⑤ 플라톤의 4주덕을 신에 대한 사랑으로 재해석할 수 있는가?

**09** 다음 중세 서양 사상가의 입장으로 옳지 않은 것은?

> 움직이는 모든 것은 항상 다른 것에 의해서 움직여지고 있다. 그러나 운동의 원인에 대한 소급이 무한히 진행될 수는 없다. 따라서 우리는 결국 그 자신은 움직여지지 않으면서 다른 모든 것을 움직이는 최초의 원인을 생각하게 된다. 우리는 이성적 논증을 통해 이 최초의 원인을 신으로 이해하고 있다. 이런 방식을 통해 철학은 신학과 조화를 이룰 수 있다.

① 신의 명령인 영원법은 자연법의 원천이다.
② 신학과 철학은 모순 관계에 놓여 있지 않다.
③ 신의 존재는 이성적으로 증명될 수 없는 것이다.
④ 신학은 모든 학문 중에 가장 우위에 있는 것이다.
⑤ 완전한 행복에 이르기 위해 종교적 덕의 실천이 필요하다.

**10** (가)의 갑, 을 사상가의 입장을 (나) 그림으로 탐구하고자 할 때, A~C에 들어갈 질문으로 옳지 않은 것은?

(가)
갑 : 우주의 모든 공동체가 신의 마음에 의해서 지배된다는 점은 자명하다. 신의 마음은 단지 시간상의 것이 아니라 영원한 개념이기 때문이다. 이로부터 생겨난 자연법 또한 영원하다.
을 : 악이란 어떤 실체가 아니라 의지의 왜곡이다. 의지의 왜곡이란 인간의 의지가 최고 실체인 하느님에게서 돌아서서 자신 안에 깊이 놓여 있는 보배를 버리고 낮은 부분으로 떨어져 교만해지는 것을 말한다.

(나)
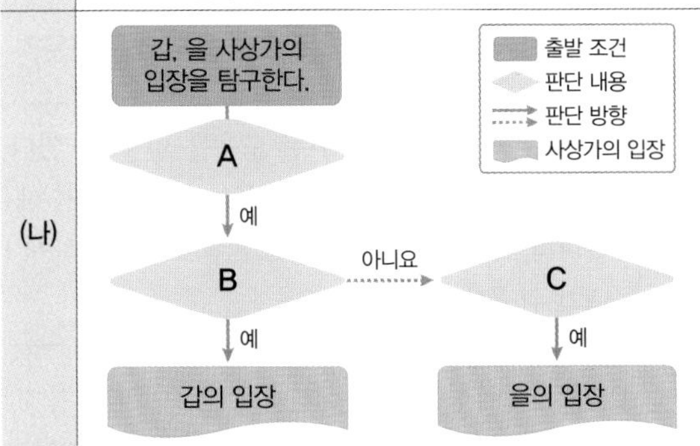


① A : 신에 대한 사랑을 중시하는가?
② A : 신은 우주를 창조한 초월적 인격신인가?
③ B : 신의 존재는 이성을 통해 증명할 수 있는가?
④ C : 인간은 자유 의지를 발휘할 수 있는가?
⑤ C : 인간은 신을 사랑함으로써 신에 도달하게 되는가?

중요

**11** 중세 서양 사상가 갑, 을의 입장에 관한 옳은 설명을 〈보기〉에서 고른 것은?

> 갑 : 신앙과 이성은 대립적 관계에 있는 것이 아니라 보완적 관계에 있으며, 신의 존재는 이성적으로 증명할 수 있다.
> 을 : 물질적인 것들이 가장 불완전하고, 육체와 영혼을 지닌 인간은 중간이며, 신은 가장 완전한 존재이다. 신은 이성적 인식을 넘어서 실존적으로 만나야 할 인격적 존재이다.

보기
ㄱ. 갑은 신에 대한 사랑을 최고의 덕이라고 본다.
ㄴ. 갑은 오로지 이성적으로 판단하고 행동할 때 영원한 행복을 얻을 수 있다고 본다.
ㄷ. 을은 도덕적 덕과 종교적 덕이 동일한 위계라고 본다.
ㄹ. 을은 인간이 자유 의지의 남용으로 인해 원죄를 갖게 되었다고 본다.

① ㄱ, ㄴ ② ㄱ, ㄹ ③ ㄴ, ㄷ
④ ㄴ, ㄹ ⑤ ㄷ, ㄹ

**12** 다음 중세 서양 사상가에 관한 설명으로 옳은 것은?

> 인간이란 신의 피조물로서 신의 은총 속에서만 행복을 누릴 수 있도록 만들어졌는데 신으로부터 부여받은 자유 의지를 남용함으로써 원죄를 짓게 되었다. 인간이 이러한 원죄로부터 벗어나려면 독실한 신앙을 가지고 사랑을 실천해야 하며, 이를 통해 인간은 신의 은총과 축복을 받으며 영원한 안식과 평안을 얻을 수 있다. 또한 신은 이성적 인식을 넘어서 실존적으로 만나야 할 인격적 존재이다.

① 종교적인 덕보다 도덕적인 덕을 강조하였다.
② 플라톤주의를 받아들여 신앙을 체계화하였다.
③ 신 중심이 아닌 인간 중심의 사상을 전개하였다.
④ 합리적인 인식과 사유의 법칙을 형성하려 하였다.
⑤ 그리스도교 교리를 철학적으로 논증하고 설명하고자 하였다.

**13** 다음 중세 서양 사상가가 지지할 입장만을 〈보기〉에서 있는 대로 고른 것은?

> 인간의 궁극적인 목적은 창조되지 않은 선, 즉 신이다. 신은 무한한 선이므로, 오직 신만이 우리의 의지를 충만하게 채울 수 있다. 인간의 완전한 행복은 오직 내세에 신과 하나가 되고 그의 무한한 선을 향유할 때에만 가능하다.

보기
ㄱ. 참된 행복을 위해 믿음, 소망, 사랑의 덕이 필요하다.
ㄴ. 신의 존재는 오직 신앙에 의해서만 증명될 수 있는 것이다.
ㄷ. 신학은 신앙에 근거하여 계시된 진리의 영역을 담당해야 한다.
ㄹ. 참된 행복은 신과 하나가 되어 현세에서 얻을 수 있는 것이다.

① ㄱ, ㄴ ② ㄱ, ㄷ ③ ㄴ, ㄹ
④ ㄱ, ㄷ, ㄹ ⑤ ㄴ, ㄷ, ㄹ

중요

**14** 다음 중세 서양 사상가의 입장에서 부정의 대답을 할 질문으로 가장 적절한 것은?

> 인간의 행위는 그 적절한 척도에 따라 규제되는 경우에 한해서 선하다. 덕은 인간 행위의 척도에 이르게 한다. 덕이 선한 행위들의 원리이기 때문이다. 인간 행위의 척도는 인간의 이성과 신(神)이라는 점에서 이중적이다. 그러나 신은 인간 행위의 가장 우선적인 척도이고, 인간의 이성은 신에 의해 규제되어야 한다.

① 종교적 덕은 자연적 덕보다 더 탁월한 것인가?
② 종교적 덕은 신의 은총에 의해 주어지는 것인가?
③ 이성으로 신을 인식하면 완전한 행복이 실현되는가?
④ 신학적 진리와 철학적 진리는 서로 구분되는 것인가?
⑤ 신의 은총에 의해서 인간의 구원이 이루어질 수 있는가?

**15** 그림의 수업 장면에서 교사의 질문에 옳게 대답한 학생만을 있는 대로 고른 것은?

① 갑, 을 ② 을, 병 ③ 정, 무
④ 갑, 병, 정 ⑤ 을, 정, 무

**16** 다음 중세 서양 사상가의 입장으로 옳지 않은 것은?

> 신학은 철학으로부터 어떤 도움을 받을 수 있다. 그러나 그것은 필연적으로 철학을 필요로 하기 때문이 아니라, 신학이 전달하는 것들을 보다 명백하게 드러내기 위해서이다.

① 신앙과 이성은 서로 모순되는 것이 아니다.
② 신은 운동의 최초의 원인, 즉 제1운동 원인이다.
③ 자연법은 신의 명령인 영원법에 근거하는 것이다.
④ 인간은 영원한 행복을 추구하도록 운명지어져 있는 것이다.
⑤ 지적인 덕과 품성적인 덕을 갖춤으로써 영원한 행복을 이룰 수 있다.

**17** 다음과 같은 반박문을 발표한 서양 사상가의 입장으로 옳은 설명만을 〈보기〉에서 있는 대로 고른 것은?

> 95개조 반박문
>
> 제36조 진심으로 회개하는 그리스도인 모두 면죄부 없이도 벌이나 죄에서 완전히 해방될 수 있다.
>
> 제43조 가난한 자를 구제하는 것이 면죄부를 사는 것보다 더 큰 선행이라는 것을 그리스도교인에게 가르쳐 주어야 한다.

보기
ㄱ. 모든 신앙인이 성직자이자 사제인 것은 아니다.
ㄴ. 누구나 성서와 기도를 통해 신과 대화할 수 있다.
ㄷ. 교회의 예배 의식보다는 개인의 신앙이 더 중요하다.
ㄹ. 그리스도교의 진리는 교회가 아니라 성서에서 나오는 것이다.

① ㄱ, ㄴ ② ㄱ, ㄷ ③ ㄷ, ㄹ
④ ㄱ, ㄴ, ㄹ ⑤ ㄴ, ㄷ, ㄹ

중요

**18** 다음 서양 사상가의 입장으로 옳은 설명만을 〈보기〉에서 있는 대로 고른 것은?

> 모든 사람이 같은 상태로 창조되는 것이 아니다. 어떤 사람에게는 영원한 삶이, 또 어떤 사람에게는 영원한 벌이 예정되어 있다. 그러므로 성서가 명백히 밝힌 바에 따라, 우리는 신이 누구를 구제하려 하고 누구를 멸망시키려고 하는가를 그 영원불변의 섭리 속에 미리 정해 놓았다고 말하는 것이다.

보기
ㄱ. 인간의 구원은 신의 선택에 따라 결정되어 있다.
ㄴ. 모든 직업은 신이 우리에게 내린 소명(召命)이다.
ㄷ. 인간의 노동은 신성한 것이나 직업에는 귀천이 존재한다.
ㄹ. 인간이 노동으로부터 얻은 것은 모두 신의 선물이다.

① ㄱ, ㄴ ② ㄱ, ㄷ ③ ㄷ, ㄹ
④ ㄱ, ㄴ, ㄹ ⑤ ㄴ, ㄷ, ㄹ

## 서술형 문제

**19** 다음 글을 읽고 물음에 답하시오.

> 그는 인간의 최고선은 결국 인간 자신의 완전성이라고 생각한다. 인간의 완전성이란 인간이 신과 접촉하고 인간을 위한 신의 계획을 완성함으로써 더욱 높은 수준으로 현존하게 될 때 이루어지는 것이다. 그는 인간의 삶을 선을 향한 불굴의 노력, 최종의 목적에 도달하기 위한 시도로 보고 있으며 오직 이를 통하여 자신의 잠재성과 행복을 실현할 수 있다고 생각한다.

(1) 밑줄 친 '그'가 누구인지 쓰시오.

(2) 밑줄 친 '그'가 생각하는 진정한 행복의 의미에 대해 서술하시오.

**20** 다음 글을 읽고 물음에 답하시오.

> 믿음 안에서 모든 것을 얻을 수 있다. 즉, 인간의 구원은 오로지 신에 대한 믿음을 통해 가능하다는 것이다. 결국 인간은 신을 믿음으로써 직접 구원을 청하는 것이고, 이는 교회와 성직자라는 연결고리 없이 인간과 신이 직접 소통할 수 있다는 전제가 필요한 것이다.

(1) 윗글의 사상가가 누구인지 쓰시오.

(2) 윗글의 사상가의 핵심 주장을 서술하시오.

**21** 밑줄 친 '그'가 제시한 직업에 대한 견해를 서술하시오.

> 그는 구원이 신에 의해 예정되어 있다고 주장하면서 기존 교회의 권위를 부정하였다. 또한 그는 구원을 확신하기 위해 모든 사람은 자신의 직업에 충실해야 한다고 주장하였다.

# 등급을 올리는 고난도 문제

**01** (가)의 갑, 을 사상가의 입장을 (나) 그림으로 표현할 때, A~C에 해당하는 옳은 진술만을 〈보기〉에서 있는 대로 고른 것은?

| | |
|---|---|
| (가) | 갑 : 신의 존재는 진리의 존재로부터 증명됩니다. 악은 의지의 산물이지만 덕은 신의 은총의 산물이며, 신의 은총이 있어야 완전한 행복이 가능합니다. 또한 두 가지 사람이 있음으로써 신의 나라와 지상의 나라가 있게 됩니다.<br>을 : 신의 존재는 다섯 가지 방법으로 증명됩니다. 인간의 의지는 자연법을 따를 수 있지만 거부할 수도 있으며, 자연법은 신의 명령인 영원법에 근거합니다. 또한 완전한 행복에 이르려면 종교적 덕을 실천해야 합니다. |
| (나) | 갑 / 을 (벤 다이어그램: A, B, C)<br>범례<br>A : 갑만의 입장<br>B : 갑, 을의 공통 입장<br>C : 을만의 입장 |

보기

ㄱ. A : 신을 사랑하는 사람은 모두 신의 나라에 속하는 것이다.
ㄴ. B : 신은 만물을 창조하였지만, 악은 인간의 자유 의지의 산물이다.
ㄷ. B : 영원한 행복은 개인의 노력이 아니라 신의 은총을 통해 성취되는 것이다.
ㄹ. C : 신의 영원법에 근거한 자연법은 인간의 이성적 명령으로 파악되는 것이다.

① ㄱ, ㄴ ② ㄱ, ㄷ ③ ㄷ, ㄹ ④ ㄱ, ㄴ, ㄹ ⑤ ㄴ, ㄷ, ㄹ

**문제 접근 방법**

'신의 나라', '지상의 나라', '자연법', '영원법' 등의 개념을 통해 갑, 을이 어떤 사상가인지를 파악한다. 각 사상가의 입장을 (나)의 범례에 적용하여 문제를 해결한다.

**적용 개념**

# 신의 나라
# 자연법
# 영원법

**02** 다음 두 사상가의 공통된 입장으로 옳은 것에만 '∨'를 표시한 학생은?

갑 : 인간은 신의 피조물이며 오직 신의 은총 속에서만 행복을 누릴 수 있다. 플라톤의 4주덕 외에도 믿음, 소망, 사랑을 중시해야 한다. 그리고 인간이 하느님으로부터 부여 받은 자유 의지를 남용함으로써 생긴 원죄에서 벗어나기 위해서는 신앙을 갖고 사랑을 실천해야 한다.

을 : 인식 능력이 없는 자연적 사물들은 어떤 목적을 향해 움직인다. 자연적 사물들이 가장 좋은 것을 얻기 위해 항상 혹은 자주 같은 모양으로 작용하는 것에서 이를 확인할 수 있다. 그런데 그 사물들은 인식 능력이 있는 어떤 존재에 의해 지휘되지 않는다면 목적을 지향할 수 없다. 모든 자연적 사물들이 목적을 지향하게 해 주는 어떤 지성적 존재가 있다. 우리는 이런 존재를 신이라고 부른다.

| 입장 \ 학생 | 갑 | 을 | 병 | 정 | 무 |
|---|---|---|---|---|---|
| 신은 창조주로서 우주를 주재하는 존재이다. | ∨ | ∨ | | ∨ | |
| 철학의 진리는 계시된 진리보다 우월한 진리이다. | ∨ | | ∨ | | ∨ |
| 인간 구원의 현세적 징표는 직업에서의 성공이다. | | | ∨ | ∨ | ∨ |
| 인간의 궁극적 목적은 절대자와 하나가 되는 것이다. | | ∨ | | ∨ | ∨ |

① 갑 ② 을 ③ 병 ④ 정 ⑤ 무

**문제 접근 방법**

'신의 은총', '원죄', '목적' 등의 핵심어를 통해 갑, 을이 어떤 사상가인지 파악한 후, 두 사상가의 공통된 입장을 찾아 문제를 해결한다.

**적용 개념**

# 원죄
# 자유 의지
# 목적론

**03** 그림은 서술형 평가 문제와 학생 답안이다. 학생 답안의 ㉠~㉤ 중 옳지 않은 것은?

⊙ 문제 : 중세 서양 사상가 갑, 을의 입장을 비교하여 설명하시오.

> 갑 : 행복은 이성에 따르는 삶에 있다. 이를 위해서는 본성적으로 내재하는 자연법의 명령에 따라 덕을 실천해야 한다. 그러나 이러한 행복은 현세의 행복일 뿐이고, 영원한 행복은 신을 보고 신과 하나가 되는 것으로만 가능하다.
> 을 : 행복은 오직 신앙으로 가능하다. 행복의 필수 조건은 영원한 생명인데 원죄 때문에 인간은 죽을 수밖에 없는 운명을 가지고 태어났다. 인간은 신의 은총을 믿음으로써 지상의 나라에서 벗어나 영원한 생명을 얻을 수 있는 신의 나라로 가야 한다.

⊙ 학생 답안 : 갑, 을의 사상적 입장을 비교하면, 갑은 ㉠ 다섯 가지 방식으로 신의 존재를 증명할 수 있다고 보았으며, ㉡ 자연법에 어긋나는 실정법은 따르지 않아도 된다고 보았다. 을은 ㉢ 신은 완전하고 선하기 때문에 악도 창조하였다고 보았으며, ㉣ 오직 신의 은총을 통해서만이 구원받을 수 있다고 보았다. 한편 갑, 을은 모두 ㉤ 신을 사랑함으로써 신에 도달하게 되고 결국 행복에 이르게 된다고 보았다.

① ㉠ ② ㉡ ③ ㉢ ④ ㉣ ⑤ ㉤

ⓟ 문제 접근 방법

'자연법', '신의 나라'와 같은 핵심어를 통해 갑, 을 사상가가 누구인지 먼저 파악한 후, 각 사상가의 입장을 학생 답안에 적용하여 문제를 해결한다.

적용 개념

# 자연법
# 신의 은총
# 영원한 행복

**04** 갑, 을의 입장에서 질문에 대답한 내용을 모두 바르게 짝지은 것은?

> 갑 : 우리는 믿기 위해 알려고 하지 말고 알기 위해 믿어야 한다. 이데아는 무(無)에서 만물을 창조한 신의 정신 안에 있다. 정의란 오직 신만을 섬기며 인간이 지배할 수 있는 것들을 잘 통치하는 사랑이다.
> 을 : 신이 존재한다는 것은 다섯 길로 논증될 수 있다. 첫째이며 더 명백한 길은 운동 변화에서 취해지는 길이다. 이 세계 안에는 어떤 것이 움직이고 있는 것이 확실하며 또 그것은 감각적으로 확인되는 것이다. 그런데 움직여지는 모든 것은 다른 것한테서 움직여지는 것이다.

| | 질문 | 대답 | |
|---|---|---|---|
| | | 갑 | 을 |
| ① | 신앙과 이성의 상호 보완적 관계를 중시하는가? | 예 | 아니요 |
| ② | 신에 대한 사랑을 통해 지복(至福)에 이를 수 있는가? | 예 | 아니요 |
| ③ | 신에 대한 인식에 있어 이성의 역할을 인정하는가? | 예 | 예 |
| ④ | 신의 존재가 논리적으로 증명될 수 없다고 보는가? | 아니요 | 예 |
| ⑤ | 실정법은 자연법에 근거하고, 자연법은 영원법에 근거하는가? | 아니요 | 아니요 |

ⓟ 문제 접근 방법

'이데아', '다섯 길로 논증'과 같은 핵심어를 통해 갑, 을 사상가가 누구인지를 먼저 파악한 후, 각 사상가의 입장을 선택지의 질문에 적용하여 문제를 해결한다.

적용 개념

# 신앙과 이성의 관계
# 신에 대한 사랑

Ⅲ. 서양 윤리 사상

# 05 도덕의 기초

(학습길잡이) • 데카르트와 스피노자의 윤리 사상을 비교하여 합리론의 의미와 특징을 파악해 둔다.
• 베이컨과 흄의 윤리 사상을 비교하여 경험론의 의미와 특징을 정리해 둔다.

## A 도덕적인 삶과 이성

### 1 근대 윤리 사상의 등장

**① 등장 배경**

- 르네상스 : 개성을 존중하고 합리적 사고와 경험을 중시하는 사고방식을 확산시킴
- 종교 개혁 : 가톨릭의 권위주의적 전통이 무너지고 개인의 신앙의 자유를 중시하는 분위기가 형성됨 1
- 자연 과학의 발달 : 기존의 신학적인 세계관을 대체하는 새로운 세계관을 제공함

**② 근대 사상의 특징**

- 인간 중심적 사고 : 중세의 신 중심적 사고에서 벗어남 → 진리 및 도덕적 행동의 근거를 인간에서 찾음
- 삶의 조건을 개선하고 실생활에 유용한 사상을 확립하려고 노력함

### 2 합리론의 등장

**① 의미와 특징**

- 의미 : 지식과 사유의 토대가 인간의 이성에 있다고 보는 입장
- 특징 : 수학적 논리와 추론*에 의해 얻은 지식을 중시하며 확실한 원리로부터 이성적 추론을 통해 지식을 얻어내는 연역적 방법을 강조함 질문

**② 선구자 : 데카르트** 2

- 이성적 추론의 토대가 되는 확실한 원리를 찾으려고 함 (감각 경험이 우리에게 확실한 지식을 주지 못한다고 본다.)
- 방법적 회의 : 확실한 지식을 찾기 위해 모든 것을 의심해 보는 방법
- 철학의 제1원리 : "나는 생각한다. 그러므로 나는 존재한다." → 모든 것을 의심할 수 있지만 의심하고 있는 내가 존재한다는 명제는 의심할 수 없음

**자료로 보는 데카르트의 방법적 회의**

나는 이제부터 진리를 탐구하기 위해, 조금이라도 의심할 수 있는 모든 것은 모두 거짓으로 보아 던져 버림으로써 전혀 의심할 수 없는 것이 내 생각 속에 남아 있는지를 살펴보기로 했다. …… 그러나 이런 식으로 모든 것이 거짓이라고 생각하고 있는 동안에도 이렇게 생각하는 나는 반드시 어떤 것이어야 한다는 것을 알게 되었다. "나는 생각한다. 그러므로 나는 존재한다."라는 이 진리는 아주 확실한 것이기 때문에, …… 나는 이것을 내가 찾고 있던 철학의 제1원리로 기꺼이 받아들일 수 있다고 판단했다. – 데카르트, 『방법 서설』 –

**자료 분석** 데카르트는 감각 경험이 우리에게 확실한 지식을 주지 못한다고 보고, 조금이라도 의심스러운 것은 모두 거짓으로 보려고 하였다.

Q 데카르트가 확실한 지식을 얻기 위하여 사용한 방법을 무엇이라고 하는가? A 방법적 회의

**개념 더하기 자료 채우기**

**1 종교 개혁의 의의**

종교 개혁은 그리스도인들이 천 년 동안 쌓인 종교적 타성에 대한 정치적·사회적·경제적·인간적 교리적인 혁명이다. 이러한 종교 개혁은 일종의 인본주의 사상이다. 왜냐하면 획일화된 종교적 권력 아래에 있는 모든 제도를 사회적이며 국가적인 차원에서 인간 본위의 종교에로 또는 교리 본위의 종교에로 개혁하려고 하였기 때문이다. 사실 종교 개혁은 종교적 억압에서 자신의 인간성을 찾고 복음주의 원칙에서 국권의 회복, 국민적 재산의 보호 그리고 소속 국가의 언어를 찾으려 한 것이다. – 박선목, 『서양 윤리학의 흐름』 –

**질문 있어요**

**연역적 방법의 대표적인 사례에는 무엇이 있나요?**

연역법의 대표적인 사례에는 삼단 논법이 있어요. 삼단 논법은 대전제와 소전제의 두 전제와 하나의 결론으로 이루어진 연역적 추리 방법을 의미해요.

| | |
|---|---|
| 대전제 | 모든 포유동물은 심장을 갖고 있다. |
| 소전제 | 말은 포유동물이다. |
| 결론 | 그러므로 말은 심장을 갖고 있다. |

**2 데카르트의 윤리 사상**

영혼은 자신만의 쾌락을 가질 수 있다. 그러나 영혼과 몸에 공통되는 쾌락은 온전히 정념에 의존한다. 따라서 정념을 가장 깊게 움직일 수 있는 사람은 이 세상에서 가장 달콤한 쾌락을 누릴 수 있다. 정념을 잘 사용하는 방법을 모르거나 운이 나쁜 사람은 매우 쓴 맛을 경험할 수도 있을 것이다. 그러나 지혜의 주된 용도는 우리가 정념의 정복자가 되거나 정념이 일으키는 악을 견딜 만한 것으로 만들고 심지어 기쁨의 원천으로 만드는 기술로 정념을 통제하도록 가르치는 것이다. – 데카르트, 『정념론』 –

데카르트는 이성(지혜)을 통해 정념(감정)을 잘 다스릴 때, 행복한 삶을 살 수 있다고 주장하였다.

**용어사전**

* **추론**(옮길 推, 말할 論) 미루어 생각하여 논함 또는 어떠한 판단을 근거로 삼아 다른 판단을 이끌어 내는 것

### 3 스피노자의 이성 중심 윤리 사상

#### ① 특징

- 합리론의 영향을 받음
- 도덕적 판단과 행동의 근거를 인간의 이성에 둠
- 도덕적인 삶 : 인간이 본래 지니고 있는 이성의 능력을 최대한 발휘하여 감정이나 욕구를 다스려 올바른 방향으로 인도하는 삶

#### ② 스피노자의 윤리 사상

| 구분 | 내용 |
| --- | --- |
| 범신론 | • 신은 곧 자연<br>• 자연은 수학적 질서에 따라 움직이는 하나의 거대한 기계 3 |
| 필연론 | • 자연에서 일어나는 모든 일은 원인과 결과의 필연적인 관계로 연결 → 필연성*에서 벗어나 자유 의지를 갖는 것은 불가능함 질문<br>• 필연성을 자신의 본성으로 인식해야 함 |
| 감정론 | • 인간은 자연법칙에 따라 살면서 자기를 보존하기 위해 노력하는 존재 → 이 과정에서 다른 존재와의 관계에 따라 다양한 감정을 느낌<br>• 능동적인 감정 : 자기 보존을 증대하거나 촉진하는 기쁨과 같은 감정<br>• 수동적인 감정(= 정념*) : 자기 보존을 감소하거나 저해하는 슬픔과 같은 감정 |
| 올바른 삶 | • 정념의 예속*에서 벗어나는 삶 → 이성을 온전히 사용하여 모든 사물의 궁극적인 원인과 질서를 인식해야 함<br>• 진정한 자유(= 행복 = 최고선) : 이성적 관조를 통해 자연의 인과적 필연성을 인식함으로써 획득할 수 있음 4 |

└ 인간이 만일 슬픔, 질투, 불안 같은 정념을 조절하지 못하고, 통제하지 못하면 정념에 예속된다.

#### ③ 스피노자 윤리 사상의 의의

- 정념에 예속되는 삶을 경계함 → 이성을 강조
- 감정 자체를 배제하지 않음 → 인간은 필연적으로 감정을 느낄 수밖에 없는 존재임
- 이성적 관조를 통해 수동적인 감정인 정념을 올바르게 조절하는 방법을 제시하고자 함

**자료로 보는 스피노자의 최고선**

> 삶에서 무엇보다 유익한 것은 가능한 한 이성을 완전하게 하는 것이며, 오로지 이것에 인간의 최상의 행복, 즉 지복(至福)이 존재한다. 지복이란 신의 직관적 인식에서 생기는 정신의 만족에 불과하다. 그리고 이성을 완전하게 파악하는 것은 신, 신의 속성, 그리고 신의 본성의 필연성에서 생기는 활동을 파악하는 것이다.
>
> – 스피노자, 『에티카』 –

**자료 분석** 스피노자는 모든 것을 이성적으로 관조하는 데서 오는 행복이 인간에게 가능한 최고의 선이라고 보았다. 신, 즉 자연의 질서를 이성적으로 파악함으로써 정념의 예속으로부터 벗어날 때 인간은 행복할 수 있다는 것이다.

Q 스피노자가 강조한 자연의 특성은 무엇인가?

A 필연성

### 4 근대 합리론의 영향과 전개

| 데카르트 | → | 스피노자 | → | 칸트 |
| --- | --- | --- | --- | --- |
| 자아의 이성 능력을 강조함 | | 자연의 필연적 질서에 대한 이성적 인식을 강조함 | | 이성적 판단을 통한 보편적인 도덕 원칙을 도출함 |

**개념 더하기 자료 채우기**

**3 스피노자의 세계관**

> 사물의 본성에는 어떤 것도 우연적으로 주어진 것이 없으며, 모든 것은 일정한 방식으로 존재하고 작용하게끔 신적 본성의 필연성에 의해 결정되어 있다.
>
> – 스피노자, 『에티카』 –

스피노자는 신의 존재로부터 출발하여 그로부터 필연적인 질서를 인식하고자 하였다. 그가 말하는 신은 스스로가 자신의 존재 원인인 자연 그 자체를 의미한다. 그는 자연을 수학적 질서에 따라 움직이는 하나의 거대한 기계로 보고, 자연에서 일어나는 모든 일은 원인과 결과의 필연적인 관계로 연결되어 있다고 주장하였다.

**질문 있어요**

스피노자는 자유 의지를 어떻게 생각했나요?

스피노자에 따르면 인간은 자유 의지를 가지고 있지 않아요. 자연에서 일어나는 모든 일이 인과 법칙에 따라 필연적으로 결정되어 있다고 보기 때문이죠. 하지만 스피노자가 인간의 자유마저 부정한 것은 아니예요. 스피노자는 인간을 포함한 만물의 본성은 필연성이고, 이 필연성을 인간이 자기 본성으로 인식할 때만이 자유롭다고 하였어요.

**4 스피노자의 올바른 삶**

> 무지한 자는 외부의 원인들 때문에 이리저리 동요하고 결코 정신의 참된 만족을 누리지 못하며 자기 자신과 신과 사물을 인식하는 것처럼 산다. 그리고 외부의 존재로부터 받는 작용을 멈추는 순간 즉시 존재하기를 멈추게 된다. 이에 반해 현명한 자는 정신이 거의 동요하지 않고 자신과 신, 사물을 영원의 필연성에 따라 인식한다. 그리고 그는 존재하는 것을 멈추지 않고 언제나 정신의 참다운 만족을 누린다.
>
> – 스피노자, 『에티카』 –

스피노자가 생각한 최고의 선은 신 즉, 자연을 인식하는 것이다. 인간은 이성을 통해 만물의 필연성을 인식함으로써 이 세계를 있는 그대로 관조할 때 비로소 진정한 자유와 영원한 행복을 누리며, 올바른 삶을 살 수 있다.

**용어사전**

- * **필연성**(반드시 必, 그럴 然, 성품 性) 우연성과 반대되는 개념으로 반드시 그렇게 되는 것, 달리는 존재할 수 없는 것
- * **정념**(감정 情, 생각할 念) 감정에 따라 일어나는 억누르기 어려운 생각
- * **예속**(붙을 隸, 엮일 屬) 남의 지배나 지휘 아래에 매이는 것

# 도덕의 기초

## B 도덕적인 삶과 감정

### 1 경험론의 등장

#### ① 의미와 특징

경험론자들이 감각이나 경험을 강조하기는 했지만, 이성을 완전히 배제한 것은 아니었다. 귀납적 추론을 할 때에 이성(지성)을 활용해야 한다고 보았다.

- 의미 : 확실한 지식의 토대를 인간의 감각이나 경험에서 찾는 입장
- 특징 : 관찰이나 실험에서 얻은 지식을 중시하며, 개별적 경험으로부터 일반적 원리를 이끌어 내는 귀납적 방법을 강조함 **1**

#### ② 선구자 : 베이컨

- 우상론 : 인간의 정신은 자연을 그대로 비추지 못하고 왜곡*함 → 참된 지식을 얻으려면 우상을 제거해야 함
- "아는 것이 힘이다." → 올바른 지식을 이용하여 자연을 지배하고 생활 방식을 개선해야 한다고 주장함 **2**

**자료로 보는 베이컨의 네 가지 우상**

새가 노래하는 걸 보니 기분이 좋은가 보네.
예전에 개한테 물려 봤는데 개는 정말 위험한 동물이야.
용이라는 말이 있으니까 용은 존재해.
전통 의학서에 따라 만든 만병통치약입니다.

ⓐ **종족의 우상** 모든 것을 인간의 관점에서 보는 편견

ⓐ **동굴의 우상** 개인의 경험에 따라 생긴 편견

ⓐ **시장의 우상** 유언비어나 소문을 믿어서 생기는 편견

ⓐ **극장의 우상** 전통이나 권위에 따른 지식을 그대로 수용해서 생긴 편견

**자료 분석** 베이컨은 자연에 대한 참된 인식을 방해하는 선입견과 편견을 우상(偶像)이라고 하였다. 그는 이를 제거하고 자연을 있는 그대로 관찰할 때 올바른 지식을 획득할 수 있다고 주장하였다.

**Q** 베이컨은 인간의 선입견과 편견을 무엇으로 표현하였는가? **A** 우상

### 2 흄의 감정 중심 윤리 사상

#### ① 특징

- 도덕적 판단과 행동의 근거를 인간의 경험적인 요소에서 찾음
- 타인의 상황에 공감*할 수 있는 감정을 도덕적 판단과 행동의 근거로 둠 → 공감은 도덕적인 삶의 바탕

#### ② 흄의 윤리 사상

- 도덕에 있어 이성에 대한 감정의 우위를 주장함
- 감정은 도덕적 행동의 동기* : 도덕에서 중요한 것은 실천이고, 도덕적 실천의 동기가 될 수 있는 것은 감정임 질문
- 이성의 역할 : 이성은 동기를 수행하기 위한 수단을 가르쳐 줄 뿐임

---

**개념 더하기 자료 채우기**

**1 새롭고 올바른 지식을 위한 귀납법**

> 지금까지 학문에 종사하는 사람들은 경험에만 의존하거나 독단을 휘둘렀다. 경험에만 의존하는 사람들은 개미처럼 오로지 자료를 모아서 사용하고, 독단을 휘두르는 사람들은 거미처럼 자신의 속을 풀어내서 집을 짓는다. 그러나 꿀벌은 중용을 취한다. 즉 들에 핀 꽃에서 재료를 구해다가 자신의 힘으로 변화시켜 소화한다. 참된 학문의 임무는 이와 비슷하다. 참된 학문은 경험이나 실험을 통해 얻은 재료를 지성의 힘으로 변화시켜 소화해야 하는 것이다. – 베이컨, 『신기관』 –

베이컨에 따르면, 자연을 바르게 이해하기 위해서는 체계적인 관찰과 실험을 통해 원리를 세우고 이를 토대로 또 다른 실험을 행하는 지성(이성)의 노력이 필요하다.

**2 자연 탐구에 관한 베이컨의 입장**

> 자연의 사용자로서 또는 자연의 해석자로서 인간은 자연의 질서를 직접 관찰하고 고찰한 그만큼만 자연에 대해 무엇인가를 이해하고 또한 무엇인가를 할 수 있다. – 베이컨, 『신기관』 –

베이컨은 자연에 대한 탐구를 통해 자연을 지배하고 활용할 것을 강조하였다.

**질문 있어요**

**흄은 왜 이성이 실천의 동기가 될 수 없다고 보았나요?**

흄에 따르면 이성은 비활동적인 능력이에요. 그래서 이성이 우리에게 어떤 것을 하라거나 하지말라고 강요할 수는 없다는 것이에요. 그는 이성이 참과 거짓이 무엇인지 우리에게 가르쳐 주거나 인간의 행동을 이끄는 감정을 위한 도구적인 역할만 할 뿐이라고 보았어요.

**+ 연역법과 귀납법 비교**

| 연역법 | 귀납법 |
|---|---|
| • 일반 원리로부터 특수한 이치에 도달한다.<br>• 전제가 옳다면 결론도 반드시 옳다.<br>• 학문의 타당한 형식을 추구한다. | • 관찰된 증거를 수집하여 일반 원리에 도달한다.<br>• 전제에 없는 정보가 결론에 포함될 수 있다.<br>• 학문의 내용을 확장시킨다. |

**용어사전**

* **왜곡**(삐뚤 歪, 굽을 曲) 사실과 다르게 해석하거나 그릇되게 하는 것
* **공감**(함께 共, 느낄 感) 남의 감정, 의견, 주장 등에 자기도 그렇다고 느끼는 것
* **동기**(움직일 動, 틀 機) 어떤 일이나 행동을 일으키는 계기

- 감정은 도덕적 구별의 원천 : "도덕성은 이성으로 판단하는 것이 아니라 감정으로 느껴지는 것이다."
- 도덕적 판단의 기준 : 공감과 공통적 도덕 감정

| | |
|---|---|
| 선(善) | • 시인(是認)*의 즐거운 감정을 가져다주는 행동 = 사회적이고 보편적으로 유용한 행동<br>• 사회 전체의 이익이나 행동에 긍정적인 영향을 끼치는 행동 |
| 악(惡) | 부인(否認)*의 불쾌한 감정을 가져다주는 행동 |

- 공감론 : 우리가 사회적·보편적인 시인의 감정(시인의 감정이 도덕적 구별이 기분이 되려면 일반적·공통적 관점이 필요하다.)을 느끼는 이유는 공감(共感)을 가졌기 때문 → 도덕적인 삶을 살기 위해서는 공감을 통해 사람들에게 쾌감을 불러일으키는 행동을 실천해야 함 3

### ③ 흄의 윤리 사상의 의의

- 도덕적 행동의 직접적 동기가 될 수 있는 것은 감정임을 밝히며 이성을 감정을 위한 도구적 역할에 한정함
- 공감을 강조하는 사상은 이후 사회적 차원의 유용성을 강조하는 공리주의에 영향을 줌 4

#### 자료로 보는 흄의 윤리 사상

- 도덕이 행동과 감정에 영향을 미치기 때문에, 결과적으로 도덕은 이성에서 유래될 수 없다. 우리가 이미 입증했듯이 이성은 홀로 그와 같은 영향력을 전혀 가질 수 없다. 도덕은 어떤 행동을 일으키거나 억제한다. 바로 이런 점에서 이성은 전혀 힘이 없다. 따라서 도덕성의 규칙은 결코 우리 이성의 산물이 아니다. …… 도덕성은 판단된다기보다는 느껴진다는 것이 더욱 적절하다.
- 사람의 품성과 행위에서 발생하는 쾌락 또는 고통의 모든 감정이 우리가 칭찬하거나 비난하게 되는 특별한 종류의 감정은 아니다. 적의 훌륭한 품성은 우리에게 해롭지만 우리의 존경심을 유발할 수 있다. 어떤 품성을 도덕적으로 선하다거나 악하다고 말할 수 있는 느낌이나 감정을 일으키는 경우는 오직 그 품성을 우리의 개별적 이익과 무관하게 일반적으로 고려할 때뿐이다.
- 만일 유용성이 도덕적 감정의 근원이라면 그리고 이 유용성이 항상 자기 자신과 관련해서만 고려되는 것이 아니라면, 우리는 결론적으로 "사회의 행복에 기여하는 모든 것은 곧바로 우리의 시인과 호감을 산다."라고 말할 수 있지 않을까?

– 흄, 『인간 본성에 관한 논고』 –

**자료 분석** 흄은 이성 중심 윤리 사상에 대해 비판하면서, 이성이 그 자체만으로는 어떤 의지 활동의 동기가 될 수 없다고 주장하였다. 흄은 우리가 공통으로 느끼는 보편적인 시인(是認)과 부인(否認)의 감정이 도덕성의 원천이라고 보았다. 사회 전체의 이익이나 행복을 증진하는 행동은 우리에게 시인의 감정을 불러일으키며, 이러한 행동이 선(善)이라고 본 것이다.

**Q** 흄은 이성과 감정 중 어떤 것을 중시하였는가? **A** 감정

## 3 근대 경험론의 영향과 전개

| 베이컨 | → | 흄 | → | 공리주의 | → | 실용주의 |
|---|---|---|---|---|---|---|
| 경험을 통한 지식의 확장을 중시함 | | 사회적 유용성에 대한 공감 능력을 강조함 | | 사회의 행복에 유용한 행위를 강조함 | | 지식이나 도덕의 유용성을 강조함 |

### 개념 더하기 자료 채우기

#### 3 흄의 공감론

모든 사람의 정신은 그 느낌이나 작용에서 비슷하며, 어떤 다른 사람도 전혀 느낄 수 없는 그런 감정(정념)에 의해 자극받는 사람은 아무도 없다. 똑같이 조율된 현(絃)들 가운데 하나의 운동이 나머지 현들에게 전달되듯이 모든 감정(정념)은 한 사람에게서 다른 사람으로 쉽게 옮아가며 모든 사람들 속에 상응하는 운동(감정의 움직임)을 불러일으킨다. 어떤 사람의 목소리나 몸짓에서 내가 그의 고통의 결과를 볼 때, 나의 마음은 즉시 이런 결과들로부터 그것의 원인으로 옮아가서, 그 자리에서 고통의 감정(정념) 그 자체로 전환될 정도로 고통의 관념을 형성한다.

– 흄, 『인간 본성에 관한 논고』 –

흄에 따르면 도덕적 선악은 그 행위를 바라보는 사람의 시인과 부인의 감정에 의해 결정된다. 이러한 도덕적 감정은 개인이 주관적으로 느끼는 감정이 아니라 사람들이 보편적으로 느끼는 감정이다. 도덕적 감정이 개인의 주관성을 넘어 보편성을 지닐 수 있는 까닭은 공감 때문이다. 공감이란 우리가 감정을 교류하고, 서로를 이해하며, 편협하고 개인적인 관점을 극복하도록 해 주는 자연적 성향이다.

#### 4 이성에 대한 흄의 입장

우리의 도덕적 신념들은 '이성'보다는 '감정(정념)'으로부터 도출되는 것이다. 이성은 감정의 노예일 뿐이고, 감정에 봉사하는 것 이외의 다른 직무를 탐해서도 안 된다. 이성은 행위를 가능하게 하는 도덕적 신념의 근원이 될 수 없다. 이성은 감정들을 충족시킬 수 있는, 그리고 우리가 고통과 좌절을 피할 수 있도록 인도하는 정보들을 우리에게 전해 줄 뿐이다. – 흄, 『인간 본성에 관한 논고』 –

흄은 이성만을 통해서는 어떤 동기도 생겨날 수 없다고 보면서, 이성은 의지의 방향을 결정함에 있어 결코 감정(정념)과 상반될 수 없다고 주장하였다. 따라서 도덕적 행동에 있어 이성은 단지 동기를 수행하기 위한 수단을 가르쳐 줄 뿐이다.

**용어사전**

* **시인**(그러할 是, 인정할 認) 어떤 내용이나 사실이 옳거나 그러하다고 인정하는 것
* **부인**(부정할 否, 인정할 認) 어떤 내용이나 사실이 옳거나 그러하다고 인정하지 아니하는 것

# 기초를 다지는 확인 문제

바른답·알찬풀이 45쪽

올리드 포인트

## A 도덕적인 삶과 이성

### 1 근대 윤리 사상의 등장

| 등장 배경 | 르네상스와 종교 개혁의 영향, 자연 과학의 발달 |
|---|---|
| 근대 사상의 특징 | • 인간 중심적 사고 : 합리적 사고와 경험을 중시함<br>• 삶의 조건을 개선하고 실생활에 유용한 사상을 확립하려고 노력함 |

### 2 합리론의 등장

| 의미와 특징 | • 의미 : 지식과 사유의 토대가 인간의 이성에 있다고 보는 입장<br>• 특징 : 수학적 논리와 추론, 연역적 방법을 강조함 |
|---|---|
| 데카르트 | • 이성적 추론의 토대가 되는 확실한 원리를 찾기 위해 노력함<br>• 방법적 회의 : 모든 것을 의심해 보는 방법<br>• 철학의 제1원리 도출 : "나는 생각한다. 그러므로 나는 존재한다." |

### 3 스피노자의 이성 중심 윤리 사상

| 윤리 사상 | • 세계관 : 범신론, 필연론<br>• 올바른 삶 : 정념의 예속에서 벗어나야 함<br>• 진정한 자유(= 행복 = 최고선) : 자연의 인과적 필연성을 이성적 관조를 통해 인식함으로써 획득 |
|---|---|
| 의의 | • 이성을 강조하며, 정념에 예속되는 삶을 경계<br>• 감정 자체를 배제한 것은 아님<br>• 이성적 관조를 통해 정념을 올바르게 조절하고자 함 |

## B 도덕적인 삶과 감정

### 1 경험론의 등장

| 의미와 특징 | • 의미 : 확실한 지식의 토대를 인간의 감각이나 경험에서 찾는 입장<br>• 특징 : 관찰이나 실험을 중시, 귀납적 방법 강조 |
|---|---|
| 베이컨 | • 우상 즉, 선입관과 편견을 제거하고자 함<br>• 올바른 지식을 이용하여 자연을 지배하고 생활 방식을 개선하고자 함 |

### 2 흄의 감정 중심 윤리 사상

| 윤리 사상 | • 도덕에 있어 이성에 대한 감정 우위를 주장함<br>• 도덕에서 중요한 것은 실천이며, 직접적 동기는 감정<br>• 도덕적 판단의 기준 : 시인과 부인의 감정<br>• 선(善) : 시인의 감정을 가져다주는 행동으로 사회적이고 보편적으로 유용한 행동<br>• 악(惡) : 부인의 감정을 가져다주는 행동<br>• 우리가 사회적이고 보편적으로 시인의 감정을 느끼는 이유는 공감 능력을 가졌기 때문임 |
|---|---|
| 의의 | • 도덕적 행동의 직접적 동기는 감정<br>• 이성을 감정을 위한 도구적 역할에 한정함 |

**01** 다음 설명이 맞으면 ○표, 틀리면 ×표를 하시오.

(1) 서양은 르네상스와 종교 개혁, 자연 과학의 발달을 통해 중세에서 근대로 전환되었다. ( )

(2) 근대에는 중세의 신 중심적인 사고에서 벗어나 인간을 사고의 중심으로 삼았다. ( )

(3) 지식과 사유의 토대가 인간의 이성에 있다고 보는 입장을 경험론이라고 한다. ( )

(4) 합리론은 수학적 논리와 추론에 의해 얻은 지식을 중시하였다. ( )

(5) 경험론은 개별적 경험으로부터 일반적 원리를 얻어내는 연역적 방법을 강조하였다. ( )

**02** 빈칸에 들어갈 알맞은 말을 쓰시오.

(1) 합리론의 기초를 닦은 사상가는 ( )(이)다. 그는 이성적 추론의 토대가 되는 확실한 원리를 찾기 위해 노력하며, ( )을/를 통해 모든 것을 의심해 보았다.

(2) 스피노자가 말하는 신은 자연을 창조한 ( ) 신이 아니라 스스로가 자신의 존재 원인인 ( ) 그 자체를 말한다.

(3) 스피노자는 수동적인 감정을 ( )(이)라고 부르며, 이것의 예속에서 벗어나 올바른 삶을 살려면 ( )을/를 온전히 사용해야 한다고 보았다.

(4) 베이컨은 인간이 지닌 선입관과 편견을 ( )(이)라고 부르며, 이를 제거하고 자연을 있는 그대로 관찰해야 한다고 주장하였다.

(5) 흄은 어떤 행동이 그것을 바라보는 사람에게 ( )의 즐거운 감정을 가져다준다면 좋은 것으로 보았다.

**03** 다음 사상가와 관련 있는 주장을 바르게 연결하시오.

(1) 흄 •

(2) 베이컨 •

(3) 데카르트 •

• ㉠ 아는 것이 힘이다.

• ㉡ 나는 생각한다. 그러므로 나는 존재한다.

• ㉢ 도덕성은 판단된다기보다는 느껴지는 것이다.

## 실력을 키우는 실전 문제

바른답·알찬풀이 45쪽

**01** 다음 근대 서양 사상가의 입장에 관한 설명으로 옳은 것은?

> 나는 이제부터 진리를 탐구하기 위해, 조금이라도 의심할 수 있는 것은 모두 거짓으로 보아 던져 버림으로써 전혀 의심할 수 없는 것이 내 생각 속에 남아 있는지를 살펴보기로 했다. …… 이런 식으로 모든 것이 거짓이라고 생각하는 동안에도 이렇게 생각하는 나는 반드시 어떤 것이어야 한다는 것을 알게 되었다. "나는 생각한다. 그러므로 나는 존재한다."라는 이 진리는 아주 확실한 것이기 때문에, …… 나는 이것을 내가 찾고 있던 철학의 제1원리로 기꺼이 받아들일 수 있다고 판단했다.

① 도덕적 행동의 근거를 신에서 찾았다.
② 관찰이나 실험에서 얻은 지식을 중시하였다.
③ 수학적 논리와 추론에 의해 얻은 지식을 중시하였다.
④ 지식과 사유의 토대가 인간의 경험에 있다고 보았다.
⑤ 개별적 경험으로부터 일반적 원리를 얻어 내는 방법을 중시하였다.

**02** 다음과 같은 탐구 방법에 관한 옳은 설명을 〈보기〉에서 고른 것은?

> • 대전제 : 모든 포유동물은 심장을 가지고 있다.
> • 소전제 : 모든 말은 포유동물이다.
> • 결론 : 그러므로 모든 말은 심장을 가지고 있다.

보기
ㄱ. 새로운 지식의 확장을 추구한다.
ㄴ. 전제가 옳으면 결론도 반드시 옳다.
ㄷ. 형식적 필연 관계를 획득하고자 한다.
ㄹ. 전제에 없는 정보가 결론에 포함될 수 있다.

① ㄱ, ㄴ ② ㄱ, ㄷ ③ ㄴ, ㄷ
④ ㄴ, ㄹ ⑤ ㄷ, ㄹ

**03** ㉠에 관한 옳은 설명만을 〈보기〉에서 있는 대로 고른 것은?

> 합리론의 기초를 닦은 데카르트는 이성적 추론의 토대가 되는 확실한 원리를 찾기 위하여 ( ㉠ )을/를 활용하였다. 그 결과 결코 의심할 수 없는 한 가지 사실에 이르게 되었는데, 그것이 바로 '생각(의심)하는 나'가 있다는 것이다.

보기
ㄱ. 확실한 진리를 얻기 위한 방법이다.
ㄴ. 모든 것을 거짓으로 판단하는 회의론이다.
ㄷ. 감각 경험을 적극적으로 활용하는 방법이다.
ㄹ. 조금이라도 의심스러운 것은 모두 거짓으로 보는 방법이다.

① ㄱ, ㄴ ② ㄱ, ㄹ ③ ㄷ, ㄹ
④ ㄱ, ㄴ, ㄷ ⑤ ㄴ, ㄷ, ㄹ

★★ 중요

**04** 다음 관점과 일치하는 입장에만 모두 '∨'를 표시한 학생은?

> 삶에서 무엇보다 유익한 것은 가능한 한 이성을 완전하게 하는 것이며, 오로지 이것에 인간의 최상의 행복, 즉 지복(至福)이 존재한다. 지복이란 신의 직관적 인식에서 생기는 정신의 만족에 불과하다. 그리고 이성을 완전하게 하는 것은 신, 신의 속성, 그리고 신의 본성의 필연성에서 생기는 활동을 파악하는 것이다.

| 입장 \ 학생 | 갑 | 을 | 병 | 정 | 무 |
|---|---|---|---|---|---|
| 자연은 경험에 의해 파악되는 필연적 질서이다. | ∨ | | | ∨ | ∨ |
| 행복의 실현을 위해서는 신을 인식하는 것이 필요하다. | | ∨ | ∨ | ∨ | |
| 완전한 행복은 의지의 자유를 지닌 신을 사랑함으로써 얻어진다. | | ∨ | | ∨ | ∨ |
| 인간은 이성에 의해 인도될 때 정념의 예속에서 벗어날 수 있다. | ∨ | | ∨ | | ∨ |

① 갑 ② 을 ③ 병 ④ 정 ⑤ 무

**05** 다음 사상가가 강조하는 삶의 태도로 가장 적절한 것은?

> 존재하는 모든 것은 신 안에 있으며, 신 이외에는 어떠한 실체도 있을 수 없습니다. 신은 우리의 정신이 인식할 수 있는 최고의 것입니다. 현자(賢者)는 영혼의 흔들림이 거의 없고, 영원한 필연성에 의해 자신과 신과 사물을 인식하며, 항상 참된 마음의 평화를 누립니다.

① 자연의 필연성에 따라 자유인으로 살아야 한다.
② 인과적 질서에서 벗어나 마음의 평화를 추구해야 한다.
③ 현실의 불안을 극복하기 위해 인격신의 계시를 따라야 한다.
④ 쾌락을 추구하고, 고통을 피하기 위해 은둔 생활을 해야 한다.
⑤ 개인의 진정한 행복을 위해 자연을 정복하고자 노력해야 한다.

★★ 중요

**06** 다음 근대 서양 사상가가 부정의 대답을 할 질문만을 〈보기〉에서 있는 대로 고른 것은?

> • 오직 자기 본성의 필연성에 의해서만 존재하며, 자기 자신에 따라서만 행동하게끔 결정되는 것을 자유롭다고 한다.
> • 정신이 인식할 수 있는 최고의 것은 신이다. 그러므로 정신의 최고의 덕은 신을 파악하는 것 또는 신을 인식하는 것이다.

보기
ㄱ. 자유 의지를 발휘하여 삶의 목적을 실현해야 하는가?
ㄴ. 이성을 완전히 발휘하여 모든 감정을 제거해야 하는가?
ㄷ. 만물에 대한 관조를 통해 자연법칙에서 벗어나야 하는가?
ㄹ. 신을 이성적으로 관조하거나 지적으로 사랑하려고 힘써야 하는가?

① ㄱ, ㄴ　② ㄱ, ㄹ　③ ㄷ, ㄹ
④ ㄱ, ㄴ, ㄷ　⑤ ㄴ, ㄷ, ㄹ

**07** 다음은 근대 서양 사상가의 주장이다. ㉠에 관한 설명으로 옳은 것은?

> 인간의 지성을 고질처럼 사로잡고 있는 우상은 정신을 혼미하게 하고 진리를 얻을 수 없게 만든다. 여러 우상들 중 ( ㉠ )은/는 올바른 판단을 방해하는 각자의 어두운 밀실을 갖고 있으므로 발생한다. 이것은 각자의 타고난 본성이나 자라난 환경, 받은 교육 등에 의해 만들어진다.

① 모든 것을 인간의 관점에서 보는 편견이다.
② 유언비어나 실재하지 않는 말로 인한 편견이다.
③ 보편타당한 지식이나 규범의 존재를 믿지 않으려는 자세이다.
④ 개인의 경험에 비추어 사물과 사태를 파악하려는 경향성이다.
⑤ 전통이나 권위에 따른 지식을 그대로 수용하면서 생기는 편견이다.

**08** 다음 근대 서양 사상가의 입장만을 〈보기〉에서 있는 대로 고른 것은?

> 지금까지 학문에 종사하는 사람들은 경험에만 의존하거나 독단을 휘둘렀다. 경험에만 의존하는 사람들은 개미처럼 오로지 자료를 모아서 사용하고, 독단을 휘두르는 사람들은 거미처럼 자신의 속을 풀어내서 집을 짓는다. 그러나 꿀벌은 중용을 취한다. 즉 들에 핀 꽃에서 재료를 구해다가 자신의 힘으로 변화시켜 소화한다. 참된 학문의 임무는 이와 비슷하다. 참된 학문은 경험이나 실험을 통해 얻은 재료를 지성의 힘으로 변화시켜 소화해야 하는 것이다.

보기
ㄱ. 연역적 방법을 강조하였다.
ㄴ. 체계적인 관찰이나 실험을 중시하였다.
ㄷ. 지식을 통해 자연을 지배하고자 하였다.
ㄹ. 이성적 추론의 토대가 되는 확실한 원리를 찾고자 하였다.

① ㄱ, ㄴ　② ㄱ, ㄹ　③ ㄴ, ㄷ
④ ㄱ, ㄷ, ㄹ　⑤ ㄴ, ㄷ, ㄹ

**09** 가상 대화의 '스승'은 근대 서양 사상가이다. ㉠에 들어갈 진술로 가장 적절한 것은?

> 스승 : 인간의 정신은 표면이 고르지 못한 거울과 같아서 자연을 그대로 비추지 못한다네.
> 제자 : 그렇다면 행복한 삶을 위해서 어떻게 해야 합니까?
> 스승 : 참된 지식을 얻기 위해서 노력해야 하네.
> 제자 : 참된 지식은 어떻게 얻을 수 있습니까?
> 스승 : ㉠

① 수학적 논리로 자연의 원리를 파악해야 하네.
② 참된 인식을 방해하는 선입견을 타파해야 하네.
③ 이성을 배제하고 관찰과 실험만으로 사물을 파악해야 하네.
④ 모든 것을 의심하여 확고부동한 철학의 제1원리를 찾기 위해 노력해야 하네.
⑤ 자연을 수학적 질서에 따라 움직이는 하나의 거대한 기계로 바라보아야 하네.

**10** 그림은 서술형 평가 문제와 학생 답안이다. 학생 답안의 ㉠~㉤ 중 옳지 않은 것은?

⊙ 문제 : 근대 서양 사상가 갑, 을의 입장을 서술하시오.

> 갑 : 모든 것에 대한 의심은 우리를 모든 선입견에서 벗어나게 해 주고 정신을 감각으로부터 떼어 내는 데 가장 쉬운 길을 열어 준다.
> 을 : 자연의 진리를 발견하기 위해서는 인간의 지성을 고질적으로 잡고 있는 우상들을 제거해야 한다. 이러한 우상들을 없앨 수 있는 유일한 대책은 참된 귀납법을 사용하는 것이다.

⊙ 학생 답안 : 갑은 ㉠ 경험을 통해 얻은 지식은 확실하지 않다고 보았고, ㉡ 연역적 추론이 과학적 지식을 탐구하는 적절한 방법이라고 주장하였다. 을은 ㉢ 올바른 진리를 발견하는 데 경험에 기초한 이성의 판단이 필요하다고 보았고, ㉣ 올바른 지식을 통해 자연을 지배할 수 있다고 주장하였다. 한편 ㉤ 갑, 을 모두 확실한 지식의 토대를 감각에서 찾았다.

① ㉠ ② ㉡ ③ ㉢ ④ ㉣ ⑤ ㉤

**11** 다음과 같은 탐구 방법을 강조한 근대 사상이 서양 윤리에 끼친 영향을 〈보기〉에서 고른 것은?

> 백조 1은 희다.
> 백조 2는 희다.
> 백조 3은 희다.
> ⋮
> 백조 n은 희다.
> ➡ 그러므로 모든 백조는 희다.

보기
ㄱ. 의무론적 윤리 사상으로 연결되었다.
ㄴ. 실용주의 윤리 사상의 형성에 영향을 끼쳤다.
ㄷ. 사회적 유용성을 강조한 공리주의로 연결되었다.
ㄹ. 자연의 필연적 질서에 대한 이성적 인식을 강조한 사상의 모태가 되었다.

① ㄱ, ㄴ ② ㄱ, ㄷ ③ ㄴ, ㄷ
④ ㄴ, ㄹ ⑤ ㄷ, ㄹ

★★ 중요

**12** 근대 서양 사상가 갑, 을에 관한 옳은 설명만을 〈보기〉에서 있는 대로 고른 것은?

> 갑 : 진리를 찾기 위해 의심할 수 있는 것은 모두 의심해야 한다. 아무리 의심하려고 해도 도저히 의심할 수 없는 것을 찾았다면 그것을 근본 원리라고 말할 수 있다. 진리는 그로부터 얻어진다.
> 을 : 우리의 정신을 사로잡고 있는 우상은 우리가 얻을 수 있는 진리조차 얻을 수 없게 만든다. 이러한 우상들을 몰아내기 위해서는 경험적 관찰을 통해 개념과 공리(公理)를 형성해야 한다.

보기
ㄱ. 갑은 의심할 수 없는 명제를 찾기 위해 방법적 회의를 사용한다.
ㄴ. 을은 과학적 지식을 통해 자연을 지배할 수 있다고 본다.
ㄷ. 을은 인간이 태어나면서부터 지식을 가지고 있음을 강조한다.
ㄹ. 갑, 을은 지식을 얻기 위해서는 이성적 추론이 필요하다고 본다.

① ㄱ, ㄴ ② ㄱ, ㄷ ③ ㄷ, ㄹ
④ ㄱ, ㄴ, ㄹ ⑤ ㄴ, ㄷ, ㄹ

# 실력을 키우는 실전 문제

**13** 다음 근대 서양 사상가의 입장에 관한 설명으로 옳지 않은 것은?

> 이성은 인간이 야수에 비해 우월하다는 주된 근거이고 참이나 거짓을 발견한다. 이와 달리 정념과 의욕 및 행위는 참이나 거짓이라고 단언될 수 없고, 이성과 상반되거나 합치될 수도 없다. 이성은 어떤 행동이나 정념도 직접적으로 유발하지 않으며, 단지 정념에 봉사하고 복종할 뿐이다.

① 감정을 도덕적 행위의 원동력으로 본다.
② 유용성을 선악 판단의 기준으로 중시한다.
③ 인간이 느끼는 모든 감정을 도덕적 감정으로 본다.
④ 다른 사람에 대한 공감 능력이 도덕성의 기초라고 본다.
⑤ 이성은 그 자체만으로 도덕적 행위의 동기가 될 수 없다고 본다.

**14** 근대 서양 사상가 갑의 입장에서 〈사례〉 속의 A씨에게 해 줄 수 있는 조언으로 가장 적절한 것은?

> 갑 : 악덕과 덕은 이성이나 관념들의 비교를 통해서 발견될 수 없기 때문에 그것들의 차이에 대한 인식은 오직 그것들이 일으키는 어떤 인상이나 정서를 통해서만 이루어져야 한다. 따라서 악덕과 덕의 구별은 이성이 아니라 도덕감의 산물이며, 인지적으로 파악되는 것이 아니라 단지 느껴지는 것이다.
>
> 〈사례〉
>
> 버스 기사 A 씨는 손님이 내리고 난 뒤, 현금 500만 원이 든 가방을 발견하였다. A 씨는 가족의 장기 입원으로 경제적으로 어려운 처지이다. 그래서 돈 가방을 경찰에 신고해야 할지 망설이고 있다.

① 신이 계시한 계율을 따라야 합니다.
② 자기의 이익을 최대한으로 추구해야 합니다.
③ 가방을 분실한 사람의 고통에 공감해야 합니다.
④ 정언 명령에 따라 보편적으로 타당한 행위를 해야 합니다.
⑤ 어려운 사람을 도와야 한다는 의무 의식에 따라야 합니다.

중요

**15** (가)의 갑, 을 사상가들의 입장을 (나) 그림으로 표현할 때, A~C에 들어갈 적절한 질문만을 〈보기〉에서 있는 대로 고른 것은?

(가)
갑 : 우리의 감정을 다스리는 가장 탁월한 방법은 감정을 이성적으로 인식하는 것이다. 모든 것은 신, 즉 자연의 본성으로부터 필연적으로 산출되며 우리가 인식할 수 없는 감정은 없다.
을 : 이성은 정념의 노예이다. 행동은 이성에서 발생하는 것이 아니라 이성에 의해 안내될 뿐이다. 혐오 또는 선호가 어떤 대상을 향해 일어나는 것은 고통 또는 쾌락에 대한 예상 때문이다.

(나)
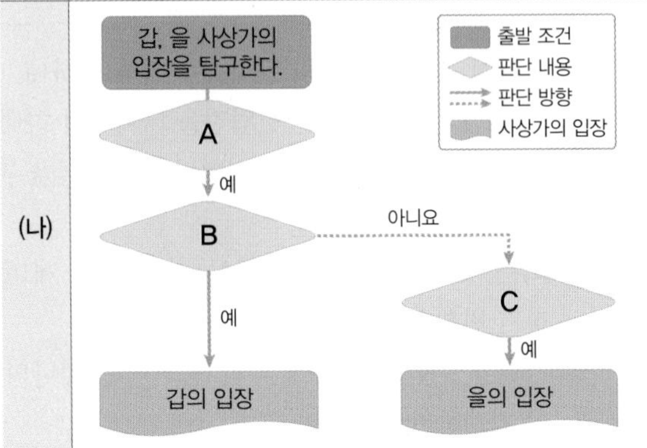


보기
ㄱ. A : 오직 이성에 따라 살아갈 수 있도록 모든 정념을 버려야 하는가?
ㄴ. B : 참된 행복은 자연의 필연성에 대한 인식에서 나오는가?
ㄷ. B : 만물의 초월적 원인인 인격신을 지적으로 사랑하려고 애써야 하는가?
ㄹ. C : 이성은 도덕적 행위에 영향을 주는가?

① ㄱ, ㄷ ② ㄴ, ㄹ ③ ㄷ, ㄹ
④ ㄱ, ㄴ, ㄷ ⑤ ㄱ, ㄴ, ㄹ

**16** 다음 글에서 설명하는 개념으로 옳은 것은?

> 현(絃)들이 똑같이 울릴 때, 한 현의 운동이 다른 현에 전달되는 것처럼 감정은 어떤 사람에서 다른 사람으로 쉽게 옮겨 가며, 모든 인간 존재의 각각에게 (각 감정에) 걸맞은 운동을 일으킨다.

① 공감 ② 이성 ③ 우상
④ 정념 ⑤ 유용성

중요

17 (가)의 근대 서양 사상가 갑, 을의 입장을 (나) 그림으로 표현할 때, A~C에 들어갈 적절한 진술만을 〈보기〉에서 있는 대로 고른 것은?

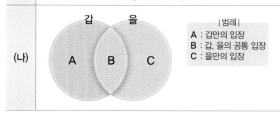

| | |
|---|---|
| (가) | 갑 : 나는 오직 진리 탐구에 전념하려고 한다. 그러므로 의심할 수 있는 것은 모두 거짓된 것으로 간주하여 내던져 버리고, 전혀 의심할 수 없는 것으로부터 출발하고자 한다.<br>을 : 나는 신을 절대적으로 무한한 존재인 실체로 이해한다. 신 이외에는 어떠한 실체도 존재할 수 없다. 최고의 행복은 신에 대한 사랑에서 나온다. |
| (나) | 갑 을 A B C<br>범례<br>A : 갑만의 입장<br>B : 갑, 을의 공통 입장<br>C : 을만의 입장 |

보기
ㄱ. A : '사유하는 나'의 존재는 의심의 대상이다.
ㄴ. B : 인간은 이성을 통해 진리를 인식할 수 있다.
ㄷ. B : 이성을 최대한 발휘하여 감정을 올바른 방향으로 인도해야 한다.
ㄹ. C : 자연의 필연성에서 벗어날 수 없으므로 주어진 운명에 순응해야 한다.

① ㄱ, ㄴ ② ㄱ, ㄷ ③ ㄷ, ㄹ
④ ㄱ, ㄴ, ㄹ ⑤ ㄴ, ㄷ, ㄹ

18 (가)를 주장한 사상가의 입장에서 볼 때, (나)의 ㉠에 들어갈 진술로 가장 적절한 것은?

| | |
|---|---|
| (가) | 우리는 어떤 인격이 우리의 특정한 이익과 상관없이 칭찬이나 비난의 느낌을 불러일으킬 때만 그 인격을 선하다거나 악하다고 말할 수 있다. |
| (나) | 제자 : 선생님, 도덕적인 행동이란 구체적으로 무엇입니까?<br>스승 : ㉠ |

① 자연적 필연성을 따르는 행동을 말하네.
② 개인의 쾌락을 극대화하는 행동을 말하네.
③ 어떤 개인에게 쾌감을 주는 행동을 말하네.
④ 합리적인 추론에 따라 행동하는 것을 말하네.
⑤ 사회적이고 보편적으로 유용한 행동을 말하네.

## 서술형 문제

19 다음 현상이 발생하게 된 계기가 된 사건을 세 가지 서술하시오.

근대 서양에는 중세의 신 중심적인 사고에서 벗어나 인간의 합리적 사고와 경험이 중시되었고, 인간을 사고의 중심으로 삼았다. 그리하여 근대의 사람들은 진리를 파악하거나 도덕적 행동을 할 수 있는 근거를 신이 아닌 인간에게서 찾았으며, 삶의 조건을 개선하고 실생활에 유용한 사상을 확립하려고 노력하였다.

20 다음 글을 읽고 물음에 답하시오.

대전제 : 모든 사람은 죽는다.
소전제 : ㉠
결론 : 갑은 죽는다.

(1) 위와 같은 삼단 논법을 주로 활용하는 탐구 방법의 명칭을 쓰시오.

(2) ㉠에 들어갈 문장을 쓰시오.

21 다음 글을 읽고 물음에 답하시오.

| | |
|---|---|
| (가) | 우리의 도덕적 신념들은 '이성'보다는 '감정'으로부터 도출되는 것이다. 이성은 감정의 노예일 뿐이고, 감정에 봉사하고 복종하는 것 이외의 다른 어떤 직무를 탐해서는 안 된다. 이성은 행위를 가능하게 하는 도덕적 신념의 근원이 될 수 없다. 이성은 감정들을 충족시킬 수 있는, 그리고 우리가 고통과 좌절을 피할 수 있도록 인도하는 정보들을 우리에게 전해 줄 수 있을 뿐이다. 반면에 감정은 행위에 직접적인 영향을 미친다. |
| (나) | 한 소년이 수업 시간에 아프리카 아이들이 깨끗한 식수를 마시지 못해 고통을 받고 있다는 이야기를 듣고 연민을 느꼈다. 그래서 그는 이들을 도울 방법을 궁리한 결과 돈을 모아 아프리카에 우물을 파 주어야겠다고 결정했다. |

(1) (가)와 같이 주장한 사상가의 이름을 쓰시오.

(2) (가) 사상가의 입장에서 (나)의 소년이 도덕적 행위를 하는데 '이성'과 '감정'이 어떤 역할을 했는지 각각 서술하시오.

# 등급을 올리는 고난도 문제

**01** (가)의 갑, 을 사상가들의 입장을 (나) 그림으로 표현할 때, A~C에 해당하는 적절한 진술만을 〈보기〉에서 있는 대로 고른 것은?

| | |
|---|---|
| (가) | 갑 : 우리는 감각이 때로 우리는 속인다는 것을 알고 있다. 단 한 번이라도 우리를 속인 것에 대해서는 전적으로 신뢰하지 않는 편이 현명하며, 일단 모든 것을 의심해 보아야 한다.<br>을 : 자연의 진리를 발견하기 위해서는 인간의 지성을 고질적으로 사로잡고 있는 우상들을 제거해야 한다. 이러한 우상들을 없앨 수 있는 유일한 대책은 참된 귀납법으로 개념과 공리를 형성하는 것이다. |
| (나) | 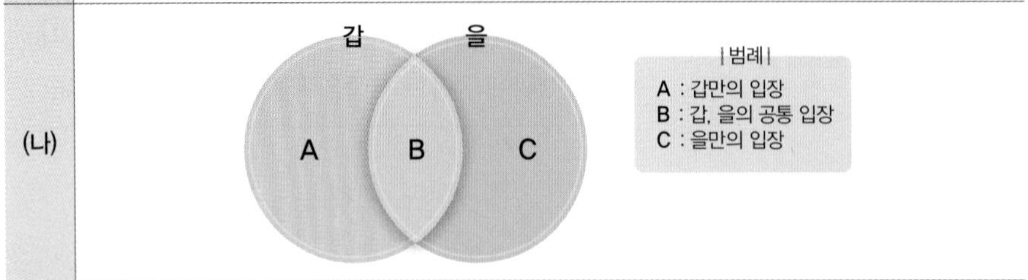 |



보기

ㄱ. A : 지식과 사유의 토대는 인간의 이성이다.
ㄴ. B : 도덕적 행동의 근거를 인간에서 찾았다.
ㄷ. B : 인간에게 자연에 관한 진리를 발견할 수 있는 능력이 있다.
ㄹ. C : 감각적 경험을 통해 얻은 지식은 명백한 진리가 될 수 없다.

① ㄱ, ㄷ ② ㄱ, ㄹ ③ ㄴ, ㄹ ④ ㄱ, ㄴ, ㄷ ⑤ ㄴ, ㄷ, ㄹ

**문제 접근 방법**

(가)의 갑, 을 사상가가 누구인지 파악한다. 이후 두 사상의 특징을 비교하여 〈보기〉의 (나) 그림 A~C 중 어느 곳에 속하는지를 찾아 문제를 해결한다.

**적용 개념**

# 지식과 사유의 토대
# 도덕적 행동의 근거

**02** (가) 사상가의 입장을 (나) 그림으로 완성하고자 할 때, A와 B에 들어갈 질문으로 옳은 것은?

| | |
|---|---|
| (가) | • 사물의 본성에는 어떤 것도 우연적으로 주어진 것이 없으며, 모든 것은 일정한 방식으로 존재하고 작용하게끔 신적 본성의 필연성에 의해 결정되어 있다.<br>• 우주 만물은 신의 양태이며, 인간에게 있어 유일한 최고선은 이성을 통해 모든 사물의 궁극적인 원인과 질서를 파악함으로써 오는 평온함, 즉 행복이다. |
| (나) | 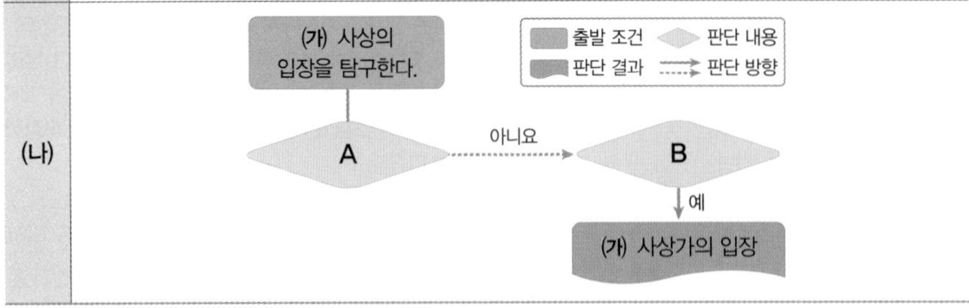 |



① A : 자연은 인과 법칙에 따라 움직이는 거대한 기계인가?
② A : 신의 본성을 인식함으로써 완전한 행복을 얻을 수 있는가?
③ B : 자연은 이성적 관조를 통해 극복해야 할 대상인가?
④ B : 자연은 인간의 자유 의지에 의해 작동되는 유기체인가?
⑤ B : 인간은 정념의 예속에서 벗어나 자유로울 수 있는 존재인가?

**문제 접근 방법**

'이성을 통한 자연의 질서 파악'이라는 사상의 특징을 통해 (가) 사상가가 누구인지를 찾는다. 이를 바탕으로 질문에 대한 대답을 찾는다. 그 후 선지의 내용이 (나) 그림 A와 B 어느 곳에 속하는지를 찾아 문제를 해결한다.

**적용 개념**

# 신
# 이성
# 행복

바른답·알찬풀이 47쪽

**03** (가)를 주장한 근대 서양 사상가의 입장에서 (나)의 세로 낱말 (A)에 관해 설명한 내용만을 〈보기〉에서 있는 대로 고른 것은?

| | |
|---|---|
| (가) | 악덕과 덕은 단순히 관념들의 비교 혹은 이성에 의해 발견될 수 없기 때문에 우리가 악덕과 덕의 차이를 구분할 수 있는 것은 그것들이 일으키는 어떤 인상 또는 감정에 의해서임이 틀림없다. 도덕적 올바름과 악함에 관한 우리의 결정은 명백히 지각이다. |
| (나) | 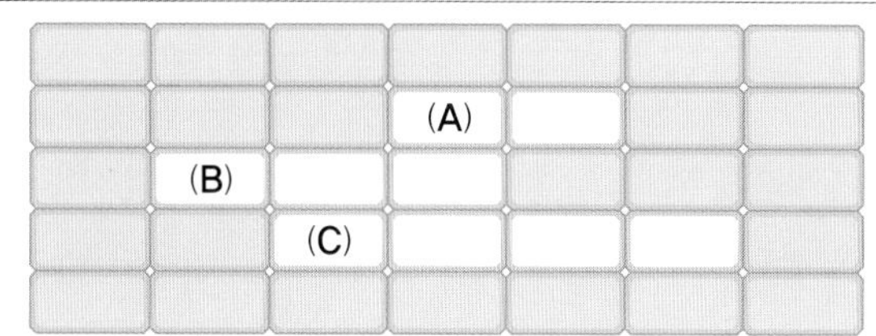 [가로 열쇠] (A) : 불교의 사성제 중 괴로움의 소멸에 이르기 위한 수행을 이르는 말 (B) : 플라톤의 지혜, 용기, 절제, 정의의 덕을 총칭하는 말 (C) : 실천적 노력을 통해 자신의 악한 본성을 변화시켜 선하게 만들어야 한다는 순자의 사상 [세로 열쇠] (A) : …… 개념 |



보기
ㄱ. 사회적 시인(是認)의 감정에 의해 구별된다.
ㄴ. 자연스러운 본성에 바탕을 두지 않는 도덕 규칙에서 지각된다.
ㄷ. 감각에 의해 관찰되는 대상과 사건에 내재된 객관적 성질이다.
ㄹ. 인간의 정신 안에서 생겨나는 인상(印象)이나 느낌에 기초한다.

① ㄱ, ㄴ ② ㄱ, ㄹ ③ ㄷ, ㄹ ④ ㄱ, ㄴ, ㄷ ⑤ ㄴ, ㄷ, ㄹ

문제 접근 방법
'악덕과 덕을 구분하는 기준이 인상 또는 감정'이라는 사상의 특징을 통해 (가) 사상가가 누구인지 파악한다. (나)의 가로 열쇠를 풀어 세로 열쇠 (A)에 들어갈 말을 찾는다. 이를 바탕으로 적절한 선지를 찾아 문제를 해결한다.

적용 개념
# 악덕과 덕
# 이성 대 감정

**04** 서양 사상가 갑, 을 모두가 질문에 대답한 내용을 바르게 짝지은 것은?

갑 : 신의 존재는 논증될 수 있고, 초월적 진리는 계시와 신앙을 통해 알려진다. 인간은 믿음, 소망, 사랑을 실천하여 신과 하나가 될 때 참된 행복에 도달할 수 있다.
을 : 신만이 유일한 실체이다. 신 이외의 모든 존재는 양태이며, 양태로서의 인간은 신에 대한 이성적 인식을 통해 마음의 안정과 평화를 얻고 진정한 자유인이 될 수 있다.

| | 질문 | 갑 | 을 |
|---|---|---|---|
| ① | 신은 자연의 필연적 법칙으로부터 벗어날 수 있는가? | 예 | 예 |
| ② | 인간에게는 신을 따르거나 거부할 자유 의지가 있는가? | 아니요 | 아니요 |
| ③ | 신은 만물의 초월적인 원인이 아니라 내재적 원인인가? | 아니요 | 예 |
| ④ | 행복을 누리기 위해서는 인격신의 은총이 있어야 하는가? | 예 | 예 |
| ⑤ | 신은 이성적 질서에 따라서 움직이는 하나의 거대한 기계인가? | 예 | 예 |

문제 접근 방법
'초월적 진리', '신과 하나가 될 때 참된 행복', '신만이 유일한 실체', '이성적 인식' 등의 핵심 문장을 통해 갑, 을 사상가가 누구인지 파악한다. 선지의 각 질문에 대해 갑, 을 사상가가 어떤 대답을 할지를 추론해 문제를 해결한다.

적용 개념
# 신 존재
# 자유 의지

Ⅲ. 서양 윤리 사상

# 옳고 그름의 기준

학습길잡이 • 의무론의 특징과 칸트 윤리 사상 및 현대 칸트주의가 갖는 특징을 파악해 둔다.
• 결과론의 특징과 고전적 공리주의 및 현대 공리주의가 갖는 특징을 비교해 둔다.

## A 의무론과 칸트주의

### 1 의무론의 의미와 특징

① 의미

- 보편적인 도덕 법칙이나 원리가 있다고 보는 관점
- 마땅히 지켜야 할 의무에 따라 행위의 옳고 그름을 판단해야 한다는 이론

② 특징

- 행위의 동기를 중시함 : 어떤 행위가 산출하는 결과보다 그 행위를 하는 이유, 즉 동기에 주목함
- 행위의 가치가 본래* 정해져 있다고 봄
  예 진실을 말하는 행위는 본래 옳고, 거짓말을 하는 행위는 본래 그름
- 목적이 수단을 정당화할 수 없다고 봄
  예 좋은 결과(목적)를 가져오는 거짓말(수단)이라도 해서는 안 됨

### 2 칸트 윤리 사상

① 두 가지 법칙 1

- 자연법칙 : 자연의 모든 사물에게 적용되는 인과 법칙
- 도덕 법칙 : 오직 인간만이 따를 수 있는 법칙 → 실천 이성*에 의해 세워진 것

② **자율적 존재** : 인간은 자신의 본능적 욕구를 극복하고 실천 이성이 스스로에게 부과하는 명령을 따를 수 있는 존재 질문

(본능적 욕구: 자연적 경향성이라고도 한다. 인간이 자연스레 지니는 경향으로 자기 이익을 추구하는 욕구나 감정을 말한다.)

③ 선의지

- 의미 : 어떤 행위가 오로지 그것이 옳다는 이유에서 그 행위를 실천하려는 마음가짐 → 절대적이고 무조건적으로 선한 것
- 옳고 그름의 판단 기준 : 선의지에 따르는 즉, 의무에 따르는 행위만이 도덕적 행동이라고 봄 2

(욕구에서 비롯된 좋은 행위나 단순히 의무에 맞는 행위는 도덕적 행동이 아니라고 본다.)

**자료로 보는 칸트의 선의지 개념**

이 세상에서 또는 이 세계 밖까지라도 아무런 제한 없이 선하다고 생각될 수 있는 것은 오직 선의지뿐이다. 지성, 기지, 판단력, 그 밖에 정신의 재능이라고 일컬을 것들, 또는 용기, 결단성, 초지일관성 같은 기질상의 성질은 의심할 여지없이 많은 의도에서 선하고 바람직하다. 그러나 이런 것들도, 만약 이런 천부의 자질들 - 그 특유한 성질을 우리는 성품이라 일컫는다 - 을 사용하는 의지가 선하지 않다면, 극도로 악하고 해가 될 수도 있다. - 칸트, 『윤리 형이상학 정초』 -

자료 분석 칸트는 행위의 결과가 수많은 변수와 우연에 의해 결정될 수 있기 때문에 옳고 그름의 판단 기준이 될 수 없다고 보았다. 옳고 그름의 판단은 오직 행위자가 책임질 수 있는 영역, 즉 행위자의 의지에 의해 결정된다고 주장하였다.

Q 칸트에게 있어 무조건적으로 선한 것은 무엇인가? A 선의지

**개념 더하기 자료 채우기**

**1 인간이 따르는 두 가지 법칙**

내가 그것들을 더욱 자주, 더욱 진지하게 생각하면 할수록 항상 새롭고 더욱 높아지는 감탄과 경외로 나의 마음을 가득 채우는 것이 두 가지 있다. 그것은 내 위에 있는 별이 빛나는 하늘과 내 안에 있는 도덕 법칙이다. - 칸트, 『실천 이성 비판』 -

칸트에 따르면, 인간이 따라야 할 두 가지 법칙이 있다. 하나는 자연의 모든 사물에게 적용되는 자연법칙이고, 다른 하나는 도덕 법칙이다.

**질문 있어요**

칸트에게 자율은 어떤 의미인가요?

칸트에 따르면, 자신의 욕구나 타인의 명령에 따르는 것은 자율적인 행동이 아니예요. 또한 자신이 하고 싶어서 하는 것은 그 욕구에 종속이 된 것이지 자율적인 행동이 아니라고 보았어요. 칸트는 자신의 의지로 객관적인 도덕 법칙을 세워 이에 따르는 것만이 자율적인 행동이라고 보았어요.

**2 도덕적 행위를 판단하는 엄격한 기준**

예컨대 가게 주인이 새로 온 손님을 속이지 않는 것, 그리고 거래가 많은 경우에 똑똑한 상인이 손님을 속이는 짓을 하지 않고, 모든 사람에게 확실한 정가를 적용해 어린아이라도 다른 사람들처럼 물건을 살 수 있게 하는 것, 이러한 것은 말할 것도 없이 '의무에 맞는 일'이다. 그렇게 해서 사람들은 정직하게 대접받지만, 이것만으로 그 상인이 정직이라는 의무와 근본 법칙들 때문에 그렇게 했다고 믿기에는 충분하지 않다. 정직하게 하는 것이 그의 이익에 맞았던 것이다. …… 따라서 그 행위는 '의무이기 때문에' 생긴 것은 아니다. - 칸트, 『윤리 형이상학 정초』 -

칸트는 인간의 자연적 경향성을 의무와 엄격하게 구분하면서, '의무에 따르는 행위'만이 도덕적 행동이라고 주장한다. 더 나아가 단순히 의무에 맞는 행동이 아니라 오직 그 행동의 동기가 의무에 따르고자 하는 의지일 때만 도덕적 행위라고 본다.

**용어사전**

* **본래**(뿌리 本, 올 來) 사물이나 사실이 전하여 내려온 그 처음
* **실천 이성** 마땅히 해야 할 바를 생각하고 그것을 스스로의 의지로 결단할 수 있는 능력

④ **도덕 법칙** 3

- 정언 명령의 정식*을 제시함
- 인간은 본능적 욕구를 지녔기 때문에 선의지를 저절로 따를 수 없음 → 인간에게 명령으로 다가옴

⑤ **정언 명령** 4

- '무조건 ~하라.'와 같은 절대적인 명령
- 준칙*의 보편화 가능성 : 어떤 행위가 도덕적으로 옳은지 그른지를 판단하려면 모든 사람이 그런 방식으로 행위하기 원하는지를 스스로 물어보아야 함
- 인간 존엄성의 정신 : 욕구를 극복하고 자율적으로 보편적 도덕 법칙을 수립하고 이를 따르려는 인간의 의지는 고귀함 → 인간 존엄성의 근거
  (따라서 모든 인간은 절대적 가치를 지닌 인격체로서 그 자체가 목적이다.)

| | |
|---|---|
| **보편주의** | 네 의지의 준칙이 언제나 동시에 보편적 입법의 원리가 될 수 있도록 행위하라. |
| **인격주의** | 네 자신과 다른 모든 사람의 인격을 결코 단순히 수단으로 취급하지 말고 언제나 동시에 목적으로 대우하도록 행위하라. |

⑥ **평가**

| | |
|---|---|
| **의의** | • 도덕의 중요성을 강조함 : 도덕을 인간다움의 핵심으로 봄<br>• 일상적인 도덕의식에 부합 : 준칙의 보편화 가능성, 인간 존엄성 정신 등 |
| **비판** | • 지나치게 엄격함 : 오로지 의무에 따른 행위만을 도덕적 행위로 인정함 질문<br>• 형식적이고 구체적인 내용이 없음(도덕 법칙을 절대적인 것으로 본다.) : 도덕적 의무가 상충할 경우에 구체적인 행위 규칙을 제공할 수 없음 |

## 3 현대 칸트주의

① **현대 칸트주의의 등장 :** 칸트 윤리 사상의 원리를 계승하면서도 한계를 극복하려 함

② **대표적 사상가 :** 로스

- 칸트의 의무론을 계승하며, 정언 명령의 엄격성 및 도덕적 의무 간의 상충 문제를 해결하고자 함
- 조건적 의무(prima facie duty)를 제시함
  (라틴어로 '얼핏 보기에'라는 의미로 직관적으로 알 수 있다는 것을 내포한다.)

| 직관적으로 알 수 있는 옳고 명백한 의무 | 예외가 인정되는 의무 |
|---|---|
| • 직견(直見)적 의무<br>• 예 약속을 지키는 것, 호의에 대하여 감사하는 것, 타인에게 해를 끼치지 않는 것 등 | • 특별한 상황의 경우 예외가 인정되는 의무<br>• 칸트의 정언 명령보다는 느슨하게 적용됨<br>• 예 진실을 말하면 무고한 사람이 죽게 될 경우, '거짓말을 하지 마라.'라는 의무는 '무고한 사람을 죽이지 마라.'라는 의무에 의해 미루어질 수 있음 |
| 조건부 의무 사이에 갈등이 발생하게 되면 절대적인 것처럼 여겨지는 의무도 때로는 우리의 상식과 직관에 따라 유보될 수 있음 | |

③ **현대 칸트주의의 의의**

- 도덕의 확고한 토대를 마련함 : 불확실성과 우연성에 흔들리지 않는 옳고 그름의 확고한 토대로서의 의무를 강조함
- 인권 사상 및 민주주의 발전에 큰 영향 : 개인의 자율성과 인격에 대한 존중을 강조함

**개념 더하기 자료 채우기**

**3 도덕 법칙**

> 도덕 법칙은 하나의 완전한 존재자에게는 신성(神性)의 법칙이지만, 모든 유한한 이성적 존재자의 의지에게는 의무의 법칙이며, 이 법칙에 대한 존경심에 의해서 그리고 자신의 의무에 대한 외경에서 행위를 규정하는 도덕적 강제의 법칙이다.
> – 칸트, 『실천 이성 비판』 –

도덕 법칙이 명령의 형식을 띠는 것은 인간의 의지가 그것을 따르는 일이 저절로 되는 것이 아니기 때문이다. 인간은 도덕 법칙을 따르는 과정에서 이익 추구의 성향이나 욕구와 같은 자연적 경향성을 극복해야 한다. 따라서 인간에게 도덕 법칙은 항상 당위(當爲) 혹은 의무로 다가온다.

**4 가언 명령과 정언 명령**

> 모든 실천 법칙은 가능한 행위를 선한 것으로, 그렇기에 이성에 의해 실천적으로 규정될 수 있는 주관에 대해서는 필연적인 것으로 표상하기 때문에, 모든 명령은 어떤 방식에서든 선한 의지에 따라 필연적인 행위를 규정하는 공식들이다. 그런데 행위가 한낱 무언가 다른 것을 위해, 즉 수단으로서 선하다면 그 명령은 가언적인 것이다. 행위가 그 자체로서 선한 것으로 표상되면, 그러니까 그 자체로서 이성에 알맞은 의지에서 필연적인 것으로, 즉 의지의 원리로 표상되면 그 명령은 정언적인 것이다.
> – 칸트, 『윤리 형이상학 정초』 –

칸트에 따르면, 도덕 법칙이 절대적이고 무조건적으로 선하려면 그 법칙은 어떤 다른 목적을 달성하기 위한 수단이 아니라 그 자체가 목적인 명령이어야 한다. 즉 도덕 법칙이 '만일 ~하려거든 ~하라.'와 같이 어떠한 조건이 붙은 '가언 명령'이 아니라 '무조건 ~하라.'와 같은 정언 명령의 형식이어야 한다.

**질문 있어요**

**칸트는 도덕과 행복의 관계를 어떻게 보았나요?**

칸트는 도덕과 행복이 양립 가능하지만, 행복은 도덕의 목적이 아니라고 보았어요. 칸트는 어떤 행위가 도덕적 가치를 지니려면 의무로부터 비롯해야 한다고 주장하였어요. 그렇다고 해서 의무를 행하는 데 있어서 행복이 동반되면 안 된다는 뜻은 아니예요. 그는 단지, 행복이라는 동기는 무엇이 의무인가를 결정하려고 할 때 고려되어서는 안 된다는 점을 강조했을 뿐이에요.

**용어사전**

* **정식**(정할 定, 기준으로 삼고 따를 式) 격식이나 방식을 일정하게 정함 또는 그 격식이나 방식

* **준칙**(준할 準, 법칙 則) 각 개인이 나름대로 정립한 행위의 규칙

# 06 옳고 그름의 기준

## B 결과론과 공리주의

### 1 결과론의 의미와 특징

① **의미** : 어떤 행위의 옳고 그름이 그 행위를 수행함으로써 발생하는 결과에 의존하며, 올바른 행위란 최선의 결과를 가져오는 행위라고 주장하는 이론

② **특징**

- 행위의 가치는 각 상황의 결과에 따라 결정됨 → 의무론과 달리 행위의 가치는 미리 정해져 있지 않다고 봄
- 좋은 결과의 산출이라는 목적에 도움이 되는 수단은 도덕적으로 정당화될 수 있음 ㉠ 좋은 결과를 가져오는 거짓말은 정당화 가능함

벤담과 밀의 사상을 말한다.

### 2 고전적 공리주의

① **벤담의 양적 공리주의**

- 인간관 : 인간의 모든 행위는 고통과 쾌락에 의해 결정되며, 인간 행위의 목적은 고통을 피하고 쾌락을 추구하는 것(쾌락주의)

**자료로 보는 벤담의 인간관**

자연은 인류를 고통과 쾌락이라는 최고의 두 주인이 지배하도록 하였다. 우리가 무엇을 행할까를 결정할 뿐만 아니라 우리가 무엇을 해야 하는지를 지시해 주는 것은 오직 고통과 쾌락뿐이다. 한편으로는 옳고 그름의 기준이, 또 한편으로는 원인과 결과의 사슬이 두 주인의 왕좌에 고정되어 있다. 이들은 우리가 행하는 모든 행위에서, 우리가 말하는 모든 말에서, 그리고 우리가 생각하는 모든 사고에서 우리를 지배한다. – 벤담, 『도덕과 입법의 원리 서문』 –

**자료 분석** 벤담에 따르면 고통과 쾌락은 우리가 무엇을 행위해야 할지를 알려 준다. 모든 인간에게는 고통을 피하고 쾌락을 추구하는 경향이 있으며, 고통을 멀리하고 쾌락을 늘리는 것이 우리 행위의 목적이라는 것이다.

Q 벤담이 주장한 우리의 행위를 결정하는 두 요소는 무엇인가? A 고통과 쾌락

- 옳고 그름의 판단 기준 : 최대 다수의 최대 행복이라는 공리의 원리를 옳고 그름의 판단 기준으로 제시함 1
- 개인적 차원의 쾌락주의를 사회적 차원으로 확대함
- 쾌락에는 질적 차이가 없고, 오직 양적 차이만 있다고 주장함
- 공리의 원리를 실제 상황에 적용하기 위해서는 어떤 행동의 결과인 쾌락과 고통의 양을 정확하게 측정할 수 있어야 함
- 쾌락의 계산 기준 제시 : 강도, 지속성, 확실성, 신속성, *다산성, 순수성, 범위 질문

② **밀의 질적 공리주의** 2

- 기본적인 입장 : 벤담의 양적 공리주의를 수정하여 계승함
- 합리적인 인간은 높은 수준의 쾌락을 선호 → "만족한 돼지보다는 불만족한 소크라테스가 되는 것이 더 낫다."

**개념 더하기 자료 채우기**

**1 공리의 원리**

공리의 원리란, 모든 행위에 대해 그것이 우리의 행복을 증진시키느냐 혹은 감소시키느냐에 따라 좋다거나 나쁘다고 평가하는 원리이다. …… 내가 모든 행위라고 말한 뜻은 그것이 한 개인의 모든 행위뿐만 아니라 정부의 모든 정책까지도 포함한다는 것을 의미한다. 공리란 어떤 대상 속의 성질로서 그것이 관련된 당사자에게 이익·편의·쾌락·선·행복을 가져다주고 손해·고통·악·불행이 생기는 것을 방지하는 경향을 가지는 것을 의미한다. 여기서 말하는 행복이란 당사자가 사회 전체일 경우에는 사회의 행복을, 특정한 개인일 경우에는 그 개인의 행복을 가리킨다. – 벤담, 『도덕과 입법의 원리 서설』 –

벤담은 사회가 개인들의 집합체이므로 개개인의 행복은 사회 전체의 행복과 연결되며, 더 많은 사람이 행복을 누리는 것은 그만큼 더 좋은 일이라고 보았다. 따라서 벤담에게 옳은 행위란 행위의 영향을 받는 사람들의 행복을 최대한 증진시키는 행동을 의미한다.

**질문 있어요**

**벤담의 쾌락 계산 기준이 구체적으로 무엇인가요?**

벤담은 쾌락이 사람의 행복을 더해 주고, 고통이 행복을 감소시킨다는 것을 전제해요. 그는 강도가 강할수록, 지속성이 길수록, 확실성이 높을수록, 가까운 시일 안에 경험할 수 있을수록, 다른 쾌락으로 이어질 수 있을수록, 고통이 덜 섞여 있을수록, 그리고 그 쾌락을 느끼는 사람의 수가 많을수록 더 좋은 것이라고 주장하였어요.

**2 밀의 질적 공리주의**

어떤 종류의 쾌락이 다른 것보다 더 바람직하고 더 가치 있다는 사실을 인정하는 것은 공리의 원리에 조금도 어긋나지 않는다. 다른 모든 일을 헤아릴 때에는 양뿐만 아니라 질도 고려하면서, 쾌락을 측정할 때에는 양에만 의거해야 한다고 여기는 것은 불합리한 일이다. – 밀, 『공리주의』 –

밀은 벤담과 마찬가지로 삶의 궁극적인 목표가 쾌락(행복)이라고 보고, '최대 다수의 최대 행복'이라는 공리의 원리를 계승하였다. 그러나 그는 벤담과 달리 쾌락에는 질적인 차이가 있으며, 쾌락의 양뿐만 아니라 질적인 차이도 고려해야 한다고 주장하였다.

**용어사전**

* **다산**(많을 多, 낳을 産) 물품을 많이 생산하는 것

- 쾌락에는 양뿐만 아니라 질적인 차이가 있으며 쾌락을 계산할 때 이를 모두 고려해야 함

| 높은 수준의 쾌락 | 지성, 상상력, 도덕적 정서 등을 통한 쾌락 |
|---|---|
| 낮은 수준의 쾌락 | 먹는 것, 성(性), 휴식 등을 통한 쾌락 |

- 합리적인 인간이라면 누구나 쾌락의 질적 차이를 분별할 수 있음 3
- 공익 추구의 이유를 제시함 : 타인의 행복에 대해서 느끼는 쾌락도 질적으로 높은 쾌락에 포함 → 자신의 쾌락과 더불어 타인의 쾌락도 함께 추구해야 함을 강조함

③ 고전적 공리주의에 대한 평가

| | |
|---|---|
| 의의 | • 사익과 공익의 조화라는 문제에 하나의 해법을 제시함<br>• 변화에 탄력적으로 대처할 수 있는 융통성을 지님<br>• 도덕 판단에서 관련 당사자 간의 공평성을 강조함<br>• 평등의 원리와 민주주의 원리의 발전에 이바지함 |
| 비판 | • 인간의 내면적 동기나 과정을 소홀히 함<br>• 쾌락이나 결과를 정확하게 계산하고 예측하기 어려움 4<br>• 행복을 쾌락과 동일시함으로써 행복을 지나치게 단순화함<br>• 공리의 원리가 상식적인 도덕에 어긋날 가능성이 존재함 질문 |

## 3 현대 공리주의

① 현대 공리주의의 등장

- 벤담과 밀의 고전적 공리주의는 현대로 이어짐
- 고전적 공리주의의 원리를 계승하면서도 한계를 극복하려고 시도함

② 선호 공리주의

선호: 여럿 가운데서 특별히 가려서 좋아하는 것을 말한다.

- 의미 : 선택할 수 있는 행위 중 그 행위에 영향을 받을 모든 사람의 선호를 가장 많이 만족하게 해 주는 행위가 옳다고 주장하는 이론 → 행복을 쾌락이 아닌 더 포괄적인 의미인 선호라는 개념을 통해 설명함
- 피터 싱어 : 감각을 지닌 개체의 선호를 동등하게 고려해야 한다고 주장 → 고통과 쾌락을 느낄 수 있는 감각을 가진 개체가 자신의 선호를 추구하는 것은 각 개체의 기본적인 권리임

③ 규칙 공리주의

- 의미 : 좋은 결과를 가져다줄 가능성이 큰 규칙을 따름으로써 공리를 극대화할 수 있다는 이론
- 고전적 공리주의의 한계를 극복함 : 결과를 계산하기 어렵다는 점과 역직관성의 문제를 보완할 수 있음

역직관성: 일상적인 도덕적 직관과 어긋나는 성질을 말한다.

- 의의 : 우리 사회의 전통이나 직관과 상충하지 않을 가능성이 높으며 경제적임

④ 현대 공리주의의 의의

- 인간에서 감각을 지닌 동물까지 도덕적 고려의 대상을 확대하는 데 기여함
- 실천 윤리학의 구체적인 지침을 마련하는 데 기여함 : 실질적인 행위 규칙을 도출하여 개인의 윤리적 판단과 사회의 정책 결정에 영향을 끼침

**개념 더하기 자료 채우기**

**3 쾌락의 질적 차이 판단**

만족한 돼지이기보다는 불만족한 인간인 편이 더 낫고, 만족한 바보이기보다는 불만족한 소크라테스인 편이 더 낫다. 그리고 만일 바보나 돼지가 이와 다른 의견을 가지고 있다면, 그것은 이들이 이 문제에 있어 오직 그들 자신의 측면에서만 알고 있기 때문이다. 그러나 이들과 비교되는 상대편, 즉 사람이나 소크라테스는 양쪽 측면을 모두 알고 있는 것이다. – 밀, 『공리주의』 –

밀은 감각적 쾌락과 정신적 쾌락을 모두 경험한 사람은 정신적 쾌락이 더 우월함을 알기에 만족한 돼지보다는 불만족한 소크라테스가 되고자 할 것이라고 보았다. 즉, 합리적인 인간은 누구나 쾌락의 수준을 분별할 수 있으며, 더 높은 수준의 쾌락을 선호한다는 것이다.

**4 고전적 공리주의의 난점 – 계산의 어려움**

'최대 다수'와 '최대 이익'을 어떻게 어떤 항목을 가지고 누구를 중심으로 측량할 것이며, 그 측량의 시점을 언제로 잡을 것이냐는 것은 난문제 중의 난문제이다. 오늘 우리 가족 모두에게 좋은 것이 후손에게는 나쁜 것일 수 있고, 지금 다수의 서울 사람에게는 좋은 것이 같은 시각 여타 지방 사람들에게는 해를 끼칠 수 있기 때문이다. – 백종현, 『윤리 개념의 형성』 –

고전적 공리주의의 난점 중 하나는 쾌락을 계산하고 결과를 예측하기 어렵다는 것이다. 행위의 결과는 미래의 어떤 시점을 기준으로 평가하느냐에 따라 달라질 수 있다. 또한 모든 행위의 결과를 미리 내다보고 행위하기는 어렵다.

**질문 있어요**

공리의 원리가 상식적인 도덕에 어긋나는 사례는 어떤 것이 있나요?

현대 철학자 샌델은 다음과 같은 사례를 통하여 공리의 원리가 우리의 상식적인 도덕과 어긋난다고 비판해요.

벤담은 구빈원을 세워 '극빈자 관리'를 개선하는 방안을 내놓았다. 이 계획은 거리에서 거지를 줄일 목적으로 나왔다. 벤담은 거지와 마주치면 두 가지 측면에서 행복이 줄어든다는 사실을 발견했다. 정이 많은 사람이라면 마음의 부담감이라는 고통이, 정이 없는 사람이라면 혐오감이라는 고통이 생긴다는 것이다. 어떤 경우든 거지와 마주치면 일반적으로 사람들의 공리가 줄어든다. 따라서 벤담은 거지를 구빈원으로 몰아넣자고 제안했다. – 샌델, 『정의란 무엇인가』 –

# 기초를 다지는 확인 문제

바른답·알찬풀이 48쪽

올리드 포인트

## A 의무론과 칸트주의

### 1 의무론의 의미와 특징

| | |
|---|---|
| 의미 | 의무에 따라 행위의 옳고 그름을 판단해야 한다는 이론 |
| 특징 | • 행위의 동기를 중시함<br>• 행위의 가치가 본래 정해져 있다고 봄 |

### 2 칸트 윤리 사상

| | |
|---|---|
| 윤리 사상 | • 도덕적 행동 = 선의지와 의무(도덕 법칙)에 따른 행위<br>• 정언 명령 : 보편주의 정식, 인격주의 정식 |
| 평가 | • 의의 : 도덕의 중요성을 강조함<br>• 비판 : 지나치게 엄격하고 형식적임 |

### 3 현대 칸트주의

| | |
|---|---|
| 로스 | 조건적 의무론 : 칸트의 의무론 계승하며, 정언 명령의 엄격성 및 도덕적 의무 간 상충 문제를 해결함 |
| 의의 | • 도덕의 확고한 토대를 마련함<br>• 인권 사상 및 민주주의 발전에 영향을 미침 |

## B 결과론과 공리주의

### 1 결과론의 의미와 특징

| | |
|---|---|
| 의미 | 결과에 따라 행위의 옳고 그름을 판단하는 이론 |
| 특징 | • 행위의 가치는 결정되어 있지 않다고 봄<br>• 좋은 결과를 산출하는 것은 도덕적으로 정당화될 수 있음 |

### 2 고전적 공리주의

| | |
|---|---|
| 벤담 | • 모든 행위의 가치는 고통과 쾌락에 의해 결정됨<br>• 옳고 그름의 기준 : 최대 다수의 최대 행복<br>• 양적 공리주의 : 쾌락에는 오직 양적인 차이만 존재함 |
| 밀 | • 벤담의 기본적인 입장을 계승함<br>• 질적 공리주의 : 쾌락에는 질적인 차이도 존재함 |
| 평가 | • 의의 : 사익과 공익을 조화시키고자 함<br>• 비판 : 인간의 내면적 동기나 과정을 경시, 결과의 계산 및 예측의 어려움, 행복의 단순화, 역직관성 |

### 3 현대 공리주의

| | |
|---|---|
| 선호 공리주의 | • 의미 : 행위에 영향을 받을 모든 사람의 선호를 가장 많이 만족하게 해 주는 행위가 옳다는 이론<br>• 피터 싱어 : 감각을 지닌 개체의 선호를 동등하게 고려해야 한다고 주장함 |
| 규칙 공리주의 | 좋은 결과를 가져다줄 가능성이 큰 규칙을 따름으로써 공리를 극대화할 수 있다는 이론 |
| 의의 | • 도덕적 고려의 대상을 확대하는 데 기여함<br>• 실천 윤리학의 구체적 지침을 마련하는 데 기여함 |

**01** 다음 설명이 맞으면 ○표, 틀리면 ×표를 하시오.

(1) 의무론은 행위의 동기보다 결과를 중시한다. ( )

(2) 의무론에서는 행위의 가치가 본래 정해져 있다고 본다. ( )

(3) 올바른 행위란 최선의 결과를 가져오는 행위라고 주장하는 이론을 결과론이라고 한다. ( )

(4) 결과론은 행위의 가치가 각 상황에 따라 결정되며, 미리 정해져 있는 것은 아니라고 주장한다. ( )

(5) 결과론에서는 거짓말을 하거나 약속을 어기는 것은 어떤 경우에도 옳지 않은 것으로 본다. ( )

**02** 빈칸에 들어갈 알맞은 말을 쓰시오.

(1) 칸트는 자연에는 자연법칙이 있듯이 인간의 마음에는 누구나 반드시 지키고 따라야 할 ( )이/가 존재한다고 보았다.

(2) ( )은/는 마땅히 해야 할 바를 생각하고 그것을 스스로의 의지로 결단하는 능력이다.

(3) 칸트는 도덕 법칙을 ( )의 정식으로 제시하였다.

(4) 벤담은 쾌락에는 질적 차이는 없으며, 오직 양적 차이만 있다는 ( ) 공리주의를 주장하였다.

(5) 밀은 벤담과 달리 쾌락에는 질적인 차이가 있기 때문에 쾌락을 계산할 때 양뿐만 아니라 질적인 차이도 고려해야 한다는 ( ) 공리주의를 주장하였다.

**03** 다음 개념과 그에 관한 설명을 바르게 연결하시오.

(1) 조건부 의무 •

(2) 선호 공리주의 •

(3) 규칙 공리주의 •

• ㉠ 좋은 결과를 가져다줄 가능성이 큰 규칙을 따름으로써 공리를 극대화할 수 있다는 이론

• ㉡ 그 행위에 영향을 받을 모든 사람의 선호를 가장 많이 만족하게 해 주어야 한다는 이론

• ㉢ 직관적으로 옳은 의무도 상황에 따라 유보될 수 있다는 이론

# 실력을 키우는 실전 문제

바른답·알찬풀이 48쪽

**01** (가) 사상의 입장에서 (나)의 질문에 대답할 내용을 〈보기〉에서 고른 것은?

| | |
|---|---|
| (가) | 우리는 마땅히 지켜야 할 의무에 따라 행위의 옳고 그름을 판단해야 합니다. |
| (나) | 거짓말을 해도 좋은가? |

보기

ㄱ. 그 문제는 각 상황에 따라 판단해야 한다.
ㄴ. 거짓말은 본래 그른 행위이기 때문에 해서는 안 된다.
ㄷ. 거짓말은 좋은 결과를 산출할 수 있기 때문에 해도 된다.
ㄹ. 목적이 수단을 정당화할 수 없기 때문에 거짓말을 해서는 안 된다.

① ㄱ, ㄴ ② ㄱ, ㄷ ③ ㄴ, ㄷ
④ ㄴ, ㄹ ⑤ ㄷ, ㄹ

중요

**02** 갑의 입장에서 을의 주장에 대해 제기할 비판으로 가장 적절한 것은?

우리는 수많은 도덕적 갈등 상황에서 '약속은 꼭 지켜야 한다.'와 같은 의무에 따라 도덕적 판단을 내려야 해.
갑

우리는 도덕적 문제 상황에서 옳고 그름을 판단할 때, 어떤 행위가 가져오는 결과에 따라 도덕적 판단을 내려야 해.
을

① 행위의 가치가 결정되어 있지 않다는 점을 간과하고 있다.
② 어떤 행위에 있어 산출하는 결과가 중요하다는 점을 간과하고 있다.
③ 도덕적 판단에 있어 행위의 동기가 중요하다는 점을 간과하고 있다.
④ 도덕적 선악의 판단은 각 상황에 따라 달라질 수 있음을 간과하고 있다.
⑤ 목적에 도움이 되는 수단은 도덕적으로 정당화될 수 있음을 간과하고 있다.

**03** 다음 근대 서양 사상가의 입장으로 옳지 <u>않은</u> 것은?

> 내가 그것들을 더욱 자주, 더욱 진지하게 생각하면 할수록 항상 새롭고 더욱 높아지는 감탄과 경외로 나의 마음을 가득 채우는 것이 두 가지가 있다. 그것은 내 위에 있는 별이 빛나는 하늘과 내 안에 있는 도덕 법칙이다.

① 자연에는 자연법칙이 있다.
② 인간의 마음에는 도덕 법칙이 존재한다.
③ 행위의 결과보다 행위의 동기가 중요하다.
④ 인간은 자신의 본능적 욕구를 극복할 수 있는 존재이다.
⑤ 도덕 법칙은 우리 안의 이론 이성에 의해 세워진 것이다.

**04** 다음 근대 서양 사상가의 입장만을 〈보기〉에서 있는 대로 고른 것은?

> 인간의 경향성에 관련되거나 인간이 필요로 하는 물건은 시장 가격을 갖는다. 시장 가격은 물건의 상대적 가치에 불과하다. 물건이 아닌 인간은 그 자체로 목적이 되고 그 목적이 유일한 가치이다. 목적 그 자체로서의 인간은 단순히 상대적인 가치를 갖는 것이 아니다. 인간의 가치는 다른 것으로 대체될 수 없는 내재적 가치, 다시 말해 존엄성을 갖는다.

보기

ㄱ. 자율적 존재로서 인간은 선의지를 갖고 있다.
ㄴ. 인간을 수단으로만 대하지 말고 언제나 동시에 목적으로 대우해야 한다.
ㄷ. 도덕 법칙은 무조건적인 명령이기 때문에 자율적 의지의 법칙이 될 수 없다.
ㄹ. 인간은 누구나 실천 이성을 가지고 있기 때문에 비도덕적 행위를 하지 않는다.

① ㄱ, ㄴ ② ㄱ, ㄷ ③ ㄷ, ㄹ
④ ㄱ, ㄴ, ㄹ ⑤ ㄴ, ㄷ, ㄹ

**05** 근대 서양 사상가 갑의 입장에서 〈사례〉 속 A의 행위에 대해 내릴 평가로 가장 적절한 것은?

> 갑 : 지성, 판단력, 용기 …… 이런 것을 사용하는 의지가 선하지 않다면, 극도로 악하고 해가 될 수도 있다. 따라서 아무런 제한 없이 선하다고 생각될 수 있는 것은 오로지 선의지뿐이다.
>
> 〈사례〉
>
> A는 강에 놀러 갔다가 물에 빠진 사람을 발견하였다. 평소 수영에 자신이 있었던 A는 친구들에게 자랑하고 싶어서 물에 뛰어들어 사람을 구하였다.

① 좋은 결과를 만들었기 때문에 도덕적인 행위이다.
② 어려운 사람을 도왔기 때문에 도덕적인 행위이다.
③ 자신보다 타인을 우선시했기 때문에 도덕적인 행위이다.
④ 의무로부터 비롯된 행위가 아니기 때문에 도덕적인 행위가 아니다.
⑤ 동정심에 기반을 둔 행위가 아니기 때문에 도덕적인 행위가 아니다.

**06** 다음 현대 사상가의 입장에 관한 옳은 설명을 〈보기〉에서 있는 대로 고른 것은?

> 나와 주변 사람들은 약속한 자와 약속받은 자, 채권자와 채무자, 아내와 남편, 자식과 부모, 친구와 친구, 동료 시민과 동료 시민의 관계에 있다. 이러한 관계는 나에게 조건부 의무를 부여하는 근거가 된다. 주변 사람들에게 내가 지켜야 할 조건부 의무에는 약속에 대한 성실, 잘못에 대한 보상, 호의에 대한 감사, 재화를 공정하게 분배하는 정의 등이 있다.

보기

ㄱ. 조건부 의무는 칸트의 정언 명령보다는 느슨하다.
ㄴ. 조건부 의무들 간에도 상황에 따라서 갈등이 발생할 수 있다.
ㄷ. 상황에 적합한 조건부 의무를 도덕적 직관으로 결정할 수 있다.
ㄹ. 어떤 조건부 의무도 다른 조건부 의무에 의해 유보될 수 없다.

① ㄱ, ㄷ ② ㄴ, ㄹ ③ ㄷ, ㄹ
④ ㄱ, ㄴ, ㄷ ⑤ ㄱ, ㄴ, ㄹ

★★ 중요

**07** (가)의 근대 서양 사상가 갑, 현대 서양 사상가 을의 입장을 (나)의 그림으로 표현할 때, A~C에 들어갈 적절한 내용을 〈보기〉에서 고른 것은?

| | |
|---|---|
| (가) | 갑 : 도덕적 의무는 도덕 법칙에 대한 존경을 의지 규정의 근거로 삼는 것이다. 그러나 유한한 이성적 존재인 인간이 그것을 준수하기에는 너무 나약하다. 따라서 도덕 법칙은 의무이자 강제로 작용한다.<br>을 : 도덕 원리는 그 자체 이외의 어떤 증거도 필요 없이 자명한 것이다. 구체적 상황에서 하나의 행위가 한 관점에서 일견 옳다고 하더라도 더 중요한 관점들에서는 그르다면 실제적 의무가 될 수 없다. |
| (나) | 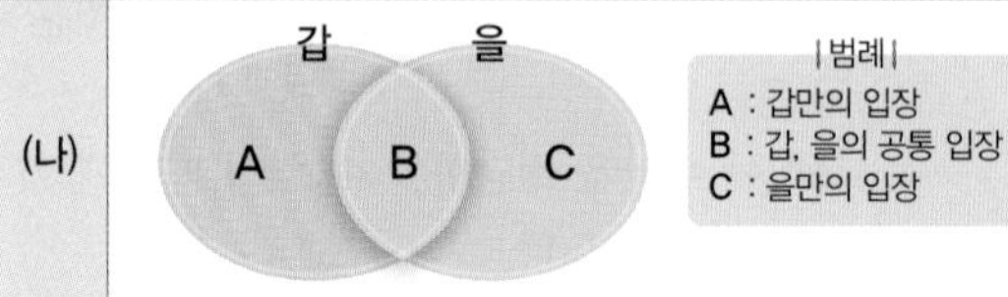 |

보기

ㄱ. A : 동정심에 근거한 행위가 의무에 적합할 경우 무조건적으로 선하다.
ㄴ. B : 행위의 결과보다는 동기가 우선한다.
ㄷ. B : 최대 다수의 최대 행복을 가져오는 경우 선한 행동이다.
ㄹ. C : 어떤 의무는 다른 의무에 의해 유보될 수 있다.

① ㄱ, ㄷ ② ㄴ, ㄹ ③ ㄷ, ㄹ
④ ㄱ, ㄴ, ㄷ ⑤ ㄱ, ㄴ, ㄹ

**08** 다음 윤리 이론이 성립하기 위한 전제로 가장 적절한 것은?

> 쾌락과 고통은 정확히 계산될 수 있어야 한다. 즉 어떤 쾌락이 강도가 강할수록, 지속성이 길수록, 확실성이 높을수록, 가까운 시일 안에 맛볼 수 있을수록, 다른 쾌락으로 이어질 수 있을수록, 고통이 덜 섞여 있을수록, 그리고 그 쾌락을 느끼는 사람의 수가 많을수록 좋은 것이다.

① 사회는 개인의 합 이상이다.
② 쾌락에는 질적인 차이도 존재한다.
③ 쾌락은 개인적 차원에서만 한정된다.
④ 쾌락은 오직 양적인 차이만 존재한다.
⑤ 쾌락은 인간뿐만 아니라 동물도 느낀다.

**09** (가)를 주장한 근대 서양 사상가의 관점에서 (나)의 세로 낱말 (A)에 관해 제시할 설명으로 가장 적절한 것은?

(가) 행복을 가져오는 행위는 승인되고 불행을 가져오는 행위는 부인된다. 쾌락이나 이익을 부르는 행위는 행복으로, 고통이나 손해를 부르는 행위는 불행으로 이어진다. 쾌락의 양은 계산될 수 있으며, 그 기준은 강도, 지속성, 확실성 등이다.

(나)

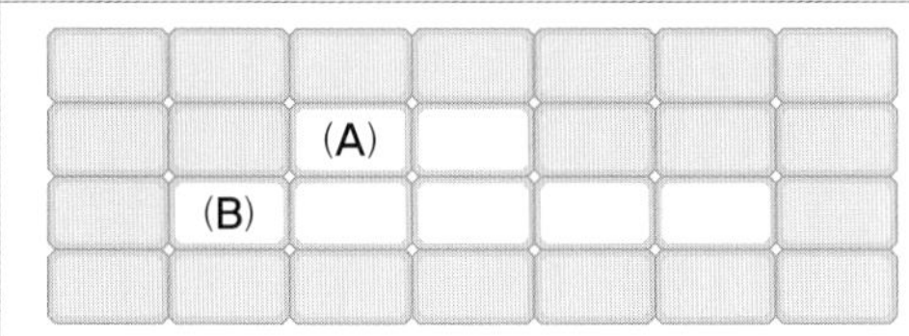


[가로 열쇠]
(A) : 중국 춘추 시대 활동한 유교의 대표적인 사상가 인(仁)의 회복을 강조함
(B) : 예수에 의해 성립된 종교를 이르는 말
[세로 열쇠]
(A) : ……개념

① 각 개인의 쾌락을 합친 것보다 많은 것이다.
② 옳고 그름의 판단 기준으로 삼아야 하는 것이다.
③ 보편적 도덕 원리가 존재하지 않음을 입증하는 근거이다.
④ 쾌락의 질(質)을 결정하기 위해 쾌락의 양을 계산하는 척도이다.
⑤ 쾌락의 양뿐만 아니라 질적 차이도 함께 고려하여 산출하는 것이다.

**10** 근대 서양 사상가 갑, 을 모두가 부정의 대답을 할 질문으로 옳은 것은?

갑 : 모든 쾌락과 고통은 측정될 수 있다. 그 기준은 강도, 지속성, 확실성, 근접성, 범위이다. 어떤 쾌락이나 고통이 또 다른 쾌락이나 고통과 연결될 때 그 쾌락이나 고통도 측정될 수 있다.
을 : 사람들은 불만족의 양이 더 많은 쾌락을 포기하지 않는다. 그 이유는 불만족의 양이 더 많은 쾌락이 질적으로 우월하기 때문이다.

① 쾌락에는 양적인 차이만 존재하는가?
② 인간의 목적은 행복을 추구하는 데 있는가?
③ 쾌락에는 양뿐만 아니라 질적인 차이도 존재하는가?
④ 행위의 결과와 무관한 행위 자체의 옳음이 있는가?
⑤ 행위자 및 관련된 모든 사람의 행복을 증진시키는 행위가 옳은가?

중요

**11** (가) 사상가의 입장을 (나) 그림으로 완성하고자 할 때, A와 B에 들어갈 옳은 질문을 〈보기〉에서 고른 것은?

(가) 공동체의 행복이란 공동체 구성원들이 양적인 면과 질적인 면에서 누리는 풍부한 쾌락이다. 쾌락의 양에 대비해 그 질을 측정하는 원칙은 쾌락을 경험하고 자기 성찰을 통해 가장 잘 비교할 수 있는 사람들이 느끼는 선호이다.

(나)

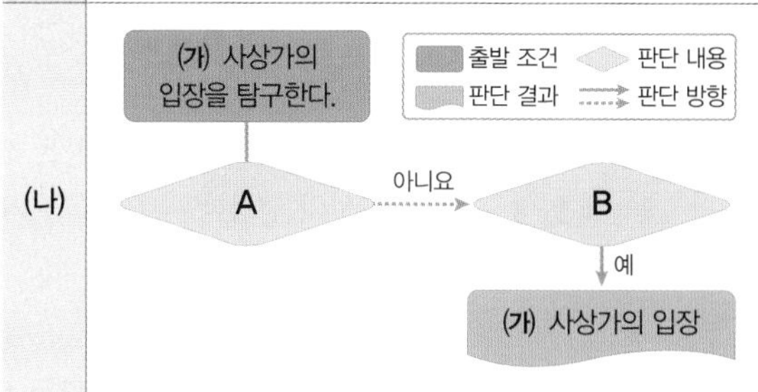


보기
ㄱ. A : 사회적 쾌락을 위해 개인적 쾌락을 배제하는가?
ㄴ. A : 쾌락에는 양적인 차이뿐만 아니라 질적 차이도 존재하는가?
ㄷ. B : 행위의 동기가 옳고 그름의 판단 기준인가?
ㄹ. B : 감각적 쾌락보다 정신적 쾌락을 추구해야 하는가?

① ㄱ, ㄴ ② ㄱ, ㄹ ③ ㄴ, ㄷ ④ ㄴ, ㄹ ⑤ ㄷ, ㄹ

**12** 그림의 근대 서양 사상가 갑, 을 중 적어도 한 사람이 긍정의 대답을 할 질문만을 〈보기〉에서 있는 대로 고른 것은?

어떤 행위가 더 가치 있는지 판단할 때 우리는 일곱 가지 기준을 가지고 측정한 쾌락의 양을 비교해야 합니다.

쾌락의 양으로만 행위를 평가하는 것은 불합리합니다. 어떤 행위를 평가할 때에는 쾌락의 질도 함께 고려해야 합니다.

갑

을

보기
ㄱ. 이성적인 판단과 도덕적 행위는 상호 무관한가?
ㄴ. 공리의 원리가 행위의 옳고 그름의 판단 기준인가?
ㄷ. 인간은 본성적으로 자신의 행복을 증진하려고 하는가?
ㄹ. 측정 및 계량화가 가능한 쾌락만이 도덕적 가치를 지니는가?

① ㄱ, ㄴ ② ㄱ, ㄷ ③ ㄷ, ㄹ
④ ㄱ, ㄴ, ㄹ ⑤ ㄴ, ㄷ, ㄹ

[13~14] 갑, 을, 병은 서양 근대 사상가이다. 물음에 답하시오.

> 갑 : 도덕의 토대는 인간의 공감 능력이다. 도덕적 가치, 즉 선악은 사회적 시인(是認)과 부인(否認)의 산물이다.
> 을 : 도덕적 삶의 궁극적 목적은 행복이다. 인간은 감각적 쾌락보다 지적·정신적 쾌락을 통해 진정한 행복을 얻는다.
> 병 : 도덕 판단의 기준은 의무를 따르고자 하는 의지에 있다. 따라서 이성의 진정한 사명은 그 자체로 선한 의지를 만들어내는 것이어야 한다.

중요

**13** 갑, 을, 병의 입장에서 질문에 대답한 내용을 모두 바르게 짝지은 것은?

| | 질문 | 갑 | 을 | 병 |
|---|---|---|---|---|
| ① | 옳은 행위는 사회적 유용성에 근거하는가? | 예 | 예 | 아니요 |
| ② | 도덕적 판단은 행위자의 동기에 의해 결정되는가? | 아니요 | 아니요 | 아니요 |
| ③ | 이성으로 선악을 객관적으로 판단할 수 있는가? | 예 | 아니요 | 예 |
| ④ | 동정심에 의한 행위는 그 결과와 무관하게 옳은가? | 예 | 예 | 아니요 |
| ⑤ | 도덕적 행위에서 자신의 행복은 고려되지 않는가? | 아니요 | 예 | 아니요 |

**14** 다음 서양 고대 사상가와 병이 모두 긍정으로 대답할 질문으로 옳은 것은?

> 병에 걸리면 육체는 약해진다. 그러나 스스로 굴복하지 않는 한, 의지는 영향을 받지 않는다. 나쁜 일을 당했을 때 우리가 괴로워하는 것은 그 자체 때문이 아니라 그 일에 대해 우리가 가지고 있는 관념 때문이다.

① 도덕적 가치의 상대성을 강조해야 하는가?
② 이성을 통해 감정의 현혹에서 벗어나야 하는가?
③ 행복의 실현을 도덕의 목적으로 간주해야 하는가?
④ 자연법칙을 거슬러 적극적으로 자신의 운명을 개척해야 하는가?
⑤ 육체에 고통이 없고 마음에 불안이 없는 상태를 추구해야 하는가?

**15** A 사상가의 입장으로 가장 적절한 것은?

> 현대 서양 사상가 A가 지닌 기본 입장
> 1. 도덕적으로 옳고 그름, 선악을 판단하는 기준은 공리의 원리이다.
> 2. 행복을 쾌락보다 포괄적인 선호라는 개념을 통하여 설명한다.
> 3. 선택할 수 있는 행위 중 그 행위에 영향을 받을 모든 사람의 선호를 가장 많이 만족하게 해 주는 행위가 옳다.

① 인간만이 고통과 쾌락을 느낄 수 있다.
② 감각을 지닌 개체의 선호를 동등하게 고려해야 한다.
③ 공리의 원리보다 효율성의 원리를 더 중시해야 한다.
④ 공리의 원리를 개별 행위가 아니라 행위의 규칙에 적용해야 한다.
⑤ 어떤 존재의 도덕적 고려 여부는 이성의 유무에 따라 결정되어야 한다.

**16** (가)의 갑, 을 사상가들의 주장을 (나) 그림으로 분류할 때, A에 들어갈 내용으로 가장 적절한 것은?

(가)
갑 : 어느 누구도 동물적 쾌락을 만끽하기 위해서 자기를 하찮은 동물로 전락시키는 것에 동의하지는 않을 것이다. 행위의 궁극 목적은 양과 질이라는 두 가지 측면 모두에서 가능한 한 고통을 피하고 쾌락을 충분하게 향유하는 것이다.
을 : 쾌락은 삶의 목적이다. 참된 쾌락은 몸의 고통이나 마음의 혼란으로부터의 자유이다. 결핍으로 인한 고통이 제거된다면, 검소한 음식도 우리에게 사치스런 음식과 같은 쾌락을 준다.

(나)

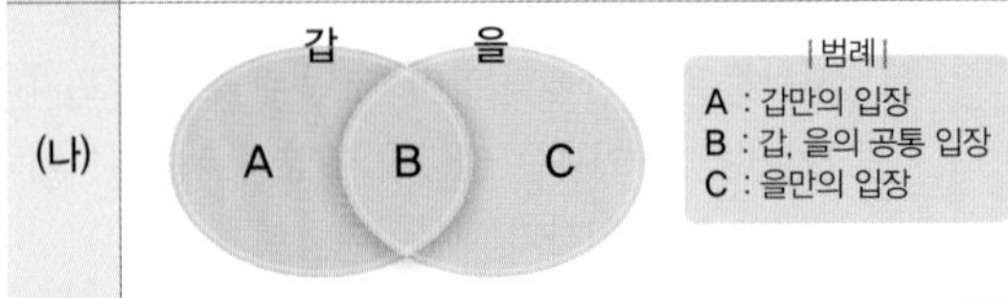


① 이상적 삶은 은둔하면서 절제하는 삶이다.
② 삶의 목적은 쾌락의 추구와 고통의 회피이다.
③ 정신적 쾌락이 감각적 쾌락보다 더 수준이 높다.
④ 행복은 정념과 욕망을 제거한 마음의 평정 상태이다.
⑤ 사회 구성원 전체의 쾌락 증진이 옳고 그름의 판단 기준이다.

중요

**17** ㉠에 들어갈 진술로 가장 적절한 것은?

> 갑 : 개별적인 행위가 산출되는 쾌락과 고통의 전체 값에 따라 행위의 옳고 그름을 평가해야 해.
> 을 : 아니야. 최대의 유용성을 산출하는 행위 규칙을 선정하고 이 규칙과 일치하는 행위가 옳은 행위야. 그렇다면 너의 곤란한 상황 때문에 나에게 거짓말을 하는 것은 옳은 일일까?
> 갑 : 내가 거짓말을 하는 것이 하지 않는 것보다 더 큰 선을 산출하는 경우에만 옳은 행위지.
> 을 : 내 생각에 너는 ______㉠______

① 행위의 유용성이 중요함을 간과하고 있어.
② 행위의 유용성을 계산하기 어려움을 간과하고 있어.
③ 행위의 유용성이 이미 검증된 규칙에 위배됨을 강조하고 있어.
④ 도덕 규칙이 최대 행복의 원리에 의해 정당화됨을 간과하고 있어.
⑤ 행위의 결과보다 동기에 의해 도덕성을 판단해야 함을 강조하고 있어.

**18** 그림은 서술형 평가 문제와 학생 답안이다. ㉠~㉤ 중 옳지 않은 것은?

⊙ 문제 : 근대 서양 사상가 갑, 을의 입장을 비교하여 설명하시오.

> 갑 : 고통과 쾌락만이 무엇을 해야 할 것인가를 지시해 준다. 윤리란 이해 당사자들이 최대량의 행복을 산출하는 행위를 이끌어 주는 것이다.
> 을 : 행위가 도덕성을 갖는 것은 결과를 기대하고 행해졌기 때문이 아니라 의무로부터 행해졌기 때문이다. 의무란 도덕 법칙에 대한 존경심에서 나오는 행위의 필연성이다.

⊙ 학생 답안 : 갑은 ㉠ 쾌락의 추구가 도덕의 기반이 되어야 하며, ㉡ 최대의 쾌락을 가져다주는 행위를 도덕적 행위로 보았다. 반면 을은 ㉢ 도덕은 행복 실현의 수단이 아니며, ㉣ 선의지의 지배를 받는 행위를 도덕적 행위로 보았다. 갑, 을 모두 ㉤ 사회 전체의 행복을 증진하는 행위를 도덕적 행위로 보았다.

① ㉠ ② ㉡ ③ ㉢ ④ ㉣ ⑤ ㉤

## 서술형 문제

**19** 다음 글을 읽고 물음에 답하시오.

> 인간에게 있어서, 그리고 모든 이성적인 피조물에게 있어서, 도덕적 필연성은 강요이자 강제이다. 그리고 거기에 근거한 모든 행위는 의무로 생각되어야 한다. 인간적인 제약과 방해는 선의지를 가려서 알아볼 수 없게 만드는 것이 아니라, 오히려 제약이 없는 경우와의 뚜렷한 대조를 통해 선의지를 더욱 두드러지게 하고 더욱 밝게 빛나게 한다.

(1) 윗글과 같이 주장한 사상가를 쓰시오.

(2) (1)의 사상가가 밑줄 친 부분과 같이 주장한 구체적인 이유를 한 문장으로 서술하시오.

**20** ㉠에 들어갈 수 있는 문제점을 두 가지 서술하시오.

> 어떤 공리주의자들은 개별적인 행위가 산출되는 쾌락과 고통의 전체 값에 따라 행위의 옳고 그름이 평가되어야 한다고 생각한다. 그러나 나는 이러한 생각이 ______㉠______을 간과하고 있다고 생각한다. 따라서 나는 공리의 원리를 개별적인 행위가 아니라 우리가 원하는 결과를 가져다 줄 가능성이 가장 큰 규칙의 집합을 따라야 한다는 것을 주장한다.

**21** 다음 글을 읽고 물음에 답하시오.

| | |
|---|---|
| (가) | 우리는 윤리적으로 판단할 때, 개인적이고 파당적인 관점을 넘어서서 영향을 받는 모든 사람들의 이익을 고려해야만 한다. 이는 우리가 도덕적 사고에서 우리의 행위에 의해서 영향을 받는 모든 사람들의 같은 이익들에 대하여 동등한 비중을 둔다는 것을 의미한다. |
| (나) | 동물 실험을 허용해야 하는가? |

(1) (가)와 같이 주장한 사상가를 쓰시오.

(2) (가) 사상가의 입장에서 (나)의 윤리적 쟁점에 관한 찬반 입장을 밝히고, 그 이유를 서술하시오.

# 등급을 올리는 고난도 문제

**01** 그림의 (가), (나)에 들어갈 옳은 질문만을 〈보기〉에서 있는 대로 고른 것은?

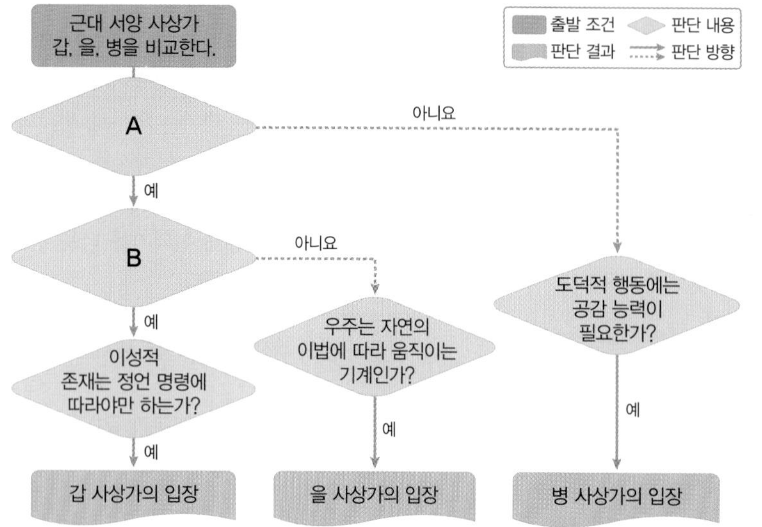

근대 서양 사상가 갑, 을, 병을 비교한다.
출발 조건
판단 내용
판단 결과
판단 방향
A
아니요
예
B
아니요
예
이성적 존재는 정언 명령에 따라야만 하는가?
예
우주는 자연의 이법에 따라 움직이는 기계인가?
예
도덕적 행동에는 공감 능력이 필요한가?
예
갑 사상가의 입장
을 사상가의 입장
병 사상가의 입장

보기

ㄱ. A : 이성은 도덕적 행동의 동기가 되는가?
ㄴ. A : 감정은 행위의 도덕적 가치와 무관한가?
ㄷ. B : 인간은 자연적 필연성에서 벗어난 자유로운 존재인가?
ㄹ. B : 이성을 최대한 발휘하는 삶을 통하여 최고선이 획득되는가?

① ㄱ, ㄴ ② ㄱ, ㄹ ③ ㄷ, ㄹ ④ ㄱ, ㄴ, ㄷ ⑤ ㄴ, ㄷ, ㄹ

**문제 접근 방법**

'정언 명령', '우주는 자연의 이법에 따라 움직이는 기계', '공감 능력'이라는 핵심어를 통해 갑, 을, 병 사상가가 누구인지 파악한다. 각 사상가의 공통점과 차이점을 비교하여 문제를 해결한다.

**적용 개념**

# 정언 명령
# 우주는 기계
# 공감

**02** 서양 근대 사상가 갑의 입장에서 서양 고대 사상가 을의 주장에 대해 제기할 수 있는 비판으로 가장 적절한 것은?

갑 : 한 행위를 가져다주는 쾌락의 총량과 고통의 총량을 계산해 보라. 이 둘을 비교하여 차감했을 때 쾌락이 남는다면 그 행위는 일반적으로 좋은 성향을 지닌 것이다.
을 : 우리가 '쾌락이 목적이다.'라고 할 때의 쾌락은 방탕한 자들의 쾌락이나 육체적인 쾌락이 아니다. 내가 말하는 쾌락은 몸의 고통과 마음으로부터의 자유이다.

① 정신적인 쾌락을 추구해야 함을 간과하고 있다.
② 사회적 차원의 쾌락을 고려해야 함을 간과하고 있다.
③ 자연적 경향성이 도덕의 기반이 될 수 있음을 간과하고 있다.
④ 절제와 검소가 행복한 삶을 위한 필수 조건이라는 것을 간과하고 있다.
⑤ 쾌락을 가져다주거나 고통을 감소시키는 행위가 도덕적 행위임을 간과하고 있다.

**문제 접근 방법**

'쾌락의 총량 계산', '쾌락은 몸의 고통과 마음으로부터의 자유'라는 핵심 구절을 통해 갑, 을 사상가가 누구인지 파악한다. 두 사상가의 차이점을 찾은 후, 갑 사상가가 을 사상가에게 비판할 수 있는 점을 선택지에서 골라 문제를 해결한다.

**적용 개념**

# 쾌락

**03** (가)의 서양 근대 사상가 갑, 을의 입장을 (나)의 표를 통하여 탐구하고자 할 때, Ⅳ 영역에 들어갈 질문만을 〈보기〉에서 있는 대로 고른 것은?

(가)
갑 : 행복은 양과 질 모두의 관점에서 가능한 한 고통을 피하고 쾌락을 향유하는 것이다. 행복 증진에 기여하는 정도에 비례하여 옳고 그름이 결정된다.
을 : 도덕성은 법칙으로부터 유발되는 의무의 관념이 동시에 행위로 나타나는 것이다. 이성이 정해 주는 도덕 법칙의 위엄이 그 이념을 거역하려는 모든 경향성을 압도할 수 있다.

(나)

| | | 갑: 긍정 대답 질문 | 갑: 부정 대답 질문 |
|---|---|---|---|
| 을 | 긍정 대답 질문 | Ⅰ | Ⅱ |
| 을 | 부정 대답 질문 | Ⅲ | Ⅳ |

보기
ㄱ. 도덕 원리가 개인의 행복과 항상 일치하는가?
ㄴ. 남을 이롭게 하는 행위는 반드시 옳은 행위인가?
ㄷ. 타인을 배제한 개인적 행복을 도덕 원리로 삼을 수 있는가?
ㄹ. 행위에 대한 도덕 판단의 기준이 되는 보편적 원칙이 있는가?

① ㄱ, ㄷ ② ㄱ, ㄹ ③ ㄴ, ㄹ ④ ㄱ, ㄴ, ㄷ ⑤ ㄴ, ㄷ, ㄹ

**문제 접근 방법**
'행복은 양과 질', '법칙으로부터 유발되는 의무의 관념'이라는 핵심 구절을 통해 갑, 을 사상가가 누구인지 파악한다. Ⅳ 영역은 두 사상가 모두가 부정으로 질문할 대답이 속하는 것을 확인한 후 문제를 해결한다.

**적용 개념**
# 행복
# 의무

**04** (가)의 갑, 을, 병 사상가들의 입장을 (나) 그림으로 표현할 때, A~D에 해당하는 옳은 진술만을 〈보기〉에서 있는 대로 고른 것은?

(가)
갑 : 결핍으로 인한 고통이 제거된다면, 검소한 음식도 우리에게 사치스런 음식과 같은 쾌락을 준다. 참된 쾌락은 몸의 고통이나 마음의 혼란으로부터의 자유이다.
을 : 인간은 쾌락을 최대화하고 고통을 최소화하기 위해 행동한다. 행위의 옳고 그름을 평가하는 유일한 기준은 행위에 의해서 생겨날 쾌락과 고통의 양이다.
병 : 서로 다른 두 가지 쾌락을 모두 경험한 사람들이 그중 하나를 뚜렷이 선호한다면 그 쾌락이 더 바람직한 쾌락이다. 정상적인 사람이라면 저급한 쾌락보다는 고상한 쾌락을 선택할 것이다.

(나)

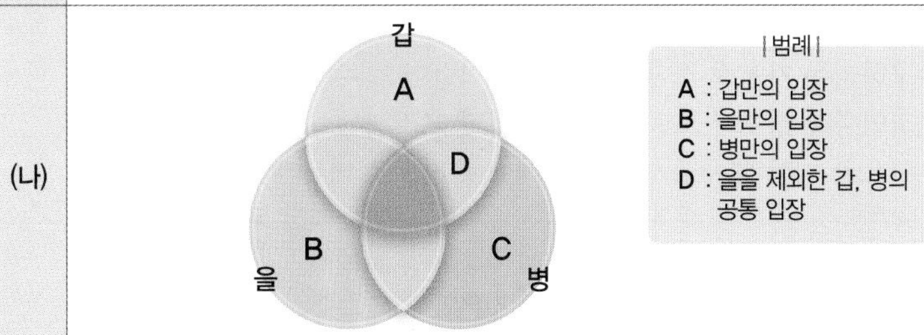


보기
ㄱ. A : 행복 실현을 위해 개인적 가치를 우선시한다.
ㄴ. B : 모든 쾌락은 질적으로 동일하며 계산할 수 있다.
ㄷ. C : 쾌락을 추구하고 고통을 피하는 것이 인간의 목적이다.
ㄹ. D : 감각적 쾌락보다는 정신적 쾌락을 추구해야 한다.

① ㄱ, ㄴ ② ㄴ, ㄷ ③ ㄷ, ㄹ ④ ㄱ, ㄴ, ㄹ ⑤ ㄱ, ㄷ, ㄹ

**문제 접근 방법**
'참된 쾌락은 몸의 고통이나 마음으로부터의 자유', '쾌락과 고통의 양', '저급한 쾌락보다는 고상한 쾌락'이라는 핵심 구절을 통해 갑, 을, 병 사상가가 누구인지 파악한다. 그림의 A, B, C, D의 영역이 의미하는 바를 파악한 후, 〈보기〉의 질문을 하나씩 확인하며 문제를 해결한다.

**적용 개념**
# 쾌락

올리드 특강

# 옳고 그름을 판단하는 기준에 대한 두 가지 관점

## 옳고 그름은 의무에 달려 있다

**출제 경향**

이 단원에서는 의무론의 대표적인 사상가인 칸트와 공리주의의 대표적인 사상가 밀을 비교하는 문제가 자주 출제됩니다. 특히 두 사상가의 옳고 그름의 기준을 비교하여 파악해 두어야 하고, 그 외 공통점과 차이점도 꼼꼼하게 정리해 두어야 합니다.

**자료 보기**

선의지는 그것이 생기게 하는 것이나 성취한 것으로 말미암아, 또 어떤 세워진 목적 달성에 쓸모 있음을 말미암아 선한 것이 아니라, 오로지 그 의욕함으로 말미암아, 다시 말해 그 자체로 선한 것이다. …… 우리의 행위들의 전체적 가치를 평가하는 데 언제나 상위에 놓여 있어 여타 모든 가치의 조건을 이루는 이 개념을 발전시키기 위해, 우리는 의무 개념을 취해 보기로 한다. 이 의무 개념은 비록 어떤 주관적인 제한들과 방해들 중에서이기는 하지만, 선의지의 개념을 함유하는 바, 그럼에도 이 제한들과 방해들이 그 개념을 숨겨 알아볼 수 없도록 만들기는커녕, 오히려 대조를 통해 그 개념을 두드러지게 하고, 더욱더 밝게 빛나게 해 준다.

용기와 같은 기질들은 선하고 바람직할 수 있으나, 이런 것들도 의지가 선하지 않다면 해가 될 수 있습니다. 선한 의지는 욕구를 지닌 인간에게 의무로 명령되며, 이 의무로부터 비롯된 행위만이 도덕적 가치를 갖습니다. 의무 자체로부터 나온 사랑은 어떤 경향성도 그 사랑을 부추기지 않는다 할지라도, 심지어 뿌리치기 힘든 거부감에 직면한다 할지라도 실천해야 하는 사랑입니다.

**주장 비교**

- 선의지로부터 비롯된 행위가 도덕적 행위이다.
- 행복은 도덕적 행위의 궁극적 목적이 될 수 없다.
- 이성적인 사람은 누구나 보편적 도덕 법칙을 입법한다.
- 의무는 법칙에 대한 존경심에서 비롯한 행위의 필연성이다.
- 무조건적인 선은 이성적 존재의 의지 안에서 발견될 수 있다.
- 인간은 경험 이전에 선을 인식할 수 있는 이성을 지니고 있다.
- 쾌락을 추구하려는 자연적 경향성은 도덕의 기반이 될 수 없다.
- 행위의 결과와 유용성보다 도덕적 의무를 먼저 고려해야 한다.
- 인간을 수단으로 대할 때에도 언제나 동시에 목적으로 대우해야 한다.

**용어사전**

* **선의지** 절대적이고 무조건적으로 선한 것으로, 옳은 행위를 오로지 그것이 옳다는 이유에서 받아들이고 따르려는 마음가짐
* **의무 의식** 마땅히 해야 할 바를 따르려는 마음가짐
* **사회적 유용성** 타인이나 집단에 도움이 되거나 이익이 되는 성질

**문제 확인**

Q1 갑의 입장과 일치하는 내용으로 옳지 <u>않은</u> 것은?

① 그 자체로 선한 것은 오로지 선의지* 밖에 없다.
② 행위의 목적을 초월하여 의무 의식*에 따라야 한다.
③ 옳은 행위는 사회적 유용성*에 근거하여 정당화된다.
④ 남을 이롭게 하는 행위라도 반드시 옳은 행위는 아니다.
⑤ 도덕 법칙은 무조건 따라야 할 명령의 형식으로 제시된다.

## 옳고 그름은 결과에 달려 있다

효용과 최대 행복 원리를 도덕의 기초로 삼고 있는 이 이론은, 어떤 행동이든 행복을 증진시킬수록 옳은 것이 되고, 행복과 반대되는 것을 낳을수록 옳지 못한 것이 된다는 주장을 편다. 여기서 '행복'이란 쾌락, 그리고 고통이 없는 것을 뜻한다. …… 어떤 종류의 쾌락이 다른 것보다 더 바람직하고 가치 있다는 사실을 인정한다고 해서 공리주의의 원리와 어긋나는 것은 결코 아니다. 다른 것을 평가할 때는 양뿐 아니라 질도 고려하면서, 쾌락에 대해 평가할 때는 오직 양만 따져보아야 한다고 말한다면 전혀 설득력이 없다.

행복은 곧 쾌락이며, 불행은 쾌락의 결여를 의미합니다. 행복 증진에 기여하는 정도에 비례하여 옳고 그름이 결정됩니다. 쾌락을 평가할 때 양만을 중시하는 것은 불합리하며, 쾌락의 질도 고려해야 합니다. 양이 많고 적음을 사소하게 만들 정도로 질적으로 우월한 쾌락이 존재합니다. 따라서 인간은 감각적 쾌락보다 지적 · 정신적 쾌락을 통해 진정한 행복을 얻습니다.

을

- 사회적 이익의 산출이 옳은 행위를 정당화한다.
- 인간은 본성적으로 자신의 행복을 증진하려고 한다.
- 행위의 도덕성을 판단하는 기준은 행위의 유용성이다.
- 쾌락에는 양적 차이뿐만 아니라 질적 차이도 존재한다.
- 행위의 옳고 그름을 판단하기 위한 기준은 공리의 원리이다.
- 개인적 쾌락과 사회적 쾌락의 조화 실현이 도덕의 목적이다.
- 감각적 쾌락보다 질적으로 수준 높은 쾌락을 추구해야 한다.
- 도덕의 가치는 그것이 행복 실현에 기여하는 정도에 달려 있다.
- 행위의 도덕성은 선한 동기보다 좋은 결과에 의해서 판단해야 한다.

**Q2** 을의 관점에서 갑의 주장을 비판하는 내용으로 적절하지 않은 것은?

① 행위의 결과가 옳고 그름의 판단 기준임으로 모르고 있다.
② 도덕 판단의 기준이 유용성의 원리라는 것을 모르고 있다.
③ 어떤 행위의 가치는 행위 결과에 의해 결정된다는 것을 모르고 있다.
④ 사회의 행복 증진에 유용한 행위가 옳은 행위라는 점을 모르고 있다.
⑤ 도덕적인 옳음을 판단하는 기준이 행위의 동기라는 것을 모르고 있다.

### 올리드 가이드

옳고 그름의 판단 기준으로 도덕적 의무를 제시하는 입장과 행위의 결과가 최대 다수의 최대 행복을 산출하는지 여부에 따라 결정된다는 입장이 대립하고 있습니다.

갑은 칸트, 을은 밀입니다. 칸트는 옳고 그름의 판단 기준으로 의무를 제시하는 반면, 밀은 행위의 결과에 따라 달라진다고 주장합니다.

두 입장은 다음 주제에 관해 상반된 주장을 하고 있습니다.

- 도덕적 행위의 판단 기준
- 인간의 자연적 경향성에 대한 관점
- 행위의 동기와 결과를 바라보는 관점

다음과 같이 물을 수도 있어요.

- 갑의 관점에서 을의 주장을 비판하는 내용으로 가장 적절한 것은?
- 갑, 을의 입장에 관한 설명으로 옳은 것은?

Q1 ③ Q2 ⑤

# 07 현대의 윤리적 삶

학습길잡이
• 실존주의의 등장 배경과 주요 사상가들의 윤리적 입장을 정리해 둔다.
• 실용주의의 등장 배경과 주요 사상가들의 윤리적 입장을 정리해 둔다.

## A 주체적 결단과 실존

### 1 실존주의의 등장 : 근대 이성주의에 대한 반성

**① 근대 이성주의의 특징 및 영향**

- 이성의 보편적 합*리성을 추구함
- 과학 기술의 발전을 통한 물질적 풍요를 가능하게 함
- 사회의 무한한 진보와 발전에 대한 기대감을 불러일으킴

**② 근대 이성주의의 한계**

- 풍요와 편리함을 위한 이성의 도구적 기능만을 강조함 → 비인간화, 인간 소외
- 객관적·보편적 지식, 도덕을 강조함 → 개인의 구체적인 삶의 문제를 도외시
- 두 차례의 세계 대전 → 심각한 불안과 이성에 대한 불신을 초래함

┌ 지금 여기에 있는 구체적인 개인 또는 주체적인 존재를 가리킨다.

### 2 실존주의 사상

**① 특징** 1

- 개인의 주*체성을 강조함
- 인간의 불안과 고통을 극복하고 '참된 실존'을 회복하는 방법을 제시함 질문

**② 키르케고르의 사상** 2

- 실존 : '이것이냐 저것이냐'를 선택해야 하는 구체적 상황에 놓인 개인
- 선택에 대한 불안으로 주체적 결정을 회피하며 절망에 빠짐
  └ 키르케고르는 이러한 절망을 '죽음에 이르는 병'이라고 부른다.
- 절망에서 벗어나기 위한 실존의 3단계

| 단계 | 구분 | 내용 |
|---|---|---|
| 1단계 | 심미적 실존 단계 | • 끝없이 감각적 쾌락을 추구하는 단계<br>• 쾌락을 추구하다가 허망을 느끼고 절망하게 됨 |
| 2단계 | 윤리적 실존 단계 | • 자신의 실존을 자각하고 보편적 윤리를 따르려고 함<br>• 윤리 규범을 어기면서 죄책감을 느끼고 자신의 불완전성을 자각하면서 절망하게 됨 |
| 3단계 | 종교적 실존 단계 | • 신 앞에 선 단독자로서 살기로 결단함<br>• 참된 실존을 회복함 |

└ 인간은 모든 것을 신에게 맡기고 살아가고자 결단할 때, 신의 사랑에 의해 불안과 절망에서 벗어나 참된 실존을 회복하게 된다.

**자료로 보는 키르케고르의 사상**

문제는 나 자신의 사명이 무엇인지를 이해하는 것이다. 나에게 진리를 찾는 것, 내가 그것을 위해 살고 또 죽기를 진심으로 원하는 이념을 찾아내는 것이 필요하다. 이른바 객관적인 진리를 찾아낸들 그것은 나에게 아무 소용도 없을 것이다.

– 키르케고르, 『유고·일기』 –

**자료 분석** 키르케고르에 따르면 자신과 상관없는 객관적 진리는 중요하지 않으며, 자신으로 하여금 참으로 나 자신이 되게 하는 이념 즉, 주체성을 찾는 것이 중요하다.

Q 자료에서 키르케고르가 강조하는 진리는 무엇인가?

A 주체성

**개념 더하기 자료 채우기**

**1 실존주의의 특징**

먼저, 실존주의는 '개인'으로서의 인간에 관심을 갖는다. 실존주의자들은 각 개인의 고유성과 각자가 처한 상황을 강조한다. 다음으로 실존주의는 과학적이거나 형이상학적인 진리보다는 인간의 삶의 의미나 목적에 더욱 큰 관심을 갖는다. 객관적 진리보다는 내적인 주관적 경험에 더 주의를 기울인다. 마지막으로 실존주의는 자유를 강조한다. 이때, 자유는 단지 특정한 행동만을 지칭하는 것이 아니라, 어떤 태도나 계획, 의도, 가치관, 생활방식 등을 선택할 수 있는 각 개인의 능력까지 의미한다. 실존주의자는 각 개인이 그들의 자유를 실천하도록 설득한다.

**질문 있어요**

**'참된 실존'이란 구체적으로 어떤 의미인가요?**

실존주의자들은 '참된 실존'이라는 말을 사상가별로 특정한 의미로 사용해요. 키르케고르에게 참된 실존이란 불안과 고독과 절망의 상황에서 단독자로서 생각하고 행동하는 것입니다. 야스퍼스에게 참된 실존이란 한계 상황에 있어서 자기를 분명하게 하고 초월자인 신에게 자기를 결합하는 것입니다. 하이데거에게는 '세계-내-존재'로서 자기를 확인하는 것이고, 사르트르에게는 자기의 자유로운 선택에 의해 자기 형성을 수행하는 것을 의미해요.

**2 키르케고르의 객관적 진리에 대한 거부**

소위 객관적 진리를 발견한다고 해서 그것이 무슨 소용이 있다는 말인가? 철학의 모든 체계를 탐구하고 그것을 모두 개관하고 개별 체계 속에 깃든 불합리를 지적한다고 해서 그것이 무슨 소용이 있다는 말인가? 그 속에 내가 살고 있는 것이 아니지 않은가?

– 키르케고르, 『일기·유고』 –

키르케고르에 따르면, 인간은 선택의 어려움으로 불안이나 고통을 느낀다. 이 상황에서 인간은 결정을 회피하거나 유보하면 절망에 빠지게 된다. 키르케고르는 이러한 상태에 빠진 인간에게 '객관성'은 답을 주지 못하며, 오직 '주체성'만이 답을 줄 수 있다고 주장한다. 즉 진리는 주관적인 것이라고 본 것이다.

**용어사전**

* **합리성**(부합할 合, 이치 理, 성질 性) 이론이나 이치에 합당한 성질을 의미함. 또는 이론이나 이성의 적합성
* **주체성**(주인 主, 몸 體, 성질 性) 개인으로서 인간이 어떤 실천에 있어 나타내는 자유롭고 자주적인 성질

### ③ 야스퍼스의 사상

- 인간은 이성이나 과학의 힘으로 결코 해결할 수 없고, 피할 수도 변화시킬 수도 없는 한계 상황에서 실존을 각성함 3
- 인간은 자신의 유한성을 자각하는 한계 상황에서 스스로의 결단*을 통해 초월자의 존재를 수용하고 참된 실존을 회복할 수 있음

### ④ 하이데거의 사상

- 현존재 : '여기에 있음'이라는 의미로 인간의 현실적인 모습을 말함 질문
- 인간은 다른 사람의 시선을 의식하며 타인이 규정한 삶의 방식에 자신을 끼워 맞추며 살아감
- 인간은 죽음에 대한 불안과 염려를 안고 살아감
- 참된 실존의 회복 : 인간이 '죽음에 이르는 존재'임을 자각함 → 삶의 소중함을 깨닫게 되어 참된 실존을 회복할 수 있음

### ⑤ 사르트르의 사상

- 내던져진 존재 : 인간은 신에 의해 본질이나 목적이 계획되거나 창조된 존재가 아니라 우연히 이 세계에 던져진 존재임
- '실존은 본질에 앞선다.' : 인간은 미리 정해진 목적이나 본질 없이 먼저 실존한다는 의미 – 인간과 달리 사물은 본질이 존재에 앞선다.
- 참된 실존의 회복 : 인간은 주체적인 선택과 결단에 따라 자신의 삶을 스스로 만들어 나가야 함 → 그 결과에 대하여 책임질 때 참된 실존을 회복할 수 있음 4
  - 모든 인간에게 자유가 주어져 있음을 강조한다.

**자료로 보는 사르트르의 사상**

실존이 본질에 앞선다는 말은 무엇을 의미하는 것인가? 그것은 인간이 먼저 세상에 실존하고, 인간이 정의되는 것은 그 이후의 일이라는 것을 의미한다. 실존주의자가 생각하는 인간은 정의될 수 없다. 인간은 처음에는 아무것도 아니기 때문이다. 인간은 나중에야 스스로 만들어 내는 것이 될 것이다. 이처럼 인간의 본성이란 본래부터 있는 것이 아니다. 왜냐하면 그것을 구성할 신(神)이 없기 때문이다. 인간은 스스로 구상하는 무엇이며, 스스로 원하는 무엇일 뿐이다.

– 사르트르, 『실존주의는 휴머니즘이다』 –

**자료 분석** 사르트르에 따르면, 인간은 스스로 선택하는 주체적인 존재이다. 신은 존재하지 않고, 인간의 본질이나 본성도 없기에 인간은 자신이 스스로를 만들어 가야 한다.

Q 자료를 통해 알 수 있는 사르트르의 인간관은 무엇인가? 굳ᄎ A

## 3 실존주의의 현대적 의의

① **비판점 :** 자칫 보편적 도덕규범을 부정할 우려가 있음

② **인간의 개성*을 긍정적으로 봄 :** 인간의 보편적 본질이나 목적이 아닌 사람마다 가지고 있는 구체적인 개성의 실현을 강조함

③ **현대인의 주체적인 삶을 강조함 :** 타인의 삶의 방식을 무조건 따르는 것이 아니라 자신만의 결단과 선택에 따라 살아야 한다고 강조함

**개념 더하기 자료 채우기**

**3 야스퍼스의 한계 상황**

- 나는 투쟁이나 고통 없이는 살아갈 수 없다는 사실, …… 나는 죽지 않으면 안 된다는 사실, 이러한 사실을 한계 상황이라고 한다.
- 한계 상황은 내가 더 이상 앞으로 나아가지 못하고 좌절하는 하나의 벽과 같은 것이다. 그것은 우리가 변경할 수 있는 것이 아니다. 그것은 다른 어떤 것으로부터 설명되거나 연역되지 않고도 나에게 명백하게 나타난다. – 야스퍼스, 『철학 II』 –

야스퍼스는 인간이 근본적으로 피할 수 없고, 변화시킬 수 없는 상황을 한계 상황이라고 불렀다. 죽음, 고통, 투쟁 등의 한계 상황에서 인간은 자신의 실존을 깨닫는다.

**질문 있어요**

**현존재란 구체적으로 어떤 뜻인가요?**

현존재(Dasein)는 하이데거의 사상에서 지금, 여기에 있는 현실적인 인간 존재를 가리키는 말이에요. 인간은 논리적이고 추상적인 존재가 아니라, 현실적이고 구체적인 존재임을 강조하는 말이죠. 특히 그는 자신이 서 있는 세계와 연결된 인간(세계-나-존재)을 강조하면서, 주체성보다는 세계와 나의 관계를 더 중시해요.

**4 사르트르의 자유**

사람은 자유로우며 자유 그 자체이다. 신이 없다면 우리의 행위를 정당화시켜 줄 가치나 질서를 우리 앞에서 찾지 못한다. …… 우리는 그 어떤 핑계도 갖지 못한 채 홀로 있다. 바로 이것이 내가 인간은 자유롭도록 선고받았다고 말하면서 표현하려는 것이다. 사람은 스스로를 창조한 것이 아니기 때문에 선고받은 것이요, 세상에 내던져진 이상 자신이 하는 모든 것에 대해서 책임이 있기 때문에 자유로운 것이다.

– 사르트르, 『실존주의는 휴머니즘이다』 –

사르트르에 따르면, 인간은 선택할 수 있는 자유가 있지만 자유 그 자체를 선택할 수는 없다. 즉, 인간은 자신이 원하든 원하지 않든 자유로울 수밖에 없는 존재이다. 그 결과 자유로운 인간은 근본적으로 자신의 선택과 관련된 책임을 피할 수 없다.

**용어사전**

* **결단**(터질 決, 자를 斷) 결정적인 판단을 하거나 단정을 내리는 것
* **개성**(낱개 個, 성질 性) 다른 사람이나 개체와 구별되는 고유한 특성

## B 실용주의와 문제 해결의 유용성

### 1 실용주의의 등장 배경과 특징 1

① 등장 배경

- 산업화와 도시화의 빠른 진행 → 다양한 사회 문제와 갈등에 직면함
- 영국의 경험론 및 다윈의 진화론

② 특징

- 문제 해결을 위한 인간의 지식이나 도덕의 유용성을 강조함
- 산업 사회에서 요구되는 개척 정신과 실험 정신을 담고 있음
- 경험적이고 과학적인 방법을 강조함
- 고정되고 절대적인 지식이나 도덕을 거부함

┌ 지식이나 도덕의 유용성을 강조하는 사상이다.

### 2 실용주의 사상

① 퍼스의 사상

- 실용주의의 선구자로 '실용주의'라는 표현을 처음으로 사용함
- 실용주의의 격률* : 어떤 것이 옳으려면 그것이 반드시 쓸모 있는 실제적 성과를 만들어 내야 한다는 원칙
- 과학적 탐구의 방법을 거친 지식의 중요성을 강조함

② 제임스의 사상 2

- 현금 가치라는 개념을 통해 지식과 신념의 유용성을 강조함
- 지식과 신념은 우리의 삶에 이롭고 유용할 때 비로소 '현금 가치'를 지님 질문
- 이로운 것과 옳은 것을 같은 맥락으로 봄
- 고정적이고 절대적인 진리를 거부함

지식은 마치 현금처럼 우리가 실생활에서 사용할 수 있을 때 유용한 가치를 지님을 강조하기 위해 사용한 표현이다.

**자료로 보는 제임스의 실용주의**

- 실용주의에서는 이렇게 물어 본다. "어떤 관념 또는 신념이 참이라고 합시다. 그것이 참이라고 해서 실제 생활에 구체적으로 어떤 차이가 생겨납니까? 그 진리는 어떻게 실현되나요? 신념이 참인 경우에 얻어지는 경험은 신념이 거짓인 경우에 얻어지는 경험과 어떤 면에서 차이가 납니까? 간단히 말해 경험이라는 점에서 볼 때 진리가 지니는 현금 가치는 무엇입니까?"
- 실용주의적 방법은 각 관념을 그것의 실제적 귀결들을 추적함으로써 그 해석을 시도하는 것이다. 만약에 저 관념이 아니라 이 관념이 참이라면 실제적으로 어떠한 차이가 생기는가? 만일 아무런 실제적 차이도 나타나지 않는다면, 그 대안들은 실제적으로 같은 것을 의미하고 모든 논쟁은 한가한 것이다.

– 제임스, 『실용주의』 –

**자료 분석** 제임스는 지식의 유용성에 대한 은유적인 표현으로 '현금 가치'라는 용어를 사용한다. 현금 가치가 있다는 말에는 '돈이 최고이다.'라는 의미가 아니라 생활에 쓸모 있는 지식을 추구하라는 의미가 담겨져 있다. 예를 들어 "바늘 위에서 몇 명의 천사가 춤을 출 수 있는가?"에 대한 답은 우리 삶을 개선하는 데 유용하지 않기 때문에 현금 가치가 없다.

Q 제임스가 지식과 신념의 유용성을 강조하기 위하여 사용한 용어는 무엇인가? A 현금 가치

**개념 더하기 자료 채우기**

**1 실용주의**

'pragmatism'이라는 말은 희랍어인 'pragma'에서 유래한 것으로 행동, 행위, 실천의 뜻이다. 즉 'pragmatism'이란 행동과 행위를 본위로 하는 철학, 실행과 실천에 중점을 두는 철학이라는 뜻이다. 실용주의는 퍼스의 논문에서 처음으로 사용된 표현이다. 이후 제임스는 자신의 저서 『실용주의』에서 실용주의 사상을 정립하였다. 퍼스와 제임스에 의해 기반이 마련된 실용주의는 듀이에 이르러 철학뿐만 아니라 교육학, 심리학, 미학 등으로 확장되었으며, 도구주의와 실험주의로 발전하였다.

**2 제임스의 실용주의**

> 우리가 숲 속에서 오랜 시간 굶주렸고 길을 잃어버렸을 때 어떻게 행동하는가? 이리저리 헤맨 끝에 길가에 소가 다닌 발자국을 발견한다고 해 보자. 우리는 소의 발자국을 따라가면 인가가 나올 수 있음을 예견하고 실행에 옮기게 될 것이다. 그리하여 실제적 결과와 예견이 일치하면 그 예견은 우리에게 참이 된다. – 제임스, 『실용주의』 –

실용주의는 지식이나 규범이 실천적 유용성을 지닐 때 가치가 있다고 본다. 예를 들어 '소의 발자국을 따라가면 집이 나온다.'라는 생각은 문제 해결에 도움을 주었으므로 가치가 있다.

**질문 있어요**

**제임스는 실용적인 학문만을 중시했나요?**

제임스가 현금 가치가 있는 학문을 중시했다고 해서 실용적인 학문만을 중시한 것은 아니예요. 그는 문학이나 철학처럼 실용성과 무관해 보이는 학문도 현금 가치를 지닌다고 주장하였어요. 그것은 사람들이 의미 있는 삶을 사는 데 기여하기 때문이예요.

**용어사전**

* **격률**(바로잡을 格, 헤아릴 率) 논리적으로 분명한 명제 또는 공리 혹은 행위의 규범이나 윤리의 원칙

### ③ 듀이의 사상

| | |
|---|---|
| 도구주의 | • 문제 상황을 해결하며 습득한 경험이 축적되어 이론, 학문 등의 지식이 형성됨<br>• 진화론적 관점에서 지식을 인간이 환경에 적응하기 위한 수단, 즉 도구라고 봄 |
| 지성적 탐구 | • 문제 상황에 대한 답을 얻기 위해 지성을 통한 탐구를 강조함<br>• 지성적인 탐구를 통해 현재 상황에서 구체적으로 존재하는 문제가 무엇인지 밝히고 그것을 교정하려는 노력이 필요함 → 문제 상황을 개선하고 사회의 성장과 진보를 가져올 수 있음 |
| 윤리 사상 | • 도덕이나 윤리는 고정된 것이 아니라 성장하고 변화하는 것이라고 봄 → 불변하는 고정적 진리나 지식은 존재하지 않음 3<br>• 도덕적 가치나 지식은 유용한 결과가 예상되는 일종의 가설임 → 언제든지 수정되고 재구성될 수 있음<br>• 도덕적 인간 : 도덕적으로 성장하는 과정에 있는 사람이며, 도덕적 문제 상황에서 지성을 발휘하여 옳은 선택을 하려고 노력하는 사람임 4 |
| 민주주의 | • 지성적인 방식의 문제 해결을 보장하는 정치 제도로서 민주주의를 강조함 질문<br>• 창조적 지성을 갖춘 민주적 시민을 양성하는 것이 교육의 역할이라고 봄 |

**자료로 보는 듀이의 윤리 사상**

정적인 성과와 결과보다는 성장, 개선, 진보의 과정이 중요한 것이 된다. 단번에 절대적으로 고정되어 버린 목적으로서의 건강이 아니라 필요한 건강의 개선 – 지속적인 과정 – 이 목적이나 선이다. 목적은 더 이상 도달해야 할 종착점이나 한계가 아니다. 그것은 현재의 상황을 바꾸어 가는 능동적인 과정이다. 종국적 목표로서의 완성이 아니라, 완성해 가고 성숙시켜 가며 개량해 가는 부단한 과정이 곧 살아 있는 목적이다. 정직, 근면, 절제, 정의도 건강, 부, 학식과 마찬가지로 도달해야 할 고정된 목적이라고 표현되었던 때와 달리, 소유해야 할 선(善)이 아니다. 이러한 것들은 경험의 질에서의 변화의 방향이다. 성장 그 자체만이 도덕의 유일한 목적인 것이다.

– 듀이, 『철학의 재구성』 –

**자료 분석** 듀이는 정적인 것을 거부하고 성장과 개선, 진보를 강조한다. 그에 따르면 도덕이나 윤리도 고정된 것이 아니라 시대와 상황에 따라 변화하고 성장하는 것이다. 사람들은 자신이 처한 상황에서 어떻게 행동하는 것이 도덕적으로 가장 바람직한 것인지를 고민하며, 그에 대한 해답은 각각의 상황에 따라 다를 수밖에 없다는 것이다. 그러나 듀이는 절대적으로 옳은 선택은 존재하지 않더라도 각각의 상황에서 옳은 선택은 존재한다고 보았다. 그에게 도덕적 가치는 도덕적 성장이라는 말에서도 알 수 있듯이 '경험의 질에서의 변화의 방향'인 것이다.

Q 듀이는 도덕의 유일한 목적을 무엇이라고 보았는가?

A 성장(혹은 개선, 진보)

## 3 실용주의의 현대적 의의

### ① 비판

• 보편적인 도덕을 부정함 → 윤리적 상대주의에 빠질 위험성이 존재함 (윤리적 상대주의: 도덕규범의 다양성을 강조하면서 보편타당한 도덕 법칙은 존재하지 않는다는 입장이다.)

• 유용성의 관점에서 자칫 비도덕적 행위를 합리화할 수 있음

### ② 시사점

• 최선의 대안을 마련하기 위한 노력을 통해 도덕의 진보와 사회 발전을 이룰 수 있음

• 가치의 다양성을 긍정하는 태도는 관용과 연결되어 다원주의* 사회의 토대가 될 수 있음

**개념 더하기 자료 채우기**

**3 듀이가 생각한 도덕과 사회 환경과의 관계**

우리는 전쟁의 종식이나 산업에서의 정의(正義), 그리고 평등한 기회의 보장을 원할 수 있다. 하지만 아무리 '선의지'나 '황금률'을 설파하고, 사랑과 평등의 감정을 퍼뜨린다고 해도, 그 결과를 얻지는 못할 것이다. 문제는 (우리 환경의) 객관적인 조건이나 제도가 변해야 한다는 것이다. 우리는 단순히 사람들의 마음에만 손대는 데서 그치는 것이 아니라 환경에도 손을 대야 한다.

– 듀이, 『인간의 본성과 행위』 –

듀이는 도덕이 우리가 살고 있는 사회 환경과 긴밀한 연관이 있다고 보았다. 이에 사회 환경에 따라 객관적 조건이나 제도를 바꾸는 것이 도덕적으로 중요한 문제라고 보았다.

**4 듀이의 윤리 사상**

어떤 개인이나 집단도 그들이 어떤 고정된 결과에 도달했는지 아니면 미치지 못했는지에 따라 판단하는 것이 아니라, 그들이 움직이고 있는 방향에 따라 판단해야 할 것이다. 악한 사람이란, 그가 지금까지 아무리 선했다 하더라도 현재 타락하기 시작하고 선을 상실해 가고 있는 사람이다. 선한 사람이란, 그가 지금까지 아무리 도덕적으로 무가치했었다 하더라도 현재 더 선해지기 시작하는 사람이다.

– 듀이, 『철학의 재구성』 –

듀이에 따르면 도덕적 인간이란 고정불변하는 최고선을 지닌 사람이 아니라, 성장하는 과정에 있는 사람이며 문제 상황에서 지성을 통해 옳은 선택을 하려고 노력하는 사람이다.

**질문 있어요**

**듀이가 민주주의 체제를 중시한 이유는 무엇인가요?**

듀이는 정치 질서의 목적이 개인으로 하여금 자기 자신을 완전히 발전시키도록 도와주는 것이며, 각자가 자신의 능력에 따라 자신이 속한 집단의 정책과 운명의 결정에 참여할 때에만 이러한 목표가 달성된다고 보았어요. 그렇기 때문에 그는 가능한 한 사회의 일을 자발적 협동으로 처리하는 다원적 질서를 원했으며, 이때 가장 효과적인 정치 체제를 민주주의라고 보았어요.

**용어사전**

* **다원주의**(많을 多, 으뜸 元, 주인 主, 옳을 義) 개인이나 집단이 각기 갖고 있는 가치관이나 이념 또는 추구하는 목표 등이 서로 다를 수 있다는 것을 인정하는 입장

## 기초를 다지는 확인! 문제

바른답·알찬풀이 52쪽

올리드 포인트

### A 주체적 결단과 실존

**1 실존주의의 등장** 근대 이성주의에 대한 반성

**2 실존주의 사상**

| | |
|---|---|
| 키르케고르 | • 선택에 대한 불안으로 선택의 결정을 회피하면서 절망에 빠짐<br>• 인간은 신 앞에선 단독자로서 모든 것을 신에게 맡기고자 결단할 때 참된 실존을 회복함 |
| 야스퍼스 | 이성이나 과학의 힘으로 결코 해결할 수 없고, 피할 수도 없는 한계 상황에서 개인의 주체적 결단을 통해 참된 실존을 회복함 |
| 하이데거 | 인간이 죽음에 이르는 존재임을 자각하면 삶의 소중함을 깨닫게 되어 참된 실존을 회복함 |
| 사르트르 | • 인간은 계획된 존재가 아니라 우연히 이 세계에 던져진 존재<br>• 모든 인간은 주체적인 선택과 결단에 따라 스스로의 삶을 만들어 가야 함 |

**3 실존주의의 현대적 의의**

| | |
|---|---|
| 비판 | 자칫 보편적 도덕규범을 부정할 우려가 있음 |
| 시사점 | • 인간의 개성을 긍정적으로 봄<br>• 현대인의 주체적인 삶을 강조함 |

### B 실용주의와 문제 해결의 유용성

**1 실용주의의 등장** 다양한 사회 문제 해결을 위한 학문의 필요성

**2 실용주의 사상**

| | |
|---|---|
| 퍼스의 사상 | • 실용주의의 격률 : 어떤 것이 옳으려면 반드시 쓸모 있는 실제적 성과를 만들어 내야 한다는 원칙<br>• 과학적 탐구를 거친 지식의 중요성을 강조함 |
| 제임스의 사상 | • 지식은 우리 삶에 유용할 때 현금 가치를 지님<br>• 이롭다는 것과 옳다는 것을 같은 맥락으로 봄 |
| 듀이의 사상 | • 도구주의 : 지식은 인간이 환경에 적응하는 수단<br>• 지성적인 탐구 및 민주주의 체제를 강조함<br>• 도덕이나 윤리는 고정된 것이 아니라 성장하고 변화하는 것<br>• 도덕적 인간 : 도덕적으로 성장하는 사람 |

**3 실용주의의 현대적 의의**

| | |
|---|---|
| 비판 | • 윤리적 상대주의에 빠질 가능성이 있음<br>• 비도덕적 행위를 합리화할 가능성이 있음 |
| 시사점 | • 지성적인 방식으로 우리의 삶을 개선하는 데 기여함<br>• 다원주의 사회가 정착하는 데 기여함 |

**01** 다음 설명이 맞으면 ○표, 틀리면 ×표를 하시오.

(1) 실존주의는 인간의 보편적 합리성을 중시한다. ( )

(2) 근대 이성주의는 이성의 도구적 기능만을 강조함으로써 비인간화 및 인간 소외와 같은 사회 문제를 초래하였다고 비판하면서 실존주의가 등장하였다. ( )

(3) 실용주의는 인간의 지식이나 도덕의 유용성을 강조하는 사상으로 산업 사회에서 요구되는 개척 정신과 실험 정신을 담고 있다. ( )

(4) 실존주의는 옳고 그름과 선악의 절대적인 기준이 존재한다고 보는 사상이다. ( )

(5) 실용주의에서는 인간이 살아가는 환경이 변화하면 지식과 도덕도 새롭게 정의되고 발전해야 한다고 주장한다. ( )

**02** 빈칸에 들어갈 알맞은 말을 쓰시오.

(1) 키르케고르는 인간이 ( )로서 살기를 결단할 때, 신의 사랑에 의해 불안과 절망에서 벗어나 참된 실존을 회복할 수 있다고 보았다.

(2) 하이데거는 주체성을 상실한 채 불안 속에서 살아가는 인간이 ( )에 이르는 존재임을 자각할 때, 참된 실존을 회복할 수 있다고 보았다.

(3) 퍼스는 어떤 것이 옳으려면 그것이 반드시 쓸모 있는 실제적 성과를 만들어 내야 한다는 실용주의의 ( )(이)라는 개념을 통해 과학적 탐구의 방법을 거친 지식의 중요성을 강조하였다.

**03** 다음 사상가와 관련된 주장을 바르게 연결하시오.

(1) 듀이 • • ㉠ 실존은 본질에 앞선다.

(2) 제임스 • • ㉡ 절망은 죽음에 이르는 병이다.

(3) 사르트르 • • ㉢ 지식은 인간에게 유용한 도구여야 한다.

(4) 키르케고르 • • ㉣ 현금과 같이 실생활에서 바로 쓸모가 있을 때 지식이라고 할 수 있다.

## 실력을 키우는 실전 문제

바른답·알찬풀이 52쪽

**01** ㉠에 들어갈 사상의 특징으로 가장 적절한 것은?

> 현대 사회로 들어오면서 대규모의 전쟁, 물질 만능주의, 급속한 과학 기술의 발전에 따른 사회 혼란 등 다양한 문제가 발생하였다. 이러한 문제의 원인을 진단하고 해결하는 데에 기존의 윤리학은 크게 도움이 되지 못하였다. 기존 윤리학의 한계를 극복하기 위해 새로운 사상이 등장하였는데, 대표적인 것이 ( ㉠ ) 사상이다. 이 사상은 개인이 겪는 불안과 고통을 극복하고 참된 실존을 회복하는 방법을 제시하였다.

① 보편적인 도덕 원리를 찾고자 했다.
② 인간의 보편적 합리성을 중시하였다.
③ 인간의 본질을 이성에서 찾으려 했다.
④ 인간의 주체적인 삶의 태도를 중시하였다.
⑤ 객관적인 지식을 바탕으로 문제를 해결하고자 했다.

**02** 다음은 키르케고르의 실존의 세 단계이다. ㉠, ㉡에 관한 옳은 설명을 〈보기〉에서 고른 것은?

> ㉡ 실존 단계
> ↑ 주체적 결단
> ㉠ 실존 단계
> ↑ 주체적 결단
> 심미적 실존 단계

보기
ㄱ. ㉠ : 최고의 행복을 누릴 수 있는 단계이다.
ㄴ. ㉠ : 보편적 윤리를 따르려고 노력하는 단계이다.
ㄷ. ㉡ : 감각적 쾌락을 추구하는 단계이다.
ㄹ. ㉡ : 모든 것을 신에게 맡기고 살아가고자 하는 단계이다.

① ㄱ, ㄴ ② ㄱ, ㄷ ③ ㄴ, ㄷ
④ ㄴ, ㄹ ⑤ ㄷ, ㄹ

★★ 중요

**03** 다음 사상가가 강조하는 삶의 태도로 가장 적절한 것은?

> 인간은 죽음, 고통, 전쟁, 죄에 대한 책임 등의 한계 상황을 경험합니다. 이러한 한계 상황은 자신이 가진 능동성의 한계를 분명하게 경험하도록 만듦으로써 실존으로 비약할 수 있게 합니다.

① 주체성을 발휘하여 객관적인 진리를 추구해야 한다.
② 실존에 앞선 인간의 본질을 밝히려고 노력해야 한다.
③ 스스로의 결단을 통해 초월자의 존재를 수용해야 한다.
④ 사회적 규범의 속박에서 벗어나 이성의 명령에 따라야 한다.
⑤ 언제 어디서나 타당한 보편적인 규범을 따르려고 노력해야 한다.

**04** 다음 현대 서양 사상가의 입장만을 〈보기〉에서 있는 대로 고른 것은?

> 현존재는 불안을 통해 자신의 가장 고유한 존재 방식을 알아차리기 시작한다. 이를 통해 본래적 자신의 존재를 깨달을 수 있게 된다. 또한 현존재는 '세계-내-존재'이다.

보기
ㄱ. 타자와의 연대를 통해 한계 상황을 회피해야 한다.
ㄴ. 현존재인 인간은 불안과 염려 속에서 살아가는 존재이다.
ㄷ. 인간의 보편적 본질보다는 개인의 주체성을 중시해야 한다.
ㄹ. 인간은 죽음에 이르는 존재임을 주체적으로 자각할 때 참된 실존을 회복할 수 있다.

① ㄱ, ㄴ ② ㄱ, ㄷ ③ ㄷ, ㄹ
④ ㄱ, ㄴ, ㄹ ⑤ ㄴ, ㄷ, ㄹ

# 실력을 키우는 실전 문제

★★ 중요

**05** (가)의 현대 서양 사상가의 관점에서 (나)의 세로 낱말 (A)에 관해 제시할 설명으로 가장 적절한 것은?

| | |
|---|---|
| (가) | 인간은 그 스스로가 원하는 무엇이며, 스스로가 구상하는 무엇이다. 인간의 본성을 구상하는 신은 없다. 인간은 그 어떤 도움도 없이 매 순간 자신을 발명하도록 선고받았다. 자기 자신에 도달한 인간은 타인을 자신의 실존 조건으로서 발견하게 된다. |
| (나) | 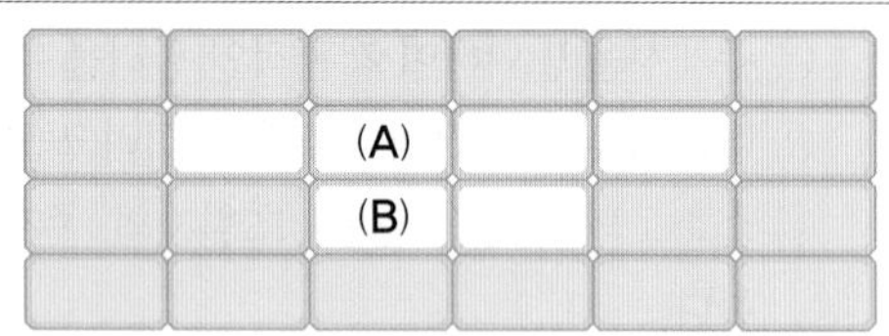<br>[가로 열쇠]<br>(A) : 인간을 중시하는 정신. ○○○○ 정신<br>(B) : 스피노자는 자연을 수학적 ○○에 따라 움직이는 하나의 거대한 기계로 봄<br>[세로 열쇠]<br>(A) : ……개념 |



① 인간에게는 미리 정해진 것이다.
② 사물에게는 존재보다 앞서는 것이다.
③ 초월자에게 귀의할 때 얻어지는 것이다.
④ 한계 상황의 직면을 통해서 깨닫게 되는 것이다.
⑤ 인간에게는 신에 의해 계획되거나 창조된 것이다.

**06** 현대 서양 사상가 갑, 을 모두가 긍정으로 대답할 질문으로 가장 적절한 것은?

> 갑 : 실존이란 주관성이다. 그리고 진리는 객관적인 것이 아니라 주체적인 것이다. 인간은 신 앞에 홀로 설 때 실존을 회복할 수 있다.
> 을 : 인간은 자유롭도록 선고받았다. 인간은 자신을 창조한 것이 아니기에 선고받은 것이고, 세상에 던져지자마자 자신의 행동에 책임을 져야 하기에 자유로운 것이다.

① 합리적 사유로써 주관적 견해를 극복해야 하는가?
② 스스로의 결단을 통해 초월자를 수용해야 하는가?
③ 진정한 자신의 삶을 위해 주체적인 결단을 내려야 하는가?
④ 인간은 신의 사랑에 의해 불안과 절망에서 벗어날 수 있는가?
⑤ 보편타당한 진리에 대한 인식을 통하여 참된 행복에 다다를 수 있는가?

★★ 중요

**07** 그림은 서양 사상가 갑, 을의 가상 대화이다. 갑, 을의 입장에 관한 옳은 설명만을 〈보기〉에서 있는 대로 고른 것은?

인간이 불안을 극복하고 참된 실존을 회복하기 위해서는 신 앞에 홀로 서 있는 자신을 발견하여 단독자로서 생각하고 행동해야 합니다.

자신의 진정한 실존을 회복하기 위해서는 현존재의 의미를 물음으로써 스스로 삶을 창조해 가는 능동적인 존재가 되어야 합니다.

보기
ㄱ. 갑은 주체적 결정을 회피하면 절망에 빠진다고 본다.
ㄴ. 갑은 윤리적 실존을 통해 절망을 극복해야 한다고 본다.
ㄷ. 을은 개별자의 본래성을 회복하기 위해서는 죽음을 직시해야 한다고 본다.
ㄹ. 갑, 을은 바람직한 삶을 위해 생활에 도움이 되는 가치를 중시해야 한다고 본다.

① ㄱ, ㄴ ② ㄱ, ㄷ ③ ㄷ, ㄹ
④ ㄱ, ㄴ, ㄹ ⑤ ㄴ, ㄷ, ㄹ

**08** 그림은 서술형 평가 문제와 학생 답안이다. 학생 답안의 ㉠~㉤ 중 옳지 않은 것은?

⊙ 문제 : 갑, 을의 입장을 비교하여 서술하시오.

> 갑 : 자연의 사물들이 목적을 위해 작용하는 것은 모든 사물에 어떤 목적을 부여하는, 즉 인격신이 있기 때문이다. 인간의 궁극적 목적은 신을 통해 영원한 행복에 이르는 것이다.
> 을 : 인간의 실존은 그 본질에서 인식되는 것이 아니라 피할 수 없는 투쟁, 고통, 죽음, 죄에 대한 책임과 같은 '한계 상황'에서 발견된다.

⊙ 학생 답안 : 갑은 ㉠ 진리의 절대성을 강조하면서, ㉡ 종교적 덕의 실천을 중시한다. 을은 ㉢ 타자와의 연대를 배제한 주체적인 선택을 강조하고, ㉣ 자유로운 결단을 통해 참된 자아를 회복해야 한다고 주장한다. 갑, 을은 모두 ㉤ 이성보다는 신앙을 강조한다.

① ㉠ ② ㉡ ③ ㉢ ④ ㉣ ⑤ ㉤

★★ 중요

09 현대 사상가 갑이 <문제 상황>의 A에게 제시할 수 있는 조언으로 가장 적절한 것은?

> 갑 : 사람은 자유로우며 자유 그 자체이다. 신이 없다면 우리의 행위를 정당화해 줄 가치나 질서를 우리 앞에서 찾지 못한다. 사람은 세상에 내던져진 이상 자신의 모든 것에 대해서 책임을 져야 한다.
>
> <문제 상황>
>
> A씨는 항상 불안을 느낀다. 빠르게 변화하는 사회를 따라갈 수 없다는 생각이 들기 때문이다. 이러한 불안한 마음은 종종 A씨를 좌절과 절망으로 이끈다.

① 자연의 필연적 질서 속에서 자신의 삶을 관조하라.
② 모든 생각과 행동을 신에게 내맡기겠다는 결단을 하라.
③ 의무 의식을 바탕으로 도덕 법칙을 준수하려고 노력하라.
④ 불안한 마음을 극복하기 위하여 감각적인 즐거움을 추구하라.
⑤ 스스로의 결단에 따라 삶을 만들어 나가고 그 결과에 책임을 져라.

10 다음은 어느 서양 사상가의 주장이다. ㉠에 들어갈 내용으로 가장 적절한 것은?

> 나는 인간의 참된 행복은 외적인 요소에 좌우되지 않고 주체적 결단을 통해 얻은 '신 앞에 선 단독자'로서 행위할 때 실현된다고 생각한다. 그런데 어떤 사상가는 쾌락이 곧 행복이며 삶의 궁극적인 목표라고 주장한다. 그는 쾌락과 고통의 양을 측정하여 '최대 다수의 최대 행복'에 따르는 것이 옳은 행위라고 한다. 나는 그 사상가가 ___㉠___ 고 생각한다.

① 쾌락에는 질적 차이가 없다는 점을 간과한다
② 고통에 순응하는 삶이 이상적이라는 점을 간과한다
③ 개인의 행복이 모여 사회 전체의 행복이 된다는 점을 간과한다
④ 쾌락만을 추구하다 보면 허망함을 느낄 수 있다는 점을 간과한다
⑤ 행복을 위해서는 보편적 도덕 원리를 추구해야 한다는 점을 간과한다

11 ㉠에 관한 설명으로 옳은 것은?

> ( ㉠ ) 사상은 19세기 말 미국의 시대 상황을 배경으로 등장하였다. 당시 미국은 산업화와 도시화가 빠르게 진행되면서 여러 사회 문제와 갈등에 직면하였다. 이에 ( ㉠ ) 사상가들은 산업 사회에서 요구되는 개척 정신과 실험 정신을 담은 사상을 전개하였다.

① 옳고 그름의 절대적인 기준을 강조하였다.
② 문제 해결을 위한 유용한 지식을 강조하였다.
③ 경험이나 실험을 통해 얻은 지식은 신뢰할 수 없다고 보았다.
④ 어떤 행위의 도덕적 가치는 행위의 동기에서 비롯된다고 주장하였다.
⑤ 진리란 개선을 위한 도구가 아니라 본래적 선으로 추구되는 것으로 보았다.

12 다음 사상가의 입장에서 긍정의 대답을 할 질문만을 <보기>에서 있는 대로 고른 것은?

> 진리를 소유한다는 일은 그 자체가 목적일 수 없고 중요한 다른 만족을 취하기 위한 수단이다. 진리란 신념으로서 좋다는 것이 입증된 것들에 대한 이름이다. 따라서 어떤 신념이 참이라고 한다면 실천적 경험에 있어 그 신념의 현금 가치(cash value)가 무엇인지 물을 수 있어야 한다. '신', '이성', '절대자' 등과 같은 형이상학적 용어나 개념도 마찬가지로 현금 가치를 지녀야 한다.

보기

ㄱ. 지식의 유용성을 강조하는가?
ㄴ. 진리란 고정적이고 절대적인 것인가?
ㄷ. 이롭다는 것과 옳다는 것은 같은 맥락인가?
ㄹ. 경험과 관찰에 의해 실용성이 증명된 것이 참된 진리인가?

① ㄱ, ㄴ ② ㄱ, ㄷ ③ ㄴ, ㄹ
④ ㄱ, ㄷ, ㄹ ⑤ ㄴ, ㄷ, ㄹ

**13** (가)의 서양 사상가 갑, 을의 입장을 (나) 그림으로 표현할 때, A~C에 들어갈 옳은 진술만을 〈보기〉에서 있는 대로 고른 것은?

| | |
|---|---|
| (가) | 갑 : 자연 과학에서 중시하는 탐구는 도덕에서도 중시되어야 한다. 도덕은 결과가 옳은 것으로 확정되기 전까지 가설로 여겨져야 한다. 도덕적 삶은 유연하고, 성장하는 것이다.<br>을 : 자연에 대한 더 나은 해석은 오직 사례나 적절하고 타당한 실험에 의해 얻을 수 있다. 인간은 자연의 사용자로서 자연의 질서를 고찰한 만큼 무엇인가를 할 수 있다. |
| (나) | 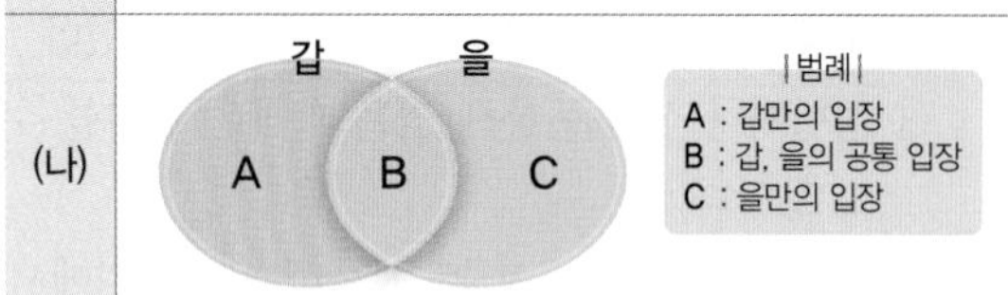 |



보기
ㄱ. A : 경험에 의한 지식의 발견을 중시한다.
ㄴ. B : 과학적인 방법으로 진리를 탐구해야 한다.
ㄷ. B : 과학적 진보를 통해 인류의 성장과 진보가 가능하다.
ㄹ. C : 이론과 지식은 불변의 목적인 도덕을 위한 도구가 된다.

① ㄱ, ㄴ ② ㄱ, ㄹ ③ ㄴ, ㄷ
④ ㄱ, ㄷ, ㄹ ⑤ ㄴ, ㄷ, ㄹ

**14** 다음 현대 서양 사상가의 입장으로 가장 적절한 것은?

> 도덕은 의사의 처방전처럼 적용해야 할 일련의 규칙이 아니다. 도덕적 지식의 가치는 결정되어 있지 않다. 그것은 당면한 상황을 해결하는지의 여부에 달려 있다. 그러므로 도덕적 문제와 악의 소재를 밝히기 위한 특정한 탐구 방법을 개발해야 한다.

① 불변하는 객관적 진리를 학문 탐구의 목표로 본다.
② 확실한 진리로부터의 연역을 문제 해결의 방법으로 본다.
③ 도덕적 지식은 항상 변화하지만 오류 가능성은 없다고 본다.
④ 진리란 절대적이지 않을 뿐 아니라 알 수도 없는 것으로 본다.
⑤ 도덕적 진리는 삶의 개선을 위한 수단적 가치를 지닌다고 본다.

중요

**15** (가) 사상가의 입장을 (나) 그림으로 탐구할 때, A, B에 들어갈 질문을 〈보기〉에서 있는 대로 고른 것은?

| | |
|---|---|
| (가) | 목적은 도달해야 할 종착점이 아니라 현재 상황을 변화시키는 능동적 과정이다. 정직, 근면, 절제, 정의도 고정된 목적의 선(善)들은 아니다. 그것들은 경험의 질적 변화의 방향이다. 여기서 중요한 것은 성장과 진보의 과정이다. |
| (나) | 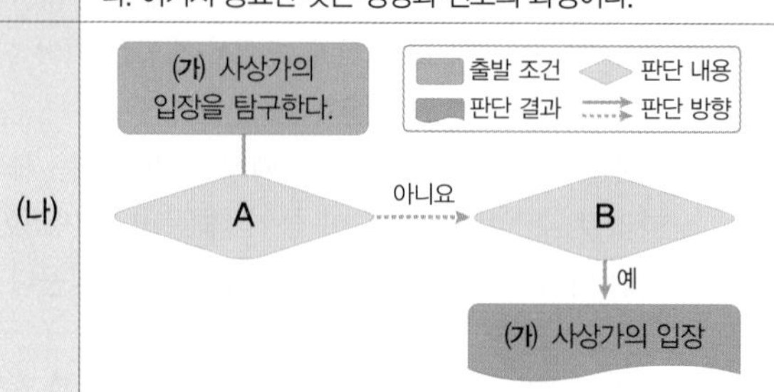 |



보기
ㄱ. A : 도덕적 진리는 인간에게 선험적으로 주어지는가?
ㄴ. A : 진리는 직관적 판단보다 경험과 관찰에 의해서 획득되는 것인가?
ㄷ. B : 지식은 문제 상황을 해결하는 수단인가?
ㄹ. B : 도덕 문제와 귀납적 탐구 방법은 서로 무관한가?

① ㄱ, ㄴ ② ㄱ, ㄷ ③ ㄴ, ㄹ
④ ㄱ, ㄷ, ㄹ ⑤ ㄴ, ㄷ, ㄹ

**16** (가)의 갑, 을은 서양 사상가들이다. 갑의 입장에 비해 을의 입장이 갖는 상대적인 특징을 (나) 그림의 ㉠~㉤ 중에서 고른 것은?

| | |
|---|---|
| (가) | 갑 : 종이를 자르는 칼은 본질이 실존에 앞선다. 칼에 대한 개념을 가진 장인이 만들었기 때문이다. 그러나 인간은 실존이 본질에 앞선다. 인간에 대한 개념을 가진 신이 없기 때문이다.<br>을 : 불변적인 규범이 필요하다는 주장은 과학으로부터 지지를 받을 수 없다. 우리는 오늘날의 상황을 진보적이고 직접적으로 개선할 수 있는 지적인 도구를 생산해 내는 일에 집중해야 한다. |
| (나) | 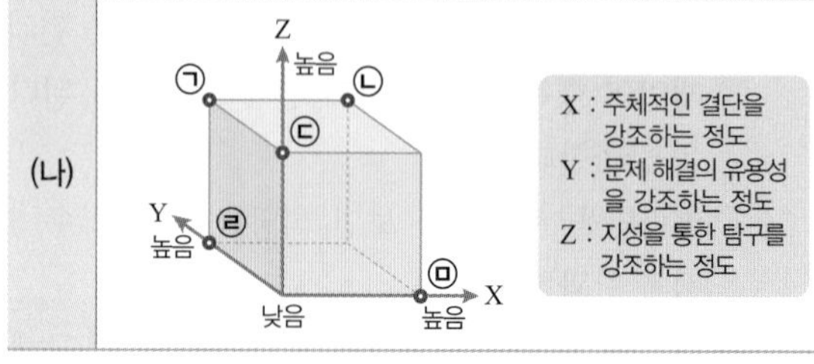 |



① ㉠ ② ㉡ ③ ㉢ ④ ㉣ ⑤ ㉤

★★ 중요

**17** 서양 사상가 갑, 을의 입장에 관한 옳은 설명을 <보기>에서 있는 대로 고른 것은?

> 갑 : 쾌락에는 질이 높은 것이 있고 낮은 것이 있다. 그 차이는 두 쾌락을 모두 경험해 본 사람이 알 수 있다.
> 을 : 도덕은 성장하고 진보하는 것이다. 지금까지 도덕적으로 무가치했다고 하더라도, 지금 선해지고 있다면 그는 선한 사람이 될 수 있다.

보기

ㄱ. 갑은 쾌락의 질이 쾌락의 양에 비례한다고 본다.
ㄴ. 갑은 쾌락의 질적 차이에 근거한 공리의 원리를 부정한다.
ㄷ. 을은 지식을 삶에서 부딪히는 문제 상황을 해결하기 위한 도구로 본다.
ㄹ. 갑, 을은 도덕 판단이 유용성에 근거를 두어야 한다고 본다.

① ㄱ, ㄴ ② ㄴ, ㄷ ③ ㄷ, ㄹ
④ ㄱ, ㄴ, ㄹ ⑤ ㄱ, ㄷ, ㄹ

**18** 현대 서양 사상가 갑, 을의 입장으로 가장 적절한 것은?

> 갑 : 진리를 유용성으로 보는 것을 특정인의 이익 수단으로 오해할 수 있다. 그러나 도로의 유용성이 노상 강도의 이익으로 측정될 수는 없다. 그 가치는 도로의 효율성과 실제 기능 여부로 측정된다.
> 을 : 죽음은 세계 안의 존재에게 가장 확실한 가능성이며, 죽음에 내던져져 있다는 사실은 불안 속에서 더욱 철저하게 드러난다. 죽음을 회피하지 말고 양심에 따라 스스로의 삶을 결정해야 한다.

① 갑은 진리를 고정되어 있지 않고 발전하는 것으로 본다.
② 갑은 신을 믿고 따르는 것이 불안을 극복하는 길이라고 본다.
③ 을은 인간의 보편적 본질이 중요하다고 본다.
④ 을은 과학적 합리성으로 현존재의 불안을 극복해야 한다고 본다.
⑤ 갑, 을은 경험적 탐구로 보편적 도덕 법칙을 발견해야 한다고 본다.

## 서술형 문제

**19** 다음 글을 읽고 물음에 답하시오.

> 실존주의는 ( ㉠ )에 대한 반성에서 비롯되었다. ( ㉠ )은/는 과학 기술의 발달로 물질적 풍요를 가져왔고, 사회의 무한한 진보와 발전에 대한 기대감을 불러일으켰다. 그러나 풍요와 편리함을 위한 이성의 ( ㉡ ) 기능만을 강조함으로써 ㉢ 다양한 윤리적 문제를 발생시켰다.

(1) ㉠, ㉡에 들어갈 적절한 말을 쓰시오.

(2) ㉢의 구체적인 예를 두 가지만 서술하시오.

**20** 다음 글을 읽고 물음에 답하시오.

> 컵과 같은 사물은 '물을 담는다.'라는 목적이나 본질이 먼저 존재하고 실제 컵이 만들어지지만, 인간은 미리 정해진 목적이나 본질 없이 먼저 실존한다. 따라서 인간은 신에 의해 본질이나 목적이 계획되거나 창조된 존재가 아니라 우연히 내던져진 존재이다. 이런 의미에서 현대 실존주의자 ( ㉠ )은/는 "_____㉡_____"라고 주장하였다.

(1) ㉠에 들어갈 사상가의 이름을 쓰시오.

(2) ㉡에 들어갈 말을 한 문장으로 서술하시오.

**21** 다음 그림을 보고, 실용주의의 입장에서 ㉠에 들어갈 적절한 내용을 서술하시오.

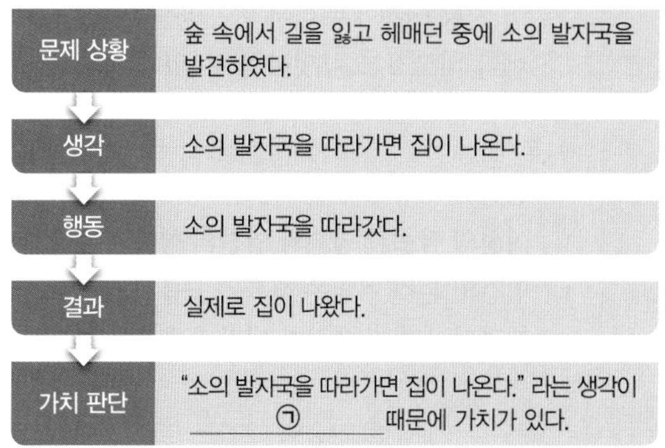

문제 상황
숲 속에서 길을 잃고 헤매던 중에 소의 발자국을 발견하였다.
생각
소의 발자국을 따라가면 집이 나온다.
행동
소의 발자국을 따라갔다.
결과
실제로 집이 나왔다.
가치 판단
"소의 발자국을 따라가면 집이 나온다." 라는 생각이 _____㉠_____ 때문에 가치가 있다.

# 등급을 올리는 고난도 문제

**01** (가)의 갑, 을, 병 사상가들의 입장을 (나) 그림으로 탐구할 때, A~C에 들어갈 옳은 질문만을 〈보기〉에서 있는 대로 고른 것은?

(가)
갑 : 정의는 한 인간의 영혼 안에서 이성, 기개, 욕망의 세 부분이 그 기능을 탁월하게 수행하여 조화를 이룰 때 실현되는 덕이다.
을 : 우리에게 편안하고 기분 좋은 시인(是認)의 정서를 불러일으키는 것이 선이고, 우리에게 불편한 부인(否認)의 정서를 불러일으키는 것은 악이다.
병 : 지식이나 관념은 문제 해결의 수단이자 도구이다. 선악(善惡)의 결정은 사회 문제 해결의 실질적인 도움 여부에 달려 있다.

(나)
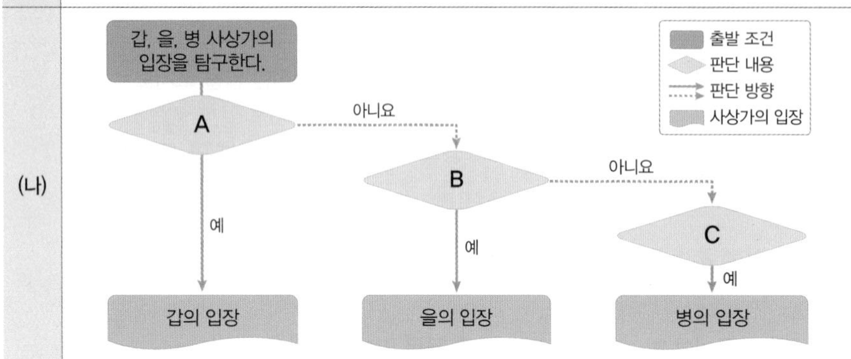


보기
ㄱ. A : 올바름 그 자체는 이성을 통해서만 파악 가능한가?
ㄴ. B : 유용성은 도덕 판단의 기준이 될 수 있는가?
ㄷ. C : 올바름은 절대적이고 무조건적인 것인가?
ㄹ. C : 지식은 문제 해결을 위해 도움이 될 때만 가치를 갖는가?

① ㄱ, ㄷ ② ㄱ, ㄹ ③ ㄴ, ㄹ ④ ㄱ, ㄴ, ㄷ ⑤ ㄴ, ㄷ, ㄹ

문제 접근 방법
'영혼의 조화', '시인과 부인의 감정', '지식은 문제 해결의 수단'이라는 핵심 구절을 통해 갑, 을, 병 사상가가 누구인지 파악한다. 〈보기〉의 질문을 확인하여 A, B, C 단계에서 각 사상가들이 어떻게 대답할지 찾아보며 문제를 해결한다.

적용 개념
# 올바름
# 유용성
# 지식

**02** 고대 서양 사상가 갑은 긍정, 현대 서양 사상가 을은 부정으로 대답할 질문만을 〈보기〉에서 있는 대로 고른 것은?

갑 : 인간은 말이나 소와 다르게 정신 안에 이성의 기능을 포함한다는 점에서 고유한 존재이다. 이성적 동물인 인간이 추구하는 궁극적 목적은 행복이다. 행복의 본질은 덕과 일치하는 정신의 활동에 있다.
을 : 인간은 이끼나 꽃양배추와 다르게 주체적으로 삶을 살아가는 지향적 존재이다. 이 지향 이전에는 아무것도 있을 수 없다. 인간은 이 세상에 내던져진 존재로 나중에야 비로소 그 무엇이 될 수 있다.

보기
ㄱ. 인간이 지향해야 할 목적은 정해져 있는가?
ㄴ. 이성의 탁월한 발휘와 인간의 행복은 무관한가?
ㄷ. 인간의 본질 파악은 행복 추구를 위해 필요한가?
ㄹ. 객관적인 진리 추구가 인간의 행복을 보장하는가?

① ㄱ, ㄴ ② ㄱ, ㄷ ③ ㄴ, ㄹ ④ ㄱ, ㄷ, ㄹ ⑤ ㄴ, ㄷ, ㄹ

문제 접근 방법
'행복은 덕과 일치하는 정신의 활동', '이 세상에 내던져진 존재'라는 핵심 구절을 통해 갑, 을 사상가가 누구인지 파악한다. 〈보기〉의 질문 중 갑은 긍정, 을은 부정으로 대답할 것을 골라 문제를 해결한다.

적용 개념
# 이성과 행복
# 내던져진 존재

**03** (가)의 갑, 을, 병 사상가들의 입장을 (나) 그림으로 표현할 때, A~D에 해당하는 옳은 진술만을 〈보기〉에서 있는 대로 고른 것은?

| | |
|---|---|
| (가) | 갑 : 최선의 도구를 찾아 문제를 해결하는 것이 선(善)이다. 그러므로 도덕도 성장하고 진보한다.<br>을 : 행위의 옳고 그름을 판정하는 유일한 기준은 그 행위가 산출하는 고통과 쾌락의 양이다.<br>병 : 도덕의 기초는 타인과 함께 느끼는 공감이다. 그러므로 공감을 통해 쾌감을 느끼게 하는 행위는 선(善)하다. |
| (나) | 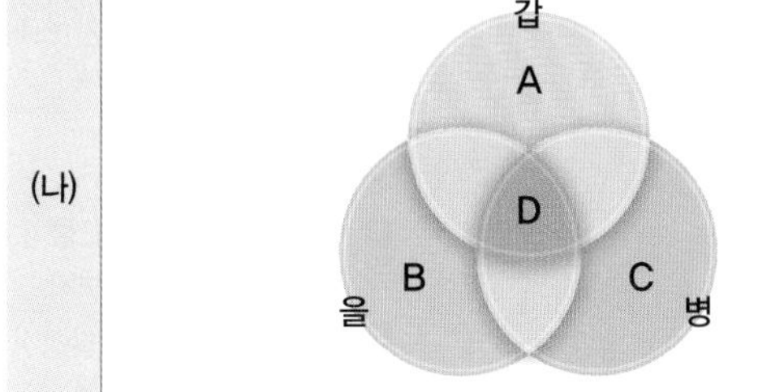 |범례 | A : 갑만의 입장 B : 을만의 입장 C : 병만의 입장 D : 갑, 을, 병의 공통 입장 |

보기

ㄱ. A : 지식과 사유의 원천이 인간의 경험에 있다.
ㄴ. B : 선험적 지식을 통해 우리의 삶을 개선할 수 있다.
ㄷ. C : 도덕적 행동의 직접적인 동기는 오직 감정이다.
ㄹ. D : 사회적 유용성을 가져다주는 행위는 도덕적 가치를 지닌다.

① ㄱ, ㄴ ② ㄱ, ㄷ ③ ㄷ, ㄹ ④ ㄱ, ㄴ, ㄹ ⑤ ㄴ, ㄷ, ㄹ

**문제 접근 방법**

'도덕은 성장하고 진보하는 것', '고통과 쾌락의 양', '공감을 통한 쾌감'이라는 핵심 구절을 통해 갑, 을, 병 사상가가 누구인지 파악한다. (나) 그림의 A~D 영역이 무엇을 의미하는지 〈범례〉를 통해 확인한 후 문제를 해결한다.

**적용 개념**

# 도구
# 쾌락
# 공감

**04** (가)의 갑, 을 사상가들의 입장을 (나) 그림으로 탐구하고자 할 때, A~C에 들어갈 질문으로 옳은 것은?

| | |
|---|---|
| (가) | 갑 : 인간은 정신이며, 정신은 곧 자아이다. 자아는 자기와 맺는 관계이며, 이런 관계는 무한과 유한의 종합이다. 이 역설적인 상황에서 생기는 절망은 '죽음에 이르는 병'이다.<br>을 : 인간은 '현존재'에 대한 물음을 통해서 존재의 의미를 묻는 존재자이다. 인간은 자신이 죽음에 이르는 존재라는 것을 수용함으로써 자신의 본래적 모습을 만날 수 있다. |
| (나) | 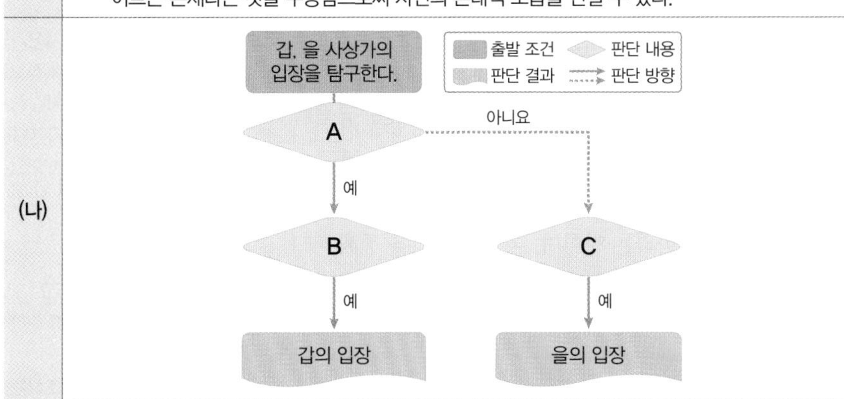 |

① A : 주체적인 결단을 통해 쾌락을 추구해야 하는가?
② A : 인간의 자유로운 결단에 대한 책임을 강조하는가?
③ B : 윤리적 삶을 통해 불안과 절망을 온전히 극복할 수 있는가?
④ C : 개인의 주체성보다는 보편적 본질을 중시해야 하는가?
⑤ C : 참된 실존을 찾으려면 죽음에 대한 자각이 필수적인가?

**문제 접근 방법**

'죽음에 이르는 병', '죽음에 이르는 존재'라는 핵심 구절을 통해 갑, 을 사상가가 누구인지 파악한다. (나) 그림의 A~C 각 단계에 들어갈 적절한 질문을 비교하며 문제를 해결한다.

**적용 개념**

# 죽음
# 현존재

# Ⅲ 단원 수능 빈출 유형

바른답·알찬풀이 56쪽

## 아우구스티누스와 스피노자의 사상 비교하기

그림은 중세 서양 사상가 갑, 근대 서양 사상가 을의 가상 대화이다. 갑, 을의 입장에 대한 설명으로 가장 적절한 것은?

신은 이성적 인식의 대상을 넘어 실존적으로 만나야 할 인격적 존재입니다. 현세에서 우리는 모두 죄인이므로 어느 누구도 온전히 신국의 구성원일 수만은 없습니다.
갑

신, 즉 자연은 무한하고 완전하며 유일한 실체입니다. 오직 신만이 모든 것의 내적인 원인입니다. 모든 것은 신 안에 있으며, 오직 신의 무한한 본성의 법칙에서 생깁니다.
을

① 갑은 인간이 죄를 짓는 존재이기 때문에 자유 의지가 없다고 본다.
② 갑은 인간의 참된 행복이 이성을 통해 현세에서 실현된다고 본다.
③ 을은 지적인 관조를 통해 자연의 필연성을 초월할 수 있다고 본다.
④ 을은 신의 본성을 인식함으로써 완전한 행복을 얻을 수 있다고 본다.
⑤ 갑, 을은 신의 은총에 의해 정념의 방해에서 벗어날 수 있다고 본다.

>> 유형 분석 이 문제는 사상가의 가상 대화의 형식을 취하고 있다. 가상 대화에서 사상가의 입장을 파악하여 선택지를 적용하는 전통적인 형식의 유형이다. 신에 대한 중세 그리스도교 사상가와 근대 사상가인 스피노자의 입장을 비교해 두어야 한다.

공략법
1. 가상 대화를 통해 갑, 을이 어떤 사상가인지를 파악해 보자.
2. 갑, 을 사상가의 입장을 이해하고 선택지에 적용해 보자.

## 아퀴나스와 아우구스티누스의 사상 비교하기

중세 서양 사상가 갑, 을의 입장만을 <보기>에서 있는 대로 고른 것은?

갑 : 신의 가르침을 이해하기 위해서는 이성이 필요하다. 이성은 자연적 성향을 가진 모든 것을 선(善)으로 파악한다. 따라서 자연법의 첫째 원리는 "선을 행하고 악을 피하라."는 것이다.
을 : 신을 열망하는 것은 최고의 행복[至福]을 바라는 것이며, 이것은 신앙을 통해서만 얻을 수 있다. 지상의 국가는 자신을 사랑함으로써 형성되지만 천상의 국가는 신을 사랑함으로써 형성된다.

보기
ㄱ. 갑 : 이성으로 파악한 자연법에 근거하여 실정법을 제정해야 한다.
ㄴ. 갑 : 믿음·소망·사랑이라고 하는 종교적 덕을 함양해야 한다.
ㄷ. 을 : 신은 악을 창조하여 자유로운 인간에게 책임을 부과한다.
ㄹ. 갑, 을 : 완전한 행복을 달성하기 위해 신의 은총이 필요하다.

① ㄱ, ㄷ ② ㄴ, ㄹ ③ ㄷ, ㄹ ④ ㄱ, ㄴ, ㄷ ⑤ ㄱ, ㄴ, ㄹ

>> 유형 분석 중세 서양 사상가의 입장을 비교하는 문제는 지속적으로 출제되고 있는 주제이다. 특히 중세 서양 사상가인 아퀴나스의 자연법 개념을 묻는 문제들이 자주 출제되고 있으니 정확하게 파악해 두어야 한다.

공략법
1. 제시문에 나오는 주요 개념과 핵심어를 통해 갑, 을이 어떤 사상가인지를 파악해 보자.
2. 갑, 을 사상가가 강조하는 종교적 덕과 자연법, 신의 은총 등의 개념의 의미를 떠올려 보자.
3. 갑, 을의 입장에 관한 옳은 선지를 <보기>에서 골라 문제를 해결해 보자.

## 유형 3 흄과 칸트 사상의 비교하기

근대 서양 사상가 갑, 을의 입장으로 옳은 것은?

> 갑 : 사회 전체의 행복에 기여하는 모든 것은 그 자체로 우리의 시인(是認)을 얻는다. 공감이 아니라면 우리는 사회를 위한 포괄적인 관심을 전혀 갖지 못한다. 어떤 성질이나 성격을 칭찬하는 이유는 그것이 사회 전체의 행복을 증진하기 때문이다.
> 을 : 행복의 원리가 준칙(準則)을 제공할 수 있기는 하지만, 결코 의지의 법칙으로 쓰일 준칙을 제공할 수는 없다. 행복에 대한 인식은 경험 자료에 의거하기 때문이다. 행복의 원리는 보편적 규칙을 줄 수가 없다.

① 갑 : 이성은 도덕적 판단과 실천에 어떠한 영향도 줄 수 없다.
② 갑 : 행위에 대한 정서적 반응은 도덕적 구별의 근거가 될 수 없다.
③ 을 : 보편화할 수 있는 준칙은 도덕 법칙에 위배되지 않는다.
④ 을 : 의무에 맞는 모든 행위는 의무로부터 비롯된 것이다.
⑤ 갑, 을 : 도덕 판단의 근거는 모든 이성적 존재들의 행복 증진이다.

» 유형 분석 근대 서양 사상가 흄과 칸트의 사상을 비교하는 문제이다. 이 문제의 특징은 흄과 칸트 윤리 사상의 특징을 각각 파악해야 할 뿐만 아니라, 두 사상의 차이점을 알아야 풀 수 있다. 이성주의와 경험주의를 비교하여 정리해 두어야 한다.

☑ 공략법

1. 제시문의 핵심 구절을 통해 갑, 을 사상가가 누구인지 파악해 보자.
2. 각 사상가의 윤리 사상의 특징과 선지의 내용을 비교하면서 정답을 찾아 보자.

## 유형 4 듀이의 실용주의 사상 파악하기

(가)를 주장한 현대 사상가의 입장에서 볼 때, 퍼즐 (나)의 세로 낱말 (A)에 관한 설명으로 옳은 것은?

| | |
|---|---|
| (가) | 목적은 도달해야 할 종착점이 아니라 현재 상황을 변화시키는 능동적인 과정이다. 정직, 근면, 절제, 정의도 고정된 목적으로 삼아야 할 선(善)들은 아니다. 그것들은 경험의 질적인 변화의 방향이다. 여기서 중요한 것은 성장과 진보의 과정이다. |
| (나) | 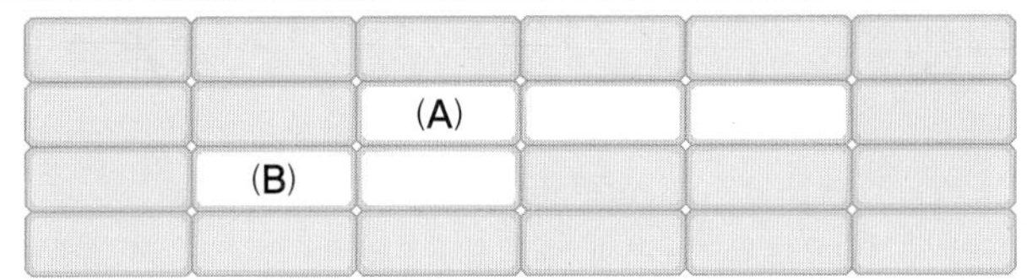 [가로 열쇠]<br>(A) : '참됨·착함·아름다움'을 아울러 이르는 한자어<br>(B) : 인간이 마땅히 지키고 따라야 할 도리를 일컫는 것으로 도덕과 유사한 말.<br>예 동양 ○○, 서양 ○○<br>[세로 열쇠]<br>(A) : …… 개념 |

① 경험과 관찰보다 직관적 판단에 의해서 획득되는 것이다.
② 개선을 위한 도구가 아니라 본래적 선으로 추구되는 것이다.
③ 시공을 초월한 고정된 표준으로서의 타당성을 지니는 것이다.
④ 오류 가능성이 완전히 제거되어 절대적 확실성을 갖는 것이다.
⑤ 과학적 탐구를 통해 삶의 문제 해결에 유용한 것으로 확인된 것이다.

» 유형 분석 실용주의의 대표적인 사상가 듀이에 관한 문제이다. 듀이는 단독으로 자주 출제되기도 하고 다른 사상가들과 비교하는 문제로 출제될 수 있으므로 핵심 주장을 정확하게 이해해 두어야 한다.

☑ 공략법

1. (가) 사상가가 누구인지 파악해 보자.
2. 가로 열쇠를 풀어 세로 낱말 (A)를 파악해 보자.
3. (가) 사상가의 입장에서 세로 낱말 (A)를 설명한 내용을 선지에서 찾아 보자.

# Ⅲ 단원 개념 마무리

## 01 서양 윤리 사상의 연원

### • 고대 그리스 사상과 헤브라이즘

| 구분 | 내용 |
| --- | --- |
| 고대 그리스 사상 | 이성적이고 합리적인 사고와 논변 중시, 사물과 인간의 본질에 큰 관심을 가짐 |
| 헤브라이즘 | 절대자로서의 유일신(唯一神)에 대한 믿음이 있음, 신을 윤리의 궁극적 근거로 삼음 |

### • 규범의 다양성과 보편 도덕

| | 소피스트 | 소크라테스 |
| --- | --- | --- |
| 특징 | • 프로타고라스 : 각 개인의 지각(경험)만이 진리 판단 및 도덕 판단의 기준임<br>• 현실 삶에서의 성공, 특히 정치적 성공을 중시함 | • 참된 앎(= 지식)을 모든 덕(德)과 행복의 원천으로 여김<br>• 참된 앎을 지닌 사람은 덕 있는 사람이 되고, 덕이 있는 사람은 행복한 삶을 살게 된다고 봄 → 지덕복 합일설 |
| 윤리적 관점 | • 윤리적 상대주의 : 누구에게나 보편타당한 절대적인 진리와 도덕규범은 존재하지 않는다는 관점<br>• 서로 다른 개인과 사회의 상이한 도덕규범을 이해하고 관용하는 데 도움을 줌 ↔ 가치관의 혼란을 가져올 수 있고, 윤리적 회의주의에 빠질 위험이 있음 | • 윤리적 절대주의 : 절대적으로 옳고 보편타당한 윤리적 기준이 존재한다는 관점<br>• 다원화된 사회에서 발생할 수 있는 가치관의 혼란을 극복하는 데 도움을 줌 ↔ 개인의 자유를 침해하고 사회를 획일화할 수 있음 |

## 02 덕 있는 삶과 행복

| 플라톤 | 아리스토텔레스 |
| --- | --- |
| • 이데아론 : 세계를 현실의 세계와 이데아의 세계로 구분<br>• 이데아에 대한 지식은 오직 이성을 통해서만 얻을 수 있음<br>• 지혜, 용기, 절제의 덕이 서로 조화를 이룰 때 인간 영혼에서 정의의 덕을 실현하고 행복한 삶을 살 수 있음<br>• 세 계급의 사람들이 그들의 덕목을 잘 갖추고 조화롭게 국가를 이룰 때 정의의 덕을 실현할 수 있음 | • 선은 이데아의 세계가 아닌 현실 세계에 존재<br>• 세상의 모든 것에는 목적이 있듯이 인간의 모든 행위에도 목적이 있음 → 인간의 궁극적인 목적은 행복<br>• 행복은 덕에 따른 영혼의 활동임 → 덕은 품성적인 덕과 지적인 덕으로 나눌 수 있음<br>• 덕의 실현에 있어서 사회적 측면을 중시함 |

## 03 행복 추구의 방법

| 에피쿠로스학파 | 스토아학파 |
| --- | --- |
| • 쾌락은 유일한 선이며 고통은 유일한 악이라고 전제함 → 쾌락은 행복한 삶의 시작이자 끝이라는 쾌락주의 입장<br>• 적극적인 욕망의 충족에 따른 쾌락이 아니라 고통을 제거함으로써 주어지는 쾌락 추구 → 소극적 쾌락주의 입장<br>• 몸의 고통과 마음의 불안이 모두 소멸된 상태가 지속됨으로써 주어지는 정신적 쾌락 추구 → 아타락시아(평정심) 추구 | • 행복을 위해 평온한 삶을 추구하였으며, 평온한 삶을 위해 온갖 정념으로부터 벗어날 것을 강조함<br>• 욕망, 감정으로부터 벗어날 것을 강조함 → 금욕주의<br>• 어떤 상황에서도 동요하지 않는 상태, 즉 정념으로부터 해방된 상태 추구 → 아파테이아(부동심) 추구<br>• 자연의 필연적 질서와 법칙에 순응하는 삶 강조 |

## 04 신앙과 윤리

| 아우구스티누스 | 아퀴나스 |
| --- | --- |
| • 플라톤의 이데아론을 받아들여 그리스도교의 교리를 체계화함<br>• 세계를 영원한 천상의 나라와 유한한 지상의 나라로 구분함<br>• 구원은 신에게 귀의하고 신의 은총을 받을 때에만 가능함<br>• 신은 실존적으로 만나야 할 인격적 존재임 | • 아리스토텔레스의 사상에 기초하여 인간의 궁극 목적을 행복으로 봄 → 완전한 행복은 내세에 신에게 도달함으로써 주어짐<br>• 자연법은 신이 창조한 영원불변한 존재의 질서인 영원법에 기초함<br>• 철학과 신학은 상호 보완적 → 신 존재는 이성적으로 논증 가능함 |

## 05 도덕의 기초

• 도덕적인 삶과 이성

| 데카르트 | 스피노자 |
|---|---|
| • 이성적 추론의 토대가 되는 확실한 원리를 찾기 위해 노력함<br>• 방법적 회의 : 모든 것을 의심해 보는 방법<br>• 철학의 제1원리 : "나는 생각한다. 그러므로 나는 존재한다." | • 신=자연(수학적 질서에 따라 움직이는 하나의 거대한 기계) → 필연론<br>• 올바른 삶 : 정념의 예속에서 벗어나야 함<br>• 진정한 자유 : 자연의 필연성을 이성적 관조를 통해 인식하여 획득함 |

• 도덕적인 삶과 감정

| 베이컨 | 흄 |
|---|---|
| • 우상론 : 인간이 지닌 선입관과 편견의 제거<br>• 자연을 지배하고 생활 방식을 개선해야 함 | • 도덕에 있어 이성에 대한 감정의 우위를 주장함<br>• 도덕적 판단의 기준 : 시인과 부인의 감정 → 공감 |

## 06 옳고 그름의 기준

• 의무론과 칸트주의

| 의무론 | 칸트 | 현대 칸트주의 |
|---|---|---|
| • 우리가 마땅히 지켜야 할 의무에 따라 행위의 옳고 그름을 판단해야 한다는 이론<br>• 행위의 동기 중시 → 행위의 가치가 정해져 있음 | • 도덕적 행동 = 선의지, 의무(도덕 법칙)에 따른 행위<br>• 정언 명령 : 보편주의·인격주의 정식 | • 로스의 조건적 의무론 : 직관적으로 알 수 있는 옳고 명백한 의무도 상황에 따라 유보될 수 있음 |

• 결과론과 공리주의

| 결과론 | 고전적 공리주의 | 현대 공리주의 |
|---|---|---|
| • 어떤 행위의 옳고 그름을 그 행위의 결과로 판단하는 이론<br>• 행위의 가치는 결정되어 있지 않다고 봄 | • 옳고 그름의 기준 : 공리의 원리<br>• 벤담의 양적 공리주의<br>• 밀의 질적 공리주의 | • 선호 공리주의 : 행위에 영향을 받을 모든 사람의 선호를 가장 많이 만족하는 행위가 옳다고 봄<br>• 규칙 공리주의 : 좋은 결과를 가져다줄 가능성이 큰 규칙을 따름으로써 공리를 극대화할 수 있다고 봄 |

## 07 현대의 윤리적 삶

• 주체적 결단과 실존

| | |
|---|---|
| 키르케고르 | • 죽음에 이르는 병 : 선택에 대한 불안 때문에 선택의 결정을 회피하면서 빠지게 되는 절망<br>• 신 앞에 선 단독자 : 인간은 모든 것을 신에게 맡기고 살아가고자 결단할 때 참된 실존을 회복함 |
| 야스퍼스 | 한계 상황에서 개인의 주체적 결단을 통해 참된 실존을 회복해야 함 |
| 하이데거 | 현존재로서 인간은 죽음에 이르는 존재임을 자각하여 참된 실존을 회복해야 함 |
| 사르트르 | 우연히 이 세계에 내던져진 인간은 주체적인 선택과 결단에 따라 스스로의 삶을 만들어 가야 함 |

• 실용주의와 문제 해결의 유용성

| 퍼스 | 제임스 | 듀이 |
|---|---|---|
| 실용주의의 격률 : 어떤 것이 옳으려면 쓸모 있는 성과를 만들어 내야 한다는 원칙 | • 현금 가치 → 지식의 유용성을 강조함<br>• 이롭다는 것 = 옳다는 것 | • 도구주의 : 지식은 인간이 환경에 적응하기 위한 수단<br>• 윤리는 고정된 것이 아니라 성장하고 변화하는 것 |

**01** (가)의 갑, 을 고대 서양 사상가들의 입장을 (나) 그림으로 표현할 때, A~C에 들어갈 적절한 진술만을 〈보기〉에서 있는 대로 고른 것은?

| | |
|---|---|
| (가) | 갑 : 정의(正義)는 더 강한 자의 이익 이외에 다른 것이 아니다. 똑같은 정의일지라도 어떤 사람에게는 유리하고 어떤 사람에게는 불리하다.<br>을 : 우리가 욕구한 것이 나중에 우리에게 위험한 것으로 밝혀질 수도 있다. 그러나 어느 누구도 그것이 나쁘며 따라서 자신에게 해가 될 줄을 알면서도 어떤 것을 욕구하지는 않는다. |
| (나) | 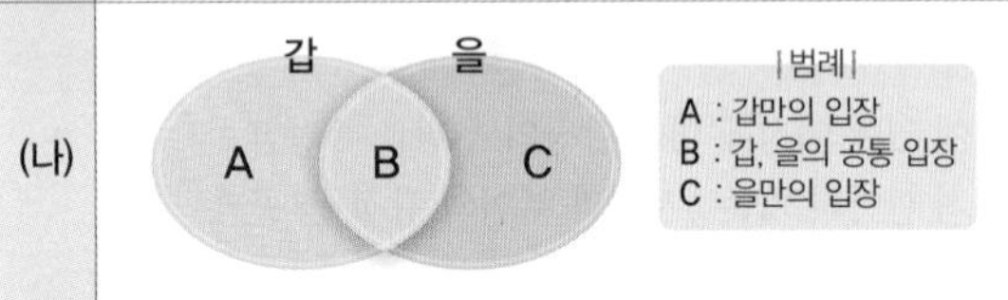  |

보기

ㄱ. A : 보편타당한 진리와 윤리는 존재할 수가 없다.
ㄴ. B : 부와 명예 등의 세속적 가치를 가장 중요하게 생각해야 한다.
ㄷ. B : 학문은 자연보다는 인간과 사회에 대한 탐구를 주로 해야 한다.
ㄹ. C : 악행은 무지뿐만 아니라 의지의 나약함에 의해서도 비롯된 것이다.

① ㄱ, ㄴ ② ㄱ, ㄷ ③ ㄴ, ㄹ
④ ㄱ, ㄷ, ㄹ ⑤ ㄴ, ㄷ, ㄹ

**02** 그림은 어떤 개념을 검색한 화면이다. 검색어 (A)로 옳은 것을 고르면?

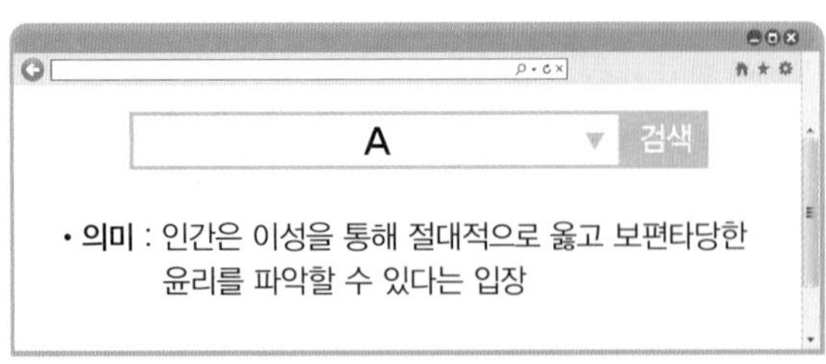

A
검색
• 의미 : 인간은 이성을 통해 절대적으로 옳고 보편타당한 윤리를 파악할 수 있다는 입장


① 윤리적 상대주의 ② 윤리적 보편주의
③ 목적론적 윤리설 ④ 주지주의적 윤리설
⑤ 주의주의적 윤리설

**03** 다음 고대 서양 사상가의 입장으로 옳은 것은?

> 이데아는 영원불변하지만 현실적인 것들은 끊임없이 변화하며 존재했다 사라지기를 반복한다. 이데아는 우리의 이상이 된다. 우리는 이것을 근거로 하여 이상적인 인간의 본성과 자아를 인식하고 그것을 실현하기 위해 노력해야 한다.

① 선(善)의 이데아는 현실 세계에서 찾을 수 있는 것이다.
② 사회적 재화가 공동체 구성원 모두에게 공유되어야 한다.
③ 이상적인 정치는 다수결의 원리를 바탕으로 한 민주 정치이다.
④ 한 개인으로서의 삶과 국가의 시민으로서의 삶은 무관한 것이다.
⑤ 국가는 선(善)에 관한 절대적 지식을 성취한 철인에 의해 통치되어야 한다.

개념 피드백 133쪽

**04** 갑, 을의 입장을 〈보기〉에서 골라 바르게 짝지은 것은?

> 갑 : 영혼의 세 부분이 각각의 본분을 다할 때 이상적 인간이 되듯이, 국가에 있어서 세 계층이 사람들이 자기 본분을 다할 때 정의로운 국가가 된다.
> 을 : 두려움과 대담함과 관련해서는 용기가 바로 중용이다. 대담함이 지나친 사람은 무모한 사람이고, 두려움이 지나치고 대담함이 모자란 사람은 비겁한 사람이다.

보기

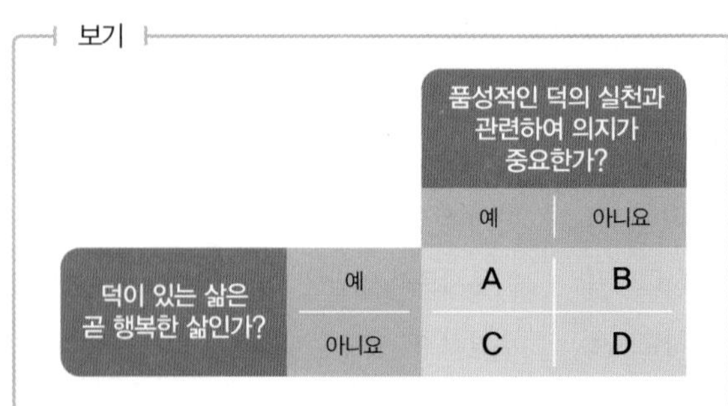


| | 갑 | 을 |
|---|---|---|
| ① | A | D |
| ② | B | A |
| ③ | B | C |
| ④ | B | D |
| ⑤ | C | A |

**05** 다음은 노트 필기의 일부이다. ㉠~㉤ 중 옳지 않은 것은?

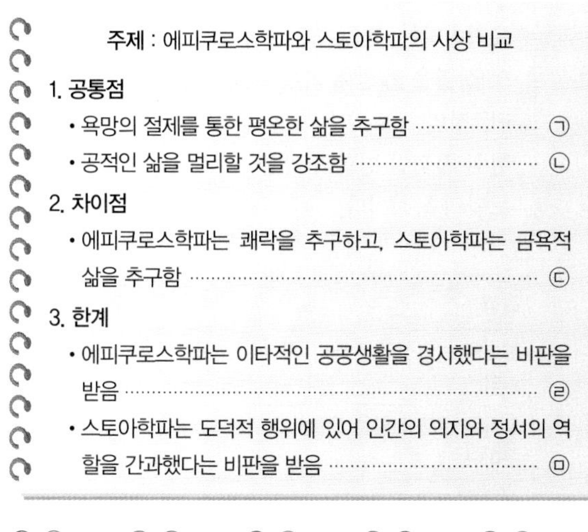
주제 : 에피쿠로스학파와 스토아학파의 사상 비교
1. 공통점
• 욕망의 절제를 통한 평온한 삶을 추구함 ……… ㉠
• 공적인 삶을 멀리할 것을 강조함 ……… ㉡
2. 차이점
• 에피쿠로스학파는 쾌락을 추구하고, 스토아학파는 금욕적 삶을 추구함 ……… ㉢
3. 한계
• 에피쿠로스학파는 이타적인 공공생활을 경시했다는 비판을 받음 ……… ㉣
• 스토아학파는 도덕적 행위에 있어 인간의 의지와 정서의 역할을 간과했다는 비판을 받음 ……… ㉤

① ㉠ ② ㉡ ③ ㉢ ④ ㉣ ⑤ ㉤

개념 피드백 158쪽

**06** 다음 중세 서양 사상가의 입장에 관한 설명으로 옳은 것은?

> 법이란 이성적 질서 혹은 처방이다. 법은 공공의 이익을 위해 공표된다. …… 합리적인 피조물은 영원한 이성을 공유한다. 이것에 의해 합리적인 피조물은 적절한 행동과 목적에 대한 자연적 성향을 지닌다. 그리고 합리적인 피조물 안에서 영원법의 참여를 자연법이라고 부른다.

① 신이 창조한 세계 안에서 인간의 자유 의지는 없다고 본다.
② 신의 존재는 오로지 신의 계시를 통해서만 증명될 수 있다고 본다.
③ 인간의 궁극 목적을 절대 선(善) 그 자체에 이르는 것이라고 본다.
④ 인간 본성은 도덕적 덕의 부단한 실천을 통해서 완성된다고 본다.
⑤ 영원한 행복은 인간 스스로의 노력을 통해 이루어질 수 있다고 본다.

개념 피드백 171쪽

**07** (가)의 근대 서양 사상가 갑, 을의 입장을 (나) 그림으로 탐구할 때, A~C에 들어갈 질문으로 옳은 것은?

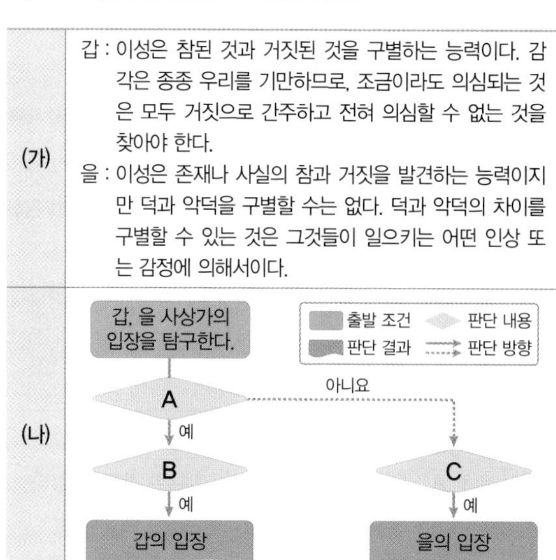
(가)
갑 : 이성은 참된 것과 거짓된 것을 구별하는 능력이다. 감각은 종종 우리를 기만하므로, 조금이라도 의심되는 것은 모두 거짓으로 간주하고 전혀 의심할 수 없는 것을 찾아야 한다.
을 : 이성은 존재나 사실의 참과 거짓을 발견하는 능력이지만 덕과 악덕을 구별할 수는 없다. 덕과 악덕의 차이를 구별할 수 있는 것은 그것들이 일으키는 어떤 인상 또는 감정에 의해서이다.

(나)


① A : 감각을 통해 진리를 찾을 수 있는가?
② A : 자연에 대한 경험적 탐구가 참된 지식의 근원인가?
③ B : 사회 전체의 행복에 유용한 행위가 도덕적인가?
④ B : 우상이라는 편견을 제거해야 진리를 찾을 수 있는가?
⑤ C : 모든 사람들은 공감 능력을 가지고 있는가?

**08** 다음 근대 서양 사상가의 입장으로 가장 적절한 것은?

> 무지한 자는 외적 원인에 따라 여러 가지 방식으로 동요되어 결코 영혼의 참다운 만족을 누리지 못하며, 자신과 신의 사물을 거의 의식하지 않고 산다. 이에 반해 현명한 자는 영혼의 흔들림 없이 자신과 신과 사물을 영원한 필연성에 따라 인식하며 언제나 영혼의 참다운 만족을 누린다.

① 우주는 신이 창조한 거대한 기계이다.
② 신은 자연의 필연적인 법칙을 초월한 존재이다.
③ 모든 감정을 제거할 때 진정한 자유를 얻을 수 있다.
④ 자연의 인과 관계를 인식하고 자유 의지를 발휘해야 한다.
⑤ 인간 정신의 최고의 덕은 신을 이성적으로 인식하는 것이다.

**09** (가)의 근대 서양 사상가 갑, 을의 입장을 (나) 그림으로 표현할 때, A~C에 들어갈 적절한 진술만을 <보기>에서 있는 대로 고른 것은?

| | |
|---|---|
| (가) | 갑 : 유용성의 원리는 개인과 사회의 행복 증감 여부에 따라 모든 행위를 승인하거나 거부하는 원칙이다. 쾌락의 측정 기준에는 일곱 가지가 있다.<br>을 : 준칙이란 주관적 실천 원칙이다. 그러나 그것이 모든 이성적 존재자의 의지에 대해 타당하다면 그 원칙은 객관적이다. |
| (나) | 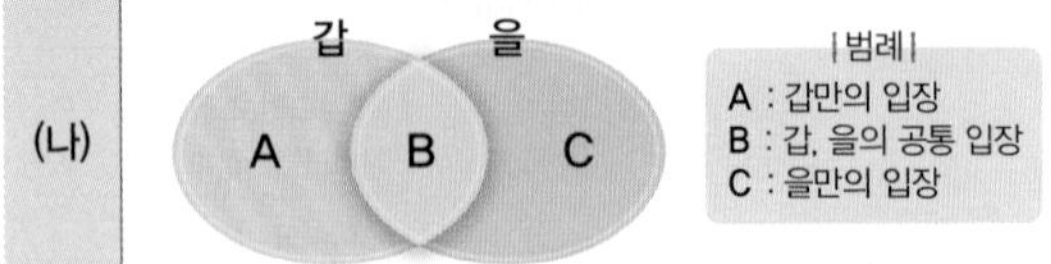 |



보기
ㄱ. A : 도덕적 행위의 판단 기준은 결과에 있다.
ㄴ. B : 도덕적인 삶이 행복한 삶을 보장한다.
ㄷ. B : 행위의 도덕성을 판단할 수 있는 보편적 도덕 원리가 있다.
ㄹ. C : 도덕 법칙은 무조건 따라야 하는 명령의 형식으로 제시된다.

① ㄱ, ㄴ ② ㄱ, ㄷ ③ ㄴ, ㄹ
④ ㄱ, ㄷ, ㄹ ⑤ ㄴ, ㄷ, ㄹ

개념 피드백 182쪽

**10** 밑줄 친 '나'는 근대 서양 사상가이다. ㉠에 들어갈 진술로 가장 적절한 것은?

나는 만족해 하는 바보보다 불만족스러워 하는 소크라테스가 낫다고 생각한다. 이러한 나의 생각은 '유용성(utility)의 원리'와 양립 가능하다. 그런데 나보다 먼저 유용성의 원리를 강조했던 어느 사상가는 행위의 옳고 그름을 평가하는 기준은 행위에 의해 생겨날 쾌락과 고통의 양이라고 주장하였다. 내가 보기에 이 사상가는 ______㉠______

① 쾌락이 유일한 선임을 모르고 있다.
② 쾌락이 양적으로 계산 가능함을 모르고 있다.
③ 쾌락에는 질적 차이가 존재함을 모르고 있다.
④ 쾌락의 양을 평가하는 기준이 존재함을 모르고 있다.
⑤ 쾌락이 인간의 행동을 결정하는 요인임을 모르고 있다.

개념 피드백 197쪽

**11** 다음 사상가의 관점에만 모두 'V'를 표시한 학생은?

목적이라는 것은 도달해야 할 종착점이 아니라 현재의 상황을 개선해 가는 능동적인 과정이다. 정직, 근면, 정의 등도 획득해야 할 고정된 목적이 아니라 경험의 질적인 변화의 방향들이다. 성장 자체가 유일한 도덕의 목적이다.

| 관점 \ 학생 | 갑 | 을 | 병 | 정 | 무 |
|---|---|---|---|---|---|
| 불변하는 고정적 진리나 지식이 존재한다. | V | | | V | |
| 지식은 문제 상황을 해결하기 위한 도구이다. | | V | V | V | V |
| 선한 쪽으로 진보하는 사람이 도덕적 인간이다. | | V | | V | V |
| 지성적인 방식의 문제 해결을 보장하는 정치 제도는 민주주의이다. | V | | V | | V |

① 갑 ② 을 ③ 병 ④ 정 ⑤ 무

**12** 그림은 서양 사상가 갑, 을의 가상 대화이다. 갑, 을 중 적어도 한 사람이 긍정의 대답을 할 질문만을 <보기>에서 있는 대로 고른 것은?

철학은 신앙이 전제하고 있는 진리들을 증명하는 데 유익합니다. 인간의 구원을 위해서는 신의 계시에 따른 가르침과 종교적 덕이 필요합니다.

철학적 탐구가 내 삶에 깊은 의미가 되지 않는다면 무슨 소용이 있겠습니까? 참된 자신이 되기 위해 신 앞에 선 단독자로 서는 모험을 감행해야 합니다.

갑

을

보기
ㄱ. 진리는 절대적인 것인가?
ㄴ. 주체적인 결단을 통해 행복에 이를 수 있는가?
ㄷ. 우주의 필연적인 질서에 대해 관조해야 하는가?
ㄹ. 도덕적 삶만으로 신과 하나가 되는 것은 불가능한가?

① ㄱ, ㄴ ② ㄱ, ㄷ ③ ㄷ, ㄹ
④ ㄱ, ㄴ, ㄹ ⑤ ㄴ, ㄷ, ㄹ

서술형 문제

개념 피드백 195쪽

**13** 다음 사상가가 강조하는 삶의 태도로 가장 적절한 것은?

> 칼은 그것을 만드는 사람에 의해 구상된 이후에 만들어집니다. 그러나 인간은 먼저 구상되고 어떤 목적을 수행하도록 만들어지는 존재가 아닙니다. 인간은 먼저 존재하고 그들의 현재 됨됨이는 자신이 행하는 바에 따라 결정됩니다.

① 이성을 통해 인간의 주체성을 확립해야 한다.
② 인간의 유한성을 극복하기 위해 신에게 귀의해야 한다.
③ 객관적인 진리의 추구를 통해 인간의 불안을 해결해야 한다.
④ 주체적인 선택과 결단에 대해 책임을 지는 자세를 가져야 한다.
⑤ 지적인 덕의 지속적인 실천을 통해 인간의 본질을 파악해야 한다.

**14** 고대 서양 사상가 갑, 현대 서양 사상가 을에 관한 설명으로 옳은 것은?

> 갑 : 어떤 것이 나에게 나타나는 대로 그것은 나에게는 그렇게 존재하며, 어떤 것이 당신에게 나타나는 대로 그것은 당신에게는 그렇게 존재한다.
> 을 : 덕은 인간과 사회적 환경과의 상호 작용의 결과이다. 이는 마치 걷는 것이 다리와 물리적 환경과의 상호 작용인 것과 같다. 걷는 것은 다리의 힘과 능력뿐만 아니라 길의 상태에 따라서도 달라진다.

① 갑은 이성이 도덕 판단의 근거라고 본다.
② 갑은 가치 판단의 기준은 개인에게 있지 않다고 본다.
③ 을은 진리가 상황에 따라 변하지 않음을 주장한다.
④ 을은 지식은 그 자체로 가치를 지닌다고 주장한다.
⑤ 갑, 을은 불변하는 도덕규범은 존재하지 않는다고 주장한다.

**15** 다음 글을 읽고 물음에 답하시오.

> 참된 ( ㉠ )은/는 영혼의 고요한 평정에 있다. 두려움, 욕망, 고통 등과 같은 영혼의 소용돌이를 잠재울 때 바람 한 점 없는 잠잠함과 바다와 같은 고요함이 나타난다.

(1) ㉠에 들어갈 개념을 쓰시오.

(2) 에피쿠로스학파가 주장하는 ㉠의 의미를 서술하시오.

**16** 밑줄 친 '실정법'이 정당성을 상실하는 이유에 대한 아퀴나스의 관점을 서술하시오.

> 아퀴나스에 따르면 인간 세상을 다스리는 법은 실정법이며, 이러한 <u>실정법</u>은 인간 이성의 명령인 자연법에 근거해야 한다고 보았다. 또한 자연법은 신의 영원한 법칙인 영원법에 근거해야 한다고 보았다.

**17** (가), (나)는 근대 서양 사상가의 입장이다. 다음을 읽고 물음에 답하시오.

| | |
|---|---|
| (가) | 인간은 그리고 모든 이성적 존재 일반은 목적 자체로서 존재하며 단지 이런저런 의지가 임의로 사용할 수 있는 수단으로 존재하지 않는다. 인간은 자신의 모든 행위에 있어, 그 행위가 자신을 향한 것이든 아니면 다른 사람을 향한 것이든 간에, 항상 동시에 하나의 목적으로 간주되어야 한다. |
| (나) | 내가 증명하려고 하는 것은 다음과 같다. 첫째, <u>이성은 그 어떤 의지 작용의 동기가 될 수 없으며</u>, 둘째, 이성은 의지를 지도함에 있어서 감정에 반대할 수 없다. |
| (다) | '갑'은 에피오피아에서 십만 명의 사람들이 굶어 죽고 있다는 말을 듣는다. 그는 이것에 대해 깊은 슬픔을 느끼고, 그가 열심히 번 돈에서 백 달러를 에티오피아 기근 구제 사업에 보냈다. |

(1) 다음은 (가) 사상가의 입장에서 (나)의 밑줄 친 부분을 비판한 내용이다. ㉠에 들어갈 말을 한 단어로 쓰시오.

> "제 생각에는 당신은 ____㉠____ 이성의 역할을 간과하고 있어요."

(2) (다)의 '갑'의 행동을 (가) 사상가가 '도덕적'이라고 평가할지에 대해서 그 이유와 함께 서술하시오.

사각사각
네컷만화

## 그런 인생도 좋아

어느날 쿠쥐는 자신의 인생에
대해 글을 써 보기로 한다.

그런데 정말 별 게 없었다.
내 인생
별일 없음.
안 대단하네.

쿠쥐의 인생에는 정말로
별 다른 일이 없었다.
별일 없음.

그래도 그런 인생도 좋아.

글 / 그림 우쿠쥐

# IV 사회사상

자~! 힘을 내서
차근차근 시작해요.

IV. 사회사상

# 사회사상과 이상 사회

학습길잡이 • 사회사상의 의미와 필요성을 파악해 둔다.
• 동서양의 다양한 이상 사회론과 현대적 의미를 정리해 둔다.

## A 인간의 삶과 사회사상의 지향

### 1 사회사상의 의미와 기능

① **의미 :** 사회 현상에 대한 체계적인 사유와 해석 1

② **기능**

- 사회를 설명하고 평가할 수 있는 일정한 기준이나 사상적 틀을 제공함
- 현실의 부조리가 개선된 더 나은 모습을 제시함
  └사회사상은 타락한 정치 공동체를 개혁하여 구성원들이 도덕적으로 살아갈 수 있는 이상 사회를 주요 목표로 한다.

### 2 이상 사회의 의미와 추구 이유

① **의미 :** 인간이 사회를 구성하고 생활하면서 가장 바람직하다고 여기고, 또 그렇게 이루어지길 바라는 사회

② **추구 이유**

- 현실을 개혁하는 데 필요한 기준과 목표를 제시하기 때문
- 더 나은 사회를 만들고자 하는 신념과 실천 의지를 부여하기 때문
  └사회 진보와 발전을 이끄는 원동력으로 작용한다.

## B 동서양 이상 사회론의 현대적 의의

### 1 동서양의 다양한 이상 사회

① **공자의 대동* 사회(大同社會)**

- 현명하고 유능하다면 누구나 등용되는 신분적 차별이 없는 사회
- 사회적 재화가 고르게 분배되고 사회적 약자를 보호하는 사회
- 가족 이기주의에서 벗어나 타인을 배려하는 도덕적인 공동체

**자료로 보는 공자의 대동 사회**

큰 도(道)가 행해지고 천하가 모두의 것이다. 현명하고 유능한 자를 뽑아 다스리게 하니, 사람들은 자기 부모만 부모로 여기지 않고 자기 자식만 자식으로 여기지 않는다. 노인은 여생을 잘 마치게 하며, 장년은 일자리가 있으며, 어린이는 잘 양육되고, 홀로된 자와 병든 자도 모두 부양받는다. …… 그러므로 음모가 생기지 않고 도적과 난적이 생기지 않기 때문에 바깥문을 닫을 필요가 없다. 이러한 상태를 대동(大同)이라고 한다. - 『예기』 -

**자료 분석** 공자의 대동 사회는 이상적인 성인이 다스리는 나라로, 인(仁)이 모든 사람에게 확대된 도덕 공동체이다.

Q 공자가 제시한 이상 사회를 무엇이라고 하는가?

A 대동 사회

② **노자의 소국과민(小國寡民)** 2

- 인위적인 분별과 차별에서 벗어나 소박한 삶을 사는 사회
- 문명의 이기*(利器)에 관심이 없고 자연의 순리에 따라 물과 같은 무위(無爲)의 삶을 살아가는 사회 질문
- 인위적 제도와 규범에서 벗어나 인간 본연의 본성에 따라 살아가는 사회

---

**개념 더하기 자료 채우기**

**1 사회사상에 대한 마르크스와 헤겔의 견해**

- 지금까지 철학자들은 세계를 여러 가지로 해석만 해 왔다. 그러나 중요한 것은 세계를 변화시키는 일이다. - 마르크스 -
- 미네르바의 올빼미는 막 시작된 황혼에야 비로소 날개를 편다. - 헤겔, 『법철학』 -

마르크스는 사회사상을 사회나 역사에 대한 해석만 하는 것이 아니라 이 세계를 바꾸는 행동 지향적인 것으로 이해하였다. 반면 헤겔은 철학이 올빼미처럼 현실 상황이 다 종료된 후에 그것에 대해 논평하는 것이라고 주장하였다. 그가 말하는 미네르바(Minerva)는 로마 신화에 나오는 지혜의 여신이며, 올빼미는 이 미네르바가 자신의 상징으로 삼은 새이다. 따라서 '미네르바의 올빼미'라는 것은 지혜, 더 나아가서 철학을 상징한다.

**2 소국과민의 모습**

나라를 작게 하고 백성의 수를 적게 하라. 그리하여 백성으로 하여금 많은 도구가 있어도 사용할 필요가 없게 만들고, 죽음을 중요하게 여겨 먼 곳으로 이사를 다니지도 않게 하라. 그러면 비록 배와 수레 같은 교통수단이 있어도 탈 필요가 없고, 갑옷과 무기가 있어도 사용할 필요가 없게 된다. 사람들이 문자가 아닌 노끈을 묶어 의사소통하게 하라. - 노자, 『도덕경』 -

소국과민이란 문명의 발달도 없고 갑옷과 무기도 쓸 데가 없는 작은 나라에 적은 백성들이 사는 이상적인 나라를 말한다.

**질문 있어요**

**물과 같은 무위의 삶을 산다는 게 무슨 뜻인가요?**

노자는 "물은 일정한 형체가 없으며, 늘 낮은 데에 처하며 다른 사물과 다투지 않는다[不爭]. 물이 머무는 곳에는 생명이 싹트고 만물이 잘 생장한다."라고 보았어요. 그래서 "가장 좋은 것은 물과 같다[上善若水]."라고 주장했어요. 따라서 물과 같은 무위의 삶이 실현되는 사회에는 전쟁의 비참함이 없고, 정치인의 착취도 없으며, 정권이나 이익 때문에 싸우는 일도 없어요. 무위의 삶을 실천하는 사람들은 모두 자유롭고 평등하며 나름대로 풍족한 삶을 누린다고 해요.

**용어사전**

* **대동**(큰 大, 같을 同) 온 세상이 평화롭게 함께 번영함
* **이기**(이로울 利, 그릇 器) 실생활을 편리하게 하는 이로운 기구나 기계

③ **플라톤의 이상 국가**

- 국가의 모든 구성원이 자신의 역할을 충실히 수행하는 국가
- 선(善)의 이데아에 관한 인식과 실현이 가능한 철인이 다스리는 국가

④ **토마스 모어의 유토피아(Utopia)** : 경제적으로 풍요롭고 소유와 생산에서 완전한 평등을 이루며 도덕적으로 타락하지 않은 사회

└'아무 데도 없는 곳'이라는 뜻을 지닌 말로, 토마스 모어의 저서명이다.

**자료로 보는 토마스 모어의 유토피아**

초승달 모양의 섬 유토피아에는 같은 말과 비슷한 풍습·시설·법률을 가진 54개의 마을이 있다. 그곳의 시민들에게는 빈곤도 없고 사치나 낭비도 없다. 이 섬의 성인들은 남녀를 가리지 않고 생산적 노동에 종사한다. 노동은 매일 6시간으로 제한되고, 8시간 잠자고 남은 시간은 정신적 오락이나 연구에 사용한다. 집집마다 열쇠를 채우거나 빗장을 거는 일이 거의 절대로 없다. 왜냐하면 집 안에 들어간들 어느 개인의 소유란 없기 때문이다. 그리고 그곳의 시민들은 10년마다 제비를 뽑아 집을 교환한다. - 모어, 『유토피아』 -

**자료 분석** 유토피아에서는 사유 재산을 인정하지 않는다. 따라서 사람들은 잉여 생산에 대한 욕망을 가질 필요가 없으며, 필요 이상의 노동을 하지 않기 때문에 정신적 자유와 문화생활을 누리며 진정한 행복을 영위할 수 있다.

⑤ **베이컨의 뉴 아틀란티스** : 과학 기술이 발달하여 인간 생활이 풍요로워지고 복지가 증진되는 사회 **3**

└베이컨의 저서명으로 과학 기술의 발전을 바탕으로 이루어진 이상 사회의 모습이 제시되어 있다.

⑥ **마르크스의 공산 사회**

- 능력에 따라 일하고 필요에 따라 분배받는 평등한 사회
- 사유 재산제와 국가가 철폐되어 모두가 정치의 주체가 되는 사회 질문

**자료로 보는 마르크스의 공산 사회**

우리의 이론을 하나의 표현으로 집약할 수 있으니, 그것은 사적 '소유의 폐지'이다. 우리의 이론이 실현된 사회를 공산 사회라고 한다. 이 사회는 대공업의 발전과 더불어 부르주아가 생산물을 생산하고 점유하는 기반 자체가 무너지고 프롤레타리아*의 승리를 통해 실현될 것이다. - 마르크스·엥겔스, 『공산당 선언』 -

**자료 분석** 마르크스는 물질 만능주의와 같은 도덕적 타락, 사기나 도둑질과 같은 범죄, 자본의 소유에 따른 차별 등과 같은 사회 문제들이 사유 재산 제도 때문에 발생한다고 보았다. 그래서 그는 사회 구성원 모두가 생산 수단*을 공유함으로써 비인간적인 사회적 모순을 극복할 수 있다고 보았다.

⑦ **롤스의 질서 정연한 사회** : 구성원의 선을 증진해 주면서도 공공의 정의관에 의해 효율적으로 규제되는 사회 **4**

## 2 이상 사회론의 현대적 의의

① **이상 사회의 공통적 지향점** : 다툼이 없는 평화로운 사회, 경제적으로 평등한 사회, 도덕적인 사회

└현실의 모순을 극복하고 새로운 대안을 모색하고자 하는 열망이 담겨져 있으며, 모든 인간이 인간다운 삶을 살아가는 사회가 이상적인 사회임을 제시하고 있다.

② **이상 사회론의 현대적 의의** : 공평한 경제 제도에 바탕을 둔 분배 정의의 중요성을 일깨워 주고, 관용적이고 다원적인 사회를 실현하는 데 도움을 줌

**개념 더하기 자료 채우기**

**3 베이컨의 뉴 아틀란티스**

우리가 만든 물을 마시면 건강이 증진되고 생명이 연장됩니다. 우리는 유성의 체계와 운동을 모방한 거대한 건물도 만들었습니다. 여기에서 눈, 비, 우박 등을 인공적으로 내리게 하며, 천둥과 번개를 만들 수도 있습니다. …… 한 번 먹고 나면 오랫동안 먹지 않아도 살 수 있는 고기, 빵, 음료수도 개발하였습니다. - 베이컨, 『뉴 아틀란티스』 -

뉴 아틀란티스는 베이컨이 꿈꾸었던 이상 사회로, 새로운 과학 기술의 발전을 통해 인간 생활이 풍요로워지고 복지가 이루어지는 사회이다.

**질문 있어요**

**공산주의에서 사유 재산제와 국가는 어떻게 철폐되나요?**

마르크스는 사유 재산제에 기반을 둔 자본주의 제도에 빈부의 격차라는 근본적인 모순이 존재한다고 보았어요. 이에 따라 프롤레타리아가 생산 수단을 소유한 부르주아에 맞서 폭력 혁명을 일으키게 되고, 이 과정에서 계급이 철폐되고 부르주아를 보호하던 국가도 소멸되어 이상 사회인 공산 사회가 도래한다고 보았어요.

**4 질서 정연한 사회의 조건**

첫째, 각 개인은 다른 사람의 자유와 양립할 수 있는 평등한 기본적 자유를 최대한 누릴 수 있는 평등한 권리를 가져야 한다(평등한 자유의 원칙). 둘째, 사회적·경제적 불평등은 다음 두 조건을 만족시키도록 편성되어야 한다. 우선 최소 수혜자에게 최대의 이익이 되고(차등의 원칙), 다음으로 공정한 기회균등의 조건 아래 모든 이에게 개방된 직책과 직위에 결부되어야 한다(기회균등의 원칙). - 롤스, 『정의론』 -

롤스는 사회 전체에 이익을 준다고 하더라도 그로 말미암아 고통받는 개인이나 집단이 존재한다면 그것은 정의롭지 않다고 본다. 또한 구성원의 기본적 자유와 평등한 권리를 보장하면서 동시에 사회적 약자나 소수자에게 기회를 주고 그들을 배려해야 한다고 주장한다.

**용어사전**

* **프롤레타리아** 자본주의 사회에서 노동력 이외에는 생산 수단을 갖지 못하는 노동자
* **생산 수단** 생산 과정에서 노동의 대상이나 수단이 되는 모든 생산의 요소. 도구, 건물, 기계, 노동력 따위의 노동 수단과 토지, 삼림, 지하자원 따위의 노동 대상

# 기초를 다지는 확인 문제

바른답·알찬풀이 59쪽

올리드 포인트

## A 인간의 삶과 사회사상의 지향

| | |
|---|---|
| 사회 사상 | • 의미 : 사회 현상에 대한 체계적인 사유와 해석<br>• 기능 : 사회를 설명하고 평가할 수 있는 일정한 기준이나 사상적 틀을 제공함, 현실의 부조리가 개선된 더 나은 모습을 제시함 |
| 이상 사회 | • 의미 : 인간이 가장 바람직하다고 여기고, 또 그렇게 이루어지길 바라는 사회<br>• 추구 이유 : 현실을 개혁하는 데 필요한 기준과 목표를 제시하고, 더 나은 사회를 만들고자 하는 신념과 실천 의지를 부여하기 때문 |

## B 동서양 이상 사회론의 현대적 의의

### 1 동서양의 다양한 이상 사회

| | |
|---|---|
| 공자의 대동 사회 | 큰 도(道)가 행해져서 현명하고 유능한 사람이 중용되고, 재화가 고르게 분배되어 모두 함께 더불어 사는 사회 |
| 노자의 소국과민 | 작은 영토에서 적은 수의 사람이 분별적 지식과 욕심 없이 인간의 본래적 자연성에 따라 소박하게 사는 사회 |
| 플라톤의 이상 국가 | 사회 구성원들이 각자의 덕을 갖추고 자신의 일에 헌신하며, 좋음[善]의 이데아에 대한 지식을 갖춘 지혜로운 철학자[철인]가 다스리는 사회 |
| 토마스 모어의 유토피아 | 생산과 소유에 있어서 평등이 실현되고 경제적으로 풍요로우며 도덕적으로 타락하지 않은 사회 |
| 베이컨의 뉴 아틀란티스 | 새로운 과학 기술의 발전을 통해 인간 생활이 풍요로워지고 복지가 이루어지는 사회 |
| 마르크스의 공산 사회 | 생산 수단이 공유되고 사유 재산과 계급이 없으며, 생산력이 고도로 발전하여 구성원 각자가 능력에 따라 일하고 필요에 따라 분배받는 평등한 사회 |
| 롤스의 질서 정연한 사회 | 구성원들의 선을 증진해 주면서도 공공의 정의관에 의해 효율적으로 규제되는 사회 |

### 2 이상 사회론의 현대적 의의

| | |
|---|---|
| 공통적 지향점 | • 다툼이 없는 평화로운 사회<br>• 경제적으로 평등한 사회<br>• 도덕적인 사회 |
| 현대적 의의 | • 부조리한 현실을 비판하고 현실을 개혁하는 데 필요한 기준과 목표를 제공함<br>• 더 나은 사회를 만들고자 하는 신념과 실천 의지를 지니게 함<br>• 사회 발전과 진보를 가져오는 원동력이나 추진력으로 작용함 |

**01** 다음 설명이 맞으면 ○표, 틀리면 ×표를 하시오.

(1) 플라톤의 이상 국가에서는 모든 계층의 사람이 재산을 공유한다. ( )

(2) 공자의 대동 사회는 계층의 구분이 없이 지혜로운 사람이 통치하는 평등한 사회이다. ( )

(3) 노자는 무위(無爲)의 정치가 실현되는 사회를 이상 사회로 제시하였다. ( )

(4) 토마스 모어의 유토피아는 어원이 '이 세상에 없는 곳'이라는 의미를 담고 있다. ( )

(5) 마르크스는 사유 재산이 없는 평등한 사회를 만들기 위해 국가의 역할을 강조하였다. ( )

**02** 빈칸에 들어갈 알맞은 말을 쓰시오.

(1) ( )은/는 인간의 사회적 삶에서 나타나는 현상에 대한 체계적인 사유를 담고 있다.

(2) 플라톤은 선의 이데아에 관한 지식을 갖춘 지혜로운 ( )이/가 다스리는 국가를 이상 국가로 제시하였다.

(3) 노자가 무위자연의 삶이 실현된 사회로 제시한 ( ) 사회는 나라의 규모가 작고 백성의 수가 적은 사회이다.

(4) 마르크스가 제시한 공산 사회에서는 사유 재산제가 철폐되고 ( )이/가 공유되는 사회이다.

**03** 다음 사상가와 그가 제시한 이상 사회의 모습을 바르게 연결하시오.

(1) 공자 •　　• ㉠ 능력에 따라 일하고 필요에 따라 분배받고 억압과 착취가 없는 사회

(2) 마르크스 •　　• ㉡ 세 계층이 각자 적합한 덕을 발휘하여 조화를 이루는 국가

(3) 노자 •　　• ㉢ 인위적인 것에서 벗어나 구성원들이 소박하게 살아가는 사회

(4) 플라톤 •　　• ㉣ 성인(聖人)이 나라를 다스리고 인(仁)이 모든 사람에게 확대된 사회

# 실력을 키우는 실전 문제

바른답·알찬풀이 59쪽

**01** ㉠에 관한 설명으로 옳지 않은 것은?

> 윤리 사상은 옳음과 그름, 덕과 악덕 등에 대한 체계적인 사유로서, '좋은 사람'이란 어떤 사람이고 어떤 행위가 옳은가를 탐구한다. 이에 비해 ( ㉠ )은/는 사회 현상을 설명하고 해석하는 체계적인 사유로서, '좋은 공동체'가 어떤 공동체이며 바람직한 공동체를 이룰 수 있는 방법에 대해 탐구한다.

① 사회 현상을 체계적으로 이해하고 분석하는 틀이 된다.
② 인간으로서 지켜야 할 삶과 행위의 규범을 제시해 준다.
③ 현재 사회에 대한 반성적인 성찰이나 비판의 기준이 된다.
④ 현재 사회 구성원으로서의 역할에 대한 이해를 제공해 준다.
⑤ 이상적인 사회를 설계하거나 기획하는 데 이론적 토대가 된다.

**02** 갑, 을은 고대 동양 사상가이다. 갑은 긍정, 을은 부정의 대답을 할 질문으로 가장 적절한 것은?

인위적인 다스림이 없는 무위(無爲)의 정치를 추구해야 합니다.
갑

아닙니다. 인(仁)과 예(禮)를 중시하는 덕치가 펼쳐져야 이상 사회가 실현될 수 있습니다.
을


① 사람들이 분별적 지식에서 벗어나야 하는가?
② 상벌을 통해 사회 질서를 바로잡아야 하는가?
③ 통치자는 분배 문제의 해결을 중시해야 하는가?
④ 나라를 작게 하는 대신 문명을 발달시켜야 하는가?
⑤ 사회적 약자를 보살피는 복지 제도를 마련해야 하는가?

중요

**03** 갑, 을, 병은 서양 사상가이다. 갑은 긍정, 을과 병은 부정의 대답을 할 질문으로 가장 적절한 것은?

> 갑 : 이상 국가에서는 선(善)의 이데아에 관한 지식을 가진 철인이 통치하며, 방위자와 생산자 계층은 각각의 계층에 알맞은 덕을 갖추고 실천한다.
> 을 : 유토피아에서는 모든 재산이 공유되고 성인들은 대부분 생산 노동에 참여한다. 매일 6시간 일하고 8시간 잠자며, 남은 시간은 정신적 오락이나 연구에 쓴다.
> 병 : 공산 사회에서는 모든 계급과 국가가 소멸되며, 생산력이 고도로 발달한다. 이에 따라 모든 사람들은 각자의 능력에 따라 일하고 필요에 따라 분배받는다.

① 생산 수단의 공유는 이상 사회의 필수 조건인가?
② 철학자에 의한 통치가 이상 국가 실현의 전제 조건인가?
③ 이상 사회를 이루려면 계급 투쟁과 혁명이 반드시 필요한가?
④ 이상 사회에서는 모든 시민이 지혜의 덕을 갖추어야 하는가?
⑤ 계층이 없어지고 평등하게 사는 것이 이상 사회의 기본 조건인가?

**04** 서양 사상가 갑, 을에 관한 설명으로 옳은 것은?

> 갑 : 정의란 각자의 소임을 다하는 것이고, 이는 국가나 개인도 동일합니다.
> 을 : 정의로운 사회는 모든 구성원에게 기본적 자유와 권리를 보장하며 사회적 약자나 소수자의 이익을 극대화하도록 노력해야 합니다.

① 갑은 과학 기술이 고도로 발달한 사회를 꿈꾼다.
② 갑은 모든 사람이 가족 같은 관계를 맺는 사회를 지향한다.
③ 을은 최대 다수가 최대의 행복을 누리는 사회를 강조한다.
④ 을은 서로의 비판을 수용하는 열린 사회를 이상 사회로 제시한다.
⑤ 갑, 을은 정의로운 사회에 있어서 국가의 역할을 중시한다.

**05** 이상 사회에 관한 A 사상가의 견해로 가장 적절한 것은?

> 이상 사회는 인류가 끊임없이 꿈꾸어 왔으나 완벽하게 실현된 적은 없었다. 그럼에도 불구하고 이상 사회를 추구하는 이유는 무엇일까? 이에 대해 A 사상가는 "인간이 때때로 불가능한 것을 달성하려고 노력하지 않았다면, 현재 가능한 것마저도 성취하지 못했을 것이다."라고 말한다.

① 이상 사회는 현실에서 완전하게 구현되기는 어렵다.
② 도덕적 실천을 통해서만 인간의 본성을 변화시킬 수 있다.
③ 이상 사회에 대한 투쟁은 현재를 바탕으로 설계되어야 한다.
④ 이상 사회는 현실을 개선하는 데 필요한 기준과 방향을 제시해 준다.
⑤ 이상 사회를 추구하는 인간의 노력은 사회의 진보와 발전의 원동력이다.

중요

**06** 서양 사상가 갑, 을, 병이 제시할 수 있는 바람직한 사회의 모습으로 가장 적절한 것은?

더 많은 사람에게 더 많은 행복을 주는 사회가 바람직한 사회지요.
갑

아닙니다. 사회적 최소 수혜자들에 대한 고려가 있어야 바람직한 사회입니다.
을

도덕적 타락, 빈곤, 불평등이 없고 풍요로워야 바람직한 사회가 아닐까요?
병


① 갑 : 능력에 따라 일하고 필요에 따라 분배받는 사회
② 을 : 사회적 약자에 대한 배려를 실천하는 사회
③ 병 : 능력과 업적에 따라 재화를 분배하는 사회
④ 갑, 을 : 경제적 자유를 최대한 보장하는 사회
⑤ 을, 병 : 평등이 실현된 도덕적인 사회

**07** 다음 이상 사회에 관한 옳은 설명을 〈보기〉에서 고른 것은?

> 이곳의 시민에게는 빈곤도 없고 사치나 낭비도 없다. 성인들은 남녀를 가리지 않고 생산적 노동에 종사한다. 노동은 매일 6시간으로 제한되고, 8시간 잠자고 남은 시간은 정신적 오락이나 연구에 사용한다. …… 집집마다 열쇠를 채우거나 빗장을 거는 일이 절대로 없다. 왜냐하면 집 안에 들어간들 어느 개인의 소유란 것이 없기 때문이다. 그리고 10년마다 그들은 제비를 뽑아 집을 교환한다.

보기
ㄱ. 모두가 가족처럼 서로를 위하는 사회이다.
ㄴ. 모든 인간이 소유와 생산에 있어서 평등한 사회이다.
ㄷ. 경제적으로 풍요로우며 도덕적으로 타락하지 않은 사회이다.
ㄹ. 사회적 약자에 대한 배려로 사회적 불평등을 보완하는 사회이다.

① ㄱ, ㄴ ② ㄱ, ㄷ ③ ㄴ, ㄷ
④ ㄴ, ㄹ ⑤ ㄷ, ㄹ

**08** (가)와 같이 주장한 고대 동양 사상가의 입장에서 (나)의 ㉠에 들어갈 말로 적절하지 않은 것은?

| | |
|---|---|
| (가) | 나라는 작고 백성도 적어서 온갖 이기가 있어도 이를 쓰지 못하게 하고, 백성들이 죽음을 무겁게 여겨 멀리 옮겨 살지 않도록 하며, 비록 배와 수레가 있어도 타고 갈 곳이 없고, 갑옷과 군대가 있어도 펼칠 일이 없게 해야 한다. |
| (나) | ___㉠___ 그러면 이상 사회가 실현될 것이다. |

① 문명을 거부하라.
② 무위의 정치를 펼쳐라.
③ 분별적 지혜를 쌓아라.
④ 인위적인 규범을 버려라.
⑤ 자연의 본성에 따라 살아라.

**09** 다음 사상가가 제시한 이상 사회의 모습만을 〈보기〉에서 있는 대로 고른 것은?

> 용기나 지혜는 나라의 중요한 덕이다. 전자의 덕은 나라를 용기 있는 나라로 만들며, 후자의 덕은 지혜로운 나라로 만든다. …… 한 나라가 올바른 나라가 되는 것은 나라 안에 있는 성향이 다른 세 부류, 즉 통치자, 수호자, 생산자가 각각 그들의 지위에 맞는 직분을 수행했을 때이다.

보기

ㄱ. 통치자는 재산을 공유한다.
ㄴ. 모든 계층의 사람들이 재산을 공유한다.
ㄷ. 인격과 지혜를 갖춘 철학자가 통치자가 된다.
ㄹ. 현실의 세상에는 없는 사회라는 의미를 담고 있다.

① ㄱ, ㄴ ② ㄱ, ㄷ ③ ㄷ, ㄹ
④ ㄱ, ㄴ, ㄹ ⑤ ㄴ, ㄷ, ㄹ

중요

**10** 다음 주장을 한 사상가의 관점에 해당하는 내용에만 'V'를 표시한 학생은?

> 우리의 이론을 하나의 표현으로 집약할 수 있으니, 그것은 사적 소유의 폐지이다. 우리의 이론이 실현된 사회를 공산 사회라고 한다. 이 사회는 대공업의 발전과 더불어 부르주아가 생산물을 생산하고 점유하는 기반 자체가 무너지고 프롤레타리아의 승리를 통해 실현될 것이다.

| 관점 \ 학생 | 갑 | 을 | 병 | 정 | 무 |
|---|---|---|---|---|---|
| 모두가 정치의 주체가 되는 사회를 만들어야 한다. | V | | V | | V |
| 사유 재산제를 철폐하고 국가를 소멸시켜야 한다. | | V | V | V | |
| 능력에 따라 일하고 필요에 따라 분배받는 사회를 만들어야 한다. | | V | V | V | V |
| 과학 기술을 바탕으로 한 풍요롭고 편리한 사회를 만들어야 한다. | V | | | V | V |

① 갑 ② 을 ③ 병 ④ 정 ⑤ 무

## 서술형 문제

**11** 다음 글을 읽고 물음에 답하시오.

| | |
|---|---|
| (가) | 각 도시는 균등한 네 구역으로 구분되어 있는데, 각 구역의 중심에는 모든 상품을 구비한 시장이 있다. …… 가장은 이곳에 와서 자신과 가족에게 필요한 물품을 자유롭게, 아무런 비용도 지불하지 않고 가져갈 수 있다. 가져가지 못하게 할 이유는 없다. 모든 물품이 다 풍부하고, 또 누구도 필요 이상의 것을 요구하지 않기 때문이다. |
| (나) | 큰 도가 행해지고 천하가 모두의 것이다. 현명하고 유능한 자를 뽑아 다스리게 하니, 사람들은 자기 부모만 부모로 여기지 않고 자기 자식만 자식으로 여기지 않는다. 노인은 여생을 잘 마치게 하며, 장년은 일자리가 있으며, 어린이는 잘 양육되고, 홀로된 자와 병든 자도 모두 부양받는다. |

(1) 이상 사회 (가), (나)가 무엇인지 쓰고, (가), (나)의 공통적인 특징을 서술하시오.

(2) 현대 자본주의의 관점에서 (가), (나) 이상 사회의 한계를 서술하시오.

**12** 이상 사회 ㉠의 특징을 서술하시오.

> 마르크스는 자본주의 사회의 모순을 비판하면서 사유 재산과 계급이 없는 ( ㉠ )을/를 이상 사회로 제시하였다. ( ㉠ )은/는 생산력이 고도로 발전되어 경제적으로 안정된 사회로, 경제적 불평등이 사라지고 누구나 자기를 실현하며 살아가는 사회이다.

**13** ㉠에 들어갈 적절한 용어를 쓰시오.

> 롤스는 "모두가 동일한 정의의 원칙을 받아들이고, 사회의 기본 제도가 일반적으로 이러한 원칙을 충족하고 있으며, 그 사실이 널리 알려져 있어야 한다."라고 하면서, 현대에서 지향해야 할 이상적인 사회의 모습을 ( ㉠ )(으)로 제시하였다. ( ㉠ )(이)란 '각 성원의 선을 증진해 줄 뿐만 아니라 공적 정의관에 따라 효율적으로 규제되는 사회'이다.

# 등급을 올리는 고난도 문제

**01** 서양 사상가 갑, 을의 입장에 관한 옳은 설명을 〈보기〉에서 고른 것은?

갑 : 우리가 지향하는 사회는 빈곤도 없고 낭비도 없는 사회이다. 그곳은 같은 말, 법률, 관습을 가진 54개의 마을로 구성되어 있는 초승달 모양의 섬나라이다. 생산적 노동은 여섯 시간으로 제한되며, 여덟 시간 잠자고 남은 시간은 정신적인 오락이나 연구에 사용된다.

을 : 우리가 지향하는 사회는 정신노동과 육체노동의 구분이 사라져서 노동 그 자체가 삶의 욕구가 되는 사회이다. 그곳은 생산력이 고도로 성장하여 집단적인 부(富)의 원천이 풍요롭다. 마침내 각자는 자신의 능력에 따라 생산하고, 자신의 필요에 따라 분배받는다.

보기

ㄱ. 갑 : 사유 재산이 보장되어 자발적인 노동이 가능하고 보았다.
ㄴ. 갑 : 물질적으로 풍요롭고 구성원들이 도덕적인 사회를 지향하였다.
ㄷ. 을 : 어질고 능력 있는 이상적인 성인이 지도자가 되어야 한다고 보았다.
ㄹ. 을 : 재산이 공동으로 관리되어 구성원들 간의 차별이 없어진다고 하였다.

① ㄱ, ㄴ ② ㄱ, ㄷ ③ ㄴ, ㄷ ④ ㄴ, ㄹ ⑤ ㄷ, ㄹ

**문제 접근 방법**

'54개의 마을로 구성되어 있는 초승달 모양의 섬나라', '능력에 따라 생산하고 필요에 따라 분배' 등의 핵심 어구를 통해 갑, 을이 어떤 사상가인지, 그들이 주장한 이상 사회가 무엇인지를 파악한다. 각 사상가의 입장에 대한 정확한 이해를 〈보기〉의 진술에 적용하여 문제를 해결한다.

**적용 개념**

\# 유토피아
\# 공산주의

**02** 다음 고대 서양 사상가의 입장으로 옳은 내용에만 'V'를 표시한 학생은?

참주(僭主)는 남을 다스리려고 하지만 아첨과 굴종을 하며 산다는 점에서 진짜 노예이며, 자신의 무한한 욕망을 충족시키지 못한다는 점에서 진실로 가난한 자다. 그의 영혼은 두려움으로 가득 차 있어 병들어 있다. 철인왕은 그와 반대되는 유형의 사람이다. 그래서 철인왕이 통치하는 나라를 최선의 이상 국가로 볼 수 있다.

| 입장 \ 학생 | 갑 | 을 | 병 | 정 | 무 |
|---|---|---|---|---|---|
| 철인왕은 이성이 뛰어나지만 참주는 욕망이 우세하다. | V | | V | V | V |
| 이상 국가에서는 전체 시민의 직접적인 정치 참여가 강조된다. | V | V | | V | |
| 수호자 계층의 용기는 국가를 정의롭게 만들기 위해 필요한 덕이다. | | V | V | | V |
| 이상 국가에서 모든 계층은 영혼의 세 부분이 조화로운 관계를 이루고 있다. | | | | V | V |

① 갑 ② 을 ③ 병 ④ 정 ⑤ 무

**문제 접근 방법**

'철인왕', '이상 국가' 등의 핵심어를 통해 고대 서양 사상가가 누구인지 파악한 후, 이 사상가가 추구한 이상 사회의 특징을 각 입장에 적용하여 문제를 해결한다.

**적용 개념**

\# 철인왕
\# 수호자 계층
\# 영혼의 세 부분

**03** (가)의 동서양 사상가 갑, 을의 입장을 (나) 그림으로 탐구할 때 A~C에 들어갈 질문으로 옳은 것은?

<table>
<tr><td>(가)</td><td>갑 : 올바른 나라에서는 성향이 다른 세 계층이 저마다 각자의 일을 하여 조화를 이룬다. 이 나라가 절제 있고 용기 있으며 지혜로운 나라인 것도 세 계층의 상이한 습성에 따른 것이다. 세 계층은 서로 참견하거나 서로 간에 기능을 바꾸지 않는다.<br>을 : 이상적인 사회에서는 큰 도(道)가 행해지고 천하가 모두의 것이 됩니다. 또한 어질고 능력 있는 사람이 지도자가 되어 신의와 화목을 가르칩니다. 노인도 편안하게 여생을 보낼 수 있고, 장년은 일할 곳이 있으며, 어린이는 잘 부양되고, 의지할 곳 없는 자와 병든 자도 모두 부양받습니다.</td></tr>
<tr><td>(나)</td><td>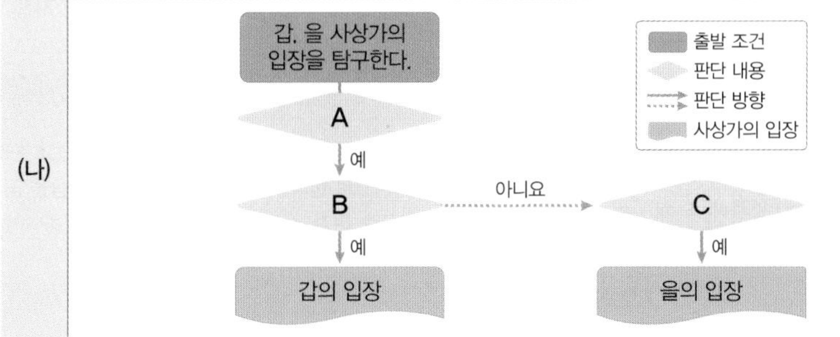</td></tr>
</table>

① A : 지혜롭고 덕 있는 자가 지도자가 되어야 하는가?
② A : 모든 사람이 참여하는 다수결로 국가 정책을 결정해야 하는가?
③ B : 계층 간의 이동이 자유롭게 이루어져야 하는가?
④ B : 백성이 무위(無爲)와 무욕(無慾)으로 소박하게 살아야 하는가?
⑤ C : 인위적인 노력을 하지 않아도 저절로 인간다움이 실현되는가?

**문제 접근 방법**

'세 계층', '큰 도(道)가 행해지고'와 같은 핵심어를 통해 갑, 을 사상가가 누구인지 먼저 파악한다. 이상 사회에 대한 갑, 을의 입장을 각 질문에 적용하여 문제를 해결한다.

**적용 개념**

# 이상 국가
# 대동 사회

**04** 동서양 사상가 갑, 을의 이상 사회에 관한 입장으로 옳은 것은?

> 갑 : 백성으로 하여금 많은 도구가 있어도 사용할 필요가 없게 만들고, 죽음을 중요하게 여겨 먼 곳으로 이사를 다니지도 않게 하라. 사람들이 문자가 아닌 노끈을 묶어 의사소통하게 하라.
> 을 : 생산 수단을 갖지 못한 사람들이 단결하여 혁명을 일으켜야 한다. 이를 통해 스스로 지배 계급이 되어 낡은 생산 관계를 폐지하면 궁극적으로 계급도 폐지될 것이다.

① 갑 : 덕이 있고 지혜로운 군주가 통치한다.
② 갑 : 인위적인 가치가 매겨진 재물을 하찮게 보게 된다.
③ 을 : 국가 기능이 확대되어 국민의 복지가 최대한 보장된다.
④ 을 : 각자의 능력과 성과에 따라 적절하게 재화가 분배된다.
⑤ 갑, 을 : 생산과 소유에 있어서 절대적 평등이 실현된다.

**문제 접근 방법**

'도구가 있어도 사용할 필요가 없게 만들고', '생산 수단', '혁명' 등의 핵심어를 통해 갑, 을 사상가가 누구인지 먼저 파악한다. 갑, 을 사상가가 이상 사회에 대해 어떤 입장을 가지는지 선택지에 적용하여 문제를 해결한다.

**적용 개념**

# 소국과민
# 생산 수단

# 국가

학습길잡이
• 국가의 기원과 본질에 대한 동서양의 사상을 비교해 둔다.
• 동서양 사상에 나타난 국가의 역할과 정당성에 대한 주요 입장 및 현대 국가의 역할과 정당성을 정리해 둔다.

## A 국가의 기원과 본질에 대한 관점

### 1 유교적 관점 1

① **국가의 기원** : 가족의 질서가 확장된 공동체, 가(家) → 국(國)

(유교는 국가를 가족과 관련하여 이해한다. 즉 부모를 섬기는 도리와 나라를 다스리는 원리의 근본은 다르지 않다는 것이다.)

② **국가의 본질** : 백성의 도덕적인 삶을 위한 도덕 공동체

**자료로 보는 공자의 정치사상**

어떤 사람이 공자에게 물었다. "선생님은 왜 정치에 참여하지 않습니까?" 선생님께서 말씀하셨다. "『서경』에서 '효도하라. 오직 효도하라. 형제간에 우애하여 (이러한 기풍이) 정치에까지 이르게 하라.'고 하였다. 이것도 정치에 참여하는 것이다. 어찌 벼슬자리에 앉아야만 정치하는 것이겠는가." - 『논어』 -

**자료 분석** 유교는 가족 윤리가 국가의 정치 원리와 서로 통한다고 보았고 효제*(孝悌)와 같은 가족 윤리가 국가를 다스리는 토대가 된다고 하였다. 즉 가족 윤리를 국가적 차원으로 확대하여 인의(仁義)를 실현하고자 한 것이다.

### 2 아리스토텔레스의 관점

① **국가의 기원** : 인간의 사회적·정치적 본성에 의해 생겨난 인간 간의 결합 2

② **국가의 본질** : 다른 모든 공동체를 포괄하면서 행복의 실현이라는 최고선을 추구하는 도덕 공동체

**자료로 보는 국가에 대한 아리스토텔레스의 견해**

필요 충족을 위해 자연적으로 형성된 공동체가 국가이고, 여러 가정으로 구성된 최초의 공동체가 마을이다. 여러 부락으로 구성되는 완전한 공동체가 국가인데, 국가는 자급자족이라는 최고 단계에 도달해 있다. 다시 말해 국가는 단순한 생존을 위해 형성되었지만 훌륭한 삶을 위해 존속하는 것이다. 이로 미루어 국가는 자연의 산물이며, 인간은 본성적으로 국가 공동체를 구성하는 동물임이 분명하다. - 아리스토텔레스, 『정치학』 -

**자료 분석** 아리스토텔레스에 따르면, 다른 공동체와 달리 국가는 단순한 생존뿐만 아니라 구성원의 훌륭한 삶을 실현하여 구성원이 행복한 삶을 살 수 있도록 해 준다.

### 3 공화주의*의 관점

① **국가의 기원** : 시민의 자유 보장을 위해 법과 공동선에 기반을 두고 주권자인 시민이 만들어 낸 정치 공동체

② **국가의 본질** : 국가는 자연 발생적으로 생겨난 것이 아니라 시민의 자유 보장을 위한 수단임 질문

③ **법치 강조** : 시민의 자유를 보장하기 위해 법에 의한 지배를 강조함 → 시민의 정치 참여가 필수적임

(법에 의한 지배 = 법치 / 시민의 자유를 보장하기 위해: 즉, 권력자의 횡포로부터 시민의 자유를 지키기 위해)

**개념 더하기 자료 채우기**

**1 유교의 국가관**

하늘이 듣고 보는 것은 백성이 듣고 보는 것이다. 하늘이 밝히고 두렵게 하는 것 또한 백성을 통하여 밝히고 두렵게 하는 것이다. 이처럼 하늘과 백성은 서로 통하는 것이니, 땅을 다스리는 사람은 백성을 공경해야 한다. - 『서경』 -

유교의 국가관은 인륜을 강조한 민본주의(民本主義) 사상을 바탕으로 한다. 따라서 군주는 백성의 마음을 곧 하늘의 마음으로 여기고, 백성의 목소리에 귀를 기울여야 한다고 보았다.

**2 자연 발생적 공동체로서의 국가**

국가는 자연적으로 존재하는 공동체들의 완성이다. 자신의 본성상 국가의 구성원이 될 수 없거나 이미 자족해서 그럴 필요가 없는 존재는 보잘것없는 존재이거나 인간 이상의 존재이다. 인간만이 서로 도와줄 필요가 없는 경우에도 국가를 이루길 원한다. 국가가 존재하는 목적은 단지 물질적 필요의 충족만은 아니다. 그것만이 국가의 목적이라면 노예나 짐승의 국가도 존재할 수 있다. - 아리스토텔레스 -

아리스토텔레스는 인간이 본성적으로 정치적 동물이므로 인간성을 상실한 존재 혹은 짐승이나 신이 아닌 이상 어떤 인간도 국가를 벗어나 살아갈 수 없다고 보았다.

**질문 있어요**

**공화주의에서 말하는 시민의 자유는 어떤 의미인가요?**

공화주의에서 말하는 시민의 자유란 단순히 간섭이 없는 상태를 의미하지 않아요. 공화주의에서 말하는 자유란 자기 마음대로 권력을 휘두르는 권력자의 자의적 지배로부터 벗어날 수 있는 자유입니다. 그리고 공화주의는 이러한 시민의 자유를 권력자의 횡포로부터 보장하기 위해 법에 의한 지배가 이루어져야 한다고 주장해요.

**용어사전**

* **효제**(효도 孝, 공경할 悌) 부모에 대한 효도와 형제에 대한 우애
* **공화주의**(Republicanism) 공화국을 실현하려는 정치적 생각이나 이념

**자료로 보는** 키케로의 국가관

공화국은 시민의 것이다. 그러나 시민은 아무렇게나 모인 한 무리의 사람을 뜻하는 것이 아니라 법을 존중하고 공동의 이익을 인정하고 동의한 사람들의 모임이다. – 키케로, 『국가론』 –

**자료 분석** 로마의 정치 사상가인 키케로는 공화주의가 추구하는 공화국의 모습을 '시민의 자유 보장을 위해 법과 공동선에 기반을 두고 주권자인 시민들이 만들어 낸 정치 공동체'라고 하였다.

## 4 사회 계약론의 관점

① **국가의 기원 :** 개인의 생명, 평화로운 생활, 권리 등을 보장하기 위해 계약을 통해 국가를 만들었음

② **국가의 본질 :** 개인의 자유와 권리 등을 보장받기 위한 수단
└ 국가가 개인보다 선행하지 않으며, 추구해야 할 목적이 아니라 수단이라는 의미이다.

③ **홉스, 로크, 루소의 사회 계약론**

| | |
|---|---|
| 홉스 | • 자연 상태* : 만인에 대한 만인의 투쟁 상태<br>• 개인은 절대 군주에게 자신의 권리를 전면 양도함 → 정치적인 저항 불가능, 개별적 반발 가능 |
| 로크 | • 자연 상태 : 비교적 평화로우며, 개인은 이성과 양심을 가지고 살아감<br>• 개인이 모든 권리를 국가에 양도한 것은 아님 → 정치적 저항권 행사 가능 |
| 루소 | • 자연 상태 : 평화롭고 평등함 → 사유 재산을 형성하면서 불평등이 시작됨<br>• 주권은 항상 국민에게 속하며, 양도될 수 없음 → 직접 민주주의 지향 3 |

**자료로 보는** 홉스와 로크의 사회 계약론

• 원래 자유를 사랑하고 타인을 지배하기 좋아하는 존재인 인간이 국가의 틀 안에서 살기로 한 궁극적 이유는 자기 보존과 그것에 따른 만족한 생활에 대한 전망이나 예상에 기인한다. 즉 인간은 자연 상태의 비참한 전쟁 상황으로부터 빠져나오고 싶다고 생각했기 때문이다. – 홉스, 『리바이어던』 –

• 사람들은 사회에 들어갈 때 그들이 자연 상태에서 가졌던 평등, 자유 및 집행권을 사회의 선이 요구하는 바에 따라 입법부가 처리할 수 있도록 사회의 수중에 양도한다. 그러나 그것은 오직 모든 사람이 그 자신, 그의 자유와 그의 재산을 더욱 잘 보존하려는 의도에서 행하는 것이다. – 로크, 『통치론』 –

**자료 분석** 홉스는 자기 생명을 보존하고 평화를 획득하기 위해, 로크는 개인의 생명권뿐만 아니라 재산권, 자유권과 같은 권리를 보장하기 위해 계약을 통해 국가를 형성했다고 보았다.

## 5 마르크스의 관점

① **국가의 기원 :** 국가는 소수의 지배 계급이 다수의 피지배 계급을 억압하고 착취하기 위한 수단 → 계급 착취 과정에서 국가가 생겨남
┌ 기술의 발전 등으로 생산력이 높아지면서 사유 재산과 소유관계가 나타나기 시작했고, 그 결과 지배 계급과 피지배 계급이 생성되었다.

② **국가의 본질 :** 지배 계급의 특권을 유지하기 위한 수단이자 지배 계급의 이익을 대변하는 도구

③ **국가의 소멸 :** 역사의 필연적 발전 단계에 따라 국가는 소멸하게 됨 → 계급과 국가는 사라지고 모두가 평등한 공산주의 사회가 도래함 4

**개념 더하기 자료 채우기**

**3 루소의 사회 계약론**

• 자연 상태에서 인간은 그 본성에 따라 자유롭고 행복하게 살면서 즐거움을 누릴 수 있었다. 그러나 인간이 타인의 도움을 필요로 하게 되자마자, 그리고 한 사람이 두 사람분의 저축을 하는 것이 유리하다고 느끼자마자, 평등은 소멸되고 사유 재산제가 도입되었으며 노동이 필요하게 되었다.
• 구성원 전체의 공동의 힘으로 각자의 신체와 재산을 방어하고 보호하며, 각 개인은 전체에 결합되어 있지만 자기 자신에게만 복종하고, 이전과 같이 자유로울 수 있는 하나의 결합 형태를 발견하는 것이 사회 계약의 근본 과제이다. – 루소, 『사회 계약론』 –

루소는 인간이 원래 착한 존재였으나 사회를 이루면서 악하게 되었다고 보았다. 그에 따르면 자연 상태에서 인간은 자유롭고 평등했다. 그러나 사유 재산을 인정함으로써 부자와 가난한 사람의 차별이 생겼고, 직업적인 관리 제도가 만들어지면서 권력자와 권력 없는 사람의 차별이 생겼으며, 권력이 생기면서 주인과 노예의 차별이 생겼다. 결국 인간은 자연 상태에서 누리던 자유를 보장받기 위해 계약을 통해 국가를 형성한다. 그는 인간의 불행은 인간이 만든 제도에 있으며, 그것은 인간의 의지로 극복할 수 있다고 본 것이다.

**4 마르크스의 역사 발전 5단계설**

원시 공산 사회
무계급
↓
지배 계급·피지배 계급 생성
고대 노예 사회(자유민 ↔ 노예)
중세 봉건 사회(영주·귀족 ↔ 농노)
근대 자본주의 사회(자본가 ↔ 노동자)
 사회주의(과도기)
공산주의 사회
무계급

마르크스에 따르면 최초의 원시 공산 사회는 모두가 평등한 사회였다. 그러나 사유 재산이 생겨나고 계급이 분화되기 시작하면서 고대 노예제 사회가 발생하게 되었고 이와 함께 계급 지배의 수단으로써 국가도 등장하게 되었다.

**용어사전**

* **자연 상태** 근대 사회 계약론에서 국가의 성립을 설명할 때 전제하는 상태로, 정치 공동체가 형성되기 이전의 상태를 뜻함

## B 국가의 역할과 정당성에 대한 동서양 사상

### 1 동서양의 사상에 나타난 국가의 역할과 정당성

① 유교

- 국가의 역할 : 민본 정치를 통해 위민*(爲民)을 실현하고, 국가를 인륜이 실현되는 도덕 공동체로 만드는 것 → 군주가 해야 할 일과 일치함 1
- 국가의 정당성 확보 방안 : 복지를 실현하고 사회 구성원의 도덕성 함양을 위해 힘씀

② 아리스토텔레스

- 국가의 역할 : 시민이 행복한 삶을 살도록 이끄는 것
- 국가의 정당성 확보 방안 : 시민이 정치에 참여할 수 있는 정의로운 제도를 마련해 영혼의 탁월성을 발휘할 수 있도록 해야 함 질문

③ 공화주의 (공화주의에서 국가는 공동선에 합의한 시민들이 이를 구현하기 위해 모인 공동체이다.)

- 국가의 역할 : 예속되지 않을 자유를 모든 시민이 누리도록 하는 것
- 국가의 정당성 확보 방안 : 시민의 정치 참여를 활성화하고 법치를 보장하여 독재를 방지하고 국가를 공공의 것으로 만듦 (국가는 사회 구성원이 공적인 의사 결정에 적극적으로 참여할 수 있도록 제도와 질서를 마련해야 한다.)
- 국가의 정당성 상실 : 국가 안의 모든 시민이 한 사람이나 다수의 자의에 종속될 때

④ 사회 계약론

- 국가의 역할 : 개인의 생명권, 자유권, 재산권 등을 보장하는 것
- 국가의 정당성 확보 방안 : 정치권력을 국가에 양도한 본래의 목적을 제대로 수행하는 것 (개인의 자유와 권리 보장 등을 말한다.)
- 부당한 국가 권력에 대한 대응

| | |
|---|---|
| 홉스 | 자신의 권리를 절대 군주에게 모두 양도했기 때문에 정치적 저항이 불가능함 → 자신의 신체와 생명을 부당하게 위협당할 경우 개별적으로 반발할 수 있음 2 |
| 로크 | 정부가 개인의 기본적 권리를 심각하게 침해하거나 공동선을 해칠 경우 시민은 정치적 저항권을 행사할 수 있음 |

(개인이 자신의 모든 권리를 국가에 양도한 것은 아니기 때문에 정부를 폐지하거나 교체할 수 있다.)

**자료로 보는 로크의 국가관**

- 정치권력은 모든 사람이 자연 상태에서 가지고 있다가 사회의 수중에 넘긴 것이며, 사회는 권력을 구성원의 복지와 재산의 보존을 위해서 사용해야 한다는 명시적 또는 묵시적 신탁*과 함께 스스로 선택한 통치자에게 넘긴 것이다. …… 그러므로 그 권력이 위정자의 손에 있을 때에도 사회 구성원의 생명, 자유, 소유물을 보존하는 것 이외의 다른 목적이나 척도를 가질 수 없다.
- 입법권은 일정한 목적을 위해서만 활동할 수 있는 신탁된 권력이므로 입법부가 그들에게 맡겨진 신탁에 반해서 행동하는 것이 발견될 때 입법부를 폐지하거나 변경할 수 있는 권력은 여전히 시민에게 있다. – 로크, 『통치론』 –

**자료 분석** 로크는 국가를 운영하는 정부가 정치권력을 본래 목적대로 수행하지 못할 때 정당성을 상실하므로 시민은 정부를 해체할 수 있다고 주장하였다.

**개념 더하기 자료 채우기**

**1 국가의 역할에 대한 유교의 관점**

> 일반 백성은 고정적인 생업[항산(恒産)]이 없으면 흔들림 없는 도덕적인 마음[항심(恒心)]도 없어진다. 그러므로 현명한 군주는 백성의 생업을 마련해 주는데, 반드시 위로는 부모를 섬기기에 충분하게 하고 아래로는 처자를 먹여 살릴 만하게 하여, 풍년에는 언제나 배부르고 흉년에는 죽음을 면하게 한다. – 맹자, 『맹자』 –

유교에서는 백성의 뜻이 곧 하늘의 뜻이므로 군주는 백성을 위한 정치를 펼쳐야 한다는 천명사상을 근거로 국가의 역할과 정당성을 설명한다. 따라서 국가의 정당성은 백성의 삶, 즉 민생과 밀접한 관련 관련이 있다. 맹자는 군주가 이러한 역할을 제대로 하지 못할 경우 내쫓을 수도 있다고 보았다.

**질문 있어요**

정치에 참여하는 것이 왜 영혼의 탁월성을 발휘하는 것인가요?

아리스토텔레스에 따르면, 사회적 존재인 인간이 영혼의 탁월성을 온전히 발휘하려면 정치와 같은 공적 영역에 참여해야 해요. 인간은 양질의 교육을 받고 좋은 습관을 길러 영혼의 탁월성을 발휘해야 행복을 실현할 수 있기 때문이에요.

**2 홉스의 국가관**

> 국가란 하나의 인격(person)으로서, 다수의 인간이 상호 계약에 의해 스스로가 그 인격이 되는 행위의 본인이 된다. 국가의 목적은 그 인격이 공동의 평화와 방어에 필요하다고 생각할 때 다수의 모든 힘과 수단을 적절히 이용할 수 있도록 하는 데에 있다. 그리고 이 인격을 담당한 자를 주권자라고 칭하며, 주권을 가지고 있다고 말한다. 그리고 그 이외의 모든 인간을 그의 국민이라고 부른다. – 홉스, 『리바이어던』 –

홉스에 따르면 개인은 자연 상태의 불안과 혼란을 피하고자 자신의 권리를 통치자에게 전면 양도하는 사회 계약을 맺는다. 주권을 위임받은 국가는 외적의 침입과 개인 간의 권리 침해를 막는 등 계약의 목적을 실행해야 한다. 따라서 국가는 개인의 안전을 보장해 줄 때 국가로서의 정당성을 지닌다.

**용어사전**

* **위민**(위할 爲, 백성 民) 백성을 위함
* **신탁**(믿을 信, 부탁할 託) 믿고 맡기는 것

⑤ 마르크스

- 국가의 역할 : 자본주의 사회에서 국가는 자본가 계급을 보호하는 일에 몰두함 → 국가는 경제적 약자인 노동자에 대한 자본가의 착취를 방임함 3
- 국가 자체는 정당성을 지니지 못함 → 국가를 소멸시켜야 함

왜? 사람들이 기존의 계급 구조를 정당한 것으로 받아들이도록 각종 사회 구조와 제도를 만든 것이 국가이기 때문이다.

**자료로 보는 마르크스의 공산주의**

지금까지 존재한 모든 사회의 역사는 계급 투쟁의 역사이다. …… 현대 대의제 국가에서는 마침내 부르주아(자본가 계급)가 배타적인 정치적 지배권을 쟁취했다. 현대 국가의 집행부는 부르주아 전체의 공동 업무를 관장하는 위원회에 불과하다.

– 마르크스·엥겔스, 『공산당 선언』 –

**자료 분석** 국가를 지배 계급의 이익 증진을 위한 수단으로 인식한 마르크스는 혁명을 통해 공산주의 사회가 완성되면 계급 갈등이 없어지고 국가는 소멸한다고 보았다. 그리고 국가가 소멸한 후 '각자의 자유로운 발전이 만인의 자유로운 발전을 위한 조건이 되는 연합체'가 국가를 대체할 것이라고 주장하였다.

Q 마르크스가 지배 계급의 이익을 증진하기 위한 수단으로 본 것은 무엇인가? A 국가

## 2 현대 국가의 역할과 정당성

### ① 현대 국가의 역할

예 외적의 침입과 국내외 범죄, 테러로부터 국민의 안전과 생명을 보호하는 일 등이 있다.

- 국민의 생명, 재산, 자유 등을 보장 : 가장 기본적인 역할이며, 제대로 수행하지 못하면 국가의 존속이 어려워짐
- 국민의 복지와 행복을 위한 노력 : 사회 보험, 공적 부조* 등을 통해 국민의 기본적인 생활 수준을 보장하고 국민의 복지를 향상시켜야 함 → 경제적 불평등 해소와 국민의 인간다운 삶에 영향을 미침 질문
- 국민의 도덕성과 시민성 함양을 위한 노력 : 국민의 높은 도덕성은 사회적 자본*을 강화하여 국가 발전에 도움을 주며, 좋은 시민성은 공적 영역에 대한 시민들의 관심과 책임을 늘려 줌

**② 현대 국가의 정당성 :** 민주주의를 바탕으로 복지 국가 실현할 때 정당성을 인정받을 수 있음 4

**자료로 보는 현대 국가의 바람직한 역할**

민주주의가 발전한 나라들의 행복 지수 (이코노미스트/국제 연합, 2016)

| | 노르웨이 | 아이슬란드 | 스웨덴 | 뉴질랜드 | 덴마크 | 스위스 | 캐나다 | 핀란드 |
|---|---|---|---|---|---|---|---|---|
| 세계 민주주의 지수 순위 | 1위 | 2위 | 3위 | 4위 | 5위 | 6위 | 7위 | 8위 |
| 세계 행복 지수 지수 순위 | 4위 | 3위 | 10위 | 8위 | 1위 | 2위 | 6위 | 5위 |

※ 세계 민주주의 지수는 167개국 간, 세계 행복 지수는 157개국 간 비교임

**자료 분석** 자료를 통해 민주주의 지수 순위가 높은 나라들이 대체로 행복 지수 순위도 높다는 것을 알 수 있다. 이는 민주주의의 발전과 사회 구성원의 삶이 밀접한 관련이 있음을 보여 준다. 이처럼 현대 국가는 민주주의와 복지라는 역할을 수행함으로써 그 정당성을 인정받는다.

**개념 더하기 자료 채우기**

**3 마르크스의 계급 투쟁**

마르크스에 따르면, 피지배 계급(프롤레타리아 또는 노동자)은 노동력을 팔아서 봉급을 받으며 생계를 유지하고 살아간다. 자본을 위해서 일하는 것밖에는 선택의 여지가 거의 없는 이들이며, 달리 생존할 방법이 없다. 그리고 지배 계급(부르주아 또는 자본가)은 노동보다는 노동자들이 만들어 내는 잉여 가치 등을 통해 수입을 얻는다. 따라서 자본가의 수입은 노동자에 대한 착취에서 오는 것이다. 마르크스는 같은 계급에 소속된 이들은 서로 같은 이해관계를 가지고 있다는 점을 지적한다. 이 계급적·집합적 이해관계는 상대방 계급의 이해관계와 충돌하고, 결국 프롤레타리아의 폭력 혁명으로 이어진다.

**질문 있어요**

경제적 불평등을 왜 해소해야 하나요?

경제적 불평등은 개인 간 경제적 자산과 소득의 차이에서 발생하는 불평등을 말하며, '빈부 격차', '소득 격차'라고 부르기도 해요. 여기에는 빈곤층과 부유층 간의 물질적 격차가 포함되지요. 그리고 경제적 불평등이 증가하는 현상을 경제 양극화라고 부르는데, 이러한 현상은 기본적으로 능력에 따라 보수를 지급하는 자본주의 사회의 원칙에 의해 발생해요. 적절한 불평등은 개개인에게 근로 욕구를 가지게 하여 그 사회가 발전하는 원동력이 될 수 있지만 개개인의 능력이 아닌 다른 이유로 불평등이 생기고 고착되면 심각한 사회 문제가 발생할 수 있어요. 즉 경제적 불평등으로 경제 체제에 대한 사회 구성원들의 불신이 생기고, 사회 계층 간의 위화감이 조성되는 등 사회 갈등이나 경제 문제가 나타날 수 있어요.

**4 국가의 정당성 판단**

| | |
|---|---|
| 절차적 정당성 | 권력의 형성·행사 과정과 절차상의 정당성을 따지는 것<br>예 자유롭게 이루어진 동의로 권력을 담당할 사람이 선출되었는가?, 민주적인 절차를 거쳐 권력이 행사되었는가? 등 |
| 결과적 정당성 | 권력이 작용한 결과의 측면에서 정당성을 따지는 것<br>예 권력이 원활하게 작용하여 국민의 삶이 얼마나 좋아졌는가? 등 |

**용어사전**

* **공적 부조** 국가나 지방 공공 단체가 생활 능력이 없는 사람에게 최저한도의 생활을 보장하기 위하여 보호하거나 원조하는 일
* **사회적 자본** 사람들 사이의 협력을 가능하게 하는 구성원들의 공유된 제도, 규범, 네트워크, 신뢰 등 일체의 사회적 자산을 포괄하여 이르는 말

# 기초를 다지는 확인 문제

바른답·알찬풀이 61쪽

올리드 포인트

## A 국가의 기원과 본질에 대한 관점

| 관점 | 내용 |
|---|---|
| 유교적 관점 | • 국가의 기원 : 가족의 질서가 확장된 공동체<br>• 국가의 본질 : 백성의 도덕적인 삶을 위한 도덕 공동체 |
| 아리스토텔레스의 관점 | • 국가의 기원 : 인간의 사회적·정치적 본성에 의해 생겨난 인간 간의 결합<br>• 국가의 본질 : 다른 모든 공동체를 포괄하면서 행복의 실현이라는 최고선을 추구하는 도덕 공동체 |
| 공화주의의 관점 | • 국가의 기원 : 시민의 자유 보장을 위해 법과 공동선에 기반을 두고 주권자인 시민이 만들어 낸 정치 공동체<br>• 국가의 본질 : 시민의 자유 보장을 위한 수단 → 인위적으로 만든 것 |
| 사회 계약론적 관점 | • 국가의 기원 : 개인의 생명, 평화로운 생활, 권리 등을 보장하기 위해 계약을 통해 만들었음<br>• 국가의 본질 : 개인의 자유와 권리 등을 보장받기 위한 수단 |
| 마르크스의 관점 | • 국가의 기원 : 소수의 지배 계급이 다수의 피지배 계급을 억압하고 착취하기 위한 수단<br>• 국가의 본질 : 지배 계급의 특권을 유지하기 위한 수단 |

## B 국가의 역할과 정당성에 대한 동서양 사상

| 관점 | 내용 |
|---|---|
| 유교적 관점 | • 국가의 역할 : 민본 정치를 통해 위민(爲民)을 실현하고, 국가를 인륜이 실현되는 도덕 공동체로 만드는 것 → 군주가 해야 할 일<br>• 국가의 정당성 : 복지 실현, 사회 구성원의 도덕성 함양 |
| 아리스토텔레스의 관점 | • 국가의 역할 : 시민이 행복한 삶을 살 수 있도록 이끄는 것<br>• 국가의 정당성 : 정치 참여 제도를 마련해 시민이 영혼의 탁월성을 발휘할 수 있도록 하는 것 |
| 공화주의의 관점 | • 국가의 역할 : 예속되지 않을 자유를 모든 시민이 누릴 수 있도록 하는 것<br>• 국가의 정당성 : 시민의 정치 참여 활성화, 법치의 보장으로 소수의 독재 방지 |
| 사회 계약론적 관점 | • 국가의 역할 : 개인의 생명과 자유 등의 보장<br>• 국가의 정당성 : 정치권력을 국가에 양도한 본래의 목적 수행 |
| 마르크스의 관점 | • 국가의 역할 : 자본주의 체제 아래 자본가 계급을 보호하는 일에 한정됨<br>• 국가의 정당성 : 국가 자체가 정당성을 지니지 못함 → 국가는 필연적으로 소멸됨 |
| 현대 국가의 관점 | • 국가의 역할 : 국민의 생명, 재산, 자유 등의 보장, 국민의 복지와 행복 실현 등<br>• 국가의 정당성 : 민주주의를 바탕으로 한 복지 국가 실현 |

**01** 다음 설명이 맞으면 ○표, 틀리면 ×표를 하시오.

(1) 유교에서 군주의 일은 민본 정치를 통해 위민을 실현하고 국가를 인륜이 실현되는 정치 공동체로 만드는 것이었다. ( )

(2) 모든 사회 계약론자들은 국가의 부당한 행위에 대한 국민의 정치적 저항을 강조하였다. ( )

(3) 로크는 국가가 시민의 생명권, 자유권, 재산권 등과 같은 자연권적 기본권을 지키고 보장하는 역할을 다해야 한다고 주장하였다. ( )

(4) 홉스는 사회 계약 이전의 자연 상태를 자유롭고 평등한 상태로 파악하였다. ( )

(5) 아리스토텔레스는 구성원들의 동의와 계약에 의해 국가가 만들어진다고 보았다. ( )

**02** 빈칸에 들어갈 알맞은 말을 쓰시오.

(1) 아리스토텔레스에 따르면, 시민이 정치에 직접 참여할 수 있는 제도를 마련하여 영혼의 탁월성을 발휘할 수 있도록 할 때 ( )은/는 정당성을 인정받을 수 있다.

(2) ( )은/는 자본주의 사회에서 국가의 역할은 자본가 즉, 부르주아 계급을 보호하는 일에 한정된다고 하였다.

(3) 공화주의는 시민의 정치 참여를 활성화하고, ( )을/를 보장함으로써 소수의 독재를 방지해야 한다고 보았다.

**03** 다음 사상과 국가에 대한 입장을 바르게 연결하시오.

(1) 유교 •
(2) 공화주의 •
(3) 사회 계약론 •
(4) 마르크스 •

• ㉠ 가족의 질서가 확장된 공동체
• ㉡ 자연 상태의 개인들이 계약을 맺은 결과물
• ㉢ 시민의 자유 보장을 위한 수단
• ㉣ 지배 계급이 피지배 계급을 착취하기 위한 수단

# 실력을 키우는 실전 문제

**01** 갑, 을 사상가의 입장에 관한 옳은 설명을 〈보기〉에서 고른 것은?

> 갑 : 국가는 단순한 생존을 위해 형성되었지만 훌륭한 삶을 위해 존속하는 것이다. 이로 미루어 국가는 자연의 산물이며, 인간은 본성적으로 국가 공동체를 구성하는 동물이다.
> 을 : 국가는 자기 보존을 위해 개인들이 맺은 계약에 의해 생겨난다. 인간은 자유를 좋아하지만 자연 상태의 비참한 상태로부터 빠져나오고 싶어 자발적으로 국가의 일원이 된다.

① 갑은 국가를 가족의 질서가 확장된 공동체로 본다.
② 갑은 국가를 시민의 자유를 지키기 위한 수단으로 본다.
③ 을은 국가를 최고선을 추구하는 도덕 공동체로 인식하고 있다.
④ 을은 국가를 자연 상태의 개인을 억압하는 주체로 인식하고 있다.
⑤ 갑은 국가의 기원을 인간의 본성에서, 을은 개인들이 맺은 계약에서 찾고 있다.

**02** 서양 사상가 갑, 을이 모두 긍정의 대답을 할 질문으로 가장 적절한 것은?

> 갑 : 국가란 정치적 동물인 인간의 자연적 본성에 따라 만들어져 공동체의 목적적 삶을 실현시킬 수 있는 최고의 단계를 의미한다.
> 을 : 국가는 신의 자유 의지가 구현된 것으로서 객체화된 정신이자 절대 정신이 체현된 유기체다.

① 국가는 명목상으로 존재한 절대선인가?
② 개인은 국가 속에서만 자아를 실현할 수 있는가?
③ 국가는 인간의 본성에 따라 자연적으로 발생하였는가?
④ 국가는 가정과 부족의 모순을 극복한 최고의 인륜인가?
⑤ 국가는 인간의 평화를 위해 인위적으로 형성된 것인가?

**03** 밑줄 친 '그'가 파악한 국가의 본질로 가장 적절한 것은?

> 그는 역사를 계급 투쟁의 역사로 정의하면서, 국가란 지배 계급과 피지배 계급 사이의 권력 관계 속에서 발생하고 유지된다고 보았다. 그에 따르면 역사는 원시 공산제 – 고대 노예제 – 봉건제 – 자본제 – 공산제로 발전한다.

① 개인의 자유를 보장하는 도구
② 사회적 합의로 형성된 공동체
③ 지배 계급의 강제적 지배 수단
④ 사회적 진보를 가능하게 하는 힘
⑤ 지배 계급과 피지배 계급의 갈등 원인

중요

**04** (가)의 서양 사상가 갑, 을의 입장을 (나)의 그림으로 탐구할 때 A~C에 들어갈 질문으로 옳지 않은 것은?

(가)
갑 : 사람들은 사회를 구성할 때 자연 상태에서 가졌던 평등, 자유 및 집행권을 사회의 선(善)이 요구하는 바에 따라 입법부가 처리할 수 있도록 사회의 수중에 양도한다.
을 : 인간은 자유롭게 태어났지만 어디에서나 쇠사슬에 얽매여 있다. 사회 질서는 다른 모든 질서의 기초가 되는 신성한 권리이다. 그리고 이 권리는 자연히 생긴 것이 아니라 계약에 근거한다.

(나)
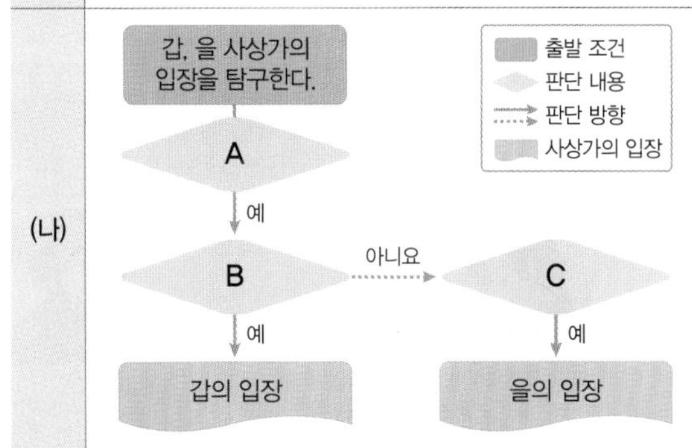


① A : 통치 권력의 정당성은 구성원의 동의에서 찾을 수 있는가?
② B : 인간은 자연 상태에서 자유롭고 평등한가?
③ B : 국가 권력은 국민의 재산권을 보호하기 위한 수단인가?
④ C : 주권은 군주가 아니라 국민에게 있는가?
⑤ C : 사유 재산의 발생이 인간의 불평등한 상태를 초래하는가?

**05** 대화의 을의 입장에 관한 설명으로 옳지 않은 것은?

> 갑 : 탕(湯)이 하(夏) 나라 마지막 걸(桀) 임금을 내쫓고, 주(周) 나라 무왕이 은(殷) 나라 마지막 왕 주(紂)를 정벌하였다는데, 정말 그런 일이 있었습니까?
> 을 : 전해지는 기록에 그렇게 나와 있습니다.
> 갑 : 신하가 자기의 임금을 시해해도 되는 것입니까?
> 을 : 인(仁)을 해치는 자를 적(賊)이라 하고, 의(義)를 해치는 자를 잔(殘)이라 하며 잔적(殘賊)한 사람을 일부(一夫)라고 합니다. 일부인 주(紂)를 죽였다는 말은 들었으나 임금을 시해하였다는 말은 듣지 못했습니다.

① 위민(爲民)을 강조하고 있다.
② 군주는 하늘이 내는 것으로 인식하고 있다.
③ 반도덕적인 무왕을 응징한 것은 정당하다고 본다.
④ 백성에게 고통을 주는 군주라면 교체해야 한다고 본다.
⑤ 나라의 근본은 백성이며, 백성이 군주를 선택할 수 있다고 본다.

**06** 다음 가상 인터뷰에서 동양 사상가의 입장과 일치하는 내용을 〈보기〉에서 고른 것은?

선생님은 왜 정치에 참여하지 않으십니까?

『서경』에서 '효도하라. 오직 효도하라. 형제간에 우애하여 정치에까지 이르게 하라.' 라고 합니다. 이것도 정치에 참여하는 것이니, 어찌 벼슬자리에 앉아야만 정치라고 하겠습니까.

**보기**
ㄱ. 국가는 가족의 질서가 확장된 공동체이다.
ㄴ. 가족 윤리와 국가의 정치 원리는 서로 다르다.
ㄷ. 국가는 가족의 모순을 극복한 최고의 공동체이다.
ㄹ. 부모를 섬기는 도리와 나라를 다스리는 원리는 같다.

① ㄱ, ㄴ　② ㄱ, ㄹ　③ ㄴ, ㄷ
④ ㄴ, ㄹ　⑤ ㄷ, ㄹ

**07** (가)의 갑, 을 사상가의 입장을 (나) 그림으로 표현할 때, A~C에 해당하는 진술로 옳은 것은?

(가)
갑 : 원래 자유를 사랑하고 타인을 지배하기 좋아하는 인간이 국가의 틀 안에서 살기로 한 궁극적 이유는 자기 보존과 그에 따른 만족한 생활에 대한 전망에 기인한다. 즉 인간은 자연 상태의 비참한 전쟁 상황으로부터 빠져나오고 싶다고 생각했기 때문이다.
을 : 사람들은 사회에 들어갈 때 그들이 자연 상태에서 가졌던 평등, 자유 및 집행권을 사회의 선이 요구하는 바에 따라 입법부가 처리할 수 있도록 사회의 수중에 양도한다. 그러나 그것은 오직 모든 사람이 그 자신, 그의 자유 및 그의 재산을 더욱 잘 보존하려는 의도에서 행하는 것이다.

(나)
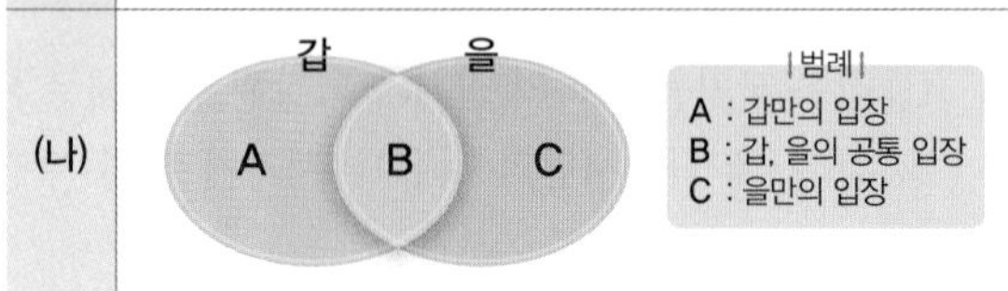


① A : 외부의 통제가 없는 인간의 상태는 평화롭다.
② B : 인간의 권리 양도의 대가는 생명과 재산의 보호이다.
③ B : 국가는 인간의 본성에 따라 자연스럽게 형성된다.
④ C : 인간의 타고난 본성은 이기적이다.
⑤ C : 국가는 지배층의 피지배층에 대한 착취 수단이다.

중요
**08** 갑, 을의 공통 입장으로 가장 적절한 것은?

> 갑 : 천하의 근본은 나라[國]에 있고, 나라의 근본은 가족[家]에 있고, 가족의 근본은 자신[身]에게 있다.
> 을 : 국가는 다른 공동체를 포괄하면서 최고선을 추구하는 공동체이다.

① 국가를 인위적으로 만들어진 것으로 본다.
② 국가를 인간의 본성에 따른 자연 발생적인 것으로 본다.
③ 국가를 개인의 자유 보장을 위한 필요악이라고 간주한다.
④ 국가를 도덕 공동체로 보면서 도덕적 삶의 기반으로 인식한다.
⑤ 국가를 개인이나 일부 계급의 이익을 지키기 위한 수단으로 본다.

**09** 사상가 병이 갑, 을에게 공통으로 제기할 수 있는 비판으로 가장 적절한 것은?

국가가 질서 정연한
사회가 될 수 있도록
공공의 정의관에 따른
제도를 갖추어야 합니다.
갑

가급적 많은 사람에게
가급적 많은 행복을 주는
것이 정의의 원리이고, 이런
원리가 적용되는 국가가
정의로운 국가입니다.
을

역사는 필연적인
발전 단계에 따라
진행됩니다.
최종적으로는 공산주의
사회가 도래합니다.
병


① 사회적 약자를 전혀 배려하지 않고 있다.
② 정의로운 국가는 존재하지 않음을 모르고 있다.
③ 다수결의 원리가 최선의 원리임을 간과하고 있다.
④ 정의 실현을 위한 시민의 저항권을 무시하고 있다.
⑤ 국가는 공동선을 지향하는 공동체임을 모르고 있다.

★★ 중요

**10** (가)의 입장에서 (나)의 밑줄 친 질문에 가장 적절한 대답을 한 사람은?

| | |
|---|---|
| (가) | 공화국은 시민의 것이다. 그러나 시민은 아무렇게나 모인 한 무리의 사람을 뜻하는 것이 아니라 법을 존중하고 공동의 이익을 인정하고 동의한 사람들의 모임이다. |
| (나) | 시민의 자유란 단순히 간섭이 없는 상태를 의미하지는 않는다. 자유란 자기 마음대로 권력을 휘두르는 권력자의 자의적 지배로부터 벗어날 수 있는 자유이다. 그렇다면 <u>시민의 자유는 어떻게 보장할 수 있는가?</u> |

① 갑 : 법치가 이루어져야 한다.
② 을 : 시민이 저항권을 행사해야 한다.
③ 병 : 시민이 모여 계약을 맺어야 한다.
④ 정 : 주권을 가진 국가의 통제를 받아야 한다.
⑤ 무 : 교육을 통해 선한 본성을 회복해야 한다.

## 서술형 문제

**11** 다음 글을 읽고 물음에 답하시오.

| | |
|---|---|
| (가) | 참된 군주는 신이 창조한 것으로서 오직 신에게만 책임을 진다. 군주는 법률을 제정하고 또 그것에 효력을 부여하는 자로서 법률을 초월하기 때문이다. 국가의 온갖 다른 권력자는 그 권력을 국가(군주)로부터 받는 것이므로, 군주에게 절대로 복종해야 할 의무가 있다. |
| (나) | 백성을 얻는 데는 도(道)가 있다. 그 도란 백성의 마음을 얻으면 곧 백성을 얻는 것이다. 백성의 마음을 얻는 데는 도가 있다. 그 도란 백성들을 위해, 그들이 좋아하는 것들을 모아 주고 싫어하는 것들을 하지 않는 것이다. |

(1) (가), (나) 국가관의 공통점을 서술하시오.

(2) (가), (나) 국가관의 차이점을 서술하시오.

**12** ㉠의 관점에서 '시민의 자유 보장'을 위해 강조하는 국가의 적극적인 역할을 <u>두 가지</u> 서술하시오.

> ( ㉠ ) 관점에서 국가는 <u>시민의 자유 보장</u>을 위해 법과 공동선에 기반을 두고 주권자인 시민이 만들어 낸 정치 공동체이다. ( ㉠ )은/는 시민의 자유 보장이 바람직한 국가의 출발점이라고 보며, 국가는 자연 발생적으로 생겨난 것이 아니라 시민의 자유를 지키기 위해 인위로 만들어 낸 수단이라고 인식한다.

**13** 다음 관점에서 강조하는 국가의 역할을 서술하시오.

> 정치권력은 모든 사람이 자연 상태에서 가지고 있다가 사회의 수중에 넘긴 것이며, 사회는 권력을 구성원의 복지와 재산의 보존을 위해 사용해야 한다는 명시적 또는 묵시적 신탁과 함께 스스로 선택한 통치자에게 넘긴 것이다.

# 등급을 올리는 고난도 문제

**01** 고대 동양 사상가인 갑은 긍정, 근대 서양 사상가인 을은 부정의 대답을 할 질문으로 가장 적절한 것은?

> 갑 : 대과(大過)는 족히 나라를 망치는 것을 말한다. 역위(逆位)는 군주의 직위를 바꾸어 친척 가운데 어진 이로 다시 군주의 자리에 세우는 것이다. 큰 잘못에 대해 간하여도, 이것을 듣지 않는다고 떠나지 못하는 의리는 종묘를 중히 여기기 때문에, 차마 앉아서 그 나라가 망하는 것을 보지 못하기 때문이다. 따라서 부득이 이에 이른 것이다.
>
> 을 : 입법권은 일정한 목적을 위해서만 활동할 수 있는 신탁된 권력이므로 입법부가 그들에게 맡겨진 신탁에 반해서 행동하는 것이 발견될 때 입법부를 폐지하거나 변경할 수 있는 권력은 여전히 시민에게 있다.

① 국가(군주)의 정당성을 판단하는 기준은 도덕성인가?
② 피지배자가 권력에 복종하는 이유는 계약 때문인가?
③ 국가(군주)는 백성의 생명과 재산을 보호해야 하는가?
④ 국가(군주)가 정당성을 잃었을 때 국민은 저항할 수 있는가?
⑤ 국가 안에서 모든 시민은 다수의 자의에 종속되어야 하는가?

**문제 접근 방법**

'역위(易位)', '신탁된 권력', '권력은 여전히 시민에게 있다' 등의 핵심어를 통해 갑, 을이 어떤 사상가인지를 파악한다. 각 사상가의 입장을 정확하게 이해한 후, 선택지에 적용하여 문제를 해결한다.

**적용 개념**

# 역성혁명
# 저항권

**02** 서양 사상가 갑, 을의 입장에 관한 옳은 설명을 〈보기〉에서 고른 것은?

> 갑 : 우리 각자는 신체와 모든 힘을 공동의 것으로 삼아 일반 의지의 최고 지도 아래에 둔다. 다수의 사람들이 결합하여 스스로 일체를 형성한다고 생각하는 한, 그들은 '공동의 보전'과 '일반적 복지'에 대한 관심이라는 단 하나의 의지만을 갖는다.
>
> 을 : 국가의 단일한 최고 권력인 입법부는 사회에서 시민의 생명, 자유, 재산을 보존하는 업무를 수행한다. 행정권이 이러한 입법부의 업무를 무력에 의해서 방해할 때 시민은 그것을 무력에 의해서 제거할 권리뿐만 아니라 예방할 권리도 가진다.

보기

ㄱ. 갑은 이상적인 국가는 절대 군주제가 시행되는 국가라고 본다.
ㄴ. 갑은 사유 재산 제도가 인간 불평등의 발생 원인이라고 본다.
ㄷ. 을은 자연 상태에서는 타인을 해칠 권리만 존재한다고 본다.
ㄹ. 을은 사회 계약이 체결된 후에도 국민의 저항권이 유효하다고 본다.

① ㄱ, ㄴ  ② ㄱ, ㄷ  ③ ㄴ, ㄷ  ④ ㄴ, ㄹ  ⑤ ㄷ, ㄹ

**문제 접근 방법**

'일반 의지', '생명, 자유, 재산을 보존' 등의 핵심어를 통해 갑, 을이 어떤 사상가인지 파악한 후, 〈보기〉의 선택지와 각 사상가의 입장을 비교하여 문제를 해결한다.

**적용 개념**

# 일반 의지
# 입법부
# 사회 계약설

## 03 그림의 A, B에 들어갈 옳은 질문을 〈보기〉에서 고른 것은?

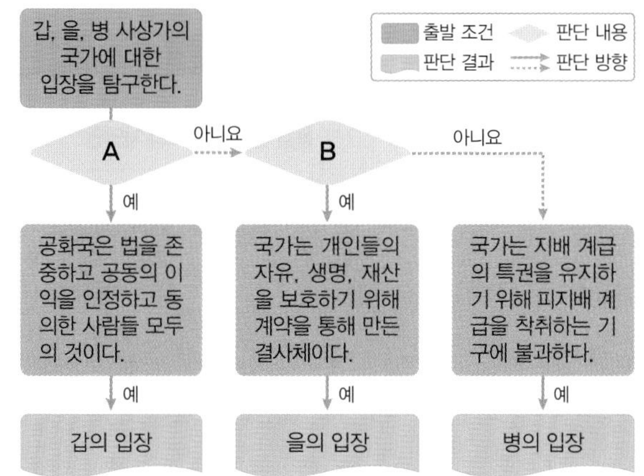


보기

ㄱ. A : 개인들은 자연 상태를 벗어나기 위해 계약을 맺는가?
ㄴ. A : 국가는 법과 공동선에 기반하여 만들어진 정치 공동체인가?
ㄷ. B : 국가의 기원은 개인이 동의한 계약에 있는가?
ㄹ. B : 국가는 자본가 계급을 보호하는 역할을 하는가?

① ㄱ, ㄴ ② ㄱ, ㄹ ③ ㄴ, ㄷ ④ ㄴ, ㄹ ⑤ ㄷ, ㄹ

**문제 접근 방법**

'공화국', '계약을 통해 만든 결사체', '피지배 계급을 착취하는 기구'와 같은 핵심어를 통해 갑, 을, 병 사상가가 누구인지 먼저 파악한다. 각 사상가의 입장을 〈보기〉의 선택지와 비교하여 문제를 해결한다.

**적용 개념**

# 공화국
# 사회 계약
# 지배 계급과 피지배 계급

## 04 다음 근대 서양 사상가의 입장에 관한 설명으로 옳은 것은?

자연 상태는 전쟁 상태이다. 이런 상황에서 '모든 사람은 달성될 가망이 있는 한 평화를 얻기 위해 노력해야 한다. 평화를 달성하는 일이 불가능할 경우에는 전쟁에서 승리하기 위하여 어떤 수단이라도 사용할 수 있다.' 이 원칙의 앞부분은 자연법의 기본을 나타내고 있는 것으로서 '평화를 추구하라.'는 것이고, 뒷부분은 자연권의 요지를 나타내고 있는 것으로서 '모든 수단을 동원하여 자신을 방어하라.'는 것이다.

① 정치 질서는 사회 계약을 계기로 해서 발생한다고 본다.
② 국민이 주권을 가지는 사회가 가장 이상적인 사회라고 본다.
③ 인간이 정치적 동물이기 때문에 국가가 발생하게 된다고 본다.
④ 사회 상태에서 사유 재산과 계급으로 인해 분쟁이 발생한다고 본다.
⑤ 사회 계약을 맺은 자연 상태에서만 안전을 보장받을 수 있다고 본다.

**문제 접근 방법**

'자연 상태는 전쟁 상태' 등의 핵심어를 통해 근대 서양 사상가가 누구인지 먼저 파악한다. 선택지와 이 사상가의 입장을 비교하여 문제를 해결한다.

**적용 개념**

# 전쟁 상태
# 자연법

IV. 사회사상

# 03 시민

학습길잡이
• 시민적 자유와 권리의 근거에 대한 자유주의와 공화주의의 입장을 비교해 둔다.
• 공동체와 공동선 및 시민적 덕성에 대한 자유주의와 공화주의의 입장을 정리해 둔다.

## A 시민적 자유와 권리의 근거

┌ 자유주의는 개인의 자유와 권리의 근거를 자연권 사상에 두고 있다.

### 1 자유주의 관점에서 본 시민적 자유와 권리

**① 자연권 사상**

• 자연권 : 인간이 태어날 때 하늘로부터 부여받은 권리, 즉 천부 인권(天賦人權)으로서의 권리임
• 자연권은 홉스, 로크 등 근대 사회 계약론자에 의해 계승·발전됨 1

**② 자연권 사상의 발전 과정**

• 중세 유럽과 르네상스 시대의 절대 왕권에 대항하면서 확립됨 → 근대 자유주의의 발전 과정과 밀접한 관계가 있음
• 근대 시민 혁명의 사상적 지도 이념이 됨 → 개인의 자유가 근대 입헌* 민주주의의 기본적 권리로 확립되는 데 기여함

**③ 자유주의**

• 자유주의는 자연권이 시대나 장소에 상관없이 모든 인간에게 보편적으로 내재해 있다고 봄 → 자연권은 개인의 자유와 권리를 보장하는 근거임
• 자유를 최상의 정치적·사회적 가치로 삼음 → 자유의 역설은 경계함 질문
• 자유주의는 개인주의를 바탕으로 함 → 개인의 자유를 위협하는 체제와 제도에 반대함
• 자유주의자들은 무엇보다도 소극적* 자유를 중시함 2
• 개인의 권리와 정치적 의무가 충돌할 때, 권리를 우선시함
• 개인의 권리를 제약하거나 개인에게 어떤 의무를 부과하려면 반드시 시민의 자발적인 동의를 얻어야 함 3
• 국가의 존립 목적은 구성원들이 스스로 선택에 따라 자유로운 삶을 영위할 수 있도록 하는 것임 → 국가는 중립성을 유지해야 함
• 다른 시민의 자유와 권리를 침해할 때 외에는 공권력과 법이 개인의 행동을 제약할 수 없음 → 법의 간섭을 최소화해야 함

└ 법에 의한 지배를 강조한 공화주의와 대비되는 부분이다.

**자료로 보는 밀의 자유에 대한 관점**

그 이름값을 하는 유일한 자유는 우리가 타인들로부터 그들의 노력을 방해하려고 하지 않는 한, 우리 자신의 이익을 우리 나름의 방식으로 추구할 자유이다. …… 어떤 종류의 행동이든 정당한 이유 없이 다른 사람에게 해를 끼치는 것은 강압적인 통제를 받을 수 있으며, 사안이 심각하다면 반드시 통제해야 한다. 나아가 필요하다면 사회 전체가 적극적으로 간섭해야 한다. - 밀, 『자유론』 -

자료 분석 밀은 자기 자신에게만 영향을 미치는 행위에 대해서는 개인이 절대적인 자유를 누려야 한다고 주장하였다. 그러나 개인의 자유로운 행위가 타인에게 해를 끼친다면 사회적·법적으로 처벌을 가할 수 있다고 주장하였다.

**개념 더하기 자료 채우기**

**1 홉스와 로크의 자연권**

| | |
|---|---|
| 홉스 | 자연 상태에서 인간에게 가장 중요한 것은 생명 보존임 → 각 개인은 자신의 생명을 지키기 위해서라면 어떠한 행위도 할 수 있는 '만물에 대한 생득적 권리'를 가지고 있음 |
| 로크 | 인간은 자신의 생명과 자유에 대한 자연권뿐만 아니라 정당한 노동을 통해 획득한 재산에 대해 침해받지 않을 자연권도 가지고 있음 |

**질문 있어요**

자유의 역설이 무슨 뜻인가요?
모든 사람이 자신의 자유를 무제한으로 행사하려 할 때 서로의 자유를 침해하게 되어 진정한 자유가 존재할 수 없게 되는 현상을 말해요. 따라서 자유의 역설을 초래하지 않으려면 자유 개념을 자율의 의미로 해석하는 것이 필요해요. 즉 정치 공동체의 구성원으로서 시민의 삶을 규제하는 규칙을 스스로 결정하고 그 원리에 복종하는 자율이 곧 자유라고 인식하고 행동하는 것이지요.

**2 소극적 자유와 적극적 자유**

| 구분 | 개념 | 의미 |
|---|---|---|
| 소극적 자유 | ~로부터의 자유 | 외부의 강제나 방해가 없는 상태 |
| 적극적 자유 | ~를 향한 자유 | 스스로의 결정을 실현하려는 상태 |

**3 명시적 동의와 묵시적 동의**

자유주의자인 로크는 의무를 명시적 의무와 묵시적 의무로 구분하고, 어떤 나라에 거주한다는 사실 자체로도 묵시적 동의가 성립하며 의무가 발생할 수 있다고 보았다. 그러나 명시적이건 묵시적이건 모든 의무는 동의에 기초해야 한다고 보았다.

**용어사전**

* **입헌 민주주의** 국민의 기본적 인권을 보장하기 위하여 민주주의 국가의 모든 생활이 헌법에 따라 영위되어야 한다는 정치 원리
* **소극적 자유** 국가와 타인에게 구속당하지 않고 행동할 수 있는 사적 영역을 보장함으로써 실현되는 자유. 방임으로서의 자유를 의미하기도 함

## 2 공화주의의 관점에서 본 시민적 자유와 권리

### ① 공화주의

- 등장 배경 : 개인의 자유를 극대화함으로써 공동체적 삶을 소홀히 할 수 있다는 자유주의의 문제점을 보완하기 위해 등장함 → 공화주의는 인간의 상호 의존성을 중시함
- 이상적인 시민 : 공익을 중시하고, 자신이 속한 공동체에서 맡은 역할을 책임 있게 수행하며 공동선의 증진에 관심을 가지는 사람
- 시민적 자유와 권리 : 천부적인 것이 아니라 공동체의 법과 제도를 마련함으로써 실현될 수 있다고 봄

누구도 다른 사람의 지배에 예속되지 않으며, 공동체 전체에 지배적인 영향력을 행사하는 개인이나 집단이 없는 상태이다.

| | |
|---|---|
| 자유 | • 권력자의 자의적* 지배가 없는 상태 질문<br>• 법은 자의적 권력의 지배로부터 시민을 보호해 주는 방패의 역할을 담당함 |
| 권리 | • 공동체 구성원 사이에서의 심의를 통해 구성되고 법에 의해 보장받음<br>• 시민의 권리는 공동체 내의 시민이 만들어 내고 향유하는 정치적·사회적 권리임 |

- 법에 의한 지배 : 권력의 타락을 방지하고 개인의 자유와 권리를 증진함 → 시민의 참여가 뒷받침되어야 함 4

공화국의 시민은 자신이 만든 법에 대해 자신의 의지에 따라 복종함으로써 정치적 자유를 누릴 수 있다.

### ② 공화주의의 분류

| | |
|---|---|
| 시민적 공화주의 | • 아리스토텔레스의 영향을 받은 아테네 전통 → 인간의 자연적 사회성 강조<br>• 정치 참여 : 시민의 책무이자 자유를 행사하는 것 → 정치 참여가 목적임<br>• 정치 참여는 덕성을 함양하는 일이자 윤리적 자기실현임<br>• 개인의 권리나 이익보다 정치적 의무를 더 우선시함<br>• 시민적 공화주의는 '공동체주의'라고 불리기도 함 5 |
| 신로마 공화주의 | • 마키아벨리의 영향을 받은 로마 전통<br>• 정치 참여 : 외세와 폭정으로부터 시민의 자유를 지키기 위한 수단<br>• 비지배로서의 자유 제시 : 타인의 자의적인 지배에서 벗어나는 것, 타인에게 사적으로 종속되지 않는 상태 → 법으로써 실현 가능 6<br>• 자유의 근거 : 시민들 스스로가 심의하고 제정한 헌법 → 법은 시민의 자유를 보장하는 수단 |

**자료로 보는 공화주의에서의 자유**

자유주의적 의미의 자유는 시대에 따라 그 의미가 다르지만 대체로 소극적 의미의 자유관이 주류이다. 즉 '간섭의 부재'를 자유주의적 자유라고 할 수 있다. 반면, 공화주의적 자유는 더 구체적으로 자의적 지배의 부재라는 조건을 내건다. 따라서 공화주의의 입장에서는 공동체 정신과 도덕적 가치를 바탕으로 하는 법에 의한 간섭은 자유를 해치지 않는다고 생각한다. '간섭이 있지만 예속되지 않은 상태'가 '예속되어 있지만 간섭이 없는 상태'보다 비교도 할 수 없이 자유롭다는 게 공화주의의 핵심이다. 전자의 예시로는 '법에 복종하지만 주인이 없는 자유 시민'이 있을 것이고, 후자의 예시로는 '좋은 주인을 만나 간섭을 안 받는 노예'가 있을 것이다.

**자료 분석** 자유주의에서는 간섭의 부재를, 공화주의에서는 자의적 지배의 부재를 자유의 조건으로 내세운다. 공화주의적 자유를 해치는 것은 공동체 정신에 입각하지 않은 자의적인 간섭을 할 수 있는 집중되고 고착화*된 권력이다. 그리고 고착화된 권력은 독재나 중우 정치*, 다수의 횡포와 같은 여러 가지 형태로 나타날 수 있다.

**개념 더하기 자료 채우기**

**질문 있어요**

지배와 간섭의 차이점은 무엇인가요?

노예에게 간섭하지 않는 착한 주인이 있을 수 있어요. 하지만 노예는 주인의 지배하에 있으므로 언제든지 간섭받을 가능성이 있어요. 노예는 주인에게 종속된 존재니까요. 비지배로서의 자유는 이러한 사적인 지배의 가능성 자체를 벗어나는 자유를 말합니다.

**4 법에 대한 자유주의와 공화주의의 입장**

| | |
|---|---|
| 자유주의의 입장 | 법의 간섭을 최소화해야 함 → 법의 간섭은 시민의 자유와 권리를 보호하는 범위 내에서만 허용되어야 함 |
| 공화주의의 입장 | 법은 권력자의 횡포를 막는 역할을 함 → 법은 오히려 개인의 자유와 권리를 증진하는 역할을 함 |

**5 공동체주의**

공동체주의는 개인의 자율성을 우선하는 자유주의보다 공동체가 추구하는 덕이나 가치를 더욱 중시하는 관점이다. 이 관점에 따르면 인간은 태어나면서 특정 공동체에 소속되기 때문에 그곳의 가치관에 영향을 받으며 살아간다. 따라서 공동체주의는 개인의 선택에 공동체의 가치가 반영되어 있다고 본다.

**6 비지배로서의 자유**

비지배로서의 자유는 타인의 자의적인 지배에서 벗어나는 것이 핵심이다. 자유주의에서 말하는 간섭의 부재에서 더 나아가 타인에게 사적으로 종속되지 않는 상태를 지향한다. 공화주의자들은 이러한 자유가 시민의 참여 속에서 공동 결정으로 만들어진 법에 의해 가능하다고 보았다. 따라서 공화주의에서의 법은 시민의 자유를 보장하는 수단이 된다.

**용어사전**

* **자의적** 일정한 질서를 무시하고 제멋대로 하는 것
* **고착화** 어떤 상황이나 현상이 굳어져 변하지 않는 상태가 됨
* **중우 정치** 민주주의에서 다수결의 원리가 갖는 특성으로 인해 선동가와 군중 심리에 의해 다수가 현명하지 못한 판단을 내리는 것을 비판하는 말

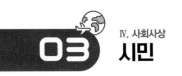

# 시민

## B 공동체와 공동선 및 시민적 덕성

### 1 공동체와 공동선*

① 공동체와 공동선에 대한 두 관점

| 구분 | 자유주의 | 공화주의 |
|---|---|---|
| 인간관 | 자신의 삶을 스스로 계획하고 결정할 수 있는 자율적인 존재임 1 | 의무와 공동체적 삶을 중시하는 공동체의 시민 2 → 자유주의의 고립된 자아를 비판함 질문 |
| 공동체 | • 공동체는 개인의 자유와 권리 보장을 위해 존재함<br>• 공동선보다 개인의 행복과 자아실현 등 개인선*을 추구함 | • 공동체는 개인적 자유와 권리의 실현에 필수불가결한 존재임<br>• 개인선뿐만 아니라 공동선도 중시함 |
| 문제점 | 개인선을 지나치게 강조할 경우 의무와 공동선에 대해 무관심할 수 있음 | 공동선을 지나치게 강조할 경우 개인의 자유와 권리를 훼손할 수 있음 |

**자료로 보는 공유지의 비극**

소를 키워 생계를 꾸려 나가던 마을이 있었다. 마을 사람들은 소에게 풀을 먹일 때 뒷동산에 있는 목초지를 이용했다. 목초지는 마을 사람들이 아무런 비용을 지불하지 않고도 사용할 수 있는 공유지였다. 마을 사람들은 목초지를 마음대로 사용할 수 있었기 때문에 좀 더 많은 금전적 이익을 얻기 위해 키우는 소의 숫자를 점차 늘려 나갔다. 그 결과 소들이 먹는 풀이 더 많이 필요하게 되었고, 무성하던 목초지의 풀이 어느 날부터인가 조금씩 사라져 가더니 결국 완전히 메말라 버렸다. 너무 많은 소를 목초지에 방목한 결과 더 이상 풀들이 남아 있지 않아 아무도 소를 키울 수 없게 되어 버린 것이다.

– 하딘, 『공유지의 비극』 –

**자료 분석** '공유지의 비극'은 개인선과 공동선이 조화를 이루지 못하면 어떤 결과가 초래되는지를 잘 보여 주는 사례이다. 하딘은 개인주의적 사리사욕이 결국 공동체 전체를 파국으로 몰아간다고 주장하였다. 그는 이러한 문제를 해결하기 위한 방안으로 국가가 경제 활동에 개입해 통제하거나 개인에게 소유권을 주어 개인이 관리하도록(사유화) 해야 한다고 보았다.

② 자유주의와 공화주의의 조화 (개인을 중시하는 자유주의적 시민성과 공공성을 강조하는 공화주의의 시민성이 상호 보완할 때 사회가 발전할 수 있다.)

- 자유주의는 개인이 공동체의 구성원임을 인정하며, 공화주의 또한 자유와 권리를 누리는 개인의 집합체로서 공동체를 중시함
- 자유주의적 시민성은 공동선이나 공익을 경시하지 않으며, 공동체주의적 시민성 또한 개인선이나 사익을 경시하지 않음
- 지향점 : 개인의 자유와 권리, 인간의 존엄성을 최대한 인정하는 동시에 사회 전체의 공익을 추구하는 자유주의적 공동체를 지향해야 함
- 조화를 위한 노력 : 제도적 개선에 힘쓰는 동시에 자기 삶의 주체이자 공동체에 대한 책임감이 있는 성숙한 시민으로서의 자세를 지녀야 함

**개념 더하기 자료 채우기**

**1 자유주의의 인간관**

개별적 삶을 살아가는 개별적 개인 외에 그 어떤 사회적·정치적 실체도 없다. 자기 자신의 목적을 추구할 자유는 재산과 자원 축적의 권리와 결합해 있다. 모든 이에 공통된 단일한 유토피아는 없으며, 각자가 자기만의 유토피아를 추구할 수 있는 하나의 틀로서 최소 국가만이 도덕적으로 정당하다. 국가가 개인의 삶에 적게 간섭할수록 좋은 것이며, 어떤 이상이나 특정한 유토피아를 말하는 국가는 정당한 한계를 벗어난다.

– 노직, 『아나키, 국가, 유토피아』 –

자유주의자인 노직은 개인의 자유와 권리를 최우선으로 여기며, 국가를 비롯한 공동체가 개인의 생활에 간섭하여 개인의 자유를 제한하는 것은 바람직하지 않다고 본다.

**2 공화주의의 인간관**

자유주의자들은 자유와 정치 참여는 서로 부수적인 관계에 불과하며 일치할 필요도 없고 연결되지 않는다고 본다. 그러나 국가는 개인의 삶의 문제에 결코 중립적일 수 없다. 우리의 본성은 정치적 존재라는 데 있으며, 자유의 실현은 오직 공동선을 숙고하고, 국가 공공 생활에 참여하는 우리 역량을 발휘하는 데서만 가능하다.

– 샌델, 『공동체주의와 공공성』 –

공동체주의적 공화주의자인 샌델은 우리 자신을 무연고적 자아로 만드는 자유주의를 비판하였다. 그는 연고적 자아로서 공동체 안에서의 자유 실현을 강조하였다.

**질문 있어요**

**자유주의에 대한 공동체주의의 비판은 어떤 것이 있나요?**

공동체주의는 자유주의가 가정하는 원자적 개인, 고립된 자아, 이기적 개인들 간의 계약으로서의 사회를 비판해요. 이는 공동체주의가 개인을 소속된 자아, 연고적 자아로 파악하며, 공동선과 유대, 덕성과 헌신으로 맺어진 공동체를 강조하기 때문이지요. 따라서 공동체주의는 자유주의가 공동체를 수단적 지위에 머물게 하고, 공동체의 전통을 거부하며, 공동체를 유지시키는 덕목을 훼손한다고 주장해요.

**용어사전**

* **공동선**(한가지 共, 한가지 同, 착할 善) 개인을 포함한 공동체를 위한 선(善), 즉 공동체 전체에 이익이 되는 공익성으로 공공선(公共善)이라고도 함
* **개인선** 각 개인을 위해 좋거나 훌륭한 것을 말함. 사람마다 추구하는 바가 다르기 때문에 다양한 방식으로 나타남

## 2 개인선과 공동선의 조화를 위한 시민적 덕성 3

### ① 관용에 대한 두 관점

| 구분 | 자유주의 | 공화주의 |
|---|---|---|
| 의미 | 자신과 다른 견해나 행동을 승인하며, 자신의 견해나 행동을 다른 사람에게 강요하지 않는 태도 | 비지배적 자유의 보장을 위해 시민이라면 모두 갖추어야 할 덕성 |
| 특징 | • 불완전한 인간이 의사 결정 과정에서 오류를 저지를 수도 있다는 것을 전제함<br>• 무조건적인 관용을 의미하지는 않음 → 관용의 역설 경계 | 비지배의 조건을 보장하기 위해 타인의 자율성 및 구성원 간의 평등을 존중하는 더 적극적인 시민 의식임 |

**자료로 보는 볼테르의 관용론**

종교는 인간이 이 세상을 사는 동안, 그리고 죽은 후에도 행복해지기 위해 만들어졌다. 내세에 행복한 삶을 맞이하려면 어떻게 해야 할까? 올바르게 살아야 한다. 그렇다면 현재의 삶을, 인간의 비뚤어진 본성이 허락하는 범위 안에서 행복하게 누리려면 어떻게 해야 하는가? 관용을 알고 베풀 줄 알아야 한다. 형이상학적 분야에서 모든 사람이 똑같은 방식으로 생각하게 되기를 바라는 것은 아주 터무니없는 욕심일 것이다. 한 마을에 사는 모든 사람의 정신을 예속시키고 통제하려 하기보다는 차라리 무력으로 세계를 굴복시키는 편이 훨씬 쉬우리라.

– 볼테르, 『관용론』 –

자료 분석 프랑스 계몽주의 사상가인 볼테르는 당대의 다양한 종교가 가져야 할 관용을 강조한다. 그는 관용이 가장 겸손한 형태의 인간에 대한 사랑이라고 보면서, 관용을 실천하기 위해서는 우리 내부의 이기적 욕망을 이겨 내야 한다고 본다.

### ② 애국심에 대한 두 관점

| 구분 | 내용 |
|---|---|
| 자유주의 | 국가의 정치 체제를 규정하는 헌법의 기본 이념에 대한 국민적 동의와 충성 → 헌법 애국주의 질문 4<br>(중립적이고 보편적인 정치 원리, 즉 자유, 민주주의, 인권 등에 헌신하고자 하는 마음으로 표현된다.) |
| 공화주의 | 시민의 덕성이자 기본적 책무로서, 정치 공동체와 동료 시민에 대한 대승적*·자발적 사랑(카리타스, caritas) 5<br>(권력자나 외부 세력으로부터 정치 공동체의 자유를 수호함으로써 시민의 자유를 확보하는 것으로 나타난다.) |

**자료로 보는 애국심의 위험성**

감정으로서의 애국심은 바람직하지 못하며 유해하고, 원리로서의 애국심은 어리석다. 각 국민과 각 국가가 스스로를 최상의 국민과 국가로 여긴다면 모두가 해악을 낳는 거대한 망상 속에 살아갈 것이 분명하기 때문이다. …… 당신의 민족이 예속을 당하게 된 것은 오로지 애국심의 충돌 때문에 생긴 일이기 때문이다.

– 톨스토이, 『국가는 폭력이다 : 평화와 비폭력에 관한 성찰』 –

자료 분석 톨스토이는 단일 국가에 대한 비합리적 애국심이 위험하다고 지적하면서 세계 시민주의*를 주장하였다.

### ③ 관용과 애국심의 가치

- 개인의 자율성과 사회의 공공성을 함께 보장할 수 있음
- 관용을 통해 다른 사람의 자유와 권리도 소중하게 여길 수 있으며, 애국심을 통해 공동체의 일에 참여하고 헌신할 수 있음

**개념 더하기 자료 채우기**

**3 자유주의와 공화주의의 시민성**

| 구분 | 내용 |
|---|---|
| 자유주의의 시민성 | 개인의 자유와 권리를 주장하고, 이를 제한하려는 부당한 억압에 맞설 수 있는 능력과 의지를 중시함 |
| 공화주의의 시민성 | 공동선에 개인이 기여하고 헌신하려는 참여의 태도와 비지배로서의 자유를 주장하되 법치에 복종하는 덕 있는 모습을 지향함 |

**질문 있어요**

자유주의의 애국심과 헌법은 어떤 관련이 있나요?

자유주의는 애국심을 부정하지는 않지만 올바른 애국심을 구별하고 판단하기 위한 보편적인 기준이 필요하다고 봅니다. 그에 대한 기준이 바로 헌법 정신이고요. 자유주의는 헌법 정신에 따르는 애국심만을 진정한 애국심으로 여기기 때문에 자유·평등·정의·복지 등의 헌법 정신에 합치되는 것을 긍정적인 애국심의 표출이라고 봅니다.

**4 하버마스의 헌법 애국주의**

하버마스는 문화 간의 평화로운 공존을 보장하면서도 다양한 문화를 하나로 묶는 통합의 필요성을 제기하고, 그 방법으로 헌법 애국주의를 제시한다. 이것은 종족적 민족주의를 대체하는 새로운 윤리적 통합의 이데올로기이다. 헌법 애국주의는 특정한 민주적 절차와 법 원칙, 그리고 그러한 기반 위에 형성된 정치적 문화에 대한 공동체 구성원의 충성심에 바탕을 둔다.

**5 애국심에 대한 관점 비교**

| 구분 | 내용 |
|---|---|
| 자유주의 | 헌법의 기본 이념에 대한 국민적 동의와 충성 |
| 공화주의 | 정치 공동체와 동료 시민에 대한 대승적·자발적 사랑 |
| 민족주의 | 자신이 태어난 나라와 소속된 민족에 대한 무조건적인 사랑 |

**용어사전**

* **대승적**(클 大, 탈 乘, 과녁 的) 사사로운 이익이나 작은 일에 얽매이지 않고 전체적인 관념에서 판단하고 행동하는 것
* **세계 시민주의** 특정 국가와 민족을 넘어서 인류는 하나라고 보는 입장

# 기초를 다지는 확인 문제

바른답·알찬풀이 64쪽

올리드 포인트

## A 시민적 자유와 권리의 근거

| | |
|---|---|
| 자유주의 | • 자연권 사상을 배경으로 함<br>• 자유를 최상의 정치적·사회적 가치로 삼음 → 자유의 역설을 경계함<br>• 개인주의를 바탕으로 함 → 개인의 자유를 위협하는 체제와 제도에 반대함<br>• 국가는 구성원들의 자유로운 삶을 보장하기 위해 존재함 → 국가의 중립성 유지를 강조함<br>• 법의 간섭을 최소화해야 함 |
| 공화주의 | • 자유주의가 지닌 문제점을 보완하기 위해 등장함<br>• 시민적 자유와 권리는 천부적인 것이 아니라 공동체의 법과 제도적 노력에 의해 실현됨<br>• 자유는 권력자의 자의적 지배가 없는 상태임<br>• 법은 자의적 권력의 지배로부터 시민을 보호해 주는 방패임<br>• 법에 의한 지배가 바람직한 지배 형태임 |

## B 공동체와 공동선 및 시민적 덕성

### 1 자유주의와 공화주의(공동체주의)

| 구분 | 자유주의 | 공화주의 |
|---|---|---|
| 주요 가치 | 개인의 권리, 자율성 | 사회적 책임, 연대성 |
| 인간관 | 자율적·독립적 자아 | 관계적 자아 |
| 정체성 형성 | 개인의 자율적 선택 | 공동체의 전통, 역사, 사회적 책무 고려 |
| 이론적 전통 | 로크, 칸트, 밀 | 아리스토텔레스, 헤겔 |
| 사상가 | 노직, 롤스 | 매킨타이어, 샌델 |
| 개인선과 공동선 | 개인선 중시 | 공동선 중시 |
| | 개인선과 공동선의 양립 가능성 인정 | |

### 2 개인선과 공동선의 조화를 위한 시민적 덕성

① 관용

| | |
|---|---|
| 자유주의 | • 자신과 다른 견해나 행동을 승인하며, 자신의 견해나 행동을 다른 사람에게 강요하지 않는 태도<br>• 인간의 오류 가능성을 전제로 함 → 관용의 역설 경계 |
| 공화주의 | • 비지배적 자유의 보장을 위해 시민이라면 모두 갖추어야 할 덕성<br>• 타인의 자율성 및 구성원 간의 평등을 존중하는 더 적극적인 시민 의식 |

② 애국심

| | |
|---|---|
| 자유주의 | 국가의 정치 체제를 규정하는 헌법의 기본 이념에 대한 국민적 동의와 충성 → 헌법 애국주의 |
| 공화주의 | 시민의 덕성이자 기본적 책무로서, 정치 공동체와 동료 시민에 대한 대승적·자발적 사랑 |

**01** 다음 설명이 맞으면 ○표, 틀리면 ×표를 하시오.

(1) 자유주의에서는 개인의 자유로운 선택과 의지를 가장 우선시한다. ( )

(2) 관용은 자신과 다른 견해에 대한 불관용의 태도까지도 허용한다. ( )

(3) 자유주의자들은 각 시민의 사적인 삶과 개인선을 보장하고자 한다. ( )

(4) 자유주의에서는 권력의 타락을 방지하는 것이 법치의 목적이라고 본다. ( )

(5) 공화주의의 애국심은 시민의 자유를 지켜 주는 정치 공동체와 동료 시민에 대한 대승적 사랑을 의미한다. ( )

**02** 빈칸에 들어갈 알맞은 말을 쓰시오.

(1) 자유주의에서 ( )은/는 타인이나 집단, 국가의 간섭을 배제하고 개인의 가치관과 취향을 존중하는 것을 의미한다.

(2) 자유주의는 인간이 태어나면서부터 가지는 자연적이고 본래적인 권리인 ( )을/를 바탕으로 한다.

(3) 공화주의에서의 ( )(이)란 권력자의 자의적 지배가 없는 상태를 의미한다.

**03** 다음 사회사상과 애국심에 대한 주장을 바르게 연결하시오.

(1) 자유주의 •     • ㉠ 애국심은 자신이 태어난 나라와 소속에 대한 무조건적인 사랑이다.

(2) 공화주의 •     • ㉡ 애국심은 정치 공동체와 동료 시민에 대한 대승적·자발적 사랑이다.

(3) 민족주의 •     • ㉢ 애국심은 헌법의 기본 이념에 대한 국민적 동의와 충성이다.

# 실력을 키우는 실전 문제

바른답·알찬풀이 64쪽

**01** 다음 가상 연설문에 나타난 사상가의 입장에 관한 설명으로 적절하지 않은 것은?

> 여러분, 우리 주변에서 억압받고 있는 상황을 둘러보십시오. 우리는 우리의 주인입니다. 우리는 자신의 몸과 마음에 대해 어느 누구의 지배도 받을 필요가 없습니다. 오직 서로가 다른 구성원에게 해를 끼칠 때만 외부 권력의 개입이 정당할 수 있습니다. 따라서 남의 자유를 침해하지만 않는다면 각자의 자유는 절대적으로 보장되어야 하는 것입니다.

① 사회와 개인을 상호 의존적으로 본다.
② 개인의 자유 실현을 최고의 가치로 본다.
③ 개인을 자기 삶의 자율적 선택권자로 본다.
④ 사회를 개인의 목적 실현을 위한 도구로 본다.
⑤ 개인을 자기 이익에 대한 최상의 판단자로 본다.

**02** 다음 입장에서 지지할 견해로 적절하지 않은 것은?

> 시민적 덕성은 시민들이 공동의 이익에 관심을 가지고 그것에 복무하는 마음가짐과 자세를 의미한다. 따라서 시민적 덕성은 자신만의 사익을 추구하려는 경향과 대비된다. …… 시민적 덕성은 개개인의 윤리 문제가 아니라 사회에 널리 퍼져 있는 공정하고 자유로운 분위기 속에서만 나타날 수 있는 공동체의 문제이다.

① 갑 : 개인의 자유가 최상의 정치적·사회적 가치이다.
② 을 : 국가는 시민의 자유를 지키기 위한 수단이다.
③ 병 : 시민의 자유를 보장하는 것이 바람직한 국가의 출발점이다.
④ 정 : 시민의 자유란 자의적 지배로부터 벗어날 수 있는 자유이다.
⑤ 무 : 시민의 권리는 시민이 만들어 내고 향유하는 정치적·사회적 권리이다.

★★ 중요

**03** 갑, 을의 입장에 관한 설명으로 옳지 않은 것은?

> 갑 : 개인적 삶을 살아가는 개별적 개인 외에 그 어떤 사회적·정치적 실체도 없다. 자기 자신의 목적을 추구할 자유는 재산과 자원 축적의 권리와 결합해 있다.
> 을 : 국가는 개인 삶의 무게에 결코 중립적일 수 없다. 우리의 본성은 정치적 존재라는 데 있으며, 자유의 실현은 오직 공동선을 숙고하고, 국가 공공 생활에 참여하는 우리 역량을 발휘하는 데서만 가능하다.

① 갑은 국가보다 개인이 우선한다고 본다.
② 갑은 집단의 권위보다 개별 시민의 자유와 권리를 중시한다.
③ 을은 개인의 권리나 이익보다 시민의 정치적 의무를 우선시한다.
④ 을은 인간이 공동체 안에서만 도덕적 존재로 살아갈 수 있다고 본다.
⑤ 갑, 을은 시민의 권리가 자연적으로 주어지는 것이 아니라 정치적 결과물이라고 본다.

**04** 갑, 을의 입장에 관한 옳은 설명을 〈보기〉에서 고른 것은?

> 갑 : 법의 간섭은 시민의 자유와 권리를 보호하는 범위 내에서만 허용되어야 해.
> 을 : 아니야. 법은 권력자의 횡포를 막아 내는 방패의 역할을 해야 해.

① 갑은 법이 개인의 자유와 권리를 증진한다고 볼 것이다.
② 갑은 권력자의 자의적 지배가 없는 상태를 지향할 것이다.
③ 을은 법의 간섭은 최소한으로만 이루어져야 한다고 볼 것이다.
④ 을은 시민의 권리를 천부 인권이 아니라 정치적·사회적 권리로 볼 것이다.
⑤ 갑, 을은 국가가 중립을 지키며 개인의 사생활에 간섭하지 말아야 한다고 볼 것이다.

**05** 다음 내용이 주는 교훈으로 적절한 것을 〈보기〉에서 고른 것은?

> 어느 시골에 공동 목초지가 있었다. 농부들은 너도 나도 공유지에 소를 풀어놓았다. 풀이 자라는 속도보다 소들이 풀을 먹는 속도가 빠르고, 공유지에 오물이 가득하게 되자, 공유지는 결국 황무지가 되고 말았다.

보기

ㄱ. 연대 의식과 책임 의식을 가져야 한다.
ㄴ. 권리의 행사에는 반드시 책임이 따른다.
ㄷ. 개인선과 공동선의 조화를 이루어야 한다.
ㄹ. 공동체에 대한 무조건적 헌신이 필요하다.

① ㄱ, ㄴ ② ㄱ, ㄷ ③ ㄴ, ㄷ
④ ㄴ, ㄹ ⑤ ㄷ, ㄹ

중요

**06** 갑, 을은 서양 사상가이다. 갑의 입장에 비해 을이 갖는 상대적인 특성으로 가장 적절한 것은?

> 갑 : 개인은 다른 사람이나 사회가 아닌 자신의 가치나 선호에 따라 행동할 수 있어야 한다. 개인이 자기 자신의 목적에 대한 최종적 재판관이기 때문이다.
> 을 : 인간은 자신의 가족, 도시, 나라의 과거에서 다양한 빚, 유산, 적절한 기대와 의무를 물려받는다. 이는 인간 삶의 기본 전제이며 도덕의 출발점이다.

① 공동선보다는 개인의 권리를 보장해야 함을 강조한다.
② 개인이라는 자격만으로는 결코 선을 추구할 수 없음을 강조한다.
③ 가능한 한 자신의 견해가 자신의 행복을 지배해야 함을 강조한다.
④ 개인들로 하여금 특정한 가치관을 수용하도록 요구해서는 안 됨을 강조한다.
⑤ 모든 개인이 자신의 가치관을 추구할 수 있도록 동등한 기회를 보장해야 함을 강조한다.

**07** 다음 사상가가 긍정의 대답을 할 질문으로 가장 적절한 것은?

> 1945년 이후에 태어난 독일 청년이, 나치가 유태인들에게 행한 것이 현재의 유태인들과 자신의 관계에 있어서 도덕적으로 아무런 문제가 되지 않는다고 말한다면, 이 독일 청년은 자아가 그의 사회적 역할과 지위로부터 분리될 수 있다고 보는 것이다. 그러나 그렇게 분리된 자아는 아무런 역사도 가질 수 없는 자아이다. 나의 삶의 역사는 항상 내가 그것으로부터 자신의 정체성을 도출해 내는 공동체의 역사 속에 편입되어 있다.

① 국가는 개인들의 결합체에 불과한가?
② 공동선이란 개별적인 이익의 총합인가?
③ 인간은 개체적 존재이면서 관계적 존재인가?
④ 국가는 개인의 이익을 보장하는 필요악인가?
⑤ 모든 삶의 영역에서 국가의 개입을 최소화해야 하는가?

**08** 다음 인간관을 제시하는 사상이 지니는 문제점을 〈보기〉에서 고른 것은?

> 개인은 공동선과 공동체의 목표를 실현하는 과정에서 자신의 정체성을 형성하는 존재이다. 홀로 존재하는 개인의 정체성은 무의미하며 공동체 안에서 형성된 개인의 정체성만이 진정한 가치를 지닌다.

보기

ㄱ. 사회 구성원들끼리 충돌하는 무질서를 초래할 수 있다.
ㄴ. 개인의 사고와 행동을 구속하여 몰개성화가 나타날 수 있다.
ㄷ. 사회의 근간을 무너뜨리는 이기주의로 변질된 가능성이 있다.
ㄹ. 개인의 자유와 권리를 제한하여 일방적인 헌신과 희생을 강요할 수 있다.

① ㄱ, ㄴ ② ㄱ, ㄷ ③ ㄴ, ㄷ
④ ㄴ, ㄹ ⑤ ㄷ, ㄹ

바른답·알찬풀이 64쪽

**09** (가)의 퍼즐 속 세로 낱말 (A)에 관한 갑, 을의 공통 입장으로 적절한 것은?

| | |
|---|---|
| (가) | 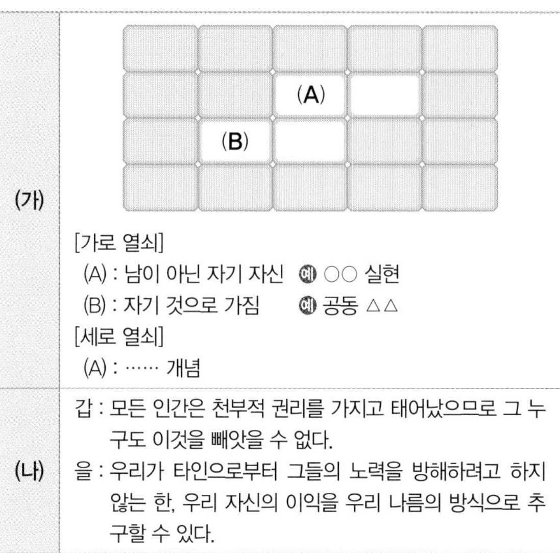 [가로 열쇠]<br>(A) : 남이 아닌 자기 자신 예 ○○ 실현<br>(B) : 자기 것으로 가짐 예 공동 △△<br>[세로 열쇠]<br>(A) : …… 개념 |
| (나) | 갑 : 모든 인간은 천부적 권리를 가지고 태어났으므로 그 누구도 이것을 빼앗을 수 없다.<br>을 : 우리가 타인으로부터 그들의 노력을 방해하려고 하지 않는 한, 우리 자신의 이익을 우리 나름의 방식으로 추구할 수 있다. |

① 철저히 통제되어야 한다.
② 무제한적으로 누릴 수 있어야 한다.
③ 무조건적인 권리로서 보장되어야 한다.
④ 타인과는 무관하게 존재하는 권리이다.
⑤ 책임을 전제로 한 자율로 인식해야 한다.

**10** 그림의 강연자의 주장을 뒷받침할 논거로 가장 적절한 것은?

자기와 다른 견해나 사상, 행동을 인정하고 허용하며, 자신의 견해나 사상, 행동을 외적인 힘, 특히 물리적인 힘을 이용하여 강제하지 않아야 합니다.


① 올바른 의사 결정의 과정을 거칠 가능성이 낮다.
② 인간은 불완전한 존재로서 오류를 저지를 수 있다.
③ 오늘날 우리는 세계화, 다원화, 다양화 시대에 살고 있다.
④ 개인은 자유 의지에 따라 스스로 선택할 수 있는 존재이다.
⑤ 개인과 집단 및 국가 간의 이해 관계를 넘어서 공동선을 추구해야 한다.

**11** 다음 입장을 가진 사상가가 강조하는 국가의 역할로 가장 적절한 것은?

> 정의로운 사회는 시민들이 사회 전체를 걱정하고 공동선에 헌신하는 태도를 가질 방법을 찾아야 한다. 그러자면 공적인 삶에서 시민이 드러내는 자세와 기질인 '마음의 습관'에 무관심할 수 없다. 사회는 좋은 삶에 관한 지극히 사적인 견해를 배격하고, 시민의 미덕을 키울 길을 찾아야 한다.

① 국가는 가치 중립성을 유지해야 한다.
② 국가는 특정한 삶의 방식을 강제해서는 안 된다.
③ 국가는 도덕적 문제에 적극적으로 개입해야 한다.
④ 국가는 개인의 정의롭고 평등한 기본권을 보장해야 한다.
⑤ 국가는 개인의 자유로운 선택권과 자율권을 최대한 허용해야 한다.

★★ 중요

**12** 그림은 서술형 평가 문제와 학생 답안이다. 학생 답안의 ㉠~㉤ 중 옳지 않은 것은?

⊙ 문제 : 다음을 주장한 서양 사상가의 입장을 서술하시오.

> 웬만한 정도의 상식과 경험이 있는 사람이라면 누구나 자기 방식대로 살아가는 것을 가장 바람직하다고 여길 것이다. 그것은 그 삶의 방식이 최선의 것이어서가 아니라 자기 방식대로 살아가는 것, 그 자체가 바람직한 것이기 때문이다.

⊙ 학생 답안 : 위 사상가는 ㉠ 개인은 각자가 자신에 대한 주권자이므로 ㉡ 각자가 개성을 발휘하며 살아갈 수 있어야 한다고 주장하였다. 또한 ㉢ 개인은 자신에게만 영향을 미치는 행위에 대해서는 절대적인 자유를 누려야 하지만, ㉣ 다른 사람에게 해악을 끼치는 행위에 대해서는 사회가 간섭할 수 있다고 하였다. 그리고 ㉤ 개인의 자유는 공동체의 전통이나 관습에 따를 때만 보장될 수 있다고 하였다.

① ㉠ ② ㉡ ③ ㉢ ④ ㉣ ⑤ ㉤

중요

**13** (나)의 ㉠에 대한 갑, 을 사상가의 입장으로 가장 적절한 것은?

| | |
|---|---|
| (가) | 갑 : 개인의 자유를 위협하고 개인이 지닌 잠재 가능성의 실현을 방해하는 어떠한 체제에도 반대한다.<br>을 : 공동체의 전통과 가치, 공동선, 책임 등이 중요하므로 이를 적극적으로 실천해야 한다. |
| (나) | ㉠ 국가 중립성이란 사회 구성원이 서로 다른 다양한 종교적·철학적 신념 체계를 지니고 살아가는 현대 다원주의 사회에서 국가가 어떤 특정한 가치관을 편파적으로 지원하거나 장려해서는 안 되며, 또 여러 다양한 신념 체계에 대해 중립적이어야 한다는 주장이다. |

① 갑 : 국가의 중립성은 개개인의 행복을 침해할 수 있다.
② 갑 : 국가가 중립적일 때만 국민 각자의 자율성이 존중될 수 있다.
③ 을 : 국가의 중립성은 시민의 사회 참여 활동을 장려한다.
④ 을 : 국가가 중립적일 경우 국가는 시민의 품성 교육에 관심을 쏟는다.
⑤ 갑, 을 : 공동체의 유대가 약화되는 것은 국가 중립성이 지켜지지 않기 때문이다.

**14** 다음 사상가의 입장으로 옳은 것은?

개인의 자격만으로는 선을 탐구할 수도 없고 덕을 실천할 수도 없다. 좋은 삶을 산다는 것은 시대나 상황에 따라 변하기 때문이다. 기원전 5세기 아테네의 장군과 중세의 수녀에게 좋은 삶이 의미하는 것은 동일하지 않다. 우리는 모두 우리가 처한 상황 속에서 특수한 사회적 정체성을 부여받은 사람임을 파악하는 것이 중요하다.

① 사회는 독립된 개인들의 총합이다.
② 개인은 공동체로부터 독립된 존재이다.
③ 자아 정체성은 개인의 의지와 선택에 의해서 결정된다.
④ 공동체가 추구하는 덕목을 개인에게 장려해서는 안 된다.
⑤ 덕을 사회적 맥락과 전통과의 관련성 속에서 이해해야 한다.

**15** ㉠에 들어갈 내용으로 가장 적절한 것은?

관용은 처음부터 자유의 영역과 내용을 확대하는 일에 관련되어 있는 빨치산(partizan : 유격대)과 같은 성격을 지닌 개념이다. …… 관용이 본래의 유격대적인 성격을 회복하는 것이 중요하다. 다시 말해 관용이 자유의 확대에 기여하려면 자유를 억압하는 일체의 것에 대해 불관용하도록 만들어야 한다. 여기서 ___㉠___는 역설이 성립된다.

① 관용과 불관용은 대립한다
② 불관용을 위해 관용해야 한다
③ 관용을 위해 불관용해야 한다
④ 관용과 불관용은 조화될 수 있다
⑤ 관용에는 불관용이 내포되어 있다

**16** ㉠, ㉡에 관한 옳은 설명을 〈보기〉에서 고른 것은?

( ㉠ )은/는 관용을 자신과 다른 견해나 행동을 승인하며, 자신의 견해나 행동을 다른 사람에게 강요하지 않는 태도로 인식한다. 이때 관용은 다른 사람의 견해나 사상, 행동에 동의하지 않음에도 이를 참거나 허용한다는 더욱 적극적인 태도를 포함한다. 한편 ( ㉡ )에서 관용은 비지배의 조건을 보장하기 위해 타인의 자율성 및 구성원 간의 평등을 존중하는 보다 적극적인 시민 의식이다.

보기

ㄱ. ㉠은 관용을 다른 사람의 인권과 자유를 침해하는 일까지 허용하는 것으로 본다.
ㄴ. ㉡의 관용은 서로의 차이를 단순히 묵인하거나 허용하는 것으로서의 개념이다.
ㄷ. ㉡은 관용을 비지배적 자유를 보장하기 위해 시민이 갖추어야 할 덕성으로 본다.
ㄹ. ㉠, ㉡은 개인선과 공동선의 조화를 위해 관용과 애국심 등의 덕성 함양을 강조한다.

① ㄱ, ㄴ ② ㄱ, ㄷ ③ ㄴ, ㄷ
④ ㄴ, ㄹ ⑤ ㄷ, ㄹ

★★ 중요

**17** 갑, 을의 입장에 관한 옳은 설명을 〈보기〉에서 고른 것은?

나는 애국심이 헌법의 기본 이념에 대한 국민적인 동의라고 생각해.
나는 애국심이 시민의 자유를 지켜 주는 정치 공동체와 동료 시민에 대한 자발적인 사랑이라고 생각해.
갑
을

보기

ㄱ. 갑은 자유주의적 관점에서 애국심에 대해 설명하고 있다.
ㄴ. 갑은 자신이 태어난 나라와 소속된 민족에 대한 무조건적 사랑을 애국심이라고 주장하고 있다.
ㄷ. 을은 애국심을 시민 사이의 유대감을 바탕으로 하는 대승적인 사랑으로 설명하고 있다.
ㄹ. 갑, 을 모두 혈연, 지연, 전통에 기초한 선천적 애착으로부터 애국심을 도출하고 있다.

① ㄱ, ㄴ ② ㄱ, ㄷ ③ ㄴ, ㄷ
④ ㄴ, ㄹ ⑤ ㄷ, ㄹ

**18** 다음 입장에서 긍정의 대답을 할 질문을 〈보기〉에서 고른 것은?

기억은 시민적 덕성을 키우는 강력한 수단이다. …… 우리가 모두 함께 고통받았던 역사의 한 페이지를 회고함으로써, 이러한 이야기를 듣는 모든 이에게 자신들도 그러한 업적을 만들어야 한다는 도덕적 의무감을 가슴 깊이 일깨울 수 있다.

보기

ㄱ. 애국심이란 헌법의 기본 이념에 대한 국민적 동의인가?
ㄴ. 정치 공동체의 일에 참여함으로써 자신의 정체성을 형성할 수 있는가?
ㄷ. 시민적 자유와 권리는 공동체의 법과 제도적 노력으로 실현될 수 있는가?
ㄹ. 개인에게 의무를 부과하기 위해서 반드시 시민의 자발적인 동의를 얻어야 하는가?

① ㄱ, ㄴ ② ㄱ, ㄹ ③ ㄴ, ㄷ
④ ㄴ, ㄹ ⑤ ㄷ, ㄹ

## 서술형 문제

**19** 다음 관점에서 강조하는 조국의 의미를 서술하시오.

조국은 땅이 아니다. 땅은 그 토대에 불과하다. 조국은 이 토대 위에 건립된 이념이다. 그것은 사랑에 관한 사상이며, 이 땅의 자식들을 하나로 엮어 내는 공동체 의식이다. 당신의 형제 중 …… 어느 한 사람이라도 교육받은 자들 사이에서 교육받지 못한 채 고통당하는 한, 어느 한 사람이라도 일할 수 있거나 일하고자 함에도 일자리가 없어 가난하게 지내는 한, 당신에게 당신이 가져야만 하는 그러한 조국은 없다. 모두의, 그리고 모두를 위한 조국을 당신은 가지고 있지 않은 것이다.

**20** ㉠에 들어갈 적절한 용어를 쓰시오.

개별적 삶을 살아가는 개별적 개인 외에 그 어떤 사회적·정치적 실체도 없다. 자기 자신의 목적을 추구할 자유는 재산과 자원 축적의 권리와 결합해 있다. 모든 이에 공통된 단일한 유토피아는 없으며, 각자가 자신만의 유토피아를 추구할 수 있는 하나의 틀로서 ( ㉠ )만이 도덕적으로 정당하다. 국가가 개인의 삶에 적게 간섭할수록 좋은 것이며, 어떤 이상이나 특정한 유토피아를 말하는 국가는 정당한 한계를 벗어난다.

**21** ㉠에 공통으로 들어갈 적절한 말을 쓰시오.

- 노예에게 간섭하지 않는 착한 주인이 있을 수 있다. 그러나 노예는 주인의 지배하에 있으므로, 언제든지 간섭받을 가능성이 있다. ( ㉠ )은/는 이러한 사적인 지배의 가능성 자체를 벗어나는 것이다.
- 공화적 자유, 즉 ( ㉠ )은/는 자의적 통치나 폭정으로부터 시민들을 보호한다는 의미와, 시민들이 공적이고 정치적인 삶에 적극적으로 참여한다는 의미를 조합한 것이다.

# 등급을 올리는 고난도 문제

**01** 갑, 을 입장에 관한 옳은 설명을 〈보기〉에서 고른 것은?

비지배로서의 자유는 자의적 통치나 폭정으로부터 시민을 보호한다는 의미와 시민이 공적이고 정치적인 삶에 적극적으로 참여한다는 의미를 포함해.
내가 생각하는 자유는 외부의 부당한 압력이나 강제로부터 벗어난 상태야. 국가와 타인에게 구속당하지 않고 행동할 수 있는 사적 영역을 보장함으로써 실현될 수 있어.
갑
을


보기

ㄱ. 갑은 타인에게 사적으로 종속되지 않은 상태를 지향한다.
ㄴ. 갑은 자유를 사상, 양심, 신체, 표현의 자유 등으로 제한한다.
ㄷ. 을은 외부로부터의 간섭이 없는 상태인 방임으로서의 자유를 주장한다.
ㄹ. 갑, 을은 자유를 인간이 태어나면서부터 가지는 자연적이고 본래적인 권리로 인식한다.

① ㄱ, ㄴ ② ㄱ, ㄷ ③ ㄴ, ㄷ ④ ㄴ, ㄹ ⑤ ㄷ, ㄹ

문제 접근 방법

'비지배로서의 자유', '강제로부터 벗어난 상태', '사적 영역을 보장' 등의 핵심어를 통해 갑, 을의 관점을 파악한다. 각 관점을 선택지에 적용하여 문제를 해결한다.

적용 개념

# 비지배로서의 자유
# 사적 영역의 보장

**02** 사회사상 (가), (나)에 관한 설명으로 옳은 것은?

| | |
|---|---|
| (가) | 자아가 목적보다 우선하고 권리가 선에 우선한다. 자아가 목적보다 우선한다는 것은 내가 목적들에 의해 정의되지 않고 목적들을 바라보고 평가하며, 심지어는 바꾸는 능력을 갖고 있음을 의미한다. 이것이 바로 자유롭고 독립적인 자아, 선택 능력을 가진 자아이다. |
| (나) | 우리가 자신을 독립적인 존재로, 목적과는 완전히 분리된 자아를 가진 존재로 생각해서는 안 된다. 우리의 역할들 가운데에는 정체성이 중요한 몫을 차지하는데, 그것이 우리들 자신이 몸담고 있는 공동체에 의해 정의된다면 우리는 또한 그러한 공동체를 특징짓는 목표와 목적에 밀접하게 결합되어야 한다. |

① (가)는 공동체가 개인의 생활에 간섭하여 자유를 제한하면 안 된다고 본다.
② (가)는 개인의 정체성이 공동체의 전통과 가치를 바탕으로 형성된다고 본다.
③ (나)는 공동체를 개인들이 모인 단순한 집합체라고 본다.
④ (나)는 인간을 사회적 존재가 아니라 자율적 존재로 본다.
⑤ (가), (나)는 인간을 관계적 자아가 아닌 원자적 자아라고 본다.

문제 접근 방법

'자아가 목적보다 우선', '선택 능력을 가진 자아', '정체성' 등의 핵심어를 통해 (가), (나)가 어떤 사상인지를 파악한다. 각 사상의 입장을 선택지에 적용하여 문제를 해결한다.

적용 개념

# 독립된 자아
# 공동체

**03** 사회사상가 갑, 을의 입장에 관한 설명으로 옳은 것은?

> 갑 : 우리가 공통으로 인정하는 도덕적·정치적 책무들은 우리가 선택하지 않은 도덕적 연대와 의무를 포함한다. 개인을 무연고적 자아로 이해한다면 이 책무들을 설명하기 어렵다.
> 을 : 개성의 자유로운 발달은 인간 행복의 중요한 요소이며 문명, 지식, 교육의 필수 조건이다. 자신의 신체와 정신에 대해서는 개인 각자가 주권자인 것이다.

① 갑은 정치 공동체를 개인 삶의 목적 달성을 위한 수단으로 본다.
② 갑은 국민의 자유로운 삶을 위해 국가 중립성이 지켜져야 한다고 본다.
③ 을은 시민의 좋은 삶은 공동선과 분리되어서는 안 된다고 본다.
④ 을은 사회에 선행(先行)하는 존재로서의 자율적 자아를 옹호한다.
⑤ 갑, 을은 모두 개인적 선과 공동선이 공존할 수 없다고 본다.

**문제 접근 방법**
'무연고적 자아', '개인 각자가 주권자' 등의 핵심어를 통해 갑, 을이 어떤 사상가인지 파악한 후, 각 사상가의 입장을 선택지와 비교하여 문제를 해결한다.

**적용 개념**
# 연대와 의무
# 무연고적 자아

**04** 갑, 을은 서양 사상가들이다. 갑의 입장에 비해 을의 입장이 갖는 상대적 특징을 그림의 ㉠~㉤ 중에서 고른 것은?

> 갑 : 천성적으로 자유를 사랑하고 타인을 지배하기를 좋아하는 인간이 국가의 구속을 스스로 인정하는 이유는 비참한 전쟁 상태로부터 벗어나고 싶기 때문이다. 전쟁은 인간 본래의 정념으로부터 필연적으로 발생하는 것이다. 그러므로 가시적인 어떤 힘이 있어서 인간이 그 힘을 두려워하고, 처벌에 대한 공포 때문에 각자가 체결한 계약들을 이행하고, 여러 자연법을 준수하지 않는 한, 전쟁은 피할 수 없는 것이다.
> 을 : 국가는 같은 곳에 거주하는 사람들의 단순한 공동체가 아니며, 상호 간에 부당 행위를 방지하고 교역을 촉진하기 위해 존재하는 것이 아니다. 상호 간의 부당 행위 방지와 교역의 촉진은 국가가 존재하기 위한 필수 조건들이다. 그러나 그런 조건들이 충족된다고 해서 국가가 존재하는 것은 아니다. 국가는 완전하고 자족적인 삶을 위한 공동체이며, 완전하고 자족적인 삶이란 행복한 삶이다.

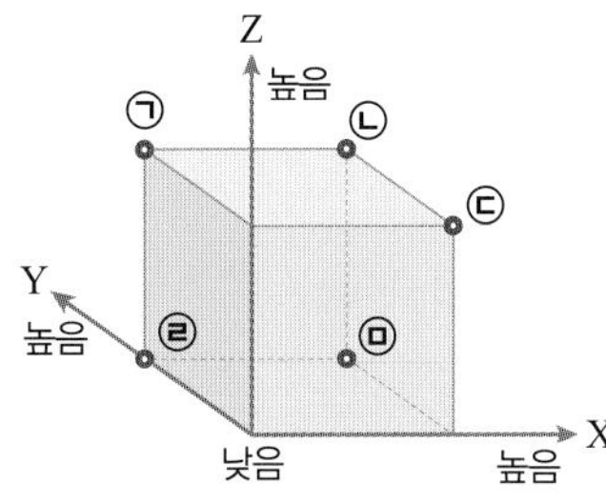


X : 국가가 개인의 행복에 영향을 끼친다고 보는 정도
Y : 개인과 공동체의 도덕적 유대를 강조하는 정도
Z : 국가 형성에 인위적인 힘이 개입한다고 보는 정도

① ㉠ ② ㉡ ③ ㉢ ④ ㉣ ⑤ ㉤

**문제 접근 방법**
'전쟁 상태', '계약', '국가는 완전하고 자족적인 삶을 위한 공동체'와 같은 핵심어를 통해 갑, 을 사상가가 누구인지 파악한 후, 각 사상가의 입장을 그림의 X, Y, Z 축에 적용하여 문제를 해결한다.

**적용 개념**
# 전쟁 상태
# 완전하고 자족적인 삶

올리드 특강

# 개인과 공동체를 바라보는 두 관점

## 개인은 스스로의 주권자이다

### 출제 경향

이 단원에서는 개인과 사회 중 무엇을 더 중시하느냐에 따라 구분되는 자유주의와 공동체주의를 비교하고, 각각의 관점이 지니는 입장을 탐구하는 문제가 자주 출제됩니다. 밀과 매킨타이어의 입장을 기본으로 노직과 롤스의 주장도 비교하여 정리해 두어야 합니다.

### 자료 보기

인간 사회에서 누구든(개인이든 집단이든) 다른 사람의 행동의 자유를 침해할 수 있는 경우는 오직 한 가지, 자기 보호를 위해 필요할 때뿐이다. 다른 사람에게 해를 끼치는 것을 막기 위한 목적이라면 당사자의 의지에 반해 권력이 사용되는 것도 정당하다고 할 수 있다. 이 유일한 경우를 제외하고는 문명사회에서 구성원의 자유를 침해하는 그 어떤 권력의 행사도 정당화될 수 없다. 물리적 또는 도덕적 이익을 위한다는 명목* 아래 간섭하는 것도 일절 허용되지 않는다.

우리의 육체나 정신, 영혼의 건강을 보호하는 최고의 적임자는 누구인가? 그것은 바로 각 개인 자신이다. 우리는 자신에게 도움이 된다고 생각하는 방향으로 자기 방식대로 인생을 살아가다 일이 잘못돼 고통을 당할 수도 있다. 그러나 설령 그런 결과를 맞게 되더라도 자신이 선택한 길을 가게 되면 다른 사람이 좋다고 생각하는 길로 억지로 끌려가는 것보다 궁극적으로는 더 많은 것을 얻게 된다.

갑

### 주장 비교

- 개인의 자유는 무엇보다도 소중한 가치이다.
- 개인은 자신이 원하는 삶의 목적과 방식을 스스로 결정할 수 있다.
- 개인이 사회에 우선하고, 사회는 개인들의 합(合)에 지나지 않는다.
- 개인은 공동체의 전통이나 가치로부터 독립적이고 자율적인 존재이다.
- 공동체를 포함한 누구도 개인의 자유롭게 살아갈 권리를 빼앗을 수 없다.
- 국가는 중립성을 지켜야 하며, 개인에게 특정한 가치나 삶의 방식을 강제해서는 안 된다.
- 타인의 자유를 침해하지 않는 한에서 개인의 자유와 권리를 최대한 보장하여 개인선을 실현하는 것이 정의롭다.

### 용어사전

- * **명목**(이름 名, 눈 目) 표면에 내세우는 형식상의 구실이나 근거
- * **담지자**(책임질 擔, 지킬 持, 사람 者) 생명이나 이념 따위를 맡아 지키는 사람이나 사물
- * **부채**(질 負, 빚 債) 남에게 빚을 짐
- * **책무**(꾸짖을 責, 일 務) 당연히 맡아서 해야 할 책임이나 의무

### 문제 확인

**Q1 갑의 입장과 일치하는 내용으로 옳지 않은 것은?**

① 개인의 자유뿐만 아니라 타인의 자유도 존중해야 한다.
② 개인은 어떤 삶이 좋은 삶인지를 스스로 결정할 수 있다.
③ 공동체가 공유하는 좋은 삶의 모습을 추구하도록 장려해야 한다.
④ 공동체는 공동체에 속한 개인에게 특정한 가치를 강요해서는 안 된다.
⑤ 개인의 자유와 권리를 최대한 보장하여 개인선을 실현하는 것이 정의이다.

## 공동체는 개인의 삶을 결정한다

나는 오직 개인의 자격만으로는 선을 탐구할 수도 없고 덕을 실천할 수도 없다. 좋은 삶을 산다는 것이 상황에 따라 변하기 때문이다. 기원전 5세기 아테네 장군에게 좋은 삶이 의미하는 것은 중세 수녀 혹은 17세기 농부에게 좋은 삶이 의미하는 것과 동일하지 않다. 나는 다양한 개인이 다양한 사회적 상황 속에 산다는 것만을 말하고 있는 것이 아니다. 우리 모두가 우리를 하나의 특수한 사회적 정체성의 담지자로서 파악하는 것이 중요하다.

나는 누군가의 아들 또는 딸이고, 누군가의 사촌 혹은 삼촌이다. 나는 나의 가족, 나의 도시, 나의 부족, 나의 민족으로부터 다양한 부채와 유산, 정당한 기대와 책무를 물려받는다. 그것들은 나의 삶의 도덕적 출발점을 구성하며 나의 삶에 그 나름의 도덕적 특수성을 부분적으로 제공한다. 이러한 사상은 현대 개인주의의 관점에서 보면 낯설 뿐만 아니라 경악스러운 것으로 보이기까지 한다.

을

- 인간의 삶은 공동체에 뿌리를 두고 있다.
- 개인과 공동체는 유기적인 관계를 맺고 있다.
- 인간은 공동체가 추구하는 가치와 목적의 영향 아래 존재한다.
- 개인의 권리와 사익보다 공동체에 대한 의무와 공익이 더 중요하다.
- 인간은 공동체로부터 바람직한 역할을 요구받으며 살아가는 연고적 자아이다.
- 개인은 공동체의 문화와 역사 등의 영향을 받으며 자신의 삶을 구성하는 존재이다.
- 공동체는 공동체 속의 개인이 사회적 유대감과 책임감, 배려와 사랑 등의 공동체적 가치를 함양하도록 이끌어야 한다.

**Q2** 을의 관점에서 갑의 주장을 비판하는 내용으로 가장 적절한 것은?

① 국가의 중립성이 국가의 발전에 중요함을 모르고 있다.
② 사회는 개인들의 합(合)으로 구성된다는 것을 모르고 있다.
③ 정의는 개인의 자유와 권리를 보장하는 것임을 모르고 있다.
④ 개인은 공동체에 선행(先行)하여 존재한다는 사실을 모르고 있다.
⑤ 개인은 공동체 속에서 행복을 실현하며 살아가는 존재임을 모르고 있다.

### 올리드 가이드

개인과 공동체를 대비시켜 개인이 우선하는지 공동체가 선행하는지에 대한 관점이 대립하고 있습니다.

갑은 밀, 을은 매킨타이어입니다. 밀은 자유주의적 관점을 주장하는 반면, 매킨타이어는 공동체주의적 입장을 지지하고 있지요.

두 입장은 다음 주제에 관해 상반된 주장을 하고 있습니다.
- 개인과 공동체는 어떤 관계를 맺고 있는가?
- 개인을 우선해야 하는가, 공동체를 우선해야 하는가?

다음과 같이 물을 수도 있어요.
- 갑의 입장에 비해 을의 입장이 갖는 상대적 특징을 3차원 그래프에서 가장 잘 표시한 것은?
- 갑, 을의 입장에 관한 설명으로 옳은 것은?

Q1 ③ Q2 ⑤

Ⅳ. 사회사상

# 04 민주주의

학습길잡이 • 민주주의의 사상적 기원과 근대 자유 민주주의에 관해 정리해 둔다.
• 현대 민주주의의 규범적 특징과 바람직한 민주 시민의 자세를 파악해 둔다.

## A 근대 민주주의의 지향과 자유 민주주의

### 1 민주주의의 사상적 기원과 원칙

**① 민주주의의 의미** 1

- 그리스어로 국민을 뜻하는 '데모스(demos)'와 통치를 뜻하는 '크라토스(kratos)'가 합쳐진 말 → 국민이 지배하는 통치 형태 (소수에 의한 지배가 아니라 다수에 의한 지배를 의미한다.)
- 정치 공동체의 주권이 국민에게 있고 국민을 위하여 정치를 행하는 제도 또는 그러한 정치를 지향하는 사상
- 지배자와 피지배자가 동일한 정치적 지배 원리를 바탕으로 하는 사상

**자료로 보는 페리클레스의 장례식 연설**

> 우리의 정치 체제는 민주주의라고 불립니다. 왜냐하면 권력이 소수의 손에 있는 것이 아니라 전체 국민의 손에 있기 때문입니다. 사적인 분쟁을 수습해야 하는 문제가 있을 때 모든 사람은 법 앞에 평등합니다. 국가에 기여할 수 있는 능력을 가지고 있는 한 어느 누구도 빈곤하다는 이유로 정치적으로 무시되지 않습니다. …… 아테네에서 각 개인은 자신의 일뿐만 아니라 국가의 일에도 관심을 가집니다. 자신의 일에만 대체로 전념하는 사람들도 정치 일반에 대하여 아주 잘 알고 있습니다. 우리 아테네인은 정책에 대한 결정을 스스로 내리거나 적절한 토의에 회부합니다.
>
> – 투키디데스, 『펠로폰네소스 전쟁사』 –

**자료 분석** 아테네의 정치가인 페리클레스의 연설문에는 고대 그리스 민주주의의 이상이 압축적으로 제시되어 있다. 페리클레스는 민주주의의 특징을 모든 아테네 시민이 아테네 정치 공동체의 운영에 참여할 수 있다는 점에서 찾고 있으며, 민주적 의사 결정에 이르는 방법으로 시민들 사이의 대화와 토론을 강조하였다.

Q 국민의 자기 지배를 지향하는 제도 또는 사상을 무엇이라고 하는가? A 민주주의

**② 민주주의의 사상적 기원** : 고대 그리스 아테네의 민주 정치 → 자격을 갖춘 시민이라면 누구나 정치에 참여할 수 있는 직접 민주주의 사회임 2 질문

**③ 민주주의의 기본 원칙**

- 모든 시민의 동등한 참여 권한과 기회의 원칙 : 민주주의는 구성원 사이의 정치적 평등을 전제로 함 → 구성원 모두에게 공공의 일에 참여할 수 있는 기회를 부여함
  예 나이, 성별, 사회적·경제적 지위, 인종, 종교에 따른 제한을 받지 않고 선거에 출마하고 투표할 수 있는 권한과 기회가 주어짐
- 권력 구성과 집행에 대한 시민의 통제 원칙 : 민주주의 사회에서 시민은 정치 지도자를 선출하며, 선출된 지도자를 감시하고 결과에 대해 책임을 물을 수 있음 3
  예 투표를 통해 대통령과 국회 의원 등 대표자를 선출함, 정부와 국회 운영에 대한 책임을 물을 수 있음

**개념 더하기 자료 채우기**

**1 민주주의의 이상**

> • "민주주의에 관한 나의 개념은 가장 강한 자와 가장 약한 자가 똑같이 기회를 가질 수 있는 것이다." – 마하트마 간디 –
> • "국민의, 국민에 의한, 국민을 위한 정부는 이 세상에서 영원히 사라지지 않으리라는 것을 다짐해야 합니다." – 링컨 –

민주주의는 모든 국민이 동등한 자유와 평등한 권리를 가지는 존재라고 보고, '국민의, 국민에 의한, 국민을 위한' 정치를 추구한다.

**2 아테네에서 민주주의가 발전할 수 있었던 까닭**

- 20세 이상의 시민으로 구성된 민회*가 국가의 중요한 사항을 직접 토론하고 결정함 → 직접 민주 정치 시행
- 원칙적으로 시민이 정치적 권리를 누리는 데 사회적 지위나 재산의 차이가 장애가 되지 않음
- 가능한 한 많은 시민이 공공 생활에 참여하여 정치 문제를 토의하고 숙고함

**질문 있어요**

아테네의 민주 정치와 근대 이후의 민주주의는 어떤 차이가 있을까요?

아테네의 민주 정치는 근대 이후의 민주주의와는 달리 참여 자격을 제한했어요. 당시에는 재산을 가진 남성만을 시민으로 규정하였기 때문에 노예나 외국인은 물론이고 여자도 정치에 참여할 수 없었어요.

**3 민주주의에 대한 비판**

대중은 정치에 필요한 자질과 전문적인 지식이 없으므로 정치적으로 합당한 판단을 내리기 어렵고 지도자의 선동에 휩쓸리기 쉽다는 점을 근거로 민주주의를 비판하기도 한다.

**용어사전**

* **민회** 고대 그리스·로마의 도시 국가에 있었던 정기적인 시민 총회. 직접 민주제의 한 형태로, 그리스에서는 국가의 의사를 결정하는 최고의 기관이었으나 로마에서는 원로원의 제약을 많이 받음

## 2 근대 자유 민주주의의 지향

### ① 근대 자유 민주주의와 사회 계약론 질문

- 사회 계약론은 절대 왕정 시대를 개혁하고 자유와 평등의 가치를 보장함
- 인간의 존엄성을 실현하고자 하는 근대 자유 민주주의를 확립하는 데 사상적 토대가 됨

### ② 로크의 사회 계약론

- 자연 상태에서는 개인의 권리가 확실히 보장될 수 없음 → 계약을 맺어 자신의 권리를 보장해 줄 정치 공동체의 구성원이 됨
- 정치 공동체는 권력의 남용을 막기 위해 견제와 균형의 원리에 입각하여 운영되어야 함 → 법치주의, 권력 분립(입법권과 집행권의 분립) 주장 4
  - 법을 제정하는 권력과 법을 집행하는 권력을 분리해야 한다는 의미이다.
- 국가가 제 역할을 하지 못하고 국민의 의사에 반하는 방향으로 권력을 행사할 경우 위임하였던 권리를 회수할 수 있음 → 저항권 주장

**자료로 보는 로크의 저항권**

통치자들이 정치를 잘못하면 국민은 그 권력을 몰수할 수 있습니다. 그리고 국민은 몰수한 권력을 계속 가지고 있을지, 새로운 형태의 정부를 수립할지, 예전의 형태를 유지하며 권력을 새로운 사람에게 맡길지를 결정할 수 있습니다.

**자료 분석** 로크는 통치자의 권력이 국민에게서 계약을 통해 위임받은 것임을 명확히 하였다. 그래서 통치자의 권력은 국민의 생명과 자유, 재산을 보호하고, 공동체의 선을 지키는 일로 제한되었다. 만일 통치자가 그 권력으로 국민을 해치게 되면 국민은 계약을 해지할 수 있다.

Q 국민 주권론을 바탕으로 법치주의, 권력 분립, 저항권을 주장한 사회 계약론자는 누구인가?

A 로크

### ③ 루소의 사회 계약론

- 사유 재산이 발생함에 따라 인간은 불평등한 상황에 놓이게 되며 자유가 속박됨
- 개인은 주권자의 일원으로서 입법자가 되는 계약을 통해서만 시민적 자유를 회복할 수 있음
- 정치 공동체는 오로지 공공의 이익만을 지향하는 보편적 의지인 일반 의지에 근거하여 운영되어야 함 5

### ④ 밀의 자유론

- 좋은 정부는 개인의 자유를 최대한 보장하는 정부임
  - 사회나 국가가 개인을 통제할 수 있는 경우를 엄격히 규정하려 하였다.
- 지성과 덕성이 뛰어난 사람이 더 큰 영향력을 행사하는 대의제를 이상적인 정치 체제로 여김
  - 사회 전체의 이익을 먼저 고려하는 현명한 소수를 의미한다.
- 대의제를 실현하기 위해 선거에서 현명하고 재능 있는 사람에게 투표권을 더 주는 복수 투표제가 필요하다고 봄

---

**개념 더하기 자료 채우기**

**질문 있어요**

**사회 계약론자들은 어떤 주장을 하나요?**

사회 계약론은 자연법* 사상에 영향을 받아 자연 상태의 모든 인간이 자연권을 평등하게 가진다고 보고, 이 자연권을 보호하기 위해 계약을 맺어 사회를 구성한다고 봅니다. 이때 자연권은 인간이 태어날 때부터 가지는 고유한 권리이자 하늘로부터 부여받은 불가침의 권리라는 의미에서 '천부 인권'이라고 하지요. 대표적인 사회 계약론자로 홉스와 로크, 루소가 있습니다.

**4 로크의 법치주의**

> 정부가 가진 모든 권력은 오직 사회의 선을 위한 것이므로 자의적이고 제멋대로 행사되어서는 안 되며, 확립되고 선포된 법률에 따라 행사되어야 한다. 왜냐하면 한편으로는 국민이 그들의 의무를 알 수 있고 법률의 한도 내에서 안심할 수 있기 때문이며, 다른 한편으로는 통치자가 적절한 한계 내에서 처신하면서 권력의 유혹에 빠져 권력을 함부로 행사하는 일이 없도록 방지할 수 있기 때문이다. – 로크, 『통치론』 –

로크는 법에 따라 통치하고 그에 따라 살아가는 법치주의를 주장하였다. 또한 권력의 기원을 시민에게 두는 국민 주권*, 특정 세력에게 권력이 집중되는 것을 막기 위한 권력 분립을 주장하면서 근대 자유 민주주의의 발전에 기여하였다.

**5 루소의 일반 의지**

> "공동의 힘을 다해 각자의 몸과 재산을 지켜 보호해 주고, 저마다가 모든 사람과 결합하면서도 자기 자신에게만 복종해 전과 다름없이 자유롭도록 해 주는 그러한 형식을 찾아낼 것." 사회 계약이 그 해답을 주는 근본 문제란 이런 것이다. …… 우리는 각자 자기 몸과 모든 힘을 공동의 것으로서 일반 의지의 지도 아래 둔다. …… 이는 인간이 자유로워지도록 (일반 의지에 의해) 강요당할 것 말고는 다른 것을 뜻하지 않는다. – 루소, 『사회 계약론』 –

루소에 따르면 국가는 공공의 이익을 추구하는 국민의 의지를 대행하는 것이며, 주권은 엄연히 국민에게 있다.

**용어사전**

* **자연법** 실정법의 토대가 되는 법으로 민족, 사회, 시대를 초월해 보편타당성을 지님
* **국민 주권** 국가의 주인으로서의 권리가 구성원들에게 있으므로, 그들의 의사에 따라서 국가를 운영한다는 뜻

# 민주주의

## B 도덕적 자율성과 책임성 및 시민의 소통과 유대

### 1 현대 민주주의의 규범적 특징

#### ① 대의 민주주의

| 구분 | 내용 |
|---|---|
| 특징 | • 선거로 선출된 대표자가 시민의 의사를 반영하며 정치 활동을 하는 민주주의<br>• 근대 이후 민주주의의 기본적 형태임<br>• 국민의 지배가 대표를 통해 간접적으로 이루어짐<br>• 엘리트 민주주의의 성격을 지님 1 질문 |
| 한계 2 | • 대표자가 다수의 의사를 온전히 대표하기 어려움 → 대표의 실패<br>• 시민들의 정치적 무관심, 낮은 정치 참여 의식 → 보완책으로 참여 민주주의, 심의* 민주주의 등이 제시됨 |

**자료로 보는 엘리트 민주주의**

민주주의란 국민의 표를 얻는 데 성공한 결과로서, 모든 문제에 대한 결정권을 특정 개인들에게 부여하는 방식을 통해 정치적(입법적·행정적) 결정에 도달하려는 제도적 장치이다. …… '국민'과 '지배'라는 용어의 분명한 의미가 무엇이건 간에, 민주주의는 국민이 실제로 지배하는 것을 의미하지 않으며 또한 의미할 수도 없다. 민주주의는 다만 국민이, 그들을 지배할 예정인 사람들을 승인하거나 부인할 기회를 가지고 있음을 의미할 따름이다. – 슘페터, 『자본주의, 사회주의, 민주주의』 –

**자료 분석** 슘페터는 엘리트 민주주의를 지지하면서 정치적 지배는 정치 엘리트인 지도자에게 맡겨야 하며, 시민의 역할은 지도자를 선출하는 투표자의 역할에 한정해야 한다고 주장한다.

#### ② 참여 민주주의

| 구분 | 내용 |
|---|---|
| 특징 | • 다수의 시민이 의사 결정 과정에 자발적으로 참여하는 형태의 민주주의<br>• 시민은 자문 위원회나 공청회* 등을 통해 정부의 정책 결정과 집행 과정에 직접적인 영향력을 행사함<br>• 시민 다수가 참여할 기회를 부여하여 자율성과 책임의 범위를 시민 전체에게 확대함 |
| 한계 | • 참여한 시민이 이기적인 태도를 보일 경우 시민 전체의 의지가 왜곡될 수 있음<br>• 각자가 처한 사회적·경제적 여건에 따라 참여의 정도에 차이가 발생함 → 모든 시민이 동등하게 참여하기 어려움 |

#### ③ 심의 민주주의 3

심의에 참여하는 모든 사람들은 심의 과정에서 동등한 기회와 지위를 누려야 하고, 토론과 숙고를 통해 자신의 선호를 수정할 수 있어야 한다.

| 구분 | 내용 |
|---|---|
| 특징 | • 시민이 직접 공적 심의 과정에 참여해 정책을 결정하는 형태의 민주주의<br>• 공론의 장에서 시민이 사회적 쟁점을 깊이 있게 토론하고 심의하는 과정을 중시함<br>• 다양한 이해관계와 정치적 견해를 지닌 시민, 대표자, 전문가 등이 모여 민주적인 심의를 진행함 |
| 한계 | • 심의 과정에서 모든 시민이 동등한 기회를 부여받지 못할 수 있음<br>• 합리적 의사소통이 결여된 시민이 심의 과정에 참여할 수 있음 → 심의 결과에 대한 정당성과 적절성의 문제가 생길 수 있음 |

#### ④ 현대 민주주의의 지향점

• 현대의 다양한 민주주의 형태들은 도덕적 자율성과 책임성 및 소통과 유대 등을 핵심적 가치 규범으로 제시함

• 구성원 모두가 민주 시민으로서의 자질을 갖추고 주어진 역할을 성실하게 수행할 때 민주주의의 핵심적 가치 규범을 실현할 수 있음

**개념 더하기 자료 채우기**

**1 엘리트 민주주의**

시민의 역할은 지도자를 선출하는 투표자의 역할에 한정하고, 정치 지배는 대중의 승인을 얻어 선출된 엘리트들에게 맡기는 민주주의의 형태이다. 이 관점에 따르면 일반 시민은 정치적 사안을 파악하기 위한 정보가 부족하거나 관심이 없어 조작당하기 쉬우므로 투표를 통해 선출된 지배 엘리트에게 통치를 맡겨야 한다.

**질문 있어요**

**대의 민주주의와 엘리트 민주주의는 무엇이 다른가요?**

대의 민주주의는 엘리트 민주주의의 성격이 있어요. 하지만 엘리트 민주주의의 경우 국민에 의한 지배보다는 정치가의 지배라는 성격이 강해요.

**2 루소와 대의 민주주의의 한계**

주권은 양도될 수 없다는 것과 같은 이유에서 대변될 수 없다. …… 대의원은 국민의 대표자도 아니며, 그렇게 될 수도 없다. …… 영국 국민은 자유롭다고 생각한다. 그러나 그들은 크게 착각하고 있다. 그들이 자유로운 것은 오직 의회의 대의원을 선출할 때뿐이며, 일단 선출이 끝나면 그들은 노예가 되고 존재하지 않게 된다. – 루소, 『사회 계약론』 –

루소는 대의 민주주의의 한계를 지적하고 있다. 루소에 따르면 주권은 일반 의지에 의해 성립하며 이 의지는 다른 사람에 의해 대표될 수 없다. 따라서 대의원은 국민의 심부름꾼에 불과하며 어떤 것도 결정지을 수 없는 존재이다.

**3 심의 민주주의의 성공 조건**

1. 평등의 조건 : 심의 능력을 갖춘 심의 참가자는 심의 과정에서 동등한 지위를 보장받아야 한다.
2. 자유의 조건 : 이성적 사유에 근거하여 자신의 의사를 자유롭게 표현할 수 있어야 한다.
3. 이성의 조건 : 동료 시민들이 받아들일 수 있는 이유를 제시함으로써 서로 간의 이해에 도달할 수 있어야 한다.

– 임현백, 『세계화 시대의 민주주의』 –

**용어사전**

* **심의**(살필 審, 의논할 議) 무엇인가를 빈틈 없이 꼼꼼하게 심사하고 의논하는 것
* **공청회**(공평할 公, 들을 聽, 모일 會) 국회나 행정 기관에서 일의 관련자에게 의견을 들어 보는 공개적인 모임

## 2 민주주의의 실현과 시민 불복종

### ① 바람직한 민주 시민의 자세

- 도덕적 자율성과 책임성을 바탕으로 정치에 적극적으로 참여해야 함
- 공동의 가치와 공동선에 관한 관심을 공유해야 함
- 갈등하는 양자의 관점을 두루 살피며 숙의*할 수 있는 능력을 지녀야 함
- 인간이 사회적 존재라는 것을 자각하고 동료 시민과의 유대감을 바탕으로 소통해야 함
  └인간은 사회 안에서 다른 사람들과 더불어 살아가는 존재라는 의미이다.
- 구성원의 기본권을 침해하는 정치 공동체의 법이나 정책을 시정하기 위해 노력해야 함 예 시민 불복종 등

**자료로 보는 현대 사회와 민주 시민의 자세**

> 개인주의*의 어두운 면은 자기 자신에게 초점이 맞추어져 있다는 것이다. …… 개인주의는 정치 생활에 영향을 끼쳐 자유의 상실을 가져온다. 자기 자신의 마음속에만 갇혀 있는 개인들로 구성된 사회에서는 자치 정부에 적극적으로 참여하려는 사람들이 거의 없다. …… 이들은 차라리 집안에 머무르면서 개인 생활을 만족스럽게 즐기기를 선호한다. 이러한 상황적 조건은 새로운 현대판 독재가 출현할 가능성을 낳는다.
>
> – 테일러, 『불안한 현대 사회』 –

**자료 분석** 최근 심화한 개인주의 풍토로 시민들은 타인과 함께 공동의 목표를 설정하고 수행해 나가는 민주적 능력을 점차 잃어 가고 있다. 이러한 현상이 지속한다면 시민들은 자신의 정치적 자유와 평등을 상실할 수도 있다.

**Q** 민주 시민으로서 필요한 자세는 무엇인가? **A** 적극적인 정치 참여, 시민 간 소통과 유대 등

### ② 시민 불복종

- 의미 : 정의롭지 못한 법이나 정책을 변화시킬 목적으로 시민들이 의도적으로 법을 위반하는 행위
- 특징 : 공익을 지향하고 비폭력을 내세우며 양심의 자유에 따르는 정치적 행위라는 점에서 다른 범법 행위와 구분됨 4

| 구분 | 내용 |
|---|---|
| 롤스의 시민 불복종 5 | • 법이나 정부의 정책에 변혁을 가져올 목적으로 행해지는, 공공적이고 비폭력적이며 양심적 행위이긴 하지만 법에 반하는 정치적 행위임<br>• 공공의 정의관(사회적 다수에 의해 공유된 정의관)에 어긋나는 것에 대한 저항임<br>• 정상적인 민주적 절차가 실패할 때 시도할 수 있는 최후의 방법임 6 (└합법적인 시도가 성공을 거두지 못한 때를 의미한다.)<br>• 자유롭고 평등한 인간들 사이에서 정의의 원칙이 존중되지 않음을 선언하는 것임 |
| 하버마스의 시민 불복종 | • 비폭력적이어야 하며, 규범을 위반한 것에 대한 처벌을 감수하는 전제하에 행해져야 함 → 롤스의 입장 수용<br>• 시민들이 합리적인 의사소통을 통해 합의한 원칙에 어긋나는 법이나 정책에 대한 저항임 질문<br>• 의사소통의 과정을 마련하여 오류의 소지가 있는 법이나 정책을 교정할 기회를 제공함<br>• 정당하지 않은 규정을 수정하거나 개혁할 수 있는 마지막 가능성임 → 성숙한 정치 문화를 구성하는 필수적 요소임 |

- 의의 : 시민 스스로 주권을 행사하는 적극적인 정치 참여 행위이자, 시민이 자율적으로 양심의 자유나 정치적 자유를 실현하는 행위임

**개념 더하기 자료 채우기**

**4 소로의 시민 불복종 준거 : 양심**

> 우리는 먼저 인간이어야 하고, 그다음에 국민이어야 한다고 나는 생각한다. 법에 대한 존경심보다는 먼저 정의에 대한 존경심을 기르는 것이 바람직하다. 내가 떠맡을 수 있는 나의 유일한 책무는 어떤 때이고 간에 내가 옳다고 생각하는 것을 행하는 일이다.
>
> – 소로, 『시민의 불복종』 –

소로는 양심을 시민 불복종의 판단 기준으로 삼아, 양심에 어긋나는 법과 정책에는 복종하지 않을 수 있다고 주장하였다.

**5 시민 불복종의 범위**

> 시민 불복종은 법의 바깥 경계선에 있는 것이기는 하지만 법에 대한 충실성의 한계 내에서의 불복종을 나타낸다. 법에 대한 충실성은 그 행위의 공공적이고 비폭력적인 성격과 그 행위의 법적인 결과를 받아들이겠다는 의지에 의해 표현된다.
>
> – 롤스, 『정의론』 –

롤스는 체제의 효율성을 침해하게 될 무질서를 초래하지 않도록 불복종 행위가 적절한 범위 안에서 이루어질 때 시민 불복종이 정당화될 수 있다고 주장하였다.

**6 롤스의 시민 불복종 정당화 조건**

롤스는 시민 불복종이 정당화되기 위해서는 다음 조건을 충족시켜야 한다고 주장한다. 첫째, 법에 상당한 부정의가 존재해야 하고, 그러한 부정의의 시정이 고의로 거부되어야 한다. 둘째, 정의에 반하는 실질적이고 명확한 침해가 있어야 하고, 셋째, 다른 사람이 같은 정도의 부정의한 상태에 있을 때, 유사한 방식으로 저항할 수 있는 권리가 있다고 인정해야 한다.

**질문 있어요**

합리적 의사소통을 실현하기 위한 올바른 대화의 기준은 무엇인가요?

올바른 대화의 기준으로는 서로 무슨 뜻인지 이해할 수 있고, 그 내용이 참이어야 하며, 상대방이 성실히 지킬 것을 믿을 수 있고, 말하는 사람들의 관계가 평등하고 수평적이어야 함을 들 수 있어요.

**용어사전**

* **숙의**(익을 熟, 의논할 議) 깊이 생각하여 충분히 의논함
* **개인주의** 사회나 국가와 같은 집단보다 개인이 존재에 있어서도 먼저이고, 가치에 있어서도 상위라고 생각하는 사상

# 기초를 다지는 확인 문제

바른답·알찬풀이 68쪽

올리드 포인트

## A 근대 민주주의의 지향과 자유 민주주의

### 1 민주주의의 사상적 기원과 원칙

| | |
|---|---|
| 의미 | 국민이 지배하는 통치 형태를 가리킴 |
| 기원 | 고대 그리스 아테네의 정치에서 기원을 찾음 |
| 기본 원칙 | • 모든 시민의 동등한 참여 권한과 기회의 원칙<br>• 권력 구성과 집행에 대한 시민의 통제 원칙 |

### 2 근대 자유 민주주의의 지향

① **자유 민주주의** : 자유의 보장을 최고의 가치로 삼는 자유주의의 이상과 민주주의의 통치 방식이 결합한 사상

② **사회 계약론** : 근대 자유 민주주의 확립의 사상적 토대가 됨

| | |
|---|---|
| 로크 | • 자연 상태에서 개인은 계약을 맺어 자신의 권리(생명, 자유, 재산)를 보장해 줄 정치 공동체의 구성원이 됨<br>• 국민 주권, 법치주의, 권력 분립, 저항권 주장 |
| 루소 | • 개인은 주권자의 일원으로서 입법자가 되는 계약을 통해서만 시민적 자유를 회복할 수 있음<br>• 정치 공동체는 오로지 공공의 이익만을 지향하는 보편적인 의지인 일반 의지에 근거하여 운영되어야 함 |

## B 도덕적 자율성과 책임성 및 시민의 소통과 유대

### 1 현대 민주주의의 규범적 특징

| | |
|---|---|
| 대의 민주주의 | • 의미 : 선거로 선출된 대표자가 시민의 의사를 반영하며 정치 활동을 하는 민주주의<br>• 한계 : 대표의 실패, 정치에 대한 무관심 등 |
| 참여 민주주의 | • 의미 : 다수의 시민이 의사 결정 과정에 자발적으로 참여하는 형태의 민주주의<br>• 한계 : 모든 시민이 동등하게 참여하기 어려움 |
| 심의 민주주의 | • 의미 : 시민이 직접 공적 심의 과정에 참여해 정책을 결정하는 형태의 민주주의<br>• 한계 : 심의 과정에 합리적 의사소통이 결여된 시민이 참여할 수 있음 |

### 2 민주주의의 실현과 시민 불복종

① **바람직한 민주 시민의 자세** : 적극적인 정치 참여, 공공의 가치와 공동선에 대한 관심 공유, 숙의 능력 함양 등

② **시민 불복종** : 정의롭지 못한 법이나 정책을 변화시킬 목적으로 시민들이 의도적으로 법을 위반하는 행위

| | |
|---|---|
| 롤스 | 시민 불복종은 공공의 정의관(사회적 다수에 의해 공유된 정의관)에 어긋나는 것에 대한 저항임 |
| 하버마스 | 시민 불복종은 시민들이 합리적인 의사소통을 통해 합의한 원칙에 어긋나는 법이나 정책에 대한 저항임 |
| 소로 | 시민 불복종은 양심에 어긋나는 법과 정책에 복종하지 않는 행위임 |

**01** 빈칸에 들어갈 알맞은 말을 쓰시오.

(1) (        )은/는 국민이 주권자로서 권력을 가지고 스스로 권력을 행사하는 정치 제도 또는 그러한 정치를 지향하는 사상을 의미한다.

(2) 민주주의의 기원은 고대 그리스 (        )에서 찾을 수 있다.

(3) (        )에 따르면 국가 권력의 정당성은 주권을 가진 인민의 동의에서 발생하며, 국가는 계약의 산물이다.

(4) 로크는 특정 세력에게 권력이 집중되는 것을 막기 위한 (        )을/를 주장하면서 근대 민주주의의 발전에 기여하였다.

**02** 다음 현대 민주주의 이론과 그에 관한 설명을 바르게 연결하시오.

(1) 대의 민주주의 •　　• ㉠ 투표를 통해 시민의 의사를 실현할 대표자를 선출하는 방식

(2) 참여 민주주의 •　　• ㉡ 시민, 대표자, 전문가 등이 모여 공적 심의 과정에 참여해 정책을 결정하는 방식

(3) 심의 민주주의 •　　• ㉢ 공공 정책이나 사회 문제에 관한 의사 결정 과정에 시민이 직접 참여하는 방식

**03** 다음 설명이 맞으면 ○표, 틀리면 ×표를 하시오.

(1) 민주주의의 이상을 실현하려면 시민들이 책임감을 지니고 정치에 적극적으로 참여해야 한다. (    )

(2) 시민 불복종은 비공개적으로 공동체의 관심을 유발하여 법과 정책의 변화를 이끌어 내는 행위이다. (    )

(3) 롤스는 시민 불복종을 정상적인 민주적 절차가 실패할 때 시도할 수 있는 최후의 방법으로 보았다. (    )

(4) 하버마스는 시민 불복종을 합리적인 의사소통을 통해 합의한 원칙에 어긋나는 법이나 정책에 대한 저항으로 정의하였다. (    )

(5) 소로는 시민 불복종을 공공의 정의관에 어긋나는 것에 대한 저항으로 정의하였다. (    )

# 실력을 키우는 실전 문제

중요

**01** (나)의 ㉠에 들어갈 적절한 진술만을 〈보기〉에서 있는 대로 고른 것은?

| | |
|---|---|
| (가) | • 국민의, 국민에 의한, 국민을 위한 정부는 이 세상에서 영원히 사라지지 않으리라는 것을 다짐해야 한다.<br>• 모든 인간은 태어나면서부터 자유로우며 평등한 권리를 가진다. |
| (나) |  |

(가) 사회사상에 대해 설명해 주세요.
(가) 사회사상은 ㉠



보기
ㄱ. 인간의 존엄성 존중을 바탕으로 합니다.
ㄴ. 국민을 지배자인 동시에 피지배자로 봅니다.
ㄷ. 국민들 사이의 정치적 평등을 전제하고 있습니다.
ㄹ. 국가의 권력이 특정 계급에 한정된다고 봅니다.

① ㄱ, ㄴ ② ㄱ, ㄹ ③ ㄷ, ㄹ
④ ㄱ, ㄴ, ㄷ ⑤ ㄴ, ㄷ, ㄹ

**02** 다음 고대 그리스 정치가의 입장을 〈보기〉에서 고른 것은?

> 우리 정치 체제에서 권력은 소수의 손에 있는 것이 아니라 전체 국민의 손에 있습니다. 사적인 분쟁을 수습해야 하는 문제가 있을 때 모든 사람은 법 앞에 평등합니다. …… 또한 우리 아테네인들은 정책에 대한 결정을 스스로 내리거나 토의에 회부합니다.

보기
ㄱ. 절대적인 통치자의 권력 세습을 강조한다.
ㄴ. 국민의 의사에 기초한 정치의 중요성을 강조한다.
ㄷ. 국민 주권을 바탕으로 국민의 자기 지배를 지향한다.
ㄹ. 국민을 정치 참여의 주체가 아닌 통치의 대상으로 본다.

① ㄱ, ㄴ ② ㄱ, ㄷ ③ ㄴ, ㄷ
④ ㄴ, ㄹ ⑤ ㄷ, ㄹ

중요

**03** 다음을 주장한 사상가의 입장으로 옳지 않은 것은?

> 정부가 가진 모든 권력은 오직 사회의 선을 위한 것이므로 자의적이고 제멋대로 행사되어서는 안 되며, 확립되고 선포된 법률에 따라 행사되어야 한다. 왜냐하면 한편으로는 국민이 그들의 의무를 알 수 있고 법률의 한도 내에서 안심할 수 있기 때문이며, 다른 한편으로는 통치자가 적절한 한계 내에서 처신하면서 권력의 유혹에 빠져 권력을 함부로 행사하는 일이 없도록 방지할 수 있기 때문이다.

① 통치자는 법을 바탕으로 통치 권력을 행사해야 한다.
② 통치 권력은 계약을 통해 국민에게서 위임된 것이다.
③ 시민 사회보다 자연 상태에서 안정된 자유를 누릴 수 있다.
④ 통치 권력은 국민의 재산을 보호하기 위해 행사되어야 한다.
⑤ 통치 권력으로 국민을 해치는 통치자는 국민에 의해 교체될 수 있다.

**04** 다음 사상가의 입장에서 부정의 대답을 할 질문으로 가장 적절한 것은?

> "공동의 힘을 다해 각자의 몸과 재산을 지켜 보호해 주고, 저마다가 모든 사람과 결합하면서도 자기 자신에게만 복종해 전과 다름없이 자유롭도록 해 주는 그러한 형식을 찾아낼 것." 사회 계약이 그 해답을 주는 근본 문제란 이런 것이다. …… 우리는 각자 자기 몸과 모든 힘을 공동의 것으로서 일반 의지의 지도 아래 둔다.

① 인간은 태어날 때부터 자연법에 따라 자연권을 가지는가?
② 인간은 사유 재산의 발생과 함께 불평등한 상황에 처하는가?
③ 국가는 개인의 천부적 권리 보호를 위해 구성되어야 하는가?
④ 통치자는 절대 권력을 사용하여 사회 질서를 유지해야 하는가?
⑤ 정치 공동체는 공공의 이익만을 지향하는 일반 의지에 따라 운영되는가?

**05** 다음 사상가의 입장에만 모두 'V'를 표시한 학생은?

- 인품이나 지적인 면에서 상대적으로 더 뛰어난 사람의 생각과 판단은 열등한 사람의 그것보다 더 가치 있다고 보아야 한다.
- 다른 사람에게 해를 끼치는 것을 막으려는 목적이라면 당사자의 의지에 반해 권력이 사용되는 것도 정당하다. 이 유일한 경우를 제외하고는 문명사회에서 구성원의 자유를 침해하는 그 어떤 권력의 행사도 정당화될 수 없다.

| 입장 \ 학생 | 갑 | 을 | 병 | 정 | 무 |
|---|---|---|---|---|---|
| 대의제는 이상적인 정치 체제이다. | V | | | V | V |
| 개인의 자유를 최대한 보장하는 정부가 좋은 정부이다. | | V | V | V | |
| 현명한 사람에게 투표권을 더 주는 복수 투표제에 반대한다. | V | V | | | V |
| 정당한 근거 없이 다른 사람에게 해를 끼치는 일은 사회적 통제를 받아야 한다. | | | V | V | V |

① 갑 ② 을 ③ 병 ④ 정 ⑤ 무

**06** 그림의 A에 들어갈 답변으로 옳지 않은 것은?

주권은 양도될 수 없는 것과 같은 이유에서 대변될 수 없다. …… 대의원은 국민의 대표자도 아니며, 그렇게 될 수도 없다. …… 영국 국민은 자유롭다고 생각한다. 그러나 그들은 크게 착각하고 있다. 그들이 자유로운 것은 오직 의회의 대의원을 선출할 때뿐이며, 일단 선출이 끝나면 그들은 노예가 되고 존재하지 않게 된다.

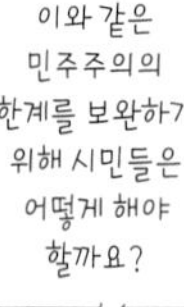

이와 같은 민주주의의 한계를 보완하기 위해 시민들은 어떻게 해야 할까요?

① 실질적인 정치 참여를 위해 노력해야 합니다.
② 정치에 대한 무관심과 냉소주의를 극복해야 합니다.
③ 민주적 소양을 높이기 위한 교육에 참여해야 합니다.
④ 사회적 쟁점에 대한 토론과 논의를 중시해야 합니다.
⑤ 대표자에게 권한을 위임하는 정도를 확대해야 합니다.

중요

**07** 그림은 서술형 평가 문제와 학생 답안이다. 학생 답안의 ㉠~㉤ 중 옳지 않은 것은?

⊙ 문제 : (가), (나)에서 강조하는 현대 민주주의 이론의 특징을 비교하여 서술하시오.

(가) 민주주의의 이상은 정치적 사안에 대한 시민의 깊이 있는 심의를 통해 실현된다. 아테네 민주주의의 본질도 광장에서 이루어진 자유롭고 민주적인 토의 그 자체에 있다.

(나) 민주주의의 이상은 수준 높고 훌륭한 정치 엘리트가 정책을 결정할 때 실현될 수 있다. 시민은 선거에서 훌륭한 지도자를 선택하는 역할만 해야 한다.

⊙ 학생 답안 : (가)는 ㉠ 정책에 대한 시민들의 의사소통이 중요하다고 보며, ㉡ 정책 결정의 정당성이 시민들의 합리적 공론에서 도출되어야 한다고 주장한다. (나)는 ㉢ 정책 결정의 효율성과 전문성이 중요하다고 보며, ㉣ 대표자를 견제하기 위해 시민의 참여를 강화해야 한다고 주장한다. 한편 (가), (나)는 ㉤ 민주주의의 이상을 실현하는 데 있어 시민의 자질이 중요한 요소라고 보는 점에서 공통적이다.

① ㉠ ② ㉡ ③ ㉢ ④ ㉣ ⑤ ㉤

**08** 현대 민주주의 이론인 ㉠에 관한 옳은 설명을 〈보기〉에서 고른 것은?

( ㉠ )을/를 규정하는 것은 심의 개념 자체이다. 시민이 정치적 문제를 심의할 때, 그들은 의견을 교환하고 자신이 지지하는 근거를 토론한다. 이들은 자신의 정치적 의견이 다른 시민과 토론하면서 수정될 수 있음을 가정한다.

보기

ㄱ. 이성적 숙고(熟考)의 과정을 중시한다.
ㄴ. 공적 담론을 통해 합리적 의사소통을 도모한다.
ㄷ. 갈등 당사자 간의 흥정을 통한 타협을 강조한다.
ㄹ. 대표자를 중심으로 한 토론의 활성화를 강조한다.

① ㄱ, ㄴ ② ㄱ, ㄷ ③ ㄴ, ㄷ
④ ㄴ, ㄹ ⑤ ㄷ, ㄹ

서술형 문제

★★ 중요

## 09 갑, 을의 입장에 관한 옳은 설명을 〈보기〉에서 고른 것은?

> 갑 : 시민 불복종은 법의 바깥 경계선에 있는 것이지만 법에 대한 충실성의 한계 내에서의 불복종을 나타낸다. 법에 대한 충실성은 그 행위의 공공적이고 비폭력적인 성격과 그 행위의 법적인 결과를 받아들이겠다는 의지에 의해 표현된다.
> 을 : 법에 대한 존경심보다는 먼저 정의에 대한 존경심을 기르는 것이 바람직하다. 내가 떠맡을 수 있는 나의 유일한 책무는 어떤 때이고 간에 내가 옳다고 생각하는 것을 행하는 일이다.

보기

ㄱ. 갑은 시민 불복종이 어떤 방법보다 먼저 시도되어야 한다고 본다.
ㄴ. 갑은 시민 불복종이 거의 정의로운 민주 체제에서만 가능하다고 본다.
ㄷ. 을은 시민 불복종의 근거가 개인의 양심이 아닌 공공의 정의관이라고 본다.
ㄹ. 갑, 을은 정의롭지 못한 법이나 정책을 변혁시키기 위하여 법을 위반할 수 있다고 본다.

① ㄱ, ㄴ ② ㄱ, ㄷ ③ ㄴ, ㄷ
④ ㄴ, ㄹ ⑤ ㄷ, ㄹ

## 10 다음을 주장한 사상가의 입장으로 옳지 않은 것은?

> 담론에 참여한 사람들은 자유롭고 평등하게 의견을 제시할 수 있어야 한다. 또한 의사소통의 합리성을 실현하려면 담론에 참여한 사람들이 참되고 옳고 진실하며, 담론에 참여한 상대방이 이해할 수 있는 말을 해야 한다.

① 시민 불복종은 비폭력적으로 이루어져야 한다.
② 정당하지 않은 규정은 시민 불복종을 통해 개혁될 수 있다.
③ 시민 불복종은 헌법을 정당화하는 원칙에 근거해 이루어져야 한다.
④ 시민 불복종을 행한 사람은 행위에 대한 법적 결과를 책임져야 한다.
⑤ 시민 불복종을 개념의 신념에 어긋나는 법에 대한 저항으로 정의한다.

## 11 다음 글을 읽고 물음에 답하시오.

> ( ㉠ )은/는 자연 상태의 모든 인간이 자연권을 평등하게 가지며, 이 자연권을 보호하기 위해 계약을 맺어 사회를 구성한다고 보는 사회사상이다. 이러한 사상은 불평등한 사회 구조를 개혁하고 근대 자유 민주주의가 확립되는 데 사상적인 토대를 제공하였다. 대표적인 사상가로는 홉스, ㉡ 로크, 루소가 있다.

(1) ㉠에 들어갈 말을 쓰시오.

(2) ㉡이 주장한 저항권의 의미를 서술하시오.

## 12 다음 대화를 읽고 물음에 답하시오.

토론 주제 : 대의 민주주의란?
저는 대의 민주주의를 옹호하는 입장입니다. 왜냐하면 ㉠
저는 대의 민주주의에 대해 부정적인 입장입니다. 왜냐하면 ㉡


(1) ㉠에 들어갈 내용을 서술하시오.

(2) ㉡에 들어갈 내용을 서술하시오.

## 13 다음 글을 읽고 물음에 답하시오.

> 사상가 A는 『정의론』에서 시민 불복종이란 "법이나 정부의 정책에 변혁을 가져올 목적으로 행해지는 공공적이고 비폭력적이며 양심적이긴 하지만 법에 반하는 정치적 행위"라고 주장하였다.

(1) A가 누구인지 쓰시오.

(2) A가 강조한 시민 불복종의 정당화 조건을 세 가지 서술하시오.

# 등급을 올리는 고난도 문제

**01** ㉠~㉤에 관한 설명으로 옳지 않은 것은?

> 자유 민주주의는 자유주의와 민주주의가 결합함으로써, ㉠ 자유주의의 탈선은 민주주의가 견제하고 ㉡ 민주주의의 독선은 자유주의가 견제하기 위한 것이다. 자유 민주주의는 자유가 제대로 보장될 때 가장 많은 수의 국민이 자신의 이상을 실현할 수 있는 최선의 상태를 누릴 수 있다는 신념에 바탕을 둔다. 따라서 자유 민주주의와 관련하여 주된 관심사는 ㉢ 참된 자유와 그러한 ㉣ 자유의 한계를 설정하는 문제에 맞추어질 수밖에 없으며, 이는 곧 자유 민주주의에서 인정하는 자유와 ㉤ 평등의 관계에 관한 문제와 연관되어 있다.

① ㉠ : 자유방임으로 인하여 불평등을 심화시킬 수 있다.
② ㉡ : 소수에 대한 다수의 횡포를 예로 들 수 있다.
③ ㉢ : 스스로 선택한 행위에 대한 책임을 전제하고 있다.
④ ㉣ : 타인의 자유를 침해해서는 안 된다는 것이다.
⑤ ㉤ : 결과적으로 동일한 양을 분배함으로써 실현할 수 있다.

**문제 접근 방법**
자유 민주주의는 자유주의와 민주주의가 결합한 것으로, 자유주의는 무엇보다 개인의 자유와 권리를 중시하고, 민주주의는 기본적으로 다수결의 원칙을 중시한다는 점을 이해한다. 이를 바탕으로 자유 민주주의의 기본 원리를 파악하여 문제를 해결한다.

**적용 개념**
# 자유 민주주의
# 자유와 평등의 관계

**02** 다음 사상가의 입장에만 모두 'V'를 표시한 학생은?

> • 자연 상태에서 인간은 자연법의 지배를 받으므로 전쟁 상태에 있지는 않다. 이러한 상태에서 인간은 자신의 재산에 대해 자연적 권리를 갖지만 그것을 안전하고 확실하게 누리기 어렵기 때문에 그러한 권리를 보장해 주는 시민 정부를 수립해야 한다.
> • 인간은 자유롭고 평등한 존재이므로, 어떤 인간도 자신의 동의 없이 이러한 상태를 떠나서 다른 사람의 정치권력에 복종할 수 없다. 오직 동의만이 모든 합법적인 정부를 출범시킨다.
> • 사람들은 사회에 들어갈 때 그들이 자연 상태에서 가졌던 평등, 자유, 집행권을 사회의 선이 요구하는 바에 따라 입법부가 처리할 수 있도록 사회의 수중에 양도한다.

| 입장 \ 학생 | 갑 | 을 | 병 | 정 | 무 |
|---|---|---|---|---|---|
| 국가는 국민의 평화와 안전을 보장해야 한다. | V | | | V | V |
| 국가에 의한 기본권 침해는 저항권의 근거가 된다. | V | V | | V | |
| 사회 계약은 개인들의 이성적인 판단에 의해 이루어진다. | | | V | V | V |
| 개인의 재산권을 확실히 보장하기 위해 권력의 분립이 아닌 집중을 강조해야 한다. | | V | V | | V |

① 갑　② 을　③ 병　④ 정　⑤ 무

**문제 접근 방법**
'자연 상태는 전쟁 상태에 있지 않다', '인간은 자유롭고 평등한 존재이다', '합법적 정부는 동의에 의해 출범된다' 등의 핵심 내용을 통해 제시문을 주장한 사상가가 누구인지 먼저 파악한다. 제시문을 주장한 사상가가 국가와 사회 계약에 대해 어떤 입장을 가지고 있는지 이해하고 문제를 해결한다.

**적용 개념**
# 자연법
# 저항권
# 권력 분립

## 03 (가), (나)는 현대 민주주의 이론들이다. (가), (나)의 입장에 관한 설명으로 가장 적절한 것은?

(가)는 시민들이 자격 있는 대표자를 선출하여 정책 결정을 일임하는 형태의 민주주의입니다. 현대 사회에서는 인구가 너무 많을 뿐만 아니라 시민의 전문성 부족으로 인해 시민 모두가 정책 과정에 직접 참여하기 어렵기 때문에 (가)가 요청됩니다.
(나)는 민주적 정책 결정의 정당성을 시민들의 참여로 이루어지는 심의에서 찾는 형태의 민주주의입니다. 현대 사회에서 시민들의 선호는 변화하고 대화와 토론을 통한 집단적 의사 형성이 중요하기 때문에 (나)가 요청됩니다.

① (가)는 대표자를 감시하기 위해 시민의 심의를 강화해야 한다고 본다.
② (나)는 의사 결정 기구를 일원화하여 정책 결정의 신속성을 도모해야 한다고 본다.
③ (나)는 민주주의 이상 실현을 위해 합리적 의사소통이 이루어져야 한다고 본다.
④ (가)는 (나)와 달리 사회 쟁점에 대한 구성원 간의 합리적인 토론을 중시해야 한다고 본다.
⑤ (나)는 (가)와 달리 개인적 의견의 표출을 자제하고 집단의 목표를 추구해야 한다고 본다.

**문제 접근 방법**

'대표자 선출', '시민들의 참여로 이루어지는 심의'와 같은 핵심어를 통해 (가), (나)의 입장을 먼저 파악한 후, 두 입장을 비교하여 문제를 해결한다.

**적용 개념**

# 대표자 선출
# 심의
# 집단적 의사 형성

## 04 (가) 사상가의 입장에서 (나)의 ㉠에 대해 제시할 견해로 가장 적절한 것은?

| | |
|---|---|
| (가) | 원초적 입장에 처한 사람들은 정의의 원칙에 합의할 것이다. 국가가 시행하는 법이나 정책이 '평등한 자유의 원칙', '공정한 기회균등의 원칙'과 같은 정의의 원칙들에 어긋날 경우 우리는 그러한 법이나 정책에 저항함으로써 정의로운 사회를 만들어 나가야 한다. |
| (나) | 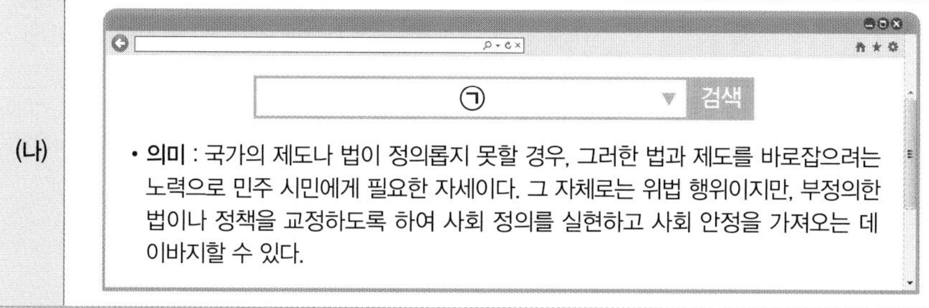 |



① 국가 체제의 합법성을 인정하지 않는 위법 행위이다.
② 정의의 원칙을 현저히 위반한 정책에 대해 이루어져야 한다.
③ 사회 정의를 실현하기 위한 것으로 비폭력적일 필요는 없다.
④ 자신의 행위에 대한 처벌을 피하고자 하는 정치적 행위이다.
⑤ 정의롭지 못한 법에 대한 합법적인 시정 요구보다 앞서 시행해야 한다.

**문제 접근 방법**

'원초적 입장', '평등한 자유의 원칙', '공정한 기회 균등의 원칙'과 같은 핵심어를 통해 (가) 사상가가 누구인지 먼저 파악한다. (가) 사상가의 입장에서 시민 불복종에 대해 제시할 견해를 추론하여 문제를 해결한다.

**적용 개념**

# 원초적 입장
# 정의의 원칙
# 위법 행위

# 05 자본주의

학습길잡이
• 자본주의의 전개 과정과 규범적 특징 및 기여점을 정리해 둔다.
• 자본주의의 윤리적 문제점과 바람직한 발전 방향을 파악해 둔다.

## A 자본주의의 규범적 특징과 기여

### 1 자본주의의 전개 과정과 규범적 특징

#### ① 자본주의의 의미

- 사유 재산 제도를 바탕으로 시장에서의 자유 교환을 중심으로 하는 경제 체제 질문
- 자유주의, 프로테스탄티즘 등의 영향을 받아 성립하고 발전함 1

| | |
|---|---|
| 자유주의 | 개인의 자유를 존중하고, 봉건적 체제의 구속과 국가의 부당한 간섭을 거부하는 사상 → 사유 재산과 경제적 자유를 보장하는 토대가 됨 |
| 프로테스탄티즘 | 칼뱅 사상에 영향을 받아 근면, 검소, 성실을 강조하며 합리적인 이윤 추구를 긍정함 → 자본주의의 성장 및 발전에 있어서 종교적 기반을 제공함 |

#### ② 자본주의의 전개 과정

| | |
|---|---|
| 고전적 자본주의 | • 각 개인의 경제적 자율성을 최대한 보장하기 위해 '보이지 않는 손'*의 역할을 강조함 → 자유방임주의*를 도덕적으로 정당화함<br>• 개인의 경제 활동을 최대한 보장하기 위해 국가의 역할은 국방과 치안, 공공사업 등 최소한의 영역에 국한되어야 한다고 봄<br>• 대표자 : 애덤 스미스<br>• 문제점 : 시장 실패 2 |
| 수정 자본주의 | • 시장 실패라는 문제가 발생하자, 정부가 경제 활동에 적극적으로 개입해야 한다고 주장하며 등장함<br>• 정부의 적극적인 시장 개입을 통해 불황과 실업을 극복하고 복지를 확대해야 한다고 주장함 └수정 자본주의의 구체적인 정책으로 사회 간접 자본 및 공공재 공급 증대, 사회적 서비스 증대, 빈부 격차 교정, 완전 고용 달성 등이 있다.<br>• 대표자 : 케인스<br>• 문제점 : 정부 실패 2 |
| 신자유주의 | • 정부 실패라는 문제가 발생하자, 이에 대한 비판과 반성의 결과 1980년대를 전후로 시장 경제의 효율성을 강조하며 등장함<br>• 정부의 시장 개입에 반대하며 정부의 기능을 축소하고 개인의 자유와 시장 경제를 확대해야 한다고 주장함 └신자유주의의 구체적인 정책으로 공기업 민영화, 복지 정책의 감축, 노동 시장의 유연화 등이 있다.<br>• 대표자 : 하이에크<br>• 문제점 : 시장 실패의 반복 가능성 |

**자료로 보는 애덤 스미스의 고전적 자본주의**

우리가 저녁 식사를 기대할 수 있는 건 푸줏간 주인, 양조장 주인, 빵집 주인의 자비심 덕분이 아니라 그들이 자기 이익을 챙기려는 생각 덕분이다. …… 각 개인은 보이지 않는 손에 의하여 인도되어 자기가 전혀 의도하지 않았던 목적을 촉진하게 된다. …… 그는 자신의 이익을 추구함으로써 오히려 더 효과적으로 사회의 이익을 촉진한다.

– 애덤 스미스, 『국부론』 –

자료 분석 애덤 스미스는 개인이 자신의 이익을 자유롭게 추구하도록 내버려 둠으로써 사회의 이익을 증진시킬 수 있다고 보았다. 또한 그는 인간이 이성과 도덕적 공감 능력을 지녔기 때문에 사회의 부가 편중되지 않으며, 스스로 조화를 이룰 것이라고 보았다.

**개념 더하기 자료 채우기**

질문 있어요

근대 이전의 시장 경제와 근대 자본주의 경제는 어떤 차이가 있을까요?

근대 이전의 전통 사회에서는 사람들이 주로 농업에 종사하면서 자급자족하는 생활을 했기 때문에 시장에서 자유 교환을 통해 이루어지는 경제 활동은 단지 보조적 역할을 할 뿐이었어요. 반면 근대 자본주의 경제에서는 사람들이 화폐라는 자본을 활용하여 생산 수단을 사들이고 재화를 생산하여 판매하게 되었어요. 이러한 활동들은 근대 이전의 물물 교환과 확실한 차이점이 있는데, 그것은 바로 시장 경제 활동의 이유가 이윤이나 잉여 가치를 남기기 위한 것으로 변화했다는 점이에요.

**1 프로테스탄티즘과 자본주의**

현세적인 프로테스탄트의 금욕은 전력을 다해 재산을 낭비하는 향락에 반대해 왔고 소비, 특히 사치재 소비를 봉쇄해 버렸다. 반면에 이 금욕은 재화 획득을 전통주의적인 윤리의 장애에서 해방하는 심리적 결과를 낳았으며, 이익 추구를 합법화했을 뿐만 아니라 직접 신의 뜻이라고 간주함으로써 이익 추구에 대한 질곡을 뚫고 나왔다.

– 베버, 『프로테스탄트 윤리와 자본주의 정신』 –

프로테스탄티즘은 인간의 노동 속에 신의 소명이 있다고 보면서 근대 사회에서 노동의 가치를 새롭게 인식하는 데 영향을 끼쳤다. 소명을 세속적인 직업에까지 확장함으로써 직업도 신의 축복을 받은 신성한 것으로 여기게 되었다.

**2 시장 실패와 정부 실패**

| | |
|---|---|
| 시장 실패 | 시장 경제에서 '보이지 않는 손'이 제대로 작동하지 않아 효율적인 자원 배분이나 공정한 소득 분배가 이루어지지 못하는 상황 |
| 정부 실패 | 시장에 대한 정부의 개입이 정부의 거대화에 따른 비효율성, 무능과 부패와 같은 문제를 초래하는 상황 |

용어사전

* **보이지 않는 손** 개인이 오직 자신만의 이익(사익)을 위해 경쟁하는 과정에서 누가 의도하거나 계획하지 않아도 사회 구성원 모두에게 유익한 결과(공익)를 가져오게 된다는 시장 경제의 암묵적인 자율 작동 원리
* **자유방임주의** 개인의 경제 활동의 자유를 최대한으로 보장하고, 이에 대한 국가의 간섭을 가능한 한 배제하려는 경제 사상 및 정책

**자료로 보는 애덤 스미스의 고전적 자본주의**

(가) 정부가 몇 개의 낡은 병에 지폐를 채워 폐광에 적당한 깊이로 묻고 탄갱을 지면까지 쓰레기로 채운 후, 개인 기업으로 하여금 그 지폐를 다시 파내게 한다면 실업은 사라질 것이다. 또한 그 파급 효과로 한 사회의 실질 소득과 자본도 크게 늘어날 것이다. – 케인스, 『고용, 이자, 화폐의 일반 이론』 –

(나) 경쟁은 알려진 방법 중 가장 효율적일 뿐만 아니라 권력의 강제적이고 자의적인 간섭 없이도 우리의 행위가 조정될 수 있는 유일한 방법이기 때문에 우월한 방법이라고 할 수 있다. 경쟁은 의식적인 사회적 통제를 필요로 하지 않는다. – 하이에크, 『노예의 길』 –

자료 분석 케인스는 불황과 실업 등의 문제를 해결하기 위해서는 정부가 시장에 적극 개입하여 유효 수요를 늘리는 정책을 추진해야 한다고 보았다. 반면 하이에크는 케인스의 수정 자본주의를 비판하며 개인의 경제 활동의 목적은 오직 자유 경쟁 체제에서만 실현할 수 있다고 보았다. 국가가 개입해 시장의 자율성을 훼손하면 전체주의*로 변질될 수 있으며 사람들을 노예의 길로 이끌게 될 것이라고 주장하였다.

Q 케인스를 비판하면서 시장 조정 능력에 대한 신뢰를 주장한 학자는 누구인가? A 크에이하

### ③ 자본주의의 규범적 특징

- 각 개인의 경제적 자율성과 사적 소유권 보장
- 이윤 추구를 위해 시장에서의 자유 경쟁 허용 3

(자본주의 체제에서 각 개인은 시장에서의 자유로운 경제 활동을 법과 제도로 보장받는다.)

## 2 자본주의의 윤리적 기여 질문

### ① 경제적 효율성 증진과 물질적 풍요

- 사람들은 자유 경쟁하에서 더 많은 이윤을 얻고자 경제 활동에 집중함
- 분업은 자본주의 사회의 생산성 향상에 중요한 역할을 함 4

### ② 개인의 자유와 권리 신장

- 개인의 노동에 관한 자유를 법적으로 보장함
- 개인의 자유로운 경제 활동과 사적 소유권을 보호하고 증진함

**자료로 보는 노직의 소유 권리론**

각 개인은 자신에 대한 완전한 소유권을 지니며 개인이 취득·양도·교정의 원칙에 따라 획득한 재화에 대해서는 배타적 소유권을 인정해야 한다. 그리고 국가는 범죄로부터 시민을 보호하고 계약 이행을 감시하는 최소 국가의 역할만을 해야 한다. – 노직, 『아나키에서 유토피아로』 –

자료 분석 노직은 개인의 소유 권리를 보호하고 존중하는 것이 정의라고 보았다. 그는 개인이 정당한 취득과 양도*의 과정을 거쳐 얻게 된 소유물에는 배타적인 권리를 지니며 소유물의 처분도 전적으로 그에게 달려 있다고 주장하였다. 하지만 취득과 양도의 과정에 부정의가 있었다면 바로잡아야 한다고 보았다.

### ③ 개인의 자율성과 창의성 증대

- 자본주의 사회에서는 무엇을 얼마만큼 생산하고 소비할 것인지를 개인이 자율적으로 판단하고 선택할 수 있음
- 사람들은 이윤을 추구하는 과정에서 기존의 틀을 벗어나 변화를 시도함

**개념 더하기 자료 채우기**

**3 하이에크의 국가관**

신자유주의를 대표하는 사상가인 하이에크는 정부의 기능을 축소하고 시장에서의 자유로운 경쟁을 최대한 보장할 것을 강조한다. 그는 국가가 단지 자유 경쟁이 최대한 효율적으로 작동할 수 있도록 해야 한다고 보았다.

**질문 있어요**

자본주의가 정치적 영역에 기여한 점은 무엇일까요?

자본주의에서 강조하는 자유로운 경쟁의 정신은 정치적 영역인 선거에도 영향을 미쳐 외부의 간섭 없이 자신의 의지대로 대표자를 선출하도록 하는 데 긍정적인 영향을 끼쳤어요. 선거는 민주주의 이행 및 정착에 필수적인 요소이므로 자본주의는 민주주의가 정착하고 발전하는 데 도움을 주었다고 할 수 있어요.

**4 분업에 대한 마르크스의 견해**

분업은 노동의 생산력과 사회의 부(富)를 향상시키지만 노동자를 기계로 전락시킨다. 노동은 자본의 집적과 사회의 번영을 불러오지만, 노동자를 점점 더 자본가에게 의존하게 만든다. 또한 노동은 노동자를 더 심한 경쟁으로 몰아넣고, 노동자를 과잉 생산이라는 사냥터로 밀어 넣는데, 그러한 과잉 생산은 노동자를 무기력하게 만든다. – 마르크스 –

마르크스는 분업의 원리를 따르는 자본주의 사회에서는 경제적 불평등이 심화된다고 보았다. 또한 생산성이 향상됨에 따라 자본가와 노동자들 간의 갈등은 더욱 커질 것이라고 주장하였다.

**용어사전**

* **전체주의** 개인의 모든 활동은 민족·국가와 같은 전체의 존립과 발전을 위해서만 존재한다는 이념 아래 개인의 자유를 억압하는 사상. 독일의 나치즘이나 구소련의 스탈린주의가 대표적임
* **양도**(사양할 讓, 건널 渡) 재산이나 물건을 남에게 넘겨줌

# 05 자본주의

## B 자본주의에 대한 비판과 대안

### 1 자본주의에 대한 비판적 시각 1

① **빈부 격차 심화**

- 노동 기회나 소득 분배에서 불평등이 초래됨
- 빈부 격차의 심화는 사회 양극화, 계층 간 갈등으로 이어질 수 있음 → 사회 발전과 통합을 가로막는 원인이 됨

② **물질 만능주의 팽배 :** 물질적 가치가 삶을 평가하는 절대적인 기준이자 만능의 도구라고 인식함 → 물질 자체가 목적이 되고 정신적 가치는 수단으로 전락함

└마르크스는 이러한 현상을 물신 숭배(物神崇拜)라고 부른다.

③ **인간 소외 현상 심화** 2

- 인간이 만들어 낸 물질이 오히려 인간을 지배하게 됨
- 물질적 가치만을 좇으면서 인간을 생산을 위한 수단이나 도구로 여김 → 인간이 거대한 기계의 부품처럼 취급됨

**자료로 보는 마르크스의 인간 소외 현상 비판**

공장제 수공업*은 이전에는 독립적이었던 노동자를 자본의 지휘와 규율에 복종시킬 뿐만 아니라 노동자 자신들 사이에 등급적 계층을 만들어 낸다. 단순 협업은 개개인들의 노동 방식을 대체로 변경시키지 않지만, 공장제 수공업은 그것을 철저히 변혁시키며 개별 노동력을 완전히 장악한다. 공장제 수공업은 노동자의 모든 생산적인 능력과 소질을 억압하면서 특수한 기능만을 촉진함으로써 노동자를 소외시킨다.

– 마르크스, 『자본론』 –

**자료 분석** 마르크스는 사적 소유와 분업, 계급적 사회관계에 토대를 둔 자본주의적 생산 방식이 자유롭고 의식적인 활동인 노동을 왜곡하고 파편화함으로써 노동을 통해 기쁨을 누리고 자아실현하는 것을 가로막는다고 비판하였다. 즉 자본주의적 생산 방식에서 인간 소외 현상이 비롯된다고 본 것이다.

Q 인간이 만들어 낸 물질에 의해 인간이 지배당하면서 인간성을 상실하는 현상을 무엇이라고 하는가?

A 인간 소외 현상

### 2 자본주의에 대한 대안적 시도

① **롤스의 정의론**

└정의로운 사회를 실현하기 위한 조건으로 제1원칙 : 평등한 자유의 원칙, 제2원칙 : 차등의 원칙, 기회균등의 원칙을 제시하였다.

- 정의론을 바탕으로 국가의 시장 개입을 도덕적으로 정당화함
- 정의로운 사회 : 자연적이고 사회적인 조건의 우연성이 개인의 자유 실현과 삶의 전망에 미칠 영향을 최소화하는 사회

② **마르크스주의**

- 자본주의의 근본적 문제가 생산 수단의 사적 소유와 자유 시장 경제에 있다고 비판함
- 프롤레타리아에 의한 생산 수단의 공유와 계획* 경제를 주장함
- 공산 사회 : 사유 재산·계급·국가가 소멸하고 모두가 평등하게 살아가는 사회 질문

└능력에 따라 일하고 필요한 만큼 가져가는 사회이다.

- 자본주의의 건전한 발전을 위한 윤리적 시사점을 제공함

**개념 더하기 자료 채우기**

**1 자본주의에 대한 사회주의의 비판**

사회주의에서는 자본주의의 빈부 격차 문제를 비판하며 경제적 평등을 실현해야 한다고 주장하였다. 사회주의의 대표적 사상가인 마르크스는 『자본론』에서 노동력의 산물인 상품, 화폐, 자본 등이 오히려 신앙 또는 숭배의 대상이 되는, 즉 물신 숭배(物神崇拜) 현상이 생겨나는 자본주의의 생산 체제를 비판하였다. 또한 자본주의가 이윤을 극대화해야 한다는 목적을 사람들에게 지속적으로 주입함으로써 사람들의 마음을 황폐화하고 인간을 물질에 종속된 존재로 전락시킨다고 보았다.

**2 인간 소외 현상**

물질 만능주의는 인간 소외를 낳는다. 인간 소외란 인간이 만들어 낸 물질에 의해 인간이 지배당하거나 물질적 가치만을 좇으면서 인간성을 상실하는 현상을 말한다. 즉 인간은 이윤을 얻기 위해 만들어 낸 기계와 같은 도구에 예속되어, 인간 존엄성과 같은 본질적 가치를 상실하는 상황에 놓이게 되는 것이다. 영화 「모던 타임스」는 인간을 기계 부품처럼 취급하는 자본주의의 인간 소외 현상을 풍자하고 있다.

**질문 있어요**

**마르크스는 공산 사회를 실현할 수 있다고 보았나요?**

마르크스는 인류 역사를 원시 공산 사회, 고대 노예 사회, 중세 봉건 사회, 근대 자본주의 사회로 나누어 설명하고, 각 사회에서 계급 투쟁을 통해 다음 단계의 사회로 넘어간다고 주장해요. 그는 자본주의 역시 자본가와 노동자 사이의 계급 투쟁으로 붕괴하고, 프롤레타리아 독재를 통한 사회주의 과도기를 거쳐 계급 없는 공산주의 사회가 필연적으로 도래할 것이라고 보았지요.

**용어사전**

* **공장제 수공업** 산업 자본가가 임금 노동자들을 고용하여 도구, 작업장, 재료 따위의 생산 수단을 제공하고 그들의 수공 기술을 이용하여 상품을 생산하게 하였던 제도로, 매뉴팩처(manufacture)라고도 함
* **계획 경제** 시장의 역할을 제한하고 중앙 정부가 그 역할을 수행하는 경제 체제로, 중앙 집권적 통제에 따라 생산, 분배, 소비가 계획되고 관리됨

③ 민주 사회주의

- 의회를 통한 점진적 개혁으로 사회주의를 실현할 것을 강조함
- 공유제를 바탕으로 하되 농업, 수공업, 소매업, 중소 공업 등 중요한 부문의 사적 소유를 인정함
- 사회 보장 제도의 확대를 주장하여 서구 복지 자본주의의 발전에 이바지함

**자료로 보는 민주 사회주의** 3

- 인간의 기본적인 필요는 생산 성과 분배에 가장 먼저 고려되어야 한다. 하지만 개인이 자기의 능력에 따라 일할 의욕을 빼앗겨서는 안 된다. 사회주의자는 노력에 따라 보수를 받을 개인의 권리를 자명한 것으로 받아들인다.
- 사회주의는 공공의 이익이 사적 이윤보다 우선하는 체제로 자본주의를 대치하려고 노력한다. 사회주의 정책이 당면한 경제적 목표는 완전 고용, 더 많은 생산, 생활 수준의 향상, 사회 보장 및 소득과 재산의 공평한 분배이다.

–「프랑크푸르트 선언」–

**자료 분석** 「프랑크푸르트 선언」은 민주 사회주의가 추구하는 이상과 진로를 보여 준다. 민주 사회주의자들은 마르크스주의의 급진적 폭력 혁명론을 비판하면서, 자유롭고 민주적인 방법으로 사회주의의 이상을 추구할 것을 강조하였다.

**Q** 평화적이고 민주적인 방법으로 사회주의를 실현하려고 한 사회사상을 무엇이라고 하는가?

**A** 민주 사회주의

## 3 바람직한 자본주의 사회를 실현하기 위한 노력

① 개인적 차원의 노력

(예) 돈을 벌기 위해서라면 온갖 수단과 방법을 가리지 않는 천민자본주의, 물질을 최고의 가치로 여기는 물질 만능주의 등이 이에 속한다.

- 인간의 가치를 경제적으로만 평가하고 판단하는 태도를 극복해야 함
- 양심에 어긋나지 않는 윤리적 경제 행위를 해야 함 질문

② 사회적 차원의 노력

- 공동체 의식을 함양하고 상생의 문화를 확립해야 함
- 경제적 불평등을 완화하기 위한 정책을 마련해야 함 4

③ 국제적 차원의 노력

- 세계 시민 의식을 바탕으로 국제 정의를 실현해야 함 5
- 국가 간 빈부 격차 해결을 위해 국가 간 협력과 국제기구의 노력이 필요함
  - 국제 사회에서 국가 간 빈부 격차 심화는 분배적 정의를 실현하는 데 걸림돌이 될 수 있다.

**자료로 보는 바람직한 자본주의의 실현과 공정 무역**

공정 무역(fair trade)이란 국가 간에 동등한 위치에서 이루어지는 무역을 말한다. 구체적으로는 개발 도상국의 생산자들이 더 나은 조건에서 무역을 할 수 있도록 도와주는 것을 뜻한다. 상품값을 더 쳐서 수입함으로써 그 상품을 생산하는 개발 도상국의 노동자들이 더 나은 상황에서 일할 수 있도록 하고, 생산 과정에서 환경도 덜 파괴되도록 하자는 것이다.

–『중앙일보』 2017. 7. 8. –

**자료 분석** 공정 무역은 지나치게 낮은 가격에 상품을 수입하기보다는 적절한 가격을 지불함으로써 개발 도상국의 주민 건강과 환경을 보호하자는 것으로, 바람직한 자본주의를 실현하는 데 기여할 수 있다.

**개념 더하기 자료 채우기**

**3 민주 사회주의와 「프랑크푸르트 선언」**

- 좌우익을 막론한 모든 형태의 독재로부터 인간의 자유와 존엄을 지키기 위해 정치적 민주주의가 불가피하다.
- 자본주의의 폐해를 극복하기 위해 사회 보장, 완전 고용, 생활수준의 향상이 필요하며, 이를 위해서는 경제 성장과 분배의 평등화를 지향하는 사회주의적 계획을 진척시켜야 한다.

윗글은 「프랑크푸르트 선언」의 주요 내용이다. 이 선언은 1951년 7월 독일 프랑크푸르트에서 채택된 사회주의 인터내셔널*의 강령이다.

**질문 있어요**

**윤리적 경제 행위를 실천하려면 어떻게 해야 할까요?**

먼저 기업은 공정한 경쟁을 통해 합리적으로 이윤을 추구해야 하며, 경제 활동에서도 경제 질서를 준수해야 해요. 한편 개인은 상품이나 서비스를 구매할 때 원료의 재배, 생산, 유통의 전 과정에서 환경과 인권을 생각하는 윤리적 소비*를 실천하기 위해 노력해야 해요.

**4 사회적·경제적 불평등에 대한 롤스의 견해**

천부적으로 더 유리한 처지에 있는 자는 아주 불리한 처지에 있는 자의 여건을 향상하여 준다는 조건하에서만 그들의 행운에 따른 이익을 누릴 수 있습니다.

롤스는 사회적·경제적 불평등은 사회적 약자인 최소 수혜자에게 최대 이익을 보장할 때만 허용될 수 있다고 보았다.

**5 국제 정의**

국제 정의는 크게 형사적 정의와 분배적 정의를 추구함으로써 실현할 수 있다. 형사적 정의는 범죄의 가해자를 정당하게 처벌함으로써 실현되는 정의이고, 분배적 정의는 재화의 공정한 분배를 통해 실현되는 정의이다.

**용어사전**

* **사회주의 인터내셔널** 1951년 민주 사회주의를 표방하는 각국 정당들이 모여 만든 국제 조직으로, 민주적 과정을 통해 사회주의를 건설하고자 함
* **윤리적 소비** 소비자가 상품이나 서비스를 구매할 때 윤리적인 가치 판단에 따라 올바른 선택을 하는 것

# 기초를 다지는 확인 문제

바른답·알찬풀이 71쪽

올리드 포인트

## A 자본주의의 규범적 특징과 기여

**1 자본주의의 전개 과정과 규범적 특징**

① **자본주의** : 사유 재산 제도를 바탕으로 시장에서의 자유 교환을 중심으로 하는 경제 체제

② **전개 과정**

| 구분 | 내용 |
|---|---|
| 고전적 자본주의 | • '보이지 않는 손'의 역할 강조<br>• 국가의 간섭을 최대한 배제하는 자유방임주의<br>• 대표자 : 애덤 스미스 |
| ⬇ 시장 실패 | |
| 수정 자본주의 | • 정부의 적극적인 시장 개입 주장<br>• 정부에 의한 불황과 실업 극복, 복지 확대 주장<br>• 대표자 : 케인스 |
| ⬇ 정부 실패 | |
| 신자유주의 | • 정부의 시장 개입 반대, 정부의 기능 축소 주장<br>• 개인의 자유와 시장 경제 확대 주장<br>• 대표자 : 하이에크 |

③ **규범적 특징**

• 각 개인의 경제적 자율성과 사적 소유권 보장

• 이윤 추구를 위해 시장에서의 자유 경쟁 허용

**2 자본주의의 윤리적 기여** : 물질적 풍요, 개인의 자유와 권리 신장, 개인의 자율성과 창의성 증대 등

## B 자본주의에 대한 비판과 대안

**1 자본주의에 대한 비판적 시각** : 자본주의는 빈부 격차 심화, 물질 만능주의 팽배, 인간 소외 현상 심화 등을 야기함

**2 자본주의에 대한 대안적 시도**

| 구분 | 내용 |
|---|---|
| 마르크스주의 (과학적 사회주의) | • 생산 수단의 사적 소유와 자유 시장 경제 비판<br>• 생산 수단의 공유와 계획 경제 주장<br>• 자본주의의 발전에 윤리적 시사점 제공 |
| 민주 사회주의 | • 의회를 통한 점진적 개혁 주장<br>• 소련식 사회주의의 급진적 폭력 혁명론 비판<br>• 공유제를 바탕으로 하되, 사적 소유도 인정<br>• 서구 복지 자본주의 발전에 이바지 |

**3 바람직한 자본주의 사회를 실현하기 위한 노력**

| 구분 | 내용 |
|---|---|
| 개인적 차원 | • 천민자본주의, 물질 만능주의 극복<br>• 윤리적 경제 행위 실천 |
| 사회적 차원 | • 공동체 의식 함양과 상생의 문화 확립<br>• 공동선을 모색하기 위한 공론장 형성<br>• 경제적 불평등을 완화하기 위한 정책 마련 |
| 국제적 차원 | • 세계 시민 의식을 바탕으로 한 국제 정의 실현<br>• 국가 간 빈부 격차 해결을 위한 노력 |

**01** 다음 설명이 맞으면 ○표, 틀리면 ×표를 하시오.

(1) 자본주의는 자유주의와 프로테스탄티즘 등의 영향을 받아 성립하고 발전하였다. ( )

(2) 애덤 스미스는 시장 경제의 작동 원리인 '보이지 않는 손'의 역할을 강조하였다. ( )

(3) 케인스는 개인의 경제 활동을 최대한 보장하기 위해 국가의 역할은 최소한의 영역에 국한되어야 한다고 보았다. ( )

(4) 시장 실패는 시장에 대한 정부의 개입이 정부의 거대화, 무능과 부패와 같은 문제를 초래한다는 것이다. ( )

(5) 하이에크는 시장 경제의 효율성을 강조하는 신자유주의를 제창하였다. ( )

(6) 자본주의는 인간의 계몽과 해방이라는 근대적 가치의 확산에 기여하였다. ( )

**02** 빈칸에 들어갈 알맞은 말을 쓰시오.

(1) 자본주의는 인간이 만들어 낸 물질에 의해 인간 자신이 지배당하면서 인간성을 상실하는 ( ) 현상을 심화시킬 수 있다.

(2) 마르크스는 노동력의 산물인 상품, 화폐, 자본 등이 오히려 숭배의 대상이 되는 것을 ( )(이)라고 정의하였다.

(3) 자본주의가 도덕적으로 정당화되기 위해서는 돈을 벌기 위해서라면 온갖 수단과 방법을 가리지 않는 ( )자본주의에서 벗어나야 한다.

(4) ( )은/는 분업화된 자본주의 사회에서 노동자가 노동을 통해 자신의 본질을 실현하기 어렵다고 주장하였다.

**03** 다음 사회사상과 그에 관한 설명을 바르게 연결하시오.

(1) 마르크스주의 •

(2) 민주 사회주의 •

(3) 롤스의 정의로운 사회 •

• ㉠ 의회를 통한 점진적 개혁으로 사회주의를 실현해야 한다.

• ㉡ 프롤레타리아 혁명을 통해 자본주의를 무너뜨리고 경제적 평등을 실현해야 한다.

• ㉢ 자연적·사회적 우연성이 개인의 삶에 미치는 영향을 최소화해야 한다.

# 실력을 키우는 실전 문제

바른답·알찬풀이 71쪽

**01** 그림은 사회사상 A를 검색한 화면이다. 검색어 A에 대한 옳은 설명을 <보기>에서 고른 것은?

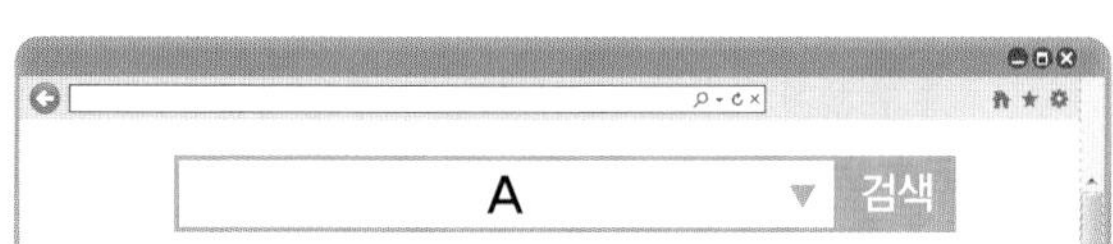


A의 이념은 근대 초기 서구 사회에서 봉건제와 종교적 권력에 대항하면서 등장한 부르주아에 의해 구체화되었다. 오늘날 A은/는 이윤 획득을 위한 개인의 자유로운 생산 활동을 보장하는 제도인 동시에 사유 재산제에 바탕을 둔 시장 경제 체제를 의미한다.

보기
ㄱ. 경제적 불평등의 해소를 최우선 과제로 제시한다.
ㄴ. 사유 재산의 불가침과 자유로운 처분권을 인정한다.
ㄷ. 프롤레타리아 혁명을 통한 생산 수단의 공유를 강조한다.
ㄹ. 이윤 추구를 위해 시장에서의 자유로운 경쟁을 허용한다.

① ㄱ, ㄴ ② ㄱ, ㄷ ③ ㄴ, ㄷ
④ ㄴ, ㄹ ⑤ ㄷ, ㄹ

중요

**02** 다음을 주장한 사상가의 입장을 <보기>에서 고른 것은?

우리가 저녁 식사를 기대할 수 있는 건 푸줏간 주인, 양조장 주인, 빵집 주인의 자비심 덕분이 아니라, 그들이 자기 이익을 챙기려는 생각 덕분이다. …… 각 개인은 보이지 않는 손에 의하여 인도되어 자기가 전혀 의도하지 않았던 목적을 촉진하게 된다. …… 그는 자신의 이익을 추구함으로써 오히려 더 효과적으로 사회의 이익을 촉진한다.

보기
ㄱ. 공익을 추구하면 사익은 저절로 극대화된다.
ㄴ. 개인은 자신의 이익을 자유롭게 추구해야 한다.
ㄷ. 시장에 대한 국가 간섭은 국부의 증진을 저해한다.
ㄹ. 사회주의를 실현하는 최선의 방법은 민주적 방법이다.

① ㄱ, ㄷ ② ㄱ, ㄹ ③ ㄴ, ㄷ
④ ㄴ, ㄹ ⑤ ㄷ, ㄹ

중요

**03** 갑, 을 사상가의 공통 입장으로 가장 적절한 것은?

갑 : 자신의 이익만을 추구하는 사람들이 보이지 않는 손에 의해 결과적으로 공익에 기여하게 된다. 개인이 자유롭게 자신의 이익을 추구한다면 국가의 부(富)가 창출된다.
을 : 정부가 몇 개의 낡은 병에 지폐를 채워 폐광에 적당한 깊이로 묻고 탄갱을 지면까지 쓰레기로 채운 후, 개인 기업들로 하여금 그 지폐를 다시 파내게 한다면 실업은 사라질 것이다.

① 불황을 해결하기 위해 정부의 시장 개입을 강조한다.
② 복지 정책 감축을 통해 시장 경제의 확대를 추구한다.
③ 정부 실패의 극복을 위해 시장 경제의 효율성을 강조한다.
④ 사적 소유권을 인정하고 효율적인 자원 배분을 추구한다.
⑤ 시장에서의 자유로운 경쟁을 통한 분배의 평등을 추구한다.

**04** 밑줄 친 '대표적 사상가 A'의 입장에서 긍정의 대답을 할 질문으로 가장 적절한 것은?

자유방임주의 경제 체제는 공황, 실업, 빈부 격차와 같은 시장 실패로 여러 번의 위기를 맞이하였다. 대표적 사례로 1929년의 대공황을 들 수 있다. 1933년 당시 미국에서는 경기 침체의 여파로 전체 근로자의 약 30%에 해당하는 1,500만 명이 실업자로 전락하였다. 이때 이러한 시장 실패를 교정하려는 사상이 등장하였다. <u>대표적 사상가 A</u>는 『고용, 이자, 화폐의 일반 이론』을 저술하였다.

① 개인의 자유로운 이익 추구를 금지해야 하는가?
② 공공 지출을 줄여 작은 정부로 복귀해야 하는가?
③ 민간 부문에서 사유 재산 제도를 폐지해야 하는가?
④ 국가는 완전 고용의 달성을 위해 노력해야 하는가?
⑤ 민간 부문의 효율성 제고를 위해 복지 정책을 감축해야 하는가?

**05** (가) 사회사상의 입장을 (나) 그림으로 탐구할 때, A, B에 들어갈 질문으로 옳은 것은?

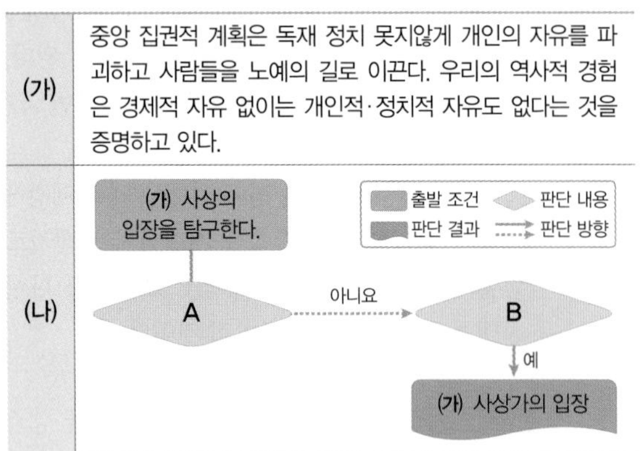

(가)
중앙 집권적 계획은 독재 정치 못지않게 개인의 자유를 파괴하고 사람들을 노예의 길로 이끈다. 우리의 역사적 경험은 경제적 자유 없이는 개인적·정치적 자유도 없다는 것을 증명하고 있다.
(나)
(가) 사상의 입장을 탐구한다.
출발 조건
판단 내용
판단 결과
판단 방향
A
아니요
B
예
(가) 사상가의 입장


① A : 정부 개입보다는 자연적 시장 질서를 중시해야 하는가?
② A : 시장 실패의 극복을 위해 정부가 시장에 개입해야 하는가?
③ A : 공기업의 민영화와 노동 시장의 유연화를 추구해야 하는가?
④ B : 국가의 계획을 통해 시장을 통제해야 하는가?
⑤ B : 정부의 재정 지출을 통해 유효 수요를 창출해야 하는가?

**06** 다음 수업 장면에서 학생들 모두가 옳은 대답을 했다고 할 때, A에 들어갈 말로 가장 적절한 것은?

① 자본주의는 시대에 따라 어떻게 전개되었을까요?
② 자본주의가 정치 영역에 끼친 영향은 무엇일까요?
③ 자본주의는 현대 사회에 어떠한 기여를 했을까요?
④ 자본주의에 대한 비판에는 어떠한 것이 있을까요?
⑤ 바람직한 자본주의를 실현하기 위해 어떠한 노력을 해야 할까요?

중요

**07** ㉠~㉣에 관한 옳은 설명만을 〈보기〉에서 있는 대로 고른 것은?

㉠ 고전적 자본주의의 여러 가지 문제점을 시정하고자 대두된 수정 자본주의는 1973년 제1차 석유 파동 때까지 서구에서 주류적 위치를 차지하였다. 그러나 이것은 자본주의의 문제를 근본적으로 해결할 수는 없었으며, ㉡ 또 다른 문제를 낳았다. 이러한 문제를 극복하기 위해 1980년대를 전후로 영국과 미국에서 ㉢ 새로운 경제 조류가 등장하였다. 이러한 조류는 자유 경쟁 시장의 효율성을 강화하는 긍정적 측면을 가지고 있다. 그러나 그것의 ㉣ 부정적 측면을 우려하는 목소리도 나오고 있다.

보기
ㄱ. ㉠은 시장 경제의 작동 원리를 신뢰한다.
ㄴ. ㉡은 정부 실패를 의미한다.
ㄷ. ㉢은 사회 복지 제도의 확대를 주장한다.
ㄹ. ㉣의 예로 경제 불안정과 빈부 격차의 심화를 들 수 있다.

① ㄱ, ㄴ　② ㄱ, ㄷ　③ ㄷ, ㄹ
④ ㄱ, ㄴ, ㄹ　⑤ ㄴ, ㄷ, ㄹ

**08** 다음 사상가의 입장에만 모두 '∨'를 표시한 학생은?

공장제 수공업은 이전에는 독립적이었던 노동자를 자본의 지휘와 규율에 복종시킬 뿐만 아니라 노동자 자신들 사이에 등급적 계층을 만들어 낸다. …… 공장제 수공업은 노동자의 모든 생산적인 능력과 소질을 억압하면서 특수한 기능만을 촉진함으로써 노동자를 소외시킨다.

| 입장 \ 학생 | 갑 | 을 | 병 | 정 | 무 |
|---|---|---|---|---|---|
| 노동의 소외를 극복하기 위해 분업을 강화해야 한다. | ∨ | | | ∨ | ∨ |
| 노동 생산성을 향상하여 사유 재산의 축적을 추구해야 한다. | ∨ | ∨ | | ∨ | |
| 자발적 노동을 통해 노동의 본래적 가치의 회복을 지향해야 한다. | | ∨ | ∨ | | ∨ |
| 자본주의적 생산 방식은 노동을 왜곡하여 인간의 자아실현을 가로막는다. | | | ∨ | ∨ | ∨ |

① 갑　② 을　③ 병　④ 정　⑤ 무

중요

## 09 그림은 서술형 평가 문제와 학생 답안이다. 학생 답안의 ㉠~㉤ 중 옳지 않은 것은?

⊙ 문제 : (가), (나) 사회사상을 비교하여 서술하시오.

> (가) 노동자 계급의 해방은 노동자 계급 스스로에 의해 쟁취되어야 한다. …… 노동자 계급의 경제적 해방이야말로 궁극적 목적이며, 모든 정치 운동은 하나의 수단으로서 이 목적을 위한 것이다.
> (나) 사회주의 달성은 필연적인 것이 아니다. 그것은 모든 지지자의 공헌이 필요하다. 사회주의는 국민들의 철저하고 적극적인 참가 없이는 성공할 수 없다. 사회주의는 최고 형태의 민주주의이다.

⊙ 학생 답안 : (가)는 ㉠ 자본주의 사회는 필연적으로 붕괴될 수밖에 없다고 보며, ㉡ 모든 생산 수단을 공유해야 한다고 주장한다. 반면 (나)는 ㉢ 평화적 방법으로 사회를 개선해 나가야 한다고 보며, ㉣ 생산 수단의 공유제를 바탕으로 주요 부문에서의 사적 소유도 인정해야 한다고 주장한다. 한편 (가), (나)는 ㉤ 국가가 자생적 경제 질서에 개입해서는 안 된다고 보는 점에서 공통적이다.

① ㉠ ② ㉡ ③ ㉢ ④ ㉣ ⑤ ㉤

## 10 다음 글을 통해 알 수 있는 자본주의의 특징으로 가장 적절한 것은?

영화 「모던 타임스」는 거대한 기계 장치에 딸려 들어가는 주인공의 모습을 통해 인간이 기계의 부품처럼 취급받는 모습을 보여 준다. 기계는 노동자의 소유가 아니므로, 노동자는 자신의 것도 아닌 기계에 의해 철저하게 종속된 존재로 전락할 수밖에 없다.

① 경제적 평등 중시
② 인간 소외 현상 심화
③ 거래와 계약의 자유 보장
④ 사회 구성원 간 연대 의식 증대
⑤ 선진국과 후진국 간의 경제 격차 확대

# 서술형 문제

## 11 다음 글을 읽고 물음에 답하시오.

> 자본주의는 자유주의, 프로테스탄티즘 등의 영향을 받아 성립하고 발전하였다. 자유주의는 개인의 자유를 존중하고, 국가의 부당한 간섭을 거부하는 사상이다. 이러한 자유주의는 사유 재산과 경제적 자유를 보장하는 토대가 되었다. 한편 ( ㉠ )은/는 직업을 신의 소명으로 보았는데, 이러한 ( ㉠ )의 사상에 영향을 받은 프로테스탄티즘은 ______㉡______는 특징이 있다.

(1) ㉠에 들어갈 사상가를 쓰시오.

(2) ㉡에 들어갈 내용을 서술하시오.

## 12 다음 대화를 읽고 물음에 답하시오.

(1) ㉠에 들어갈 내용을 서술하시오.

(2) ㉡에 들어갈 내용을 서술하시오.

## 13 다음 선언이 강조하는 내용을 두 가지 서술하시오.

> **프랑크푸르트 선언**
> • 좌우익을 막론한 모든 형태의 독재로부터 인간의 자유와 존엄을 지키기 위해 정치적 민주주의가 불가피하다.
> • 사회주의적 계획화는 모든 생산 수단의 공유화를 전제하지 않는다. 그것은 중요한 부문, 예컨대 농업, 수공업, 소매업, 중소 공업 등에서의 사적 소유와 양립할 수 있다.

# 등급을 올리는 고난도 문제

**01** 그림의 (가)에 들어갈 학생의 답변으로 적절하지 않은 것은?

- 16세기 무렵 유럽 사회는 신대륙의 발견과 새로운 항로의 개척을 계기로 상업이 발달하기 시작했으며 국가 간 교역이 활발해졌다. 이때 사유 재산 제도를 바탕으로 시장에서의 자유 교환을 중심으로 하는 A이/가 등장하였다.
- A 사회에서는 상품의 생산과 소비에 있어서 자유가 보장된다. 이러한 자유의 원칙은 노동관계에서도 마찬가지이다. 시장에서 상품을 판매하듯이 자본가는 노동자를 고용하고 노동자는 자본가의 고용에 응한다.

사회사상 A의 특징에 대해 말해 볼까요?
(가)


① 경제적 불평등에 따른 사회 양극화를 겪을 수 있습니다.
② 프로테스탄티즘의 영향을 받아 성장하고 발전하였습니다.
③ 자본가가 이윤 획득을 위해 생산 활동을 하도록 보장합니다.
④ 이윤 창출에만 집착하면 물질 만능주의에 빠질 수 있습니다.
⑤ 생산 수단의 공유를 바탕으로 계획 경제 체제를 추구합니다.

**문제 접근 방법**

사회사상 A가 무엇인지 먼저 파악한다. A의 규범적 특징과 윤리적 문제점 등에 대한 이해를 바탕으로 문제를 해결한다.

**적용 개념**

\# 사유 재산 제도
\# 자유의 원칙

**02** 다음 사상가의 입장에만 모두 'V'를 표시한 학생은?

- 모든 사람이 완전히 자유롭게 자신의 이익을 추구할 수 있고, 자신의 근면과 자본을 바탕으로 누구와도 경쟁할 수 있어야 한다. 이렇게 함으로써 보이지 않는 손에 의해 국가의 부가 증대될 수 있다.
- 사회적 분업은 전문화와 단순 작업의 반복을 가능하게 함으로써 노동의 숙련도를 향상시킨다. …… 분업에 의해 생산되어 시장에 제공되는 상품이 시장에서 교환될 때 가치, 즉 가격이 형성된다. …… 가격은 자동적으로 희소성의 정도를 알려 준다.

| 입장 \ 학생 | 갑 | 을 | 병 | 정 | 무 |
|---|---|---|---|---|---|
| 자기 이익의 합리적 추구가 경제 발전의 원동력이다. | V | | | V | V |
| 경제 활동에 간섭하지 않는 자유방임 국가가 바람직하다. | | V | | V | V |
| 시장의 가격 조절 기능은 필연적으로 시장 실패를 초래한다. | V | | V | V | |
| 수요와 공급은 보이지 않는 손에 의해 저절로 균형을 이룬다. | | V | V | | V |

① 갑　② 을　③ 병　④ 정　⑤ 무

**문제 접근 방법**

'보이지 않는 손'이라는 핵심어를 통해 제시문을 주장한 사상가가 누구인지 먼저 파악한다. 제시문을 주장한 사상가가 시장 경제와 국가의 역할에 대해 어떤 입장을 가지고 있는지 이해하고 문제를 해결한다.

**적용 개념**

\# 보이지 않는 손
\# 사회적 분업
\# 가격 형성

**03** 갑, 을, 병 사상가들이 서로에게 제기할 비판으로 가장 적절한 것은?

갑 : 천부적으로 더 유리한 처지에 있는 자는 아주 불리한 처지에 있는 자의 여건을 향상하여 준다는 조건하에서만 그들의 행운에 따른 이익을 누릴 수 있다.
을 : 프롤레타리아는 자신의 정치적 지배를 이용하여 부르주아로부터 모든 자본을 차례로 빼앗고 모든 생산 수단을 국가의 수중에 집중시켜야 한다.
병 : 경쟁은 가장 효율적일 뿐만 아니라 권력의 강제적이고 자의적인 간섭 없이도 우리의 행위가 조정될 수 있는 유일한 방법이기 때문에 우월한 방법이라고 할 수 있다. 정부의 시장 개입은 대폭 축소되어야 한다.

| | ~이 | ~에게 | 비판 내용 |
|---|---|---|---|
| ① | 갑 | 을 | 모든 사람의 기본적 자유 보장을 무엇보다 우선해야 함을 모르고 있다. |
| ② | 갑 | 병 | 사회의 악인 사유 재산이 폐지되어야 함을 모르고 있다. |
| ③ | 을 | 병 | 개인의 자율성을 억압하는 사회는 존속할 수 없음을 모르고 있다. |
| ④ | 병 | 갑 | 사회적 약자에 대한 배려가 필요함을 모르고 있다. |
| ⑤ | 병 | 을 | 국가의 주된 역할은 경제적 불평등 해소에 있음을 모르고 있다. |

**문제 접근 방법**

'아주 불리한 처지에 있는 자', '프롤레타리아와 부르주아.', '경쟁' 등의 핵심어를 통해 갑, 을, 병 사상가가 누구인지 먼저 파악한다. 갑, 을, 병 사상가의 입장에서 서로에게 제기할 비판을 추론하여 문제를 해결한다.

**적용 개념**

# 정의론
# 프롤레타리아
# 경쟁

**04** (가), (나)는 사회사상이다. (가) 사상에 비해 (나) 사상이 갖는 상대적 특징을 그림의 ㉠~㉤ 중에서 고른 것은?

(가) 사회주의는 개인의 자유를 약속하지만 실제로는 새로운 형태의 노예제에 불과하다. 국가는 계획보다는 자유로운 경쟁을 장려하고 작은 정부로 회귀해야 한다.
(나) 사회주의는 개인의 자유를 확대하기 위해 노력하고 있다. 국가는 계획 경제의 틀 속에서 사적 소유자가 권력을 남용하지 않고 생산 증진에 기여하도록 인도해야 한다.

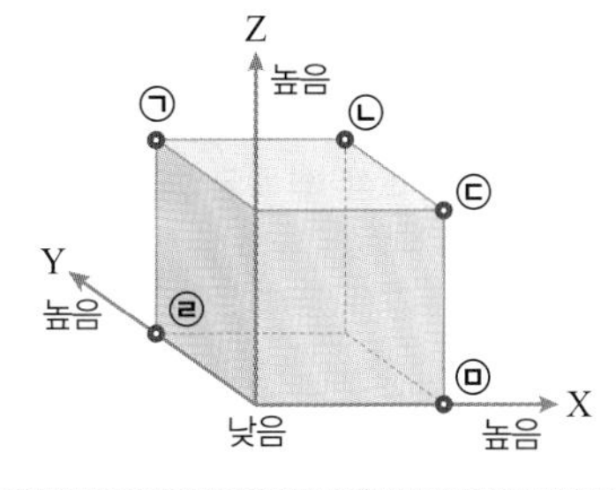


X : 민주적인 방법으로 사회주의의 이상을 추구하는 정도
Y : 고전적 자본주의를 계승하고 강화하려고 하는 정도
Z : 시장에서의 자유 경쟁보다 경제적 평등 구현을 중시하는 정도

① ㉠ ② ㉡ ③ ㉢ ④ ㉣ ⑤ ㉤

**문제 접근 방법**

(가), (나) 사회사상이 무엇인지 먼저 파악한다. (가), (나) 사회사상에 대한 이해를 바탕으로 (가) 사상에 비해 (나) 사상이 갖는 상대적 특징을 확인한다. 그림에서 해당 위치를 찾아 문제를 해결한다.

**적용 개념**

# 작은 정부로 회귀
# 계획 경제

Ⅳ. 사회사상

# 06 평화

학습길잡이 • 동서양의 다양한 평화 사상을 정리해 둔다.
• 세계 시민주의의 특징과 해외 원조에 대한 국제주의와 세계 시민주의의 입장을 비교해 둔다.

## A 동서양의 다양한 평화 사상

### 1 평화의 의미

**① 평화의 일반적 의미**

- 전쟁이나 분쟁, 갈등이 없는 상태
- 물리적 폭력의 부재뿐만 아니라 인간의 기본적인 욕구가 충족되는 상태

**② 갈퉁의 평화론**

- 폭력을 인간의 기본적인 욕구를 모독하는 모든 것으로 정의함 1
- 평화를 소극적 평화와 적극적 평화로 구분함

| 소극적 평화 | 적극적 평화 |
|---|---|
| • 전쟁, 테러, 범죄와 같은 물리적 폭력이 없는 상태<br>• 빈곤이나 인권 침해 같은 다양한 차원의 폭력을 고려하지 않는 한계가 있음 | • 물리적 폭력뿐만 아니라 구조적 폭력과 문화적 폭력까지 사라진 상태<br>• 평화의 개념을 인간의 생명과 존엄을 중시하는 인간 안보 차원으로 확장함 |

인간 안보: 안보의 궁극적 대상을 인간으로 보는 관점이다. 전쟁의 위협과 같은 국가 안보는 물론 삶의 질, 자유와 인권 보장 등도 안보의 개념에 폭넓게 포함시켰다.

### 2 동양의 평화 사상

**① 유교**

- 인간의 도덕적 타락을 불화와 갈등의 원인으로 봄 → 구성원들이 도덕성을 회복하여 인(仁)과 의(義)를 실현할 것을 강조함
- 수기이안인(修己以安人), 수신제가 치국평천하(修身齊家治國平天下)를 강조함 → 개인의 도덕적 수양을 바탕으로 화평(和平)한 세계를 이루고자 함 2 3
  - 화평(和平): 사람들 간의 조화와 화합을 강조한 말이다.
- 대동 사회를 화평이 실현된 사회로 봄

**② 묵자**

- 유교의 인은 존비친소*를 분별하는 사랑으로 사회 혼란을 초래한다고 봄
- 겸애(兼愛)와 비공(非攻) : 보편적 인류애를 주장하며 전쟁을 반대함

| | |
|---|---|
| 겸애 | • 모든 사람을 똑같이 사랑한다는 의미임<br>• 남의 나라 보기를 자기 나라 보듯 하고, 남의 집안 보기를 자기 집안 보듯 하며, 남의 몸 보기를 자기 몸 보듯 해야 함 |
| 비공 | • 침략 전쟁을 해서는 안 된다는 의미임 질문<br>• 통치자는 천하의 이익을 일으키고 해(害)를 제거해야 하므로 전쟁을 피해야 함 (왜? 전쟁은 불이익을 가져오기 때문이다.) |

**자료로 보는 묵자의 평화 사상**

> 서로가 믿음으로써 사귀고 큰 나라가 작은 나라를 공격하면 곧 함께 그를 구해 주고, 작은 나라의 성곽이 온전치 않으면 반드시 그것을 수리해 줄 것이며, 옷감이나 곡식이 모자라면 그것을 보내 주고, 예물용 폐백이 부족하면 그것을 공급해 줄 것이다.
> – 『묵자』 –

자료 분석 묵자는 서로 차별 없이 사랑하고 이익을 나누어야 세상의 혼란을 극복할 수 있다고 보았다.

**개념 더하기 자료 채우기**

**1 갈퉁의 폭력 구분**

| | |
|---|---|
| 직접적 폭력 | 폭행, 구타, 고문, 테러, 전쟁 등 물리적이고 의도적인 폭력 |
| 구조적 폭력 | 사회 제도나 관습 등의 사회 구조가 폭력을 용인하거나 정당화함으로써 나타나는 형태의 폭력 |
| 문화적 폭력 | 종교, 사상, 언어, 예술, 과학 등의 문화적 영역이 직접적 폭력이나 구조적 폭력을 정당화하는 데 이용되는 것 |

갈퉁에 따르면 세 가지 폭력은 서로 유기적으로 연결되어 있다. 진정한 평화를 실현하려면 직접적 폭력을 예방해야 할 뿐만 아니라 개인, 집단, 국가 간에 발생하는 갈등을 비폭력적인 방식으로 풀어 갈 수 있는 평화의 구조와 문화를 구축해야 한다.

**2 수기이안인**

정치에 대한 공자의 기본 사상으로, 자신을 수양하고 덕행을 베풀어 모든 사람의 삶을 안정되고 평온하게 해 주어야 한다는 의미이다.

**3 수신제가 치국평천하**

> 자신이 수양 된 이후에 집안이 잘 다스려지고, 집안이 잘 다스려진 이후에 나라가 잘 다스려지고, 나라가 잘 다스려진 이후에 천하가 평화롭게 된다.
> – 『대학』 –

유교에서는 윤리적 실천의 단계를 자신으로부터 시작하여 가정, 사회, 국가로 확대하였다.

**질문 있어요**

묵자가 침략 전쟁을 반대한 이유는 무엇일까요?

묵자는 천하에 가장 해로운 것이 전쟁이라고 주장하며, 침략 전쟁을 반대합니다. 묵자는 침략 전쟁이 다른 나라를 해치고 자기 나라를 이롭게 하려는 것으로 의롭지 않으며, 침략당하는 나라와 침략하는 나라 모두 정치적 혼란을 겪고 경제적 손실을 입는다고 보았어요. 또한 전쟁으로 무수한 인명 피해가 발생하여 한 국가가 쇠망할 수도 있으므로 침략 전쟁을 해서는 안 된다고 강조해요.

**용어사전**

* **존비친소**(높다 尊, 낮다 卑, 친하다 親, 멀다 疎) 지위나 신분의 높고 낮음과 어떤 사람과 친함과 그렇지 않음을 가리킴

③ 불교

- 수양을 통해서 마음속의 탐욕[貪], 화냄[瞋], 어리석음[癡]을 제거할 것을 강조함
- 연기*에 대한 깨달음에 이를 것을 주장함 → 연기에 대한 자각은 무차별적 사랑인 자비*로 이어짐
- 생명을 지닌 존재를 죽이지 않는 불살생(不殺生)을 제시함 → 인간뿐만이 아니라 모든 생명체에 대한 비폭력의 실천을 강조함 질문

④ 도가

- 인간의 그릇된 인식과 가치관, 인위적인 제도를 사회 혼란의 원인으로 봄 → 소박한 덕에 따라 개인, 사회, 자연이 조화를 이루며 살 것을 강조함
- 무위의 다스림이 이루어지며 나라의 규모가 작고 백성이 자급자족할 때 평화를 이룰 수 있음 4
  - 무위의 다스림: 인위적인 다스림이 없는 정치를 말하는 것으로 통치자의 인위적인 조작이 없으면 백성은 스스로 자신의 일을 해 나갈 수 있다.

## 3 서양의 평화 사상

① 에라스뮈스

- 전쟁은 본성상 선보다 악을 초래한다고 주장함
  - 전쟁은 반드시 피해야 할 일이라고 본 반면, 평화는 인간 상호 간의 우애로 모든 선의 근원이라고 보았다.
- 전쟁은 평화를 추구하는 종교 정신에 위배되는 것이며, 죄 없는 다수가 혹독한 재앙에 휘말리는 것이므로 도덕적이지 않다고 주장함
- 경제적 측면에서 전쟁의 부당함을 강조함
  - 무기 구매, 용병 모집 등 전쟁에 따라 발생하는 경제적 손실을 고려할 때, 평화를 달성하는 것이 전쟁보다 훨씬 적은 비용이 든다고 보았다.

② 생피에르

- 전쟁은 인간의 이기심이 대립하면서 시작되는 것으로, 무력에 호소할 수 밖에 없는 상태임
- 평화를 실현하기 위해 인간의 이기심과 합리적 이성에 따를 것을 주장함
- 공리적 관점을 바탕으로 군주들의 연합을 만들면 항구적인 평화를 실현할 수 있다고 주장함

③ 칸트

- 전쟁은 인간을 국가적인 이해관계를 실현하기 위한 수단으로만 대우하는 것으로, 도덕적으로 정당화될 수 없음
- 『영구 평화론』에서 영구 평화를 위한 예비 조항과 확정 조항을 제시함 5

**자료로 보는 칸트의 영구 평화를 위한 확정 조항**

| 제1의 확정 조항 | 제2의 확정 조항 | 제3의 확정 조항 |
|---|---|---|
| 모든 국가의 시민적 정치 체제는 공화정이어야 한다. | 국제법은 자유로운 국가들의 연방 체제에 기초하지 않으면 안 된다. | 세계 시민법은 보편적 우호의 조건에 국한되어야 한다. |

**자료 분석** 칸트는 국민 국가의 존재를 인정하고 개별 국가의 자유를 보장하는 국제 연맹을 통해 평화를 실현하고자 하였으며, 국가 간의 교류가 전쟁의 가능성을 줄일 수 있다고 보았다.

Q 『영구 평화론』을 통해 영구 평화를 위한 확정 조항을 제시한 사상가는 누구인가? 칸트 A

### 개념 더하기 자료 채우기

**질문 있어요**

**비폭력을 실천한 서양의 사례로는 무엇이 있을까요?**

간디는 영국에 대한 독립 투쟁을 벌이면서 생명 존중과 살생 금지를 주장하며 비폭력을 실천했어요. 간디는 인간을 쉽게 폭력에 휩쓸리는 무기력한 존재로 보면서, 폭력에서 벗어나기 위해서는 동정심을 행위의 원칙으로 삼고 자제력을 키워야 한다고 주장했어요. 이러한 간디의 비폭력은 적을 포함한 모든 사람에 대한 사랑의 표현으로 비협력, 단식, 시민 불복종 등 다양한 형태의 실천으로 나타납니다.

**4 도가의 평화로운 사회**

> 제 고장의 음식을 달게 먹고, 제 고장의 옷을 아름답게 여기고, 제 고장의 집에 편안해하고, 제 고장의 풍속을 즐긴다. 이웃한 나라가 서로 바라보이고 개 짖고 닭 우는 소리가 서로 들리더라도 백성은 늙어 죽을 때까지 서로 오가지 않는다.
>
> – 노자, 『도덕경』 –

도가의 이상 사회인 소국과민 사회에서는 모두가 만족하며 생활하기 때문에 주변국과 무역이나 교류조차 할 필요가 없으며 서로를 침략하지 않고 평화롭게 살아간다.

**5 칸트의 『영구 평화론』 예비 조항**

> ① 장차 전쟁의 화근이 될 수 있는 내용을 유보한 채로 맺은 평화 조약은 불가능하다.
> ② 어떠한 독립 국가도 타국의 소유가 될 수 없다.
> ③ 상비군은 조만간 완전히 폐지되어야 한다.
> ④ 대외적 분쟁과 관련하여 어떠한 국채도 발행해서는 안 된다.
> ⑤ 타국의 체제와 통치에 폭력으로 간섭해서는 안 된다.
> ⑥ 전쟁 중 암살이나 독살, 항복 조약 파기 등의 신뢰를 배신하는 비열한 행위를 하지 않는다.

칸트는 『영구 평화론』에서 국가 간 평화를 위해 금지해야 할 내용을 담은 예비 조항을 제시한다.

**용어사전**

* **연기**(인연 緣, 일어날 起) 모든 존재와 현상은 무수한 원인[因]과 조건[緣]에 의해 생겨나며, 그 원인과 조건이 없어지면 결과도 사라지게 됨을 의미함
* **자비**(사랑하다 慈, 슬프다 悲) 연기에 대한 자각에서 나와 남을 하나로 여길 때 자연스럽게 생기는 넓고 깊은 사랑을 의미함. 남을 사랑하고 남의 고통을 연민하는 마음

④ 현실주의와 이상주의 관점

| | |
|---|---|
| 현실주의 | • 국가는 생존과 이익을 추구하는 공동체임<br>• 주권 국가보다 상위의 권위를 지니는 국제기구나 국제법은 존재하지 않거나 존재하더라도 실효적인 권위가 없음<br>• 평화는 세력 균형을 맞출 때 실현될 수 있음<br>• 한계 : 안보 딜레마와 국제 사회의 유동성으로 확실한 평화를 보장하지 못함, 국제기구가 세계 평화에 이바지하고 있다는 점을 설명하기 어려움 |
| 이상주의 | • 인간은 선하고 상호 협력할 수 있는 이성적 존재임<br>• 국제기구나 국제법 등으로 잘못된 제도를 바로잡고자 함<br>• 평화는 이성에 근거한 보편적 도덕 원리에 따라 국제적 갈등을 해결할 때 실현될 수 있음<br>• 한계 : 인간의 본성과 국가적 대립에 관해 지나치게 낙관적임, 국가 간 이익이 충돌할 때 국제법이 실질적 구속력과 효력을 발휘하기 어려움 |

⑤ 정의 전쟁론

- 전쟁이 윤리적 범주에 기반하여 도덕적으로 정당화될 수 있다고 봄 → 정당한 목적을 지닌 전쟁은 허용될 수 있다는 입장
- 대표 사상가 : 아우구스티누스, 아퀴나스, 왈처 1

**자료로 보는 왈처의 정의 전쟁론**

전쟁은 국가가 전투를 수행하는 이유 측면(전쟁의 정당성)과 전투에서 사용하는 수단 측면(전쟁에서의 정당성)에서 심판받는다. …… '전쟁의 정당성'이란 문제로 인해 우리는 침략과 자위(自衛) 행위에 관해 심판하게 된다. '전쟁에서의 정당성'이란 문제로 인해 우리는 교전 규칙의 준수 여부를 심판하게 된다.

– 왈처, 『마르스의 두 얼굴』 –

자료 분석 왈처는 전쟁이 때로는 도덕적으로 정당화될 수 있다고 주장하면서, 전쟁 개시의 이유와 전쟁 수행의 수단들에 대한 정당화 기준을 제시하였다.

Q 전쟁이 정의를 수행하기 위한 수단이 될 수 있음을 인정하는 입장을 무엇이라고 하는가?

A 정의 전쟁론

## B 세계 시민주의와 세계 시민 윤리의 구상

### 1 세계 시민주의

① **의미** : 특정 민족이나 국가를 넘어서 인류를 하나라고 보는 입장

② **필요성** 2

- 세계화로 국가 간, 사람들 간의 관계가 밀접하게 연결되어 있기 때문
- 인류 공동체의 결속력을 높이고 인류가 평화롭게 공존하기 위해

③ **구체적 특징**

- 전 지구적인 문제에 대한 관심 : 인류를 하나의 운명 공동체로 인식하고 지구상에 발생하고 있는 문제를 함께 해결하기 위해 노력함 질문
- 다양성 존중 : 다른 사람들과 더불어 살아가기 위해 다양성을 인정하고 관용을 베풀 것을 강조함
- 평화로운 갈등 해결을 위한 노력 : 인류애를 바탕으로 갈등이 발생하더라도 함부로 폭력을 행사하지 않고 대화와 타협을 통해 해결하려고 함

**개념 더하기 자료 채우기**

1 아퀴나스의 정의 전쟁론

어떤 전쟁이 정의로운 전쟁이 되기 위해서는 군주의 명령에 의하여 선포되거나 수행되어야 한다. 군주는 국가의 질서와 안전을 위협하는 외부의 적을 처벌할 수 있다. …… 정의로운 전쟁을 통해 부당함이 처벌을 받는다. 부당하게 피해를 입은 국가가 정당하게 배상하지 않은 가해 국가에 대해 일으키는 전쟁은 정의로운 것이다. …… 정의로운 전쟁은 전쟁 수행자들이 올바른 의도를 갖는 것이 요구된다. 즉 선을 증진하거나 악을 회피하도록 해야 한다.

– 아퀴나스, 『신학 대전』 –

아퀴나스는 전쟁이 정당화되는 조건을 다음과 같이 제시하였다. 첫째, 전쟁은 전쟁을 선포할 수 있는 권위를 지닌 사람에 의해 선포되어야 한다. 둘째, 전쟁은 정당한 원인이 있어야 한다. 셋째, 전쟁은 정당한 의도를 지니고 있어야 한다.

2 세계 시민주의의 필요성

칸트는 세계 평화를 실현하기 위해 세계 시민주의가 필요하다고 보았다. 그는 고대 그리스의 시민 개념을 확대하여 세계 시민으로서 타국을 방문할 권리를 주장하였다. 즉, 세계의 모든 시민은 어디든 여행하거나 체류할 수 있고 어디에서도 적대적인 대접을 받지 않을 권리가 있으며, 지구에 관한 공동의 권리와 책임이 있다. 그는 이러한 권리와 제도를 보장함으로써 세계 평화를 유지할 수 있다고 보았다.

**질문 있어요**

전 지구적인 문제에는 구체적으로 어떤 것이 있나요?

세계 시민이 관심을 가져야 할 전 지구적인 문제로는 기아와 난민 발생, 인권 침해, 생태계 파괴, 대량 살상 무기의 개발 등을 들 수 있습니다. 이러한 문제는 어느 한 지역에 국한되지 않고 소수가 해결할 수 없기 때문에 인류 공동체의 노력이 필요합니다.

**용어사전**

* **세력 균형** 특정한 집단이 다른 집단을 압도할 만큼 강대해지지 않도록 견제하여 균형을 유지하는 것
* **안보 딜레마** 자국의 안보를 증진하기 위해 군사력을 증강하지만, 이에 따라 다른 국가 역시 군사력을 증강하는 상황을 의미함. 그 결과 어느 국가도 군비 경쟁 시작 전보다 안전하지 못한 상태에 이를 수 있음

### 자료로 보는 세계 시민 윤리의 구상

우리는 어린이, 노인, 가난한 사람, 고통받는 사람, 장애인, 난민 그리고 외로운 사람들을 잊어서는 안 된다. 어떤 사람도 이류(二流) 시민으로 취급되어서는 안 되며, 또 어떤 방식으로도 착취되어서는 안 된다. 그리고 우리는 어떠한 형태의 지배와 남용도 배격해야 한다. – 한스 큉, 『세계 윤리 구상』 –

**자료 분석** 한스 큉에 따르면 우리는 인류를 하나의 가족으로 생각해야 하며, 서로를 친절하고 관용적으로 대하기 위해 노력해야 한다.

## 2 지구적 협력과 해외 원조에 대한 입장

(해외 원조: 절대 빈곤이나 전쟁으로 고통받는 인류를 돕는 활동이다.)

### ① 롤스

- 국제주의* 입장에서 해외 원조가 도덕적 의무라고 주장함
- 원조의 목적은 고통받는 사회가 질서 정연한 사회가 되도록 하는 것임 3
- 차등의 원칙을 국제 사회에 적용하는 것에 반대 : 각 사회마다 필요한 부의 수준이 다르기 때문에 물질적으로 평준화할 필요는 없음 질문

### ② 싱어

- 세계 시민주의의 입장에서 해외 원조가 의무라고 주장함
- 공리주의적 관점에서 세계의 모든 가난한 사람을 원조의 대상으로 삼음
- 원조의 목적은 전 지구인의 복지를 향상하는 것임
- 원조의 의무는 '이익 평등 고려의 원칙'을 전제로 함

(이익 평등 고려의 원칙: 모든 존재의 이익을 동등하게 고려해야 한다는 원칙)

### 자료로 보는 해외 원조에 대한 싱어와 롤스의 입장

물에 빠진 아이를 구하기 위해 비록 우리의 옷이 진흙투성이가 된다고 할지라도, 아이가 익사하는 것이 더 나쁜 것이기 때문에 우리는 아이를 구해야 합니다. 우리는 어려운 처지에 있는 다른 사람을 도와야 합니다.

빈곤과 기아 문제는 물적 자원의 부족이 아닌 정치적·사회적 제도의 결함에서 비롯됩니다. 또한 각 사회의 고유한 문화와 역사에 따라서 필요한 부의 수준이 다르므로 국가 간에 부를 평준화할 필요는 없습니다.

**자료 분석** 싱어는 고통을 감소하고 쾌락을 증진해야 한다고 보는 공리주의적 입장에서 해외 원조를 의무라고 주장하였다. 반면 롤스는 시민의 기본적 정치 권리가 보장되는 질서 정연한 사회에 사는 사람은 고통받는 사회를 원조해야 할 의무가 있다고 주장하였다.

Q 해외 원조의 목적으로 '질서 정연한 사회'를 강조한 사상가는 누구인가? ㄹ룰 A

### ③ 노직 4

- 해외 원조를 개인의 자율적 선택에 맡겨야 함 → 재산의 소유권은 전적으로 개인에게 있음
- 해외 원조는 선한 행위로 평가할 수 있지만 의무는 아님 → 원조를 하지 않는다고 해서 도덕적으로 비난받아야 할 이유는 없음

## 개념 더하기 자료 채우기

### 3 고통받는 사회와 질서 정연한 사회

| | |
|---|---|
| 고통받는 사회 | 인권 보장이나 민주적 의사 결정 과정이 정착되어 있지 않으며 다른 국가에 대해 공격적이지 않은 사회 |
| 질서 정연한 사회 | 구성원들의 선(善)을 증진해 주고 구성원들이 동의한 정의의 원칙에 의해 효율적으로 규제되는 사회. 인권이 보장되고 민주적 의사 결정이 이루어지는 사회 |

롤스에 따르면 고통받는 사회가 질서 정연한 사회로 진입한 이후에는 그 사회가 여전히 상대적으로 빈곤할지라도 해외 원조를 중단해야 한다.

### 질문 있어요

**차등의 원칙을 국제 사회에 적용하지 않는다는 게 무슨 뜻인가요?**

롤스는 폭력, 기아, 빈곤 등의 문제가 정치·사회 제도의 부정의함에서 비롯된다고 생각했기 때문에, 이것만 개선이 되면 다른 문제도 자연스럽게 해결된다고 보았어요. 따라서 원조의 목적은 고통받는 사회의 구조와 제도를 개선시키는 것이지 최소 수혜자의 최대 이익을 보장하는 것이 아닙니다. 즉 질서 정연하다면 가난한 나라라도 원조의 대상이 아닌 것이지요.

### 4 노직의 정의 원칙과 원조

1. 우리는 노동을 통해 어떤 것을 소유할 때, 타인의 처지를 악화시키지 않는 한 그 소유물을 취득할 응분의 권한을 가진다.(취득의 원칙)
2. 우리는 자신의 노동에 의한 결과뿐만 아니라 타인에 의해 자유로이 양도된 것에 대해서도 정당한 소유권을 가진다.(양도의 원칙)
3. 취득과 양도 시 과오나 그릇된 절차에 의한 소유가 발생했을 때에는 이를 바로잡아야 한다.(교정의 원칙) – 노직, 『아나키에서 유토피아로』 –

노직은 재화의 취득과 이전의 과정이 정당하면 그 과정을 통해 얻은 소유물에 관해서는 개인이 절대적 소유 권리를 가진다고 보았다. 따라서 노직은 해외 원조를 의무가 아닌 자선의 관점에서 이해하고, 해외 원조에 대한 강제는 개인의 재산권을 침해하는 것이라고 주장하였다.

### 용어사전

* **국제주의** 국가나 민족 등을 전제로 하여, 국가 간의 상호 협력을 바탕으로 세계 평화를 실현하고자 하는 관점. 개인을 단위로 하는 세계 시민주의와 구별됨

# 기초를 다지는 확인 문제

바른답·알찬풀이 74쪽

**올리드 포인트**

## A 동서양의 다양한 평화 사상

### 1 갈퉁의 평화론

| | |
|---|---|
| 소극적 평화 | 전쟁, 테러, 범죄와 같은 물리적 폭력이 없는 상태 |
| 적극적 평화 | 물리적 폭력뿐만 아니라 구조적 폭력과 문화적 폭력까지 사라진 상태 |

### 2 동양의 평화 사상

| | |
|---|---|
| 유교 | 도덕적 수양을 바탕으로 화평을 이루고자 함 |
| 묵자 | 보편적 인류애를 주장하며 전쟁을 반대함 |
| 불교 | 연기에 대한 자각, 불살생을 강조함 |
| 도가 | 소박한 덕에 따라 조화를 이루며 살 것을 강조함 |

### 3 서양의 평화 사상

| | |
|---|---|
| 에라스뮈스 | • 그리스도교의 사랑과 비폭력의 사상을 계승함<br>• 전쟁은 본성상 선보다 악을 초래한다고 봄 |
| 생피에르 | • 공리적 관점에서 항구적인 평화를 주장함<br>• 전쟁은 이기심의 대립으로 시작됨 |
| 칸트 | 『영구 평화론』에서 영구 평화를 위한 예비 조항과 확정 조항을 제시함 |
| 현실주의 | 국가는 생존과 이익을 추구하는 공동체임 → 평화는 세력 균형을 통해 실현됨 |
| 이상주의 | 인간은 이성적 존재임 → 평화는 이성에 근거한 보편적 도덕 원리에 따라 실현됨 |
| 정의 전쟁론 | • 전쟁을 윤리적 범주에 기반하여 설명함<br>• 대표자 : 아우구스티누스, 아퀴나스, 왈처 |

## B 세계 시민주의와 세계 시민 윤리의 구상

### 1 세계 시민주의

| | |
|---|---|
| 세계 시민 주의 | • 특정 민족이나 국가를 넘어서 인류를 하나라고 봄<br>• 모든 민족과 국가 간의 협력과 연대, 다양성 존중, 갈등의 평화로운 해결을 강조함 |
| 세계 시민 윤리 | • 인간 존엄성, 인권 보장을 기본 가치로 삼아야 함<br>• 전 지구적 문제와 그 해결에 관심을 가져야 함<br>• 상호 존중과 관용의 자세를 지녀야 함 |

### 2 지구적 협력과 해외 원조에 대한 입장

| | |
|---|---|
| 롤스 | • 국제주의 입장, 해외 원조는 도덕적 의무<br>• 원조의 목적은 고통받는 사회가 질서 정연한 사회가 되도록 하는 것임 |
| 싱어 | • 세계 시민주의의 입장, 해외 원조는 도덕적 의무<br>• 원조의 목적은 전 지구인의 복지를 향상하는 것임 |
| 노직 | 해외 원조를 개인이나 국가의 자율적 선택에 맡겨야 한다고 주장함 → 해외 원조는 도덕적 의무가 아님 |

**01** 빈칸에 들어갈 알맞은 말을 쓰시오.

(1) 갈퉁은 전쟁, 테러와 같은 물리적 폭력이 없는 상태의 평화를 (        )(이)라고 한다.

(2) 갈퉁에 따르면 (        )은/는 물리적 폭력뿐만 아니라 구조적 폭력과 문화적 폭력도 제거되어 모두가 인간답게 살 수 있는 상태이다.

(3) 유교의 (        )은/는 도덕성을 기반으로 모든 사람이 함께 조화롭게 어울려 사는 평화로운 사회이다.

(4) 묵자가 주장한 (        )은/는 모든 사람을 똑같이 사랑한다는 의미이다.

(5) 생피에르는 (        )적 관점을 바탕으로 군주들의 연합을 만들면 항구적인 평화를 실현할 수 있다고 보았다.

(6) (        )의 『영구 평화론』에는 국가 간 평화를 위해 금지해야 할 내용을 담은 예비 조항이 있다.

**02** 다음 설명이 맞으면 ○표, 틀리면 ×표를 하시오.

(1) 도가에서는 수양을 통해 탐욕, 화냄, 어리석음을 제거하고 연기에 대한 깨달음에 이를 것을 강조하였다. (    )

(2) 현실주의 입장에서는 국제적 갈등을 이성을 통한 보편적 도덕 원리로 풀어야 한다고 본다. (    )

(3) 왈처는 전쟁이 때로는 도덕적으로 정당화될 수 있다고 보았다. (    )

(4) 세계 시민주의는 특정 민족이나 국가를 넘어서 인류를 하나라고 보는 입장이다. (    )

**03** 다음 사상가와 해외 원조에 대한 입장을 바르게 연결하시오.

(1) 노직 •　　• ㉠ 해외 원조의 목적은 전 지구인의 복지를 향상하는 것이다.

(2) 싱어 •　　• ㉡ 해외 원조의 목적은 고통받는 사회가 질서 정연한 사회가 되도록 하는 것이다.

(3) 롤스 •　　• ㉢ 해외 원조는 선한 행위라고 평가할 수 있지만 의무는 아니다.

# 실력을 키우는 실전 문제

바른답·알찬풀이 74쪽

**01** ㉠, ㉡에 관한 옳은 설명을 <보기>에서 고른 것은?

> 역사상 인류는 전쟁이나 폭력이 없는 평화로운 세상을 추구하였다. 평화는 ㉠ 소극적 평화와 ㉡ 적극적 평화로 구분할 수 있다.

보기

ㄱ. ㉠은 전쟁과 같은 직접적 폭력이 없는 상태이다.
ㄴ. ㉠은 국가 안보에서 인간 안보 차원으로 평화 개념을 넓힌 것이다.
ㄷ. ㉡은 직접적 폭력뿐만 아니라 간접적 폭력까지 없는 상태이다.
ㄹ. ㉡은 인간이 겪는 다양한 차원의 폭력을 소홀히 한다는 한계가 있다.

① ㄱ, ㄴ　② ㄱ, ㄷ　③ ㄴ, ㄷ
④ ㄴ, ㄹ　⑤ ㄷ, ㄹ

중요

**02** (가)를 주장한 사상가의 입장에서 볼 때, (나)의 A에 들어갈 내용으로 가장 적절한 것은?

| | |
|---|---|
| (가) | 폭력은 직접적이고 물리적인 행위만이 아니라, 인간의 잠재적 능력의 실현을 방해하는 비의도적이고 간접적인 구조 또한 포함한다. 한편 상징적 차원에서 인간에게 작동하는 문화적 폭력은 직접적·구조적 폭력의 모든 유형과 연관되며, 이들에 정당성과 합법성을 부여함으로써 폭력을 은폐한다. |
| (나) | 진정한 평화를 실현하려면 어떻게 해야 할까요?  A  |

① 물리적 폭력의 제거만을 강조해야 합니다.
② 구조적 폭력과 문화적 폭력은 상호 무관함을 인식해야 합니다.
③ 직간접적 폭력을 모두 제거해 적극적 평화를 추구해야 합니다.
④ 폭력의 주체는 사회 구조가 아닌 개인의 의지임을 깨달아야 합니다.
⑤ 문화적 폭력보다 구조적 폭력을 먼저 제거해야 함을 알아야 합니다.

**03** 그림의 강연자가 제시한 이상 사회에 관한 설명으로 옳지 않은 것은?

> 큰 도(道)가 실현된 세상에서는 천하가 모두의 것이 됩니다. 현명하고 유능한 사람을 뽑아 나라를 다스리게 하며, 자기 부모나 자기 자식만 사랑하지 않고 남의 부모나 자식도 사랑합니다. 늙은이는 편안하게 삶을 마칠 수 있고, 젊은이는 일할 자리를 얻고, 고아와 과부 그리고 병든 사람들이 모두 부양을 받습니다.

① 사회적 재화가 고르게 분배되는 사회이다.
② 사회적 약자에 대한 배려를 중시하는 사회이다.
③ 가족 이기주의에서 벗어나 타인을 배려하는 사회이다.
④ 도덕적 명분보다 경제적 이로움을 추구하는 사회이다.
⑤ 모든 사람이 조화롭게 어울려 사는 평화로운 사회이다.

중요

**04** 다음 사상가의 입장에만 모두 'V'를 표시한 학생은?

> • 전쟁이란 국가와 백성에게 이롭지 않다. 전쟁으로 말미암아 국가는 제 본분을 잃고, 백성은 생업을 잃는다. 천하 민중이 전쟁을 반대하고 화목하여 단결함으로써 생산에 힘쓰고, 이로써 생산이 증대되면 백성에게 얼마나 이로울 것인가.
> • 이웃을 자신의 몸과 같이 사랑하고, 남의 가문을 자기 가문처럼 생각하며, 남의 나라를 자기 나라처럼 생각한다면 전쟁은 있을 수 없다.

| 입장 \ 학생 | 갑 | 을 | 병 | 정 | 무 |
|---|---|---|---|---|---|
| 생산에 힘쓰면서 절용(節用)을 실천해야 한다. | V | | | V | V |
| 자신을 대하듯 남을 대하는 겸애(兼愛)를 실천해야 한다. | V | V | | V | |
| 침략 전쟁은 당장에 이익이 되지 않더라도 수행해야 한다. | | V | V | | V |
| 존비친소를 분별하는 사랑으로 사회 혼란을 극복해야 한다. | | | V | V | V |

① 갑　② 을　③ 병　④ 정　⑤ 무

중요

**05** 그림과 같이 동양의 평화 사상을 탐구할 때, A, B에 들어갈 질문으로 가장 적절한 것은?

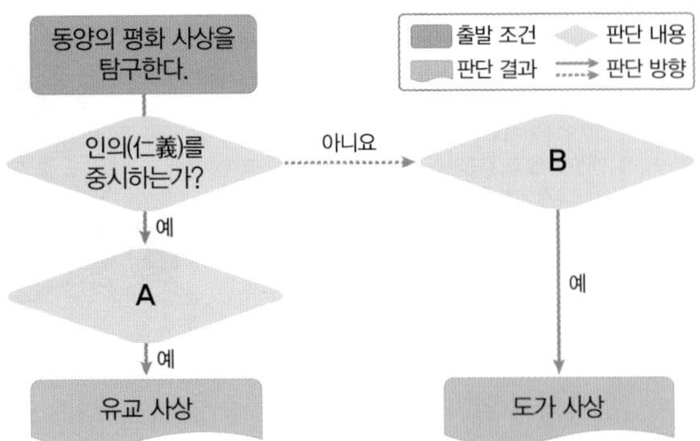


① A : 연기를 자각하여 자비(慈悲)를 실천해야 하는가?
② A : 도덕적 수양을 통해 화평(和平)을 실현해야 하는가?
③ A : 무위의 다스림이 이루어지는 소국과민 사회를 추구해야 하는가?
④ B : 예법을 익혀 인(仁)과 의(義)를 실현해야 하는가?
⑤ B : 모든 사람이 평화롭게 살아가는 대동 사회를 추구해야 하는가?

**06** 갑의 입장에 비해 을의 입장이 갖는 상대적 특징을 그림의 ㉠~㉤ 중에서 고른 것은?

> 갑 : 자신의 이기심을 극복하고 예(禮)로 돌아가는 것이 인(仁)이다. 하루만이라도 자신의 이기심을 극복하고 예로 돌아가면, 천하가 인에 귀의할 것이다. 인을 실천하는 것이 자신에게 달린 것이지 다른 사람에게 달린 것이겠느냐?
> 을 : 모든 천하의 재난과 찬탈과 원한이 일어나는 까닭은 서로 사랑하지 않는 데에서 생겨나는 것이다. 모두가 두루 아울러 서로 사랑하고 모두가 서로 이롭게 하는 방법으로써 이를 대신해야 한다.

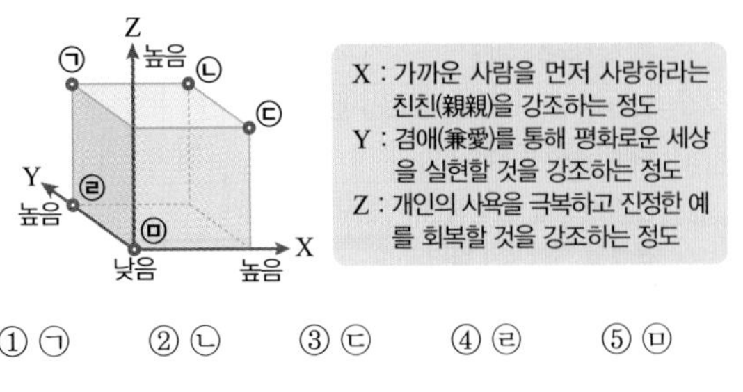


① ㉠ ② ㉡ ③ ㉢ ④ ㉣ ⑤ ㉤

**07** 그림의 A에 들어갈 답변으로 옳은 내용만을 〈보기〉에서 있는 대로 고른 것은?

> 보기
> ㄱ. 불살생과 비폭력을 실천할 것을 강조합니다.
> ㄴ. 탐욕, 성냄, 어리석음을 제거할 것을 강조합니다.
> ㄷ. 덕에 따라 무위자연의 삶을 살 것을 강조합니다.
> ㄹ. 연기와 자비를 바탕으로 생명을 존중할 것을 강조합니다.

① ㄱ, ㄴ ② ㄱ, ㄷ ③ ㄷ, ㄹ
④ ㄱ, ㄴ, ㄹ ⑤ ㄴ, ㄷ, ㄹ

중요

**08** 다음 사상가의 입장으로 가장 적절한 것은?

> 국가로서의 민족은, 개인 각자의 경우와 마찬가지로, 그들이 자연 상태에 있을 때, 즉 외적 법칙에서 벗어나 있을 때는 서로 병존한다는 것 자체가 이미 서로를 해치는 것으로 생각할 수 있다. 따라서 그들은 각자 자신의 안전을 위해 각자의 권리가 보장될 수 있는 시민적 체제를 요구하게 된다. 그리하여 하나의 비슷한 체제로 들어갈 것을 서로에게 요구할 수 있고 또 그렇게 해야 한다. 이것이 아마도 국제 연맹일 것이다.

① 전쟁을 방지하기 위해 국제법을 폐지해야 한다.
② 국가는 분쟁 관계에서 도덕성을 고려해서는 안 된다.
③ 국가는 자유로운 국가들 간의 연맹에 참여해야 한다.
④ 전쟁의 일시적 중단 상태를 영구 평화로 보아야 한다.
⑤ 국가 간의 교류는 전쟁 가능성을 높이므로 차단되어야 한다.

**09** 그림은 서술형 평가 문제와 학생 답안이다. 학생 답안의 ㉠~㉤ 중 옳지 않은 것은?

⊙ 문제 : 갑 사상가의 평화 사상에 대해 서술하시오.

> 갑 : 주교관과 전투 헬멧, 목자의 지팡이와 군인의 창, 복음서와 방패가 도대체 어떻게 조화될 수 있단 말인가? 온 세상을 피비린내 나는 전장으로 몰고 가면서 어떻게 동시에 아무렇지도 않게 "평화가 당신과 함께하기를!" 하며 인사할 수 있단 말인가?

⊙ 학생 답안 : 르네상스 시기의 사상가인 갑은 ㉠ 그리스도교의 사랑과 비폭력의 평화 사상을 계승하였으며, ㉡ 전쟁이 본성상 선보다 악을 초래한다고 주장하였다. 또한 ㉢ 전쟁은 평화를 추구하는 종교 정신에 위배되는 것이라고 보았으며, ㉣ 전쟁에서는 악인만이 피해를 겪기 때문에 도덕적으로도 옳지 않다고 주장하였다. 그리고 ㉤ 경제적 측면에서도 전쟁의 부당함을 강조하였다.

① ㉠ ② ㉡ ③ ㉢ ④ ㉣ ⑤ ㉤

중요

**10** 다음 글의 입장을 〈보기〉에서 고른 것은?

> 국제 정치는 국가 이익의 관점에서 정의된 권력을 위한 투쟁이다. 모든 정치가들은 국가 이익이라고 정의될 수 있는 권력을 극대화하기 위해 투쟁하고 있으며, 이러한 원칙은 국제 정치에 존재하고 있다. 모든 국가들의 정책은 세 가지로 분류할 수 있는데, 국력을 보전하는 정책, 국력을 확장하는 정책, 국력을 과시하는 정책이 바로 그것이다.

보기

ㄱ. 세력 균형을 통한 전쟁 억지를 강조한다.
ㄴ. 대화와 협상을 통한 평화 유지를 강조한다.
ㄷ. 국가 간의 관계에서 힘의 논리를 강조한다.
ㄹ. 개별 주권 국가가 이성적 존재임을 강조한다.

① ㄱ, ㄴ ② ㄱ, ㄷ ③ ㄴ, ㄷ
④ ㄴ, ㄹ ⑤ ㄷ, ㄹ

**11** ㉠에 들어갈 옳은 진술을 〈보기〉에서 고른 것은?

> 이상주의에서는 인간을 선하고 상호 협력할 수 있는 이성적 존재로 본다. 그리고 개인 관계에서 적용되거나 국내 정치에서 통용되는 도덕 원리를 보편적인 것으로 보아, 국제 관계에도 적용할 수 있다고 여긴다. 하지만 이상주의는 '______㉠______'는 비판을 받는다.

보기

ㄱ. 안보 딜레마로 인해 확실한 평화를 보장하지 못한다.
ㄴ. 인간의 본성과 국가적인 대립에 관해 너무 낙관적이다.
ㄷ. 다양한 행위 주체 간의 협력 관계를 설명하기 어렵다.
ㄹ. 자국의 이익을 중시하는 현실적인 국제 관계를 설명하기 어렵다.

① ㄱ, ㄴ ② ㄱ, ㄷ ③ ㄴ, ㄷ
④ ㄴ, ㄹ ⑤ ㄷ, ㄹ

중요

**12** 다음 사상가의 입장으로 가장 적절한 것은?

> 개전(開戰) 혹은 참전에 대한 결정을 다루는 데 있어 정의로워야 한다는 점과 전장(戰場)의 전투 행위에 있어 정의로워야 한다는 점은 중세 가톨릭 철학자들과 법률가들이 만든 틀이었다. 이제 우리는 이러한 두 요소에 더하여 전쟁 이후의 정의라는 요소를 추가해야만 한다.

① 무력은 정의를 실현하기 위한 수단이 될 수 없다.
② 모든 형태의 전쟁은 도덕적 판단의 대상이 아니다.
③ 전쟁은 어떤 경우에도 도덕적으로 정당화될 수 없다.
④ 전쟁의 개시가 부당하면 종식도 필연적으로 부당하다.
⑤ 자국의 방어를 위한 불가피한 전쟁은 허용될 수 있다.

13 그림은 포스터의 일부이다. 이달의 사상가는 누구인가?

> **이달의 사상가**
>
> • 프랑스의 성직자이자 평화 사상가로, 『영원한 평화』라는 책을 통해 평화에 대한 자신의 입장을 전개하였다.
>
> • 전쟁은 비록 인간의 이기심 때문에 발생하지만, 오히려 이기심을 이용하면 평화를 실현할 수 있다고 주장하였다.

① 칸트 ② 루소 ③ 생피에르
④ 에라스뮈스 ⑤ 아우구스티누스

14 다음은 수행 평가를 위해 수집한 자료이다. ㉠에 들어갈 주제로 가장 적절한 것은?

> ⊙ 주제 : ㉠
>
> ⊙ 수집 자료
>
> (가) 어떤 전쟁이 정의로운 전쟁이 되기 위해서는 군주의 명령에 의하여 선포되거나 수행되어야 한다. 군주는 국가의 질서와 안전을 위협하는 외부의 적을 처벌할 수 있다. 외부의 적들을 처벌하는 행위가 바로 전쟁이다.
>
> (나) 전쟁은 항상 두 번 심판받는다. 즉 국가가 전투를 수행하는 이유 측면과 전투에서 사용하는 수단 측면에서 심판받는다. …… '전쟁의 정당성'이라는 문제로 인해 우리는 침략과 자위(自衛) 행위에 관해 심판하게 된다. '전쟁에서의 정당성'이라는 문제로 인해 우리는 교전 규칙의 준수 여부를 심판하게 된다.

① 모든 형태의 전쟁을 반대하는 입장
② 정의의 관점에서 전쟁을 정당화하는 입장
③ 경제적 이익 추구를 전쟁의 목적으로 삼는 입장
④ 도덕적 제약에서 벗어난 전쟁 수행을 강조하는 입장
⑤ 전쟁이 정의 실현에 기여할 수 있음을 부정하는 입장

중요

15 그림의 수업 장면에서 교사의 질문에 옳게 대답한 학생을 고른 것은?

① 갑, 을 ② 갑, 정 ③ 을, 병
④ 을, 정 ⑤ 병, 정

16 갑, 을 사상가의 입장에 관한 옳은 설명을 <보기>에서 고른 것은?

> 갑 : 한 사회나 국가를 넘어 세계의 모든 가난한 사람들을 원조의 대상으로 삼아야 하며, 원조의 수준에서도 인류 전체 행복이나 이익 증진이라는 관점에서 양을 늘려야 한다.
>
> 을 : 개인은 목적이지 수단이 아니므로 우리에게는 타인을 해치지 않을 의무가 있다. 그러나 가난한 사람들을 돕기 위한 과세는 강제 노동과 같은 것이므로, 우리는 자발적 동의 없이 타인을 도울 필요가 없다.

보기

ㄱ. 갑은 세계의 모든 가난한 사람을 원조의 대상으로 삼아야 한다고 본다.
ㄴ. 갑은 물리적 거리를 고려해 가까운 곳에 사는 어려운 사람을 먼저 도와야 한다고 본다.
ㄷ. 을은 개개인의 자율성에 기초하여 해외 원조가 가능하다고 본다.
ㄹ. 을은 해외 원조를 자선이 아닌 의무의 차원에서 이해해야 한다고 본다.

① ㄱ, ㄴ ② ㄱ, ㄷ ③ ㄴ, ㄷ
④ ㄴ, ㄹ ⑤ ㄷ, ㄹ

중요 ★★

**17** 갑, 을 사상가의 해외 원조에 관한 입장으로 옳은 것은?

빈곤과 기아 문제는 물적 자원의 부족이 아닌 정치적·사회적 제도의 결함에서 비롯됩니다. 또한 각 사회의 고유한 문화와 역사에 따라서 필요한 부의 수준이 다르므로 국가 간에 부를 평준화할 필요는 없습니다.
갑

물에 빠진 아이를 구하기 위해 비록 우리의 옷이 진흙투성이가 된다고 할지라도, 아이가 익사하는 것이 더 나쁜 것이기 때문에 우리는 아이를 구해야 합니다. 우리는 어려운 처지에 있는 다른 사람을 도와야 합니다.
을

① 갑 : 인류의 행복을 실현하기 위해 원조에 동참해야 한다.
② 갑 : 원조는 국제적으로 재화의 불평등한 분배를 교정하는 것이다.
③ 을 : 자국민에 대한 원조를 해외 원조보다 우선해야 한다.
④ 을 : 민주주의 이념을 실현하기 위해 원조에 동참해야 한다.
⑤ 갑, 을 : 원조는 개인의 선택이라기보다는 도덕적 의무에 해당한다.

**18** ㉠~㉣에 관한 옳은 설명을 〈보기〉에서 고른 것은?

> ㉠ 롤스는 ㉡ 국제주의의 입장에서 해외 원조가 도덕적 의무라고 주장한 대표적 사상가이다. 롤스에 따르면 ㉢ 질서 정연한 사회의 만민은 ㉣ 고통받는 사회를 원조해야 할 의무가 있다.

보기
ㄱ. ㉠은 원조의 의무가 이익 평등 고려의 원칙을 전제로 한다고 본다.
ㄴ. ㉡은 국가 간의 연대와 협력을 지향한다는 특징이 있다.
ㄷ. ㉢에서는 시민의 기본적 정치 권리가 보장된다.
ㄹ. ㉣에서는 민주적인 의사 결정이 원활하게 이루어진다.

① ㄱ, ㄴ ② ㄱ, ㄷ ③ ㄴ, ㄷ
④ ㄴ, ㄹ ⑤ ㄷ, ㄹ

**19** 다음 글을 읽고 물음에 답하시오.

> 갈퉁(Galtung, J.)은 평화를 모든 종류의 폭력의 부재나 감소라고 정의한다. 그는 폭력을 직접적 폭력, 구조적 폭력, ( ㉠ )으로 구분하면서, 각각에 대응하는 평화를 제시한다. 갈퉁은 진정한 평화를 실현하려면 '________㉡________'고 보았다.

(1) ㉠에 들어갈 말을 쓰시오.

(2) ㉡에 들어갈 내용을 서술하시오.

**20** 다음 글을 읽고 물음에 답하시오.

> ( ㉠ )의 역사적 기원은 고대 헬레니즘 시대까지 거슬러 올라간다. ( ㉠ )은/는 로마의 사상가인 키케로, 세네카, 아우렐리우스 등이 속했던 스토아학파에 의해 발전하였으며, 근대에는 볼테르, 칸트 등을 거치면서 이론적으로 성장하게 되었다. 이들은 모든 인간이 이성적 존재라는 믿음 아래 ( ㉠ )을/를 주장하였다. 즉 우리에게 어느 도시, 어느 민족, 어느 국가에서 출생했느냐는 중요하지 않다는 것이다.

(1) ㉠에 들어갈 말을 쓰시오.

(2) ㉠의 특징을 두 가지 서술하시오.

**21** 다음 그림을 보고 물음에 답하시오.

> **이달의 청소년 추천 도서**
>
> ⊙ 도서명 : 『물에 빠진 아이 구하기』
>
> ⊙ 저자 : ____(가)____
>
> ⊙ 주요 문구 : "만약 어떤 사람에게 매우 나쁜 일이 일어나는 것을 방지할 수 있는 힘이 우리에게 있고, 그 나쁜 일을 방지함으로써 그 일에 상응하는 도덕적 의미가 있는 다른 일이 희생되지 않는다면, 우리는 그렇게 해야 한다."

(1) (가)에 들어갈 저자를 쓰시오.

(2) 저자가 강조하는 해외 원조의 목적을 서술하시오.

# 등급을 올리는 고난도 문제

**01** 그림의 A에 들어갈 학생의 답변으로 가장 적절한 것은?

의서(醫書)에서는 손발이 마비된 것을 '몸이 불인(不仁)하다.'고 하는데, 마음이 그 아픔을 느끼지 못하기 때문이다. 무릇 손발이라는 것은 나에게 속한 것이므로 아픔을 느끼지 못한다면 불인일 것이다. 지극한 인(仁)을 갖춘 사람에게 천지는 한 몸이고 천지 사이의 만물은 자신의 몸과 같다. 무릇 사람이면서 자신의 몸을 사랑하지 않는 자는 없을 것이다.
다음 사상에서 평화를 위해 강조한 내용은 무엇일까요?
A


① 연기와 자비를 바탕으로 불살생(不殺生)을 실천해야 합니다.
② 인의 실현이 아닌 자연에서의 소요(逍遙)를 추구해야 합니다.
③ 자신을 수양하고 모든 사람의 삶이 평온하도록 도와야 합니다.
④ 무위의 다스림이 이루어지는 소국과민 사회를 추구해야 합니다.
⑤ 삼독(三毒)에서 벗어나 마음이 흔들리지 않는 삶을 살아야 합니다.

**문제 접근 방법**

'인(仁)을 갖춘 사람'이라는 핵심어를 통해 칠판의 글이 어떤 사상인지 먼저 파악한다. 이 사상이 평화를 위해 강조한 내용이 무엇인지를 이해하고 문제를 해결한다.

**적용 개념**

# 인(仁)의 윤리
# 수기이안백성(修己以安百姓)

**02** 다음을 주장한 사상가가 긍정의 대답을 할 질문으로 가장 적절한 것은?

〈영구 평화를 위한 예비 조항〉

첫째, 장차 전쟁의 화근이 될 수 있는 내용을 유보한 채로 맺은 평화 조약은 불가능하다.
둘째, 어떠한 독립 국가도 타국의 소유가 될 수 없다.
셋째, 상비군은 조만간 완전히 폐지되어야 한다.
넷째, 대외적 분쟁과 관련하여 어떠한 국채도 발행해서는 안 된다.
다섯째, 타국의 체제와 통치에 폭력으로 간섭해서는 안 된다.
여섯째, 전쟁 중 암살이나 독살, 항복 조약 파기 등의 신뢰를 배신하는 비열한 행위를 하지 않는다.

① 영원한 평화는 국가 간의 세력 균형만으로 실현되는가?
② 세계 정부의 강제력으로 국제 분쟁을 해결해야 하는가?
③ 강력한 군사력을 확보함으로써 평화를 실현해야 하는가?
④ 평화 정착을 위해 개별 국가의 주권은 폐지되어야 하는가?
⑤ 국제법은 자유로운 국가들의 연방 체제에 기초해야 하는가?

**문제 접근 방법**

'평화 조약', '상비군 폐지' 등의 핵심어를 통해 제시문을 주장한 사상가가 누구인지 먼저 파악한다. 이 사상가가 평화를 위해 강조한 내용이 무엇인지를 상기하여 문제를 해결한다.

**적용 개념**

# 영구 평화

**03** (가)의 갑, 을의 입장을 (나) 그림으로 탐구할 때, A~C에 들어갈 적절한 질문만을 <보기>에서 있는 대로 고른 것은?

| | |
|---|---|
| (가) | 갑 : 인간은 기본적으로 합리적이고 윤리적인 존재이며, 이러한 인간들로 구성된 국가 역시 국제 사회에서 합리적으로 행위할 수 있다. 국제 사회의 질서는 국제법을 통해 유지할 수 있다.<br>을 : 인간의 본성이 이기적이고 탐욕적이듯이 국제 사회에서 국가는 자기 이익과 생존을 최우선으로 추구한다. 이러한 국가 간의 관계에서 윤리나 도덕은 고려 사항이 아니다. |
| (나) | 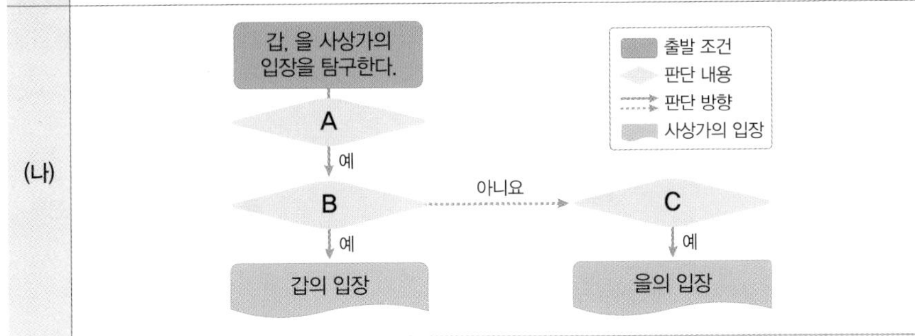 |



보기
ㄱ. A : 인간은 선하고 상호 협력할 수 있는 이성적 존재인가?
ㄴ. B : 국제 갈등은 인간 본성이 아니라 잘못된 제도에서 비롯되는가?
ㄷ. C : 국가 간의 세력 균형을 통해서만 국제 평화를 실현할 수 있는가?
ㄹ. C : 평화 실현을 위해서 국제기구와 국제법의 역할을 강조하는가?

① ㄱ, ㄴ ② ㄴ, ㄷ ③ ㄷ, ㄹ
④ ㄱ, ㄴ, ㄹ ⑤ ㄴ, ㄷ, ㄹ

문제 접근 방법
인간 본성과 국가, 국가적 대립을 바라보는 시각을 통해 갑, 을의 입장을 먼저 파악한다. 갑, 을의 입장을 정확히 이해한 후, (나)의 그림에 질문을 적용하여 문제를 해결한다.

적용 개념
# 국제법
# 자기 이익과 생존

**04** (가)를 주장한 사상가의 입장에서 볼 때, (나)의 A에 들어갈 내용으로 가장 적절한 것은?

| | |
|---|---|
| (가) | 사회적 기본 가치들 사이에 대한 선호를 기준으로 '평등한 자유의 원칙'과 '차등의 원칙'은 서열적으로 배열된다. 이는 기본적 자유와 경제적·사회적 이득의 교환이 허용될 수 없음을 의미한다. |
| (나) |  |



① 원조의 유일한 목적은 경제적 불평등의 완화에 있습니다.
② 원조를 위해 차등의 원칙을 국제 사회에 적용해야 합니다.
③ 개인은 공리주의적 관점에 근거해 타국의 만민을 원조해야 합니다.
④ 원조는 의무가 아닌 개인의 자율적 선택에 따라 이루어져야 합니다.
⑤ 원조를 통해 빈민국의 민주주의와 법치주의 확립에 기여할 수 있습니다.

문제 접근 방법
'평등한 자유의 원칙', '차등의 원칙' 등의 핵심어를 통해 (가)를 주장한 사상가가 누구인지 먼저 파악한다. (가)를 주장한 사상가가 해외 원조에 대해 어떤 입장인지를 이해하고 문제를 해결한다.

적용 개념
# 차등의 원칙
# 해외 원조

수능 특강

# Ⅳ 단원 수능 빈출 유형

## 유형 1 심의 민주주의 특징 파악하기

그림의 강연자가 지지할 주장으로 가장 적절한 것은?

민주적 의사 결정에서는 경쟁적 이해관계의 타협이나 거래가 아니라 다양하고 풍부한 토의 과정을 통해 시민의 동의를 얻을 수 있는 합의가 중요합니다. 선거로 선출된 사람들에게만 정책에 대한 심의와 결정을 전적으로 맡겨서는 안 됩니다. 의사 결정 자체보다는 집단적 의사 결정 과정의 '질(質)'을 높이는 것이 더 중요하기 때문입니다. 시민들 간의 대화, 협의, 합의의 과정에서 전개되는 정치적 행위는 가장 적극적인 형태의 정치 참여이며 순전히 사적인 이익을 표출할 수도 있는 투표 행위와는 대조적으로 공적인 성격이 강합니다.


① 시민들 간의 토론과 소통을 통해 정책 결정의 공공성을 강화해야 한다.
② 정책 심의의 효율성을 위해 의사 표현의 기회에 제한을 두어야 한다.
③ 사적인 이익을 표출할 수 있는 투표로 시민의 정치 참여를 높여야 한다.
④ 투표로 선출된 대표에 의해서만 정책이 심의되고 결정되어야 한다.
⑤ 신속한 의사 결정을 위해 시민의 참여를 최대한 배제해야 한다.

» 유형 분석 이 문항은 강연자의 강연 내용을 꼼꼼하게 읽고 분석하면 해결할 수 있다. 현대 민주주의 이론을 묻는 문항은 여러 가지 형태로 출제될 수 있으므로 대의 민주주의와 참여 민주주의, 심의 민주주의를 비교·정리해 두어야 한다.

☑ 공략법

1 강연의 핵심 내용을 파악해 보자.
2 강연자가 지지할 주장을 선지에서 골라 보자.

## 유형 2 자본주의 전개 과정 이해하기

(가)의 갑, 을, 병 사상가의 입장을 (나) 그림으로 탐구할 때, A~D에 들어갈 적절한 질문만을 <보기>에서 있는 대로 고른 것은?

(가)
갑 : 충분한 자유가 주어진 사회에서는 분업의 결과로 생기는 다양한 생산물의 대폭적인 증가가 '보이지 않는 손'의 인도로 최저 계층에게까지 영향을 미쳐서 국부의 증대를 가져다준다.
을 : 경제 공황으로 인한 경제 위기를 극복하고 완전 고용에 가까운 상태를 만들기 위해, 정부는 민간 부문의 '유효 수요'를 확대하는 데 이용할 수 있는 모든 형태의 타협을 도모하고 제도적 장치를 동원해야 한다.
병 : 국가는 시장이 최대한 효율적으로 작동하도록 하는 일과, 경쟁이 유효하도록 하는 일을 해야 하나, 국가 주도로 경제 활동을 계획하면 시장은 '노예의 길'로 접어든다.

(나)

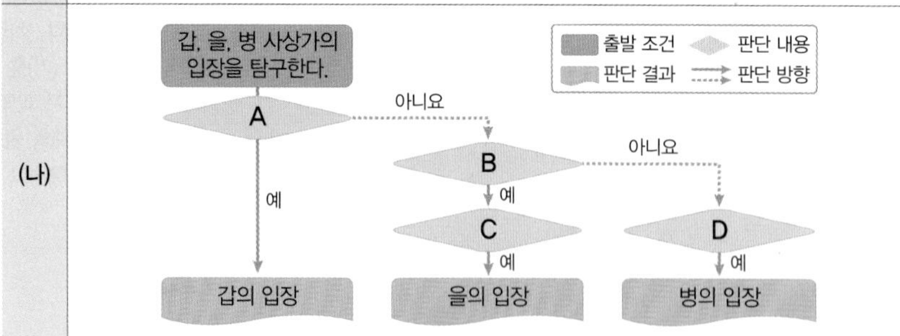


보기
ㄱ. A : 재화의 사적인 소유와 이윤 추구 활동에 동의하는가?
ㄴ. B : 정부 정책을 통한 사회 복지 서비스의 확대를 주장하는가?
ㄷ. C : 청년 실업 문제 해결을 위한 국가 재정 투입에 찬성하는가?
ㄹ. D : 개인의 자유로운 경제 활동과 시장의 효율성을 강조하는가?

① ㄱ, ㄷ ② ㄱ, ㄹ ③ ㄴ, ㄹ ④ ㄱ, ㄴ, ㄷ ⑤ ㄴ, ㄷ, ㄹ

» 유형 분석 자본주의의 전개 과정에 대해 묻는 문항은 지속적으로 출제되고 있다. 따라서 애덤 스미스의 고전적 자본주의, 케인스의 수정 자본주의, 하이에크의 신자유주의 입장을 명확하게 비교해 두어야 한다.

☑ 공략법

1 갑, 을, 병 사상가들이 누구인지 파악해 보자.
2 A에 들어갈 질문에 대한 갑, 을, 병의 입장을 비교해 보자.
3 B에 들어갈 질문에 대한 을, 병의 입장을 비교해 보자.
4 C에 들어갈 질문에 대한 을의 입장, D에 들어갈 질문에 대한 병의 입장을 파악해 보자.
5 A~D에 들어갈 적절한 질문만을 <보기>에서 골라 보자.

## 유형 3 사회주의와 고전적 자본주의 특징 비교하기

(가), (나)는 사회사상이다. (가) 사상에 비해 (나) 사상이 갖는 상대적 특징을 그림의 ㉠~㉤ 중에서 고른 것은?

(가) 자본가가 되는 것은 생산에서의 개인적 지위와 더불어 지배 계급으로서의 사회적 지위를 얻는 것이다. 자본은 공동의 산물이며 사회 구성원의 공동 활동에 의하지 않고서는 자본을 움직일 수 없다. 자본은 개인적 힘이 아니라 사회적 힘이다. 그러므로 자본 소유의 계급적 성격을 없애야 한다.

(나) 자본가는 자본이 이윤과 함께 회수되기를 기대한다. 그는 생산적 노동자를 고용하여 상품을 생산하고 그 노동자에게 수입을 안겨 준다. 생산적 노동자는 그 수입으로 비생산적 노동자를 부양한다. 이처럼 자본의 이익을 추구함으로써 사회의 이익을 효과적으로 증진할 수 있다.

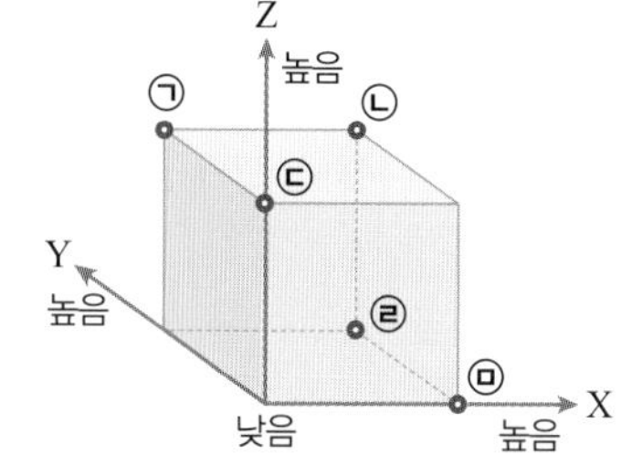


X : 사적 소유권의 보장과 경제적 효율성을 중시하는 정도
Y : 개인의 능력과 업적에 따른 재화의 분배를 중시하는 정도
Z : 생산 수단에 대한 사회적 통제와 공유를 중시하는 정도

① ㉠ ② ㉡ ③ ㉢ ④ ㉣ ⑤ ㉤

≫ 유형 분석 사회주의와 자본주의의 기본 입장을 비교하는 문항이 자주 출제되고 있다. 이 문항도 마르크스의 사회주의에 비해 고전적 자본주의가 갖는 상대적 특징을 묻고 있다. 아울러 마르크스의 사회주의와 민주 사회주의의 특징도 비교하여 학습해 두어야 한다.

☑ 공략법

1. (가) 사상과 (나) 사상이 무엇인지 파악해 보자.
2. (가) 사상에 비해 (나) 사상이 X, Y, Z에 대해 갖는 상대적 특징이 높음인지 낮음인지 판별해 보자.
3. 그림에서 X와 Y는 높고, Z는 낮은 지점이 어디인지 찾아보자.

## 유형 4 세계 시민주의 특징 파악하기

㉠에 들어갈 진술로 가장 적절한 것은?

나는 개인이 세계 시민권을 누려야 한다고 생각한다. 즉 누구든 지구상에서 자기 집에 있는 것 같은 편안함을 누려야 한다. 또 출생 국가를 떠날 수 있는 권리, 원하는 국가에 최소한 일시적으로 머물 수 있는 권리를 가져야 한다. 그런데 어떤 사람은 "우리는 자기 국가와 민족의 발전을 우선적으로 추구해야 하며, 여러 민족 또는 인종이 각자의 권리를 갖고서 동등한 존재로서 더불어 살아가는 것을 인정할 수 없다."라고 주장한다. 나는 이러한 주장이 ______㉠______ 고 생각한다.

① 자기 민족의 권리가 세계 시민권보다 더욱 중요함을 간과한다
② 세계화 시대에 국경이나 민족의 구분은 무의미함을 강조한다
③ 개인이 국가의 구성원임과 동시에 세계 시민임을 간과한다
④ 민족적 동포애가 보편적 인류애로 확대되어야 함을 강조한다
⑤ 민족 간 공존을 위해 자민족의 권리를 양도해야 함을 강조한다

≫ 유형 분석 이 문항은 제시문의 '나'의 입장과 '어떤 사람'의 입장을 파악한 후, '나'의 입장에서 '어떤 사람'에게 제기할 비판 내용을 찾는 유형이다. 이러한 유형은 다양한 주제에 적용할 수 있으므로 숙지해 두어야 한다.

☑ 공략법

1. 제시문의 '나'의 입장을 파악해 보자.
2. 제시문의 '어떤 사람'의 입장을 파악해 보자.
3. '나'의 입장에서 '어떤 사람'에게 제기할 수 있는 비판 내용을 선지에서 골라 보자.

# 핵심 점검 Ⅳ 단원 개념 마무리

## 01 사회사상과 이상 사회

| | |
|---|---|
| 공자의 대동 사회 | 큰 도(道)가 행해져서 재화가 고르게 분배되어 모두 함께 더불어 사는 사회 |
| 노자의 소국과민 | 작은 영토에서 적은 수의 사람이 인간의 본래적 자연성에 따라 소박하게 사는 사회 |
| 플라톤의 이상 국가 | 세 계층의 사람들이 각자의 덕[지혜, 용기, 절제]을 갖추고, 선(善)의 이데아에 대한 지식을 갖춘 지혜로운 철학자[철인]가 다스리는 사회 |
| 토마스 모어의 유토피아 | 생산과 소유에 있어서 평등이 실현되고 경제적으로 풍요로우며 도덕적으로 타락하지 않은 사회 |
| 마르크스의 공산 사회 | 생산 수단이 공유되고 사유 재산과 계급이 철폐된 사회 → 능력에 따라 일하고 필요에 따라 분배받는 사회 |

## 02 국가

• 국가의 기원과 본질 / 역할과 정당성

| | |
|---|---|
| 유교적 관점 | • 가족의 질서가 확장된 공동체(기원) → 백성의 도덕적인 삶을 위한 도덕 공동체(본질)<br>• 역할과 정당성 : 민본, 위민 정치 실현, 도덕 공동체 실현 |
| 아리스토텔레스의 관점 | • 인간의 사회적·정치적 본성(기원) → 행복의 실현이라는 최고선을 추구하는 도덕 공동체(본질)<br>• 역할과 정당성 : 시민이 영혼의 탁월성을 발휘해 행복한 삶을 살도록 하는 것 |
| 공화주의의 관점 | • 시민의 자유 보장을 위해 법과 공동선에 기반을 두고 주권자인 시민이 만들어 낸 정치 공동체(기원) → 시민의 자유 보장을 위해 인위적으로 만든 수단(본질)<br>• 역할과 정당성 : 법치의 보장으로 예속되지 않을 자유를 시민이 누릴 수 있도록 하는 것 |
| 사회 계약론적 관점 | • 생명, 평화로운 생활, 권리 등의 보장을 위해 계약을 맺음(기원) → 자유와 권리 등의 보장(본질)<br>• 역할과 정당성 : 권력을 국가에 양도한 본래의 목적인 개인의 생명과 자유 등의 보장 |
| 마르크스의 관점 | • 지배 계급이 피지배 계급을 착취하기 위한 수단(기원) → 지배 계급의 특권을 유지하기 위한 수단(본질)<br>• 역할과 정당성 : 지배 계급을 보호하는 국가는 태생적으로 정당성을 지니지 못함 |

## 03 시민

• 시민적 자유와 권리의 근거

| 구분 | | 자유주의 | 공화주의 |
|---|---|---|---|
| 주요 가치/인간관 | | 개인의 권리, 자율성 / 자율적·독립적 자아 | 사회적 책임, 연대성 / 관계적 자아 |
| 정체성 형성 | | 개인의 자율적 선택 | 공동체의 전통, 역사, 사회적 책무 고려 |
| 사상가 | | 로크, 칸트, 밀, 노직, 롤스 | 아리스토텔레스, 헤겔, 매킨타이어, 샌델 |
| 개인선과 공동선 | 차이점 | 개인선 중시 | 공동선 중시 |
| | 공통점 | 개인선과 공동선의 양립 가능성 인정 | |

• 공동체와 공동선 및 시민적 덕성

| 구분 | 자유주의 | 공화주의 |
|---|---|---|
| 관용 | 자신과 다른 견해나 행동을 승인하며, 자신의 견해나 행동을 다른 사람에게 강요하지 않는 태도 | 비지배적 자유의 보장을 위해 시민이라면 모두 갖추어야 할 덕성 |
| 애국심 | 국가의 정치 체제를 규정하는 헌법의 기본 이념에 대한 국민적 동의와 충성 → 헌법 애국주의 | 시민의 덕성이자 기본적 책무로서, 정치 공동체와 동료 시민에 대한 대승적·자발적 사랑 |

## 04 민주주의

### • 민주주의의 의미와 기본 원칙

| | |
|---|---|
| 의미 | 정치 공동체의 주권이 국민에게 있고 국민을 위하여 정치를 행하는 제도, 국민이 지배하는 통치 형태 |
| 기본 원칙 | 모든 시민의 동등한 참여 권한과 기회의 원칙, 권력 구성과 집행에 대한 시민의 통제 원칙 |

### • 근대 자유 민주주의

| | |
|---|---|
| 사회 계약론 | • 국가 권력의 정당성은 주권을 가진 국민의 동의에서 발생함(국민 주권의 원리)<br>• 근대 자유 민주주의가 확립되는 데 사상적 토대를 제공함(인간의 존엄, 자유, 평등)<br>• 대표자 : 로크(법치주의, 권력 분립, 저항권), 루소(일반 의지) |

### • 현대 민주주의와 시민 불복종

| 대의 민주주의 | 참여 민주주의 | 심의 민주주의 | 시민 불복종 |
|---|---|---|---|
| 선거로 선출된 대표자가 시민의 의사를 반영하여 정치 활동을 하는 민주주의 | 다수의 시민이 의사 결정 과정에 자발적으로 참여하는 형태의 민주주의 | 시민이 직접 공적 심의 과정에 참여해 정책을 결정하는 형태의 민주주의 | 정의롭지 못한 법이나 정책을 변화시킬 목적으로 시민들이 의도적으로 법을 위반하는 행위 |

## 05 자본주의

### • 자본주의의 전개 과정

| | |
|---|---|
| 고전적 자본주의 | 각 개인의 경제적 자율성을 최대한 보장하기 위해 '보이지 않는 손'의 역할을 강조함(대표자 : 애덤 스미스) |
| 수정 자본주의 | 정부의 적극적인 시장 개입을 통해 불황과 실업을 극복하고 복지를 확대해야 한다고 주장함(대표자 : 케인스) |
| 신자유주의 | 1980년대를 전후로, 정부의 시장 개입에 반대하며 개인의 자유와 시장 경제의 확대를 주장함(대표자 : 하이에크) |

### • 자본주의의 윤리적 기여와 문제

| | |
|---|---|
| 기여점 | 경제적 효율성 증진에 따른 물질적 풍요, 개인의 자유와 권리 신장, 개인의 자율성과 창의성 증대 |
| 문제점 | 빈부 격차 심화, 천민자본주의, 물질 만능주의 팽배, 인간 소외 현상 심화 |

## 06 평화

### • 동서양의 평화 사상

| 동양 | 서양 |
|---|---|
| • 유교 : 수기이안백성, 수제치평(修齊治平), 화평(和平), 대동 사회<br>• 묵자 : 겸애(兼愛), 비공(非攻)<br>• 불교 : 삼독(三毒)의 제거, 연기(緣起), 자비, 생명 존중<br>• 도가 : 무위자연(無爲自然), 무위의 다스림, 소국과민(小國寡民) | • 에라스뮈스 : 그리스도교의 사랑, 비폭력<br>• 생피에르 : 이기심과 합리적 이성<br>• 칸트 : 영구 평화론<br>• 현실주의와 이상주의 관점, 정의 전쟁론(대표자 : 아퀴나스, 왈처) |

### • 해외 원조에 대한 입장

| | |
|---|---|
| 롤스 | 국제주의 입장에서 해외 원조를 의무라고 주장함 → 원조의 목적은 고통받는 사회가 질서 정연한 사회가 되도록 하는 것임 |
| 싱어 | 세계 시민주의 입장에서 해외 원조를 의무라고 주장함 → 원조의 목적은 전 지구인의 복지를 향상하는 것임 |
| 노직 | 해외 원조를 자율적 선택에 맡겨야 한다고 주장함(자선의 관점) → 원조하지 않는다고 도덕적으로 비난할 수 없음 |

실전 대비

# Ⅳ 단원 문제 마무리

개념 피드백 217쪽

**01** 서양 사상가 갑, 을, 병 모두가 부정의 대답을 할 질문으로 가장 적절한 것은?

> 갑 : 이상 국가에서는 선의 이데아에 대한 지식을 가진 철인이 통치하며, 방위자와 생산자 계층에 속하는 사람들은 각각의 계층에 알맞은 덕을 갖추고 실천한다.
>
> 을 : 유토피아에서는 모든 재산이 공유되고 성인들은 대부분 생산 노동에 참여한다. 매일 6시간 일하고 8시간 잠자며, 남은 시간은 정신적 오락이나 연구에 쓴다.
>
> 병 : 공산 사회에서는 모든 계급과 국가가 소멸되며, 생산력이 고도로 발달한다. 이에 따라 모든 사람들은 각자의 능력에 따라 일하고 필요에 따라 분배를 받는다.

① 이상 사회는 도덕적으로 타락하지 않은 사회인가?
② 이상 사회는 모든 인간이 자유롭고 평등한 사회인가?
③ 사유 재산제와 자유 경쟁이 이상 사회의 기본 조건인가?
④ 각 계층의 사람들이 조화를 이루는 사회가 이상 사회인가?
⑤ 생산 수단을 공유하는 계획 경제 체제가 이상 사회의 조건인가?

**02** ㉠에 들어갈 내용으로 가장 적절한 것은?

> 필요 충족을 위해 자연적으로 형성된 공동체가 가정이고, 여러 가정으로 구성된 최초의 공동체가 마을이다. 여러 마을로 구성되는 완전한 공동체가 국가인데, 국가는 완전한 자급자족이라는 최고 단계에 도달해 있다. 즉 국가는 단순한 생존을 위해 형성되었지만 훌륭한 삶을 위해 존속하는 것이다. 이로 미루어 국가는 자연의 산물이며, 인간은 ___㉠___ 임이 분명하다.

① 선한 본성을 타고난 동물
② 덕을 갖추고자 노력하는 동물
③ 가치 있는 삶을 추구하는 동물
④ 행복을 인생의 목적으로 생각하는 동물
⑤ 본성적으로 국가 공동체를 구성하는 동물

**03** 사상가 갑의 입장에서 을의 주장에 대해 제기할 수 있는 비판으로 가장 적절한 것은?

> 갑 : 많은 도구가 있어도 쓸 일이 없고, 백성들이 죽음을 중하게 여겨 멀리 가지 않는다. 백성들은 이웃 나라가 마주 보여도 늙어 죽을 때까지 서로 왕래하지 않는다.
>
> 을 : 큰 도가 행해지면 천하가 공평해진다. 노인은 안락하게 삶을 마칠 수 있고, 젊은이는 충분히 자기의 힘을 사용할 수 있다. 재물이 땅에 떨어져도 줍지 않고, 도둑질이나 혼란한 일도 생기지 않는다.

① 가족 이기주의를 넘어서야 함을 간과하고 있다.
② 인간 본성을 변화시켜 선하게 만들어야 함을 간과하고 있다.
③ 예의(禮義)와 법도를 배워 수양해야 함을 간과하고 있다.
④ 백성은 예의(禮義)가 있어야만 다스려질 수 있음을 모르고 있다.
⑤ 무위(無爲)의 정치가 바람직한 사회를 만들 수 있음을 모르고 있다.

개념 피드백 225쪽

**04** 다음을 주장한 사상가의 입장으로 옳지 않은 것은?

> 지금까지 존재한 모든 사회의 역사는 계급 투쟁의 역사이다 …… 현대 대의제 국가에서는 마침내 부르주아가 배타적인 정치적 지배권을 쟁취했다. 현대 국가의 집행부는 부르주아 전체의 공동 업무를 관장하는 위원회에 불과하다.

① 국가는 지배 계급의 이익 증진을 위한 수단이다.
② 프롤레타리아의 폭력 혁명으로 국가는 소멸된다.
③ 자본주의하에서는 자본가와 노동자 두 계급만 존재한다.
④ 사유 재산과 소유 관계가 등장하여 계급 갈등이 없어진다.
⑤ 계급 갈등이 없어지는 공산 사회가 필연적으로 도래한다.

**05** 다음 사상가의 입장만을 〈보기〉에서 있는 대로 고른 것은?

> 나는 누군가의 아들이거나 딸, 또는 사촌이거나 삼촌이다. 따라서 내게 이로운 것은 그러한 역할과 관련된 사람들에게도 이로워야 한다. 이처럼 나는 내 가족, 내 도시, 내 부족, 내 나라의 과거에서 다양한 빚, 유산, 적절한 기대와 의무를 물려받는다.

보기

ㄱ. 공동체는 개인에게 특정한 가치를 강요해서는 안 된다.
ㄴ. 인간은 태어날 때부터 이미 특정한 공동체 안에 존재한다.
ㄷ. 개인의 취향이나 삶의 태도는 그가 속한 공동체의 가치관에서 비롯된다.
ㄹ. 개인의 선택의 자유보다 그가 속한 공동체가 추구하는 가치가 더 소중하다.

① ㄱ, ㄴ ② ㄱ, ㄷ ③ ㄷ, ㄹ
④ ㄱ, ㄷ, ㄹ ⑤ ㄴ, ㄷ, ㄹ

개념 피드백 234쪽

**06** 서양 사상가 갑은 부정, 을은 긍정의 대답을 할 질문으로 옳은 것은?

> 갑 : 국가는 '모두가 모두에게 늑대'가 되는 죽음과 공포의 자연 상태를 벗어나기 위해 개인들이 합의를 통해 설립하는 공동체이다.
> 을 : 인륜은 법과 도덕의 개념을 종합시킨 공동체의 윤리로서 가족, 시민 사회를 거쳐 국가로 발전해 나간다. 가족은 자연적인 인륜이고, 시민 사회는 개인들의 결합체이며, 국가는 절대 부동의 자기 목적이다.

① 국가의 구성원은 모두 정치적 의무를 지니는가?
② 정치적 의무의 성립 근거는 개인의 동의에 있는가?
③ 개인의 자연법적 기본권은 국가 구성원일 때만 주어지는가?
④ 국가는 개인의 생명, 자유, 재산 보장을 위한 계약의 산물인가?
⑤ 국가는 개인이 구체적 자유를 누릴 수 있는 절대적 도덕 공동체인가?

**07** 다음 사상가의 입장으로 가장 적절한 것은?

> 자연 상태에서 개인들은 자연법의 범위 내에서 스스로 적당하다고 생각하는 바에 따라 자신의 행동을 규율하고 자신의 소유물과 신체를 처분할 수 있는 완전한 자유를 누렸다. 하지만 이들은 자신의 안전과 복지를 더욱 확실히 하기 위해서 계약을 맺고 국가를 수립하였다. 정치 사회에서 최고 권력인 입법권은 신탁(信託)된 권력이며 시민의 복지라는 일정한 목적을 위해서만 행사된다.

① 권력은 통치자에게 집중되어야 한다.
② 권력의 기원은 국민의 동의로부터 발생한다.
③ 자연 상태는 만인에 대한 만인의 투쟁 상태이다.
④ 국민은 국가에 대해 저항할 수 있는 권리가 없다.
⑤ 국민은 통치자의 권력 보장을 위해 계약을 맺는다.

개념 피드백 250쪽

**08** (가), (나)는 현대 민주주의 이론들이다. (가), (나)에 대한 옳은 설명만을 〈보기〉에서 있는 대로 고른 것은?

| | |
|---|---|
| (가) | 사회 구성원들의 공적 심의를 통해 도달된 민주적 과정은 집단적으로 정당화된다는 논리를 기초로 삼는다. 그 결과 대표들로 하여금 심의를 통한 시민적 합의에 기초한 결정을 수행할 수 있는 정당성을 제공한다. |
| (나) | 일반 시민이 정부의 정책 결정과 집행에 직접 참여하여 영향을 미치고, 행정의 일탈 행동을 감시할 뿐만 아니라, 행정에 대한 시민의 지지를 확산시킬 수 있다는 점에 그 의의를 둔다. |

보기

ㄱ. (가)는 시민들의 합리적 토론 능력이 중요하다고 본다.
ㄴ. (나)는 시민들의 실질적인 정치 참여가 보장되어야 한다고 본다.
ㄷ. (나)는 (가)와 달리 정책에 대한 시민들의 심의 과정이 필요함을 강조한다.
ㄹ. (가), (나)는 대의 민주주의의 한계를 보완하기 위한 방법을 모색하고자 한다.

① ㄱ, ㄴ ② ㄱ, ㄷ ③ ㄷ, ㄹ
④ ㄱ, ㄴ, ㄹ ⑤ ㄴ, ㄷ, ㄹ

**09** 갑, 을의 입장을 〈보기〉에서 골라 바르게 짝지은 것은?

갑 : 개인은 자기 자신의 이익을 추구함으로써 그 자신이 진실로 사회의 이익을 증진하려고 의도하는 경우보다 더욱 효과적으로 그것을 증진한다.
을 : 대공황과 같이 경기가 침체된 상황에서 실업 문제를 해결하기 위해서는 정부가 지출을 확대하여 일자리를 늘림으로써 소득을 보장해야 한다.

보기

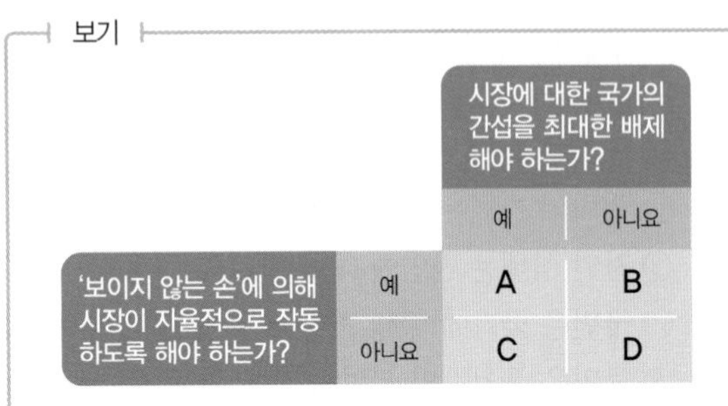

| | | 시장에 대한 국가의 간섭을 최대한 배제해야 하는가? 예 | 시장에 대한 국가의 간섭을 최대한 배제해야 하는가? 아니요 |
|---|---|---|---|
| '보이지 않는 손'에 의해 시장이 자율적으로 작동하도록 해야 하는가? | 예 | A | B |
| | 아니요 | C | D |

| | 갑 | 을 | | 갑 | 을 | | 갑 | 을 |
|---|---|---|---|---|---|---|---|---|
| ① | A | B | ② | A | D | ③ | B | D |
| ④ | C | A | ⑤ | D | C | | | |

개념 피드백 259쪽

**10** 다음 가상 대담 속의 ㉠에 들어갈 말로 가장 적절한 것은?

① 정부의 개입이 시장의 자율성을 훼손한다.
② 시장에서의 자유 경쟁을 최대한 보장해야 한다.
③ 완전 고용을 위해 노동 시장의 유연화가 필요하다.
④ 공공 지출을 늘려야만 유효 수요가 창출될 수 있다.
⑤ 개인의 이익과 사회의 이익은 저절로 조화를 이룬다.

개념 피드백 251쪽

**11** (가) 사상가의 입장을 (나) 그림으로 탐구할 때, A, B에 들어갈 질문으로 옳은 것은?

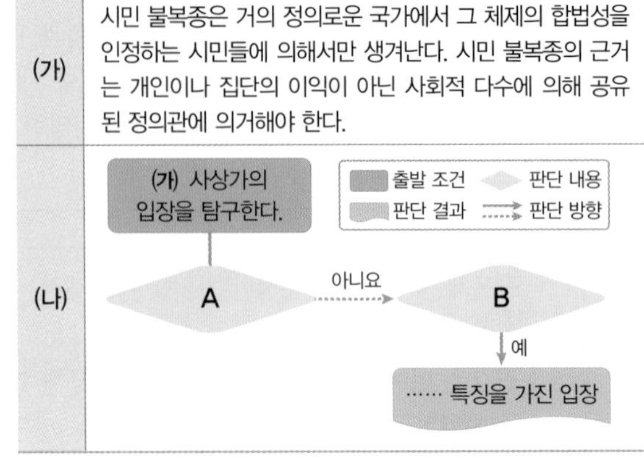

| | |
|---|---|
| (가) | 시민 불복종은 거의 정의로운 국가에서 그 체제의 합법성을 인정하는 시민들에 의해서만 생겨난다. 시민 불복종의 근거는 개인이나 집단의 이익이 아닌 사회적 다수에 의해 공유된 정의관에 의거해야 한다. |
| (나) | |



① A : 시민 불복종은 사회 정의의 실현을 목적으로 하는가?
② A : 시민 불복종은 그에 따른 처벌까지 감수해야 하는가?
③ A : 시민 불복종은 공공적 행위로 폭력적 수단을 배제해야 하는가?
④ B : 시민 불복종은 최후의 수단으로 시도되어야 하는가?
⑤ B : 시민 불복종의 근거는 공적인 정의관이 아닌 개인의 양심인가?

**12** 다음은 노트 필기의 일부이다. ㉠~㉤ 중 옳지 <u>않은</u> 것은?

주제 : 동서양의 평화 사상

1. 동양의 평화 사상
   - 유교 : 개인의 도덕적 수양을 바탕으로 화평한 세계를 이루어야 함[修身齊家治國平天下] ........ ㉠
   - 묵자 : 서로 차별 없이 사랑하고 서로 이로움을 나누어야 함 ........ ㉡
   - 불교 : 연기를 자각하여 존비친소를 분별하는 사랑[慈悲]을 실천해야 함 ........ ㉢
2. 서양의 평화 사상
   - 에라스뮈스 : 그리스도교의 사랑과 비폭력의 평화 사상을 계승함 ........ ㉣
   - 생피에르 : 평화를 실현하기 위해 인간의 이기심과 합리적 이성에 따를 것을 주장함 ........ ㉤

① ㉠　② ㉡　③ ㉢　④ ㉣　⑤ ㉤

개념 피드백 271쪽

**13** 다음 사상가의 입장으로 가장 적절한 것은?

> 부(富)에 관한 전 지구적 분배 상황은 인류의 공동 자원을 소수가 부당하게 착취한 결과이다. 인류 전체의 이익 증진을 위해 빈곤으로 고통받는 사람들에게 자신의 소득 중 일부를 원조함으로써 원조의 의무를 다해야 한다.

① 원조는 개인의 자율적 선택에 맡겨야 한다.
② 원조 여부는 전적으로 국가에 위임해야 한다.
③ 원조 대상국은 친소(親疏)에 따라 결정되어야 한다.
④ 원조의 의무는 국경을 초월한 세계 시민적 의무이다.
⑤ 원조를 통해 모든 사회의 복지 수준을 일치시켜야 한다.

**14** 갑, 을 사상가 모두 긍정의 대답을 할 질문으로 옳은 것은?

> 갑 : 세계를 지금 이대로 내버려 둔다면 수백만 명의 사람들이 자신의 나라가 '질서 정연한 사회'가 되기 전에 영양실조와 가난으로 죽어 갈 것이다. 원조의 의무는 인류 전체의 공리 증진을 위해 지속되어야 한다.
> 을 : 원조의 목적은 고통받는 사회를 적정 수준의 사회로 만드는 데 있다. 사회들 간의 부와 복지 수준은 다양할 수 있다. 그러나 그러한 수준들을 조정하는 것은 원조의 목표가 아니다. 단지 고통받는 사회들만이 도움을 필요로 한다.

① 원조의 직접적인 대상은 개인이 아니라 사회인가?
② 질서 정연한 빈곤한 사회라도 원조를 해야 하는가?
③ 전 인류의 복지 향상을 목적으로 원조해야 하는가?
④ 원조는 자선보다 의무의 관점에서 행해져야 하는가?
⑤ 원조의 목적은 모든 사회를 경제적으로 풍요롭게 만드는 것인가?

## 서술형 문제

**15** 다음 사상가가 추구한 이상 사회가 무엇인지 쓰고, 그 의미를 서술하시오.

> 이상적인 백성은 완전한 무지의 상태이다. 백성이 완전히 무지하다면 그들은 악을 행할 능력이 없다. 그런데 이러한 백성이 굶주린다면 그 이유는 정치를 하는 지도층이 세금을 수탈하기 때문이고, 백성을 다스리기가 어렵다면 그것은 지도층이 어떤 일을 도모하려 하기 때문이다.

**16** 다음 글을 읽고 물음에 답하시오.

> 자유주의 사상가들은 "㉠ 관용에 한계를 정하지 않으면 관용의 정신 자체가 존립할 수 없는 지경에 이른다."라고 말한다. 칼 포퍼는 이를 '(  ㉡  )'이라고 불렀다. 우리가 관용을 위협하는 자들에게까지 무제한의 관용을 베푼다면, 그리고 불관용의 습격에서 관용적인 사회를 방어할 준비가 되어 있지 않다면, 관용적인 사회와 관용 정신 그 자체가 파괴당하고 말 것이다. 그러므로 "우리는 관용의 이름으로 불관용을 관용하지 않을 권리를 천명해야 한다."라고 말했다.

(1) ㉠의 의미가 무엇인지 서술하시오.

(2) ㉡에 들어갈 적절한 말을 쓰시오.

**17** 다음 글을 읽고 물음에 답하시오.

> 〈A의 영구 평화를 위한 확정 조항〉
> • 제1항 모든 국가의 시민적 정치 체제는 공화정이어야 한다.
> • 제2항 국제법은 자유로운 국가들의 연방 체제에 기초하지 않으면 안 된다.
> • 제3항 ______㉠______

(1) A가 누구인지 쓰시오.

(2) ㉠에 들어갈 내용을 서술하시오.

# Memo

# 고등 도서 안내

## 문학 입문서

**손쉬운**

작품 이해에서 문제 해결까지
손쉬운 비법을 담은 문학 입문서

현대 문학, 고전 문학

## 비주얼 개념서

**룩 LOOK**

이미지 연상으로 필수 개념을 쉽게 익히는
비주얼 개념서

국어 문법
영어 분석독해

## 수학 개념 기본서

**수학중심**

개념과 유형을 한 번에 잡는 강력한
개념 기본서

수학 I, 수학 II, 확률과 통계, 미적분, 기하

## 수학 문제 기본서

**유형중심**

체계적인 유형별 학습으로 실전에서 강력한
문제 기본서

수학 I, 수학 II, 확률과 통계, 미적분

## 사회·과학 필수 기본서

개념 학습과 유형 학습으로 내신과 수능을 잡는
필수 기본서

[2022 개정]
사회 통합사회1, 통합사회2*, 한국사1, 한국사2*
과학 통합과학1, 통합과학2, 물리학*, 화학*, 생명과학*, 지구과학*

*2025년 상반기 출간 예정

[2015 개정]
사회 한국지리, 사회·문화, 생활과 윤리, 윤리와 사상
과학 물리학 I, 화학 I, 생명과학 I, 지구과학 I

## 기출 분석 문제집

완벽한 기출 문제 분석으로 시험에 대비하는 1등급 문제집

**1등급 만들기**

[2022 개정]
수학 공통수학1, 공통수학2, 대수, 확률과 통계*, 미적분 I *
사회 통합사회1, 통합사회2*, 한국사1, 한국사2*, 세계시민과 지리, 사회와 문화, 세계사, 현대사회와 윤리
과학 통합과학1, 통합과학2

*2025년 상반기 출간 예정

[2015 개정]
국어 문학, 독서
수학 수학 I, 수학 II, 확률과 통계, 미적분, 기하
사회 한국지리, 세계지리, 생활과 윤리, 윤리와 사상, 사회·문화, 정치와 법, 경제, 세계사, 동아시아사
과학 물리학 I, 화학 I, 생명과학 I, 지구과학 I, 물리학 II, 화학 II, 생명과학 II, 지구과학 II

NEW

내신 잡는 필수 개념서

# 올리드

Allead

## 윤리와 사상

# 바른답·알찬풀이

MiraeN 에듀

# NEW올리드

## 바른답 • 알찬풀이

**STUDY POINT**

**1 바로잡기**
자세한 오답풀이로 문제를 쉽게 이해할 수 있습니다.

**2 자료 분석 노트**
어려운 자료에 대한 분석 노하우를 터득할 수 있습니다.

**3 만점 공략 노트**
핵심 개념을 다시 한 번 이해하며 정리할 수 있습니다.

# 바른답·알찬풀이

## 윤리와 사상

# I 인간과 윤리 사상

## 01 윤리 사상과 사회사상

### 기초를 다지는 확인 문제 16쪽

01 (1) × (2) ○ (3) × (4) ○ (5) ○ (6) ○ 02 (1) 맹자 (2) 성악설 (3) 고자 03 (1) ㉣ (2) ㉢ (3) ㉤ (4) ㉠ (5) ㉡

### 실력을 키우는 실전 문제 17~21쪽

| | | | | | |
|---|---|---|---|---|---|
| 01 ④ | 02 ⑤ | 03 ① | 04 ① | 05 ① | 06 ⑤ |
| 07 ② | 08 ⑤ | 09 ② | 10 ④ | 11 ④ | 12 ⑤ |
| 13 ③ | 14 ③ | 15 ② | 16 ③ | 17 ⑤ | 18 ① |
| 19 ② | | | | | |

20 (1) (가) 유희적 존재 (나) 윤리적 존재 (2) 예시답안 인간의 가장 본질적인 특성에 해당한다. 인간은 자신의 삶과 행위에 대해 당위를 생각하며, 자유 의지와 반성 능력이 있는 존재이다.

21 (1) 순자 (2) 예시답안 순자는 생리적 욕구를 근거로 인간의 본성이 악하다는 성악설을 주장하였다.

22 (1) 윤리 사상 (2) 예시답안 자아 탐색의 근거를 제공해 준다, 삶의 목적 및 가치 체계를 제공해 준다, 도덕적 행동 지침과 판단 근거를 제공해 준다 등

**01** 제시문은 인간의 특성 중 윤리적 존재에 관한 내용이다. 인간은 옳고 그름을 판단하고, 도덕 법칙을 만들어 지키며, 자기 반성과 성찰을 통해 삶의 가치를 추구하는 윤리적 존재이다. 윤리적 존재는 인간의 가장 본질적인 특성에 해당한다.

바로잡기 ① 도구적 존재에 관한 설명이다.
② 유희적 존재에 관한 설명이다.
③ 정치적 존재에 관한 설명이다.
⑤ 종교적 존재에 관한 설명이다.

**인간의 다양한 특성** 만점 공략 노트

인간의 특성은 이 단원에서 가장 자주 나오는 출제 주제이다. 각 특징을 꼼꼼하게 정리해 두자.

| | |
|---|---|
| 이성적 존재 | 이성을 통해 사유하고 해석하는 존재 |
| 사회적·정치적 존재 | 여러 사람과 사회를 이루고 살아가며 정치 활동을 하는 존재 |
| 도구적 존재 | 필요한 도구를 만들어 사용하는 존재 |
| 유희적 존재 | 삶의 재미와 즐거움을 추구하는 존재 |
| 문화적 존재 | 고유의 문화를 창조·계승하는 존재 |
| 예술적 존재 | 다양한 예술 활동을 통해 아름다움을 추구하는 존재 |
| 종교적 존재 | 초월적이고 무한한 것을 추구하는 존재 |
| 윤리적 존재 | 옳고 그름을 판단해 도덕 법칙을 만들어 실천할 수 있는 도덕적 자율성을 지닌 존재 |

**02** 그림의 강연자는 독일의 사상가 겔렌으로, 인간은 결핍된 존재이기 때문에 동물과 다른 삶을 살게 되었다고 본다. 강연 내용에 따르면 인간이 결핍된 수단을 구하기 위해 자연을 개조한 것이 문화이다(문화적 존재). 또한 인간은 무기와 불 등 필요에 따라 도구를 만들어 사용한다(도구적 존재).

바로잡기 ㄱ. 강연 내용에 따르면 인간은 동물처럼 자연적 공격 기관을 가지고 태어나지 않는다.

**03** 파스칼은 인간을 생각하는 갈대라고 보므로 인간의 특성 중 '이성적 존재'를 강조하고 있음을, 하위징아는 놀이하는 것이 중요하다고 보므로 인간의 특성 중 '유희적 존재'를 강조하고 있음을 알 수 있다.

바로잡기 종교적 존재는 인간이 초월적이고 무한한 신을 추구함을 의미한다. 도구적 존재는 인간이 필요한 도구를 만들어 사용하는 특성이 있음을 뜻한다. 윤리적 존재는 인간이 도덕적 자율성을 지녔으며 의식적으로 선한 행위를 한다는 의미이다.

**04** 제시문은 인간의 특성 중 윤리적 존재에 관한 내용이다. 윤리적 존재는 인간의 여러 가지 특성 중에서 가장 본질적인 것으로, 의식적으로 선한 행위를 할 수 있고 가치를 추구할 수 있음을 의미한다.

바로잡기 ② 문화적 존재에 관한 설명으로, 인간은 인간 고유의 문화를 창조하고 계승해 나가는 존재이다.
③ 도구적 존재에 관한 설명으로, 인간은 필요에 따라 다양한 도구를 만들어 사용하는 존재이다.
④ 유희적 존재에 관한 설명으로, 인간은 삶의 재미와 즐거움을 추구하는 존재이다.
⑤ 사회적 존재에 관한 설명으로, 인간은 여러 사람들과 사회를 이루고 살아가는 존재이다.

**05** 갑은 성악설을 주장한 순자, 을은 성선설을 주장한 맹자이다. 순자는 인간의 악한 본성을 변화시켜서 선하게 만들어야 한다고 주장하였다. 반면 맹자는 인간의 본성은 선하지만, 선한 본성을 유지하고 확충해야 한다고 보았다. 맹자와 순자는 공통적으로 수양의 필요성, 즉 후천적 노력을 강조하였다.

바로잡기 ㄷ. 맹자만의 입장이다. 맹자는 인간이 누구나 차마 어찌하지 못하는 마음을 지니고 태어나기 때문에 선천적으로 선한 존재라고 주장하였다.
ㄹ. 순자만의 입장이다. 순자는 타고난 악한 본성을 변화시키기 위해 성현의 가르침에 따른 수양이 필요하다고 보았다.

**맹자의 성선설** 만점 공략 노트

맹자가 성선설의 근거로 제시한 사단(四端)의 구체적 내용을 정리해 두자.

| | |
|---|---|
| 사단 | • 측은지심(惻隱之心) : 불쌍히 여기는 마음<br>• 수오지심(羞惡之心) : 악을 부끄러워하고 미워하는 마음<br>• 사양지심(辭讓之心) : 사양하는 마음<br>• 시비지심(是非之心) : 옳고 그름을 아는 마음 |

**06** (가) 사상가는 성무선악설을 주장한 고자이다. 고자는 인간의 본성은 선한 것도 선하지 않은 것도 없다고 보았다.

**바로잡기** ①, ② 고자가 긍정의 대답을 할 질문이다. 고자는 인간이 타고나는 것은 식욕과 성욕뿐이며, 인간이 선하고 악한 것은 후천적인 요인에 의해서 정해진다고 주장하였다.
③ 맹자가 긍정의 대답을 할 질문이다. 맹자는 모든 인간에게 선한 네 가지 마음인 사단(四端)이 있으며, 이를 잘 유지하고 확충하기 위해 노력해야 한다고 보았다.
④ 순자가 긍정의 대답을 할 질문이다. 순자는 생리적 욕구를 근거로 인간에게 이기심이 내재해 있다고 보았다.

**07** A는 윤리 사상이다. 윤리 사상은 인간의 행위 규범이자 삶의 도리인 윤리에 관한 체계적인 사유를 의미한다. 이러한 윤리 사상은 주로 인간의 본질과 삶의 영역에서 바람직한 인간의 모습을 탐구하려고 한다.

**바로잡기** ㄴ, ㄹ. 사회사상에 관한 설명이다. 사회사상은 사회 현상을 분석하고 평가하며, 모든 사회의 궁극적 지향점인 이상 사회의 모습을 설계하고 이를 실현하는 방안을 모색하려고 한다.

**08** 갑은 도가 사상가인 장자, 을은 유교 사상가인 순자이다. 순자는 생리적 욕구를 근거로 인간에게 이기심이 내재해 있다고 보고, 이를 억제하고 교화하려는 후천적 노력을 중시하였다.

**바로잡기** ① 장자와 순자가 모두 부정의 대답을 할 질문이다.
② 순자가 긍정의 대답을 할 질문이다. 순자는 인간의 악한 본성이 교화되지 않으면 아름다워질 수 없다고 주장하였다.
③ 장자가 부정의 대답을 할 질문이다. 장자는 인간의 편협한 관점에서 만물의 미추, 귀천, 시비, 선악 등을 분별하는 것을 반대하였다.
④ 순자가 부정의 대답을 할 질문이다. 순자는 인간을 선천적 도덕성을 지닌 존재가 아니라, 악한 본성을 지닌 존재로 보았다.

**순자의 성악설** **만점 공략 노트**

순자의 성악설은 빈출 주제이므로 관련 자료를 정리해 두자.

- 도지개나 먹줄은 굽은 것을 펴기 위해 만들어진 것이고, 임금을 세우고 예(禮)를 밝히는 것은 악한 본성을 바로잡기 위한 것이다.
- 예는 성인(聖人)이 제정한 것이다. 성인은 본성을 변화시켜 인위[僞]를 낳고, 인위를 일으켜 예의를 낳고, 예의를 일으켜 제도를 만들었다.
- 사람의 본성은 악(惡)하다. 본성이 선(善)해지는 것은 인위적인 노력의 결과이다. 사람은 나면서부터 이익을 추구하기 마련이다. 그대로 내버려 두면 서로 싸우고 빼앗아 양보란 없을 것이다.

**09** 공자는 '사람을 사랑하는 것이 인이다.'라고 하였다. 한편 칸트는 '너 자신에게나 다른 사람에게 있어서 인격을 언제나 동시에 목적으로 대우하고 수단으로 대하지 마라.'라고 주장하였다.

**바로잡기** ㄴ. 아리스토텔레스가 강조한 행복은 다른 어떤 것을 얻기 위한 수단이 될 수 없는 '궁극적인 목적' 그 자체이다.
ㄷ. 최선의 결과를 가져오는 행위가 도덕적으로 옳다는 관점에서 다수의 행복을 중시한 것은 공리주의의 입장에 해당한다.

**10** 자유주의는 개인의 자유를 중시하며, 민주주의는 국가의 권력이 국민에게 있음을 강조한다. 또한 자본주의는 사유 재산과 자유로운 시장 경제를 중시하며, 민본주의는 백성을 근본으로 하여 민심을 존중한다.

**바로잡기** ④ 사회주의는 생산 수단의 공동 소유와 계획 경제를 통해 경제적으로 평등한 사회를 실현할 것을 강조한다. 경제 활동의 자유와 개인의 이익 추구를 적극적으로 보장할 것을 강조하는 사회사상은 자본주의이다.

**11** 풍류도는 삼교가 전래하기 이전부터 우리 조상들이 생활 지침으로 삼았던 사상으로, 그 안에 이미 유·불·도의 내용이 포함되어 있다. 풍류도를 통해 당시 사람들이 여러 사상을 종합적으로 수용하였으며 진리에 대해 개방적인 태도를 가졌음을 알 수 있다.

**바로잡기** ㄴ. 풍류도는 유·불·도가 전래되기 이전부터 존재했던 우리의 고유 사상이다.

**12** 도가에서는 자연스러운 순리에 따르는 삶을 강조하며, 자기중심적 사고와 편견에서 벗어날 것을 강조한다.

**바로잡기** ① 불교에 대한 설명이다. 불교에서는 괴로움의 원인을 파악하여 그것을 제거하면 해탈에 도달할 수 있다고 본다.
② 불교에 대한 설명이다. 불교에서는 만물의 상호 의존적 관계를 인식하여 모든 존재에게 자비를 베풀어야 한다고 강조한다.
③ 도가에 대한 설명이다. 도가에서는 사람의 힘이 더해지지 않은 무위자연을 추구한다.
④ 유교에 대한 설명이다. 유교에서는 도덕적 인격 수양을 바탕으로 타인과 더불어 사는 공동체를 강조한다.

**13** 칼럼은 사회사상을 공부할 때 비판적 사고와 열린 자세가 필요하다는 내용이다. 비판적 사고는 어떤 사상을 곧이곧대로 받아들이는 것이 아니라, 그 사상의 진위 즉 참과 거짓을 따져 보는 것이다.

**바로잡기** ① 칼럼에서는 윤리 사상과 사회사상의 관계에 대해 언급하고 있지 않다.
② 칼럼에서는 다양한 사회사상에 대해 비판적으로 평가할 것을 강조한다.
④ 열린 자세를 지니기 위해서는 자신의 주장에 오류 가능성이 있음을 인정해야 한다.
⑤ 칼럼에서는 사회사상이 인간다움과 행복의 실현에 기여할 수 있다고 본다.

**14** 가상 편지 속 사례를 통해 윤리 사상이 바람직한 가치관을 세우고 매일의 일상을 성찰하면서, 우리의 삶을 더욱 폭넓게 바꾸어 나가도록 돕는 역할을 함을 알 수 있다.

**바로잡기** ① 가상 편지의 내용에 따르면 윤리 사상은 우리의 삶과 동떨어져 있지 않다.
②, ⑤ 가상 편지의 내용과 관련이 없다.
④ 가상 편지 속 사례의 주인공은 윤리 사상을 바탕으로 한 자신의 경영 철학이 기업 성장의 원동력이 되었다고 본다.

**15** 자본주의는 개인의 자율적 의사 결정을 존중하고, 개인의 노력에 따른 소득을 정당화하는 데 기여하였다. 한편 사회주의는 빈부 격차로부터 벗어나 경제적으로 평등한 사회를 실현하고자 노력하였다.

**바로잡기** 을 : 생산 수단의 공동 소유와 계획 경제를 추구한 것은 사회주의에 해당한다.
병 : 이윤 추구를 목적으로 하는 자유로운 경제 활동을 지향한 것은 자본주의에 해당한다.
정 : 시장에서의 자유로운 경쟁을 강조하여 생산의 증대를 이루게 한 것은 자본주의와 관련이 있다.

**16** A는 군부 독재 국가이고, B는 민주주의 국가이다. 민주주의 국가는 국민을 국가의 주인으로 여기며, 정치권력이 국민으로부터 나온다고 본다. 또한 통치권은 피지배자의 동의에 의해서만 합법적일 수 있다고 본다. 따라서 독재 국가에 비해 민주주의 국가가 갖는 상대적인 특징은 X는 높음, Y는 낮음, Z는 높음에 해당한다.

**17** ㉠은 사회사상이다. 일반적으로 윤리 사상은 인간의 바람직한 삶의 모습을 탐구하고, 사회사상은 바람직한 사회의 모습을 탐구한다. 이러한 측면에서 윤리 사상은 개인의 삶에 초점을 맞추는 반면, 사회사상은 공동체가 지켜야 할 규범이나 가치 등에 초점을 맞춘다.

**바로잡기** ⑤ 윤리 사상에 관한 내용이다.

**18** ㈎ 사상가는 아리스토텔레스이다. 아리스토텔레스는 훌륭한 국가는 덕을 갖춘 훌륭한 시민들이 있을 때 비로소 가능하다고 주장하며 윤리학과 정치학의 상호 연관성·의존성을 강조하였다.

**바로잡기** ② 윤리 사상은 인간의 바람직한 삶의 모습을 탐구하며 개인에 초점을 두는 반면, 사회사상은 바람직한 사회의 모습을 탐구하며 공동체가 갖추어야 할 집단의 윤리나 규범에 초점을 둔다. 따라서 윤리 사상과 사회사상은 서로 독립적인 영역이 존재한다.
③ 윤리 사상은 개인의 인격적 탁월함을 강조한다.
④ 사회사상은 국정에 부응하는 시민을 요구한다.
⑤ 훌륭한 사람의 덕을 갖추어도 훌륭한 국가가 되기 위해서는 훌륭한 시민의 덕 역시 갖추어야 한다.

**19** ㉠에는 윤리 사상과 사회사상을 상호 의존적 관계로 보는 입장의 근거가 들어가야 한다. 개인과 사회를 분리하여 생각하기 어려운 것처럼 사회사상의 구현도 각 개인의 윤리적 측면과 떼려야 뗄 수 없는 관계에 있다.

**바로잡기** ② 상호 의존적이라는 의미가 사회 구성원의 도덕성과 사회의 도덕성이 항상 일치함을 뜻하는 것은 아니다.

**20** **이렇게 쓰면 만점** (2) '인간의 가장 본질적인 특성', '당위', '자유 의지', '반성', '성찰' 등의 용어를 사용하여 윤리적 존재의 특징을 서술하면 만점이다.

**21** **이렇게 쓰면 만점** (2) 순자가 성악설의 입장에서 인간의 본성을 악하다고 보았음을 포함해 서술하면 만점이다.

**이렇게 쓰면 감점** (2) 인간의 본성은 선하다는 성선설 또는 인간의 본성은 본래 선악으로 결정되어 있지 않다는 성무성악설의 입장에 관해 서술하면 감점이다.

**22** **이렇게 쓰면 만점** (2) 자아 탐색의 근거, 바람직한 삶의 목적 및 가치 체계 제공, 도덕적 행동 지침 및 판단 근거 제공 등의 내용을 포함하면 만점이다.

**이렇게 쓰면 감점** (2) 윤리 사상이 중요하고 필요한 이유 두 가지를 서술하지 못하고 한 가지만 서술하거나 사회사상의 역할과 필요성에 관한 내용을 포함하여 서술하면 감점이다.

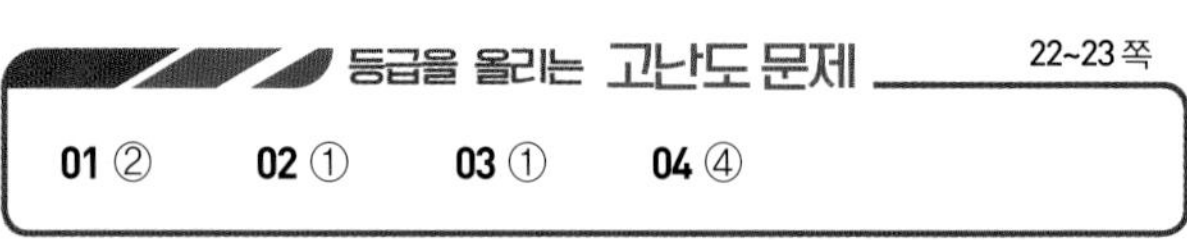

## 등급을 올리는 고난도 문제 22~23 쪽

01 ② 02 ① 03 ① 04 ④

### 01 인간의 특성에 대한 이해

**자료 분석 노트**

물과 불은 생명이 없고, 초목은 생명이 있어도 지각(知覺)이 없으며, 짐승은 지각이 있어도 도의(道義)가 없다. 소는 인간보다 힘이 세고, 말은 인간보다 달리기를 잘하는데, 소나 말이 도리어 사람에게 쓰이는 것은 무슨 까닭인가? 그것들은 능히 모여 살 수 없기 때문이다. 왜 능히 모여 살지 못하는 것인가? 그것들은 분별하지 못하기 때문이다. 왜 분별하지 못하는 것인가? 그것들은 도의가 없기 때문이다.

- 지각: 알아서 깨닫거나 그런 능력을 의미한다.
- 도의: 사람이 마땅히 지키고 행하여야 할 도덕적 의리이다.
- 능히 모여 살 수 없기 때문이다: 사회 속에서 삶을 영위하는 사회적 존재로서 인간의 특성을 보여 준다.
- 도의가 없기 때문이다: 인간에게는 도의가 있어 분별할 수 있다는 의미로, 윤리적 존재로서 인간의 특성을 보여 준다.

제시문은 사회적 존재와 윤리적 존재로서의 인간의 특성에 관한 내용이다. 인간은 사회 속에서 비로소 온전하게 성장하고 삶을 영위할 수 있는 사회적 존재이며, 윤리적 관점에서 자신의 삶과 자신을 둘러싼 세계의 모습을 반성하고 성찰할 수 있는 윤리적 존재이다.

**바로잡기** 첫 번째 인간의 특성 : 종교적 존재에 관한 설명이다. 인간은 유한한 세계를 넘어 초월적이고 무한한 것을 추구하는 종교적 존재이다.
네 번째 인간의 특성 : 유희적 존재에 관한 설명이다. 인간은 놀이를 즐길 줄 알고 삶의 재미를 찾고자 하는 유희적 존재이다.

## 02 인간 본성에 대한 고자와 맹자의 입장 비교 자료 분석 노트

갑: 본성은 소용돌이치는 물과 같아서 동쪽으로 트면 동쪽으
고자 로 흐르고, 서쪽으로 트면 서쪽으로 흐른다. 사람의 본성
(인간의 본성을 물의 흐름에 비유하여 말하고 있다.)
에 선함과 선하지 않음의 구분이 없는 것은 마치 물의 흐
(성무선악설)
름에 동쪽과 서쪽의 구분이 없는 것과 같다.

을: 사람의 본성이 선한 것은 물이 아래쪽으로 흐르는 것과 같
맹자 다. 사람은 선하지 않음이 없고 물은 아래로 흐르지 않음
(성선설)
이 없다. 이제 물을 쳐서 튀어 오르게 하면 이마보다 높이 넘어가게 할 수도 있고, 물을 역류시키면 산 위로도 올라가게 할 수 있지만, 이것이 어찌 물의 본성이겠는가?
(물이 튀어 오르거나 역류하는 것이 물의 본성이 아닌 것처럼, 사람이 선하지 않은 행위를 할 수 있지만 이것 역시 인간의 본성이 아니라는 의미를 담고 있다.)

갑은 성무선악설을 주장한 고자, 을은 성선설을 주장한 맹자이다. 고자는 인간이 본래 선이나 악이 아니라 생존과 생식의 두 가지 욕망을 가지고 있을 뿐이라고 주장하였다. 그렇기 때문에 고자는 인간이 선해지기 위해서는 후천적인 환경과 교육이 중요하다고 강조하였다. 한편 맹자 역시 후천적 교육의 중요성을 강조하였다. 맹자는 성선설을 주장하였지만, 인간이 살면서 겪는 여러 가지 요인으로 인해 악해질 수 있다고 보았다. 그렇기 때문에 선한 본성을 유지하기 위해서 노력해야 한다고 강조하였다.

**바로잡기** ㄷ. 성무선악설의 입장에 해당한다. 성무선악설에 따르면 선악은 인간의 본성이 아니라 인간 자신의 선택이나 판단, 환경에 의해 정해진다.
ㄹ. 맹자에 따르면 사단은 후천적으로 형성되는 것이 아니라 선천적으로 가지고 태어나는 것이다.

## 03 인간 본성에 대한 순자와 맹자의 입장 비교 자료 분석 노트

성악설임을 알 수 있다.

사람들이 모두 본성을 따르게 되면 틀림없이 혼란한 상태에 이르게 된다. 이에 반드시 스승과 법도에 따른 교화가 있어야 하며 예의의 도리를 가르쳐야 한다.

무력에 의존하는 정치이다.

사람들을 무력으로 복종시키려 하면서 인(仁)을 행하는 것처럼 꾸미는 것은 패도이다. 덕으로써 인을 행하는 왕도를 실천하면 사람들이 진심으로 복종하게 된다.

사람이 선해지기 위해서는 인위적이고 후천적인 노력이 필요하다는 의미이다.

인의(仁義)의 덕으로 다스리는 정치를 가리킨다.

갑은 순자, 을은 맹자이다. 순자는 인간의 생리적 욕구를 근거로 성악설을 주장하였다. 순자에 따르면 인간의 악한 본성은 예를 통해 교화할 수 있으며, 군주는 예에 따라 재화를 공정하게 분배하여 모든 사회 구성원의 욕망을 충족시켜야 한다. 반면 맹자는 인간의 본성이 선하다고 주장하며, 무력이 아닌 인으로 백성을 다스려야 한다고 보았다.

**바로잡기** ② 순자는 인간의 본성이 악하다는 성악설을 주장하였다.
③ 맹자는 인간이 선한 도덕적 본성을 갖고 태어나지만, 이를 보존하고 확충하지 않으면 악행을 저지르게 된다고 보았다.
④ 맹자에 따르면 인의는 외적 환경과 인위적 노력에 의해 형성된 것이 아니라 인간이 타고난 덕성이다.
⑤ 순자와 맹자 모두 예나 법에 의한 정치를 반대하지는 않았다.

## 04 동양 윤리 사상의 특징 이해 자료 분석 노트

동양인은 신을 신봉하지만 서양인과 같이 절대적·초월적 존재로 보아 사람과 이분(二分)하지는 않는다. 그 근원에서는 주객
(주객: 주되는 것과 부차적인 것을 아울러 이르는 말이다.)
을 나누지 않고 한데 섞어 보는 경지를 중시한다. 지적·법칙적 이해보다 체험적·전일적 파악을 더 좋아한다. 따라서 자연과
(전일적: 완전하거나 하나의 전체로서 통일을 이루고 있음을 의미한다.)
인간의 관계에서도 상호 보완적 의존 관계를 중시한다. 즉 만
(동양에서는 전통적으로 인간과 자연의 합일을 이상적인 경지로 여긴다.)
물일체관이 동양적 사고의 특징인데, 이는 분석보다는 종합을, 이론보다는 직관을 중시하는 사유 방식에서 유래한다.

동양 윤리 사상은 세계를 개체의 단순한 집합이 아니라 유기적 관계로 맺어진 통합된 전체로 이해한다. 따라서 모든 존재는 다른 존재와의 연관성 속에서만 삶을 영위할 수 있다. 이러한 사고방식은 인간과 자연, 인간과 인간 사이의 상호 보완성과 조화를 중시하게 한다.

**바로잡기** ㄷ. '자연과 인간의 관계에서도 상호 보완적 의존 관계를 중시한다.'는 내용을 통해 동양 윤리 사상이 인간과 자연을 분리하여 인간을 중심으로 자연을 대상화하지 않음을 유추할 수 있다.

## 실전 대비 | 단원 문제 마무리

27~29쪽

01 ① 02 ① 03 ③ 04 ③ 05 ⑤ 06 ③
07 ② 08 ② 09 ⑤ 10 ⑤

**11** (1) 아리스토텔레스 (2) **예시답안** 인간은 동물과 달리 이성을 지닌 이성적 존재이다. 인간은 옳고 그름을 판단하고 인식할 수 있는 윤리적 존재이다. 인간은 공동체 속에서 살아가는 사회적 존재이다 등

**12** (1) **예시답안** 인간은 나면서부터 이익을 좋아한다고 보기 때문입니다. 인간은 본능적인 욕구를 따르는 이기적인 존재라고 보기 때문입니다 등 (2) **예시답안** 모든 인간에게 선한 네 가지 마음인 사단이 있다고 보기 때문입니다. 인간은 모두 남에게 차마 어찌하지 못하는 마음을 가지고 태어난다고 보기 때문입니다 등

**13** **예시답안** 효를 실천하고 노인을 공경하는 문화를 형성하는 데 영향을 미쳤다. 공동체의 유대를 중시하는 풍토를 만드는 데 영향을 미쳤다 등

**01** (가)는 유희적 존재, (나)는 윤리적 존재, (다)는 문화적 존재의 특성에 관한 설명이다. (가)의 '삶의 기쁨', (나)의 '자기반성', (다)의

'총체적인 생활 양식'이라는 핵심어를 통해 각각에 나타난 인간의 특성을 도출할 수 있다.

**바로잡기** ②, ④ 도구적 존재는 인간이 삶에 필요한 유형·무형의 도구를 만들어 사용한다는 의미이다.
③, ⑤ 사회적 존재는 인간이 사회 조직과 제도를 갖추고 다른 사람과 더불어 살아간다는 의미이다.

**02** 갑은 성선설을 주장한 맹자, 을은 성악설을 주장한 순자이다. '타고난 본성을 잃지 않도록 힘써야 하는가?'에 대해 맹자는 '예', 순자는 '아니요'라고 대답할 것이다. 맹자는 인간이 타고난 선한 본성을 함양하기 위해 교육이 필요하다고 본 반면, 순자는 인간의 타고난 악한 본성을 변화시키기 위해 교육이 필요하다고 보았다. 또한 '교육을 통해 누구나 이상적 인간이 될 수 있는가?'에 대해 맹자와 순자는 모두 '예'라고 대답할 것이다. 맹자와 순자 모두 이상적 인간이 되기 위한 교육의 역할을 강조하였기 때문이다.

**03** 갑은 순자, 을은 홉스이다. 홉스에 따르면 인간은 자기 보존 본능에 따라 이기적일 수밖에 없으므로 자연 상태는 '만인에 대한 만인의 투쟁' 상태가 된다.

**바로잡기** ① 순자는 인간의 본성이 악하다는 성악설을 주장하였다.
② 순자는 예를 통해 인간의 이기적인 본성이 교화될 수 있다고 보았다.
④ 홉스는 인간의 이기적 본성에 따른 전쟁 상태에서 벗어나기 위해 사람들이 계약을 맺어 국가를 수립하였다고 주장하였다.
⑤ 순자와 홉스는 인간이 본성적으로 이기적이라고 보았다.

**04** 그림의 강연은 인간이 지니는 사회적 존재로서의 특성에 관한 내용이다. 인간은 사회 속에서 다른 사람과 더불어 살고, 인간만의 삶의 양식을 공유하고 발전시키며 이를 통해 성장하는 사회적 존재이다.

**바로잡기** ① 강연 내용에 따르면 인간 의식의 본질적인 부분에 이미 사회가 내면화되어 있다.
② 인간은 타인과 온전히 대치될 수 있는 존재라고 할 수 없다.
④, ⑤ 개체적인 삶에 관한 내용으로 본문과 관련이 없다.

**05** ㉠은 사회사상이다. 사회사상은 복잡한 사회 현상이나 사회적 논쟁의 쟁점을 좀 더 분명하게 이해할 수 있도록 도와주고, 사회적 문제에 대한 합리적 논쟁을 가능하게 해 준다. 또한 사회사상이 제시하는 바람직한 사회의 모습은 현재의 사회에 대한 반성적 성찰 기회를 제공해 준다.

**바로잡기** ㄱ. 윤리 사상과 사회사상은 상호 대립적인 관계가 아니라, 서로 영향을 주고받으면서 발전하는 상호 의존적 관계에 있다.

**06** 인간은 자신의 삶을 반성적으로 검토하고 가치 있는 행동을 실천한다는 점에서 윤리적 존재이며, 윤리 사상은 일반적으로 개인의 삶에 초점을 맞추어 인간의 바람직한 삶의 모습을 탐구하고자 한다.

**바로잡기** ㄱ. 고자의 입장이다. 순자는 인간의 본성이 악하다는 성악설을 주장하였다.
ㄹ. 칸트는 결과에 상관없이 의무에 따르는 행위를 중시하였다.

**07** 제시문은 한국 불교 사상가인 원효의 주장이다. 원효는 '말다툼 즉 논쟁을 조화시킨다.'라는 뜻의 화쟁(和諍)의 논리를 제시하였다. 이를 통해 원효는 자기 종파와 사상만을 옳다고 고집하지 말고, 더 높은 차원에서 종합할 것을 강조하였다.

**바로잡기** ② 원효는 모든 사상 및 이론의 특수성과 상대적 가치를 인정하면서도 전체로서의 조화를 추구하였다.

**08** A에는 아리스토텔레스 사상의 특징이 들어가야 한다. 아리스토텔레스는 인간의 모든 행위에는 목적이 있고, 인간 행위의 궁극적 목적이자 최고선은 행복이라고 보았다.

**바로잡기** ① 현대 윤리 중 실용주의에 관한 내용이다.
③ 중세 그리스도교 윤리에 관한 내용이다.
④ 근대 공리주의에 관한 내용이다.
⑤ 현대 윤리 중 실존주의에 관한 내용이다.

**09** 사회사상은 사회적 삶에서 나타나는 현상에 대한 해석과 사회 체제나 제도의 바람직한 모습 및 그것의 구현에 관한 체계적인 사유를 의미한다. 자유주의는 개인의 자율성을 최대한 보장함으로써 인권 및 자유권 신장에 영향을 주었다. 또한 민주주의의 영향으로 공청회나 청문회 개최, 시민 단체의 활동이나 행정 소송 제기 등 시민들이 정치에 참여할 수 있는 기회가 확대되었다.

**바로잡기** ⑤ 자본주의의 영향으로 우리 사회의 물질적 부(富)가 증대되고 삶이 풍요로워졌지만, 물질적 부의 편중으로 인해 경제적 불평등 문제가 발생하기도 하였다.

**10** (가)는 윤리 사상, (나)는 사회사상이다. 윤리 사상과 사회사상은 서로 영향을 주고받으면서 발전하는 상호 의존적 관계를 이루고 있다. 그렇기 때문에 인간다움을 온전하게 실현하기 위해서는 윤리 사상과 사회사상을 함께 탐구하며, 윤리적인 개인과 바람직한 사회를 만들기 위해 노력해야 한다.

**바로잡기** ⑤ 윤리 사상과 사회사상은 상호 의존적 관계이다.

**11** **이렇게 쓰면 만점** (2) 인간이 '이성적 존재', '윤리적 존재', '사회적 존재'라는 점을 포함하여 서술하면 만점이다.
**이렇게 쓰면 감점** (2) 제시문을 통해 알 수 있는 인간의 특성을 한두 가지만 서술하면 감점이다.

**12** **이렇게 쓰면 감점** (1) 순자가 인간의 본성을 악하다고 주장한 구체적인 근거 없이 인간은 악한 존재라고만 서술하면 감점이다.
**이렇게 쓰면 만점** (2) 맹자가 인간의 본성을 선하다고 주장한 구체적인 근거로 '사단', '차마 어찌하지 못하는 마음[不忍人之心]'을 포함하여 서술하면 만점이다.

**13** **이렇게 쓰면 만점** '효', '노인 공경', '공동체의 유대', '정감' 등 한국 윤리 사상의 특징을 포함하여 서술하면 만점이다.

# Ⅱ 동양과 한국 윤리 사상

## 01 동양과 한국 윤리 사상의 연원

### 기초를 다지는 확인 문제 
34쪽

**01** (1) × (2) ○ (3) × (4) ○ (5) ○ **02** (1) 중간자적 (2) 무위자연 (3) 홍익인간 **03** (1) ㉢ (2) ㉡ (3) ㉠

### 실력을 키우는 실전 문제 
35~37쪽

**01** ④ **02** ② **03** ⑤ **04** ③ **05** ① **06** ⑤
**07** ④ **08** ① **09** ④ **10** ③

**11** (1) 연기 (2) **예시답안** 모든 존재의 상호 연관성을 중시한다. 유기체적 세계관을 보여 준다. 공존의 사회관을 제시한다 등

**12** (1) 인(仁) (2) **예시답안** 인간은 위로는 자연이 만물을 생성하는 마음을 이어받고, 아래로는 하늘이 부여한 이치를 실현해야 하는 중간자적 존재이다.

**13** (1) 홍익인간 (2) **예시답안** 홍익인간 정신을 통해 인간을 존중하고, 모두가 평화롭게 공존하면서 서로를 이롭게 해야 한다는 인본주의 정신을 찾을 수 있다.

**01** 동양 윤리는 농경 중심 사회에서 발달하였다. 농경은 집단적인 노동력이 필요하며, 자연의 절대적인 영향을 받는다. 그래서 동양 사람들은 정착 생활을 하면서 가족을 중심으로 공동체를 형성하였고, 자연의 운행과 변화 질서에 커다란 관심을 기울였다. 또한 가족을 기초로 형성된 공동체 사회에서 가족 간의 윤리에 주목하며, 자연의 원리를 통해 인간의 본성을 설명하고 이에 근거하여 인간 삶의 목적과 방향을 설정하려는 노력을 구체화하였다.

**바로잡기** 을 : 서양 윤리의 특징이다. 동양 윤리 사상은 유기체적 자연관을 보여 준다.
무 : 공동체보다 개인을 강조하는 삶은 서양 윤리 사상의 특징이다.

**02** 갑은 도가 사상가인 장자이다. 도가는 자연과 인간이 분리될 수 없는 하나라고 보았다. 이를 바탕으로 자연과 공존하며, 소박하고 만족할 줄 아는 삶을 살 것을 강조하였다.

**바로잡기** ㄴ. 서양의 이분법적이고 정복 지향적인 자연관이다.
ㄹ. 자연에 대한 유교의 입장이다.

**03** 갑은 유교의 창시자인 공자이고, 을은 도가의 사상가인 노자이다. 공자는 인격 수양을 통해 인(仁)을 함양하고, 이를 바탕으로 이상적인 사회를 실현하고자 하였다. 반면, 노자는 유교의 인위적 가치와 제도가 인간 본래의 본성을 그르친다고 보았으며, 인위적이지 않은 무위자연의 삶을 강조하였다.

**바로잡기** ①, ②, ③ 도가와 유교의 입장이다.
④ 도가에서는 제도가 무위자연의 삶을 그르친다고 강조한다.

**유교와 도가의 비교** — 만점 공략 노트

유교와 도가는 비슷한 점도 많지만, 차이점 또한 명확하기에 자주 출제되는 제재이다. 각 사상의 입장을 꼼꼼하게 정리해 두자.

| 구분 | 내용 |
|---|---|
| 유교 | • 대표 사상가 : 공자, 맹자, 순자<br>• 인(仁)과 예(禮)를 강조함<br>• 도덕적 삶을 추구함 |
| 도가 | • 대표 사상가: 노자, 장자<br>• 인위적이고 세속적인 규범보다 절대적 자유의 경지를 강조함<br>• 소박한 삶(무위자연)을 추구함 |

**04** ㈎ 사상가는 불교 사상가인 석가모니이다. 석가모니는 만물이 수많은 원인과 조건에 따라 서로 관계를 맺으며 생겨나고 사라진다는 연기설을 토대로 괴로움에서 벗어난 경지인 해탈을 추구하고, 자비를 실천해야 한다고 주장하였다.

**바로잡기** ①, ② 석가모니는 자비의 윤리와 연기적 관점을 주장하였다.
④ 불교는 해탈을 추구한다. 소요(逍遙)는 도가의 이상적 모습이다.
⑤ 불교는 윤회설을 긍정한다.

**불교의 핵심 사상** — 만점 공략 노트

불교는 이 단원의 빈출 주제이다. 불교는 특히 불교임을 짐작하게 하는 핵심어가 명확한 사상이다. 불교에서 제시하는 주요 개념을 정리해 두자.

| 개념 | 내용 |
|---|---|
| 연기 | 세계의 모든 존재는 서로 인과적으로 존재함 |
| 해탈 | 연기를 깨달아 고통에서 벗어난 경지 |
| 보살 | 자비를 실천하여 스스로와 중생을 깨닫게 하는 이상적 인간상 |
| 윤회설 | 수레바퀴가 끊임없이 돈다는 의미로, 한 존재가 죽으면 그가 지은 업으로 인해 다시 태어나는 과정을 끊임없이 되풀이함을 뜻함 |

**05** 제시문은 서로 대립되는 것들이 서로를 필요로 하고 의존한다는 개념인 대대(對待)를 설명하는 내용이다. 이를 통해 동양 윤리 사상이 세상을 상호 의존적이고 상보적인 관계로 이루어진 하나의 유기적 전체로 이해함을 추론할 수 있다.

**바로잡기** 첫 번째, 두 번째 특징 : 이분법적 자연관을 바탕으로, 인간을 자연보다 우월한 존재로 보는 것은 근대 서양의 자연관이다.

**06** ㈎는 동양 윤리 사상인 불교이며, ㈏는 성공만을 위해 다른 사람을 고려하지 않았던 사람이 자신의 모습에 대해 성찰하는 내용이다. 불교는 내가 소중하듯 모든 존재가 소중하다는 진리를 깨달아 자비를 실천할 것을 주장한다.

**바로잡기** ①, ②, ③ 도가의 입장에서 할 수 있는 조언이다.
④ 유교의 입장에서 할 수 있는 조언이다.

**07** 갑은 도가 사상가인 노자, 을은 유교 사상가인 공자이다. 노자는 무위자연(無爲自然)의 윤리를 바탕으로 소박한 삶을 추구하였으며, 이를 실현할 수 있는 이상 사회로 소국과민을 제시하였다. 반면, 공자는 인(仁)의 윤리를 바탕으로 자기를 수양해 나감과 동시에 타인을 사랑하는(修己安人, 수기안인) 삶을 추구하였으며, 이를 실현하는 이상적 인간을 군자라고 하였다.

바로잡기 ㄱ. 갑은 무위자연을 강조한 도가 사상가 노자이다.
ㄷ. 을은 인(仁)의 윤리를 강조한 유교 사상가 공자이다.

**08** ㈎는 고조선의 단군 신화, ㈏는 신라의 박혁거세 신화이다. 단군이 하늘의 신인 환웅의 아들이고, 박혁거세의 출생이 하늘과 연관성을 지닌다는 점에서 우리 민족이 하늘에 기원을 둠을 알 수 있다. 이를 통해 한국 윤리 사상의 특징인 경천(敬天)사상과 천인합일(天人合一) 정신을 찾을 수 있다.

바로잡기 ② 천인합일 정신은 한국 윤리 사상의 대표적 특징이다.
③ 무속 신앙의 특징이다.
④ 근대 서양 윤리에서 주장하는 자연관이다.
⑤ 도가의 특징이다.

**09** ㈎는 한국 윤리 사상의 자연관, ㈏는 문화·윤리적 배경의 차이로 인한 사회 갈등을 보여 준다. 한국 윤리 사상의 입장에서 ㈏의 문제점을 해결하기 위해 상호 의존성과 조화, 공존에 대한 조언을 할 수 있다.

바로잡기 ①, ②, ⑤ 조화를 강조하는 한국 윤리 사상의 입장과 거리가 멀다.
③ 자연 활용을 강조하는 것은 근대 서양의 자연관에 해당한다.

**10** 한국 윤리 사상의 연원에서 볼 수 있는 한국 윤리 사상의 특징은 인간을 중시하는 인본주의 정신과 현세 지향적인 가치관, 그리고 화합과 조화의 정신을 들 수 있다.

바로잡기 ⓒ 한국 윤리 사상은 내세가 아닌 현세 지향적인 가치관을 보여 준다.

**11** 이렇게 쓰면 만점 (2) 상호 연관성, 유기체적 세계관, 공존의 사회관 등의 단어를 포함하여 서술하면 만점이다.

**12** 이렇게 쓰면 만점 (2) 인간과 자연, 하늘의 관계를 서술하며 인간을 중간자적 존재라고 본다는 점을 포함하여 서술하면, 만점이다.

**13** 이렇게 쓰면 만점 (2) 인본주의, 현세 지향적 가치관, 화합, 조화, 공존 등의 단어를 포함하여 서술하면 만점이다.

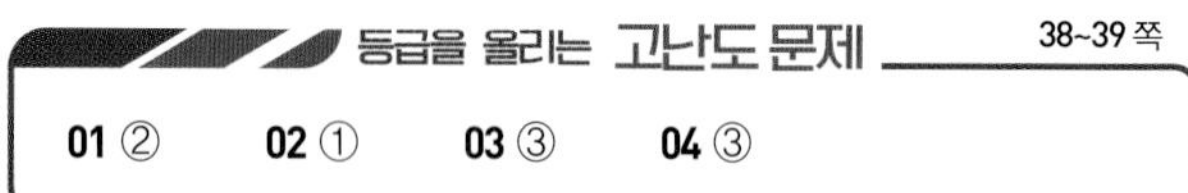

등급을 올리는 고난도 문제
38~39 쪽


01 ② 02 ① 03 ③ 04 ③

**01** 유교와 도가의 공통점과 차이점 비교 — 자료 분석 노트

갑(공자): 사람이면서 사람답지 못하면 예(禮)는 어찌하겠으며, 사람으로서 사람답지 않으면 악(樂)을 어찌하겠느냐?
(사람답게 만들어 주는 인(仁) / 외면적 규범)

을(노자): 성인(聖人)은 백성들로 하여금 총명하게 하지 않고 어리석게 하였다. 백성들을 다스리기 어려운 것은 지혜가 많기 때문이다. 그러므로 지혜로 나라를 다스리는 것은 나라에 화(禍)가 된다.
(인위적 제도를 마련하거나 세속적 가치를 추구하다 보면 소박한 본성을 해칠 뿐만 아니라 나라도 위태롭게 된다는 의미이다.)

갑은 공자, 을은 노자이다. 공자는 인(仁)의 윤리를 바탕으로 사회적 관계 속에서의 개인의 도덕적 삶을 강조하였다. 반면 노자는 인(仁)이나 예(禮) 등을 자연적이지 않은 인위적인 규범으로 보았으며, 이러한 세속적 가치에서 벗어나 자연의 질서에 순응하는 무위자연의 삶을 살아가야 한다고 주장하였다. 공자와 노자 모두 모든 존재를 상호 의존적인 유기체로 보며, 상호 연관성을 주장한다는 공통점이 있다.

바로잡기 ㄱ. 유교는 내세의 문제보다 현세의 문제에 집중하는 현세 지향적인 가치관을 보여 준다.
ㄹ. 유교에만 해당하는 내용이므로 C가 아니라 A에 해당하는 진술이다.

**02** 도가와 불교의 공통점 파악 — 자료 분석 노트

㈎(도가) …… 성인은 오직 하나, 즉 도(道)만 굳게 지키고 있어 천하의 모범이 된다. 성인(聖人)은 스스로 존재를 나타내려고 하지 않는다. 그런 까닭에 그 존재는 밝게 나타난다.
(도가는 우주의 근원을 도(道)로 규정한다. / 인위적으로 무엇을 하려 하지 않음을 통해 도가임을 알 수 있다.)

㈏(불교) …… 보살은 중생을 위해서 생사(生死)에 들었기에, 생사가 있으면 병도 있지만, 만약 중생이 병고에서 벗어난다면 보살도 다시는 아프지 않을 것입니다.
(불교의 이상적 인간상이다. / 자비 정신이다.)

㈎는 도가, ㈏는 불교이다. 도가는 자연과 인간이 분리될 수 없는 하나라고 보았다. 나아가 자연과의 공존을 통해 소박하고 만족할 줄 아는 삶을 추구하였다. 한편 불교는 모든 존재가 상호 의존 관계에 있다는 '연기'를 강조하였으며, 모든 존재와 생명은 서로 연결되어 있기에 내가 소중하듯 다른 존재 역시 소중하다는 자비의 윤리를 주장하였다. 이처럼 도가와 불교는 공존과 공생의 사회관을 강조하며 공통체적 관점을 중시한다는 공통점이 있다.

바로잡기 세 번째 입장 : 도가와 불교 모두 상호 연관성을 중시하나, 절대자에게 의존하지 않는다.
네 번째 입장 : 인위적 가치에서 벗어나 자연에 따라 살아가고자 하는 것은 도가만의 입장이다.

## 03 불교의 무아에 대한 이해

자료 분석 노트

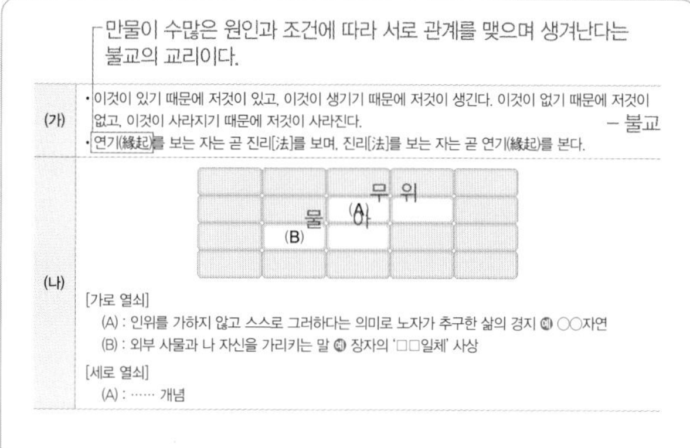

만물이 수많은 원인과 조건에 따라 서로 관계를 맺으며 생겨난다는 불교의 교리이다.
(가)
• 이것이 있기 때문에 저것이 있고, 이것이 생기기 때문에 저것이 생긴다. 이것이 없기 때문에 저것이 없고, 이것이 사라지기 때문에 저것이 사라진다. – 불교
• 연기(緣起)를 보는 자는 곧 진리[法]를 보며, 진리[法]를 보는 자는 곧 연기(緣起)를 본다.
(나)
무 위
물 (A) 아
(B)
[가로 열쇠]
(A) : 인위를 가하지 않고 스스로 그러하다는 의미로 노자가 추구한 삶의 경지 예 ○○자연
(B) : 외부 사물과 나 자신을 가리키는 말 예 장자의 '□□일체' 사상
[세로 열쇠]
(A) : …… 개념


(가)는 불교의 대표 사상가인 석가모니이다. (나)의 가로 낱말 (A)는 '무위', (B)는 '물아'이다. 따라서 세로 낱말 (A)는 '무아'이다. 불교에서 '무아(無我)'란 고정된 실체란 존재하지 않는다는 의미이다. 즉, 모든 존재는 연기에 의한 상대적이고 임시적인 것이므로 '나'라는 불변성과 영원성을 부정하고, 집착에서 벗어나야 한다.

**바로잡기** ① 불교에서는 독립적인 실체로 간주될 만한 '나'가 존재하지 않는다고 본다.
② 불교에 따르면 '나'는 임시적이고 상대적인 의미로 존재한다.
④ 불교에 따르면 모든 존재가 서로 연결되어 있어 독자적인 '나'는 없다.
⑤ 불교에서는 사라지지 않는 '나'가 존재한다는 주장에 반대한다.

## 04 유교의 자연관 이해

자료 분석 노트

(가) 큰 도(道)가 행해진 세상에서는 천하가 모두의 것이 된다.
└ 유교의 대동 사회임을 알 수 있다.
현명하고 유능한 사람을 뽑아 나라를 다스리게 하여 신의가 존중되고 화목이 두터워진다.

(나) 인간은 자연의 사용자 및 해석자로서 자연의 질서에 관해
지식을 통해 자연을 지배하려는 의도를 엿볼 수 있다.
실제로 관찰하고, 고찰한 것만큼 무엇인가를 할 수 있다. 그 이상의 것은 알 수도 없고, 할 수도 없다. 인간의 지식이 곧 인간의 힘이다.
└ 베이컨의 대표 주장이다.

(가)는 유교, (나)는 베이컨의 입장이다. 유교는 유기체적, 조화론적 세계관을 지니고 있으며, 특히 자연 세계의 원리를 인간 도덕규범의 원천으로 파악하고 있다. 반면, 베이컨은 이분법적, 정복 지향적 세계관을 지니고 있으며 관찰과 실험을 바탕으로 지식을 획득하여 자연을 지배하려 한다. 또한 자연을 통해 인간의 생활을 개선할 수 있다고 주장한다.

**바로잡기** ① 서양의 자연관이다.
②, ④ 인간과 자연을 분리하여 이분법적으로 바라보는 것은 근대 서양 철학자 데카르트의 입장이다. 유교는 유기체적 자연관을 바탕으로 인간과 자연의 상호 의존성을 강조한다.
⑤ 유교의 관점에서는 정복 지향적 자연관이 아닌 조화론적 자연관을 지향한다.

# 02 인의 윤리

### 기초를 다지는 확인 문제 44쪽

**01** (1) ○ (2) × (3) ○ (4) × (5) ○ **02** (1) 정명 (2) 민본주의 (3) 화성기위 **03** (1) ㉢ (2) ㉠ (3) ㉡

### 실력을 키우는 실전 문제 45~49쪽

| | | | | | |
|---|---|---|---|---|---|
| **01** ② | **02** ② | **03** ④ | **04** ③ | **05** ① | **06** ③ |
| **07** ③ | **08** ② | **09** ① | **10** ③ | **11** ④ | **12** ⑤ |
| **13** ④ | **14** ② | **15** ⑤ | **16** ③ | **17** ② | **18** ④ |

**19** (1) 맹자 (2) **예시답안** 맹자는 공자의 정명을 계승하여 역성혁명을 주장하였다. 맹자는 군주가 군주답지 못하여 백성을 나라의 근본으로 생각하지 않고 백성의 입장에서 정치를 하지 않는다면 군주를 바꿔야 한다고 주장한다.

**20** (1) 갑 : 주희 을 : 왕수인 (2) **예시답안** 주희는 사물의 이치를 탐구하여 앎을 극진히 하는 것으로 보았으며, 왕수인은 바르지 못한 마음을 바로잡아 양지를 실현하는 것으로 보았다.

**21** **예시답안** 인의 윤리는 현대 사회에서 과도한 경쟁, 지나친 사익 추구로 인해 약해진 공동체 정신을 회복하는 데 도움을 줄 수 있다. 또한 훌륭한 인격을 형성하기 위한 실천을 강조하였다는 점에서 개인 및 사회의 도덕성을 높이는 데 기여할 수 있다.

**01** 갑은 묵가 사상가인 묵자, 을은 법가 사상가인 한비자이다. 묵자와 한비자 모두 춘추 전국 시대에 등장한 제자백가이다. 묵자는 유교의 친친(親親)과 달리 너와 나의 구별 없이 모든 사람을 차별 없이 사랑하는 겸애(兼愛)를 제시하고 이를 통해 평화로운 세상으로 나아갈 것을 주장하였다. 반면, 한비자는 인간을 이기적 존재로 보고, 나라를 다스림에 있어 법을 강조하며 신상필벌(信賞必罰)의 원칙에 따라 나라를 통치해야 한다고 주장하였다.

**바로잡기** ① 갑은 묵가를 대표하는 묵자이다.
③ 을은 법가를 대표하는 한비자이다.
④ 한비자는 신상필벌을 주장한다.
⑤ 갑, 을 모두 춘추 전국 시대에 등장한 사상가이다.

### 제자백가의 사상

만점 공략 노트

춘추 전국 시대에 등장한 제자백가는 유교, 도가 이외에 묵가와 법가가 있다. 묵가와 법가 역시 문제에 종종 등장하는 주제이니 명확하게 정리해 두자.

| | |
|---|---|
| 묵가 | • 대표 사상가 : 묵자<br>• 차별 없는 사랑인 겸애(兼愛)를 제시함 → 유교의 친친(親親)과 대비되는 사상 |
| 법가 | • 대표 사상가 : 한비자<br>• 이기적 존재를 다스림에 있어 법(法)과 신상필벌(信賞必罰)을 강조함 |

**02** 제시문은 『논어』의 효제(孝悌)와 충서(忠恕)에 관한 내용이다. 공자는 인(仁)을 실천하는 기본적인 덕목으로 효제를, 인을 실천하는 구체적 방법으로 충서를 강조하였다. 효제는 효도와 우애를 의미하고, 충서(忠恕)에서 충(忠)은 조금의 속임이나 허식 없이 자신의 온 정성을 다하는 것을, 서(恕)는 자신을 미루어 다른 사람의 마음을 헤아리는 것을 뜻한다. 이를 통해 인(仁)이란 가까운 사람부터 실천하는 분별적이고 단계적인 사랑임을 알 수 있다.

**바로잡기** 첫 번째 견해 : 인(仁)은 예(禮)로써 형식화된다.
네 번째 견해 : 도가의 견해이다.

**03** 갑은 공자, 을은 한비자이다. 공자는 군주가 강제적인 법률이나 형벌보다는 도덕과 예의로 백성들을 교화해야 한다고 주장하였다. 반면 한비자는 신상필벌(信賞必罰)과 엄격한 법 적용을 통한 통치를 주장하였다.

**바로잡기** ① 한비자는 사람들이 악한 존재임을 전제하였다.
② 한비자는 형벌로 통치할 것을 주장하였다.
③ 한비자는 정치에 있어 강제적 법률의 효과를 강조하였다.
⑤ 극기복례의 중요성을 강조한 공자의 사상과 거리가 멀다.

**공자의 정치 사상** 만점 공략 노트

공자의 정치사상임을 알 수 있는 핵심어들이 있다. 각 개념을 정확히 이해하고 핵심어들을 정리해 두자.

| | |
|---|---|
| 덕치 | 형벌이 아닌 도덕과 예의를 통한 통치를 강조함 |
| 정명 | • 신분과 역할에 맞는 의무를 수행해야 함<br>• "임금은 임금답고, 신하는 신하답고, 부모는 부모답고, 자식은 자식다워야 한다." |
| 대동 사회 | 공자의 이상 사회로 모든 사람이 더불어 잘 사는 사회 |

**04** (가) 사상가는 공자이며, 제시문은 정명 사상에 관한 내용이다. 공자는 내면적 도덕성인 인(仁)과 외면적 도덕규범인 예(禮)를 강조하였으며, 가까운 사람으로부터 인(仁)을 실천해야 한다는 친친(親親)을 주장하였다. 또한 통치자에게는 자신의 인격을 먼저 닦아야 한다는 수기안인을 강조하며, 모든 사람이 더불어 잘 사는 사회인 대동 사회를 지향하였다.

**바로잡기** ③ 한비자의 입장에서 긍정의 대답을 할 질문이다.

**05** 갑은 고자이며, 을은 맹자이다. 고자는 인간의 본성이 선 또는 악으로 정해진 것이 아니라는 성무선악설을 제시하면서 선악은 후천적인 환경과 자신의 선택에 따른 결과라고 보았다. 반면, 맹자는 성선설을 주장하며 인간은 선한 본성을 타고나며, 악한 사람도 후천적으로 그렇게 되었을 뿐이라고 보았다.

**바로잡기** ② 고자는 선악을 후천적인 결과라고 보았다.
③ 을은 성선설을 주장한 맹자이다.
④ 맹자는 악한 행동은 후천적으로 발생한 결과라고 보았다.
⑤ 고자는 성무선악설을, 맹자는 성선설을 주장하였다.

**06** 제시문은 맹자의 사단(四端)에 관한 설명이다. 맹자는 사단과 불인인지심을 근거로 성선설을 주장하였다. 맹자는 인간의 본성과 본심 자체는 선하다고 보며, 구방심과 과욕(寡慾)이라는 수양을 통해 모든 사람의 마음속에 있는 선천적 선한 마음인 사단을 자각하고 확충하여 인의예지라는 사덕을 완성하고자 노력해야 함을 강조하였다.

**바로잡기** ③ 맹자는 인간이 타고난 본성은 선하므로 사단을 확충하여 인의예지(仁義禮智)의 사덕을 완성하고자 노력해야 함을 강조하였다.

**07** 갑은 맹자이고, 을은 순자이다. 맹자는 불인인지심, 사단, 양지와 양능을 근거로 성선설을 주장하였다. 반면 순자는 인간이 본래 이익을 좋아하고 남을 질투하며 미워하는 존재라고 인식하며 성악설을 주장하였다. 때문에 인위적 규범인 예(禮)를 통해 인간의 악한 본성을 변화시켜 후천적으로 선하게 만들어야 함을 강조하였다.

**바로잡기** ㄱ. 맹자는 양지와 양능이 선천적으로 타고난다고 보았다.
ㄷ. 맹자에만 해당하는 내용으로 A에 들어가야 한다.

**맹자와 순자의 비교** 만점 공략 노트

맹자와 순자를 비교하는 문제는 이 단원의 빈출 주제이다. 각 사상가의 입장을 정확하게 이해하고 꼼꼼하게 정리해 두자.

| | |
|---|---|
| 맹자 | • 성선설을 주장함 ← 불인인지심, 사단, 양지, 양능<br>• 인의(仁義)를 강조함<br>• 집의(集義), 호연지기(浩然之氣)를 중시함 |
| 순자 | • 성악설을 주장함<br>• 예의(禮義)를 강조함<br>• 화성기위(化性起僞)를 중시함 → 후천적인 노력을 강조함 |

**08** 갑은 맹자이다. 맹자가 대답한 내용은 역성혁명에 해당하는데, 이는 공자의 정명 사상을 계승한 것이다. 군주가 군주답지 못할 경우 그 군주는 더 이상 군주가 아니기에 교체할 수 있다. 또한, 맹자는 패도 정치를 비판하고 왕도 정치를 통해 백성을 아끼고 덕으로 다스려야 함을 강조하고, 민본주의를 중시하였다. 더불어 항산과 항심을 통해 경제적 안정이 도덕적 마음을 위한 토대라고 주장하였다.

**바로잡기** ② 맹자는 정명 사상을 비판한 것이 아니라 계승하여 역성혁명, 즉 민본주의적 혁명을 주장하였다.

**09** 제시문은 순자이다. 순자의 자연관은 천인분이(天人分二)로, 이는 하늘(자연)과 사람의 일이 구별됨을 뜻한다. 즉, 하늘의 운행은 사람의 선악에 따른 행위에 영향을 받는 것이 아니며, 사람이 사람으로서 해야 할 일에 노력한다면 하늘의 어떤 작용에도 불행해지지 않는다는 것이다. 이는 도덕의 근원을 하늘로 보았던 기존의 자연관에 대비된다.

**바로잡기** ②, ③, ④, ⑤ 사람의 행위와 하늘의 운행이 영향을 준다고 보는 내용으로 순자의 자연관과 거리가 멀다.

**10** 갑은 순자, 을은 공자이다. 순자는 인위로서의 예를 바탕으로 인간의 악한 본성을 변화시키기 위해 노력해야 한다고 보았으며, 정치 역시 예(禮)로 다스려야 한다고 주장하였다. 이와 달리 공자는 도덕과 예의로써 백성을 다스려야 한다고 보았으며, 재화에 대한 분배의 형평성 또한 강조하였다. 순자와 공자는 모두 유교 사상가로 예를 외면적 도덕규범으로 바라보았다는 공통점이 있다.

**바로잡기** ③ 순자는 부정의 대답을, 공자는 긍정의 대답을 할 질문이다.

**11** 제시문의 사상가는 주희이다. 주희는 모든 존재와 현상을 이와 기가 결합하여 나타나는 것으로 보았다. 이때 이와 기는 서로 떨어질 수 없지만, 원리로서의 이와 재료로서의 기는 그 역할이 다르기에 서로 뒤섞일 수도 없다.

**바로잡기** ㄷ. 주희에 따르면 기(氣)는 이(理)가 현상으로 드러나기 위한 재료이자 힘이다.

**이기론(理氣論)** **만점 공략 노트**

'이'와 '기'의 기본 개념과 그 관계를 파악하는 것은 성리학, 양명학, 이황과 이이의 사상 등을 이해하는 데 있어서 굉장히 중요하다. 꼼꼼히 정리해 두자.

| | |
|---|---|
| 이 | 우주 만물의 근본 원리이자 도덕 법칙 |
| 기 | 이(理)가 현상으로 드러나기 위한 재료이자 힘 |
| 이와 기의 관계 | • 이기불상리(理氣不相離) : 모든 존재와 현상은 이와 기의 결합으로 되어 있으므로 이와 기는 서로 떨어질 수 없음<br>• 이기불상잡(理氣不相雜) : 원리로서의 이(理)와 재료로서의 기(氣)는 의미와 역할이 다르므로 서로 뒤섞일 수 없음 |

**12** 성리학은 인간의 성(性)이 하늘이 부여한 이치[理]인 본연지성과 이러한 이치가 기질에 부여된 기질지성으로 구성되어 있다고 보았다. 본연지성과 기질지성은 성(性)의 다른 측면일 뿐 서로 분리되는 것이 아니다. 본연지성은 하늘의 이치로 누구나 같지만, 기질지성은 사람에 따라 선악이 혼재한다. 그렇기 때문에 주희는 도덕적으로 행동하려면 기질을 통해 드러나는 감정과 욕구를 바로잡아야 한다고 주장하였다.

**바로잡기** ⑤ 주희에 따르면 감정과 욕구는 이치가 아닌 기질을 통해 드러난다.

**13** 그림의 내용은 성리학의 심통성정(心統性情)에 관한 것이다. 성리학의 수양법으로는 마음을 경건하게 하는 거경(ㄱ), 도덕 본성을 보존하고 인욕을 제거하는 존천리거인욕(ㄷ), 양심을 보존하고 본성을 성찰하는 존양성찰(ㄹ)과 인간의 본성과 사물의 원리를 바르게 인식하는 궁리, 사물의 이치를 탐구하고 앎을 이루어 나가는 격물치지 등이 있다.

**바로잡기** ㄴ. 순자의 화성기위(化性起僞)에 관한 내용이다.

**14** 제시문의 사상은 성리학이다. 성리학은 인간의 선천적 선한 본성이 이(理)이며, 이는 우주 만물의 보편적 법칙이라고 본다. 또한 인간의 마음을 인심과 도심으로 구분하였는데, 인심과 도심은 끊임없이 갈등하기에 도심이 인심을 잘 통제해야만 한다. 나아가 도덕적 지식을 먼저 알아야 도덕적 행동을 할 수 있다고 보았으며[先知後行], 동시에 도덕적 지식의 탐구와 실천이 함께 나아가야 한다고 주장하였다[知行竝進]. 성리학의 정치사상은 덕치와 예치이며, 이는 수기이안인의 유교 전통을 계승하여 민본과 위민의 이념 아래 구현한 것이다.

**바로잡기** ② 성리학에서는 마음이 성(性)과 정(情)을 주재하고 포괄한다는 심통성정(心統性情)을 주장한다.

**15** 제시문은 양명학의 양지에 관한 설명이다. 양지는 누구나 본래부터 갖춘 시비지심과 같은 것으로, 이를 자각하고 그대로 따른다면 도덕적 실천을 할 수 있다. 즉, 성리학처럼 도덕적 이치를 굳이 학문적으로 깊이 탐구하지 않아도 된다고 보았다. 양명학은 공부와 수양이 아니라 마음의 사욕을 극복하여 순선한 마음을 유지한다면 누구나 지선의 경지에 도달할 수 있다고 강조하였다.

**바로잡기** ①, ④ 양지는 선천적인 것이다.
② 양지는 마음에 이미 내재되어 있다.
③ 인간은 누구나 양지를 본래 지니며, 이를 자각해야 한다.

**16** 양명학은 사물에 이(理)가 객관적으로 존재한다고 본 성리학과 달리 이(理)가 마음 밖에 있는 것이 아니라고 보았다. 양명학에 따르면 마음이 곧 이치이며, 도덕 법칙은 마음 밖에 존재하는 것이 아니라 도덕 주체인 인간의 마음이 바르게 작용함으로써만 드러나는 것이다.

**바로잡기** 갑, 을, 정 : 성리학에 관한 설명이다.

**성리학과 양명학의 이(理)** **만점 공략 노트**

이(里)에 대한 해석을 중심으로 성리학과 양명학의 차이점을 정리해 두자.

| | |
|---|---|
| 성리학 | • 성즉리(性卽理) : 선천적인 인간의 선한 본성이 곧 이치<br>• 사물에 이(理)가 객관적으로 존재한다고 봄 → 격물을 도덕 법칙이 내재된 사물의 이치를 탐구하는 것으로 설명함 |
| 양명학 | • 심즉리(心卽理) : 마음이 곧 이치<br>• 이(理)는 마음 밖에서 존재할 수 없다고 봄 → 격물을 바르지 못한 마음을 바로잡아 양지를 실현하는 것이라고 설명함 |

**17** ㉠은 양명학에서 강조하는 지행합일이다. 지행합일은 앎과 행함이 본래 하나라는 의미이다. 양명학에서는 알면서도 행하지 않는 행동들을 사사로운 욕심으로 인해 앎과 행함이 분리된 것이기에 아직 알지 못하는 것과 같다고 설명하였다.

바로잡기 ㄱ. 성리학의 지행병진(知行竝進)에 관한 설명이다.
ㄷ. 성리학의 선지후행(先知後行)에 관한 설명이다.

**18** 갑은 성리학, 을은 양명학의 입장이다. 갑은 배와 차라는 형태로 나타나기 이전의 이(理)가 존재한다고 본다. 그렇기에 본래 존재하던 사물의 이치를 탐구하여 알아낸 것이며 이는 성리학의 격물치지에 해당한다. 반면 을은 마음이 곧 이치라는 심즉리를 바탕으로 모든 이치와 사물은 마음속에 존재한다고 주장한다.

바로잡기 ①, ③ 갑은 긍정, 을은 부정의 대답을 할 질문이다.
②, ⑤ 갑, 을 모두 긍정의 대답을 할 질문이다.

**19** 이렇게 쓰면 감점 (2) 민본주의적 관점을 언급하지 않고 혁명에 대해서만 서술하면 감점이다.

**20** 이렇게 쓰면 만점 (2) 주희의 입장에는 '이치', '탐구' 등의 단어를 포함하여 서술하고, 왕수인의 입장에는 '양지', '마음' 등의 단어를 포함하여 서술하면 만점이다.

**21** 이렇게 쓰면 만점 '공동체 정신의 회복', '개인 및 사회의 도덕성 향상'에 관한 내용을 포함하여 서술하면 만점이다.
이렇게 쓰면 감점 유교가 아닌 동양 윤리의 전반적인 의의에 관해서만 추상적으로 서술하면 감점이다.

## 등급을 올리는 고난도 문제

50~51 쪽

01 ④ 02 ① 03 ② 04 ③

### 01 공자와 순자의 정치 사상 비교

자료 분석 노트

갑(공자): …… 내가 세상 사람들과 더불어 살지 않으면 누구와 더불어 살겠는가? 인(仁)은 나에게서 말미암은 것이니, 덕(德)으로 인도하고 예(禮)로 다스려야 사람들이 염치를 알게 된다.
- 세상 사람들과 더불어 살지: 유교의 이상 사회인 대동 사회의 특징이다.
- 인(仁): 공자가 강조한 내면적 도덕성으로서 사랑의 정신이다.
- 덕(德)으로 인도하고 예(禮)로 다스려야: 도덕과 예의로 백성을 교화하는 덕치(德治)를 의미한다.

을(순자): …… 재물이 풍족하지 못하면 반드시 다툰다. 다투면 어지러워지고 어지러워지면 막힌다. 선왕이 어지러움을 싫어하여 예의를 제정하여 나누고, 빈부와 귀천의 등급이 있게 하여 서로 임하기에 충분하게 하였으니 이것이 천하를 기르는 근본이다.
- 재물이 풍족하지 못하면 반드시 다툰다: 성악설에 기반한 인간관을 보여 준다.
- 예의를 제정하여: 예를 도덕규범의 근거로 삼는다.

갑은 공자, 을은 순자이다. 공자는 통치자가 형벌에 의지하지 않고, 도덕과 예의로 백성을 교화해야 한다는 덕치를 주장하였다. 또한 재화의 고른 분배를 통해 모든 사람이 더불어 잘 사는 대동사회를 주장하였다. 반면 순자는 성악설을 주장하며, 인간은 본래 이익을 좋아하고 남을 질투하며 미워하는 존재로 보았다. 그래서 도덕적 사회를 실현하려면 예를 통해 국가를 다스려야 한다고 보았다.

바로잡기 ㄷ. 문명에 비판적 태도를 취하는 것은 도가의 입장이다.

### 02 순자, 맹자, 고자의 인성론 비교

자료 분석 노트

갑(순자): 사람의 성(性)과 정(情)을 좇으면 반드시 쟁탈이 일어나 구분을 무너뜨리고 이치를 어지럽혀 폭동으로 귀결된다.
- 사람의 성(性)과 정(情)을 좇으면 반드시 쟁탈이 일어나: 인간은 이기적 존재 = 성악설

을(맹자): 사람에게 사단(四端)이 있는 것은 사람에게 팔다리가 있는 것과 같으니, 사단이 있음에도 스스로 인의를 행할 수 없다고 말하는 사람은 자기 스스로를 해치는 사람이다.
- 사단(四端): 성선설의 근거이다.

병(고자): 물은 물길을 동쪽으로 터놓으면 동쪽으로 흐르고, 서쪽으로 터놓으면 서쪽으로 흐른다. 물의 흐름에 동서가 정해져 있지 않은 것처럼 인간의 본성도 이와 마찬가지입니다.
- 물의 흐름에 동서가 정해져 있지 않은 것처럼 인간의 본성도 이와 마찬가지: 인간의 본성이 선과 악으로 정해지지 않음 = 성무선악설

갑은 순자, 을은 맹자, 병은 고자이다. 순자는 성악설을 주장하며, 성인에 의해 제정된 인위로서의 예를 통해 후천적 노력을 기울임으로써 인간의 악한 본성을 변화시키고자 하였다. 반면 맹자는 사단을 근거로 성선설을 주장하였다. 또한 인(仁)뿐만 아니라 의(義)도 중요하게 생각하여 집의를 통한 호연지기를 추구해야 한다고 보았다. 그리고 고자는 성무선악설을 주장하며, 선악은 후천적인 환경과 자신의 선택에 따른 결과라고 보았다.

바로잡기 ㄷ. 맹자는 인간의 선한 행동이 사욕을 극복하고 타고난 선한 본성을 잘 길러서 나온다고 보므로, 이 질문에 부정의 대답을 할 것이다.
ㄹ. 고자는 선악이 후천적 환경과 자신의 선택에 따른 결과라고 보므로, 이 질문에 부정의 대답을 할 것이다.

### 03 격물치지에 대한 성리학과 양명학 비교

자료 분석 노트

(가)(양명학): …… 내 마음의 양지(良知)를 실현하는 것이 치지(致知)이고, 각 각의 사물이 모두 그 이치를 얻는 것이 격물(格物)이다.
- 내 마음의 양지(良知)를 실현하는 것이 치지(致知): 마음에 이(理)가 있음 = 양명학

(나)(성리학): 사람의 양지(良知)는 본래부터 지니고 있는 것이지만 궁리(窮理)하지 않으면 알지 못하고 통달하지 못한 것을 궁구할 수 없다. ……
- 양지(良知)는 본래부터 지니고 있는 것: 도덕법칙은 본래 내재되어 있다는 입장이다.
- 궁리(窮理)하지 않으면 알지 못하고 통달하지 못한 것을 궁구할 수 없다: 사물의 원리를 강조하고 있다.

(가)는 양명학, (나)는 성리학이다. 양명학은 사물에 이(理)가 객관적으로 존재함을 주장한 성리학과 달리 이(理)가 마음 밖에 있지 않다고 강조하며 심즉리를 주장하였다. 또한 지식과 실천의 관계에 있어서는 지행합일을 강조하였다. 반면 성리학은 성즉리를 주장하며, 격물치지, 즉 도덕 법칙이 내재된 사물의 이치를 탐구하고 앎을 이루어 나가야 한다고 강조하였다. 또한 지식이 실천보다 먼저라는 선지후행과 지식과 실천이 같이 나아가야 한다는 지행병진을 강조한다. 그러므로 양명학에 비해 성리학이 갖는 상대적 특징은 X는 높음, Y는 낮음, Z는 높음이다.

**04** 성리학과 양명학의 지와 행 비교 자료 분석 노트

갑(주희): 지(知)와 행(行)은 항상 서로 의존한다(지행병진). 마치 눈이 있어도 발이 없으면 다닐 수 없고, 발이 있어도 눈이 없으면 볼 수 없는 것과 같다.

을(왕수인): 지(知)는 행(行)의 시작이고, 행은 지의 완성이다(지행합일). 알면서 행하지 않는 사람은 없다. 알면서 행하지 않는 것은 아직 참으로 알지 못한 것이다.

| | 갑 사상가의 입장 | 을 사상가의 입장 |
|---|---|---|
| 만물의 근본 원리인 이(理)는 어디에 있는가? | 이(理)는 사람과 사물에 객관적으로 존재한다. | 만물의 근본 원리는 마음 안에만 존재한다. |
| 도덕적 삶을 위해 어떤 노력을 해야 하는가? | • 도덕적 지식을 탐구한 후 도덕적 실천으로 나아간다.<br>• 도덕적 지식의 탐구와 도덕적 행동의 실천은 항상 서로 의존한다. | • 지행합일 : 앎과 행동은 하나이다.<br>• 격물치지 : 사욕을 제거하고 마음을 바로잡는다. |

갑은 주희, 을은 왕수인이다. 주희는 이(理)는 사람과 사물에 객관적으로 존재함을 주장하며, 도덕적 지식을 먼저 알아야 도덕적 행동을 할 수 있다는 선지후행과 도덕적 지식의 탐구와 실천이 함께 나아가야 한다는 지행병진을 강조한다. 반면, 왕수인은 만물의 근본 원리와 사물은 마음 안에만 존재함을 주장하며, 앎으로서의 지와 실천으로서의 행은 별개가 아니고 하나라는 지행합일을 강조한다.

바로잡기 ① 왕수인의 입장으로 ㉡에 해당한다.
② 주희의 입장으로 ㉠에 해당한다.
④ 선지후행에 관한 설명으로 ㉢에 해당한다.
⑤ 지행병진에 관한 설명으로 ㉢에 해당한다.

## 03 도덕적 심성

### 기초를 다지는 확인 문제 56쪽

**01** (1) ○ (2) × (3) ○ (4) × (5) ○ **02** (1) 이기호발 (2) 이통기국 (3) 성기호설 **03** (1) ㉢ (2) ㉠ (3) ㉡

### 실력을 키우는 실전 문제 57~61쪽

**01** ④ **02** ④ **03** ⑤ **04** ② **05** ⑤ **06** ⑤
**07** ① **08** ③ **09** ④ **10** ② **11** ④ **12** ①
**13** ④ **14** ③ **15** ② **16** ④ **17** ⑤ **18** ④
**19** (1) ㉠ 사단 ㉡ 칠정 ㉢ 이기호발설 (2) 예시답안 사단은 본연지성이 발한 것이고, 칠정은 기질지성이 발한 것이다.
**20** (1) 이이 (2) 예시답안 이이는 성이란 이와 기를 합한 것이고, 이가 기에 깃든 연후에 성이 된다고 보았다. 그래서 본연지성과 기질지성은 별개의 것이 아니며, 기질지성 안에 본연지성이 있다고 보았다.
**21** (1) 정약용 (2) 예시답안 정약용은 사단이란 우리가 본래 가지고 있는 것이며, 인의예지의 사덕은 실천을 통해 사단을 확충함으로써 형성되는 것이라고 보았다.

**01** ㉠은 유교이다. 유교는 개인의 도덕적 완성과 도덕적 이상 사회를 구현하는 실천적 방법을 강조하였다. 유교는 조선의 건국 이념이었으며, 조선 초기의 유학자들은 도덕적 이상 사회를 구현하기 위한 자기 수양과 사회적 실천을 제시하면서 자연과 인간에 대한 깊은 탐구를 진행하였다.

바로잡기 ① 도가의 영향에 해당한다.
② 불교는 제시문과 거리가 멀다.
③ 도가의 영향에 해당한다.
⑤ 도덕적 완성을 위한 실천 방법을 제시한 것은 도가가 아닌 유교이다.

**02** 제시문의 사상가는 이황이다. 이황은 주희의 입장을 이어받아 이 세상의 모든 존재가 이와 기로 구성되어 있다고 보았다. 이황은 주희의 이기불상잡(이와 기는 섞이지 않는다.), 이기불상리(이와 기는 떨어지지 않는다.) 중 이기불상잡에 좀 더 주목하였다. 이를 통해 이황은 기보다 이를 강조하였으며, 기에 대한 이의 주재성을 중시하였음을 알 수 있다.

바로잡기 세 번째 내용 : 이황은 가치론의 입장에서 기(氣)보다 이(理)를 강조하며 이귀기천이라고 하였다.
네 번째 내용 : 이황은 이기불상리보다 이기불상잡을 강조하였다.

**03** 갑은 이황, 을은 이이이다. 이황은 사단을 이(理)의 발현으로 순선한 것으로 보았으며, 칠정은 기(氣)의 발현으로 선악이 정해지지 않았으나 악(惡)으로 흐를 가능성이 높다고 보았다. 반면, 이이는 사단과 칠정 모두 기가 발하고 그것에 이가 탄 것으로 보았으며, 사단은 이(理)가 드러난 선한 감정이지만 그 역시 칠정의 한 부분으로 보았다.

바로잡기 ① 이황과 이이 모두 칠정을 인간의 일반적 감정으로 보았다.
② 이황은 칠정을 기(氣)에 근원한다고 보았다.
③ 이황은 사단은 순선(純善)한 반면, 칠정은 악으로 흐를 가능성이 있다고 보았다.
④ 이황은 사단을 이(理)의 발현이라고 보았다.

### 이황과 이이의 사단칠정 만점 공략 노트

이황과 이이의 사단 칠정론은 명확한 차이를 보인다. 두 입장을 비교하는 문제가 자주 출제되므로 정리해 두자.

| | |
|---|---|
| 이황 | • 이기불상잡의 입장에 주목함<br>• 이귀기천을 주장함<br>• 사단은 이의 발현, 칠정은 기의 발현으로 봄 |
| 이이 | • 이기불상리의 입장에 주목함<br>• 이기지묘를 주장함<br>• 사단과 칠정 모두 기의 발현으로 봄 |

**04** ㈎는 이황의 주장이다. 이황은 '기'보다 '이'를 강조하고, 이의 능동성을 강조하는 이기호발을 주장하였다. 이황에 따르면 사단은 이가 발하고 기가 그것을 따르는 것이고, 칠정은 기가 발하여 이가 그것을 타는 것이다.

바로잡기 ② 이황은 이귀기천을 주장하였으므로 이 질문에 긍정의 대답을 할 것이다.

**05** 제시문의 사상가는 이황이다. 이황은 이와 기가 서로 떨어지지 않는다[이기불상리]는 입장과 이와 기는 서로 뒤섞이지 않는다[이기불상잡]는 입장 모두를 긍정한다. 하지만 이 중에서 이황은 상대적으로 이기불상잡에 주목하며 기에 대한 이의 주재성을 강조하였다.

바로잡기 ①, ②, ③ 이황은 이기불상잡과 이기불상리 모두 긍정한다.
④ 이황은 이기불상리보다 이와 기가 뒤섞이지 않는다는 입장인 이기불상잡을 상대적으로 강조한다.

**06** 제시문의 사상가는 이황이다. 이황은 수양의 태도로 경(敬)을 강조하였다. 경을 유지하기 위한 구체적 방법으로는 의식을 집중시켜 마음을 흐트러지지 않게 하는 것, 몸가짐을 단정히 하여 엄숙한 태도를 유지하는 것, 항시 또렷이 깨어 있는 것 등이 있다.

바로잡기 ⑤ 이황은 이기호발을 통해 사단과 칠정을 엄격히 구분하였다.

**07** 갑은 이황, 을은 이이이다. 이황은 이가 발한 감정인 사단은 본연지성이 발한 것이고, 기가 발한 감정인 칠정은 기질지성이 발한 것이라고 보았다. 반면, 이이는 칠포사, 즉 칠정이 사단을 포함한다고 주장하며 사단과 칠정 모두 기질지성이 발한 감정이라고 보았다.

바로잡기 ㄷ. 기질지성이 발하여 사단이 된다고 주장한 것은 이이이다.
ㄹ. 이황과 이이 모두 칠정은 본연지성이 발한 것이라고 주장하지 않는다. 칠정은 기질지성이 발한 것이다.

### 성(性)에 대한 이황과 이이의 입장 만점 공략 노트

이황과 이이는 성리학자이므로 성(性)에 대해 공통적인 입장을 지니기도 하지만, 각자 독자적인 입장을 보이기도 한다. 이황과 이이의 성(性)에 대한 관점의 차이를 정확히 비교해 두자.

| | |
|---|---|
| 이황 | • 본연지성과 기질지성으로 구분함<br>• 본연지성(理)이 발함 → 사단<br>• 기질지성(理＋氣)이 발함 → 칠정 |
| 이이 | • 성이란 이와 기를 합한 것<br>• 본연지성과 기질지성이 별개의 것이 아님<br>• 기질지성 안에 본연지성이 있음(형질에 깃들지 않았을 때는 이라고 해야 함) |

**08** 갑은 이황이며, 을은 이이이다. 이황과 이이는 모두 사단과 칠정이 감정이라고 주장하였다. 이황은 이기불상잡의 입장에서 사단은 이가, 칠정은 기가 각각 발한 것이라는 이기호발을 주장하며 사단과 칠정의 원천을 엄격히 구분하였다. 또한 이황은 경을 강조하며 이를 유지하기 위해 주일무적, 정제엄숙, 상성성이라는 수양법을 제시하였다. 반면 이이는 이기불상리의 입장에서 이기지묘를 주장하며 발하는 것은 기이며, 발하는 까닭이 이라고 하였다.

바로잡기 ③ 이이는 이기지묘와 이통기국을 주장하였다. 이귀기천은 이황의 입장이다.

**09** ㉠은 이이이다. 이이는 기(氣)의 특수성에 주목하였으며, 기가 모든 차이의 원인이 된다고 보았다. 이이에 따르면 이(理)는 시공간의 제약을 받지 않아 보편성을 지닌다. 반면 기는 구체적으로 운동하고 변화하기에 시공간의 제약을 받으며, 조건에 따라 특수성을 지닌다. 즉 이는 만물에 통하고 기는 형체에 국한되어 이를 이통기국이라고 한다.

바로잡기 ① 이이는 기가 아니면 발할 수 없고, 이가 아니면 발할 까닭이 없다고 하였다.
② 이이는 이가 보편적으로 실재하고, 기는 시공간의 제약을 받는다고 보았다.
③ 이이에 따르면 기는 형체와 운동성이 있지만, 이는 형체도 운동성도 없다.
⑤ 이이의 입장에서 이는 도덕 본성의 근거이며, 기는 현실 세계에서 구체적으로 운동한다.

**10** 이이는 수양을 통해 기질을 교정하는 데 중점을 두었다. 또한 사욕을 제거하는 방법으로 경(敬)의 실천을 제안하였으며, 이를 통해 성(誠)에 이를 것을 제시하였다. 그리고 그는 민본과 위민의 이상을 현실에서 실현하기 위해 실질에 힘써야 한다는 무실과 시대 변화에 따른 시의적절한 개혁론인 경장을 주장하였다.

바로잡기 ㉡ 이이는 기질을 바로잡음으로써 도덕 본성인 '이(理)'를 실현할 수 있다는 교기질의 수양론을 제시하였다.

**11** 제시문은 이이의 이기론에 관한 내용이다. 이이는 본연지성과 기질지성은 별개의 것이 아니며, 기질지성 안에 본연지성이 있다고 보았다. 또한, 이이는 사단과 칠정 모두 기질지성이 발한 감정이라고 하였다. 사단은 칠정 가운데 선한 부분이며, 사단을 포함한 칠정은 기가 발하고 이가 탄 것이라고 주장하였다. 즉, 사단과 칠정은 본연지성과 기질지성처럼 근원이 다른 것이 아니라 기가 맑고 흐린 것에 있다고 하였다.

**바로잡기** ㄴ. 이이는 칠정은 기가 발하고, 그것에 이가 탄 것이라고 주장하였다.

**12** 갑은 이이이다. 그는 선(善)의 실현은 기에 따라 좌우되는 일반 감정을 조절하는 데 그 핵심이 있다고 보고, 기질을 바로잡아 도덕 본성으로서 이(理)를 실현하는 교기질을 수양법으로 제시하였다. 또한 기질을 바로잡는 일의 핵심이 사사로운 욕망을 극복하는 극기에 있다고 보았다.

**바로잡기** ㄷ. 중국 불교 사상가 혜능이 강조한 수양법이다.
ㄹ. 도가 사상가 노자가 강조한 수양법이다.

**13** 임진왜란과 병자호란 등의 전란 이후 성리학은 실천보다는 명분만을 중시하며 사변적으로 변질되었다. 성리학은 사회적 변화와 요구를 따라가지 못하게 되었으며, 이러한 시대적 상황에서 유교의 본래 정신을 회복하고자 실학이 대두되었다. 실학은 실증을 중시하는 청나라의 고증 학풍과 발달한 문물에 자극을 받아 성리학의 한계를 인식하고 대안을 모색하였다.

**바로잡기** 을 : 실학은 실증을 중시하는 청나라의 고증 학풍에 영향을 받아 발달하였다.
병 : 실학자인 정약용은 당시 성리학자들이 이기론이나 심성론에 관한 불필요한 논쟁에만 매달렸다고 비판하였다.

**14** 제시문은 정약용의 성기호설이다. 정약용은 어떤 것을 지향하는 마음의 경향성, 즉 기호를 본성으로 보았다. 이러한 기호에는 인간과 동물이 모두 지닌 생리적 기호로서 형구의 기호와 인간만이 지닌 도덕적 기호로서 영지의 기호가 있다.

**바로잡기** ① 정약용에 따르면 형구의 기호는 인간과 동물이 모두 지닌 생리적 기호이다.
② 정약용에 따르면 인간의 본성은 선을 좋아하고 악을 부끄러워하는 기호이다.
④ 정약용에 따르면 영지의 기호는 인간만이 지닌 도덕적 기호이다.
⑤ 정약용에 따르면 인간은 태어날 때부터 도덕적 행동을 지향하는 마음을 지니고 있다.

**15** 제시문은 정약용의 자주지권에 관한 내용이다. 정약용은 인간이 선하고자 하면 선할 수 있고, 악하고자 하면 악할 수 있는 자유 의지, 즉 자주지권을 부여받은 존재라고 보았다. 그는 자주지권을 바탕으로 도덕 행위에 대한 책임이 인간 자신에게 있다고 주장하였다.

**바로잡기** ㄴ. 정약용은 사덕을 인간의 선천적 본성으로 보지 않았다.
ㄷ. 자주지권은 선하고자 하면 선할 수 있고, 악하고자 하면 악할 수 있는 자유 의지를 의미한다.

**16** 제시문의 사상가는 정약용이다. 정약용은 생명이나 지각 능력 등은 인간뿐만 아니라 동물에게도 있다고 보았지만, 도덕성은 인간만이 가진 특성이라고 보았다. 또한 인간은 자율적 존재이므로 자신의 선택과 행위에 대한 책임을 져야 한다고 주장하였다.

**바로잡기** ④ 정약용은 성리학의 금욕주의를 비판하면서, 인간의 욕구를 긍정적으로 보았다. 욕구가 있어야 생존뿐만 아니라 도덕적 행위도 가능하다고 본 것이다.

**정약용이 구분한 네 가지 존재** 만점 공략 노트

정약용의 인간관은 성기호설로 이어진다. 성기호설의 정확한 이해를 위해 영지의 기호는 인간만이 가지고 있음을 기억하자.

| 인간 | 기(氣), 생명, 지각 능력, 영지의 기호 |
|---|---|
| 동물 | 기(氣), 생명, 지각 능력 |
| 식물 | 기(氣), 생명 |
| 무생물 | 기(氣) |

**17** 제시문의 사상가는 정약용이다. 정약용은 하늘이 인간에게 자주지권과 선을 좋아하는 성을 주었다고 보았다. 또한 하늘의 명령이 천명(天命)이며, 그것이 인간에게 도심(道心)이 된다고 주장하였다. 그리고 하늘은 도심을 통해 명령의 형태로 인간에게 잘못을 경고해 준다고 생각하였다.

**바로잡기** ㄴ. 정약용은 천명과 도심을 둘로 나누면 안 된다고 보았다.

**18** 갑은 주희, 을은 정약용이다. 주희는 성리학자로서 인간의 본성이 곧 이치라는 성즉리를 주장하며, 인의예지와 같은 사덕을 인간의 선천적 본성으로 규정한다. 반면, 정약용은 실학자로서 인간의 본성을 기호로 보았으며, 욕구를 생존과 더불어 도덕적 삶을 위해 필요한 것으로 바라보았다. 또한 그는 사덕이 사람의 마음에 선천적으로 주어진 것이 아니라 덕이 있는 행동을 통해 형성되는 것이라고 하였다.

**바로잡기** ①, ③, ⑤ 갑은 긍정, 을은 부정으로 답할 질문이다.
② 갑, 을 모두 부정으로 답할 질문이다.

**19** **이렇게 쓰면 감점** (2) 성(性)을 본연지성과 기질지성으로 구분하지 않고 서술하면 감점이다.

**20** **이렇게 쓰면 만점** (2) 성(性)과 이(理), 기(氣)의 관계를 바탕으로 본연지성과 기질지성의 관계를 서술하면 만점이다.

**21** **이렇게 쓰면 감점** (2) 사단이 선천적인 성격을 띠고 있음을 설명하지 않고, 단순히 사단의 확충 혹은 실천을 통해 사덕이 형성된다고만 서술하면 감점이다.

## 등급을 올리는 고난도 문제

62~63쪽

01 ② 02 ① 03 ⑤ 04 ⑤

### 01 이황과 이이의 사단 칠정론 비교

자료 분석 노트

갑(이황): 만약 혼합하여 말한다면 칠정이 이와 기를 겸(兼)하는 것은 더 말할 나위 없이 명확하다. 그러나 칠정을 사단과 대립시켜 구분되는 것으로 말한다면, 칠정과 기의 관계는 사단과 이의 관계와 같다. 그 이름이 모두 가리키는 바가 있으므로 주(主)가 되는 바에 따라 나누어 귀속시킬 수 있는 것이다.
└ 사단과 칠정을 엄격히 구분한다.

을(이이): 만약 칠정과 사단을 꼭 두 변으로 나누려고 한다면 인성(人性)의 본연과 기질도 나뉘어 두 성이 될 것이니, 어찌 이러한 이치가 있겠는가? 천리(天理)는 무위(無爲)인 것으로서 반드시 기(氣)의 기틀을 타야 움직이는 것이니, 기가 움직이지 않고서 이(理)가 움직인다는 것은 있을 수 없다.
└ 이의 능동성을 부정한다.
└ 기발이승일도설이다.

갑은 이황, 을은 이이이다. 이황은 도덕적 감정인 사단은 이의 발현으로서 순선하고, 인간의 일반적인 감정을 가리키는 칠정은 기의 발현으로서 선악이 정해지지 않았으나 악으로 흐를 가능성이 높다고 주장하며, 이의 능동성을 강조하는 이기호발을 제시하였다. 반면, 이이에 따르면 사단과 칠정은 부분과 전체의 관계로, 사단은 칠정 가운데 선한 부분을 가리킨다. 이이는 칠정은 사단을 포함하여, 모두 기가 발하고 이가 탄 것이라고 주장하였다.

**바로잡기** ㄴ. 이이가 이황에게 제기할 수 있는 반론이다.
ㄷ. 이황과 이이의 공통 입장이다.

### 02 성리학과 정약용의 사상 비교

자료 분석 노트

사심(四心)이 바로 사단이며, 사덕(四德)은 사단을 확충한 것이다. 측은(惻隱)을 확충하여 자상함의 극치에 이르면 인(仁)이 천하를 뒤덮게 된다. 그러나 확충하지 못하면 인(仁)이라는 명칭은 끝내 성립할 수 없다.
└ 선천적인 것이 아니라는 의미이다.
└ 덕 있는 행동을 통해 사덕이 후천적으로 형성된다는 의미이다.

제시문은 정약용의 주장이다. 정약용은 사덕이 인간에게 본성적으로 주어진다는 기존의 성리학적 설명을 거부하였다. 그에 따르면, 인간은 선을 기호하기 때문에 사단과 같은 도덕적인 마음을 지니며, 덕이 있는 행동을 실천함으로써 후천적으로 사덕을 갖출 수 있다. 또한 인간은 자주지권을 부여받은 존재이며, 자신의 선택과 행위에 책임을 지는 자율적인 존재이다.

**바로잡기** ②, ③ 갑, 을은 긍정, 정약용은 부정의 대답을 할 질문이다.
④, ⑤ 갑, 을, 정약용 모두 부정의 대답을 할 질문이다.

### 03 이황의 사단 칠정론 이해

자료 분석 노트

…… 만약 경(敬)을 첫째로 삼지 않으면, 어찌 능히 그 성(性)을 보존하고 그 본체를 세우겠는가. 이 마음의 발하는 것이 미묘하여 가는 털끝을 살피기보다 어렵고, 위태하여 구덩이를 밟기보다 어려울 것이니, 진실로 경(敬)을 첫째로 삼지 않으면 또 어찌 그 기미를 바르게 하고, 그 쓰임에 통달할 수 있겠는가.
└ 이황은 경(敬)을 통해 인간의 마음이 이와 하나가 되어야 한다고 주장한다.
└ 경(敬)을 가장 중요시한다는 점을 통해 이황임을 알 수 있다.

(가)는 이황이다. 이황은 이기불상잡을 강조하며, 이가 발한 감정인 사단은 본연지성이 발한 것이고, 기가 발한 감정인 칠정은 기질지성이 발한 것이라고 보았다. 이처럼 그는 발한 근원에 따라 사단과 칠정, 본연지성과 기질지성을 엄격히 구분하였으며, 기에 대한 이의 주재성을 강조하였다.

**바로잡기** ⑤ 이황에 따르면 사단은 본연지성이 발한 것이고, 칠정은 기질지성이 발한 것이다.

### 04 이황과 이이, 정약용의 사단과 사덕 비교

자료 분석 노트

갑(이이): 사단은 단지 '이(理)'만을 말한 것이고, 칠정은 이와 기를 합하여 말한 것이니, 두 갈래의 정(情)이 있는 것이 아니다.
└ 칠정은 사단을 포함한다고 본다.

을(이황): 사단(四端)은 이(理)가 발하여 기(氣)가 그것을 따르는 것이니, 순선하여 악이 없다. 칠정(七情)은 기가 발하여 이가 그것을 타는 것이니 선할 수도 있고 악할 수도 있다.
(이발이기수지 / 기발이이승지)

병(정약용): 사단의 '단(端)'은 '시작'을 뜻한다. 백성을 자애롭게 대한 후에 인(仁)이라고 하고, 자신을 올곧게 한 후에 의(義)라 하며, 손님을 맞아 인사한 후에 예(禮)라 하고, 사물을 분별한 후에 지(智)라 한다.
(사단은 선천적으로 갖고 있다고 본다.)
└ 사덕은 덕 있는 행동을 한 후에 형성된다고 본다. 이것은 사덕을 인간의 선천적 본성으로 보는 성리학의 기존 입장과 크게 다른 점이다.

갑은 이이, 을은 이황, 병은 정약용이다. 이이는 '이'라는 원리에 근거한 '기'의 발동만을 인정함으로써 칠정이 도덕 본성에 근거함을 주장하였다. 또한 악의 발생과 같은 도덕적 불완전함의 원인을 기의 영역에 한정짓고자 하였으며, 기질지성 안에 본연지성이 있다고 보았다. 반면 이황은 사단은 이가 발한 순수한 선으로서 운동성과 자발성을 지니고, 칠정은 이가 주재 능력을 발휘하느냐에 따라 선할 수도 악할 수도 있다고 주장하였다. 한편, 정약용은 인간은 선(善)을 기호하므로 사단은 선천적으로 지니는 것이지만, 사덕은 덕 있는 행동을 실천한 후에 형성되는 것이라고 보았다.

**바로잡기** ① 이황, 이이 모두 이와 기를 개념적으로 구분하고 있다.
② 이황, 이이 모두 칠정이 악으로 흐를 수 있다고 보았다.
③ 이황은 본연지성을 원래 순선한 것으로 보고 있다.
④ 정약용은 사단과 같은 도덕적 마음을 선천적으로 지니고 있다고 보았다.

## 04 자비의 윤리

**기초를 다지는 확인 문제** 70쪽

**01** (1) ○ (2) × (3) × (4) ○ **02** (1) 소승 (2) 대승 (3) 아라한 (4) 보살 **03** (1) ㉠ (2) ㉢ (3) ㉡ (4) ㉣

**실력을 키우는 실전 문제** 71~75쪽

| | | | | | |
|---|---|---|---|---|---|
| 01 ① | 02 ⑤ | 03 ④ | 04 ① | 05 ① | 06 ③ |
| 07 ② | 08 ⑤ | 09 ② | 10 ⑤ | 11 ④ | 12 ⑤ |
| 13 ⑤ | 14 ② | 15 ① | 16 ④ | 17 ① | 18 ④ |

**19** (1) 공 사상 (2) **예시답안** (사물의 실체는) 고정불변의 독자적인 것이 아니다.

**20** (1) 연기 (2) **예시답안** 연기를 깨달은 사람은 만물의 상호 의존성을 인식하고 자비의 윤리를 실천한다.

**20** (1) ㉠ 중관 사상 ㉡ 유식 사상 (2) **예시답안** 중관 사상은 모든 것의 실체가 존재하지 않는다고 본다. 그러나 유식 사상은 마음의 작용인 식(識)은 존재한다고 본다.

**01**

**자료 분석 노트**

세 개의 갈대가 땅 위에 서려고 할 때 서로 의지해야 설 수 있다.
(갈대가 서로 의존하여 서 있는 모습을 통해 만물의 상호 의존성을 강조하는 연기설임을 알 수 있다.)
만일 그 가운데 한 개를 제거해 버리면 두 개의 갈대는 서지 못하고, 두 개의 갈대를 제거해 버리면 나머지 한 개도 역시 서지 못한다. 그 세 개 갈대는 서로 의지해야 설 수 있다. 이처럼 모든 것은 서로가 서로를 의지하고 관계를 가짐으로써 존재할 수 있고, 그 관계가 깨어질 때 존재도 사라지게 된다.
(모든 존재와 현상은 원인과 조건의 상호 관계에 의해 생겨난 일시적인 것이며, 원인과 조건이 사라지면 소멸되는 것임을 의미한다.)

제시문은 불교의 연기설이다. 연기설은 불교의 핵심 사상으로 모든 존재와 현상은 원인과 조건의 상호 관계에 의해 형성된 것임을 강조하여 만물의 상호 의존성을 주장한다. 또한 불교에서는 자아에 대한 집착에서 벗어날 때 고통에서 벗어나 해탈의 경지에 이를 수 있다고 본다.

**바로잡기** ② 순자의 입장이다.
③ 유교의 입장이다.
④ 불교에서는 불변의 실체나 자아는 존재하지 않는다고 본다.
⑤ 불교는 모든 존재와 현상이 일시적으로 생멸한다고 본다.

**02** 제시문은 팔정도에 관한 설명이다. 팔정도는 열반에 이르기 위한 중도(中道)의 대표적인 수행 방법을 말한다. 제시문의 '저 언덕'이란 집착과 고통에서 벗어난 해탈과 열반의 경지를 말하며, 이는 불교가 추구하는 이상적 경지이다.

**바로잡기** ① 유교의 수양법에 관한 설명이다.
② 지인은 도가 사상가인 장자의 이상적 인간상이다.
③ 불교에서는 불변의 자아가 존재하지 않는다고 주장한다.
④ 육바라밀에 관한 설명이다.

**03** 제시문은 불교의 연기설이다. 연기설에 따르면 모든 존재와 현상은 원인과 조건에 따라 생겨나고 소멸하기 때문에 인간을 포함한 우주 만물은 인(因)과 연(緣)의 상호 작용 속에서 끊임없이 변화한다고 주장한다.

**바로잡기** ① 연기설에 의하면 불변의 자아는 존재하지 않는다.
② 불교는 신(神)을 믿는 종교가 아니라 인간의 노력으로 해탈의 경지에 이르려는 종교이다.
③ 불교에서는 무명과 무지가 집착과 고통으로 이어진다고 본다.
⑤ 불교는 모든 존재가 고정적 실체나 속성을 갖지 않는다고 본다.

**04** (가)는 대승 불교의 공(空) 사상이다. 공 사상에 따르면 모든 것은 고정된 실체가 없다. 대승 불교에서는 공 사상을 바탕으로 이기심을 버리고 중생과 함께할 것을 강조한다.

**바로잡기** ② 대승 불교에서 '예'라고 답할 질문이다.
③ 무명이란 만물이 일시적인 것이라는 것을 모르는 무지이다. 불교에서는 무명이 인생의 고통의 원인 중 하나라고 본다. 따라서 '아니요'라고 답할 질문이다.
④, ⑤ 소승 불교가 긍정할 질문이며 대승 불교에서 '아니요'라고 답할 질문이다.

**05** 제시문은 불교의 연기적 세계관이다. 연기적 세계관은 모든 존재와 현상의 인과성, 관계성, 상호 의존성을 강조한다. 따라서 연기를 자각한 사람은 자아에 대한 집착을 버리고 만물의 상호 의존성을 깊이 깨닫고 자비를 실천하게 된다.

**바로잡기** 두 번째 관점 : 유교의 입장이다.
세 번째 관점 : 불교는 무명과 무지를 고통스러운 삶의 원인으로 본다.

**06** 제시문은 불교의 평등적 세계관을 보여 준다. 불성이란 부처가 될 수 있는 가능성 또는 성질을 말한다. 불교에서는 만물이 이러한 불성을 가진 존재이므로 모두 평등하며, 존엄하다고 주장한다.

**바로잡기** ㄱ. 불교의 입장에서 부정의 대답을 할 질문이다. 불교에서는 만물이 평등하다고 보기 때문이다.
ㄹ. 불교의 입장에서 부정의 대답을 할 질문이다. 불교에서는 생명체를 포함한 모든 만물이 서로 긴밀하게 연결된 상호 의존적 존재라고 보기 때문이다.

**07**

**자료 분석 노트**

모든 존재는 고정된 것이 아니며 항상 변화한다. (제행무상) 따라서 세상의 참모습은 끊임없이 생성하고 소멸하는 변화를 거듭하게 된다. 또한 이 세상의 모든 존재에 실체적인 자아(自我)가 없다. (제법무아)
그리고 세상의 참모습을 바르게 알게 되어 탐욕, 성냄, 어리석음의 삼독(三毒)이 사라진다. (열반적정)

제시문은 삼법인의 가르침이다. 불교의 삼법인은 세상의 모든 현상과 존재의 참다운 모습에 대한 석가모니의 깨달음을 담고 있다.

바로잡기 ㄴ. 불교의 입장에서 부정의 대답을 할 질문이다. 애욕은 고통이 생겨나는 원인에 해당하기 때문이다.
ㄹ. 불교의 입장에서 부정의 대답을 할 질문이다. 불교에서는 인간의 자아도 실체가 없다고 본다.

**08** 제시문은 중도(中道) 사상이다. 중도 사상은 지나치게 쾌락에 빠지거나 지나치게 계율이나 고행에 빠지지 않는 것을 의미한다.

바로잡기 ① 불교에 따르면 무명은 고통이 생겨나는 원인이다.
②, ④ 중도 사상은 극한의 고통과 쾌락을 모두 지양한다.
③ 삼독은 현실 세계가 영원할 것이라고 집착하기 때문에 생기는 탐욕, 성냄, 어리석음이므로 제거해야 한다.

**09** 제시된 자료는 사성제를 정리한 도표이다. 사성제는 석가모니가 깨달은 네 가지 성스러운 진리이다. 사성제는 연기설에 기초하여 괴로움이 생기는 원인과 그것을 멸하는 방법을 구체적으로 밝힌 것이다.

바로잡기 ② ㉡에 들어갈 말은 집성제이다. 불교에서는 세상의 실상을 모르는 무명과 이로 인한 애욕 때문에 집착이 생겨나고 그 결과 고통을 겪는다고 본다.

**사성제** 만점 공략 노트

사성제는 석가모니가 깨달은 네 가지 성스러운 진리이며, 불교 사상의 핵심적인 가르침이다. 고성제와 집성제는 인간의 '현실'에 관한 진리를, 멸성제와 도성제는 인간이 나아갈 방향, 즉 '이상'에 관한 진리를 담고 있다는 점을 기억하자.

| 현실 | 결과 | 고성제 | 인간의 삶 자체가 고통<br>예 생로병사(生老病死) |
|---|---|---|---|
| | 원인 | 집성제 | 고통의 원인 → 애욕(愛慾), 무명(無明) |
| 이상 | 결과 | 멸성제 | 열반의 세계에 도달한 상태 |
| | 원인 | 도성제 | 열반에 이르기 위한 중도의 수행<br>→ 팔정도(八正道) |

**10** 제시문은 불교 사상이다. 대승 불교의 공(空) 사상은 모든 현상과 존재는 고정불변하는 독자적인 실체가 없음을 강조한다. 따라서 모든 사람은 무아(無我)를 깊이 인식하고 자타불이의 마음으로 자비를 실천해야 한다.

바로잡기 ㄱ. 불교는 인간을 포함한 만물이 끊임없이 변화하는 존재라고 본다.
ㄴ. 자비는 나와 만물이 상호 의존하여 존재하며, 평등하다고 인식할 때 실천할 수 있는 윤리이다.

**11** 제시문은 불교의 연기적 세계관이다. 연기적 세계관은 만물의 상호 의존성을 강조하며, 사물의 고정된 본질이나 실체는 인정하지 않는다.

바로잡기 ㄷ. 불교의 연기적 세계관은 모든 존재와 현상이 원인과 조건에 의해 생성하고 소멸하므로 집착에 따른 고통에서 벗어날 것을 강조한다. 이는 허무주의와 거리가 멀다.

**12** ㉠에는 부파 불교에 관한 설명이 들어가야 한다. 부파 불교는 개인의 해탈을 중시하여 훗날 대승 불교로부터 소승(작은 수레)이라는 비판을 받았다.

바로잡기 ①, ②, ③, ④ 대승 불교에 관한 설명이다.

**13** 갑은 용수, 을은 세친이다. 용수는 중관 사상을, 세친은 유식 사상을 주장하였다. 중관 사상과 유식 사상은 불교의 기본 교리를 계승하며, 공 사상을 발전시킨다. 따라서 모든 것이 연기에 의해 생성·소멸한다고 보며, 모든 존재와 현상의 실체, 즉 자성(自性)은 존재하지 않는다고 본다. 그러나 유식 사상은 마음의 작용인 식(識)의 존재는 인정한다.

바로잡기 ㄱ. 중관 사상과 유식 사상 모두 연기설을 계승한다.

**중관 사상과 유식 사상 비교** 만점 공략 노트

중관 사상과 유식 사상은 모두 대승 불교의 기본 교리를 수용하고 있기 때문에 공통점이 있다. 이를 바탕으로 차이점을 정리해 두자.

| 공통점 | • 공 사상을 수용함<br>• 모든 존재와 현상은 연기의 법칙에 의해 존재함<br>• 만물의 자성(自性)은 존재하지 않음 |
|---|---|
| 차이점 | 마음의 작용인 식(識)은 존재하는가?<br>• 중관 사상 : 부정<br>• 유식 사상 : 인정 |

**14** 제시문은 대승 불교의 주장이다. 대승 불교에서는 고통을 벗어나기 위한 가장 근본적인 방법이 만물에는 고정된 실체가 없음을 깨닫는 것이라고 본다. 이는 곧 만물에는 자성(自性)이 없으며, 즉 공(空)함을 깨닫는 것이다. 한편 대승 불교는 소승 불교와 달리 중생의 구제를 중시한다.

바로잡기 ② 무명(無明)은 세계의 참모습을 깨닫지 못한 상태이므로 불교에서는 무명에서 벗어날 것을 강조한다.

**15** 제시문은 대승 불교의 보살에 관한 설명이다. 대승 불교의 이상적 인간상인 보살은 위로는 진리를 구하고 아래로는 중생을 구제하면서 육바라밀을 실천한다. 이러한 육바라밀 중 무주상보시는 집착 없이 베푸는 것으로, 베풀었다는 생각조차 버리는 것이다.

바로잡기 ㄷ. 보살은 속세에서 중생과 함께하며 자신의 해탈과 중생의 구제를 위해 노력한다.
ㄹ. 불교에서는 만물이 끊임없이 변화하기 때문에 고정적인 실체나 속성은 존재하지 않는다고 본다.

**16** ㉠은 천태종, ㉡은 화엄종이다. 천태종과 화엄종은 모두 교종의 대표적인 종파로, 부처의 가르침을 올바르게 이해할 것과, 깨달음을 얻기 위해서 경전의 교리에 충실해야 할 것을 강조한다. 따라서 깨우침도 점진적으로 이루어지는 것으로 본다.

바로잡기 ④ 돈오는 '단박에 깨닫다'라는 의미로 선종의 입장이다.

**17** 갑은 신수, 을은 혜능이다. 당나라 선종은 신수의 북종과 혜능의 남종으로 나뉘어 있었는데, 신수는 점진적인 수행, 즉 점수(漸修)를 통해 점차 깨달아 나가는 것을 강조하였다. 반면 혜능은 내가 곧 부처임을 단박에 깨우치는 돈오(頓悟)를 주장하였다.

**바로잡기** ② 한국 불교 사상가 지눌의 돈오점수 사상이다.
③ 불교에서는 깨달음을 통해 부처가 되고자 하므로 불교와 거리가 먼 진술이다.
④ 신수의 점수(漸修)에 관한 설명이다.
⑤ 교종의 입장이다.

**18** 제시문은 중국의 선종 사상가 혜능의 주장이다. 그는 불성(佛性)을 깨우치면 누구나 부처가 될 수 있다고 보았다. 또한 자신의 본성이 부처임을 단박에 깨우치면 그것으로 수행이 완성되는 것으로 보는 돈오돈수의 입장을 취하였다.

**바로잡기** ㄹ. 신수의 입장이다. 그는 점수(漸修), 즉 지속적인 수행을 통해 마치 계단을 오르듯 점진적으로 깨달음에 도달한다[점오, 漸悟]고 보았다.

**깨달음의 길에 대한 교종과 선종의 입장** 만점 공략 노트

교종은 주로 경전의 이해를 통해 깨달음을 얻고자 하였으나, 선종은 주로 자신의 본성이 부처임을 직관할 때 깨달음을 얻을 수 있다고 보았다. 이처럼 교종과 선종은 깨달음에 이르는 방법을 서로 다르게 제시하지만, 깨달음을 통해 자비의 윤리를 실천하고자 하였다는 공통점이 있다.

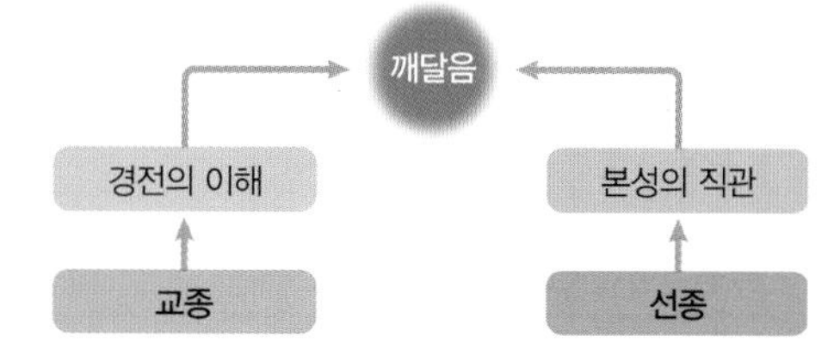


**19** 이렇게 쓰면 **만점** (2) 공 사상의 핵심은 만물의 고정적인 실체나 속성은 존재하지 않는다는 것이다. 따라서 자성(自性)의 존재를 부정한다고 서술하면 만점이다.

**20** 이렇게 쓰면 **감점** (2) 연기설은 만물의 상호 의존성을 강조한 사상이며, 이는 자비의 윤리를 실천하게 되는 바탕이다. 만일 상호 의존성만 언급하고 자비의 윤리를 언급하지 않으면 감점이다.

**21** 이렇게 쓰면 **만점** (2) 중관 사상과 유식 사상은 모두 공 사상에 바탕을 둔다. 하지만 유식 사상은 만물의 실체를 부정하는 중관 사상이 허무주의로 흐를 수 있음을 비판하면서 마음의 작용[識]만은 존재함을 강조한다. 이 부분을 서술하면 만점이다.

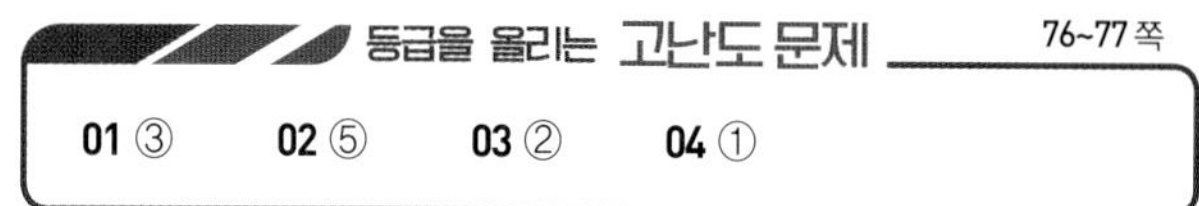

등급을 올리는 고난도 문제
76~77쪽
01 ③ 02 ⑤ 03 ② 04 ①


**01** 불교의 무아 자료 분석 노트

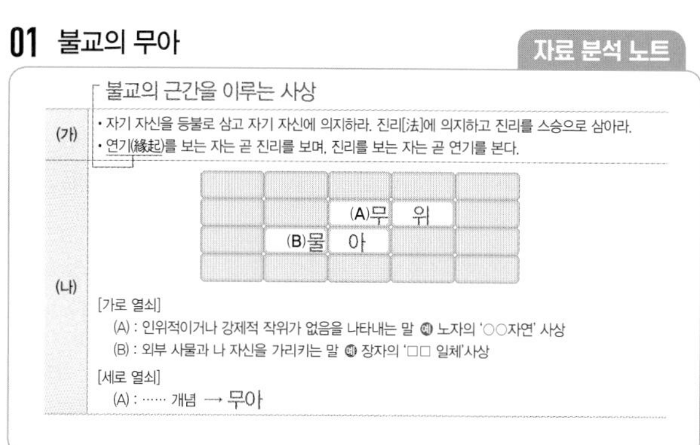

불교의 근간을 이루는 사상
(가)
• 자기 자신을 등불로 삼고 자기 자신에 의지하라. 진리[法]에 의지하고 진리를 스승으로 삼아라.
• 연기(緣起)를 보는 자는 곧 진리를 보며, 진리를 보는 자는 곧 연기를 본다.
(나)
(A)무 위
(B)물 아
[가로 열쇠]
(A) : 인위적이거나 강제적 작위가 없음을 나타내는 말 예 노자의 '○○자연' 사상
(B) : 외부 사물과 나 자신을 가리키는 말 예 장자의 '□□ 일체'사상
[세로 열쇠]
(A) : …… 개념 → 무아


(가)를 주장한 사상가는 석가모니이며, (나)의 가로 낱말 (A)는 무위이고, (B)는 물아이므로 세로 낱말 (A)는 무아(無我)이다. 무아는 인간을 포함한 모든 사물의 본질적 속성이나 실체, 즉 자성(自性)이 존재하지 않는다는 의미이다. 석가모니는 무아 개념을 통해 '나'를 포함한 모든 존재가 연기에 따라 생멸함을 가르친다. 이는 그릇된 인식을 바로잡아 '나'에 대한 집착을 끊어 버리라는 가르침과 상통한다.

**바로잡기** ③ 무아는 현상계 속에 '어떠한 나'도 존재할 수 없음을 가리키는 말이 아니다. 현상계에는 오온으로 이루어진 가상적 자아가 존재한다.

**02** 대승 불교와 보살 자료 분석 노트

색(色)이 곧 공(空)이고 공이 곧 색이다. 수상행식(受想行識)
색은 물질적 존재를 말하며 공은 만물의 실체가 없다는 것을 말한다. 즉 인간을 포함한 모든 존재와 현상은 근본적인 실체가 없다는 것을 말한다.
또한 이와 같다. 공 안에서는 무명(無明)도 없고 얻을 것도 없으므로 그는 반야바라밀에 의지하여 마음의 장애를 없앤다.
바라밀은 보살이 중생을 위해 실천해야 할 덕목을 말한다.
장애가 없으므로 두려움을 이기고 몽상에서 벗어나 완벽한 열반에 이를 수 있게 된다.
수행에 의해 진리를 깨달아 무명과 집착을 끊고 일체의 속박에서 해탈한 최고의 경지를 말한다.

밑줄 친 '그'는 대승 불교의 이상적 인간상인 보살이다. 보살은 연기를 깨닫고 모든 것이 공(空)임을 인식하여 자신을 버리고 육바라밀을 실천하면서 중생의 구제를 위해 노력하는 존재이다. 한편 색수상행식을 합쳐 오온이라고 하는데, 오온이란 인간을 포함한 현상 세계의 모든 것을 구성하는 다섯 가지 구성 요소이다. 불교에 따르면 현상 세계의 인간은 오온이 일시적으로 결합되어 있는 존재이다. 오온이 인간의 구성 요소를 의미하는 경우, 색은 물질적 요소 즉 육체를 의미하며 수상행식은 정신적 요소를 의미한다.

**바로잡기** 두 번째 관점 : 소승 불교에서 긍정의 대답을 할 질문이다. 개인의 해탈을 중시하고 사회와 분리된 엄격한 종교성을 강조하는 소승 불교와 달리, 대승 불교는 세속에서 중생과 함께 하면서 중생의 구제를 위해 노력하는 사회적 불교이다.

## 03 불교 사상의 특징

자료 분석 노트

> 보시(布施)하는 사람은 탐욕[貪]을 끊게 되고, 인욕(忍辱)하는 사람은 분노[瞋]를 떠나며, 선행을 쌓는 사람은 어리석음[癡]을 벗어나게 된다. 이 세 가지를 갖추어 실천하면 열반에 이르게 될 것이다. 가난하여 보시할 수 없더라도 다른 사람이 보시하는 것을 보고 기뻐하면 그 복은 보시하는 사람과 다를 것이 없다.
>
> (세 가지: 삼독 / 열반: 고통과 모든 속박에서 벗어난 불교의 이상적 경지)

제시문은 불교의 입장이다. 불교의 핵심 사상인 연기설(緣起說)은 모든 존재는 고정된 실체가 아니라 끊임없이 변화한다고 보고, 이러한 연기의 법칙을 깨달아 자비의 윤리를 실천할 것을 강조하였다. 또한 불교에서는 해탈에 이르기 위해서는 무명(無明)에서 벗어나야 하며, 극단적인 쾌락을 추구하거나 극단적인 고행에 집착하는 삶에서도 자유로운 중도(中道)의 수행을 해야 한다고 보았다. 중도 수행의 구체적인 방법이 팔정도(八正道)이다. 한편 탐욕, 성냄, 어리석음은 인간이 고통스러운 삶을 살아가게 되는 원인이 되는 삼독(三毒)이며, 보시, 인욕 등은 육바라밀의 덕목들이다.

**바로잡기** ㄴ. 불교에서는 집착과 탐욕을 버리고 무명에서 벗어나야 한다고 본다. 무명이란 모든 존재와 현상이 끊임없이 변화한다는 것을 모르고 집착과 탐욕에 빠져 있는 상태이다. 이로부터 모든 고통이 생겨난다.
ㄹ. 불교는 자아[我]를 고정적 실체가 아니라 끊임없이 변화하는 것이라고 본다.

## 04 선종의 특징

자료 분석 노트

> 모든 법이 모두 자기의 마음에 있음을 알 수 있는데, 어찌 제 마음 가운데 있는 진여(眞如)의 본성을 알지 못하는가? 『보살계경』에서 "나의 본래 근원인 자성(自性)이 맑고 깨끗하니, 만약 제 마음을 알아서 견성(見性)하면 모두 불도를 이루리라."라고 하였다.
>
> (진여: 사물의 있는 그대로의 모습 또는 진리 / 나의 본래 근원인 자성이 맑고 깨끗하니: 모든 사람이 청정한 불성(佛性)을 지닌 존재임을 의미한다. / 만약 제 마음을 알아서 견성하면 모두 불도를 이루리라: 선종의 주요 가르침 중 견성성불에 해당한다.)

제시문은 선종의 입장이다. 경전의 교리를 익혀 점진적인 깨달음을 지향하는 교종과 달리, 선종에서는 자신의 본성이 부처임을 단박에 깨닫는 돈오(頓悟)를 통해 누구나 부처가 될 수 있음을 강조한다. 또한 경전이나 교리에 집착하지 말고 마음의 수양에 힘쓸 것을 강조한다.

**바로잡기** ② 선종에서는 모든 사람이 불성을 지닌 존재라고 본다.
③, ⑤ 경전이나 이론을 강조하는 것은 교종이다.
④ 선종에서는 내가 곧 부처임을 단박에 깨닫는 것[돈오]을 중시한다.

# 05 분쟁과 화합

### 기초를 다지는 확인 문제 (82쪽)

**01** (1) ○ (2) ○ (3) ○ (4) × (5) × **02** (1) 지눌 (2) 점수 (3) 정혜쌍수 **03** (1) ㉢ (2) ㉠ (3) ㉡

### 실력을 키우는 실전 문제 (83~85쪽)

**01** ① **02** ② **03** ⑤ **04** ④ **05** ③ **06** ①
**07** ④ **08** ② **09** ③ **10** ⑤
**11** (1) 원효 (2) **예시답안** 자신의 입장만을 고집하지 말고 서로의 의견을 조화시켜 문제를 해결해야 한다.
**12** (1) 갑 : 의천 을 : 지눌 (2) 정혜쌍수 (3) **예시답안** 깨달음을 얻기 위해서는 경전 읽기와 참선 수행을 함께해야 한다.

**01** 제시문은 원효의 주장이다. 그는 일심 사상을 통해 한국 불교의 원융회통의 전통을 수립하였으며, 불교의 대중화에 기여하였다.

**바로잡기** ① 돈오점수가 필요하다고 본 것은 지눌이다.

**원효의 사상** 만점 공략 노트

원효는 한국 불교의 전통을 수립한 중요한 사상가이다. 특히 일심 사상과 화쟁 사상을 꼼꼼하게 정리해 두자.

| | |
|---|---|
| 화쟁 사상 | 모든 종파와 사상을 분리시켜 고집하지 말고, 보다 높은 차원에서 하나로 종합해야 한다는 사상 |
| 일심 사상 | 모든 존재, 모든 종파, 모든 이론의 근원이자 부처의 마음인 하나의 마음[一心, 일심]으로 돌아갈 것을 강조하는 사상 |
| 의의 | • 조화를 중시하는 한국 불교의 전통을 수립함<br>• 불교의 대중화에 기여함 |

**02** (가) 사상가는 불교 사상가인 원효이다. 원효는 상이한 교리를 높은 차원에서 종합해야 한다고 주장하므로 ② 질문에 '아니요'라고 답할 것이다.

**바로잡기** ① 화쟁 사상을 주장한 원효가 '예'라고 답할 질문이다.
③ 불교의 대중화에 힘쓴 원효가 '아니요'라고 답할 질문이다.
④ 무명이란 그릇된 생각이나 집착으로 인해 진리를 깨닫지 못하는 상태이므로 원효가 '아니요'라고 답할 질문이다.
⑤ 불교에서는 만물이 끊임없이 변화한다고 본다. 따라서 원효가 '아니요'라고 답할 질문이다.

**03** 밑줄 친 '그'는 원효이다. 그는 어려운 불교 경전을 공부하지 않아도 누구나 '나무아미타불'의 염불만 하면 부처가 될 수 있다는 가르침을 통해 불교의 대중화에 크게 기여하였다.

**바로잡기** ㄱ. 지눌의 주장이다.
ㄴ. 격의불교에 관한 설명이다. 격의불교란 중국에 불교가 처음 유입되었을 때 도가 사상의 개념을 빌려서 불교를 해석하고 설명하는 것을 말한다.

**04** 갑은 의천, 을은 지눌이다. 우리나라에 교종과 선종이 유입된 이후 고려 시대에는 교종과 선종 간의 갈등이 생겨났다. 이때 의천과 지눌은 원효의 원융회통 정신을 계승하여 교종과 선종의 조화를 위해 노력하였다. 의천은 교종을 중심으로, 지눌은 선종을 중심으로 사상을 전개하였다.

바로잡기 ㄱ. 정혜쌍수를 강조한 것은 지눌이다.
ㄷ. 우리나라, 중국, 일본은 주로 대승 불교의 전통을 계승하였으며, 소승 불교는 주로 동남아시아 쪽으로 전승되었다.

**05** 제시문은 원효의 주장이다. 원효는 모든 존재, 모든 종파, 모든 이론의 근원이자 부처의 마음인 하나의 마음[一心]으로 돌아갈 것을 강조하는 일심 사상을 바탕으로 서로 다른 이론의 조화를 추구하는 화쟁 사상을 주장하였다.

바로잡기 첫 번째 관점 : 원효는 대중과 함께하는 무애행을 통해 불교의 대중화에 기여하였으며, 중생의 구제를 추구하는 대승 불교 계열이므로 '은둔의 삶'은 적절하지 않다.
세 번째 관점 : 불교는 모든 사람이 수행을 통해 스스로의 힘으로 부처가 되고자 하는 종교이다. 따라서 '절대자와의 합일'은 적절하지 않다.

**06** 제시문을 주장한 사상가는 의천이다. 의천은 교종을 중심으로 선종과의 조화를 도모하였다. 그렇기 때문에 의천은 고려의 교종인 천태종의 창시자이면서도 경전의 교리 공부는 물론 선종의 수양법인 참선 수행의 중요성도 강조하였다.

바로잡기 ㄷ. 아라한은 부파 불교가 추구하는 이상적 인간상이다. 원효, 의천, 지눌 등 한국 불교 사상가는 대승 불교에 뿌리를 둔다.
ㄹ. 소승 불교의 특징이다. 한국 불교는 사회적 불교인 대승 불교를 수용하여 중생의 구제에 힘쓴다.

**07** 갑은 의천, 을은 지눌이다. 의천과 지눌은 각각 고려 시대의 교종과 선종의 대표적인 사상가이다. 두 사상가는 모두 원효의 원융회통의 정신을 계승하고 교종과 선종 간의 조화와 화해를 추구하였다.

바로잡기 ㄷ. 한국 불교의 특징 중 하나는 '조화의 정신'을 강조한다는 것이다. 이는 원효에서 비롯되어 의천과 지눌에게 계승되었다.

**한국 불교의 흐름과 조화 정신** 만점 공략 노트

한국 불교 사상의 대표 사상가인 원효, 의천, 지눌의 사상을 중심으로 꼼꼼하게 정리해 두자.

| 원효 | |
|---|---|
| • 일심(一心) 사상 : 부처의 마음인 '하나의 마음[一心]'으로 돌아가 대립과 갈등이 아닌 조화를 추구할 것을 강조함<br>• 화쟁(和諍) 사상 : 서로 다른 불교 이론의 조화를 강조함 | |
| ⬇ | |
| 의천[천태종(교종)] | 지눌[조계종(선종)] |
| • 내외겸전, 교관겸수<br>• 교종을 중심으로 선종과의 조화를 추구함 | • 돈오점수, 정혜쌍수<br>• 선종을 중심으로 교종과의 조화를 추구함 |
| 교종과 선종의 조화를 추구함 | |

**08** 제시문은 지눌의 입장이다. 그는 고려 시대 선종인 조계종의 창시자로 교종과 선종이 본래 하나라고 주장하였으며, 돈오점수, 정혜쌍수 등을 강조하였다.

바로잡기 ② 지눌은 선종을 중심으로 교종과의 통합을 추구하였다.

**지눌의 사상** 만점 공략 노트

지눌의 사상은 한국 불교 사상 중 상대적으로 학습 난이도가 높다. 먼저 기본 개념을 철저히 이해해 두자.

| 구분 | 내용 |
|---|---|
| 돈오점수 | 단박에 진리를 깨친 뒤 번뇌(煩惱)를 차차 소멸시켜 가야 한다는 수행법<br>※ 혜능의 돈오돈수 사상 : 깨우침은 수행의 완성이므로 깨우친 이후의 수행은 필요 없음 |
| 정혜쌍수 | 선정과 지혜를 병행하여 수행할 것을 강조함 → 마음의 본체와 마음의 작용이 따로 있을 수 없으므로 함께 수행해야 함 |
| 의의 | 선종을 중심으로 교종과의 조화를 추구함 → 조화의 정신 |

**09** 제시문은 지눌의 주장이다. 그는 깨우친 이후에도 그릇된 습관이 남아 있으므로 이를 완벽히 제거할 때까지 점수(漸修, 지속적인 수행)가 필요하다는 돈오점수를 주장하였다. 이때 점수의 구체적인 내용이 정혜쌍수이다.

바로잡기 ㄱ, ㄹ. 의천에 관한 설명이다.

**10** 한국의 불교는 원효에 의해 구체화되었다. 원효는 일심과 화쟁 사상을 바탕으로 한국 불교의 원융회통 사상을 정립하였다. 원효의 원융회통 사상은 의천과 지눌에게 계승되었다. 의천은 교종을 중심으로 선종과의 조화를 추구하였으며, 내외겸전과 교관겸수를 강조하였다. 반면 지눌은 선종을 중심으로 교종과의 조화를 추구하였으며, 돈오점수를 강조하였다.

바로잡기 ⑤ 혜능의 돈오돈수에 관한 내용이다.

**혜능의 돈오돈수와 지눌의 돈오점수** 만점 공략 노트

돈오 이후 수행에 관한 혜능과 지눌의 입장 차이를 기억해 두자.

| 쟁점 | 사상가 | 입장 |
|---|---|---|
| 깨우침 이후의 수행은 반드시 필요한가? | 혜능 | 부정 → 깨우침은 수행의 완성이며, 수행이 더 필요하다면 진정한 깨우침이 아니다. |
| | 지눌 | 긍정 → 깨우친 이후에도 그릇된 습기(習氣)가 사라질 때 까지 지속적으로 수행해야 한다. |

**11** 이렇게 쓰면 만점 (2) 원효 사상의 핵심은 '조화의 정신'이므로 이를 포함하여 시사점을 서술하면 만점이다.

**12** 이렇게 쓰면 만점 (3) 의천과 지눌은 각각 고려의 교종과 선종을 대표하면서도 경전 읽기와 참선 수행을 병행할 것을 강조했다는 공통점이 있다. 이 부분을 서술하면 만점이다.

## 등급을 올리는 고난도 문제

86~87쪽

01 ③ 02 ④ 03 ④ 04 ⑤

### 01 지눌과 혜능의 사상 비교

자료 분석 노트

갑: 자성(自性)에는 잘못됨도 없고 어리석음도 없고 어지러움도 없다. 생각마다 반야로써 비추어 보아 법의 모습[法相]에서 벗어나면 자유자재하게 되니 세울 것이 무엇이 있겠는가? 자성을 스스로 깨달음은 단박에 깨닫고 단박에 닦는 것이다.
혜능

혜능의 돈오돈수 사상으로 깨우침 이후의 수행은 필요하지 않다는 입장이다.

을: 자성이 부처와 다르지 않다는 것을 깨달았더라도 습기(習氣)를 단번에 제거하기는 어렵다. 따라서 깨달음에 의지하여 닦아 나가 점차로 익힘으로써 공덕을 이루어야 한다. 이것을 일러 점차로 닦는 것[漸修]이라 한다.
지눌

지눌은 돈오 이후에도 습기(그릇된 습관)를 제거하기 위해 지속적 수행이 필요하다고 본다.

갑은 혜능, 을은 지눌이다. 혜능과 지눌은 모두 돈오의 깨우침을 강조한다. 또한 모든 존재가 연기의 법칙에 따라 존재한다고 본다. 그러나 혜능은 돈오 이후의 지속적 수행, 즉 점수(漸修)의 필요성을 인정하지 않았고, 지눌은 인정하였다.

**바로잡기** ㄱ. 연기적 세계관에 해당하므로 혜능과 지눌의 공통 입장이므로 B에 들어가야 할 진술이다. 연기적 세계관은 불교의 가장 근본적이고 핵심적인 사상이다.

ㄴ. 혜능과 지눌은 모두 대승 불교 계열의 사상가로, 중생의 구제를 중시한다. 따라서 보살행의 필요성을 인정한다.

### 02 지눌의 사상 이해

자료 분석 노트

"땅에서 넘어진 자 땅을 딛고 일어나라."라고 하였다. 일심(一心)이 미혹되어 끝없는 번뇌를 일으키는 자는 중생이며, 일심을 깨달아 끝없이 오묘한 작용을 일으키는 자는 부처이다. 그러므로 선정[定]과 지혜[慧]를 함께 닦는 결사(結社)를 통해 수행에 정진해야 한다.

이 문제의 함정이다. '일심'만 보고 원효라고 속단해서는 안 됨에 유의하자.

지눌의 정혜결사이다. 정혜결사란 지눌이 선교 일치 정신에 입각하여 세운 수행 공동체이다. 소박하고 절제된 수행을 추구하여 대중에게 인기가 높았고, 마음의 청정을 강조하여 정치권력과 결탁한 불교계에 각성을 촉구하였다.

제시문은 지눌의 주장이다. 그는 자신이 곧 부처임을 단박에 깨달으면 부처가 된다고 보았다. 지눌은 깨우침 이후에도 지속적인 수행이 필요하다고 보았으며, 그 구체적인 내용이 정혜쌍수이다. 또한 지눌은 화두를 활용한 선 수행인 간화선의 전통을 수립하였다.

**바로잡기** ① 혜능의 입장이다.

② 불교에서는 만물이 불변하는 것이 아니라 끊임없이 변화하는 것이라고 본다.

③ 마음의 본체는 선정이며, 마음의 작용이 지혜이다.

⑤ 교종의 입장이다. 지눌은 선 수행의 중요성을 강조하면서도 교종에서 강조하는 경전의 교리 공부도 필요하다고 보았다.

### 03 원효와 지눌의 사상 비교

자료 분석 노트

갑: 중생이 삶과 죽음의 바다에 빠져서 열반의 언덕에 이르지 못하는 것은 다만 의혹과 잘못된 집착 때문입니다. 모든 경계가 다 무한하지만 다 일심(一心) 안에 들어가는 것입니다. 부처님의 지혜는 모양을 떠나 마음의 원천으로 돌아가고, 지혜와 일심은 완전히 같아서 둘이 아닙니다.
원효

원효의 일심 사상이다.

을: 중생이 부처의 청정하고 맑은 마음을 깨닫고 지킬 수 있다면 앉아서 움직이지 않아도 해탈에 이를 수 있습니다. 무릇 도(道)에 들어가는 문은 많지만 돈오(頓悟)와 점수(漸修)의 두 가지 문[兩門]을 벗어날 수 없습니다.
지눌

지눌의 돈오점수 사상이다.

갑은 원효이고, 을은 지눌이다. 원효는 일심(一心) 사상에 근거하여 화쟁(和諍) 사상을 제시하였다. 그는 진여와 생멸의 두 가지 문은 결국 일심으로 귀결된다고 주장하며, 이러한 관점에서 모든 쟁론은 근본적으로 차이가 없으니 좀 더 높은 차원에서 하나로 종합해야 한다고 주장하였다. 한편, 지눌은 선종을 중심으로 교종을 통합하고자 하였고, 돈오점수(頓悟漸修)를 강조하였다. 즉, 자신이 이미 완성된 부처라는 점을 단박에 깨달은 후에도 습기(習氣)를 점진적으로 소멸시켜 나가야 한다는 것이다. 그는 점수의 구체적인 내용으로 정혜쌍수(定慧雙修)를 제시하였다.

**바로잡기** ④ 지눌은 자신이 이미 완성된 부처라는 점을 단박에 깨달은 후에도 습기(習氣)를 점진적으로 소멸시켜 나가야 한다고 보았다.

### 04 의천과 지눌의 사상 비교

자료 분석 노트

갑: 교(敎)를 공부하는 사람은 내적인 것을 버리고 외적인 것만을 구하고, 선(禪)을 익히는 사람이 인연(因緣)을 잊고 내적인 것만을 밝히는 것은 모두 이변[二邊]에 구속되는 것이다.
의천

내적인 것이란 참선 수행(선종의 방법)을 말하며, 외적인 것이란 경전의 교리 공부(교종의 방법)을 말한다.

극단으로 치우친다는 뜻이다.

을: 선정(禪定)은 마음의 본체요, 지혜(智慧)는 그 마음의 영지(靈知)한 작용이다. 마음의 본체와 작용이 분리 될 수 없는 것과 마찬가지로 선정과 지혜도 함께 해야 한다.
지눌

지눌의 정혜쌍수 사상이다.

갑은 의천, 을은 지눌이다. 의천과 지눌은 각각 고려 시대 교종과 선종을 대표하는 사상가이다. 그러나 두 사상가는 모두 깨달음을 위해 경전의 교리 공부와 참선 수행의 필요성을 모두 인정하였다. 이처럼 분열과 대립보다는 조화를 중시하는 한국 불교의 전통은 원효에서 비롯되어 의천과 지눌에게 계승되어 한국 불교의 전통으로 자리 잡았다.

**바로잡기** ⑤ 부파 불교에 관한 설명이다. 우리나라는 대승 불교를 수용하여 자신이 깨달음과 더불어 중생의 구제를 중시한다.

## 06 무위자연의 윤리

**기초를 다지는 확인 문제** 94쪽

01 (1) ○ (2) × (3) ○ (4) ○ (5) × 02 (1) 도 (2) 제물 (3) 심재
03 (1) ㉠ (2) ㉢ (3) ㉡

**실력을 키우는 실전 문제** 95~99쪽

01 ② 02 ④ 03 ① 04 ⑤ 05 ② 06 ②
07 ① 08 ④ 09 ④ 10 ⑤ 11 ⑤ 12 ⑤
13 ② 14 ⑤ 15 ④ 16 ⑤ 17 ① 18 ④
19 (1) 노자 (2) 소국과민 (3) **예시답안** 노자는 사회 혼란의 원인을 인간의 그릇된 인식과 가치관, 인위적인 사회 제도 때문이라고 보았다.
20 (1) 장자 (2) **예시답안** 인위적인 기준으로 아름다움과 추함을 구분하는 분별적 지혜에서 벗어나야 한다.

**01** 제시문은 노자의 주장이다. 그는 무위자연의 삶을 이상적 삶으로 제시하였으며, 상선약수, 즉 으뜸이 되는 선은 물과 같다고 하여 겸허와 부쟁의 덕을 실천할 것을 강조하였다.

**바로잡기** ㄴ. 공자의 주장이다. 노자는 이상적인 정치를 인위적인 다스림이 없는 다스림이라고 본다.
ㄹ. 공자의 주장이다. 노자는 인의와 같은 인위적인 도덕을 부정한다.

**02** 제시문은 노자가 이상 사회로 제시한 소국과민이다. 소국과민은 작은 영토에 적은 백성이 모여 살아가는 사회이며, 백성들의 소박한 삶이 실현되는 사회이다.

**바로잡기** ④ 노자는 거대한 통일 제국에 반대하고 백성의 평화로운 삶의 중요성을 역설하였다.

**공자와 노자의 이상 사회** — 만점 공략 노트

유교와 도가의 정치사상을 비교하는 문제는 빈출 주제이므로 각각의 이상 사회가 지향하는 바를 충분히 이해하고 꼼꼼히 정리해 두자.

| 공자의 대동 사회 | 노자의 소국과민 |
|---|---|
| • 분배의 형평성과 복지 실현<br>• 인의(仁義)의 도덕의 확립<br>• 덕치(德治)의 실현 강조 | • 백성들의 소박한 삶 실현<br>• 인위적인 문명과 도덕의 소멸<br>• 무위(無爲)의 정치 강조 |

**03** (가)를 주장한 사상가는 노자이다. 노자는 사람의 힘이 더해지지 않고 자연 그대로의 질서를 따르는 무위자연의 삶을 이상적인 삶으로 제시하였다.

**바로잡기** ② 순자의 주장이다.
③ 공자의 정명 사상에 관한 설명이다.
④ 도가 사상은 시비와 선악을 구분하는 인위적인 기준에 반대한다.
⑤ 유교에서 주장하는 인격 수양의 방법이다.

**04** 제시문은 노자의 주장이다. 그는 인위적인 규범과 문명을 거부하고 존재 자체가 알려지지 않은 통치자가 무위의 정치를 해야 한다고 보았다. 노자가 무위의 정치를 이상적 정치 형태로 제시한 까닭은 통일 제국보다는 백성들의 평화로운 삶을 더욱 중시했기 때문이다.

**바로잡기** ㄴ. 한비자의 주장이다.

**05** 제시문은 노자의 주장이다. 그는 무위의 정치를 이상적인 정치로 제시하면서, 통치자는 백성의 무지(無知)와 무욕(無慾)을 지향해야 한다고 보았다.

**바로잡기** 첫 번째, 네 번째 관점 : 한비자의 주장이다. 강력한 법치주의를 주장하는 한비자의 사상은 훗날 진시황이 중국을 통일하는 사상적 기반이 된다.

**06** 제시문은 노자의 주장이다. 그는 인간의 그릇된 인식과 가치관, 인위적인 사회 제도를 혼란의 원인으로 파악하고 허정의 수양을 통해 무위자연의 삶을 살아갈 것을 강조하였다.

**바로잡기** ㄴ. 맹자의 주장이다.
ㄹ. 순자의 주장이다.

**07** 제시문은 노자의 주장이다. 노자가 주장하는 이상적 인간상인 성인(聖人)은 유교의 성인과 달리 인위적인 것에 대한 욕심을 버리고 자연의 순리에 따라 살아간다.

**바로잡기** ② 묵자의 주장이다.
③ 맹자의 주장이다.
④ 공자의 주장이다.
⑤ 불교의 보살에 관한 설명이다.

**유교와 도가의 사상 비교** — 만점 공략 노트

유교와 도가에서는 모두 성인을 이상적 인간상으로 제시하지만 다음과 같은 분명한 차이가 있음을 알아 두자.

| | 유교 | 도가 |
|---|---|---|
| 특징 | 도덕적인 완성을 이룬 존재 | 자연과 합일을 이룬 존재 |
| 백성에 대한 태도 | 백성의 도덕적 완성과 생계의 마련을 도움 | 무위(無爲)의 다스림을 펼치며 백성의 삶에 개입하지 않음 |

**08** 제시문은 장자의 주장이다. 장자는 춘추 전국 시대 혼란의 원인을 차별과 편견 등의 분별적 지식 때문이라고 주장하면서, 좌망과 심재의 수양을 통해 모든 사물을 평등하게 인식하는 정신적 자유의 경지에 오를 것을 강조하였다.

**바로잡기** ① 유교의 입장이다.
② 불교의 입장이다.
③ 묵자의 입장이다.
⑤ 불교의 입장이다.

**09** 제시문은 장자의 주장이다. 첫 번째 자료는 만물이 도에서 비롯되었으므로 도가 어느 곳에나 존재한다는 주장이다. 두 번째 자료는 장자의 상대주의적이고 평등적인 세계관을 보여 준다. 이처럼 장자는 만물이 도(道)에서 비롯되었으므로 모두 평등하다고 주장하면서 도의 관점에서 만물을 평등하게 인식하여 정신적 자유의 경지에 이를 것을 강조하였다.

**바로잡기** ①, ② 유교의 입장이다.
③ 도가에서는 인간을 자연의 일부라고 여긴다.
⑤ 장자는 만물이 평등하며 저마다 가치를 갖는다는 상대주의적 세계관을 지녔으며, 인위적으로 만든 예의 법도를 지양해야 한다고 본다.

**장자의 사상** **만점 공략 노트**

장자의 사상은 빈출 주제이다. 그가 주장하는 사회 혼란의 원인과 수양 방법, 이상적 경지 등을 체계적으로 정리해 두자.

1. 사회 혼란의 원인

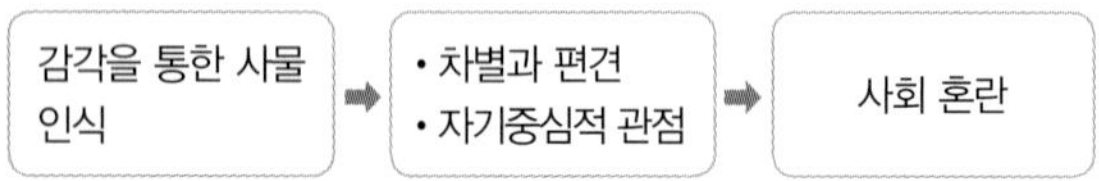


2. 수양 방법과 이상적 경지

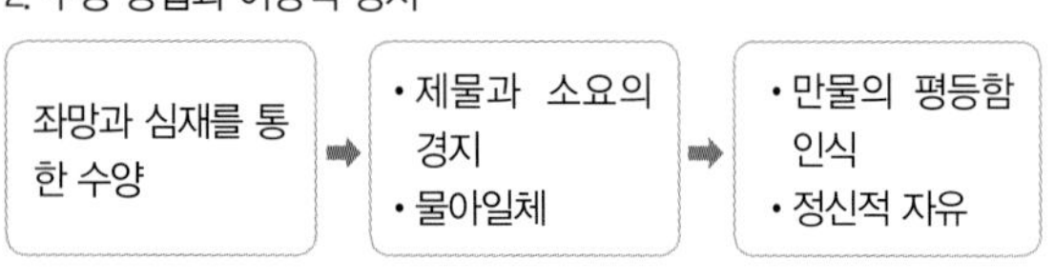


**10** 제시문은 장자가 제시한 일화이다. 장자는 도를 깨달아 인위적인 기준이나 외적 제약에 의존하지 않는 정신적 자유의 경지인 소요에 이를 것을 강조하였다.

**바로잡기** ① 공자의 정명 사상에 따른 삶의 자세이다.
② 장자는 분별지, 즉 자기중심적 관점에서 분별하거나 차별하는 것을 혼란의 원인으로 보며, 지양한다.
③ 맹자의 주장이다.
④ 집의는 맹자, 자연적 순박함은 장자가 강조한다.

**11** 제시문은 장자의 주장이다. 장자는 '모든 만물은 저마다 고유한 가치를 지니므로 모두 평등하다.'는 상대주의적 세계관을 보여 주며, 세속의 모든 속박에서 벗어나 물아일체의 경지에 이를 것을 강조하였다.

**바로잡기** ⑤ 도덕적 본성을 강조하는 것은 유교의 입장이다. 도가에서는 인간이 순수하고 소박한 자연의 덕을 닮은 존재라고 본다.

**12** 제시문은 장자의 주장이다. 그는 감각을 통해 사물을 인식하여 분별과 차별이 생기고 결국 사회를 혼란하게 만든다고 주장하면서, 좌망과 심재의 수양을 통해 도(道)의 관점에서 사물을 인식할 것을 강조하였다.

**바로잡기** ①, ③ 불교의 입장이다.
② 장자는 옳고 그름, 선과 악이 모두 상대적임을 강조하였다.
④ 장자에 따르면 오감, 즉 감각을 통한 사물 인식은 분별적 지식으로 이어져 사회를 혼란하게 만든다.

**13** 제시문은 장자의 주장이다. 그는 분별적 지혜가 사회를 혼란하게 만드는 원인임을 지적하면서 도의 관점에서 만물을 평등하게 인식하는 제물로 소요의 경지에 이를 것을 강조하였다.

**바로잡기** ㄴ, ㄹ. 장자는 선과 악, 아름다움과 추함, 옳고 그름 등을 인위적으로 구분하려는 태도를 비판하면서 도의 관점에서 만물을 평등하게 인식할 것을 강조하였다.

**14** 제시문은 장자의 주장이다. 첫 번째 자료의 좌망과 두 번째 자료의 심재는 만물을 차별하지 않고 평등하게 인식하는 정신적 자유의 경지인 소요와 제물에 이르기 위한 수양법이다.

**바로잡기** ①, ④ 선악을 구분하는 분별지(分別智)는 장자가 사회 혼란의 원인으로 본 것이다.
②, ③ 유교의 주장이다.

**15** ㉠은 한나라 말에 성립된 오두미교이다. 오두미교는 도가 사상과 달리 신선과 불로장생을 지향하는 종교이며, 혼란한 시기에 백성의 정신적 위안이 되었다.

**바로잡기** ①, ⑤ 현학에 관한 설명이다.
②, ③ 황로학파에 관한 설명이다.

**16** 제시문은 위진 시대의 현학에 관한 설명이다. 현학을 대표하는 죽림칠현은 정치적 혼란기에 은둔 생활을 하며 청담을 즐겼다. 교단과 교리를 갖추었던 종교인 오두미교와 달리 현학은 노장 사상을 철학적으로 계승하였다.

**바로잡기** ㄱ, ㄴ. 오두미교에 관한 설명이다.

**17** 제시문은 최치원의 주장이다. 그는 「난랑비서문」에서 우리나라에 유교, 불교, 도교가 전래되기 이전부터 풍류 사상이 존재했으며, 풍류 사상 속에는 유불도의 주요 가르침이 모두 포함되어 있음을 주장하였다. 이처럼 우리나라에 전래된 외래 사상은 우리의 전통 사상과 융합하면서 한국 사상을 더욱 풍부하게 발전시키는 계기가 되었다.

**바로잡기** ① 제시문을 통해 우리나라는 외래 종교나 사상에 대해 열린 자세를 가지고 있음을 알 수 있다.

**18** 제시문은 한국의 도가·도교와 관련된 자료이다. 우리나라에는 고대로부터 도가·도교적인 전통 사상이 존재했기 때문에 도가·도교 사상을 자연스럽게 수용하여 우리 전통과 융합하였다.

**바로잡기** ① 도가·도교 사상은 민간에서 널리 유행하였다.
②, ⑤ 도가·도교 사상은 국가의 통치 이념이나 사회를 주도하는 지배적인 사상이 되지는 못하였다.
③ 불교에 관한 설명이다.

**19** **이렇게 쓰면 만점** (3) 인간의 그릇된 인식과 가치관, 인위적인 사회 제도를 사회 혼란의 원인이라고 서술하면 만점이다.

**20** **이렇게 쓰면 만점** (2) 인위적인 기준, 분별적 지혜 등의 핵심어를 포함하여 서술하면 만점이다.

## 등급을 올리는 고난도 문제

100~101쪽

01 ⑤ 02 ② 03 ⑤ 04 ⑤

### 01 노자의 사상 이해

자료 분석 노트

겸허와 부쟁의 덕을 강조하는 상선약수에 대해 이야기하고 있다.

'굳세고 강한 것'은 사회 제도나 규범'을 의미하며 '부드럽고 약한 것'은 자연의 순리에 따르는 것을 의미한다.

가상 대화의 스승은 노자이다. 노자는 자연의 순리에 맞게 살아가는 무위자연을 이상적인 삶의 태도로 보았으며 이러한 삶의 태도를 상선약수라는 말을 통해서 설명하였다. 또한 노자는 무위자연의 경지에 이르기 위해서는 허정의 수양이 필요하다고 보았다.

**바로잡기** ① 노자는 분별적 지식에서 벗어나 도(道)의 관점에서 만물을 평등하게 인식할 것을 강조한다.
② 불교의 입장이다.
③ 노자는 예(禮)와 같은 인위적인 규범을 반대한다.
④ 타고난 인의의 도덕을 강조하는 사상은 유교이다. 도가는 인간은 소박하고 순수한 자연의 덕을 가지고 태어난다고 보았다.

### 02 장자와 순자의 사상 비교

자료 분석 노트

갑(순자): 본성과 인위가 결합해야 천하가 다스려진다. 하늘은 만물을 낳을 수 있으나 만물을 다스릴 수는 없다. 땅은 인간을 싣고 있으나 인간을 다스릴 수는 없다. 인간을 포함한 우주 만물은 성인을 기다린 후에 분별된다.
- 본성과 인위가 결합해야 천하가 다스려진다: 인간의 악한 본성은 자연 그대로 방치하면 나라가 혼란해지고 인위적인 교육을 통해 바로잡으면 사회 질서가 확립된다는 것을 강조하고 있다.
- 인간을 포함한 우주 만물은 성인을 기다린 후에 분별된다: 성인이 제정한 예의 법도에 의해 옳고 그름이 분별됨을 말하고 있다.

을(장자): 도(道)의 입장에서 본다면 물건에는 귀하고 천한 것이 없다. 세속적인 입장에서 본다면 귀하고 천한 것은 자기에게 달려 있는 것이 아니라 남이 정해 주는 것이다. 그래서 지인(至人)은 분별을 잊고 자연의 덕에 따라 살아간다.
- 도(道)의 입장에서 본다면 물건에는 귀하고 천한 것이 없다: 도의 관점에서 보면 만물이 평등함을 강조하고 있다.
- 지인(至人)은 분별을 잊고 자연의 덕에 따라 살아간다: 분별적 지혜를 버릴 것을 강조하고 있다.

갑은 순자, 을은 장자이다. 순자는 인간의 타고난 본성은 악하다고 보고, 예의와 법도에 의한 교화를 강조하였다. 장자는 분별적 지혜에서 벗어나 도의 관점에서 만물을 평등한 것으로 보고, 타고난 소박한 본성에 따라 살아갈 것을 강조하였다.

**바로잡기** X : 장자는 인위적인 도덕의 필요성을 거부하므로, 순자에 비해 예법의 필요성을 강조하는 정도가 낮다.
Y : 장자는 분별적 지식을 거부하므로, 옳고 그름의 분별을 강조하는 정도가 순자에 비해 낮다.
Z : 장자는 인위적인 교육을 통해 악한 본성을 개선할 필요성을 강조한 순자에 비해 타고난 소박한 본성대로 살아갈 것을 강조하는 정도가 높다.

### 03 도가 사상의 특징 파악

자료 분석 노트

갑(노자): 성인(聖人)은 백성들이 간교한 지혜와 욕심을 품지 않게 하고, 무위(無爲)로 다스리기 때문에 다스려지지 않는 경우가 없다. 현자를 높이지 않아야 백성들이 다투지 않는다.
- 무위(無爲)로 다스리기 때문에 다스려지지 않는 경우가 없다: 무위의 다스림, 즉 인위적인 다스림이 없는 다스림을 강조하고 있다.
- 현자: 인위적인 도덕과 규범을 강조하는 사람을 말한다.

을(장자): 지인(至人)은 만물을 각자의 본성에 맡겨 두고 자유로운 세계에서 무궁하게 노닐며, 어떤 것에 의해서도 걸림이 없다. 소요(逍遙)의 경지는 지인의 마음을 밝혀 놓은 것이다.
- 자유로운 세계: 정신적 자유의 경지를 말한다.
- 소요(逍遙)의 경지: 인위적인 기준이나 외적 제약에서 벗어난 정신적 자유의 경지를 말한다.

갑은 노자, 을은 장자이다. 노자와 장자는 모두 자연의 흐름에 순응하는 삶을 추구하였으며, 도의 관점에서 사물을 인식할 때 영원한 자유와 평등이 실현된다고 보았다.

**바로잡기** ㄱ. 도가 사상가들은 만물의 평등함을 강조하면서 분별적 지혜를 거부한다. 노자와 장자 모두 부정의 대답을 할 질문이다.
ㄴ. 인의의 덕은 유교에서 강조하는 덕목이다. 따라서 노자와 장자 모두 부정의 대답을 할 질문이다.

### 04 맹자와 장자의 이상적 인간상 비교

자료 분석 노트

갑(맹자): 천하의 바른 곳에 거처하고 큰 도를 행하며, 부귀와 빈천에 마음이 동요하지 않으며, 위세와 무력에도 굴복하지 않으니 이런 사람을 '대장부(大丈夫)'라 한다.
- 천하의 바른 곳에 거처하고 큰 도를 행하며, 부귀와 빈천: 도덕적인 삶을 살아가는 모습이다.
- 대장부(大丈夫): 맹자의 이상적 인간상

을(장자): 작은 일에도 거스르지 않고, 성공을 뽐내지 않으며, 일을 꾀하지 않는다. 잘못이 있어도 후회하지 않으며, 잘 되어도 만족하지 않으니 이런 사람을 '진인(眞人)'이라 한다.
- 작은 일에도 거스르지 않고, 성공을 뽐내지 않으며, 일을 꾀하지 않는다: 순리에 맞게 살아가는 모습이다.
- 진인(眞人): 장자의 이상적 인간상

갑은 맹자, 을은 장자이다. 맹자의 이상적 인간상인 대장부는 타고난 선한 본성을 확충하기 위해 집의(集義)를 통해 호연지기(浩然之氣)를 갖춘 인간으로 도덕적인 삶을 살아간다. 또한 장자의 이상적 인간상인 진인은 좌망과 심재의 수양을 통해 정신적 자유의 경지에 이른 인간으로 억지로 일을 도모하지 않으며 순리에 맞게 살아간다. 맹자와 장자가 제시한 이상적 인간상은 모두 인간의 타고난 본래의 모습을 되찾은 존재라는 공통점이 있다.

**바로잡기** ① 불교의 입장이다.
② 장자의 입장이다.
③ 맹자의 입장이다.
④ '순선한 본성의 회복'을 강조하는 것은 성선설을 주장한 맹자의 입장이다.

## 07 한국과 동양 윤리 사상의 의의

### 기초를 다지는 확인 문제 106쪽

**01** (1) ○ (2) × (3) × (4) ○ (5) × **02** (1) 급진 개화론, 유교 (2) 동도서기 (3) 보국안민 **03** (1) ㉢ (2) ㉡ (3) ㉠

### 실력을 키우는 실전 문제 107~109쪽

**01** ④ **02** ④ **03** ⑤ **04** ① **05** ① **06** ③
**07** ② **08** ④ **09** ⑤ **10** ④
**11** (1) (가) 위정척사 (나) 동도서기 (2) 예시답안 위정척사 사상과 동도서기론은 공통적으로 유교적 질서의 보존을 강조한다. 그러나 위정척사 사상은 서양 문물의 수용을 반대하는 반면, 동도서기론은 서양 문물의 수용을 찬성한다.
**12** (1) (가) 동학 (나) 증산교 (다) 원불교 (2) 예시답안 궁핍과 차별이 사라진 평등한 사회이다.

**01** ㉠에 들어갈 말은 실학이다. 실학은 성리학을 비판하며, 민생 안정과 국가 개혁을 도모하며, 경세치용, 이용후생, 실사구시를 강조하였다.

바로잡기 ④ 화이관은 중국을 세계의 중심으로 여기는 관점이다. 실학자들은 화이관에서 벗어나 자주적이고 주체적인 관점에서 학문을 연구하였다.

**실학의 학문적 경향** 만점 공략 노트

실학사상은 근대 지향적인 사상으로, 국가적 어려움에 직면하여 공리공론만을 일삼던 성리학을 비판하면서 등장하였다. 실학의 학문적 경향은 이 단원의 빈출 주제이므로 잘 정리해 두자.

| 경세치용 | 세상을 다스리는 일과 백성들의 실제 생활에 도움이 되는 학문을 탐구해야 함 |
|---|---|
| 이용후생 | 생활에 이롭게 쓰이고 삶을 풍요롭게 하는 학문을 탐구해야 함 |
| 실사구시 | 사실에 근거하여 과학적이고 객관적인 학문을 해야 함 |

**02** 제시문을 주장한 사상가는 실학자 홍대용이다. 그는 사농공상의 직업적 서열을 반대하며, 개인의 재능에 따라 직업을 가질 수 있게 해야 한다고 보았다.

바로잡기 ㄱ, ㄷ. 홍대용이 부정의 대답을 할 질문이다. 그는 신분에 따라 직업을 배분하는 것을 반대하였으며, 직업의 귀천을 구분하지 않았다.

**03** 제시문을 주장한 사상가는 정제두이다. 그는 양명학의 심즉리설과 치양지설을 새롭게 해석하여 독자적인 학문 체계인 강화학파를 세웠으며, 인간이 도덕적 주체임을 깨달아 사욕을 극복하고 양지를 실천할 것을 강조하였다.

바로잡기 ㄱ. 성리학의 입장이다.
ㄴ. 정약용의 성기호설이다.

**04** 갑은 이항로, 을은 기정진이다. 두 사상가는 모두 위정척사를 주장하며, 서양 문물의 유입을 반대하고 유교적 질서를 지킬 것을 강조하였다.

바로잡기 ②, ③, ④, ⑤ 두 사상가 모두 부정의 대답을 할 질문이다. 위정척사 사상가들은 조선의 유교적 질서와 신분제 등을 옹호하였으며, 외래 사상과 종교의 유입을 반대하였다.

**05** 제시문은 동도서기론을 주장한 곽기락의 상소문이다. 동도서기론은 유교적인 가치와 질서는 유지하되 서양의 근대화된 문물을 수용하여 사회의 발전을 도모해야 한다는 온건한 개화사상이다.

바로잡기 두 번째 관점 : 급진 개화론이다. 급진 개화론을 주장한 사람들은 서구 문물의 수용은 물론 전제 군주제나 신분제와 같이 유교에 바탕을 둔 모든 질서를 개혁해야 한다고 주장하였다.
네 번째 관점 : 위정척사의 주장이다.

**개화사상의 입장** 만점 공략 노트

급진 개화론과 동도서기론의 공통점과 차이점을 쟁점으로 비교해 두자.

| 쟁점 | 입장 | |
|---|---|---|
| | 급진 개화 | 동도서기 |
| 서양의 근대화된 과학 기술을 수용해야 하는가? | 그렇다 | 그렇다 |
| 유교적 질서를 유지해야 하는가? | 아니다 | 그렇다 |

**06** 제시문은 동학의 주장이다. 경천사상의 바탕 위에 유교, 불교, 도교를 조화시켜 성립한 동학은 서학(천주교)을 반대하고 인간 존중과 평등사상을 바탕으로 차별과 궁핍이 사라진 평등한 이상 사회를 제시하였다.

바로잡기 ①, ⑤ 위정척사의 입장이다.
② 동학은 서학의 수용을 반대한다.
④ 실학의 입장이다.

**07** 갑은 동도서기론을 주장한 신기선이고, 을은 위정척사 사상가인 최익현이다. 동도서기론은 유교적 질서를 지키며 서양의 과학 기술이나 군사 제도를 수용하자고 주장한다. 반면 위정척사는 서양 문물의 수용에 반대하며, 유교적 질서를 지키고자 한다.

바로잡기 ① 갑은 부정, 을은 긍정의 대답을 할 질문이다.
③ 갑은 긍정, 을은 부정의 대답을 할 질문이다.
④ 동도서기론과 위적척사 사상 모두 유교 질서를 지킬 것을 강조하므로 갑, 을 모두 부정의 대답을 할 질문이다.
⑤ 갑, 을 모두 부정의 대답을 할 질문이다.

**08** 제시문은 강일순이 창시한 증산교의 주장이다. 증산교는 고유 사상의 바탕 위에 무속과 도가 사상을 재해석한 민족 종교이며, 해원상생 사상과 후천 개벽 사상을 주장하였다.

바로잡기 ㄱ. 원불교에 관한 설명이다.
ㄷ. 동학에 관한 설명이다.

**09** (가)는 동학, (나)는 원불교, (다)는 증산교이다. 이들 근대 신흥 종교는 고유 사상의 바탕 위에 유교, 불교, 도교 등을 재해석하여 성립하였으며, 평등한 세상의 도래를 약속하는 후천 개벽 사상을 통해 고통 속에 살아가는 백성들에게 정신적 위안을 제공하였다.

바로잡기 ㄱ. 원불교에 관한 설명이다.

### 근대 신흥 종교 　만점 공략 노트

근대 신흥 종교의 입장을 비교하는 문제는 빈출 주제이다. 등장 배경, 각각의 입장, 공통점 등을 꼼꼼히 정리해 두자.

| 내적 위기 | 외적 위기 |
|---|---|
| 신분 차별, 지배 계층의 수탈과 부정부패, 유교 사상의 지배력 약화 | 서학(西學)의 침투, 서양의 통상 요구로 인해 위기 의식 고조 |

⬇

백성의 고통, 성리학적 질서의 한계, 새로운 세상에 대한 염원

⬇

| 동학 | 증산교 | 원불교 |
|---|---|---|
| 경천사상+유불도 | 고유 사상+무속, 도가 | 기존 불교를 개혁한 한국형 불교 |

⬇

- 차별이 없는 평등한 사회를 지향함(후천 개벽 사상)
- 고통받는 백성들의 삶을 위로하려 함

**10** 군자, 보살, 지인과 진인 등 동양의 이상적 인간상은 현대를 살아가는 우리에게 자기 수양의 필요성과 정신적·윤리적 가치의 중요성을 일깨워 주고 있다.

바로잡기 을 : 동양의 이상적 인간상인 신(神)이나 초월적 존재의 도움 없이 인간 스스로의 노력으로 이상적 경지에 이를 것을 강조한다.
무 : 동양의 이상적 인간상은 자연과 조화로운 삶을 추구한다.

**11** 이렇게 쓰면 만점 (2) 유교적 질서의 보존을 공통점으로 서술하고, 서양 문물의 수용 여부를 차이점으로 서술하면 만점이다.

**12** 이렇게 쓰면 만점 (2) 차별, 궁핍, 억압이 사라진 평등한 사회라는 점을 서술하면 만점이다.

## 등급을 올리는 고난도 문제 　110~111 쪽

01 ④ 　02 ③ 　03 ④ 　04 ⑤

**01** 맹자와 정제두의 사상 　자료 분석 노트

(갑): 본래 사람은 모두 불인인지심(不忍人之心)을 가지고 있다.
맹자 ─ 남의 불행과 고통을 차마 그대로 보아 넘기지 못하는 마음으로 인간의 선한 본성을 말한다.
예컨대 어린아이가 우물에 빠질지도 모르는 장면을 본다면 사람은 모두 깜짝 놀라서 가엽고 불쌍한 마음이 든다. 이런 사실을 미루어볼 때 사람에게 측은지심, 수오지심, 사양지심, 시비지심이 없으면 사람이라고 할 수 없다.
인간의 내면에 도덕성이 내재함을 강조하고 있다.

(을): 본래 사람의 생리(生理)속에는 밝게 깨닫는 능력이 있기 때문에 스스로가 두루 잘 통해서 어둡지 않게 된다. 따라서 불쌍히 여길 줄 알고 부끄러워하거나 미워할 줄 알며 사양할 줄 알고 옳고 그름을 가릴 줄 아는 것 가운데 어느 한 가지도 못하는 것이 없다. 이것을 이른바 양지(良知)라 하고 또한 인(仁)이라고도 한다.
정제두 ─ 마음속에 모든 이치가 있다는 뜻이다.
양명학의 심즉리설을 계승했음을 알 수 있다.

갑은 맹자, 을은 정제두이다. 성선설을 주장한 맹자는 인간의 내면에 선천적인 도덕 판단 능력인 양지가 있다고 보았다. 한편 정제두는 심즉리설을 계승하여 인간이 도덕적 주체라고 보면서, 사욕을 극복하여 양지를 실현할 것을 강조하였다.

바로잡기 ㄱ. 성악설을 주장한 순자의 주장이다. 맹자는 선한 본성을 확충하기 위해 노력할 것을 강조하였다.
ㄷ. 정제두는 왕수인의 심즉리설을 계승하여 마음 밖에는 이치가 존재하지 않는다고 보았다. 즉, 정제두는 마음 안에 존재하는 이치가 인간의 도덕적 행위의 기준이라고 본다.

**02** 위정척사와 동학사상 비교 　자료 분석 노트

위정척사를 주장한 이항로이다.
(갑): 양이(洋夷)들이 사학(邪學)을 널리 전파하는 것은 우리를 약탈하고자 하는 것이다. 국가에 재앙을 끼치는 것이 양적(洋賊)보다 심한 것이 없으니 정학(正學)을 밝히고 이단(異端)을 배척해야 한다.
천주교의 전파를 매우 부정적으로 여기고 있다.
유교적 가치를 지키고 서양 문물을 배척해야 함을 강조하고 있다.

(을): 내 마음이 곧 네 마음이다. 그 마음을 지키고[守心] 그 기운을 바르게 하며[正氣], 그 본성을 따르고 그 가르침을 받아라. 서양의 학(學)에는 한울님의 가르침이 없고, 서양의 도(道)는 허무에 가깝다.
= 오심즉여심 　= 수심정기
동학임을 파악할 수 있는 핵심어이다.
동학을 창시한 최제우이다.

갑은 위정척사 사상가인 이항로, 을은 동학의 창시자 최제우이다. 위정척사 사상가들은 유교적 가치와 질서를 지키고, 서양 문물의 수용을 반대하였다. 동학은 경천사상의 바탕 위에 유교, 불교, 도교를 재해석하여 성립하였다.

**바로잡기** ㄱ, ㄴ. 이항로는 유교적 가치 체계와 질서를 지키고 서양의 종교와 문물을 배척할 것을 주장하였다.

## 03 증산교와 원불교 비교

**자료 분석 노트**

갑: 선천에서는 상극의 이치가 세상을 지배하여 원(冤)과 한(恨)이 쌓여서 참혹한 재앙을 일으키므로, 내가 천지도수를 뜯어 고쳐서 상생의 도로써 선경(仙境)을 열고 조화 정부를 세우겠다.

(갑: 강일순 / 선천 세계에서 백성들은 차별과 고통 속에서 원한이 쌓이게 된다. / 후천 개벽을 통해 서로 상생하는 선경, 즉 이상 사회가 실현됨을 강조하고 있다.)

을: 우주 만유의 본원이요, 모든 부처님과 성인의 심인(心印)인 법신불 일원상(一圓相)을 신앙의 대상과 수행의 표본으로 모시고, 영육쌍전(靈肉雙全)을 통해 개인·가정·사회·국가에 도움이 되게 하고자 한다.

(을: 박중빈 / 원불교의 신앙 대상이자 수행의 표본이다. / 정신과 육체를 균형 있게 발전시킴을 의미한다.)

갑은 증산교를 창시한 강일순이고, 을은 원불교를 창시한 박중빈이다. 증산교는 고유 사상을 바탕으로 무속과 도가를 재해석한 종교이다. 원불교는 일상생활에서 수행을 강조한 한국형 생활 불교이다. 증산교와 원불교는 모두 근대 신흥 종교로 신분과 성별에 따른 차별에 반대하여 평등사상을 강조한다는 공통점이 있다.

**바로잡기** ㄱ. 증산교는 고유 사상의 바탕 위에 무속과 도가를 재해석한 민족 종교이다.
ㄷ. 원불교는 변화하는 세상에 대처할 수 있는 정신의 개벽을 주장하며, 이를 위해 생활 속에서 보은, 평등, 불공의 실천을 강조하였다.

## 04 동양의 이상적 인간상과 시민상 이해

**자료 분석 노트**

⊙ 문제 : 동양의 이상적 인간상을 서술하시오.
⊙ 학생 답안
유교의 이상적 인간상인 ㉠ 군자는 개인의 도덕적 완성을 바탕으로 이타적이고 도덕적인 삶을 살아간다. 또한 불교의 이상적 인간상인 ㉡ 보살은 고통 받는 중생의 구제를 위해 노력한다. 그리고 도가의 ㉢ 지인·진인은 조용히 자연의 순리에 따라 살아가는 존재이다. 이러한 동양의 이상적 인간상은 공통적으로 ㉣ 조화의 가치를 추구하며 살아가는 존재이며, ㉤ 자연의 도구적 가치를 인식하여 인간을 포함한 모든 생명을 존중하는 삶을 살아간다. → 인간을 자연의 일부로 여기고

동양의 이상적 인간상은 모두 인간 스스로의 노력을 통해 도달하는 최고의 경지이다. 또한 정신적이고 윤리적인 가치를 중요하게 여기며, 조화의 정신을 바탕으로 살아간다. 나아가 인간을 포함한 모든 생명을 존중하는 삶을 살아간다.

**바로잡기** ⑤ 동양 윤리 사상은 인간을 자연의 일부로 여기고 자연과 조화로운 삶을 살아갈 것을 강조한다.

## 수능 특강

112~113쪽

유형 1 ④ 유형 2 ③ 유형 3 ④ 유형 4 ①

### 유형 1 주희와 왕수인의 사상 비교하기

갑은 성즉리를 주장한 주희이고, 을은 심즉리를 주장한 왕수인이다. 주희는 본연지성은 누구나 같지만, 기질지성은 사람의 타고난 기질에 의해 차이가 있다고 보면서, 도덕적 행동을 위해 기질을 통해 드러나는 감정과 욕구를 바로잡아야 한다고 주장하였다. 또한 그는 도덕적 지식을 먼저 알아야 도덕적 행동을 할 수 있다는 선지후행의 입장에서 격물치지를 해석하였다. 반면 왕수인은 사물에 이가 객관적으로 존재한다고 본 주희와 달리, 이가 마음 밖에 있는 것이 아니라고 보면서 누구나 본래부터 갖춘 양지를 행동으로 옮기면 도덕적 실천이 가능하다고 보았다. 또한 그는 마음을 바로잡아 마음의 양지를 실현하라는 지행합일의 입장에서 격물치지를 해석하였다.

**선택지 분석**

① 갑 : 마음을 항상 경건하게 하여 사물의 이치를 탐구해야 한다.
→ 주희가 제시한 거경궁리를 풀어 쓴 내용이다.

② 갑 : 도덕적 수양을 통해 탁하고 치우친 기질을 변화시켜야 한다.
→ 주희는 사람마다 다른 기질지성을 바로잡기 위해 도덕적 수양을 해야 한다고 주장한다.

③ 을 : 마음을 벗어나서는 이치도 없을 뿐만 아니라 사물[事]도 없다.
→ 왕수인은 도덕적 이치가 외부에 별도로 존재하지 않는다고 주장한다.

~~④~~ 을 : 경전에 대한 학습을 통하여 양지(良知)를 획득할 수 있다.
→ 왕수인은 양지는 누구나 본래부터 갖추었다고 본다. 왕수인에 따르면 우리 마음에는 이미 도덕 법칙이 내재하므로, 양지는 다스리는 것이지 학습을 통해 획득하는 것이 아니다.

⑤ 갑, 을 : 천리를 보존하고 이기적 욕망을 제거해야 이상적 인간이 된다.
→ 주희와 왕수인은 모두 유학자로 존천리거인욕을 계승한다.

### 유형 2 정약용의 윤리 사상 파악하기

제시문은 정약용의 글이다. 그는 인간의 본성은 기호, 즉 마음의 경향성이라고 하며 성기호설을 주장한다. 정약용은 생리적 기호인 형구의 기호는 인간과 동물이, 도덕적 기호인 영지의 기호는 인간만이 지니고 있다고 하였다. 또한 그는 인간이 자주지권을 하늘로부터 부여받았기 때문에 자신의 선택과 행위에 대해 책임을 져야 하는 자율적 존재라고 하였다. 그리고 그는 사단과 같은 도덕적 마음을 실천함으로써 후천적으로 사덕이 형성된다고 보았다.

**선택지 분석**

~~ㄱ~~. 인간의 본성은 하늘의 이치[天理]이자 마음의 경향성이다.
└ 성즉리라고 보는 것은 성리학이다.

ㄴ. 인간은 자유로운 선택을 통해 선행이나 악행을 할 수 있다.
→ 인간에게는 자주지권이 부여되어 있다.

~~ㄷ~~. 선한 행위는 본성에 내재된 사덕(四德)을 실천하는 것이다.
→ 사덕을 선천적으로 타고났다고 보는 것은 성리학의 입장이다.

ㄹ. 형구(形軀)의 기호는 인간과 동물 모두에게 부여된 성이다.
└ 생리적 기호로, 육체적이고 감각적인 것을 좋아하는 성향이다.

**유형 3** 근대 신흥 종교의 입장 비교하기

갑은 동학의 창시자 최제우, 을은 원불교의 창시자 박중빈, 병은 증산교의 창시자 강일순이다. 동학은 경천사상의 바탕 위에 유·불·도 사상을 주체적으로 수용했으며, 원불교는 종교적 수행과 사회적 실천의 통일을 강조하였다. 증산교는 고유 사상에 무속과 도가를 재해석하였다. 한편 동학, 원불교, 증산교는 모두 궁핍과 차별이 사라진 평등한 이상 사회를 제시하였으며 후천 개벽을 주장하였다.

**선택지 분석**

① 갑은 고유 사상을 바탕으로 유·불·도 사상을 수용하였다.
② 을은 종교적인 수행과 사회적 실천의 통일을 강조하였다.
③ 병은 무속과 도가를 독자적으로 해석하여 사상을 발전시켰다.
④ 을, 병은 갑과 달리 신분 차별이 없는 평등 사회를 지향하였다.
→ 갑, 을, 병 모두 후천 개벽을 통해 차별과 궁핍이 사라진 평등한 이상 사회가 도래함을 강조하였다.
⑤ 갑, 을, 병은 모두 후천 개벽(後天開闢)의 실현을 주장하였다.

**유형 4** 위정척사와 동학사상의 관점 비교하기

(가)는 위정척사, (나)는 동학사상이다. 위정척사 사상은 유교적 가치와 제도의 보존을 강조하고 서양 문물의 수용을 반대하였다. 한편 동학사상은 서학에 반대하고 인간 존중 및 평등사상을 바탕으로 평등한 이상 사회의 도래를 주장하였다.

**선택지 분석**

- X : 성리학적 사회 질서의 유지를 강조하는 정도
  → 위정척사 사상은 성리학적 사회 질서를 유지하기 위해 모든 서양 문물의 수용을 반대하였다. 동학사상은 서학(천주교)의 유입을 반대하였지만 인간 존중 및 평등사상을 바탕으로 성리학적 질서의 산물인 신분제 또한 반대하였다. 따라서 동학사상의 상대적 특징은 '낮음'이다.
- Y : 새로운 시대의 도래[後天開闢]을 주장하는 정도
  → 위정척사 사상은 현재의 성리학적 질서의 유지를 강조한다. 그러나 동학사상은 후천 개벽을 통해 차별이 사라진 평등한 이상 사회가 도래함을 강조하여 백성들의 큰 호응을 얻었다. 따라서 동학사상의 상대적 특징은 '높음'이다.
- Z : 유교·불교·도교의 사상적 조화를 수용하는 정도
  → 동학사상은 경천사상의 바탕 위에 유교·불교·도교를 조화시킨 사상이다. 따라서 동학사상의 상대적 특징은 '높음'이다.

**실전 대비** Ⅱ 단원 문제 마무리 116~119쪽

| | | | | | |
|---|---|---|---|---|---|
| 01 ④ | 02 ③ | 03 ① | 04 ③ | 05 ④ | 06 ④ |
| 07 ④ | 08 ⑤ | 09 ② | 10 ② | 11 ② | 12 ④ |
| 13 ④ | 14 ⑤ | | | | |

15 (1) 장자 (2) **예시답안** 도의 관점에서 만물을 평등하게 인식해야 한다.

16 (1) 지눌 (2) **예시답안** 마음의 본체인 정(定)과 마음의 작용인 혜(慧)를 함께 닦아야 한다.

**01** (가)는 동양의 자연관, (나)는 베이컨의 자연관이다. 동양에서는 자연을 중시하며 모든 존재가 상호 의존적으로 살아가고 있다고 보며, 공존과 공생을 강조한다. 반면 베이컨으로 대표되는 서양의 자연관은 자연을 인간의 편리한 삶을 위한 수단으로 바라보며, 이분법적·정복 지향적 세계관을 보여 준다.

**02** 제시된 기사는 단군 신화에 담긴 화합과 조화의 정신을 강조하는 내용이다. 이러한 정신은 인간과 만물이 조화를 이루고 평화롭게 살아가기 위한 방향을 제시해 준다.

**바로잡기** ①, ⑤ 단군 신화의 홍익인간 이념에서 인본주의 정신과 인류애의 실현 방향을 찾을 수 있지만, 기사와는 관련이 없다. 즉, 홍익인간의 이념은 인류가 행복한 삶을 살아가는 데 필요한 원리와 방법을 모색하는 밑바탕이 된다.
②, ④ 기사에는 민족 문화와 인문학적 상상력에 대한 직접적 언급이 없다.

**03** 제시문은 공자의 주장이다. 그는 인을 실천하는 구체적인 방법으로 효제와 충서를 제시하였고, 당시의 지나치게 형식화된 예를 진정으로 회복하기 위해 사욕을 극복해야 함을 강조하였다. 즉, 공자는 인의 실천과 이를 바탕으로 한 예의 회복을 강조하였다. 또한 통치자가 도덕과 예의로 백성을 교화해야 하고, 공정한 분배를 바탕으로 경제적 안정을 도모해야 한다고 주장하였다.

**바로잡기** ㄱ. 공자는 내면적 도덕성인 인의 실천 방법으로 충서를 제시하며 동시에 외면적 규범인 예를 회복하기 위한 방안으로 극기복례를 강조하였다.
ㄴ. 차별 없는 사랑인 겸애를 주장한 것은 묵자이다.

**04** 갑은 성선설을 주장한 맹자, 을은 성무선악설을 주장한 고자이다. 맹자는 불인인지심, 사단(측은, 수오, 사양, 시비), 양지, 양능 개념을 통해 인간은 선천적으로 선한 본성을 지니고 있다고 주장한다. 반면, 고자는 인간의 본성이 선 또는 악으로 정해진 것이 아니라고 하며, 선악은 후천적 환경과 자신의 선택에 따른 결과라고 본다.

**바로잡기** ①, ④ 고자의 주장이다.
② 성악설을 주장한 순자의 주장이다.
⑤ 정약용의 주장이다.

**05** 갑은 순자, 을은 맹자이다. 순자는 천인분이(천인지분), 즉 자연과 인간의 일은 구분해야 함을 주장한다. 또한 화성기위, 즉 인위를 통해 인간의 악한 본성을 변화시켜 선하게 만들어야 한다고 강조한다. 반면, 맹자는 도덕의 근원을 하늘과 결부하여 파악하려 하였다. 또한 수양을 통해 선천적으로 구비한 사단을 확충해야 한다고 강조한다.

**바로잡기** ㄷ. 선천적으로 타고난 사단을 확충해야 함은 맹자가 주장한 것으로 C에 해당한다.

**06** 갑은 성리학을 정립한 주희이고, 을은 양명학을 체계화한 왕수인이다. 주희는 성즉리를 주장하며, 만물에 담긴 하늘의 이치를 깨닫는 도덕 법칙의 탐구가 이루어져야 한다(선지후행, 지행병진)고 강조하였다. 또한 그는 덕치와 예치를 구현해야 함을 역설하였다. 반면, 왕수인은 심즉리를 주장하며 마음 밖에 이치가 없고 마음 밖에 사물이 없다고 강조하였다. 그리고 지와 행이 본래 별개가 아님을 강조하며 지행합일을 주장하였다.

바로잡기 ① 주희는 덕치와 예치의 구현을 강조하였다.
② 갑은 주희이며, 성즉리를 주장하였다.
③ 을은 왕수인이며, 심즉리를 주장하였다.
⑤ 갑은 선지후행과 지행병진을, 을은 지행합일의 자세를 강조하였다.

**07** 갑은 이황, 을은 이이이다. 이황은 이기호발을 주장하며 사단은 본연지성이 발한 것이고, 칠정은 기질지성이 발한 것이라고 보았다. 그는 사단과 칠정을 엄격히 구분하려고 하였다. 반면 이이는 기발이승일도설을 주장하며 사단과 칠정 모두 기질지성이 발한 것이라고 보았다. 그래서 그는 칠정이 사단을 포함한다고 주장하였다.

바로잡기 ① 이이의 주장으로 C에 들어갈 질문이다.
② 이황과 이이 모두가 긍정하므로 A에 들어갈 질문이다.
③ 이통기국에 관한 내용으로 이이의 주장이다. 그러므로 C에 들어갈 질문이다.
⑤ 이황의 주장으로 B에 들어갈 질문이다.

**08** 제시문은 덕에 대한 정약용의 입장이다. 정약용은 성기호를 주장하며, 인간은 영지의 기호, 형구의 기호를 가지고 있다고 보았다. 또한 그는 하늘이 사람에게 자주지권을 주었다고 생각하여 하늘을 인격적인 존재로 보며, 천명은 하늘은 명령이고, 그것이 사람에게는 도심이라고 주장하였다. 또한 정약용은 인간의 욕구를 도덕적 삶을 위한 삶의 추동력으로 파악하였다.

바로잡기 ⑤ 정약용은 하늘의 명령인 천명이 사람에게 있는 것을 도심이라고 생각하였다.

**09** 제시문은 불교의 연기설이다. 연기설은 불교의 핵심 사상으로 모든 존재와 현상이 원인과 조건에 따라 생성·소멸한다는 내용이다. 이러한 연기를 깨달은 사람은 만물의 상호 의존성을 깊이 인식하여 자비를 실천한다.

바로잡기 ① 불교를 비롯한 동양 사상은 인간과 자연의 조화로운 삶을 추구한다.
③, ⑤ 장자가 강조하는 삶의 태도이다.
④ 유교에서 강조하는 삶의 태도이다.

**10** ㉠은 대승 불교이다. 대승 불교는 개인의 해탈과 사회와 분리된 엄격한 종교성을 강조하는 부파 불교를 비판하였으며, 중생의 구제에 힘쓰는 사회적 불교이다. 대승 불교는 수행자 자신의 깨달음은 물론 중생의 깨달음도 중시하며, 자비를 실천하여 중생을 구제하는 보살은 이상적 인간으로 제시한다.

바로잡기 ② 부파 불교에 관한 설명이다.

**11** 제시문은 원효의 주장이다. 원효는 일심(一心)과 화쟁(和諍)을 주장하면서, 불경을 읽지 못해도 염불을 외우면 극락에 갈 수 있다고 보았다. 그는 이러한 가르침을 전국을 돌아다니며 사람들에게 전파하였고 당시 왕실 중심의 불교를 대중화하는 데 기여하였다.

바로잡기 ② 경전 연구를 중시한 종파는 교종이다.

**12** 갑은 혜능, 을은 지눌이다. 혜능은 깨달음 이후에는 지속적인 수행이 필요하지 않다고 보았다. 반면 지눌은 깨달음 이후에도 그릇된 습기가 남아 있을 수 있으므로 정혜쌍수의 수행을 해야 한다고 보았다.

바로잡기 ① 깨우침 이후에도 점진적인 수행이 필요하다고 본 것은 지눌이다.
② 교종에 관한 설명이다. 혜능은 선종 사상가로 선(禪)의 수행을 통한 깨달음을 강조한다.
③ 부파 불교에 관한 설명이다. 혜능과 지눌은 대승 불교를 계승하였다.
⑤ 지눌에게만 해당하는 설명이다. 혜능은 습기가 남아 있으면 깨닫은 것이 아니라고 본다.

**13** 설문에 응답한 사상가는 노자이다. 그는 인간의 그릇된 인식과 가치관, 인위적인 사회 제도가 사회 혼란의 원인이라고 보면서 만물을 도(道)의 관점에서 인식할 때 영원한 자유와 행복이 실현된다고 보았다. 노자는 겸허와 부쟁의 덕이 물의 특성과 같다고 보아 그를 본받아야 한다는 상선약수를 주장하였다. 또한 작은 영토와 적은 백성을 뜻하는 소국과민을 이상 사회로 제시하였다.

바로잡기 ① 노자가 부정의 대답을 할 질문이다.
②, ③, ⑤ 노자가 부정의 대답을, 유교 사상가들이 긍정의 대답을 할 질문이다. 노자는 유교에서 강조한 도덕을 인위로 보며 반대하였다.

**14** 갑은 동학의 최제우, 을은 원불교의 박중빈, 병은 증산교의 강일순이다. 근대 신흥 종교 사상들은 공통적으로 후천 개벽을 통해 평등한 이상 사회가 도래함을 주장하였다.

바로잡기 ① 원불교의 주장이다.
② 원불교는 생활 속의 수행과 실천을 강조한다.
③ 증산교는 성리학적 신분 질서에 반대하며 신분 차별이 사라진 이상 사회를 추구한다.
④ 동학은 서학의 수용과 전파를 반대한다.

**15** 이렇게 쓰면 만점 (2) '도의 관점', '평등'이라는 용어를 포함하여 서술하면 만점이다.

**16** 이렇게 쓰면 만점 (2) '정과 혜', 또는 '마음의 본체와 마음의 작용'이라는 용어를 포함하거나 '정혜쌍수'를 언급하여 서술하면 만점이다.

# Ⅲ 서양 윤리 사상

## 01 서양 윤리 사상의 연원

### 기초를 다지는 확인 문제 124쪽

**01** (1) ○ (2) × (3) ○ (4) × (5) ○ **02** (1) 프로타고라스 (2) 세속적 (3) 무지 **03** (1) ㉡ (2) ㉢ (3) ㉠

### 실력을 키우는 실전 문제 125~127쪽

**01** ② **02** ⑤ **03** ③ **04** ④ **05** ① **06** ③ **07** ⑤ **08** ④ **09** ⑤ **10** ①

**11** (1) 윤리적 보편주의 (2) **예시답안** 모든 시대, 사회, 사람을 관통하는 도덕 판단의 기준과 도덕 규범이 있고, 이를 따르는 행위는 항상 정당하는 것이다.

**12** (1) 소크라테스 (2) **예시답안** 참된 앎을 추구하기 위해서는 무지를 자각해야 한다.

**13** **예시답안** 이 사상은 가치관의 혼란을 가져올 수 있고, 윤리적 회의주의에 빠질 위험이 있다.

**01** 제시된 그림은 '고대 그리스 윤리 사상의 특징과 영향'에 관한 필기이다. 고대 그리스의 자연 철학자들은 세계의 기원과 자연의 변화를 이성적이고 논리적인 방식으로 설명하기 위해 노력하였다. 이에 영향을 받은 서양 윤리 사상은 인간의 이성에 대해 깊은 관심을 기울이며, 인간이 살아가면서 추구해야 할 것에 관해 관심을 기울였다. 또한 옳은 것은 무엇이며 어떻게 알 수 있는지, 즉 윤리의 보편성과 다양성을 둘러싼 수많은 논쟁을 전개하였다.

**바로잡기** ② 고대 그리스 윤리 사상은 사물과 인간의 본질 모두에 큰 관심을 보이는 특징이 있다.

**02** 서술형 평가 형식의 문항을 통해 헤브라이즘의 특징과 영향에 관해 묻는 문제이다. 헤브라이즘은 고대 유대 민족의 유대교부터 이후 전개된 그리스도교에 이르기까지 그 사상과 문화 및 전통을 아울러 이르는 말이다.

**바로잡기** ⑤ 신의 명령인 보편적인 윤리적 행동 지침을 강조하는 헤브라이즘의 영향을 받아 서양 윤리 사상은 인간이라면 누구나 따라야 할 절대적인 규칙 등에 관한 탐구에 관심을 가지게 되었다.

**03** 제시문은 고대 그리스의 소피스트인 트라시마코스의 글이다. 트라시마코스는 정의는 강자의 이익을 위한 것에 불과하다는 정의관을 제시하였다. 또한 그는 소피스트로 개인의 지각과 경험이 지식의 근원이라고 보았다.

**바로잡기** ㄱ. 도덕 판단의 기준을 이성이라고 본 것은 소크라테스와 같은 이성주의자들이다.
ㄹ. 이성을 일체 만물을 관통하는 우주의 목적이자 신의 섭리라고 본 것은 스토아학파이다.

**04** ㈎ 사상가는 소피스트인 프로타고라스이다. 프로타고라스는 모두가 동의할 수 있는 보편적인 선악의 판단은 없으며, 단지 각자의 상대적인 도덕 판단만 있을 뿐이라고 보았다.

**바로잡기** ① 프로타고라스가 긍정의 대답을 할 질문이다. 소피스트인 프로타고라스는 구체적인 인간 삶의 문제에 관심을 가진다.
② 프로타고라스가 긍정의 대답을 할 질문이다. 프로타고라스는 인간 척도론을 주장하며 각 개인의 지각만이 진리 판단 및 도덕 판단의 기준이라고 보았다.
③ 프로타고라스가 부정의 대답을 할 질문이다. 프로타고라스는 실용성을 도덕 판단의 기준으로 보았다.
⑤ 프로타고라스가 부정의 대답을 할 질문이다. 프로타고라스는 보편타당한 절대적인 진리와 도덕규범은 존재하지 않는다고 보았다.

**05** 제시문은 소피스트인 프로타고라스의 주장이다. 프로타고라스는 "인간은 만물의 척도이다. 있는 것들에 관해서는 있다고, 있지 않은 것들에 관해서는 있지 않다고 하는 척도이다."라고 하였다. 이는 사람마다 진리를 판단하는 기준이 다르다는 것이다. 또한 프로타고라스는 개인의 감각과 경험이 지식의 근원이라고 보면서, 세상 모든 것에 관해 판단하는 주체가 개인이라는 점을 강조하며, 보편타당한 진리와 윤리의 존재를 부정하였다.

**바로잡기** 두 번째 관점 : 프로타고라스의 관점이 아니다. 프로타고라스는 학문의 주요 대상을 인간과 인간 사회로 보았다.
네 번째 관점 : 프로타고라스의 관점이 아니다. 무지의 자각을 강조한 것은 소크라테스이다.

**06** 제시문은 소크라테스의 주장이다. 소크라테스는 '덕이란 무엇인가?', '정의란 무엇인가?'와 같은 물음을 던지며, 이성을 통해 덕과 정의에 관한 보편적인 정의(定義)를 탐구하였다. 나아가 진리와 도덕의 보편적 기준을 제시하고자 하였다. 선과 악이 유용성의 가치에 따라 결정된다고 보는 것은 소크라테스의 입장이 아니라 소피스트의 입장이다.

**바로잡기** ① 소크라테스가 긍정의 대답을 할 질문이다. 그는 악행은 무지에서 비롯된다고 보았다.
② 소크라테스가 긍정의 대답을 할 질문이다. 소크라테스는 덕이 무엇인지 아는 사람은 덕을 실천하여 행복에 이를 수 있다는 지덕복합일설을 주장하였다.
④ 소크라테스가 긍정의 대답을 할 질문이다. 소크라테스는 인간은 이성을 통해 덕과 정의에 대한 보편적 정의를 파악할 수 있다고 보았다.
⑤ 소크라테스가 긍정의 대답을 할 질문이다. 소크라테스는 세속적 가치보다 삶을 진지하게 숙고하고 성찰하는 삶을 중시하였다.

**07** 갑은 소피스트 사상가인 고르기아스, 을은 소크라테스이다. 소피스트들은 세속적 가치와 사회적 출세를 삶의 목적으로 보았다. 반면 소크라테스는 올바른 삶을 살기 위해서 지속적으로 이성적 성찰을 해야 한다고 보았다. 고르기아스와 소크라테스 모두 추구하는 방식은 다르지만, '좋은 삶은 어떤 삶인가?'에 관한 해답을 찾으려고 하였다.

바로잡기 ㄴ. 고르기아스는 진리란 객관적으로 인식되는 것이 아니라 존재하지 않는다는 회의주의를 주장하였다.

**08** 제시문의 밑줄 친 '이 사상'은 윤리적 상대주의이다. 윤리적 상대주의는 도덕규범의 다양성을 강조하면서, 보편타당한 도덕 법칙은 존재하지 않는다고 본다.

바로잡기 ①, ②, ③, ⑤ 제시문의 설명과 관련이 없는 사상이다.

**상대주의** 만점 공략 노트

진리는 상대적이어서 개인이나 집단에 따라서 혹은 시간과 장소에 따라서 다르므로 객관적인 판단 기준이란 있을 수 없다는 관점으로 절대주의에 대립되는 주장이다. 인식론적 상대주의는 인간의 모든 지식은 사람에 따라서 그리고 신체적-감각적 기관의 상태에 따라서 상대적이라고 주장하는 학설이며, 윤리적 상대주의는 행위의 선악 판단은 개인이나 집단에 따라서 다르다고 주장하는 학설이다.

**09** 제시문은 소크라테스의 주장이다. 소크라테스에 의하면 도덕적 지식을 가진 사람은 그것을 행함으로써 덕을 쌓아가게 되고 결국 행복을 누리게 된다. 또한 그는 도덕적인 삶을 살기 위해서는 덕 있는 사람이 되어야 하고, 이를 위해 덕이 무엇인지 정확히 알고 있어야 한다고 보았다.

바로잡기 ① 올바름을 판단하는 기준을 각 개인이라고 보는 것은 소피스트인 프로타고라스이다.
② 소크라테스는 도덕의 근거를 인간의 감각 및 경험이 아닌 이성이라고 보았다.
③ 소크라테스는 보편적이고 객관적인 도덕규범이 존재한다고 보는 윤리적 보편주의의 입장이다.
④ 소크라테스는 인간의 이익을 증진하는 행위를 도덕적 행위로 보지 않는다.

**10** 제시문은 모두 소피스트의 주장이다. 소피스트는 윤리적 상대주의를 강조하기 때문에 각 개인의 주관적인 도덕 판단을 존중해야 한다고 보았다.

바로잡기 ② 소피스트들은 진리 판단의 근거를 인간의 감각적 경험으로 보았다.
③ 참된 행복을 위해 덕에 관한 지식을 갖추어야 한다고 보는 것은 지덕복 합일설을 주장하는 소크라테스이다.
④ 소피스트들은 진리나 선의 기준이 보편적으로 존재한다고 보지 않는다. 소피스트들은 윤리적 상대주의를 주장하였다.
⑤ 소피스트들은 현실적인 부나 명예와 같은 가치를 중시하였다. 정의의 기준이 이상 세계에 있다고 보는 것은 이상주의자인 플라톤이다.

**11** 이렇게 쓰면 만점 (2) 보편적인 도덕 판단의 기준과 도덕규범이 존재한다는 점을 서술하면 만점이다.

**12** 이렇게 쓰면 감점 (2) '무지의 자각'이라는 개념을 누락하고 서술하면 감점이다.

**13** 이렇게 쓰면 만점 가치관의 혼란과 윤리적 회의주의에 관해 서술하면 만점이다.

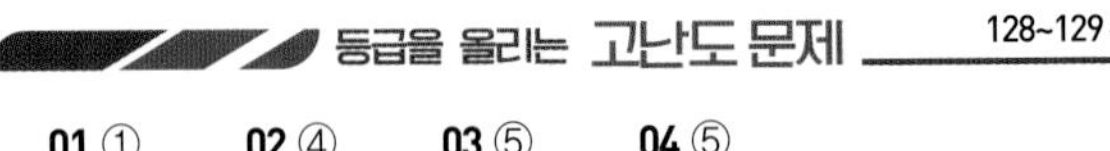


128~129쪽

01 ①　02 ④　03 ⑤　04 ⑤

**01** 소크라테스와 소피스트의 윤리 사상 비교 — 자료 분석 노트

갑 : 사람에게는 지식 이외의 다른 어떤 것도 가르쳐 줄 수 없다. 덕이 일종의 지식이라면 그것은 가르쳐 줄 수 있다는 것이 명백하다. 덕은 지식이며 행복이다.
소크라테스는 참된 앎을 지닌 사람은 덕 있는 사람이 되고, 덕이 있는 사람은 행복한 삶을 살게 된다는 지덕복 합일설을 주장하였다.

을 : 아무것도 존재하지 않는다. 만일 어떤 것이 존재한다고 할지라도 우리는 그것을 알 수 없다. 설령 어떤 것을 알 수 있다고 할지라도 그것을 다른 사람에게 전달할 수 없다.
고르기아스는 회의주의적 관점에서 보편적이고 절대적인 진리, 그에 관한 객관적 지식을 부정하였다.

갑은 소크라테스, 을은 소피스트인 고르기아스이다. 소크라테스는 참된 지식을 추구하기 위해서는 무엇보다 먼저 자신의 무지를 자각해야 한다고 주장하였다. 소크라테스와 고르기아스 모두 인간 삶의 구체적인 문제에 깊은 관심을 가졌다.

바로잡기 ㄴ. 소크라테스는 덕에 관한 지혜를 갖춘 사람은 항상 덕 있는 사람이 된다고 보았다.
ㄹ. 고르기아스는 회의주의적 관점에서 객관적 존재에 관한 인식을 부정하기 때문에 궁극적인 선이 존재하지 않는다고 보았다.

**02** 소피스트와 소크라테스의 윤리 사상 이해 — 자료 분석 노트

정의가 강자의 이익이라는 트라시마코스의 주장은 진리에 관한 상대주의적 관점을 보여 준다.

갑 : 정의라는 것은 강한 자와 통치자의 이익이며, 복종하고 섬기는 자들에게는 해가 되는 것이다. 불의라는 것은 이와 반대로 참으로 순진하고 올바른 사람들을 조종하기 위한 것이다.

을 : 자신이 모르면서도 알고 있다고 믿는 것이 인간이 가진 무지 중에서 가장 큰 무지이다. 내가 대다수 사람들과 다른 점이 있다면, 그것은 바로 나는 내가 무지하다는 것을 알고 있다는 것이다.
소크라테스는 비도덕적 행동의 원인을 무지에서 찾고, 무지의 자각을 바탕으로 참된 삶을 추구해야 한다고 주장하였다.

갑은 소피스트인 트라시마코스, 을은 소크라테스이다. 트라시마코스는 정의를 강자의 이익에 봉사하는 수단일 뿐이라고 보았다. 한편 소크라테스는 지덕복 합일설을 주장하며 선에 대한 지식을 알면 실천하게 된다고 보았다.

바로잡기 ① 소피스트와 소크라테스 모두 학문의 주 대상을 자연이 아니라 인간과 사회로 보았다.
② 소피스트들은 진리 및 도덕 판단의 기준을 상대적이라고 보았다.
③ 소크라테스는 윤리적 보편주의의 입장이다. 실용성이라는 기준은 보편적 기준이 아니라 상대적 기준이다.
⑤ 소크라테스만의 입장이다. 소피스트들은 진리를 탐구할 때 이성적 사유보다 감각적 경험을 중시하였다.

### 03 소피스트와 소크라테스의 윤리 사상 이해

자료 분석 노트

소피스트는 덕이 그 자체로 가치 있는 것이 아니라 세속적 가치와 목적 달성을 위한 수단으로서 가치를 지닌다고 보았다.

갑 : 참되게 살려는 자는 욕구를 억제해서는 안 된다. 용기와 지혜로써 이를 최대한 충족시켜야 한다. 사람들은 그럴 능력이 없기 때문에 무절제를 부끄러운 것이라고 주장하며 절제와 정의를 칭송한다. 사치, 무절제, 자유가 덕이자 행복이다.

을 : 참되게 살려는 자는 덕이 참된 지혜에서 나온다는 것을 알아야 한다. 영혼의 모든 성질들은 지혜를 동반하느냐 무지를 동반하느냐에 따라 유익하게도 해롭게도 되기 때문이다. 덕은 유익한 것이기 때문에 지혜의 일종이어야 한다.

소크라테스는 참된 덕이 지혜에서 성립한다고 보고, 그 덕이 무엇인지 알면 반드시 옳은 행위를 할 것이라고 주장하였다.

갑은 소피스트, 을은 소크라테스이다. 〈보기〉에서 ㄴ은 갑은 긍정, 을은 부정의 대답을 할 질문이다. 소피스트는 덕이 그 자체로 가치를 지닌다고 보지 않은 반면 소크라테스는 덕이 그 자체로 가치를 지닌다고 보았다. ㄷ은 갑은 긍정, 을은 부정의 대답을 할 질문이다. 소피스트들은 진리의 객관성과 절대성을 부정하였지만 소크라테스는 진리의 객관성과 절대성을 인정하였다. ㄹ은 을이 긍정의 대답을 할 질문이다. 소크라테스는 선은 객관적이고 보편적이기 때문에 정의를 내릴 수 있다고 보았다.

**바로잡기** ㄱ. 을만이 긍정의 대답을 할 질문이다. 소크라테스는 보편적 진리관을 주장하는 사상가이기 때문에 지속적인 진리 탐구를 통해 객관적 존재의 본질을 파악할 수 있다고 보았다.

### 04 소크라테스의 윤리 사상 이해

자료 분석 노트

여러분! 더 이상 지혜를 사랑하지 않는다는 조건으로 저를 무죄 방면한다 할지라도, 제가 살아가는 동안, 그리고 할 수 있는 한, 지혜를 사랑하는 것도 여러분의 무지를 자각시키는 일도 결코 그만두지 않을 것입니다. 이 점을 고려하여 저의 무죄 방면 여부를 결정하십시오.

소크라테스는 무지의 자각을 통해 영혼의 덕을 갖출 수 있다고 보았으며, 영혼의 덕을 갖춘 삶은 행복하다고 보았다.

제시문은 소크라테스의 주장이다. 소크라테스는 보편적·절대적 진리관의 입장에서 도덕의 객관적 기준을 바탕으로 지속적인 윤리적 성찰을 강조하였다. 즉 자신의 영혼에 관해 스스로 숙고하지 않는 삶은 가치가 없다고 보았다.

**바로잡기** ① 소피스트의 입장이다. 소피스트는 가치의 상대성과 각 개인의 진리 판단의 기준을 존중해야 한다고 보았다.
② 소피스트의 입장이다. 소피스트는 인간의 감각적 경험을 지식과 도덕의 판단이 근원이라고 보았다.
③ 소크라테스가 강조한 절대적 가치 기준은 대다수가 동의한 의견이 아닌 보편적이고 절대적인 참된 진리이다.
④ 소크라테스는 공동체 속에서 통용되는 관습을 무조건적으로 따르는 삶을 비판하였다.

## 02 덕 있는 삶과 행복

**기초를 다지는 확인 문제** 134 쪽

**01** (1) ○ (2) × (3) ○ (4) × (5) ○ **02** (1) 동굴의 비유 (2) 욕구, 기개, 이성 (3) 선 (4) 탁월성 **03** (1) ㉡ (2) ㉢ (3) ㉠

**실력을 키우는 실전 문제** 135~139 쪽

| | | | | | |
|---|---|---|---|---|---|
| **01** ② | **02** ⑤ | **03** ⑤ | **04** ④ | **05** ④ | **06** ③ |
| **07** ④ | **08** ③ | **09** ⑤ | **10** ④ | **11** ③ | **12** ④ |
| **13** ⑤ | **14** ③ | **15** ④ | **16** ④ | **17** ④ | **18** ⑤ |

**19** (1) 플라톤 (2) **예시답안** 개인이 타고난 바에 따라 자신에게 적합한 한 가지 일을 담당하고 이들이 조화를 이룰 때 이상적인 국가를 이룰 수 있다.

**20** (1) 중용 (2) **예시답안** 감정과 행위가 상황에 따라 지나치지도 모자라지도 않은 '알맞은' 상태를 뜻한다.

**21** (1) 이데아 (2) **예시답안** 어떤 것의 본질, 즉 완전하고 이상적인 원형을 뜻한다.

**01** (가) 사상가는 플라톤이다. 플라톤은 소크라테스의 윤리적 보편주의를 계승하였다. 도덕적 판단의 기준을 개인의 가치관으로 보는 것은 소피스트이다.

**바로잡기** ① 플라톤이 긍정의 대답을 할 질문이다. 플라톤은 소크라테스의 지덕복 합일설을 계승하였다.
③ 플라톤이 부정의 대답을 할 질문이다. 플라톤은 이데아는 이성을 통해서 인식되는 것이라고 보았다.
④ 플라톤이 부정의 대답을 할 질문이다. 플라톤은 현실 세계를 이데아 세계의 진리를 모방한 세계라고 보았다.
⑤ 플라톤이 부정의 대답을 할 질문이다. 플라톤은 참된 진리는 현실이 아니라 이데아의 세계에 존재한다고 보았다.

**02** 제시문은 아리스토텔레스의 주장이다. 아리스토텔레스는 플라톤의 아카데메이아에서 오랜 기간 공부하면서 플라톤의 사상에 많은 영향을 받았다. 그는 플라톤과 마찬가지로 인간의 이성을 강조하는 윤리적 보편주의 사상을 전개하였다. 따라서 아리스토텔레스는 시민들의 동의와 관계없이 객관적인 도덕 기준이 존재한다고 보았다.

**바로잡기** ① 소크라테스와 같은 주지주의의 입장이다. 아리스토텔레스는 의지가 나약하면 덕이 무엇인지 알면서도 악을 행할 수 있다고 보았다.
② 플라톤의 입장이다. 아리스토텔레스는 세계는 개별적인 실체들로 이루어진 하나의 세계이며, 변화하지 않는 참된 존재가 이데아의 세계가 아닌 현실 세계에 존재한다고 보았다.
③ 플라톤의 입장이다. 아리스토텔레스는 현실 세계에서 진리를 찾아야 한다고 보았다.
④ 아리스토텔레스는 감정과 욕구를 제거해야 한다고 보지 않는다. 아리스토텔레스가 말하는 품성적인 덕은 지속적인 실천을 통해 형성되는 것으로, 영혼의 감각과 욕구의 기능이 이성에 귀를 기울이고 이성의 명령을 따를 때 얻을 수 있는 덕이다.

**03** 제시문은 플라톤이 제시한 이상 사회의 모습이다. 플라톤은 소크라테스의 주지주의를 계승하여 악행은 무지로부터 비롯된다고 보았다. 또한 이상주의적 입장에서 선의 이데아는 현실 세계에서 실현될 수 없다고 주장하였다. 그리고 당시 아테네의 민주 정치를 중우 정치라고 비판하며, 철인 정치를 주장하였다. 그가 주장하는 이상 사회는 통치자와 군인 계급에서 제한적으로 공유제가 실시되는 사회이다.

**바로잡기** ⑤ 강한 의지를 통한 지속적인 실천을 강조한 것은 아리스토텔레스이다.

**플라톤의 이상 국가론** 만점 공략 노트

플라톤은 국가를 인간의 영혼이 확대된 것으로 보았다. 그에 따르면 영혼은 이성, 기개, 욕구적인 부분으로 구성되며, 각 부분에 적합한 지혜, 용기, 절제가 조화를 이룰 때 정의의 덕이 실현된다. 그리고 이러한 4주덕이 사회 속에서 실현될 때 이상 국가가 이루어진다.

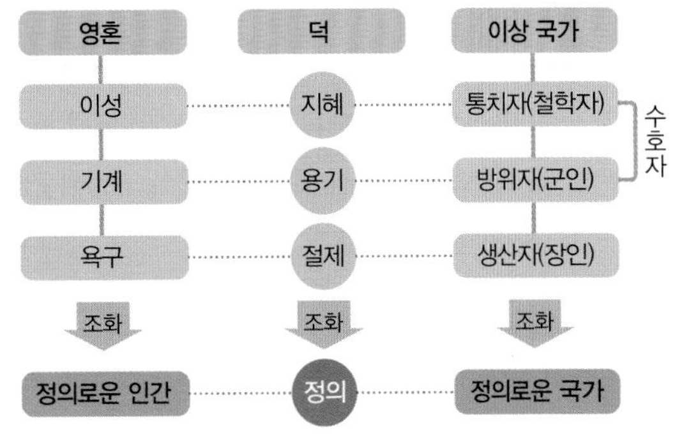


**04** 제시문은 이상 국가에 대한 플라톤의 주장이다. 플라톤은 이데아의 세계와 현실 세계를 구분하는 이원론적 세계관을 주장하였다. 또한 플라톤은 이성주의자로 인간의 본성을 이성과 사유로 파악해야 한다고 보았으며, 본질은 이데아의 세계에만 있다고 주장하였다.

**바로잡기** ㄹ. 인간의 덕을 지적인 덕과 품성적인 덕으로 구분한 것은 아리스토텔레스이다.

**05** 제시문은 플라톤의 이데아론에 대해 설명하고 있다. 플라톤은 세계를 현실 세계와 이데아 세계로 구분하였다. 그의 설명에 따르면 이데아는 사물의 불변하는 본질이자 참된 실재로서 완전한 것이다. 플라톤은 인간의 본성을 이성에 의한 사유 활동이라고 보았다. 플라톤은 선이 무엇인지 알면 그대로 행할 것이기 때문에 부도덕한 행위를 하지 않을 것이라고 보았다. 플라톤은 가장 지혜롭고 현명한 철학자가 나라를 다스리는 철인 정치를 주장하였다. 따라서 첫번째, 두 번째, 세 번째 입장은 플라톤의 입장과 일치한다.

**바로잡기** 네 번째 입장 : 소피스트들의 입장이다. 플라톤은 소크라테스와 마찬가지로 윤리적 보편주의를 주장하였다.

**06** 제시문은 플라톤이 제시한 동굴의 비유이다. 플라톤은 동굴의 비유에서 그림자는 이데아를 어느 정도 반영하기는 하지만 이데아 그 자체는 아니라고 보았다. 하지만 동굴에 갇힌 이들은 오로지 그림자만 보기 때문에 그림자를 실제 사물로 착각한다.

**바로잡기** ① 플라톤이 말하는 참된 실재는 이데아이다. 동굴의 비유에서 플라톤은 동굴 밖의 세계를 이데아의 세계로 비유하였다.
②, ④, ⑤ 플라톤은 불변하고 완전한 진리를 담고 있는 세계를 이데아의 세계라고 보았다. 그는 이데아의 세계를 오직 이성을 통해서만 인식할 수 있다고 보았다.

**플라톤의 이데아론** 만점 공략 노트

이데아란 모든 존재와 인식의 근거가 되는 영원하며 초월적인 실재를 의미한다. 그러므로 이데아는 어떤 개별적인 사물이 없어지더라도 계속해서 존재하는 그 사물의 원형이자, 개별자에 의해 실현되어야 할 이상이다. 예를 들어 우리는 저 동그라미보다 이 동그라미가 더 동그라미에 가깝다고 말하는데, 이것은 우리 머릿속에 떠올린 완전한 동그라미, 즉 동그라미의 이데아와 비교하기 때문이다. 플라톤에 따르면 이데아들 사이에는 위계 질서가 있으며, 선의 이데아는 최상의 이데아로서 다른 이데아들과 사물이 존재할 수 있게 해 주는 근원이자 인간이 추구해야 할 궁극적인 목표이다.

**07** 갑은 플라톤, 을은 아리스토텔레스이다. 플라톤은 선의 이데아를 최고의 이데아라고 보았으며, 인간은 이성적 사유를 통해 참된 실재인 선의 이데아를 모방함으로써 최고의 선을 실현할 수 있다고 보았다. 아리스토텔레스는 덕을 지적인 덕과 품성적인 덕으로 구분하였으며, 도덕적 앎을 실천으로 옮기기 위해서는 의지가 동반되어야 한다고 보았다. 플라톤과 아리스토텔레스 모두 참된 진리를 얻는 데 있어서 이성의 역할을 중시하였다.

**바로잡기** ㄷ. 이상적인 가치보다 구체적인 현실 문제를 더 중시하는 것은 아리스토텔레스만의 입장이다.

**아리스토텔레스의 덕론** 만점 공략 노트

아리스토텔레스는 인간의 영혼을 이성적 부분과 비이성적 부분으로 구분하고 전자와 관련한 덕을 지성적 덕, 후자와 관련한 덕을 품성적 덕이라고 불렀다. 또한 그는 이성적인 부분을 다시 학문적 인식의 부분과 이성적으로 헤아리는 부분으로 구분하였으며, 전자에 해당하는 덕을 철학적(이론적) 지혜, 후자에 해당하는 덕을 실천적 지혜라고 불렀는데, 실천적 지혜는 중용을 분별하는 역할을 한다.

**08** 제시문은 플라톤의 주장이다. 플라톤은 사회 구성원 각자가 자신의 일을 할 때 국가의 정의가 구현된다고 보았다. 또한 선의 이데아에 관한 인식과 인격을 겸비한 철학자가 국가를 통치해야 한다고 주장하면서 철학과 정치권력의 결합을 강조하였다. 플라톤은 이성을 통하여 참된 진리를 인식할 수 있다고 보았다.

바로잡기 ① 플라톤이 부정의 대답을 할 질문이다. 유용성을 참된 지식의 기준으로 보는 것은 소피스트이다.
② 플라톤이 부정의 대답을 할 질문이다. 각자가 지각한 것이 지식의 척도라고 본 것은 소피스트인 프로타고라스이다.
④ 플라톤이 부정의 대답을 할 질문이다. 플라톤은 통치자와 군인 계급만이 재산을 공유해야 한다고 보았다.
⑤ 플라톤이 부정의 대답을 할 질문이다. 플라톤이 주장하는 이상 사회는 계급제 사회이다.

**09** 제시문은 아리스토텔레스의 주장이다. 아리스토텔레스는 인간의 궁극 목적이자 최고선은 행복이라고 보았다. 그는 덕을 지적인 덕과 품성적 덕으로 나누고 지적인 덕은 교육과 탐구에 의해, 품성적 덕은 중용의 반복된 실천과 습관화를 통해 형성된다고 보면서, 의지의 중요성을 강조하였다.

바로잡기 ① 소크라테스나 플라톤과 같은 주지주의적 입장이다.
② 아리스토텔레스는 선은 현실 속에서 실현될 수 있다고 보았다.
③ 아리스토텔레스는 윤리적 보편주의의 입장에서 옳고 그름은 객관적으로 판단할 수 있다고 보았다.
④ 진리 판단의 근거를 감각적 경험으로 보는 것은 소피스트이다.

**10** 갑은 플라톤, 을은 아리스토텔레스이다. 플라톤과 아리스토텔레스는 모두 윤리적 보편주의의 입장으로 보편타당한 진리가 있다고 본다. 그러나 플라톤은 이상주의, 아리스토텔레스는 현실주의의 입장이기 때문에 참된 진리의 인식에 대한 견해가 각각 다르다. 플라톤은 참된 진리가 이데아에 있다고 본 반면, 아리스토텔레스는 그것이 현실 세계에 존재한다고 본다. 또한 플라톤은 부정의한 행위가 무지에서 비롯된다고 본 반면, 아리스토텔레스는 무엇이 선인지 알고 있더라도 의지의 나약함으로 인해 부정의한 행위를 할 수 있다고 본다.

바로잡기 ④ 아리스토텔레스는 품성적인 덕은 타고나는 것이 아니라 중용의 반복적 실천을 통해 형성되는 것이라고 보았다.

**11** 제시된 그림은 아리스토텔레스의 덕론에 관한 노트 필기이다. 아리스토텔레스는 인간의 고유한 기능인 이성이 탁월하게 발휘되는 상태를 덕이라고 보았으며, 이러한 덕은 두 가지의 유형, 즉 지적인 덕과 품성적인 덕으로 구분된다고 보았다.

바로잡기 ③ 지적인 덕의 예로는 철학적 지혜, 실천적 지혜 등이 있으며, 품성적인 덕의 예로는 용기, 절제, 긍지 등이 있다.

**12** 제시문은 아리스토텔레스의 주장이다. 아리스토텔레스는 최고선인 행복은 덕을 따르는 영혼의 활동이며, 덕은 지적인 덕과 품성적인 덕으로 구분된다고 보았다. 아리스토텔레스는 공동체적 삶을 중시하는 사상가로 공동체의 구성원으로서의 사회적 책무를 강조하였다. 또한 덕을 갖추기 위해서는 중용의 실천을 습관화해야 하며, 실천 의지를 길러야 한다고 보았다.

바로잡기 ㄱ. 중용은 감정이나 욕구가 이성에 따라 통제되는 상태이다. 아리스토텔레스는 중용을 유지하기 위해 정념을 제거해야 한다고 보지 않는다.
ㄷ. 유용성의 가치 추구를 통해 세속적 삶을 지향해야 한다고 보는 것은 소피스트이다.

**13** (가)는 아리스토텔레스의 중용에 관한 내용이다. 아리스토텔레스는 무엇이 중용의 상태인지 안다고 하더라도 의지가 나약하여 실천하지 못할 수 있다고 보았다. 따라서 아리스토텔레스의 관점에서는 음주가 나쁘다는 것을 알면서도 의지가 나약하면 금주를 하지 못할 수 있다.

바로잡기 ① 아리스토텔레스는 알면서도 행위로 이어지지 못하는 것은 의지가 약하기 때문이라고 본다.
② 아리스토텔레스는 윤리적 보편주의의 관점이다. 따라서 아리스토텔레스는 음주가 해롭다는 것이 사람마다 다르다고 보지 않는다.
③ 아리스토텔레스는 음주를 통해 쾌락을 얻기 때문에 금주를 하지 못한다고 보지 않는다.
④ 아리스토텔레스는 금주를 하지 못하는 이유를 배려로 보지 않는다.

**14** 제시문의 밑줄 친 '그'는 아리스토텔레스이다. 아리스토텔레스는 악은 무지에 의해서도 생기지만 의지의 나약함에 의해 생길 수도 있다고 보았다. 또한 아리스토텔레스는 행복한 삶을 사는 데 있어 지적인 덕과 품성적인 덕이 모두 필요하다고 보았다.

바로잡기 ㄱ. 아리스토텔레스는 쾌락주의 입장이 아니다. 그는 플라톤과 마찬가지로 인간의 이성을 강조하는 윤리 사상을 전개하였으며, 인간과 사회의 본질에 대해 깊은 관심을 보였다.
ㄹ. 아리스토텔레스는 유덕한 인간이 되기 위해서는 지속적인 도덕적 실천이 필요하다고 보았다.

**15** 제시된 그림은 아리스토텔레스의 중용에 관한 수업 장면이다. 아리스토텔레스는 지나치지도 모자라지도 않는 중간의 상태를 중용이라고 보았다. 그에 따르면 중용의 상태는 일정한 것이 아니라 사람에 따라 상황에 따라 달라질 수 있다. 또한 가장 적합하고 올바른 상태를 판단하는 것은 이성을 통해 가능하다. 그러나 아리스토텔레스는 도둑질처럼 그 자체로 나쁜 행동에는 적절한 상태가 없다고 보았다.

바로잡기 을 : 아리스토텔레스가 말하는 중용은 단순한 산술적 중간이 아니다.
무 : 모든 행위와 감정에 해당되는 것은 아니다. 왜냐하면 그 자체로 무조건 나쁜 감정과 행위도 있기 때문이다.

**16** 제시문은 아리스토텔레스의 주장이다. 아리스토텔레스는 플라톤의 이원론적 세계관을 비판하고, 이 세상은 수많은 개별적인 실체들로 이루어진 하나의 세계라고 보았다. 따라서 그는 플라톤과 달리 현실 속에서 참된 존재를 찾을 수 있다고 보았다. 또한 아리스토텔레스는 중용의 덕을 중시하며, 의지가 나약하면 일시적인 충동에 의해 부도덕한 행위를 할 수 있다고 보았다.

**바로잡기** ㄱ. 아리스토텔레스는 무지의 자각만으로 참된 진리에 도달할 수 있다고 보지 않는다.
ㄷ. 어떤 상황에서도 흔들리지 않는 정신 상태는 스토아학파에서 주장하는 아파테이아의 경지이다.

**17** A는 실천적 지혜이다. 실천적 지혜는 자신에게 좋고 유익한 것을 잘 숙고하여, 일상 생활에서 중용을 판별하는 데 도움을 주는 도덕 판단 능력을 뜻한다. 아리스토텔레스는 실천적 지혜는 지적인 덕의 구체적인 예이며, 품성적 덕을 갖추기 위해 반드시 필요한 덕이라고 보았다. 또한 선을 실현하기 위해 필요한 덕이라고 보았다.

**바로잡기** ㄹ. 아리스토텔레스에 따르면 실천적 지혜는 무지나 의지의 나약함 때문에 올바른 행위로 연결되지 않는 경우도 있다.

**아리스토텔레스의 이론 및 실천의 탁월성** 만점 공략 노트

아리스토텔레스에 의하면, 덕 있는 사람이란 이성의 덕을 탁월하게 발휘하는 철학적 지혜뿐만 아니라 품성의 덕을 적절하게 발휘하는 실천적 지혜를 겸비한 사람이다. 우리가 품성의 덕을 쌓아 가는 과정에서 실천적 지혜가 중요한 역할을 하지만, 무엇이 중용인지를 정확히 알기 위해서는 철학적 지혜의 도움을 받지 않을 수 없다. 하지만 옳은 것을 알게 되었다고 해서 언제나 옳은 일을 하는 것은 아니다. 왜냐하면 옳은 일을 정확히 안다고 하더라도 그 일을 실천하고자 하는 의지가 약하거나 자제력이 부족한 경우 그 일을 하지 못하는 경우가 많기 때문이다.

**18** 제시문은 아리스토텔레스의 주장이다. 아리스토텔레스는 유덕한 사람이 될 것을 강조하며, 도덕적 품성을 바탕으로 한 자발적인 도덕적 실천을 강조하였다.

**바로잡기** ① 아리스토텔레스는 무지를 악행의 유일한 원인으로 보지 않는다. 의지의 나약함으로 인해 악행을 할 수도 있다.
② 민주 정치를 어리석은 대중의 정치라고 한 것은 플라톤이다.
③ 아리스토텔레스는 이상적인 선은 현실 속에서 실현될 수 있다고 보았다.
④ 아리스토텔레스는 공유제 사회를 추구하지 않는다.

**19** **이렇게 쓰면 감점** (2) 자신에게 적합한 일, 조화, 세 계급 등의 표현을 누락하고 서술하면 감점이다.

**20** **이렇게 쓰면 만점** (2) 지나치지도 모자라지도 않는 상태 또는 적절한 상태라는 등의 표현을 서술하면 만점이다.

**21** **이렇게 쓰면 만점** (2) 본질, 이상적인 원형 등의 표현을 포함하여 서술하면 만점이다.

**등급을 올리는 고난도 문제** 140~141쪽

01 ⑤ 02 ④ 03 ⑤ 04 ③

**01 플라톤과 아리스토텔레스 윤리 사상 비교** 자료 분석 노트

갑 : 용기 있는 사람은 두려워해야 할 것과 두려워하지 말아야 할 것에 대한 이성의 지시를 언제나 간직한다. 이성이 기개를 지배하고, 기개는 이성에 복종하며 협력해야 한다.
플라톤은 절제, 용기, 지혜의 덕이 조화를 이룰 때 비로소 인간 영혼에서 정의의 덕을 실현할 수 있다고 보았다.
을 : 용기 있는 사람은 비겁한 사람에 비해 무모하고, 무모한 사람에 비해 비겁해 보인다. 양극단의 두 성향은 대립적이며, 중간의 성향은 양극단의 두 성향과 대립적이다.
아리스토텔레스의 중용은 과도함과 부족함 사이의 적절한 상태를 말한다.

갑은 플라톤, 을은 아리스토텔레스이다. 플라톤은 주지주의의 관점에서 선이 무엇인지 안다면 선을 행할 것이라고 보았다. 반면 아리스토텔레스는 주의주의 관점에서 의지가 나약하면 옳은 것을 알아도 부정의한 행동을 자발적으로 행할 수 있다고 보았다. 플라톤과 아리스토텔레스 모두 이성주의의 입장에서 덕의 실천을 위해 이성의 역할이 필요하다고 보았다.

**바로잡기** ㄴ. 아리스토텔레스는 품성적인 덕(=도덕적 덕)을 타고난 것이 아니라 후천적으로 습득하는 것이라고 본다.

**02 플라톤과 아리스토텔레스의 윤리 사상 이해** 자료 분석 노트

감각 세계는 현실 세계이며, 본질적 세계는 이데아 세계를 말한다.
갑 : 꽃의 모습은 다양하지만, 우리가 꽃이라고 말할 수 있기 위해서는 영원히 변하지 않는 꽃의 실재를 전제해야만 하는 것과 마찬가지로, 시시각각으로 변하는 감각 세계와는 근본적으로 다른 본질적 세계가 존재한다.
을 : 인간적인 좋음은 탁월성에 따른 영혼의 활동일 것이다. 또 만약 탁월성이 여럿이라면 그중 최상이며 가장 완전한 탁월성에 따르는 영혼의 활동이 인간적인 좋음일 것이다. 더 나아가 그 좋음은 완전한 삶 안에 있을 것이다. …… 한 마리의 제비가 봄을 만드는 것도 아니며 하루가 봄을 만드는 것도 아니니까.
지속적인 도덕적 실천과 습관화를 강조하는 부분이다.

갑은 플라톤, 을은 아리스토텔레스이다. 주지주의의 입장인 플라톤은 선에 관한 지식만 있으면 유덕한 행위를 할 수 있다고 보았으나 아리스토텔레스는 선에 관한 지식이 있더라도 의지가 나약하면 유덕한 행위를 하지 못할 수 있다고 보았다.

**바로잡기** ① 플라톤과 아리스토텔레스 모두 긍정의 대답을 할 질문이다. 덕에 대한 입장은 다르지만 두 사상가 모두 덕이 행복한 삶에 필수적인 요소라고 보았다.
② 플라톤과 아리스토텔레스 모두 부정의 대답을 할 질문이다. 플라톤과 아리스토텔레스 모두 도덕적 앎이 도덕적 실천을 위한 필수적인 요소라고 보았다.
③ 플라톤은 부정, 아리스토텔레스는 긍정의 대답을 할 질문이다. 플라톤은 사물의 본질은 이데아 세계에 있다고 보았지만, 아리스토텔레스는 현실 속에 있는 사물에 있다고 보았다.
⑤ 아리스토텔레스가 긍정의 대답을 할 질문이다. 아리스토텔레스는 품성적인 덕은 지속적인 도덕적 실천과 습관화를 통해 형성되는 것이라고 보았다.

## 03 플라톤의 윤리 사상 이해

자료 분석 노트

철인왕과 대비하여 제시된 인물이다.
참주(僭主)는 남을 다스리려고 하지만 아첨과 굴종을 하며 산다는 점에서 진짜 노예이며, 자신의 무한한 욕망을 충족시키지 못한다는 점에서 진실로 가난한 자다. 그의 영혼은 두려움으로 가득 차 있고 병들어 있다. 철인왕은 그와 반대되는 유형의 사람이다. 그래서 철인왕이 통치하는 나라를 최선의 이상 국가로 볼 수 있다.

철인 정치를 주장한 플라톤임을 파악할 수 있는 핵심어이다
플라톤은 지혜로운 철학자가 국가를 다스리는 철인 정치가 실현된 나라를 이상 국가로 보았다.

제시문은 플라톤의 주장이다. 참주의 폭정을 비판하고 철인왕이 통치하는 나라를 최선의 이상 국가로 본다는 점에서 플라톤임을 알 수 있다. 플라톤은 국가를 통치하기 위해서 지혜의 덕을 반드시 갖추어야 한다고 보았다. 플라톤은 절제의 덕을 국가의 세 계급이 모두 가져야 하는 덕목이라고 보았다. 플라톤은 가장 지혜롭고 현명한 철학자인 통치자는 이성을 통해 이데아계의 참된 진리를 파악할 수 있다고 보았다. 따라서 첫번째, 세 번째, 네 번재 입장은 플라톤의 입장이다.

**바로잡기** 두 번째 입장 : 플라톤은 전체 계급이 직접적으로 정치에 참여하는 민주 정치를 참주 정치와 함께 타락한 정치로 보았다.

## 04 아리스토텔레스와 플라톤의 윤리 사상 적용

자료 분석 노트

아리스토텔레스는 인간 행위의 최고선이 행복이며, 진정한 행복은 덕을 갖춘 삶을 통해 얻어질 수 있다고 보았다.

갑 : 선은 인간이 성취할 수 있는 것이어야만 한다. 인간의 모든 행위는 어떤 선을 성취하기 위해 존재한다. 최고의 선은 행복이며, 행복의 필수 요소는 중용의 덕이다.

을 : 각자는 저마다 타고난 성향에 따라 한 가지 일에 배치되어야만 한다. 이는 각자가 자신의 일에 종사함으로써 자연스럽게 나라 전체가 조화로운 '한 나라'로 되도록 하기 위해서이다.

플라톤의 이상 국가는 각자 타고난 바에 따라 자신에게 적합한 한 가지 일을 담당하고 이들이 제 역할을 다하여 조화를 이루는 사회이다.

갑은 아리스토텔레스, 을은 플라톤이다. 아리스토텔레스는 덕을 지적인 덕과 품성적인 덕으로 구분하면서 지적인 덕 중의 하나인 실천적 지혜가 각 상황에서 어떤 행동이 중용의 상태인지 알려 줌으로써 품성적인 덕의 형성에 영향을 미친다고 보았다.

**바로잡기** ① 아리스토텔레스와 플라톤 모두 긍정의 대답을 할 질문이다. 두 사상가 모두 도덕적 행위를 위해 올바른 지식이 필요하다고 보았다.
② 아리스토텔레스가 부정의 대답을 할 질문이다. 아리스토텔레스는 아는 것이 반드시 실천으로 이어지는 것은 아니라고 보았다.
④ 플라톤이 부정의 대답을 할 질문이다. 악이 의지의 부족함에 의해서 생겨난다고 보는 것은 아리스토텔레스의 입장이다.
⑤ 플라톤이 부정의 대답을 할 질문이다. 플라톤은 이성을 가치 판단의 근거로 보았다.

# 03 행복 추구의 방법

### 기초를 다지는 확인 문제

146 쪽

**01** (1) ○ (2) × (3) ○ (4) × (5) ○ **02** (1) 쾌락의 역설 (2) 이성 (3) 자연법 (4) 세계 시민주의 **03** (1) ㉠ (2) ㉢ (3) ㉡

### 실력을 키우는 실전 문제

147~151 쪽

**01** ④ **02** ③ **03** ① **04** ③ **05** ① **06** ②
**07** ④ **08** ① **09** ② **10** ② **11** ③ **12** ①
**13** ④ **14** ① **15** ④ **16** ① **17** ② **18** ③
**19** (1) 아파테이아 (2) **예시답안** 어떠한 외부 상황에도 동요하지 않는 정신의 의연함을 뜻한다.
**20** (1) 에피쿠로스학파 (2) **예시답안** 참된 쾌락을 누리려면 필수적이지 않는 헛된 욕구를 자제하고, 자연적이고 필수적인 욕구를 최소한으로 충족하는 소박한 삶을 살아야 한다.
**21** **예시답안** 우리에게 일어나는 모든 일을 운명으로 받아들이고, 운명에 순응하고 운명을 사랑해야 한다.

**01** 제시된 그림은 헬레니즘 시대의 특징을 정리한 노트 필기이다. 헬레니즘 시대의 사상가들은 어떻게 해야 행복에 이를 수 있는지를 주요한 탐구 주제로 삼았다. 이들은 주로 평온한 삶으로서의 행복을 추구하였는데, 이러한 경향은 당시의 그리스인이 겪고 있는 시대적인 혼란과 불안에서 비롯되었던 것이다.

**바로잡기** ④ 세계 시민으로서의 삶에 관심을 가지는 것은 스토아학파이다. 스토아학파는 이성을 가진 모든 이들은 누구나 평등하다는 세계 시민주의 사상을 바탕으로 개인의 사회적 역할은 물론 인류 전체의 공동선을 실현하기 위한 의무를 강조하였다.

### 헬레니즘 시대의 철학적 특성

만점 공략 노트

에피쿠로스학파와 스토아학파는 헬레니즘 시대라는 역사적 배경 속에서 등장하였다. 이러한 배경을 알고 나면 사상의 특징을 파악하고 비교하는 데 도움이 되므로 이해해 두자.

소크라테스와 플라톤, 아리스토텔레스가 활동한 고대 그리스 시대는 개인의 삶이 도시 국가라는 공동체에의 참여를 통해 실현되었다. 하지만 헬레니즘 시대 이후에는 개인과 국가 사이의 조화로운 균형이 존속할 수 없었다. 로마라는 거대한 국가 체제 속에서 개인은 공동체에 대하여 아무런 결정권도 가지지 못한 신민(臣民)으로 전락하였고, 개인은 공동체로부터 소외되었다. 헬레니즘 시대를 살아가는 개인들은 소외감과 무기력감을 느꼈다. 개인의 의미와 가치는 이전 시대보다 훨씬 더 작아졌고, 개인은 불확실한 세계 속에 불안하게 내던져졌다. 이러한 시대적 상황 속에서 스토아학파는 개인을 부정하고 개인을 전체에 동화시킴으로써 전체와 개인의 대립을 해소하려고 하였다. 반면에 에피쿠로스학파는 전체를 위한다는 명분 아래 개인의 삶을 희생하는 것을 거부하고, 자기 자신의 행복을 추구할 것을 주장하였다. – 박찬구 외, 『40주제로 이해하는 윤리와 사상 개념 사전』 –

**02** 제시문은 스토아학파 사상가 에픽테토스의 입장이다. 스토아학파의 주된 관심은 평온한 삶으로서의 행복을 얻는 데 있었다. 스토아학파에서 주장하는 평온함이란 어떤 상황에서도 동요하지 않는 정신 상태, 즉 정념으로부터 해방된 상태를 의미한다. 스토아학파는 일체 만물을 관통하는 우주의 목적이자 신의 섭리인 이성에 따르며, 욕망과 감정에서 벗어나 초연하게 살 것을 강조하였다.

**바로잡기** ㄱ. 공적인 삶에서 벗어나 은둔자적인 삶을 살 것을 강조하는 것은 에피쿠로스학파의 입장이다.
ㄹ. 스토아학파에서는 결정론적 관점으로 자유 의지의 역할을 인정하지 않는다.

**03** 제시문은 에피쿠로스의 입장이다. 에피쿠로스는 기본적으로 쾌락주의 입장이기 때문에 고통을 피하고 쾌락을 추구한다. 또한 그가 지향하는 쾌락은 정신적이고 지속적인 쾌락이다.

**바로잡기** ㄷ. 정신적 동요나 혼란이 없는 아파테이아의 경지를 추구하는 것은 스토아학파의 입장이다.
ㄹ. 에피쿠로스는 세상사에 적극적인 관심을 가지지 않는다.

**04** (가)는 에피쿠로스의 죽음관에 관한 내용이다. 에피쿠로스는 죽음은 우리가 경험할 수 없는 것이기 때문에 죽음을 두려워할 필요가 없다고 보았다. 에피쿠로스학파는 모든 본능과 욕망에서 벗어나야 한다고 주장하지 않았으며, 최소한의 욕구를 충족하는 절제 있는 삶을 강조하였다. 또한 순간적이고 육체적인 쾌락보다는 지속적이고 정신적인 쾌락을 추구함으로써 마음에 불안이 없고 몸에 고통이 없는 상태인 아타락시아를 유지하고자 하였다.

**바로잡기** ③ 에피쿠로스가 부정의 대답을 할 질문이다. 에피쿠로스가 죽음을 두려워할 필요가 없다고 한 것은 고통을 없애기 위해서이지 참된 실존을 찾기 위한 것은 아니다.

**05** 제시문은 스토아학파의 입장이다. 스토아학파는 자신에게 주어진 상황과 조건을 변화시키기보다는 그것을 운명으로 받아들임으로써 부동심에 이르러야 한다고 주장하였다. 또한 스토아학파는 검약하고 절제하는 삶을 살 것을 강조하며, 어떠한 정념에도 흔들리지 않는 초연한 삶의 자세를 강조하였다.

**바로잡기** 두 번째 입장 : 쾌락주의의 입장이다. 스토아학파는 쾌락주의가 아니라 금욕주의 관점이다.
세 번째 입장 : 스토아학파의 입장이 아니다. 스토아학파에서는 주어진 삶에 순응할 것을 강조하였다.

**06** 제시문은 에피쿠로스의 입장이다. 에피쿠로스는 쾌락은 선 고통은 악이라고 보고 고통이 없는 상태, 즉 정신적 쾌락을 추구하였다. 따라서 에피쿠로스는 쾌락의 유무를 선악의 판단 기준으로 볼 것이다. 또한 에피쿠로스는 명예의 추구가 마음의 불안을 발생시킨다고 보고 공동체에 대한 헌신보다는 자신의 내적인 세계의 고요함을 추구하였다.

**바로잡기** ㄴ. 에피쿠로스는 참된 쾌락을 얻기 위해 보편적 이성을 따라야 한다고 보지 않는다.
ㄷ. 에피쿠로스는 기본적으로 쾌락주의의 입장이기 때문에 쾌락의 완전한 단절을 추구하지 않는다.

**07** 갑은 스토아학파 사상가, 을은 에피쿠로스이다. 스토아학파는 정념의 지배에서 벗어난 아파테이아의 경지를 추구하였는데, 이는 어떠한 외부 상황에도 동요하지 않는 정신의 의연함을 뜻한다. 에피쿠로스는 진정한 쾌락을 추구하기 위해 이성과 이성의 덕인 지혜가 필요하다고 보았다. 이성이나 지혜가 비록 그 자체로 쾌락은 아니지만, 진정한 쾌락에 이르는 데 필요한 수단이기 때문이다. 두 학파는 모두 욕구의 절제를 통한 마음의 평화를 추구하였으나, 마음의 평화를 추구함에 있어 에피쿠로스학파는 소극적 쾌락의 추구를, 스토아학파는 이성을 통한 정념으로부터의 해방을 강조하였다.

**바로잡기** ㄴ. 스토아학파는 이 세계가 질서 있는 하나의 전체이고, 신적인 이성은 이 세계 안에서 일어나는 모든 일을 지배한다고 보았다. 따라서 신적인 이성은 자연적이고 필연적인 것이기 때문에 자연의 순리에 따라 살아갈 것을 주장하였다.

**08** 제시문은 에피쿠로스의 입장이다. 에피쿠로스학파는 검소한 삶을 살아야 건강을 유지하고 고통을 가져오는 욕망도 거부할 수 있다고 보고, 필수적인 욕망을 충족하는 소박한 삶을 강조하였다. 에피쿠로스는 쾌락을 유일한 선이라고 보고 이성보다 감각적 경험을 중시하였다.

**바로잡기** ② 에피쿠로스가 긍정의 대답을 할 질문이다. 에피쿠로스는 공적인 삶에 관심을 갖지 않지만 친구와 우정을 나누는 소규모의 공동체적 삶을 중시하였다.
③ 에피쿠로스가 긍정의 대답을 할 질문이다. 에피쿠로스는 정신적이고 지속적인 쾌락을 중시하였다.
④ 에피쿠로스가 긍정의 대답을 할 질문이다. 에피쿠로스는 이성이 진정한 쾌락을 얻는데 필요하다고 보았다.
⑤ 에피쿠로스가 긍정의 대답을 할 질문이다. 에피쿠로스는 죽음은 산 자와 죽은 자 모두가 경험할 수 없는 것이기 때문에 무관한 것이라고 보았다.

**09** 제시문은 에피쿠로스의 입장이다. 에피쿠로스는 정신적이고 지속적인 쾌락을 추구하였다. 이러한 쾌락을 얻기 위해서 에피쿠로스는 검소하고 절제 있는 삶을 살 것을 주장하였으며, 육체에 고통이 없고 마음에 불안이 없는 평온한 상태인 아타락시아의 경지를 추구하였다.

**바로잡기** ㄴ. 에피쿠로스는 철학적 지혜를 인정하였지만 선과 악은 철학적 지혜가 아니라 쾌락의 유무에 따라 알 수 있는 것이라고 보았다.
ㄷ. 에피쿠로스는 모든 욕구의 완전한 충족을 주장하지 않는다. 필수적인 욕구를 최소한으로 충족하면서, 불필요한 욕구를 자제하는 절제 있고 소박한 삶을 추구하였다.

**10** 갑은 에피쿠로스, 을은 스토아학파 사상가이다. 에피쿠로스와 스토아학파는 모두 혼란에서 벗어나 개인의 평온한 삶을 유지하는 것에 관심을 가졌다. 그 방법으로 스토아학파는 욕망과 감정으로부터 벗어날 것을, 에피쿠로스학파는 지속적이고 정신적인 쾌락을 추구할 것을 제시하였다. 스토아학파는 이성의 명령에 따르는 삶을 강조하며, 인간에게는 행위의 결과와 무관하게 해야만 하는 '의무'가 있다고 보았다.

**바로잡기** ② 갑, 을 모두 부정으로 답할 질문이다. 에피쿠스로스는 자연적이고 필수적인 욕망을 충족하는 소박한 삶을 강조하였다. 한편, 스토아학파는 부모를 사랑하는 마음과 같은 자연스러운 정념은 인정하였다.

**11** 갑은 에피쿠로스, 을은 스토아학파 사상가이다. 에피쿠로스는 몸의 고통이나 마음의 혼란으로부터 자유로운 평정심에 이르기 위해 우주, 신, 죽음 등에 대한 잘못된 생각에서 벗어나야 한다고 보았다. 한편 스토아학파에서는 자신에게 주어진 상황과 조건을 변화시키기보다는 그것을 자신의 운명으로 받아들임으로써 부동심에 이르러야 한다고 보았다. 즉, 세상의 모든 일은 인과 법칙에 따라 필연적으로 일어나는 것이므로 자연의 질서를 따라야 한다고 보았다.

**바로잡기** ㄱ. 에피쿠로스는 사회적 의무를 강조하지 않는다.
ㄹ. 스토아학파는 인간은 필연성에서 벗어날 수 없으며, 개인이 자율적으로 판단해서는 안 된다고 보았다.

**12** 쾌락의 역설이란 육체적 쾌락이나 감각적 쾌락을 계속 추구하면 점점 더 높은 강도의 쾌락이 필요하고 결국 감각적이고 육체적인 쾌락에 집착하게 되어 고통과 근심의 원인이 된다는 것이다.

**바로잡기** ②, ③, ④, ⑤ 쾌락의 역설과 관련이 없는 내용이다.

**13** 그림의 강연자는 스토아학파의 사상가인 에픽테토스이다. 스토아학파는 신적인 이성이 모든 것 즉 신과 자연, 인간을 관통하여 연결한다고 보았다. 따라서 인간은 자연의 일부이며, 이성을 가진 존재로 모든 인간은 동등하며 인류를 사랑해야 한다고 보았다.

**바로잡기** ㄹ. 스토아학파는 외적인 사건은 인과 법칙에 따라 필연적으로 일어나는 것이므로 의지로 변화시킬 수 없다고 보았다.

**14** 제시문은 스토아학파 사상가의 입장이다. 스토아학파에서는 사람들이 선이나 덕, 행복과 무관한 것들에 마음을 빼앗겨 동요하게 되는데, 이는 정념이 이성을 가리기 때문이라고 보았다. 또 그들은 사람들이 정념에 빠지면 근거 없는 기쁨과 슬픔, 공포 등에 사로잡히고, 이성적 판단이 흐려져 잘못된 생각이나 태도를 가지게 된다고 보았다. 따라서 스토아학파 사상가는 바람직한 삶을 위해 자연에 따른 삶을 살아야 하며, 그러기 위해서는 자연의 본성, 즉 이성을 파악해야 한다고 보았다.

**바로잡기** ② 스토아학파는 자연법칙에서 벗어나야 한다고 주장하지 않는다. 스토아학파는 이성에 따르는 삶을 강조하였는데, 이는 자연의 필연적 질서와 법칙에 순응하는 삶이다. 스토아학파는 세상의 모든 일이 이미 신에 의해 운명지어져 있다고 보았다.
③ 스토아학파는 인간이 스스로 운명을 개척할 수 없다고 보았다.
④ 스토아학파는 인간이 자신의 주변 상황을 통제할 수 없다고 보았다.
⑤ 스토아학파는 쾌락주의가 아니라 금욕주의이다.

**15** 제시된 그림은 스토아학파의 이성에 관한 발표 수업이다. 스토아학파에서 말하는 이성은 일체 만물을 관통하는 우주의 목적이자 신의 섭리이다. 또한 신적인 이성이 신과 자연, 인간을 관통하여 연결한다고 보며, 자연을 지배하고, 자연에 내재하며, 자연 그 자체와 다름없다고 보았다.

**바로잡기** 병 : 스토아학파에서는 이성을 신의 섭리라고 보았다.
정 : 스토아학파에서는 이성을 자연의 법칙이라고 보며 인간의 삶과 관련이 있는 것이라고 보았다.

**16** 제시문은 에피쿠로스의 입장이다. 에피쿠로스는 육체적 쾌락은 횟수를 거듭할수록 높은 강도의 쾌락이 필요한데 이는 결과적으로 순간적이고 감각적인 쾌락에 집착하게 하여 고통과 근심을 불러온다고 보았다. 따라서 에피쿠로스는 모든 쾌락이 추구되어야 할 대상이라고 보지 않는다.

**바로잡기** ② 에피쿠로스가 긍정의 대답을 할 질문이다. 에피쿠로스는 작은 공동체 내에서 이루어지는 교류를 행복의 중요한 요소라고 보았다.
③ 에피쿠로스가 긍정의 대답을 할 질문이다. 에피쿠로스는 지향하는 아타락시아의 상태는 육체적·정신적 고통이 전부 제거된 상태이다.
④ 에피쿠로스가 긍정의 대답을 할 질문이다. 에피쿠로스는 비자연적이고 필수적이지 않은 욕구는 멀리해야 한다고 보았다.
⑤ 에피쿠로스가 긍정의 대답을 할 질문이다. 에피쿠로스는 고통과 근심의 제거를 주장하는 소극적 쾌락주의의 입장이다.

**에피쿠로스학파의 소극적 쾌락주의** 만점 공략 노트

에피쿠로스학파는 욕구나 결핍을 충족시킴으로써 쾌락을 극대화하는 것에는 한계가 있다는 것을 알았다. 쾌락의 정도를 '욕구의 충족/욕구'라는 분수로 표현할 수 있다고 할 때, 쾌락을 극대화하기 위해서는 분자를 늘리기보다 분모를 줄이는 것이 더 근본적인 방법이라는 것을 이들은 깨달았다. 이에 따라 욕구의 충족이 아니라 욕구 자체를 줄이는 방법을 제안하였는데, 이러한 점에서 에피쿠로스학파가 소극적 쾌락주의를 추구하였다고 말할 수 있다.

**17** A는 죽음이다. 에피쿠로스는 경험을 중시하면서, 인간은 살아있을 때에도 죽은 이후에도 죽음을 경험할 수 없으므로 이를 두려워할 필요가 없다고 보았다.

**바로잡기** ㄱ. 에피쿠로스에 따르면 죽음은 피할 수 없는 것이며 필연적으로 일어나는 것이다.
ㄷ. 에피쿠로스에 따르면 죽음은 경험할 수 없는 것이므로 죽음은 고통도 아무것도 아니다.

**18** 제시문은 에피쿠로스의 입장이다. 에피쿠로스는 죽음이 산 자와도 무관하고 죽은 자와도 무관하다는 것을 알면, 죽음을 두려워할 이유가 없다고 보았다. 에피쿠로스는 도덕적인 덕은 쾌락을 제공할 때 비로소 가치를 지닌다고 보면서, 감정과 욕망을 절제하며 자연적·필수적 욕구를 최소한으로 충족해야 한다고 보았다.

**바로잡기** ㄱ. 에피쿠로스는 쾌락을 고려하는 과정에서 사회적 관점을 고려하지 않는다.
ㄹ. 에피쿠로스는 세계 시민주의를 주장하지 않았다.

**19** **이렇게 쓰면 감점** (2) 동요하지 않는다는 의미를 누락하고 서술하면 감점이다.

**20** **이렇게 쓰면 만점** (2) 자연적이고 필수적인 욕구를 최소한으로 충족해야 한다는 의미를 서술하면 만점이다.

**21** **이렇게 쓰면 만점** 운명에 순응해야 한다는 의미를 서술하면 만점이다.

## 등급을 올리는 고난도 문제 152~153쪽

01 ③ 02 ④ 03 ⑤ 04 ①

### 01 스토아학파와 에피쿠로스학파 비교 자료 분석 노트

갑 : 욕망에 대한 태도는 우리의 뜻대로 조절할 수 있다. 우리는 신과 자연 그리고 인간을 하나로 연결해 주는 이성의 힘으로 욕망에 휩쓸리지 않는 평온한 마음에 이르러야 한다.
스토아학파에서 지향하는 아파테이아(= 부동심의 상태)의 경지를 말한다.
을 : 욕망이 충족되지 않을 수 있지만 그것이 우리를 고통으로 이끌지 않는다면 필수적인 것은 아니다. 우리는 이 욕망이 헛된 생각에서 생긴 것임을 알고, 고통 없는 상태를 추구해야 한다.
에피쿠로스학파에서 지향하는 아타락시아(= 평정심의 상태)의 경지를 말한다.

갑은 스토아학파 사상가, 을은 에피쿠로스이다. 에피쿠로스에 따르면 필수적이지 않은 욕망은 충족되지 않는다 하더라도 아무런 고통을 일으키지 않기 때문에 헛된 욕심을 버리고 절제하며 검소하게 살아가야 한다고 보았다. 반면 스토아학파는 세계가 이성적인 전체로서 자연 또는 신과 동일시될 수 있다고 생각한다. 또한 철저하게 이성을 따름으로써 어떠한 상황에서도 동요하지 않는 정신 상태, 즉 아파테이아를 제시하였다. 스토아학파와 에피쿠로스학파 모두 검소하고 절제 있는 삶을 살 것을 강조하였으며, 도덕적 행위를 하기 위해 이성의 역할이 필요하다고 보았다는 공통점이 있다. 에피쿠로스에 따르면 진정한 쾌락을 추구하기 위해서는 이성적인 덕인 지혜가 필요하다. 즉 마음의 불안에서 벗어나 육체의 고통을 없애는 데 지혜가 필요하다고 보았다. 또한 스토아학파는 이성의 명령에 따라 자연의 필연성을 기꺼이 받아들이는 것이 덕의 본질이라고 보고, 이성에 따르는 삶을 강조하였다.

**바로잡기** 첫 번째 입장 : 자연법인 이성의 명령에 따르는 것을 덕 있는 행위로 보는 것은 스토아학파만의 입장이다.
두 번째 입장 : 덕이 쾌락을 제공해야 한다는 것은 에피쿠로스학파만의 입장이다.

### 02 스토아학파와 에피쿠로스학파의 사상 적용 자료 분석 노트

이성에 따른 삶 = 자연의 필연적 질서에 순응하는 삶 = 신의 섭리와 예정에 따른 삶
갑 : 자연과 더불어 사는 생활은 이성과 일치한다. 왜냐하면 덕은 이성, 즉 자연의 법칙에 복종하는 것을 의미하기 때문이다. 정신적으로 균형을 잃고, 영혼이 병든 비합리적인 생활은 악인 것이다. 감정을 이성적으로 억제할 줄 아는 덕만이 우리들에게 진정한 행복을 가져다준다.
스토아학파는 욕망과 감정으로부터 초연해질 것을 강조하였다.
을 : 빵과 물은 배고프고 갈증을 느끼는 사람에게 가장 큰 쾌락을 제공한다. 그러므로 사치스럽지 않고 단순한 음식에 길들여지는 것은 우리에게 완전한 건강을 주며, 우리가 생활하면서 꼭 필요한 것들에 주저하지 않게 해 준다. 또한 나중에 우리가 사치스러운 것들과 마주쳤을 때 우리를 강하게 만든다.
에피쿠로스는 평정심에 이르기 위해서는 욕망을 절제하고 검소한 삶을 살아야 한다고 보았다.

갑은 스토아학파 사상가, 을은 에피쿠로스이다. 스토아학파에서는 만물의 운행 원리를 신적인 이성에 의해 결정된 필연적 자연 법칙으로 이해하고 그러한 자연에 순응하는 삶의 태도를 강조하였다. 에피쿠로스는 평정심을 위해서는 자연적이고 필수적인 욕망만을 추구해야 한다고 보았으며, 자연적이지도 않고 필수적이지도 않은 것들은 오히려 고통을 발생시킨다고 보았다. ④ 스토아학파는 부정, 에피쿠로스는 긍정의 대답을 할 질문이다. 스토아학파는 쾌락을 추구하지 않으며, 은둔 생활이 아니라 공적인 삶에 관심을 가질 것을 강조한다.

**바로잡기** ① 스토아학파와 에피쿠로스 모두 부정의 대답을 할 질문이다. 스토아학파는 모든 정념에 관해 초연할 것을 주장하는 것이지 제거할 것을 주장하지는 않는다.
② 스토아학파와 에피쿠로스 모두 부정의 대답을 할 질문이다. 스토아학파는 인간에게 자연법칙을 벗어날 수 있는 자유 의지가 있다고 보지 않는다.
③ 스토아학파와 에피쿠로스 모두 부정의 대답을 할 질문이다. 스토아학파는 인격신이 아니라 자연신의 입장이며, 에피쿠로스는 인격신에 관한 이성적 인식이 참된 평화를 가져다 준다고 보지 않는다.
⑤ 스토아학파는 부정, 에피쿠로스는 긍정의 대답을 할 질문이다. 에피쿠로스는 쾌락주의의 입장이기 때문에 쾌락을 옳고 그름의 판단 기준으로 보았다.

**03** 스토아학파와 에피쿠로스학파 비교 **자료 분석 노트**

자연의 필연적 질서와 법칙에 순응하는 삶을 강조한 스토아학파의 주장이다.

갑 : 우리는 자연과 일치하지 않는 일은 결코 내게 일어나지 않는다는 것과, 나에게는 신과 나의 영혼이 어긋나는 일을 하지 않을 수 있는 능력이 있다는 것을 명심해야 한다.

을 : 우리는 자연적 본성을 거역해서는 안 된다. 우리에게 해를 끼치지 않는 육체적인 욕망은 충족시키지만, 우리에게 해를 끼치는 육체적인 욕망은 완강하게 거부함으로써 자연에 복종해야 한다.

필수적이고 자연적인 욕망을 인정하고 소극적 쾌락주의를 강조한 에피쿠로스학파의 주장이다.

갑은 스토아학파 사상가, 을은 에피쿠로스이다. 스토아학파 사상가는 세계의 모든 사건은 신의 이성에 따라 발생하므로 이에 순응하는 삶을 살 것을 강조하였다. 또한 에피쿠로스는 소극적 쾌락주의, 즉 쾌락을 추구하되, '해를 끼치지 않는' 쾌락만을 추구할 것을 강조하였다.

입장1 : 스토아학파 사상가와 에피쿠로스 모두 검소하고 절제 있는 삶을 살 것을 강조하였다.

입장2 : 우주의 만물을 관통하는 보편적 질서를 따라야 한다는 것을 스토아학파만의 입장이다.

입장4 : 일체의 정념을 초월한 정신적 평온함을 추구하는 것은 스토아학파만의 입장이다.

**바로잡기** 입장3 : 신의 법칙인 자연의 필연적 질서를 따를 것을 강조하는 것은 스토아학파만의 입장이다.

**04** 스토아학파와 에피쿠로스학파 비교 **자료 분석 노트**

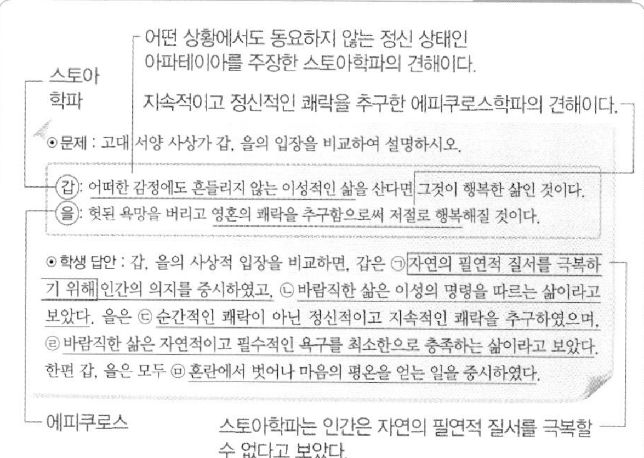


스토아학파는 자연의 질서에 순응하는 삶, 이성적 명령에 따르는 삶을 강조하였다. 에피쿠로스학파는 정신적이고 지속적인 쾌락을 추구하였으며, 자연적이고 필수적인 욕구를 최소한으로 충족하는 삶을 강조하였다. 헬레니즘 시대의 두 학파는 혼란에서 벗어나 마음의 평온을 얻는 일을 중시하였다.

**바로잡기** ① 스토아학파는 인간은 자연의 필연적 질서를 극복할 수 없다고 보았다. 스토아학파는 모든 것이 순리대로 되었음을 이성으로 통찰하고 운명에 따를 때 마음의 안정과 행복에 이를 수 있다고 보았다.

# 04 신앙과 윤리

## 기초를 다지는 확인 문제 160쪽

**01** (1) ○ (2) × (3) ○ (4) × (5) ○ **02** (1) 율법주의 (2) 사랑 (3) 자연법 (4) 실정법 **03** (1) ㉢ (2) ㉡ (3) ㉠

## 실력을 키우는 실전 문제 161~165쪽

| | | | | | |
|---|---|---|---|---|---|
| **01** ⑤ | **02** ⑤ | **03** ④ | **04** ④ | **05** ② | **06** ③ |
| **07** ③ | **08** ① | **09** ③ | **10** ③ | **11** ② | **12** ② |
| **13** ② | **14** ③ | **15** ④ | **16** ⑤ | **17** ⑤ | **18** ④ |

**19** (1) 토마스 아퀴나스 (2) **예시답안** 아퀴나스는 현세의 삶은 단지 진정한 행복으로 나아가는 예비적 단계에 불과하며 진정한 행복은 내세에 신과 하나됨을 통하여 도달할 수 있는 것이라고 보았다.

**20** (1) 루터 (2) **예시답안** 루터의 핵심 주장은 '오직 믿음, 오직 은총, 오직 성서'라는 말로 압축할 수 있다. 그는 교회의 독점적 권위를 부정하고, 교회와 성직자를 통하지 않고도 누구나 성서와 기도를 통해 신과 대화를 할 수 있다고 주장하였다.

**21** **예시답안** 칼뱅은 모든 직업을 신이 부여한 소명으로 보았다.

**01** 제시된 그림은 그리스도교의 기원과 전개에 관한 노트 필기이다. 그리스도교는 예수의 가르침을 기초로 성립된 종교로서 유대교에 뿌리를 두고 있다. 예수는 자신이 메시아임을 밝히며 사람들에게 자신의 죄에서 벗어나 구원을 받아야 한다고 주장하였다. 유대교의 신앙은 유대인만이 신으로부터 특별한 선택을 받았다는 선민사상과 신으로부터 받은 율법을 엄격하게 지키려는 율법주의에 뿌리를 두고 있었다.

**바로잡기** ⑤ 예수는 유대교의 신앙이 형식적인 율법의 준수에만 얽매여 인간에 대한 사랑을 소홀히 하였다고 비판하였다.

**02** 제시문의 밑줄 친 '그'는 예수이다. 예수는 보편적이고 차별없는 사랑의 윤리를 제시하였다. 그에 따르면, 모든 인간은 신의 형상에 따라 창조된 존엄한 존재이다. 그리고 개개인은 모두 무한한 본래적 가치를 지닌 존재로서 신 앞에 평등하며, 모두가 신의 자녀이므로 각자의 지위에 상관없이 서로에게 형제애를 가져야 한다고 가르쳤다. 또한 예수는 사랑의 윤리를 실천하는 근본 원리로 "너희는 너희가 대접받고 싶은 대로 남을 대접하라."라는 황금률을 제시하였다.

**바로잡기** ㄱ. 예수는 유대인만이 신으로부터 선택받았다는 선민사상을 비판하였다.
ㄴ. 예수는 이웃을 사랑함에 있어 마음뿐만 아니라 반드시 실천이 따라야 함을 강조하였다.

**03** 제시문은 중세 교부 철학자인 아우구스티누스의 입장이다. 아우구스티누스는 플라톤의 사상을 수용하여 그리스도교 신앙을 체계화하였다. 또한 인간은 신의 은총을 받아 영원한 안식과 평안을 얻을 수 있다고 보았다.

바로잡기 ㄱ. 아우구스티누스는 영원하고 완전한 존재, 즉 신은 현실이 아니라 신의 나라에서 찾을 수 있다고 보았다.
ㄷ. 이상 국가를 이루기 위해 철학자가 다스려야 한다는 것은 플라톤의 입장이다.

**04** 제시문은 아우구스티누스의 견해이다. 플라톤은 완전한 이데아 세계와 불완전한 현실 세계를 구분하고 선의 이데아를 모방하는 삶을 살아야 한다고 주장하였다. 이에 영향을 받은 아우구스티누스는 세계를 영원한 천상의 나라와 유한한 지상의 나라로 구분하고, 영원하고 완전한 존재인 신을 사랑해야 한다고 주장하였다. 아우구스티누스는 인간은 원죄를 가지고 태어난 존재라고 보았으며, 참된 진리를 인식하기 위해서는 우리의 영혼에 신의 조명이 비춰져야 한다는 조명론을 주장하였다.

바로잡기 두 번째 입장 : 아우구스티누스가 이성보다 신앙의 중요성을 강조하지만, 신앙과 이성은 상호 보완한다고 보았다.

**아우구스티누스의 조명론** 만점 공략 노트

아우구스티누스에 따르면 신은 내적인 스승이다. 그렇다면 어떻게 신이 우리에게 그 자신을 이해하도록 하는가? 이를 설명하기 위해 아우구스티누스는 조명론을 제시하였다. 여기에서 아우구스티누스는 어떤 대상이 지각되기 전에 빛에 의해서 눈에 보여야 하는 것처럼 학문적 진리도 정신에 의해 파악되기 전에 빛에 의해 인식 가능한 것이 되어야 한다고 전제하였다. 그리고 태양이 사물을 보이게 만드는 물리적인 빛의 원천인 것처럼 신은 지성적인 지식을 정신에 인식 가능한 것으로 만드는 정신적인 빛의 원천이라고 강조하였다. 즉 태양이 빛의 원천인 것처럼 신은 진리의 원천이라는 것이다.

– 질송, 『아우구스티누스 사상의 이해』 –

**05** 제시문은 아우구스티누스의 견해이다. 아우구스티누스는 플라톤의 사상을 수용하여 그리스도교의 윤리를 체계화하였으나 플라톤의 가르침을 넘어서는 진리가 있다고 보았다. 그의 견해에 따르면 완전한 행복은 인간의 노력만으로는 힘들며 신의 은총이 있어야 가능하다. 따라서 참된 진리는 유한하고 불완전한 지상의 나라에서 발견할 수 없다.

바로잡기 ① 아우구스티누스가 긍정의 대답을 할 질문이다. 그는 신을 초월적이고 완전한 존재라고 보았다.
③, ④ 아우구스티누스가 부정의 대답을 할 질문이다. 그는 신을 통해 참된 행복을 실현할 수 있다고 보았다.
⑤ 아우구스티누스가 부정의 대답을 할 질문이다. 아우구스티누스에 따르면 인간은 완전한 신과 비교하여 불완전한 존재로 신의 은총 없이는 영원한 진리를 온전히 인식할 수 없다.

**06** 갑은 아우구스티누스, 을은 아퀴나스이다. 갑은 플라톤의 사주덕의 개념을 수용한 것을 통해 아우구스티누스임을 알 수 있다. 을은 인과 관계를 밝힘으로써 최초의 원인이 신이라는 것을 논리적으로 증명한 아퀴나스이다. 아퀴나스뿐만 아니라 아우구스티누스도 신이 존재한다는 사실을 논리적으로 증명할 수 있다고 보았다. 즉 그는 신의 은총으로서의 내적 조명(신적 조명)이 인간의 이성에 비추어질 때 참된 진리, 즉 신의 존재를 온전히 알 수 있다고 보았다. 또한 아우구스티누스나 아퀴나스 모두 신의 은총을 통해 구원이 가능하며, 이성으로 발견한 진리보다 신앙의 진리가 더 중요하고, 인격신과 하나가 되는 것을 강조하였다.

바로잡기 ③ 아우구스티누스와 아퀴나스는 이성이 아니라 신앙을 통해 지복에 이를 수 있다고 보았다.

**07** 갑은 아우구스티누스, 을은 아퀴나스이다. 아우구스티누스는 인간의 정신은 진리의 궁극적 근원인 신에게 다가가야 한다고 보았다. 아우구스티누스는 신앙에 의해 신과 직접 대면할 수 있다고 보았다. 또한 아퀴나스는 철학으로 신학적 진리를 명확하게 알 수 있지만, 철학만으로 완전한 행복에 이를 수는 없다고 보았다. 신앙이 이성보다 우위에 있다는 점과 신의 은총이 있어야 최고선에 이를 수 있다는 점은 아우구스티누스와 아퀴나스의 공통적인 입장이다.

바로잡기 ㄱ. 아우구스티누스는 신이 존재한다는 사실은 이성적 논증을 통해 증명될 수 있다고 보았다.
ㄹ. 아퀴나스와 아우구스티누스 모두 신학적 진리와 철학적 진리는 구분된다고 보았다.

**08** 제시문은 아우구스티누스이다. 아우구스티누스는 플라톤의 사상을 수용하여, 플라톤의 4주덕을 재해석하였다. 아우구스티누스는 신앙이 언제나 이성보다 우선하며 앎의 시작이라고 보았다. 또한 그는 인간에게는 자유 의지가 있으며 자유 의지의 남용으로 원죄를 갖게 되었다고 본다.

바로잡기 ② 아우구스티누스가 긍정으로 대답할 질문이다. 그는 이성보다 신앙을 우선시하였다.
③ 아우구스티누스가 긍정으로 대답할 질문이다. 그는 신을 이성적 인식 대상이 아니라 실존적으로 만나야 할 인격적 존재로 파악하였다.
④ 아우구스티누스가 긍정으로 대답할 질문이다. 그는 완전한 선인 신에게서 멀어지는 만큼 존재의 불완전성이 증가할 뿐만 아니라, 그 만큼 선이 결핍된 존재가 된다고 보았다.
⑤ 아우구스티누스가 긍정으로 대답할 질문이다. 그는 플라톤의 4주덕을 신에 대한 사랑으로 재해석하면서, 사랑이 그리스도교 윤리 사상의 핵심이라고 보았다.

**09** 제시문은 아퀴나스의 입장이다. 아퀴나스는 신학과 철학은 모순 관계에 놓여 있지 않으며, 신의 존재가 이성적으로 증명될 수 있다고 보았다. 그럼에도 신학은 모든 학문 중에 가장 우위에 있다고 보았으며, 진정한 행복에 이르기 위해서는 지적인 덕과 품성적인 덕 외에 종교적인 덕의 실천이 필요하다고 보았다. 또한 자연법은 신이 창조한 영원불변하는 존재의 질서인 영원법에 기초한다고 보았다.

바로잡기 ③ 아퀴나스는 신의 존재가 이성적으로 증명될 수 있다고 보았다. 그는 이를 통해 이성과 신앙을 조화시키고자 하였다.

**10** 갑은 아퀴나스, 을은 아우구스티누스이다. 아퀴나스와 아우

구스티누스는 모두 신에 대한 사랑을 중시하였으며, 신은 우주를 창조한 초월적인 인격신이라고 보았다. 아우구스티누스는 인간의 원죄를 자유 의지의 남용으로 설명하였으며, 인간은 신을 사랑함으로써 신과 하나가 될 수 있다고 보았다.

**바로잡기** ③ 아퀴나스와 아우구스티누스 모두 신의 존재는 이성을 통해 증명될 수 있다고 보았다.

**아퀴나스의 네 가지 법** 만점 공략 노트

- 영원법 : 신의 섭리로서, 신의 예지와 의지로 창조 및 정립된 영원 불변하는 존재의 질서에 관한 법이다.
- 신법 : 인간이 신의 계시를 통해 부여받은 법이다.
- 자연법 : 인간의 합리적인 본성에 의존하는 법이다. 영원법에 참여할 수 있는 능력으로, 선악을 구별할 수 있는 이성을 통해 파악되는 도덕 법칙을 말한다.
- 인간법(= 실정법) : 인간이 합리적인 숙고를 통해 자연법에서 도출한 구체적인 법이다.

**11** 갑은 아퀴나스, 을은 아우구스티누스이다. 아퀴나스뿐만 아니라 모든 그리스도교 사상가들은 신에 대한 사랑을 최고의 덕으로 보았다. 아우구스티누스는 인간의 원죄는 자유 의지의 남용으로 인해 생기게 된다고 보았다.

**바로잡기** ㄴ. 아퀴나스는 이성이 아니라 신의 은총을 통해 영원한 행복에 이를 수 있다고 보았다.
ㄷ. 아우구스티누스는 종교적 덕을 더 우위에 두었다.

**12** 제시문은 아우구스티누스의 주장이다. 아우구스티누스는 플라톤 철학을 받아들여 신앙을 체계화하려고 노력하였다. 아우구스티누스는 인간은 원죄를 갖고 있으며, 이로 인해 모든 인간은 불완전한 상태로 태어나게 된다고 보았다. 따라서 이러한 원죄로부터의 구원은 신의 은총에 의해서만 가능하다고 보았다.

**바로잡기** ① 아우구스티누스는 종교적인 덕을 강조하였다.
③ 아우구스티누스는 신 중심의 사상을 전개하였다.
④ 아우구스티누스는 과학적이고 합리적인 인식과 사유의 법칙의 한계를 지적하였다.
⑤ 그리스도교 교리를 철학적으로 논증하고 합리적으로 증명할 것을 강조한 것은 아퀴나스이다.

**13** 제시문은 아퀴나스의 주장이다. 아퀴나스에 의하면 철학과 신학은 구별되며, 철학은 이성에 근거하여 자연적 진리의 영역을 담당하고, 신학은 신앙에 근거하여 계시된 진리의 영역을 담당한다고 보았다.

**바로잡기** ㄴ. 아퀴나스는 신의 존재를 신앙뿐만 아니라 이성을 통해서도 증명할 수 있다고 보았다.
ㄹ. 아퀴나스는 참된 행복은 오직 내세에 신과 하나가 되고 그의 무한한 선을 향유할 때만 얻을 수 있다고 보았다.

**14** 제시문은 아퀴나스의 입장이다. 아퀴나스는 완전한 행복에 이르기 위해 이성의 역할이 필요하지만, 완전한 행복이 실현되기 위해서는 신의 은총, 즉 종교적 덕의 실천이 필요하다고 보았다.

**바로잡기** ①, ②, ④, ⑤ 아퀴나스가 긍정의 대답을 할 질문이다.

**15** 제시된 그림은 아퀴나스의 자연법 윤리에 대한 수업 장면이다. 아퀴나스는 이성에 의해 인식된 영원법을 자연법이라고 보았다. 또한 아퀴나스는 영원법이 자연법의 기초가 되듯 인간이 제정한 실정법은 자연법에 기초해야 한다고 보았다.

**바로잡기** 을 : 아퀴나스는 자연법은 인간의 감각적 경험이 아니라 이성에 의해 인식되는 것이라고 보았다.
무 : 아퀴나스는 자연법은 실정법에 기초하는 것이 아니라 영원법에 기초하는 것이라고 보았다.

**16** 제시문은 아퀴나스의 입장이다. 아퀴나스는 운동의 최초 원인, 곧 그 어떤 것으로부터도 비롯되지 않은 제1운동 원인을 신이라고 보았으며, 인간은 신의 은총을 통해 영원한 행복을 추구할 수 있다고 보았다. 또한 신앙과 이성은 서로 모순되는 것이 아니라 상호 보완적이며, 신이 인간의 삶을 인도하기 위해 만든 도덕 법칙인 자연법은 신이 창조한 영원불변의 질서인 영원법에 기초해야 한다고 보았다.

**바로잡기** ⑤ 아퀴나스는 영원한 행복은 종교적인 덕의 실천을 통해 이루어진다고 보았다.

**17** 제시된 자료는 루터가 발표한 「95개조 반박문」의 일부 내용이다. 루터의 주장은 '오직 믿음, 오직 은총, 오직 성서'라는 말로 압축할 수 있다. 루터는 교회의 독점적 권위를 부정하고, 개인의 신앙을 중시하였으며, 교회와 성직자를 통하지 않고도 누구나 성서와 기도를 통해 신과 대화할 수 있다고 주장하였다.

**바로잡기** ㄱ. 루터는 모든 신앙인이 성직자이자 사제라는 만인 사제주의를 주장하였다.

**18** 제시문은 칼뱅의 주장이다. 칼뱅은 인간의 구원은 신에 의해 미리 정해져 있다고 보았으며, 모든 직업은 신이 부여한 소명이라는 직업 소명설을 주장하였다. 그는 구원을 확신하기 위해 모든 사람은 자신의 직업에 충실해야 한다고 보았다.

**바로잡기** ㄷ. 칼뱅은 인간의 모든 직업에는 귀천이 없고, 노동은 신성하며, 노동으로 얻은 것은 모두 신의 선물이라는 점을 강조하였다.

**19** **이렇게 쓰면 감점** (2) 내세에 신과 하나가 된다는 의미를 누락하고 서술하면 감점이다.

**20** **이렇게 쓰면 만점** (2) 오직 믿음, 오직 은총, 오직 성서라는 개념을 서술하면 만점이다.

**21** **이렇게 쓰면 만점** '신이 부여한 소명'이라는 개념을 서술하면 만점이다.

## 등급을 올리는 고난도 문제 166~167쪽

01 ⑤ 02 ② 03 ③ 04 ③

### 01 아우구스티누스와 아퀴나스 비교

자료 분석 노트

인간의 노력만으로는 부족하기 때문에 신의 은총이 필요하다.

갑 : 신의 존재는 진리의 존재로부터 증명됩니다. 악은 의지의 산물이지만 덕은 신의 은총의 산물이며, 신의 은총이 있어야 완전한 행복이 가능합니다. 또한 두 가지 사람이 있음으로써 신의 나라와 지상의 나라가 있게 됩니다.

아우구스티누스는 플라톤의 영향을 받아 세계를 영원한 천상의 나라와 유한한 지상의 나라로 구분하였다.

을 : 신의 존재는 다섯 가지 방법으로 증명됩니다. 인간의 의지는 자연법을 따를 수 있지만 거부할 수도 있으며, 자연법은 신의 명령인 영원법에 근거합니다. 또한 완전한 행복에 이르려면 종교적 덕을 실천해야 합니다.

아퀴나스는 아리스토텔레스의 영향을 받아 덕을 지적인 적, 품성적인 덕, 종교적인 덕으로 구분하였다.

갑은 아우구스티누스, 을은 아퀴나스이다. 아우구스티누스는 신플라톤주의와 신학을 조화시켰으며, 아퀴나스는 신을 신앙뿐만 아니라 이성으로도 증명 가능하다고 주장하였다. 아우구스티누스와 아퀴나스 모두 악은 신의 창조물이 아니라 인간의 자유 의지의 산물이라고 보았다. 아우구스티누스와 아퀴나스 모두 영원한 행복은 신의 은총을 통해서만 가능하다고 보았다. 아퀴나스는 신의 영원법에 근거한 자연법을 인간의 이성으로 파악 가능하다고 보았다.

**바로잡기** ㄱ. 아우구스티누스와 아퀴나스의 공통 입장이다.

### 02 아우구스티누스와 아퀴나스 이해

자료 분석 노트

플라톤 영향을 받은 아우구스티누스의 주장이다.

갑 : 인간은 신의 피조물이며 오직 신의 은총 속에서만 행복을 누릴 수 있다. 플라톤의 4주덕 외에도 믿음, 소망, 사랑을 중시해야 한다. 그리고 인간이 하느님으로부터 부여 받은 자유 의지를 남용함으로써 생긴 원죄에서 벗어나기 위해서는 신앙을 갖고 사랑을 실천해야 한다.

목적론적 세계관

을 : 인식 능력이 없는 자연적 사물들은 어떤 목적을 향해 움직인다. 자연적 사물들이 가장 좋은 것을 얻기 위해 항상 혹은 자주 같은 모양으로 작용하는 것에서 이를 확인할 수 있다. 그런데 그 사물들은 인식 능력이 있는 어떤 존재에 의해 지휘되지 않는다면 목적을 지향할 수 없다. 모든 자연적 사물들이 목적을 지향하게 해 주는 어떤 지성적 존재가 있다. 우리는 이런 존재를 신이라고 부른다.

아리스토텔레스의 영향을 받은 아퀴나스의 주장이다.

갑은 아우구스티누스, 을은 아퀴나스이다. 신이 창조주이며, 우주를 주재하는 초월자라는 입장은 그리스도교의 기본적 입장이다. 그리스도교에서는 인간의 궁극적 목적은 절대자, 즉 신과 하나가 되는 것이라고 보았다.

**바로잡기** 두 번째 입장 : 그리스도교에서는 계시된 진리가 철학의 진리보다 우월하다고 보았다.

세 번째 입장 : 직업에서의 성공이 인간 구원의 현세적 징표라고 보는 것은 칼뱅의 입장이다.

### 03 아퀴나스와 아우구스티누스 윤리 사상 적용

자료 분석 노트

아리스토텔레스의 영향을 받은 아퀴나스는 이성을 탁월하게 발휘함으로써 행복한 삶을 살 수 있다고 보았다.

갑 : 행복은 이성에 따르는 삶에 있다. 이를 위해서는 본성적으로 내재하는 자연법의 명령에 따라 덕을 실천해야 한다. 그러나 이러한 행복은 현세의 행복일 뿐이고, 영원한 행복은 신을 보고 신과 하나가 되는 것으로만 가능하다.

그러나 완전한 행복은 내세에서 신에게 도달함으로써 주어진다고 보았다.

을 : 행복은 오직 신앙으로 가능하다. 행복의 필수 조건은 영원한 생명인데 원죄 때문에 인간은 죽을 수밖에 없는 운명을 가지고 태어났다. 인간은 신의 은총을 믿음으로써 지상의 나라에서 벗어나 영원한 생명을 얻을 수 있는 신의 나라로 가야 한다.

원죄로부터의 구원은 신의 은총에 의해서만 가능하다고 본 아우구스티누스의 주장이다.

갑은 아퀴나스, 을은 아우구스티누스이다. 아퀴나스는 다섯 가지 방식으로 신의 존재를 증명할 수 있다고 보았으며, 실정법은 자연법에 기초해야 한다고 보았다. 한편 아우구스티누스는 인간은 오직 신의 은총을 통해서만 구원받을 수 있다고 보았다. 이들은 모두 그리스도교 윤리를 체계화한 사상가로 신에 대한 사랑을 통해 최고의 행복에 도달할 수 있다고 보았다.

**바로잡기** ③ 아우구스티누스에 따르면 악은 신의 창조물이 아니다.

### 04 아우구스티누스와 아퀴나스 이해

자료 분석 노트

신에 대한 믿음이 최우선이다.

갑 : 우리는 믿기 위해 알려고 하지 말고 알기 위해 믿어야 한다. 이데아는 무(無)에서 만물을 창조한 신의 정신 안에 있다. 정의란 오직 신만을 섬기며 인간이 지배할 수 있는 것들을 잘 통치하는 사랑이다.

같은 플라톤의 영향을 받은 아우구스티누스이다.

을 : 신이 존재한다는 것은 다섯 길로 논증될 수 있다. 첫째이며 더 명백한 길은 운동 변화에서 취해지는 길이다. 이 세계 안에는 어떤 것이 움직이고 있는 것이 확실하며 또 그것은 감각적으로 확인되는 것이다. 그런데 움직여지는 모든 것은 다른 것한테서 움직여지는 것이다. 제1운동 원인=신

이성적 논증을 통해 신의 존재를 증명한 아퀴나스의 견해이다.

갑은 아우구스티누스, 을은 아퀴나스이다. 아우구스티누스와 아퀴나스 모두 신에 대한 인식에 있어서 이성의 역할을 인정한다.

**바로잡기** ① 아퀴나스가 긍정의 대답을 할 질문이다.

② 아우구스티누스와 아퀴나스 모두 긍정의 대답을 할 질문이다.

④ 아우구스티누스와 아퀴나스 모두 부정의 대답을 할 질문이다.

⑤ 아퀴나스가 긍정의 대답을 할 질문이다.

## 05 도덕의 기초

### 기초를 다지는 확인 문제 172쪽

**01** (1) ○ (2) ○ (3) × (4) ○ (5) × **02** (1) 데카르트, 방법적 회의 (2) 인격적, 자연 (3) 정념, 이성 (4) 우상 (5) 시인
**03** (1) ㉢ (2) ㉠ (3) ㉡

### 실력을 키우는 실전 문제 173~177쪽

| | | | | | |
|---|---|---|---|---|---|
| **01** ③ | **02** ③ | **03** ② | **04** ③ | **05** ① | **06** ④ |
| **07** ④ | **08** ③ | **09** ② | **10** ⑤ | **11** ③ | **12** ④ |
| **13** ③ | **14** ③ | **15** ② | **16** ① | **17** ⑤ | **18** ⑤ |

**19** 예시답안 르네상스, 종교 개혁, 자연 과학의 발달 등이 있다.
**20** (1) 연역법(연역적 방법) (2) 갑은 사람이다.
**21** (1) 흄 (2) 예시답안 이성은 아프리카 아이들을 도울 가장 좋은 방법을 알려 주는 역할을 한다. 반면 감정은 아프리카 아이들을 돕는 행동의 직접적인 동기가 된다.

**01** 제시문의 사상가는 데카르트이다. 합리론의 대표적인 사상가인 데카르트는 지식과 사유의 토대가 인간의 이성에 있다고 보고, 수학적 논리와 추론에 의해 얻은 지식을 중시하였다. 또한 확실한 원리로부터 이성적 추론을 통해 지식을 얻어 내는 연역적 방법을 강조하였다.

바로잡기 ① 데카르트는 도덕적 행동의 근거를 인간에서 찾았다.
② 관찰이나 실험에서 얻은 지식을 중시하는 것은 경험론의 입장이다.
④ 데카르트는 지식과 사유의 토대가 인간의 이성에 있다고 보았다.
⑤ 경험론에서 강조하는 귀납적 방법에 대한 설명이다. 데카르트는 확실한 원리로부터 지식을 얻어 내는 연역적 방법을 강조하였다.

**합리론과 데카르트의 사상** 만점 공략 노트

합리론의 의미와 특징, 그리고 선구자인 데카르트의 사상을 잘 정리해 두자.

| | |
|---|---|
| 합리론 | 지식과 사유의 토대가 인간의 이성에 있다고 보는 입장 |
| 특징 | 수학적 논리와 추론을 중시함, 연역적 방법을 강조함 |
| 데카르트의 사상 | • 이성적 추론의 토대가 되는 확실한 원리를 찾고자 함<br>• 방법적 회의 : 모든 것을 의심해 보는 방법<br>• 철학의 제1원리 : "나는 생각한다. 그러므로 나는 존재한다."→ 이를 토대로 확실한 지식을 연역하고자 함 |

**02** 제시된 탐구 방법은 연역법으로, 확실한 원리로부터 이성적 추론을 통해 지식을 얻어 내는 탐구 방법이다. 연역법의 특징으로는 전제가 옳다면 결론도 반드시 옳다는 점과 형식적 필연 관계를 추구한다는 점이 있다.

바로잡기 ㄱ, ㄹ. 연역법은 전제에 포함되어 있는 내용이 결론으로 도출되기 때문에 새로운 내용으로 확장할 수 없다. 전제에 없는 새로운 정보가 결론에 포함될 수 있는 탐구 방법은 귀납법이다.

**03** ㉠에 들어갈 말은 방법적 회의이다. 데카르트는 감각 경험이 우리에게 확실한 지식을 주지 못한다고 보고, 이성적 추론의 토대가 되는 확실한 원리를 찾기 위하여 방법적 회의를 통해 모든 것을 의심해 보았다. 이것은 모든 것을 거짓이라고 판단하는 회의론과는 다르다.

바로잡기 ㄴ. 모든 것을 거짓으로 판단하는 회의론과 달리 방법적 회의는 확실한 지식을 얻기 위한 방법으로서의 회의이다.
ㄷ. 데카르트에 따르면 감각 경험은 확실한 지식이 아니다.

**04** 제시문의 사상가는 스피노자이다. 스피노자는 정념의 예속에서 벗어나 올바른 삶을 살려면 이성을 온전히 사용하여 모든 사물의 궁극적인 원인과 질서를 인식해야 한다고 보았다. 또한 인간은 이성적 관조를 통해 자연의 인과적 필연성을 인식함으로써 행복을 얻을 수 있다고 보았다.

바로잡기 첫 번째 입장 : 스피노자는 자연이 이성에 의해 파악된다고 보았다.
세 번째 입장 : 스피노자에 따르면, 신 즉 자연은 인과적 필연성에 따라 움직이기 때문에 의지의 자유가 없다.

**05** 제시문의 사상가는 스피노자이다. 그는 자연을 수학적 질서에 따라 움직이는 하나의 거대한 기계로 보고, 자연에서 일어나는 모든 일은 필연적인 관계로 연결되어 있다고 주장하였다. 따라서 자연에 속한 인간은 이 필연성을 인식함으로써 마음의 평화를 얻고, 정념의 예속에서 벗어나 자유로워질 수 있다.

바로잡기 ② 스피노자에 따르면 인간은 자연의 인과적 질서에서 벗어날 수 없다.
③ 스피노자가 말하는 신은 스스로가 존재의 원인인 자연 그 자체이다.
④ 에피쿠로스학파의 주장이다.
⑤ 스피노자에게 자연은 정복 대상이 아니다. 스피노자는 이성을 통해 자연에서 발생하는 필연성을 인식하면 행복을 얻을 수 있다고 본다.

**06** 제시문의 사상가는 스피노자이다. 스피노자는 인간에게 자연의 필연성을 거스르는 자유 의지가 없다고 보았다. 그에 따르면 인간은 어떤 감정을 필연적으로 느끼는 존재이며, 자연법칙에서 벗어날 수는 없지만 정념의 예속에서는 자유로워질 수 있는 존재이다.

바로잡기 ㄹ. 스피노자는 신 즉, 자연을 이성적으로 관조하거나 지적으로 사랑하려고 힘쓸 때 진정한 행복을 얻을 수 있다고 보므로 이 질문에 긍정의 대답을 할 것이다.

**07** ㉠은 동굴의 우상이다. 베이컨에 따르면 인간의 정신은 표면이 고르지 못한 거울과 같아 자연을 그대로 비추지 못하고 왜곡한다. 그 이유는 인간이 우상이라는 선입관과 편견을 가진 존재이기 때문이다. 우상에는 종족의 우상, 동굴의 우상, 시장의 우상, 극장의 우상이 있다. 그중 동굴의 우상은 개인적인 경험이나 자란 환경에 따라 생긴 편견을 말한다.

바로잡기 ① 종족의 우상에 관한 설명이다.
② 시장의 우상에 관한 설명이다.
③ 제시문과 관련이 없는 내용이다.
⑤ 극장의 우상에 관한 설명이다.

**베이컨의 네 가지 우상** 만점 공략 노트

베이컨의 네 가지 우상은 이 단원의 빈출 주제이다. 각 내용을 잘 정리하여 알아 두자.

| | |
|---|---|
| 종족의 우상 | 모든 것을 인간의 관점에서 보는 편견<br>예 꽃들이 활짝 웃고 있다. |
| 동굴의 우상 | 개인적인 경험이나 자란 환경에 따라 생긴 편견<br>예 왜냐하면 예전에 개에게 물린 적이 있거든. 개는 정말 무서운 동물이야. |
| 시장의 우상 | 유언비어나 실재하지 않는 말을 믿어서 생기는 편견<br>예 용이라는 말이 있기 때문에 용은 실제로 이 세상에 존재하는 동물이야. |
| 극장의 우상 | 전통이나 권위에 따른 지식이나 학문을 그대로 수용하면서 생기는 편견<br>예 위대한 플라톤의 주장에 의문을 제기해서는 안 돼. |

**08** 제시문의 사상가는 경험론의 선구자인 베이컨이다. 그는 관찰이나 실험에서 얻은 지식을 중시하며, 귀납적 방법을 강조하였다. 또한 우상을 제거하여 얻어 낸 올바른 지식을 이용함으로써 자연을 지배하고 생활 방식을 개선하여 사람들에게 행복을 가져다줄 수 있다고 주장하였다.

바로잡기 ㄱ. 베이컨은 개별적 경험으로부터 일반적 원리를 얻어 내는 귀납적 방법을 강조하였다.
ㄹ. 합리론자인 데카르트의 입장이다. 경험론은 감각이나 경험을 통해 확실한 지식의 토대를 마련하고자 하였다.

**09** 제시문의 스승은 베이컨이다. 베이컨은 인간이 선입관과 편견, 즉 우상(偶像)을 가진 존재이기 때문에 올바른 인식을 하지 못한다고 보았다. 따라서 우상을 제거하고 자연을 있는 그대로 관찰할 때 올바른 지식을 획득할 수 있다고 주장하였다.

바로잡기 ① 합리론의 입장이다. 베이컨은 관찰이나 실험에서 얻은 지식을 중시하였다.
③ 베이컨이 이성을 배제해야 한다고 주장한 것은 아니다. 그는 경험을 토대로 얻은 재료를 지성, 즉 이성의 힘으로 변화시켜 소화해야 한다고 보았다.
④ 데카르트의 방법적 회의에 관한 설명이다.
⑤ 스피노자의 입장이다.

**10** 제시문의 갑은 합리론자인 데카르트, 을은 경험론자인 베이컨이다. 데카르트는 연역적 방법을 강조하면서, 경험을 통해 얻은 지식은 단편적이고 우연적이어서 명백한 진리로 볼 수 없다고 주장하였다. 반면 베이컨은 귀납적 방법을 강조하면서, 이성의 인식이 감각적 경험에 기초한다고 보았으며, 자연에 대한 지배를 통해 물질적 풍요를 누려야 한다고 주장하였다.

바로잡기 ⑤ 베이컨에만 해당하는 진술이다. 데카르트는 확실한 지식의 토대를 이성이라고 보았다.

**11** 제시된 탐구 방법은 귀납법이다. 귀납법은 개별적 경험으로부터 일반적 원리를 얻어 내는 것으로 경험론에서 사용한다. 근대 경험론은 베이컨을 거쳐 사회적 유용성에 대한 공감 능력을 강조한 흄으로 이어졌고, 사회의 행복에 유용한 행위를 강조한 공리주의와 실용성을 강조한 실용주의 윤리 사상의 형성에도 큰 영향을 끼쳤다.

바로잡기 ㄱ. 의무론은 인간의 이성을 강조한 합리론의 영향을 받았다.
ㄹ. 자연의 필연적 질서에 대한 이성적 인식을 강조한 사상가는 스피노자이며, 합리론의 영향을 받았다.

**12** 제시문의 갑은 데카르트, 을은 베이컨이다. 데카르트는 이성 능력을 이용한 수학적 논리와 추론, 방법적 회의를 강조하였다. 반면, 베이컨은 우상을 제거하여 얻어 낸 올바른 지식을 통해 자연을 지배하고 생활 방식을 개선하여 사람들에게 행복을 가져다줄 수 있다고 보았다. 베이컨은 경험론자이므로 지식의 토대를 인간의 경험에서 찾았으나 이성의 필요성을 부정하지는 않는다. 왜냐하면 경험에서 얻은 자료를 이성을 활용하여 체계화할 때 새로운 지식을 얻을 수 있기 때문이다.

바로잡기 ㄷ. 경험론자인 베이컨은 인간이 태어날 때에는 백지 상태이고, 경험을 통해 이를 채워 갈 수 있다고 보았다.

**13** 제시문의 사상가는 흄이다. 흄은 도덕적 행동을 불러일으키는 동기는 그에 대한 동정이나 연민과 같은 감정이라고 보았다. 그는 시인의 감정을 부르는 행동을 선한 것으로 보았는데, 이는 사회적으로 유용한 행동이다. 또한 흄은 이성은 동기를 수행하기 위한 수단을 가르쳐 줄 뿐, 도덕적 행위의 직접적 동기가 될 수 없다고 주장하였다.

바로잡기 ③ 흄은 사회 구성원이 모두 함께 느끼는 공통의 감정이 도덕적 감정이라고 보았다.

**14** 제시문의 갑은 흄이다. 흄은 사회적 유용성을 증진시키는 행위에 대해서는 도덕적 시인의 감정을, 사회적 유용성을 감소시키는 행위에 대해서는 도덕적 부인의 감정을 느낀다. 흄에 따르면 도덕적 판단의 기초는 감정이며, 타인의 고통에 공감하는 과정을 통해 사람들에게 쾌감을 불러일으키는 행동을 실천해야 한다.

바로잡기 ① 그리스도교 윤리의 입장이다.
② 윤리적 이기주의의 입장이다.
④, ⑤ 칸트의 입장이다.

**15** 제시문의 갑은 스피노자, 을은 흄이다. 스피노자는 이성적 관조를 통해 자연의 인과적 필연성을 인식함으로써 마음의 평정, 진정한 자유와 행복을 얻을 수 있다고 보았다. 반면 흄은 감정을 중시했으나 이성 자체를 배제하지 않았다. 단지 이성을 감정을 위한 도구적 역할에 한정하였다.

바로잡기 ㄱ. 스피노자는 감정 자체를 배제하지 않았다. 인간은 필연적으로 감정을 느끼는 존재이기 때문에 이성을 통해 정념을 올바르게 조절하는 방법을 제시하고자 하였다.
ㄷ. 스피노자가 주장하는 신은 자연을 창조하고 초월하는 인격적 신이 아니라 스스로가 자신의 존재 원인인 자연 그 자체를 의미한다.

**16** 제시문은 흄이 주장하는 공감(共感)에 관한 내용이다. 공감이란 타인의 행복이나 불행을 마음속으로 함께 느끼는 능력이다. 흄은 이러한 공감 능력이 도덕적 판단의 기초가 된다고 보았다.

**17** 갑은 데카르트, 을은 스피노자이다. 데카르트와 스피노자는 모두 합리론자로서, 지식과 사유의 토대를 이성으로 본다. 그리고 도덕적 판단과 행동의 근거를 인간의 이성에 두었다. 또한 인간이 본래 지니고 있는 이성 능력을 최대한 발휘하여 감정이나 욕구를 다스리거나 올바른 방향으로 인도할 때 도덕적인 삶을 살아갈 수 있다고 보았다. 한편, 스피노자는 인간은 인과적 질서에 따라 움직이는 자연에 속한 존재이기 때문에 자유 의지가 없다고 주장하였다.

바로잡기 ㄱ. 데카르트는 방법적 회의로 단 하나의 의심할 수 없는 진리를 얻었는데 그것은 '생각하는 나'가 있다는 것이다. 그는 "나는 생각한다. 그러므로 나는 존재한다."라는 확고부동한 진리를 철학의 제1원리로 삼았다.

**18** (가)는 흄의 주장이다. 흄은 감정을 도덕적 판단의 기초로 보았다. 그는 어떤 행동이 시인의 즐거운 감정을 가져다준다면 좋은 것[善]으로 규정하였으며, 시인의 감정을 불러일으키는 행동을 사회적이고 보편적으로 유용한 행동으로 보았다.

바로잡기 ① 스피노자의 입장이다.
② 개인적 쾌락주의자의 입장이다.
③ 흄은 한 개인이 아닌 모든 사람에게 쾌감을 주는 사회적이고 보편적으로 유용한 행동을 도덕적 행동이라고 평가한다.
④ 합리론의 입장이다.

**19** 이렇게 쓰면 만점 르네상스, 종교 개혁, 자연 과학의 발달을 모두 정확하게 서술하면 만점이다.

**20** 이렇게 쓰면 감점 (2) '갑은'이라는 주어를 명확히 밝히지 않거나, '사람이다'라는 서술어 부분을 정확하게 서술하지 않으면 감점이다.

**21** 이렇게 쓰면 만점 (2) 이성은 도덕적 행위에 있어 도구적 역할만을 담당하고, 감정이 도덕적 행위의 직접적 동기가 된다는 내용을 정확하게 써야 만점이다.

등급을 올리는 고난도 문제
178~179쪽


01 ④ 02 ⑤ 03 ② 04 ③

## 01 데카르트와 베이컨의 사상

자료 분석 노트

갑: 우리는 감각이 때로 우리는 속인다는 것을 알고 있다. 단 한 번이라도 우리를 속인 것에 대해서는 전적으로 신뢰하지 않는 편이 현명하며, 일단 모든 것을 의심해 보아야 한다.
- 근대 합리론의 선구자 데카르트이다.
- 감각에 의한 진리 탐구를 부정한다.
- 방법적 회의 : 참된 진리를 찾기 위한 방법으로서의 회의를 사용한 데카르트의 입장임을 알 수 있다.

을: 자연의 진리를 발견하기 위해서는 인간의 지성을 고질적으로 사로잡고 있는 우상들을 제거해야 한다. 이러한 우상들을 없앨 수 있는 유일한 대책은 참된 귀납법으로 개념과 공리를 형성하는 것이다.
- 근대 경험론의 선구자 베이컨이다.
- 인간이 갖고 있는 선입견 및 편견을 말한다.
- 경험(감각)에 의한 진리를 탐구를 강조하는 베이컨의 입장임을 알 수 있다.

갑은 데카르트, 을은 베이컨이다. 데카르트와 베이컨 모두 인간이 자연에 관한 진리를 발견할 수 있는 능력이 있다고 보았다. 또한 도덕적 행동을 할 수 있는 근거를 신이 아닌 인간에서 찾았다. 다만 데카르트는 이성의 힘으로 진리를 발견할 수 있다고 보았지만, 베이컨은 경험에 의한 관찰과 실험을 통해 진리를 발견할 수 있다고 주장했다는 점에서 차이가 있다.

바로잡기 ㄹ. 베이컨은 경험론자로서 사유와 지식의 원천을 감각적 경험에 두었다.

## 02 스피노자의 이성 중심 윤리 사상

자료 분석 노트

- 사물의 본성에는 어떤 것도 우연적으로 주어진 것이 없으며, 모든 것은 일정한 방식으로 존재하고 작용하게끔 신적 본성의 필연성에 의해 결정되어 있다.
- 우주 만물은 신의 양태이며, 인간에게 있어 유일한 최고선은 이성을 통해 모든 사물의 궁극적인 원인과 질서를 파악함으로써 오는 평온함, 즉 행복이다.
  - 신 즉 자연을 의미한다.
  - 자연의 필연성을 이성적 관조를 통해 인식할 때 행복을 얻는다고 주장한 스피노자의 입장임을 알 수 있다.

(가)의 사상가는 스피노자이다. 스피노자에 따르면 신은 곧 자연이고, 자연은 수학적 질서에 따라 움직이는 거대한 기계이다. 스피노자에 따르면 인간은 이러한 필연성을 이성적으로 관조할 때 정념의 예속에서 벗어나 자유로울 수 있다.

바로잡기 ① 스피노자가 긍정으로 대답할 질문이다.
② 스피노자가 긍정으로 대답할 질문이다.
③ 스피노자에 따르면 자연은 순응해야 할 존재이다.
④ 스피노자에 따르면 자연은 수학적 질서, 즉 인과적 질서에 의해 움직이는 거대한 기계이다.

## 03 흄의 감정 중심 윤리 사상

자료 분석 노트

(가) 악덕과 덕은 단순히 관념들의 비교 혹은 이성에 의해 발견될 수 없기 때문에 우리가 악덕과 덕의 차이를 구분할 수 있는 것은 그것들이 일으키는 어떤 인상 또는 감정에 의해서임이 틀림없다. 도덕적 올바름과 악함에 관한 우리의 결정은 명백히 지각이다. – 흄의 입장임을 알 수 있다.

└ 이성은 도덕 판단의 기준이 될 수 없다는 의미이다.
└ 감정을 도덕적 판단의 기초로 삼는다.

(나)

| | | | | | | |
|---|---|---|---|---|---|---|
| | | | | | | |
| | | | (A)도 | 제 | | |
| | (B)사 | 주 | 덕 | | | |
| | | (C)화 | 성 | 기 | 위 | |
| | | | | | | |

└ 도덕성에 관한 흄의 주장을 찾는 문제이다.

[가로 열쇠]
(A) : 불교의 사성제 중 괴로움의 소멸에 이르기 위한 수행을 이르는 말
(B) : 플라톤의 지혜, 용기, 절제, 정의의 덕을 총칭하는 말
(C) : 실천적 노력을 통해 자신의 악한 본성을 변화시켜 선하게 만들어야 한다는 순자의 사상
[세로 열쇠]
(A) : …… 개념

세로 낱말 (A)는 '도덕성'이다. 흄에게 도덕적 판단의 기초는 대상이 불러일으키는 감정으로, 특히 사회적 시인의 감정에 의해 구별된다. 흄에 따르면 도덕성은 정신 안에 생겨나는 인상이나 느낌에 기초한다.

**바로잡기** ㄴ. 흄은 감정으로 도덕성을 규정한다.
ㄷ. 감정은 외부에 의해 결정되는 주관적 성질이다.

## 04 아퀴나스와 스피노자 사상

자료 분석 노트

갑: 신의 존재는 논증될 수 있고, 초월적 진리는 계시와 신앙을 통해 알려진다. 인간은 믿음, 소망, 사랑을 실천하여 신과 하나가 될 때 참된 행복에 도달할 수 있다.
└ 아퀴나스 신앙과 이성이 조화될 수 있다고 본다.
종교적 덕과 신의 은총을 통해 진정한 행복을 얻을 수 있다고 본다.

을: 신만이 유일한 실체이다. 신 이외의 모든 존재는 양태이며, 양태로서의 인간은 신에 대한 이성적 인식을 통해 마음의 안정과 평화를 얻고 진정한 자유인이 될 수 있다.
└ 스피노자 신이 곧 자연이며 모든 존재는 자연의 변형이다.
자연의 필연성에 대한 이성적 관조이다.

갑은 아퀴나스, 을은 스피노자이다. 아퀴나스는 신을 만물을 창조한 초월적 존재로 바라본다. 이때 신은 자유 의지를 지니며 자연의 필연적 법칙을 초월하는 인격신이다. 반면 스피노자에 따르면 신은 스스로가 자신의 존재 원인이자 결과이며, 자연에 내재하는 필연적 법칙 그 자체이다.

**바로잡기** ①, ②, ④ 아퀴나스는 긍정, 스피노자는 부정으로 대답할 질문이다.
⑤ 아퀴나스는 부정, 스피노자는 긍정으로 대답할 질문이다.

# 06 옳고 그름의 기준

### 기초를 다지는 확인 문제

184 쪽

**01** (1) × (2) ○ (3) ○ (4) ○ (5) × **02** (1) 도덕 법칙 (2) 실천 이성 (3) 정언 명령 (4) 양적 (5) 질적 **03** (1) ㉢ (2) ㉡ (3) ㉠

### 실력을 키우는 실전 문제

185~189 쪽

**01** ④ **02** ③ **03** ⑤ **04** ① **05** ④ **06** ④
**07** ② **08** ④ **09** ② **10** ④ **11** ② **12** ⑤
**13** ① **14** ② **15** ② **16** ⑤ **17** ② **18** ⑤
**19** (1) 칸트 (2) **예시답안** 인간은 본능적 욕구를 지녔으므로 선의지를 저절로 따를 수 없기 때문이다.
**20** **예시답안** 결과를 계산하기 어렵다는 점, 일상적인 도덕적 직관과 어긋날 수 있다는 점 등
**21** (1) 피터 싱어 (2) **예시답안** 반대한다. 왜냐하면 감각을 지닌 개체의 선호를 동등하게 고려해야 하는데, 동물 실험은 인간의 선호만을 고려한 행위이기 때문이다.

**01** (가)는 의무론의 입장이다. 의무론은 행위의 가치가 본래 정해져 있다고 보고, 행위의 결과보다 동기를 중시한다. 또한 목적이 수단을 정당화할 수 없다고 본다.

**바로잡기** ㄱ. 의무론은 행위의 가치가 본래 정해져 있으며, 거짓말을 하는 행위는 본래 옳지 않으므로 각 상황에 따라 판단해야 한다는 주장에 대해 반대한다.
ㄷ. 의무론은 목적이 수단을 정당화할 수 없다고 보기 때문에 아무리 좋은 목적을 위해서라도 거짓말을 해서는 안 된다고 본다.

**02** 갑은 의무론의 입장이고, 을은 결과론의 입장이다. 의무론은 행위의 결과보다 행위의 동기를 중시하기 때문에 갑은 을에게 동기를 간과하고 있다는 반론을 제기할 수 있다.

**바로잡기** ① 행위의 가치가 결정되어 있지 않다는 입장은 결과론이다.
② 어떤 행위가 산출하는 결과를 중시하는 입장은 결과론이다.
④ 결과론의 입장이다. 결과론은 행위의 가치가 결정되어 있지 않고, 행위의 가치는 각 상황의 결과에 의해 결정된다고 본다.
⑤ 좋은 결과의 산출이라는 목적에 도움이 되는 수단이라면 도덕적으로 정당화될 수 있다고 보는 입장은 결과론이다.

**의무론과 결과론의 특징 비교** 만점 공략 노트

의무론과 결과론의 특징을 비교하여 파악해 두자.

| 의무론 | 결과론 |
|---|---|
| • 행위의 동기에 의해 도덕적 선악을 분별함<br>• 행위의 가치가 본래 정해져 있다고 봄<br>• 목적이 수단을 정당화할 수 없다고 봄 | • 행위가 산출하는 결과에 의해 도덕적 선악을 분별함<br>• 행위의 가치가 결정되어 있지 않다고 봄<br>• 좋은 결과의 산출이라는 목적에 도움이 되는 수단은 도덕적으로 정당화될 수 있다고 봄 |

**03** 제시문은 근대 서양 사상가 칸트의 입장이다. 칸트는 의무론의 대표적인 사상가로, 자연에는 자연법칙이 있듯이 인간의 마음에는 누구나 반드시 지키고 따라야 할 도덕 법칙이 존재한다고 보았다.

**바로잡기** ⑤ 도덕 법칙은 우리 안의 실천 이성에 의해 세워진 것이다. 실천 이성이란 마땅히 해야 할 바를 생각하고 그것을 스스로의 의지로 결단하는 능력을 말한다. 한편 이론 이성은 참과 거짓을 분별해 내는 능력을 말한다.

**04** 제시문은 칸트의 입장이다. 칸트에 따르면, 인간은 자신의 본능적 욕구를 극복하고 실천 이성이 스스로에게 부과하는 명령을 따를 수 있는 자율적 존재이고, 선의지를 가지고 있다. 또한 모든 인간은 절대적 가치를 지닌 인격체로서 그 자체가 목적이 되기 때문에 결코 다른 인간이나 특정한 목적을 위한 수단으로 취급되어서는 안 된다.

**바로잡기** ㄷ. 칸트가 말하는 도덕 법칙이란 실천 이성이 우리 자신에게 부과한 자율적인 명령이다. 이러한 도덕 법칙은 무조건적이고 절대적인 정언 명령이다.
ㄹ. 모든 인간은 실천 이성을 지니지만, 모든 인간이 언제나 항상 이것에 따를 수 있는 것은 아니기 때문에 인간은 비도덕적인 행동을 할 수도 있다.

**05** 갑은 칸트이다. 칸트는 행위의 도덕적 가치가 오직 그 동기에 있다고 보았고, 도덕적 행동은 곧 선의지에 따른 행동이라고 주장하였다. 〈사례〉의 A는 물에 빠진 사람을 구했지만, 그 동기는 선의지가 아니었다. 따라서 칸트의 입장에서 A의 행동은 좋은 행동이기는 하지만 도덕적 행동은 아니다.

**바로잡기** ① 칸트에게 있어 도덕적 판단의 기준은 동기에 있지 행위의 결과에 있지 않다.
②, ③ A가 어려운 사람을 도운 것은 맞지만, 그 동기가 선의지를 따른 것이 아니었기 때문에 도덕적인 행동은 아니다.
⑤ 칸트는 동정심과 같은 감정은 상황이나 대상에 따라 변화하는 것이며, 주관적인 것이기 때문에 도덕적 행위의 근거가 될 수 없다고 보았다. 칸트는 오직 의무에 따르는 행위를 도덕적 행위라고 평가한다.

**06** 제시문은 현대 칸트주의의 대표적인 사상가 로스의 입장이다. 로스의 조건부 의무는 특별한 상황이 발생할 경우 예외가 인정되기 때문에 칸트의 정언 명령보다는 느슨하게 적용된다. 또한 조건부 의무 사이에 갈등이 발생하면 절대적인 것처럼 여겨지는 의무도 때로는 우리의 상식과 직관에 따라 유보될 수 있다. 예를 들어 진실을 말하면 무고한 사람이 죽게 될 경우, '거짓말을 하지 마라.'라는 의무는 '무고한 사람을 죽이지 마라.'라는 의무에 의해 미루어질 수 있다. 우리의 직관에 따르면 생명을 존중하라는 의무가 더 중요하기 때문이다.

**바로잡기** ㄹ. 조건부 의무 사이에 갈등이 발생하면 어떤 조건부 의무는 유보될 수 있다.

**07** (가)의 갑은 칸트, 을은 로스이다. 칸트와 로스는 모두 의무론 사상가이기 때문에 행위의 결과보다는 동기를 우선시한다. 한편 칸트는 정언 명령이 절대적인 성격을 지녔다고 주장하였지만, 로스는 조건부 의무를 제시하면서, 조건부 의무는 특별한 상황이 발생할 경우 우리의 상식과 직관에 따라 유보될 수 있다고 주장하였다.

**바로잡기** ㄱ. 칸트의 입장이 아니다. 동정심과 같은 감정은 상황과 대상에 따라 변화하기 때문에 도덕적 행위의 근거가 될 수 없다. 특히 칸트는 오직 선의지 즉 의무에 따르는 행위만이 무조건적으로 선한 행동이고 이것이 곧 도덕적 행동이라고 보았다.
ㄷ. 공리주의의 입장으로 제시문과 무관하다.

**08** 제시문은 벤담의 입장이다. 벤담은 공리의 원리를 실제 상황에 적용하기 위해서는 어떤 행동의 결과인 쾌락과 고통의 양을 정확하게 측정할 수 있어야 한다고 보았다. 이에 벤담은 쾌락에는 질적 차이는 없으며, 오직 양적 차이만 있다는 양적 공리주의를 주장하였다.

**바로잡기** ① 벤담은 사회란 개인의 집합체이기 때문에, 개인의 합이 곧 사회라고 보았다.
② 벤담은 쾌락에는 오직 양적인 차이만 있다고 주장하였다.
③ 벤담은 최대 다수의 최대 행복이라는 공리의 원리를 주장하면서 쾌락의 사회적 차원을 강조하였다.
⑤ 벤담은 인간뿐만 아니라 동물도 쾌락을 느낀다고 보지만, 이것은 양적 쾌락주의를 정당화하기 위한 전제가 아니다.

**09** (가) 사상가는 벤담이며, 가로 낱말 (A)는 공자, (B)는 그리스도교이다. 그러므로 세로 낱말 (A)는 '공리'이다. 벤담은 쾌락주의를 바탕으로 옳고 그름의 기준으로 최대 다수의 최대 행복이라는 공리의 원리를 제시하였다. 공리란 유용성을 의미하며, 벤담이 말하는 유용성은 쾌락이나 행복을 가져오고 고통을 막는 것을 가리킨다.

**바로잡기** ① 벤담은 사회란 개인의 집합체라고 보았기 때문에, 사회의 쾌락은 각 개인의 쾌락의 합과 같은 것으로 보았다.
③ 벤담은 보편적 도덕 원리로서 최대 다수의 최대 행복의 원리인 공리의 원리를 제시하였다.
④, ⑤ 벤담은 양적 공리주의를 주장하였다.

**10** 갑은 벤담, 을은 밀이다. 벤담과 밀은 모두 공리주의자이며, 결과론의 대표적인 사상이다. 결과론은 행위의 가치가 결정되어 있지 않다고 보면서, 행위의 가치는 각 상황에서 도출되는 결과에 의해 결정된다고 본다.

**바로잡기** ① 벤담은 양적 공리주의, 밀은 질적 공리주의를 주장하기 때문에 벤담은 긍정, 밀은 부정으로 대답할 질문이다.
② 공리주의는 쾌락주의를 바탕으로 하기 때문에 벤담과 밀 모두 긍정으로 대답할 질문이다.
③ 벤담은 부정, 밀은 긍정으로 대답할 질문이다.
⑤ 벤담과 밀 모두 최대 다수의 최대 행복이라는 공리의 원리를 옳고 그름의 판단 기준으로 보기 때문에 모두 긍정으로 대답할 질문이다.

**11** (가) 사상가는 밀이다. A에는 밀이 부정으로 대답할 질문이, B에는 밀이 긍정으로 대답할 질문이 들어가야 한다. 공리주의자인 밀은 개인적 쾌락과 사회적 쾌락의 조화를 추구하였다. 또한 쾌락의 질적 차이를 인정하며 높은 수준의 쾌락과 낮은 수준의 쾌락을 구분하였다. 이러한 관점에서 감각적 쾌락보다 정신적 쾌락의 우월성을 주장하였다.

**바로잡기** ㄴ. 밀은 벤담과 달리 쾌락에는 질적인 차이가 있기 때문에 쾌락을 계산할 때 양뿐만 아니라 질적인 차이도 고려해야 한다고 보았다. ㄷ. 밀은 동기보다는 결과를 옳고 그름의 판단 기준으로 삼는 입장이므로 이 질문에 부정으로 대답할 것이다.

**12** 그림의 갑은 벤담, 을은 밀이다. 두 사상가는 모두 공리주의를 주장하기 때문에 공리의 원리를 행위의 옳고 그름의 판단 기준으로 본다. 또한 두 사상가 모두 인간이 본성적으로 자신의 행복을 증진하려 한다고 보았다. 그러나 벤담은 양적 공리주의를 주장함으로써 측정 및 계량화가 가능한 쾌락만이 도덕적 가치를 지닌다고 본다. 반면 밀은 이에 대해 부정하면서 쾌락에는 양적 차이뿐만 아니라 질적 차이도 존재하므로 질적으로 높은 쾌락을 추구해야 한다고 주장하였다.

**바로잡기** ㄱ. 두 사상가 모두 부정으로 대답할 것이다. 벤담은 사회의 유용성을 극대화하는 행위가 옳은 행위임을 주장하며 쾌락을 계산하는 방법을 제시하였다. 이때 사회의 유용성을 극대화하는 행위를 파악하는 것은 이성의 능력이며, 쾌락을 계산할 때에는 이성이 필요하다. 밀은 합리적인 인간이라면 누구나 쾌락의 질적 차이를 분별할 수 있으며, 보다 높은 수준의 쾌락을 선호할 것이라고 주장하였다.

**벤담과 밀의 공리주의** — 만점 공략 노트

벤담과 밀의 사상은 이 단원의 빈출 주제이다. 각 사상의 공통점과 차이점을 파악해 두자.

| 구분 | 벤담 | 밀 |
|---|---|---|
| 공통점 | • 쾌락주의를 바탕으로 함<br>• 공리의 원리 강조 → 결과론의 입장 | |
| 차이점 | • 양적 공리주의<br>• 쾌락에는 오직 양적인 차이만 존재함 | • 질적 공리주의<br>• 쾌락에는 양적 차이뿐만 아니라 질적 차이도 존재함 |

**13** 제시문의 갑은 흄, 을은 밀, 병은 칸트이다. 흄과 밀은 모두 옳고 그름의 판단 기준으로 사회적 유용성을 제시하였다. 반면에 칸트는 결과의 유용성보다는 동기가 도덕적 옳고 그름을 판단한다고 보았다. 따라서 선의지(의무, 도덕 법칙)에 따른 행동만이 도덕적 행동이라고 본다.

**바로잡기** ② 칸트는 이 질문에 긍정으로 대답할 것이다.
③ 흄에게 도덕적 선악은 도덕적 시인과 부인의 감정에 기초한다. 따라서 이 질문에 흄은 부정으로 대답할 것이다.
④ 밀은 결과를 중시하므로 이 질문에 부정으로 대답할 것이다.
⑤ 칸트는 도덕적 행위에 있어 자신의 행복은 고려되지 않아야 한다고 주장하였다. 따라서 이 질문에 칸트는 긍정으로 대답할 것이다.

**14** 제시문은 스토아학파의 입장이다. 칸트와 스토아학파 모두 이성을 통해 감정의 유혹에서 벗어나야 함을 강조하였다.

**바로잡기** ① 두 사상가 모두 도덕적 가치의 절대성을 강조하였다.
③ 칸트는 행복의 실현이 도덕의 목적이 되어서는 안 된다고 보았다.
④ 스토아학파는 이성에 따르는 삶이 곧 자연을 따르는 삶이기 때문에 자연법칙에 순응해야 한다고 주장하였다.
⑤ 에피쿠로스가 주장한 내용이다.

**15** 제시문의 A 사상가는 현대 공리주의자인 피터 싱어이다. 싱어는 선호 공리주의를 주장하면서, 감각을 지닌 개체의 선호를 동등하게 고려해야 하며, 고통과 쾌락을 느낄 수 있는 개체가 자신의 선호를 추구하는 것은 각 개체의 기본적인 권리라고 주장하였다.

**바로잡기** ① 싱어는 동물도 고통과 쾌락을 느낄 수 있다고 보았다.
③ 싱어는 공리주의자로서 공리의 원리를 계승하였다.
④ 싱어는 규칙 공리주의자가 아니라 선호 공리주의자이다.
⑤ 싱어는 어떤 존재의 도덕적 고려 여부는 이성이 아니라 고통과 쾌락을 느낄 수 있는 감각의 존재 유무에 따라 결정되어야 한다고 보았다.

**16** (가)의 갑은 밀, 을은 에피쿠로스의 입장이다. (나) 그림의 A에 들어갈 내용은 갑만의 주장에 해당해야 한다. 에피쿠로스는 개인적 차원의 쾌락주의를 주장하였지만, 밀은 최대 다수의 최대 행복이라는 공리의 원리를 제시하였기 때문에 사회적 차원의 쾌락주의를 제시하였다.

**바로잡기** ① 에피쿠로스에게만 해당하므로 C에 들어갈 내용이다.
② 밀과 에피쿠로스 모두 쾌락주의에 바탕을 두고 있으므로 B에 들어갈 내용이다.
③ 감각적 쾌락보다 정신적 쾌락의 우위를 주장하는 것은 밀과 에피쿠로스의 공통 입장이다. 따라서 B에 들어갈 내용이다.
④ 두 사상가 모두 해당되는 내용이 아니다.

**17** 갑은 행위 공리주의, 을은 규칙 공리주의이다. 행위 공리주의는 공리의 원리를 모든 개별적 행위에 직접 적용하여 각각의 행위에 대한 옳고 그름을 판단해야 한다는 이론이다. 반면에 규칙 공리주의는 좋은 결과를 가져다줄 가능성이 큰 규칙을 따름으로써 공리를 극대화할 수 있다는 이론이다. 행위 공리주의는 결과를 계산하기 어렵다는 점과 역직관성의 문제를 발생시킨다는 점에서 비판받는다.

**바로잡기** ① 행위 공리주의는 행위의 유용성을 강조한다.
③ 행위 공리주의는 규칙에 의거하여 선악을 판단하지 않는다.
④ 행위 공리주의와 규칙 공리주의 모두 공리의 원리를 강조한다.
⑤ 공리주의는 동기보다는 결과를 강조한다.

**18** 갑은 벤담, 을은 칸트이다. 벤담은 최대 다수의 최대 행복의 공리의 원리를 주장하며 사회 전체의 행복을 증진시키는 행위를 도덕적 행위로 본다. 반면에 칸트에게 도덕적 행동이란 선의지라는 동기를 따르는 행위를 의미한다.

바로잡기 ⑤ 칸트에 따르면 사회 전체의 행복을 증진시키는 행위라도 선의지를 따르지 않는다면 그것은 도덕적 행위라고 볼 수 없다.

**19** 이렇게 쓰면 만점 (2) 인간이 '욕구'를 지녔기 때문에 이를 극복하기 위해 도덕 법칙이 명령으로 다가온다는 점을 정확하게 서술하면 만점이다.

**20** 이렇게 쓰면 감점 행위 공리주의의 문제점인 결과를 계산하기 어렵다는 점과 역직관성의 문제가 발생하는 점을 모두 서술하지 않으면 감점이다.

**21** 이렇게 쓰면 만점 (2) 반대 입장을 명확하게 밝히고, 그 이유로 선호 공리주의 관점에서 '감각을 지닌 개체의 선호를 동등하게 고려'해야 한다는 점을 정확하게 서술하면 만점이다.

## 등급을 올리는 고난도 문제 190~191 쪽

01 ④ 02 ② 03 ④ 04 ④

### 01 칸트, 스피노자, 흄의 사상 비교 자료 분석 노트

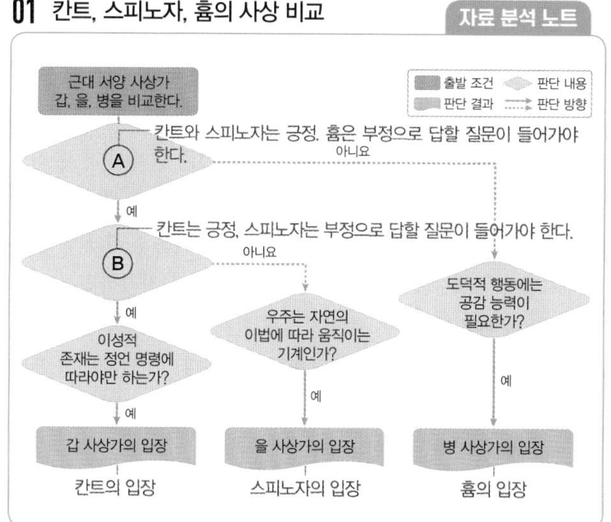

근대 서양 사상가 갑, 을, 병을 비교한다.
출발 조건
판단 내용
판단 결과
판단 방향
A
칸트와 스피노자는 긍정, 흄은 부정으로 답할 질문이 들어가야 한다.
아니요
예
B
칸트는 긍정, 스피노자는 부정으로 답할 질문이 들어가야 한다.
아니요
예
이성적 존재는 정언 명령에 따라야만 하는가?
우주는 자연의 이법에 따라 움직이는 기계인가?
도덕적 행동에는 공감 능력이 필요한가?
예
예
예
갑 사상가의 입장
을 사상가의 입장
병 사상가의 입장
칸트의 입장
스피노자의 입장
흄의 입장

갑은 칸트, 을은 스피노자, 병은 흄이다. 칸트와 스피노자는 모두 이성 중심의 윤리 사상을 주장하였다. 칸트는 인간이 실천 이성을 갖고 있어 자연법칙을 벗어날 수 있는 선택을 할 수 있다고 보았지만, 스피노자는 모든 존재가 자연의 수학적 질서, 즉 인과 법칙에 따라 움직이기 때문에 인간 역시 자연적 필연성에서 벗어날 수 없는 존재라고 주장하였다. 한편 흄은 감정 중심 윤리 사상을 주장하면서 사회적이고 보편적으로 유용한 행동이 시인의 감정을 불러일으키고, 이러한 감정을 가져다주는 행동을 도덕적 행동이라고 보았다.

바로잡기 ㄹ. 스피노자는 이성적 관조를 통해 최고선이 획득될 수 있다고 보았기 때문에 이 질문에 긍정으로 대답할 것이다.

### 02 쾌락에 관한 벤담과 에피쿠로스의 사상 비교 자료 분석 노트

갑(벤담): 한 행위를 가져다주는 쾌락의 총량과 고통의 총량을 계산해 보라. 이 둘을 비교하여 차감했을 때 쾌락이 남는다면 그 행위는 일반적으로 좋은 성향을 지닌 것이다.
(쾌락의 양만을 고려 → 쾌락의 계산법 제시)

을(에피쿠로스): 우리가 '쾌락이 목적이다.'라고 할 때의 쾌락은 방탕한 자들의 쾌락이나 육체적인 쾌락이 아니다. 내가 말하는 쾌락은 몸의 고통과 마음으로부터의 자유이다.
(감각적 쾌락보다는 정신적 쾌락을 추구한다.)

갑은 벤담, 을은 에피쿠로스이다. 벤담은 에피쿠로스학파의 쾌락주의를 계승하였지만, 에피쿠로스학파의 개인적 쾌락주의를 확장하여 최대 다수의 최대 행복이라는 공리의 원리를 통해 사회적 쾌락주의를 추구하였다.

바로잡기 ① 벤담은 쾌락에는 질적인 차이가 없고 양적인 차이만 있다는 양적 공리주의를 주장하였다.
③ 벤담과 에피쿠로스 모두 쾌락이라는 자연적 경향성을 도덕의 기반으로 삼고 있다.
④ 참된 쾌락을 얻기 위하여 절제와 검소의 자세를 강조하는 사상가는 에피쿠로스이다.
⑤ 벤담과 에피쿠로스 모두 쾌락주의에 기반을 두고 있다.

### 03 도덕 판단의 기준에 관한 밀과 칸트 비교 자료 분석 노트

갑(밀): 행복은 양과 질 모두의 관점에서 가능한 한 고통을 피하고 쾌락을 향유하는 것이다. 행복 증진에 기여하는 정도에 비례하여 옳고 그름이 결정된다.
(쾌락의 양과 질을 모두 고려한다. / 공리의 원리 → 유용성을 극대화할 것을 주장한다.)

을(칸트): 도덕성은 법칙으로부터 유발되는 의무의 관념이 동시에 행위로 나타나는 것이다. 이성이 정해 주는 도덕 법칙의 위엄이 그 이념을 거역하려는 모든 경향성을 압도할 수 있다.
(의무는 도덕 법칙에 대한 존경심으로부터 생겨난 행위의 필연성이다. / 도덕 법칙은 절대적이고 무조건적인 것이다.)

(가)의 갑은 밀이고, 을은 칸트이다. 밀에게 공리의 원리는 사회 전체의 이익을 고려하므로 개인의 행복과 일치하지 않을 수 있다. 밀의 입장에서 보면 남을 이롭게 하는 행위라도 공리의 원리에 어긋날 수 있다. 한편 칸트에게 도덕 법칙은 개인의 행복이 아닌 오직 실천 이성에 의해 파악되는 것으로 개인의 행복과 일치하지 않을 수 있다. 칸트는 옳은 행위의 기준이 남을 이롭게 한다는 결과에 있는 것이 아니라 의무에 따르고자 하는 동기에 있다고 본다.

바로잡기 ㄹ. 밀은 공리의 원리라는 보편적 원칙에 의해 도덕적 선악을 판단하며, 칸트도 보편성과 필연성을 지니는 도덕 법칙을 따르느냐에 따라 도덕적 선악을 판단한다. 따라서 이 질문은 밀과 칸트 모두 긍정으로 대답할 질문이다.

## 04 에피쿠로스, 벤담, 밀의 사상 비교

자료 분석 노트

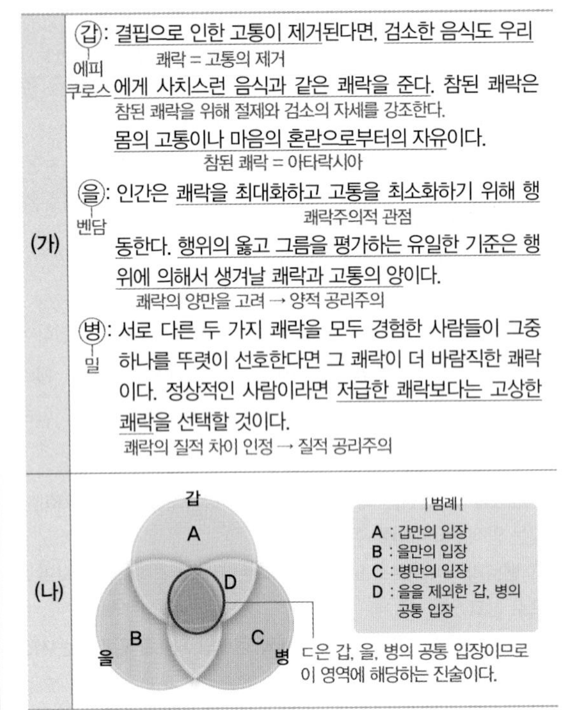

(가)
갑: 결핍으로 인한 고통이 제거된다면, 검소한 음식도 우리에게 사치스런 음식과 같은 쾌락을 준다. 참된 쾌락은 몸의 고통이나 마음의 혼란으로부터의 자유이다.
에피쿠로스
쾌락 = 고통의 제거
참된 쾌락을 위해 절제와 검소의 자세를 강조한다.
참된 쾌락 = 아타락시아
을: 인간은 쾌락을 최대화하고 고통을 최소화하기 위해 행동한다. 행위의 옳고 그름을 평가하는 유일한 기준은 행위에 의해서 생겨날 쾌락과 고통의 양이다.
벤담
쾌락주의적 관점
쾌락의 양만을 고려 → 양적 공리주의
병: 서로 다른 두 가지 쾌락을 모두 경험한 사람들이 그중 하나를 뚜렷이 선호한다면 그 쾌락이 더 바람직한 쾌락이다. 정상적인 사람이라면 저급한 쾌락보다는 고상한 쾌락을 선택할 것이다.
밀
쾌락의 질적 차이 인정 → 질적 공리주의
(나)
갑
A
B
C
D
을
병
| 범례 |
A : 갑만의 입장
B : 을만의 입장
C : 병만의 입장
D : 을을 제외한 갑, 병의 공통 입장
ㄷ은 갑, 을, 병의 공통 입장이므로 이 영역에 해당하는 진술이다.

(가)의 갑은 에피쿠로스, 을은 벤담, 병은 밀의 입장이다. 에피쿠로스는 개인적 차원의 쾌락을 추구를 강조하고, 벤담과 밀은 공리의 원리를 주장함으로써 사회적 차원의 쾌락을 추구할 것을 강조하였다. 따라서 ㄱ은 갑만의 입장이 맞다. 모든 쾌락은 질적으로 동일하며 계산할 수 있다는 주장은 양적 공리주의의 입장이고, 이는 벤담만의 주장이라고 할 수 있기 때문에 ㄴ은 을만의 입장이 맞다. 감각적 쾌락보다는 정신적 쾌락을 추구해야 한다는 것은 에피쿠로스와 밀의 공통 입장이기 때문에 ㄹ은 D 영역에 해당하는 내용이 맞다.

**바로잡기** ㄷ. 쾌락을 추구하고 고통을 피하는 것이 인간의 목적이라는 주장은 쾌락주의의 기본 입장으로서 에피쿠로스, 벤담, 밀 모두에게 해당되는 내용이다. 따라서 병만의 입장을 의미하는 C 영역에 해당되는 내용이 아니다.

# 07 현대의 윤리적 삶

### 기초를 다지는 확인 문제 (198 쪽)

**01** (1) × (2) ○ (3) ○ (4) × (5) ○ **02** (1) 신 앞에 선 단독자 (2) 죽음 (3) 격률 **03** (1) ㉢ (2) ㉣ (3) ㉠ (4) ㉡

### 실력을 키우는 실전 문제 (199~203 쪽)

| | | | | | |
|---|---|---|---|---|---|
| **01** ④ | **02** ④ | **03** ③ | **04** ⑤ | **05** ② | **06** ③ |
| **07** ② | **08** ③ | **09** ⑤ | **10** ④ | **11** ② | **12** ④ |
| **13** ③ | **14** ⑤ | **15** ② | **16** ① | **17** ③ | **18** ① |

**19** (1) ㉠ 근대 이성주의 ㉡ 도구적 (2) **예시답안** 비인간화 문제(인간 소외 문제), 개인이 겪는 구체적인 삶의 문제 도외시 등이 있다.

**20** (1) 사르트르 (2) **예시답안** 실존은 본질에 앞선다.

**21** **예시답안** 실생활에 도움이 되기

**01** ㉠은 실존주의이다. 실존이란 지금 여기에 있는 구체적인 개인, 또는 주체적인 존재를 의미한다. 실존주의는 인간의 보편적 합리성보다는 개개인의 주체성을 중시한다.

**바로잡기** ①, ②, ⑤ 실존주의는 보편적인 도덕 원리, 인간의 보편적 합리성, 객관적인 지식보다는 개개인의 주체성을 중시한다.
③ 실존주의는 근대 이성주의에 대한 반성에서 비롯되었다. 따라서 실존주의는 인간의 본질을 이성에서 찾으려고 하지 않았고, 지금 여기에 있는 그대로의 인간의 모습에서 찾고자 하였다.

**02** ㉠은 윤리적 실존 단계, ㉡은 종교적 실존 단계이다. 윤리적 실존 단계에서 개인은 자신의 실존을 자각하고 보편적 윤리를 따르려고 노력한다. 그러나 윤리적 개인은 윤리 규범을 어기면서 죄책감을 느끼고 자신의 불완전성을 자각하면서 다시 절망에 빠지게 된다. 결국 자신의 한계를 느낀 개인은 주체적 결단을 통해 종교적 실존 단계로 나아간다. 이 단계에서 개인은 모든 것을 신에게 맡기고 살아가고자 하며, 신 앞에 선 단독자로 살기로 결단한다.

**바로잡기** ㄱ. 최고의 행복을 누리는 단계는 '종교적 실존 단계'이다.
ㄷ. 감각적 쾌락을 추구하는 단계는 '심미적 실존 단계'이다.

### 키르케고르의 실존의 세 단계 (만점 공략 노트)

키르케고르의 실존의 세 단계의 명칭과 각 단계별 특성을 잘 정리해 두도록 하자.

| | |
|---|---|
| 심미적 실존 단계 | • 끝없이 감각적 쾌락을 추구함<br>• 쾌락을 추구하다가 허망을 느끼고 절망하게 됨 |
| 윤리적 실존 단계 | • 자신의 실존을 자각하고 보편적 윤리를 따르려고 함<br>• 윤리 규범을 어기면서 죄책감을 느끼고 자신의 불완전성을 자각하면서 절망하게 됨 |
| 종교적 실존 단계 | • 신 앞에 선 단독자로서 살기로 결단함<br>• 참된 실존을 회복함 |

**03** 제시문은 유신론적 실존주의자 야스퍼스의 주장이다. 야스퍼스는 한계 상황에서 개인의 주체적 결단을 통해 참된 실존을 회복할 수 있다고 보았다. 야스퍼스에 따르면 죽음에 직면한 인간은 자신의 유한성을 자각하고 초월자를 수용하는 결단을 통해 참된 실존을 회복할 수 있다. 초월자를 상정한다는 점에서 야스퍼스는 키르케고르와 함께 유신론적 실존주의자로 분류된다.

**바로잡기** ① 실존주의자들은 객관적인 진리를 추구하기보다는 주관적이고 내면적인 진리를 찾으려고 하였다.
② 실존주의자들은 인간의 본질보다는 실존이 더 우선한다고 보았다.
④ 실존주의자들은 이성에 의해 파악되는 객관성이 아니라 개인의 삶에 존재하는 주관적인 경험들을 강조하였다.
⑤ 실존주의자들은 객관적·보편적 지식이나 도덕을 강조하면 개인이 겪는 구체적인 삶의 문제를 도외시할 수 있다고 보았다.

**04** 제시문은 실존주의자 하이데거의 주장이다. 하이데거는 인간을 현존재로 규정하면서, 현존재는 죽음에 대한 불안과 염려를 안고 살아간다고 보았다. 또한 인간이 죽음에 이르는 존재임을 주체적으로 자각할 때, 삶의 소중함을 깨닫게 되어 참된 실존을 회복할 수 있다고 보았다.

**바로잡기** ㄱ. 한계 상황은 야스퍼스가 제시한 개념이다. 야스퍼스에 따르면 한계 상황은 피할 수 없는 상황이다.

**05**

**자료 분석 노트**

| | |
|---|---|
| (가) | 인간은 그 스스로가 원하는 무엇이며, 스스로가 구상하는 무엇이다. ('실존은 본질에 앞선다.') 인간의 본성을 구상하는 신은 없다. (신의 존재를 부정한다.) 인간은 그 어떤 도움도 없이 매 순간 자신을 발명하도록 선고받았다. (인간에게는 자유와 선택이 주어진다.) 자기 자신에 도달한 인간은 타인을 자신의 실존 조건으로서 발견하게 된다. – 무신론적 실존주의자인 사르트르의 입장이다. |
| (나) | [퍼즐: 인 / (A)본 / 주 / 의 ; (B)질 / 서] (본질에 관한 사르트르의 주장을 찾는 문제이다.)<br>[가로 열쇠]<br>(A) : 인간을 중시하는 정신. ○○○○ 정신<br>(B) : 스피노자는 자연을 수학적 ○○에 따라 움직이는 하나의 거대한 기계로 봄<br>[세로 열쇠]<br>(A) : ……개념 |

(가) 사상가는 무신론적 실존주의자 사르트르이고, 세로 낱말 (A)는 본질이다. 사르트르에 따르면, 인간에게 있어 실존은 본질에 앞선다. 즉 인간은 미리 정해진 본질 없이 먼저 실존한다. 하지만 컵과 같은 사물은 '물을 담는다.'라는 본질이 먼저 존재하고 실제 컵이 만들어진다. 즉 사물의 본질은 존재보다 앞선다.

**바로잡기** ① 인간에게 본질은 미리 정해진 것이 아니다.
③ 사르트르는 신의 존재를 부정하는 무신론적 실존주의자이다.
④ 한계 상황은 야스퍼스가 주장한 개념이다.
⑤ 사르트르는 신의 존재를 부정하였다.

**06** 제시문의 갑은 키르케고르, 을은 사르트르이며, 두 사상가 모두 실존주의자이다. 실존주의는 개개인의 주체성을 중시하면서, 진정한 삶을 살기 위해서는 주체적인 결단을 내려야 한다고 강조한다.

**바로잡기** ① 실존주의는 인간의 보편적 합리성보다는 개개인의 주체성을 중시한다. 따라서 두 사상가 모두 부정으로 대답할 질문이다.
②, ④ 키르케고르는 초월자나 신의 존재를 인정하지만, 사르트르는 초월자의 존재를 부정한다. 따라서 갑은 긍정, 을은 부정으로 대답할 질문이다.
⑤ 실존주의자들은 객관적이고 보편적인 지식이나 진리 추구를 지양한다. 따라서 갑, 을 모두 부정으로 대답할 질문이다.

**신에 대한 키르케고르와 사르트르의 입장** **만점 공략 노트**

키르케고르와 사르트르는 모두 실존주의자로서 개인의 주체적이고 현실적인 삶을 강조한다는 공통점이 있지만, 신에 대한 서로 다른 관점을 보여 준다. 이에 대해 잘 비교하여 정리해 두자.

| 키르케고르 | 사르트르 |
|---|---|
| • 실존의 3단계 : 심미적 단계 → 윤리적 단계 → 종교적 단계<br>• 주체적 결단을 통해 실존의 단계로 나아감<br>• 유신론적 실존주의 : 신 앞에 선 단독자 | • "실존은 본질에 앞선다."<br>• 인간의 자유와 책임을 강조함<br>• 무신론적 실존주의 : 인간의 본질을 규정하는 신은 존재하지 않음 |

**07** 그림의 갑은 키르케고르, 을은 하이데거이다. 키르케고르는 실존이란 '이것이냐 저것이냐'를 선택해야 하는 구체적 상황에 처한 개인이라고 보았다. 이러한 상황에서 개인은 늘 불안을 느끼며 주체적 결정을 회피하면서 죽음에 이르는 병, 즉 절망에 빠지게 된다고 보았다. 반면 하이데거는 인간을 현존재로 규정하며, 주체성을 상실한 채 불안 속에 살아가는 인간이 죽음에 이르는 존재임을 주체적으로 자각할 때 참된 실존을 회복할 수 있다고 보았다.

**바로잡기** ㄴ. 키르케고르에 의하면, 인간은 윤리적 실존 단계에서도 절망에 빠진다. 윤리적 개인은 윤리 규범을 어기면서 죄책감을 느끼고 자신의 불완전성을 자각하면서 절망에 빠질 수 있기 때문이다.
ㄹ. 생활에 도움이 되는 가치를 중시하는 사상은 실용주의이다. 실존주의자들은 개인의 주체적인 결단 및 선택을 중시한다.

**08** 제시문의 갑은 아퀴나스, 을은 야스퍼스이다. 아퀴나스는 진리를 절대적인 것으로 보는 관점을 취하며, 인간이 신의 은총으로 내세에 완전한 행복을 이루기 위해서는 현세에서 종교적 덕(믿음, 소망, 사랑)을 실천해야 한다고 보았다. 실존주의자인 야스퍼스는 주체적이고 자유로운 결단을 통해 참된 자

아를 회복할 수 있다고 보았다. 또한 한계 상황에 직면한 인간은 스스로의 결단을 통해 초월자의 존재를 수용할 때, 참된 실존을 회복할 수 있다고 보았다. 두 사상가 모두 이성에 대한 신앙의 우위를 주장하였다.

바로잡기 ③ 야스퍼스는 개인이 현실에서 다른 사람과 더불어 존재하므로 다른 사람의 실존적 삶을 위해서도 노력해야 한다고 주장하였다.

**09** 갑은 사르트르이다. 그는 모든 인간에게 자유가 주어져 있음을 강조하며 주체적인 선택과 결단에 따라 자신의 삶을 스스로 만들어 나가고 그 결과에 대하여 책임질 때 참된 실존을 회복할 수 있다고 보았다.

바로잡기 ① 스피노자가 제시할 조언이다.
② 사르트르에 따르면 인간은 신에 의해 본질이나 목적이 계획되거나 창조된 존재가 아니다.
③ 칸트가 제시할 조언이다.
④ 쾌락주의자가 제시할 조언이다. 사르트르는 참된 실존의 회복을 위하여 감각적인 즐거움을 추구하라고 하지 않는다.

**10** 제시문의 '나'는 실존주의자인 키르케고르이며 '어떤 사상가'는 벤담이다. 키르케고르의 입장에서 쾌락을 추구하라는 공리주의의 기본적인 전제는 심미적 실존 단계에 해당한다. 키르케고르는 심미적 실존 단계에서 개인은 쾌락을 추구하며 허망함을 느끼고 결국 절망하게 된다고 보았다.

바로잡기 ① 벤담은 쾌락에는 질적인 차이가 없다고 주장하는 양적 공리주의자이다.
② 벤담은 고통을 피하는 것이 인간의 중요한 목적이라고 보았다.
③ 벤담은 사회가 개인의 집합체이기 때문에 개개인의 쾌락은 사회 전체의 쾌락과 연결된다고 보았다.
⑤ 벤담은 최대 다수의 최대 행복이라는 공리의 원리를 보편적 도덕 원리로 추구하였다. 반면에 실존주의자들은 보편적 도덕 원리보다 개인의 주체성을 중시한다.

**11** ㉠은 실용주의이다. 실용주의는 경험적이고 과학적인 방법을 바탕으로 문제 해결을 위한 유용한 지식을 강조한 사상이다.

바로잡기 ① 실용주의자들은 절대적 기준을 강조하는 사상으로는 빠르게 변화하는 사회에서의 혼란을 해결할 수 없다고 비판하였다.
③ 실용주의자들은 영국의 경험론과 다윈의 진화론을 수용하여, 경험적이고 과학적인 방법을 바탕으로 문제를 해결하려고 하였다.
④ 도덕적 가치를 행위의 동기를 통해 평가하는 사상은 칸트주의이다.
⑤ 실용주의 입장에서 진리란 개선을 위한 도구이다. 현재의 삶을 개선시키는 유용성을 지니는 것만이 진리로 인정된다.

**12** 제시문은 제임스의 입장이다. 실용주의자인 제임스는 이로움과 옳음을 같은 맥락으로 보면서, 지식과 신념은 우리의 삶에 이롭고 유용할 때에만 가치를 지닌다고 보았다. 그는 이를 강조하기 위해 현금 가치라는 개념을 사용하였다. 또한 제임스는 절대적이고 고정적인 진리를 거부하였다.

바로잡기 ㄴ. 제임스는 이롭다는 것과 옳다는 것을 같은 맥락으로 보았으며, 고정적이고 절대적인 진리의 존재를 거부하였다.

**13** ㈎의 갑은 듀이, 을은 베이컨이다. 듀이에 따르면 지식은 실제 삶을 개선시키는 유용성이 있을 때 정당화된다. 반면 베이컨은 개별적 경험으로부터 일반적 원리를 도출해 내는 귀납법에 근거하여 지식을 발견할 것을 강조하였다. 두 사상가 모두 과학적인 방법을 바탕으로 진리를 탐구해야 한다고 본다는 공통점이 있다.

바로잡기 ㄱ. 실용주의는 영국의 경험론을 계승하였기 때문에, 두 사상가 모두 경험에 의한 지식의 발견을 중시한다.
ㄹ. 실용주의에 따르면 이론과 지식에 있어 불변의 목적은 존재하지 않는다. 또한 도덕은 항상 변화하고 성장하는 것이다.

**14** 제시문은 도덕이 절대적이고 고정불변의 지위를 지닌 것이 아닌, 실제 삶에 유용성을 지니는지 여부에 따라 가치가 결정된다고 주장하는 듀이의 입장이다. 듀이에 따르면, 삶을 개선하는 도구로서 실제적인 유용성을 지닐 때 도덕적 진리가 된다.

바로잡기 ① 듀이는 불변하는 객관적 진리의 존재를 부정한다.
② 듀이는 지성의 실천적인 탐구를 통해 이루어지는 경험적 검증의 과정을 중시하며, 모든 지식이 경험적 검증의 대상이라고 보았다.
③ 듀이는 지식의 오류 가능성을 인정하였다.
④ 듀이가 진리의 절대성을 부정한 것은 맞지만, 진리를 알 수 없다고 한 부분은 옳지 않다. 그는 지성을 최대한 발휘하여 그 상황에 맞는 지식을 발견할 수 있다고 보았다.

**15** ㈎는 실용주의자 듀이의 주장이다. 듀이는 도덕적 진리가 인간에게 선험적으로 주어진다는 것을 거부하였다. 선험적이란 경험에 앞선다는 의미로, 듀이는 경험적인 검증을 강조하는 사상가이다. 또한 듀이는 지식이나 이론은 문제를 해결하는 수단으로서 작용한다고 보았다.

바로잡기 ㄴ. 듀이는 경험과 관찰에 의해서 진리가 획득된다고 보았다.
ㄹ. 듀이는 경험적 검증을 바탕으로 둔 귀납적 탐구 방법을 주장하였다.

**16** ㈎의 갑은 실존주의자 사르트르, 을은 실용주의자 듀이이다. 사르트르 사상에 비하여 듀이 사상이 갖는 상대적인 특징을 살펴보면, 주체적인 결단을 강조하는 정도는 낮고, 문제 해결의 유용성을 강조하는 정도는 높다. 그리고 지성을 통한 탐구를 강조하는 정도는 높다.

**17** 제시문의 갑은 질적 공리주의자 밀, 을은 실용주의자 듀이이다. 듀이는 지식을 삶에서 부딪히는 문제 상황을 해결하기 위한 도구로 보았다. 그리고 밀과 듀이 모두 도덕 판단을 실제 삶의 유용성에 근거에 두어야 한다고 보았다.

바로잡기 ㄱ. 밀은 쾌락의 질적 수준을 고려해야 한다고 보았으며, 쾌락의 질적 차이가 양적 차이를 뛰어넘을 만큼 중요한 것이라고 보았다.
ㄴ. 밀은 쾌락의 질적 차이를 인정하는 질적 공리주의자이다.

**18** 제시문의 갑은 실용주의자인 듀이, 을은 실존주의자인 하이데거이다. 듀이는 진리를 고정된 것이 아니라 변화하는 것으로 본다.

**바로잡기** ② 신을 믿고 따르는 것이 불안을 극복하는 길이라고 보는 입장은 키르케고르나 야스퍼스이다.
③ 실존주의자들은 인간의 보편적 본질보다 실존 그 자체, 혹은 구체적인 개인의 삶이 더 중요하다고 보았다.
④ 실존주의자들은 이성을 통한 객관적인 진리 추구를 지양하였다.
⑤ 듀이에게만 해당하는 내용이다. 하이데거와 같은 실존주의자들은 주체적인 결단과 선택을 중시하였다.

**19** **이렇게 쓰면 만점** (2) 비인간화 문제(인간 소외 문제), 개인이 겪는 구체적인 삶의 문제 도외시 등 구체적인 사례를 두 가지를 서술하면 만점이다.

**20** **이렇게 쓰면 감점** (2) '실존은'이라는 주어 부분, '본질에 앞선다.'라는 서술어 부분 중 하나라도 정확하게 서술하지 않으면 감점이다.

**21** **이렇게 쓰면 만점** '실제 생활에 도움이 되기 때문에' 혹은 '유용하기 때문에'라는 말을 정확하게 서술하면 만점이다.

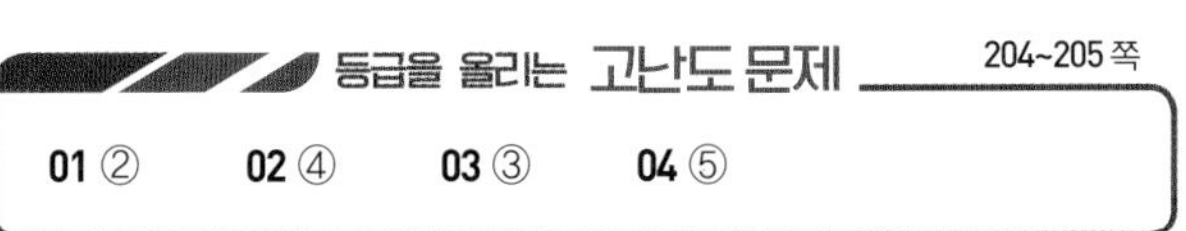

## 등급을 올리는 고난도 문제 204~205쪽

01 ② 02 ④ 03 ③ 04 ⑤

### 01 플라톤, 흄, 듀이의 윤리 사상 비교

**자료 분석 노트**

갑(플라톤): 정의는 한 인간의 영혼 안에서 이성, 기개, 욕망의 세 부분이 그 기능을 탁월하게 수행하여 조화를 이룰 때 실현되는 덕이다. (영혼의 세 부분이 조화를 이룬 덕 → 정의)
을(흄): 우리에게 편안하고 기분 좋은 시인(是認)의 정서를 불러일으키는 것이 선이고, 우리에게 불편한 부인(否認)의 정서를 불러일으키는 것은 악이다. (도덕적 판단의 기초 = 감정)
병(듀이): 지식이나 관념은 문제 해결의 수단이자 도구이다. (지식의 도구적 가치를 강조한다.) 선악(善惡)의 결정은 사회 문제 해결의 실질적인 도움 여부에 달려 있다. (유용성을 중시한다.)

(가)의 갑은 플라톤, 을은 흄, 병은 듀이이다. 플라톤은 영혼의 세 부분이 각각의 기능을 탁월하게 수행하면서 조화를 이룰 때 정의를 이룰 수 있다고 보았다. 또한 플라톤은 올바름 즉 정의 그 자체는 이데아 세계에만 존재한다고 보고, 이는 이성을 통해 파악할 수 있는 것으로 주장하였다. 반면 흄은 도덕적 판단의 기초가 도덕적 감정에 있다는 것을 강조하였다. 한편 듀이는 도덕을 포함한 모든 지식은 문제 해결에 유용할 때만 가치를 지닌다고 주장하였다.

**바로잡기** ㄴ. 흄과 듀이의 공통 입장이다.
ㄷ. 듀이는 불변하는 고정적 진리나 지식은 존재하지 않는다고 주장한다.

### 02 아리스토텔레스와 사르트르의 사상 비교

**자료 분석 노트**

갑(아리스토텔레스): 인간은 말이나 소와 다르게 정신 안에 이성의 기능을 포함한다는 점에서 고유한 존재이다. (인간의 본질은 정해져 있음 : 이성적 존재) 이성적 동물인 인간이 추구하는 궁극적 목적은 행복이다. 행복의 본질은 덕과 일치하는 정신의 활동에 있다. (행복은 덕에 일치하는 정신(영혼)의 활동이다.)
을(사르트르): 인간은 이끼나 꽃양배추와 다르게 주체적으로 삶을 살아가는 지향적 존재이다. (인간의 주체적인 선택 및 결단을 강조한다.) 이 지향 이전에는 아무 것도 있을 수 없다. (인간의 본질은 정해져 있지 않다.) 인간은 이 세상에 내던져진 존재로 나중에야 비로소 그 무엇이 될 수 있다.

갑은 아리스토텔레스, 을은 사르트르이다. 아리스토텔레스는 인간에게는 지향해야 할 목적이 정해져 있다고 보았지만, 사르트르는 인간이 미리 정해진 목적이나 본질 없이 실존한다고 주장하였다. 또한 아리스토텔레스는 이성을 인간만이 가진 고유한 특성이라고 보았고, 이를 탁월하게 발휘할 때 행복하다고 보았지만, 사르트르는 인간의 본질이 미리 정해져 있는 것이 아니기 때문에 인간의 본질을 파악하는 것과 행복에 이르는 것은 관련이 없다고 보았다. 또 아리스토텔레스는 이성을 통한 객관적인 진리 추구를 강조하지만, 사르트르는 인간의 보편적 합리성보다는 개개인의 주체성을 중시하였다.

**바로잡기** ㄴ. 아리스토텔레스는 이성의 탁월한 발휘를 통해 행복에 이를 수 있다고 보았다. 따라서 부정으로 대답할 질문이다.

### 03 듀이, 벤담, 흄의 윤리 사상 비교

**자료 분석 노트**

갑(듀이): 최선의 도구를 찾아 문제를 해결하는 것이 선(善)이다. (문제 해결의 유용성을 지닐 때 가치를 지닌다.) 그러므로 도덕도 성장하고 진보한다.
을(벤담): 행위의 옳고 그름을 판정하는 유일한 기준은 그 행위가 산출하는 고통과 쾌락의 양이다. (양적 공리주의 : 쾌락의 양적 측면만 고려)
병(흄): 도덕의 기초는 타인과 함께 느끼는 공감이다. 그러므로 공감을 통해 쾌감을 느끼게 하는 행위는 선(善)하다. (도덕 판단의 기초 = 감정)

(가)의 갑은 듀이, 을은 벤담, 병은 흄이다. 듀이, 벤담과 달리 흄은 도덕적 행동의 직접적인 동기를 오직 감정으로 보았다. 또한 듀이, 벤담, 흄 모두 유용성을 지닌 행위가 도덕적 가치를 지닌다고 보았다.

**바로잡기** ㄱ. 세 사상가 모두 지식과 사유의 원천이 경험에 있다고 본다.
ㄴ. 세 사상가 모두 선험적 지식을 거부하고 경험을 중시한다.

## 04 키르케고르와 하이데거의 사상 비교

**자료 분석 노트**

갑: 인간은 정신이며, 정신은 곧 자아이다. 자아는 자기와 맺는 관계이며, 이런 관계는 무한과 유한의 종합이다. 이 역설적인 상황에서 생기는 절망은 '죽음에 이르는 병'이다.
(키르케고르)
└ 선택을 해야 하는 상황에서 주체적 결정을 회피하는 것을 죽음에 이르는 병이라고 한다.

을: 인간은 '현존재'에 대한 물음을 통해서 존재의 의미를 묻는 존재자이다. 인간은 자신이 죽음에 이르는 존재라는 것을 수용함으로써 자신의 본래적 모습을 만날 수 있다.
(하이데거)
└ 현존재: 인간의 현실적인 모습을 의미
└ 죽음을 주체적으로 자각함으로써 참된 실존을 회복한다.

갑은 키르케고르, 을은 하이데거이다. 키르케고르는 인간이 모든 것을 신에 맡기고 살아가고자 결단할 때, 즉 신 앞에 선 단독자로 살기로 결단할 때, 신의 사랑에 의해 불안과 절망에서 벗어나 참된 실존을 회복할 수 있다고 보았다. 하이데거는 인간이 죽음에 이르는 존재임을 주체적으로 자각할 때, 삶의 소중함을 깨닫게 되어 참된 실존을 회복할 수 있다고 보았다.

**바로잡기** ① 키르케고르에 따르면 쾌락을 추구하는 것은 심미적 실존 단계이다. 이 단계에서 인간은 허망함을 느끼고 결국 절망하게 된다.
② 인간의 자유로운 결단에 대한 책임을 강조하는 것은 키르케고르와 하이데거의 공통 입장이다.
③ 키르케고르는 윤리적 삶이 아닌 종교적 실존 단계에서 참된 실존을 회복할 수 있다고 보았다.
④ 실존주의자인 하이데거는 인간의 보편적 본질보다 개인의 주체성을 더 강조하였다.

## 수능 특강

206~207쪽

유형 1 ④ 유형 2 ⑤ 유형 3 ③ 유형 4 ⑤

### 유형 1 아우구스티누스와 스피노자 사상의 비교하기

갑은 아우구스티누스, 을은 스피노자이다. 스피노자에 따르면 신 또는 자연이 유일한 실체이며, 인간은 그러한 신 또는 자연을 이성적으로 인식할 때 행복을 누릴 수 있다. 신 또는 자연을 이성적으로 인식하는 것은 자연의 필연적인 법칙을 파악하는 것이기도 하다.

**선택지 분석**

~~①~~ 갑은 인간이 죄를 짓는 존재이기 때문에 자유 의지가 없다고 본다.
→ 아우구스티누스의 입장이 아니다. 아우구스티누스는 신이 인간에게 자유 의지를 부여했다고 보았다.

~~②~~ 갑은 인간의 참된 행복이 이성을 통해 현세에서 실현된다고 본다.
→ 아우구스티누스는 신의 은총을 통해 내세에서 참된 행복이 실현된다고 보았다.

~~③~~ 을은 지적인 관조를 통해 자연의 필연성을 초월할 수 있다고 본다.
→ 스피노자는 인간이 자연의 필연성을 초월할 수 없다고 보았다.

④ 을은 신의 본성을 인식함으로써 완전한 행복을 얻을 수 있다고 본다.
→ 스피노자는 지적인 관조를 통해 신의 본성, 즉 자연의 법칙을 파악하고 신에 대한 지적인 사랑을 이루어야 함을 주장하였다.

~~⑤~~ 갑, 을은 신의 은총에 의해 정념의 방해에서 벗어날 수 있다고 본다.
→ 아우구스티누스만의 입장이다.

### 유형 2 아퀴나스와 아우구스티누스의 사상 비교하기

갑은 아퀴나스, 을은 아우구스티누스이다. 아퀴나스에 따르면 영원법은 자연법의 근거이고, 이성으로 파악할 수 있는 자연법은 실정법의 근거이다. 그리고 인간이 영원한 행복을 얻으려면 반드시 믿음, 소망, 사랑이라는 종교적 덕을 갖춰야 한다. 한편 아우구스티누스와 아퀴나스는 모두 완전한 행복에 이르기 위해 반드시 신의 은총이 필요하다고 보았다.

**선택지 분석**

ㄱ 갑 : 이성으로 파악한 자연법에 근거하여 실정법을 제정해야 한다.
→ 아퀴나스는 실정법은 자연법에 근거해야 한다고 보았다.

ㄴ 갑 : 믿음, 소망, 사랑이라고 하는 종교적 덕을 함양해야 한다.
→ 아퀴나스는 영원한 행복을 위해 종교적 덕을 갖춰야 하다고 보았다.

~~ㄷ~~ 을 : 신은 악을 창조하여 자유로운 인간에게 책임을 부과한다.
→ 아우구스티누스는 악은 신이 창조한 것이 아니라 인간이 자유 의지를 남용함으로써 생겨난 것이라고 보았다.

ㄹ 갑, 을 : 완전한 행복을 달성하기 위해 신의 은총이 필요하다.
→ 아퀴나스와 아우구스티누스의 공통된 입장이다.

### 유형 3 흄과 칸트의 사상 비교하기

갑은 흄, 을은 칸트이다. 흄은 도덕적 판단의 기초를 감정이라고 보면서, 어떤 행동이 그것을 바라보는 사람에게 시인(是認)의 즐거운 감정을 가져다준다면 좋은 것[善]으로 보았다. 또한 이성은 도덕적 행동의 직접적인 동기는 될 수 없으나, 감정을 위한 도구적 역할을 한다고 설명하였다. 한편 칸트는 의무 즉 도덕 법칙으로부터 비롯된 행동만이 도덕적 가치를 갖는다고 보면서 도덕 법칙을 정언 명령의 형식으로 제시하였다. 정언 명령의 핵심은 준칙의 보편화 가능성이다.

**선택지 분석**

~~①~~ 갑 : 이성은 도덕적 판단과 실천에 어떠한 영향도 줄 수 없다.
→ 흄은 이성이 감정을 위한 도구적 역할을 한다고 보았다.

~~②~~ 갑 : 행위에 대한 정서적 반응은 도덕적 구별의 근거가 될 수 없다.
→ 흄은 시인(是認)의 즐거운 감정을 가져다주는 행동이 선한 것이라고 보았다.

③ 을 : 보편화할 수 있는 준칙은 도덕 법칙에 위배되지 않는다.

~~④~~ 을 : 의무에 맞는 모든 행위는 의무로부터 비롯된 것이다.
→ 의무에 맞는 행위라도 의무로부터 비롯되지 않는 것도 있다. 예를 들면 사람들로부터 신용을 얻어 장기적으로 이익을 도모하기 위하여 물건을 공정하게 판매하는 상인 등이 있다.

~~⑤~~ 갑, 을 : 도덕 판단의 근거는 모든 이성적 존재들의 행복 증진이다.
→ 칸트에게는 해당되지 않는 내용이다.

### 유형 4 듀이의 실용주의 사상 파악하기

(가)는 실용주의 사상가 듀이이다. 가로 낱말 (A)는 진선미, (B)는 윤리이다. 그러므로 (나)의 세로 낱말에 들어갈 말은 '진리'이다. 듀이는 지식이 고정불변의 가치가 있는 것이 아니라 삶에 대한 유용성을 근거로 정당화되며, 끊임없는 진보와 성장을 이루어야 한다고 주장하였다.

**선택지 분석**

~~① 경험과 관찰보다 직관적 판단에 의해서 획득되는 것이다.~~
→ 듀이는 직관적 판단이 아니라 경험과 관찰을 강조하였다.

~~② 개선을 위한 도구가 아니라 본래적 선으로 추구되는 것이다.~~
→ 듀이에 따르면 진리란 개선을 위한 도구이다.

~~③ 시공을 초월한 고정된 표준으로서의 타당성을 지니는 것이다.~~
→ 듀이는 고정 불변의 진리는 없으며 진보와 성장을 통해 유용성을 가지는 것이 진리로서 정당성을 지닌다고 주장하였다.

~~④ 오류 가능성이 완전히 제거되어 절대적 확실성을 갖는 것이다.~~
→ 듀이에 따르면 진리는 계속 변화하고 성장하는 것이며, 오류 가능성이 없는 지식이란 존재하지 않는다.

⑤ 과학적 탐구를 통해 삶의 문제 해결에 유용한 것으로 확인된 것이다.
→ 듀이에게 진리란 삶의 문제를 해결할 수 있는 실제적 유용성을 지니는 것이다.

## 실전 대비 Ⅲ 단원 문제 마무리

210~213 쪽

| | | | | | |
|---|---|---|---|---|---|
| 01 ② | 02 ② | 03 ⑤ | 04 ② | 05 ② | 06 ③ |
| 07 ⑤ | 08 ⑤ | 09 ④ | 10 ③ | 11 ⑤ | 12 ④ |
| 13 ④ | 14 ⑤ | | | | |

**15** (1) 쾌락 (2) **예시답안** 에피쿠로스는 적극적인 욕망의 충족에 따른 쾌락이 아니라 고통을 제거함으로써 주어지는 쾌락을 추구하였으며, 궁극적으로 모든 고통이 제거된 상태가 지속됨으로써 주어지는 쾌락을 통해 참된 행복에 이를 수 있다고 보았다.

**16** **예시답안** 아퀴나스는 실정법이 인간 사회의 질서를 유지하기 위해 만들어진 것일지라도 자연법을 위반할 경우, 그 실정법은 정당성을 상실하게 된다고 보았다.

**17** (1) 실천 (2) **예시답안** 칸트의 입장에서는 도덕적 행위가 아니라고 평가할 것이다. 왜냐하면 갑은 의무로부터 비롯된 행위를 한 것이 아니라 동정심이라는 감정에 따라 행동하였기 때문이다.

**01** 갑은 정의는 강자의 이익이라고 본 트라시마코스, 을은 나쁜 것을 안다면 그것을 행하지 않을 것이라고 주장한 소크라테스이다. 소피스트는 보편타당한 진리와 고정불변한 윤리가 존재하지 않는다는 윤리적 상대주의를 주장하였다. 소크라테스와 소피스트 모두 자연보다는 인간과 인간 사회에 대한 탐구를 중시하였다.

**바로잡기** ㄴ. 세속적 가치를 중요하게 여기는 것은 소피스트이다.
ㄹ. 소크라테스는 악행은 오로지 무지에서 비롯된다고 보았다.

**02** 제시된 그림의 검색어 A는 윤리적 보편주의이다. 윤리적 보편주의의 대표적 사상가는 소크라테스이다. 윤리적 보편주의는 보편타당한 도덕규범이 존재한다는 주장이다. 이 주장에 따르면 모든 시대, 사회, 사람을 관통하는 도덕 판단의 기준과 도덕규범이 있고, 이를 따르는 행위는 항상 정당하다.

**바로잡기** ① 윤리적 상대주의는 소피스트의 주장이다.
③, ④, ⑤ 윤리적 보편주의와 관련이 없는 주장이다.

**03** 제시문은 플라톤의 이데아론이다. 플라톤은 이상적인 국가에서는 선에 관한 절대적 지식을 성취한 철인이 통치를 해야 한다고 보았다.

**바로잡기** ① 플라톤은 선의 이데아는 현실에서 찾을 수 없고 오로지 이데아의 세계에서 찾을 수 있다고 보았다.
② 플라톤은 통치자와 군인 계급만이 재산을 공유해야 한다고 주장하였다.
③ 플라톤은 민주 정치를 어리석은 대중에 의한 정치라고 보았다.
④ 플라톤은 이상적인 인간과 이상적인 국가는 무관하지 않다고 보았다.

**04** 갑은 플라톤, 을은 아리스토텔레스이다. 플라톤과 아리스토텔레스는 모두 덕 있는 삶을 살 때 행복한 삶을 살 수 있다고 보았다. 그러나 아리스토텔레스는 품성적인 덕의 실천과 관련하여 의지의 중요성을 강조하였다.

**바로잡기** ①, ③, ④, ⑤ 플라톤과 아리스토텔레스의 입장으로 적절하게 연결된 것이 아니다.

**05** 에피쿠로스학파와 스토아학파는 헬레니즘 시대의 혼란과 불안을 극복하기 위해 개인의 평온한 삶에 관심을 기울였다. 에피쿠로스학파는 절제 있는 삶을 통해 지속적이고 정신적인 쾌락을 추구하였으며, 스토아학파는 온갖 욕망과 감정으로부터 벗어난 금욕적인 삶을 추구하였다. 또한 에피쿠로스학파는 공적인 삶을 벗어난 은둔자적 삶을, 스토아학파는 공공선의 실현을 통한 세계 시민적 삶을 강조하였다.

**바로잡기** ② 공적인 삶을 멀리 한 것은 에피쿠로스학파이다. 스토아학파는 인류의 공동선 실현을 강조하였다.

**06** 제시문은 아퀴나스의 주장이다. 아퀴나스는 인간의 궁극적 목적은 절대 선 그 자체, 즉 신에게 이르는 것이라고 보았다.

**바로잡기** ① 아퀴나스는 신이 인간에게 자유 의지를 부여했다고 보았다.
② 아퀴나스는 신의 존재가 이성을 통해서도 증명될 수 있다고 보았다.
④ 아퀴나스는 인간 본성은 종교적 덕의 실천을 통해 완성될 수 있다고 보았다.
⑤ 아퀴나스는 영원한 행복은 오직 신의 은총을 통해서만 가능하다고 보았다.

**07** (가)의 갑은 데카르트, 을은 흄이다. (나)의 A에는 데카르트가 긍정, 흄은 부정으로 대답할 질문이 들어가야 하고, B에는 데카르트가 긍정, C에는 흄이 긍정으로 대답할 질문이 들어가야 한다. 흄은 인간이 모두 공감 능력을 가지고 있어 사회적이고 보편적으로 시인의 감정을 느낄 수 있다고 보았다.

**바로잡기** ① 데카르트는 사유와 지식의 근거를 이성에서 찾았다.
② 자연에 대한 경험적 탐구를 강조하는 것은 경험론이다.
③ 흄이 긍정으로 대답할 질문이므로 C에 들어가야 한다.
④ 베이컨이 긍정으로 대답할 질문이다.

**08** 제시문의 사상가는 스피노자이다. 스피노자는 자연(신)의 인과적 필연성을 이성적 관조를 통해 인식함으로써 마음의 평정과 진정한 자유를 얻을 수 있다고 보았다.

**바로잡기** ① 스피노자에게는 우주가 곧 신이며, 자연을 창조한 인격적 신이 아니다.
② 스피노자에 따르면, 신이 곧 자연이며 자연의 필연적 법칙에 내재한다.
③ 스피노자는 감정은 자연의 필연적 결과라고 보았다.
④ 스피노자에 따르면, 자연에 존재하는 모든 것은 인과적 필연성을 따르기 때문에 자유 의지를 가질 수 없다. 다만 이성적 관조를 통해 정념의 예속으로부터 자유를 누릴 수 있다고 보았다.

**09** 갑은 벤담, 을은 칸트이다. 벤담은 도덕적 행위의 판단 기준이 결과에 있다고 보았고, 칸트는 동기에 있다고 보았다. 두 사상가 모두 공리의 원리와 정언 명령이라는 보편적 도덕 원리를 제시하였다.

**바로잡기** ㄴ. 칸트는 도덕적인 삶이 행복한 삶을 보장하지 않는다고 보았다. 왜냐하면 도덕적으로 살더라도 행복하지 않을 수 있기 때문이다.

**10** 제시문의 '나'는 질적 공리주의자인 밀이며, '어떤 사상가'는 양적 공리주의자인 벤담이다. 밀의 입장에서 볼 때, 벤담은 쾌락의 질적 차이가 존재함으로 모르고 있다.

**바로잡기** ①, ⑤ 밀과 벤담의 공통 입장이기 때문에 비판의 내용으로 적절하지 않다.
② 쾌락이 양적으로 계산 가능하다는 것은 벤담이 주장하는 내용이므로 비판의 내용으로 적절하지 않다.
④ 벤담은 쾌락의 양적 계산 기준으로 일곱 가지 척도를 제시하기 때문에 비판의 내용으로 적절하지 않다.

**11** 제시문은 실용주의자인 듀이의 주장이다. 듀이는 지식을 문제 상황을 해결하기 위한 도구로 보았고, 지성적인 방식의 문제 해결을 보장하는 정치 제도로서 민주주의를 강조하였다. 또한 그가 말하는 도덕적인 인간은 도덕적으로 성장하는 과정에 있는 사람이며, 선한 쪽으로 진보하는 사람이다.

**바로잡기** 첫 번째 관점 : 듀이의 입장에서 불변하는 고정적 진리나 지식은 존재하지 않는다.

**12** 갑은 중세 서양 윤리 사상가인 아퀴나스, 을은 현대 실존주의 사상가인 키르케고르이다. 아퀴나스는 절대적 진리를 강조하였고, 키르케고르는 개인의 주체적인 결단을 중시하였다. 또한 두 사상가 모두 신앙의 중요성을 강조하였다.

**바로잡기** ㄷ. 스피노자의 입장이다.

**13** 제시된 사상가는 실존주의자인 사르트르이다. 그는 인간이 신에 의해 본질이나 목적이 계획되거나 창조된 존재가 아니라 우연히 내던져진 존재라고 보았다. 모든 인간에게는 자유가 주어져 있으므로 주체적인 선택과 결단에 따라 자신의 삶을 스스로 만들어 나가고 그 결과를 책임질 것을 강조하였다.

**바로잡기** ① 사르트르는 인간의 보편적 합리성보다는 개개인의 주체성을 강조하였다.
② 사르트르는 목적이나 본질을 정해 주는 신의 존재를 부정하였다.
③ 사르트르는 객관적이고 보편적인 진리나 윤리를 거부하였다.
⑤ 아리스토텔레스의 입장이다.

**14** 갑은 소피스트인 프로타고라스, 을은 실용주의를 주장한 듀이이다. 두 사상가 모두 절대적인 도덕규범이나 진리는 존재하지 않는다고 본다는 공통점이 있다.

**바로잡기** ① 소피스트는 감각이 도덕 판단의 근거라고 본다.
② 소피스트는 가치 판단의 기준이 개인에게 있다고 본다.
③ 듀이는 진리가 상황에 따라 변한다고 주장한다.
④ 듀이는 지식은 실제적 유용성을 가질 때 비로소 가치를 지닌다고 주장한다.

**15** **이렇게 쓰면 만점** (2) 쾌락을 적극적으로 추구한 것이 아니라 고통이 제거된 상태를 추구했다는 점을 포함하여 서술하고, 일시적인 쾌락이 아니라 지속적인 쾌락을 추구하였음을 포함하여 서술하면 만점이다.

**16** **이렇게 쓰면 감점** 실정법의 정당성이 상실되는 이유로 '자연법의 위반'이라는 내용을 누락하고 서술하면 감점이다.

**17** **이렇게 쓰면 만점** (2) '도덕적 행위가 아니다.'라는 평가 내용을 밝히고, 그 까닭에 '의무로부터 비롯된 행위가 아니다.' 혹은 '동정심이라는 감정에 따른 행동이다.'라는 내용을 포함하여 서술하면 만점이다.

**이렇게 쓰면 감점** (2) 평가 내용을 밝히지 않았거나 평가 내용이 근거를 밝히지 않고 부분적인 내용만 서술하면 감점이다.

# Ⅳ 사회사상

## 01 사회사상과 이상 사회

### 기초를 다지는 확인 문제 218쪽

**01** (1) × (2) × (3) ○ (4) ○ (5) × **02** (1) 사회사상 (2) 철학자/철인 (3) 소국과민 (4) 생산 수단 **03** (1) ㉣ (2) ㉠ (3) ㉢ (4) ㉡

### 실력을 키우는 실전 문제 219~221쪽

**01** ② **02** ① **03** ② **04** ⑤ **05** ⑤ **06** ② **07** ③ **08** ③ **09** ② **10** ③

**11** (1) **예시답안** (가)는 모어의 유토피아이고, (나)는 공자의 대동 사회이다. 두 이상 사회는 모두 평등한 사회, 인간 존엄성이 지켜지는 사회, 재화가 고르게 분배되는 사회, 물질이 풍요로운 사회를 지향한다.
(2) **예시답안** 유토피아와 대동 사회는 물질적으로 풍요로운 사회를 지향하고 있지만 물질적 풍요로움을 어떻게 확보할 것인지에 대한 구체적인 방법은 제시하지 않고 있다.

**12** **예시답안** 공산 사회는 생산 수단을 공유하며, 능력에 따라 일하고 필요에 따라 분배받는 사회이다.

**13** 질서 정연한 사회

**01** ㉠은 사회사상을 말한다. 사회사상은 사회 현상을 체계적으로 이해하고 분석하는 틀로서, 현재 사회에 대한 반성적 성찰이나 비판의 기준을 제공해 주며, 바람직한 사회를 설계하는 이론적 토대가 된다.

**바로잡기** ② 사회사상이 아니라 윤리 사상에 관한 설명이다.

**02** 갑은 노자, 을은 공자이다. 노자는 사회 혼란의 원인을 인위적인 제도나 가치관에 있다고 본 반면, 공자는 사회 혼란의 원인이 도덕성의 타락에 있다고 보고 인(仁)과 예(禮)를 강조하였다. 따라서 분별적 지식에 대해 노자는 부정적으로, 공자는 긍정적으로 볼 것이다.

**바로잡기** ② 한비자가 긍정의 대답을 할 질문이다.
③, ⑤ 공자가 긍정의 대답을 할 질문이다.
④ 모두 부정의 대답을 할 질문이다. 공자는 나라를 작게 하는 데 동의하지 않으며, 노자는 문명은 인위적인 것으로 생각하여 거부하였다.

**03** 갑은 플라톤, 을은 모어, 병은 마르크스이다. 플라톤은 통치자, 방위자, 생산자의 세 계층이 조화를 이루고 철학자가 통치하는 이상 국가를 제시하였다. 모어는 공동으로 생산하고 공동으로 소유하는 평등한 사회인 유토피아를, 마르크스는 능력에 따라 일하고 필요에 따라 분배받는 공산주의 사회를 이상 사회로 제시하였다.

**바로잡기** ①, ③ 생산 수단의 공유, 계급 투쟁과 혁명을 주장한 사상가는 마르크스이다.
④ 플라톤에 따르면 통치자는 지혜를, 방위자는 용기를, 생산자는 절제의 덕목을 갖추어야 한다. 모든 계층이 지녀야 할 덕목은 절제이다.
⑤ 플라톤의 이상 국가에서는 세 계층이 존재한다.

**04** 갑은 플라톤, 을은 롤스이다. 플라톤은 국가의 구성원인 세 계층의 사람들이 모두 각자의 덕목을 갖추고 소임을 다할 때 정의가 실현된다고 하였다. 반면 롤스는 공리주의적 정의론을 비판하며 최소 수혜자에게 최대의 이익이 돌아가도록 하는 것이 정의라고 주장하였다.

**바로잡기** ① 베이컨의 뉴 아틀란티스, ② 공자의 대동 사회, ③ 공리주의에 관한 내용이다.
④ 포퍼의 열린 사회에 관한 설명이다.

**05** 제시문의 A 사상가는 베버이다. 베버는 이상 사회를 만들고자 하는 노력이 없었다면 우리가 사는 현재 사회도 존재할 수 없었을 것이라고 하면서, 인간은 이상 사회를 이루려는 열망을 통해 현실 사회의 문제점을 비판하고 개선할 수 있다고 주장하였다.

**바로잡기** ①, ②, ③ 베버의 주장과 관련이 없는 진술이다.
④ 이상 사회가 아니라 사회사상에 관한 설명이다.

**06** 갑은 벤담, 을은 롤스, 병은 모어이다. 벤담은 최대 다수가 최대의 행복을 누리는 사회, 롤스는 최소 수혜자에게 최대의 혜택이 돌아가는 사회, 모어는 공동으로 생산하고 공동으로 소유하는 평등한 사회를 바람직한 사회로 제시하였다.

**바로잡기** ① 마르크스의 공산주의, ③, ④ 자본주의에 관한 설명이다.
⑤ 모어에만 해당하는 내용이다.

**07** 제시문은 토마스 모어가 이상 사회로 제시한 유토피아의 모습이다. 유토피아는 경제적으로 풍요롭고 소유와 생산에 있어 평등하며, 도덕적으로 타락하지 않은 사회이다.

**바로잡기** ㄱ. 공자의 대동 사회이다.
ㄹ. 사회적 약자에 대한 배려는 롤스가 강조한 내용이다.

**토마스 모어의 유토피아** 만점 공략 노트

| | |
|---|---|
| 의미 | U(no) topia(place) : 이 세상에 없는 곳이라는 의미 |
| 특징 | • 사유 재산을 인정하지 않음<br>• 공동 노동 → 공동 분배<br>• 경제적으로 풍요롭고 안정된 사회<br>• 도덕적, 평등 사회 → 도덕적으로 성숙한 사회 |

**08** (가)는 도가 사상가인 노자가 이상 사회로 제시한 소국과민 사회이다. 노자는 인위적인 제도나 가치관이 사회 혼란의 원인이라고 보아 문명과 분별적 지혜에 대해 부정적 입장을 취하였다. 노자에 따르면, 통치자는 무위의 정치를 펼치고, 자연적 본성에 따라 살아야 이상 사회가 실현된다.

**바로잡기** ③ 도가에서는 분별적 지혜에서 벗어나야 한다고 본다.

**대동 사회와 소국과민** 만점 공략 노트

대동 사회와 소국과민 사회, 또는 공자와 노자의 이상 사회론은 다양하게 비교되어 출제되므로, 다른 이상 사회론과 함께 반드시 정리해 두자.

| | |
|---|---|
| 공자의 대동 사회 | • 정명(正名) 사상을 기반으로 함 → 군군(君君) : 임금은 임금답게<br>• 군주의 도덕성과 재화의 균등 분배가 기본<br>• 신분 제도가 존재하기에 평등 사회는 아님 |
| 노자의 소국과민 | • 작은 영토에 적은 백성<br>• 덕 : 인간의 본성이자 자연적 본성 → 무지(無知)와 무욕(無欲)을 강조함<br>• 무위(無爲)의 정치가 이상적이라고 봄 |

**09** 제시문은 플라톤이 제시한 이상 국가의 모습이다. 지혜로운 철학자가 통치하는 이상 국가에서는 통치자에게 엄격한 도덕성을 요구한다. 또한 통치자는 재산뿐만 아니라 아내와 자식을 공유한다.

바로잡기 ㄴ. 재산 공유는 통치 계층에만 해당한다.
ㄹ. 유토피아에 관한 설명이다.

**철인의 선발 과정** 만점 공략 노트

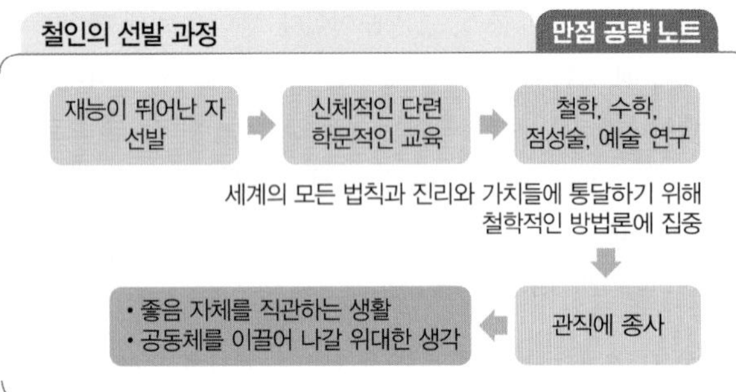


**10** 제시문은 마르크스·엥겔스의 『공산당 선언』 일부이다. 마르크스는 사유 재산과 계급이 철폐되어 모두가 정치의 주체가 되는 공산주의 사회를 이상 사회로 제시하였다. 공산 사회는 국가가 소멸되고 능력에 따라 일하고 필요에 따라 분배받는 사회이다.

바로잡기 네 번째 입장 : 과학 기술을 바탕으로 한 풍요로운 사회는 베이컨이 꿈꾼 뉴 아틀란티스이다.

**11** 이렇게 쓰면 만점 (1) (가)는 유토피아, (나)는 대동 사회임을 쓰고, 두 이상 사회의 공통점이 평등한 사회, 인간 존엄성이 지켜지는 사회, 재화가 고르게 분배되는 사회, 물질이 풍요로운 사회임을 서술하면 만점이다.

이렇게 쓰면 만점 (2) 물질적 풍요로움을 어떻게 실현할 수 있는지에 대한 방법을 제시하지 않았다고 서술하면 만점이다.

**12** 이렇게 쓰면 만점 '생산 수단의 공유'와 '능력에 따라 일하고 필요에 따라 분배'라는 내용을 모두 서술하면 만점이다.

## 등급을 올리는 고난도 문제

222~223 쪽

01 ④ 02 ③ 03 ① 04 ②

**01 서양의 이상 사회론 비교** 자료 분석 노트

갑 : 우리가 지향하는 사회는 빈곤도 없고 낭비도 없는 사회이다. 그곳은 같은 말, 법률, 관습을 가진 54개의 마을로 구성되어 있는 초승달 모양의 섬나라이다. 생산적 노동은 여섯 시간으로 제한되며, 여덟 시간 잠자고 남은 시간은 정신적인 오락이나 연구에 사용된다.

(초승달 모양의 섬나라: 모어의 유토피아를 상징하는 곳이다.)
(유토피아에서는 필요 이상의 노동을 하지 않고, 정신적 자유와 문화생활을 누릴 수 있다.)

을 : 우리가 지향하는 사회는 정신노동과 육체노동의 구분이 사라져서 노동 그 자체가 삶의 욕구가 되는 사회이다. 그곳은 생산력이 고도로 성장하여 집단적인 부(富)의 원천이 풍요롭다. 마침내 각자는 자신의 능력에 따라 생산하고, 자신의 필요에 따라 분배받는다.

(공산 사회의 특징이다. 공산 사회는 사유 재산과 계급이 소멸하고 생산력이 고도로 발전된 사회이다.)

갑은 유토피아를 이상 사회로 추구한 모어이고, 을은 공산 사회를 이상 사회로 추구한 마르크스이다. 유토피아는 생산과 소유에 있어서 평등이 실현되고 경제적으로 풍요로우며 도덕적으로 타락하지 않은 사회이다. 공산 사회는 생산력이 고도로 발달하여 인간 각자가 능력에 따라 생산하고 필요에 따라 분배받는 사회이고, 재산에 대한 공유제가 시행되어 구성원들 간의 차별이 없는 사회이다.

바로잡기 ㄱ. 모어의 이상 사회는 사유 재산제를 인정하지 않는다.
ㄷ. 공자의 대동 사회에 관한 설명이다.

**02 플라톤의 이상 국가 이해** 자료 분석 노트

(참주(僭主): 비합법적인 방법으로 정권을 장악한 지배자이다.)

참주(僭主)는 남을 다스리려고 하지만 아첨과 굴종을 하며 산다는 점에서 진짜 노예이며, 자신의 무한한 욕망을 충족시키지 못한다는 점에서 진실로 가난한 자다. 그의 영혼은 두려움으로 가득 차 있어 병들어 있다. 철인왕은 그와 반대되는 유형의 사람이다. 그래서 철인왕이 통치하는 나라를 최선의 이상 국가로 볼 수 있다.

(철인왕: 오랜 교육과 훈련을 받고 선의 이데아에 대한 지식을 갖춘 통치자이다.)
(플라톤의 이상 국가는 선의 이데아에 관한 인식과 실현이 가능한 철인이 다스리는 국가이다.)

제시된 관점을 가진 사상가는 플라톤이다. 플라톤은 이성, 기개 정욕의 세 영혼이 조화를 이루고 지혜와 용기, 절제의 덕을 두루 갖춘 철인왕(철학자)이 통치하는 국가를 이상 국가로 제시하였다.

첫 번째 입장 : 철인왕은 지혜의 덕을 갖추고 있으므로 이성이 뛰어나지만, 비합법적인 방법으로 정권을 장악하면서 영향력을 확산시킨 참주는 욕망이 우세하다.

세 번째 입장 : 이상 국가에서 통치자는 지혜를, 수호자는 용기를, 생산자는 절제의 덕을 갖추어야 한다.

**바로잡기** 두 번째 입장 : 이상 국가는 지혜로운 철인왕이 통치하는 국가이지 시민이 직접 정치에 참여하는 국가가 아니다.
네 번째 입장 : 이상 국가에서 영혼의 세 부분이 조화로운 관계를 이루는 계층은 통치자인 철인왕에 한정된다.

### 03 동서양의 이상 사회론 비교

자료 분석 노트

국가의 모든 구성원이 자신의 역할을 충실히 수행하고 있음을 말한다.
갑 : 올바른 나라에서는 성향이 다른 세 계층이 저마다 각자의 일을 하여 조화를 이룬다. 이 나라가 절제 있고 용기 있으며 지혜로운 나라인 것도 세 계층의 상이한 습성에 따른 것이다. 세 계층은 서로 참견하거나 서로 간에 기능을 바꾸지 않는다.
플라톤의 이상 국가는 생산자, 방위자, 통치자가 각각 절제, 용기, 지혜의 덕을 발휘하여 조화를 이룬 사회이다.
세 계층은 이동이 자유롭지 않다.
대동 사회를 말한다.
을 : 이상적인 사회에서는 큰 도(道)가 행해지고 천하가 모두의 것이 됩니다. 또한 어질고 능력 있는 사람이 지도자가 되어 신의와 화목을 가르칩니다. 노인도 편안하게 여생을 보낼 수 있고, 장년은 일할 곳이 있으며, 어린이는 잘 부양되고, 의지할 곳 없는 자와 병든 자도 모두 부양받습니다.
공자의 대동 사회는 가족 이기주의에서 벗어나 타인을 배려하는 도덕적인 공동체이다.

갑은 플라톤, 을은 공자이다. 플라톤은 선의 이데아를 인식할 수 있는 지혜로운 철학자를 통치자로 내세웠고, 공자는 덕 있는 통치자가 백성을 이끌어야 한다고 하였다.

**바로잡기** ② 두 사상가 모두 다수결과는 거리가 먼 정치 체제를 주장하였다.
③ 두 이상 사회 모두 신분의 이동이 자유롭지 않았다.
④, ⑤ 노자의 소국과민 사회와 관련 있는 질문이다.

### 04 동서양의 이상 사회론 비교

자료 분석 노트

문명의 이기에 무관심하다는 의미이다.
갑 : 백성으로 하여금 많은 도구가 있어도 사용할 필요가 없게 만들고, 죽음을 중요하게 여겨 먼 곳으로 이사를 다니지도 않게 하라. 사람들이 문자가 아닌 노끈을 묶어 의사소통하게 하라.
노자의 소국과민 사회는 자연의 순리에 따라 인간 본연의 모습으로 살아가고자 하는 사회이다.
을 : 생산 수단을 갖지 못한 사람들이 단결하여 혁명을 일으켜야 한다. 이를 통해 스스로 지배 계급이 되어 낡은 생산 관계를 폐지하면 궁극적으로 계급도 폐지될 것이다.
프롤레타리아 혁명을 통해 자본주의 사회를 무너뜨린다.
공산 사회는 사유 재산과 계급이 소멸된 사회이다.

갑은 노자이고, 을은 마르크스이다. 노자는 인위적인 가치관을 부정적으로 바라보았기에, 인위적인 가치가 매겨진 재물을 하찮게 보았다.

**바로잡기** ① 공자의 대동 사회에 관한 내용이다.
③ 현대 복지 국가, ④ 현대 자본주의 사회의 모습이다.
⑤ 마르크스에만 해당하는 내용이다.

## 02 국가

**기초를 다지는 확인! 문제** 228쪽

**01** (1) ○ (2) × (3) ○ (4) × (5) × **02** (1) 국가 (2) 마르크스 (3) 법치 **03** (1) ㉠ (2) ㉢ (3) ㉡ (4) ㉣

**실력을 키우는 실전 문제** 229~231쪽

**01** ⑤ **02** ② **03** ③ **04** ② **05** ⑤ **06** ②
**07** ② **08** ④ **09** ② **10** ①

**11** (1) **예시답안** (가), (나) 국가관의 공통점은 국가(군주)의 권력이 국민(백성)이 아니라 초월적인 존재에게서 주어진다는 것이다.
(2) **예시답안** (가)는 왕권신수설로서 국가(군주)의 권력이 신으로부터 나온다고 보며, (나)는 천명사상으로서 국가(군주)의 권력이 하늘로부터 나온다고 본다는 차이점이 있다. 또한 (가)는 군주를 국가와 동일시하여 국민(백성)을 국가의 근본으로 삼지 않지만 (나)는 백성이 국가의 근본이라는 민본 사상을 근거로 하고 있다.

**12** **예시답안** 시민의 자유를 보장하기 위해 국가는 시민의 정치 참여를 활성화하고, 법치를 보장함으로써 소수의 독재를 방지하도록 노력해야 한다.

**13** **예시답안** 사회 계약론의 관점에서 국가의 역할은 개인의 생명과 자유 등을 보장하는 것이다.

**01** 갑은 아리스토텔레스, 을은 홉스이다. 아리스토텔레스는 인간의 사회적·정치적 본성에 의해 생겨난 인간 간의 결합을 국가의 기원으로 본다. 반면 홉스는 국가의 기원이 자신의 권리를 보장받기 위해 개인이 동의한 계약에 있다고 본다.

**바로잡기** ① 국가를 가족의 질서가 확장된 공동체로 인식하는 입장은 유교이다.
② 국가를 자연 발생적으로 생겨난 것이 아니라 시민의 자유를 지키기 위한 수단으로 인식하는 입장은 공화주의이다.
③ 국가를 다른 모든 공동체를 포괄하며, 행복의 실현이라는 최고선을 추구하는 도덕 공동체로 인식하는 것은 아리스토텔레스이다.
④ 홉스는 자연 상태의 비참함에서 벗어나기 위해 개개인이 계약을 통해 국가를 만들었다고 본다.

**02** 갑은 아리스토텔레스, 을은 헤겔이다. 아리스토텔레스는 국가를 개인의 자아실현과 같은 좋은 삶의 실현을 위해 존재하는 공동체라고 보았다. 한편 헤겔은 국가를 가정과 부족의 모순을 극복한 최고의 공동체로 보고, 개인과 국가의 유기적 관계를 강조하였다.

**바로잡기** ① 갑, 을 모두 부정의 대답을 할 질문이다. 국가는 이름만으로 존재하는 것이 아니라 실체로 존재한다고 보았다.
③ 아리스토텔레스, ④ 헤겔, ⑤ 사회 계약론의 입장에서 긍정의 대답을 할 질문이다.

**03** 밑줄 친 '그'는 마르크스이다. 마르크스에 따르면 국가란 지배 계급이 자신의 이익과 지배권을 관철하고 유지하기 위해 동원한 강제 수단이다.

바로잡기 ① 자유주의, ② 사회 계약론에서 주장하는 국가의 본질이다. ④ 이상 사회를 추구하는 이유이며, 제시문과 거리가 멀다.
⑤ 마르크스는 지배 계급과 피지배 계급의 갈등 원인을 사유 재산제에서 찾았다.

**마르크스의 공산주의** 만점 공략 노트

마르크스의 공산 사회는 자주 출제되는 주제이므로 주요 용어를 정리해 두자.

| | |
|---|---|
| 생산 수단 | 생산을 위해 투입되는 물질적·비인간적 요소를 말하며, 경제학에서는 토지, 노동, 자본을 가리킴 |
| 생산관계 | 인간이 물질적 재화를 생산할 때 맺는 상호 관계로, 자본주의 체제에서 프롤레타리아는 노동력만을 소유하는 반면, 부르주아는 생산 수단을 소유하는 것이 가장 기본적인 생산관계임 |
| 계급 투쟁 | 마르크스는 자본주의 체제의 계급을 부르주아와 프롤레타리아로 나누고, 이 두 계급의 투쟁의 역사가 모든 사회의 역사라고 주장함 |

**04** 갑은 로크이고 을은 루소이다. 로크에 따르면 자연 상태에서 사람들은 자유롭게 살아가며 자연권을 행사한다. 하지만 모두가 자연법을 엄격하게 준수하는 것은 아니므로 자연 상태에서의 자연권 향유는 매우 불확실하다. 따라서 사람들이 계약을 통해 자연권을 사회에 양도함으로써 시민 사회가 성립된다. 반면 루소는 자연 상태에서 인간은 자유롭고 평등하며 평화로운 삶을 누리지만 사유 재산의 발생과 함께 불평등과 예속의 불행한 상태에 처하게 된다. 따라서 불평등한 사회 상태를 극복하기 위해 계약을 맺어 국가를 만들게 된다고 보았다.

바로잡기 ② 로크와 루소 모두 자연 상태를 자유롭고 평등한 상태로 보았으므로 A에 들어갈 질문이다.

**홉스, 로크, 루소의 사회 계약설** 만점 공략 노트

국가의 기원과 관련하여 사회 계약설은 다양한 유형으로 출제될 수 있다. 그중에서도 홉스, 로크, 루소 등 사회 계약론 간의 공통점과 차이점을 묻는 문제가 까다롭게 출제될 수 있으므로 비교하여 정리해 두자.

| 구분 | 홉스 | 로크 | 루소 |
|---|---|---|---|
| 자연 상태 | 만인에 대한 만인의 투쟁 | 자연법이 지배하는 평화 상태 | 자유롭고 평등 |
| 인간 본성 | 이기적 | 백지 | 선함 |
| 자연권 | 자기 보존 | 재산권 (신체 소유권) | 평등과 자유 |
| 옹호 체제 | 절대 군주제 | 입헌 군주제 | 직접 민주제 |
| 사회 계약 내용 | 자연권의 전면 양도 | 자연권을 국가 또는 국왕에게 신탁 | 일반 의지 실현 |
| 피통치자 | 절대 복종 | 저항권 인정 | 혁명 가능 |

**05** 제시문은 『맹자』에 나오는 이야기이다. 주나라 무왕의 정당성을 묻는 선왕의 질문에 대해 맹자는 군주라고 하더라도 군주의 직분을 망각하고 인의를 해치는 폭정을 하면 패악한 보통 사람에 불과하다고 답한다. 이 경우에 대해 맹자는 신하가 '군주'인 무왕을 해친 것이 아니라 일개 반도덕적인 사람을 응징한 것이라고 말하면서 역성혁명을 인정하였다.

바로잡기 ⑤ 맹자의 역성혁명은 국민이 지지하는 지도자를 선택하는 오늘날의 민주주의와는 다르다.

**맹자의 민본주의** 만점 공략 노트

유교적 국가관은 다른 국가관과 비교, 대비하여 다양한 방식으로 출제될 가능성이 있으므로 잘 정리해 두자.

| | |
|---|---|
| 맹자의 민본주의 | • 인의(仁義)의 덕으로 다스리는 왕도(王道) 정치<br>• 왕도 정치의 시작 : 형벌과 세금을 줄여 백성의 민생 문제 해결<br>• 왕도 정치의 완성 : 백성에게 인륜을 가르쳐 인간다움을 실현하게 함<br>• 백성의 지지를 잃은 군주를 바꿀 수 있음 |
| 민본주의의 시사점 | • 통치자의 도덕적 행위와 자질을 중시함 → 도덕 정치 구현의 바탕이 됨<br>• 통치권의 근거를 백성에 둠 → 도덕적 교화를 통한 백성의 자발적 참여를 유도함 |

**06** 가상 인터뷰의 고대 동양 사상가는 공자로, 『논어』에 나오는 내용이다. 공자에 따르면 국가는 가족의 질서가 확장된 공동체이기 때문에 효제(孝悌)와 같은 가족 윤리는 국가를 다스리는 토대가 된다. 따라서 부모를 섬기는 도리와 나라를 다스리는 원리가 같다.

바로잡기 ㄴ. 공자는 가족 윤리와 정치 원리는 같다고 하였다.
ㄷ. 국가를 최고의 인륜이라고 주장한 사상가는 헤겔이다.

**07** 갑은 홉스, 을은 로크이다. 홉스는 인간이 이기적이고 자기 보존적 성향이 강하다고 보고, 자연 상태에서는 항상 '만인의 만인에 대한 투쟁' 상태가 지속된다고 주장하였다. 그러나 자연법은 자연권을 유지하지 못할 만큼 미약하여, 개인들은 계약을 통해 자연권을 국가(군주)에게 전면 양도하게 된다. 반면 로크는 자연 상태에서 인간은 평온하고 평등하지만 언제나 잠재된 투쟁 상태에 놓여있다고 본다. 따라서 잠재된 투쟁으로 인해 자신의 재산권이 침해될 수 있기에, 개인들은 계약을 통해 자연권을 국가에 위임하게 된다. 이와 같이 홉스와 로크는 모두 계약을 통해 국가를 형성하고 개인의 생명과 재산 등을 보장받게 된다고 보았다.

바로잡기 ① 로크만의 입장이다.
③ 아리스토텔레스의 국가관이다.
④ 홉스만의 입장이다.
⑤ 마르크스의 국가관이다.

**08** 갑은 맹자, 을은 아리스토텔레스이다. 유교에서는 국가를 가족[家]이 확대된 공동체로 보았다. 반면 아리스토텔레스는 국가를 사회적, 정치적 동물인 인간의 본성에 따라 자연적으로 발생한 것으로 보았다. 그러나 두 사람은 모두 국가를 도덕 공동체로 인식하고 있으며, 국가를 수단이 아닌 목적으로 보고 있다.

**바로잡기** ② 아리스토텔레스에만 해당하는 진술이다.
①, ③ 사회 계약론자, ⑤ 마르크스와 관련된 진술이다.

**09** 갑은 롤스, 을은 벤담, 병은 마르크스이다. 롤스는 공공의 정의관에 따른 질서 정연한 사회를, 벤담은 최대 다수의 최대 행복이라는 공리가 적용되는 국가를 각각 정의로운 국가의 조건으로 제시하고 있다. 반면 마르크스는 국가를 지배 계급의 피지배 계급에 대한 착취 수단으로 보면서, 정의로운 국가는 존재할 수 없다는 입장이다.

**바로잡기** ① 롤스가 벤담에게 제기할 비판이다.
③ 마르크스는 다수결의 원리를 강조하지 않는다.
④ 롤스는 시민의 저항권을 강조하므로 적절한 비판이 아니다.
⑤ 마르크스는 국가를 '공동선을 지향하는 공동체'가 아니라 '계급 지배의 수단'으로 본다.

**10** ㈎는 로마의 공화주의 사상가인 키케로의 주장이다. 제시문을 통해 공화주의가 국가를 자연 발생적으로 생겨난 것이 아니라 시민의 자유를 지키기 위한 수단으로 인식하고 있음을 알 수 있다. 공화주의에서는 시민의 자유를 권력자의 횡포로부터 보장하기 위해 법에 의한 지배가 이루어져야 한다고 본다.

**바로잡기** ② 로크, ③, ④ 사회 계약론자의 입장이다.
⑤ 공화주의와 거리가 먼 진술이다.

**11** **이렇게 쓰면 만점** (1) 국가(군주)의 권력이 국민(백성)이 아니라 초월적인 존재에게서 주어진다고 서술하면 만점이다.
**이렇게 쓰면 만점** (2) ㈎는 왕권신수설로서 '국가(군주)의 권력이 신으로부터 나오며, ㈏는 천명사상으로서 국가(군주)의 권력이 하늘로부터 나온다.' 혹은 ㈎는 '군주를 국가와 동일시하여 국민(백성)을 국가의 근본으로 삼지 않지만 ㈏는 백성이 국가의 근본이라는 민본 사상을 근거로 한다.' 등을 서술하면 만점이다.

**12** **이렇게 쓰면 만점** ㉠ 공화주의 관점에서 시민의 자유를 보장하기 위해서는 국가가 시민의 정치 참여를 활성화하고, 법치를 보장함으로써 소수의 독재를 방지하도록 노력해야 한다고 서술하면 만점이다. 이 밖에도 국가를 특권층이나 소수의 소유가 아닌 공공의 것으로 만들기 위해 노력해야 한다고 서술하면 만점이다.

**13** **이렇게 쓰면 만점** 사회 계약론의 관점에서 국가의 역할은 개인의 생명과 자유 등을 보장하는 것이라고 서술하면 만점이다.

## 등급을 올리는 고난도 문제 232~233쪽

01 ① 02 ④ 03 ③ 04 ①

### 01 국가의 본질과 정당성 이해

**자료 분석 노트**

맹자는 백성들이 신뢰하지 못하는 군주는 내쫓을 수 있다고 보았다.
갑 : 대과(大過)는 족히 나라를 망치는 것을 말한다. 역위(逆位)는 군주의 직위를 바꾸어 친척 가운데 어진 이로 다시 군주의 자리에 세우는 것이다. 큰 잘못에 대해 간하여도, 이것을 듣지 않는다고 떠나지 못하는 의리는 종묘를 중히 여기기 때문에, 차마 앉아서 그 나라가 망하는 것을 보지 못하기 때문이다. 따라서 부득이 이에 이른 것이다.
을 : 입법권은 일정한 목적을 위해서만 활동할 수 있는 신탁된 권력이므로 입법부가 그들에게 맡겨진 신탁에 반해서 행동하는 것이 발견될 때 입법부를 폐지하거나 변경할 수 있는 권력은 여전히 시민에게 있다.
로크는 개인의 권리를 계약을 통해 일부 양도한 것이므로 정부가 개인의 권리를 심각하게 해칠 경우 정치적 저항권을 행사할 수 있다고 보았다.

갑은 맹자, 을은 로크이다. 맹자는 국가(군주)의 정당성을 판단하는 기준이 군주의 도덕성과 백성의 복지에 있다고 보고, 그렇지 못한 군주는 바꿀 수 있다는 역성혁명을 주장하였다. 반면 로크는 국가의 정당성은 계약에 따른 국민의 동의와 그 동의에 따라 국민의 생명과 재산을 보호할 때 확보될 수 있다고 주장하였다.

**바로잡기** ② 갑은 부정, 을은 긍정의 대답을 할 질문이다.
③, ④ 갑, 을 모두 긍정의 대답을 할 질문이다.
⑤ 갑, 을 모두 부정의 대답을 할 질문이다.

### 02 루소와 로크의 사회 계약설 비교

**자료 분석 노트**

개인들 간의 자유로운 계약으로 성립하는 공적 의지를 의미한다.
갑 : 우리 각자는 신체와 모든 힘을 공동의 것으로 삼아 일반 의지의 최고 지도 아래에 둔다. 다수의 사람들이 결합하여 스스로 일체를 형성한다고 생각하는 한, 그들은 '공동의 보전'과 '일반적 복지'에 대한 관심이라는 단 하나의 의지만을 갖는다.
루소는 사회 계약을 통해 불평등을 바로잡고 자유를 회복해야 한다고 보았다.
을 : 국가의 단일한 최고 권력인 입법부는 사회에서 시민의 생명, 자유, 재산을 보존하는 업무를 수행한다. 행정권이 이러한 입법부의 업무를 무력에 의해서 방해할 때 시민은 그것을 무력에 의해서 제거할 권리뿐만 아니라 예방할 권리도 가진다.
권력 분립을 주장한 로크는 국가를 운영하는 정부가 본래의 목적을 수행하지 못할 경우 해체할 수 있다고 보았다.

갑은 루소, 을은 로크이다. 루소는 시민 사회로 넘어가면서 사유 재산 제도 때문에 불평등이 시작되었다고 보고, 이를 해결하기 위해 사람들이 일반 의지를 국가에 위임하게 되었다고 주장하였다. 한편 로크는 분쟁 조정자가 존재하지 않는 자연 상태의 불안을 극복하고 생명권, 자유권, 재산권을 보장받기 위해 사람들이 계약을 맺어 국가를 형성했다고 보았다. 따라서 국민들이 주지 않은 권한을 국가가 행사하려고 할 때에는 저항권을 행사해야 한다고 주장하였다.

바로잡기 ㄱ, ㄷ. 홉스의 입장이다.

**03 국가의 본질과 정당성 이해** 자료 분석 노트

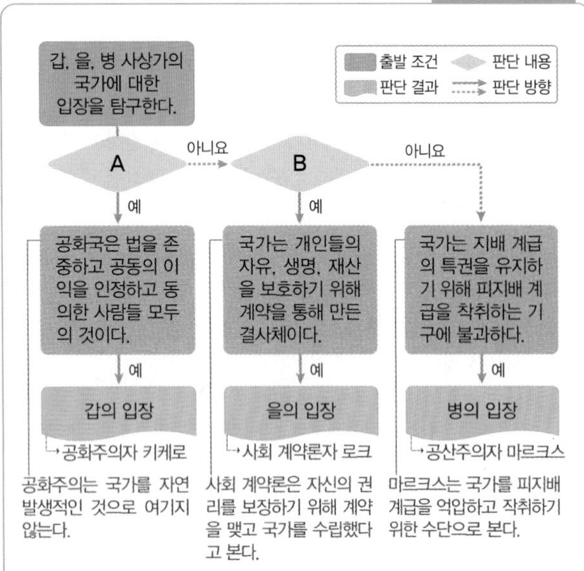


갑은 공화주의자인 키케로, 을은 사회 계약론자인 로크, 병은 공산주의자인 마르크스이다. 키케로는 국가를 공동선을 지향하는 시민들이 법과 공동선에 기반을 두고 자발적으로 참여하여 만든 것이라고 본다. 반면 사회 계약론자인 로크는 개인들 간의 계약을 통해 국가가 형성되었다고 본다.

바로잡기 ㄱ. 키케로가 부정으로 답할 질문이다. 개인들이 전쟁 상태인 자연 상태를 벗어나기 위해 계약을 맺는다고 주장한 것은 홉스이다.
ㄹ. 마르크스가 긍정으로 답할 질문이다.

**04 홉스의 사회 계약론 이해** 자료 분석 노트

> 홉스는 자연 상태를 '만인에 대한 만인의 투쟁 상태'로 보았다.
> 자연 상태는 전쟁 상태이다. 이런 상황에서 '모든 사람은 달성될 가망이 있는 한 평화를 얻기 위해 노력해야 한다. 평화를 달성하는 일이 불가능할 경우에는 전쟁에서 승리하기 위하여 어떤 수단이라도 사용할 수 있다.' 이 원칙의 앞부분은 자연법
> 홉스는 이와 같은 전쟁 상태를 벗어나기 위해 사람들은 사회 계약을 통해 국가를 성립시켰다고 본다.
> 의 기본을 나타내고 있는 것으로서 '평화를 추구하라.'는 것이고, 뒷부분은 자연권의 요지를 나타내고 있는 것으로서 '모든 수단을 동원하여 자신을 방어하라.'는 것이다.

제시문은 사회 계약론자인 홉스의 입장이다. 그는 불안한 자연 상태를 극복하기 위해 사회 계약을 맺어 정치 질서를 탄생시켰다고 주장하였다.

바로잡기 ② 루소와 로크에 해당하는 진술이다. 홉스는 군주 주권론을 주장하였다.
③ 아리스토텔레스, ④ 루소의 입장에 해당한다.
⑤ 사회 계약은 자연 상태를 극복하기 위해 맺는 것이다.

## 03 시민

**기초를 다지는 확인 문제** 238쪽

**01** (1) ○ (2) × (3) ○ (4) × (5) ○ **02** (1) 관용 (2) 천부인권/자연권 (3) 자유 **03** (1) ㉢ (2) ㉡ (3) ㉠

**실력을 키우는 실전 문제** 239~243쪽

| | | | | | |
|---|---|---|---|---|---|
| **01** ① | **02** ① | **03** ⑤ | **04** ④ | **05** ② | **06** ② |
| **07** ③ | **08** ④ | **09** ⑤ | **10** ② | **11** ③ | **12** ⑤ |
| **13** ② | **14** ⑤ | **15** ③ | **16** ⑤ | **17** ② | **18** ③ |

**19** 예시답안 조국은 단순히 시민이 태어난 장소가 아니라, 법으로써 시민의 자유와 행복을 지켜 주는 국가를 의미한다.

**20** 최소 국가 **21** 비지배로서의 자유

**01** 강연자는 자유주의자이다. 자유주의자들은 개인이 사회에 우선한다는 입장에서 개인의 자유와 권리가 가장 중요하다고 본다. 따라서 타인의 자유를 침해하지 않는 한 개인의 자유는 절대적으로 보장되어야 한다고 주장한다.

바로잡기 ① 공화주의에 관한 설명이다.

**02** 제시문은 공화주의적 관점에 해당한다. 공화주의는 시민의 자유 보장을 바람직한 국가의 출발점이라고 본다. 따라서 국가를 자연 발생적으로 생겨난 것이 아니라 시민의 자유를 지키기 위한 수단으로 인식한다. 여기서 시민의 자유란 단순히 간섭이 없는 상태를 말하는 것이 아니며, 권력자의 자의적 지배로부터 벗어날 수 있는 자유를 말한다. 또한 공화주의는 시민의 권리는 천부적으로 주어지는 것이 아니라 시민들의 헌신과 자발적 참여를 통해 향유되는 것이라고 본다.

바로잡기 ① 자유주의 관점에 해당한다.

**03** 갑은 노직, 을은 샌델이다. 노직과 같은 자유주의자들은 국가보다 개인을 우선시하는 개인주의를 바탕으로 개별 시민의 자유와 권리를 중시한다. 반면 샌델과 같은 공화자주의자들은 인간의 상호 의존성을 중시하며, 시민을 개체적 존재가 아닌 사회적 존재로 간주한다. 따라서 개인의 권리나 이익보다 시민의 정치적 의무를 더 우선시한다.

바로잡기 ⑤ 공화주의만의 입장이다.

**04** 갑은 자유주의자, 을은 공화주의자이다. 자유주의자들은 자유를 최상의 가치로 삼기 때문에 개인의 자유를 위협하는 체제와 제도를 반대한다. 따라서 법의 간섭은 최소한으로만 이루어져야 한다고 본다. 반면 공화주의자들은 법에 의한 지배가 정당한 지배이고, 법은 개인의 자유와 권리를 침해하는 것이 아니라 오히려 증진한다고 본다. 이러한 관점에서 시민의 권리는 자연적으로 주어지는 것이 아니라 공동체 구성원들 사이의 심의를 통해 구성되고 법에 의해 보장받는 것이다.

**바로잡기** ①, ② 공화주의 입장에 해당한다.
③, ⑤ 자유주의 입장에 해당한다.

**05** 제시문은 게릿 하딘이 제시한 공유지의 비극 사례이다. 공유지의 비극은 개인의 사익만을 추구하다 보면 공동선이 깨지고, 결국 개인의 이익도 보장받지 못함을 보여 주면서, 연대 의식과 책임 의식을 바탕으로 한 개인선과 공동선의 조화가 중요함을 일깨워 준다. 즉, 제시문은 개인선과 공동선의 조화가 필요함을 설명하기 위해 인용된 사례이다.

**바로잡기** ㄴ. 자유에 따른 책임과 관련 있는 진술이다.
ㄹ. 공동체에 대한 무조건적인 헌신은 공동선을 위한 개인의 희생을 강요한다.

**06** 갑은 자유주의자인 밀이고, 을은 공동체주의자인 매킨타이어이다. 밀은 다른 사람에게 피해를 주지 않는 한 모든 개인이 자유롭게 자신의 선(善)을 추구할 절대적 권리를 지닌다고 본다. 이에 비해 매킨타이어는 개인의 선은 공동체의 선과 분리될 수 없다고 본다. 매킨타이어는 밀보다 공동선이나 공동체의 특정한 가치를 더 강조한다.

**바로잡기** ①, ③ ,④, ⑤ 매킨타이어보다 밀이 더 강조하는 내용이다.

**07** 제시문은 공동체주의자인 매킨타이어의 입장이다. 매킨타이어는 '나의 삶의 역사는 공동체의 역사 속에 편입되어 있다'고 주장하며 연고적·관계적 자아를 강조하였다.

**바로잡기** ①, ②, ④, ⑤ 자유주의자가 긍정의 대답을 할 질문이다.

**08** 제시문은 공동체주의적 인간관을 보여 준다. 공동체주의는 자유주의적 인간관이 제시하는 무연고적 자아상은 결함이 있다고 주장한다. 즉, 자유주의적 인간관에 따르면 우리가 공통적으로 인정하고 심지어 높이 평가하는 어떤 도덕적·정치적 책무에 대해 설명하기 어렵다. 반면 공동체주의 인간관은 소속된 공동체의 가치관을 일방적으로 주입함으로써 개인의 사고와 행동을 획일화할 수 있으며, 공동체에 대한 개인의 헌신과 희생을 강요할 수 있다는 문제가 있다.

**바로잡기** ㄱ, ㄷ. 자유주의에서 나타날 수 있는 문제점이다.

**09** ㈎의 가로 낱말 (A)는 자아이고, 가로 낱말 (B)는 소유이므로, 세로 낱말 (A)는 자유이다. ㈏의 갑은 사회 계약론자인 로크이고, 을은 공리주의자인 밀이다. 자유주의자인 두 사상가는 개인의 자유를 최고의 가치로 여긴다. 하지만 모두가 자유를 누릴 권리만 주장한다면 사회가 혼란에 빠질 수 있기 때문에 자유를 자율로 이해하고자 한다.

**바로잡기** ① 집단주의나 전체주의자의 입장이다.
②, ③, ④ 자유는 타인의 자유를 침해하지 않는 범위 내에서만 보장되는 권리이다.

**10** 강연자는 타인의 견해나 사상, 행동을 인정하는 관용의 자세를 강조하고 있다. 관용의 자세는 인간이 불완전한 존재로서 항상 오류를 저지를 가능성이 있음을 전제로 성립하는 태도이다.

**바로잡기** ① 관용을 바탕으로 한 사회에서는 올바른 의사 결정의 과정을 거칠 가능성이 높다.
③ 세계화, 다원화, 다양화는 관용의 중요성을 일깨워 주는 사회 변화의 모습이다.
④, ⑤ 관용과 관련이 없는 설명이다.

**11** 제시문은 샌델의 입장이다. 샌델은 공동체주의적 공화주의의 입장에서 국가는 개인에게 공동체의 미덕을 제시하고 권장하는 역할을 해야 한다고 주장하며, 국가의 가치 중립적 역할에 대해 반대하였다.

**바로잡기** ①, ②, ④, ⑤ 자유주의에서 강조하는 국가의 역할이다.

**12** 제시문은 밀의 주장이다. 밀은 각자가 주권자라고 주장하면서, 개성이 발휘될 수 있는 전제 조건으로 자유의 보장을 강조하였다. 또한 어떤 사람이 다른 사람들의 자유를 침해하는 경우를 제외하고 타인의 자유를 침해하는 권력의 행사는 정당화될 수 없다고 주장하였다.

**바로잡기** ⑤ 자유주의자인 밀의 입장이 아닌 매킨타이어와 같은 공동체주의자의 입장이다.

**13** 갑은 자유주의, 을은 공동체주의의 입장이다. 자유주의자들은 국가가 중립을 지키며, 법과 제도를 모든 시민에게 동등하게 적용해야 한다고 주장한다. 국가는 각 시민이 추구하는 다양한 삶과 가치를 보장해야 한다고 보기 때문이다. 반면, 공동체주의자들은 공공의 가치와 공동선을 존중하고, 정치를 비롯한 공적 책무에 적극적으로 참여하는 시민적 덕성을 강조한다. 또한 이를 위해서 정치 지도자들은 시민적 덕성을 모범적으로 실천해야 하며, 국가는 시민들이 덕성을 함양할 수 있도록 도와야 한다고 주장한다.

**바로잡기** ① 자유주의는 국가가 중립성을 지켜 국민의 행복을 도모해야 한다고 본다.
③ 공동체주의는 국가의 중립성이 시민의 사회 참여 활동을 장려하기 어렵다고 본다.
④ 공동체주의는 국가가 중립성을 지키는 대신 교육을 통해 시민의 덕성 함양을 도모해야 한다고 본다.
⑤ 공동체주의 입장에서 공동체의 유대가 약해지는 것은 국가가 중립적으로 시민들의 삶에 관여하지 않기 때문이다.

**14** 제시된 견해를 표명한 사상가는 현대의 덕 윤리 사상가이자 공동체주의자인 매킨타이어이다. 그는 덕을 사회적 맥락과 전통과의 관련 속에서 파악해야 한다고 주장하였다.

**바로잡기** ①, ②, ③, ④ 자유주의 입장에 해당한다.

**15** 제시문은 관용의 개념을 설명하고, 관용이 자유의 확대에 기여하는 방법을 설명한 글이다. '관용이 자유의 확대에 기여하려면 자유를 억압하는 일체의 것에 대해 불관용하도록'이라는 문구에서 관용을 위해 불관용해야 한다는 역설을 추론할 수 있다.

**바로잡기** ①, ②, ④, ⑤ ㉠의 내용과 관련이 없다.

**16** ㉠은 자유주의, ㉡은 공화주의이다. 자유주의는 관용을 자신과 다른 견해나 행동을 승인하며, 자신의 견해나 행동을 다른 사람에게 강요하지 않는 태도로 인식한다. 반면 공화주의는 관용을 비지배적 자유의 보장을 위해 시민이라면 모두 갖추어야 할 덕성으로 본다. 그러나 자유주의와 공화주의는 모두 개인선과 공동선의 조화를 위해 관용이나 애국심 등과 같은 시민적 덕성을 함양하는 것에 관심을 기울인다는 공통점이 있다.

**바로잡기** ㄱ. 자유주의에서의 관용은 무조건적인 관용이 아니며, 관용의 역설을 경계해야 한다고 본다. 즉 타인을 존중하고 관용한다고 해서 다른 사람의 인권과 자유를 침해하는 일까지 관용해서는 안 된다고 주장한다.

ㄴ. 공화주의에서의 관용은 서로의 차이를 단순히 묵인하거나 허용하는 데에서 한 걸음 더 나아가 타인의 자율성 및 구성원 간의 평등을 존중하는 더 적극적인 시민 의식이다.

**17** 제시된 그림은 애국심에 관한 대화이다. 갑은 자유주의적 관점에서, 을은 공화주의적 관점에서 애국심을 이해하고 있다. 자유주의에서 애국심이란 국가 정치 체제를 규정하는 헌법의 기본 이념에 대한 국민적 동의와 충성을 의미하며, 이는 헌법 애국주의라고도 부른다. 반면 공화주의에서 애국심이란 시민의 자유를 지켜 주는 정치적 공동체와 동료에 대한 대승적·자발적 사랑을 의미한다.

**바로잡기** ㄴ, ㄹ. 민족주의적 애국심에 관한 설명이다. 민족주의적 애국심은 자신이 태어난 나라와 소속된 민족에 대한 무조건적인 사랑을 강조한다. 즉 혈연, 지연, 전통에 기초한 선천적 애착을 강조한다.

**애국심에 대한 관점 비교** **만점 공략 노트**

사상적 관점에 따라 애국심에 대한 견해가 다르기 때문에 비교하여 정리해 두자.

| | |
|---|---|
| 자유주의 | • 헌법 애국주의 : 헌법의 기본 이념에 대한 국민적 동의와 충성<br>• 중립적이고 보편적인 정치 원리, 자유, 인권, 민주주의 등에 헌신하고자 하는 마음 |
| 공화주의 | • 정치 공동체와 동료 시민에 대한 대승적·자발적 사랑<br>• 권력자나 외부 세력으로부터 정치 공동체의 자유를 수호함으로써 시민의 자유를 확보하는 것 |
| 민족주의 | • 자신이 태어난 나라와 소속된 민족에 대한 무조건적인 사랑<br>• 혈연, 지연, 전통에 기초한 선천적 애착을 강조함 |

**18** 제시문은 공화주의적 관점에서 설명하는 애국심에 관한 내용이다. 공화주의는 공동선에 관심을 가지고 공동체의 일에 참여함으로써 자신의 정체성을 형성할 수 있다고 본다. 또한 공화주의에서는 법과 제도가 개인의 자유와 권리를 증진시키는 역할을 한다고 본다.

**바로잡기** ㄱ. 자유주의적 관점에서 긍정할 질문이다. 공화주의에서의 애국심은 시민의 자유를 지켜 주는 정치 공동체와 동료 시민에 대한 대승적·자발적 사랑을 의미한다.

ㄹ. 자유주의적 관점에서 긍정할 질문이다. 자유주의에서는 개인의 권리와 정치적 의무가 충돌할 때 권리를 우선시하기 때문에, 개인의 권리를 제약하거나 어떤 의무를 부과하기 위해서는 반드시 시민의 자발적인 동의를 얻어야 한다.

**19** **이렇게 쓰면 만점** 공화주의적 관점에서 조국은 단순히 시민이 태어난 장소가 아니라, 법으로써 시민의 자유와 행복을 지켜 주는 국가를 의미한다고 서술하면 만점이다.

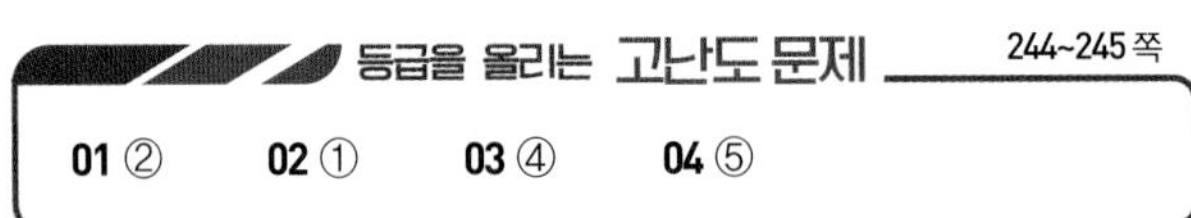


244~245쪽

**01** ② **02** ① **03** ④ **04** ⑤

**01 공화주의와 자유주의 비교** **자료 분석 노트**

타인의 자의적인 지배에서 벗어나는 것, 타인에게 사적으로 종속되지 않는 것을 말한다.

국가와 타인에게 구속당하지 않고 행동할 수 있는 소극적 자유를 의미한다.

비지배로서의 자유는 자의적 통치나 폭정으로부터 시민을 보호한다는 의미와 시민이 공적이고 정치적인 삶에 적극적으로 참여한다는 의미를 포함해.

내가 생각하는 자유는 외부의 부당한 압력이나 강제로부터 벗어난 상태야. 국가와 타인에게 구속당하지 않고 행동할 수 있는 사적 영역을 보장함으로써 실현될 수 있어.

공화주의 / 자유주의

갑은 공화주의, 을은 자유주의 입장에서 자유의 의미를 말하고 있다. 공화주의에서 말하는 비지배로서의 자유는 타인의 자의적 지배에서 벗어나는 것이다. 이는 자유주의에서 말하는 간섭의 부재뿐만 아니라 타인에게 사적으로 종속되지 않은 상태를 말한다. 반면 자유주의에서 말하는 자유는 외부의 부당한 압력이나 강제로부터 벗어난 상태를 말하는 소극적 자유이다. 이 자유는 간섭이 없는 상태인 방임으로서의 자유를 의미하기도 한다.

**바로잡기** ㄴ. 사상, 양심, 신체, 표현의 자유 등의 소극적 자유를 지지하는 것은 자유주의 관점이다.

ㄹ. 자유를 자연적이고 본래적인 권리로 인정하는 것은 자유주의 관점이다.

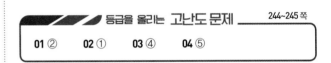

## 02 자유주의와 공동체주의 비교

자료 분석 노트

| | |
|---|---|
| (가) | 자아가 목적보다 우선하고 권리가 선에 우선한다. 자아가 목적보다 우선한다는 것은 내가 목적들에 의해 정의되지 않고 목적들을 바라보고 평가하며, 심지어는 바꾸는 능력을 갖고 있음을 의미한다. 이것이 바로 자유롭고 독립적인 자아, 선택 능력을 가진 자아이다. └ 개인의 자유와 권리를 강조하는 자유주의의 관점이다. |
| (나) | 우리가 자신을 독립적인 존재로, 목적과는 완전히 분리된 자아를 가진 존재로 생각해서는 안 된다. 우리의 역할들 가운데에는 정체성이 중요한 몫을 차지하는데, 그것이 우리들 자신이 몸담고 있는 공동체에 의해 정의된다면 우리는 또한 그러한 공동체를 특징짓는 목표와 목적에 밀접하게 결합되어야 한다. └ 공동체와의 상호 의존성을 강조하는 공동체주의의 관점이다. |

(가)는 자유주의이고, (나)는 공동체주의이다. 자유주의는 인간을 합리적 이성에 의해 스스로 삶의 목적을 선택하는 자율적 존재로 본다. 반면 공동체주의는 개인을 관계적·사회적 자아로 파악하여, 개인의 정체성은 공동체의 전통과 가치를 통해 형성된다고 본다. 또한 국가가 공동체의 목적을 실현하기 위해 개인으로 하여금 공동체에 필요한 품성을 갖추도록 이끄는 역할을 한다고 본다.

**바로잡기** ② 공동체의 전통과 가치를 중시하며, 개인과 공동체의 상호 의존성을 강조하는 것은 공동체주의 입장이다.
③ 자유주의는 집단의 권위보다는 개별 시민의 자유와 권리를 중시한다.
④, ⑤ 자율적·독립적 존재로서의 개인을 강조하는 것은 자유주의 입장이다.

## 03 자유주의와 공동체주의 비교

자료 분석 노트

갑 : 우리가 공통으로 인정하는 도덕적·정치적 책무들은 우리가 선택하지 않은 도덕적 연대와 의무를 포함한다. 개인을 무연고적 자아로 이해한다면 이 책무들을 설명하기 어렵다.
자유주의의 인간관을 무연고적 자아, 원자적 개인 등으로 비판하는 공동체주의 입장이다.

을 : 개성의 자유로운 발달은 인간 행복의 중요한 요소이며 문명, 지식, 교육의 필수 조건이다. 자신의 신체와 정신에 대해서는 개인 각자가 주권자인 것이다.
개별적인 개인 외에 어떤 실체도 인정하지 않는 자유주의적 입장이다.

갑은 공동체주의자인 매킨타이어, 을은 자유주의자인 밀의 주장이다. 매킨타이어는 인간을 공동체와 분리된 독립적인 존재가 아닌 공동체에 소속된 존재로 보아야 한다고 주장하며, 한 개인의 삶은 공동체의 역사 속에 놓여 있다고 보았다. 반면 밀은 사회에 선행하는 존재로서의 자율적 자아를 옹호하며, 구성원들이 스스로 선택한 신념에 따라 자유로운 삶을 영위할 수 있도록 하는 것이 가장 중요하다고 보았다. 따라서 국가는 국민들의 다양한 가치관에 대해 중립성을 유지해야 한다고 주장하였다.

**바로잡기** ①, ② 밀의 입장에 대한 설명이다.
③ 매킨타이어의 입장이다.
⑤ 공동체주의자와 자유주의자 모두 개인적 선과 공동선이 공존할 수 있다고 본다.

## 04 개인과 공동체의 관계 이해

자료 분석 노트

┌ 인간의 이기적인 특성을 보여 주는 것으로 성악설을 바탕으로 하고 있음을 알 수 있다.

갑 : 천성적으로 자유를 사랑하고 타인을 지배하기를 좋아하는 인간이 국가의 구속을 스스로 인정하는 이유는 비참한 전쟁 상태로부터 벗어나고 싶기 때문이다. 전쟁은 인간 본래의 정념으로부터 필연적으로 발생하는 것이다. 그러므로 가시적인 어떤 힘이 있어서 인간이 그 힘을 두려워하고, 처벌에 대한 공포 때문에 각자가 체결한 계약들을 이행하고, 여러 자연법들을 준수하지 않는 한, 전쟁은 피할 수 없는 것이다. └ 위험한 전쟁 상태로부터 벗어나기 위해 자신의 권리를 통치자에게 양도했다는 홉스의 주장이다.

을 : 국가는 같은 곳에 거주하는 사람들의 단순한 공동체가 아니며, 상호 간에 부당 행위를 방지하고 교역을 촉진하기 위해 존재하는 것이 아니다. 상호 간의 부당 행위 방지와 교역의 촉진은 국가가 존재하기 위한 필수 조건들이다. 그러나 그런 조건들이 충족된다고 해서 국가가 존재하는 것은 아니다. 국가는 완전하고 자족적인 삶을 위한 공동체이며, 완전하고 자족적인 삶이란 행복한 삶이다.
└ 국가를 행복의 실현이라는 최고선을 추구하는 도덕 공동체로 인식하고 있는 아리스토텔레스의 주장이다.

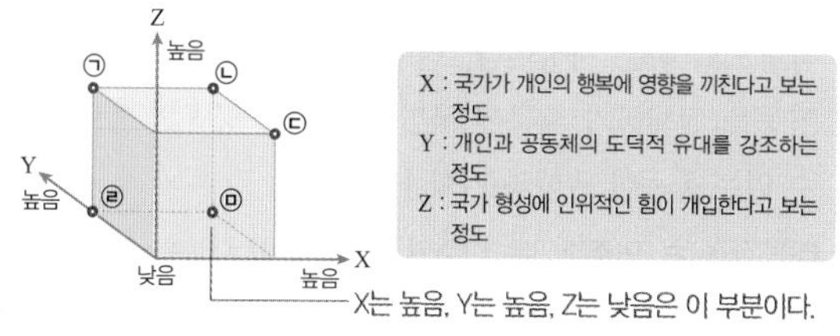


갑은 홉스, 을은 아리스토텔레스이다. 인간 본성에 관한 성악설을 바탕으로 사회 계약론을 전개한 홉스는 인간이 전쟁 상태와 같은 자연 상태를 극복하고 평화로운 생활을 보장받기 위해 인위적으로 계약을 맺어 국가를 만들었다고 주장하였다. 반면 아리스토텔레스는 인간의 정치적·사회적 본성에 의해 자연스럽게 국가가 형성되었다고 주장하였다. 또한 국가는 인간의 행복과 자아실현에 꼭 필요한 존재라고 하였다. 따라서 아리스토텔레스의 입장이 홉스의 입장에 비해 갖는 상대적 특징은 다음과 같다.

X : 아리스토텔레스는 홉스에 비해 국가가 개인의 행복에 영향을 끼친다고 보는 정도가 높다.

Y : 아리스토텔레스는 홉스에 비해 개인과 공동체의 도덕적 유대를 강조하는 정도가 높다.

Z : 아리스토텔레스는 홉스에 비해 국가 형성에 인위적인 힘이 개입한다고 보는 정도가 낮다.

**바로잡기** ①, ②, ③, ④ X는 높음, Y는 높음, Z는 낮음에 해당하지 않는다.

# 04 민주주의

## 기초를 다지는 확인 문제 252쪽

**01** (1) 민주주의 (2) 아테네 (3) 사회 계약론 (4) 권력 분립
**02** (1) ㉠ (2) ㉢ (3) ㉡ **03** (1) ○ (2) × (3) ○ (4) ○ (5) ×

## 실력을 키우는 실전 문제 253~255쪽

**01** ④ **02** ③ **03** ③ **04** ④ **05** ④ **06** ⑤
**07** ④ **08** ① **09** ④ **10** ⑤

**11** (1) 사회 계약론(사회 계약 사상) (2) 예시답안 국가가 제 역할을 하지 못하고 국민의 의사에 반하는 방향으로 권력을 행사할 경우 위임하였던 권리를 회수할 수 있다는 의미이다.

**12** (1) 예시답안 인구가 증가하고 사회가 복잡해질수록 직접 민주주의를 실현하기 어렵기 때문입니다. (2) 예시답안 대표자가 다수의 의사를 온전히 대표하기 어렵다는 점에서 대표의 실패라는 문제가 나타나기 때문입니다.

**13** (1) 롤스 (2) 예시답안 사회 정의의 실현을 목적으로 삼아야 한다, 최후의 수단으로 시도되어야 한다, 참여한 사람은 처벌을 감수해야 한다, 공개적으로 이루어져야 한다 등

**01** (가) 사회사상은 민주주의이다. 민주주의는 인간의 존엄성을 존중하며, 지배자와 피지배자가 동일한 국민 주권의 원리를 바탕으로 하는 사상이다. 민주주의는 국민들 사이의 정치적 평등을 전제하기 때문에 국민 모두에게 공공의 일에 참여할 수 있는 동등한 권한과 기회를 부여한다.

바로잡기 ㄹ. 민주주의는 '다수의 국민에 의한 지배'를 의미하며, 지배 권력이 국민에게 있다고 본다.

**02** 제시문은 페리클레스의 주장이다. 페리클레스는 아테네의 정치 체제를 통해 민주주의의 특징을 제시하고 있다. 민주주의는 국민의 의사에 기초한 정치를 지향한다.

바로잡기 ㄱ. 민주주의는 국민 모두가 동등한 위치에서 주권을 행사하는 것을 중시한다.
ㄹ. 민주주의는 국민의 정치 참여를 중시한다.

**03** 제시문은 로크의 주장이다. 로크는 개인들이 자신의 권리를 보장받기 위해 계약을 맺어 통치권을 사회에 위임함으로써 국가를 형성한다고 보았다. 그러나 통치자는 구성원으로부터 위임받은 권력을 자의적으로 행사해서는 안 되며 법을 바탕으로 해야 한다. 만약 통치자가 통치 권력으로 국민을 해치면 국민은 저항권을 행사하여 위임한 권력을 회수할 수 있다.

바로잡기 ③ 로크는 사람들이 안정된 자유를 누리기 위해 계약을 맺어 사회를 구성하게 된다고 보았다.

**04** 제시문은 루소의 주장이다. 그에 따르면 각 개인은 계약을 통해 정치 공동체의 구성원이 되면서 자연 상태에서의 자유를 포기한다. 그러나 스스로가 주권자이고 입법자인 공동체 내에서의 시민적 자유를 발견하게 된다. 이러한 루소의 국민 주권의 원리는 모든 권력을 군주에게 위임하는 홉스의 사회 계약설과 큰 차이를 보인다.

바로잡기 ① 루소가 긍정의 대답을 할 질문이다. 루소는 인간이 태어날 때부터 자연법에 따라 자연권을 가지고 있다고 보았다.
② 루소가 긍정의 대답을 할 질문이다. 루소는 사유 재산의 발생과 함께 인간은 불평등한 상황에 처하게 되었으며 자유가 속박되었다고 주장하였다.
③ 루소가 긍정할 질문이다. 루소는 구성원들이 천부적 권리인 자연권을 더욱 잘 보호하기 위해 사회 계약을 맺어 국가를 구성한다고 보았다.
⑤ 루소가 긍정의 대답을 할 질문이다. 루소는 정치 공동체가 각 개인의 사적 이익을 초월하여 오로지 공공의 이익만을 지향하는 보편적인 의지인 일반 의지에 근거하여 운영되어야 한다고 주장하였다.

**홉스, 로크, 루소의 사회 계약론** 만점 공략 노트

대표적인 사회 계약론자인 홉스, 로크, 루소 사상의 차이점을 비교하여 정리해 두자.

| | 자연 상태 | 국가가 생겨난 이유 |
|---|---|---|
| 홉스 | 만인의 만인에 대한 투쟁 상태 | 개인의 생명과 안전 보장 |
| 로크 | 자연권을 누리는 평화로운 상태 | 천부 인권과 사유 재산 보장 |
| 루소 | 자유롭고 평등한 상태 | 공동선(일반 의지)의 실현 |

**05** 제시문은 밀의 주장이다. 밀은 개인의 자유를 최대한 보장하는 정부를 좋은 정부라고 보았으며, 지성과 덕성이 뛰어난 사람이 더 큰 영향력을 행사하는 대의제를 이상적인 정치 체제로 생각하였다. 또한 밀은 자신의 행동에 스스로 책임을 질 수 있다면 다른 사람이나 사회의 물리적·도덕적 방해를 받지 않고 각자 생각대로 행동할 자유가 있다고 보았다. 그러나 정당한 근거 없이 다른 사람에게 해를 끼치는 일은 사회적 통제를 받아야 한다고 강조하였다.

바로잡기 세 번째 입장 : 밀은 대의제를 실현하기 위해 선거에서 현명하고 재능 있는 사람에게 투표권을 더 주는 복수 투표제가 필요하다고 보았다.

**06** 제시문은 직접 민주주의를 옹호하는 루소의 주장으로, 대의 민주주의의 한계를 지적하고 있다. 대의 민주주의는 대표자를 통한 위임 통치이다. 이때 대표자가 국민의 의사를 제대로 대변하지 못하는 대표의 실패 문제가 발생하기 쉽다. 이러한 대의 민주주의의 한계를 극복하기 위해서는 실질적인 정치 참여를 위해 노력하여 정치에 대한 무관심과 냉소주의를 극복할 수 있도록 해야 한다. 또한 민주적 소양을 높이기 위한 교육에 참여하거나 사회적 쟁점에 대한 토론과 논의에 적극적으로 동참해야 한다.

**바로잡기** ⑤ 대표자에게 더 많은 권한을 위임하면 대표의 실패 문제가 더욱 심화될 가능성이 높다.

**07** ㈎는 심의 민주주의를, ㈏는 엘리트 민주주의를 강조하고 있다. 심의 민주주의는 공론의 장에서 시민이 정책에 대해 깊이 있게 토론하고 심의하는 과정을 중시한다. 한편 엘리트 민주주의는 정책 결정의 효율성과 전문성이 중요하다고 보기 때문에 능숙한 정치 엘리트의 선출과 그의 역할을 중시한다. 그러나 두 입장 모두 민주주의의 이상을 실현하는 데 시민의 자질을 중요한 요소라고 본다.

**바로잡기** ④ 엘리트 민주주의를 강조하는 입장에서는 정치적 지배는 정치 엘리트인 지도자에게 맡겨야 하며, 시민의 역할은 지도자를 선출하는 투표자의 역할에 한정해야 한다고 본다.

**08** ㉠은 심의 민주주의이다. 심의 민주주의는 시민이 직접 공적 심의 과정에 참여해 정책을 결정하는 형태의 민주주의로, 이성적 숙고의 과정과 공적 담론, 합리적 의사소통 등을 강조한다.

**바로잡기** ㄷ. 심의 민주주의는 흥정과 타협이 아니라 이성적 논의를 통한 합리적 합의를 추구한다.
ㄹ. 심의 민주주의는 다양한 이해관계와 정치적 견해를 지닌 시민, 대표자, 전문가가 함께 참여하는 공적 심의를 강조한다.

### 심의 민주주의 — 만점 공략 노트

심의 민주주의는 현대 민주주의의 문제점을 보완할 수 있는 대안적 형태의 민주주의이다. 심의 민주주의의 특징과 한계 등을 명확하게 정리해 두자.

| | |
|---|---|
| 특징 | • 시민이 직접 공적 심의 과정에 참여해 정책을 결정하는 형태의 민주주의<br>• 공론장에서 함께 토론하고 심의하는 과정을 중시함 |
| 한계 | • 심의 과정에서 모든 시민이 동등한 기회를 부여받지 못할 수 있음<br>• 합리적 의사소통이 결여된 시민도 심의 과정에 참여할 수 있음 |

**09** 갑은 롤스, 을은 소로이다. 롤스는 다수가 제정한 법이 부정의할지라도 일정한 정도를 지나치지 않는다면 그에 따라야 할 자연적 의무와 책무를 지닌다고 주장하였다. 다만 그는 시민 불복종이 거의 정의로운 민주적 입헌 체제 국가에서 그 체제의 합법성을 인정하고 받아들이는 시민에 의해 이루어질 수 있다고 보았다. 롤스와 소로는 모두 시민 불복종을 주장한 사상가로, 시민 불복종은 정의롭지 못한 법이나 정책을 변혁시킬 목적으로 행하는 의도적인 위법 행위이다.

**바로잡기** ㄱ. 롤스는 시민 불복종이 최후의 수단이라고 보았다.
ㄷ. 소로는 시민 불복종의 근거를 공공의 정의관이 아니라 개인의 양심에 두었다. 그는 양심을 시민 불복종의 판단 기준으로 삼고, 양심에 어긋나는 법과 정책에는 복종하지 않을 수 있다고 보았다.

**10** 제시문은 하버마스의 주장이다. 하버마스는 시민 불복종이 헌법을 정당화하는 원칙에 근거하여 이루어져야 한다고 보았다. 또한 시민 불복종은 비폭력적인 방법으로 이루어져야 하며, 시민 불복종을 행한 사람은 자신의 행위에 대한 법적인 결과를 책임져야 한다고 강조하였다. 그리고 시민 불복종을 정당하지 않은 규정을 수정하거나 개혁할 수 있는 마지막 가능성이라고 보았다.

**바로잡기** ⑤ 하버마스는 시민 불복종을 시민들이 합리적인 의사소통을 통해 합의한 원칙에 어긋나는 법이나 정책에 대한 저항으로 정의하였다.

### 하버마스의 시민 불복종의 정당화 조건 — 만점 공략 노트

하버마스는 시민 불복종을 성숙한 정치 문화를 구성하는 필수적인 요소로 보고, 시민 불복종이 정당화되기 위해서는 다음과 같은 요건을 갖추어야 한다고 주장하였다.

- 시민 불복종은 정치적으로 건전한 법치 국가에서 행해져야 한다.
- 헌법을 정당화하는 원칙에 근거하여 이루어져야 한다.
- 다수의 통찰력과 정의감에 호소할 의도에서 비폭력적인 방법으로 이루어져야 한다.
- 시민 불복종을 행한 사람은 자신의 행위에 대한 법적 결과에 책임을 져야 한다.

**11** **이렇게 쓰면 만점** (2) '위임한 권력의 회수', '위임한 권력의 몰수', '사회 계약의 해지'를 포함해 로크가 주장한 저항권에 대해 서술하면 만점이다.

**12** **이렇게 쓰면 만점** (1) 대의 민주주의를 옹호하는 입장의 근거를 포함하여 서술하면 만점이다.
**이렇게 쓰면 만점** (2) 대의 민주주의의 한계에 대한 내용을 포함하여 서술하면 만점이다.

**13** **이렇게 쓰면 감점** (2) 롤스가 강조한 시민 불복종의 정당화 조건 중에서 세 가지를 서술하지 못하고 두 가지 혹은 한 가지만 서술하면 감점이다.

### 롤스의 시민 불복종 정당화 조건 — 만점 공략 노트

롤스는 시민 불복종 행위의 정당화 조건을 다음과 같이 제시하였다.

- 목표는 사회 정의의 기본 원리에 사회가 따르도록 하는 것이어야 한다.
- 합법적인 개혁의 방법 즉 의회, 청원, 선거를 시도했지만 그것이 소용없어야 한다.
- 시민 불복종의 전략과 목표가 보편화 가능해야 한다.
- 시민 불복종이 성공할 수 있는 것이라는 합당한 전망이 있어야 한다.

## 등급을 올리는 고난도 문제 256~257쪽

01 ⑤ 02 ④ 03 ③ 04 ②

### 01 자유 민주주의의 특징 이해

자료 분석 노트

자유주의와 민주주의가 결합하게 된 것은 각각의 사회사상이 갖는 한계 때문이다.

자유 민주주의는 자유주의와 민주주의가 결합함으로써, ㉠ 자유주의의 탈선은 민주주의가 견제하고 ㉡ 민주주의의 독선은 자유주의가 견제하기 위한 것이다. 자유 민주주의는 자유가 제대로 보장될 때 가장 많은 수의 국민이 자신의 이상을 실현할 수 있는 최선의 상태를 누릴 수 있다는 신념에 바탕을 둔다. 따라서 자유 민주주의와 관련하여 주된 관심사는 ㉢ 참된 자유와 그러한 ㉣ 자유의 한계를 설정하는 문제에 맞추어질 수밖에 없으며, 이는 곧 자유 민주주의에서 인정하는 자유와 ㉤ 평등의 관계에 관한 문제와 연관되어 있다.

사회적·경제적 불평등을 초래할 수 있다. / 소수에 대한 다수의 횡포가 초래될 수 있다. / 선택에 대한 책임을 전개한다. / 타인에게 피해를 주지 않는 한에서 보장되어야 한다는 의미이다.

자유 민주주의는 자유의 보장을 최고의 가치로 삼는 자유주의의 이상이 민주주의의 통치 방식과 결합한 사상이다. 자유를 지나치게 강조할 경우 능력 있는 사람과 무능력한 사람 간에 불평등을 심화시킬 수 있다. 한편 민주주의의 원리는 1인 1표의 원리이자 다수결의 원리이다. 다수결에 의한 결정은 소수의 권리를 침해하거나 무시할 수 있다는 문제점을 지닌다. 각각의 한계를 보완하고자 하는 자유 민주주의에서는 책임이 따르는 참된 자유를 강조하며, 개인이 다른 사람의 자유를 침해하지 않는 범위 내에서 자유를 누릴 수 있도록 보장한다.

**바로잡기** ⑤ 자유 민주주의에서의 평등은 결과적·절대적 평등이 아니라 기회균등, 비례적 평등, 상대적 평등의 의미를 지닌다.

### 02 로크의 사회 계약론 이해

자료 분석 노트

- 자연 상태에서 인간은 자연법의 지배를 받으므로 전쟁 상태에 있지는 않다. 이러한 상태에서 인간은 자신의 재산에 대해 자연적 권리를 갖지만 그것을 안전하고 확실하게 누리기 어렵기 때문에 그러한 권리를 보장해 주는 시민 정부를 수립해야 한다. 자연 상태의 불완전성을 극복하기 위해 구성원들이 계약을 맺어 국가를 수립한다는 의미이다.
- 인간은 자유롭고 평등한 존재이므로, 어떤 인간도 자신의 동의 없이 이러한 상태를 떠나서 다른 사람의 정치권력에 복종할 수 없다. 오직 동의만이 모든 합법적인 정부를 출범시킨다.
국가가 개인의 권리 보호와 같은 역할을 수행한다는 조건하에 시민들이 자발적으로 국가의 명령에 복종하기로 약속한다는 의미로, 정치적 의무에 대한 동의(同意)론의 입장에 해당한다.

제시문은 로크의 주장이다. 로크는 국가가 시민의 기본권을 침해할 경우 시민이 저항할 수 있다고 주장하였으며, 국가의 핵심 임무는 국민의 평화와 안전을 보장하는 것이라고 보았다. 또한 사회 계약이 개인들의 이성적 판단에 의해 이루어진다고 보았다.

**바로잡기** 네 번째 입장 : 로크는 특정 세력에게 권력이 집중되는 것을 막기 위해 입법권과 집행권의 분립을 주장하였다.

### 03 대의 민주주의와 심의 민주주의 비교

자료 분석 노트

대표자가 다수의 의사를 온전히 대표하기 어렵다는 한계가 있다.
(가)는 시민들이 자격 있는 대표자를 선출하여 정책 결정을 일임하는 형태의 민주주의입니다. 현대 사회에서는 인구가 너무 많을 뿐만 아니라 시민의 전문성 부족으로 인해 시민 모두가 정책 과정에 직접 참여하기 어렵기 때문에 (가)가 요청됩니다.
간접 민주주의를 하는 이유이다.
심의 과정에서 모든 시민이 동등한 기회를 부여받지 못할 수 있다는 한계가 있다.
(나)는 민주적 정책 결정의 정당성을 시민들의 참여로 이루어지는 심의에서 찾는 형태의 민주주의입니다. 현대 사회에서 시민들의 선호는 변화하고 대화와 토론을 통한 집단적 의사 형성이 중요하기 때문에 (나)가 요청됩니다.
시민과 대표자, 전문가 등 심의에 참석하는 사람들 간의 의사소통이 중요하다는 의미이다.


(가)는 대의 민주주의, (나)는 심의 민주주의이다. 심의 민주주의는 합리적 의사소통이 결여된 시민이 심의 과정에 참여할 경우 문제가 발생할 수 있으므로, 심의 과정에서 합리적 의사소통이 이루어져야 함을 강조한다.

**바로잡기** ① 시민의 심의 강화를 강조하는 것은 심의 민주주의이다.
② 심의 민주주의는 정책 결정의 신속성보다 정당성을 강조한다.
④, ⑤ 심의 민주주의는 사회적 쟁점에 대한 열린 토론과 깊이 있는 심의를 중시한다.

### 04 롤스의 시민 불복종 이해

자료 분석 노트

무지의 베일을 쓴 상태로, 자신이 가장 불리한 상황에 놓일 가능성을 염두에 둔다.
원초적 입장에 처한 사람들은 정의의 원칙에 합의할 것이다. 국가가 시행하는 법이나 정책이 '평등한 자유의 원칙', '공정한 기회 균등의 원칙'과 같은 정의의 원칙들에 어긋날 경우 우리는 그러한 법이나 정책에 저항함으로써 정의로운 사회를 만들어 나가야 한다.
모든 사람은 평등한 기본적 자유를 최대한 누려야 한다는 것이다. / 시민 불복종이 사회 정의의 실현을 목적으로 삼아야 함을 의미한다.

(가) 사상가는 롤스이고, (나)의 ㉠은 시민 불복종이다. 롤스는 시민 불복종이 평등한 자유의 원칙이나 공정한 기회 균등의 원칙에 대한 현저한 위반에 국한되어야 한다고 본다. 즉 시민 불복종은 일부 부정의한 법이나 정책들에 한해서 이루어져야 한다는 것이다.

**바로잡기** ① 롤스에 따르면 시민 불복종은 국가 체제의 합법성을 인정하는 위법 행위이다.
③, ④ 롤스는 시민 불복종의 정당화 조건으로 비폭력성, 처벌 감수, 공개성, 최후의 수단을 제시한다.
⑤ 롤스에 따르면 시민 불복종은 합법적인 개혁 방법들이 소용없을 때 이루어져야 한다.

# 05 자본주의

**기초를 다지는 확인 문제** 262 쪽

**01** (1) ○ (2) ○ (3) × (4) × (5) ○ (6) ○ **02** (1) 인간 소외 (2) 물신 숭배 (3) 천민 (4) 마르크스 **03** (1) ㉡ (2) ㉠ (3) ㉢

**실력을 키우는 실전 문제** 263~265 쪽

**01** ④ **02** ③ **03** ④ **04** ④ **05** ② **06** ③
**07** ④ **08** ③ **09** ⑤ **10** ②

**11** (1) 칼뱅 (2) **예시답안** 근면, 검소, 성실을 강조하며 합리적인 이윤 추구를 긍정하였다. 자본주의의 발전에 종교적 기반을 제공하였다. 금욕주의적 삶의 태도를 강조하였다 등

**12** (1) **예시답안** 인간의 가치를 경제적으로만 평가하는 태도를 극복해야 한다. 윤리적 경제 행위를 해야 한다. (2) **예시답안** 공동체 의식을 함양하고 상생의 문화를 확립해야 한다. 경제적 불평등을 완화하기 위한 정책을 마련해야 한다.

**13** **예시답안** 사회주의의 이상을 민주주의적인 수단을 통해 건설해야 한다. 공유제를 바탕으로 하되 중요한 부문의 사적 소유를 인정해야 한다.

**01** A는 자본주의이다. 자본주의는 사유 재산 제도를 바탕으로 시장에서의 자유 교환을 중심으로 하는 경제 체제이다. 자본주의의 대표적인 특징으로 사유 재산제, 시장 경제, 자유 경쟁의 원리, 상품의 자유로운 생산·교환·분배, 이윤 획득을 위한 생산 활동, 노동의 상품화 등을 들 수 있다.

**바로잡기** ㄱ. 사회주의에 관한 설명이다. 사회주의에서는 자본주의의 빈부 격차 문제를 비판하면서 경제적 평등을 실현해야 한다고 주장하였다.
ㄷ. 사회주의에 관한 설명이다. 마르크스는 프롤레타리아 혁명을 통한 생산 수단의 공유와 계획 경제를 주장하였다.

**02** 제시문은 애덤 스미스의 주장이다. 애덤 스미스는 개인이 자신의 이익을 자유롭게 추구하도록 내버려 둠으로써 사회의 이익을 증진시킬 수 있다고 보았다. 또한 보이지 않는 손의 역할을 강조하면서 시장에 대한 국가의 간섭은 최대한 배제해야 한다고 주장하였다.

**바로잡기** ㄱ. 애덤 스미스는 사익 추구가 저절로 공익의 증대로 이어진다고 보았다.
ㄹ. 민주적 방법으로 사회주의의 이상을 추구할 것을 주장한 사상은 민주 사회주의이다.

**03** 갑은 애덤 스미스, 을은 케인스이다. 애덤 스미스는 자유방임주의를, 케인스는 정부의 시장 개입을 주장하였다. 그러나 애덤 스미스와 케인스는 모두 자본주의 체제하에서 사적 소유권을 인정하고 자원의 효율적인 배분을 추구하였다.

**바로잡기** ① 케인스만의 입장에 해당한다. 애덤 스미스는 정부의 시장 개입을 반대하였다.
②, ③ 신자유주의자인 하이에크의 입장에 해당한다. 신자유주의는 정부 실패를 극복하기 위해 시장 경제의 효율성을 강조하며 등장하였다. 신자유주의의 구체적인 정책으로는 공기업의 민영화, 복지 정책의 감축, 노동 시장의 유연화 등을 들 수 있다.
⑤ 애덤 스미스와 케인스는 모두 분배의 평등을 추구하지 않았다.

**자본주의의 전개 과정** **만점 공략 노트**

초기 고전적 자본주의로부터 수정 자본주의를 거쳐 신자유주의에 이르기까지 자본주의는 각각의 단계마다 일정한 특징을 지닌다.

| 고전적 자본주의 | 수정 자본주의 | 신자유주의 |
|---|---|---|
| • 대표자 : 애덤 스미스<br>• 산업 혁명 시기 경제 활동에서 국가의 간섭을 최대한 배제<br>• 자유로운 시장 경제 강조 | • 대표자 : 케인스<br>• 정부의 시장 개입을 통해 새로운 수요 창출 강조<br>• 정부의 역할 확대와 '큰 정부'의 역할 강조 | • 대표자 : 하이에크<br>• 정부의 시장 개입 반대, 정부 기능 축소 주장<br>• 개인의 자유와 시장 경제의 효율성 강조 |

**04** A는 수정 자본주의자인 케인스이다. 케인스는 국가가 완전 고용에 이를 만큼의 유효 수요를 창출하기 위해 적극적으로 노력해야 한다고 보았다.

**바로잡기** ① 케인스가 부정의 대답을 할 질문이다. 케인스는 자본주의 사상가로서 개인의 자유로운 이익 추구를 전제한다.
② 케인스가 부정의 대답을 할 질문이다. 공공 지출을 줄여 작은 정부로 복귀해야 한다고 본 것은 하이에크를 비롯한 신자유주의자들이다.
③ 케인스가 부정의 대답을 할 질문이다. 케인스는 자본주의 사상가로서 사유 재산 제도를 긍정한다.
⑤ 케인스가 부정의 대답을 할 질문이다. 케인스는 국가가 세금을 더 거두어 국민의 복지를 책임져야 한다고 보았다.

**05** ㈎ 사회사상은 신자유주의이다. 신자유주의는 정부 실패에 대한 반성으로, 정부의 시장 개입을 비판하고 시장 경제의 효율성을 강조하며 등장하였다.

**바로잡기** ① 신자유주의 입장에서 긍정의 대답을 할 질문이다. 신자유주의는 고전적 자본주의를 계승하고 강화하면서, 정부 개입보다는 자연적 시장 질서를 중시하였다.
③ 신자유주의 입장에서 긍정의 대답을 할 질문이다. 신자유주의의 구체적인 정책으로는 공기업의 민영화, 복지 정책의 감축, 노동 시장의 유연화 등을 들 수 있다.
④ 신자유주의 입장에서 부정의 대답을 할 질문이다. 신자유주의에 따르면 국가가 경제 계획을 통해 시장을 통제할 수 있다는 생각은 잘못이며, 국가는 단지 자유 경쟁이 최대한 효율적으로 작동할 수 있도록 해야 한다.
⑤ 신자유주의 입장에서 부정의 대답을 할 질문이다. 정부가 다양한 공공 정책을 펼치면, 국민이 기본적인 실제 구매력을 잃지 않고 유효 수요도 창출할 수 있다고 본 것은 수정 자본주의자인 케인스이다.

**신자유주의의 장단점** 만점 공략 노트

신자유주의는 그동안 선진국과 후진국에서 나타났던 국가 권력의 확대에 따른 자유의 위축과 비능률을 해소하고 경쟁 시장의 효율성을 강화하는 등 긍정적 측면을 가지고 있다. 그러나 경제의 불안정, 불황과 실업, 빈부 격차의 확대, 환경 파괴, 선진국과 후진국 간의 갈등 등과 같은 심각한 부작용을 초래할 수도 있다.

**06** A에는 자본주의의 기여를 묻는 질문이 들어가야 한다. 자본주의는 경제적 효율성을 증진하여 물질적 풍요를 가져왔으며, 개인의 자유와 권리, 자율성과 창의성을 증대시키는 데 기여하였다.

**바로잡기** ① 자본주의는 시대에 따라 고전적 자본주의, 수정 자본주의, 신자유주의와 같이 다양한 유형으로 전개되었다.
② 자본주의는 정치적 영역에서 민주주의의 정착과 발전에 영향을 끼쳤다.
④ 자본주의에 대한 비판적 관점으로는 사회주의를 들 수 있다.
⑤ 바람직한 자본주의를 실현하기 위해서는 개인적·사회적·국제적 차원의 노력이 필요하다.

**07** 고전적 자본주의에서는 시장 경제의 작동 원리인 '보이지 않는 손'의 역할을 강조한다. 한편 수정 자본주의는 정부 실패라는 문제를 낳았으며, 이를 극복하기 위해 등장한 신자유주의는 경제 불안정, 불황과 실업, 빈부 격차의 심화 등 고전적 자본주의에서 발생했던 시장 실패를 다시 초래할 우려가 있다.

**바로잡기** ㄷ. 새로운 경제 조류는 신자유주의를 의미한다. 신자유주의는 사회 복지 정책의 축소를 주장하였다.

**08** 제시문은 마르크스의 주장이다. 마르크스는 사적 소유와 분업, 계급적 사회관계에 토대를 둔 자본주의적 생산 방식이 노동을 왜곡하고 파편화함으로써 인간의 자아실현을 가로막는다고 비판하였다. 또한 노동 소외 현상의 극복을 위해 노동의 본래적 가치를 회복할 필요가 있다고 보았다.

**바로잡기** 첫 번째 입장 : 마르크스에 따르면 분업과 같은 자본주의적 생산 방식에 의해 인간은 물질에 종속된 존재가 되며 노동으로부터 소외된다.
두 번째 입장 : 마르크스는 사유 재산의 철폐를 주장하여 계급도 국가도 없는 공산 사회를 추구하였다.

**09** (가)는 마르크스주의, (나)는 민주 사회주의이다. 마르크스는 자본주의 사회는 필연적으로 붕괴될 수밖에 없다고 보며, 모든 생산 수단의 공유를 통해 사유 재산과 계급이 철폐되는 공산주의 사회가 도래할 것이라고 주장하였다. 그러나 이 과정에서 일어나는 프롤레타리아 혁명은 매우 급진적이고 폭력적인 것이었다. 이와 달리 자본주의 사회의 문제점을 점진적이고 평화적인 방법으로 개선해 나가려고 하는 민주 사회주의가 등장하였다. 민주 사회주의는 생산 수단의 공유를 바탕으로 주요 부문의 사적 소유를 인정하였다.

**바로잡기** ⑤ 국가가 시장의 자생적 질서에 인위적으로 개입해서는 안 된다고 보는 것은 신자유주의자인 하이에크의 입장이다.

**민주 사회주의** 만점 공략 노트

민주 사회주의는 마르크스주의의 급진적 폭력 혁명론을 비판하면서, 자유 속에서 민주적인 방법으로 사회주의의 이상을 추구하였다.

- 사회주의자는 노력에 따라 보수를 받을 개인의 권리를 자명한 것으로 받아들인다.
- 사회주의적 계획화는 모든 생산 수단의 공유화를 전제하지 않는다. 그것은 중요한 부문, 예컨대 농업, 수공업, 소매업, 중소기업 등에서의 사적 소유와 양립할 수 있다.

－「프랑크푸르트 선언」－

**10** 제시문은 영화「모던 타임스」에 대한 내용으로, 인간을 기계 부품처럼 취급하는 자본주의의 인간 소외 현상을 풍자하고 있다.

**바로잡기** ①, ③, ④, ⑤ 제시문을 통해 유추할 수 있는 자본주의의 특징에 해당하지 않는다.

**11** **이렇게 쓰면 만점** (2) '근면', '검소', '성실', '금욕주의'를 포함해 자본주의의 성장과 발전에 영향을 끼친 프로테스탄티즘의 특징을 서술하면 만점이다.

**12** **이렇게 쓰면 만점** (1) 바람직한 자본주의를 실현하기 위한 개인적 차원의 노력을 서술하면 만점이다.
**이렇게 쓰면 만점** (2) 바람직한 자본주의를 실현하기 위한 사회적 차원의 노력을 서술하면 만점이다.

**13** **이렇게 쓰면 감점** 프랑크푸르트 선언이 강조하는 내용을 한 가지만 서술하면 감점이다.

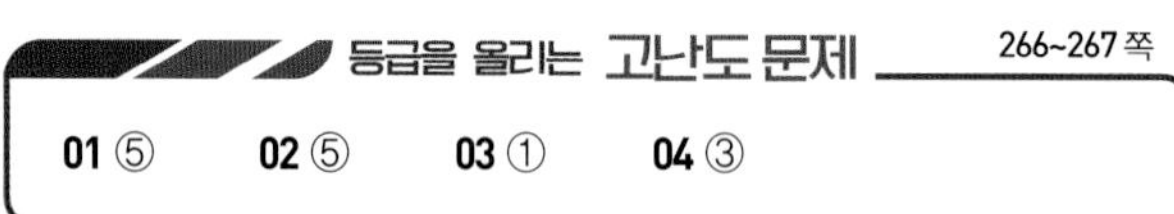

## 등급을 올리는 고난도 문제 266~267쪽

01 ⑤　02 ⑤　03 ①　04 ③

**01 자본주의의 특징 이해** 자료 분석 노트

자급자족적인 봉건 경제가 허물어지는 계기가 되었다.
- 16세기 무렵 유럽 사회는 신대륙의 발견과 새로운 항로의 개척을 계기로 상업이 발달하기 시작했으며 국가 간의 교역이 활발해졌다. 이때 사유 재산 제도를 바탕으로 시장에서의 자유 교환을 중심으로 하는 A이/가 등장하였다.

자본주의는 개인의 재산권 보장, 거래와 계약의 자유, 자유 시장 제도 등을 규범적 특징으로 한다.
- A 사회에서는 상품의 생산과 소비에 있어서 자유가 보장된다. 이러한 자유의 원칙은 노동관계에서도 마찬가지이다. 시장에서 상품을 판매하듯이 자본가는 노동자를 고용하고 노동자는 자본가의 고용에 응한다. 자본가와 노동자는 시장 경제 활동에서 중요한 역할을 담당하고 있다.

A는 자본주의이다. 자본주의는 자유주의, 프로테스탄티즘 등의 영향을 받아 성장하고 발전하였다. 자본주의는 자유로운 경쟁이 보장되는 시장 경제를 중시하며, 이를 통해 생산과 소비, 분배가 이루어진다. 그러나 자본주의는 빈부 격차를 심화시킬 수 있으며, 이윤 창출이라는 목적에만 집착할 경우 물질 만능주의에 빠질 수도 있다. 또한 인간이 만들어 낸 물질에 의해 인간이 지배당하거나 물질적 가치만을 좇으면서 인간성을 상실하는 인간 소외 현상을 심화시킬 수 있다.

**바로잡기** ⑤ 자본주의는 생산 수단의 공유에 따른 계획 경제 체제가 아니라, 사유 재산제를 바탕으로 한 자유 시장 경제 체제를 추구한다.

## 02 고전적 자본주의 이해 자료 분석 노트

개인의 경제적 자율성을 최대한 보장해야 함을 강조하고 있다.
- 모든 사람이 완전히 자유롭게 자신의 이익을 추구할 수 있고, 자신의 근면과 자본을 바탕으로 누구와도 경쟁할 수 있어야 한다. 이렇게 함으로써 보이지 않는 손에 의해 국가의 부가 증대될 수 있다. 수요와 공급을 조절하는 시장의 가격 조절 기능을 의미한다.
- 사회적 분업은 전문화와 단순 작업의 반복을 가능하게 함으 └마르크스와 달리 분업에 대해 긍정적인 시각을 보여 준다. 로써 노동의 숙련도를 향상시킨다. …… 분업에 의해 생산되어 시장에 제공되는 상품이 시장에서 교환될 때 가치, 즉 가격이 형성된다. …… 가격은 자동적으로 희소성의 정도를 알려 준다.

제시문은 애덤 스미스의 주장이다. 애덤 스미스는 보이지 않는 손이 경제 활동을 조절하므로 국가 경제는 균형을 이루게 된다고 보았다. 또한 시장에서의 경제 활동이 자유롭게 이루어져야 한다고 강조하였으며, 국가 권력이 경제 활동에 간섭하지 않는 자유방임주의를 주장하였다.

**바로잡기** 세 번째 입장 : 애덤 스미스는 시장의 가격 조절 기능인 보이지 않는 손의 역할을 신뢰하였다.

## 03 롤스, 마르크스, 하이에크의 입장 비교 자료 분석 노트

갑 : 천부적으로 더 유리한 처지에 있는 자는 아주 불리한 처지에 있는 자의 여건을 향상하여 준다는 조건하에서만 그들
사회적·경제적 불평등은 최소 수혜자에게 최대 이익을 보장할 때에만 허용될 수 있다고 보므로 갑은 롤스이다.
의 행운에 따른 이익을 누릴 수 있다.

을 : 프롤레타리아는 자신의 정치적 지배를 이용하여 부르주아로부터 모든 자본을 차례로 빼앗고 모든 생산 수단을 국가의 수중에 집중시켜야 한다. 생산 수단의 공유와 계획 경제를 주장하므로 을은 마르크스이다.

병 : 경쟁은 가장 효율적일 뿐만 아니라 권력의 강제적이고 자
자유 경쟁을 최대한 보장해야 한다고 본다.
의적인 간섭 없이도 우리의 행위가 조정될 수 있는 유일한 방법이기 때문에 우월한 방법이라 할 수 있다. 정부의 시장 개입은 대폭 축소되어야 한다.
국가는 단지 자유 경쟁이 최대한 효율적으로 작동할 수 있도록 하면 된다고 주장하므로 병은 하이에크이다.

갑은 롤스, 을은 마르크스, 병은 하이에크이다. 롤스는 정의의 제1원칙으로 모든 사람은 동등한 기본적 자유를 최대한 누려야 한다는 평등한 자유의 원칙을 강조하였다. 따라서 롤스는 모두가 평등하게 살아가는 사회를 이상 사회로 제시한 마르크스에 대해 기본적 자유를 보장하는 것이 무엇보다 중요하다고 비판할 수 있을 것이다.

**바로잡기** ② 롤스는 사유 재산의 폐지를 주장하지 않는다. 이 비판은 마르크스가 하이에크나 롤스에게 제기할 수 있는 내용이다.
③ 개인의 자유를 중시하는 하이에크가 마르크스에게 제기할 수 있는 비판이다.
④ 롤스는 차등의 원칙을 통해 사회적 약자에 대한 배려를 강조하는 입장이다. 이 비판은 롤스가 하이에크에게 제기할 수 있는 내용이다.
⑤ 하이에크는 경제적 불평등 해소를 국가의 주된 역할로 보지 않는다. 하이에크는 정부의 시장 개입에 반대하며 정부의 기능을 축소할 것을 강조하였다. 따라서 이 비판은 롤스가 하이에크에게 제기할 수 있는 내용이다.

## 04 신자유주의와 민주 사회주의 비교 자료 분석 노트

하이에크는 사회주의의 중앙 집권적 계획이 개인의 자유를 파괴하고 사람들을 노예의 길로 이끈다고 주장하였다.
(가) 사회주의는 개인의 자유를 약속하지만 실제로는 새로운 형태의 노예제에 불과하다. 국가는 계획보다는 자유로운 경쟁을 장려하고 작은 정부로 회귀해야 한다.
정부의 시장 개입을 반대하면서, 개인의 자유와 시장 경제의 확대를 강조하고 있다.
(나) 사회주의는 개인의 자유를 확대하기 위해 노력하고 있다.
자유 속에서 사회주의의 이상을 추구해야 한다고 주장하고 있다.
국가는 계획 경제의 틀 속에서 사적 소유자가 권력을 남용
계획 경제에 대해 긍정하고 있다.
하지 않고 생산 증진에 기여하도록 인도해야 한다.

(가)는 하이에크의 주장으로 신자유주의, (나)는 프랑크푸르트 선언 중 일부 내용으로 민주 사회주의에 해당한다. 신자유주의는 고전적 자본주의를 계승하고 강화하면서, 경쟁에 따른 시장 제일주의를 강조하였다. 반면 민주 사회주의는 민주적인 방법에 의한 점진적 개혁을 통해 사회주의의 이상을 추구할 것을 강조하였다. 따라서 (나) 사상의 특징은 다음과 같다.

X : 민주적인 방법으로 사회주의 이상을 추구하는 정도는 (가) 사상에 비해 높다.

Y : 고전적 자본주의를 계승하고 강화하려는 정도는 (가) 사상에 비해 낮다.

Z : 시장에서의 자유 경쟁보다 경제적 평등 구현을 중시하는 정도는 (가) 사상에 비해 높다.

**바로잡기** ①, ②, ④, ⑤ X는 높음, Y는 낮음, Z는 높음에 해당하지 않는다.

## 06 평화

### 기초를 다지는 확인 문제 272쪽

**01** (1) 소극적 평화 (2) 적극적 평화 (3) 대동 사회 (4) 겸애 (5) 공리 (6) 칸트 **02** (1) × (2) × (3) ○ (4) ○
**03** (1) ㉢ (2) ㉠ (3) ㉡

### 실력을 키우는 실전 문제 273~277쪽

**01** ② **02** ③ **03** ④ **04** ① **05** ② **06** ④
**07** ④ **08** ③ **09** ④ **10** ② **11** ④ **12** ⑤
**13** ③ **14** ② **15** ① **16** ② **17** ⑤ **18** ③
**19** (1) 문화적 폭력 (2) **예시답안** 직접적 폭력을 예방해야 할 뿐만 아니라 갈등을 비폭력적인 방식으로 풀어 갈 수 있는 평화의 구조와 문화를 구축해야 한다. 직접적 폭력은 물론 구조적 폭력과 문화적 폭력까지 사라진 상태를 지향해야 한다.
**20** (1) 세계 시민주의 (2) **예시답안** 모든 민족과 국가 사이의 협력과 연대를 지향한다, 지구촌에서 인류 공동체의 결속을 높이는 데 기여한다, 다양성을 존중한다, 갈등을 평화롭게 해결하기 위해 노력한다 등
**21** (1) 싱어 (2) **예시답안** 인류의 고통을 줄이고 복지를 향상하는 것이다.

**01** 소극적 평화는 전쟁, 테러, 범죄와 같은 직접적이고 물리적인 폭력이 없는 상태를 의미한다. 한편 적극적 평화는 직접적 폭력뿐만 아니라 구조적 폭력과 문화적 폭력과 같은 간접적 폭력까지 사라진 상태이다.

**바로잡기** ㄴ. 적극적 평화에 관한 설명이다. 적극적 평화는 평화의 개념을 국가 안보 차원에서 인간의 생명과 존엄을 중시하는 인간 안보 차원으로 확장한다.
ㄹ. 소극적 평화에 관한 설명이다. 소극적 평화는 직접적으로 폭력을 제거한다는 점에서 의미가 있으나, 빈곤이나 인권 침해 같은 인간이 겪는 다양한 차원의 폭력을 고려하지 않는다는 한계가 있다.

**02** 자료 분석 노트

갈퉁은 인간의 폭력을 직접적 폭력, 구조적 폭력, 문화적 폭력으로 나누었다.
폭력은 직접적이고 물리적인 행위만이 아니라, 인간의 잠재적 능력의 실현을 방해하는 비의도적이고 간접적인 구조 또한 포함한다. 한편 상징적 차원에서 인간에게 작동하는 문화적 폭력은 직접적·구조적 폭력의 모든 유형과 연관되며, 이들에 정당성과 합법성을 부여함으로써 폭력을 은폐한다.
└ 구조적 폭력을 의미한다.
종교와 사상, 예술, 학문 등의 영역에서 폭력을 합법화하고 용인하는 것을 말한다.
갈퉁은 눈에 보이는 직접적 폭력의 제거 못지않게 눈에 보이지 않는 사회 구조와 문화 요소에 기인한 폭력의 제거 또한 중요하다고 보았다.

(가)를 주장한 사상가는 갈퉁이다. 갈퉁은 평화를 모든 종류의 폭력 부재나 감소라고 정의하였다. 즉 그는 직접적 폭력뿐만 아니라 간접적 폭력을 모두 제거함으로써 적극적 평화를 이루는 것이 진정한 평화라고 주장하였다.

**바로잡기** ① 갈퉁은 물리적 폭력이 없는 소극적 평화만으로는 진정한 평화를 이루기 어렵다고 보았다.
② 갈퉁은 문화적 폭력이 구조적 폭력을 정당화하는 데 이용된다고 보았다.
④ 폭력에는 구조적 폭력이 포함되므로 폭력의 주체는 개인만이 아니라 사회 구조가 될 수도 있다.
⑤ 갈퉁은 직접적·구조적·문화적 폭력이 서로를 확대 재생산하는 데 영향을 끼치므로 적극적 평화를 실현하기 위해서는 이 모두가 제거되어야 한다고 보았다.

**소극적 평화와 적극적 평화** 만점 공략 노트

갈퉁은 폭력을 직접적 폭력이 없는 상태인 소극적 평화와 구조적 폭력까지 없는 상태인 적극적 평화로 구분하였다.

| 소극적 평화 | 적극적 평화 |
|---|---|
| 신체에 직접 위해를 가하는 전쟁, 테러, 폭행 등과 같은 직접적이고 물리적인 폭력이 없는 상태 | 직접적·물리적 폭력뿐만 아니라 사회 제도나 관습 등에 따른 억압이나 착취 같은 구조적 폭력도 없는 상태 |

**03** 그림의 강연자는 공자이다. 공자가 제시한 대동 사회는 도덕성을 기반으로 모든 사람이 함께 조화롭게 어울려 사는 평화로운 사회이다. 또한 사회적 재화가 고르게 분배되고 사회적 약자를 배려하는 사회로, 가족 이기주의에 얽매이지 않고 타인을 배려하는 도덕적인 공동체이다.

**바로잡기** ④ 대동 사회는 모든 사람이 자기 이익만을 위해 재물을 사용하지 않는 사회로, 경제적 이로움보다 도덕적 명분을 중시하는 사회이다.

**04** 제시문은 묵자의 주장이다. 묵자는 자신을 대하듯 남을 대하는 겸애를 강조하였으며, 사치를 근본적으로 금하고[節用] 생산에 힘쓰며 소비를 줄일 것을 주장하였다.

**바로잡기** 세 번째 입장 : 묵자는 침략 전쟁이 소수의 큰 나라에 이익이 된다고 하더라도 천하에 이익이 되지 않으므로 옳지 않다고 보았다.
네 번째 입장 : 묵자는 유교에서 강조하는 인(仁)이 존비친소를 분별하는 사랑으로서 사회 혼란을 초래하였다고 보았다.

**05** 유교에서는 도덕적 수양을 바탕으로 화평한 세계를 이루고자 하였다. 화평(和平)은 다툼이나 갈등을 일으키는 크고 작은 대립이 없고 안정된 상태를 의미한다.

**바로잡기** ① 불교에서 긍정의 대답을 할 질문이다. 불교에서는 연기에 대한 자각이 무차별적 사랑인 자비로 이어진다고 보았다.
③ 도가에서 긍정의 대답을 할 질문이다. 도가 사상가인 노자는 무위의 다스림이 이루어지는 소국과민 사회를 추구하였다.
④ 도가에서 부정의 대답을 할 질문이다. 도가에서는 유교에서 강조하는 인의(仁義)의 도덕이 사회가 혼란하여 생겨난 인위적 규범에 불과하다고 보았다.
⑤ 유교에서 긍정의 대답을 할 질문이다. 유교 사상가인 공자는 모든 사람이 어울려 평화롭게 살아가는 대동 사회를 추구하였다.

**06** 갑은 공자, 을은 묵자이다. 묵자는 자타를 구별하지 않고 모든 사람을 차별 없이 사랑하는 겸애(兼愛)를 강조하며 이를 통해 평화로운 세상으로 나아갈 것을 주장하였다. 묵자가 제시한 겸애는 유가의 가까운 사람을 먼저 사랑하라는 친친(親親)과는 다르다. 한편 공자는 인을 바탕으로 개인의 사욕을 극복하고 진정한 예를 회복할 것[克己復禮]을 강조하였다. 따라서 갑의 입장에 비해 을의 입장은 X는 낮음, Y는 높음, Z는 낮음에 해당한다.

**바로잡기** ①, ②, ③, ⑤ X는 낮음, Y는 높음, Z는 낮음에 해당하지 않는다.

**07** A에는 불교에서 평화를 위해 강조한 내용이 들어가야 한다. 불교에서는 수양을 통해 마음속의 탐욕[貪], 화냄[瞋], 어리석음[癡]을 제거하고 연기에 대한 깨달음에 이를 것을 강조하였다. 또한 연기와 자비를 바탕으로 인간뿐만 아니라 모든 생명체에 대하여 폭력을 사용해서는 안 된다고 보았다.

**바로잡기** ㄷ. 무위자연(無爲自然)을 이상적인 삶의 모습으로 본 것은 도가 사상이다.

**08** 제시문은 칸트의 주장이다. 칸트에 따르면 국가는 평화 유지를 위해 자유로운 국가들 간의 연맹에 참여해야 한다.

**바로잡기** ① 칸트는 국제 평화를 위해서는 국제법이 필요하다고 보았다.
② 칸트는 국제 관계를 이상주의 입장에서 파악하여 국가는 분쟁 관계에서 도덕성을 고려해야 한다고 보았다.
④ 칸트가 말하는 평화란 전쟁이 일시적으로 중단된 상태가 아니라, 모든 적대감이 제거되고 보편적인 이성의 법이 실현된 상태에서만 이루어질 수 있는 영구 평화를 의미한다.
⑤ 칸트는 국가 간의 교류가 전쟁의 가능성을 줄일 수 있다고 보았다.

**09** 갑 사상가는 에라스뮈스이다. 에라스뮈스는 그리스도교의 사랑과 비폭력의 평화 사상을 계승하였으며, 전쟁은 본성상 선보다 악을 초래한다고 주장하였다. 또한 전쟁을 위한 무기 구매, 용병의 모집 등에 드는 비용, 전쟁에 의한 파괴와 통상의 단절 등에 따라 발생하는 경제적 손실을 고려할 때, 평화를 달성하는 것이 전쟁보다 훨씬 적은 비용이 든다고 보았다.

**바로잡기** ④ 에라스뮈스는 전쟁에서는 악인만이 아니라 전쟁과 무관한 사람들이 피해를 겪기 때문에 죄 없는 다수가 혹독한 재앙에 휘말리는 것은 도덕적으로 옳지 않다고 보았다.

**10** 제시문은 현실주의의 입장이다. 현실주의 입장에 따르면 평화는 경쟁하는 국가와 대등한 힘을 보유하거나 군사 동맹을 통해 세력 균형을 맞출 때 실현될 수 있다.

**바로잡기** ㄴ. 이상주의 입장에서 강조할 내용이다. 이상주의 입장에 따르면 국제 사회의 갈등은 잘못된 제도, 상대방에 대한 무지나 오해에서 비롯되기 때문에 평화는 대화와 협상을 통해 실현될 수 있다.
ㄹ. 이상주의 입장에서 강조할 내용이다. 이상주의 입장에 따르면 인간뿐만 아니라 개별 국가도 이성적이고 합리적인 존재이다.

**현실주의와 이상주의** 만점 공략 노트

현실주의와 이상주의의 입장을 특징과 한계를 중심으로 비교해 두자.

| 구분 | 현실주의 | 이상주의 |
|---|---|---|
| 핵심 개념 | 힘, 권력 | 이성 |
| 갈등 원인 | 자국의 이익 추구 | 잘못된 제도, 무지, 오해 |
| 갈등 해결 | 국가 간 세력 균형 | 국제기구, 국제법, 국제 규범을 통한 제도의 개선 |
| 한계 | 군비 경쟁 유도, 다양한 주체와의 협력 관계를 설명하기 어려움 | 현실과 낙관적 전망 사이의 괴리 |

**11** ㉠에는 이상주의의 한계가 들어가야 한다. 이상주의는 인간 본성과 국가적 대립에 관해 지나치게 낙관적이라는 비판을 받으며, 자국의 이익을 중시하는 현실적인 국제 관계를 설명하기 어렵다는 한계가 있다.

**바로잡기** ㄱ, ㄷ. 현실주의의 한계에 해당한다. 현실주의는 안보 딜레마와 국제 사회의 유동성 때문에 확실한 평화와 안정을 보장하지 못한다는 비판을 받는다. 또한 국제 사회의 다양한 행위 주체의 존재와 협력 관계를 설명하기 어렵다는 한계가 있다.

**12** 제시문은 왈처의 주장이다. 왈처는 정의 전쟁론의 입장에서 개전과 전쟁 수행 과정뿐만 아니라 전쟁 이후의 과정에서도 정의로움을 추구해야 한다고 보았다. 또한 정당한 방어를 목적으로 하는 전쟁은 허용될 수 있다고 주장하였다.

**바로잡기** ① 왈처는 무력이 정의 실현을 위한 수단이 될 수 있다고 보았다.
② 왈처는 전쟁이 도덕적 제약을 받아야 한다고 강조하였다.
③ 왈처는 전쟁의 도덕적 정당성 여부를 판단할 수 있다고 보았다.
④ 왈처는 개전에서 정당화될 수 없는 전쟁을 수행하는 경우라도 그 과정은 정의롭게 이끌어져야 한다고 주장하였다.

**13** 이달의 사상가는 생피에르이다. 생피에르는 공리적 관점을 바탕으로 평화를 실현하기 위해 종교나 도덕성에 호소하는 대신 인간의 이기심과 합리적 이성에 따를 것을 주장하였다.

**바로잡기** ① 칸트는 『영구 평화론』에서 전쟁을 예방하고 국가 간의 영구 평화를 보장하기 위한 조건들을 제시하였다.
② 루소는 사회 계약론자로, 자연 상태에서 누리던 자유를 보장받기 위해 국가를 형성했다고 보았다.
④ 에라스뮈스는 르네상스 시기의 사상가로, 전쟁이 평화를 추구하는 종교 정신에 위배된다고 보았다.
⑤ 아우구스티누스는 정전론(正戰論)의 입장에서 악을 징벌할 때에는 정당한 목적 실현을 위해 정당한 수단을 사용하는 전쟁을 허용할 수 있다고 보았다.

**14** (가)는 전쟁에 대한 아퀴나스의 입장, (나)는 왈처의 입장이다. 아퀴나스와 왈처는 정의의 관점에서 전쟁을 정당화하는 정의 전쟁론을 주장한다.

바로잡기 ①, ③, ④, ⑤ ㉠에 들어갈 주제로 적절하지 않다. 정의 전쟁론의 입장에서는 무고한 사람의 인권 보호, 부당하게 침해된 권리의 회복, 적국의 침입에 대한 방어 등을 위한 전쟁은 정당하며, 전쟁은 도덕적 제약을 받아야 한다고 본다.

**15** A는 세계 시민주의이다. 세계 시민주의는 고대 그리스의 스토아학파에서 발전해 온 사상으로, 특정 민족이나 국가를 넘어서 인류를 하나라고 보는 입장이다.

바로잡기 병 : 오늘날에는 전통적인 지역 또는 국민 국가 중심의 사고나 태도에서 벗어나 세계 시민주의가 더욱 강조되고 있다.
정 : "나는 세계 시민이요, 세상이 내 도시 국가입니다."라는 말은 고대 그리스 철학자 디오게네스의 말이다.

**16** 갑은 싱어, 을은 노직이다. 싱어는 공리주의적 입장에서 해외 원조를 의무라고 주장하였으며, 세계의 모든 가난한 사람을 원조의 대상으로 삼아야 한다고 보았다. 한편 노직은 가난한 사람을 돕는 일은 개인의 선택에 맡겨야 한다고 주장하였다.

바로잡기 ㄴ. 싱어는 물리적 거리에 관계없이 지구촌의 모든 사람을 동등하게 고려해야 한다고 보았다.
ㄹ. 노직은 해외 원조를 각 개인의 자율적 선택의 문제로 보았으며, 의무의 차원에서 이해해서는 안 된다고 주장하였다.

**17** 갑은 롤스, 을은 싱어이다. 롤스와 싱어는 모두 원조가 도덕적 의무에 해당한다고 주장하였다.

바로잡기 ① 롤스는 원조의 목적이 인류의 행복이 아니라 고통받는 사회가 질서 정연한 사회가 되도록 돕는 데 있다고 보았다.
② 롤스는 국제적으로 재화를 균등하게 분배하자고 주장하지 않는다.
③ 싱어는 자국민에 대한 원조를 해외 원조보다 우선해야 한다고 주장하지 않는다. 싱어는 전 지구적 차원에서 원조할 것을 강조하였다.
④ 싱어는 인류의 고통을 감소하고 쾌락을 증진하기 위해 원조에 동참해야 한다고 주장하였다.

**18** 롤스는 국제주의 입장에서 시민의 기본적 정치 권리가 보장되는 질서 정연한 사회에 사는 사람은 고통받는 사회를 원조해야 할 의무가 있다고 주장하였다. 국제주의는 개별 국가를 전제로 하면서도 국가 간의 연대와 협력을 지향한다.

바로잡기 ㄱ. 원조의 의무를 모든 존재의 이익을 동등하게 고려해야 한다는 이익 평등 고려의 원칙으로부터 도출한 사상가는 싱어이다.
ㄹ. 고통받는 사회는 인권 보장이나 민주적 의사 결정 과정이 정착되지 않은 사회이다.

**19** **이렇게 쓰면 만점** (2) '직접적 폭력', '구조적 폭력', '문화적 폭력'을 제거해야 한다는 내용을 포함해 갈퉁이 제시한 진정한 평화의 의미를 서술하면 만점이다.

**20** **이렇게 쓰면 감점** (2) 세계 시민주의의 특징을 한 가지만 서술하면 감점이다.

**21** **이렇게 쓰면 만점** (2) '고통 감소', '복지 향상'을 포함해 싱어가 강조한 해외 원조의 목적을 서술하면 만점이다.

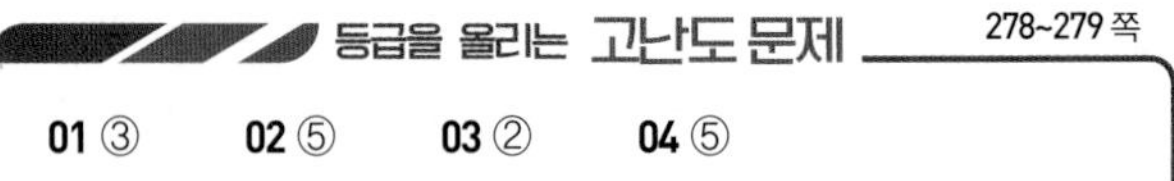

## 등급을 올리는 고난도 문제

278~279 쪽

01 ③ 02 ⑤ 03 ② 04 ⑤

**01** 동양의 평화 사상 이해 — 자료 분석 노트

> 의서(醫書)에서는 손발이 마비된 것을 '몸이 불인(不仁)하다.'고 하는데, 마음이 그 아픔을 느끼지 못하기 때문이다. 무릇 손발이라는 것은 나에게 속한 것이므로 아픔을 느끼지 못한다면 불인일 것이다. 지극한 인(仁)을 갖춘 사람에게 천지는 한 몸이고 천지 사이의 만물은 자신의 몸과 같다. 무릇 사람이면서 자신의 몸을 사랑하지 않는 자는 없을 것이다.
>
> (공자로부터 비롯된 유교는 인의 윤리를 바탕으로 인격의 수양과 도덕적 실천을 강조하였다.)
> (천지를 하나의 유기체로 보고 만물을 사랑할 것을 강조하고 있다.)

칠판의 글은 유교의 기본 관점을 담고 있다. 유교에서는 평화를 위해 수기이안백성(修己以安百姓)을 제시하였다. 수기이안백성은 자신을 수양하고 덕행을 베풀어 모든 사람의 삶을 안정되고 평온하게 해 주어야 한다는 의미이다.

바로잡기 ①, ⑤ 불교에서 강조할 내용이다. 불교에서는 수양을 통해 삼독(三毒)을 제거하고 연기에 대한 깨달음에 이를 것을 강조하였다.
②, ④ 도가에서 강조할 내용이다. 도가에서는 무위의 다스림이 이루어지며 나라의 규모가 작고 백성이 자급자족할 때 평화를 이룰 수 있다고 보았다. 또한 자연에서의 소요(逍遙)를 강조하였다.

**02** 칸트의 영구 평화론 이해 — 자료 분석 노트

> (국가 간 평화를 위해 금지해야 할 내용을 담고 있다.)
> 〈영구 평화를 위한 예비 조항〉
> 첫째, 장차 전쟁의 화근이 될 수 있는 내용을 유보한 채로 맺은 평화 조약은 불가능하다. (영원한 평화를 위해서는 전쟁이 일어날 개연성을 제거해야 한다고 주장한다.)
> 둘째, 어떠한 독립 국가도 타국의 소유가 될 수 없다.
> 셋째, 상비군은 조만간 완전히 폐지되어야 한다.
> (상비군이 전쟁 유발에 대한 오해를 불러올 수 있어 폐지되어야 한다고 주장한다.)
> 넷째, 대외적 분쟁과 관련하여 어떠한 국채도 발행해서는 안 된다.
> 다섯째, 타국의 체제와 통치에 폭력으로 간섭해서는 안 된다.
> 여섯째, 전쟁 중 암살이나 독살, 항복 조약 파기 등의 신뢰를 배신하는 비열한 행위를 하지 않는다.

제시문은 칸트의 『영구 평화론』의 내용이다. 칸트는 영구 평화를 위한 확정 조항 중 하나로, 국제법은 자유로운 국가들의 연방 체제에 기초해야 한다고 주장하였다.

바로잡기 ① 국가 간의 세력 균형을 강조하는 입장은 현실주의이다.
② 칸트는 세계 정부를 수립해야 한다고 주장하지 않는다.
③ 칸트는 평화를 위해 강력한 군사력을 확보해야 한다고 주장하지 않는다. 오히려 전쟁 유발의 오해를 일으키는 상비군이 조만간 완전히 폐지되어야 한다고 주장하였다.
④ 칸트는 평화를 위해서 개별 국가들이 정체성을 유지하되, 보편적 우호 관계를 맺어야 한다고 주장하였다.

## 03 이상주의와 현실주의 입장 비교

자료 분석 노트

인간 본성과 국가에 대해 긍정적인 입장이다.

갑 : 인간은 기본적으로 합리적이고 윤리적인 존재이며, 이러한 인간들로 구성된 국가 역시 국제 사회에서 합리적으로 행위할 수 있다. 국제 사회의 질서는 국제법을 통해 유지할 수 있다.

국제법을 통해 평화를 실현할 수 있다고 본다.

을 : 인간의 본성이 이기적이고 탐욕적이듯이 국제 사회에서 국가는 자기 이익과 생존을 최우선으로 추구한다. 이러한 국가 간의 관계에서 윤리나 도덕은 고려 사항이 아니다.

인간 본성과 국가에 대해 부정적인 입장이다.

세력 균형, 경쟁 국가와의 대등한 힘 보유 등을 통해 평화를 실현할 수 있다고 본다.

갑은 이상주의자, 을은 현실주의자이다. 이상주의에서는 국제 사회의 분쟁과 갈등이 인간 본성이 아니라 잘못된 제도에서 비롯한다고 보고, 국제기구나 국제법을 통해 잘못된 제도를 바로잡고자 한다. 이와 달리 현실주의에서는 국가 간의 세력 균형을 강조한다.

**바로잡기** ㄱ. 현실주의 입장에서는 부정의 대답을 할 질문이다. 이상주의에서는 인간을 이성적 존재로 보는 반면 현실주의에서는 인간을 이기적 존재로 본다.

ㄹ. 현실주의 입장에서 부정의 대답을 할 질문이다. 평화 실현을 위해서 국제기구와 국제법의 역할을 강조하는 입장은 이상주의이다. 현실주의에서는 주권 국가보다 상위의 권위를 지니는 국제기구나 국제법은 존재하지 않거나 존재하더라도 실질적인 권위가 없다고 본다.

## 04 해외 원조에 대한 롤스의 입장 이해

자료 분석 노트

모든 사람은 평등한 기본적 자유를 최대한 누려야 한다는 것이다.

사회적 기본 가치들 사이에 대한 선호를 기준으로 '평등한 자유의 원칙'과 '차등의 원칙'은 서열적으로 배열된다. 이는 기본적 자유와 경제적·사회적 이득의 교환이 허용될 수 없음을 의미한다.

사회적·경제적 불평등은 최소 수혜자에게 최대의 이익이 되도록 편성될 때 정당화된다는 것이다.

제1원칙인 '평등한 자유의 원칙'은 제2원칙인 '차등의 원칙'에 우선한다.

정의로운 사회를 위한 기본적인 원칙으로 평등한 자유의 원칙, 차등의 원칙, 공정한 기회균등의 원칙을 제시한 사상가는 롤스이다. 롤스는 해외 원조에 대해 국제주의적 입장을 취하며, 원조의 목적이 자유와 평등을 보장하는 질서 정연한 사회를 만드는 데 있다고 보았다. 그는 해외 원조가 빈민국의 민주주의와 법치 확립에 기여할 수 있다고 주장하였다.

**바로잡기** ① 롤스는 해외 원조를 경제적 분배의 과정으로 보아서는 안 된다고 주장하며, 원조의 목적은 질서 정연한 사회의 건설이라고 하였다.

② 롤스는 차등의 원칙을 국제 사회에 적용하는 것에 반대하였다.

③ 싱어의 입장에 해당한다. 롤스는 국제주의의 입장에서 국가 간 상호 협력에 바탕을 둔 해외 원조를 강조하였다.

④ 노직의 입장에 해당한다. 롤스는 질서 정연한 사회의 만민은 불리한 여건으로 고통받는 사회를 원조해야 할 의무가 있다고 보았다.

## 수능 특강

280~281 쪽

유형 1 ① 유형 2 ⑤ 유형 3 ④ 유형 4 ③

### 유형 1 심의 민주주의의 특징 파악하기

그림의 강연자는 심의 민주주의의 필요성과 특징에 대해 말하고 있다. 심의 민주주의는 시민이 직접 공적 심의 과정에 참여해 정책을 결정하는 형태의 민주주의를 뜻한다. 심의 민주주의에서는 정책 결정 과정에서 시민들과의 소통을 활성화하고, 공공의 문제에 대한 의견을 공유함으로써 시민들 간의 유대를 강화할 수 있다.

**선택지 분석**

① 시민들 간의 토론과 소통을 통해 정책 결정의 공공성을 강화해야 한다.
→ 심의 민주주의에서 강조하는 내용이므로, 그림의 강연자가 지지할 주장이다.

~~②~~ 정책 심의의 효율성을 위해 의사 표현의 기회에 제한을 두어야 한다.
→ 심의 민주주의는 심의 참여자의 의사 표현의 자유를 보장한다.

~~③~~ 사적인 이익을 표출할 수 있는 투표로 시민의 정치 참여를 높여야 한다.
└ 심의는 공적인 의사소통으로, 순전히 사적인 이익을 표출할 수도 있는 투표와는 대조적인 성격을 갖는다.

~~④~~ 투표로 선출된 대표에 의해서만 정책이 심의되고 결정되어야 한다.
→ 다양한 사람에 의해서

~~⑤~~ 신속한 의사 결정을 위해 시민의 참여를 최대한 배제해야 한다.
→ 요청

### 유형 2 자본주의 전개 과정 이해하기

갑은 애덤 스미스, 을은 케인스, 병은 하이에크이다. 애덤 스미스는 고전적 자본주의 사상가로, 사회 전체의 부를 증가시키는 최선의 방법은 개인이 자신의 이익을 추구하는 데 있다고 보았다. 케인스는 수정 자본주의 사상가로, 시장 실패를 보완하기 위해 정부가 다양한 정책 및 규제를 통해 적극적으로 시장에 개입해야 한다고 주장하였다. 한편 하이에크는 신자유주의 사상가로, 정부의 시장 개입에 반대하여 정부 기능을 축소하고 개인의 자유와 시장 경제를 확대할 것을 주장하였다.

**선택지 분석**

~~ㄱ~~ A : 재화의 사적인 소유와 이윤 추구 활동에 동의하는가?
→ 갑, 을, 병 모두 긍정의 대답을 할 질문이다. 갑, 을, 병은 모두 자본주의 사상가로 재화의 사적 소유와 이윤 추구 활동 등 개인의 자유로운 경제 활동을 인정한다.

ㄴ B : 정부 정책을 통한 사회 복지 서비스의 확대를 주장하는가?
→ 을은 긍정, 병은 부정의 대답을 할 질문이다.

ㄷ C : 청년 실업 문제 해결을 위한 국가 재정 투입에 찬성하는가?
→ 을이 긍정의 대답을 할 질문이다.

ㄹ D : 개인의 자유로운 경제 활동과 시장의 효율성을 강조하는가?
→ 병이 긍정의 대답을 할 질문이다.

### 유형 3 사회주의와 고전적 자본주의 특징 비교하기

(가)는 마르크스의 사회주의, (나)는 애덤 스미스의 고전적 자본주의 사상이다. 마르크스는 생산 수단의 공동 소유와 필요에 따른 분배를 강조한 반면, 애덤 스미스는 사적 소유권의 보장과 능력에 따른 분배를 강조하였다.

**선택지 분석**

- X : 사적 소유권의 보장과 경제적 효율성을 중시하는 정도
  → (가) 사상에 비해 (나) 사상이 높다.
- Y : 개인의 능력과 업적에 따른 재화의 분배를 중시하는 정도
  → (가) 사상에 비해 (나) 사상이 높다.
- Z : 생산 수단에 대한 사회적 통제와 공유를 중시하는 정도
  → (가) 사상에 비해 (나) 사상이 낮다.

### 유형 4 세계 시민주의 특징 파악하기

제시문의 '나'는 세계 시민주의의 입장을 지지하는 사람이고, '어떤 사람'은 민족주의의 입장을 지지하는 사람이다. 세계 시민주의가 세계 시민으로서의 삶을 중시하는 데 비해 민족주의는 민족이나 국가의 일원으로 살아가는 삶을 중시한다. 오늘날에는 전통적인 지역 또는 국민 국가 중심의 사고나 태도에서 벗어나 세계 시민주의가 더욱 강조되고 있다.

**선택지 분석**

~~①~~ 자기 민족의 권리가 세계 시민권보다 더욱 중요함을 간과한다
→ '어떤 사람'이 '나'에게 제기할 수 있는 비판이다.

~~②~~ 세계화 시대에 국경이나 민족의 구분은 무의미함을 강조한다
→ '어떤 사람'은 국경이나 민족의 구분을 강조한다.

③ 개인이 국가의 구성원임과 동시에 세계 시민임을 간과한다
→ '나'가 '어떤 사람'에게 제기할 수 있는 비판이다.

~~④~~ 민족적 동포애가 보편적 인류애로 확대되어야 함을 강조한다
→ '어떤 사람'은 보편적 인류애가 아닌 자민족의 권리를 강조한다.

~~⑤~~ 민족 간 공존을 위해 자민족의 권리를 양도해야 함을 강조한다
→ '어떤 사람'은 자민족의 권리와 발전을 우선할 것을 강조한다.

## 실전 대비 Ⅳ 단원 문제 마무리

284~287 쪽

| | | | | | |
|---|---|---|---|---|---|
| 01 ③ | 02 ⑤ | 03 ⑤ | 04 ④ | 05 ⑤ | 06 ⑤ |
| 07 ② | 08 ④ | 09 ② | 10 ④ | 11 ④ | 12 ③ |
| 13 ④ | 14 ④ | | | | |

15 **예시답안** 소국과민, 작은 나라에 적은 백성으로 구성된 사회이다.

16 (1) **예시답안** 자신과 다른 사고방식과 행위 양식을 존중하고 승인하는 태도 (2) 관용의 역설

17 (1) 칸트 (2) **예시답안** 세계 시민법은 보편적 우호의 조건에 국한되어야 한다. 세계 시민법은 보편적 우호의 추구를 목표로 삼아야 한다.

**01** 갑은 이상 국가를 주장한 플라톤, 을은 이상 사회로 유토피아를 제시한 토마스 모어, 병은 공산주의를 이상 사회로 제시한 마르크스이다. 사유 재산제와 자유 경쟁은 자본주의 체제와 관련 있는 진술로, 세 사상가와는 관련이 없다.

**바로잡기** ① 세 사상가 모두 긍정의 대답을 할 질문이다.
② 을, 병이 긍정의 대답을 할 질문이다. 플라톤의 이상 국가는 세 계층으로 구분되어 있다.
④ 갑이 긍정, ⑤ 병이 긍정의 대답을 할 질문이다.

**02** 제시문은 아리스토텔레스의 입장이다. 아리스토텔레스는 다른 공동체와 달리 국가는 단순한 생존뿐만 아니라 구성원의 훌륭한 삶을 실현하여 구성원이 행복한 삶을 살 수 있도록 해 준다고 보았다. 즉 그는 국가를 다른 모든 공동체를 포괄하면서 행복의 실현이라는 최고선을 추구하는 도덕 공동체로 인식하였다. 또한 국가는 인간의 정치적·사회적 본성에 따라 자연적으로 형성된 공동체라고 하였다.

**바로잡기** ① 맹자나 루소와 관련 있는 내용이다.
④ 아리스토텔레스와 관련 있는 내용이나, ㉠에 들어갈 내용과는 거리가 멀다.

**03** 갑은 소국과민을 주장한 노자, 을은 대동 사회를 이상 사회로 제시한 공자이다. 억지로 무언가를 하지 않는 무위(無爲)를 강조하는 노자의 입장에서 볼 때 공자는 인위적인 예의를 강조함으로써 사회 혼란을 일으키는 존재로 비춰질 것이다. 따라서 노자의 입장에서는 공자에게 무위의 정치가 바람직한 사회를 만들 수 있다고 비판할 수 있다.

**바로잡기** ① 공자는 가족 이기주의를 넘어설 것을 주장하였다.
② 인간의 본성을 변화시켜 선하게 만들어야 한다는 것은 순자의 입장이다.
③, ④ 공자가 노자에게 제기할 수 있는 비판이다.

**04** 제시문은 마르크스와 엥겔스의 『공산당 선언』 일부이다. 마르크스는 국가를 지배 계급의 피지배 계급에 대한 착취 수단으로 보고 국가의 소멸을 주장하였다. 또한 그는 자본주의는 부르주아와 프롤레타리아의 계급 갈등으로 인해 폭력 혁명을 겪게 되고, 그 결과 계급이 없어진 평등 사회가 도래하게 된다고 주장하였다.

**바로잡기** ④ 사유 재산제와 소유 관계의 등장은 계급 갈등의 원인이다.

**05** 제시문은 공동체의 역할을 강조한 매킨타이어의 주장이다. 공동체주의자들은 자유주의자들이 주장하는 개인을 '무연고적 자아', '원초적 자아', '고립된 자아'라고 비판하면서, 공동체의 구성원으로 '관계적 자아'와 '연고적 자아'를 강조한다. 공동체주의에서 바라보는 인간은 공동체를 바탕으로 자아 정체성을 형성하면서, 소속감과 유대감을 지니는 존재이다.

**바로잡기** ㄱ. 자유주의적 인간관에 해당한다.

**06** 갑은 홉스, 을은 헤겔이다. 홉스는 '늑대 대 늑대'의 자연 상태를 벗어나기 위해 사람들이 계약을 맺어 국가를 형성했다고 주장하였다. 반면 헤겔은 국가를 개인이 구체적 자유를 누릴 수 있는 최고의 인륜(도덕 공동체)이라고 주장하였다.

**바로잡기** ① 갑, 을 모두 긍정의 대답을 할 질문이다.

② 갑은 긍정, 을은 부정의 대답을 할 질문이다.
③ 자연법적 기본권은 자연 상태에서부터 지니는 권리이다.
④ 모두 부정의 대답을 할 질문이다. 이 질문에 로크는 긍정의 대답을 할 것이다.

**07** 제시문은 로크의 주장이다. 로크의 사상은 근대 자유 민주주의 형성에 토대를 제공하였다. 로크는 권력의 기원을 국민에게서 찾는 국민 주권을 주장하였으며, 국가는 국민의 동의로부터 권력을 위임받는다고 보았다.

**바로잡기** ① 로크는 권력 분립을 주장하였다.
③ 홉스의 입장에 해당한다. 로크는 자연 상태를 자연권을 누리는 평화로운 상태로 보았다.
④ 로크는 저항권을 인정하였다.
⑤ 로크는 자연 상태의 개인들이 각자의 생명과 자유, 재산을 지키기 위해 국가와 계약을 맺는다고 보았다.

**08** ㈎는 심의 민주주의, ㈏는 참여 민주주의이다. 심의 민주주의는 시민이 직접 공적 심의 과정에 참여해 정책을 결정하는 형태의 민주주의이다. 심의 민주주의는 시민들의 합리적 토론 능력이 중요함을 강조한다. 참여 민주주의는 시민들이 의사 결정 과정에 자발적으로 참여하는 형태의 민주주의이다. 참여 민주주의는 정책 결정에 시민들의 실질적 참여가 보장되어야 함을 강조한다. 한편 대의 민주주의를 보완하는 과정에서 심의 민주주의나 참여 민주주의가 등장하였다.

**바로잡기** ㄷ. 심의 민주주의는 정책에 대한 시민들의 심의가 중요함을 강조한다.

**09** 갑은 애덤 스미스, 을은 케인스이다. 애덤 스미스는 고전적 자본주의를, 케인스는 수정 자본주의를 대표하는 사상가이다. 애덤 스미스는 '보이지 않는 손'의 역할을 통해 자원이 효율적으로 배분된다고 보아, 시장에 대한 국가의 간섭은 최대한 배제해야 한다고 주장하였다. 반면 케인스는 정부의 역할을 최소화해야 한다는 고전적 자본주의에서 벗어나 정부의 적극적인 시장 개입을 주장하였다.

**10** 갑은 하이에크, 을은 케인스이다. 하이에크는 신자유주의를, 케인스는 수정 자본주의를 대표하는 사상가이다. 케인스는 공공 지출을 늘려 유효 수요를 창출함으로써 대량 실업을 없애고 완전 고용을 달성할 것을 주장하였다.

**바로잡기** ① 하이에크는 정부가 개입하여 시장의 자율성을 훼손하면 안 된다고 강조한다.
② 하이에크는 시장에서의 자유 경쟁을 최대한 보장할 것을 강조한다.
③ 하이에크로 대표되는 신자유주의 사상가들은 노동 시장의 유연화, 복지 정책의 감축 등을 주장하였다.
⑤ 애덤 스미스가 주장한 자유방임주의의 입장이다.

**11** ㈎ 사상가는 롤스이다. 롤스는 시민 불복종을 정상적인 민주적 절차가 실패할 때 시도할 수 있는 최후의 방법으로 보았다.

**바로잡기** ①, ②, ③ 롤스가 긍정의 대답을 할 질문이다. 롤스는 시민 불복종이 사회 정의 실현을 목적으로 해야 하며, 비폭력적으로 전개되어야 하고, 참여한 사람은 처벌을 감수해야 한다고 보았다.
⑤ 롤스가 부정의 대답을 할 질문이다. 롤스는 시민 불복종이 공적인 정의관에 근거하여 행해져야 한다고 주장하였다.

**12** 유교에서는 평화를 실현하기 위해 수신제가 치국평천하를 뜻하는 수제치평을 제시하였으며, 묵자는 서로 차별 없이 사랑하고 서로 이로움을 나누어야 전쟁과 같은 불의(不義)한 상황이 발생하지 않을 것이라고 보았다. 에라스뮈스는 그리스도교의 사랑과 비폭력의 평화 사상을 계승하였으며, 생피에르는 평화를 실현하기 위해 종교나 도덕성에 호소하는 대신 인간의 이기심과 합리적 이성에 따를 것을 주장하였다.

**바로잡기** ③ 불교에서는 연기에 대한 자각이 무차별적 사랑인 자비(慈悲)로 이어진다고 보았다.

**13** 제시문은 싱어의 주장이다. 싱어는 세계 시민주의의 입장에서 원조를 국경을 초월하여 행해야 할 의무로 보았다.

**바로잡기** ① 노직의 입장에 해당한다. 싱어는 원조를 자선이 아닌 도덕적 의무로 보았다.
② 싱어는 원조 여부를 전적으로 국가에 위임해야 한다고 보지 않는다.
③ 싱어는 고통을 겪는 인간을 차별하지 말고 공평하게 원조해야 한다고 주장하였다.
⑤ 싱어는 원조를 통해 모든 사회의 복지 수준을 일치시켜야 한다고 주장하지 않는다.

**14** 갑은 싱어, 을은 롤스이다. 싱어는 기아와 재해 등으로 곤경에 빠진 사람을 돕는 것은 인도주의적 의무라고 주장하였다. 롤스 역시 질서 정연한 사회에 살고 있는 만민은 불리한 여건으로 고통받는 사회에 대해 원조할 의무를 지닌다고 보았다.

**바로잡기** ① 싱어와 달리 롤스는 원조를 개개인에 대한 의무가 아니라 '고통받는 사회'에 대한 의무로 보았다.
② 싱어는 질서 정연한 사회라고 할지라도 빈곤에 시달리는 사람들의 삶을 개선함으로써 인류의 복지 증진에 도움을 줄 수 있다고 보았다. 반면 롤스가 주장하는 원조의 목적은 사회를 질서 정연하게 만드는 데에 있으므로 가난하더라도 질서 정연한 사회라면 원조의 대상이 아니다.
③ 싱어는 원조가 빈곤에 시달리는 사람들의 삶을 개선함으로써 인류의 복지 증진에 도움을 줄 수 있다고 보았다.
⑤ 싱어와 롤스는 원조의 목적을 경제적 풍요로움 증대에 두지 않았다.

**15** **이렇게 쓰면 만점** 소국과민, 작은 나라에 적은 백성 등과 유사하게 서술하면 만점이다.

**16** **이렇게 쓰면 만점** (1) 자신과 다른 사고방식과 행위 양식을 존중하고 승인하는 태도라는 서술과 함께 다른 사람의 견해나 사상, 행동에 동의하지 않음에도 이를 참거나 허용하는 것 등을 서술해도 만점이다.

**17** **이렇게 쓰면 감점** (2) '보편적 우호'라는 용어를 정확하게 서술하지 않으면 감점이다.

# Memo

학습하다가 이해되지 않는 부분이나
정오표 등의 궁금한 사항이 있나요?
미래엔 홈페이지에서 해결해 드립니다.

**www.mirae-n.com**

**교재 내용 문의**

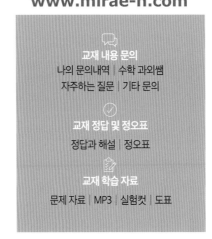

나의 문의내역 | 수학 과외쌤
자주하는 질문 | 기타 문의

**교재 정답 및 정오표**

정답과 해설 | 정오표

**교재 학습 자료**

문제 자료 | MP3 | 실험컷 | 도표

## 실력 상승 문제집

**파사쥬**

대표 유형과 실전 문제로 내신과 수능을
동시에 대비하는 실력 상승 실전서

국어 국어, 문학, 독서
영어 기본영어, 유형구문, 유형독해, 20회 듣기모의고사, 25회 듣기 기본 모의고사
수학 수학 I, 수학 II, 확률과 통계, 미적분

## 수능 완성 문제집

**수능 주도권**

핵심 전략으로 수능의 기선을 제압하는
수능 완성 실전서

국어영역 문학, 독서, 언어와 매체, 화법과 작문
영어영역 독해편, 듣기편
수학영역 수학 I, 수학 II, 확률과 통계, 미적분

## 수능 기출 문제집

**N기출**

수능N 기출이 답이다!

국어영역 공통과목_문학, 공통과목_독서, 선택과목_화법과 작문, 선택과목_언어와 매체
영어영역 고난도 독해 LEVEL 1, 고난도 독해 LEVEL 2, 고난도 독해 LEVEL 3
수학영역 공통과목_수학 I +수학 II 3점 집중, 공통과목_수학 I +수학 II 4점 집중, 선택과목_확률과 통계 3점/4점 집중, 선택과목_미적분 3점/4점 집중, 선택과목_기하 3점/4점 집중

**N기출 모의고사**

수능의 답을 찾는 우수 문항 기출 모의고사

수학영역 공통과목_수학 I +수학 II, 선택과목_확률과 통계, 선택과목_미적분

## 미래엔 교과서 연계 도서

**미래엔 교과서 자습서**

교과서 예습 복습과 학교 시험 대비까지
한 권으로 완성하는 자율학습서

[2022 개정]
국어 공통국어1, 공통국어2*
영어 공통영어1, 공통영어2
수학 공통수학1, 공통수학2, 기본수학1, 기본수학2
사회 통합사회1, 통합사회2*, 한국사1, 한국사2*
과학 통합과학1, 통합과학2
제2외국어 중국어, 일본어
한문 한문

*2025년 상반기 출간 예정

[2015 개정]
국어 문학, 독서, 언어와 매체, 화법과 작문, 실용 국어
수학 수학 I, 수학 II, 확률과 통계, 미적분, 기하
한문 한문 I

**미래엔 교과서 평가 문제집**

학교 시험에서 자신 있게
1등급의 문을 여는 실전 유형서

[2022 개정]
국어 공통국어1, 공통국어2*
사회 통합사회1, 통합사회2*, 한국사1, 한국사2*
과학 통합과학1, 통합과학2

*2025년 상반기 출간 예정

[2015 개정]
국어 문학, 독서, 언어와 매체